IAMAC

IAMAC
系列丛书

2017–2018

IAMAC 年度系列研究课题集

Proceedings of IAMAC Annual Series Research Projects

中国保险资产管理业协会　编

（上　册）

上海财经大学出版社

图书在版编目(CIP)数据

2017－2018IAMAC 年度系列研究课题集：全 2 册/中国保险资产管理业协会编．—上海：上海财经大学出版社，2018.10

ISBN 978-7-5642-3112-5/F・3112

Ⅰ.①2… Ⅱ.①中… Ⅲ.①保险-文集 Ⅳ.①F84－53

中国版本图书馆 CIP 数据核字(2018)第 208078 号

□ 责任编辑 刘 兵
□ 封面设计 张克瑶
□ 版式设计 朱静怡

2017－2018 IAMAC年度系列研究课题集

中国保险资产管理业协会 编

上海财经大学出版社出版发行
(上海市中山北一路 369 号 邮编 200083)
网 址：http://www.sufep.com
电子邮箱：webmaster @ sufep.com
全国新华书店经销
上海华业装璜印刷厂印刷装订
2018 年 10 月第 1 版 2018 年 10 月第 1 次印刷

787mm×1092mm 1/16 66 印张(插页：1) 1211 千字
定价：223.00 元
(共上下两册)

编 委 会

落实保险姓保责任　助力行业稳健发展

2017年以来，保险业处在防范化解风险攻坚期、多年积累深层次矛盾释放期和保险增长模式转型阵痛期的"三期叠加"阶段，保险资金运用也处在回归本源、服务主业、稳健经营的转型发展期，面临着全球流动性收紧、债务高企、贸易保护主义，国内经济增长内生动力仍需长期培育等国内外的风险挑战。在这样的大背景下，保险资产管理行业坚持以习近平新时代中国特色社会主义思想为指导，深入学习党的十九大精神，认真贯彻党中央国务院对金融工作的决策部署，紧紧围绕服务实体经济、防控金融风险、深化金融改革任务，进一步加大研究和创新力度，为维护国家金融安全、建设现代化经济体系、促进经济和金融良性循环贡献智慧。

当前，我国经济正由高速增长阶段转向高质量发展阶段，保险业专于市场化的风险管理、社会管理和灾害救助，保险资金精于长期、多元、稳健投资管理，这些独特价值可以且必须通过服务党的十九大提出的加快创新型国家建设、乡村振兴、区域协调发展等国家重大战略来实现和提升。保险资产管理业要发挥保险资金的长期、规模优势，积极把握"一带一路"、长江经济带、京津冀协同发展、自贸区建设中的机遇，把保险资金更多投向国家重点领域和薄弱环节，在更好服务国家战略和实体经济发展中，优化配置，顺势而为，合理分享经济社会发展成果。为此，保险资产管理行业要回归本源、服从服务于经济社会发展，要找准方向、从国家战略大局出发，要稳中求进、把防范风险放在首要位置，要深化改革、着力疏通保险资金通向实体经济的渠道和路径，要勇于创新、把党对金融工作的要求转化为保险资产管理的发展实践。

复杂的内外部经济金融形势和服务国家大局的历史担当，要求全行业必须要以更加求真务实的态度潜心于保险资产管理领域的重大理论研究和业务探索，用最前沿的研究成果和长远的战略目光助推行业的稳健发展。中国保险资产管理业协会（以下简称协会）积极践行以研究助发展的职责使命，于 2015 年创办"IAMAC 年度课题"，至今已连续举办三届，取得了丰硕的研究成果，为行业稳健发展和监管科学决策提供了坚实的研究基础。其中，2017 年度课题主要围绕服务实体经济、防范金融风险、探索普惠金融、优化资产配置、践行责任投资等重点热点问题开展深入研究，共有 28 家业内会员单位、5 家业外金融机构、6 所高等院校参与，累计完成 54 项、180 余万字的研究成果。我们精选了 20 项课题纳入 IAMAC 丛书—《2017－2018IAMAC 年度系列研究课题集》，与社会各界人士共享行业最新研究成果。

中国保险资产管理业协会

执行副会长兼秘书长

2018 年 8 月 10 日

目　录

行业发展篇

公司战略篇

风险管理篇

业务创新篇

行业发展篇

资产管理业务统一监管趋势与保险资管应对策略研究

太平资产管理有限公司

邓先虎　秦明益　李　杰　张志栋　杜长春　胡焯华

摘要

当前,全球资管业务快速发展的同时也面临着一系列结构性问题,在一定程度上影响了金融体系的稳定性。自 2008 年全球金融危机以来,世界各国和地区开始注重功能监管与行为监管,并建立穿透式监管的技术基础。英国在双峰监管模式下,对资产管理行业金融机构准入制度以及经济行为采取严格监管,并通过“监管沙盒”对金融创新监管进行灵活处理。自欧盟成立以来,资产管理行业的监管模式正在由各成员国的分散监管向欧盟统一监管过渡。美国的资产管理业务监管则是以功能监管为基础、以产品为核心的资产管理监管框架。新加坡金管局以金融业自律为主,遵循“风险导向”的监管策略,持续推进动态差异化的监管方略,建立健全金融消费者保护机制。

从我国当前金融行业发展特征看,混业经营的特征愈发明显,而我国的金融监管仍以分业监管为主,资产管理行业快速发展也对分业监管提出了挑战。资管业务统一监管的核心目的是防范系统性风险,资管业务之间的风险传导可能导致系统性金融风险的发生。从不同类型金融机构的系统性风险指标测算看,我国保险业和证券业的测算值低于银行业。同时,我国不同保险公司之间、不同保险公司与保险行业整体以及保险金融机构与其他金融机构之间存在较为明显的双向风险溢出效应,并呈现出一定的非对称性,不同保险机构的风险溢出存在差异。

在近年来金融创新不断加速的趋势下,金融体系由分业经营向混业经营转变是资管行业整体发展趋势，现有的分业监管以及分段监管模式已落后于发展需求，统一监管的趋势日益明确。2017 年以来，国务院金融稳定发展委员会成立，未来将重点关注影子银行、资产管理行业、互联网金融、金融控股公司四方面问题；人民银行联合原银监会、证监会、原保监会、外汇局发布《关于规范金融机构资产管理业务的指导意见（征求意见稿）》，旨在贯彻落实党的十九大和全国金融工作会议的有关精神，统一资产管理行业监管标准，切实加强金融风险的防范和化解。

资管业务统一监管的重点在于：一是分类统一标准规制，逐步消除监管套利的空间；二是持续引导资产管理业务回归本源，有序打破刚性兑付；三是加强流动性风险管理，严格控制杠杆水平；四是消除嵌套、通道等业务模式；五是加强“非标”业务管理，防范影子银行风险；六是建立综合统计制度，落实穿透式监管。

在资管行业统一监管的背景下，保险资管行业的思维逻辑和行动策略正在发生变化，保险资管行业需要在回归本源的过程中走出一条具有行业特色的资管业务发展之路，通过市场化改革提升资产管理能力，打造差异化、精品化的竞争优势，回归保险保障、服务实体经济的本源。

关键词

金融监管改革　统一监管　回归本源

第一章　资产管理业务监管的国际经验

第一节　引　言

一、全球资管业务的发展趋势

自 2018 年金融危机以来，全球资管市场在经历了市场疲弱与动荡之后，逐步进入复苏阶段。在这段时间里，资管行业的规模增长特征、产品构成以及市场竞争格局均出现显著变化。近几年来，这一变化更为明显，随着新增管理资产规模的边际减少，资产管理机构的费率压力有所上升，资产管理行业发展需要寻求新路径，这对于资产管理机构而言既是压力也是机遇。

(一)管理规模增长缓慢，增值结构依赖市场增长

次贷危机爆发以来，全球管理资产规模仍保持一定增长速度，但管理资产总额增长速度大幅放缓。在次贷危机之前，全球资产管理行业规模已经达到50万亿美元。根据BCG(2016年)数据，全球管理资产总额增速在2008—2014年平均为5%，而2002—2007年的年均增速为12%(见图1—1)。管理资产额增长速度放缓的主要原因可以归为以下两点：一是资产净流入持续低迷，近3年来，新增资产净流入占起初管理资产的比重一直保持在1.5%左右，而次贷危机之前这一数字为4%；二是各地金融市场表现疲软，存量资产市场增值有限。

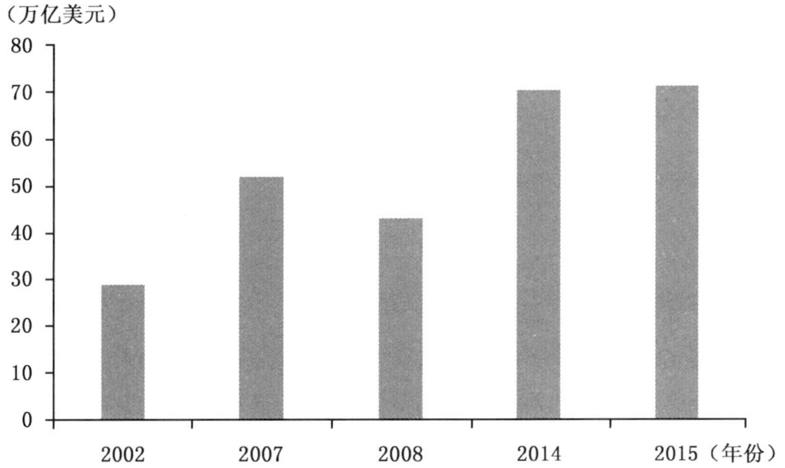

资料来源：BCG，2016。

图1—1　全球管理资产总额

(二)零售业务占比不断提升，被动型、另类产品等引领趋势

从资管行业各类业务占比与产品构成看(见图1—2)，可以发现以下两个趋势：一是零售业务领先于机构业务而且两者间差距不断拉大。在全球老龄化加速、低利率持续和大宗商品价格暴跌环境下，传统机构投资者规模扩张都面临较大压力。而以个人客户为主的零售管理业务则保持较快增长，其支持因素主要是全球私人财富持续增长、保险和退休金产品需求增加，以及互联网技术进步带来的销售渠道改善和服务成本降低。二是资金从传统的主动管理型核心投资产品向被动型、另类型和解决方案型投资产品转移。无论是美国和欧洲的资管市场整体，还是共同基金市场均存在这种现

象。高波动的市场环境，获取超额收益的难度增加，导致大量投资者涌向被动型产品、另类投资产品以降低风险、提高收益。

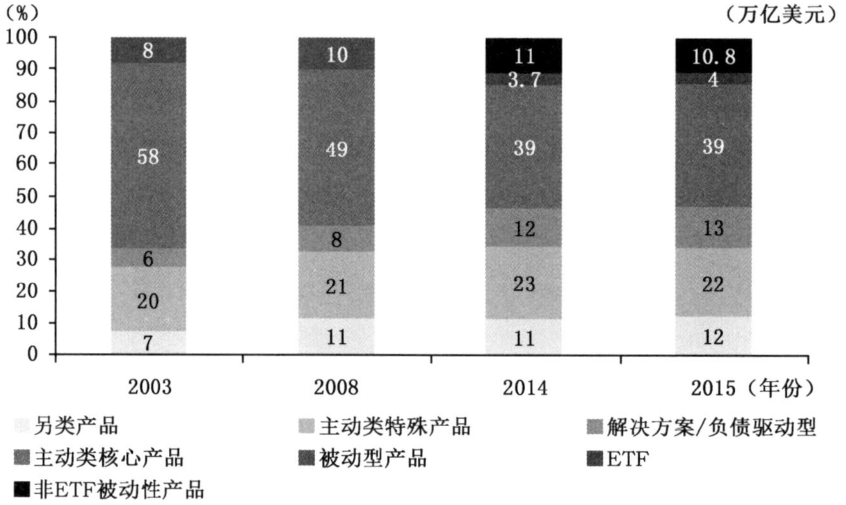

资料来源：BCG。

图 1—2　全球资管行业各类业务占比

（三）亚洲地区成为增长最快的资管市场

随着私人财富的快速增长，亚太地区（不包括日本及澳大利亚）的资产管理行业快速发展。2007—2015 年，亚太地区管理资产额实现了快速增长，年均增长率达到了 10%，而同期北美市场的年均增长速度仅为 3%。从资产净流入来看，2015 年，亚太地区（不包括日本及澳大利亚）的新增管理资产净流入占起初管理资产总额的 2.5%。在亚太地区，中国和印度资管行业发展最为突出，2015 年新增管理资产净流入占比甚至超过了 10%。整体而言，以中印为代表的亚洲新兴经济体经济增速领跑全球，私人财富增长全球最快是管理资产规模持续增加的坚实基础。

二、后危机时代资管行业监管趋势

在金融危机过后，世界各国对监管体系进行了大刀阔斧的改革。面对新的市场形势，开始转换监管理念，注重功能监管与行为监管，并在监管方式上逐渐由过去的分散式监管向统一监管靠拢。各国监管当局在确定监管原则框架的过程中，开始引入穿透式监管这一概念作为补充。总体而言，后危机时代的资管行业监管呈现以下三种趋势：

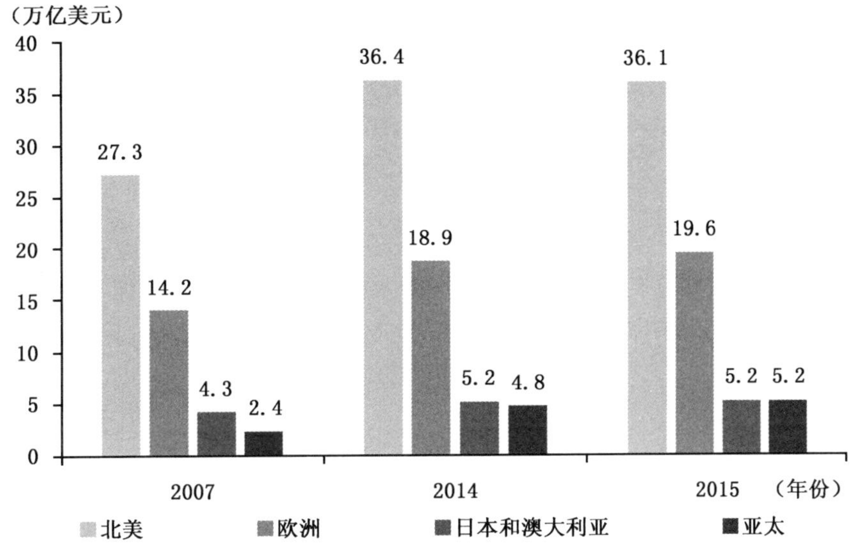

资料来源：BCG。

图 1—3　2007—2015 年世界各主要地区资产管理规模变化情况

（一）功能监管

功能监管理论源于默顿在 1993 年提出的功能金融理论，这一理论主要针对分业监管体制下机构监管的内在缺陷。根据功能金融理论，在对金融产品和金融业务进行监管的过程中，应该瞄准其功能与性质，而非其市场与行业所属，对监管主体进行划分，并在此基础上制定不同的监管规则，从而最大可能消除监管套利。

（二）行为监管

1995 年，英国经济学家泰勒提出行为监管理论，该理论主要针对金融机构行为风险，自此形成了由审慎监管和行为监管构成的“双峰”设想，因此又称为“双峰”监管。从行为监管理论角度看，区分银行、证券以及保险行业并不重要，而金融机构的行为性质更应得到重点关注和规范。在综合经营发展的趋势下，如果仍仅仅关注金融机构的行业属性，则由于管辖权的差异，将导致金融机构之间的非公平性竞争。

（三）穿透式监管

穿透式监管的理论依据源自功能监管和行为监管理论，并且是对两大监管理论的延伸。随着金融创新的持续推进，金融行业之间的“交叉领域”越来越多，在传统的监管体制下，容易出现监管盲区，从而在监管实践中，导致机构监管、功能监管以及行为监管均面临一个共同的难题，即如何对跨行业、跨市场交易的金融产品进行分类，确定其责任所属、功能类型或行为类型，并对其进行监管。特别是在分业制的市场环境下，产品往往通过多层嵌套或多个通道以谋取不同管辖权下可能存在的监管套利机会。由此，穿透式监管应运而生。

在实践过程中，穿透式监管体系的设计仍在探索中，但目前已经取得了一定的进展。美国在《1940 投资公司法》中就设立了“看穿条款”，实现对私募基金最终投资者的穿透，但并没有实现对资金来源和资金流向全过程的穿透。在金融危机以后，美国开始向全球推广全球法人机构识别编码（LEI）体系，旨在建立穿透式监管的技术基础，这使得跨部门的穿透式监管在技术上变得可行。

第二节　全球资产管理行业存在的潜在风险

2017 年 1 月 12 日，金融稳定理事会正式发布《应对资产管理业务结构脆弱性的政策建议》，确定了对资产管理业务中的结构脆弱性进行监管的原则和主要框架。从流动性错配、杠杆作用、证券借贷行为等方面进行分析，并给出相应的监管建议。金融稳定理事会指出，全球资管行业虽然呈现快速发展的态势，但同样也面临诸多结构性问题，包括期限错配、流动性错配、高投资杠杆和证券融资业务风险等，此类风险因素的脆弱性将通过金融市场等渠道快速传导，甚至直接导致金融体系的稳定性受到威胁。

一、流动性错配风险

流动性错配风险是资管机构为提高投资收益率而在业务操作中普遍使用的方式。在资产配置过程中，投资经理通常会加大中低流动性和低评级资产的比重。由于此类资产收益率相对较高但同样也面临着较高的风险，因此，一旦金融市场出现波动，此类资管产品的流动性将受到较大影响，赎回压力升高。资管机构往往只能被迫出售组合中流动性较好的资产，导致市场恐慌情绪蔓延，在“羊群效应”的作用下，会导致流动性风险蔓延，从而引发金融市场的系统性风险。

金融理事会认为，资管机构当前采用的流动性风险管理措施存在以下问题：(1)对日常流动性风险的监测和管理并没有充分考虑其他市场参与者以及市场流动性等因素的影响，这将导致跨区域和跨市场的流动性监管措施缺乏有效性。(2)应对大规模、突发性赎回的临时性措施可能无法有效阻止系统性风险的传染，甚至产生无法预料的结果。(3)信息披露和监管报送要求不够充分，影响了投资者和监管部门对流动性风险的分析和判断。

二、杠杆风险

随着投资基金对金融衍生品交易的大量使用，基金部门对杠杆的使用不断提高。高杠杆的资管产品对资产价格高度敏感，一旦出现资产抛售现象，将很容易导致资产价格的急剧下跌，并通过资管产品在不同市场间传染，这将直接扩大全球金融体系的风险。

金融稳定理事会指出，针对资管机构杠杆风险的监管存在以下问题：(1)缺乏统一的资管产品杠杆计量方法，跨国/跨市场的杠杆监测缺乏基础。(2)缺乏统一的资管产品杠杆控制标准，这导致了监管套利空间和风险隐患的存在。(3)提供给监管当局的汇总和分析的信息系统并不完善，影响了监管部门对资管业务杠杆风险的有效识别、分析和监测。

针对杠杆风险，金融稳定理事会建议监管规则中应当明确资管产品的杠杆水平计量方法，进一步强化杠杆风险监测与防范。具体包括：(1)确定全球统一的资管产品杠杆水平计量方法，并提供更具风险敏感性的杠杆计量方法作为补充，以便更全面、准确地反映资管产品的杠杆情况。(2)监管部门应建立资管行业杠杆监测框架，收集相关数据和信息，密切监测分析资管产品的杠杆水平及其变化情况，防止可能引发的系统性风险，并在适当时采取有效行动。

三、证券借贷业务风险

2018 年全球金融危机反映出资管产品的证券借贷业务存在以下风险：一是现金质押品再投资的流动性转换、期限转换和杠杆风险。一些资管机构将通过证券借贷业务获取的现金质押品再用于购买资产以支持证券等中长期资产，实际上已具有流动性转换、期限转换和杠杆风险等影子银行特征，并缺乏相应的资本和流动性等审慎监管要求，存在较大的风险隐患。二是证券借贷业务的顺周期风险。在市场流动性紧张时，随着折扣系数的提高，资管产品面临一定的质押品追加要求，容易导致资产折价抛售，并进一步加剧市场流动性压力。

针对证券借贷业务风险，金融稳定理事会建议各国应有效实施金融稳定理事会于 2013 年 8 月和 2015 年 11 月分别发布的关于证券融资交易的定性和定量监管标准，规范现金质押品再投资行为，完善折扣系数监管要求。

第三节　资产管理业务监管的国际比较

一、英国资产管理业务监管经验

（一）英国金融监管框架改革

英国的金融监管框架深受行为监管思想的影响，是“双峰”监管模式的代表性国家。针对英国金融市场效率低下、难以防范系统性风险等问题，政府采取了两方面的改革。首先，将金融监管权力重新归入英格兰银行的职能中。在英格兰银行内部设立金融政策委员会，主要职能是关注金融系统整体情况，识别并评估系统性金融风险，负责维护金融系统的稳定。其次，金融行为管理局则作为独立机构，其职责是负责对所有在英金融机构包括审慎监管局监管范围外的金融机构进行行为监管和审慎监管。

（二）英国资产管理业务的监管模式

英国资产管理行业的监管模式呈现两个特点：一是对机构能力和行为的严格要求。在双峰监管模式下，英国对资产管理行业金融机构准入制度以及经济行为采取严格监管。同时，在受监管公司中可视为履行控制职能的人士，只有经 FCA 批准认可，符合条件才能履职。二是对金融创新监管的灵活处理。英国政府于 2015 年 3 月率先提出“监管沙盒”（regulatory sandbox）的概念，“监管沙盒”可以认为是一个“安全空间”，在这个安全空间内，金融科技企业可以对新的金融产品、服务、商业模式等进行测试，而不会使得创新活动短期内就受到监管规则的影响。本质上看，“监管沙盒”是监管者为履行其促进金融创新、保护金融消费者职能而制定的一项管理机制。这种机制的特别之处在于，金融机构或为金融服务提供技术支持的非金融机构，可以在真实的场景中测试其创新方案，而不用担心在创新与监管规则发生矛盾时，可能遭遇的监管障碍（胡滨，2017）。

总体而言，在英国资管行业的监管体系中，通过减少金融科技创新的制度障碍，并主动合理地放宽监管规则，在保护消费者权益、严防风险外溢的同时，实现了金融科技创新与风险有效管控的双赢格局。

（三）英国的经验对中国的启示

新型资管产品往往存在跨市场、跨品种的多层嵌套，风险暴露点大幅增多，因此其对市场波动的敏感程度也更高。出于防范系统性风险的目的，可以引入“监管沙盒”这一监管方式，在产品投入市场之前，通过沙箱模拟，对可能产生的监管问题做出提前调整。这样，一方面既降低了新型金融创新与监管规则的摩擦，鼓励了市场创新，丰富了市场可投资品种；另一方面，通过对可能出现的风险冲击，监管层又可以提前做好准备，在市场准入与投资者保护机制方面做出动态调整，降低产品面世后可能发生的市场冲击，并可根据模拟结果，设计并完善对资管产品的全业务流程监督，加强风险监督的预警工作。

二、欧盟资产管理业务监管经验

（一）欧盟的金融监管框架改革

欧盟的金融监管框架由两部分构成：一是各成员国的金融监管框架，二是欧盟一级的区域金融监管框架。从欧盟区域层级的监管框架来看，强化对区域活动的统一监管已成为资管行业监管的重要趋势。

首先，欧盟通过颁布各项法律规范，强调其在区域金融监管活动中的地位。1999年5月欧盟委员为提出的金融服务行动计划当中，对各成员国在批发、零售业务领域以及打击金融犯罪等诸多方面的合作进行了初步规划。此后，又通过发布第二洗钱令、UCITS、AIFMD等，为跨境金融的统一监管奠定了法律基础。除此以外，欧盟经济和金融委员会等部门通过危机管理报告和金融稳定性报告的发布，推动了各国在国家层面的监管合作。

其次，通过欧洲中央银行对欧元区进行审慎金融监管。通过设立银行监管委员会，欧洲央行可以对监管领域和金融稳定领域相关法令的执行进行监督，从而强化其与各国监管机构之间的相互联系。而在金融危机爆发之后，欧盟理事会通过了修改方案，欧洲央行开始扩大其监管方面的职责，对欧元区的整体金融稳定提供监督指导。

再次，通过建立专门的监管委员会来加强金融监管的统一行动。次贷危机爆发后，欧盟理事会通过了一系列法案和备忘录，来加强各国金融监管当局的合作以应对系统性风险的冲击，进一步推动了统一监管的监管理念的发展。在此背景之下，成立了欧盟系统风险委员会（ESRB）和欧洲金融监管系统（ESFS），分别负责欧盟的宏观和微观金融审慎监管，并设立了三大监管局（ERAs）取代了原有的监管委员会，通过与各成员国监管当局协调配合，在解决争议、统一标准、执行欧盟法律等方面起到了重要作用。

（二）欧盟资产管理业务的监管模式

自欧盟成立以来，资产管理行业的监管模式正在由各成员国的分散监管向欧盟统一监管过渡。按照资管产品募集方式的不同，欧盟分别制定了针对公募（public offer）

产品和私募(private placement)产品的监管法规 UCITS 和 AIFMD。

1. 针对公募产品的监管法规 UCITS

出于对这类投资者的保护,欧盟对于公募产品的监管要求非常严格。欧盟于1985 年推出《可转让证券集合投资指令》(UCITS),为各欧盟成员国投资于可转让证券的开放式基金建立一套监管准则,目前最新的 UCITS Ⅳ已于 2011 年 7 月开始实施。UCITS 指令通过对 UCITS 基金产品和管理公司赋予"欧盟护照",以消除欧盟各国跨境销售和管理基金的障碍。具体监管内容包括:UCITS 基金投资对象的类别和风险分散规定,UCITS 基金法律结构和组织架构的规定,对杠杆投资与卖空的限制,对投资管理、风险管理、托管和中央管理等职能的要求,募集说明书与关键投资者信息文件(KIID)的制定,对 UCITS 基金发行以及管理公司开展业务的授权审批和监管,UCITS 基金跨境销售以及管理公司跨境管理基金涉及的欧盟各国监管合作,等等。

2. 私募产品监管法规 AIFMD

借鉴 UCITS 基金在跨境销售整合上的成功经验,为了逐步实现在欧盟内部建立 AIF 统一跨境销售市场的目标,欧盟于 2010 年 11 月通过了《另类投资基金经理指令》(AIFMD),对非公募体系的 Non－UCITS 基金进行管理。在 AIFMD 正式实施后,有些成员国(如德国)就宣布将限制在国家私募体系内开展私募,以尽快实现向 AIFMD 监管体系的全面转轨。预计在 2013－2018 年的过渡期内,按照各成员国国家私募体系的具体规定分别进行报批,以实现私募基金产品在欧盟各国的跨境销售将会非常困难。除了欧盟委员会发布的统一监管法规外,监管对象也确定为各类资产管理公司,监管机构仍为各国监管部门。

(三)欧盟的经验对中国的启示

针对目前国内资管行业存在通道业务盛行的情况,可以借鉴欧盟 AIFMD 指令中对通道业务的管理经验。2008 年经济危机后,欧盟发布了《欧盟另类投资基金管理人指令》,并在其中设置了《另类投资基金管理人职能的委托》章节,目的就是要充分抑制非法的通道业务。主要监管内容包括:要求私募管理人在职能委托过程中,符合一定条件;若委托组合管理,则必须与监管机构事先审核批准的投资政策相符;当私募基金管理人开展通道业务时,将不再被视为私募管理人;等等。

我国通道业务在快速发展过程中,由于金融监管政策缺乏统一性,各监管机构对同一或类似业务的监管缺乏协同性,导致资管机构可以通过其他资管行业发行产品以规避监管。从欧盟的经验看,对于通道业务的监管就是要从管理人职能入手,使各资管产品在募集与投资管理上的职责清晰明确,权力与责任相匹配,对不同类型资管产品的管理人、托管人职责等进行细化，对承担募集职责的管理人和承担投资管理责任的管理人进行有效区分，避免监管套利以及产品多层嵌套等问题出现，从而将通道业务等监管套利活动所产生的风险降至最低。

三、美国资产管理业务监管经验

（一）美国资产管理业务的监管模式

1. 以产品为核心的资产管理监管框架

美国对资产管理业务的监管框架可以概括为以功能监管为基础、产品监管为核心，对资产管理产品的监管程度取决于产品的功能和性质。美国证监会对公募产品和管理机构实施严格监管，而对于私募产品的监管则更多侧重于规模较大的管理机构。

金融危机之前，私募基金在产品和管理机构层面基本都取得了注册和披露豁免。但在金融危机之后，美国加强了对私募基金的监管。根据《多德—弗兰克法案》，自2011 年 10 月 31 日起，美国证监会开始对私募基金实行新的监管政策，明确要求资产管理规模在 1.5 亿美元以上的对冲基金管理人必须向美国证监会注册，并向美国证监会披露包括对手风险、交易情况、资产规模、估值政策、使用杠杆情况等基金信息。但总体来看，美国对私募基金的监管还是有限、适度的。

2.“金融市场法人识别码”(LEI)系统

针对次贷危机中所暴露的问题，美国监管当局开始注意到以产品为核心的监管体系所存在的一系列问题，开始引入穿透式监管，并开始着手建立作为其技术基础的金融市场法人识别码系统(LEI)。

通过建立 LEI 系统，为金融市场行为监管，特别是资产管理行业的功能性监管和穿透式监管提供了技术支撑。2012 年以来，美国开始着力推动全球金融市场 LEI 系统的建设，目前全球金融市场 LEI 系统的发展已呈现“架构建设”“渠道建立”“监管应用”和“标准扩展”四线同步推进的态势。作为微观数据系统，LEI 系统为参与各国的金融当局开发新的系统性风险管理框架和分析工具提供了技术支持。特别是通过在场外衍生品 OTC 市场中率先推广 LEI 系统，显著提高了场外衍生交易的透明度，为监管提供了便利。

（二）美国的经验对中国的启示

在国内分业监管逐渐向混业监管的背景下，针对资产管理行业跨行业、跨市场交易较多的特点，应当建立起以产品功能监管和行为监管为核心的监管框架，同时赋予监管部门全流程监管的权限。首先，需要实现监管重点的统一与监管规则的标准化。

其次，为了使监管更好地与现实情况匹配，构建起侧重于复杂领域的综合性监管框架，实现监管权限的全覆盖，并且在投资范围、会计处理、信息披露以及投资者适当性管理等方面做出统一而明确的规定。

四、亚太地区资产管理业务监管经验

（一）新加坡资产管理业务监管经验

全球金融危机后，新加坡金管局的监管政策强调由“规制导向”转向“从旁监管”。新加坡监管改革经验可概括为以下三点：一是强化“风险导向”的监管策略。给予自身风险管控能力较强的金融机构更大的创新发展空间，同时注重保持监管制度的连贯性和稳定性。二是推进动态差异化的监管方式。建立资本监管预警系统，对于混业经营或承担大量风险的银行与中小规模银行，分别采取不同的计算机信息系统等要求。三是建立健全金融消费者保护机制。严格要求卖方以“披露为本”，保障金融消费者合法权益，并建立独立、专业化和收费大众化的金融业协调争议中心。

（二）中国香港资产管理业务监管经验

由于历史原因，中国香港的金融体系与英国在许多方面都有相近之处。特别是在金融危机以后，香港金管局也对其监管架构和职能做出了一系列调整。一是监管的重点调整为对行为而不是产品本身的监管。香港金管局对部门组织架构进行了重组和职能调整，设立银行操守部和法规部，重点监控银行的内部制度与业务操作行为。通过建立资管机构行为评估机制，加强行为监管。二是提高资管机构的服务透明度。要求机构在产品销售过程中，进行充分的信息披露和风险提示；为投资者提供合理的制度保障，从微观角度降低了风险爆发的可能性。三是加强各监管部门的协同行动。2008 年雷曼迷你债事件爆发后，中国香港金管局和证监会通过与特区政府监管部门和特区立法会之间保持紧密的信息沟通与协调，通过一系列应急预案和金融稳定机制，避免了刚性兑付危机可能带来的金融市场动荡。

第四节　国际经验对我国资产管理业务监管的启示

一、实行具有统一性、穿透性的监管框架，逐步消除套利空间

一方面，在金融稳定发展委员会的制度框架下，加强各部门协同监管，建立资产管理业务的宏观审慎政策框架，完善政策工具，多维度加强监测和评估；另一方面，逐步

统一具有相同类型或同类资管业务和产品的监管规则，强化功能监管和穿透式监管，通过落实实质重于形式的监管原则，明确向下穿透核查底层资产和向上穿透核查最终投资者，识别其资金来源与投资应用方向，核算其整体杠杆水平，明确资管产品的法律和功能属性。

二、加强流动性风险管控，控制杠杆水平

对于资管产品的监管，要严格约束其资金池操作，重点加强流动性风险管理。通过强化单独管理、单独建账以及单独核算等要求，严格约束资金池。合理确定产品投资资产的期限，加强流动性风险管理。产品所投资产须构成清晰、风险可识别，控制资管产品所投资资产的集中度。合理控制股票以及债券投资的杠杆水平。

三、建立综合统计制度，为穿透式监管奠定基础

在设计现有金融框架的过程中，注重将统计系统与金融监管框架进行整合。在此方面，可以学习美国的做法，即通过财政部"金融研究办公室"与各级监管部门进行沟通和协调。此外，在建立统计体系的基础上，强化对资管机构的信息披露和风险提示业务的要求，实现重要数据信息共享的规范化和常态化。

第二章　我国资产管理行业监管模式及面临的挑战

第一节　资产管理业务发展阶段和特征

我国资产管理行业的发展以资本市场以及金融创新的推动为主，在监管政策变化下，资产管理业务模式演变路径依时间顺序可划分为以下四个主要阶段。

一、第一阶段:2007 年之前，公募基金占据主导

2007 年之前，我国资产管理行业以公募基金为主导，尤其是 2007 年我国股票市场经历了一次牛市行情，使得更多的社会资金进入权益市场，同时由于债券市场规模有限，基金行业主要受权益市场影响，2006—2007 年以公募基金为主的资产管理行业

迅速发展,甚至出现产品供不应求的现象。

二、第二阶段:2008－2012 年,银信合作业务模式

在 2008 年金融危机影响下,我国实施了 4 万亿元经济刺激计划,同时也为金融市场注入了大量的流动性,新增信贷需求快速上升,但由于商业银行受到存贷比、资本金等监管约束限制,银行表内信贷难以满足超额的信贷需求。而且央行在 2010 年初采取了“差别准备金率”和“限贷令”,对前期扩张过快的银行表内业务进行限制,尤其是政府融资平台和地产项目。受此影响,银行信贷出表的意愿进一步增强,而投资限制少、又可以发放贷款的信托公司成为银行首选的合作通道,银信合作这一通道业务模式得到了爆发式增长,推动国内资产管理业务规模的快速增长。

在此阶段,资产管理行业的内涵得到延伸,已从传统意义上的“资产管理”开始向具有“通道”性质的产品延伸,资产管理行业在企业融资端开始对传统信贷业务形成替代,信托机构牌照优势明显。在居民财富增长下,保险规模不断扩大,同时公募基金行业扩张步伐放缓,而 PE 基金通过进入拟上市公司得到快速发展。

三、第三阶段:2013－2016 年,资管行业规模快速增长

自 2012 年下半年开始,资产管理行业监管出现一轮放松潮流,行业门槛解除、牌照资源逐步放开,国内资产管理行业也进入到一个快速发展的阶段。

1. 券商资管

2012 年 10 月,证监会颁布《证券公司资产管理业务管理办法》,大幅拓宽了券商资管计划的投资范围。此前券商资管业务主要集中在集合计划,现今银证合作成为银行进行监管套利的新途径。

2. 保险资管

2012 年 6 月份,在大连投资改革会议之后,原中国保监会陆续出台“投资新政 13 条”,有效拓宽了险资的投资范围,为保险资产管理的资管业务发展提供了政策基础。

3. 基金子公司

2012 年 11 月首批 3 家基金子公司成立,随后基金子公司数量迅速增加。基金子公司在发展初期不受风险资本和净资本约束,相对于信托和券商资管的监管,限制更少,便于进行高杠杆运作。基金子公司诞生之后,除了不能直接发放贷款外,几乎没有其他业务限制。随后银基业务得到继承,非标投资规模进一步扩大。在监管政策跟进后,多通道模式持续发展,套利链条进一步拉长(见图 2－1),多层产品嵌套、空转套

利、加杠杆等资本运作普遍存在，不断推升资管业务规模。

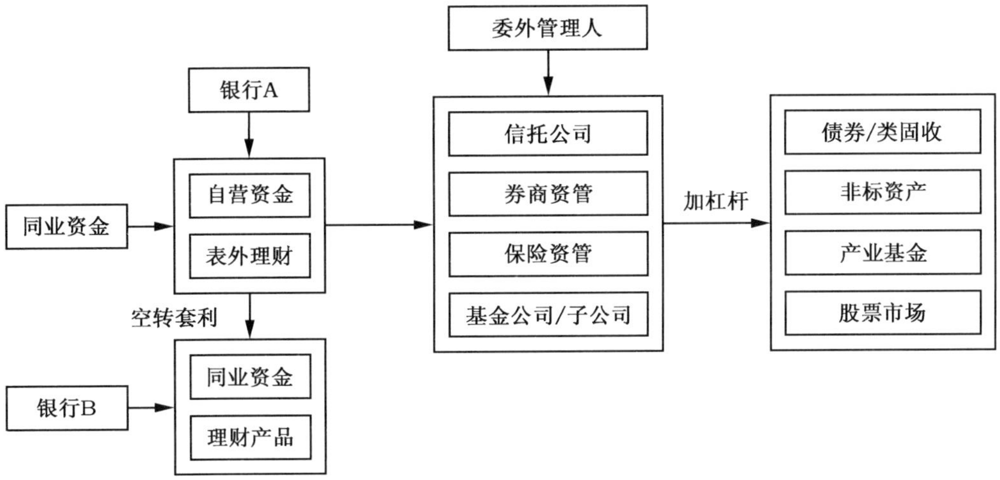

图 2—1　2014—2017 年金融套利链条

四、第四阶段：2017 年至今，金融去杠杆下的行业规范阶段

我国资管行业在快速发展过程中，行业内的问题也开始暴露。行业同质化发展趋向明显，而且期限错配、刚性兑付、违规运用杠杆等情况依然存在，表外业务风险持续积累。2016 年开始，金融防风险、去杠杆，被放到更加突出的位置，尤其是第五次全国金融工作会议的召开，进一步明确了防范发生系统性金融风险的底线，以及金融统一监管的政策导向。2017 年以来，“一行三会”密集出台多项监管举措，加强金融乱象监管，持续推进金融降杠杆，监管力度不断增强。本轮监管的强化，本质上是针对以商业银行为核心的资产管理行业，自上而下地对行业规则进行全面梳理和重新制定，资管行业也步入规范发展的新阶段。

第二节　分业监管模式下的经验启示

一、我国呈现混业经营与分业监管的运行模式

我国金融监管体制的变迁是与国内经济发展和金融体制改革紧密联系在一起的。自 1994 年以来，我国逐步形成了分业经营、分业监管的模式；但自 1999 年开始，我国

金融机构分业经营的管理体制开始出现变革。1999 年 8 月，国务院批准中国人民银行的决定，允许券商和基金管理公司进入银行间债券市场开展拆借业务和债券回购业务；同年 10 月，中国证监会和原中国保监会决定，允许保险公司在二级市场上买卖已上市的证券投资基金。2001 年 7 月，中国人民银行明确了商业银行可以代理证券业务，发出了混业经营的信号。2002 年，国务院批准中信集团、光大集团、平安集团为 3 家综合金融控股集团试点，标志着我国金融机构已步入由分业经营走向混业经营的新阶段。

从我国当前金融行业发展特征看，混业经营的特征愈发明显，各金融机构在金融业务上的竞争更加激烈，同时在业务合作上也更加紧密，不断出现了业务交叉与合作，彼此之间的持股也更为频繁，银行、保险、基金、信托等机构之间的混业经营特征已不可逆转。但同时，我国金融监管仍然呈现明显的以分业监管为主的模式（见图 2—2），而分业监管已不能完全适应当前金融混业经营发展的趋势。

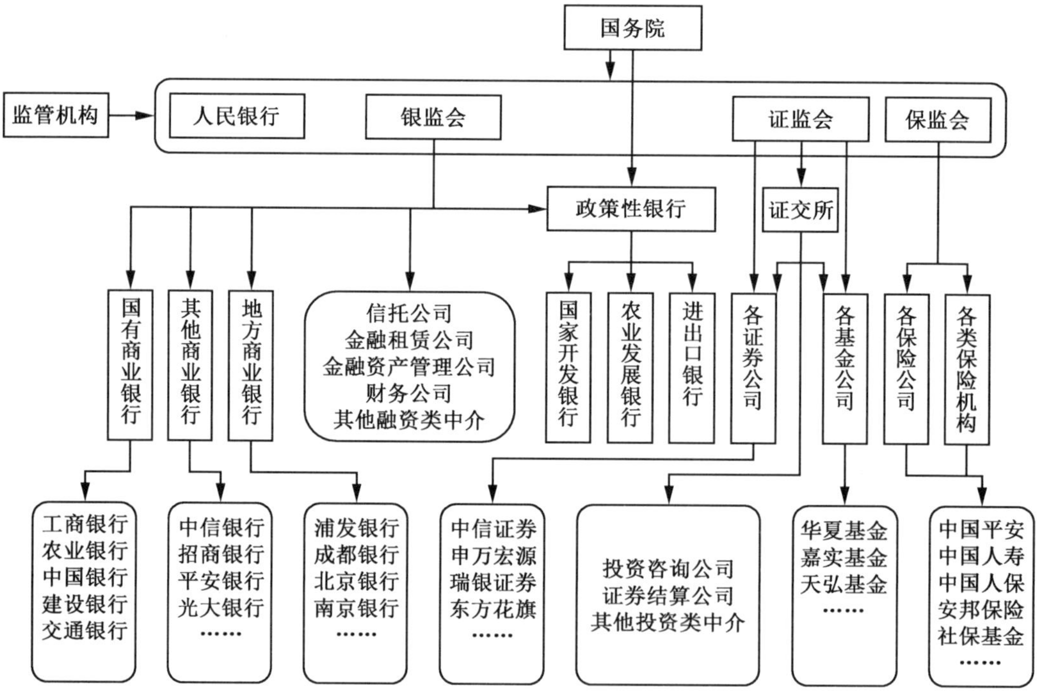

资料来源：笔者制作。

图 2—2　我国金融体系及分业监管架构

二、金融监管协调机制仍有待进一步增强

(一)金融监管协调机制的建立

随着金融业务边界的不断模糊,分业监管机制下加强各监管机构之间的协调更加重要。在分业监管实施中,需要建立一套高效的协调机制。2004 年,原银监会、证监会、原保监会共同签署了《三大金融监管机构金融监管分工合作备忘录》(简称《备忘录》),要求原银监会、证监会以及原保监会应密切合作,就重大监管事项和跨行业、跨境监管中复杂问题进行磋商,并建立定期信息交流制度。

我国监管机构在加强金融监管协调方面早已做出了制度性安排(见图 2—3),但是我国金融监管协调的法律规范并不健全,存在着监管协调依据不足、责任不明等问题,而且在工作机制、信息收集与交流、责任分工等方面也存在缺陷。

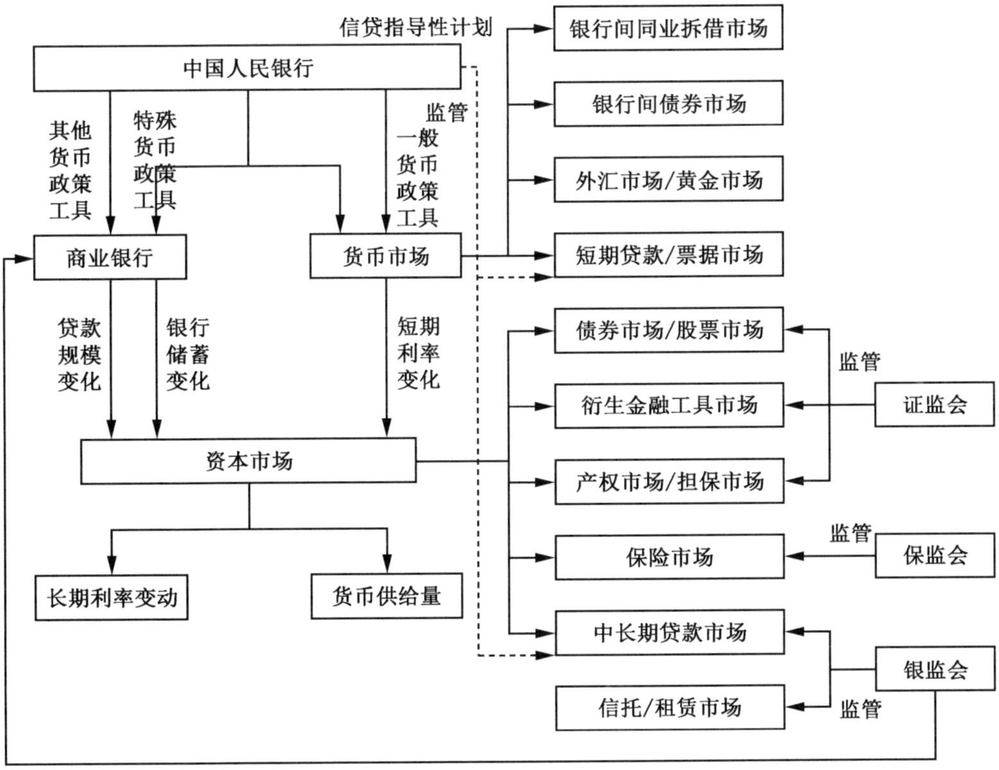

资料来源:笔者制作。

图 2—3 “一行三会”对金融系统的监管

（二）混业经营与金融创新引发监管空白和真空地带

1. 分业监管模式与混业经营的矛盾

分业监管不利于监管机构明确监管职责，容易诱发监管机构之间推卸责任，使监管对象借助监管的薄弱环节，在监管的交叉领域开展金融业务。监管机构对于金融机构的监管难度进一步增加，一方面，加剧了信息不对称，对于混业经营的金融机构的外部监管造成了困难，容易形成监管真空；另一方面，由于金融机构经营业务较为复杂，基本处于全牌照经营模式，由此涉及多个行业的监管机构，但由于各监管机构的监管目的、监管方法以及监管重点均存在差异，致使监管对象有可能规避监管，从而出现监管空白领域。

2. 金融创新发展导致金融监管出现盲区

一是由于金融创新往往是从无到有，而现行的监管法规以及制度设计很难进行事前的预见和防范；二是新的金融工具应用后的优势与弊端往往需要一段时期后才能得以显现，这使得金融监管职能是事后行为，而难以进行事前判断；三是金融创新的风险管理并不属于监管机构的直接监管范畴，更多的是兼容机构自身的责任；四是随着科技技术的快速发展和广泛应用，新技术与金融手段的深度融合，导致金融产品的复杂性不断增加。金融创新产品属于跨市场、跨行业的交叉性金融产品，而且具有互联网化特征，涉及银行、证券、信托、保险以及互联网等多行业，金融行业边界模糊，分业监管往往缺乏对跨行业、跨市场业务链条的整体把控，对于金融创新产品的监管难度较大，导致金融监管的真空地带广泛存在。

三、分业监管不利于金融系统整体风险的真实衡量和把握

分业监管模式下，各监管机构主要针对管辖领域内的业务实施监管，并未考虑金融跨市场、跨产品等业务模式对金融系统的风险冲击，虽然从单一监管机构角度出发，符合监管要求，但如果从金融系统整体角度出发，则潜在的业务风险迅速增加。这主要由于金融机构借助分业监管的漏洞，在不同市场间寻求监管套利，规避单一监管机构的监管要求，实际上是放大了金融系统的整体风险。目前的分业金融统计制度难以真实反映跨行业、跨市场业务的风险状况，以及业务风险的实际承担者，增加了对于金融系统风险的真实衡量和把握的难度。

首先，系统性流动性风险面临监管压力。由于部分金融机构期限错配导致短期的流动性紧张，并在金融机构间通过跨行业、跨市场拆入拆出资金，这种期限错配模式一旦失败，将会引起整个金融系统的流动性不足。

其次，风险资本监管面临严峻挑战。以“银信”合作模式为例，此类业务本质上应为类信贷业务，应按照100%比例计算风险加权资产。然而，银行借助证券、信托等通道，实现风险资本仅按照20%—25%的标准计算，导致资本对信用风险的缓释明显不足，金融风险覆盖率大幅下降，增大了金融系统潜在的不稳定性风险。

再次，以互联网金融为代表的新兴行业面临严格监管。互联网金融已经出现了跨行业、跨市场经营的特征，放大了传统金融风险，加大了系统性风险的突发性、传染性和不可预测性。

第三节　资产管理行业快速发展对分业监管的挑战

一、金融加杠杆趋向明显

（一）货币宽松与监管套利为加杠杆创造条件

1. 货币宽松

金融加杠杆表现为金融机构资产负债表扩张的过程，伴随的是货币投放和信用扩张。金融机构负债端的扩张有赖于相对宽松的货币政策，以2014年11月份“双降”为标志的新一轮货币宽松，是近几年金融杠杆攀升的重要催化剂。此轮金融加杠杆，除了实体经济的杠杆率上升、信用扩张之外，金融体系内部的信用循环扩张也更为明显，而且相对于实体经济，金融杠杆增速更快。在宽松的货币政策下，金融机构可以在货币市场上持续获取低成本资金，而随着金融机构向实体经济投资回报下降，金融机构便转向内部加杠杆，脱实向虚，资金淤积在金融体系内部，通过同业存单、同业理财、委外投资等渠道形成内部空转。从数据上看（见图2—4），信用利差的收窄压缩了金融机构的套利空间，又进一步激励其通过增加杠杆、扩大规模的方式来博取更大收益，致使加杠杆愈演愈烈。

2. 监管套利

2012年以来我国金融创新业务快速发展（见图2—5），部分创新业务旨在规避市场监管，借助监管套利实现金融各资产跨市场加杠杆，其主要模式是通过各类通道业务实现资产出表，形成庞大的表外资产，影子银行规模持续扩张，而这些通道业务处于金融监管的灰色地带，缺乏真实有效监管，进一步导致此类业务不断升级，大量资管产品层层嵌套，通过各种途径实现资金空转、套利以及杠杆率的不断提升。

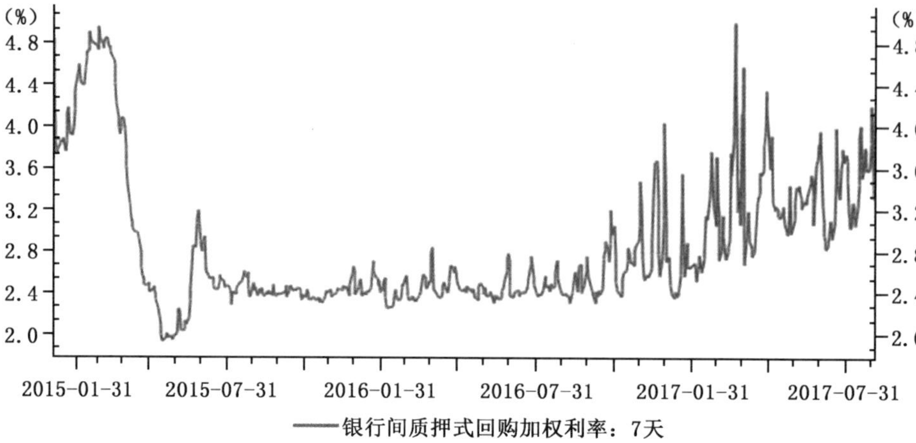

资料来源：Wind。

图 2—4　银行间质押式回购利率运行

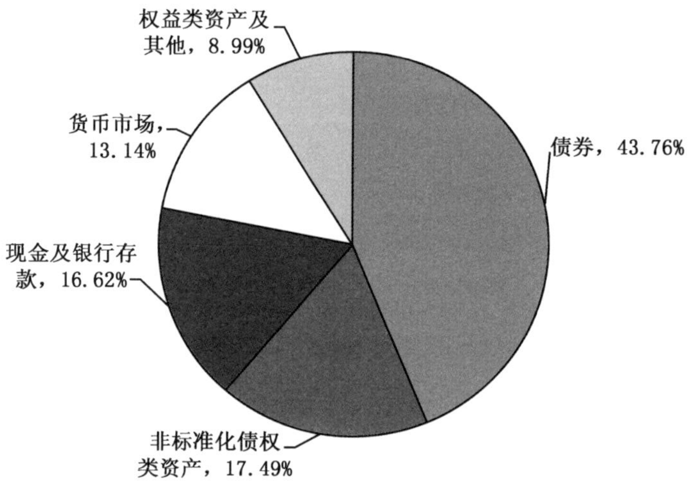

资料来源：Wind。

图 2—5　银行理财产品投向

（二）金融加杠杆历程

首先，流动性宽松，居民与企业资产配置需求上升，商业银行负债端扩张，理财规模大幅增加。由于大型商业银行具有网点数量与储户规模优势，导致大型商业银行与中小型商业银行被动负债能力的差距拉大。为弥补这一差距，一方面，中小型商业银行为理财产品提供了更高的回报率；另一方面，中小型商业银行大量发行同业存单，采用同业负债的方式主动扩张资产负债表。由于同业存单在银行负债端被计入债券发行，而不算作同业负债，这就规避了同业负债规模不超过总负债规模 1/3 的监管约束，导致同业存单规模爆发式增长。2014 年，同业存单的发行规模不足9 000亿元，而在 2015 年和 2016 年分别达到 5.3 万亿元和 13 万亿元的发行规模。截至 2016 年底，同业存单余额仍有 6.3 万亿元。同业存单会扩大发行方的资产负债表，但是对投资方资产负债表没有影响，这就造成了中小型商业银行与大型商业银行在总资产扩张增速上出现差异(见图 2—6、图 2—7)。

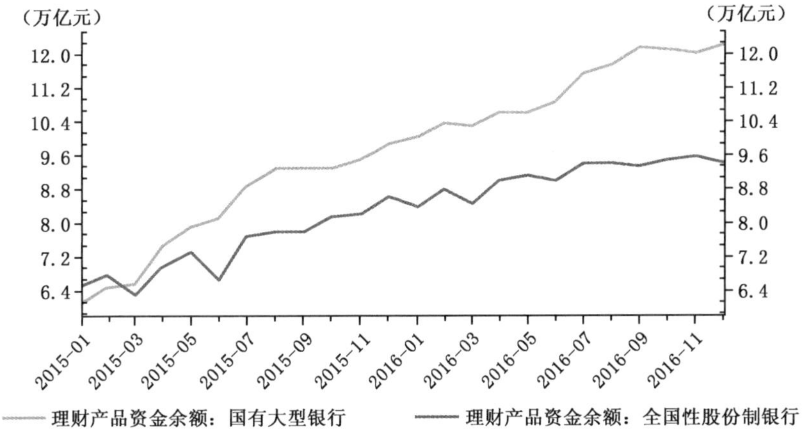

资料来源：Wind。

图 2—6　中小型股份制银行理财产品增速更高

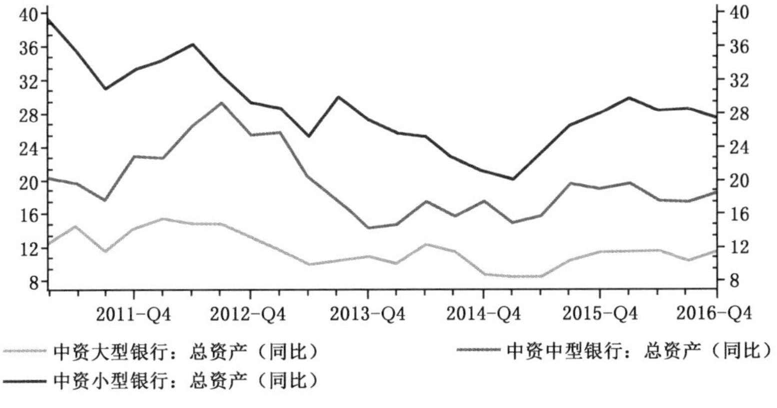

资料来源：Wind。

图 2—7　中小型银行总资产扩张速度更快

其次，商业银行理财资金与自营资金通过委外投资的方式流向非银金融机构。商业银行负债端的扩张，需要在资产端寻找高收益资产抵补负债端的融资成本。商业银行资产端会部分配置同业理财（见图 2—8），同业理财与同业存单构成了资金在银行系统内以存量形式“空转”的现象。商业银行通过同业存单—同业理财—委外投资的方式实现了资产出表，使得商业银行可以通过委外投资的方式投资于高回报资产（见图 2—9）。银行委外资金驱动了资管行业规模的提升，主要承接委外资金的渠道包括证券公司定向资管计划、基金子公司专户产品、基金公司专户产品以及保险资管计划等。

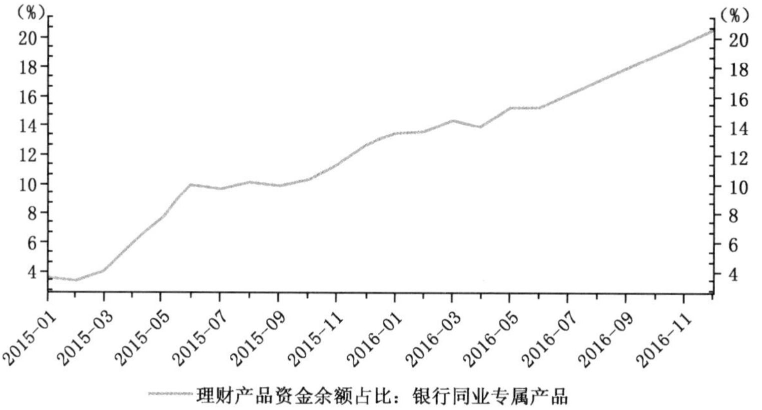

资料来源：Wind。

图 2—8　银行同业理财占比持续上升

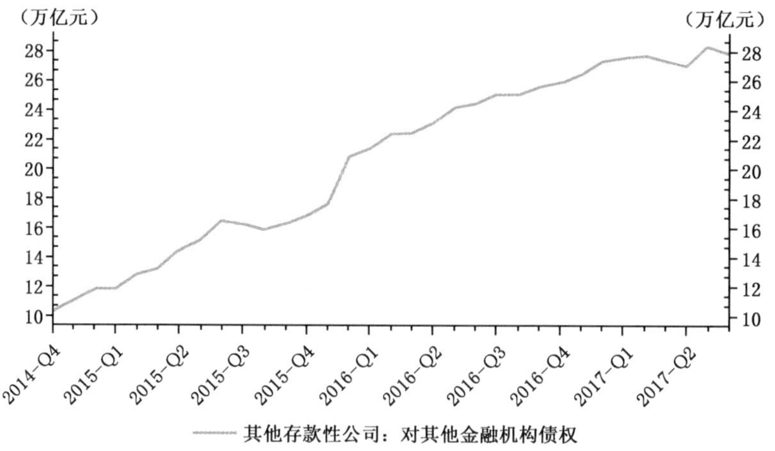

资料来源：Wind。

图 2—9　表内非银机构债权快速增长

再次，委外资金部分进入实体经济，部分滞留在金融体系内部。一方面，委外投资的管理人往往并不直接投向实体经济，而是首先从货币市场借入资金，进一步加杠杆，这就导致银行间债券质押式回购规模的急剧扩张（见图 2—10）；另一方面，委外投资还会多层嵌套，继续投向委外投资。这些资金滞留在金融系统内部，放大杠杆，拉长投资链条，套利链条将金融体系连接起来。从委外资金投向上看，其中很大一部分流入国企与地方政府融资平台的负债端；继而，国企与地方政府融资平台利用其融资的便利性，充当融资通道，通过委托贷款等方式为融资难的中小企业提供融资。

资料来源：Wind。

图 2—10　非银机构借助质押式回购加杠杆

（三）各资管机构加杠杆方式

1. 商业银行

银行表内业务：表内加杠杆，就是扩大银行资产负债表的规模。主要通过在负债端发行同业存单等方式来主动负债，在资产端购买同业理财或其他增量及存量资产（如债券等）来实现资产负债表的扩张。

银行表外业务：表外加杠杆表现为银行通过销售“非保本型理财产品”等获取资金，虽然名为“非保本型理财产品”，但在投资收益不佳时银行实质承担了刚性兑付的风险，因而表外理财产品的扩张，本身就是一种杠杆的增加。

在资金运用端，理财资金部分会通过委外投资渠道投向券商、基金子公司、信托等，委托相应的资管计划进行投资。

2. 券商资管

券商的资管产品主要分为"一对多"的汇聚个人投资者资金的集合产品、"一对一"的定向资管产品，以及两种形式兼可的专项资管产品（见图2—11）。其中后两者资金门槛较高，委托来源主要是机构投资者、对接银行的理财产品等。2016年末，我国存量的定向资管资产规模为14.68万亿元，占券商资管总规模比重为84.86%。实际上，在资金运用过程中，券商资管产品还可以通过两种渠道进一步加杠杆：一是结构化产品，券商将其资管产品结构化分级，形成优先级份额和劣后级份额；二是融资杠杆，券商资管产品依托本身的净资本，可以通过质押回购融入资金，扩大资管产品总资产的规模。

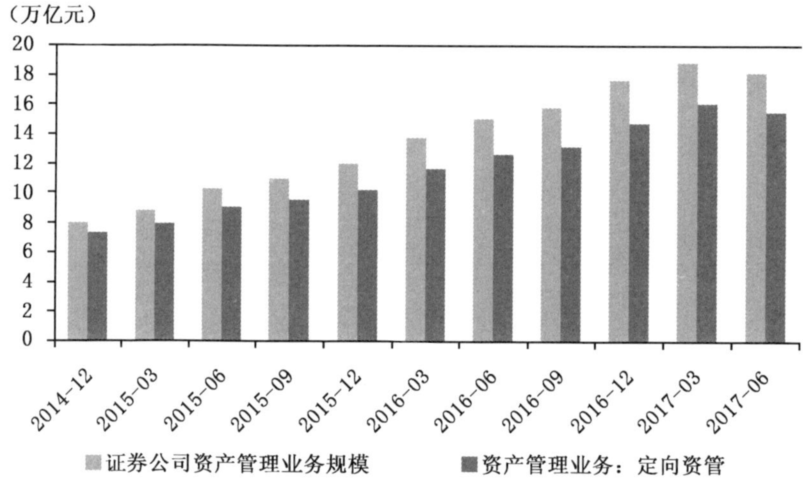

资料来源：Wind。

图2—11　证券公司资产管理业务及定向资管规模

3. 基金专户理财

基金专户理财资金中，一对一产品主要承接银行理财资金。截至2017年一季度末，一对一产品占基金专户理财总规模约为66%，达到4.25万亿元的规模。相比信托和券商资管，基金子公司在2016年前没有资本金的约束，行业杠杆高企。基金子公司业务中，特定客户资产管理业务中的一对一产品为其最主要业务收入来源，主要对接银行理财产品的资金。2017年一季度，一对一产品规模达到7.9万亿元，二季度末降至7万亿元。通过充当银行资金流向非标的通道，基金子公司实现了资产规模的快速增长（见图2—12）。

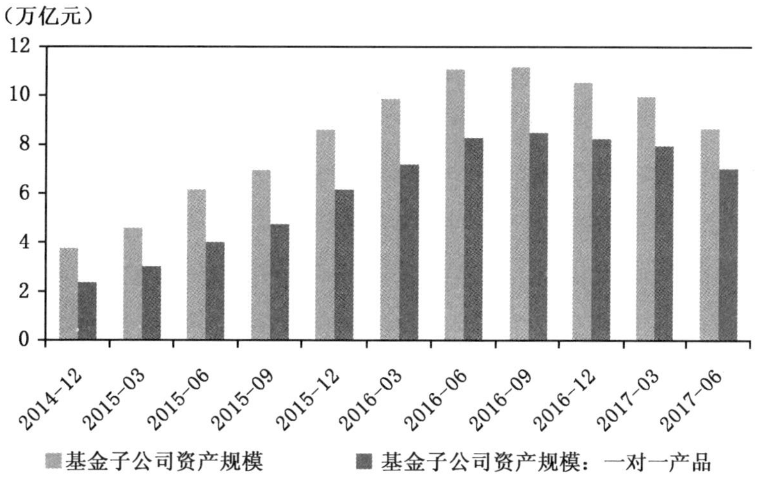

资料来源：Wind。

图 2—12　基金子公司资产规模快速扩张

4. 信托

截至 2016 年末，信托公司资产管理规模已达 20.21 万亿元，相较 2007 年增长了 20.29 倍，近年来杠杆率提升较快。当前信托资产按照功能可分为融资类、投资类和事务管理类。从变化趋势上看，融资类占比不断下降，事务管理类占比不断上升。截至 2017 年二季度末，事务管理类信托规模为 12.48 万亿元，比 2016 年二季度末的7.47 万亿元增长 67.11%，环比 2017 年一季度末的 11.48 万亿元增长 8.68%；占比达到 53.92%，比 2016 年二季度末的 43.20%上升了 10 个百分点（见图 2—13）。事务管理类信托是指委托人交付资金或财产给信托公司，指令信托公司为完成信托目的，从事事务性管理的信托业务。这类信托业务由委托人驱动，信托公司一般不对信托财产进行主动的管理运用。而通道类业务普遍被归口至此类业务中。

5. 保险万能险

万能险所缴保费被分为两个部分，即少部分用于保险保障，大部分则进入投资账户，实质上是保险公司为投保人创设的投资理财渠道。相较资管产品不得涉及保本收益的要求，万能险下设了 3%左右的最低保证利率，同时给出了 5%以上的高结算利率。基于收益优势，吸引了大量银行存款与理财资金的进入，万能险业务也得到了快速发展，2016 年占总保费的份额达 31.4%（见图 2—14）。万能险作为保险公司的负债项目，规模的扩大增加了保险业的杠杆率，但由于万能险本身主要期限为 1—3 年，一般不超过 5 年，这就为万能险加杠杆的行为带来了资产端与负债端期限错配的风险。

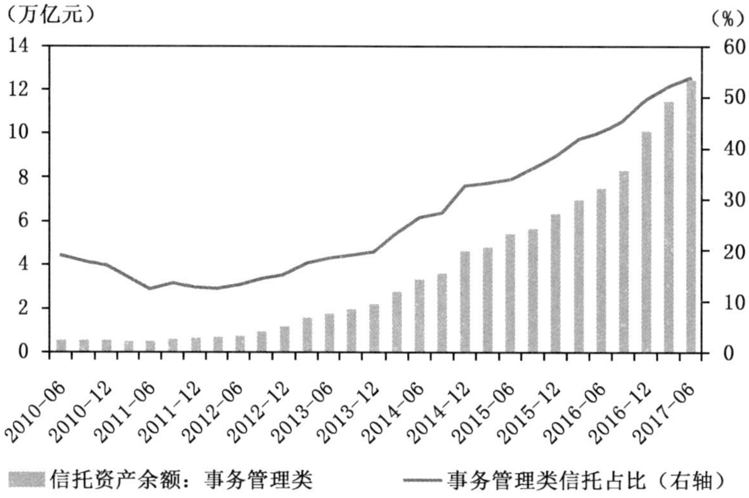

资料来源：Wind。

图 2－13　事务管理类信托资产余额变化及增速

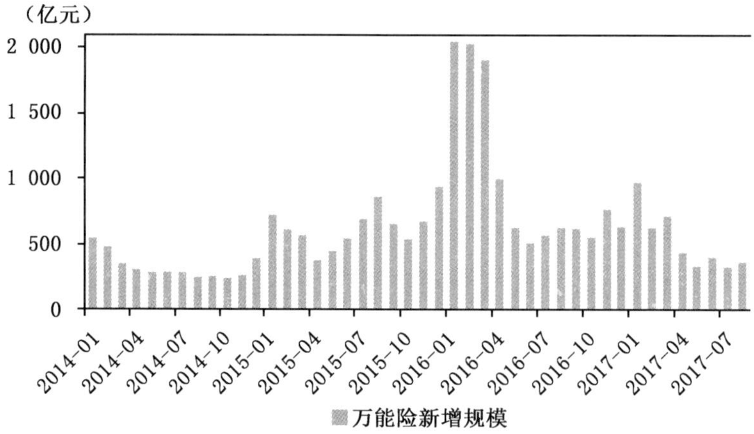

资料来源：Wind。

图 2－14　万能险新增规模变化

二、统一监管缺失，导致监管套利层出不穷

（一）“银信合作”是监管套利的初始形态，并推升资管行业爆发式增长

“银信合作”模式的出现使得信托业资产管理规模快速增长。信托资产管理规模 2007 年末为 0.95 万亿元，而到 2017 年 6 月末已达到 23.14 万亿元，管理规模累

计增长 24 倍(见图 2—15)。信托管理规模的爆发式增长,很大程度是得益于“银信合作”等通道业务的发展,“银信合作”也是大资产管理行业其他业务创新发展的初始形态。

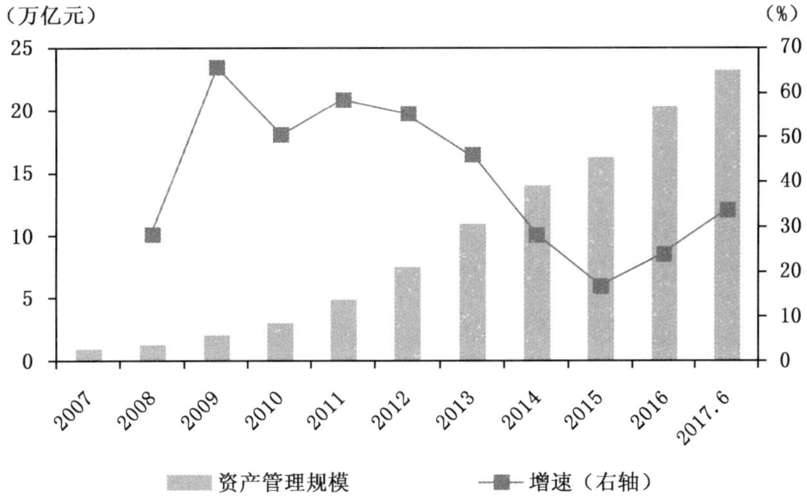

资料来源:信托业协会。

图 2—15　信托行业资产管理规模及增速

(二)银信合作等通道业务的监管政策

在银信合作类通道业务快速发展的同时也带来了风险隐患:一是逃避监管,风险积聚;二是绕开了信贷政策的限制,影响了政府宏观经济调控的效果。因此,监管部门对银信合作出台了多项监管措施。2010 年 8 月 5 日,银监会下发《关于规范银信理财合作业务有关事项的通知》,要求信托公司在开展银信理财合作业务过程中,不得开展通道类业务;8 月 24 日,银监会发布《信托公司净资本管理办法》。受监管规定的影响,银信合作迅猛的发展势头受到了一定的遏制,银信合作规模由 2010 年 6 月的 2.03 万亿元降至 2011 年 3 月最低时的 1.53 万亿元(见图 2—16)。2017 年 12 月,银监会发布《关于规范银信类业务的通知》(下文简称《通知》),共 10 条,分别从商业银行和信托公司双方规范银信类业务。

《通知》首次将银行表内外资金和收益权同时纳入银信类业务的定义中,明确银信业务中银行和信托的行为和权责界定,禁止信托资金违规投向房地产等领域,并提出了加强银信类业务监管的要求;要求银行对信托公司实施名单制管理;进一步促进信托行业转型升级分化步伐,对于主动管理能力强、积极进行转型布局、资本实力雄厚的

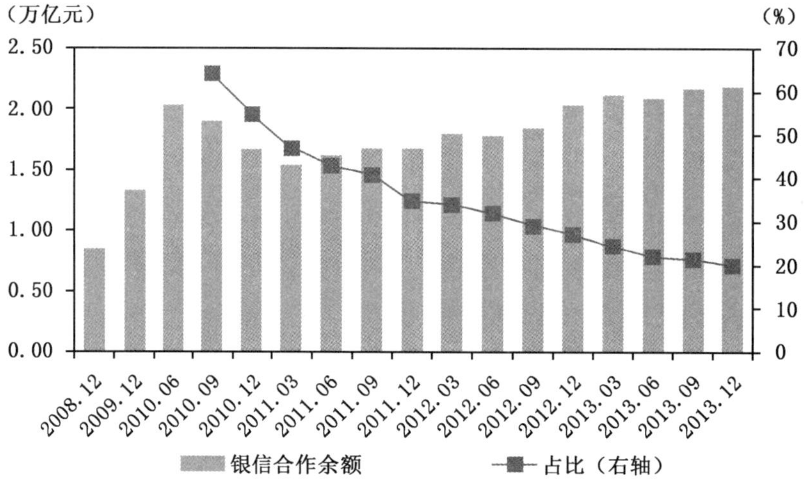

资料来源:信托业协会。

图 2－16　2009－2013 年前后银信合作规模及占比变化

信托公司将进一步受益。此外,对通道类非标业务形成全面抑制,推动非标业务去通道化、通过标准化渠道进行资金运用。未来信托应在投行业务、融资业务、财富管理等业务方面寻求转型。

(三)银信合作下多项监管套利工具不断出现,增加监管难度

2011 年开始,银行一方面在传统银信合作产品中引入更多的过桥方或改变理财计划投资标的,以规避银信合作监管规定,另一方面则寻求新的通道接替信托公司将表内资产挪至表外。2011－2012 年,银信合作受到制约之后,买入返售业务得到发展壮大。买入返售业务,前期以票据类为主,后期以信托受益权类为主。2013 年 6 月之后,银行吸取“钱荒”教训,逐步压缩非标资产获取流动性,除了票据类买入返售业务受到较大冲击外,银行通过信托受益权投资非标资产的业务也受影响,增速有所放缓。随着银信合作、票据买入返售业务受到限制,中小银行开始利用同业代付进行信贷腾挪,释放的资金主要投资非标资产,同时银银合作同业存单质押、受益权 T+D 模式又得到了发展。2012－2013 年,银证合作异军突起,投资标的延伸至非标资产,2013 之后银基合作持续接力。在银证、银基、银银及加入过桥方之后的银信多通道模式持续发展,套利链条拉长,监管套利创新工具层出不穷(见图 2－17)。

(四)新形势下监管套利成为监管重点

为了配合供给侧改革推进,2016 年 7 月以来,“一行三会”开始推进金融市场去杠杆进程,并出台一系列监管文件,遏制金融监管套利的无序蔓延态势(见表 2－1)。

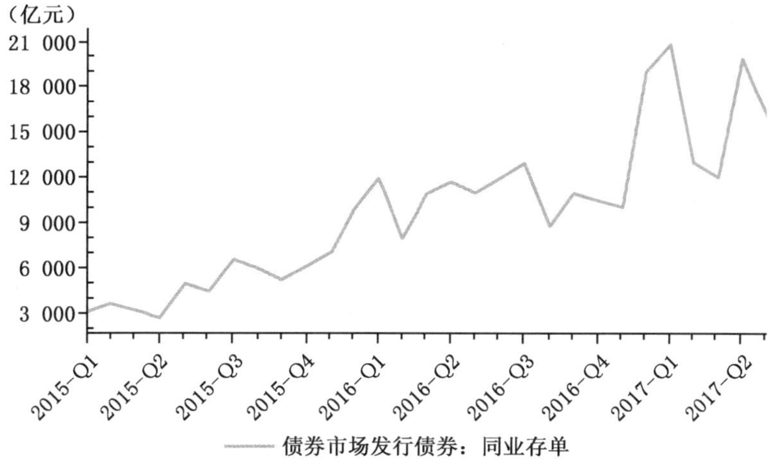

资料来源：Wind。

图 2—17　同业存单发行规模快速增加

2017 年 3 月 28 日，银监会发布 46 号文（银监办发〔2017〕46 号文《银监会办公厅关于开展银行业“监管套利、空转套利、关联套利”专项治理工作的通知》）。“三套利”专项治理工作针对的是同业、理财（资管）等跨市场跨行业金融业务中存在的杠杆高、嵌套多、链条长、套利多等问题。通知的附件文件《三套利专项治理工作要点》对银行机构的各类表内外业务套利行为进行了详尽的罗列和归纳。受新的多项监管政策共同影响，以通道业务等为代表的监管套利受到明显抑制。

表 2—1　　银监会列举“三套利”行为

监管套利	空转套利	关联套利
1. 规避监管指标套利 信用风险指标； 资本充足指标； 流动性风险指标	1. 信贷空转 拉长融资链条； 配合企业举新债还旧债； 利用搭桥贷款投向高利贷行业	1. 违反或规避关联授信集中度控制 需对关联方所在集团进行统一授信； 严格按照“穿透原则”认定关联方和关联方所在集团； 授信及反映风险敞口
2. 规避监管政策违规套利 宏观调控政策； 风险管理政策； 不正当竞争套利； 增加企业融资成本套利	2. 票据空转 无真实贸易背景票据 票据违规出表； 利用通道将理财资金投资； 票据清单交易业务	2. 违反或规避并表管理 应将有实质性控制权的机构纳入集团并表范围； 严格限制借道附属机构和利用内部交易转移资产； 限制利用境内外附属机构变相投资限制性领域； 应当建立服务外包制度

续表

监管套利	空转套利	关联套利
	3. 理财空转 以理财买理财； 非银机构利用委外资金加杠杆； 以同业理财购买同业存单； 报送理财资金委外规模及交易结构	
	4. 同业空转 同业资金空转； 同业存单空转	

资料来源：笔者制作。

三、资金池操作加大监管压力

（一）资金池业务的特征

在银行业监管政策《关于99号文的执行细则》中，对资金池进行了明确的定义，即“信托资金投资于资本市场、银行间市场以外没有公开市价、流动性较差的金融产品和工具，从而导致资金来源和资金运用不能一一对应、资金来源和资金运用的期限不匹配（短期资金长期运用，期限错配）的业务”。资金池的主要特征表现为“资金来源和资金运用不能一一对应、资金来源和资金运用的期限不匹配”。

（二）资金池业务的风险隐患

一是期限错配风险。由于资产管理产品不定期发行，而资金一般投向于存续期比较长的标的，导致投资者的投资期限与投资标的的存续期限出现不匹配，而且资金来源与项目投向又无法一一对应；部分资管产品为提高投资收益率，普遍采取“短借长贷”的操作模式，既无法实现有效监管，又难以划清责任，加大了金融系统性风险。

二是混同运作风险。一方面不同资产管理产品进行混同运作，资金与资产无法一一对应；另一方面，资产管理计划不能单独建账、独立核算，直接导致风险资产的归属问题难以准确厘定，对投资者自身利益构成直接影响。

三是分离定价风险。分离定价脱离了底层资产的实际收益状况，未能明确评估资管产品的净值，导致资管产品投资者利益未能有效保障，滋生道德风险。

（三）分业监管不利于对资金池业务的有效监管

由于资金池业务存在风险隐患，监管机构加强了对此类业务的监管，2013年，中国银监会发布新规，要求商业银行应实现“每个理财产品与所投资资产（标的物）的对应，做到每个产品单独管理、建账和核算”。在此之后，国务院办公厅发布《关于加强影子银行监管有关问题的通知》（“107 号文”），明确银行不得开展理财资金池业务，信托公司不得开展非标理财资金池等业务。2016 年，原中国保监会发布通知，要求保险资管公司禁止发行具有“资金池”性质的产品，主要是指投资于非公开市场投资品种。2016 年，中国证监会和基金业协会严禁证券投资基金行业开展资金池业务，对资金池业务进行全面清理。

虽然各监管机构加强了对资金池业务的监管，但银行和信托公司仍在通过各种方式规避相应的监管举措，例如，将资金池业务转移给证券、基金以及保险等机构，以通道业务的方式躲避监管。券商的资金池业务主要是为银行、信托等机构提供通道服务，只赚取少量手续费，但却需要承担跨市场等金融系统性风险。就此而言，资金池业务是一种监管博弈的方式，但也是目前中国金融分业监管下监管对象进行监管套利的必然结果，而资金池本身的风险和隐患依然存在。为此，需要破除各部门之间的监管壁垒，实施“一行三会”监管信息共享，构筑金融监管合围机制，才能有效解决资金池问题。

第三章　资管业务统一监管与系统性风险防范

第一节　资管业务统一监管的核心目的是防范系统性风险

在全国金融工作会议以及中共十九大报告中，均高度强调了防范系统性金融风险的重要性，并将防风险确认为三大任务之一，并指出防范金融风险的根本举措就是要为实体经济服务，而要提高防范化解金融风险的能力关键在于深化金融改革。2007—2009 年的国际金融危机表明，金融机构的行为和风险具有明显的外部溢出性，整个金融体系内的风险并没有因为金融创新等手段而消失，只是发生了转移与重新分配，系统性风险在金融体系内不断积聚（范小云等，2011）。

当前，国内金融市场不同行业之间的相互影响日益加深，一方面，证券、银行、保险等金融机构逐步突破分业经营的边界，业务多重交叉明显，所推出的跨市场、跨行业金融产品容易产生风险交叉传染；另一方面，在金融集团综合金融经营驱动下，金融控股公司同时开展多个金融子行业或相关细分市场的经营活动，导致金融风险在各个子行业、子市场之间产生放大效应。特别是近年来资产管理业务的快速发展，虽然使资金端与资产端实现了有效融通，提高了金融资源配置效率，但是各类型金融机构风控标准不一致，监管协调不统一，资金池操作、产品嵌套、刚性兑付等问题逐渐显现，市场秩序有待规范。在顶层设计上，全国金融工作会议改革了金融监管组织架构，设立了更高层级的国务院金融稳定发展委员会，着重加强功能监管和行为监管。

第二节　资管业务之间的风险传导特征

以往对系统性金融风险的研究主要集中在银行业领域，风险也更容易在银行系统内传导，甚至引发系统性金融风险。对于主要功能是承保并管理风险的保险业而言，其经营模式与银行相差较大。保险公司预先收取保费，且保险合同的周期相对较长，保险资金的给付也需要满足保险合同约定，这使得保险人具有充足的现金流。此外，保险机构之间的相关性较低，不存在类似银行同业业务的资金往来。整体而言，由于保险公司之间的业务交叉要明显少于商业银行，因此保险公司相互之间的关联度与银行业相比明显较小，而且风险传导的方式也有较大差异，因而保险业的传统业务在金融系统中更能发挥稳定器的作用。

由于与其他金融体系之间的风险传导，使保险业依然面临发生系统性金融风险的可能性。在全球金融危机期间，美国国际集团（AIG）等大型保险企业获得了政府救助，打破了保险业不会产生系统性风险的传统观念。研究表明，中国保险业与其他金融业之间存在着明显的风险关联，表现为相互之间的风险溢出效应明显，保险业面临的从其他金融子系统传染过来的风险的形势比较严峻。2017 年 4 月，原保监会发布了《关于进一步加强保险业风险防控工作的通知》，强调要“加强外部风险摸排和管理，切实防范外部传递性风险”。其中重点提到，信用风险的爆发可能会造成保险公司债券投资的巨大损失，股市波动、“黑天鹅事件”等事件也可能会造成公司股票投资的重大损失。

目前，保险之外的金融子系统中的风险积累情形不容乐观，其他金融子系统的风险通过保险资管等途径可能会引发保险业系统性金融风险。截至 2016 年 12 月底，保险资产管理机构累计发起设立各类债权、股权和项目资产支持计划 651 项，合计备案

(注册)规模达1.65万亿元(见图3—1)。庞大的资管规模加强了保险业与其他金融体系在资本、资金、产品等方面的联系,单个行业、单个市场的风险会通过股权控制、资金交易等纽带渗透到保险业子市场。交叉业务风险不仅能够加速传统金融风险的外溢速度,而且能够扩大金融风险外溢范围。

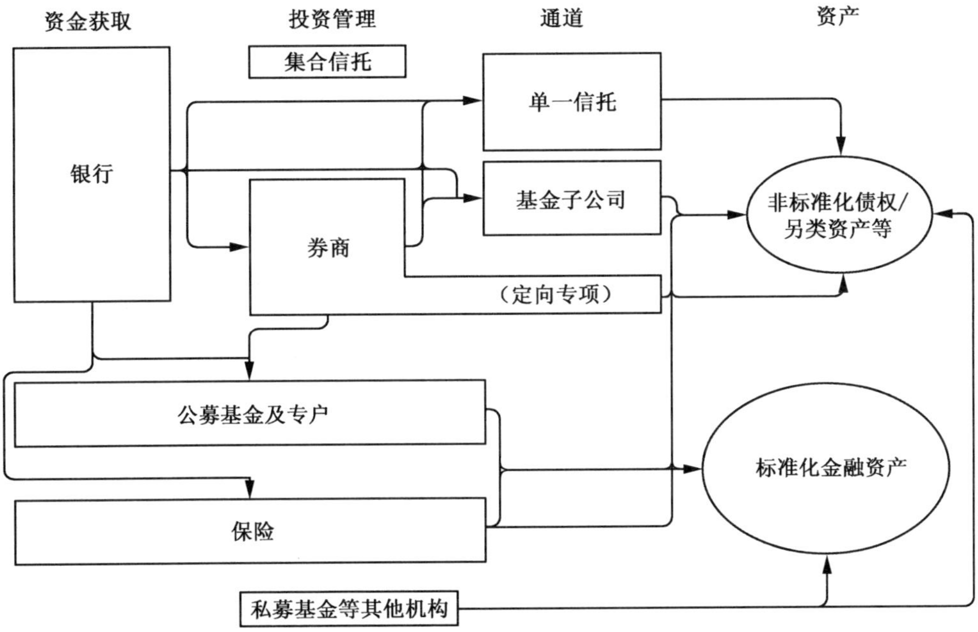

资料来源:申万宏源证券。

图3—1　我国资管业务链条

第三节　资管行业系统性风险测度

2008年国际金融危机后,监管当局和学者们提出了一系列测度系统性风险和单个金融机构边际风险贡献的方法。这些方法大致可分为两大类。

一类是基于金融机构之间实际资产负债关联的网络分析法(network analysis approach)。网络分析法利用银行间的双边资产负债敞口,通过模拟银行网络体系中单个或多个银行作为系统性风险诱发因素导致的银行破产数量、破产损失以及诱发系统性危机的难易程度,衡量银行体系的传染风险(Degryse and Nguyen,2007;Mistrulli,2011)。该方法主要用来测度银行部门的系统性风险、单个银行的系统重要性以及对系统性风险的贡献程度,但由于数据的可获性,网络分析法对其他类型的金融机构系统性风险的测度应用相对较少。

另一类是基于金融市场数据的方法。一是系统性预期损失值(SES)(Acharya et al,2010),其核心思想是测度单一金融机构在系统性危机条件下的预期资本损失值,指标值越大表示金融机构对系统性危机的贡献值越高,即该机构的系统性金融风险越大;二是系统性风险指标(SRISK,Engle et al,2012),该指标的核心构造思想与系统性预期损失值是一致的,两者都是测度单一金融机构在系统性危机条件下的预期资本损失值,但在系统性风险指标的框架下,系统性危机被定义为股票市场在 6 个月内出现 40%的下滑;三是条件风险价值(CoVaR)方法,传统金融监管核心指标在险价值(VaR)只能度量单一机构的尾部风险,未考虑金融外部性的特点,且具有较强的顺周期性,不符合微观审慎监管的基本原则。条件在险价值通过度量在单一金融机构出现尾部事件条件下金融系统的预期在险价值,即单一机构的尾部事件引起金融系统出现预期尾部损失值越大,则该机构的系统性风险越大。

一、我国资管机构系统性风险特征

根据《2017 年中国系统性金融风险第一季度报告》测算结果显示,2011 以来,随着越来越多资金“跳”出银行的资产负债表、影子银行(表外业务)野蛮生长,各金融机构之间的相互关联性(inter－connectedness)增强,国内主要的 19 家系统重要性金融机构的 SES、SRISK 和 ΔCoVaR 值均呈现小幅整体上升的变化趋势。根据清华大学国家金融研究院货币政策与金融稳定研究中心发布的《中国系统性金融风险 2017 年 1 季度报告》,在 2015 年股市异常波动期间,金融板块个股股价联动性大幅上升,系统性金融风险指标值急剧上升。但随着沪深 A 股市场走向稳定、实体经济的逐步企稳等,主要金融机构的 SES、SRISK 和 ΔCoVaR 值迅速回落,并在 2016－2017 年第一季度内整体保持相对稳定(见图 3－2、图 3－3、图 3－4、图 3－5、图 3－6)。

从不同类型金融机构的系统性风险指标看,保险业和证券业的测算值明显低于银行业,这与我国资管行业的整体业态情况保持一致。袁薇和王培辉(2017)运用扩展的 CoVaR 模型测度我国保险公司系统性风险溢出效应,研究表明,我国保险公司间、保险公司和保险业间及保险机构和其他金融机构间存在显著的双向风险溢出,并呈现出非对称性,不同保险机构的风险溢出存在较大差异。2007－2009 年、2014 年底－2015 年 6 月风险溢出效应明显强于样本期其他时间段。

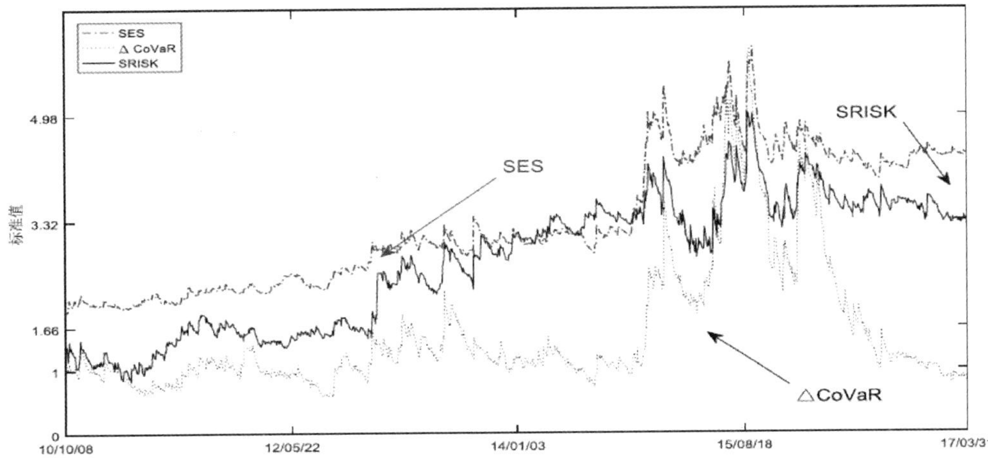

资料来源:清华大学国家金融研究所货币政策与金融稳定研究中心《中国系统性金融风险2017年第1季度报告》。

图 3—2　主要金融机构系统性风险指标平均值

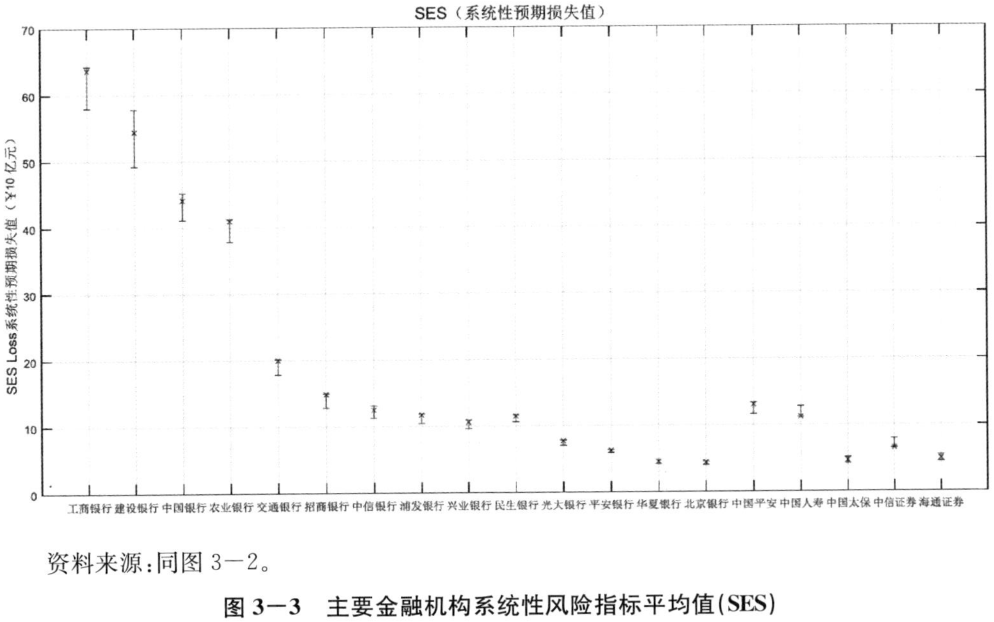

资料来源:同图 3—2。

图 3—3　主要金融机构系统性风险指标平均值(SES)

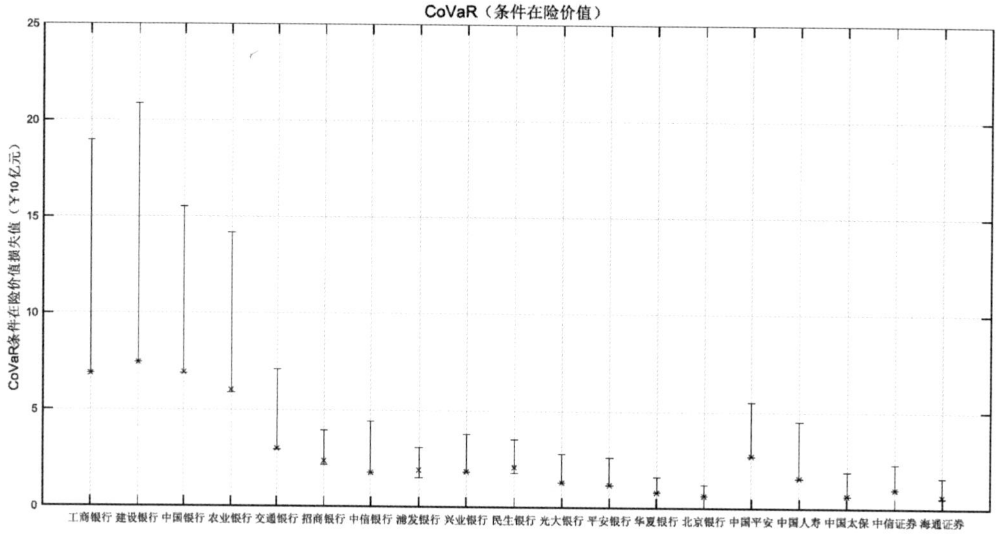

资料来源：同图 3—2。

图 3—4　主要金融机构系统性风险指标平均值(CoVaR)

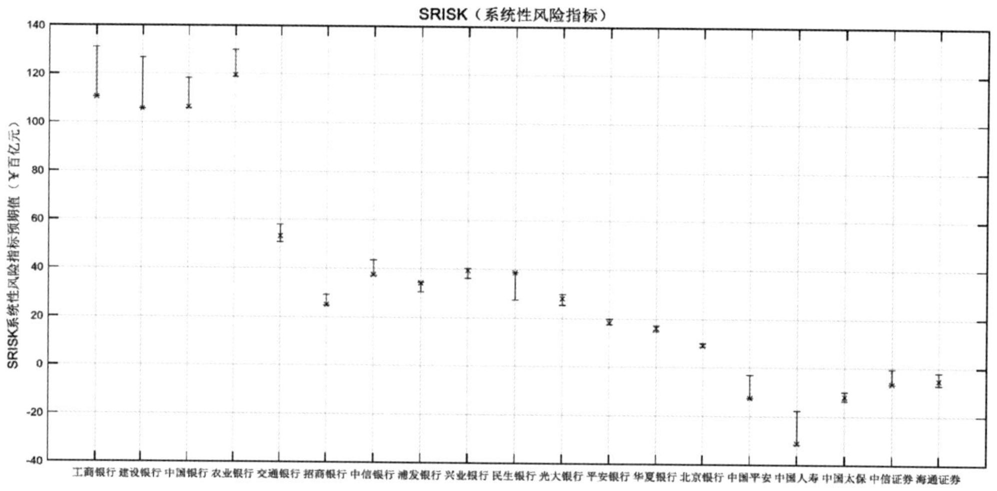

资料来源：同图 3—2。

图 3—5　主要金融机构系统性风险指标平均值(SRISK)

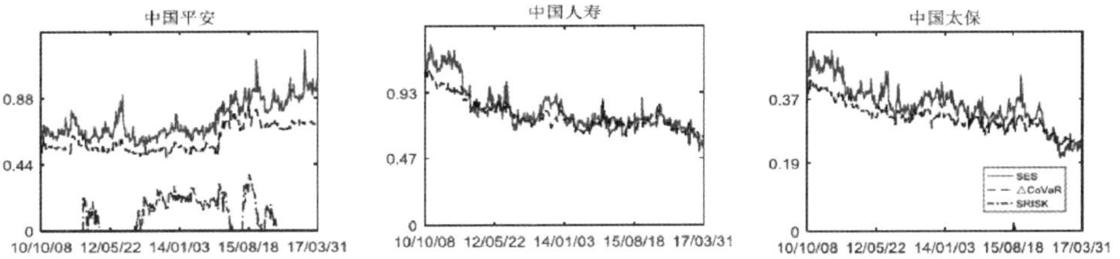

资料来源:同图 3—2。

图 3—6 主要保险机构系统性风险指标平均值

二、我国保险机构系统性风险测度

首先,本文选取中国平安、新华保险、中国太保、中国人寿四支保险股以及保险业、银行业、证券业指数,选取 2015 年以来每一交易日收盘流通市值作为研究的原始数据。取市值对数一阶差分乘以 100 来计算股票日波动率,各股指波动率序列一般关联情况见图 3—7。统计结果显示,中国平安与其他 3 只保险股票的相关性较强,保险业间关联性较强,保险业与银行、证券业间关联性较弱。

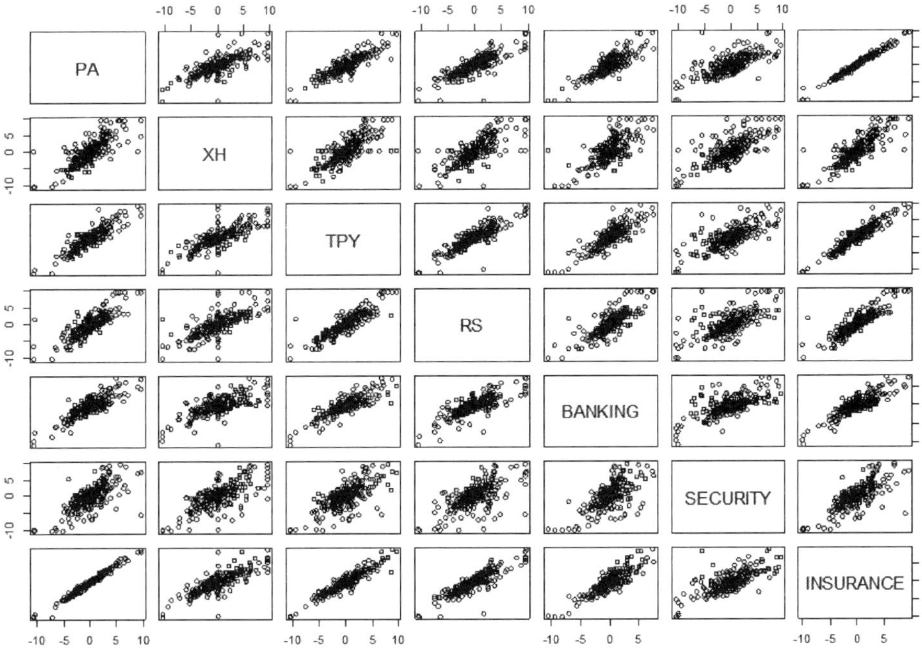

资料来源:笔者制作。

图 3—7 4 家保险公司与保险业、银行业、证券业波动率关联情况比较

其次，采用时间序列 GARCH(1,1)模型，对保险股票内部的协方差矩阵，正态及偏态检验结果如图 3－8，图 3－9 所示：

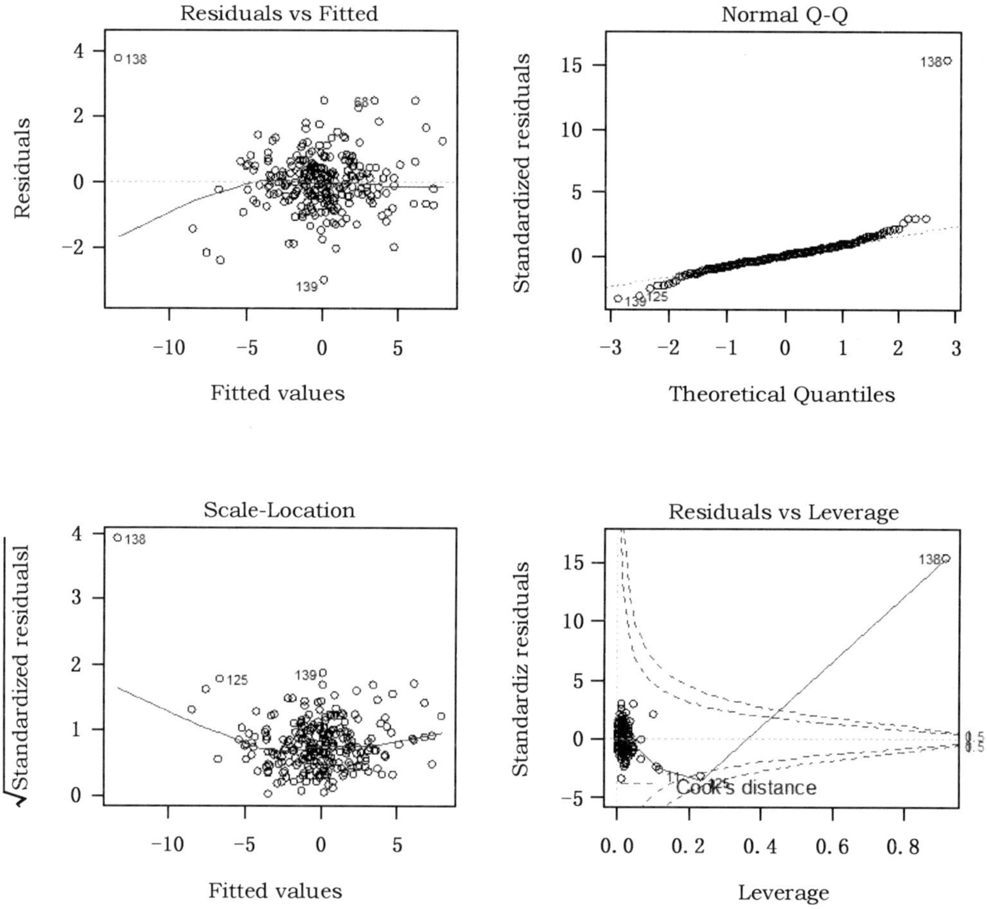

资料来源：笔者制作。

图 3－8　保险系内部正态检验结果

检验结果表明，相关性检验通过，但方差检验与残差检验未通过，说明保险系公司内部具有较强相关性，但方差齐次性较差，时间序列模型对未来股价的预测性较差。根据上述假设检验，计算得到样本期间保险公司之间系统性风险溢出价值。

从表 3－1 可以看出，各上市险企股价间风险溢出效应明显，而且不同上市保险公司之间的风险溢出强度也存在较大差异。依据类似的实证方法，计算上市保险公司与银行、证券等其他金融类上市公司之间的系统性风险溢出均值。从表 3－2 的统计结

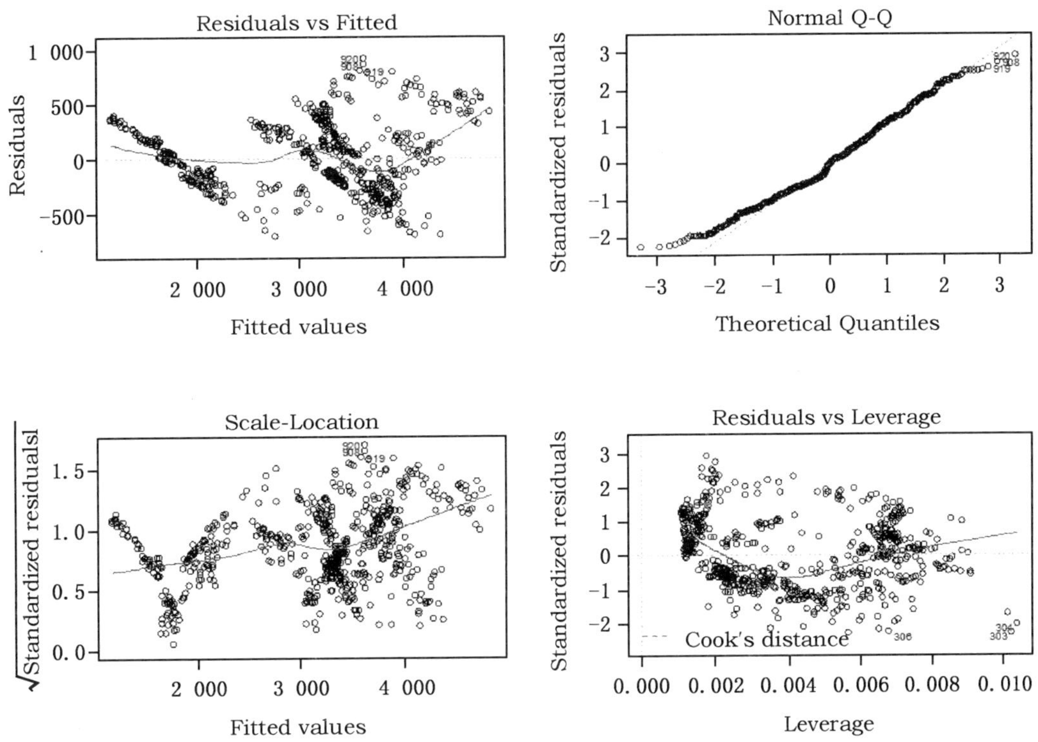

资料来源:笔者制作。

图 3—9　保险系内部偏态检验结果

果可以看出,保险类上市公司与其他金融类上市公司之间均存在双向风险溢出效应,但不同类型的金融机构之间差异较大。

表 3—1　　保险公司间系统性风险溢出均值(溢出方向)

	中国平安	新华保险	中国太保	中国人寿	保险板块
中国平安		−11.606	−11.564	−11.313	−11.539
新华保险	−11.606		−13.883	−9.279	−9.340
中国太保	−11.564	−9.279		−9.581	−8.871
中国人寿	−11.312	−9.340	−9.581		−8.766
保险板块	−11.539	−8.983	−8.871	−8.766	

资料来源:笔者制作。

表 3—2　　保险机构与其他金融机构间系统性风险溢出均值(溢出方向)

	保险板块	银行板块	券商板块
保险板块	—	－8.98	－11.539
银行板块	－6.386	—	－7.978
券商板块	6.067	7.978	—

资料来源:笔者制作。

第四章　资管业务监管趋势及保险资管的应对策略

第一节　资管行业统一监管框架

一、统一监管趋势明确

近年来在金融创新不断加速的趋势下,金融体系由分业经营向混业经营的转变愈发明显,而现有的分业监管模式已难以应对金融发展新特征。2015 年,中国股市受到的重挫以及个别险资二级市场大规模举牌等激进投资行为都证实了这一点。因此,需要从更高层面统筹协调各类金融监管资源,实现对系统性金融风险的审慎监管。从资产管理业务角度出发,金融监管体系的改革重点就是强调各类金融机构在职能上、在业务上回归本源,对各类金融机构的业务范围进行明确,减少资金空转、脱实向虚等现象,真正提高金融服务实体经济的能力和水平。2017 年 11 月,中国人民银行、原银监会、证监会、原保监会、外汇局联合发布了《关于规范金融机构资产管理业务的指导意见(征求意见稿)》(下文简称《指导意见》),标志着我国资管业务步入统一监管的新时期。

二、资管新规的要点解读

《指导意见》明确资产管理业务为金融机构的表外业务,旨在通过统一监管标准,真正实现"受人之托、代客理财"的资管业务本源。具体来看,核心要点包括以下几个方面。

1. 打破刚性兑付,实现"卖者尽责、买者自负"

根据《指导意见》的界定,刚性兑付包括对产品进行保本保收益等类型。通过推行资管产品的净值化管理，旨在降低信息不对称，让投资者明晰风险，在取得收益的同时也真实承担相对应的风险，逐步打破刚性兑付潜规则。

2. 禁止资金池运作，防范流动性和期限错配风险

《指导意见》明确禁止资金池业务，明确提出单独管理、单独建账、单独核算的管理要求。在此基础上，《指导意见》明确禁止“一对多”资管业务模式。针对资金池的空前监管力度，可能会对资管行业目前普遍存在的错配业务模式产生较大冲击。

3. 严格资管产品的杠杆操作，避免过度加杠杆行为

《指导意见》对资管产品的负债杠杆和分级杠杆均进行了严格规定，明确按照穿透原则核算负债杠杆，禁止资管产品持有人以所持产品份额进行质押融资等负债行为，同时明确指出四类产品不得分级，并对分级私募产品的负债杠杆和分级比例进行严格限定。此次资管产品杠杆管理的精细化和严格程度均较以往有明显提高，对后续资管业务的盈利模式和操作方式会带来深远影响。

4. 强化资本和风险准备金计提要求

《指导意见》要求资管产品计提风险准备金，根据管理费来制定相应的风险准备金计提标准，并明确了风险准备金的使用范围。此要求的落地实施，将对资管业务的发展形成较有力的后端约束，有助于形成差异化的发展格局。

5. 加强“非标”业务管理，防范影子银行风险

《指导意见》规定，资管产品投资非标准化债权类资产应满足限额管理、风险准备金要求、流动性管理等监管标准，以避免资管业务成为变相的信贷业务，同时也要求进一步强化和突出标准化产品的投资管理能力。

6. 禁止多层嵌套和通道

目前，金融监管改革方案还没有明确，但是各类资管业务监管标准不一致和市场竞争的加剧，催生了规模庞大的通道业务，给金融监管带来重大挑战，且对委托和受托机构的职责提出了严格界定。这有助于缩短实体经济融资链条，防范资金空转，降低社会融资成本，提高金融服务效率等。

7. 对智能投顾进行了前瞻性管理

这不仅有利于维护金融市场稳定，同时也为智能投顾的规范化发展指明了方向。

8. 机构监管与功能监管相结合

当前分业监管下，不同资管业务的监管规则不一致，加上各种嵌套和通道业务，监管层已经意识到仅仅依靠微观审慎监管不能有效地防范系统性金融风险，必须加大实质性监管力度。《指导意见》旨在强化宏观审慎监管政策框架，这也是央行近年来一直

在推行的重要举措，旨在打造微观审慎监管、宏观审慎监管和投资者保护相互配合的资管业务监管体系。

此外，《指导意见》还就资管产品分类、产品类型、投资者适当性管理、从业人员资质要求、公募和私募产品的投资要求、公司治理和风险隔离以及第三方独立托管等方面进行了具体规定。

三、资管业务统一监管对行业的影响

（一）资管行业面临发展机遇与挑战

《指导意见》的落地实施将对资管行业未来发展产生深远影响。

首先，从发展速度来看，“大资管”将进入规范发展的新时代，在流动性“紧平衡”的大背景下，行业规模的增长预计会有所放缓。

其次，从发展格局来看，资管新规对各类机构影响各异，银行理财向净值化管理方向发展；公募基金可能赢得更具优势的发展环境；券商资管、信托和私募基金的规模增长可能承压；保险资管受到的直接影响相对较小，但面临的专业化、市场化竞争压力加大。

再次，从发展趋势来看，监管标准统一意味着资管行业发展趋于同质化，市场竞争加剧，未来资管行业的发展将更多地取决于资产定价和负债管理能力，取决于趋势判断和品种挖掘能力，取决于产品创新和结构设计能力。

（二）各资管子行业发展趋势

1. 银行理财趋于净值化管理，可能影响规模增长

目前，银行理财规模是 30 万亿元，其中保本理财有 7 万亿元。随着《指导意见》明确要求加快推动资管产品从预期收益型向净值型的转变，预计保本理财将退出市场，这将对相应的客户销售和产品规模造成较大影响。此外，预计银行后续会相继成立专业的资管子公司，以及从目前银行理财中流出资金可能的去向，会对整个资管市场的格局产生较大影响。

2. 券商资管规模增长预计放缓，但对整体业绩影响较小

《指导意见》的核心要点之一就是消除多层嵌套和通道业务，而目前券商资管规模中超过 70％以上为通道业务，因此整个行业的规模增长预计将明显放缓。但是由于通道业务费率较低，对券商资管整体经营业绩影响较小。从好的方面来看，《指导意见》明确资产管理业务属于特许经营业务，预计未来各类地方金融资产交易所、P2P 公司、各类互联网或线下财富管理公司均无法开展资管业务，券商资管以及其他正规机构面临的竞争压力有望减小。

3. 信托规模增长受到影响，但对营业收入影响有限

与券商资管所面临的局面类似，通道业务在信托整体资产规模中的占比近一半，一旦“去通道、去嵌套”的要求得到严格执行，信托资产规模将受到明显影响，但是《指导意见》明确了新老划断原则，因此通道业务的有序退出对信托行业当下营收和利润的影响有限。从长远来看，信托行业的发展也将从《指导意见》打破刚兑、压缩通道、强化资本约束等要求中收益，持续强化的主动管理能力和更理性的投资者将是行业新一轮发展的重要基础。

4. 公募基金竞争优势逐渐显现，短期需注意分级产品转型

随着资管产品监管标准的逐渐统一和趋于净值化管理，资产管理行业发展趋于同质化。在这种背景下，原本就侧重标准化市场的公募基金可能赢得更具优势的发展环境，例如更为丰富的净值型产品管理经验、更为出众的证券投研能力以及更为健全的投资管理和运营体系等；但由于《指导意见》中设置了公募产品负债比例（总资产/净资产）140%的上限，同时明确规定公募产品不得进行份额分级，目前存量的分级基金面临转型或者清盘压力，短期可能对行业造成一定影响。

5. 私募投资门槛提升，明确杠杆比例控制风险收益

《指导意见》明确私募产品仅以非公开方式向合格投资者发行，而对合格投资者的认定标准再度提高（家庭金融资产不低于 500 万元，或者近 3 年本人年均收入不低于 40 万元，且具有 2 年以上投资经历；最近 1 年末净资产不低于1 000万元的法人单位），门槛的提升可能对私募产品规模增长产生一定影响。另外，《指导意见》对于私募产品的杠杆比例进行明确限制，这也意味着私募机构难以通过放大杠杆实现投资风险和收益的同步扩大。

6. 保险资管直接影响相对较小，第三方业务可能受到冲击

保险资金运用历来受到原保监会严格监管，行业规范发展、健康发展的基础较好。从受托管理的方式来看，保险资管机构目前的主要业务模式是专户管理，产品业务占比较小。因此，《指导意见》对保险资管直接影响相对较小，但第三方业务存在转型调整压力：一是从资金端看，保险资管主要面向机构销售，在紧平衡、去杠杆、严监管的大背景下，机构客户资金面临较大赎回压力，原先与银行、信托、券商资管等存在的一些固有合作模式也将无法持续。二是从投资端看，保险资管产品的投资范围和风控标准的要求明显较高，核心投研团队市场化激励程度相对不足，相应产品与同类基金产品的投资收益率竞争存在一定的弱势。

第二节　统一监管下资管行业面临的新形势

一、行业发展日益规范，资管业务竞争加剧

资产管理行业发展的历程就是不断伴随着监管政策调整而不断适应和创新的过程，每一次监管政策的重要调整都会带来资管行业竞争格局的变化。2016 年下半年以来，监管部门连接发布监管令，“一行三会”监管新政频繁落地，直指银行理财、表外、同业、通道业务。金融工作会议明确新的原则和方向后，在以强化监管为重点、以防范系统性金融风险为底线的统一监管形势下，行业变局不可避免。

《指导意见》明确提出了打破刚性兑付、限定杠杆倍数、消除多层嵌套、强化资本约束和风险准备金计提要求等核心要求在内的监管措施，旨在最大程度上消除监管套利，消除资管交叉领域的嵌套和杠杆风险，资管行业的竞争将日趋规范。对于资管机构来说，去通道、去刚兑、限制非标、禁止嵌套等监管思路对制约当前资管行业健康发展的制度将进一步清肃，虽然短期内去通道、去嵌套等业务的清理会影响金融机构资管规模的增长，而且会加剧资管行业的内在竞争，但是对资管机构而言，也意味着行业发展将面临更加公平和公正的竞争环境，现有资管业务的范围将得到进一步拓展，资管业务的结构将得到优化。

二、不同资管领域将重建自身核心商业模式

在资产管理产业链条上，不同的资管机构在上下游产业链中具有不同的竞争优势，在监管政策割裂的情况下，由于对资本的计提、产品设计、销售渠道等的不同要求，造成了不同资管机构之间互为通道，滋生套利行为。

在大资管和统一监管发展趋势下，随着监管模式由机构监管向业务监管的转变，监管机构将扩大对各金融机构业务范围的监管。在新的监管形势下，资管机构一方面需要在资管业务链上进行规范发展，推动各类业务真实回归本源，服从于服务经济社会发展；另一方面积极推动业务转型，布局资产管理的全产业链，形成自身的核心商业模式和相对竞争优势。

“微笑曲线”理论和发达市场的实践证明，资管行业的高附加值业务主要分布在“微笑曲线”的两端，即产品研发和客户市场。随着我国对资管业务的统一监管，在牌照优势减弱、去通道、渠道拓宽的背景下，上游的产品研发和下游的客户市场销售的附加值将进一步提高。在新的统一监管框架下，各资管机构间原有的通道有可能转化为

新的合作方式，推动行业整体资产管理能力的提升。

三、资管行业服务经济建设的效率将得到提升

根据麦金农和肖的金融抑制理论，过度的监管对经济产生负面影响，但其主张推行的自由化改革、放松监管，也将导致金融秩序的混乱。对于资产管理行业来说，过去10年的发展，一方面是金融经济发展的需要以及其发展的巨大内生动力，另一方面也积累了层层加杠杆、多重嵌套的风险和资金的空转。随着统一监管的到来，资管行业自身的效率和服务实体经济的效率将得到进一步提升。

在资管业务逐渐回归本源的过程中，随着财富的增长、高净值人群的增加、养老制度的完善，资管业务的规模也将不断扩大。关于这一点已从发达市场的资管业务发展得到证明。同时，在资管规模不断扩大的过程中，随着投资者对金融产品需求的增加，对产品的差异化需求加大，而且在全球化的背景下，多元的市场竞争也形成对资管行业竞争优势的考验，这些都将促使资管行业不断提高自身的效率。

资管业务越来越成为金融的重要组成部分，因而也将承担金融的资金融通的本质功能。在以往通道和杠杆环境下，金融机构通过资管业务加杠杆，在统一监管趋势下，资金流入实体经济的链条将进一步缩短，实体经济融资的成本和运行效率将得到改善，金融资本的使用效率也将得到提升。资管业务在促进金融资本使用效率提高的同时也意味着资金将更多地流向高效率行业，从而有助于推动实体经济供给侧结构性改革目标的顺利实现，在落实服务实体经济与促进金融发展之间实现良性循环。

第三节　保险资管行业的应对策略

在资管行业统一监管的背景下，保险资管行业的思维逻辑和行动策略正在发生变化，保险资管行业需要在回归本源的过程中走出一条具有行业特色的资管业务发展之路。

一、通过市场化改革提升资产管理能力

相较其他机构类型，保险资管行业的起步相对较晚，保险资管政策的放开也比较晚，随着资管行业竞争的进一步加剧，保险资管行业需要通过市场化的改革来提升同台竞争的能力。一是扩大市场化的资金来源。我国保险资管行业的规模已经达到15万亿元，但是业外规模仅占比20%左右，与发达市场的60%—70%占比还存在着较大的差距，因此将第三方资金的引入是实现保险资管从受托管理到全面财富管理战略转型的重要前提；二是拓展

市场化委外，在吸引业外资金的同时，通过市场化的委外，提升内部队伍的竞争和忧患意识；三是市场化的考核机制，通过市场化的考核激励机制，将保险资管的资产管理能力引导向其他类型机构看齐；四是拓展全球多元化市场，在全球范围内拓展业务，能平衡地区经济发展周期带来的影响，全球资产管理的工具也更加丰富，能进一步分散风险。

二、打造差异化、精品化的竞争优势

保险资管业务具有自身的特殊性。从资产管理业务链上来看，保险资管业务分布在资产端与负债端的两侧，通过借助各类保险资管产品使资金需求端与资金供给端实现对接，并在此过程中实现行业价值。随着保险行业的发展及资管产品概念的逐渐拓展，保险资管将全面参与资产管理市场。

从保险资管负债端来看，增速稳定，目前我国已经成为世界第二大保险经济体，市场话语权提升；从保险资管产业链分布来看，在资管产业链的上下游分布较广，相关产业间的联系也更紧密；从影响发达市场资管规模主要的养老制度来看，目前中国版的IRA 即将开始试点，从资金来源和投资管理上将对保险资管行业产生重要影响。

由此来看，保险资管行业打造自身差异化竞争优势的基础将不断夯实，因此，保险资管行业一方面要在基础建设上赶上同业机构，另一方面要在竞争中建立起自身的竞争优势。首先，按照资管业务建立更精简的业务平台，提高业务拓展的效率；其次，匹配和储备更专业的资管人才，在牌照价值减弱、人才价值向上的资管大趋势下重估人才价值；再次，提高产品的投研能力，主动满足对资管产品的差异化需求，在资管产品的开发上，从传统产品不断向定制化产品、金融解决方法、资产配置方案转型；最后，呼应信息化时代的需求，将部分面向个人长尾市场的业务，通过人工智能实现资管产品需求与客户的对接，开展智能投顾的探索。

三、回归保险保障、服务实体经济的本源

在保险主业回归保险保障和长期储蓄的趋势下，资产负债管理要求资产端匹配长期、价值投资，实现行业的健康发展，增强主体的竞争力；同时，保险资金兼具金融属性和产业属性，有着天然服务实体经济的条件。因此，在统一监管的新形势下，促进保险资金回归保险保障本源、提高实体经济服务能力，将是保险资管业务发展的方向和本质要求。

通过投行业务的深化和资产管理业务的创新来实现保险资管行业服务实体经济的要求，主要包括：发起设立债权投资计划、投资各类基础设施项目，基础设施债权项目的投资期限、资金金额、资金收益均符合保险资金的特性。目前，债权投资计划已经

发展成为保险资管业外资金争相配置的重要金融产品，是保险资管的核心业务和重要利润来源；主动参与国家供给侧改革，包括作为PPP项目和PPP资产证券化的投资方和参与者，切实服务于实体经济，提高经济融资能力等问题；随着保险资管开展私募股权业务的放开，险资配置的空间进一步提升，保险资管机构可以从投资人角色积极转向发起人和管理者，成为私募基金，将主要资金投向国家鼓励发展的行业方向、创新型公司和小微企业，促进实体经济产业升级以及普惠金融的发展。

参考文献

[1]玛丽·乔·怀特，宋莹，鲁振坤. 美国如何监管资产管理行业？[J]. 金融市场研究，2015(3):132—137.

[2]杨静. 美国金融监管协调新框架对我国的启示[J]. 国际金融，2013(12):56—59.

[3]荀文均. 穿透式监管与资产管理[J]. 中国金融，2017(8):17—20.

[4]焦莉莉，高飞，曹颖琦. 欧盟金融监管改革有效性的微观基础——监管架构与治理结构趋同性分析[J]. 上海金融，2010(11):73—78.

[5]曹婧，韩金凤，孙欣. 新加坡金融监管经验及启示[J]. 金融纵横，2014(8):8—11.

[6]李文红，王玚. 资管业务监管的国际经验[J]. 中国金融，2017(5):42—44.

[7]山东银监局课题组，艾建华，崔玉平. 商业银行资产管理业务发展转型及监管研究[J]. 金融监管研究，2015(3):78—98.

[8]李晓波，王淼. 香港地区银行理财业务监管改革与经验启示[J]. 金融监管研究，2016(8):96—107.

[9]曹敏. 大资管时代中国资产管理业务的发展及监管对策[J]. 河北北方学院学报(社会科学版)，2016，32(1):45—49.

[10]刘亚南，王宝田. 论英国金融行为监管框架及对我国的借鉴[J]. 吉林金融研究，2015(12):15—17.

[11]叶文辉. 英国"监管沙箱"及对我国金融监管的启示[J]. 金融理论探索，2017(1):31—35.

[12]胡滨，范云朋. 新型资管产品监管的国际经验[J]. 中国金融，2017(8):24—26.

[13]Thirty of Group. The Structure of Financial Supervision Approaches and Challenges in a Global Marketk-place. http://www.group30.org/pubs/Grp30_FRSExec—Summ.pdf.

[14]Thomas A.Russo. Credit Crunch: Where Do We Stand January/April/Oct. Washington.D.C.2008

[15]道格拉斯·J. 艾利奥特，姜昊骞. 系统性风险与资产管理行业[J]. 金融市场研究，2015(8):54—64.

[16]王达，项卫星. 论国际金融监管改革的最新进展：全球金融市场 LEI 系统的构建[J]. 世界经济研究，2013(1)：10－14.

[17]王达，项卫星. 静悄悄的金融统计体系革命：意义、进展及中国的参与[J]. 国际经济评论，2015(4)：121－133.

[18]兴业研究.《应对资产管理业务结构脆弱性的政策建议(征求意见稿)》框架及内容. 2016.12.23.

[19]BCG. 2016 全球资产管理报告. 2016.9.

[20]Acharya V V. A theory of systemic risk and design of prudential bank regulation[J]. Cepr Discussion Papers，2009，5(3)：224－255.

[21]Lovegrove S. FCA-Approach to Regulation[M]// The International Court of Justice，1946－1996 /. Kluwer Law International，2011：946－959.

[22]FCA. Final report on competition in UK asset management. http://www.jdsupra.com/legalnews/fca－publishes－final－report－on－68887/

[23]范小云，王道平，方意．我国金融机构的系统性风险贡献测度与监管——基于边际风险贡献与杠杆率的研究[J]，南开经济研究，2011(4)。

[24]袁薇，王培辉，保险公司系统性风险溢出效应研究——基于 DCC－GARCH－CoVaR 模型[J]. 财会月刊，2017(5).

[25]Degryse，H.，and Nguyen，G.，Interbank Exposures：an Empirical Examination of Systemic Risk in the Belgian Banking System，International Journal of Central Banking，2007.

[26]Geneva Association，Systemic Risk in Insurance－An analysis of insurance and financial stability，2010.

[27]Mistrulli，Assessing Financial Contagion in the Interbank Market：Maximum Entropy Versus Observed Interbank Lending Patterns，Journal of Banking&Finance，2011.

[28]李松庆，王炜.第三方物流的实证分析[M].北京：中国物资出版社，2005.

[29]祁之杰，我国物流资源优化配置问题探讨[J].管理现代化，2004(1).

[30]Eichner，T.，R. Pethig，Corrective Taxation for Curbing Pollution and Promoting Green Product Design and Recycling[J]. Environmental & Resource Economics，European Association of Environmental and Resource Economists，2003，25(4)，p. 477－500.

[31]胡滨，杨楷. 监管沙盒的应用与启示[J]. 中国金融，2017(2).

[32]李杰. 资产管理业务统一监管趋势与保险资管应对策略[N].深圳特区报，2017(10).

[33]中国系统性金融风险 2017 年 1 季度报告[R]. 清华大学国家金融研究院货币政策与金融稳定研究中心.2017(5).

[34]黄梅波，范修礼.金融监管模式的国际比较：五国案例分析[J]. 福建论坛：人文社会科学版，2010(12).

（本文获“IAMAC 2017 年度系列研究课题”优秀课题）

保险服务实体经济模式研究

中国人民保险集团股份有限公司

龚新宇　段鸿济

摘要

推动实体经济转型发展事关我国 2020 年决胜全面建成小康社会，事关从 2020 年到 21 世纪中叶的两个战略安排，是当前和今后相当长一段时期我国经济发展的重心所在和关键所在。本课题从两个逻辑层面来把握实体经济的发展：一个是实体经济发展的历史纵向层面，另一个是实体经济自身的横向分层结构层面。

从历史纵向来看，作为后发国家，工业化始终是国家经济发展的核心目标。因此，要把实体经济的发展置于整个国民经济工业化的历史进程中来把握。通过回顾各国以及我国工业化进程的经验与教训，可以总结出，工业化有着自身的内在规律，即工业化具有从乡村原始工业革命开始，逐步迈向以轻工业为主的第一次产业革命，进而迈向以机器制造和重工业为主的第二次产业革命这种按阶段、按顺序逐级展开的内在规律性。就我国改革开放 40 年的工业化发展历程来看，也可以划分为农村原始工业化、第一次工业化、第二次工业化三个主要阶段。当前，我国正处于向第三次工业化迈进的转折期，实体经济的转型升级是其核心内容。同时，可以发现，农业、农村和农民是实体经济发展的先导环节，以制造业为主的工业化是实体经济发展的核心环节，统一国内市场和开拓国际大市场是工业化进程启动和演化升级的必要环节。

从实体经济自身的横向分层结构来看，实体经济可以有如同货币的 M0、M1、M2 一样的三个不同的概念范畴，分别是："实体经济 R0＝制造业""实体经济 R1＝ R0＋

农业、建筑业和除制造业以外其他工业”“实体经济 R2＝ R1＋批发和零售业、交通运输仓储和邮政业、住宿和餐饮业以及除金融业、房地产业以外的其他所有服务业”。实体经济 R2 与金融业、房地产业就构成了国民经济整体，也就是包括实体经济与虚拟经济的整个国民经济。从横向分层结构来看，我们会发现，实体经济当前面临的主要问题是结构性失衡问题，即在实体经济 R0 层面，我国制造业面临大而不强的问题，主要表现为高端和有效供给不足而中低端和无效供给过剩；在实体经济 R1 层面，主要是制造业工业与非制造业工业，即制造业与采矿业、电力热力燃气及水生产和供应业之间的结构失衡问题，更准确地说，是诸多非加工制造业产能过剩的问题；在实体经济 R2 层面，主要是两方面问题：一是工业与非金融服务业之间的结构和关系问题，特别是生产性服务业不发达的问题；二是服务业大体上可以分为传统服务业和现代服务业两类服务业的结构问题，也就是现代服务业发展不充分的问题。要解决实体经济自身的结构性失衡问题，必须抓住供给侧结构性改革这条主线。

基于以上分析，课题从“三农”“三去一降一补”“一带一路”三个重点环节入手进行研究，分析保险在推动三个重点环节转型发展方面所能发挥的积极促进作用，以此回应课题开篇对保险大局观的认识，即社会主义保险业以服务实体经济发展为本质特征，努力在现代化经济体系建设过程中发挥重大作用。

关键词

保险　供给侧结构性改革　“三去一降一补”　实体经济

第一章　中国保险业的大局观

一、实体经济发展是我国抓住重要战略机遇期的关键环节

中共十九大报告明确指出：“当前，国内外形势正在发生深刻复杂变化，我国发展仍处于重要战略机遇期，前景十分光明，挑战也十分严峻。”这是党中央结合历史和现实、理论和实践、国内和国际等方面进行科学分析的基础上，从党和国家事业发展大局出发，形成的科学深刻的判断。美国次贷危机引发全球金融经济危机后，我国所处战

略机遇期的内涵已经发生重大变化。从世界政治经济格局来看，世界实力对比在危机期间将急剧变动，国际经济秩序将发生重大变化，全球发展的重心将从美国向亚太地区转移，为我国带来了发展成为全球新强国的百年一遇的重大机遇。从经济意义来说，在2008年美国次贷危机前，我国的战略机遇主要表现为海外商品市场扩张和国际资本流入，我国抓住机遇一举成为全球制造中心。次贷危机发生后，世界进入总需求萎缩和资本、技术与劳动力在全球宏观配置失衡的漫长调整过程，"我国的战略机遇则主要表现为国内市场对全球经济复苏的巨大拉动作用和在发达国家呈现出的技术并购机会和基础设施投资机会"①。也就是说，在这一大变革大机遇来临之际，我国一要加快建设消费大国。通过加快调整储蓄和消费的关系，提高消费对经济增长的贡献率，增强消费对经济发展的基础性作用，推动我国从外生性的供给大国逐步向内生性的需求大国转变，为自身也为全球提供巨大市场。二要加快建设制造强国。通过深化供给侧结构性改革，加快技术进步和提高投资效率，推动实体经济转型升级，促进产业迈向全球价值链中高端，培育若干世界级先进制造业集群。这两个方面紧密联系、密切相关，成为制造强国并占据价值链中高端是成为需求大国的前提和基础；而成为需求大国有助于形成消费对国内供给提质增效和国际分工结构变化的引领、促进，对冲国际需求市场波动风险，同时真正贯彻落实以人民为中心的发展思想。

二、社会主义保险业要在服务实体经济发展中体现自身鲜明的本质特征

我国保险业作为社会主义市场经济的重要组成部分，是经济提质增效升级、保障和改善民生、加强和创新社会管理的重要金融工具。"牢牢把握我国发展的阶段性特征，牢牢把握人民群众对美好生活的向往"，不仅是推进党和国家事业发展的重要前提，也是我国保险行业找准行业定位、推动自身事业发展的重要前提。

现阶段，我国经济社会发展站到了新的历史起点上。保险业要紧扣我国当前社会主要矛盾的变化，明确未来时期保险发展的着力点是解决发展不平衡、不充分问题，更好满足人民日益增长的美好生活需要，更好地服务国家战略实施。始终坚持保险业服务保障的初心使命，积极服务经济社会发展大局，坚持服务实体经济，回归保险本源，不断推进保险自身的质量变革、效率变革和动力变革，不断推进自身供给侧结构性改革，提升服务效能，为我国抓住重要战略机遇期加快发展，为打赢三大攻坚战、全面建成小康社会，为实现中华民族伟大复兴的中国梦做出贡献。

---

① 刘鹤．两次全球大危机的比较研究[J]．凤凰财经，2015.

三、保险业要在建设现代化经济体系过程中发挥更大作用

中共十九大报告深刻指出我国经济已由高速增长阶段转向高质量发展阶段，正处在转变发展方式、优化经济结构、转换增长动力的攻关期，并明确指出建设现代化经济体系是跨越关口的迫切要求和我国发展的战略目标。对于现代化经济体系，保险不仅本身就是现代化经济体系的重要组成部分，而且因具有经济补偿、风险管理和资金配置等独特功能作用，保险能够也应当成为建设现代化经济体系的重要推动力。

第一，保险要成为国家经济发展实现质量变革、效率变革、动力变革中的重要推动力。例如，通过质量保证保险、产品保真保险改变消费者信息劣势，形成对生产企业重视产品质量、重视品牌价值的正向激励，从而改变“柠檬市场”的逆向选择路径，提高我国企业的产品质量；通过构建以科技型企业贷款保证保险、高新技术企业研发责任保险、关键研发设备保险、高新技术企业财产保险等大类险种为支撑的科技保险保障体系，为科技创新提供风险保障，为经济增长的动力变革提供支撑。

第二，保险要成为加快建设实体经济、科技创新、现代金融、人力资源协同发展的产业体系的重要推动力。保险因具有经济补偿、风险管理和资金配置等独特功能作用，使其成为促进实体经济提质增效升级的高效引擎、服务科技创新的有效机制、完善金融体系的支柱力量、提升人力资本投资和积累的有力支撑，并能够促进四大领域形成协调发展的产业体系。从实体经济来看，保险业不仅可以从风险保障的角度进行服务，同时保险资金的资本性、长期性、稳定性特征，也使得保险资金更适合为实体经济发展提供资本性投资，提高直接投资比重，增加企业股本和资本金，一定程度上降低我国实体经济的高杠杆。从发达国家经验看，保险资金通常是促进实体经济发展资金需求的重要提供方。从科技创新来看，不仅保险机制对于科技创新具有推动作用，科技创新本身也有助于推动保险业建立新的商业模式、转变服务方式，提升服务效能，特别是大数据、云计算、区块链、人工智能等新一代信息技术在保险领域的应用，有助于推动传统保险业向现代保险服务业升级转变。从现代金融业来看，保险在金融行业中占比的提升就是金融业现代化水平的重要标志。例如，美国等金融发达国家，全社会家庭持有的人寿保险和养老资产占其所持金融资产的比重在30％以上，并显著高于公司股票和储蓄资产的持有比重。从人力资本来看，保险的作用更加独特、突出和可持续。人力资本投资和积累水平的提高是实体经济发展模式从资源要素驱动向创新驱动转型的一个基础条件。通过提高养老、医疗、健康保险保障和提高劳动风险保障水平，有助于促进人力资本投资水平，有助于推动人口红利从数量红利向质量红利转变。

国内外保险理论和实证研究表明，养老、医疗、健康等人身保险保障对家庭人力资本投资具有正向促进和鼓励作用，较好的保险保障制度能降低父母一代的家庭养老储蓄，降低对子女的人力资本投资风险，有利于鼓励父母一代增加对子女的人力资本投资，而且父母一代给予的人力资本投资越多，子女一代的收入越高，缴纳的社会保障税越多，父母的养老金水平就越高。也就是说，通过保险保障机制在代与代之间形成一种“社会契约”，促进人力资本提升和实体经济的创新发展。

第三，保险要成为构建市场机制有效、微观主体有活力、宏观调控有度的经济体制的重要推动力。例如，中国人保近年来围绕解决小微企业与农民等普惠金融主体“融资难、融资贵、融资慢”的问题，在拓宽资金来源、推动保险资金直接对接“三农”、小微需求方面进行了积极探索和有益尝试，在保险监管部门的支持下，以债权投资计划等保险资产管理产品为载体，试点向“三农”、小微提供直接融资支持，探索形成保险资金运用的“支农支小”新模式，为金融小微企业和新型农业主体等微观市场主体的发展引入新的资金活水，为缓解金融市场失灵探索出了新机制。2016 年以来，中国人保的“政融保”、广西河池、贵州黔东南州模式、质押模式和四川模式等保险资金支农支小的发展模式逐步探索成型。到 2016 年底，中国人保集团“支农支小”累计提供融资资金 38.8 亿元，服务“三农”、个人和中小微企业客户 6.7 万户，覆盖全国 27 个省份。

第二章　我国实体经济发展的特征分析

第一节　我国实体经济发展的基本阶段

实体经济以工业为核心，触发工业革命、推进工业化发展是现代国家经济发展和社会进步的必由之路。从英美日等工业化成功国家的经验、拉美国家失败的工业化过程以及我国自身百年来的工业化历程来看，工业化具有从乡村原始工业革命开始，逐步迈向以轻工业为主的第一次产业革命，进而迈向以机器制造和重工业为主的第二次产业革命这种按阶段、按顺序逐级展开的内在规律性。就我国改革开放以来近 40 年的工业化发展历程来看，可以划分为农村原始工业化、第一次工业化、第二次工业化三个主要阶段，如图 2－1 所示。

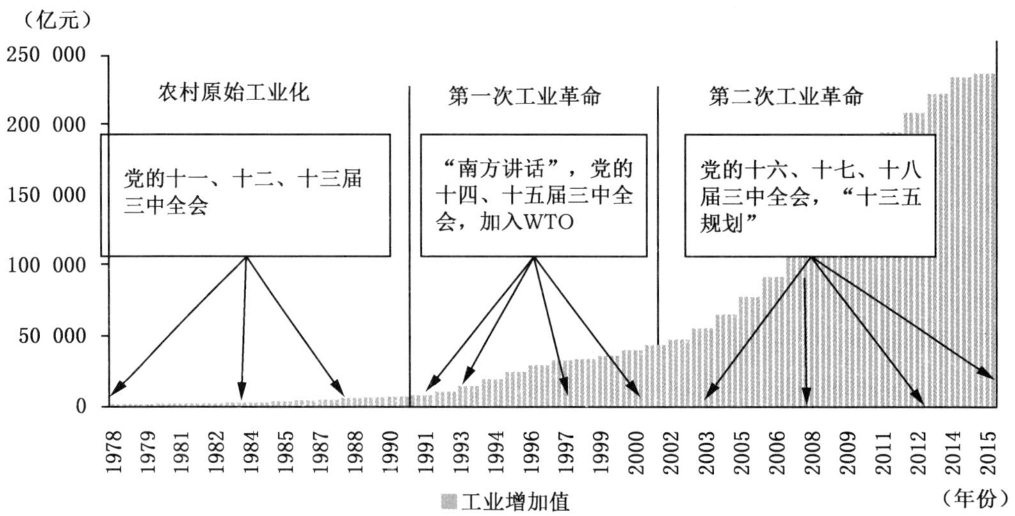

资料来源：国家统计局。

图 2－1　改革开放以来我国实体经济领域的三次升级及贯穿其中的供给侧改革

一、实体经济发展的第一阶段

第一阶段从 1978－1991 年，实体经济进入农村原始工业革命发展阶段，全国乡镇企业异军突起。在这一阶段，乡镇企业在农村经济发展的主体地位日益提升。1978 年，乡镇企业产值占农村社会总产值的比重不到 1/4，经过 10 年的快速发展，到 1987 年则首次超过了农业总产值，达到 52.4%，已成为农村经济的半壁江山，并成为整个国民经济的重要组成部分。这一阶段的经济发展面临的主要问题以及采取的经济政策主要体现在，中共十一、十二、十三届三中全会所出台的改革措施中，如：

十一届三中全会提出“把全党工作的着重点转移到社会主义现代化建设上来的建议”，并着力解决国民经济中的五大发展问题：一是轻重工业比例严重失调，或者说是两大部类比例失调；二是所有制结构比例严重失衡，国有经济与集体经济几乎一统天下，个体民营经济几近窒息，基层民众的创造性与主动性被扼杀；三是城乡、工农关系上的严重畸形，农业生产力发展严重滞后；四是空间上的失衡，工业生产力主要布局在中西部地区，东部沿海地区工业生产力受到较大压制；五是经济发展思想失当的问题。

十二届三中全会提出《中共中央关于经济体制改革的决定》，推动改革由农村走向城市和整个经济领域，改革实现三方面突破性进展：一是明确提出实行在公有制基础上的有计划的商品经济；二是指明国有企业的所有权和经营权相分离的改革思路；三是推进价格体系、建立多种形式的经济责任制分配制度的改革。

十三届三中全会通过了《关于价格、工资改革的初步方案》《中共中央关于加强和改进企业思想政治工作的通知》，提出通过压缩社会总需求和抑制通货膨胀实现经济环境的治理，通过整顿经济生活中特别是流通领域中出现的各种混乱现象实现对经济秩序的整顿。

从供给侧改革的意义上看，中共十一、十二、十三届三中全会改革就是转变抑制轻工业、抑制个体民营经济、抑制农村与农业和抑制东部沿海地区的政策，激活经济活力，解放思想束缚，推动了我国原始工业化进程，拉开了我国 150 年来第四次工业化的序幕。

二、实体经济发展的第二阶段

第二阶段从 1992—2001 年，实体经济进入第一次工业革命发展阶段，我国成为全球轻工业消费品制造的世界工厂并通过煤炭、钢铁和基础设施建设激活第二次工业革命。我国钢产量在 1980—1990 年的原始工业化阶段增加总量不足3 000万吨，1990—2000 年的第一次工业革命阶段增加了6 200万吨。这一阶段的供给侧改革以 1993 年召开的中共十四届三中全会和加入 WTO 为主要标志。十四届三中全会通过的《中共中央关于建立社会主义市场经济体制若干问题的决定》，明确建设社会主义市场经济，确立计划、财政和货币三位一体的调控，并先后实施四方面关键性改革：一是进行粮食流通体制改革，二是进行“抓大放小保关键”的国有企业的改制重组，三是进行教育产业化改革，四是进行住房商品化改革。面对亚洲金融危机的挑战，在供给侧方面 2001 年加入 WTO 和 2003 年中共十六届三中全会通过的《中共中央关于完善社会主义市场经济体制若干问题的决定》，提出大力发展和积极引导非公有制经济，具体在财政方面要求统一税制，坚持宽税基低税率原则；在金融方面稳步推进利率市场化，扩大直接融资，大力发展机构投资者；在国企改革方面要求建立健全国有资产管理和监督体制，破除垄断；在价格方面要求加快要素价格市场化；在产业类型上注重发展劳动密集型产业。

三、实体经济发展的第三阶段

第三阶段从 2002—2017 年，我国实体经济进入第二次工业革命发展阶段，成为制造业大国，取代美国成为全球机械和资本密集型产品的最大出口国，同时推动金融业的繁荣，开启人民币国际化进程，并在能源、信息、通信、计算、动力、材料等多个科技前沿领域取得巨大进步，逐步激活第三次工业革命。以国家高速公路建设和汽车生产为例：我国的高速公路网建设始于 1989 年，即原始工业化后期，但真正的大规模建设是从 1998 年第一次工业化后期开始和整个第二次工业革命时期。1998—2002 年，国家高速公路总长度从 0.87 万千米猛增至 2.51 万千米，增加了近 2 倍，到 2015 年增加至 12.35 万千米，是 1998 年的 14 倍、2002 年的 5 倍。这一长度在 2016 年突破 13 万千米，并预计"十三五"期末达到 16.9 万千米。汽车年生产量在 1994 年时为 134 万辆，从 2002 年开始进入快速增长阶段，从当年的 325 万辆增长至 2008 年的 930.59 万辆，并在 2009 年首次成为世界汽车产销第一大国，达到1 379.53万辆，随后在 2015 年增长至2 450.35万辆（见图 2—2）。显而易见，以机械制造和重工业为主导产业的第二次工业革命对于交通基础设施及其运输工具的巨大供给作用。

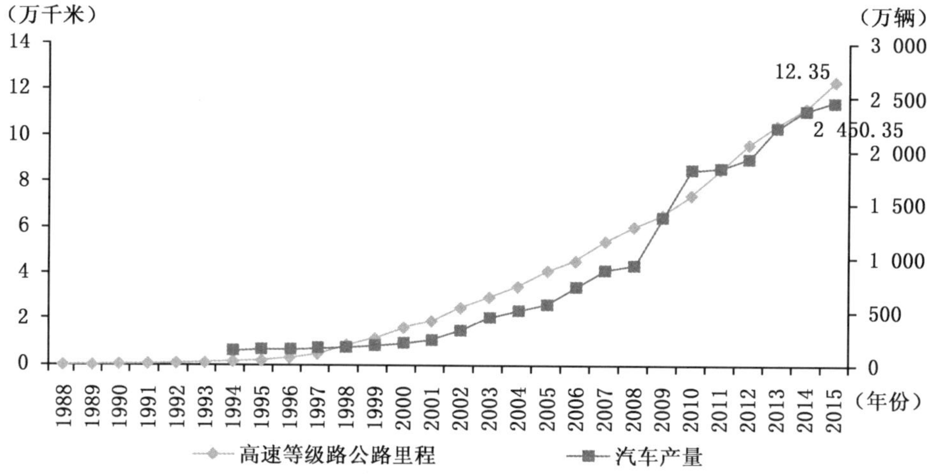

资料来源：国家统计局。

图 2—2　我国高速公路与汽车产量的历史数据

第二节　我国实体经济发展的关键环节

一、农业、农村和农民是实体经济发展的先导环节

（一）乡村原始工业化是开启工业化里程必不可少的阶段

从美国工业化的追赶历程来看，在 19 世纪中叶"引爆"第一次工业革命之前，美国已经步入原始工业化很长时间。资料显示，1812 年美国乡村地区已经完全商业化（与

中国20世纪80年代中后期发展阶段类似)。日本在1868年明治维新之前的江户时期(1603—1868年),就一直以荷兰、德国为师,从这些国家引进科学技术,并与之进行贸易;同时,在国内繁荣商业、发酵市场,推动农业商业化发展,形成了发达的农村手工制造业和工匠作坊,出现了富裕的商人阶层。因此,从经济的角度看,明治维新作为一次轻工业革命其实施基础就是乡村原始工业。从我国的工业化历程来看,在过去150多年里的四次工业化运动中,唯有1978年后开启的这一次以改革开放为特征的工业化才真正抓住了"三农"先导环节,推动农村地区乡镇企业的发展,从而极大地改变了农业的发展方式、农村的产业结构、农民的生产生活状态和城乡一体化的实现形式,在我国第四次波澜壮阔的工业化过程中发挥了不可替代的历史性作用,为我国经济社会发展做出了巨大贡献。

(二)工业化是一场社会化的"经济运动",需要调动整个社会绝大部分人口的广泛参与

农村与农民对于工业化的意义远不止于通过原始工业化来启动工业化进程,其作用贯穿于整个工业化进程。作为最大人口基数的农民阶层,其对工业经济活动广泛而深入的参与将为工业生产提供巨大的人口红利,同时农民的脱贫致富本身也将为工业制成品提供巨大的国内市场。用工业化的手段武装农业,实现农业的机械化和科学化,提高农业的劳动生产率,也将为工业提供更多的农业原材料,并分离出更多的农业劳动人口。从大的循环结构来看,农业与工业、农村与城镇、农民与市民之间总是动态地存在着相互促进和制约的关系。每当经济发展到一定阶段,特别是工业化发展到需要向上进一步发展的时候,首先需要回过头来解决农业发展相对滞后的问题,用现有的工业技术手段提高农业生产力。因为凋敝的农村难以维持城镇的长久繁荣,农民向市民转换困难而迟滞的进程,使剩余劳动力难以及时从农业领域分离出来,无法为工业化分工的进一步深化、产业链条的进一步延长、生产的进一步迂回提供必要的社会劳动力。

从失败的例子来看,南美国家在工业化的过程中忽视了乡村原始工业化的优先性,导致了工业化大推进和进口替代政策的失败;过快开放国内市场导致国内工业化进程受到严重冲击和阻碍;在缺乏工业体系分工深化和迂回生产吸收劳动力的基础上,过快的城镇化和市民化导致了城市居民的贫民化,最终导致国民经济陷入"中等收入陷阱"。

从成功的例子来看,改革开放以来,我国正确处理了农业与工业的关系和顺序,持续提高农业现代化水平,加大农村剩余劳动力向工业生产体系的转移,实现了"迄今人类历史上最快速度的大规模减贫",按照农村现行贫困标准累计减少7亿多贫困人口,超过美、俄、日、德四国人口总和,贫困发生率下降到5.7%,成为世界上率先完成联合

国千年发展目标的国家。截至 2016 年末，我国农村贫困人口4 335万人，比上年减少1 240万人，人民基本生活水准极大改善。城镇居民家庭和农村居民家庭恩格尔系数分别由 1978 年的 57.5％和 67.7％，下降到 2015 年的 29.7％和 33.0％，接近联合国划分的 20％—30％的富足标准。人民群众可支配收入水平的提高，为工业产品提供了不断增长的国内市场；人民群众消费水平不断升级，持续牵引国内工业产品体系的升级换代；农业剩余劳动力源源不断地转移，为工业化进程提供了长达 30 多年的人口红利。

二、以制造业为主的工业化是实体经济发展的核心环节

制造业是国民经济的主体，是立国之本、兴国之器、强国之基。工业革命以来人类创造了比过去几千年的农业文明所创造的财富总和还要多的物质成果。其中，制造业是所有工业领域中最具创新意义和变革意义的领域。制造业的繁荣与衰落是工业和实体经济繁荣与衰落的显著标志。以美国为例，1950 年，美国制造业占全球制造业的比重高达 40％，美国制造业占其 GDP 的比重高达 30％以上；1979 年，接近2 000万人在制造业领域就业，占总就业人数的比重接近 30％，创造了就业高峰时代；而现在，美国制造业占全球的比重不到 19％，占美国 GDP 的比重 13％左右，就业人数占比甚至不到 10％。制造业的萎缩带来的是美国实体经济的衰落和经济的过度金融化。对此，美国西北大学的经济学教授罗伯特·戈登在其《美国经济增长中的兴衰》中写道，决定一个国家经济前途的绝对不是华而不实的大数据、互联网等风靡一时的东西，而仍然是实实在在的制造业。

从对科学技术的影响来看，工业化是推动科学技术进步的主动力，而工业化中的绝大多数技术知识积累是基于制造业实践的“干中学”的驱动，技术的吸收和创新是从重复的实践、具体的工业建设和产品竞争以及满足市场需求和攫取市场份额的激励中来的。一旦学会了制造和模仿，创造和创新的大门就此打开。如中国 1985 年建立专利制度，其专利申请在整个原始工业化和第一次工业革命阶段增长缓慢，但在 90 年代初期引爆第二次工业革命后，专利申请数量开始飙升，1999—2009 年，专利申请以每年 30％的速度增长；2013 年中国的专利申请已经占到世界的 1/3，超过了欧洲、美国和日本。2016 年，按来源地划分的发明专利申请分布数据显示，世界五大知识产权局中，来自中国申请的发明专利达到 133.9 万件、美国 60.6 万件、日本 31.8 万件、韩国 20.9 万件、欧洲 15.9 万件(见图 2—3)。同样，一个工业化国家，一旦放弃了制造业，就可能会完全丧失技术优势和创新力。正如“二战”后的英国的金融化和信息产业泡沫破裂后美国经济金融化所带来的经济后果。

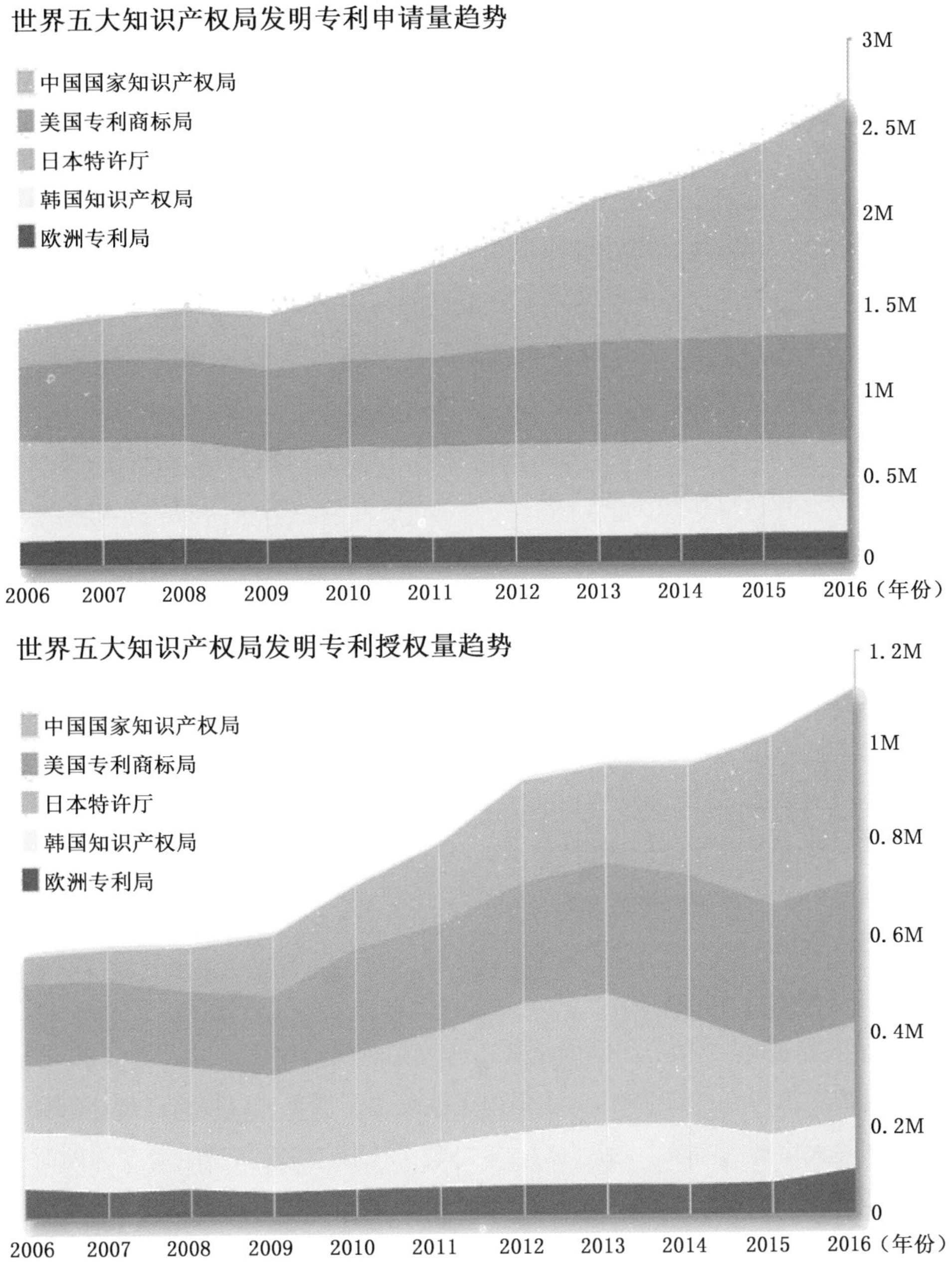

资料来源：国家知识产权局。

图 2—3　2006—2016 年世界五大知识产权局发明专利申请量和授权量趋势

三、开拓国内国际新的大市场是工业化进程启动和演化升级的必要环节

（一）市场的前提性作用

1. 市场是分工深化的前提

只有大市场才能实现大分工，只有大分工才能推动大工业，只有大工业才能构建现代化经济体系。如果市场狭小，建立在劳动分工基础上的规模化生产都是无法盈利的、非理性的和不可持续的。从乡村原始工业化的启动，到第一次工业化以及随后各个阶段的工业化进程的演进升级都离不开市场的拓展和深化。从英国的工业化历程来看，其在 1750 年开启第一次工业革命之前的一两百年里，已经通过殖民主义、帝国主义和跨大西洋奴隶贸易为英国编织起一个统一的国内国际大市场，并形成了全球最大的贸易网络、纺织品市场以及羊毛和棉花的原材料供应链。在此前提下，越来越多的家庭式制造业和乡村作坊不断涌现，并演变为以原始劳动分工和产业链聚集为特征、远距离贸易为目的的原始制造业，原先“亦农亦工”的兼职农民工人最终演变为全职工人，村镇作坊生产模式最终演变为规模化大工厂生产模式，推动原始工业向第一次工业革命升级。第一次工业革命发生后，英国逐渐成为世界纺织业和轻工业的世界工厂，而其他国家和广大的殖民地成为原材料的来源地和工业品的销售市场。同时，在市场与分工的作用下，工业化本身的发展又为自身进一步升级开辟道路。轻工业的发展逐渐为机械制造、能源、化学等中间产品的重工业的发展形成了潜在市场，进一步分工和迂回生产成为可能，重工业的发展变得有利可图，工业化的演化升级因市场需求的扩大而诞生。当英国向重工业迈进的时候，法、德、美、日等国则从原材料和轻工业产品销售市场转向轻工业的生产制造。

2. 市场是技术应用的前提

17 世纪末和 18 世纪初英国国内及其海外贸易对棉纺织产品的大量需求，以及有意提高印度棉纺织产品进口关税，驱动国内企业改进纺纱工艺以提高产量、降低成本，满足国内国际大市场的需求。随后 1730 年出现了飞梭，在提高纺织速度的同时也提高了对棉纱的需求。到 1738 年第一架机械纺纱机终于诞生，18 世纪 60 年代出现多抽抽纱机、水利抽纱机等改进型机械。纺织机械的规模化降低了成本和价格，进一步提高了纺织品的产量。英国工厂 1765 年生产的成品布 22 万千克，1775 年升至 90 万千克，1784 年飙升至 720 万千克。[①] 当英国成为纺织品的“世界工厂”时，全世界都成

① 威廉·伯恩斯坦.《贸易改变世界》[M]. 海南出版社，2018：267.

为英国的原材料供应地，促使新独立的美国南部作为世界棉花的重要产地在1793年发明出世界第一台轧棉机。

(二)我国工业化进程拓展国内外大市场的经验

1. 通过对外开放、拓展国际市场，引入国际要素

从我国工业化经验来看，不失时机地推进开放，用好国内国际两个市场是推动我国工业化进程和经济发展的成功经验。对此，国家“十三五”规划中明确总结：“开放是国家繁荣发展的必由之路”；党的十九大报告更是明确指出“中国开放的大门不会关闭，只会越开越大”。回顾我国过去近40年的开放历程，我国在工业化转型升级的关键时期分别实施了4次大的市场大开放(见图2—4)。

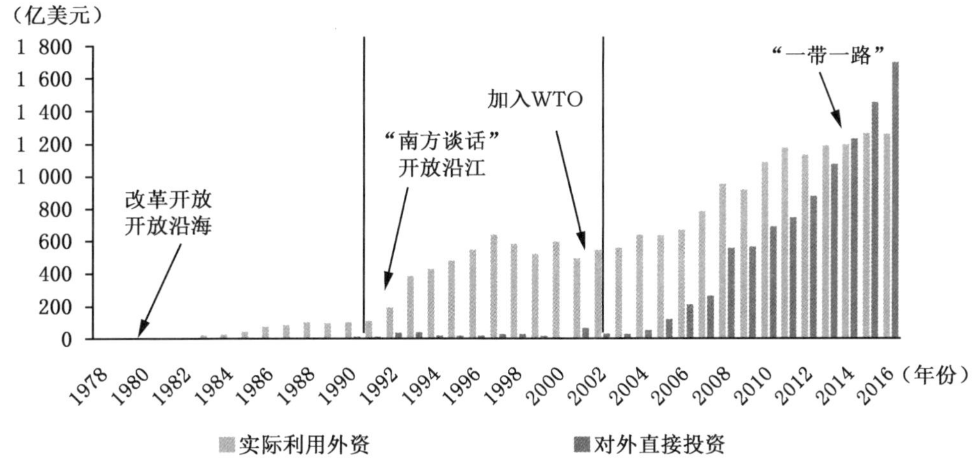

资料来源：国家统计局。

图2—4 通过对国际市场的三次开拓推动工业化进程和经济发展

第一次，是在原始工业化初期实施改革开放，开放沿海城市，发展特区经济。在有利的国际环境下，我国开放东南沿海城市，创办深圳、珠海等经济特区。在经济特区企业大力发展“三来一补”(来料加工、来样加工、来件装配、补偿贸易)、“两头在外，大进大出”的加工制造业，极大地拓展了我国工业化起步阶段所必需的市场范围，缓解了市场、资金、技术短缺矛盾，充分利用国内的剩余劳动力，促进了劳动分工和加工制造业的繁荣发展，形成了一批原始工业化阶段企业，为这些企业带来了“第一桶金”，为工业化的进一步升级奠定了基础，并先后形成珠三角、长三角两大经济发达区域，带动全国经济整体发展。

第二次，是1992年邓小平“南方谈话”以后进一步坚定改革开放国家政策，实施

"开发浦东、开放浦东"以及开放长江沿岸地区武汉、重庆、芜湖、九江和九江五市政策，对外开放格局从经济特区、经济技术开发区等沿海个别城市向沿江和内地纵深拓展的江海一体新格局转变。从实际利用外资规模来看，1992—2001 年年均实际利用外资规模达到 489 亿美元，是 1983—2001 年年均实际利用外资规模的 6 倍以上。

第三次，是加入 WTO。这为处于第一次工业革命后期和第二次工业革命早期的国内工业制造业产品打开了广阔的国际市场，出口额从 2002 年的26 948亿元人民币猛增至 2008 年的100 395亿元人民币，年均增幅达 21%；至 2015 年进一步增长达 14 万亿元人民币；实际利用外资规模进一步放大，从 2002 年的 550 亿美元增至 2016 年的1 260亿美元，年均利用外资规模达到 935 亿美元。加入 WTO，使我国经济发展搭上了全球化的"顺风车"，进一步融入全球制造业生产体系和生产消费大循环中，有力地推动我国工业转型升级，加快了我国工业化进程和经济发展速度。

第四次，是积极倡导"一带一路"建设。2014 年、2015 年、2016 年，我国对外投资规模均超过实际利用外资规模，成为资本的净输出国。"一带一路"倡议顺应了我国对外开放区域结构转型的需要，顺应了中国要素流动转型和国际产业转移的需要，顺应了全球化进程的转型需要，是我国推动形成全面开放新格局的关键，也是建设现代化经济体系的六大组成部分之一。

2. 通过交通、价格、法律法规构建统一的国内大市场

一是完善公路铁路交通网络。2015 年末，全国铁路营业里程、高速铁路里程、公路通车里程、高速公路里程分别达到 12 万千米、1.9 万千米、457 万千米、12 万千米，分别比 2012 年末增长 23.0%、103.1%、7.8%、24.7%。其中，高铁里程占世界高铁总里程的 60%以上，居世界第一，铁路快速客运网基本覆盖我国 50 万以上人口城市。

二是破除地方、部门间行政性分割和封锁，反对不正当竞争。早在 1994 年，中共十四届三中全会提出要"发挥市场机制在资源配置中的基础性作用，必须培育和发展市场体系。当前要着重发展生产要素市场、规范市场行为，打破地区、部门的分割和封锁，反对不正当竞争，创造平等竞争的环境，形成统一、开放、有序的大市场"。2000 年 10 月，中共十五届五中全会通过"十五"规划，要求"进一步开放市场，建立和完善全国统一、公平竞争、规范有效的市场体系。打破部门、行业垄断和地域封锁，进一步放开价格，发挥市场在资源配置和结构调整中的基础性作用"。

三是发展现代流通业。近年来，随着国家对物流领域的重视程度增强，针对物流业发展的诸多利好政策频繁出台。2014 年 9 月国务院发布了《物流业发展中长期规划》，把物流业定位于支撑国民经济发展的基础性、战略性产业；2015 年国务院发布

《关于积极推进“互联网＋”行动的指导意见》，提出互联网＋高效物流等11项重点行动；2016年发布的“十三五”规划纲要，把物流业的发展摆在突出的位置，并出台转型政策，同意在上海、南京等9个城市开展国内贸易流通体制改革发展综合试点。这些政策将进一步改善全国物流大环境，促进现代物流业的发展。

第三节　实体经济发展的当前困境

一、实体经济的分层结构

要分析实体经济面临的困境，首先需要对实体经济进行清晰准确的定义。黄慧群(2017)借鉴货币M0、M1、M2的分层定义方式，构建起实体经济的三层分析框架，从中可以形成定义实体经济的分层公式，即：实体经济R0＝制造业；实体经济R1＝R0＋农业、建筑业和除制造业以外其他工业；实体经济R2＝R1＋批发和零售业、交通运输仓储和邮政业、住宿和餐饮业以及除金融业、房地产业以外的其他所有服务业。可以看出，实体经济的分层框架类似套娃：第一层是制造业，这是实体经济最核心的部分，可以理解为最狭义的实体经济；第二层是一般意义上的实体经济，包括制造业、农业、建筑业和除制造业以外其他工业，是实体经济的主体部分；第三层是实体经济的整体，除了包括第二层实体经济的主体部分外，还包括批发和零售业、交通运输仓储和邮政业、住宿和餐饮业，以及除金融业、房地产业以外的其他所有服务业，这也是最广义的实体经济。第三层实体经济和金融业、房地产业就构成了国民经济整体，也就是包括实体经济与虚拟经济的整个国民经济。

二、当前实体经济面临的结构失衡

习近平总书记在分析新常态经济的时候曾经强调结构性问题最为突出。当前我国实体经济面临的主要问题是结构失衡的问题。

从实体经济R0来看，我国制造业面临大而不强的问题，主要体现为高端和有效供给不足而中低端和无效供给过剩的结构性失衡问题。这是我国当前实体经济发展面临的突出问题和突出矛盾。在产业结构方面，制造业产业结构高级化程度不够，高端装备制造业和生产性服务业发展滞后，战略性新兴产业、先进制造业比重过低。研究显示，2016年我国战略性新兴产业增加值占GDP的比重仅为10％左右，而“十三五”规划要求这一比例在2020年达到15％。在企业结构方面，存在相当数量的“僵尸企业”，优质企业数量偏少，尤其是世界一流制造企业更少，而且创新能力不足、资源能源利用效率低、信息化水平不高，企业全球化经营能力不足。在产品结构方面，产品档次偏低，标准化水平和可靠性不高，高品质、个性化、高复杂性、高附加值的产品的供给能力不足。

（一）从实体经济 R1 来看

这主要是制造业工业与非制造业工业，即制造业与采矿业、电力热力燃气及水生产和供应业之间的结构失衡问题。更准确地说，是诸多非加工制造业产能过剩的问题。近年来，我国重工业发展迅猛，煤炭、钢铁、水泥等行业产能过剩严重，这已经成为普遍共识。同时，电力行业也逐渐进入产能过剩阶段。据中电联统计数据，2014 年全国发电设备平均利用小时已经降至 1978 年以来最低水平，即4 286小时；到 2016 年，这一指标进一步降到3 785小时，为 1964 年以来最低水平。另外，产能过剩行业内部的结构性过剩问题值得关注。以电力行业为例，电力市场呈现结构性产能过剩，火电占比偏高，2016 年高达 71.60％，而水电、风电、核电、光伏发电等清洁能源占比偏低。

从实体经济 R2 来看，主要涉及两个方面问题：一是工业与非金融服务业之间的结构和关系问题。从数据来看，改革开放以来，第三产业占国内生产总值比重持续上升，特别是 2012 年其占比与第二产业占比基本持平后加速提高并超过第二产业占比，到 2015 年超过 50％，2016 年进一步上升至 51.6％（见图 2－5）。由于服务业资本深化程度不够，占比过快增长会使全社会人均资本降低，进而导致全要素生产率下降，影响经济增长速度，形成“结构性减速”。同时，服务业占比快速提升与实体经济 R1 占比下降相伴同生，导致“过早去工业化”的风险。由于服务业效率明显低于制造业效率，低效率、低端化的服务业占比的迅速提高，意味着经济资源向低效率部门转移，必然导致整体经济效率下滑，形成效率下降的“逆库兹涅茨化”问题。二是服务业内部结构问题。服务业大体上可以分为传统服务业和现代服务业两类。前者主要涉及批发和零售业、交通运输、仓储和邮政业、住宿和餐饮业、居民服务、修理和其他服务业；后者主要包括水利、环境和公共设施管理业、信息传输、软件和信息技术服务业、科学研究和技术服务业等。同时，服务业还可以分为生活性服务业和生产性服务业。由于我国社会分工程度较低，企业“服务内置化”较为普遍，严重制约了生产性服务业的效率提高和质量提升。由于制造业长期依赖国际代工模式发展，生产性服务业特别是高附加值的生产性服务业往往由境外公司供给，导致我国国内生产性服务业市场狭小、需求不足，服务业高端化举步不前。发达国家的服务业往往有“两个 70％”，即：服务业增加值占 GDP 构成的 70％以上；在服务业增加值中生产性服务业占 70％以上。也就是说，生产性服务业占 GDP 的比重在 50%以上。我国目前还没有非常权威的生产性服务业统计数据，据估计，我国目前生产性服务业占 GDP 的比重大概在 15%左右，与发达国家相比还有很大距离。

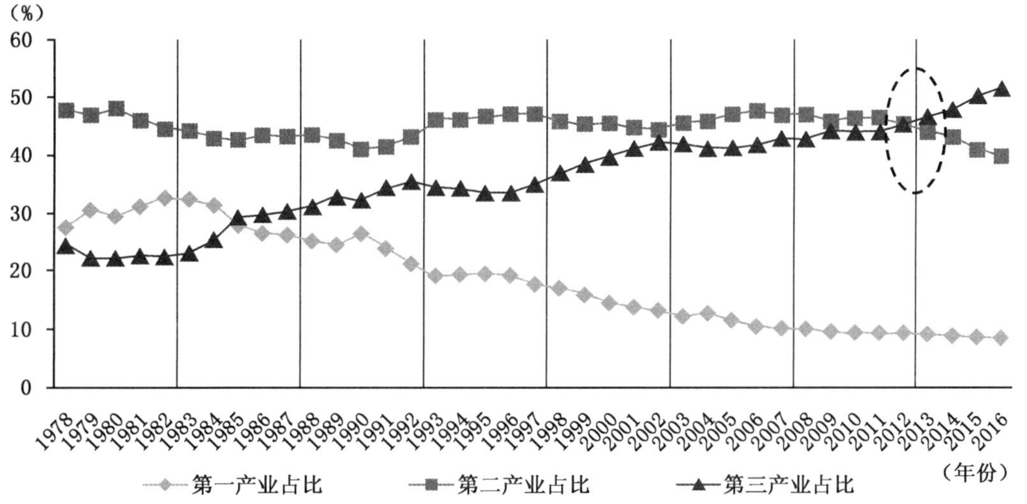

资料来源：国家统计局。

图 2—5　1978—2016 年中国三次产业结构的变化

(二)从实体经济 R2 的外部结构来看

实体经济与金融业、房地产业之间存在结构性失衡，主要是经济的过快金融化、房地产化。美国次贷危机以来，我国实体经济 R2 增加值(不变价格)与金融业增加值、房地产业增值占 GDP 比重分别呈阶梯升降态势(见图 2—6)。2007—2010 年，我国三者处于平稳胶着状态；2011 年实体经济 R2 与 GDP 之比迅速下跌近 2 个百分点至 88.29%，同时金融业和房地产业与 GDP 之比则分别跳升 1 个百分点。随后，实体经济 R2 与 GDP 之比经过 5 年平稳后，2016 年骤降 2.43 个百分点至 85.52%；金融业持续“繁荣”，其与 GDP 之比一路高涨至 2016 年的 8.32%；房地产业与 GDP 之比结束四连跌，跳升 1.17 个百分点至 6.16%。金融业与房地产业的快速增长与实体经济的相对萧条是过去几年我国经济的真实写照。值得关注的是，在过去的几年，我国实体经济投资收益率显著下滑，金融系统特别是银行、证券、基金、信托通过延长信用链条、表外化、通道化等创新手段寻求较高回报，导致影子银行规模迅速膨胀。据估计，广义影子银行规模(银行非传统信贷业务、非银行金融机构资产业务和其他融资类业务)从 2010 年的 15.45 万亿元增长到 2016 年的 95.94 万亿元，涨幅超过 5 倍；M2 与 GDP

之比也从 2010 年末的 1.81 升至 2016 年末的 2.08。与经济金融化过程相伴的是经济的房地产化。一方面，个人住房贷款余额迅速膨胀，从 2008 年 12 月末的 2.98 万亿元上涨至 2016 年末的 18 万亿元，至 2017 年 9 月末进一步上升至 21.10 万亿元；另一方面，房地产业对 GDP 增长也发挥了重要作用，2010 年对 GDP 增长贡献 3.9 个百分点，2016 年贡献 7.8 个百分点（见图 2—7）。

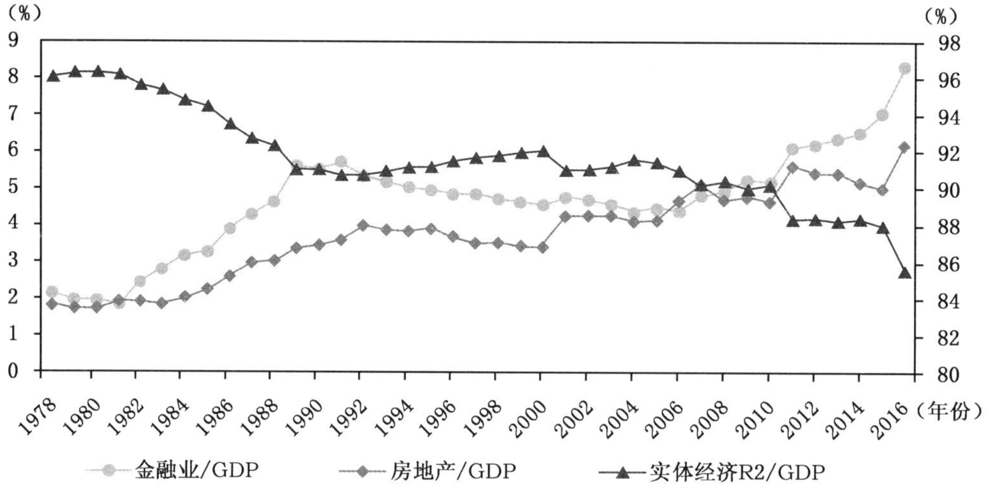

图 2—6　1978—2016 年我国经济结构比例变化走势

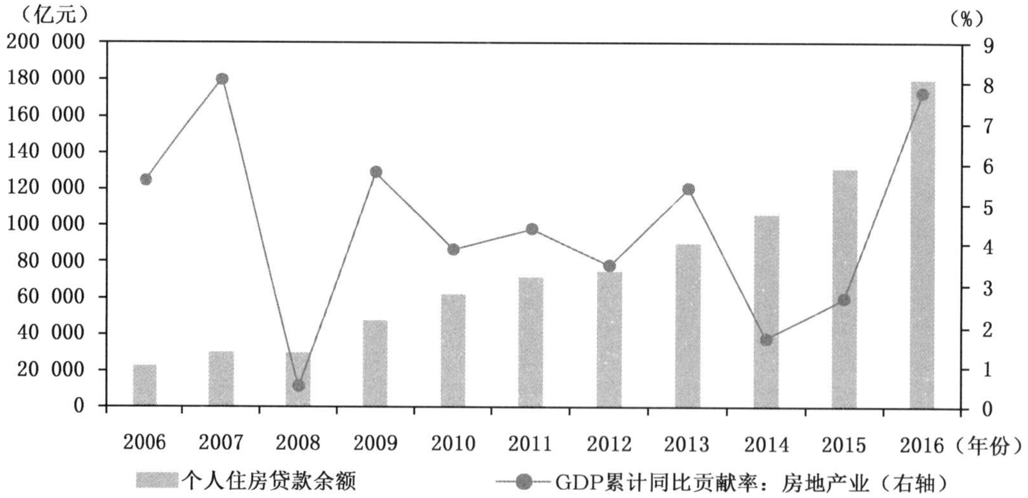

图 2—7　个人住房贷款余额及房地产对 GDP 贡献率

第四节 中共十九大对发展实体经济的最新要求

解放和发展社会生产力，是社会主义的本质要求。经过近40年的改革发展，我国社会生产力水平总体上显著提高，社会主要矛盾已经转化为人民日益增长的美好生活需要和不平衡不充分的发展之间的矛盾。中共十九大对进一步解放和发展生产力，推动实体经济的发展提出最新要求，做出最新部署。

一、明确提出实施乡村振兴战略，加快推进农业农村现代化

中共十九大报告首次提出乡村振兴战略，突出强调了农业农村农民问题是关系国计民生的根本性问题，要把解决好"三农"问题作为全党工作重中之重，要坚持农业农村优先发展，"建立健全城乡融合发展体制机制和政策体系，加快推进农业农村现代化"。在具体政策上，要求确保国家粮食安全，构建现代农业产业体系、生产体系、经营体系，完善农业支持保护制度，发展多种形式适度规模经营，培育新型农业经营主体，健全农业社会化服务体系，实现小农户和现代农业发展有机衔接；要求促进农村一二三产业融合发展。从战略定位到政策措施，标志着我国"三农"政策的历史性转变，标志着城乡关系的重新定位，标志着城乡二元结构向城乡一体化融合的发展趋势。

二、明确提出把发展经济的着力点放在实体经济上，深化供给侧结构性改革

要求以供给侧结构性改革为主线，推动经济发展质量变革、效率变革、动力变革，提高全要素生产率；要求加快建设制造强国，加快发展先进制造业，支持传统产业优化升级，加快发展现代服务业，促进我国产业迈向全球价值链中高端；要求加强水利、铁路、公路、水运、航空、管道、电网、信息、物流等基础设施网络建设；要求增强金融服务实体经济能力，提高直接融资比重，形成实体经济、科技创新、现代金融、人力资源协同发展的产业体系。

三、明确提出以"一带一路"倡议为重点，推动形成新的国际大市场

"一带一路"倡议是我国扩大多外开放，获取新的国际市场，构建新的国际分工格局的重要战略举措。要以"六廊六路多国多港"为主体框架，推动互联互通和产业合作，拓展金融合作空间。为此，既要优化区域开放布局，加大西部开放力度，探索建设自由贸易港，形成陆海内外联动、东西双向互济的开放格局；又要创新对外投资方式，

促进国际产能合作，形成面向全球的贸易、投融资、生产、服务网络，加快培育国际经济合作和竞争新优势。同时，要加快贸易强国建设，转变外贸发展方式，从以货物贸易为主向货物和服务贸易协调发展转变，从大进大出向优质优价、优进优出转变。

第三章　保险服务乡村振兴战略

第一节　农业保险发展现状及作用

一、农业保险的机制与作用

从风险类型来看，农业风险主要分为农业生产风险、农产品市场风险、农业巨灾风险。针对三类风险类型可以分别实施三种风险管理机制：对于农业生产风险，由于其符合大数定律，可通过集合众多保险单位加以分散和化解；对于农产品市场风险，需要通过对冲机制加以化解，如借助期货和金融市场的价格发现机制的发展推动订单农业的发展；对于农业巨灾风险，一是政府干预下建立巨灾保险制度、巨灾风险基金，二是通过巨灾债券、巨灾期货等金融工具发挥资本市场分散风险的作用（见图 3－1）。

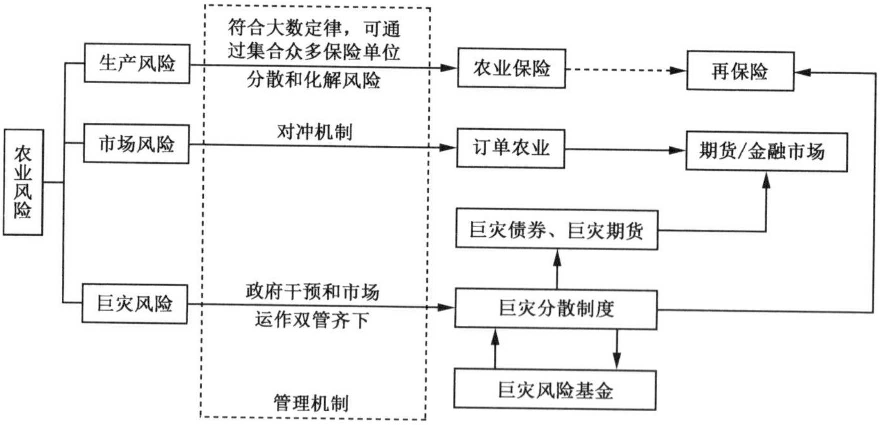

资料来源：笔者制作。

图 3－1　农业风险管理工具

从农业生产的三个阶段来看，在产前生产资料采购阶段主要是解决农业生产的资金稳定，涉及的保险产品包括大宗作物保单质押贷款保险、小额贷款保证保险；在产中的种养殖阶段，主要解决生产过程中农产品自然生长和发育中面临的外部风险，以及农机具等生产工具的意外风险问题，涉及种植业保险、养殖业保险、农作物种业保险、农机具保险等保险产品；在产后的农产品加工、运输和销售阶段，主要解决农产品价格、农民收入、农产品安全责任等方面的风险，涉及的险种主要有农产品价格保险、农业收入保险、农产品食品安全责任保险、订单履约保证保险，以及农产品电商面临的网络交易安全保险等。同时，还有针对农村居民和农业生产者的养老需求、健康需求、意外伤害风险保障需求以及财富管理方面的需求所提供的保险产品和金融理财产品（见图3—2）。

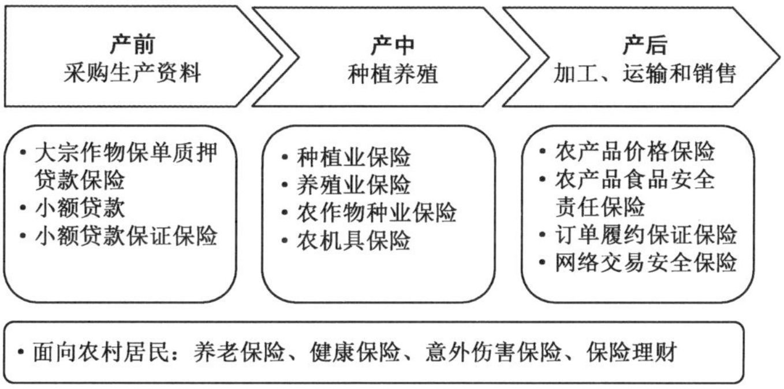

资料来源：笔者制作。

图3—2 涵盖农业全产业链的农业保险产品

二、我国农业保险发展概况

农业保险作为农业生产重要的稳定器和助推器，在支持农业供给侧结构性改革和服务农业现代化方面扮演了重要角色。2003—2016年，农业保险保费收入从4.66亿元增长到417.71亿元，增长了近10倍，占财险比重4.79%赔款及给付299.24亿元。预期2020年我国种植业保险保障水平将增长35.35%，达到10.5%左右，农业保险保障水平接近24%。在2030年前后，种植业保险的保障水平将提高到16.2%左右的水平，农业保险保障水平将超过40%，接近发达国家水平。

目前，我国农业保险开办区域已覆盖全国所有省份，承保农作物品种达到211个，基本覆盖农、林、牧、渔各个领域；玉米、水稻、小麦三大口粮作物承保覆盖率已超过70%；主要农作物保险保障水平已基本覆盖直接物化成本，部分地区还开展了补充保额型、价格型、收入型以及"保险＋期货""互联网＋农业保险""农业保险＋险资直投"

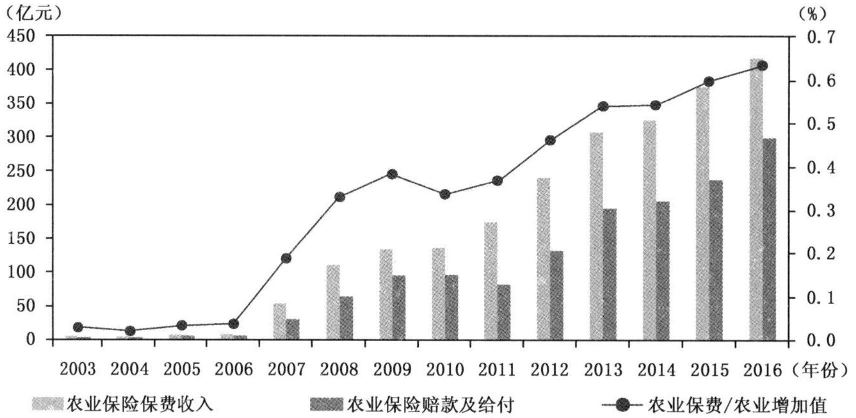

资料来源:笔者根据公开资料整理制作。

图 3—3　2003—2016 年我国农业保险发展情况

等创新保险品种,通过多种方式不断提高农业保险保障水平。从发展阶段来看,我国农业保险整体处在初级发展阶段,农业保险的制度建设在不断完善,产品不够丰富,保障水平和保障能力有待提高,在农业抗灾减灾能力、促进农民增收、支持农业供给侧结构性改革、服务农业现代化、维护国家粮食安全能力等方面的作用需要进一步发挥。从国际比较来看,我国农业保险业务规模仅次于美国,居全球第二,亚洲第一;其中,养殖业保险和森林保险业务规模居全球第一。

第二节　保险服务乡村振兴战略的主要路径模式

保险服务乡村振兴战略要以推进农业供给侧结构性改革为主线,在确保国家粮食安全的基础上,紧紧围绕农业农村现代化建设,以增加农民收入、保障农业有效供给为主要目标,以提高农业供给质量为主攻方向。将保险机制深度嵌入到农业产业体系、生产体系、经营体系中,充分发挥保险风险保障和资金运用的功能作用,助力提高农产品质量,增加绿色优质农产品供给;助力农产品价格和农民收入稳定,实现农业增产增收;助力新型农业经营主体培育,推动农业生产方式转型升级;保护和发展农村再生产能力,巩固脱贫攻坚成果。

一、以保险机制助力提高农产品质量,增加绿色优质农产品供给

当前我国农业标准化生产水平低,确保农产品质量安全的难度较大。通过发展农

产品质量保证保险、原产地保真保险等保险产品，在保险保障和增信作用下，一方面可以有效分散农产品生产者、销售者因为农产品质量安全事件引发的责任风险，同时保障消费者利益；另一方面便于推进农产品标准化生产、品牌创建、质量安全监管，促进形成优胜劣汰的行业秩序，优化农产品生产、加工、运输、消费的整体环境。

具体来看，保险机构可提供的保险产品主要包括食品（农产品）质量保险和食品（农产品）安全责任保险两种大类。其中，食品（农产品）质量保险包括：产品质量保证保险、原产地保真保险和产品召回保险；食品安全责任保险包括产品类、公众类和职业类的责任保险。产品类食品安全责任保险包括：专门的食品安全责任保险和产品责任保险。公众类食品安全责任保险包括：餐饮业经营者责任保险、餐饮场所责任保险、校（园）方责任保险和旅行社责任保险。职业类食品安全责任保险包括：认证认可职业责任保险和职业责任保险，如图 3—4 所示。

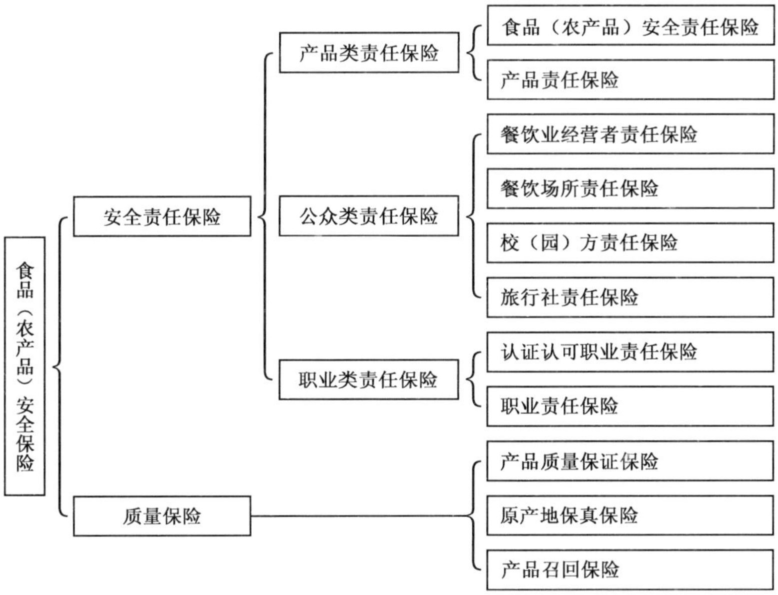

资料来源：笔者制作。

图 3—4　食品（农产品）安全保险产品

从帮助风险监控和综合治理来看，通过引入保险机制，有助于强化农村环境综合治理力度，支持和保障农业绿色发展。我国农用化学投入品使用过度，农业废弃物处置不合理，农业源主要污染物排放量占据全国“半壁江山”。在农村环境风险治理体系中引入保险机制，利用保险机构在服务网络、资金技术、费率厘定和风险管理方面的专业优势，将风险成本与保险费率挂钩，将事后赔付与事前监督相结合，能够以市场化手段有效完善污染防治机制。

二、以保险机制助力农产品价格和农民收入稳定，实现农业增产增收

当前，受国际农产品市场的影响，我国农业产品价格竞争压力加大，玉米等大宗农产品收储制度改革压力加大。通过"保险＋期货"，以及其他价格保险、收入保险的方式，可以为农业生产者提供价格和收入保障，促进粮食等重要农产品价格机制形成，并引导农业生产者根据市场价格有针对性地进行种植养殖，推动玉米等大宗农产品收储制度改革。

美国作为世界上发展最为成熟、规模最大的农作物保险市场，收入保险是其主要的产品形态，并有一套较为完整的农业保险体系和风险分散机制。美国的农作物保险市场发展最早可追溯到 19 世纪 30 年代，在发生一连串严重的旱灾事件之后应运而生。1980 年前，农作物保险完全是政府项目，由联邦农作物保险公司（成立于 1938 年）负责经营。20 世纪 80 年代后，商业保险公司才开始进入该领域。到 1998 年，农作物保险已经全部由商业保险公司经营；1996 年以来，美国开始逐步推行收入保险，并迅速发展成为风险保障的首选形式（见图 3－5）。2015 年，收入保险以保费收入 97 亿美元，风险保障1 020亿美元，承保面积 2.99 亿公顷的数字创造了新的历史高点。

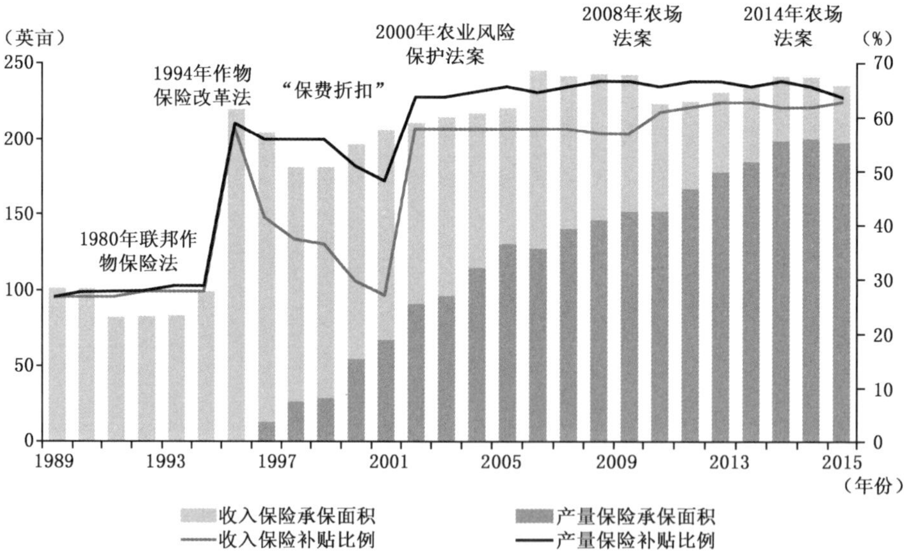

资料来源：Complication of Risk Management Agency.RMA data。

图 3－5　美国收入保险和产量保险发展（1989－2015 年）

三、以保险机制助力新型农业经营主体培育，推动农业生产方式转型升级

农业生产的适度规模化、专业化和服务化是推动传统农业向现代农业发展的必由之路。据统计，我国目前已有经营面积 50 亩以上农户 340 万户、家庭农场 87.7 万个、农民合作社 153 万家、农业龙头企业 12.6 万家、农业服务主体 115 万个，在促进农业规模化、产业化经营和推进农业供给侧结构性改革中发挥着引领作用。相较传统农户，新型农业经营主体规模大、投入多，服务主体专业化程度高，受自然灾害或市场波动影响大，规避自然风险和市场风险的意愿更为强烈。为此，保险机构可以在以下几个方面助力新型农业经营主体和服务主体的培育，推动农业生产方式转型升级。

（一）通过保险机制弥补融资信用短板，提升新型农业经营主体和服务主体的融资发展能力

与小规模、分散性的传统农业生产方式相比，规模化、专业化、标准化、设施化的新型农业经营主体需要大量资金投入。但由于缺乏有效风险抵押物和农村信用体系不完善，农户贷款不良率高，[①]妨碍农村金融发展，新型农业经营主体长期以来面临贷款难的问题，特别是大额长期贷款需求难以通过传统银行渠道获得充足的支持。农业部《关于推进农业供给侧结构性改革的实施意见》提出，“稳步推进农村承包土地经营权和农民住房财产权抵押贷款试点，探索开展大型农机具、农业生产设施抵押贷款试点”。保险机构凭借自身的风险管理和资金优势，通过发展贷款保证保险、开展农业保单抵押贷款、开展支农专属资管产品等途径，帮助新型农业经营主体突破缺乏有效担保和抵押物的瓶颈，满足生产和再生产的融资需求。例如，人保财险在宁波市与地方政府合作，通过“政府引导，银保合作”的方式，向初创期小微企业、农户、城乡创业者等提供免担保、免抵押的贷款保证保险，保险机构承担贷款风险的 80％，银行承担贷款本金损失的 20％，政府安排专门财政资金对超赔部分给予支持，形成了“政府＋保险＋银行”共同服务小微企业融资的有效机制，有效增强小微企业和“三农”的融资能力。

（二）通过保险机制化解市场机制风险，提升新型农业经营主体的规模化经营能力

由于农产品需求弹性较小，农业生产容易受到市场价格波动的冲击，新型农业经营主体在关注自然灾害风险的同时，更加关注价值实现环节的市场风险。引入农产品

① 以农业银行的个人贷款业务为例，在 2014 年农户贷款在全部个人贷款业务中占比最低为 6.4％，但不良贷款占比却是最高的，达到 25.8％，即每 10 个农户贷款合同就有超过 4 个合同是难以及时还款的。这意味着农户贷款不仅单位信贷合同成本最高，而且单位信贷合同风险也是最高的。

价格保险机制，将市场风险纳入农业保险保障范畴，为新型农业经营主体应对价格波动风险提供有效的制度安排，解决新型农业经营主体推进规模化经营的后顾之忧。例如，中国人民保险在大连率先以“保险＋期货”的模式，推出国内首单玉米、鸡蛋期货价格保险，有效增强了参保农户抵御市场风险的能力。

（三）通过保险机制管理农机设备风险，提升新型农业经营主体的农机化发展水平

生产工具是生产力水平的标志。现代科学技术和物质装备是新型农业经营主体的重要支撑。通过完善保险机制，使农机损坏能够得到及时补偿和修理，农机伤人事件能够得到及时处理和赔偿，能够有效降低农机事故对生产经营活动影响，鼓励新型农业经营主体利用现代技术装备提升农业生产力，充分发挥农业机械推动规模经营的重要作用。

（四）通过保险机制完善人身风险保障，吸引新型农业经营主体对高素质人才的吸引力

新型农业经营主体催生出新型职业农民群体，他们已不是传统户籍和地域意义上的农民，在人身保障方面已经脱离传统农民的家庭养老和土地养老模式。依托保险机构建立面向新型职业农民及更高水平的养老、医疗、意外伤害等保险计划，可实现对社保制度的替代和补位，有利于新型农业经营主体吸引和留住高素质人才，有利于健全农业社会化服务体系，实现小农户和现代农业发展有机衔接。

四、以保险机制保护和发展农村再生产能力，巩固脱贫攻坚成果

（一）通过保险机制构筑农业生产风险屏障，有效保护农村贫困地区生产力，助力解决群众因灾致贫、因灾返贫问题

据统计，我国因各种自然灾害致贫的占到贫困成因的20％，通过完善农业保险保障，使农户受灾后得到及时赔付，能够有效降低农民因灾致贫、因灾返贫的风险，增强农民脱贫致富动力。

（二）通过保险机制织密社会保障安全网，提高贫困人口健康服务可及性，助力解决群众因病致贫、因病返贫问题

因病致贫是困扰脱贫的第一大因素。引入保险机制完善医疗救助体系，把最困难的群众“兜”起来，可有效解决群众因病致贫、因病返贫问题。

（三）通过保险机制提升金融资源配置效能，支持贫困地区特色产业和优势产业发展，增强贫困群体再发展能力

保险可发挥保障功能和增信优势，撬动信贷资金，有效缓解贫困群体借款难问题，创

造有利于“造血式”扶贫的金融环境，在产业扶贫方面发挥重要作用。比如，中国人保在河北省阜平县积极探索“保险＋贷款”的金融扶贫模式，与地方政府开展联办共保，有效利用扶贫资金，开发推广特色农业保险和成本价格损失保险，成为阜平促进农业产业发展、实施精准扶贫的助推器。具体模式如下：公司开展农业保险、借款人意外险及贷款保证保险等信用增进类保险，通过从贷款链条中转嫁自然灾害、意外及信用风险，帮助贫困农户更加容易地获取银行小额贷款，农户通过保单质押并结合“三户联保”，可获得 5 万—10 万元贷款；参加保险的农户可将农业保险保单作为担保公司的反担保，经村推荐、乡初审、担保公司和银行联合审查后即可获得贷款。由于农业保险为偿还贷款提供了基本保障，形成了信贷风险共担机制（见图 3—6）银行放款积极性大幅提升。

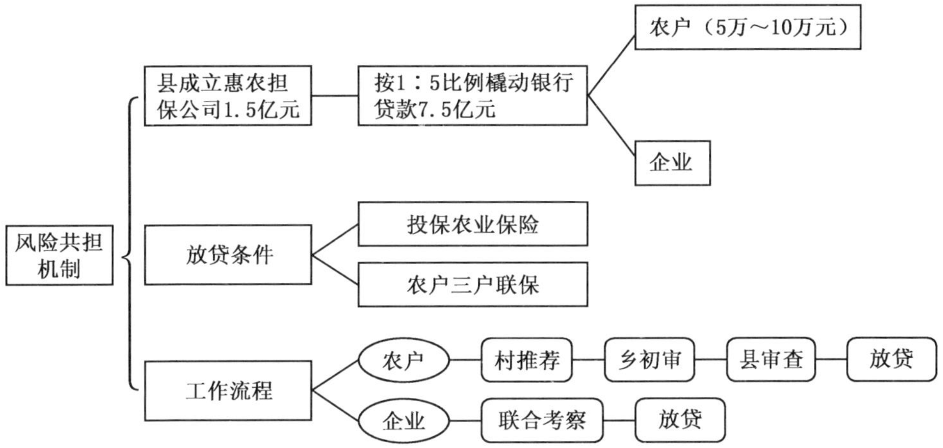

资料来源：笔者制作。

图 3—6　中国人保阜平“政融保”风险共担

从效果上看，通过“政融保”模式解决农村领域贷款难、贷款贵的普遍性难题，提高了政府的合作愿望。“农业保险＋保险融资贷款＋贷款人意外险＋贷款保证保险”，形成了公司闭环式风险保障体系，既确保资金运用安全，又促进农险和涉农保险的发展，在新的市场形势下，极大地巩固了人保在县域市场的主导地位，建立起牢固的市场发展优势。2016 年，阜平县累计获得金融保险扶贫贷款 7.78 亿元，较 2014 年增长 31 倍。伴随着保险保障水平和金融支持力度不断加大，富民产业快速发展，贫困农民增收显著提高，2016 年全县人均收入达到6 700元，较 2014 年翻了 1 番，有 4.4 万贫困人口实现稳定脱贫，脱贫率达到 40.74%。

通过保险机制促进地方政府投融资机制创新，支持欠发达地区基础设施建设，增强欠发达地区发展后劲。加大对欠发达地区基础设施建设的金融支持力度，是当前金融扶贫的重要环节。中国人保在广东探索出的粤东西北振兴发展股权基金模式，将省市两级政府信用和金融央企市场信用相结合，将高等级信用向下延伸增信，有效改善了欠发达地区融资条件，打破了地方经济“越穷越没金融资源”的融资“瓶颈”，为粤东西北欠发达地市自力更生探索内生发展道路、实现追赶与跨越提供有力的金融支持。

从中国人保的实践来看，保险在“兜”住农业生产农村发展的风险底线、“兜”住群众因病因灾致贫返贫的风险底线，以及引入金融“活水”激发农村发展的内生动力等诸多方面成效显著。2007 年以来，中国人保深入贯彻中央农村经济工作会议精神，积极履行人民保险服务人民的使命。截至 2016 年，在农村地区建立“三农”营销服务部6 875个、“三农”保险服务站25 211个，建立“三农”保险服务店 29.94 万个，“三农”保险基层服务人员达 34.51 万人，并进一步推进“三农”营销服务部标准化建设，不断提高农村综合金融服务模式，探索出了阜平“政融保”等一系列涉农保险的经营模式和扶贫模式。把政策支持、保险保障和支农贷款紧密衔接起来，为创新险资支农模式、服务民生、完善农村保险保障体系开辟新路径。截至 2016 年末，中国人保支农融资业务已扩展至 22 个省份，对 141 个项目成功放款共计8 977万元，资金用途涉及粮食、蘑菇、水果、苗木种植、肉牛、肉羊、奶牛、生猪、肉鸡养殖等领域。

第四章　保险服务实体经济供给侧结构性改革

经济的过度、过早金融化是国家衰落的开始；实体经济的发展是国民经济繁荣发展的基础。马克思曾经在批判国际信用制度时深刻地指出过度金融化对实体经济的破坏性作用，并导致国家之间的盛衰更替：“由于没落的威尼斯以巨额货币贷给荷兰，威尼斯的劫掠制度的卑鄙行径就成为荷兰资本财富的这种隐蔽的基础。荷兰和英国的关系也是这样。在 18 世纪初，荷兰的工场手工业已经远远落后了，荷兰已不再是一个占统治地位的工商业国家。因此，荷兰在 1701－1776 年的主要营业之一就是贷放巨额资本，特别是贷给他的强大竞争者英国。现在英国和美国之间也有类似的情形。

今天出现的美国的许多身世不明的资本，仅仅在昨天还是英国的资本化了的儿童血液。”①因此，供给侧结构性改革就是要正确梳理金融与实体经济的关系，把推动金融服务而非挤压实体经济的发展确立为我国经济长期繁荣稳定的基本路径。为此，中共十九大报告中明确提出建设现代化经济体系过程中要以供给侧结构性改革为主线。保险作为一种具有强烈社会属性的有别于其他金融行业的特殊金融制度，在服务供给侧结构性改革过程中，在服务去产能、去库存、去杠杆、降成本、补短板这五大任务中，能够发挥巨大的功能作用。

第一节　去产能

一、去产能的逻辑

（一）通过市场化的并购重组和破产清算实现去产能

美国是市场化去产能的主要代表国家，并购重组和破产清算是企业去产能的主要方式。以 20 世纪末美国钢铁业去产能为例。1998 年，美国钢铁业行业出现严重产能过剩问题，先后共有 35 家钢铁公司申请破产保护或倒闭，大约占全国钢铁公司数量的 50%，数万名钢铁工人失业。2001 年，美国政府宣布对钢铁行业实施保护（主要是对进口钢材征收关税和实施配额限制），同时依靠市场机制对行业进行调整，即亏损严重、扭亏无望的企业关闭退出，龙头企业通过并购进行低成本扩张，完成行业整合，最终形成美国三大钢铁集团（见表 4—1）。

表 4—1　　2000 年美国成立三大钢铁公司

并购之后	并购之前	产能（万吨）
美国钢铁公司 （united states steel corporation）	美国钢铁	1 200
	国家钢铁	600
	Sartid	240
	Kosice	400
国际钢铁集团 （International Steel Group）	LTV	750
	伯利恒	900
	阿克梅	110

① 马克思，恩格斯.《马克思恩格斯全集》（第 5 卷）[M]. 北京：人民出版社，2009：886.

续表

并购之后	并购之前	产能（万吨）
组柯钢铁公司 （Nucor corporation）	组柯	1 200
	组柯大和	275
	组柯 Trico	220
	伯明翰	350
	金曼	50

资料来源：笔者根据公开资料制作。

美国钢铁行业的兼并重组成效显著。行业集中度 CR4 从 1998 年的 39%提高至 2008 年的 69%，同时钢铁行业盈利能力大为改善，扭转了毛利率持续下降趋势，2004—2008年连续 5 年毛利率在 10%以上（见图 4—1）。

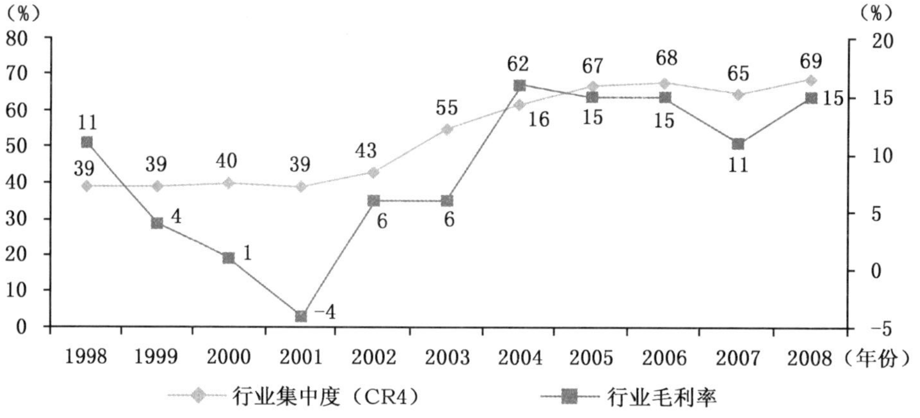

资料来源：笔者制作。

图 4—1　1998—2008 年美国钢铁行业集中度 CR4（左轴）及钢铁行业毛利率变化（右轴）

从我国产能过剩行业来看，市场集中度普遍很低，通过横向并购提高行业集中度是化解我国产能过剩、增强国际竞争力的重要途径。就钢铁来说，2015 年在全球主要钢铁生产国家中，中国的前 10 家钢铁公司集中度（CR10）只有 34.2%，且近年来一直处于下降趋势（见图 4—2）。而美国、日本、俄罗斯和印度的前 4 家钢铁公司的行业集中度 CR4 均超过 60%，分别为 60.54%、83.42%、83.32%和 67.03%。此外，韩国和巴西钢铁行业的 CR3 分别高达 90.97%和 89.86%。

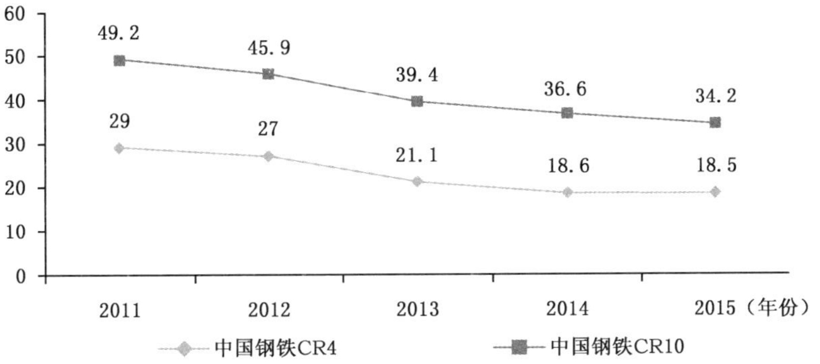

资料来源：笔者制作。

图 4—2 中国钢铁行业集中度 CR4 和 CR10

（二）通过国际产能合作实现去产能

从国际产业发展经验来看，产业转移也是平衡国内产能的一条重要途径。从制造业在全球的产业转移来看，大体遵循“产业转移—形成产能—对外输出—产业转移”的梯次发展模式。例如，从 19 世纪到 20 世纪再到 21 世纪，世界制造业中心相继经历了从英国（欧洲）—美国—中国（亚洲）的转变。在产业转移的过程中，先发国家梯次实现产业升级、新旧产能的转化和新旧动能切换。例如，20 世纪 80 年代在日元大幅升值带动下，日本大举向我国在内的东亚国家投资输出产能；继日本之后，亚洲“四小龙”及我国成为新的低端制造业出口大国，形成产业发展的典型“雁行模式”。

目前，在“一带一路”倡议框架下，通过国际产能合作和海外直接投资是转移和化解我国过剩产能的有效措施。2015 年国务院出台《关于推进国际产能和装备制造合作的指导意见》，明确提出了“两个重点”：一是将钢铁、有色、建材、铁路、电力、化工、轻纺、汽车、通信、工程机械、航空航天、船舶和海洋工程 12 个行业作为重点，推进国际产能合作；二是将与我国装备和产能契合度高、合作愿望强烈、合作条件和基础好的发展中国家作为推进国际产能和装备制造合作的重点国家。随后，国家发改委、外交部对 60 多个国家进行了需求调查，初步圈定了 15 个意愿比较强烈、基础比较好的国家进行国际产能合作，这些国家分布在亚洲、非洲、拉美和欧洲，主要是通过投资建厂，建设生产线、基础设施、产业链、产业集聚区等来实施国际产能和装备合作。

二、保险服务去产能的主要路径措施

（一）直接从事企业并购投资

2016 年 1 月 22 日，国务院常务会议确定进一步化解部分行业过剩产能的措施，首次提出支持保险资金等社会资本参与企业并购重组，发展相关产权交易市场，这为保险机构直接投资企业并购打开了政策空间。

1. 保险公司直接投资企业并购重组的长期价值

一方面，与保险资金特性相匹配。并购重组投资通常资金需求量大，且流动性受限，如定向增发具有1—3年的锁定期，私募基金投资期限更长达5—8年。保险资金特性与上述要求匹配度较高，容易获得较理想的投资机会。

另一方面，保险资金投资私募股权市场。私募基金是国际保险资金的重要配置标的。2014年，全球保险资金投资私募股权基金占其另类投资规模的12%，仅次于不动产投资。其中，并购基金(buyout funds)投资风险较小，是继夹层基金之后保险资金拓展私募股权投资图谱的必经之路。

2. 保险公司从事并购投资的方式

保险资金具有多种投资渠道参与企业并购重组。具体而言，在投资渠道方面，可以通过保险公司自有资金进行直接投资，也可以通过旗下基金公司或资产管理公司发行保险资管产品进行杠杆投资。自2013年首次明确保险资产管理公司可以开展公募业务以来，已有7家大型保险机构获得证监会公募业务牌照。其主要路径包括三类：一是新设基金公司，二是收购现有基金公司，三是组织公募事业部(见表4—2)。另外，还有5家待批或在筹保险系基金公司(见表4—3)。

表4—2　　已开业保险系基金公司

基金公司	基金数量	公募资产合计(亿元)	注册资本(亿元)	成立日期	组织形式	备　注
国寿安保基金管理有限公司	20	905.44	5.88	2013.10.29	公司	首家保险资管设立基金公司
平安大华基金管理有限公司	34	830.22	3.00	2011.01.07	公司	平安信托控股
太平基金管理有限公司	3	206.75	2.27	2013.01.23	公司	首家通过股权转让设立
泓德基金管理有限公司	16	184.24	1.20	2015.03.03	公司	首家由保险资管自然人发起设立
泰康资产管理有限公司	14	121.40	10.00	2006.02.21	事业部	首家事业部形式开展业务
华泰保兴基金管理公司	3	61.81	1.20	2016.07.25	公司	首家保险集团控股
中国人保资产管理股份有限公司	—	—	—	2017.01.16	事业部	—

资料来源：笔者根据公开资料制作。

表 4—3　　待批或在筹保险系基金公司

基金公司	发起股东	出资额(亿元)	批筹/申请日期	投资形式	持股比例(%)
安邦基金	安邦人寿	5.00	2015.01.15	设立	100
浙商基金	民生人寿	2.04	2015.04.07	收购	50
华瑞基金	华夏人寿	未披露	2016.10.29	收购	90
合众基金	合众人寿	未披露	2016.11.02	设立	95.5
国联安基金	太平洋资管公司	10.45	2017.04.27	收购	51

资料来源:笔者根据公开资料制作。

在股权方式上,可以进行股权转让、定向增发、非定向增发、配股、优先股等直接投资,也可以采取定增金融产品、股权投资计划、私募基金等间接投资方式;在债权方式上,主要有公募并购债券、私募并购债券、信托计划等。由于目前并购债的资金用途只限于偿还并购贷款,并不能用来直接支付并购价款,所以在收益和规模上都离国际上真正的并购债有较大差距。因此,在未来一段时间内,保险资金还将主要通过股权方式参与企业并购重组。其中,对于财务投资来说,定向增发、并购基金分别是参与上市企业和非上市企业并购重组的主要方式。

3. 保险资金参与企业并购重组的注意事项

(1)审慎参与敌意收购。作为中国并购市场上的"新兴力量",保险公司在获得更多话语权的同时也将承担更多责任,包括对目标企业、中小股东、监管机构、社会公众和保险公司自身等各利益相关方。各个市场参与者会从不同视角审视保险资金的投资行为,保险公司在并购式投资中必须遵循宏观政策导向,综合考虑经济发展阶段、行业发展水平和社会公众承受度等问题,对参与敌意收购和其他容易引发社会争议的并购投资应慎之又慎,要全面衡量可能引致的对投资项目、保险业务经营、公司市场形象乃至整个保险行业和中国企业形象的影响。

(2)强化舆论导向,防止对万能险的全盘否定或对保险资金妖魔化。万能险作为保险公司的负债,属于表内的资产,保险公司承担资金投资的风险,并且给投保人一定的收益保证。在配置和监管上,万能险没有特殊之处。要从保险公司资金运用的整体结构上去判断其权益类投资、长期投资是否合理,不宜从中单独选取万能险资金,片面解读保险公司资金运用中的期限匹配和流动性风险的问题。在保险资金参与并购投资的过程中,要强化舆论宣导,积极阐明保险资金的特点,突出强调对资本市场和企业发展的积极意义和建设性作用,始终维护保险资金投资的正面形象;要提高公众对万能险等国内较新、国际成熟的保险产品的认知水平，提高公众对保险资金投资的认可度和美誉度，防止万能险因为个别公司的不当行为而遭到舆论的妖魔化。

（二）承保并购违约风险，助推并购交易顺利进行

随着并购交易活动的日渐增多和单笔交易金额的提高，并购违约风险日益受到交易双方的重视。并购违约风险主要涉及两个情境：一是卖方就陈述和保证条款所需承担的违约风险[①]（主要是财税风险）；二是因未通过监管审批而产生的反向分手费（reverse termination fee 或 reverse break-up fee）风险，即在签署有法律约束力的交易文件后，由于特定事件导致买方不能完成拟议交易时，由买方向卖方支付约定金额的费用，以补偿卖方因此遭受的损失。

反向分手费风险，特别是歧视性市场地位导致的高出正向分手费的超高反向分手费已经形成了中国企业海外并购的主要风险。一般而言，反向分手费的金额一般与正向分手费相当，但近年来一些交易中也出现反向分手费高于正向分手费的现象。在美国，大部分并购交易中的反向分手费不超过交易金额的 3％－7％。在加拿大，反向分手费一般是并购价格的 1％－3％，并且通常与分手费的金额相同。中国企业在反向分手费的谈判中常常处于不利地位，反向分手费的金额经常高于正向分手费。例如，中国化工收购瑞士先年达（Syngenta），并购交易金额约为 430 亿美元，正向分手费为 8.48 亿美元，反向分手费为 30 亿美元，反向分手费为交易金额约 6.7％；青岛海尔收购 GE 家电业务，并购交易金额约 54 亿美元，在没有约定正向分手费的情况下，详细约定反向分手费，具体分为两档，如表 4－4 所示。

表 4－4　　中企海外并购正反向分手费设计案例

中企案例	交易金额	正向分手费	反向分手费
中国化工收购瑞士先年达（Syngenta）	430 亿美元	8.48 亿美元	30 亿美元，占交易金额的 6.7％
青岛海尔收购 GE 家电业务	54 亿美元	没有约定正向分手费	反向分手费分两档：未通过反垄断审查的反向分手费为 2 亿美元，未通过中国政府批准或备案或未取得青岛海尔股东大会批准的反向分手费为 4 亿美元，分别约为交易金额的 3.7％和 7.4％
珠海艾派克收购 Lexmark International	39 亿美元	正向分手费为 0.95 亿美元	反向分手费为 1.5 亿美元，反向分手费约为交易金额的 5.55％

资料来源：笔者根据公开资料制作。

① 陈述与保证条款：卖方于并购协议中向买方就标的公司各个方面做出陈述与保证属于国际并购交易的常规风险控制手段。一旦买方发现卖方就陈述与保证条款有不当陈述，不真实或有重大遗漏，甚至卖方欺诈等违约行为的，卖方需对相关违约行为造成的损失承担赔偿责任。

保险公司可以针对并购风险，用并购险为交易风险进行保障。对于卖方而言，可以满足纠纷解决的司法需求，买方可投保本地出具的并购补偿保单，一旦发生赔付，无须在海外陌生的司法环境下处理；以保险公司的财务实力，提升违约后得到偿付的确定性，避免不必要的长尾信用风险；若交割后卖方仍作为公司管理层继续主持经营公司，购买并购补偿保险可允许买方直接向保险公司索赔，从而更好地维持与公司管理层的关系，维护双方合作关系。与此同时，此类型保险能够让买方更符合招标要求，提高议价能力，顺畅并购磋商的过程。对买方来说，并购险可以助其更好地退出，避免卷入更多的法律纠纷。例如，2016 年怡安集团签发了全球第一张美国外商投资委员会(CFIUS)并购交易否决赔偿金保险单，该保单约定只要 CFIUS 否决该交易，那么保险公司将承担巨额“反向分手费”。国内保险公司可以联合境外保险同业，如怡安集团，成立由两国或多国风险管理专家、最熟悉相关国家安全审查的律师以及活跃在并购市场上的保险集团共同组成的工作小组，设计相应的并购交易赔偿保单。

第二节　去库存

一、去库存的逻辑

去库存的主要任务是房地产去库存。房地产的主要问题有两个：一是本身库存大；二是房价上涨过快，大幅领先于城镇化本身及其所需的其他一系列制度性改革进程。过大的库存危及行业资金链安全，给整个经济金融带来较大系统性风险；高涨的房价导致资源要素过度集中于房地产行业，导致经济脱实向虚，易使整个经济发展过早地去工业化，从而陷入“中等收入陷阱”。因此，当前去库存的逻辑是在房价总体稳定的前提下，逐步将库存规模降至合理安全水平。在近两年的一系列去库存政策措施下，房地产去库存阶段性任务基本完成。如图 4－3 和图 4－4 所示，目前全国 70 个大中城市商品住宅价格指数的环比增幅都大幅回落至 0 附近，一线城市甚至出现环比下跌的情况，房地产价格快速上涨的势头被有效遏制；同时，至 2017 年 10 月，全国商品房待售面积已从 2016 年 2 月的最高点下跌 23％。目前来看，尽管通过严格一系列限购限贷抑制需求的办法达到了稳房价和去库存的短期目标，但是并没有从根本上解决房地产市场的问题。特别是商品房空置率仍然居高不下，从社会资源有效利用的角度来看造成了浪费，同时也意味着房地产市场乃至整个经济体系的系统性风险仍然没有消除。截至 2017 年 6 月末，全国商品房空置面积为 1.27 亿平方米，同比增长2.2％；同时，全国房屋施工面积 21.27 亿平方米，同比增长 24.1%。因此，要在根本上解决好房地产市场面临的问题，使该市场能够健康有序发展，必须向市场回归。为此，一是降低空置率，提高房产资源使用效率，为空置房产形成现金流，以支撑当前较高的房产价格；二是加快城镇化进程，弥合房产供给与房产需求之间的缺口，特别是三四线城市。

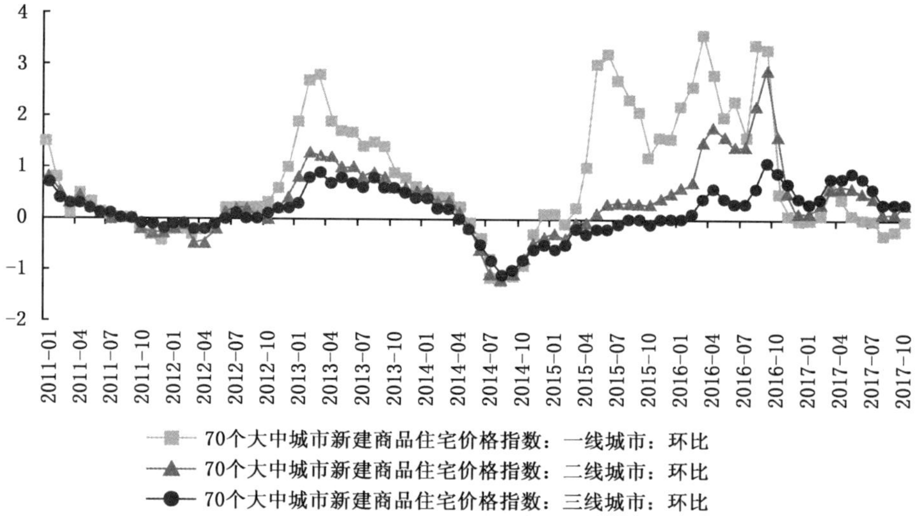

资料来源：Wind。

图 4—3　房地产去库存、稳价格

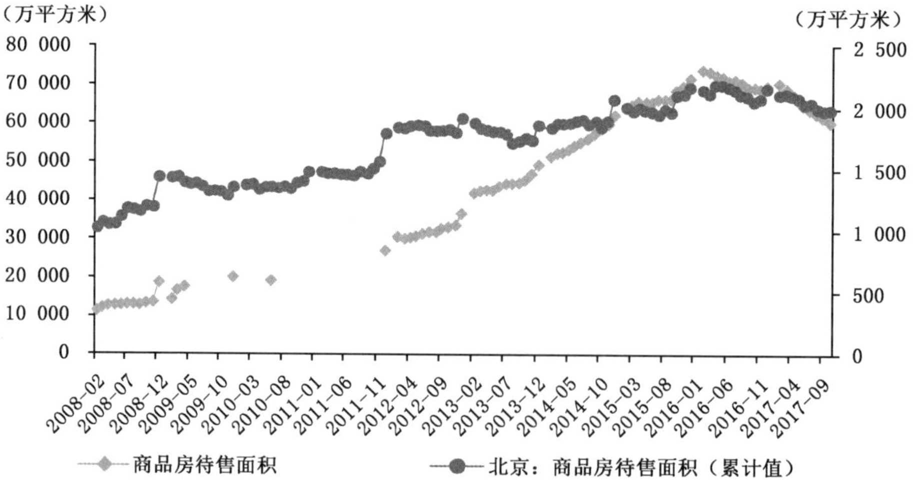

资料来源：Wind。

图 4—4　房地产去库存初见成效

二、保险服务去库存的两大路径

(一)通过发展机构养老,直接服务去库存

保险机构通过主动介入养老产业,投资养老地产,实施机构养老,是服务去库存的直接途径。从投资潜力来看,保险机构通过养老地产介入养老市场,符合保险资金特征,能够产生业务协同效应,具有较好的预期收益。目前,我国已经步入加速老龄化社会阶段,2016 年老年抚养比达到 16.5%(见图 4—5),2030—2050 年老年抚养比将进一步上升至 40%—50%;高龄老年人口以 5%的年均增速增长,预计 2040 年高龄人口规模超过8 000万;老年家庭空巢率超过 50%,预计 2030 年空巢老人人口超过 2 亿。人口老龄化形成对养老行业的强劲需求,预计到 2020 年养老市场规模将达到 7.7 万亿元。

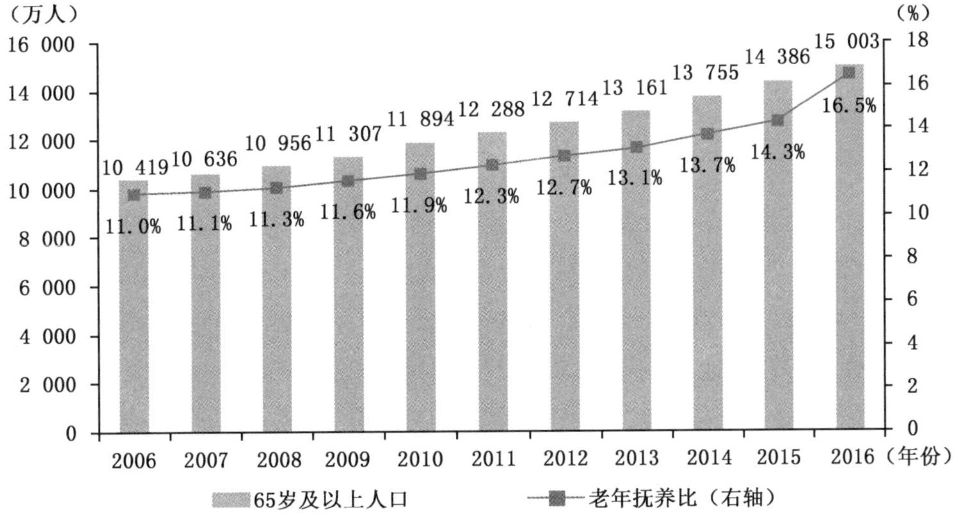

资料来源:国家统计局。

图 4—5　我国 65 岁以上老年人口规模及老年抚养比

从投资现状来看,自 2007 年我国国内保险机构就开始布局养老产业链,且近年来各家保险公司纷纷扩大投资(见表 4—5)。例如,中国人保大连颐园养老社区,房屋 334 套,共 2.2 万平方米;大连和园养老社区,房屋 668 套,共 6 万平方米;中国平安为进一步深化养老地产布局,2015 年 4 月成为碧桂园第二大股东。

表 4—5　　我国保险企业投资养老社区概况

公司	投资养老社区情况
泰康保险集团	2007 年作为险资投资养老社区的首个试点，在北京、上海、广州、三亚、苏州、杭州、成都、武汉完成布局，8 个养老社区，共 140 万平方米
合众人寿	武汉合众优年生活社区占地2 400亩，包括养老、养生、医疗和休闲度假四大板块；未来 10 年在全国打造 26 个大型养老社区，容纳 46 万老人
中国人寿	苏州阳澄湖养老项目；天津港医养结合项目；三亚健康养生项目
新华人寿	北京莲花池养老社区，占地 3.4 万平方米，250 套房；延庆一期养老社区 400 多套房，5 万平方米；海南博鳌一期、二期，20 万平方米，共2 700多套房
太平洋保险	通过新建、改建、租赁等方式建设 10—20 家养老院区，2 000—6 000 张床位
中国平安	"桐乡平安养生养老综合服务社区"，170 亿元、160 万平方米，全龄化、全配套、一站式；2015 年 4 月战略性投资碧桂园，占股 9.9%，成为第二大股东
中国人保	大连颐园养老社区，334 套房，2.2 万平方米；大连和园养老社区，668 套房，6 万平方米

资料来源：笔者制作。

（二）通过服务城镇化，间接服务去库存

新型城镇化是去库存的重要途径。据调查，2016 年一些三四线城市农民工和农民买房占整个买房量的 50%，有的甚至达到 70%。保险在服务城镇化间接实现去库存的过程中，服务主体是个人、企业、政府，主要功能是使农业人口转得出、留得住、过得好。具体来看，一是通过保险机制推动农民土地流转、农业规模化集约化生产，提高农业生产力水平，使农业人口转得出，比如，通过土地流转履约保证保险降低农民土地流转风险，促进农业用地集中，推动农业生产规模化；通过产量保险、价格保险、收入保险等产品形式服务新型农业经营主体和服务主体风险保障，促进"藏粮于技"，转变农业生产方式。二是通过保险机制为企业财产、工程安全、产品责任和社会责任风险提供保障，支持企业提高承载社会责任能力，支持中小企业融资，强化新型城镇化的产业基础，实现"产城融合"，从而促进农业转移人口在城市就业，使流出的农业人口在城镇留得住，如：通过雇主责任险帮助企业转移赔偿风险，保障农民工权益，稳定企业与农民工之间劳动关系，促进季节性流动性农民工向城市职业工人转变。三是通过保险机制促进城市公共治理水平提高，使城镇转移新人口过得好，如：通过大病保险、公众责任险增进民生保障；通过安全生产责任险、医疗责任险化解民事纠纷；通过经办、代办政府事业，帮助政府实现"只办事，不养人"的简政举措；通过参与城市基础设施投资，为城镇化建设提供资金支持；等等，如表 4—6 所示。

表 4—6　　商业保险服务城镇化建设的重点领域

目标及服务对象	保险作用	具体险种	典型模式
转得出（个人）	农民土地流转风险担保	土地流转履约保证保险	四川邛崃试点
	新型农业经营主体和服务主体风险保障	产量保险、价格保险、收入保险	大连“保险＋期货”试点
留得住（企业）	企业财产风险、工程风险保障	企财险、工程险等	全国开展
	企业责任风险保障	雇主责任险	全国开展
		环境污染责任险	无锡环境污染责任险试点
		产品质量保证险	全国开展
	支持企业贷款	贷款保证保险等	政银保；加按保
过得好（政府）	促进治安稳定	治安保险	聊城模式
	化解民事纠纷	医疗责任险	宁波模式
		校园方责任险	全国开展
		安全生产责任险	全国开展
	增进民生	大病保险	全国开展
		自然灾害公众责任险	厦门模式
	代办政府事务	—	社保业务代办；灾害风险管理事务代办
	城镇化建设资金支持	—	投资道路、桥梁、房屋等建造；投资养老社区；投资产业园区建设等

资料来源：笔者制作。

第三节　去杠杆[①]

一、去杠杆的逻辑

全社会包括非金融企业、金融机构、政府和居民四个经济部门。一般将非金融企

① 严格来讲，去杠杆的提法并不完全准确，存在以辞害意的问题。尽管近年来我国经济各部门总体负债水平较高，如麦肯锡估算中国总杠杆率由 2007 年的 152%猛增至 2014 年末的 282%。但是简单的去杠杆不利于经济平稳运行。一方面，杠杆是市场经济体系正常运转和现代工商业经济体扩大再生产必不可少的，而且在现阶段复苏趋势尚未确认的情况下极易导致经济体陷入“债务—通缩”陷阱。另一方面，经济体系是由不同经济部门构成的，存在部门之间以及部门内部的结构性差异，一般来看，企业部门债务重、杠杆高，居民部门储蓄高、杠杆低；大型企业债务重，中小微企业融资难、负债低；国企债务高，民企债务低；僵尸企业负债高，成长企业负债低。因此，较为准确的提法应该是“优化杠杆”。

业、居民和政府三者归为实体经济部门。去杠杆包括实体企业去杠杆、政府去杠杆、居民去杠杆和金融去杠杆。全社会四部门债务总额与GDP之比从2008年的170％上升至2014年的278.9％。如果剔除金融机构部门61.6％的杠杆，实体部门杠杆率则从2008年的157％升至2014年的217.3％(见图4－6)。从国际比较的角度来看，我国非金融部门杠杆率过高，政府杠杆率适中，居民杠杆率较低。2014年，我国非金融企业部门债务占GDP之比达到123.1％，政府债务占比57.8％，居民债务占比36.4％，同期，美国三部门债务占GDP之比分别为105％、98％和77％；日本为101％、234％和65％；德国为54％、80％和54％。因此，尽管去杠杆包括非金融企业、政府和居民和金融企业，但重点是非金融企业与金融企业。

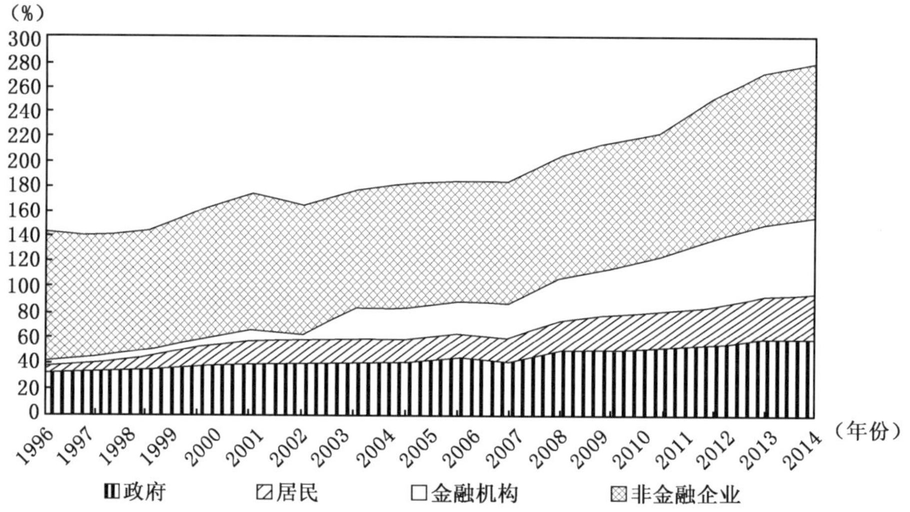

资料来源:《中国国家资产负债表2015》。

图4－6　全社会杠杆率变化(1996－2014年)

(一)企业去杠杆

对于非金融企业部门，去杠杆的目的在于通过降低债务融资占比，减轻企业债务利息支出成本，防止企业走向借新还旧的旁氏借贷。具体来看，主要是解决三大问题：一是企业收减支增、缺口扩大，国有企业尤为严重。从中国人民银行监测的5 000户工业企业财务数据看，2012－2015年，企业留存收益占比连续下降。企业利润占企业增加值比例呈逐年减少趋势，而职工工资、政府税收、财务费用呈逐年增加趋势(见表4－7)。二是企业部门收支缺口较大。企业部门的可支配收入占GDP比例仅为17％，低于政府部门的18.8％和住户部门的60.7％。企业部门最终支出占GDP比例为 34.6%，企业收支缺口占 GDP 比例高达 17.6%，意味着企业超一半的支出需要以外部融资来维持。三是国有企业创利较少、支出较多、融资增长较快。根据中国人民银行对5 000户工业企业调查，2012—2015 年，国有企业承担了全国近 70%的在建工程，而利润占比却呈下降趋势。2015 年，1 280户国有企业占被调查企业的比例为21.3%，而创利仅 622 亿元，占被调查企业合计利润的 14.2%。2012—2015 年，国有企业新增融资占全国新增融资比例均在 55%以上。2016 年这一数据快速增长，上半年国有企业融资增幅达到1 653亿元，超 2015 年全年，占全国融资增幅比例高达 70.5%。在企业去杠杆方面，主要采取两大措施：一是降低企业融资成本，降低整体社会融资利率水平，减少金融交易中间环节，减少融资交易费用；二是加快推进国企国资改革，实施债转股，扭转国有企业债务规模较大、利息负担较重、人员历史包袱较重、盈利微薄、经营活力不足的状况，①加快处理"僵尸企业"。

表 4—7　　企业增加值分配结构　　单位：%

年　份	当年折旧	净利润	主营业务税收和附加	所得税	工资	财务费用
2012	14.1	16.5	28.6	5.8	24.9	10.1
2013	12.9	16.3	29.2	5.9	25.4	10.3
2014	11.8	16.1	29.5	5.9	26.1	10.7
2015	10.0	15.2	29.8	6.5	27.6	10.9
2016—6	16.6	19.1	25.8	5.9	23.9	8.6

资料来源：中国人民银行5 000户工业企业调查。

（二）政府去杠杆

对于政府部门，债务有显性债务和隐性债务两种。显性债务主要是由于我国政府特别是地方政府的生产性，使其通过债务融资方式加大政府支出来刺激经济增长所形成的债务；隐性债务主要是我国政府职能转变，从生产型政府向服务型政府转变，在未来形成的超过政府收入的债务性支出，其中相当一大部分潜在债务是养老保障支出。

对于显性债务而言，去杠杆主要是防止地方政府债务过快增长而形成风险。从全国政府性债务审计结果看，在 2010 年底—2013 年 6 月底的 3 年半时间里，全口径地方政府债务余额增长 7.2 万亿元，增幅达 67.3%，年复合增长率达到 22.9%。从债务增量来看，2012—2016 年上半年，政府信贷和基建相关产生的债务占 GDP 比重分别

① 盛松成、刘西．国民收支分配结构与企业去杠杆[J/OL]. http://finance.sina.com.cn/money/bank/bank_hydt/2016—09—02/doc—ifxvqctu6014182.shtml

增长了 12 个和 22 个百分点(见图 4—7)。通过强化政府支出管理,按照“开正门、堵偏门”的原则,借助债务置换和 PPP 等融资模式创新,可以实现对地方政府债务和基建相关债务的有效监控和管制。

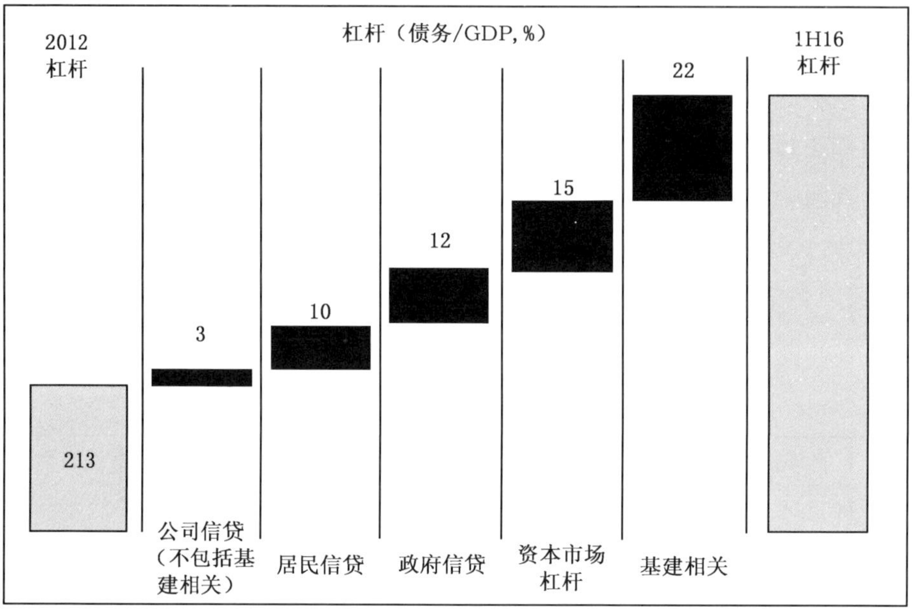

资料来源:笔者制作。

图 4—7　杠杆的部门分解

对于隐性债务而言,去杠杆主要是缓解养老保险财政支出风险。据测算,在养老保险替代率逐渐下降的假设下,我国职工养老保险在 2023 年出现当期收支缺口,到 2028 年累计结余全部耗尽,到 2050 年累计养老金缺口达到 849 万亿元(2050 年价格),占 2050 年当年 GDP 的 95.49%;①在养老保险替代率维持不变的情况下,职工养老保险在 2018 年就会出现收支缺口,累计结余在 2024 年全部消耗殆尽,到 2050 年养老保险累计资金缺口将达到1 378万亿元,占 2050 年当年 GDP 的 155%(2050 年价格)。② 如果不提前实施养老保险改革,随着时间的推移,政府隐性债务将越来越高,政府杠杆率也将持续上升至高位。据测算,总养老金支出③占 GDP 的比例到 2025 年上升至 11.64%。同时,维持养老体系所需的国家财政补贴占 GDP 的比例到 2050 年

① 李扬等.《国家资产负债表 2015:杠杆调整与风险管理》[M]. 北京:中国社会学出版社,2015:177.
② 同上,第 179 页。
③ 总养老金支出由维持养老金体系运转所需政府财政补贴＋养老保险缴费收入＋其他收入所形成的支出组成。

将升至 8.54%，占当年财政支出比的 35.19%（见图 4—8）。如果将 2010—2050 年每年的政府财政养老补贴折算到 2011 年，然后将历年所需政府补贴加总，得到整个养老保险体系的隐性债务规模为 66.2 万亿元，占到 2011 年 GDP 的 137%。如果考虑保持高养老保险替代率的情景，隐性债务规模将达到 92.9 万亿元，与 GDP 之比将达到 192%，即接近一半的政府财政收入都将用于补贴居民养老保险，养老金总支出占 GDP 的比例也将达到 15.06%（见图 4—9）。

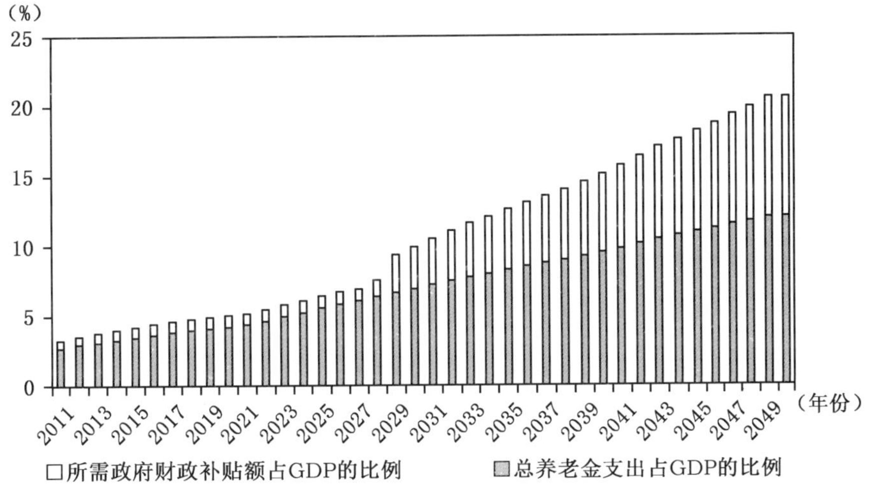

资料来源:《中国国家资产负债表 2015:杠杆与风险管理》。

图 4—8　维持中国养老保险体系对政府财政和国民经济的资金压力

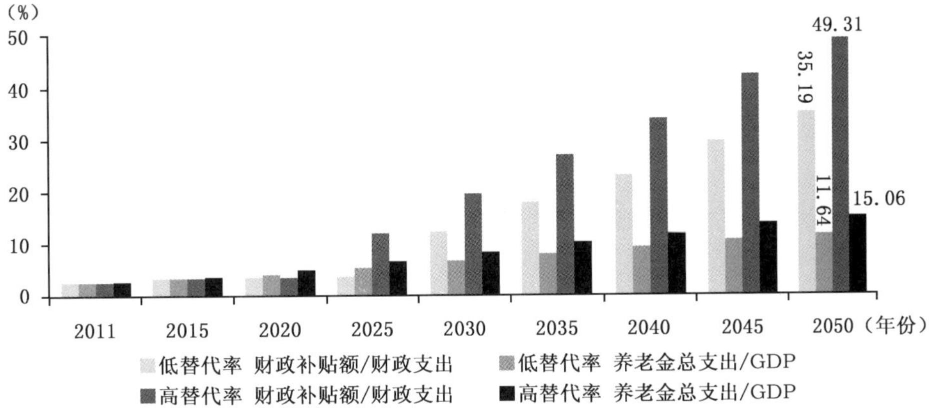

资料来源:《中国国家资产负债表 2015:杠杆与风险管理》。

图 4—9　政府隐性债务(养老支出)估算

（三）居民去杠杆

对于居民部门，尽管杠杆率不是很高，但是近年来在房地产资产价格暴涨的刺激下，提升却较快。居民贷款在 2010—2016 年均复合增长率超过 22%，截至 2016 年末，居民信贷余额达到 25 万亿元，杠杆率达到 33.7%（见图 4—10）。居民部门去杠杆的关键在于稳定房地产价格，抑制房地产投机性需求，从而抑制居民杠杆率过快上升。主要从需求和供给两个方面采取措施：在需求端主要是出台更为严苛的限购政策，如北京的认购认贷政策；在供给端主要是加大保障性住房供给力度，稳定房地产价格等。

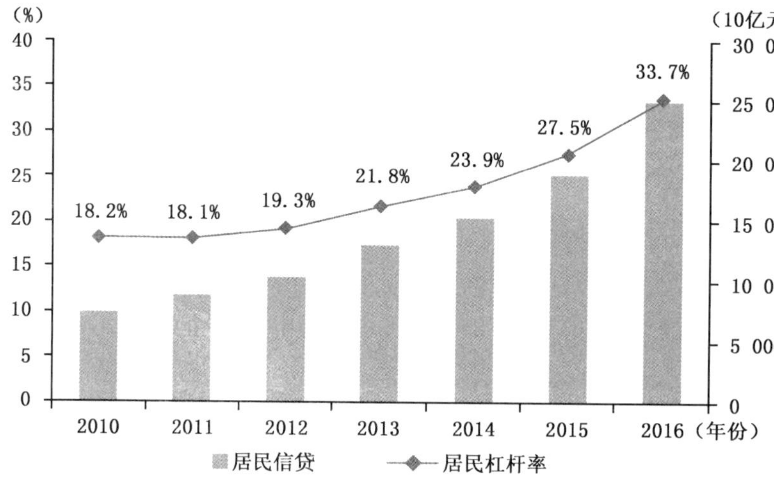

资料来源：《中国国家资产负债表 2015：杠杆与风险管理》

图 4—10　2010—2016 年我国居民信贷规模及杠杆率变化

（四）金融去杠杆

尽管金融去杠杆不在实体经济去杠杆的范畴之内，但金融去杠杆之于实体经济去杠杆恰如硬币的两面。如前所述，在货币信用创造 2.0 体系下，影子银行已经成为助推实体经济部门杠杆化的主要推手。瑞信证券研究分析，实体经济中的影子信贷占总信贷的 1/3，相当于 2015 年 GDP 的 90%左右。因此，金融去杠杆对于实体经济去杠杆能产生事半功倍之效。对于金融部门，去杠杆的出发点在于通过减少金融交易中间环节，减少融资交易费用，达到降低企业融资成本，降低社会整体的融资利率水平，同时防范金融风险。从监管层面来看，2016 年以来，"一行三会"构建了"货币政策缓慢收紧＋监管机构强化监管"的 "双支柱"金融去杠杆框架（见图 4—11）。基于此，金融监管部门先后分别出台实施了一系列政策措施，如银监会开展对"三违反、三套利、四不当"的专项治理工作。

在"双支柱"金融去杠杆政策下，货币市场首先发生变化。2017 年 5 月 22 日，1 年

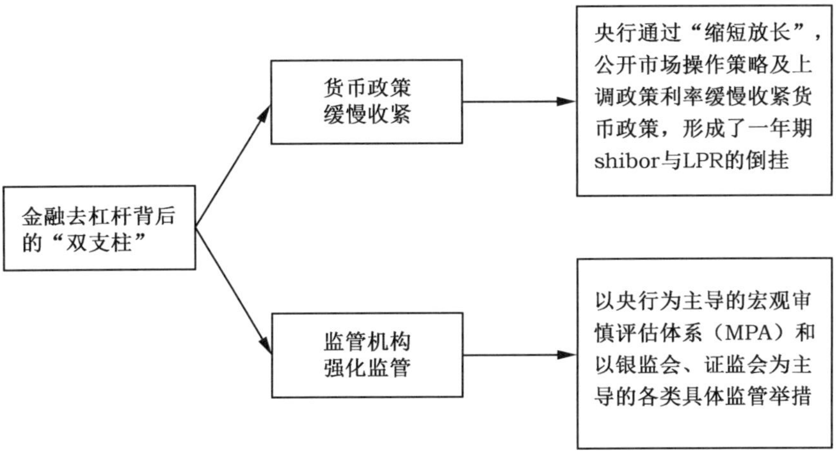

资料来源：瑞信证券。

图 4—11　“一行三会”实施去杠杆的“双支柱”框架

期 shibor 利率首超 1 年期贷款基础利率(LPR)后，23 日 shibor 利率持续上行，差幅继续扩大。shibor 作为银行间资金拆借成本，LPR 作为实体经济融资成本，两者利率出现“倒挂”(见图 4—12)。这意味着在监管当局致力于金融去杠杆的“三三四”强监管措施给商业银行形成较大流动性压力。

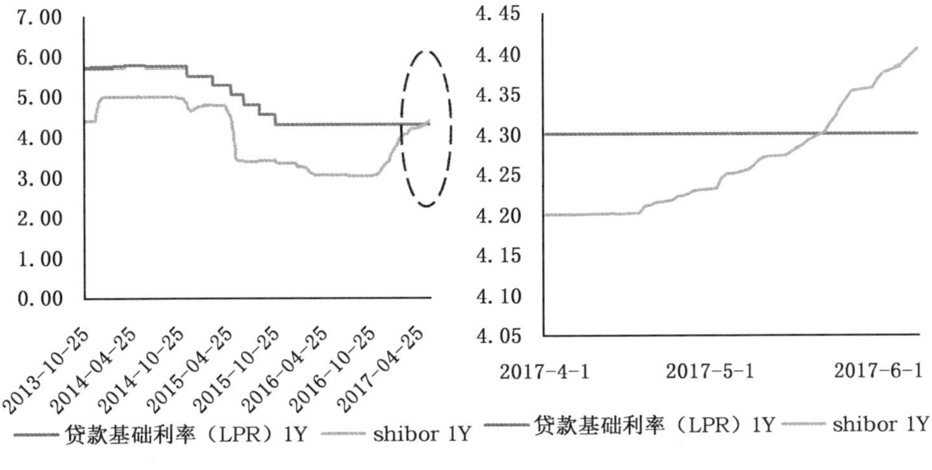

资料来源：笔者制作。

图 4—12　1 年期 shibor 利率与贷款基础利率走势(左)及利率倒挂，短期流动性趋向收紧(右)

二、保险服务去杠杆的路径措施

（一）从分子分母两方面措施服务企业去杠杆，着重参与债转股

保险可以从“债务率＝债务/收入”这个公式入手，分别采取分子措施和分子措施。从分子措施来看，主要是积极参与银行主导的债转股投资项目，以此降低实体企业特别是大型国有工业企业的债务水平。从分母措施来看，就是更加积极地参与结构性改革过程中，通过保险机制为企业投资经营活动分担风险，促进新的供给的形成，扩大真实 GDP 规模，如通过首台（套）大型设备保险促进企业加快更新设备。由于分子措施对于企业去杠杆更为直接，在此着重对债转股进行阐述。

从债转股的作用来看，在当前经济运行背景下主要有三重作用：一是深化供给侧结构性改革，助力产业结构调整升级，为国有企业保驾护航；二是能够释放企业财务风险，为企业经营提供“缓冲垫”；三是可以作为缓解银行不良资产风险的一剂“良方”。同时，本轮债转股基础资产资质好、机制活，风险分散且退出渠道多样化。保险机构可以与大型银行和地方国资管理平台展开深度接洽，重点参与公司治理良好的强周期龙头企业债转股项目，挖掘优质资产的股权投资机会以及问题债权的夹层投资机会，认真研究债转股的标的、流程、模式，把握本轮长周期性投资机遇。

在服务债转股实施的过程中，保险资金也能获得实实在在的好处。一是市场化债转股将为保险资金弥合资产负债匹配缺口、缓解“长钱短配”矛盾提供难得的市场机遇。据统计，2013－2015 年行业 15 年以上的资产负债缺口分别为 2.45 万亿元、2.97 万亿元和 5.4 万亿元，“长钱短配”的矛盾十分突出。据测算，本轮市场化债转股规模可达 1.7 万亿元，因此，目前还有 80％的转股债权等待实施。二是市场化债转股将为保险资金提供丰厚的投资回报，降低利差损风险。从信达资产的 2013－2016 年 4 年半年数据公报来看，债转股整体处置收益倍数分别为 2.1 倍、2.6 倍、3.0 倍、3.8 倍，平均达到 3.1 倍，其中未上市股权收益倍数分别为 2.1 倍、4.7 倍、3.7 倍、3.8 倍，平均达到 4.1 倍（见表 4－8）。从国际经验看，问题债权转股的投资回报也非常丰厚。根据伦敦咨询机构 Preqin 公司调查数据显示，2002－2012 年全球困境基金[①]年化收益率在 14％左右（见图 4－13）。在投资策略上，保险资金应以跟投为主，以缓解信息不对称所产生的投资风险。不同于上一轮政府主导下的债转股，本轮债转股以银行系机构主导下的市场化为特征。

---

① 困境基金（distressed private equity）是国际市场中一种专门投资于困境证券的私募股权基金，当行业周期低谷或者企业过度杠杆化导致资不抵债时，市场会出现较多资质良好但价格严重被低估的公司债权，基金管理人买入并在重组中转股，帮助公司完成脱困转型，并获得较高投资收益。困境基金是一类典型的高收益私募基金。

表 4—8　　信达资产债转股处置收益倍数

	2013.6.30	2014.6.30	2015.6.30	2016.6.30	均　值
全部股权	2.1	2.6	3.0	3.8	3.1
其中:未上市类股权	2.1	4.7	3.7	3.8	4.1

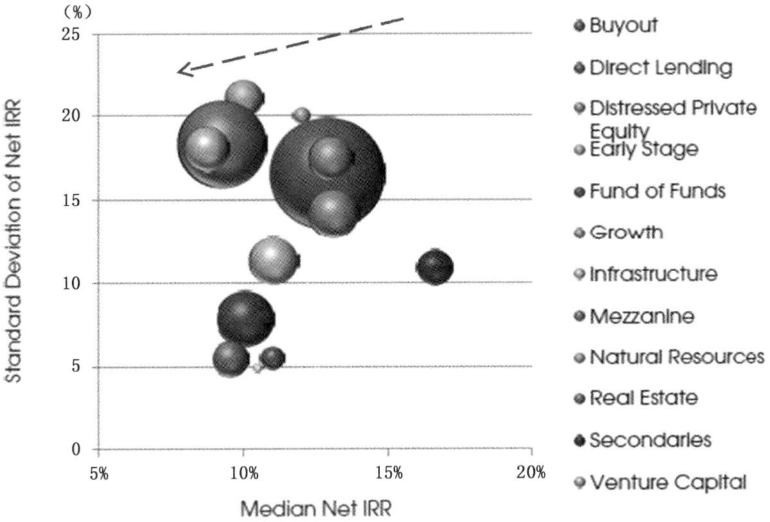

资料来源:Preqin.

图 4—13　2002—2012 年全球各类私募基金的风险收益分布

(二)缓解政府显性与隐性债务,着重发展商业养老保险

1. 通过参与 PPP 项目,降低政府显性债务增长规模

从保险角度看,服务政府化解当前的存量债务,主要途径是积极参与 PPP 项目投资(该内容将在第 7 章"保险服务政府治理能力提高" 单独论述)。在此,仅从 PPP 的实施效果来简要说明。为推动 PPP 项目实施,加大对社会资金的引导作用,地方政府投资基金规模在 2014—2016 年 3 年里"井喷式"增长,如图 4—14(上)所示。据清科研究中心统计,2014 年全国新设立的政府投资基金 76 只,目标规模2 122亿元;至 2015 年,两项指标分别暴增至 313 只、3 773亿元,增幅达 311.84%、77.8%。2016 年,政府产业基金进一步增长至1 013只,总目标规模飙升至53 316.50亿元,已到位资金 19 074.24亿元。除去创业投资基金、产业投资基金等在内的股权投资类政府投资基金,基础设施类引导基金共设立 112 只,总目标规模21 089.37亿元,已到位资金 7 737.77亿元。同时,PPP 项目投资额也迅速攀升。据财政部数据显示,截至 2017 年 3 月末,全国 PPP 综合信息平台项目库入库项目近 1.23 万个,累计投资额度 14.6 万亿元,如图 4—14(下)所示。其中,全国已签约落地 PPP 项目累计逾1 700个,投资额

2.9 万亿元，落地率 34.5%。在 PPP 项目的推进实施下，地方政府新增债务大幅下降，如图 4－15(上)所示；境内外城投债发债规模也大幅下降，如图 4－15(下)所示。

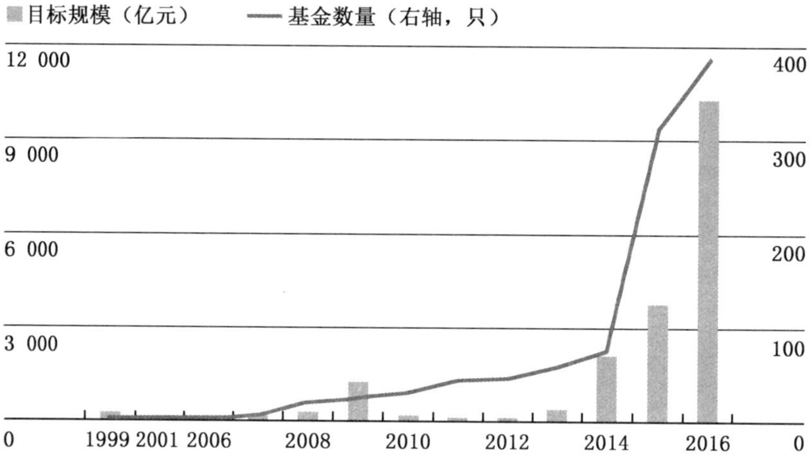

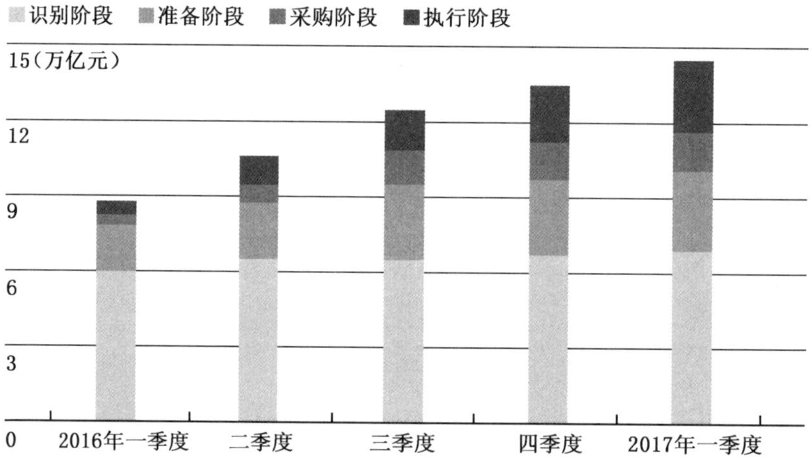

资料来源：财政部。

图 4－14　政府投资基金井喷(上)，财政部入库 PPP 项目投资额超 14 万亿元(下)

2. 积极发展商业养老保险，降低政府隐性债务增长规模

商业养老保险是养老保障体系的重要组成部分。发展商业养老保险，对于健全多层次养老保障体系，应对人口老龄化趋势和就业形态新变化，进一步保障和改善民生，促进社会和谐稳定等都具有重要意义。近年来，我国商业养老保险发展较快，但与发达国家横向相比，则较为滞后。我国 2016 年具备养老功能的人身保险(包括各类在被保险人年满 55 岁后向其给付生存保险金的保险产品)保费收入为8 600亿元，占人身

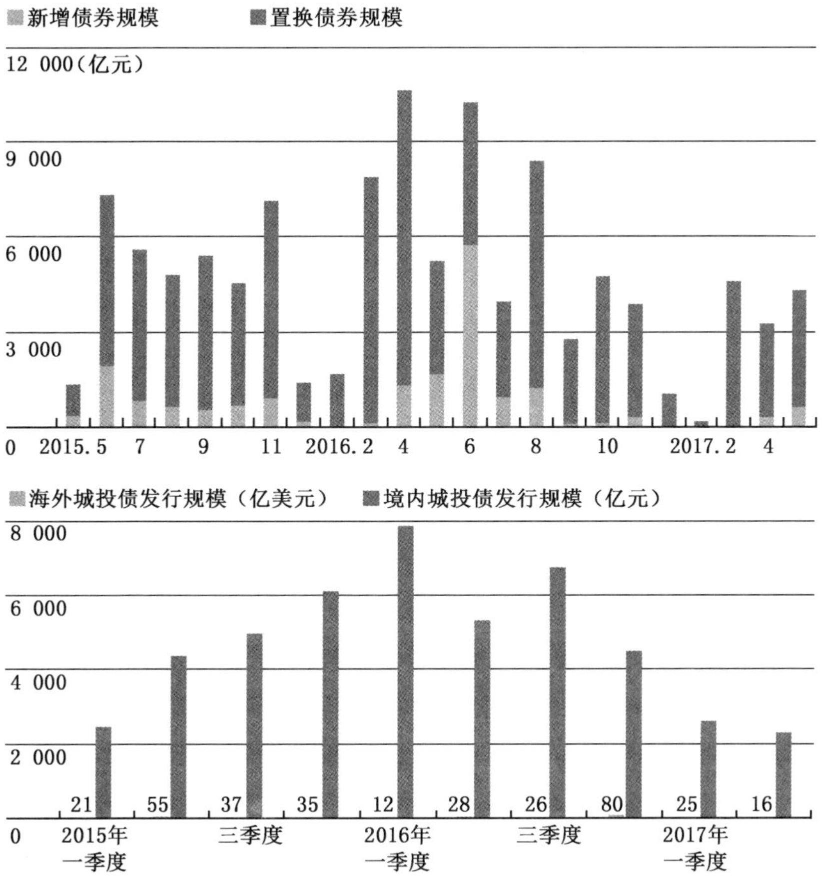

资料来源:财政部。

图 4—15　地方债发行规模回落(上),城投境内外发债均回落(下)

保险保费收入的 25%,而美国、英国、加拿大等国具有养老保险功能的人身保险保费收入占全部保费收入的一半。

保险机构在发展商业养老保险方面要做好两方面工作。一方面,要从保险保障入手,要为个人和家庭提供个性化、差异化养老保障,积极提供企业和职业年金计划产品和服务;大力发展老年人意外伤害、长期护理、住房反向抵押等商业养老保险,逐步建立长期照护、康养结合、医养结合等养老服务保障体系;贯彻落实 2017 年 7 月 4 日国务院发布的《关于加快发展商业养老保险的若干意见》,积极开展税延型养老险试点;探索发展针对无子女、“空巢”家庭等特殊群体的综合养老保障计划;通过投资新建、参股、托管等多种方式兴办养老机构(见表 4—9)。

表 4—9　　保险机构参与机构养老的主要模式

模　式	特　点	优　点	缺　点	代表公司
全资模式	投资商与运营商为一体	可控性强	资金占用大，投资周期长	泰康人寿
股权合作模式	投资商、运营商、开发商为不同经营主体	发挥各自专业优势	保险公司控制力衰减	中国人寿
股权投资模式	战略性入股已经运营较为成熟的养老地产企业	资源投入少	面临退出风险	—
购买 REITS 模式	通过 RIETS 成为养老住宅持有者	能够获得长期回报	国内市场缺乏此类产品	—
发行类 REITS 计划模式	参与合作发起私募养老地产基金	有利于解决养老地产投资规模巨大、持续时间长的问题	历史投资回报低	中国平安

资料来源：笔者制作。

另一方面，要确保商业养老保险资金安全可靠运营，努力提高养老资金的保值和增值。在这方面，可以借鉴加拿大养老基金投资公司（CPPIB）①的成功经验。加拿大养老金在实施“1997 年改革”后，采取“资产帮助负债”战略，即把因缴费率水平提前提高了 7 年而形成的养老金沉淀资金拿来“滚雪球”，用投资收益反哺养老金，成功地将后代的养老缴费率压至 9.9%这样一个“永恒费率”水平上，而其成功的关键就在于 CPPIB 非常卓越的投资绩效（见图 4—16）。

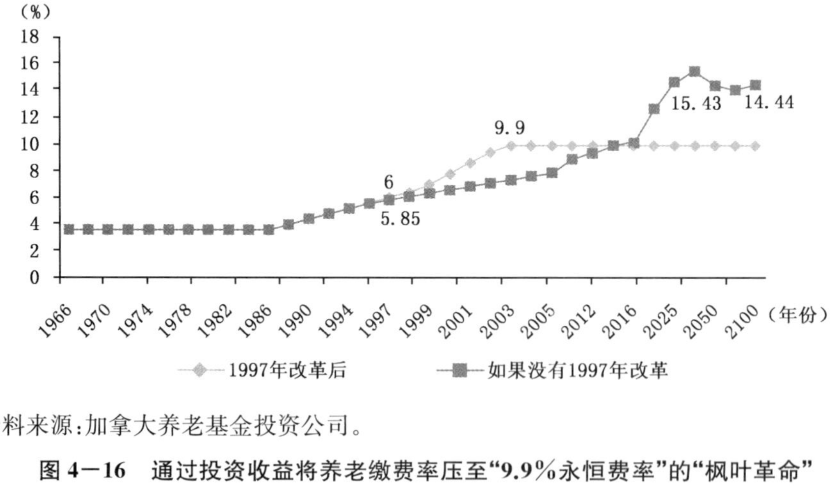

资料来源：加拿大养老基金投资公司。

图 4—16　通过投资收益将养老缴费率压至“9.9%永恒费率”的“枫叶革命”

① 尽管加拿大养老基金不是商业养老机构，但是负责其资金配置的加拿大养老基金投资公司确实是完全独立的商业化运作。

（三）通过强化“风险管理话语权”和“投资话语权”来服务居民去杠杆和金融去杠杆，提高保险金融板块占比

我国金融业结构严重失调。从总资产规模来看，2016 年末，银行业金融机构总资产规模达到 232.3 万亿元，占金融业总资产规模的 84.4%，而保险业总资产规模为 15.1万亿元，占金融业总资产规模不足 6%，仅相当于银行业资产规模的 6.5%（见图 4—17）。银行业独大的“畸形”金融结构催生了各种通道业务，是导致金融杠杆化的根本动力所在。保险资金的长期性使其偏向于投资长期股权，而非短期债权；另外，保险行业本身的杠杆率也不高，依靠债务融资提高偿付能力的公司并不多，因此通过保险行业自身的发展壮大，优化金融结构可以有效降低金融业杠杆率。具体来看，要从以下两个方面着手：

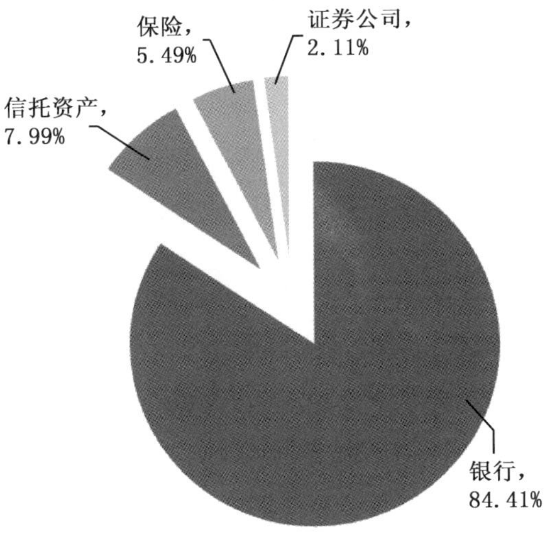

资料来源：笔者制作。

图 4—17　2016 年末我国主要金融机构总资产规模相对比例结构

一是通过强化“风险管理话语权”，开发更多满足消费者需求的保险产品，提高对居民“荷包份额”比例的占有率。这是保险业发展的基础。从凯恩斯的货币需求理论来看，就是要开发出更能满足消费者预防性动机和投机性动机需求的消费型保险产品和储蓄型保险产品。以美国为例，从 1945—2014 年，美国家庭和非营利机构持有的人寿保险和养老资产占其所持金融资产的比重从 15.88%稳步增长到 30%以上，并在 20 世纪 90 年代末显著高于公司股票和储蓄资产的持有比重（见图 4—18）。与国际发展水平相比，我国保险行业整体发展滞后。从居民的金融资产持有结构来看，2014 年末

在我国居民持有金融资产中，人寿保险和养老金资产的比重仅为 8%，而存款占比却接近 50%。从保险业总体发展程度来看，我国保险行业发展还很不充分。2016 年，我国大陆地区保险深度为 4.15%，仅相当于世界平均水平(6.28%)的 66.1%；保险密度 337.1 美元/人，仅相当于世界平均水平(638.3)的 52.8%。加强"风险管理话语权"就要求保险企业真正以客户为中心，不断开拓创新，开发出更有竞争力、更能满足消费者需求和痛点的保险产品。风险话语权的加强将有助于居民资产配置结构的转变，也将有助于抑制居民投资房地产资产而导致负债过快上涨。

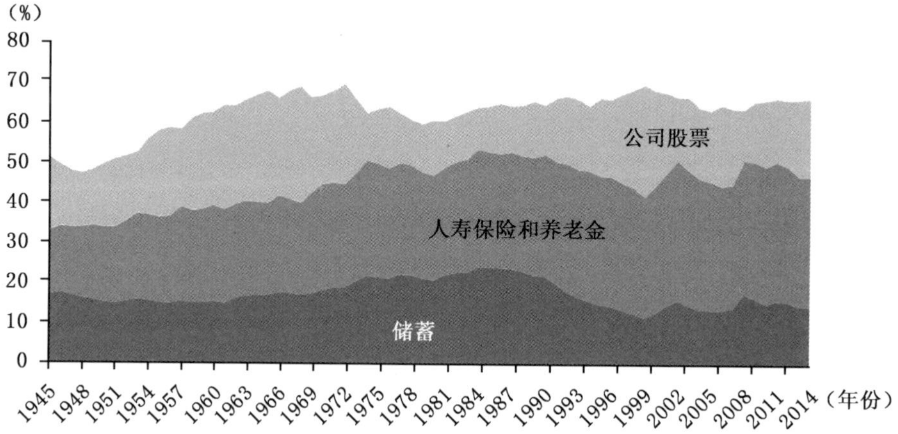

资料来源：美联储资金流量表。

图 4－18　1945－2014 年美国家庭和非营利机构持有的三类资产分别占其所持金融资产的比重

二是通过强化"投资话语权"，增强保险机构投资能力，发挥机构投资者作用。提高保险资金在资本市场规模占比是保险业壮大的关键。从整个 OECD 国家的统计数据来看，在过去近 20 年间，OECD 国家的机构投资者资产规模增长非常迅速。截至 2011 年底，超过 70 万亿美元资产被机构投资者持有，相比 1995 年增长了 3 倍多(年均增长 7%)，其中保险公司持有资产规模约占三成(见图 4－19)。投资话语权的加强也有助于风险话语权的提高，特别是在人寿保险和养老保险方面。香港保险产品之所以受到内地消费者的追捧，关键原因是香港保险机构的资产端面向的是全球资本市场，投资收益高且稳定，而内地保险企业资产大部分配置为内地银行存款等固收类资产，比例不高的股票投资受到 A 股波动的巨大影响。

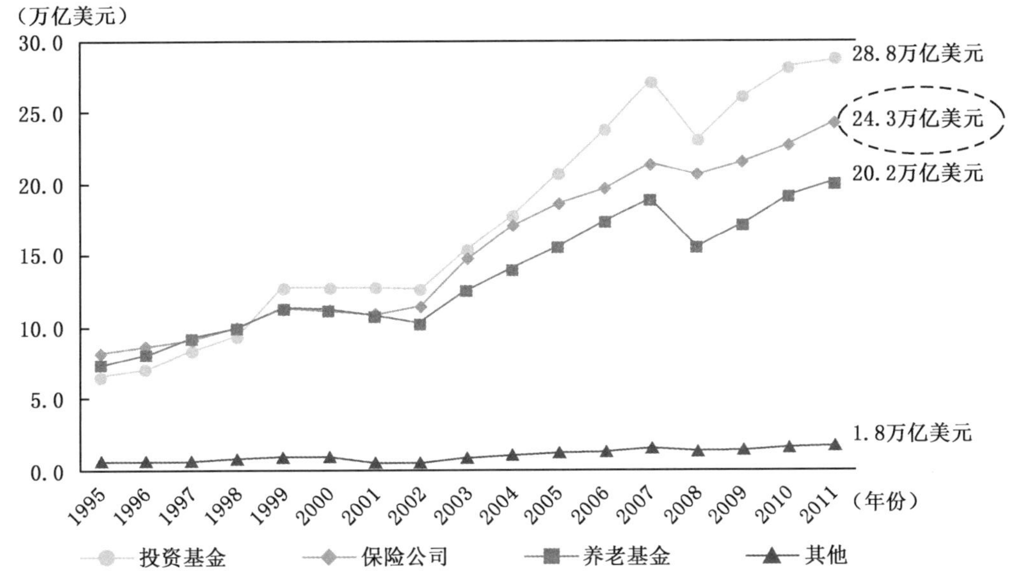

资料来源:"Institutional Investors and Infrastructure Financing", OECD Working Reports on Finance, Insurance and Private Pensions, No. 36, OECD Publishing.

图 4—19 1995—2011 年 OECD 国家机构投资者持有资产规模

第四节 降成本

降成本不同于去产能、去库存、去杠杆、补短板,涉及劳动与资本的分配关系,有充分的政治经济学含义,需要首先做到理论上的彻底性,才能保证措施上的有效、稳妥、正确。

一、降成本的逻辑

(一)降成本的政治经济学含义①

从一般会计等式的不同形式来看,成本与收入仅仅是相对而非绝对的概念,降成本盯着劳动成本不具有天然合理性。

从资本角度看,一切非资本所得皆为成本。目前世界上所有的企业几乎都是用同样的会计等式,即:

资本收入=企业收入-(劳动成本+原材料成本)

在这一等式中,对劳动的支出与原材料的支出作为企业经营收入的共同扣减项,

① 段鸿济,卢文华."降成本"的政治经济学含义及其政策指向[J].南方金融,2016-8.

一起被列在等式的右边，而资本收入则单独作为企业经营的剩余项位列等式的左侧。这一简单的等式有两层复杂的含义：一是对企业内部要素单元的不同价值判断，劳动收入与原材料成本一样，是“坏的”成本，而资本作为不同于劳动和原材料的特殊事项，资本的收入是“好的”剩余，企业经营的目的就是不断降低“坏的”成本，持续增加“好的”剩余；二是对企业性质的标注，企业是资本家的企业，企业由资本当家，资本雇用劳动来创造扣除各种经营成本后的剩余。

从劳动角度看，劳动所得是收入，资本所得是成本。如果将劳动所得作为企业经营后获得的剩余，企业的会计等式应该为：

劳动收入＝企业收入—（资本成本＋原材料成本）

在这一等式中，资本所得作为成本项与原材料成本一并列在等式右侧，而劳动所得作为总体企业收入扣减成本项后的剩余列在等式左侧。在扣减项是“坏的”和剩余项是“好的”的价值判断下，需要不断降低资本所得，以此增加剩余，即劳动收入。这意味着，在以此为会计核算等式的企业里，企业是劳动者的企业，劳动者当家做主，劳动雇用资本来创造扣除各种经营成本后的剩余。

从企业角度看，资本所得、劳动所得和原材料所得皆为成本，也皆为收入。企业角度的会计等式应该是：

企业收入＝资本收入＋劳动收入＋原材料收入

在这一等式中，企业收入作为资本、劳动和原材料三要素结合在一起共同创造出的总的成果，列在等式左侧；资本作为与劳动和原材料相同而非特殊项目，并列于等式右侧。这一等式并不隐含潜在的价值判断，没有一种要素收入是被认为是要不断提高的“好的”收入，也没有一种要素收入被认为是要刻意降低的“坏的”成本。这意味着企业实现一种多要素之间的共治共享。

特别是，在不考虑政府税收的假设前提下，当我们把原材料收入无限追踪拆解开来，会发现所有的原材料成本基本上都不过是其他企业中资本和劳动的收入。本质上企业收入就是资本收入和劳动收入两项相加，原材料收入仅仅反映的是该企业与其他企业特别是上游不同企业间的收入分配关系而已，即：企业$_i$ 收入＝资本$_i$ 收入＋劳动$_i$ 收入＋$\sum$资本$_j$ 收入＋$\sum$劳动$_j$ 收入。

因此，从政治经济学角度看，通过降低劳动者收入，削弱对劳动者的保护，弱化劳动在劳资谈判中的地位，不仅政治错误，违背了社会主义基本经济制度和共享发展理念，而且在企业实际经营层面也将与供给侧结构性改革南辕北辙、缘木求鱼，难以从根本上解决企业经营成本高企的问题。

（二）降成本的正确路径

1. 促进科技创新力度，提高企业成本转移能力

以更大力度推进科技创新，提高资源要素使用效率。创新是驱动发展的重大战略。习近平总书记多次强调："我国经济发展要突破瓶颈、解决深层次矛盾和问题，根本出路在于创新，关键是要靠科技力量。"①要加快产业技术升级和精益制造体系的构建，促进制造业部门的资本替代劳动的转型过程，提升自主创新能力，从而大幅促进中国制造业部门全要素生产率，进而在劳动力绝对成本提高的同时，通过劳动生产率的更大幅度提升，提高企业在产业链上下游、在国际贸易投资中转移成本的能力。

2. 完善社会保障制度，降低企业社会成本

继续全面深化经济管理体制改革，降低企业经营中存在的各种显性的税费成本和隐性的制度性交易成本。要提高社会保险制度的激励性，缓解社保制度的道德风险，将完善社会保障制度作为降成本的重要途径。社会保障制度要提高对分散化、流动性强的就业新格局的适应性，提高对"未富先老"的人口年龄结构新变化的适应性，提高对新型城镇化和人口市民化新要求的适应性，提高对区域经济发展不平衡新挑战的适应性。

3. 积极化解过剩产能矛盾，缓解低效资源占用推高的资源要素成本

抓紧淘汰钢铁、煤炭等行业落后产能，加大"僵尸企业"关停并转力度，加快重组整合和市场出清。要坚持"破立结合"原则，加快形成市场化的企业退出路径，对不符合国家能耗、环保、质量、安全等标准和长期亏损的产能过剩行业企业实行关停并转。要把增强企业活力放在突出位置，鼓励企业技术升级改造，通过并购、剥离、重组重塑企业活力，重视知识产权保护，切实发挥企业家的重要作用，完善市场经济制度，塑造良好的市场环境。要妥善处理好产能过剩企业的负债问题、职工安置问题、地方经济增长和财政收入下降等问题。

4. 保持物价稳定，稳定社会必要产品成本

2012 年初至今，我国 CPI 持续正增长，PPI 持续负增长，其间，CPI 与 PPI 的长期背离走势是经济转型过程中物价波动的典型特征。例如，日本这一过程持续了 15 年（见图 4—20）。CPI 的上升意味着社会必要产品成本的上涨。在企业收入一定的情况下，社会必要产品成本的上升必将推动劳动工资被动提高，结果导致企业留存收益下降，削弱企业扩大再生产和转型升级的能力。要加快人民币货币投放机制转变，实

① 习近平谈"十三五"五大发展理念之一：创新发展篇[J/OL]. 人民网，2015－11－10. http://world.huanqiu.com/hot/2015－11/7950283.html.

施“规则与相机决策相结合”①的货币政策，保持货币政策的规则性、稳健性、可预期性，促进实体经济有序降低杠杆率水平。由于房地产价格与我国整体物价水平具有显著的相关性，要立足于通过利率、税收等市场化手段调控房地产价格，健全房地产相关税收制度和价格评估体系，构建多元化的房地产金融服务体系；要加快医疗、教育等方面的配套改革，大力推动实施公共服务均等化，降低商品住宅所附带的公共服务价值。通过稳定房地产等资产价格来保持物价稳定，防止出现通货膨胀推动的社会必要产品成本被动上涨。

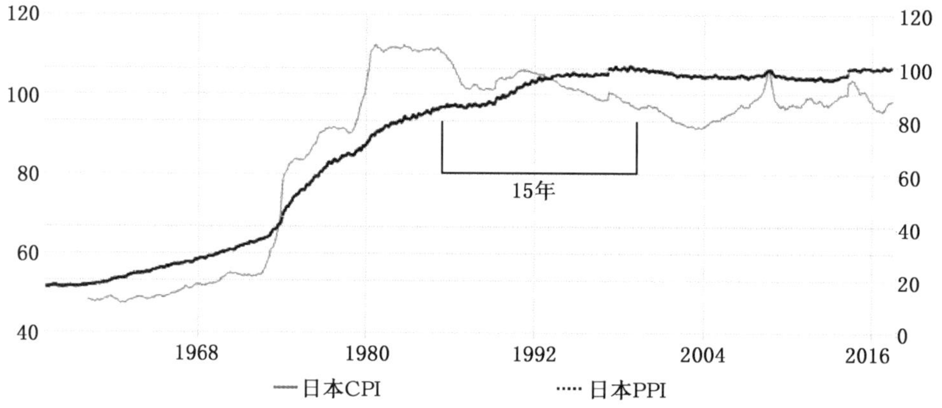

资料来源：http://www.tradingeconomics.com/japan/consumer－price－index－cpi。

图 4－20　1985－2000 年日本 CPI 与 PPI 的长期背离走势

5．深化金融体制改革，发挥金融支持实体企业降成本作用

融资成本和还本付息的财务成本是当前实体企业成本压力的主要来源之一。《2015 年全国企业负担调查评价报告》显示，企业经营者认为融资难、融资贵、税费负担偏重等问题较为突出，对降低融资成本、加强减负长效机制建设等呼声较高。为此，要通过降低利率来调整金融企业和实体企业之间的财富分配关系，有效降低实体企业融资成本。要深化金融体制改革，构建金融发展新体制，切实提高金融服务实体经济效率。要加大对交易银行和供应链金融的探索，推动商业银行经营模式变革，强化银行支持实体经济发展能力。要大力发展融资租赁业务，有效发挥融资租赁在拓宽中小企业融资渠道、降低企业经营成本、推动产业创新升级方面的重要作用。目前，我国租赁业务的渗透率不到 5%，欧美成熟国家达到 20%－30%。

① 卢文华．试析我国当前“规则与相机抉择相结合”的货币政策——兼论对保险行业的影响[J].银行家，2016(6).

二、保险服务降成本的路径措施

(一)降低企业的经济成本

一是降低企业所得税。现行《中华人民共和国企业所得税法实施条例》第46条规定:企业参加财产保险,按照规定缴纳的保险费,准予扣除。此外,企业为职工支付的补充养老保险费、补充医疗保险费,在国务院财政、税务主管部门规定的范围和标准内,准予扣除。

二是降低企业增值税。在金融保险业营业税改增值税的背景下,企业购买保险将有降低成本的更大空间。在保险金融业尚未营改增之前,主要缴纳营业税,企业购买保险取不到增值税发票,不能抵扣。营改增后,作为一般纳税人的企业,企业可以实现进项抵扣。保险公司如果保持含税价格不变,投保企业可以获得6%的进项抵扣(营业税5%改为增值税6%),采购成本有很大降低。

三是降低企业福利支出成本。国家已出台政策,个人购买商业健康险可以抵扣个税。对于企业来说,如果想为职工谋求更多的健康方面的福利,可以通过发送津贴鼓励个人购买商业健康保险,使得原来由企业承担的健康方面福利转移由商业保险公司提供,节省福利支出成本。

四是降低企业融资成本。银行向企业贷款时需要评估企业的信用程度,对应不同的信用等级实行不同的利率,信用越差利率就上浮。这对于很多中小企业来说十分不利,无疑增加其融资成本。更有许多小企业尤其是创业企业,没有很多的资产和可抵押物,当处于银行惜贷周期时,其有一些企业不得不借助民间渠道或高利贷渠道,极大地增加了资金成本。在这个过程中,保险可以发挥很大作用,如贷款保证保险可以为企业增信,帮助其融资,降低贷款成本,同时帮助银行管理风险、转嫁风险,从而帮助企业降低融资成本。

五是降低企业创新成本。新技术、新设备的研发、产业化推广是工业企业转型升级的关键举措。通过发挥科技保险、专业设备保险产品的风险保障作用,有助于分散企业技术研发和使用风险,降低新技术产业化推广成本。从中国人保近年来的实践来看,一方面,积极创新风险管理服务提供方式,推动产业转型升级。2016年,承保首台(套)重大技术装备1 000余台(套),提供234亿元的风险保障,为促进“中国制造2025”和国家产业转型升级提供了有力支撑;积极拓展石油险首台(套)重大技术装备保险业务,独家承办招商重工CJ50自升式钻井平台、广东精铟KOE—01自升式海上风电安装平台等石油类首台(套)重大技术装备保险项目,为国家能源战略的跨越式发展保驾护航;承保目前所有国内采用最先进的第三代核电技术（AP1000、EPR、华龙一号）在建核电站的建筑安装工程保险，推进核电上下游产业首台（套）工作，为国核自仪公司提供核电设备的首台（套）保险。另一方面，积极开发科技和文化产业类保险产品，支持国家创新驱动发展战略和知识产权强国战略的实施。持续推动政策性科技专利保险工作，2016 年，科技保险项目实现保费收入 0.8 亿元，为 907 家企业提供逾1 624亿元风险保障；专利保险项目实现保费收入 749.27 万元，为1 342家企业的2 843件专利提供逾 36 亿元风险保障。文化保险项目实现保费收入2 935万元，共为2 492家企业提供 454 亿元风险保障。

（二）降低企业风险管理成本

企业内部经营管理过程中，风险管理成本是很大的经营成本之一，包括：(1)预防成本。为了防止风险的发生，企业需建立风险准备金，储备专业技术，这些需要花费一定成本。(2)纠正成本。企业发现风险苗头而对其实施检查、追究、处置、复原所花费的成本费用。(3)损失成本。风险发生后对企业带来的直接的、间接的、有形的、无形的、经济的、社会的、短期的、长远的、现实的和潜在的经济损失。这些风险都是企业成本管理必须需要考虑的。现代经济条件下，几乎没有企业可以通过完全的封闭的自我风险管理化解、处置其面临的所有风险威胁。

保险作为专业的风险管理行业，无论是其风险转移的市场化机制，还是防灾防损等工作，都经过长期经营实践检验。例如，通过财产保险、营业中断险、各类第三方责任险、雇主责任险、员工团体健康险等帮助企业进行有效的风险管理，制定综合的风险解决方案，通过发挥保险专业力量降低企业本身的风险治理成本。另外，保险承保的标的众多，汇集大量企业经验，可以实现风险管理技术和知识的共享和普及，发挥风险管理的规模效应。

（三）降低企业社会成本

社会责任风险可能给企业造成沉重的成本负担。环境污染责任风险和产品责任风险是企业面对的两项主要社会责任风险。大量国内外案例表明，一次重大的污染或产品责任事故就会导致企业的倒闭破产。

一是保险有助于降低企业环境污染责任风险处置成本。当前煤炭、钢铁、水泥、电解铝等供给侧改革重点行业都是环境污染大的企业，这些企业经营本身就很困难，难以承担应负的社会成本，如近年来发生的湖南岳阳砷污染、紫金矿业铜酸水渗漏、云南曲靖铬渣污染、江苏靖江水污染事件等。环境污染责任保险可以分散企业对污染事故的赔付压力，强化环境污染风险防范与治理。

二是保险有助于降低企业产品责任风险处置成本。产品责任也是企业必须面对的重要社会成本，尤其是当前供给侧改革培育“新动能”，很多新的初创企业（新技术前沿领域等），其产品没有经过长期的市场检验和修正完善，面临较大的潜在产品责任风险。借助商业保险力量可以有效帮助企业管理产品责任风险，提供安全垫，帮助企业渡过难关，减少企业产品责任风险支出。

第五节 补短板

我国经济运行当中短板甚多，从农村农业规模化不足、农业贫困人口较多，到工业结构不合理、制造业技术整体未达到世界领先水平、产品附加值不高，再到民生保障不足、社会治理能力不强、环境建设欠账较多，等等。从保险角度看，服务供给侧结构性改革过程中补短板有两个主要的作用域：一个是保险服务农业农村短板（在前一章节已详细阐述）；另一个是保险服务工业制造业领域补短板，突出问题是重化工业创新不足的短板。数据显示，2015 年，全国规模以上工业企业有研发活动的企业数占比仅为 19.2%，而专门设有研发机构的企业数仅占 13.8%。从美、日、德等发达经济体的经验来看，中小微企业具有创新活力强和吸收就业能力大的优势，中小微企业的发展对于整个工业体系的转型升级具有重要作用。据此，这里以中小微企业为切入点，阐述保险解决中小微企业资金短缺这一主要发展障碍的方法措施和功能作用。

一、中小微企业所面临的四重金融障碍

尽管这些年国家大力扶持中小微企业发展，但是相当一部分中小微企业面临融资难的问题，制约了其发展与扩大。

（一）中小微企业融资渠道窄

从信贷融资来看，各商业银行出于安全性考虑，即使成立了中小企业信贷部，但还是普遍集中力量抓大客户而不愿向中小企业放贷，导致为大企业锦上添花有余，为中小企业雪中送炭不足。从证券融资来看，由于证券市场门槛高，使其只能满足少数渴望融资的中小企业需求，不可能成为中小企业的主要融资渠道。中小企业的非正规金融融资方式主要包括亲友借贷、职工内部集资以及民间借贷，这些融资方式在中小企业融资中发挥了重要作用。

（二）融资成本高

目前中小企业融资成本一般包括：贷款利息，包括基本利息和浮动部分，浮动幅度一般在 20%以上；抵押物登记评估费用，一般占融资成本的 20%；担保费用，一般年费

率在 3%；风险保证金利息，绝大多数金融机构在放款时，以预留利息名义扣除部分贷款本金，中小企业实际得到的贷款只有本金的 80%。以 1 年期贷款为例，中小企业实际支付的利息在 9%左右，高出银行贷款利率约 40%以上。

（三）中小微企业主要以信用贷款为主，较难取得抵押贷款和担保贷款

近几年，我国商业银行的贷款业务中有 60%为抵押贷款业务，在抵押贷款业务中，房地产、企业存货、知识产权、固定资产是主要的抵押物品，其中房地产等不动产的抵押已成为融资的主要方式之一。中小型企业的办公楼、厂房大多是租用其他企业的，没有高价值的不动产作为抵押，只能局限于企业拥有的存货等动产进行抵押，这些抵押物价值低、数量少，故中小微企业很难取得商业银行的抵押贷款。

（四）我国信用体系不健全，信用担保服务滞后

中小微企业自身规模小、资产少、负债率高、担保能力弱，以及管理者素质低、财务制度不健全，信用严重缺失，拖欠银行贷款、逃废银行债务时有发生，进一步弱化了银行面向中小微企业贷款的意愿。

二、保险服务中小微企业弥补融资短板的主要路径

（一）通过承保信贷风险，补足中小微企业债务融资短板

根据中小微企业贷款是否提供抵押品，业务模式大体上可以分为两种：即"政银保"合作贷款保证保险模式；"加按保"贷款保证保险模式。

"政银保"合作贷款保证保险模式：政府主导并在政策及资金上予以支持，银行发放贷款，保险公司为借款企业提供还贷保证的业务模式。该模式也是我国现有无抵押贷款保证险业务中最主要、业务占比最高的模式。2009 年，浙江省宁波市采取政银保相结合，试点推行"宁波城乡小额贷款保证保险"，取得了一定成效。这一模式被业内称为"宁波模式"，在许多地区得到推广。

"加按保"贷款保证保险模式：通过"抵押物＋保险"的组合担保模式将抵押物融资比例放大至抵押物估值 100%的一种贷款保证保险业务模式。该模式最大限度满足中小微企业融资需求，进而缓解企业在抵押融资过程中受押品融资比例限制这一难题。2012 年，中国人保财险率先推出了针对中小微企业的"加按保"贷款保证保险业务模式。与其他信用类贷款业务相比，"加按保"业务因有抵押物作为保障，风险更加可控，发展前景广阔。目前，中国人保财险已在大连、杭州、广东、江苏、湖南、云南等地区试点开办了"加按保"贷款保证保险业务。

中国人保发挥保险资金长期投资的独特优势，积极为科技型企业、小微企业提供

资金支持。设立普惠金融专业团队，扩大支农支小融资试点业务。截至2016年末，发起设立10只“支农支小”专属资管产品，支持农户、小微企业5.6万多户，业务覆盖27个省市。为低收入者、小微企业主、个体工商户等群体提供助贷险，为其提供从银行等渠道难以获得的资金帮助和金融服务。2016年全年支持小微企业贷款2.15万笔，支持小微企业融资资金89.15亿元。

（二）通过参与创业投资，补足中小微企业股权融资短板

从政策环境来看，在“大众创业、万众创新”和鼓励各类资金支持“双创”发展、为中小微企业“输血”的背景下，保险资金参与创业投资的政策支持力度不断加大。2014年8月10日，国务院《关于加快发展现代保险服务业的若干意见》提出，“鼓励保险公司通过投资企业股权、债券、基金、资产支持计划等多种形式，在合理管控风险的前提下，为科技企业、小微企业、战略性新兴产业等发展提供资金支持。研究制定保险资金投资创业投资基金相关政策。”随后陆续出台的保险业支持“双创”政策，如表4—10所示。

表4—10　保险业支持“双创”的主要投资政策依据

时间	政　策	主要内容
2014年	《关于加快发展现代保险服务物业的若干意见》	鼓励保险公司通过投资企业股权、债券、基金、资产支持计划等多种形式，在合理管控风险的前提下，为科技企业、小微企业、战略性新兴产业等发展提供资金支持
	《关于保险资金投资创业投资基金有关事项的通知》	规范保险资金投资创业投资基金行为，支持科技型企业、小微企业、战略性新兴产业发展，防范投资风险
2015年	《关于设立保险私募基金有关事项的通知》	保险公司可以设立私募基金，范围包括成长基金、并购基金、新兴战略产业基金、夹层基金、不动产基金、创业投资基金和以上述基金为投资对象的母基金
	《关于大力推进大众创业万众创新托管政策措施的意见》	支持保险资金参与创业创新
2016年	《关于促进创业投资持续健康发展的若干意见》	鼓励保险资产管理机构等机构投资者参与创业投资

资料来源：笔者根据公开资料制作。

在国内支持“双创”和中小微企业发展的大背景下，保险资金积极参与创业投资。数据显示，2016年1—10月，保险业直接或间接投资中小微企业资金规模共计76.5亿元，其中投资创业投资基金26.5亿元，发起设立中小微企业私募股权基金20亿元、发起设立主要投资于中小微企业的股权投资计划30亿元。

从模式来看，保险资金支持“双创”和中小微企业主要有单个机构设立企业创投基金（corporate venture capital）和多家保险机构组成共同创投基金两种模式。对于大

型保险机构，往往偏向于采取企业创投基金模式，如平安集团宣布成立“平安创新投资基金”，规模 10 亿元人民币；对于中小保险机构，往往倾向于共同创投基金模式，如广大永明资产管理公司和安华农业保险、长安责任保险、东吴人寿、昆仑健康保险和泰山财产保险公司共同发起设立中小微企业私募股权投资基金，并成立专业股权投资公司，担任发起人和管理人。

从投资领域看，主要立足于服务保险主业和服务公司整体战略。例如，平安创投基金投资企业基本围绕衣食住行玩五大领域，特别是在“行”的方面，通过对汽车电商、汽车保养维护、二手车、汽车租赁等多个领域平台企业的投资或收购，搭建起了互联网平台汽车后市场的“商业帝国”(见表 4－11)。

表 4－11　近 3 年平安通过一系列投资并购活动打造汽车后市场的“商业帝国”

时　间	投资/并购对象	主营业务
2013 年 3 月	平安好车	二手车交易
2013 年 7 月	携车网	汽车保养
2013 年 12 月	油客网	加油站信息分享
2014 年 1 月	车惠网	新车销售
2014 年 3 月	虎贝尔	汽车装饰
2014 年 6 月	质新二手车	二手车交易
2014 年 8 月	车虫网	二手车交易
2014 年 9 月	有壹手快修	汽车维修
2014 年 12 月	宝驾租车	汽车租赁
2015 年 3 月	e 代泊	停车
2015 年 3 月	E 洗车	洗车
2015 年 6 月	淘汽档口	汽车零部件
2015 年 7 月	滴滴快的	打车 APP
2016 年 1 月	博车网	二手车交易
2016 年 4 月	汽车之家	汽车垂直媒体

资料来源：笔者根据公开资料整理。

第五章　保险服务"一带一路"倡议，拓展国际市场

第一节　"一带一路"倡议带来的变化、风险与机遇

一、"一带一路"倡议导致我国贸易投资国别结构变化

（一）我国与"一带一路"沿线国家贸易占比上升

《"一带一路"贸易合作大数据报告 2017》显示，2016 年我国向沿线国家出口占我国总出口额的比重为 27.8%，比 2015 年增加了 0.9 个百分点，2011 年以来整体呈上升态势，2016 年达到近年来的高位；我国自沿线国家进口占我国总进口额的比重为 23.0%，比 2015 年下降了 0.1 个百分点，2011 年以来这一比重整体呈持续下降的态势（见图 5－1）。随着"一带一路"倡议的实施，这种贸易结构上的趋势性变化未来将体现得更为明显，未来 10 年，"一带一路"的进出口贸易总额占比有望提升至 1/2 左右，成为我国的主要贸易和投资伙伴。

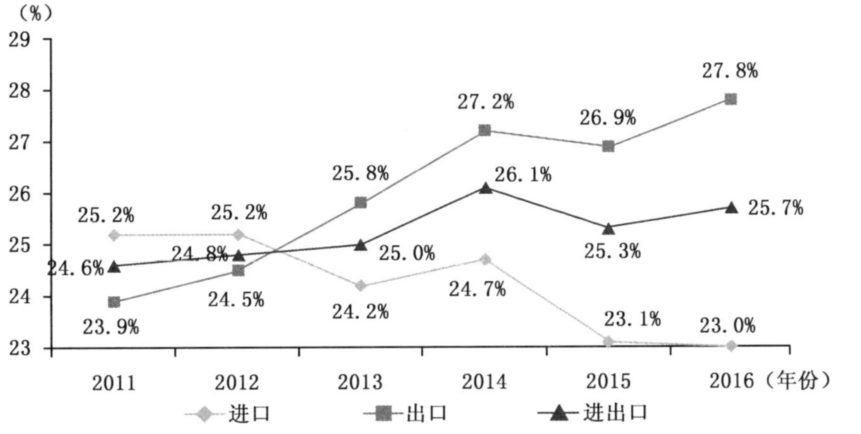

资料来源：《"一带一路"贸易合作大数据报告 2017》。

图 5－1　2011－2016 年中国与"一带一路"沿线国家贸易额占中国与全球贸易额比重

（二）我国对"一带一路"沿线国家投资规模上升

自 2013 年正式提出"一带一路"倡议以来，我国对"一带一路"沿线国家的直接投资一直处于增长趋势（见图 5－2）。商务部统计数据显示，2016 年我国企业对"一带一路"沿线 53 个国家直接投资 145.3 亿美元，占我国对外投资总额的 8.5%，与沿线国家新签对外承包工程合同额1 260亿美元，增长 36%。同时，我国不断优化外商投资环境，吸引更多沿线国家企业来华投资。2016 年，"一带一路"沿线国家对华投资新设立企业2 905家，同比增长 34.1%，实际投入外资金额 71 亿美元。在拓展与沿线国家双向投资的同时，我国企业通过打造产业集群式走出去平台，发挥境外经贸合作区、跨境经济合作区的载体作用，涉及多个领域，累计投资超过 185 亿美元，为东道国创造了近 11 亿美元的税收和 18 万个就业岗位。

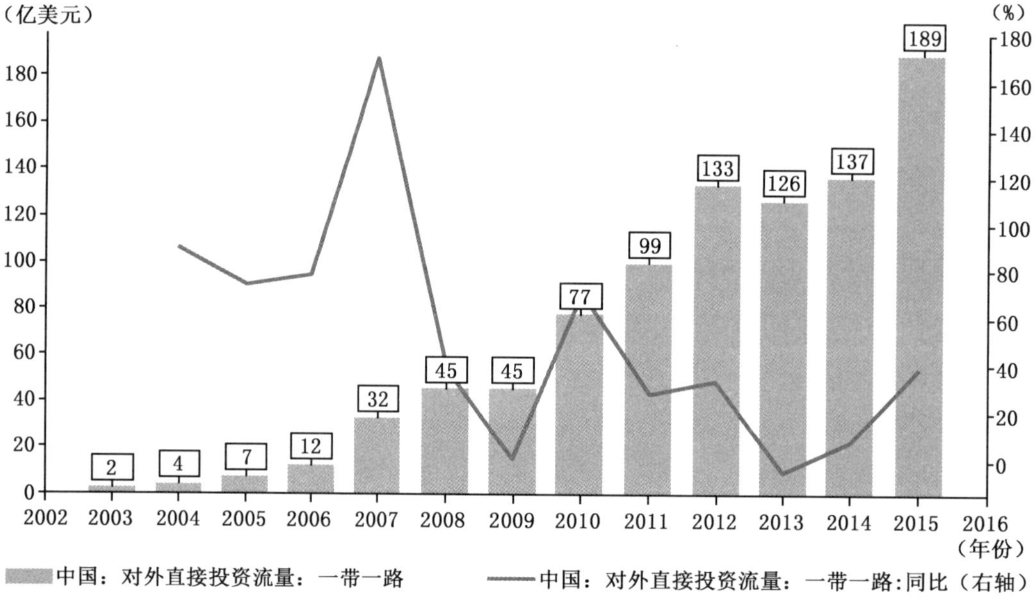

资料来源：瑞再研究报告。

图 5－2　我国对"一带一路"沿线国家直接投资持续增长

我国 2013 年对外投资规模为千亿美元，过去 7 年平均增速 30%，若假设 2017 年后我国将逐步加大走出去战略，提升对外投资增速至 40%，此后再伴随基数效应逐渐下降至 20%，则预计至 2023 年，我国对外投资规模有望达到每年 1.3 万亿美元。目前"一带一路"国家占我国对外投资的比重只有 13%，若假设未来 10 年内，该比重提升至 30%，则预计我国在"一带一路"国家未来 10 年总投资规模有望达到 1.6 万亿美元。

从投资领域来看，主要围绕“五通”，涉及交通、能源、新一代信息技术、生物、新能源、新材料、人民币债券、教育、旅游等产业，如表5－1所示。

表5－1　行动纲领涉及的产业领域

五大合作重点	主要涉及产业
政策沟通	——
设施联通	交通(道路、港口、航空)，能源(电力、光缆、信息)
贸易畅通	新一代信息技术、生物、新能源、新材料、电子商务、生态环境
资金融通	金融、人民币债券
民心相通	教育、旅游、科技

资料来源：笔者制作。

二、“一带一路”倡议中的四大风险类型

(一)政治风险

基础设施项目在其项目周期内很有可能面临各种政治风险。这些风险包括规划和建设阶段的项目撤销、许可证问题和社会反对力量；运营阶段的征用和毁约风险；以及整个项目生命周期内的监管、转让及兑换、税务和司法风险。一些“一带一路”国家的政局不稳定性以及治理薄弱和/或频繁政权变更可能阻碍东道国政府的决策。另一新兴风险即是宗教极端主义和恐怖主义，特别是在欧亚大陆。此外，领土争端和俄罗斯对我国在中亚影响力的担忧也会阻碍国家间的密切合作。美国和欧盟对俄罗斯的制裁可能会对俄罗斯未来的发展造成持久影响。俄罗斯与我国和蒙古接壤，是新欧亚大陆桥经济走廊的重要国家之一。俄罗斯的发展对跨境双边项目的成败(如莫斯科到北京的高铁建设，中俄在能源、矿产方面的合作等)有着至关重要的作用。

表5－2　我国企业在参与“一带一路”倡议中面临的政治和非政治风险

风险类型	说　明
政治风险	当地政治不稳定性；地缘政治局势紧张；宗教极端主义和恐怖主义威胁的新兴风险等。
经济风险	易受外部冲击影响；欠发达的当地金融和资本市场；基础设施存在“瓶颈”等。
监管风险	欠发达的司法和监管体系、官僚主义操控、缺乏监管透明度等。
运营风险	因内部流程、人员或系统不足或不合格所导致的风险，包括业务中断风险等。

资料来源：笔者制作。

(二)经济风险

因宏观环境变化造成的经济风险是“一带一路”项目面临的重大挑战之一。许多

“一带一路”国家属于新兴市场。这些经济体易受包括全球需求疲软以及货币和商品价格波动等因素的外部冲击。自美联储于 2015 年末收紧货币政策以来，大多数“一带一路”国家的货币面临贬值压力。在一些国家，不良贷款已有所攀升。高通货膨胀率以及维持货币价值的策略导致了顺周期性紧缩货币政策（例如阿塞拜疆、哈萨克斯坦和俄罗斯）。这突显出许多参与“一带一路”项目的我国公司易受当地和外部经济波动的影响。

（三）监管风险

一些“一带一路”国家的法律和监管环境尚未完善。许多参与“一带一路”项目的企业不仅担忧国内层面的监管制度，也越来越担忧地区和国际层面的监管制度。例如，能源合作是“一带一路”规划的关键主题。但与此同时，环境问题引发了越来越多的关注。尽管许多国家已经有解决环境问题的立法，但迄今为止，这些法律的执行力却不足。这可能使得与自然资源相关的项目受到国际监督，可能让当事方产生法律费用的损失和遭到声誉的损害。

（四）运营风险

运营风险通常是因为内部流程、人员或系统不足或不合格所导致，而这些正是大多数经济活动的基础。具有长运营周期和盈利能力不确定性等特点的大规模基础设施项目很容易面临运营风险。缺乏对当地经济和监管环境的了解是产生运营风险的另一个原因。因新兴经济体基础设施落后和风险管理水平较低而导致的业务中断也会造成运营风险。

三、服务“一带一路”倡议为保险带来战略性机遇

服务“一带一路”倡议是保险业抓住历史机遇、拓展发展空间的必然要求。“一带一路”倡议的实施，必将开创我国全方位对外开放新格局。“一带一路”倡议为保险业创造了巨大的战略机遇，是保险业全面融入国家战略、扩大对外开放，实现行业跨越式发展的有利契机，对于提升我国保险业国际化能力和水平、增强国际竞争力、促进我国由保险大国向保险强国转变具有重要意义。

（一）通过服务“一带一路”倡议激发内部潜力，有助于扭转我国保险服务逆差

当前，我国保险业难以提供与国际贸易需求相匹配的优质保险产品和服务，保险服务国际贸易不仅体量小，而且长期处于逆差状态。以 2016 年前三季度为例，我国保险服务出口额 29 亿美元，仅占我国总保费收入不到 1%，逆差为 61 亿美元。据瑞再研究估计，“一带一路”已经规划的项目总规模达到 1.2 万亿美元，这些项目所产生的

保费或将达到70亿美元，其中55亿美元的保费收入或将属于我国保险公司；到2030年，预计“一带一路”的后续建设项目还将带来270亿美元的保费增长潜力，其中160亿美元或将归属于我国保险公司。“一带一路”倡议的保险需求服务将倒逼我国保险行业积极面对错综复杂的海外风险，提高跨境保险服务能力，缓解保险服务逆差现状。

(二)服务“一带一路”倡议，有助于保险机构拓展行业外部发展空间，提高保险产品和服务与国际市场需求的拟合度

当前保险业存在的一个重要问题是行业大而不强，特别是国际竞争力水平有待提升。截至2016年底，我国共有12家中资保险公司在境外设立了38家保险类营业机构，海外机构数量的不足限制了保险海外业务的开展；能提供海外投资保险的只有中国信保一家机构，能提供海外工程保险的中资保险机构也屈指可数。推进保险业服务“一带一路”倡议，有助于行业加快自身能力建设，围绕“一带一路”倡议实施产生的风险保障需求，找准保险业提供风险管理和保障的切入点，加大产品服务创新，全面提升保险业的自身素质和服务水平。

第二节　保险服务“一带一路”倡议的主要路径模式

一、创新保险产品服务，为“一带一路”沿线重大项目建设保驾护航

(一)保障基础设施建设

基础设施互联互通是“一带一路”倡议的优先领域。随着“一带一路”倡议进入全面铺开的阶段，企业针对交通基础设施、油气管道基础设施、跨境光缆通信干线网络等领域的投资力度将显著增强，大量的建设工程将在沿线国家(地区)上马。2016年，在“一带一路”沿线国家合作的基础设施建设更是步入了加速期，我国企业对相关61个国家的新签合同额达1 260.3亿美元，占同期对外承包工程新签合同额的51.6%。多个重点项目都已开工建设，匈牙利塞尔维亚铁路等项目也在顺利突进。自国家主席习近平2013年提出“一带一路”倡议至2017年5月，在“一带一路”沿线，我国共有47家央企参与、参股、投资，或与沿线国家企业合作共建了1 676个项目。以中交建为例，过去三年，在“一带一路”沿线国家的合约项目超过了400亿美元，在沿线修建了10 320千米公路，95个深水码头，10座机场，152座大桥，以及2 080千米的铁路。“一带一路”倡议将推进各国之间的合作，以共同融资更高效地帮助缩小基础设施缺口。至2030年，“一带一路”沿线国家和地区的总体基础设施缺口或达20万亿美元，相当于

“一带一路”地区国内生产总值的 2.9%。从基础设施需求分类来看，大部分的缺口存在于交通、能源、电信、供水和卫生等方面，如图 5—3 所示。

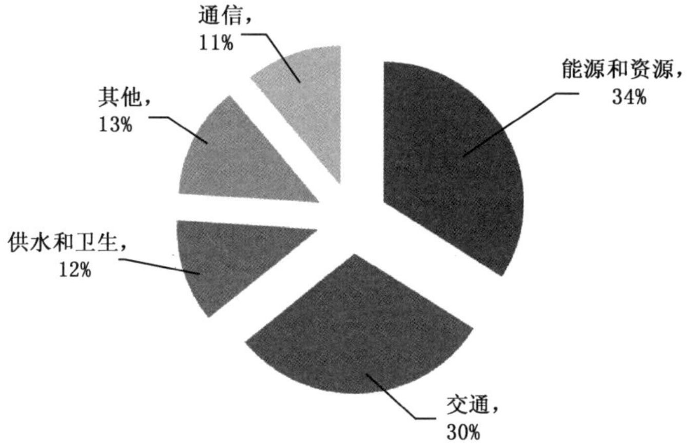

注：“其他基础设施”包括公共建筑、物流和仓储中心。

资料来源：亚洲开发银行研究院。

图 5—3　2015—2030 年“一带一路”基础设施需求构成(按行业分类)

基础设施建设周期长、收效慢，不确定因素多，与一般商品、劳务输入有着巨大差异。“一带一路”基础设施建设在宗教、民族和社会等多重因素的作用下，风险更加聚集。保险机构通过工程险、水险、责任险、机动车出境保险为建设期项目实施保障风险；通过财产险为运营期项目实施保障风险；通过特种保险业务，服务航空航天、核能及新能源等高新领域的国际合作，如表 5—3 所示。

表 5—3　“一带一路”规划中涉及的主要商业险种及其承保风险

“一带一路”相关经济活动	所需的商业保险	风险责任人	涉及的项目类型
建设(建工期＋维护期)	工程险(建设/安装项目全险、机械故障险)	项目业主	所有建设工程项目
	水险(项目货运险)	项目业主	所有建设工程项目
	水险(延迟开工利润损失保险，DSU)	项目业主	所有建设工程项目
	责任险(雇主责任险)/人身意外伤害险	项目业主	所有建设工程项目
	责任险(单项工程职业责任险)	项目业主	所有建设工程项目
	责任险(产品责任险)	项目建设中所使用产品的制造商/供应商	铁路、高速公路、地铁、电力、能源和资源的基础设施项目

续表

"一带一路"相关经济活动	所需的商业保险	风险责任人	涉及的项目类型
建设(运营期)	财产险	财产所有人	所有竣工项目
贸易	贸易信用险	出口商	—
	水险(一般货运险)	出口商/进口商/国内贸易方	—

资料来源:笔者制作。

以工程险为例,工程险承保建设项目中的一系列风险,包括延迟开工、设计错误、材料错误、工艺错误以及设备和机械故障。另外,一些工程险保单包含第三方责任条款[作为商业综合责任险(CGL)的一部分],以承保因投保项目中的事故对第三方造成的人身伤害责任、对第三方财产造成的损害责任。因固定资产投资持续放缓,我国国内工程险保费增速从2010年的峰值37.4%降至2015年的1.5%。预计至2030年,"一带一路"倡议带来的工程险需求或将为国内保险公司带来超过100亿美元的保费收入。

中国人保作为财险排头兵,在承保"一带一路"基础设施项目建设风险中已经发挥了重大作用。2013—2016年,中国人保财险参与承保"一带一路"沿线建设项目共计457个,服务范围覆盖沿线40个国家,承担风险保障金额10 760亿元人民币。例如,承保了巴基斯坦卡罗特水电站项目、巴基斯坦卡西姆港燃煤电站项目、中石油俄罗斯yamal项目、孟加拉帕德玛多功能大桥项目、老挝南俄3水电站项目一期工程、肯尼亚"蒙巴萨—内罗毕"铁路等大型海外项目保险。就我国交建集团海外项目来说,截至2017年5月,中国人保财险共承保该集团旗下海外工程项目30余个,风险保障金额超过800亿元人民币。

(二)保障人身财产

"一带一路"倡议的实施不仅包括商品、资金、技术"走出去",而且也包括劳动力"走出去"。商务部统计数据显示,2016年我国企业在"一带一路"沿线61个国家新签对外承包工程项目合同8 158份,新签合同额1 260.3亿美元,占同期我国对外承包工程新签合同额的51.6%,同比增长36%;完成营业额759.7亿美元,占同期总额的47.7%,同比增长9.7%。截至2015年末,我国对世界承包工程的在外劳务人员近40.9万人,对世界劳务合作的在外人员达到61.8万人(见图5—4)。"一带一路"沿线60多个国家,大多处于发展中或不发达状态,总体安全局势复杂、严峻,特别是恐怖主义滋生和蔓延,增加了中资企业项目进驻的风险。据商务部不完全统计,2010—2015

年，中资企业各类境外安全事件共发生 345 起，造成了一定的人员伤亡和财产损失，并且仍呈上升趋势。

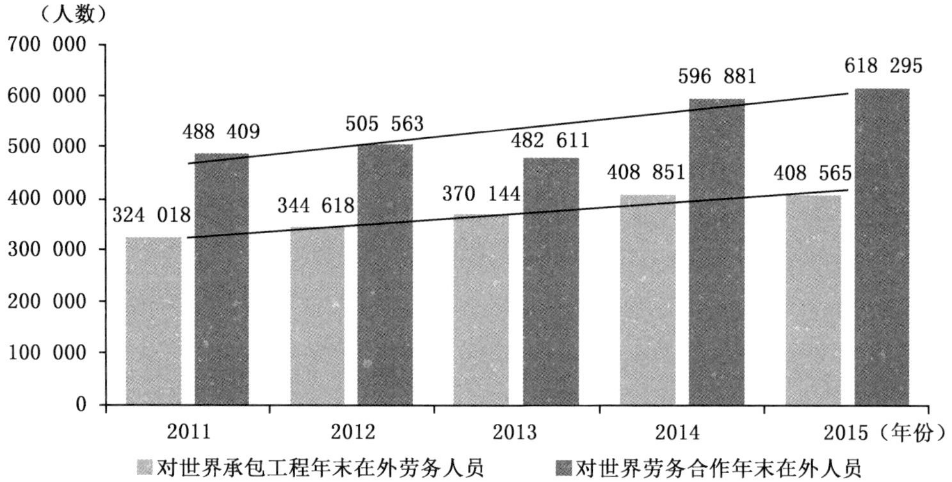

资料来源：国家统计局。

图 5—4　近 5 年我国对世界承包工程和劳务合作年末在外人员

为降低劳务人员海外风险，购买商业保险一直被作为一个重要保障方式。通过投保人身保险与财产保险，可以有效分散海外劳务人员的自然灾害、社会经济风险。

表 5—4　　保险服务“走出去”企业员工人身安全险种举例

类型	种类举例	产品举例
意外伤害	意外伤害	人保寿险境外意外伤害保险
		农银境外团体意外伤害保险
		平安境外务工团体意外伤害保险(2013 版)
	紧急救援	国寿境外紧急救援团体意外伤害保险
		国寿境外紧急救援意外伤害保险(2013 版)
健康保险	医疗保险	人保寿险境外紧急救援医疗保险
		国寿附加境外紧急救援团体医疗保险

资料来源:笔者制作。

“一带一路”倡议除了设施联通也包括民心相通。预计“一带一路”倡议还将带来大规模跨境出游。国家旅游局数据显示，近年来我国出境游发展迅速，从 2008 年的 4 580万人次发展到 2016 年的 1.22 亿人次(见图 5—5)。我国与丝路沿线国家双向旅游交流也逐年增多，2014 年已超过2 500万人次。根据世界旅游组织预测，到 2020 年，我国将成为世界上第四大旅游客源国，出境旅游人次将达到 2.5 亿人次。预计“十三五”期间，我国将为“一带一路”沿线国家和地区输送 1.5 亿人次游客、2 000亿美元旅游消费，将吸引沿线国家和地区8 500万人次游客来华旅游，拉动旅游消费约1 100 亿美元。大规模的人员来往对交通、恐怖事件等意外伤害和流行性疾病等人身保险产品提出了更大需求。

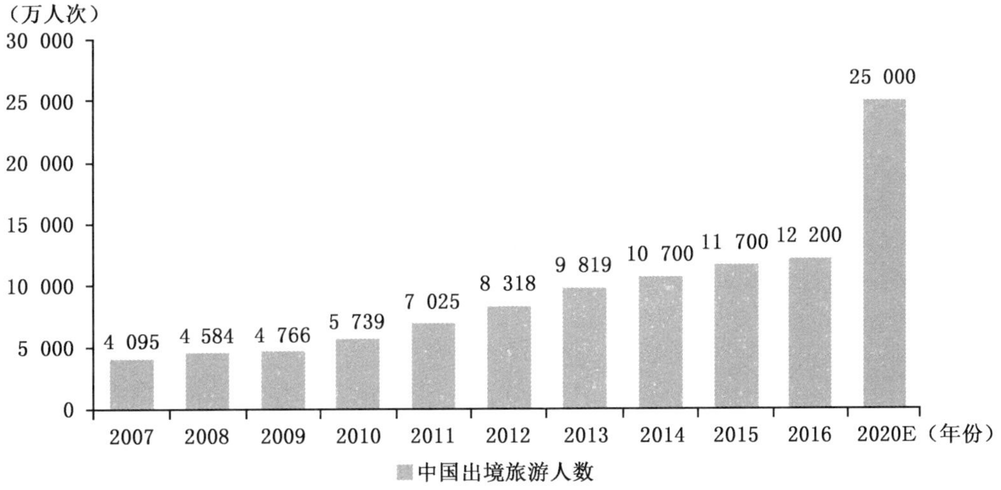

资料来源：国家统计局。

图 5—5　近年来我国出境旅游人次

据有关智库研究，我国企业和公民在“一带一路”沿线国家面临的安全风险持续上升，针对我国项目和公民的盗窃等治安事件和恐怖袭击事件持续增加。然而，目前我国在政治和安全方面的海外风险管理体系还处于萌芽阶段。在政府层面，中央层面还没有一个主管机构负责海外利益保护；外交领事保护经费贬值紧缺，却需要面对数量庞大的境外中资机构和公民，这就使得领事保护中心常常力不从心；境外安全保障专门法的立法几乎还是一片空白；国家政府间工作治安体系的执法安全合作尚未形成规范机制；境外政治和安全风险的评估和情报收集工作的及时性、准确性也亟待提高。因此，由中央国家安全委员会总体协调国家资源，是我国海外利益保护迫切需要推进的议题。在企业层面，我国企业政治风险管理、安全管理意识和投入严重不足，我国市场上商业情报公司、安保公司、政治咨询公司发展十分落后，无法应对我国企业和公民的现实需要。

对于保险机构而言，可以通过不断强化自身对“一带一路”沿线相关国家风险情报的收集、识别，强化风险管理和预警能力，形成完整的人身风险管理体系，来服务于日益增多的跨境和出境人员的人身安全保障。同时，还可以加强同有关政府机构合作，创新性地解决外交领事保护经费不够和保护能力不足的问题。例如，探索“政府＋保险”模式，通过外交领事保护经费购买人身安全保险，有助于形成政府与社会力量相结合的放大效应，强化对有关人员人身风险的保障水平。

（三）保障责任风险

无论是基础设施项目还是投资项目，我国企业以社会责任为直接或间接原因导致的海外项目失败案例事件逐渐增多，社会责任风险已经成为我国企业海外项目建设面临的主要风险之一。目前，我国企业“走出去”面临的社会责任风险主要集中在劳资关系、人权、环境、腐败和商业贿赂等领域。造成企业社会责任风险的外因主要有三个：一是企业社会责任已经发展成为全球性的运动，各国政府和公众高度关注社会责任；二是企业社会责任的泛政治化倾向，使社会责任正在成为国家之间利益博弈的工具；三是国外一些机构、媒体经常对我国“走出去”企业遭遇的自然环境保护、劳工权利等社会责任问题进行大肆渲染，这在一定程度上损害了“走出去”企业的国际形象。通过公众责任保险、产品责任保险、雇主责任保险、职业责任保险和第三者责任保险等，保险企业可以帮助国内企业有效分散和管理在“一带一路”沿线国家进行经济活动时所面临的产品责任、雇主责任、环境责任等责任风险。

近年来，中国人保积极为国内企业承保社会责任风险，降低相关责任事件给企业带来的不利影响。例如，2012 年，中国人保财险承保某国有建设公司承建的牙买加高速公路董事监事及高级管理人员责任保险，保障金额达 500 万美元；2013 年，参与承保某国有集团巴布亚新几内亚矿产码头营运人责任险，保障金额 500 万美元；2014 年，承保某国有集团智利冶炼厂公众责任险，保障金额约人民币 100 万元。在这些海外项目中，责任保险机制透过自身的保障效应，对企业加速产业转移与转型升级起到了积极的引导作用。

二、发展出口信用保险和海外投资保险，服务“一带一路”贸易畅通

（一）保障出口信用风险

贸易畅通是“一带一路”建设的重点内容。2015 年 3 月，习近平主席提出，在未来 10 年，我国与“一带一路”国家间的双边贸易总额目标达到每年 2.5 万亿美元，这意味着年均复合增长率将达到 10%左右。以此推算，到 2030 年，总贸易额将达到每年 4 万亿美元左右，是当前贸易量的 4 倍左右（见图 5－6）。随着对贸易信用保险和货运

保险需求的增加，保险行业也将迎来巨大机遇。

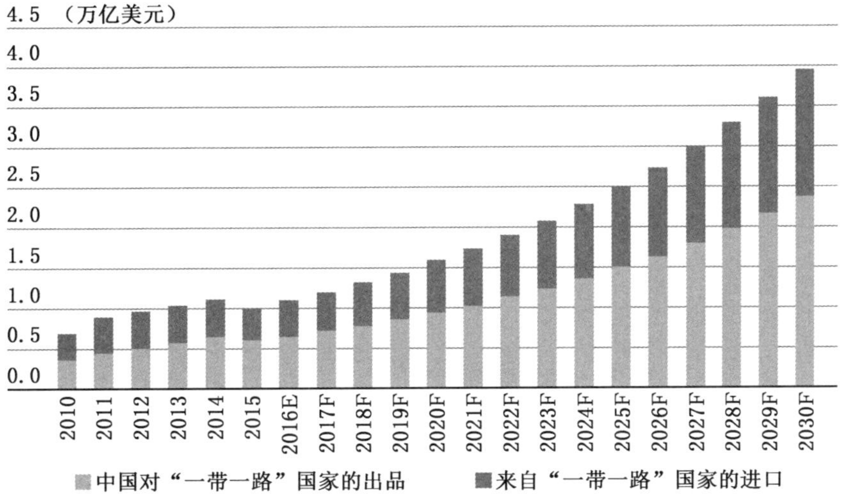

资料来源：瑞再研究报告。

图 5—6　我国与其他“一带一路”国家间的贸易额(2010—2030 年)

我国作为贸易第一大国，外贸企业的国外应收账款被拖欠的问题非常严重。同发达国家企业一般只有 0.25%—0.5%及国际平均 1%左右的坏账损失率相比，国内外贸企业的坏账率超了 5%，使外贸企业不堪重负。根据商务部统计，我国外贸企业的海外欠款大约为1 000亿美元，而且每年还以 150 亿美元的数量递增。信用风险已成为外贸企业面临的最主要风险之一。许多外贸企业财务状况恶化乃至倒闭均缘于存在大量的呆账、坏账，切实加强信用风险管理已成为我国外贸企业的当务之急。未来 5 年，我国在“一带一路”沿线将出口约 10 万亿美元的商品，如果不能及时有效地解决国际欠款问题，将给国家和企业造成难以弥补的损失，危及“一带一路”的顺利推进。

出口信用保险是各国政府以鼓励本国出口企业扩大出口贸易，开拓海外市场为出发点，为出口商和银行承担由于进口国政治风险(包括战争、外汇管制、进口管制和颁布延期付款等)和进口商商业风险(包括破产、拖欠和拒收)而在出口收汇和出口信贷等业务上遭受的收汇损失的一种政策性险种。其核心内容是保障出口企业在出口贸易、对外投资和对外工程承包等经济活动中的合法权益，是为出口合同项下企业享有的权益提供风险保障的一项特殊的政策和措施。截至 2016 年，我国中长期出口信用保险共承保“一带一路”项目 272 个，涉及 34 个国家，支持商务合同总额 405 亿美元，承保金额共计 358 亿美元，已决赔款 1.2 亿美元；海外租赁保险共承保项目 44 个，支持商务合同总额 24 亿美元，承保金额共计 23 亿美元，已决赔款 0.2 亿美元。

出口增加会推升贸易信用险保费增长。历史数据表明，我国出口贸易增加 1%将带动贸易信用险保费上升 0.32%。[①] 鉴于"一带一路"有望明显提升我国与其他国家的贸易活动，我国出口信用险保费预计将在 2015—2030 年增长 6 亿美元。另外，尽管由于出口信用保险业务政策性保险的特点，该险种业务在很长一段时间都成为中国信保的"独家买卖"。但保险"新国十条"特别提到，要"稳步放开短期出口信用保险市场，进一步增加市场经营主体"。中国人保抓住市场与政策双重机遇，大力发展出口信用保险，2016 年短期出口信用保险实现承保金额 292.68 亿美元，服务11 161家企业。

（二）保障货运风险

"一带一路"涉及海运、铁路、公路、航空以及多式联运多种货运方式，其中铁路里程约 3 万千米，海运里程约 2.8 万千米（见图 5—7）。

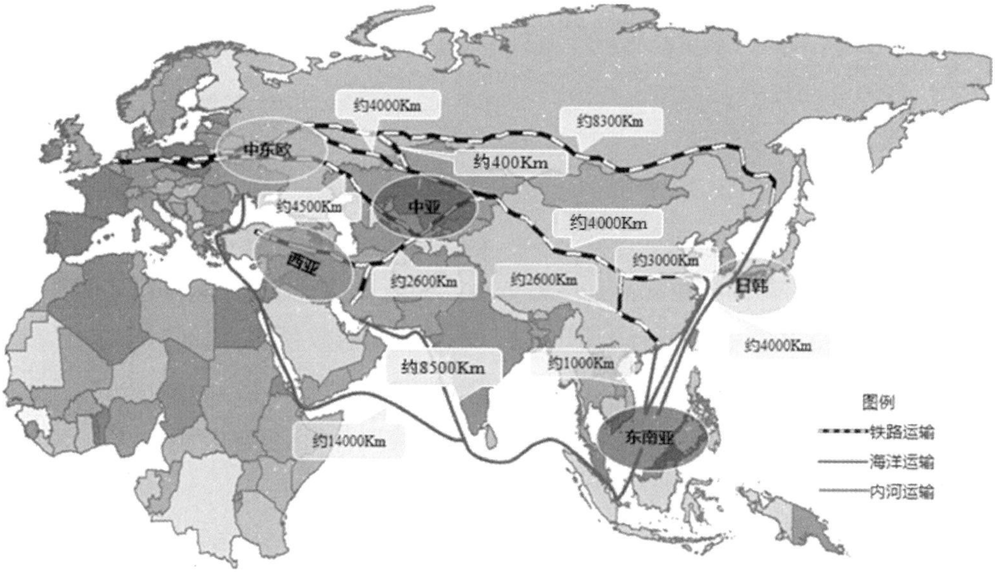

资料来源：笔者制作。

图 5—7 "一带一路"主要运输路线图

从陆上丝绸之路来看，我国—中亚—西亚经济走廊、中巴经济走廊途径地缘政治冲突、教派冲突高发地区，恐怖主义和极端势力对铁路公路跨国贸易形成较大威胁。从海上丝绸之路来看，航线需要跨越的岛屿、海峡和水道众多，特别是苏伊士运河、霍

① sigma 3/2016：2015 年度世界保险业：保费稳步增长，区域发展不均衡.瑞士再保险.

尔木兹海峡、亚丁湾和马六甲海峡更是地势险要、情况复杂，大国博弈与秩序之争带来的战略挑战、领土主权争端引发的现实风险、沿线地区及国家的内部风险等，都给海上丝绸之路的推进带来风险。从现代物流角度看，随着物流业的发展，增值服务多、供应链因素多、质量难以控制，加之"一带一路"货运路程远、物流周期长，货物破损、野蛮装卸、误时配送、偷盗灭失、变质串味等问题突出，运方提出索赔概率大增。同时，跨境运输货物在运送期限内可能会经过多次转卖，被保险人的多变性、保险利益的转移性、承保风险的广泛性特征明显，这些因素都会增大"一带一路"跨境贸易企业面临的经营风险。通过投保跨境货运保险、船舶保险及货物运输保险，可以有效分散跨境货运中面临的诸多风险。

（三）保障海外投资

"一带一路"倡议带来大规模海外投资。从政策性金融机构和国内大型国有金融企业对"一带一路"沿线国家的投资情况来看，投资存量规模较大。例如，截至 2016 年底，国家开发银行在"一带一路"沿线国家累计发放贷款超过1 600亿美元，余额超过1 100亿美元；我国进出口银行为1 207个"一带一路"项目提供融资，签约金额超过7 000亿元人民币；我国出口信用保险公司自 2013 年至今支持"一带一路"沿线国家出口和投资超过4 400亿美元；中行对"一带一路"沿线国家授信支持1 000亿美元，跟进境外重大项目 420 个；工行在"一带一路"沿线储备 412 个项目，总投资金额3 372亿美元，如表 5—5 所示。

表 5—5　　截至 2016 年底部分金融机构对"一带一路"国家项目投资情况

机　构	项目数	累计投资或授信金额
丝路基金	15	60 亿美元
国家开发银行	—	1 600 亿美元
我国进出口银行	1 207	7 000 亿元人民币
我国出口信用保险公司	—	4 400 亿美元
工商银行	412	3 372 亿美元
建设银行	180	900 亿美元
中国银行	420	1 000 亿美元

资料来源：笔者制作。

从投资风险来看，这些海外投资活动面临诸多复杂的多变的不确定性因素，更容易遭遇风险，特别是投资东道国汇兑限制、征收、战争及政治暴乱，以及违约风险极易造成巨大的经济损失。例如，2011 年我国在利比亚承包的大型项目共有 50 个，涉及合同金额 188 亿美元。当年利比亚政局动荡，按照当时汇率换算，仅此一项就造成计人民币1 233.28亿元的巨大损失。研究显示，在“一带一路”沿线国家中，政治风险极高的国家有 4 个、较高政治风险国家 11 个、高风险国家 20 个；安全风险极高的国家有 5 个、安全风险较高的国家 5 个、安全风险高的国家 15 个。“一带一路”沿线国家中这类具有较高政治和安全风险的国家接近总数的 50%，主要集中在中亚、南亚和中东国家。

从政策要求来看，“一带一路”倡议的实施，必须有保险护航。2017 年 1 月 18 日，国务院国资委公布了《中央企业投资监督管理办法》《中央企业境外投资监督管理办法》，明确中央企业境内外投资的负面清单，强调中央企业境外风险防控，要求：“中央企业应当根据自身风险承受能力，充分利用政策性出口信用保险和商业保险，将保险嵌入企业风险管理机制，按照国际通行规则实施联合保险和再保险，减少风险发生时所带来的损失。”同时，原中国保监会在《关于保险业服务“一带一路”建设的指导意见》中，“鼓励政策性保险机构加快发展海外投资保险，创新保险品种，扩大承保范围，支持优势产业产能输出，推动高铁、核电等高端行业向外发展，促进钢铁、水泥和船舶等行业优势产能转移”。

从目前“一带一路”项目投保投资保险情况来看，海外投资保险已经在相关项目建设中发挥了很大的积极作用，绝大部分项目都投保了海外投资保险（见表 5－6）。2016 年，保险业海外投资保险共承保“一带一路”项目 263 个，涉及 29 个国家，承保金额 307.3 亿美元。

表 5－6　　近年来我国“一带一路”海外投资保险项目（部分）

项目名称	项目简介	承保金额
吉尔吉斯斯坦中大石油项目	该项目是陕西在吉尔吉斯斯坦最大的投资项目，符合国家“一带一路”发展战略，政治意义重大。项目的建成促进了中吉睦邻友好关系，带动了当地经济发展和解决就业问题	0.24 亿美元
柬埔寨制糖产业园项目	为亚洲最大的制糖产业园项目	1.13 亿美元
柬埔寨西哈努克港经济特区项目	“一带一路”境外工业园区建设项目	0.61 亿美元
马耳他发电公司股权收购项目	支持国际产能和装备制造合作典范项目	1.87 亿美元
埃及玻纤生产线项目	项目建设初期恰逢“阿拉伯之春”动荡时期，保险为该项目提供海外风险保障，促使投资者坚定信心。目前，该项目已进入三期建设，预计提前两年完工	1.87 亿美元

续表

项目名称	项目简介	承保金额
老挝万象商业中心项目	项目充分发挥了云南省区位优势，发展境外商业旅游投资，促进省内勘察、设计、施工等优势企业发展，带动云南省乃至我国技术、成套设备、原材料的出口和劳务输出。	0.19 亿美元
加蓬林业项目	企业通过投保出口信用保险，顺利得到进出口银行1 080万美元融资，是保险支持民营农林企业加快发展和民营资本“走出去”的典型案例	0.23 亿美元
毛里塔尼亚远洋渔业基地投资项目	保险帮助企业防范“走出去”政治风险和解决融资需求，对发展海洋经济和远洋渔业企业“走出去”具有示范性作用	0.95 亿美元
印度尼西亚棕榈园种植项目	保险支持农业项目“走出去”和企业开展全产业链经营，为维护国家粮油安全做出积极贡献	1.21 亿美元
马来西亚关丹产业园钢铁厂项目	该项目是中马“两国双园”项目的首个入园项目，已列入我国国际产能合作重点项目库。项目建成后，可在当地形成钢铁产业基地	14.1 亿美元
圭亚那铝矾土海外投资项目	为民营企业积极“走出去”开发海外矿产资源提供了重要风险保障	0.37 亿美元
柬埔寨金边—菩萨—马德望输变电项目	为柬埔寨提供大量就业机会，带动电力、建筑、交通运输和服务行业发展，满足当地社会经济发展需要。同时，促进了大湄公河次区域电网的互联，提高了当地人民的生活水平，深化了中柬两国友谊	0.89 亿美元
中亚天然气管道项目	该项目是我国与中亚地区能源合作的重要一环，受到相关各国政府和最高领导人的高度重视	18.56 亿美元
巴基斯坦吉拉姆河卡洛特水电站	三峡集团在海外投资在建的最大绿地水电站和丝路基金首个对外投资项目，更是“中巴经济走廊”优先实施能源合作项目和“一带一路”重点项目，由中国人保财险承保	—

资料来源：笔者根据公开资料整理。

三、创新保险资金运用方式，为“一带一路”倡议提供资金支持

“一带一路”倡议是一项规模宏大的计划，必然需要庞大的资金支持。据预测，未来 5 年，我国在“一带一路”沿线国家的投资可能超过5 000亿美元；至 2030 年，我国对“一带一路”国家的累计对外直接投资估计可达到 1 万亿美元。如此庞大的资金需求需要来自中央和地方政府的资金支持，并结合传统与创新的融资渠道来满足。除了亚投行、丝路基金和金砖银行等多边金融机构和政策性银行为“一带一路”倡议提供资金支持外，商业贷款、股权融资、保险资金以及各种社会融资渠道也将发挥重要作用。特别是具有单笔投资规模大、期限长、稳定性高优势的保险资金，与“一带一路”基础设施

建设项目资金需求大、建设周期长、收益稳定的特点非常匹配。截至2016年底，保险资金运用余额达13.4万亿元，已累计为重大基础设施等提供资金1.65万亿元。保险机构可以在依法合规、风险可控的前提下，通过债权、股权、股债结合、股权投资计划、资产支持计划和私募基金等多种方式参与“一带一路”重大项目建设。例如，2015年，保险行业设立规模为3 000亿人民币我国保险投资基金（有限合伙制），按照市场化、专业化运作和商业可持续原则支持“一带一路”倡议和国际产能合作等重大项目，旨在用长期稳定的资金支持打造公共产品和服务的经济新引擎。一方面，支持境内“一带一路”重点区域的道路、港口、油气管道、通信等重点项目和沿线省份的园区建设，如连霍国道主线、糯扎渡水电站、贵阳轨道交通和西安保税区基础设施等重点项目；另一方面，积极稳妥参与境外交通、能源管道等基础设施建设，探索投资境外油气产业园和中外产业合作基地，如中蒙俄经济走廊、中巴经济走廊能源合作及中哈产能和投资合作等重大项目。

参考文献

[1]李松庆，王炜.第三方物流的实证分析[M].北京：我国物资出版社，2005.

[2]黄群慧. 论我国实体经济的发展.我国工业经济，2017(09).

[3]文一.伟大的中国工业革命：“发展政治经济学”一般原理批判纲要[M].清华大学出版社，2016.

[4]盛和泰.新型城镇化建设亟须完善保险保障机制[N].学习时报，2013－7－15.

[5]盛和泰.以习近平总书记系列重要讲话为基本遵循 疏通保险金融服务实体经济的管道[N/OL].人民网－中国共产党新闻网. http://politics.people.com.cn/GB/1024/6429094.html.

[6]盛和泰.供给侧改革视角下保险助力推动绿色转型升级[J].清华金融评论，2017(08).

[7]庹国柱，王国军.农业保险：改革推进与前景展望[J].中国保险，2015(01).

[8]农业巨灾保险应构建二元化立法体系[N].金融时报，2016－5－18.

[9]瑞士再保险.2015年的自然灾害与人为灾难：亚洲遭受重大损失[R].sigma. 2016(01).

[10]刘丹.从国际经验谈再保险在巨灾保障机制中的作用[N].中国保险报，2011－12－8.

[11]大型工程机械承保风险管控及防灾防损研究[R].灾害研究中心，2012B15.

[12]李亚寅.浅析中小企业贷款与保证保险发展——基于风险管理的角度[J].上海保险，2013－7.

[13] 段鸿济、卢文华."降成本"的政治经济学含义及其政策指向[J].南方金融,2016—8.

[14]孙祁祥.城镇化背景下社会公平保障体系建设的国际经验及其启示[J].中共中央党校学报,2014(4).

[15]埃瑞克·班克斯.巨灾保险[M]. 北京:中国金融出版社,2011.

[16]徐习军.国家"一带一路"战略: 亚欧大陆桥物流业的机遇与挑战[J].开发研究,2015:65—68.

[17]张茉楠."一带一路"重构全球经济增长格局[J].发展研究,2015:14—19.

[18]徐习军.国家"一带一路"战略:亚欧大陆桥物流业的机遇与挑战[J]. 开发研究,2015(01):65—68.

[19]刘志鹏."一带一路"下的海外信用风险管理[J].装备制造,2015:84—85.

[20]吕岩.保险护航"一带一路"[J].金融博览(财富),2015:54—55.

[21]周俊生."一带一路":新思路,新机遇[J].金融博览(财富),2014:54—56.

[22]王义桅.绸缪一带一路风险[J].中国投资,2015:51—54.

[23] Dennis A. Shields,Congressional Federal Crop Insurance: Background. Congressional Research Service.August 13,2015.

[24]Aon Benfield,Global Insurance Market Opportunities,[R],Insurance risk study(Tenth edition),2015.

[25]Canto,Victor A.,Douglas H.Joines,and Arthur B.Laffer. *Foundations of Supply-Side Economics*,[M],NewYork:Academic Press,1983.

[26]Federal Reserve Bank of Atlanta. Supply—Side Economics in the 1980s,[R],Westport,Conn.:Quorum Books,1982.

保险资金责任投资的国际比较与实证研究

北京大学

锁凌燕　王　开　高子涵　董　博　叶　明

摘要

以往研究证实，责任投资(SRI)在实现正外部性的同时，也为投资者带来稳健、持续的收益。本文将验证中国市场中的责任投资对机构投资者而言是否实现风险规避、带来超预期收益。本文第一部分在对比分析基本养老金和社保基金投资策略的基础上，梳理了责任投资概念中绿色投资和规避声誉风险的重要性，并论证了养老金责任投资的可行性。在第二部分文献综述中，作者从责任投资、企业社会责任、ESG管理由外向内、层层递进，发现之前研究对责任投资于投资人的认识先后经历了成本和溢价回报两个阶段，同时也是被投资公司践行企业社会责任(CSR)先后经历的两个阶段——短期来看表现为财务上的成本，长期表现为公司价值；在当下声誉风险频发的情况下，公司的ESG指标对财务指标有锚定作用。第三部分为国际比较，从历史和截面两个维度梳理了美国、欧洲和澳大利亚责任投资的发展历程、贯彻理念和筛选手段。第四部分作者梳理了养老金投资和责任投资的评价体系，并结合中国去产能、经济"脱实向虚"、部分企业财务造假等问题予以完善，并归纳出符合中国特色的责任投资评判体系。第五部分即实证部分，作者从基金和个股两个角度挖掘并探讨责任投资是否较常规投资有显著的正向收益，最终发现责任投资基金较常规基金而言并未产生明显的溢价优势；而作为责任投资筛选标的的ESG值对公司预期收益有明显正向效应，对公司财务绩效和股票波动却未产生显著影响，即投资者筛选高ESG值公司进行责任投资，更多的是在投资决策时点上基于“声誉机制”对被投资企业价值预期的肯定。

关键词

责任投资　ESG 管理　养老金入市　声誉机制

第一章　引　言

我国基本养老金入市已成定局。2015 年，《基本养老保险基金投资管理办法》规定，各省可将基本养老金委托给全国社保基金理事会执行投资决策；2016 年 11 月 29 日，4 家银行获得基本养老保险基金托管机构资格；同年 12 月 6 日，参与评审的 26 家机构中最终有 21 家机构获得资格，其中包括 14 家基金公司、6 家（保险）资管公司和 1 家证券公司。基本养老保险基金入市的前期准备工作已经基本完成，入市将分批进行。人社部曾明确表态，养老保险基金是社会大众的“保命钱”，托市、救市不是养老金的功能和责任，具体入市时机由市场决定。财联社估算，首批入市养老金中真正可投入股市的资金约在2 000亿—3 000亿元。国金证券李立峰团队[①]定性估测养老金入市初期对股票类资产配置比例约为3 000亿元，包括地方委托的2 139亿元、社保基金增长 691 亿元、全国社保基金扩容三部分。上海证券（2016）根据之前企业年金和养老金，委托资金进入股市比例约为 10%，初期进入 A 股的基本养老金规模在2 000亿—3 000亿元。[②] 截至 4 月 25 日，北京、上海共 7 个省份的1 370亿元基本养老金已经到账并准备开始投资。[③]

一般认为，基本养老金是国民的“保命钱”，具有长期性、战略性、规避低利率陷阱、抗风险诉求优先于高回报等特点，适合保值增值、避免资产缩水、分散化的长期价值投资。养老金入市，主要是通过市场化手段摆脱低利率对银行存款存放形式对资产的伤害，缓解当下基本养老金入不敷出的状态，以获取持续稳定回报。经济长期 L 形时期

---

① 国金证券：养老金入市资金到位 关注旅游板块蓝筹股[J]. http://finance.sina.com.cn/stock/marketresearch/2017—02—27/doc—ifyavvsk3650353.shtml，2017—02—27.

② 上海证券养老金系列报告：养老金市场化运营的国际经验[R]. http://funds.hexun.com/2016—12—22/187461995.html，2016—12—22.

③ 人社部，1 370 亿养老金已经到账并开始投资[R]. http://www.bjnews.com.cn/news/2017/04/25/441251.html，2017—04—258.

养老金投资面临多元化风险。在经济增长和环境保护不同步、居民未富先老的结构性问题、去产能的周期性问题三重叠加下，我国养老金在资产和负债端面临双重压力。负债端上，人口赡养比提高，全社会提前步入老龄化，实体经济萎靡不振，去产能引发行业和地区债务集中违约、企业财务造假曝光后股价应声下跌，养老金投资需谨防“踩雷”。2016 年以来一系列夕阳产业债券违约事件频发，令避险情绪较高的风险规避型投资者如履薄冰。2017 年 3 月，齐星集团资金链断裂，债务敞口高达 71.57 亿元，[①]互保协议引发西王集团等危机折射出当下较为严重的区域系统性金融风险。基本养老金在贫富分配、转移支付和代际公平上具有系统重要性，投资标的筛选和风险控制较商业保险也更为严格，需基于价值投资原则谨慎筛选投资标的，严格“排雷”，避免资产端压力进一步抬升。

社保资金的投资人作为机构投资者，管理资产数量庞大，一举一行都牵动着市场。而在现实中，社保基金采取“托管＋监督”的办法，交由基金公司等第三方机构执行，前者对后者风险管理的合规监督是“事后验证”的，后者可能忽视社会责任。事实上，以商业保险作为类比，其在资本市场上的举动不仅没有履行社会责任，反而危害了实体经济的发展。2016 年险资疯狂举牌，短期炒作、威胁管理层等现象为行业添加不良形象，商业保险公司被扣上了“破坏实体经济”的帽子，在强势监管中首当其冲，部分公司面临现金流中断风险，机构投资者兼顾公司治理和社会责任的呼声频起。2017 年初，原中国保监会对宝能系和恒大系严厉打击，杜绝“短线炒作、快进快出”和“门口野蛮人”的短浅、危害实体企业发展的投资手段，保证“险资不险”。坚持资产负债端久期与收益率匹配，做长期价值投资者，强调投资的伦理与道德的责任投资原则（全称为社会责任投资，social responsible investment，SRI），对机构投资者获得持续、稳定收益，规避监管风险有借鉴意义。从国际范围来看，养老金的责任投资盛行，其起源可追溯到 1984 年英国成立的第一只社会责任投资项目——友人养老准备基金；随后，1998 年澳大利亚社会保障与投资委员会要求投资顾问在提供个人财务建议时询问其顾客是否对环境、社会、伦理因素加以考虑；2000 年，英国要求职业年金托管人披露投资准则，FTSE4GoodUK Index 下 3/4 的养老基金采取责任投资原则；奥地利、比利时（2003）、法国、意大利和西班牙（2004）对养老基金中责任投资产品税收优惠作为鼓励。联合国环境规划署可持续金融倡议（UNPEFI）针对投资机构、银行和保险分别设立了责任投资（PRI）、赤道原则（EPS）和可持续保险（PSI）3 个框架，旨在通过环境（E）、社会（S）、

① 金融界，齐星集团资金链断裂 欠债超过百亿元[J]. http://stock.jrj.com.cn/2017/03/29102222240634.shtml，2017－03－29

治理(G)三维度的努力促进金融企业践行社会责任,同时规避自身经营运作和投资中涉及环境和企业声誉的风险。事实上,随着环境问题日益凸显,国外各大保险公司加入责任投资和绿色金融框架,持续关注所投资企业对环境的危害程度。联合国环境署早在2006年就推出了责任投资原则(principle responsible investment,PRI),旨在倡导投资机构参与环境保护、社会和公司治理(environment society & governance,ESG),截至2016年4月,已有1 500家机构共计62万亿元资产纳入到该框架下,其中20%是养老金投资机构。纳入到该框架中的投资机构可享受国际认证,被其他投资团体认可和接纳,而为环保付出的成本、对潜在高风险—高收益资产的规避被认为是披露并执行该原则的成本。

中国监管机构也出台了类似框架协议,引导保险资金投入到环境污染少、具有可持续性的产业和项目中。2017年初公布的《中国保监会关于进一步加强保险资金股票投资监管有关事项的通知》,明确保险机构收购上市公司的行业限于保险类企业、非保险金融企业和与保险业务相关、符合国家产业政策、具备稳定现金流回报预期的行业,不得开展高污染、高能耗、未达到国家节能和环保标准、技术附加值较低的上市公司收购。2015年《中国保监会关于保险业履行社会责任的指导意见》也提及坚持绿色发展思维,在保险产业链中树立绿色导向。[①] 2016年9月在杭州召开的G20峰会上,绿色金融首次成为议题。金融机构在投融资决策中充分考虑其潜在的环境影响,把与环境和气候变化相关的潜在回报、风险和成本融入金融机构的日常业务中,引导金融资源流向资源节约技术的开发和生态环境保护,使得企业经营更加注重环境影响。

可见,养老基金等机构投资者应遵循责任投资原则(social responsible investment,SRI),在投资决策时充分考虑接受投资对象在环境保护、公司治理和社会贡献三方面的绩效,在当下复杂的经济环境下已不仅仅是单纯践行企业社会责任(corporate social responsibility,CSR)、造福社会的体现,还能帮助机构投资者成功规避投资风险,收获声誉机制引致的超额收益,实现资金保值增值目的。对基本养老金"保命钱"的属性而言,践行责任投资原则有助于保证资金安全性和稳定性,保证国民安享晚年,缓解由人口老龄化造成的负债端资金压力。

在上述背景下,侧重考虑环境、公司治理和社会责任的责任投资原则,对基本养老金投资规避风险、获得持续稳定收益率有指导作用。养老金的责任投资,已经不仅仅

① 中国银保监会.中国保监会关于保险业履行社会责任的指导意见[R],保监发〔2015〕123号,2015—12—28.

是机构投资者践行企业社会责任的体现，也是新背景下规避风险、优化投资结构、维护国民“保命钱”的必要举措（见图 1－2）。

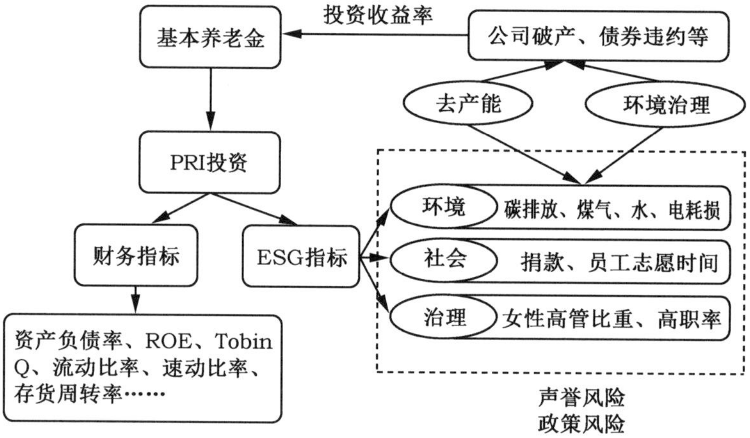

图 1－2　责任投资对社会和养老金投资机构的重要意义

全文逻辑框架如下：首先，分析本次基本养老金入市的原因、关注点；其次，通过国际比较归纳总结各国践行责任投资的经验和策略；再次，结合国际经验和中国国情构建符合中国养老金的责任投资衡量体系；最后，从实证角度观察责任投资是否带来投资绩效的显著改善，以此得出结论。

第二章　文献综述

第一节　责任投资

责任投资对收益率影响的研究经过了两个阶段。早期研究由于数据年限较短，并未验证两者关联，甚至基于责任投资需要付出成本而认定两者间有负向关联。尤以美国养老金与社会福利管理局在 1998 年 5 月颁布条例的指导精神为甚，养老基金托管人或管理者如果将基金用于社会责任投资并引致低收益，对基金受益人负有信托责任。White（1995）用夏普比率、α 值和特雷诺比例衡量基金业绩，发现美国 6 家社会责任投资的收益率不敌标普 500 和多米尼 400 指数。Governance(2005)通过对 SRI 股价指数和传统股价指数的比较、传统投资信托与市场的股价指数的比较，发现企业社会责任和企业财务机构改善方面的相关性并无正向关联。总体上看，美国和欧洲的 SRI 基金市场投资业绩较好。

Luther, Matatko and Corner(1992)分析了美国 15 只道德基金(《金融时报》个股指数、MSCI 世界指数作为基准指数)的收益率，结果显示其未比包含更广泛投资领域的传统指标表现逊色，一度改变了传统看法。Hamilton, Jo, and Statman 在 1993 年的一项研究中将带来正向收益的责任投资概括为“doing well while doing good”，指责任投资在为社会创造正外部性的同时改善企业财务状况。

后期研究主要从三个方面证实责任投资对风险规避和绩效提升的影响：一是声誉机制，安然事件、魔鬼交易员等事件反映公司即使有稳定现金流也可能会面临破产和全面崩盘的风险。BSR(2012)发现，其他财务指标相同时，投资者在组合中偏向配置 ESG 分值较高的公司。CFA Institute(2015)调查发现，73%的专业投资人士在投资分析和决策时会考虑 ESG 指标，PRI 成员中 86%的投资经理至少会选用一个 ESG 分析指标。Gavin Duke(2015)发现，除了公认的对声誉风险的削减作用，私募股权投资中盯住 ESG 指标适时退出，对战略和利润创造有积极作用。Feldmanetal (1997)采用 300 多家美国大型上市企业数据进行回归，发现环境策略可从本质上降低企业的风险，有可能使股价上升 5%。二是锚定作用。张巧良、孙蕊娟(2015)通过实验证明了投资决策时，在 ESG 信息和财务数据独立披露情形下，ESG 信息具有锚定效应，即投资者多为损失厌恶者，重视企业未来发展前景。三是避险诉求。全球可持续投资机构(GSIA)显示，2014 年欧洲 58.8%的账户资金在采用 PRI 中的一些指标。Christian Hertrich 和 Henry Schfe(2015)基于德国养老保险基金实证研究后发现，考虑 PRI 的资产组合相对于传统的资产组合，在可预期回报不变的情况下更容易规避风险。

Hajer Tebini 等(2016)选取了 240 家金融机构 1991—2007 年的数据，用 KLD Research & Analytics Inc.公司的 ESG 数据和财务数据，并选取公司体量、风险等级和产业作为控制变量；采用 ROA、ROE 和托宾 Q 作为公司财务绩效，结果发现 ESG 和企业财务绩效之间的关联是非线性的且与 ESG 等级相关，滞后一期的 17 年数据中仅有 5 年的 ESG 和 ROA 呈正向关联。

受国际劳工组织(ILO)资助的 Ellipson 公司提供的报告(2001)中，分别考察了美国、英国、瑞士、加拿大等国的养老基金社会责任投资的现状和发展趋势，研究了养老基金进行社会责任投资的具体决策过程，分析了养老基金如何通过社会责任投资影响对象企业的公司治理，并将待遇确定型（DB）计划和缴费确定型（DC）计划分别进行论述。

Wes Cragg 和 Ran Goel（2006）展示了目前关于养老基金是否应当将社会、环境、伦理等因素纳入投资决策的争论，指出养老基金及其他大型机构投资者在进行投资决策时，必须将长期的环境和社会经济目标纳入投资决策的运行绩效评估中。

第二节　企业社会责任和 ESG 管理

责任投资的评判标准即所投企业是否能较好履行企业社会责任的企业（CSR），而 ESG 指标能很好地衡量被投资企业的企业社会责任践行情况。从被投资企业自身角度讲，Russell Sparkes 和 Christopher J. Cowton（2004）将企业践行社会责任的原因归纳为投资者激励（股权回报、风险抑制）、政治游说和 NGO 领导的消费者抵制。在责任投资对 CSR 的传导路径上，当社会责任投资原则局限于 SRI 零售基金（SRI retail fund）时，公司的 CSR 提升空间较小。责任投资通过"持股人激励"（shareholder activism）推动公司社会责任行为并获得资金回报。[①] 股东决议对社会和环境的影响在美国越发常见，社会代理（social proxies）的职能将其与其他类型的持股人激励分开（Graves et al.，2001）。

企业社会责任事关公司声誉风险，能较好衡量企业社会责任的指标即 ESG。Paz Méndez－Rodríguez 等（2008）设计了包含 37 个 ESG 问题的问卷并调研了 214 名投资者，用主成分分析法分别拟合投资者特征，通过对比澳大利亚和西班牙的养老金投资市场，发现除了投资者关注的基金费用、成立时间、规模外，ESG 指标对财务表现产生了显著影响，澳大利亚投资者对社会和健康指标，相对于环境指标更容易影响投资收益，甚至超出投资者的风险容忍度指标，而西班牙市场却未展现出显著影响；年龄较大的投资者更为关注 ESG 问题。作者认为这是由于西班牙投资者偏保守、责任投资品的供给不足所致。[②]

第三节　投资回报和 ESG 管理

责任投资 ESG 指数扮演的角色正在越发重要，一度与财务指标并驾齐驱。

① Russell Sparkes，Christopher J. Cowton，2004，The Maturing Of Socially Responsible Investment：A Review of The Developing Link With Corporate Social Responsibility，Journal of Business Ethics.

② Profiling Ethical Investors.

Christian Hertrich 和 Henry Schafe(2015)对德国养老保险基金实证研究后发现，考虑 SRI 的资产组合相对于传统的资产组合，在可预期回报不变的情况下更容易规避风险。金融企业对 ESG 管理的关注要晚于实体企业，在侧重点上，对公司股东回报的关注要早于对环境的关注。如 Alexey Akulov(2015)研究发现，俄罗斯制造业最早进行 ESG 管理，旨在为公司内外部持股者搭建良好关系并提高声誉，2012 年成立的 Vnesheconombank 银行专门推进信贷和投资端的 ESG 管理。① 随着 SRI 概念的兴起，投资者在股权投资和固定收益投资上越发关注 ESG 指标。根据全球可持续投资机构(GSIA)显示，2014 年欧洲 58.8%的账户资金在采用 SRI 中的一些指标，此时和 SRI 联系最为紧密的 ESG 指标主导了投资。然而，这并不意味这种投资是可持续的，只是投资决定中考量了 ESG 问题(European Commission, 2014, p.47)。负责任的投资者不仅局限于金融机构，还包括大学、基金会、养老金机构、非营利组织和宗教机构等，以及为高资产净值客户服务的机构(GSIA，2014，p.9)。UNGC(2015)认为，投资者对 ESG 问题的接纳是因为其与长期投资表现挂钩(SSE Initiative, 2015)。Friede (2015)实证检验了2 000多家金融机构并发现 62.6%的公司财务绩效表现和 ESG 间有正向关联，同时，在投资分析中引入 ESG 指标成为诚信义务的重要组成。UNGC (2015)认为，长期投资实践中欠缺考虑 ESG 指标被认为是“诚信原则的失误”。BSR (2012)发现，在其他财务指标相同时，投资者在组合中偏向配置 ESG 分值较高的公司。在市场对 ESG 信息的迫切需求下，6 家顶级的 ESG 评级机构应运而生，包括 Inrate，MSCI ESG Research，Oekom Research, Solaron, Sustainalytics 和 VigeoEIRIS。CFA Institute(2015)调查发现，73%的专业投资人士在投资分析和决策时会考虑 ESG 指标，PRI 成员中 86%的投资经理至少会选用一个 ESG 分析指标。Margolis 和 Walsh(2001)回顾了关于 SRI 业绩的 80 份研究，发现超过半数的研究表示 SRI 基金的业绩表现与投资企业的可持续性经营行为呈正相关关系。Schroder (2005)在对德国、瑞士及美国的 SRI 基金的分析中得出投资者可以对 SRI 基金有较传统投资类资产相似的风险收益；Jin 等人(2005)也得到了相似的结论，其考察了日本 1996－2006 年的 SRI 投资组合，其业绩比东证一部指数表现得更好，且波动性更小。Olaf Weber 和 Haiying Lin(2015)发现 130 多家中国企业样本中，披露 ESG 信息的多为国有企业，这是由于 2008 年中国国资委为 150 家政府控制企业设立了企业社会责任披露框架并督促其揭示相关信息；同时，披露企业社会责任的公司荣登中国企业家俱乐部

① Alexey Akulov, Implementing ESG in the Financial Sector in Russia: The Journey Towards Better Sustainability.

2012 年发布的《中国绿色企业 100 强报告》概率比不披露的公司大 7%，故作者认为披露企业社会责任信息的公司具有良好的环境表现。①

国内对责任投资研究关注较晚，实证研究较不充分。乔海曙和龙靓(2009)梳理了社会责任投资的文献，发现国际性的社会责任投资绩效要好于国内传统基金，存续期长的责任投资要优于同期传统基金，新成立的社会责任投资原则需要经过一个学习阶段才能追上同期传统基金。乔海曙等(2010)借助事件分析法，采取量化的泰达环保指数分析责任投资是否带来超常收益率。该文基本假设是声誉效应，即好的 SRI 指数对投资者有较强的指导性，导致公司股票需求增加，进而抬升公司股价。但环保指数仅基于 ESG 评价标准中的环境因素，而中国对环境信息的披露较少导致指数样本数量较少，甚至微观层面上仅研究了环保服务和清洁生产技术和清洁产品两类行业，作者认为其不能反映真实全面的 SRI 因素。

然而，以往研究中有一些不够全面之处。其一，责任投资对环境关注不够，数据更是有限。陈煦江(2014)在实证研究中国 100 强企业社会责任与财务绩效时发现，环境责任对 ROA 和托宾 Q 有正向影响。郝臣、王旭、王励翔(2015)只是选择了保险公司披露的节能减排、植树造林等参加环保活动事项。寇业富、赵建川(2016)采用主成分分析法构建了两级企业社会责任评价体系，涵盖对股东责任、员工责任、客户责任、政府责任、社区责任五位一体的一级指标，下属 33 个二级指标，结果表明，中外资的企业性质之分、保险公司的期限结构和企业规模并不影响人寿保险公司对企业社会责任的履行情况。研究框架中，对员工的责任的二级指标为职工薪酬、福利和社保，回避了性别歧视问题；对客户的责任中包括退保率、赔付率、偿付能力充足率等，并未考虑获得弱势群体的保险可获得性；选取的“对政府(government)的责任”这一指标而非“治理”(governance)，一定程度上忽视了企业社会责任概念的核心，即公众利益，企业和政府均为社会责任的承担主体；对社区责任的二级指标为公益捐款和报告披露与否，混淆了“社区责任”和“社会责任”概念。冯钰宸、郑苏晋(2016)研究了 54 家保险公司财务绩效和企业社会责任间的关联，发现两者具有促进作用，且寿险公司当期即表现出正效应，而财险公司效应反馈呈现一定滞后性。作者认为，其原因是寿险和产险公司的营销模式不同(如寿险公司保费规模归功于销售团队扩张和理财型保险剧增)，但并未实证检验；文中同样证实了险企的性质、规模和年限对财务绩效无影响。

① CSR Reporting and Its Implication for Socially Responsible Investment in China.

Enrique Ballestero(2010)使用 MV－SGP 模型构建了基于收益率和 SRI 指标的马克维茨曲线，指出第一阶段采用 SRI 指标筛选股票组合，剔除未达到相应标准的股票；第二阶段通过 MV－SGP 模型构造符合 SRI－收益率曲线的投资组合。[①]

第四节　养老金的责任投资

陈虹(2004)更多地将目光投向社会责任投资的绩效研究，主要集中在社会责任投资型有价证券组合的投资绩效并不低于传统的股票组合投资。Hajer Tebini 等(2015)选取了 240 家金融机构 1991－2007 年的数据，用 KLD Research & Analytics Inc.公司的 ESG 数据和财务数据，并选取公司体量、风险等级和产业作为控制变量；采用 ROA、ROE 和托宾 Q 作为公司财务绩效，结果发现，ESG 和企业财务绩效之间的关联是非线性的且和 ESG 等级相关，滞后一期的 17 年数据中仅有 5 年的 ESG 和 ROA 呈现出正向关联。[②]

在美国，SRI 资金的运作方式大多依靠社会筛选，而股东主张和社区投资所占份额日益减少。这说明，资金运用的重点是积极参与企业经营，从而达到对社会责任投资的控制。

部分研究证明了养老金责任投资的必要性。Wes Cragg 和 Ran Goel(2006)展示了目前关于养老基金是否应当将社会、环境、伦理等因素纳入投资决策的争论，指出养老基金及其他大型机构投资者，在进行投资决策时，必须将长期的环境和社会经济目标纳入对被投资对象的运行绩效评估中。George R. Gay 和 Johann A. Klaassen 从信托基金出发，以 DB、DC 计划分类，提出只要满足必要的财务指标，所有计划的托管人有权将计划资产的一部分交给以 SRI 为投资策略的资产管理人进行投资；只要整体投资业绩满足一定要求，DC 计划的托管人有权将部分资产交给社区发展投资管理人或此类共同基金进行投资，而 DB 计划托管人无此权力；所有计划的托管人有权在股东大会前为审计或提名委员会制定正式的以 SRI 标准为指导的表决指引；所有计划的托管人都有权以适当的方式，无论公开或私下，与企业管理层就公司治理、社会或环境责任等议题进行对话；所有计划的托管人都有权发起股东决议。

首先，由于养老基金数额巨大和为退休职工提供生活保障的特殊目的，关系国计

① Portfolio Selection by Goal Programming Techniques.

② Social Performance and Financial Performance.

民生，对养老基金的安全性要求极高。其次，养老基金时间跨度长，不仅雇员个人缴费到领取待遇期限往往长达几十年，代际间的滚存结留、制度的延续发展更是一个持续发展的过程。再次，养老基金不仅对安全性要求很高，同时要应对老龄化风险和长期内的经济周期波动和通货膨胀，要求养老基金不但要保值，还要增值，如果积累的巨额基金没有通过有效的投资运营手段来实现保值增值，那么经过长达几十年的经济增长、通货膨胀等影响，在向受益人支付时实际待遇水平就会下降，严重的可能影响制度的延续性。

在美国、日本等国家中经济基本面对股市影响较大，而在中国炒题材和概念的现状下，基本面对股票收益率影响并不显著。企业财务数据造假或做空机构调研、发布报告有可能导致股价一落千丈，给投资者造成极大损失。2016 年底浑水公司报告发布后，辉山乳业股价一天之内暴跌 90.71%，直至停牌，创造港股日内历史最大跌幅。有必要采纳所投资企业 ESG 数据作为财务数据的补充判断依据，甚至可以根据其 ESG 表现对其财务数据的真实性做出质疑(见表 2—1)。

表 2—1　　养老金的责任投资文献汇总

作　者	时　间	内　容	结　论
Karen L. Benson, Jacquelyn E. Humphrey	2006	对比日本传统型养老金投资机构和责任投资机构，观察收益率差别	责任投资的养老金机构对回报率更不敏感，责任投资的资金流具有持续性且更倾向于投资固定几家企业
Rients Galema, Auke Plantinga, Bert Scholtens	2008	构建 Fama-French 三因子模型，分别验证责任投资的风险—收益组合，股票 β 值、每股收益与责任投资间联系	公司治理对市场价值比有正面影响，产品质量、经营多样性和环境保护对市场价值比有负面影响；雇员关系和社区贡献对市场价值比无显著影响
Riikka Sievänen, Hannu Rita, Bert Scholtens	2013	调研 250 家欧洲的养老基金责任投资行为	养老基金持有者、基金规模和法律制度决定该国养老金责任投资行为，养老基金责任投资意愿与基金规模呈现 U 形关联，规模最大和最小的基金倾向选择责任投资
Harald Biong, Ragnhild Silkoset	2017	研究雇主和雇员对企业年金责任投资的意愿	雇主决定是否采取责任投资时，兼顾回报率和对持股者释放的优质企业信号；雇员意识到公司长期价值对自身正外部性时会支持企业年金责任投资

之前学者的研究主要从养老金投资机构和股票两个层面挖掘，部分研究通过对比责任投资和普通投资的收益率以验证责任投资是否带来明显的投资绩效改善。传统研究中针对基本养老金较少，多从养老基金投资者角度进行实证分析。中国目前尚无实证研究。本文将延续前人的研究成果，从养老金投资机构和股票两个维度分别进行实证研究。

第三章　基本养老金入市原因和关注点

前文梳理总结了责任投资的概念、评判方法和对投资绩效的影响。然而要定义当下中国养老金的责任投资，则要结合宏观经济和政策格局，构建中国特色的基本养老金责任投资评价体系，这就要求笔者洞悉本次养老金入市的原因和关注点。本章通过对比基本养老金和社保基金投资、中国老龄化“加速”到来的严峻格局，剖析了中国基本养老金入市是低利率环境下应对负债端压力“退而结网”所开展的市场化投资，并对基本养老金是否适合责任投资做出评判。

第一节　养老金入市原因

基本养老金入市的原因大致可以归为三方面：

一是快速化人口老龄化国情下，养老金入不敷出。一方面，中国未富先老，加速步入老龄化社会。2015 年人口抚养比为 37%，较 2011 年的 34.4%有明显下降。[①] 在缴费基数和实际缴费率较低的情形下养老金收支结余难平衡，2015 年参加基本养老保险的离退休人员共9 141万人，同比增长 6.38%，且为 9 年内的最低增速。[②] 另一方面，养老金给付量增速虽有所降低，但仍构成压力。基本养老保险的给付在 2005—2017 年已经实现连续 13 年涨，尤其是在 2008—2015 共 8 年间连续上涨 10%，而资产端萎靡的投资表现难以弥补高压力的负债端。2015 年，基本养老金收支出现拐点，基本养老保险费收入为18 726亿元，支出为19 045亿元，出现了 319 亿元的敞口。[③] 根据郑

① 数据来源：中国国家统计局．《中国统计年鉴》(2011、2015)［M］. 北京：中国统计出版社.
② 数据来源：中国国家统计局.《中国统计年鉴》(2015、2016)［M］. 北京：中国统计出版社.
③ 财政部.《关于 2014 年全国社会保险基金决算的说明》［R］，2015—11—16.

伟、陈凯等(2013)测算，养老金在 2037 年出现收支缺口，2048 年将面临枯竭。2016 年，养老金给付上涨 6.5％，2017 年上涨 5.5％。① 趋缓的给付增速说明基本养老金在主动降低负债端压力以缓解资金压力。

二是基本养老金投资市场化程度较低，其收益率维持在较低水平，常年跑不赢通胀率。与之对应的是，市场化高、受限较少的社保基金投资收益节节攀升并逼近 15％。"官办"的投资体系投资能力较弱，预算经费透支严重：2014 年 6 月，审计署揭露了社保基金从 2010—2013 年投资亏损 69.53 亿元，其在管理运营方面和预算执行以及其他财政收支方面存在问题。②

三是人口流动导致各省缴费不均，区域利益驱动下全国统筹一时难成。山东、广东等结余大省和辽宁等收支不平衡的省份对比鲜明，以托管方式交由社保基金打理可将矛盾从"患不均"转移到"患寡"上。

图 3—1、图 3—2、图 3—3 梳理了目前财政弥补养老金亏空的压力和养老金入市的原因。

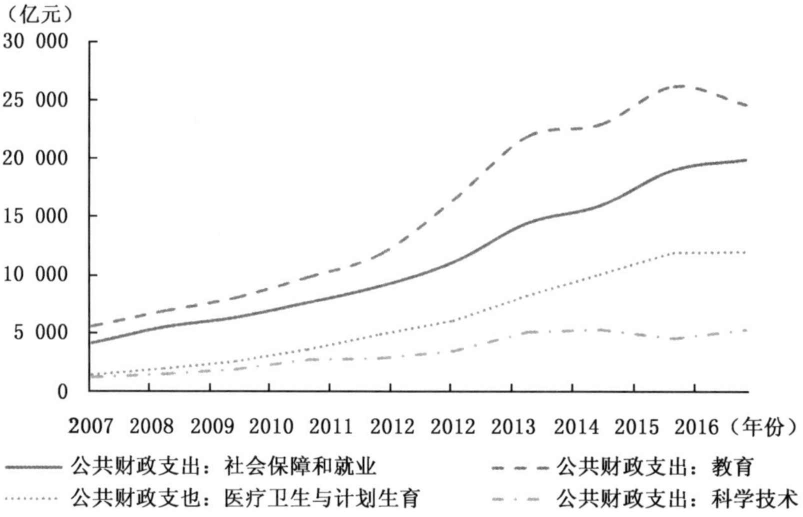

资料来源：笔者根据公开资料制作。

图 3—1　社保弥补性支出常年在财政支出比例中第二

① 中财网. http://www.cfi.net.cn/p20170401000014.html，2017—04—01.

② 审计署. 2014 年全国审计工作会议[R/OL]. http://finance.qq.com/a/20141226/000177.htm，2014—12.

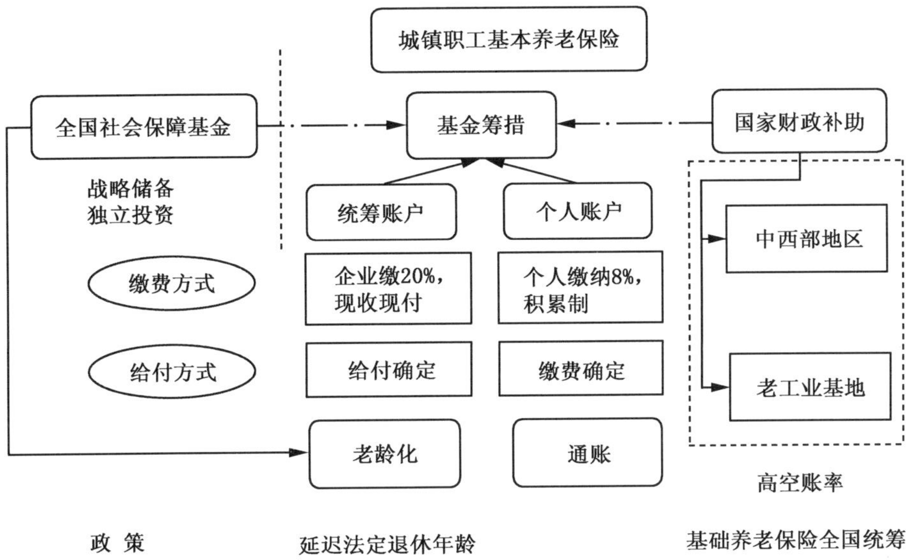

资料来源：同图 3—1。

图 3—2　养老金入市原因分析

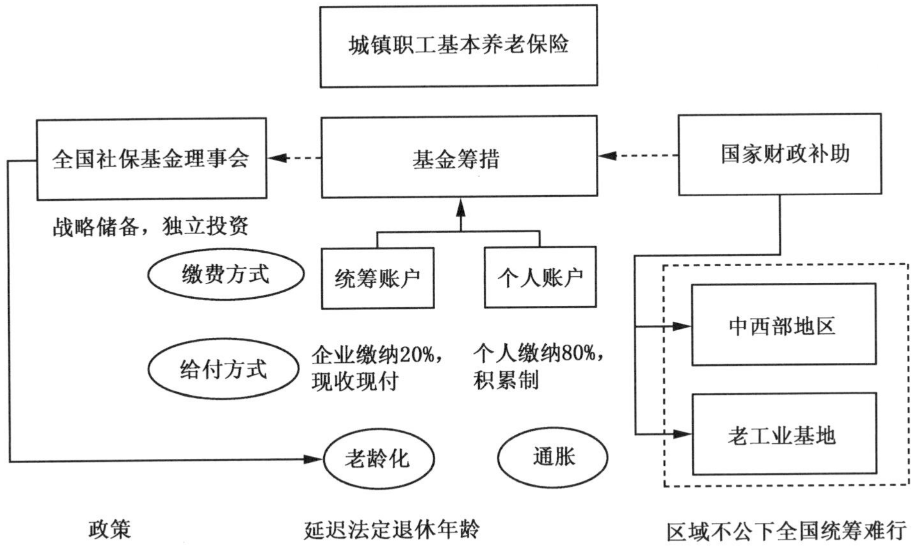

资料来源：同图 3—1。

图 3—3　城镇职工基本养老保险筹资方式

上述三个原因叠加下社保制度未体现精算平衡，基金财务可持续性差，养老金入市是当下“退而结网”的必要举措；养老金入市并非市场传闻的“救市”，一方面其属性决定投资模式“稳字当头”，另一方面养老金进入股市规模约为2 500亿元，占 A 股总市值的 0.45％（广发证券，2016），资金量影响有限。

第二节　基本养老金和社保基金投资对比

前文介绍了社保基金和基本养老金投资绩效的显著差异。本部分将从投资策略、政策限制和运作方式等方面分析两者不同。图 3－4、图 3－5、图 3－6 反映了两者历年投资收益的差异以及社保基金投资品种和比例，可见社保基金的投资对股权比例的限制更少，投资市场化程度高。

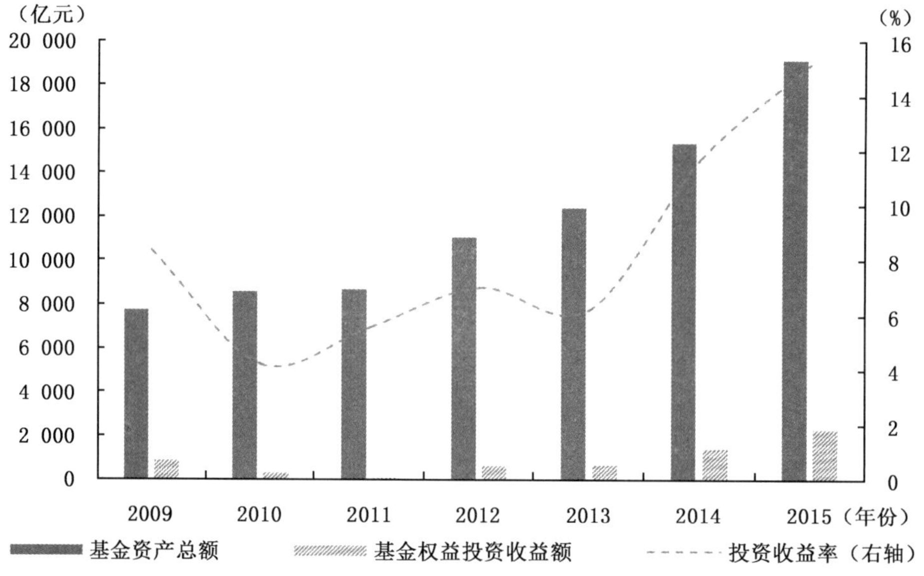

资料来源：同图 3－1。

图 3－4　社保基金投资收益率持续走高

表 3－1 从管理机构、投资策略和政策限制等多维度比较了基本养老金和社保基金投资差异。

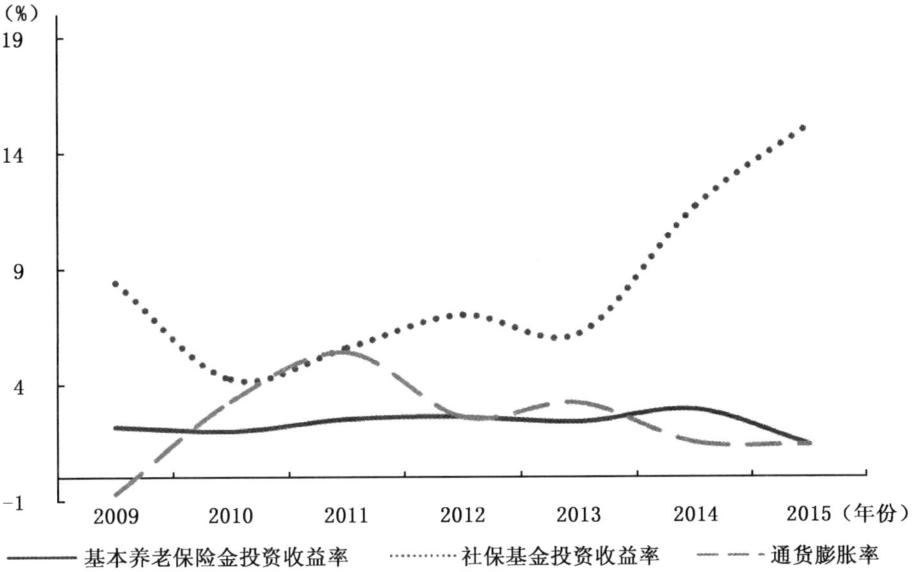

资料来源:同图 3—1。

图 3—5　基本养老金投资收益率多年未跑赢通胀

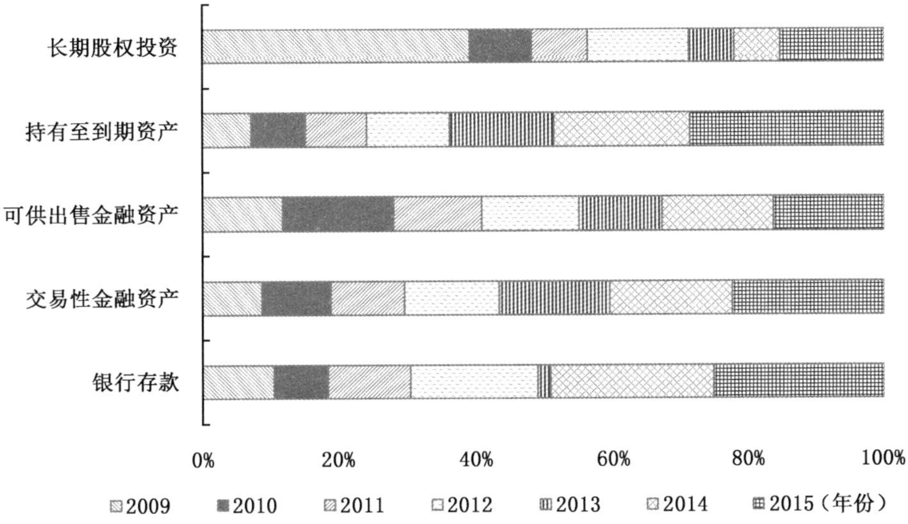

资料来源:同图 3—1。

图 3—6　全国社保基金投资品种和比例

表 3—1　　　　社保基金和基本养老金投资对比分析

	全国社会保障基金	基本养老保险基金
管理部门	全国社保基金理事会	各省政府
托管机构	工行、中行、招行、交行	负责安全保管养老基金资产的商业银行
管理机构	博时等 16 家大型公募、泰康等 4 家保险资管和中信证券	负责养老基金资产投资运营的专业机构
投资限制	选择并委托基金投资管理人、托管人对基金委托资产进行投资运作和托管：1.银行存款和国债投资（≤50%）；2.企业债、金融债投资（≤20%）；3.证券投资基金、股票投资（≤40%）；4.信托贷款投资（≤10%）；4.经批准的境外投资范围包括银行存款、银行票据、大额可转让存单等货币市场产品、债券、股票、证券投资基金，以及用于风险管理的掉期、远期等衍生金融工具等，允许同业存单	1.流动性现金：活期存款，1 年期以内定期存款、中央银行票据、剩余期限在 1 年期以内国债，债券回购，货币型养老金产品，货币市场基金（≤资产净值 5%） 2.债券类：1 年期以上的银行定期存款、协议存款、同业存单，剩余期限在 1 年期以上的国债，政策性、开发性银行债券，金融债，企业债，地方政府债券，可转换债，短期融资券，中期票据，资产支持证券，固定收益型养老金产品，混合型养老金产品，债券基金（≤资产净值 135%） 3.股票投资：投资股票、股票基金、混合基金、股票型养老金产品（≤资产净值 30%） 4.股指期货、国债期货；只能以套期保值为目的，卖出合约价值不得超过对冲标的账面价值 注：上述投资标的仅限境内资产
实际情况	近 5 年来银行存款比重最高为 25.2%	96.5%结余存放于银行存款，活期存款：定期存款、其他形式为 38.44%、58.01%、3.55%（2012 年）

资料来源：笔者根据《基本养老保险基金投资管理办法》《全国社保基金投资管理暂行办法》整理。

可见，社保基金的投资品种更多样化，权益类资产比例高，市场化程度高。本次基本养老金入市由各省人社部门委托给全国社保基金理事会，再由市场上研究能力和投资实力较强的机构投资者代理，实际操作过程实现了真正的市场化。值得一提的是，本次养老金入的“市”不仅仅指股票市场，根据 2015 年国务院发布的《基本养老保险基金投资管理办法》，基本养老金投资三大方向为 1 年期以内固定收益类产品，1 年期以上的固定收益类产品、股权产品，比例限制分别为最低 5%、最高 135%和最高 30%，股权类产品比重并不高，再次印证了养老金投资的保守策略。①

① 国务院. 基本养老保险基金投资管理办法[R]. 国发〔2015〕48 号，2015－08－07.

第三节 养老金责任投资的可行性

在国内,李珺(2009)最早探讨了养老金责任投资的可行性,并认为责任投资更适合全国社保基金这种开放性、市场化的投资机构。由于责任投资关注长期收益的可持续性和基金经理主导决策等特质,与公共养老金久期、安全性和独立性存在天然不匹配,随着本次养老金入市和托管、委托办法的规定,上述逻辑被打破。

本次基本养老金入市后,大量以银行存款形式存在的基本养老金转为市场化投资,资产久期缩短;各省份将基本养老金托管给全国社保基金理事会打理,按照后者的投资决策,委托给公募、保险资管进行投资,投资经理的决策得到体现,所以基本养老金在当今语境下更适合 SRI。图 3—7 展现了基本养老金投资链条,全国社保基金理事会担任了“中介人”而基金公司、资管公司担任了“执行者”,社保基金理事会通过发放社保基金组合将投资主体让渡给市场化的投资者。

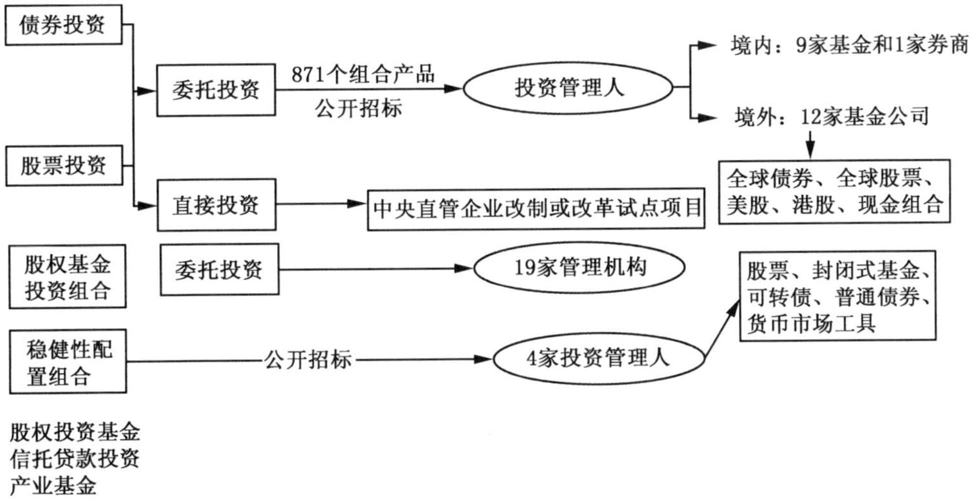

资料来源:笔者制作。

图 3—7 本次入市养老金投资主体为市场化的基金和资管机构

市场化投资机构在金融去杠杆语境下面临金融去杠杆的风险。本文第五部分实证研究首先对比责任型基金和普通基金间收益,这种框架也仅在社保基金理事会和市场上投资机构的“委托—代理”关系下成立。

从缴费确定型(DC)和收益确定型(DB)角度看,缴费确定型的养老基金(DC)更注重投资资产的流动性，相对于 DB 而言能承受相对较高的风险等级，投资标的可以涵盖股票、债券、基金等；而 DB 基于保值增值考虑更适合直接投资长久期固定收益类产品和基建项目。DB 的投资更多的是承担社会责任，并非本文关注的“责任投资”，而 DC 的投资更关注养老金持有人的收益情况，符合本文后续提出的养老金责任投资第一要义。

在上述 19 个责任型基金中，股票型占 12 个席位，从各个基金资产配置情况看，股票占比最高，混合型基金多为偏股混合型，其资产 60％－90％投资于股票，股票型基金配置中股票权重更是高达 90％以上。19 家责任型基金中仅有建信上证社会责任 ETF 联结和天弘安康养老混合两只基金股票投资比重低于 10％。股权型投资风格的责任型基金契合本文对 SRI 和公司股价溢价的探讨。

第四章　责任投资对基本养老保险基金的意义

第一节　绿色投资成为环保和避险的关键

日益严重的雾霾问题显示了经济建设和环境保护未能协调的恶劣后果，环境关乎健康，甚至已经取代房地产成为民众马斯洛需求的最底层需求。在民众的呼声、媒体的渲染下，环境已经关乎国家的长治久安。而在环境破坏的背后，基于预期收益的实体企业和基建投资，是否也为环境问题推波助澜？反过来考虑，在投资中关注环境风险，有助于从虚拟经济入手根治环境顽疾。

国际盛行的可持续金融共识侧重绿色金融，其可细分为绿色投资、绿色信贷等多个领域。可持续金融最初引入中国时更多聚焦于绿色金融，即投资、信贷活动更倾向环境风险小、绿色产业等，甚至局限在环保产业中（于永达、郭沛源，2004）；而由于企业社会责任概念引入较晚，我国企业可持续报告披露时限段，绿色环保的信息采集量少，故国内实证研究更加注重公司治理和社会贡献，尚无对环境因素的考虑。而企业社会责任最初即从绿色金融中衍生出，在中国环境治理排上日程、去产能语境下大量钢铁和煤炭公司亏损、关停的风险下，更不能忽视“绿色”在发展中的重要地位。

去产能背景下高耗能、高污染的过剩产能行业信用债违约频发，为投资者造成重大损失。2014 年 3 月，超日债违约打破了信用债刚兑的先河，至 2017 年 4 月已发生

119 次信用债违约事件，其中 74 项发生在 2016 年 4 月之后。以东北特钢违约为开端，集中爆发在过剩产能行业，以辽宁、山东和河北为代表具有地域集中性。[①] 不难发现这些违约的企业多为高污染、高排放的过剩产能行业，在去产能政策下大规模削减生产规模，资金流断裂，最终衍生出信用风险，为投资人造成巨大损失。而这些企业债在发行之初主体评级和债项评级机会都在 AA 及以上，发行主体不乏信誉良好、资金充足的大型国有企业。图 4—1 显示了 2014 年以来违约资金规模前十的事件。

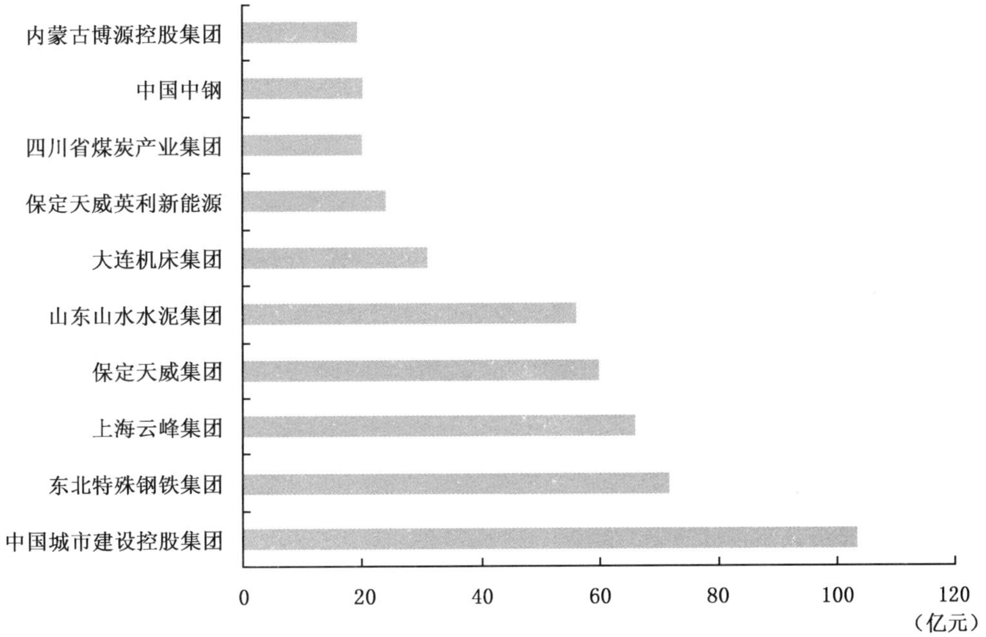

资料来源：笔者制作。

图 4—1　违约量最大的 10 次债券违约事件

规避过剩产能行业中的信用违约风险有两条途径：一是投资绿色债券。绿色债券的发行方融得资金专门用于符合规定条件的绿色项目，环境和能耗问题引发的爆仓风险较小。图 4—2 显示了绿色债券指数自 2010 年来的走势，起初其收益率最高，随后低于可投资级别的较高等级企业债，但高于关键期限国债，能满足负债端的压力。二是鉴于绿色债券发行体量较小，更为广义的做法为行业筛选，即规避过剩产能行业，选择新兴产业和低耗能产业投资。

① 违约主体所属行业按违约次数由高到低依次为：建筑和建材业（17 次）、电子部件与设备（13 次）、钢铁（11 次）、工业机械（11 次）、金属业（7 次）、食品加工业（6 次）、运输业（5 次）、基础化工业（5 次）、煤炭业（4 次）。

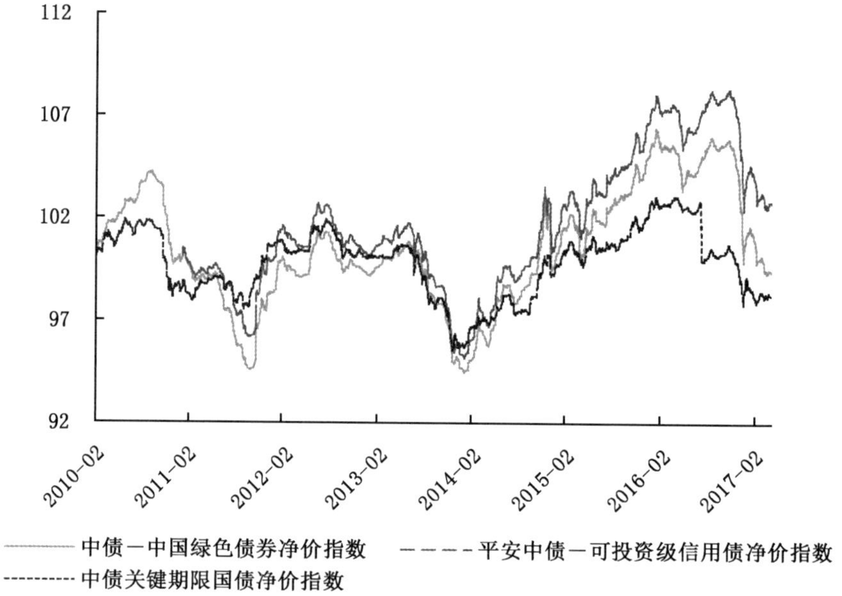

资料来源：中国债券信息网，http://yield.chinabond.com.cn/cbweb－mn/indices/single_index_query，截至 2017 年 3 月末。

图 4—2　绿色债券和国债、企业债三大指数走势

SRI 原则能很好进行企业和证券个体的筛选，在宏观去产能大背景下，从中观维度切入到微观层面，能在各行业中筛选出具有长期投资价值的低能耗、低污染公司，规避政策制约下企业信用违约风险。一项针对基金经理的访谈显示，大多数基金经理会规避高污染产业和过剩产能行业，仍有一部分基金经理会在过剩产能行业中攫取机会，其中采取减排措施积极转型的公司反而更受青睐。有趣的是，2015 年新《环保法》颁布后引发了市场投资经理对过剩产能行业的分歧。在《环保法》对高污染排放企业的监管趋严后，对化工、采掘和钢铁三类传统行业的资金配置上，第一类投资人认为传统行业虽然不景气却事关国民经济命脉，目前具有不可替代性；另一类认为行业龙头在严监管和强约束下寻求出路，主动转向清洁能源，甚至转变为低碳环保类型企业。在“雾霾是否会对股票配置有影响”时，超过一半以上（67%）受访者认为雾霾会导致“增加环保板块配置”；同时，也有 43%的基金经理表示雾霾会使得他们减少对“两高一剩”行业的配置。综合来看，对污染企业持排斥态度的基金经理数量多于守卫传统行业者。表 4—1 总结了中国市场上最具有影响力的 19 家责任投资基金的信息。

表 4—1　　　　责任投资基金基本信息

基金名称	成立时间	投资风格	基金规模（亿元）	年化收益率（%）	接受采访时的关注点
兴全社会责任	2008—04	偏股合股型	57.34	13.88	不排斥传统行业，先剔除黑名单，注重腐败等声誉风险，偏向绿色产业，银行业关注绿色信贷比
建信上证社会责任ETF 联结	2010—05	被动型指数	1.05	7.24	通过将绝大部分基金财产投资于上证社会责任 ETF，密切跟踪业绩比较基准，追求跟踪偏离度和跟踪误差最小化
汇丰晋信低碳先锋	2010—06	普通股票型	4.66	8.73	主要投资受益于低碳经济概念、具有持续成长潜力的上市公司，通过积极把握资本利得机会以拓展收益空间，以寻求资本的长期增值
中海环保新能源	2010—12	灵活配置型	0.67	—2.38	在全球环境状况不断恶化、气候逐渐变暖以及我国节能减排压力日益突出的背景下，以环保为投资主题，重点关注具有环保责任和环保意识并同时具有成长潜力的环保产业和新能源产业以及具有环保竞争优势的行业和企业，充分分享国内环保业和新能源产业发展带来的投资机会，并精选个股，结合积极的权重配置，谋求基金资产的长期稳定增值
汇添富社会责任	2011—03	混合型基金	29.76	8.15	精选积极履行社会责任，并具有良好的公司治理结构、诚信优秀的管理层、独特核心竞争优势的优质上市公司，谋求基金资产的稳健增值
兴全绿色投资	2011—05	混合型基金	6.77	14.5	警惕医药、化工行业，与 NGO 合作调取数据定量分析，不参考上市公司的 CSR 报告。数据缺失导致 ESG 框架在中国可行性低
富国低碳环保	2011—08	偏股混合型	60.98	16.57	主要投资于从事或受益于低碳环保主题的上市公司，通过精选个股和风险控制，力求为基金份额持有人获取超过业绩比较基准的收益
海富通中证低碳	2012—05	被动型指数	0.84	8.65	广义环保，行业优先；规避钢铁、水泥、煤炭、有色，关注高新技术、TMT、服务

续表

基金名称	成立时间	投资风格	基金规模（亿元）	年化收益率（%）	接受采访时的关注点
中银持续增长	2006—03	偏股混合型	21.13	13.99	着重考虑具有可持续增长性的上市公司，努力为投资者实现中、长期资本增值的目标
鹏华优质治理	2007—04	偏股混合型	12.67	0.06	投资具有相对完善的公司治理结构和良好成长性的优质上市公司，为基金份额持有人谋求长期、稳定的资本增值
景顺长城公司治理	2008—10	偏股混合型	1.58	6.7	重点投资具有良好公司治理的上市公司的股票，以及因治理结构改善而使公司内部管理得到明显提升的上市公司的股票，在控制风险的前提下，谋求基金资产的长期稳定增值
银华和谐主题	2009—04	灵活配置型	2.75	9.15	在有效控制组合风险的前提下获取超越业绩比较基准的稳健收益
建信社会责任	2012—08	偏股混合型	0.34	16.71	关注股东摩擦和声誉风险（是否被证监会、环保部门和交易所处罚）和行业（排斥过剩产能，关注环保、教育、服务和健康）
天弘安康养老混合	2012—11	偏债混合型	12.77	9.1	在有效控制组合风险的前提下获取超越业绩比较基准的稳健收益
财通可持续发展主题基金	2013—03	偏股混合型	1.11	22.42	对环保行业先赔后赚的倒 U 形特征容忍；关注积极向新兴行业转型的传统行业，关注公开资料中环保投资额的年均增速
中银美丽中国	2013—06	偏股混合型	0.49	7.43	关注上市公司和龙头产业，不会排斥周期行业，关注其是否做好人员安置、矿坑回填、河流治理等手段
华安生态优选股票	2013—11	偏股混合型	1.14	16.62	提高能源使用效率的公司间接减少能源排放，主动调整的传统企业会在行业中占尽先机
中银健康生活概念股票基金	2014—05	偏股混合型	0.90	13.49	排斥高污染和高耗能产业，关注光伏、风电、水电等清洁能源
华宝兴业生态股票	2014—06	偏股混合型	10.17	28.7	新能源、节能环保、轻资产成长型公司；污染行业有技术改良也可

资料来源：China SIF. 中国基金业责任投资报告 2014[R/OL]. http://syntao.com/Uploads/%7BFEC73DC5—EF49—444A—B885—A754A348373F% 7D_SRI%20report%202014.pdf. 数据截止到 2017 年 3 月。

然而，在 SRI 的实操过程中，囿于资产数量限制和回报率导向，责任投资者无法仅将眼光局限在新兴行业并完全规避过剩产能行业。部分责任投资者在实际访谈中谈到，即使过剩产能行业中也有久期和收益率较好的投资标的，而新兴行业和环保行业的债券体量难以满足投资要求。19 家责任投资基金的实际操作情况显示，化工、采掘、钢铁和有色金属仍然占据投资者筛选板块的前四位，可见各机构在传统行业投资标的可获得性较弱前提下，仍倾向在过剩产能行业中筛选出污染排放较少、具有长期可持续投资价值的券种。借鉴美国 401K 入市经验，养老金投资结构偏向银行、公共事业、化工、医药、传媒和计算机，依然未能避免传统高耗能行业，故笔者认为本文选取的 SRI 基金作为研究对象类比性较强(见图 4—3)。

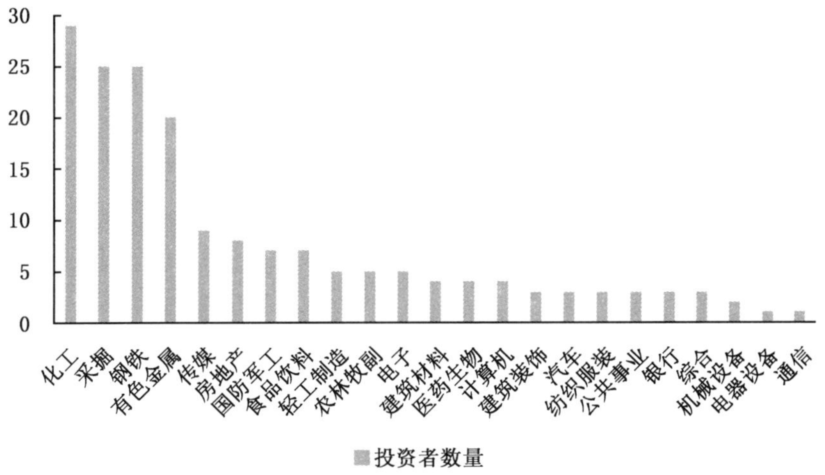

资料来源：笔者根据公开资料整理。

图 4—3　责任投资者对各行业板块的布局和关注度

第二节　声誉风险是收益波动的罪魁祸首

前述研究显示 ESG 相对于财务指标具有锚定效应，因为 ESG 指标与企业声誉风险挂钩，而伴生声誉风险的经常是财务指标的造假。企业爆发声誉风险，财务造假、真实财务状况陷入窘境，影响其发行债券的偿还，但股价的表现更为直接和迅速。表 4—2总结了近期 3 次财务造假丑闻曝光后公司股价面临的灾难性影响。

表 4—2　　近期三次财务造假事件引发的股价剧降

时　间	企　业	事　由	后　果
2017—03—20	昆明机床	财务报告造假	＊ST 昆机公告，以前年度财务报告涉嫌违规，多项不实，企业连续 5 年亏损；股票暴跌 33.07%
2017—03—24	辉山乳业	隐瞒成本、虚增收入	Muddy Water 沽空后股价一日下跌 90%
2017—03—28	中国宏桥	虚报成本、关联利益输送	Emerson Analytics 沽空后股票停牌、国际评级下降，股票下跌 13%

资料来源：笔者根据公开资料整理。

可见，隐含在财务报表下的声誉风险，如伪造交易往来、虚增资产等事件对公司价值的打击是毁灭性的，这种价值削减的外在表现即股票价格崩盘。而公司主体的诚信问题，通过公司是否践行 CSR 来表现。传统观点认为，CSR 表现良好、ESG 指标良好的企业声誉风险较低（FTSE4Good，2016①；Enrique Ballestero，BlancaPérez-Gladish，Ana Garcia-Bernabeu Editors，2015）。

同时，入市社保基金中股权比例虽然不及债券，但债券中需要注意的是针对企业债信用风险的排查，区域和行业分化明显；因环境和高耗能而破产的企业多为中小私企，且多发生在信贷领域。上述分析证实了股票投资风险的剧烈，财务造假声誉事件造成股市剧烈反应，随后传导至债券市场。故本文研究重点为 SRI 投资中 CSR 对权益类股票资产价值的影响，实证部分将从个股层面验证 ESG 指标和股票波动率之间的联系。

第三节　责任投资有助于稳定收益

定性来看，全球大部分责任投资指数和基金在建立之初表现不佳，而随后逐渐走高并超过普通型指数和基金。长期来看，采取责任投资原则的养老金收益波动性并未有所改善，而投资收益率有所提高，即“声誉机制”的解释效果强于“避险情绪”。

通过观测美国 MSCI KLD 400 社会 ETF 指数和每股净资产价值，笔者发现两者均经历了成立之初数值下跌和见底反弹的先降后升的“成本—收益”概念切换的过程（见图 4—4）。

① FTSE4Good，15-year anniversary report：Past，present and future of sustainable investment，2016，ftserussell.com.

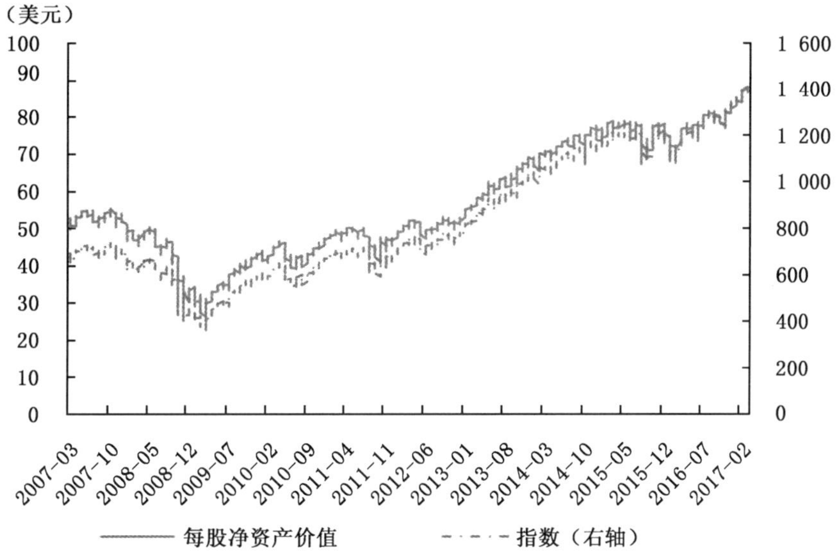

注：MSCI KLD400 ETF 是美国一家责任投资基金。

资料来源：https://www.ishares.com/us/products/239667/ishares—msci—kld—400—social—etf.

图 4—4　美国 MSCI KLD 400 社会 ETF 指数值和每股净资产价值都经历了现降后升

笔者追踪了日本 MS—SRI 指数和美国 Domini 400 两只社会责任投资指数，发现日本 MS—SRI，13 年（1993—2006 年）连续领先日经指数，累计回报率超过 TOPIX 近 5 倍，而在金融危机之后走弱，且声誉机制带来的溢价是中长期的（见图 4—5）；美国 Domini 400 社会指数成立 15 年来累计回报率为 438.79%，领先标普 381.89%，金融危机后依然表现强健（见图 4—6）。两个案例展示了基于责任投资指标的指数相对于普通股指有较长期限的溢价。

笔者随后对比美国责任投资指数和标准指数的收益率波动情况，选取了 MSCI USA IMI、MSCI KLD 400 Social Index 和标普 500 三个指数，发现相对标普 500 指数，SRI 指数波动性反而更大，仅在 2008 年金融危机和 2011 年欧债危机时出现强势反弹（见图 4—7），故笔者推测 SRI 的避险效果并不体现在波动率上，而是在经济环境突发变化时对声誉风险的反馈，即避险效果也是通过声誉效应体现的。

从养老金国际比较的定性来看，SRI 对养老金投资获得稳定投资收益有显著正向影响，而收益率波动取决于其资产配置情况。本文粗略选取日本、韩国、法国、加拿大和瑞典，发现纳入 UNPE FI 的 PRI 框架下的国家（加拿大、瑞典、日本）的养老金投资收益率较高但波动较大，非 PRI 框架下的加拿大和瑞典两国收益率较低但收益波动

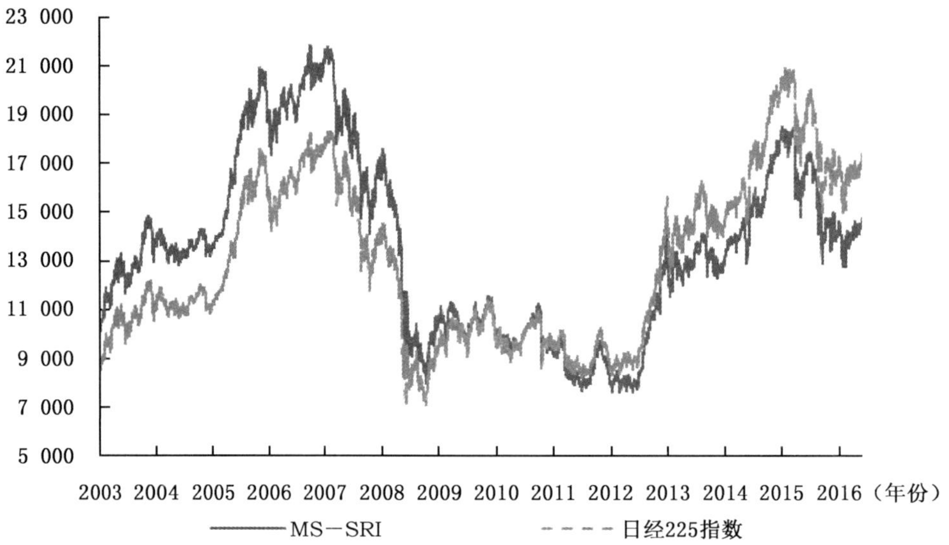

资料来源：Sources：FactSet Research Systems and Standard & Poor's.

图 4－5　日本 MS－SRI 与日经指数比较

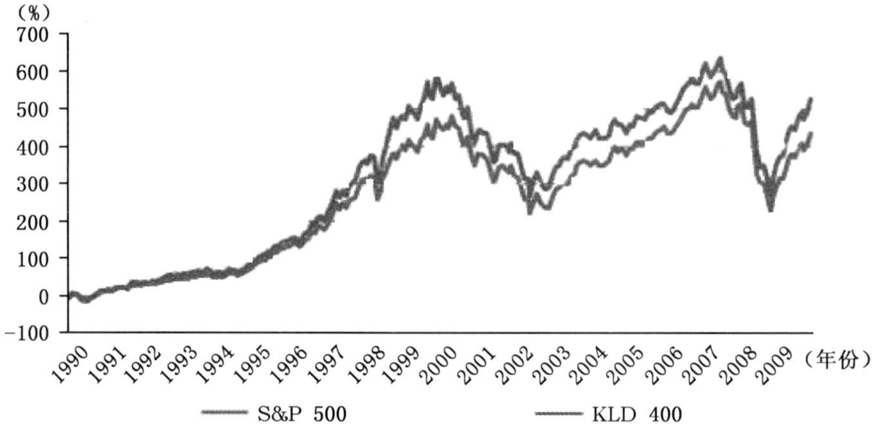

资料来源：Sources：FactSet Research Systems and Standard & Poor's.

图 4－6　美国 Domini 400 与标普指数比较

小(见图 4－8)。笔者拆解各国养老金投资的资产配置情况后发现，加拿大和瑞典权益类资产的配置比重分别为 52.3%和 48.9%(见表 4－3)，权益类资产大的养老金收益率波动更大。

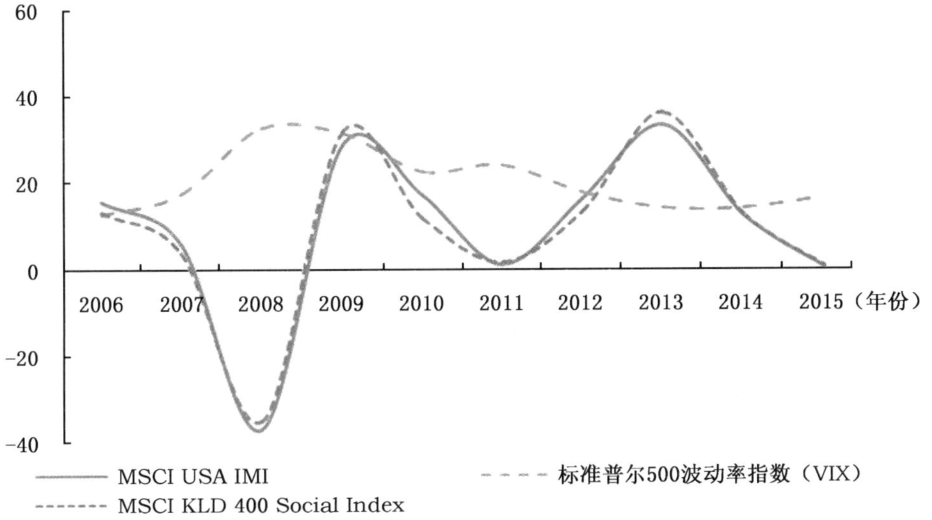

资料来源：MSCI KLD 400 Social Index（USD），https://www.msci.com/resources/factsheets/index_fact_sheet/msci-kld-400-social-index.pdf. Accessed February 26，2016.

图 4—7　MSCI KLD 指数与标普 500 收益率相比波动较大

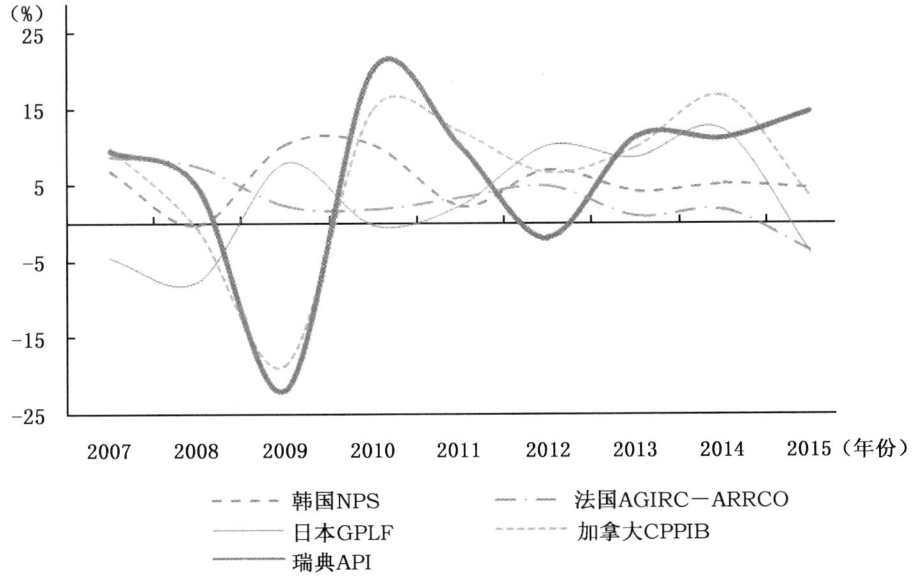

资料来源：笔者整理。

图 4—8　发达国家基本养老金投资收益波动率

表 4—3　　各国基本养老金各资产投资比例

国　家	日本 GPIF	韩国 NPS	法国 AGIRC-ARRCO	加拿大 CPPIB	瑞典 AP1
权益/固收/其他资产配比	40%/50%/10%	34.6%/53.3%/11.9%	19%/53%/28%	52.3%/26.9%/20.8%	48.9%/27.5%/23.6%

资料来源:笔者根据各国养老金官网整理。

第五章　责任投资的国际比较

第一节　养老金责任投资的历史进程

从历史维度纵观各国养老金责任投资的理念和执行方式,大致经历了以下三个阶段。

一、基于宗教信仰的早期伦理投资时期(1920－1960 年)

伦理投资起源于宗教的禁欲思想,表现形式为排除法。卫斯理公会派创始人约翰·卫斯理告诫教徒在使用金钱时要积极关心社会福利和公共道德,在教义中明确说明赚钱不能在精神上、身体上和物质上损害邻人,避免超负荷劳动;教会投资团体(The Church Investors Group)的出现是这一思想成熟并落地的标志。在执行手段上,美国宗教组织于 1920 年前后采取了表列(screening)的投资方法,对烟酒、赌博和武器等领域的投资加以限制,英国尚不完善的投资市场中随后也出现了宗教思想抑制下的"教义式——排除型被动责任投资"。可见,责任投资的起源就有道义劝告的色彩和对社会具有负外部性的特定领域的投资规避,这种领域和手段随着历史进程的推移而延伸、转变。

二、社会责任投资的萌芽期(1960－1990 年)

在民众对自由和权利的追逐下,责任投资取代了伦理投资的概念,表现形式更多样化。民权运动、女权运动、反战思想的推波助澜,小额信贷、对落后地区投资机会的关注等公平、关怀的投资策略的内涵日趋丰富,以通用汽车董事沙利文在 1976 年提出南非投资的“社会责任准则”为开端，社会责任投资概念登上舞台。同时，一系列研究表明责任投资的践行和披露不仅是公司“苦涩的负担”，更是基于风险规避和声誉机制的利好和重塑。美国和英国先后成立了 Pax World Fund 和 The Friends Provident Stewardship，投资者的社会责任意识从被动约束转为积极主动。此阶段筛选策略主体延续上述表列法剔除不合规项目，同时引导资金投向落后地区以促进区域公平。

三、社会责任投资迅速增长时期（1990 年至今）

责任投资在各国政策督促、国际组织积极推广和框架完善三重叠加下深入人心，以发达国家为代表量质齐飞。20 世纪 90 年代以来，责任投资基金爆发式增长，主要由三方面因素推动。一是政府部门通过政策和立法敦促企业执行责任投资：2000 年英国立法要求所有养老金需进行 SRI 信息的披露；2008 年中国国资委为 150 家国有企业设立了企业社会责任披露框架并督促其揭示相关信息，成为投资者可关注的量化标的。二是第三方机构的兴起，为责任投资提供了标准框架指引，加入该框架成为部分公司国际化的举措。英国责任投资论坛（UKSIF）和美国责任投资论坛（USSIF）先后于 1991 年和 1996 年成立；联合国环境署金融创新中心（UNPEFI）2005 年出台了责任投资原则框架（Principle for responsible investment，PRI），督促各国机构投资者和投资经理加入该框架、遵循定性的协议并按时进行定量的信息披露，至今已有1 500多家企业加入该框架，其中 343 家机构投资者中有 71 家是养老金投资机构，占全部机构投资者的 20.7%。三是社会责任投资指数的诞生，多米尼 400 指数、道琼斯全球可持续指数、富时 4Good 社会指数等投资产品先后诞生，关注被投资企业环境贡献、人权责任和社会治理的指数产品在低迷期后均跑赢传统指数，为风险规避型投资者带来绝对收益。PRI 框架成立 10 年间，其下辖资金从 2006 年的 6.5 万亿美元增长到 2016 年的 62 万亿美元。在此阶段，责任投资手段由“排除”和“关怀”两个维度扩展到“三条板凳”，多米尼公司创始人多米尼女士提出了“投资筛选”（screening）、“直接对话”（dialogue）、“社区发展”（community development）三个责任投资的工具并成为发达国家责任投资的主流，后两者鼓励持股者和管理人积极参与公司投资的风险防范，避免风险事件引发投资链条的断裂。在环境问题频发和公众对环境重视程度日益提高的今天，联合国责任投资原则强调环境（E）、社会（S）和管理（G）三元治理。

综上，责任投资的概念变迁、侧重维度、筛选方法可概括如下（见图 5－1、图 5－2）：

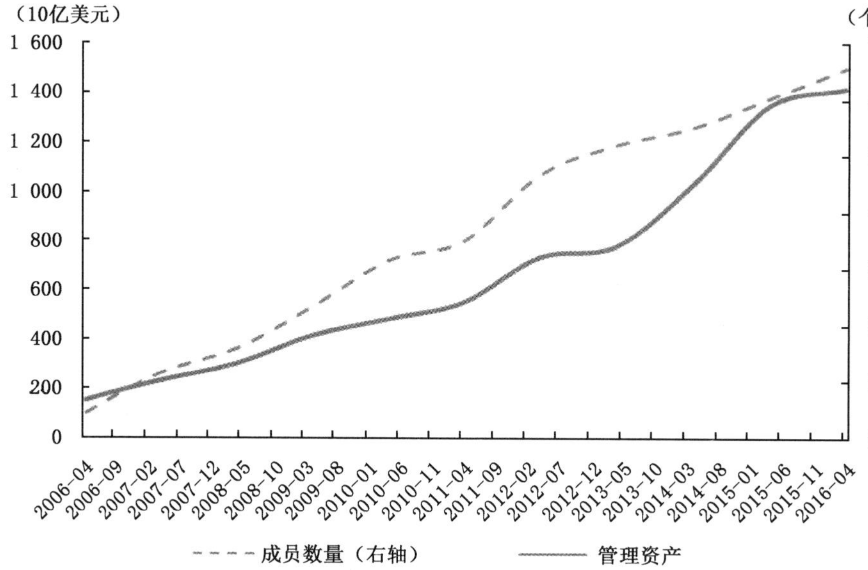

资料来源：笔者制作。

图 5—1　联合国责任投资原则(PRI)管理资产规模和成员数量变化

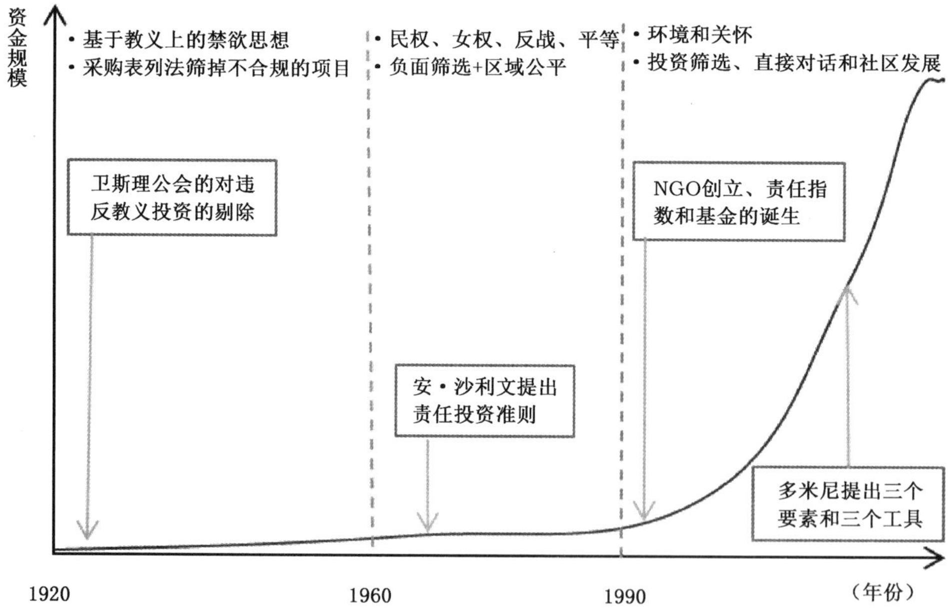

资料来源：笔者制作。

图 5—2　责任投资诞生和变迁的历史进程

第二节　当今各国养老金责任投资的横向比较

为了总结当下发达国家养老金投资的经验和规律，用以指导我国养老金入市，笔者从责任投资筛选指标、资产规模、养老金特征等维度比较了欧洲、美国、澳大利亚责任投资的手段、规模和优缺点。

一、欧洲强政府主导下的排除型责任投资

欧洲养老金的责任投资有两个典型特征：强政府主导和排除筛选的投资原则。

从规模上看，据欧洲可持续与责任投资论坛（Eurosif）统计，欧洲目前约有 350 多家社会责任投资信托公司，掌管着3 360亿欧元的财富。英国、意大利、法国和瑞士四国集中了欧洲 70%以上的资产总额，其中股票投资约占 2/3。该机构调查了 12 个国家的 169 家养老基金投资企业，发现 56%的抽样企业已经制定了责任投资策略，60%的投资者认为 ESG 因素对养老金长期投资有显著效果，66%的企业认为践行责任信托需要融入 ESG 因素。瑞典和英国从制度层面加强责任投资政策的制定，而瑞士、意大利偏向重视 ESG 因素的长期影响。①

欧洲养老金责任投资采取最为广泛的三种策略，分别为负面筛选、依规范筛选和票决法。欧洲的责任投资策略由宏观层面的全球可持续信息披露和微观的股权管理结构入手，通过行业板块和公司个案分析、通过持续的对话和签约实施责任投资。Eurosif（2016）数据显示，排除法下的责任投资资金高达 100 亿欧元，较 2015 年上涨 48%。结果投资法（impact Investing）下责任投资增速最快，从 2013 年 200 亿欧元增长到 2016 年 980 亿欧元；依规范筛选（norms-based screening）的责任投资途径次之，3 年内增速 40%，现高达 50 亿欧元（见图 5—3）。

从投资者角度看，欧洲责任投资的机构投资者比重高，但有逐渐下行趋势；机构投资者领域占责任投资总资金比重由 2011 年的 94.1%下降到 2015 年的 77.93%；零售业务责任投资所占比重由 2011 年的 5.9%上升至 2015 年的 22.07%。投资风格上，欧洲养老金的责任投资偏重股权投资。2015 年责任投资所投股权比例超出 30%，债券投资中公司债、国债、地方债和超国家债所占比例分别为 51.17%、41.26%、7.16%和 0.4% （Eurosif，2016）。

---

① 数据来源：Eurosif，http：//www.eurosif.org/sri—study—2016/，2017—01.

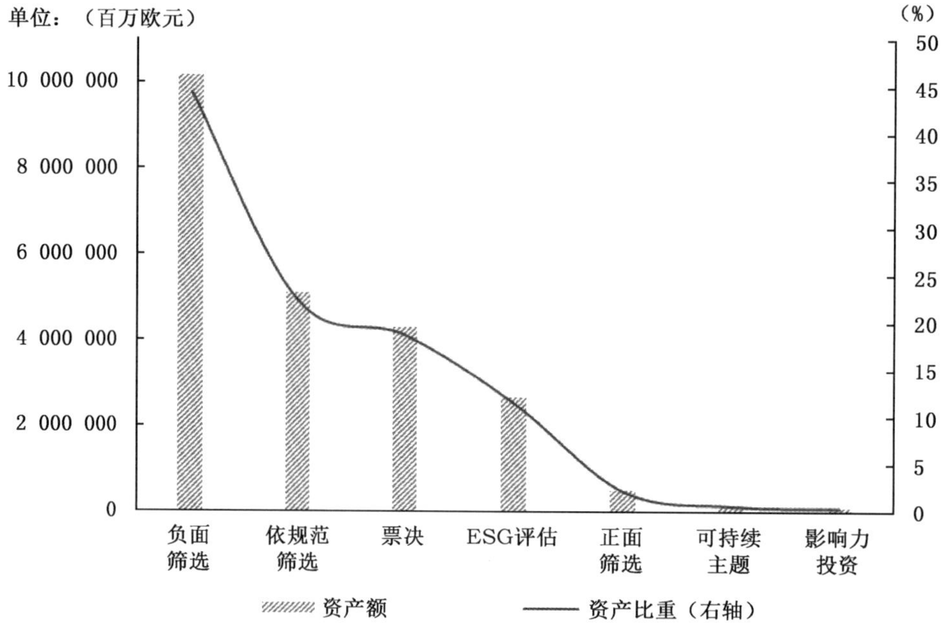

资料来源：Eurosif，European SRI Study 2016，p13.

图 5—3　欧洲责任投资各筛选方式下的资金额及所占比重

欧洲责任投资对环境的保护作用显著，2015 年采取责任投资的欧洲养老金机构投资企业年减排二氧化碳经费为 1.44 亿欧元，较 Stoxx 600 少 25.69%（Eurosif，2016）。需要明确的是，欧盟的筛选原则中仅"可持续主题"一项指专门投向可再生资源、可再生运输、水资源管理、农业、建筑等行业。① 可见，将责任投资概念局限在清洁能源、环保产业和循环经济的研究有局限性，并非为基于声誉机制导向的避险投资。笔者认为更广义的责任投资应该是根据被投资公司的 ESG 绩效指标，制定风险评审，决定投资可行性。

欧洲责任投资最具代表的国家为英国和西班牙。SRI 概念起源于欧洲，目前被欧洲机构投资者，尤其是养老金投资机构采纳，联合国责任投资框架下 71 家养老金投资机构有 47 家位于欧洲、10 家位于加拿大、5 家位于美国、3 家位于日本。欧洲的 47 家投资者中英国占 21 家，西班牙和瑞典各占 3 家。② 英国秉承卫斯理公会剔除法的思想残余，从投资名单中直接剔除掉反人权项目和违禁项目；西班牙的资产在 2008 年金

① 根据 Eurosif 统计，欧洲 2015 年"可持续投资主题"比例最高的分别为建筑行业、可再生资源和可持续交通，分别占 23.72%、19.68%和 13.3%。

② 作者根据 https://www.unpri.org/signatory-directory/整理，截至 2017 年 4 月末。

融危机后一直呈现下跌状态，2008－2011 年 4 年下跌幅度超过 31.33%，净资产缩水 1 285.2亿欧元。在 2009－2011 年 3 年间，ESG 指标和可持续指标框架下主导的资产实现翻番，增至 562 亿元。西班牙 97%的责任投资由大型资产管理机构操纵，以养老金投资机构为主，在保守型投资思想下其资金更多投向固定收益类产品（Eurosif, 2012）。

二、美国基于民间股票的责任投资

美国的责任投资兴起源于企业社会责任，目前有同类最优（Best in class）、排除法（Exclusionary）、ESG 一体化（ESG Integration）、主题投资（Theme investing）。投资手段主要是民间股票，这与美国资本市场的发达程度是息息相关的。

美国 1985 年成立的 US SIF 论坛每年披露责任投资事项，其披露 2015 年美国养老金责任投资金额已经高达32 080亿美元（SIF, 2016）。[①] 在养老金的责任投资上，美国 SIF 基金会 2011 年报告估测 13%的 421DC 计划至少采用了一种及以上的责任投资方针；截至 2014 年末，15%－20%的 401（K）计划将采取责任投资准则（SIF, 2012 & SIF, 2015）。2015 年 6 月，美国最大的 DC 计划——涵盖 470 万联邦职工和军人的 TSP (thrift savings plan)，其委托投资机构 FRTIB（Federal Retirement Thrift Investment Board）也加入了联合国 PRI 框架。美国机构投资者采取责任投资市场更多是“自发性”的，政府和完备的联邦法制并未规定机构责任投资的义务和相应信息的披露。而通过上述 SRI 指数比较中发现，美国 SRI 投资在面对金融危机等风险事件时对冲效应显著，经过短暂亏损期后较标准股指有更为明显的溢价。

三、澳大利亚 PPP 模式的责任投资

澳大利亚责任投资始于 1981 年成立的 AIPL（australia ethical investment limited），随后在 1999 年成立了 EIA（ethical investment association）。在资金管理部门和环保部门的共同倡议下，政府和民间团体采取 PPP 模式推进责任投资，80%的机构投资者已经接受。EIA 在 2013 年发布的报告称，2012 年底责任投资资产即高达1 520亿美元，占全部资产的 16%以上，责任投资资产较 2011 年上升 30%。选取 ESG 指标作为核心指标的投资者占责任投资者的 89%。相对于其他投资方式，责任投资增速迅猛，亏损下跌的边际速度也较慢（EIA, 2013）。[②] Bauer 在 2006 年的实证研究发现，

① SIF, http://www.ussif.org/, 2017－03.

② EIA Reaearch, http://ethicalinvestment.org.uk/, 2014－03.

澳大利亚面向国际、国内的责任投资基金相较于传统基金分别有1.56%的浮亏和3.31%的浮盈，从而印证了政府驱动，以承担国家社会责任为导向的责任投资，其回报低于考虑避险诉求和声誉机制的责任投资（R. Bauer，2013）。

澳大利亚养老金投资基建绩效评价体系共包括5个指标，其中4个是风险溢价指标，包括通货膨胀率、债券收益率、债券指数、股票收益；附加一个绝对收益率。澳大利亚HESTA基金采取加权指标计算收益率，包括股票指数、债券指数和现金收益率指数。单纯从收益率角度看，澳大利亚国内股票基金、海外股票基金和混合基金不同年份的投资绩效均高于主流基金，而新生的SRI基金回报率不及同期传统基金收益率，体现出SRI的滞后效应（龙靓，2009）。

通过历史和截面两个角度分析发达国家践行SRI的初衷，评判SRI的方法和SRI在发达国家的实践。笔者发现各国责任投资大致经历了宗教主导的伦理投资时期、民权和反战思想催生的SRI萌芽、NGO和国际共识推动下的爆发增长三个阶段；政府参与模式有欧洲为代表的政府主导模式、美国为代表的民间股票投资模式和澳大利亚为代表的PPP模式。SRI在欧洲和美国深入人心，实施效果良好，投资收益与政府参与力度无关，各机构参与SRI投资逻辑由政府引导逐渐转变为自发性，与长期视角下SRI带来的稳定持续收益有关。学界观点转变和业界指数效果印证了短期成本—长期收益的逻辑切换，是SRI爆发式增长的主要原因。

第六章　构建养老金责任投资评价体系

第一节　养老金投资评价体系的建立

作者梳理相关文献发现，养老金投资共性的目标可以概括为：采取适宜资产配置手段，在安全性前提下保证一个保值增值的收益率；通过国内外分配，股票、债券、另类资产分散化投资，兼顾收益率和安全性是养老金投资绩效客观公允的目标。

我国2016年颁布的《全国社保基金条例》提出安全性、收益性和长期性原则，要在国务院批准的固定收益类、股票类和未上市股权类等资产种类及其比例幅度内合理配置资产。从实际操作角度看，社保基金理事会通过划定投资范围、比例，以综合收益率评判各个委托投资人的业绩。作者通过访谈社保基金理事会委托的公募基金人员发现，其一般设立专门的养老金管理部门，养老金投资风险等级最高、在满足潜在诉求的基础上维持稳健投资原则。本文旨在建立一套涵盖风险、收益和可持续性的养老金投资考核指标。

郎立研(2005)将养老金投资分为谨慎人原则和数量监管原则，指出在金融市场尚不发达、法治环境未完善的国家应采取数量监管，并提出个人账户和全国社保基金分别采取数量监管和谨慎人原则进行投资的建议。熊军(2012)将养老金基金战略投资配置目标分为投资部门和风险政策、可投资资产类别、监管法规约束、投资期限和数量模型的限制。相较于规定具体目标数值的绝对收益水平，社保基金投资目标更适用于考虑通胀水平并上浮一定百分点的相对收益目标。而中国社保基金当下的战略性配置和“外包”的手段，容易受到各类金融资产预期收益、风险、相关系数共同决定的资本市场有效边界的约束。[①] 王一飞、丁日佳(2013)认为养老保障产品中的风险预算实施。在养老保险公司内部实施风险预算，较之传统的投资规则限制、禁投池设置、风险测度分析(如 VaR)具有更完备的控制机制，通过在机构内分配风险、考察风险预算执行情况营造风险导向的投资管理环境，通过闭环的反馈分析进行风险预算的再分配和循环控制。从分配风险预算入手，经过执行风险控制和风险监测，通过风险再分配重新设定和分配风险预算。之前研究显示，养老金责任投资更侧重于对持有人负责，以规避通货膨胀和风险事件对养老金的冲击。

第二节　中国特色养老金 SRI 投资的内涵

根据基本养老金入市提升收益、缓解空账缺口的动机和“稳字当头”的策略，笔者认为本次基本养老金的责任投资评判第一要义可以概括为：获取持续、稳定的收益，让国民享受安稳的老年生活，规避投资中的风险。在当下中国语境中，养老金投资跑赢通胀、获取较高收益率以应对老龄化压力和人口流动造成的区域分化，其“责任”的意味还要超过支持基建、环保。

本文定义的责任投资第二个要义即价值投资(Value)，资金方不做破坏实体经济的罪人，也避免相应的监管风险。2016 年，险资举牌、短钱快炒乱象多为机会投资，短期套利(Moment)；2017 年在罚单和监管趋严的硬约束下，机构投资者噤若寒蝉。作

① 熊军．资产配置系列研究之九：影响养老基金战略资产配置的五方面因素[J/OL]．2012－06－11，http://www.ssf.gov.cn/yjypz/201206/t20120611_5581.html.

为养老金委托投资的基金和资管机构也需避免监管风险。2016 年,871 家社保重仓持股的基金组合,其仓位占流通股比例达到 5%举牌线的仅有 15 家,占持股总数的 1.72%,①基本符合价值投资者的定义。

从养老金长久期和关注大盘蓝筹股以规避风险的特征看,基本养老金天然具有责任投资的属性。结合中国当下宏观和政策环境,还应从以下三方面定义中国特色的养老金 SRI 体系:

其一,在去产能大背景下,规避过剩产能行业。2017 年"两会"李克强总理在政府工作报告中提出去产能将扩大到煤电行业,将采取淘汰、重组、改造等多种方式去产能,预计淘汰、停建、缓建煤电5 000万千瓦,首次在农业和有色建材领域开展并大力去产能。在去产能政策下,东北特钢和山西众多煤炭企业的违约打破了债券刚性兑付的观念,各机构投资者亏损严重。具有发债资质条件的企业多为国有企业和民营企业,养老金在投资该行业企业债时应根据政策导向和地域予以规避。与对接范围更广、不良资产率不断提升的商业银行信贷相比,养老金责任投资更多的是做好信用排查,避免所投资的债券因企业破产、重组和经营不善而"爆仓"。

其二,规避高污染、高耗能企业。以雾霾为首的环境污染问题日益严重,新《环保法》出台后对污染企业和污染风险高的工程项目惩罚力度加大,需规避高耗能、高污染产业的投资。《环境保护法》《大气污染防治法》《环境影响评价法》先后出台,量化考核环境污染,将环境治理和政绩考核结合,对污染企业采取严厉惩罚措施,加剧了环境污染企业的破产风险和高污染项目的关停风险,地方政府在就业和污染的权衡取舍中,更倾向于关停污染治理成本高、手段落后的中小企业。对此应保持警惕。

其三,社保基金责任投资不等于社保基金承担过多社会责任。后者是指养老金投资于廉租房、教育设施、医院诊所等低回报率的公益基建项目,两者容易引发概念混淆。以目前促进基建投资的众多 PPP 项目为例,社保基金成功投资中交建发壹期股权投资基金并认缴 60 亿元,占合伙投资总数的 40%,开创了社保基金与民间投资合作的先河。② 笔者认为当下 PPP 项目具有久期较长、盈利稳定的特点,但更适合商业险资投资,对于中国实际上"现收现付制"的基本养老金,PPP 项目无法满足其流动性,不建议社保基金盲目参与。以往研究证实,政府过多干预让养老金过多承担社会责任可能造成投资的无效率,养老金承担社会责任并不等于责任投资,应发挥维稳和

① 笔者根据 wind 咨询债券机构研究整理,截至 2017－04－27.

② 新华网. 中国交建与全国社保基金联合发起设立"中交建壹期基金"[J/OL]. http://news.xinhuanet.com/fortune/2015－11/26/c_1117274676.htm,2015－11－26.

避险的基本属性。传统社保投资三大理念中的责任投资更多着眼于经济发展和股票市场的健康发展,而并非偏重企业社会责任的环境、社会和管理,对社保资金而言是“单方面的付出”。一个典型的案例即日本,在1986—2000年,日本启动“财政投资融资计划”体系,1/5的年金被用于投资资本市场承担“救市”职责。经济萧条导致日本养老金从20世纪90年代开始出现大幅亏损,截至2001年3月,已累计亏损达到2.3万亿日元。[①] 盲目让基本养老金承担“救市”等职责可能会酿成严重后果,不符合养老金“保命钱”的基本属性,与养老金的责任投资内涵相背离。

本文实证研究部分,在投资者角度选取基金的溢价收益率(某只基金在一定期限内收益率与无风险收益率的差值)来探讨养老金投资表现;在被投资者角度,选取长期/短期财务绩效、企业价值的预期和股价波动来衡量被投资企业的价值。

第三节 ESG评价体系的构建及应用

责任投资的度量可分为两个角度:投资公司践行责任投资的总资产数量和所投资企业的CSR指标。从投资主体上讲,机构投资者是否践行责任投资,其管理的责任投资资产数量和比重(assets under management SRI)可度量其责任投资水平;对被投资企业而言,企业社会责任可作为判定其是否符合责任投资标的的指标,之前研究验证了企业社会责任作为责任投资的纽带(Andrew L. Friedman, Samantha Miles, 2001; Russell Sparkes, Christopher J. Cowton, 2004)。随着企业日益增加和经济全球化,CSR的内涵经过不断发展和扩充并经历了定义具体化、战略化、全球化,增添了利益相关方理论、CSR国际标准制定、CSR面向可持续化发展等内容。国内学者徐尚昆、杨汝岱(2007)以问卷调查向企业所有者搜集事件描述,对比中西方CSR内涵,得出6个共有维度,即经济责任、法律责任、环境保护、客户导向、以人为本和公共事业,又结合中国实际情况提出3个独有维度,即就业、商业道德、社会稳定和进步。徐尚昆、杨汝岱(2009)提出用公益慈善、顾客导向、员工发展和环境保护来度量CSR,并研究其与纵向联系、横向联系、社会网络和信任构成的企业社会资本的关联,研究表明社会资本能给个体或组织带来稀缺资源、有助于降低交易成本以及减少机会主义行为,从而提升个人或组织的竞争能力或经济绩效。从中笔者发现,基于ESG指标的责任投资也会关注所投资公司是否进行了责任投资,是一个层层递进、良性循环的指标。

① 搜狐财经．日本养老金之痛:入市炒股亏近1 000亿美元[J/OL]. http://business.sohu.com/20160712/n458803576.shtml,2016—07—12.

Jean-Pascal Gond 和 Valeria Piani(2013)通过分析冲突地区人权问题和巴西供应链两个案例说明,从利益相关和集体行动角度解释了机构投资者如何影响公司行为。根据他们的研究,投资者通过派己方信赖的成员进驻投资企业的董事会以监督其运作,避免发生声誉风险对自身投资资金造成不可弥补的损失。Lucian A. Bebchuk、Alon Brav、姜纬(2015)撰文实证研究 1994—2007 年美国2 000多起积极对冲基金干预案例,发现股东积极的行为可以带来公司长期业绩的改善。这或许能解释中国 2015 年发生的险资举牌事件,抛开计入"长期股权投资"而非"可供出售的金融资产"当期财务指标不受影响外,达到 5%举牌线进驻董事会目的之一为监督上市公司行为,避免重大风险事件下的价值投资损失,对资产荒和长期低利率下的保险投资意义重要。笔者认为,可以根据进驻后的表现判断险资是扰乱实体行业的"妖精"还是山穷水尽下的价值投资者。据此宝能举牌万科"血洗"董事会,公司治理混乱引发潜在价值下跌;平安举牌上海家化后转卖而非经营的"短视主义"(short-termism)以及阳光举牌伊利等事件均能得到较好定性。

曹玉红、尤建新、王瑞(2015)构建了基于可持续 BSC 的 DEMATEL－ANP 多准则决策模型,以学习成长、内部流程、利益相关者、财务 4 个维度和创新、培训教育、健康安全、环境保护、社区支持、顾客关系、财务比率、公司治理 8 个指标定量评价所投资社会组织并提供决策;但文中赋予员工健康过多权重,并提出"员工健康情况下才能保护环境",显然并未理解责任投资对环境的资本贡献。

明晟公司(MSCI)构建了迄今为止最为全面的 ESG 指数,如表 6—1 所示。

表 6—1　　明晟公司(MSCI)ESG 指数的编纂依据

3 支柱	10 主题	37 个核心指标
环境	气候变化	碳排放、金融对环境的影响、能源效率、气候变化易损点、员工碳足迹
	自然资源	水资源压力、原材料变化、土地使用和物种多样性
	污染	毒排放和污染、耗电量、包装材料
	环境机会	清洁能源的机会、可再生资源机会、绿色建筑机会
社会	人力资本	劳动力管理、人力资源发展、健康和安全、劳动力标准的供应链
	产品责任	产品安全和质量、隐私和数据安全、化工安全、责任投资、金融产品安全、健康和人口风险
	利益相关者反对	有争议的采购
	社会机会	促进交流、健康关怀、金融、营养和健康的机会

续表

3 支柱	10 主题	37 个核心指标
管理	公司治理	董事会、所有人、支付、会计
	公司行为	商业伦理、贪腐和不稳定、反竞争实践、金融体系不稳定

资料来源：MSCI，Executive Summary MSCI ESG Ratings Methodology，https://www.msci.com/www/research-paper/esg-ratings-methodology/0175943017.

表 6—1 显示的 ESG 管理涵盖了环境、社会和管理三大支柱，二级指标分为 10 个主题，三级指标为可量化的 37 个核心指标，采用主成分分析法(PCA)降维得出各个企业 ESG 综合得分。

国外研究和上述针对国内责任投资基金经理的访谈均显示，在 SRI 的实践中 ESG 指标均具有锚定效应，其重要性优先于财务指标。Enrique Ballestero(2010)使用 MV—SGP 模型构建了基于收益率和 SRI 指标的马克维茨曲线，指出第一阶段采用 SRI 指标筛选股票组合，剔除未达到相应标准的股票；第二阶段通过 MV—SGP 模型构造符合 SRI—收益率曲线的投资组合。责任投资首先考虑该行业 ESG 管理情况，随后确定可投资的 ESG 表现与行业增长边界线，最后将边界线上方的行业纳入备选池中，边界线下方纳入禁入池中，如图 6—1 所示。

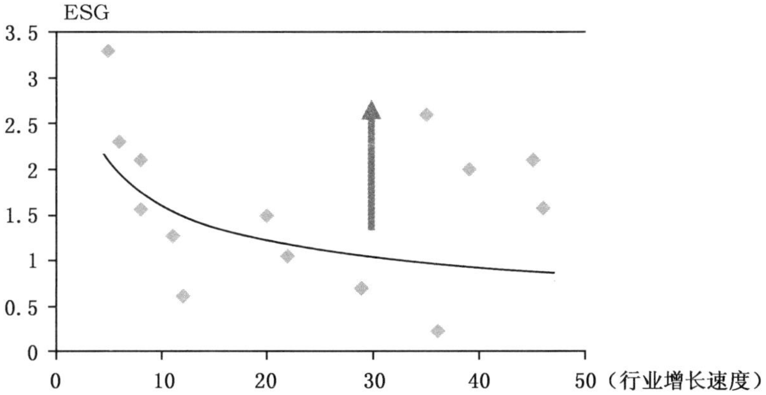

资料来源：全国社保基金理事会投资部.社保基金的投资理念[J/OL]. http://www.ssf.gov.cn/tzyy/201205/t20120509_5123.html，2008—05.

图 6—1　投资者根据 ESG 指标“两步”筛公司的示意图

随后是公司筛选，在某一特定行业中对公司的收入、EPS 和 PE 进行打分，将最后分值作为是否选择以及仓位配置的考察因素。

以南部基金为例，南部基金根据 MSCI 提供的 ESG 指数进行两轮筛选。首先，通过筛除无差异武器、烟草等禁投项目，对投资项目的人权、供应链、管理和环境进行细致排查以完成第一轮筛选；其次，通过董事会独立性、主要子公司和审计委员会三项指标进行投资管理人筛选，以确定最终投资品种。图 6－2 显示了美国南部信托公司(Northern Trust)和 MSCI 合作并应用其提供的指数进行投资管理的流程。

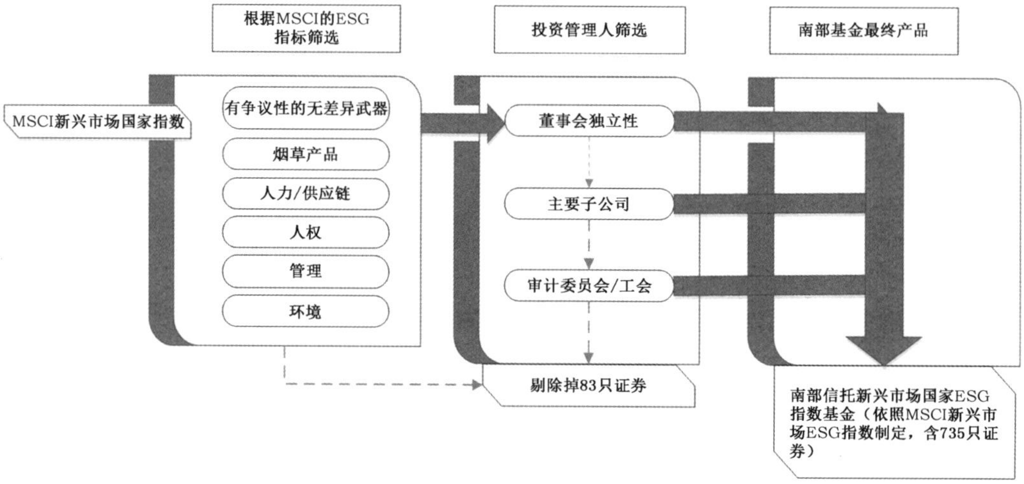

注：南部基金的 ESG 筛选过程，虚线代表每次筛选，粗箭头代表筛选后股票的流向。

资料来源：Northern Trust，MSCI ESG Research.

图 6－2　南部基金采用 ESG 原则筛选股票的方法

中国国泰安数据库提供的 CSR 指标，从社会贡献、环保支出和慈善捐款等维度衡量各企业的 CSR 程度。另外，两个权威的指标为“中国百强企业社会责任指数”对中国企业 100 强的企业社会责任指数进行披露；“润灵全球企业社会责任 CSR 评级数据”搜集上交所和深交所上市的 664 家公司的评级报告并计算出 M 值、C 值、T 值和 I 值(分别对应国际通用的 E、S、G 指标)，衡量权重并给定 AA－CCC 总计 17 个等级，其评判依据为年度净利润、本年度拟实行分红政策、雇员总数、反商业贿赂信息、质量管理体系认证、客户满意度、本年度环保改造总投入、本企业碳减排量、本年度社会公益捐赠总额、本年度纳税总额。

在美国、日本等国家中经济基本面对股市影响较大，而在中国炒题材和概念的现状下，基本面对股票收益率影响并不显著。企业财务数据造假、做空机构调研、发布报告并可能导致股价一落千丈，给投资者造成极大损失。浑水公司报告发布后辉山乳业股价一天之内暴跌 90.71%直至停牌，创造港股日内历史最大跌幅。有必要采纳所投资企业 ESG 数据作为财务数据的补充判断依据，甚至可以根据其 ESG 表现对其财务数据的真实性作出质疑。本文选取的润灵全球企业社会责任报告即从环境、社会和治理 3 个角度衡量企业社会责任，符合作者构建的评价体系和中国目前公司治理及环境因素对企业价值的影响路径。

第七章　实证研究

本文从投资者和被投资者角度，分两步进行实证研究。第一步，通过对比分析责任型基金和普通基金投资绩效来判断责任投资是否对投资绩效有明显改善；第二步，从个股层面挖掘，观察以 ESG 管理为核心的企业社会责任是否对被投资公司的财务绩效、企业价值和股票波动有正向反馈。基于前面的分析，本文做出如下假设：

假设 1：机构投资者 SRI 投资收益时间上经历了“成本—收益”的切换。

假设 2：SRI 通过声誉机制有助于提升公司价值，但却无法化解股票价格波动的风险。

假设 3：SRI 的避险效果体现在应对危机事件而非收益率波动上。

假设 4：SRI 关注的 ESG 指标相对于财务指标有锚定作用。

假设 5：SRI 投资收益率波动情况与资产结构中权益类比重有关。

前文论述中证实了，本次基本养老金入市主要通过全国社保基金理事会委托给基金公司和资管公司操作，所以收益情况、标的筛选取决于产品设计、机构投资者意志。本文第一个模型从基金公司发行的产品入手，探究责任投资原则对基金收益率的影响。模型设定如下：

模型 1　$r_{i,t}-m_t=\alpha\cdot\ln(TNA_{i,t})+\beta\cdot\ln(fl_{it})+r\cdot X^j_{i,t}+SRI_i+Style_i+\varepsilon_{i,t}$

其中，$r_{i,t}$表示第 i 只基金在第 t 个季度的收益率，m_t 是无风险收益率，用 10 年期国债 t 月的收益率表示；$TNA_{i,t}$为第 i 只基金在第 t 季度的资产净值，fl_{it}为基金现金流，计算方法为 $TNA_{i,t}-TNA_{i,t-1}(1+r_{i,t})$，$X^j_{i,t}$是控制变量的合集，$X^1_{i,t}$表示第 i 只基金成立至 t 时点时的年限，$X^2_{i,t}$为第 i 只基金的管理费用率，$X^3_{i,t}$表示第 i 只基金中股票市值占总资产的比重；SRI_i 为虚拟变量，$i=1$ 表示其为责任投资基金，$i=0$ 表示非责任投资型基金；$Style_i$ 同为虚拟变量，$i=0$、1、2、3 分别表示基金类型为股票型、混合型、债券型和货币型，风险偏好依次降低；$\varepsilon_{i,t}$为误差项。

本文所选样本为中国资本市场上随机筛选出的 64 只基金，其中 19 只为责任投资型基金；投资风格上 5 家为股票型、16 家为混合型、19 家为债券型、24 家为货币型。时间频率为季度，从 2014 年第一季度至 2016 年第四季度，旨在探求责任投资原则对基金投资绩效（包括风险和收益两方面）的影响。由于本模型采取虚拟变量而未涉及定量的责任投资指标，故未验证滞后效应。最小二乘法（OLS）回归结果如表 7－1 所示：

表 7－1　　回归结果

$\ln(fl_{it})$	$\ln(TNA_{i,t})$	$X^1_{i,t}$	$X^2_{i,t}$	$X^3_{i,t}$	SRI_i	$Style_i$	常量	R^2
1.984***	－1.457*	－0.094	0.1	－0.515	－3.81	－1.698	0.51	0.083
－0.571	－0.741	0.315	－0.068	5.871	－3.819	－1.992	－8.157	

注：* $p<0.1$，** $p<0.05$，*** $p<0.01$。

结果显示，责任投资属性并未给基金带来正向收益；就控制变量而言，基金的现金流和溢价收益率呈现显著正相关，通过了 p 值为 0.01 的显著性检验；基金的资产净值和溢价收益率呈现显著负相关，通过 p 值为 0.1 的显著性检验。中国资本市场不尽完善，优质资产标的稀缺，价值投资难以实现，体量较小的基金可以通过炒概念股和垃圾股短期内套利，而体量较大的基金却难以实现；而基于基金经理业绩的单一评判方式决定了收益率较高的基金能在短期内获得现金流。其他控制变量如资金成立年限、股票占比和管理费率并未显现出明显关联，同时基金的风险偏好也未反映出与其收益率间具有显著关联。

第八章　结　论

本文主体分为五个部分。第一部分通过对比分析社保基金和基本养老金投资限制及策略以说明养老金入市原因，从声誉风险、绿色投资和责任投资收益率三个角度论证养老金进行责任投资的可行性。第二部分是文献综述，从责任投资、企业社会责任、ESG 管理和养老金责任投资角度层层深入梳理前人文献并归纳不足之处。第三部分是从历史和截面维度阐述了以美国、欧洲和澳大利亚为代表的发达国家/地区责任投资的发展历程、筛选策略。第四部分为养老金投资绩效评价体系的构建和责任投资评价体系的构建。第五部分为基于该评价体系的实证研究,从基金角度验证责任投资是否有显著溢价回馈。

笔者得出的结论可概括为:责任型基金并未产生优于常规型基金的投资绩效。本文验证了剔除无风险收益率的基金收益率和责任投资属性并无显著相关性。基金的收益率和现金流有显著正相关性,而与基金的资产规模存在负相关性,解释了中国资本市场的特殊性,小规模基金能通过炒作题材股和概念股迅速获得收益,而体量较大的基金在国内践行价值投资却难以发掘优质标的。从基金收益率角度看,责任投资的属性并未带来明显的正向回馈和超额溢价。

综上,笔者提出如下建议:

第一,中国的责任型基金处在起步阶段,其筛选标的常带有投资人的主观判断而并非 ESG 指标,导致其收益率较常规基金无显著优势,因此并不建议入市养老金直接委托给“现成”的“责任型”基金进行投资。

第二,建议运作基本养老金的机构投资者在筛选股票时将 ESG 指标放在财务指标之前,或者和财务指标同等重要的位置上,以规避声誉风险对股票价格“腰斩”引发的投资损失。

第三,由于 ESG 指标是动态的且对企业价值预期的影响是短期的,养老金投资者应逐年关注被投资公司的 ESG 指标或基于 ESG 排名变换仓位。

参考文献

[1]Alexey Akulov,Implementing ESG in the Financial Sector in Russia: The Journey Towards Better Sustainability.

[2]Andrew L. Friedman, Samantha Miles, Socially responsible investment and corporate social and environmental reporting in the UK: An exploratory study, British Accounting Review (2001) 33, 523—548.

[3]Ballestero E, Garcia—Bernabeu A, Hilario A. Portfolio Selection by Goal Programming Techniques[M]Socially Responsible Investment. Springer International Publishing, 2015: 111—129.

[4]Bebchuk L A, Brav A, Jiang W. The long—term effects of hedge fund activism[R]. National Bureau of Economic Research, 2015.

[5]Benson K L, Brailsford T J, Humphrey J E. Do socially responsible fund managers really in-

vest differently? [J]. *Journal of Business Ethics*, 2006, 65(4): 337.

[6]Bernstein P L. What Rate of Return Can You Reasonably Expect... or What Can the Long Run Tell Us about the Short Run? [J]. *Financial Analysts Journal*, 2015, 71(1): 35—42.

[7]Biong H, Silkoset R. Buying CSR with employees' pensions? The effect of social responsible investments on Norwegian SMEs' choice of pension fund management - a conjoint survey[J]. *International Journal of Bank Marketing*, 2017, 35(1).

[8]Compact U N G. Participants and stakeholders[J]. *Retrieved May*, 2015, 25: 2015.

[9]Enrique Ballestero, BlancaPérez—Gladish, Ana Garcia—Bernabeu Editors, Socially Responsible Investment A Multi—Criteria Decision Making Approach, 2015, Springer.

[10]Galema R, Plantinga A, Scholtens B. The stocks at stake: Return and risk in socially responsible investment[J]. *Journal of Banking & Finance*, 2008, 32(12): 2646—2654.

[11]Gay G R, Klaassen J A. Retirement investment, fiduciary obligations, and socially responsible investing[J]. *Journal of Deferred Compensation*, 2005, 10(4): 34.

[12]Gianakos A L, Ross K A, Hannon C P, et al. Functional outcomes of tibialis posterior tendoscopy with comparison to magnetic resonance imaging[J]. *Foot & ankle international*, 2015: 1071100715576485.

[13]Goel R, Cragg W. Guide to instruments of corporate responsibility: an overview of 16 key tools for labour fund trustees[M]. Schulich School of Business, 2005.

[14]Gond J P, Piani V. Enabling institutional investors' collective action: The role of the principles for responsible investment initiative[J]. *Business & Society*, 2013, 52(1): 64—104.

[15]Graves S B, Rehbein K, Waddock S. Fad and fashion in shareholder activism: The landscape of shareholder resolutions, 1988—1998[J]. *Business and Society Review*, 2001, 106(4): 293—314.

[16]Hertrich C. Asset Allocation Considerations for Pension Insurance Funds: Theoretical Analysis and Empirical Evidence[M]. Springer Science & Business Media, 2013.

[17]Jean—Pascal Gond, Valeria Piani, Enabling Institutional Investors' Collective Action: The Role of the Principles for Responsible Investment Initiative.

[18]Luther R G, Matatko J, Corner D C. The investment performance of UK "ethical" Unit Trusts[J]. *Accounting, Auditing & Accountability Journal*, 1992, 5(4).

[19]Méndez—Rodr?? guez P, Galguera L, Bravo M, et al. Profiling ethical investors[M]. Socially Responsible Investment. Springer International Publishing, 2015: 23—52.

[20]Morrow D. ESG RISK IN DEFAULT FUNDS: ANALYSIS OF THE UK'S DC PENSION MARKET[J]. 2017.

[21]Pradelski B S R, Young H P. Learning efficient Nash equilibria in distributed systems[J].

Games and Economic behavior, 2012, 75(2): 882—897.

[22]Renneboog L, Ter Horst J, Zhang C. The price of ethics and stakeholder governance: The performance of socially responsible mutual funds[J]. *Journal of Corporate Finance*, 2008, 14(3): 302—322.

[23]Tebini H, M'Zali B, Lang P, et al. Social performance and financial performance: A controversial relationship[M]. Socially Responsible Investment. Springer International Publishing, 2015: 53—73.

[24]Weber O, Lin H. CSR Reporting and Its Implication for Socially Responsible Investment in China[M]. Responsible Investment Banking. Springer International Publishing, 2015: 417—426.

[25]曹玉红,尤建新,王瑞. 社会责任投资视角下投资者多准则决策[J]. 同济大学学报(自然科学版),2015(05):794—799.

[26]陈虹. 社会责任投资:追求经济与社会的均衡发展[J]. 国际金融研究,2004(01):42—43.

[27]冯钰宸,郑苏晋. 保险企业社会责任与财务绩效——基于寿险与产险公司的差异性分析[J]. 金融与经济,2016(06):55—61.

[28]郝臣,王旭,王励翔. 我国保险公司社会责任状况研究——基于保险公司社会责任报告的分析[J]. 保险研究,2015(05):92—100.

[29]郭沛源,艾米·多米尼. 社会责任投资,公共管理评论第三卷 2011,169—171.

[30]郎立研. 名义账户制探析[J]. 中央财经大学学报,2005(08):17—20、39.

[31]李珺. 养老基金社会责任投资初探[D].西南财经大学,2009.

[32]李清芬. 社会责任基金:海外发展及其在中国的前景,证券市场导报,2002—12.

[33]龙靓. 我国资本市场引入 SRI 机制研究[D]. 湖南大学硕士论文,[D]2009.

[34]王一飞,丁日佳. 企业年金投资中风险预算的应用与改进[J]. 保险研究,2013(06):120—127.

[35]于永达. 金融业促进可持续发展的研究与实践[A]. 中国环境科学学会.发展循环经济 落实科学发展观——中国环境科学学会 2004 年学术年会论文集[C].中国环境科学学会,2004:5.

[36]张巧良,孙蕊娟. ESG 信息披露模式与投资者决策中的锚定效应[J]. 财会通讯,2015(29):26—28、129.

[37]郑伟,林山君,陈凯. 中国人口老龄化的特征趋势及对经济增长的潜在影响[J]. 数量经济技术经济研究,2014(08):3—20、38.

[38]朱乃平,朱丽,孔玉生,沈阳. 技术创新投入、社会责任承担对财务绩效的协同影响研究[J]. 会计研究,2014(02):57—63、95.

供给侧结构性改革背景下保险资金支农惠农研究

中国人寿财产保险股份有限公司

王安琪　刘元胜

摘要

供给侧结构性改革，是我国建设现代化经济体系的主线，根本目的是解放、发展和保护生产力，实现我国生产力水平总体跃升。深入推进供给侧结构性改革，不仅是农业转型升级增效的需要，也是保险业回归服务实体经济本源的需要，更是保险资金做大做强的需要。随着乡村振兴战略的实施，农业农村优先发展成为新时代决胜全面建成小康社会的基础，这为保险业支农惠农拓展了空间、带来了机遇。积极发展农业保险，创新支农惠农方式，是分散农业风险的主要途径，有助于加快促进农业农村现代化发展。在我国经济步入新常态后，保险和农业都面临着新的发展机遇与挑战，如何从供给端精准发力，拓展保险服务功能，强化保险服务“三农”的广度和深度，是一个迫切需要解决的课题。要切实增强保险对农业农村现代化发展提质增效的作用，应该充分发挥保险资金长期投资的独特优势，通过保险市场与货币市场、资本市场的协调发展，让保险资金成为供给侧结构性改革背景下支农惠农的主要推动力，不断补齐农业农村现代化的资金短板，为农业兴旺、农村美丽和农民富裕提供资金支撑，让农业强起来、农村美起来和农民富起来早日得以实现。

关键词

供给侧结构性改革　保险资金　支农惠农

第一章　供给侧结构性改革背景下保险资金支农惠农:必要性

第一节　供给侧结构性改革的本质内涵

推进供给侧结构性改革,是党中央综合研判世界经济形势和我国经济发展新常态做出的重大决策,是对我国经济发展方式的优化调整,是解决我国经济发展面临突出问题的有力举措,更是适应和引领经济发展新常态的重大创新,具有全局性和战略性。习近平总书记指出:供给侧结构性改革,重点是解放和发展社会生产力,用改革的办法推进结构调整,减少无效和低端供给,扩大有效和中高端供给,增强供给结构对需求变化的适应性和灵活性,提高全要素生产率。

一、供给侧结构性改革的提出

随着我国经济步入新常态,经济发展呈现出新特征,这就要求经济政策相应进行与时俱进的调整。以需求侧为主的管理给经济发展带来的效果日益下降,而确保经济平稳较快发展所付出的代价却越来越大,表现出逐渐增加的态势。与此同时,供给体系存在着诸多问题,比如高端供给不足、低端或无效供给太多,不能够满足需求升级。这种需求与供给的错配严重制约了我国经济保持更稳更快发展,从而有必要进行供给侧结构性改革。

2015 年 11 月,在中央财经工作领导小组第十一次会议上,习近平总书记首次提出“着力加强供给侧结构性改革”;并在同年的中央经济工作会议上将“去产能、去库存、去杠杆、降成本、补短板”明确为推进供给侧结构性改革的五大任务。

首先,推进供给侧结构性改革,是国际经济形势复苏低迷倒逼的结果。2008 年的美国次贷危机导致国际经济发展极为低迷，我国以往的以“投资、消费与净出口”需求侧管理政策拉动经济增长的能力越来越弱，这导致经济增长越来越乏力，并出现下行的态势。由此可见，在全球经济复苏极为缓慢、市场需求继续低迷的国际背景下，要解决我国经济中长期的结构性问题和增强经济增长的动力问题，必须从根本上转变以往的宏观经济管理思路，以问题为导向，着眼于中长期经济增长的结构性优化，从供给端切入，不断提高供给体系和供给质量，实施供给侧结构性改革。

其次，推进供给侧结构性改革，是我国经济下行态势倒逼的结果。美国次贷危机的阴影，使得我国长期以来使用的需求侧管理的弊端日趋暴露。经济增长速度由高速转向中高速，工业品出厂价格下降导致企业投资意愿不强烈，企业利润增幅呈现下降趋势，经济风险发生的概率不断上升。为了避免潜在系统性危机带来的连锁效应，必须改变宏观管理思路，以改革的办法、着眼于结构性优化、从供给端发力，实施供给侧结构性改革。

二、供给侧结构性改革的本质内涵

首先，推进供给侧结构性改革，符合经济发展运行的客观规律。推进供给侧结构性改革，是以习近平同志为核心的党中央在综合分析世界经济长周期和我国经济发展阶段性特征以及两者相互作用的前提下，以全党和全国人民的智慧，综合研判、不断探索和深化认识的过程，是继“三期叠加”到“新常态”后，党中央对经济形势的进一步科学研判，是正确认识经济形势后选择的经济治理药方。

其次，推进供给侧结构性改革，能够为经济实现中长期增长提供动能。要切实解决我国经济发展长期向好，不断释放我国经济发展韧性好、潜力足和回旋余地大的基本优势，应该实施能够破除结构性、体制性矛盾和问题的有效措施。推进供给侧结构性改革，有助于我国加快转变经济发展方式，以经济结构的调整，不断释放我国经济潜能和发挥更大优势，为我国经济保持高水平发展和实现生产力总体跃升培育和壮大动力。

第二节　农业供给侧结构性改革的本质内涵

一、农业供给侧结构性改革的提出

2017 年中央一号文件，明确将深入推进农业供给侧结构性改革作为我国农业农村经济工作的主线。这是继2015年12月中央农村工作会议首次提出着力加强农业供给侧结构性改革，到2016年12月中央经济工作会议和中央农村工作会议对农业供给侧结构性改革的进一步定调后，中央对当前和今后一个时期我国农业农村经济工作主线的进一步夯实。由2016年的“着力加强”到2017年的“深入推进”，农业供给侧结构性改革势必会成为我国农业现代化发展的助推器，既能促进我国农业发展的提质增效转型升级，又能增强广大农民的获得感，还能满足消费者的“质”的需求。深入推进农业供给侧结构性改革，就是抓住了我国农业农村工作的“牛鼻子”。随着中国特色社会主义进入新时代，我国农业发展也进入了新时代，乡村振兴战略就是在我国农业发展新的历史方位上，实现农业农村现代化的重大举措，深入推进农业供给侧结构性改革就是落实好和完善好新时代党的涉农政策的根本遵循。为此，需要切实增强紧迫感和责任感，通过供给侧精准发力，切实提高农业供给体系质量和效率，更好地适应市场需求变化，奋力开创新时代我国“三农”工作新局面，开辟新时代我国农业农村现代化发展的新境界。

二、农业供给侧结构性改革的本质内涵

深入推进农业供给侧结构性改革，是“三农”领域的一场深刻变革，关系农业的长远发展，是开辟我国农业现代化发展新境界的关键举措，是当前和今后一个时期我国农业农村工作的重大任务。因此，必须牢牢把握农业供给侧结构性改革主线，决不能在方向性问题上出偏差，更不能犯颠覆性错误，一旦出现就无法挽回、无法弥补。深入推进农业供给侧结构性改革，既要有明确的理念，又要有清晰的思路。应当遵循我国经济发展全面步入新常态的大逻辑，从整个供给侧结构性改革的全局出发，聚焦农业、关注农村和服务农民，只有这样才能将农业供给侧结构性改革落到实处。“农业＋供给侧＋结构性＋改革”是正确理解农业供给侧结构性改革基本内涵的有效公式。

首先，“务农重本，国之大纲”。农业是安天下、稳民心的战略产业，是关乎其他产业发展的基础性产业，是全面建成小康社会和实现现代化的基础，没有农业农村现代化就没有国家现代化，国家强起来必须以农业强起来为稳固的基础。农业基础地位越牢固，各项工作就越主动。巩固和加强农业基础地位，加大对农业的支持力度，推动农业可持续发展，加快农业现代化，历来是党和政府工作的重中之重。在当前和今后一个时期内，必须坚持农业农村优先发展，持续保持抓农业劲头不松、投入不减和深化改革步伐不停的政策主基调，确保农业早日走上现代化道路，为国家粮食安全战略夯实基础。从这个意义上看，深入推进农业供给侧结构性改革，实质上是对农业基础地位

的进一步夯实，是对强农惠农富农政策体系的进一步完善，有助于把农业农村优先发展落到实处和有效实施乡村振兴战略，从而进一步加快转变农业发展方式，保障农业持续稳定发展，为稳定经济社会发展大局进一步起到“定海神针”的作用。

其次，习近平总书记指出，“一个国家发展从根本上要靠供给侧推动”，需要我们“从供给侧发力，找准在世界供给市场上的定位”。同样，要推动我国农业现代化发展，找准我国农业供给在世界农业供给市场上的定位，也需要从供给侧全面精准发力。深入推进农业供给侧结构性改革，是农业现代化建设的内在要求，是紧抓农业农村工作的“牛鼻子”和“衣领子”，能够不断推进农业农村经济持续向好，开辟我国农业现代化发展新境界。一方面，以提高农业供给质量为主攻方向，有助于调整农业产业结构、促进农产品结构和品质结构的优化，为农业农村发展培育新动能，并全面提高农业综合效益和竞争力。另一方面，以适应市场需求为目的，有助于我国农产品供给更好地适应居民消费结构升级需求，让居民不仅“吃饱”，还要“吃好、吃得安全、吃得营养健康”，借助需求侧约束不断提高供给侧质量，既要减少无效和低端农产品供给，又要扩大有效和中高端农产品供给，增强供给结构对需求变化的适应性和灵活性，通过农产品生产端和消费端的有机统一，为满足人民群众对美好生活的向往提供高标准和高质量的食物，为我国农业转向高质量发展阶段提供保障。

再次，结构合理是农业可持续发展的先决条件，结构越合理，农业可持续增长的动力就越强劲、基础就越扎实。具体而言，影响农业可持续发展的结构包括产品结构、经营结构和区域结构。以市场需求为导向的农产品供给，产品结构就越具有适应需求的弹性；以资源优势为立足点的农产品生产，区域结构就越能释放资源禀赋优势；以适度规模为准则的农业经营，经营结构就越能激活经营主体的积极性。深入推进农业供给侧结构性改革，就是以结构调整为突破口，把农业结构调好调顺调优，分别通过优化产品结构、让农产品供给有效对接需求，优化区域结构、打造特色农产品优势区，优化经营结构、实现多种形式规模经营，最终构建融合的现代农业产业体系、生产体系和经营体系。

最后，改革是转变农业生产方式、提高农业现代化水平、厚植农业农村发展优势和增强农业竞争力的根本途径，改革越精准到位，农业现代化局面就越早实现。深入推进农业供给侧结构性改革，就是以改革为根本途径，消除阻碍农业现代化发展的体制机制，构建适应农业提质增效转型升级要求的制度体系，通过形成并释放制度红利，让农业供给侧与需求侧更好地适应，以现代高效提升农业效益和竞争力，最终让农业成为有奔头的产业。

总而言之，深入推进农业供给侧结构性改革具有紧迫性和必要性，是我国农业农村发展进入新时代后实施的激发农业长期增长活力和提高农业竞争力的战略举措。一方面，深入推进农业供给侧结构性改革，符合农业发展规律，是我国农业步入新常态后破解农业结构调整难题、促进农业提质增效转型升级的关键。另一方面，深入推进农业供给侧结构性改革，是问题倒逼的结果，是农业发展实践倒逼制度变革的必然选择，通过构建全方位的高效制度体系，能更好地促进新阶段农业生产力发展。因此，必须正确理解农业供给侧结构性改革，树立新发展理念思维，真抓实干，在落实推进上下功夫，以供给侧的精准发力，确保农业又好又快持续发展，让农业持续为整个国民经济发展稳定做出基础性、战略性贡献。

第三节　保险业供给侧结构性改革的本质内涵

供给侧结构性改革，为保险业发展带来了机遇与挑战，也指明了新方向和提出了新要求，如何服务好供给侧结构性改革大局，是保险业面临的重大课题和主攻方向。为此，保险业应该围绕“供给侧结构性改革”这条主线，实施有效改革措施，切实提高有效供给。

一、保险业供给侧结构性改革的提出

保险业供给侧改革的核心问题在于，保险业供给端不能有效满足需求，表现为有效供给不足和无效供给太多，产品同质化极为严重，需求和供给呈现出不匹配特征。整个国民经济持续快速发展的宏观背景，有力地促进了保险业的快速发展；但是从整个保险市场的供给与需求关系而言，供给与需求的矛盾日益凸显。潜在的市场需求得不到有效满足，保险产品供给的低端化和无效化极为突出，这影响了保险业的持续健康发展，弱化了保险功能作用的发挥。就我国保险业发展实况而言，整个行业的发展水平和层次，不能够适应国家着力发展现代保险服务业的大战略；整个行业的后端管理水平不能够适应前段监管改革的步伐；整个行业参与竞争的水平和能力不能够适应日趋深入发展的市场化融合格局；整个行业的科学管理水平不能够适应集约化、精准化和科学化的经营发展理念；整个行业风险防范化解能力不能够适应风险形成的复杂化和深度化。正是这些不尽如人意的表现，造成我国保险业的密度和深度仅仅为 235 美元/人和 3.5％，远远落后于世界平均水平的 662 美元/人和 6.2％，从而整个行业的保障层次较低、附加值较低、增值服务较低。

为此，应该将保险业的供给侧结构性改革纳入重要议事日程，找准消费者对整个保险行业需求的“痛点”，重新构建以消费者需求为导向的行业供给模式，在产业链的构造、产品的创新和信息技术的深度运用等层面进行发力，切实优化整个保险行业的供给结构，不断提高整个保险行业供给体系和供给质量，既能满足广大消费者的满足感和获得感，还能更好地服务实体经济发展。最终，通过保险行业在供给端的精准发力，不断补齐整个社会保障的短板，为实现整个社会托底和治理能力提升发挥保险行业的作用。

二、保险业供给侧结构性改革的本质内涵

首先，应该着眼于风险保障需求，把提升风险管理能力作为保险业供给侧结构性改革的工具性目标。作为专门从事风险管理的行业，最大程度释放风险管理优势是保险业的主要功能和作用。要切实通过扩大行业资本的规模、提高行业的风险管理能力，不断增加防范和化解风险能力，有效提高行业的风险承担能力。为此，应该立足于整个行业防范和化解风险能力，以与经济社会发展相匹配的风险保障需求为导向，凸显整个行业风险管理特质，全方位提高以风险管理能力为导向的金融综合服务能力，让整个保险行业的风险管理红利惠及现代金融体系、社会保障体系、社会管理体系和农业保障体系。

其次，应该着眼于服务实体经济发展，把建立风险防范化解长效机制作为主攻方向。推进保险业供给侧结构性改革，应当以服务实体经济平稳健康发展为大局，遵循新时代国家强起来的大逻辑，紧密围绕新时代建立现代化经济体系实施的重大战略，充分释放保险资金长期投资的优势，为实体经济平稳健康发展提供资金支撑。特别是，要注重优化金融市场结构、补齐普惠金融短板，把向农业、农民和农村提供资金支持作为保险业供给侧结构性改革的一个方向，不断解决涉农融资难、融资贵的难题。这就要求整个保险行业把宏观审慎和微观监管相结合，通过多方合作，提高行业监管合力，构建能够守住不发生系统性和区域性风险底线的风险防范化解长效机制。

第四节　保险资金支农惠农的逻辑阐释

如何更好地服务于供给侧结构性改革这个大局，是金融业面临的一个重大课题，更是保险业改革创新的主攻方向。围绕供给侧结构性改革这条主线，保险业应以服务实体经济、增强服务民生为重点提高保险供给质量，以深化改革为手段培育供给新动能，以风险防范为保障夯实供给侧改革基础，抓好各项重点难点保险改革发展任务。尤其是要在新发展理念的指引下，充分发挥保险的经济助推器和社会稳定器作用，加快建设一个保障覆盖广泛、服务优质高效、增进人民福祉的现代保险服务业。

在这个意义上，助推供给侧结构性改革，是保险业服务于国民经济全局的切实要求。在供给侧结构性改革这个大背景下，农业供给侧结构性改革是不可忽视的一个重点。2016 年召开的中央经济工作会议明确要求，要在继续深化供给侧结构性改革中深入推进农业供给侧结构性改革，这使得农业成为供给侧结构性改革中的重要一环。之所以突出强调农业供给侧结构性改革，是因为农业是国民经济的基础，深入推进农业供给侧结构性改革能够解决中国农业发展所面临的诸多问题与挑战。尽管进入 21 世纪以来，在中央的强力支持下，我国农业收成实现了 13 年连续增长的骄人业绩，但是生产效率低、抗风险能力低、市场风险大等仍是制约我国农业可持续发展的因素，导致我国农业缺乏核心竞争力。特别是抗风险能力较弱，涉农保险保障范围十分有限，多方参与、风险共担和利益共享的保险体系的缺乏，严重制约了我国农业的健康发展。

自供给侧结构性改革提出以来，无论是作为监管部门的银保监会，还是作为从事实际业务的保险公司，都提出要从供给端发力，通过优化结构，以改革为手段，不断提高保险业供给体系和供给能力现代化。从更具体层面来看，围绕国民经济发展大局，银保监会和保险公司也提出要更好服务于各行各业，以精准供给为各行各业健康稳定发展保驾护航。这其中，如何更好服务于农业现代化发展，如何更好在健全和解决农业风险管理机制的过程中发挥稳定器和助推器作用，成为保险资金助推供给侧结构性改革和为推进农业现代化提供资金支撑的重要课题。

一、保险资金支农惠农具有双重必要性

随着保险业不断发展，整个行业的风险防范能力得到了迅速提高，保障能力有了明显提升，保险业原保险保费收入有了显著增长。2016 年，原中国保监会发布的统计报告显示，保险业实现总资产 151 169.16 亿元，较年初增长 22.31%；实现净资产 17 240.61 亿，较年初增长 7.15%。保险资金的迅速增长为其投资实体经济夯实了基础。根据中国保险资产管理业协会的统计，2017 年上半年，将近 4 万亿元保险资金投资于实体经济，涉及市政、水务、棚改和工业园区等诸多领域。

首先，实现农业现代化需要保险资金的支撑。农业天然是弱质产业，首当其冲面临着自然风险，抗风险能力弱；且在新时期，农业发展又面临着市场风险和质量安全风险；风险的多重性，需要保险大力发挥“稳定器”作用，为农业现代化发展提供多样化的

保险品种和更加强劲的保险支撑力度。保险资金的“长期投资的独特优势”，能够为农业防范和化解风险提供有效的资金支撑，从而不断提升农业防范和化解各种风险能力，进而助推农业现代化早日实现。

其次，保险资金支农惠农具有独特优势。金融服务实体经济，是新时代我国金融工作的三大任务之首，明确了金融健康发展的方向。随着保险资金投资规模的迅速扩大，保险资金的独特优势越来越凸显，服务实体经济的能力越来越强大。规模大、期限长和来源稳定的属性，使得保险资金能够跨周期提供长期稳定的资金保障，从而使得金融服务实体经济更具有稳定性。显然，保险资金的独特优势，使其支农惠农更具有输血和造血的双重功能，不仅能“雪中送炭”，还能“锦上添花”，是新时代实现农业现代化的稳定器和压舱石。

二、保险资金支农惠农具有双向发展性

首先，保险资金能为农业强起来夯实资金基础。保险资金投资的长期性、稳定性，能为农业现代化发展提供富有保障的资金支撑。通过向涉农领域的广泛和深度投资，诸多制约农业稳步发展、农村生态美丽和农民收入增加的因素会逐步被突破，从而现代化的农业产业体系、生产体系和经营体系能早日建立并完善起来，农村能早日美起来，农民能早日富起来。这会使得农业更具有发展前景、农村更适宜居住和农民更加体面备受尊重，从而为农业强起来构筑稳固资金基础。

其次，支农惠农能为保险资金做大做强提供保障。农业在整个国民经济格局中具有基础性，历来是党中央各项工作的重中之重，始终处于重视的中心地位。通过支农惠农，保险资金在长期会获得稳定的收益回报。这是因为，保险资金对农业产业化、农村生态化和农民富裕化产生的正效应，会从反馈的层面需求更多的保险资金，从而拓宽和稳定了保险资金的投资领域，进而为保险资金获取持续的收益夯实了宽阔的投资领域。正是这种稳定的、可观的、持续的收益回报，能为保险资金长期做大做强提供保障。可见，保险资金支农惠农，既具有普惠性，又具有投资性，正是这种双重属性，在让农业强起来的同时，做大做强了保险资金。

三、保险资金支农惠农具有目的与手段统一性

在全面建成小康社会的伟大历史征程中，不让农业农村农民拉下，是党中央的政治承诺。正是基于这样的政治承诺，在党的十九大报告中率先提出了乡村振兴战略，并确定了农业农村优先发展原则。纵观改革开放以来我国经济社会发展的实践，不难

看出农业农村农民在整个国民经济发展格局中具有一定的弱势性，甚至在某些地区还不惜牺牲农业农村农民发展，损害农业农村农民利益以片面追求 GDP 的快速增长，以经济增长替代了经济发展和社会进步，从而带来了不可挽回的负面影响。在新时代，提出并做到农业农村优先发展是一个颇具挑战性的工程，需要多个经济主体参与合作，找准制约农业农村发展的关键因素并寻求解决方案。

保险资金支农惠农是一个目的与手段统一的行为。支农是乡村振兴战略背景下促进农业农村现代化的手段，具有多样性；惠农是乡村振兴战略背景下促进农业农村优先发展的目的，具有唯一性。同时，支农与惠农的关系又呈现多重特征，支农作为手段，如果不得当未必能够惠农；支农作为手段，如果针对性强、措施得当或许能够惠农。最理想的状态就是以恰到好处的支农手段惠及农业农村农民发展，而要实现这样的预期目标，要求会很高，颇具挑战性和难度性。通过保险资金这个外力支农，实质上就是找准了制约农业农村优先发展的牛鼻子，具有关键性，这个手段如果使用好、规范好，会成为促进农业农村优先发展的有效途径。在这个意义上，做到支农并实现惠农，就是一个手段与目的有机统一的过程，需要以辩证法的逻辑思维进行深刻理解，并在实践中精准施策。

第二章　供给侧结构性改革背景下保险资金支农惠农：重点任务

中共十九大报告明确了我国经济社会发展进入了新时代，把乡村振兴战略作为新时代我国建设现代化经济体系的七大战略之一，并写进了《党章》。要切实实施乡村振兴战略，必须坚持农业农村优先发展，以“产业兴旺、生态宜居、乡村文明、治理有效、生活富裕”为总要求，加快推进农业农村现代化。同时，党的十九大报告又把增强金融服务实体经济能力，健全金融监管体系作为深化金融体制改革的重要任务。保险是现代金融体系的重要支柱，对社会治理发挥着稳定器作用、对经济增长起着助推器作用。为此，要切实发挥保险资金支农惠农成效，必须立足于新时代我国加快推进农业农村现代化这个根本方向，找准制约推进农业农村现代化的因素，以新时代保险业要有新气象新作为的要求为准绳，本着保险业更好服务实体经济这个原则，明确保险资金支农惠农的重点任务。

第一节　新时代推进农业农村现代化的主要任务

一、新时代农业农村现代化的主要任务

农业农村优先发展，是新时代实施乡村振兴战略、做好“三农”工作必须坚持的指导思想，要以习近平新时代中国特色社会主义思想为引领，不断明确任务，将农业农村优先发展落到实处、取得实效。

（一）城乡融合发展是根本任务

在不同的经济发展阶段，城市与乡村的关系不尽相同。究竟是以城市发展为导向还是以乡村发展为导向，两者形成的关系颇有差异。如果以城市为中心，那么乡村就处于从属地位；如果以乡村为中心，那么城市就处于次要地位。在我国实施赶超战略的过程中，我们采取了城市优先发展战略，农业农村以及农民为城市发展，从而为国家经济持续高速增长做出了巨大牺牲、贡献了巨大力量。随着乡村振兴战略的提出，城乡关系在新时代有了新变化和新要求。这就是，要明确乡村振兴是现代化建设的重要命题和应有之义，全面建成小康社会和实现现代化必须要充分释放乡村潜力。乡村振兴战略，实质上是将乡村与城市置于平等地位，以一个系统的思维和整体的逻辑，把乡村发展视为乡村振兴的内在动力，通过发挥乡村主动性激活乡村发展内在动力，不断构建和完善乡村可持续发展的内生增长机制。由此，乡村不再处于从属地位，更不再被动接收反哺，而是积极寻求发展机会、发挥主动性、求得振兴发展，并最终形成新的城乡关系，实现城乡融合发展。需要注意的是，城乡融合作为乡村振兴战略实施的根本任务，应该注重凸显乡村的特质化和个性化，形成特质鲜明、差异明显的融合发展路径。

（二）农业兴旺、农村美丽、农民富裕是具体任务

乡村振兴战略是一个系统工程，新时代农业农村现代化涉及面广，具有全方位特征和复杂性特质。应该按照“产业兴旺、生态宜居、乡风文明、治理有效、生活富裕”的总体要求，以城乡融合发展这个根本任务为导向，把农业强起来、农村美起来和农民富起来作为具体任务。

一是要加快建设现代农业。从战略高度上认识到，农业现代化是国家现代化的根基，是建设现代化经济体系的基础，缺少了农业现代化，全面建成现代化国家就不牢固。为此，必须在实施乡村振兴战略过程中补齐农业现代化这个短板。这就需要在工

作中，必须牢牢贯彻好新发展理念，以深入推进农业供给侧结构性改革为主线，不断保障和提高农产品的供给质量和供给能力，加快提高农业发展质量效益，着力提升农业竞争力，走一条产出高效、资源节约、环境友好和产品安全的农业现代化道路。具体而言，就要在确保粮食安全的基础上，加快构建现代化的农业产业体系、生产体系和经营体系，大力推进农业一二三产业融合发展，不断增强农业综合生产能力和抗风险能力，加快培育新型农业经营主体和健全农业社会化服务体系，促进农业转型升级。

二是要加快建设美丽农村。农村是否和谐稳定和环境优美，事关农民群众对美好生活的需要能否得到满足。在新时代，要在发挥党对农村工作引领作用的前提下，不断维护农村和谐稳定这个大局，以满足新时代农民对美好生活的需要为目标，不断提高党在农村基层基础工作的成效，通过健全自治、法治和德治相结合的乡村治理体系，创新农村治理新模式，以绿色发展为价值导向，努力加快建成美丽农村，以农村长治久安促进人口集聚和产业集聚，确保让农村具有吸引力。

三是要努力让农民富裕起来。农业农村现代化说到底，是农民的现代化。实施乡村振兴战略，必须坚持以人民为中心的根本立场，把为了农民、依靠农民、发展农民作为农业农村工作的贯穿原则，尊重农民意愿、倾听农民诉求、保障农民权益、提高农民收入，是农业农村现代化践行以人民为中心的根本立场的具体要求。要围绕让农民富裕起来这篇大文章，明确方向、理清思路、采取措施、制定政策，努力实现小农户与现代农业发展有机衔接，建立健全激励相容和利益共享机制，确保农民富裕起来，让农民具有稳定的收入流。

二、新时代农业农村现代化的制约因素

农业农村现代化是国家现代化的重要内容，是当前和未来一个时期引领我国“三农”工作的方向，必须从战略和全局高度上给予充分重视。然而，在实际工作中，仍存在诸多问题制约了农业农村现代化早日实现。

（一）农业抵御风险的能力不强，农业保险供给不足

作为自然依存度较高的产业，农业天然具有弱质性，特别是近些年来气候恶化的频发趋势，更是加大了农业抵御风险的难度，并成为部分地区农业生产波动起伏的直接根源。与此同时，围绕增强农业抵御风险能力的保险供给相对不足，在覆盖面、保障水平、服务领域、支持政策和服务创新等方面，仍有很大改进和完善空间。最为鲜明的一个特质是，农业保险市场供给需求存在双重不足特征，表现为农业保险供给品种不丰富、保障水平不高与保险主体对农业保险有效需求不足并存，以及相应的监管机制

有待完善、多头监管并存、衔接漏洞较多、协调机制缺乏，这些问题在作为粮食主产区的东北三省较为突出。

（二）对农业农村现代化的基础地位缺乏应有的贯彻落实

没有农业农村现代化，国家现代化就不完整和不牢固。尽管在党中央的高度重视下，我国农业农村发展取得了长足进步，但是地方政府为了追求 GDP 高速增长，在实际工作中仍然存在忽视农业、漠视农村和忘记农民的错误做法，耕地面积在有的地区不断缩减、农民被迫“上楼”在有的地区不断上演、侵害农民利益在有的地区时常发生。如果不处理好这些问题，那么加快推进农业农村现代化就会成为口号，无法落地。

（三）服务于农业农村现代化的金融供给仍是短板

金融是经济的核心，也是国家重要的核心竞争力。金融产品的丰富程度、金融服务的普惠程度、金融基础设施的完善程度，对于农业农村现代化极为必要。然而，近些年来，服务于农业农村现代化的金融供给相对不足、创新能力相对不强、普惠程度相对较弱，很多金融机构撤销或者减少涉农服务网点，脱农化倾向较为明显，农村金融供求矛盾较为突出，特别是新型农业经营主体面临贷款难、融资难困境，这些都制约了推进农业农村现代化的步伐。如果不对农业农村现代化过程中的金融供给短板给予充分重视并制定有效措施加以解决，那么势必会放缓农业农村现代化推进步伐，对于这个关键问题应当引起高度重视。

第二节　新时代推进保险业改革的主要任务

作为现代金融体系的三大支柱之一，保险不仅具有对金融资源进行跨期配置的基本功能，还具有进行风险管理、发挥风险保障的功能。有学术研究表明，经济增长与保险之间具有双向正向影响。一方面，经济增长能够明显地扩大保险需求，GDP 每增长 1%，就会带来超过 1%的非寿险需求增长；另一方面，保险业发展对经济增长具有显著的推动作用，保险业每增长 1%，将带动实际 GDP 1.215 4%的增长。与此同时，保险作为国民经济的重要组成部分，对经济发展具有经济补偿、资金融通和社会管理功能。保险不仅能够从经济层面上分摊意外事故损失，还能从法律层面对利益受损方进行合理补偿，更能从社会层面确保社会生产和社会生活具有稳定性。总体来看，随着经济社会的不断发展，保险业对整个经济社会生活呈现越来越重要的保障功能、资金融通功能、风险分散功能和社会管理功能，越来越成为经济社会健康持续发展的稳定器和助推器。在这个意义上，确保保险业健康稳步发展是需要给予高度重视的课题，保险业的深化改革必须符合国民经济全局发展的要求。

一、新时代推进保险业改革的主要任务

党的十九大提出了我国进入新时代的重要理论命题，这对保险业改革发展具有重大指引意义。怎样实现"保险业姓保"，如何坚决防范化解保险领域重大风险，加快推进行业发展回归本源？怎样切实保护保险消费者的利益，真正将服务实体经济、防控风险和深化改革落到实处，让保险业发展成果惠及更广大人民群众？这是新时代推进保险业改革应当认真回答的时代课题、政治课题和实践课题。

（一）要把服务实体经济作为首要任务

实体经济是建设现代化经济体系的着力点，发展壮大实体经济是我国作为发展中大国必须坚持的道路，决不能走"脱实向虚"的路子。服务实体经济，是保险业的宗旨和本源，能够通过发挥长期稳健风险管理和保障功能，成为经济的"减震器"和社会的"稳定器"。在我国经济快速增长的背景下，保险业实现了快速增长、取得了显著成绩，成为全球第三大保险市场。整个行业水平的综合实力和服务能力较之前有了大幅增强，成为服务实体经济的重要支撑力量，在促进经济转型升级、结构优化调整、战略性产业培育、新动能培育和农业发展等领域取得了令人刮目相看的成绩。在新时代推进保险业改革，必须坚持服务和壮大实体经济的根本宗旨，逐渐提高整个行业服务实体经济能力，努力成为壮大实体经济的助推力量。一方面，要通过发挥保险的风险保障核心功能，增加服务于农业发展、巨灾抵御、财产保障需求的保险品种，不断释放损失补偿功能，直接服务实体经济。另一方面，要发挥保险资金长期投资优势，成为长期资金的提供者而不是短期资金的炒作者，为实体经济发展提供强有力的支持。为此，在我国步入新的历史时代的形势下，保险业要紧紧围绕"两个一百年"奋斗目标，以建设现代化经济体系为统领，密切结合我国处在转变发展方式、优化经济结构和转换增长动力的攻关期，以供给侧结构性改革为主线，不断丰富保险产品、努力优化服务模式和加快服务方式创新，着力拓展保险业支持和壮大实体经济的途径和形式。

（二）要把防控风险作为主要任务来抓

中共十九大报告明确指出，在全面建成小康社会的新征程中，必须坚决打好防范化解重大风险攻坚战。在深化金融体制改革，增强金融服务实体经济能力的过程中，着力健全金融监管体系，守住不发生系统性金融风险的底线。这就要求，新时代推进保险业改革，必须把防控风险放到更加重要的位置上，深入推进"保险业姓保，保监会姓监"，不断增强整个保险业风险防范的前瞻性、针对性和有效性，牢牢守住不发生系

统性风险的底线，切实维护保险业持续稳定健康发展。就当前实际情况来看，整个保险行业面临的风险具有多样性，既有传统的风险，又有激进经营造成的风险，还有宏观经济下行带来的业务下滑、利润减少带来的行业信用风险和市场风险，更有混业经营、跨界融合带来的跨市场、跨行业和跨区域传递的风险。这使得整个保险行业的风险颇为复杂，具有较强的演变性和开放性，需要认真甄别并加以防范。为此，应当紧紧围绕原中国保监会颁布的《关于进一步加强保险业风险防控工作的通知》，不断完善流动性风险管理体系、切实防范流动性风险，加强保险资金运用管理、切实防范保险资金运用风险，完善保险公司治理体系、切实防范战略风险，密切跟踪新型保险业务、切实防范新业务风险，加强外部风险摸排和管理、切实防范外部传递性风险，加强消费者权益保护、切实防范群体性事件风险，着力摸清风险底数、切实防范底数不清风险，加强资本管理、切实防范资本不实风险，最终构建风险可防范、可控制和可化解的全方位体系。

（三）要把深化改革作为主要任务来推进

要在新时代确保保险业持续健康发展，必须坚持“发展是硬道理，改革是必由之路”。要务必明确保险业深化改革的总体战略和丰富内涵，既要确保保费稳步增长和资产有效扩大，又要站稳以人民为中心的根本立场，把增强人民群众获得感作为起始点和落脚点。一定要从战略高度认识到，增强人民群众的福祉、保障保险消费者的权益，才能让保险业具有源源不断的发展动力。这就要求，深化保险业改革，必须以保险需求为出发点，不断提高保险行业供给质量和供给效率，着力完善市场规则，提高监管质量和效率，以有效供给与需求的更好匹配，不断增强保险消费者的满足感、获得感和认同感。具体而言，既要坚持市场化和法治化有机结合，理顺市场和政府关系，科学把握好“放开前端”和“管住后端”的关系，尤其是要促进保险供给和需求的协调发展；又要坚持本土化和国际化有机结合，立足中国国情这个最大实际，积极开展“接地气”的创新，并积极借鉴国际先进经验，提高整个保险行业参与国际竞争的能力和拓展参与国际竞争的空间；更要坚持精细化和大众化相结合，针对我国经济发展不平衡、众多人口需求异质性的特征，把握好保险市场的复杂性、多层次性，以市场需求为导向，在精准供给端发力，不断细分市场，提供满足需求导向的保险服务。

二、新时代推进保险业改革的制约因素

尽管从趋势和总量上看，保险业取得了显著成绩，但是成绩背后仍有诸多问题影响了保险业稳步持续健康发展。在新时代，要切实推进保险业改革，必须理清存在的制约因素，并积极予以解决。

(一)“脱实向虚”现象较为严重

尽管服务实体经济是保险业的根本宗旨和本源,但是在一段时期内保险业对服务实体经济的认识和践行有很大改进空间,特别是在资本市场部分险资频频举牌的现象,给保险业服务于实体经济造成不利影响,增加了行业风险控制量,以至于野蛮性、投机性、杠杆性成了一个时期险资的标签,这制约了整个保险业健康发展。在新时代,推进保险业改革,必须牢牢站稳服务实体经济这个基本立场,围绕实体经济发展与壮大这个主题,不断优化供给、创新服务和加强监管,决不能深陷虚体经济的陷阱。

(二)有效供给不足

随着我国生产力水平总体跃升,整个社会收入水平显著提升,对保险需求的层级不断提高、差异化不断增强。然而,目前整个保险行业的供给并不能有效满足变化了的、升级了的、差异化了的需求,造成无效或低端供给与需求不能满足并存;更为负面的是,供给与需求的不匹配性,又进一步造成保险需求者对国内保险需求的降低,而这又弱化了保险市场供给能力和效率,最终造成整个国内保险市场供给与需求呈现趋于低水平失衡的特征。在新时代,推进保险业改革,必须以市场需求为出发点,以满足保险消费者需求为落脚点,不断提高保险供给创新能力和力度,增强有效供给能力和效率,努力实现整个保险市场供给与需求的完美匹配。

(三)监管成效有待提高

厘清政府与市场的关系是保险行业发展过程中必须认真对待的课题。既要使市场在资源配置中起决定性作用,又要更好发挥政府作用。这个重要判断要求整改保险行业的监管必须到位、精准和及时,而绝不能缺位、低效和滞后。遗憾的是,近一个时期保险市场表现出的问题表明,市场力量在整个保险行业中非常活跃,但缺乏法治化约束、较为任性,政府监管在整个保险行业中缺乏顶层设计和前瞻性、较为滞后和无从下手。显然,这破坏了整个保险行业健康稳步发展的环境,扭曲了政府与市场的关系,造成整个保险行业发展缺乏明确的方向和有效的顶层设计及可行的监管手段。在新时代,推进保险业改革,必须厘清政府与市场的关系,充分发挥看不见的手和看得见的手的作用,通过两只手的合作促进整个保险行业持续、健康发展,不断释放保险行业对整个国民经济发展的支撑优势、风险保障优势和资金支持优势。

第三节　供给侧改革背景下保险资金支农惠农的重点任务

回归服务实体经济的本源,是新时代建设现代化经济体系过程中保险业深化改革的必然要求，不仅是培育和壮大实体经济的需要，更是确保保险业更好发展的需要。在实施乡村振兴战略这个背景下，围绕供给侧结构性改革这条主线，保险资金如何更好促进农业农村优先发展，如何支持农业农村农民、怎样惠及农业农村农民，需要给予明确回答。

一、供给侧结构性改革对保险资金支农惠农的要求

在新时代，以全面建成小康社会为统领，以实现农业农村现代化为目标，围绕推进农业和保险业供给侧结构性改革主线，需要对保险资金支农惠农提出具体要求。

（一）要坚持服务国民经济发展大局

保险资金支农惠农，是在中国特色社会主义进入新时代后，决胜全面建成小康社会、夺取新时代中国特色社会主义伟大胜利的必然要求，具有全局性和战略性，事关农业农村现代化的实现，事关农民收入水平的上升和发展能力的提高，事关整个国民经济现代化基础的牢固。要切实提高保险资金支农惠农成效，必须坚持服务国民经济发展大局这个大前提，把保险资金支农惠农视作保险业回归服务实体经济本源的直接体现，目的是以农业现代化体系的构建、促进乡村美丽环境的生成和确保农民收入水平的提高，最终通过农业兴旺、农村优美和农民富裕为整个国家现代化夯实基础、增强支撑。同时，还要把保险资金支农惠农看作保险业防范风险、守住不发生行业系统性风险底线的客观要求，直接目的是为实现现代化经济体系、实现乡村振兴和城乡融合发展提供切实有效的风险防范保障、资金融通保障和风险管理保障。

（二）要坚持市场主导和政府引导

要提高保险资金支农惠农的成效，必须厘清政府与市场的关系，遵循市场高效运行规则，坚持市场主导，让保险资金所有者拥有支农惠农的主动性和积极性，以可观的盈利水平激发保险资金参与到支农惠农的过程中。与此同时，还要坚持政府引导，规范保险资金支农惠农行为，努力做到长期投资而不是短期投机，真正释放保险资金长期投资的独特优势。务必实现市场主导和政府引导的有机结合，而不是两者的分离，真正让保险资金支农惠农实现效率与公平的有机统一，以法治化的原则约束市场化的投资，以效率化的要求完善政府的引导。具体来说，政府应该引导保险资金多投向具有公益性或效益外溢性较强的农业社会化服务环节中，并通过财政补贴或再分配对保险资金所有者进行补贴，确保保险资金支农惠农能获得合理的利润水平。

（三）要坚持盈利性和普惠性相结合

保险资金支农惠农，既是保险回归服务实体经济本源的要求，也是保险资金获取

市场化利润水平的驱使，更是保险业促进农业农村优先发展的政治责任。这就使得保险资金支农惠农具有盈利性和普惠性的双重特质。一方面，在构建现代化经济体系的历史进程中，以市场导向深化保险业改革，必须让保险公司通过长期投资获取应有的利润水平，并通过利润积累和稳定的获利机会，让保险资金所有者持续地进行市场化投资。另一方面，保险资金支农惠农，是落实乡村振兴战略，夯实整个国民经济现代化的政治责任。保险资金必须坚持“险资姓保”的基本原则，为农业农村优先发展提供资金支撑，不断补齐农业农村现代化的融资难、融资贵和保险供给不足的短板。在这个意义上，就保险资金支农惠农而言，盈利性与普惠性具有天然的结合特质，两者不是对立关系而是良性促进关系。

二、供给侧改革背景下保险资金支农惠农的重点任务

在供给侧结构性改革背景下实现保险资金支农惠农，就是密切结合乡村振兴战略，围绕农业农村优先发展，从供给端精准发力，不断提高保险资金支农力度和惠农强度，让保险资金成为农业农村现代化不可获取的金融支持力量。在当前，应当以习近平新时代中国特色社会主义思想为指导，围绕深化金融体系改革这个背景，抓住深化供给侧结构性改革这条主线，优化风险监测预警和防范化解机制，牢牢抓住不发生系统性风险的底线，确保保险资金更好服务于农业农村优先发展这个大局。

（一）丰富涉农保险品种，更好满足农业农村优先发展的保险服务需求

应当结合当前制约农业发展的气候风险和市场风险不断加大的挑战，坚持有效规避和分散风险，强化保险资金与农业农村现代化的关联度、紧密度和支持黏度，全面提升保险资金支农惠农的供给能力和服务水平。一方面，要围绕农业现代化面临的风险挑战，以满足保险需求为切入点，不断丰富涉农保险品种，既要有直接面向农业规避气候风险的保险品种，还要有确保粮食生产稳定增长的直接服务于新型农业经营主体的保险供给，更要有针对销售流通环节的具有目标价格导向的新型农业保险品种，最终做到不断优化农业保险供给结构、丰富农业保险品种、提高农业保险供给体系的质量和效率。具体而言，要在巩固基本面、覆盖全领域、稳步提标准这个大前提下，加快推进理念创新、产品创新和机制创新，围绕口粮作物农业保险、目标价格保险、天气指数保险和新型经营主体专属的农业保险等进行产品创新试点，构建保险责任广、保障程度高、理赔程序简、费率水平合理的产品体系，最终实现保险品种由基本风险保障转向收入保险、价格保险、产量保险和指数保险，形成品种多、层次多的产品供给体系。

(二)加大农业保险商业创新模式

与以往不同的是，当前保险资金支农惠农具有鲜明的时代特质，即处在一个互联网＋、大数据和人工智能的崭新时代。在这个背景下，保险资金支农惠农应与互联网、大数据、物联网和云计算等紧密结合，以互联网技术和思维解决以往保险资金支农惠农存在的难题和痛点，努力做到降低经营成本、减少查勘定损程序复杂程度和弱化投保主体过于分散状况。这就要求保险资金所有者要充分运用最新的信息化技术，不断提高保险资金支农惠农的科技化含量和信息化水平。与此同时，要注意防范保险资金支农惠农陷入高科技陷阱，切实以服务实体经济为根本准绳，坚持科技服务于实体经济这个基本原则，让现代化信息技术服务于农业农村优先发展这个目标。

(三)要构建多层次的保险资金支农惠农保障体系

保险资金支农惠农具有多层次的复合特征。要以保障充分、权责清晰为导向，着眼于建立健全健康持续的保险资金支农惠农保障体系。一是要结合农业面临自然风险挑战较多的状况，着力提供初级保险业务；二是要预防保险赔付不足，建立再保险制度，提供再保险品种；三是要建立巨灾风险保障机制，着力化解区域性或全局性的难题。最终建立起一个包含初级农业保险、再保险和巨灾保险的农业保险保障体系，从而不断夯实保险资金支农惠农的基础地位和支撑力度。

(四)要强化农业保险监管，确保整个保险市场公平和稳定

要正确把握保险资金支农惠农的定位和发展方向，在坚持不发生系统性金融风险的前提下，不断纠正监管定位偏差带来的不利影响，精准甄别各种潜在风险，补齐监管短板和不足，主动强化监管的前瞻性和针对性，重塑保险监管，不断优化保险资金支农惠农的监管环境，根治各种乱象、防范各种风险，以良好的监管生态提高保险资金支农惠农的成效。

三、供给侧改革背景下保险资金支农惠农的主攻方向

(一)要着眼于农业现代化体系建设

保险资金支农惠农，要围绕构建现代农业产业体系、生产体系和经营体系做文章，确保保险资金的运用能够有效促进农村一二三产业融合发展，为新型农业经营主体提供充足、长期、稳定的资金来源，切实解决新型农业经营主体在发展适度规模经营过程中面临的资金短缺、融资难、融资贵难题。

(二)要着眼于农民就业创业，拓宽增收渠道

保险资金支农惠农，必须把农民获得稳定收入流作为努力方向，将资金投向于能

够吸纳更多农民就业创业的产业领域，不断通过增加就业创业机会，让农民获得更多的非农业收入，不断实现收入结构优化。

（三）要着眼于土地制度改革，提供有效金融服务

土地制度在乡村振兴战略中具有基础性地位，由土地制度改革引发的土地与农民的关系是贯穿"三农"工作的主线问题。在新时代，要在坚持集体所有制的前提下，实施"三权分置"，做到坚持集体所有、稳定承包权和放活经营权，让农民以及新型农业经营主体都吃上定心丸。为此，保险资金支农惠农必须切实解决好深化土地制度过程中所产生的金融需求，为土地制度改革提供充足的资金支持，以及在流转平台搭建、经营流转环节提供长期稳定的资金。

（四）要着眼于小农户和现代农业发展有机衔接

怎样实现小农户与大市场的有效衔接，历来是"三农"工作要解决的重要课题。保险资金支农惠农，要让小农户能够以合理的成本获得资金，并将通过融资渠道获得的保险资金投资到生产环节中，不断增加小农户持有资金的数量并提高运用资金的能力，大力拓展小农户发展空间，实现小农户与现代农业发展的有机衔接。

除此之外，更要着眼于农民对美好生活需要这个新时代课题，围绕让农民生活得更好，把保险资金更好地运用于改善农民生活方面，科学诠释"保险让生活更美好"的行业发展理念，让保险资金成为农民更好生活、更好地发展的金融支持力量。一方面，要结合新时代我国社会主要矛盾转变这个命题，通过前期扎实工作，摸清新时代农民对保险的精准需求，以如何让农民生活得更好这个命题，多方面、全方位了解农民对保险的需求，不断加大创新力度，切实提高保险产品供给的有效性和针对性。比如，在满足农民对基本风险保障的前提下，可以从子女教育、养老服务、财产保险等方面强化支持和创新力度。另一方面，要着眼于提高保障和改善民生水平这个课题，围绕农民最关心、最直接、最现实的利益问题，尽力而为、量力而行，不断以保险资金的支农惠农提升社会治理的有效性，促进良好社会秩序的形成，切实让农民对保险资金的支农惠农有获得感、幸福感和安全感，从而让新时代农村社会治理更加充实、更有保障和更可持续。

总之，新时代，保险资金做好支农惠农这篇大文章，应当从生产和生活两个维度展开，通过现代化生产体系的建设、产业化体系的优化和经营体系的完善，让农民有一份体面的工作、稳定的收入和发展的前景，实现收入水平与国民收入同幅度增长；通过健全的社会风险保障体系，让农民敢于为了改善生活而合理消费，充分分享经济社会发展带来的成果。可见，保险资金支农惠农，既要兼顾当前又要着眼未来，既要实现财富

增加又要做好财富分配，是一个工具性与价值性有机统一的系统性工程。

第三章　供给侧结构性改革背景下保险资金支农惠农：实现路径

支农惠农，为新时代保险资金发展明确了方向、提供了机遇和注入了新动力，如何将支农惠农落到实处，切实提高支农惠农效率，是供给侧结构性改革背景下做好保险资金支农惠农这篇大文章需要考虑的核心问题。保险资金支农惠农是一个系统工程，具有全局性和复杂性，应当围绕"如何做"，从顶层设计、坚持原则、利益相关者诉求以及保障措施等指明保险资金支农惠农的实现路径。具体而言，就是首先要明确顶层设计，探讨保险资金支农惠农的制度支持体系；接着从政府、监管部门、保险公司、农业经营主体等利益相关者的诉求出发，以激励相容为目标，探讨每个利益相关者的行为边界和方向；然后从保障措施角度，探讨资金、资源、科技、人力投入等。就实现路径来看，保险资金支农惠农效率是关键，理顺政府与市场关系是核心，激发每个利益相关者的主动性、积极性和协同性是保障。

第一节　供给侧结构性改革背景下保险资金支农惠农的顶层设计

保险资金支农惠农，涉及各方面的利益，颇为系统复杂。要切实提高支农惠农效率，真正把保险资金的长期独特投资优势作用于农业农村现代化，这就需要从全局高度、以战略思维，把供给侧结构性改革背景下保险资金支农惠农设计好、统筹好。

一、指导理念

理念是行动的先导，一定的发展实践都是由一定的发展理念引领的。发展理念是否对头，从根本上决定着发展成效乃至成败。发展理念，不仅能管全局、管根本，还能管方向、管长远，是发展思路、发展方向和发展着力点的集中体现。发展理念越是科学，发展目标、发展任务和发展举措就越能精准制定。在这个意义上，发展理念具有战略性、纲领性和引领性。要做好供给侧结构性改革背景下保险资金支农惠农这项工作，必须树立正确的指导理念。

首先，要以习近平新时代中国特色社会主义思想为指导理念，精准领略习近平新时代中国特色社会主义思想对深化保险业供给侧结构性改革的统领作用，从战略上理清为什么支农、支持哪些领域、依靠谁支持以及怎样惠及农业、惠及哪些领域这些根本命题，通过这个行动指南和根本遵循，为保险资金支农惠农明确方向、指明道路和拓宽发展空间、抓住发展机会。

其次，要贯彻新发展理念。新发展理念，是党基于中国特色社会主义的伟大实践，对经济社会发展规律认识的深化，为我国建设现代化经济体系提供了科学指引。越是贯彻新发展理念，工作开展就会越顺利、道路就会越正确、成效就会越显著；否则，越是偏离新发展理念，潜在风险就越大、矛盾冲突就会越凸显、成效就会大打折扣。保险资金支农惠农，是农业农村现代化建设的重要环节，是建设现代化经济体系的重要内容，必须贯彻新发展理念。要通过创新发展理念不断丰富保险资金支农惠农的内容和途径；以协调发展理念处理好利益相关者的利益分配关系，并最终促进城乡融合发展；要以绿色发展理念确保保险资金投资于生态导向的行业和项目，让环境优美、生态良好贯穿整个投资过程；要通过开放发展理念处理好与非保险资金的关系，以开放合作的姿态实现保险资金与其他资金的有效合作；要落实好共享发展理念，让农民得到实惠、获得发展和拥有幸福，不断增加农民的认可感、满足感和幸福感。

二、战略目标

保险资金支农惠农，既是新时代坚持农业农村优先发展，补齐全面建成现代化过程中农业农村短板的战略需要，又是保险行业回归服务实体经济本源的需要。在新时代，要实现乡村振兴，让农业兴旺、农村美丽和农民富裕，路径较为多元化。以保险资金支农惠农，实质上就是通过保险资金为农业农村发展注入长期发展资金，以支农实现惠农，以惠农诠释保险资金风险保障优势和长期独特投资优势。对于这样一个战略投资行为，必须明确相应目标。

（一）要促进城乡融合发展

改革开放以来，尽管我国城乡二元结构有所弱化，但城乡发展之间的差距仍然存在；特别是随着整个国民经济快速增长，城乡关系又有了新的表现形态，农业凋零、农村衰败和农民贫穷呈现出新的特征。要在新时代实现城乡融合发展，必须从外部给予支撑力量。显然，保险资金就是能够通过释放其长期独特投资优势、资金跨期配置优势，为农业农村优先发展注入稳定资金，并通过提高保险资金使用效率，实现农业一二三产业融合发展和转型升级、农村环境优美和农民幸福美好，最终促进城乡融合发展。在这个意义上，支农是保险资金促进城乡融合发展的途径；惠农是保险资金支农绩效的呈现，惠及面的广度和深度以及持续度对于城乡融合发展十分重要。所以，在将城乡融合发展定位为保险资金支农惠农战略目标后，保险资金的使用和收益的分配就能服从于这个战略目标，并进行规范化、法治化和长期化。

（二）要促进保险业深化改革

供给侧结构性改革，是我国经济步入新常态后，党中央为了确保经济又好又快发展实施的战略性政策。随着供给侧结构性改革的深入推进，诸多制约我国经济长期高效发展的因素会逐步破除，从而为未来经济稳步发展注入源源不断动力。在推进供给侧结构性改革这个背景下，保险业作为现代金融体系的三大支柱之一，势必要深化改革，从供给侧精准发力，不断提高保险资金供给质量和效率。通过支农惠农，既能让保险业回归服务实体经济本源，又能为保险资金长期稳定增长进入良性轨道，避免非理性、野蛮性举牌投资，从而在实体经济与资本市场之间进行合理化配置。可见，通过支农惠农，既能纠正以往保险资金使用或投资的不理性、野蛮性，又能让保险资金释放其优势并培育和壮大实体经济，从而更好服务于国家将实体经济作为建设现代化经济体系着力点这个大战略。也正是通过支农惠农，让保险资金实现了工具性手段和价值性目标的统一，在规范中实现了发展，在发展中进一步规范，最终势必会带来整个保险行业的深化改革和长远发展。

三、战略定位

定位决定路径和出路，更影响未来发展前景和空间。对于保险资金支农惠农必须具有战略定位，并以此规范保险资金支农惠农，为农业农村优先发展提供资金保障，为深化保险业供给侧结构性改革营造空间和机会。

（一）要坚持发展定位

发展是硬道理。保险资金支农惠农具有发展导向。不仅要促进农业农村优先发展和农民生活幸福，而且要促进保险资金高效利用和整个保险行业长远健康发展，并最终使整个金融行业向服务实体经济的回归，从而牢牢把握住不发生系统性风险的底线。在这个意义上，发展具有首要性。这就要求必须明确发展的总体目标和阶段性目标，并对发展依靠的力量、需要的平台和实现的手段有明确规划，把目的和手段辩证统一起来。具体而言，要坚持农业农村优先发展和保险资金长期健康发展定位，权衡处理好成本与收益关系，以最有效的方式实现两者发展的良性互动。

(二)要坚持普惠定位

对于经济主体而言,获得可观的利润水平是自身持续发展的前提,但同时要承担一定的社会责任。对于保险资金支农惠农而言,就是释放金融普惠性的一个体现。农业作为国民经济的基础,对于国家治理具有根基性作用,必须给予高度重视。相对于投资于资本市场的收益而言,投资于农业农村的回报率较低、回报周期较长,如果保险资金所有者的投机心理占了上风,那么保险资金进入农业农村的动力就不强、力度就不大;相反,如果保险资金所有者长期投资心理占了上风,那么保险资金进入农业农村就动力十足。所以,坚持普惠战略定位,能够有效解决农业农村健康发展的资金短缺问题,破解融资难、融资贵难题,让农业农村优先发展具有资金支撑,并通过现代化的金融手段助推农业农村优先快速和高效发展。

(三)要坚持兜底定位

保险资金支农惠农,要重视生产领域,但不能局限于生产领域,还要关注生活领域,围绕影响农村发展和农民幸福的各个方面进行投资。教育、医疗卫生和养老、住房等都是保险资金应当支持的重点领域,这不仅是保障民生的需要,更是构建良好社会秩序的需要。做好了这些方面的资金支持,能够为促进农村治理体系和治理能力现代化夯实基础。可见,民生兜底性定位,是稳定器和减压阀,能够为农业农村在经济层面实现发展提供社会层面的稳定基础。

总之,发展性、普惠性和兜底性战略定位是一个整体,三者缺一不可,发展性是导向、普惠性是要求、兜底性是保障,三者的统一是在供给侧结构性改革背景下,做好保险资金支农惠农工作的必然要求。

第二节　供给侧结构性改革背景下保险资金支农惠农的基本原则

一、以农民为主体原则

以人民为中心是习近平新时代中国特色社会主义的根本立场,坚持为了人民、依靠人民和发展成果由人民共享,是做好一切工作的根本准绳。保险资金支农惠农应当践行这个根本立场。具体而言,就是要贯彻以农民为主体的原则。以农民为主体,就要求保险资金支农惠农首先要倾听农民意见,让农民参与支农惠农的全过程,农民不仅有知情权,还有参与权、决定权以及收益权和监督权,要把农民是否满意、是否受益作为衡量保险资金支农惠农的根本遵循。与此同时，以农民为主体原则，更要把保险资金支农惠农着眼于农民长期发展，让农民在短期实现财富增加的同时，还要让农民在长期拥有获取稳定收入流的机会。除此之外，涉及保险资金的运用，要对农民公开、公正，让农民心里有数、放心。

二、市场运作原则

要提高保险资金所有者支农惠农的积极性、主动性和创造性，必须要让保险资金所有者在支农惠农的过程中能够获取可观的利润水平，从而为开展长期持续投资奠定稳定的利润基础。这就要求保险资金的使用和运作必须坚持市场化原则，要让市场成为保险资金优化配置的决定性作用，让预期的利润水平成为保险资金优化配置的晴雨表；这就要求在保险资金支农的全过程，要充分尊重资金所有者的决策，凸显市场化力量，做到让市场运作的原则贯穿保险资金支农的每一个环节。只有这样，才能将保险资金支农真正做成一个惠农的工程；否则，缺失了市场运作原则，不仅会弱化保险资金所有者的积极性和主动性，还会对农业农村农民带来负面影响，不仅不能支农、更不能惠农，只能碍农甚或毁农。

三、政府监管原则

坚持市场运作原则，并不是否定政府监管，反而对政府有更高要求。坚持政府监管原则，就是要政府从前、中和后每个环节都要精准到位，不仅不能缺位、越位、错位，更不能乱作为，要有所为和有所不为，切实提高政府监管成效，构建系统化的监管体系。就保险资金支农惠农而言，政府监管首先要做到确保保险资金来源是否合法，资金使用是否符合国家产业规划，投放领域是否合乎规定，收益分配是否损害农民利益，等等。其次，政府监管要做到保险资金真正姓保、监管真正姓监，让保险资金的来源、使用和收益分配都符合法律要求，经得起推敲，能够真正促进农业农村现代化，能够得到老百姓发自内心的认可。再次，要监管有效，还需要政府部门提高监管人员素质和能力，确保相关人员拥有合理的知识结构、法治化的监管思维，而不是设租寻租，扭曲监管者与被监管者的关系。

四、长期投资原则

在我国决胜全面建成小康社会的新征程中，农业农村是整个现代化的短板，最大的不平衡和不充分发展就在农业和农村，这就会让大多数涉农投资具有回报周期长、见效慢的特点。保险资金支农惠农必须做好长期打算，有扎下心来、放下身子干一段时间的气魄。为此，保险资金支农惠农就应该充分发挥保险资金长期投资的独特优势，把保险资金支农惠农看作是长期投资战略，而不是短期投机策略。要把保险资金投放到那些关乎农业现代化发展、农村富饶美丽和农民富裕幸福的领域里，让农业长期发展、农村环境优美和农民生活幸福有稳定的金融资金支持。由此可见，长期投资原则，在一定程度上就要求保险资金所有者具有一定的政治责任和担当，相比较把资金投放到回报高、见效快的资本市场，支农惠农要求保险资金所有者在短期内放弃部分可观利润，这显然对保险资金所有者提出了较高的伦理要求，也势必要求保险资金所有者具有战略思维和眼光。

五、互惠互利原则

支农惠农是过程与结果统一的体现。支农是行为过程，惠农是该行为过程的结果；支农未必惠农，脱农势必不惠农。要确保保险资金所有者持续支农，首要的前提是在支农过程中，保险资金所有者能够有可观的投资回报，不管是短期还是长期；而保险资金能够支农，势必要得到农民或新型生产经营主体的认可或不反对，否则该行为就无从达成；进一步，要让农民或相关利益主体不反对和鼓励，支农这个行为本身就必须能够给他们带来好处，也就是支农收益的分配能够惠及这部分群体。由此可见，互惠互利原则，能够让保险资金所有者和农民或新型农业生产经营主体成为一个利益关系紧密的共同体，而这个共同体稳固的根基就是支农带来的收益不仅要惠农还要惠及保险资金所有者，从而让资金的供给者与需求者能够实现通力合作。所以，做好保险资金支农惠农这项工作，必须坚持互惠互利原则，让利益相关者能够有利可图且能够因利合作，而不是一个群体受益是以损害其他利益群体为代价。这意味着，保险资金支农惠农是利己利人的帕累托改进过程，最终能做大做强保险资金支农惠农的收益蛋糕，并以互惠互利原则分配好这个不断增大了的收益蛋糕。

第三节　供给侧结构性改革背景下保险资金支农惠农的激励相容

一、利益相关者

保险资金支农惠农涉及诸多经济主体，围绕支农惠农会成为利益关系紧密的利益相关者。在这个过程中，每个利益相关者的利益诉求不尽相同，甚至会因为利益分配而成为冲突者。要避免冲突，首要的前提就是必须厘清有哪些利益相关者，以及务必搞清楚每个利益相关者的利益诉求是什么。

保险资金支农惠农利益相关者包括保险资金所有者、政府、行业监管者、农民、新型农业经营主体。具体而言，保险资金所有者（保险公司、保险基金等）在这些利益相关者中因其是资金拥有者而具有一定的优势；政府因其拥有的公权力又比保险资金所有者具有更明显的地位优势，行业监管者亦如此；相比较来说，农民或新型农业经营主体会因其缺少资金而在诸多利益相关者中缺乏一定的地位优势。这些利益相关者的关系具有短时期内的稳定性，但又会在保险资金支农惠农的过程中发生演变，从而使得彼此之间的关系不再固化而相对动态。

就利益诉求来看，保险资金所有者期望通过支农获取市场化的利润水平；政府和行业监管者期望通过规范保险资金所有者的投资行为，增强保险资金对农业农村发展的金融支撑，从而达到地方政府期望的农业农村优先发展和行业监管者期望的保险资金规范使用和长期投资；农民或新型农业经营主体期望通过保险资金所有者的投资满足资金需求，克服融资难或融资贵给日常生产生活带来的诸多不便，并在保险资金支农过程中让投资收益惠及自身。由此可见，尽管利益相关者彼此的利益诉求不尽相同，但这并不意味着彼此之间势必会形成冲突对立关系；相反，处理好差异化的利益诉求，也会形成良好的合作关系，从而构建一种和而不同的利益分配格局。

二、激励相容

在市场经济中，追求自我利益是每个理性经济人的必然选择；但每个理性经济人的自利行为不必然带来总体价值最大化，也就是说，理性经济人追求自我利益最大化在一定程度上会对其他理性经济人带来利益损害。为此，需要设计相应制度，确保每个理性经济人在追求自我利益最大化时，能够与集体价值最大化相吻合，这就是激励相容。

保险资金支农惠农作为一个复杂的系统工程，会在增加和分配利益的过程中让利益相关者之间产生利益纠纷甚至冲突。为此，就需要依据每个利益相关者的利益诉求，结合每个利益相关者的贡献度，并权衡处理好短期与长期关系，构建能够有限兼顾每个利益相关者的利益分配格局。而且，这个利益分配格局一定要依据一定的原则进行动态调整，并确保每个利益相关者都能够认识到以合作获取更多利益的可能。

第四节　供给侧结构性改革背景下保险资金支农惠农的保障措施

供给侧结构性改革背景下保险资金支农惠农，集复杂性、系统性和生产性、分配性于一身，牵涉到多个利益主体，必须从战略上高度重视，并围绕支农惠农制定全方位的制度保障体系。保障措施是否到位，深刻影响着保险资金所有者支农的决心和定力，保障措施越是到位，保险资金所有者进而其他类型资金所有者支农的力度就越大，从而制约农业农村优先发展的资金短缺和融资难、融资贵问题就会迎刃而解。所以，必须以高度的责任感和高超的政治智慧实施全方位的保障措施。

一、思想认识要上去

在新时代，保险资金支农惠农事关农业供给侧结构性改革和保险业供给侧结构性改革成效，对这个问题越是重视，取得的成绩就越大。保险资金支农惠农，是以习近平新时代中国特色社会主义思想为指引，实施乡村振兴战略的必然要求，是深化金融体系及保险业改革的必然要求。通过支农，农业农村优先发展才会有金融资源支撑；通过惠农，保险资金才能赢得更广阔的发展空间。从这个角度看，必须紧紧抓住供给侧结构性改革这条主线，从供给端精准发力，切实提高保险资金供给质量和效率，最大程度释放保险资金风险保障和长期投资优势。所以，政府有关部门要站在夺取新时代中国特色社会主义伟大胜利这个战略高度上，对保险资金支农惠农的战略意义具有高度认同；通过贯彻新发展理念，让保险资金支农的力度更大些、针对性更强些，以高效的运行机制、激励相容的利益分配机制，惠及农业、农村和农民。一定不能将保险资金支农惠农看作是碎片化的工程，要统筹各方力量、通力合作做好这项战略工程。

二、政策配套要跟上

保险资金支农惠农需要市场和政府共同发挥作用。尽管市场运行机制具有决定性作用，但政府作用不可忽视。由于在现行阶段，保险资金支农的主动性和积极性不是非常强烈，这就需要政府制定配套的政策激活保险资金所有者进行大力度的、高强度的支农，并通过相应的财政税收政策对保险资金的支农行为进行财政补贴和税收优惠。一个关键问题是，政府既要看到保险资金支农的投资性，更要看到该行为的普惠性，这就要求政府必须围绕农业农村优先发展这个大主题，为保险资金支农进行制度配套和创新，允许保险资金所有者以创新的制度进行支农，给保险资金所有者支农创造宽松的创新环境，法不禁止即可为，甚至在某些领域可以让保险资金所有者进行大胆试点，总结经验，并逐步提升为可以复制和推广的践行方案。就目前来看，政府可以围绕土地制度改革、农村集体产权制度改革、农村养老改革等领域进行政策配套，不断通过政策红利吸引更多保险资金所有者进行支农惠农，并逐步为其他类型资金支农惠农树立榜样。

三、环境优化要到位

执行就是生产力。无论思想认识多重视、政策配套多齐全，如果在执行层面出了问题，那么政策红利就无法释放、优势就无法凸显。在这个意义上，环境就是生产力，投资环境越优化，就越能吸引更多的资金所有者进行投资生产，否则就会造成资金所有者逃离。这就要求针对保险资金支农所制定的配套政策必须有一个良好的投资环境，确保这些配套政策能够落地，真正得到不打折扣的执行。为此，基层部门工作人员必须科学精准理解政策制定初衷，多从保险资金所有者和相关经济主体诉求出发，确保保险资金供给有效，让保险需求得到高效满足；否则，一旦在执行层面得不到有效实施，口号再好也无济于事。这意味着，政府相关人员必须从生产力水平跃升的层面为保险资金支农惠农创造优化的投资环境，减少不当干预，努力激活和释放保险资金所有者支农惠农的主动性和积极性，并产生示范效应。

四、调控监管要精准

正如前文所言，政府与市场关系是核心问题，对两者关系的认识越是精准到位，保险资金支农惠农的成效就会越显著。让市场机制发挥决定性作用，并不是要求行业监管者退出保险资金支农惠农过程；相反，对调控监管提出了更高要求，必须以更好发挥政府作用为保障。一方面，调控要具有指导性和宏观性，而不是干预性和事无巨细，要围绕整个国民经济现代化的总体战略目标和实施步骤进行匹配的调控管理，做到审慎和精准。在这里，可以借鉴宏观经济区间调控经验，允许保险资金所有者在支农过程中具有一定的灵活性和弹性。另一方面，监管要具有规范性和精准性，而不是惩罚性和错位性，要围绕农业农村优先发展对资金的需求这个最大实际和保险资金供给有效这个最大主题，进行高标准、全过程的监管，做到有的放矢。与此同时，监管要与时俱进，特别是要充分利用大数据、云计算、人工智能、物联网等现代化信息技术，不断提高监管手段的科技含量和监管人员驾驭现代化信息技术的能力，实现监管精准到位。

五、利益分配要合理

随着生产力水平的总体跃升，社会财富的总量会越来越大，这就使得财富分配在一定程度上比财富创造更能引起经济主体的关注。财富分配格局越是合理，利益相关者的冲突性就越弱、合作性就越强，从而下一轮的财富创造动力就越强。要构建保险资金支农惠农长效机制，必须在惠及上做好文章，清晰界定需进行分配的财富总量，并充分考量每个利益相关者的贡献度和诉求度，着眼当下与未来，兼顾短期与长期，形成合理的利益分配格局，为每个利益相关者带来激励，让每个利益相关者都能在财富分配中具有认同感、获得感和幸福感，从而不断增强下一轮的合作意识。一定要避免竭泽而渔的利益分配做法，只顾及某个利益相关者而忽视其他利益相关者，务必形成诉求可不同、分配皆认可的利益分配格局。需要提及的是，利益分配究竟在多大程度上具有合理性，并得到利益相关者的认同，必须事先了解利益相关者的诉求，倾听他们的意见，以利益相关者的参与和认同为根本准绳。

总而言之，保险资金支农惠农是一个实践中的重大课题，尽管为农业供给侧结构性改革和保险业供给侧结构性改革带来了前所未有的机遇，但在这个过程中可能会出现诸多不可预料的问题，并且怎样处理这些崭新的问题影响着保险资金支农惠农的成效，事关农业农村是否能够得到优先发展，事关农业是否能够强起来、农村是否能美起来和农民是否能富裕起来。这就要求各项保障措施必须具有动态调整的开放性而不是静止的封闭性。在这个意义上，保险资金支农惠农没有止境，保险资金支农永远在路上，这是新时代深化保险业供给侧结构性改革的需要，也是新时代保险业回归服务实体经济本源的需要，这就使得各项保障措施没有终结性，只有发展性，所以保障措施只有进行时没有完成时。

参考文献

[1]Outreville,J F. The Economic Significance of Insurance Markets in Developing Countries[J]. *Journal of Risk & Insurance*,1990,57(3),p487—498.

[2]安毅，方蕊.发达经济体农业风险管理体系建设经验与启示[J].经济纵横，2017(10).

[3]范毅.乡村振兴战略：从十九大报告看全新城乡关系[EB/OL]. http://opinion.caixin.com/

2017－10－20/101158844.html.

[4]龚雯，许志峰，王珂.七问供给侧结构性改革——权威人士谈当前经济怎么看怎么干[N].人民日报，2016－1－4(2).

[5]韩长赋.大力实施乡村振兴战略[N].人民日报，2017－12－11(7).

[6]韩长赋.完善农业保险制度推动农业现代化加快发展[J].农村工作通讯，2016(6).

[7]黄英君.从三驾马车到供给侧改革：保险业如何应变？(一)[N].中国保险报，2016－10－12(3).

[8]李香雨，程鹏.保险资金运用对投资和经济增长的贡献研究[J].保险研究，2012(9).

[9]刘璐，韩浩，马文杰.政府支农政策对农业保险需求的影响机制研究[J].农业经济问题，2016(10).

[10]刘星显.东北三省农业保险发展存在的问题及解决路径[J].经济纵横，2017(9).

[11]饶晓辉，钟正生.保险能否促进经济增长——基于中国的实证分析[J].上海经济研究，2005(12).

[12]粟芳，方蕾.政策性农业保险补贴最优模式探析——基于“千村调查”的研究[J].财经研究，2017(11).

[13]孙祁祥，郑伟，锁凌燕，何小伟.市场经济对保险业发展的影响：理论分析与经验证据[J]金融研究，2010(2).

[14]谭英平，刘蕾，孙健，巫成方.中国农业保险效率测度及地区差异分析[J].农业展望，2017(10).

[15]唐伟.农业巨灾险是防农业风险的关键之举[N].中国商报，2017－6－28(P2).

[16]王一鸣，陈昌盛，李承健.正确理解供给侧结构性改革[N].人民日报，2016－3－29(7).

[17]习近平.习近平谈治国理政.第二卷[M].北京：外文出版社，2017.252.

[18]肖文博.我国农业保险支农惠农状况及对策分析[J].当代经济，2017(18).

[19]谢利人.保险发展与经济增长关系的实证分析[J].求索，2006(8).

[20]杨久栋.农业保险：农业供给侧改革的重要领域[N].农民日报，2016－5－7(3).

[21]张晓晶.让新发展理念在新时代开花结果[N].人民日报，2017－12－13(7).

[22]赵进文，邢天才，熊磊.我国保险消费的经济增长效应[J].经济研究，2010(增刊).

[23]赵尚梅，李勇，庞玉锋.保险业对经济增长贡献的理论模型与实证检验[J].保险研究，2009(1).

[24]中共中央文献研究室.习近平关于社会主义经济建设论述摘编[M].北京：中央文献出版社，2017.20、21.

[25]周海珍.保险业发展与促进经济增长的关系研究[J].管理世界，2008(11).

[26]周小川.守住不发生系统性金融风险的底线[N].人民日报，2017－11－22(6).

[27]祝卫东.关于推进农业供给侧结构性改革的几个问题[J].行政管理改革，2016(7).

(本文获“IAMAC 2017 年度系列研究课题”优秀课题)

公司战略篇

保险资金“脱实向虚”风险防范与国际经验借鉴

华东理工大学

麦　勇　蒋　雪　倪思远　祁　兵

摘要

近年来，我国经济发生了很多“脱实向虚”的情况。在2016年末中央经济工作会议上，也提到要坚持虚拟经济服务实体经济的本质要求，防止资本过度流向虚拟经济。基于上述情况，开展本研究。

研究保险资金的“脱实向虚”问题，始终绕不开对实体经济和虚拟经济的界定。

第一章是对“脱实向虚”问题的理论梳理、实际情况分析和文章结构安排的说明。理论梳理方面，界定了实体经济和虚拟经济的内涵和外延，虚拟经济过度发展是会影响实体经济的，有必要对“脱实向虚”问题进行研究；虚拟经济具有主观性的特点，风险也会传染，可以用非理性人假设下的理论结合流行的风险管理理论进行研究。就我国实际情况而言，一方面，总体经济中确实存在“脱实向虚”的问题，所以研究防范“脱实向虚”风险很有必要；另一方面，具体到保险资金运用方面，杠杆和期限错配是“脱实向虚”的主要问题，质押式回购市场是融入资金的主要市场。就风险防范方式而言，VaR方法从理论到实际应用，都是风险监控管理的一种很好的量化方法。这些结论都是本文开展后续研究的基础。

第二章通过具体的实例阐述“脱实向虚”的危害，并总结各国的经验教训，为我国的“脱实向虚”问题提供借鉴。研究认为，“脱实向虚”的危害很大，但是每次“脱实向虚”的具体问题都不一样，所以各国也只能因地制宜地采取不同措施来应对“脱实向虚”问题；不过，共性的是，“脱实向虚”出现后，主要是依靠政府监管的指导和新政策来纠正的。

第三章将研究着眼点放在保险资金外部，研究质押式回购市场上杠杆的情况及防范的重点，就外部传染而言，应当警惕私募、券商、城商行和农商行等机构“脱实向需”问题的传导。

第四章研究的着眼点置于保险资金运用机构本身，研究保险资金“脱实向虚”风险内部计量及数值模拟。结果显示，Copula-VaR 的方法可以计量“脱实向虚”的风险，并且“一刀切”地设置某一杠杆率的方法是不科学的，在当前监管机构大力倡导内部风险资本计量模型的背景下，可以考虑 VaR 模型下的“脱实向虚”风险的量化管理。

第五章，分别对保险资金运用机构、保险资金监管机构、相关自律组织以及实体经济提出如下建议：首先，保险资金运用机构应当在资金运用上遵循服务实体经济的原则和遵照监管规定的要求，一方面防范外部带来的“脱实向虚”风险，另一方面防范量化管理内部面临的“脱实向虚”风险，同时还应加强内控以便更好地管理杠杆和期限错配问题。其次，保险资金监管机构应当在加强监管的同时，扩展量化监管手段。再次，相关自律组织应当一方面加强自律的倡导，另一方面加强自律的管理。最后，实体经济应当积极发展。如果实体经济步入良好运行状态，资金不再需要“以钱炒钱”的空转，“脱实向虚”问题也就迎刃而解了。此外，各行业的监管机构应当协同配合，避免“脱实向虚”风险在各行业的传染。

关键词

脱实向虚　传染风险　Copula-VaR

第一章　保险资金运用“脱实向虚”问题综述

2016 年中央经济工作会议提出“着力振兴实体经济”。这就必须坚持虚拟经济服务实体经济的本质要求，防止资本过度流向虚拟经济，造成实体经济空心化。虚拟经济不是不能搞，但不能一窝蜂地追逐，更不能“脱实向虚”，放弃或削弱实体经济。

第一节 “脱实向虚”的相关理论

一、实体经济与虚拟经济的界定

要研究保险资金“脱实向虚”的风险防范问题，首先绕不开的就是对实体经济与虚拟经济的研究。学术界对虚拟经济概念的明确界定一直存在分歧。举个房地产属于实体经济还是虚拟经济的简单例子。有学者认为房地产业是实体经济，因为它从上游到下游都是物质状态实际存在的；而有的学者认为，房地产业的虚拟价值膨胀与虚拟资本的扩张合在一起，构成了经济中的虚拟部分。

具体来说，谢太峰(1999)把虚拟经济分了三个大范畴，在传统证券的基础上，认为以信息技术为工具所进行的数字经济和计算机模拟的可视化经济活动也都是虚拟经济。成思危(1999)认为虚拟经济与金融系统的循环密切相关，简单地说就是钱生钱。李晓西(2000)认为虚拟经济与信用制度和货币化息息相关，银行的息票和汇票，证券市场的股票和债券以及产权物权及各种金融衍生品都是虚拟经济的一部分。吴立波(2000)认为虚拟经济就是金融投机活动，比如房地产及文物珍品的投机活动。张中华等(2003)认为虚拟经济本质是在经济全球化、信息技术革命、金融深化和国际金融创新浪潮下发展起来的资本价值形态的独立运动。

目前来看，虽然尚不能统一严格界定实体经济和虚拟经济的内涵和外延，但现在所提的虚拟经济，更多地是指金融业内的资金循环。本文也更倾向于基于这类定义来进行研究。需要说明的是，对于投向房地产业的保险资金，本文认为是进入到实体经济中的，因为：第一，房地产是实际的物体，并且上下游带动很多实体经济机构；第二，投向房地产业的保险资金，基本都是参与开发的市场，不是“炒房”的市场。所以，本文研究中对于投向房地产等相似类别的资金，都认为是资金进入了实体经济。

二、虚拟经济的特点

除了一般认为的虚拟经济具有虚拟性、派生性、复杂性、高风险性和高速增值性外，虚拟经济还有周期性、客观性以及主观性的特点。

(一)周期性

杨明生(2008)认为虚拟经济的演化具有明显的周期性，一般包括实体经济加速增长、经济泡沫开始形成、货币与信用逐步膨胀、各种资产价格普遍上扬、乐观情绪四处洋溢、股价与房地产价格不断上升、外部扰动造成经济泡沫破灭、各种金融指标急剧下降、人们纷纷抛售实际资产及金融资产、实体经济减速或负增长等阶段。其中提到的“情绪”和“外部扰动”等内容与乔治·阿克洛夫和罗伯特·席勒(2012)在《动物精神》中运用行为经济理论对经济周期的描述不谋而合。可以看出,虚拟经济的发展周期与整个经济社会是紧密相连的,更会受到市场情绪的影响而波动。

这也侧面说明了,“脱实向虚”与经济的萧条的步调非常一致,有着某种联系。

(二)客观性

成家军(2016)的研究表明,虚拟经济的发展是随经济发展、经济结构变化而产生的,是难以避免的。首先,在经济发展的前提下,国民收入增长,社会财富增加,金融体系在现代经济生活中的地位和作用进而提升。接下来,金融体系基本的融资功能日益弱化。最后,金融资产价格泡沫的膨胀,扩大了社会居民收入差距。但是,虽然经济金融化,或者说虚拟经济的产生和发展是正常的,但是始终应当警惕,金融不能离开服务实体经济的本质要求。

(三)主观性

周骏等(2003)研究认为经济越虚拟化,对人们信心的依赖性越强。主观风险来自人们对未来预期收益主观估计的错误。比如投机者,他们不是看未来收益的折现,而是看买卖价差,对买卖价差的判断来自于主观情绪,也就带来了主观风险。类似地,行为金融学有观点认为,整个社会对经济前景的共识即所谓的“信心状态”发生变化会导致经济周期波动。格林斯潘对于亚洲货币暴跌的分析与此相似,认为“蔓延开来的本能恐惧感”才是造成投资资金大规模撤退,是导致货币贬值的根源,而与真实情势并无关联。

因此,虚拟经济的主观性也就决定了传统经济学并不能很好地解释,所以,本文更倾向于使用非理性人假设下的经济理论进行研究,比如描述从众心理的羊群效应和描述情绪或者危机扩散的传染效应,这也是后文研究的一个基础。

三、实体经济与虚拟经济的关系

国外对于虚拟经济与实体经济的关系研究最早可见于戈德史密斯(1955),他提出金融资源和金融资源配置的概念,与目前我国“脱实向虚”“货币空转”等问题类似。在20世纪80年代后,西方发达国家金融部门变得居于经济中心地位,而实体经济部门却处于辅助地位的背景下,诺伯特和卢卡斯(2004)提出了分离假说。

我国对于实体经济与虚拟经济的研究中,刘骏民(1998)较早地对两者的关系进行全面分析；杨琳(2000)认为落后的虚拟经济将会成为实体经济发展的障碍。王爱俭(2004)指出虚拟经济的发展能够创造货币，带动服务业的发展并具备财富效应。这一时期的研究虽承认"以实为本"(秦池江，2003)，但主要论点集中在虚拟经济对实体经济的促进作用上。次贷危机后，观点发生转变。朱伟骅(2014)指出虚拟经济若呈现支配地位，在过度背离后会出现泡沫崩溃。刘洋(2015)研究发现实体经济和虚拟经济背离在宏观层面上影响了金融系统的稳定。成家军(2016)认为金融部门的规模必须限定在一定的度内，否则会对实体经济产生潜在的不利影响。

可见，越来越多的学者认为，虚拟经济的过度发展，会影响实体经济，进而影响整个经济社会。所以，研究"脱实向虚"问题是有必要的，研究防范"脱实向虚"的问题也是有必要的。

第二节 "脱实向虚"的实际情况

在前文分析研究实体经济与虚拟经济的理论基础上，本节对于我国的实际情况，尤其是保险资金运用方面的具体情况进行分析。

在研究保险市场之前，必须认识两个问题：第一，保险业是金融业的组成部分，而"脱实向虚"是一个社会问题，保险业不可能独立于经济社会而存在，所以研究保险资金的"脱实向虚"就需要先从经济社会的角度，了解整个社会"脱实向虚"的情况。第二，如前述理论分析，经济社会中的情绪或者危机是会传染的，研究保险资金的"脱实向虚"，并不能单独地着眼于保险业，而应当将目光放大到整个经济社会。因此，接下来对整个社会的"脱实向虚"情况和保险资金的"脱实向虚"两部分进行分析。

一、经济社会总体情况

就我国目前经济的"脱实向虚"问题，有很多种观点。

(一)金融与"脱实向虚"

许多学者都认为"脱实向虚"与经济金融化有不可分割的关系。的确，我国金融企业自2000年以来取得了很大的进步，随之而来的"脱实向虚"问题越来越被重视。

经济金融化的一个表现就是金融部门在GDP中的规模越来越大。考虑到我国金融体系是以银行业为主的间接融资体系，因此选取银行业为代表进行研究。我们选取了2003—2016年银行业资产占GDP比重的数据，如图1—1所示，可以发现，银行资产与GDP的比例在2005年左右最高约为234%，而2010年这一比例迅速扩大到

294％，目前已超过 300％（数据来源：Wind）。

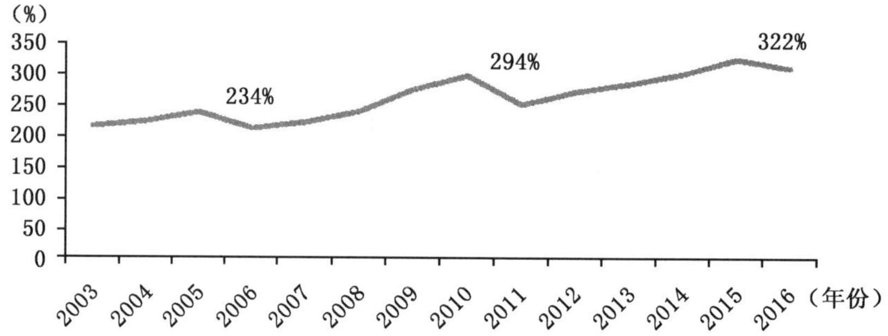

资料来源：Wind.

图 1－1　金融资产与 GDP 的比值

经济金融化的另一个表现就是金融部门利润占比非常高。以沪深股市作为中国经济环境的一个小缩影，可以发现，2007－2016 年间，金融板块净利润近年来基本占全部 A 股净利润的一半左右，甚至在 2015 年达到 59.16％，如图 1－2 所示。

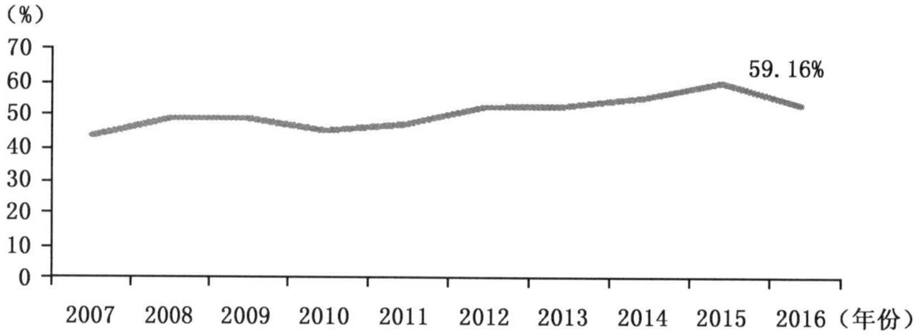

资料来源：同图 1－1。

图 1－2　上市金融公司利润与全部上市公司利润的比值

由上可以看出，我国的经济金融化程度在近几年非常高，正是基于此，有学者认为我国经济的“脱实向虚”问题是很严重的。

（二）货币与“脱实向虚”

有学者认为“脱实向虚”“资金空转”等问题的根源在于货币政策的宽松，正是超发的货币，导致了投机者的逐利。的确，1996 年我国的 M2 规模才 7.5 万亿元左右，股市的规模也很小，即便股市换手率全球第一，对国内外经济的影响都不大。但截至 2017 年 11 月，我国的 M2 达到 167 万亿元，是 20 年前的 20 多倍，股票总市值也成为全球第二，但实体经济的增幅并没有那么大，[①]这是导致货币泛滥的根本原因，最终结果是经济的“脱实向虚”。

（三）税率与“脱实向虚”

虽然税率问题不是本文研究的内容，但是目前对于我国经济“脱实向虚”的分析中，许多学者都提到税率问题。李若谷（2017）认为，2016 年末的中央经济工作会议特别强调解决“脱实向虚”的问题，就应该着力解决减少企业的税负问题，特别是高端制造业，实体经济、小微企业的问题一定要解决，否则中国经济真会遇到难题。

（四）实体经济与“脱实向虚”

与虚拟经济相比，实体经济往往投入成本较高、产出周期偏长、利润空间有限，当前，实体经济特别是中小民营企业更是面对严峻挑战，生产经营往往处于微利、无利状态，有的甚至难以为继。有学者认为，“脱实向虚”很可能是实体企业经营出现了问题；另外，债市中的信用违约风险往往也是因为实体企业经营状况恶化所致。所以，资金“脱实向虚”、金融去杠杆等问题的根源还是实体经济的问题。从某种意义上讲，如果实体经济的扭曲尚未得到较好缓解，各种实体风险最终都会以金融形式外化地体现出来，当然也包括“脱实向虚”。

比如，有报道称 21 世纪以来的十几年里很多企业都开始“脱实向虚”，“脱实向虚”的危害已初现端倪。中国沿海一些企业大量介入高利贷，一旦超过自身清偿能力，就选择“跑路”，玩起“失踪”。据初步统计，截至 2012 年 12 月底，温州老板“跑路”，企业关闭或停产的事件已达 100 多起。这种势头如不加以遏制，可能导致民间借贷市场崩盘，投入其中的资金难以收回，金融系统遭受损失。遏制经济过度由实业向金融投资业转化的“脱实向虚”趋势，是我国当前调控的一项重要任务。

（五）有所缓解的“脱实向虚”

近期认为我国经济“脱实向虚”问题已得到缓解的主要经济学者是高善文（2017）。他的研究目标是以银行体系（包括影子银行）的负债方（M3）以及实体经济部门的负债方（称作广义社会融资）变化为入手点，定义并估算资金在实体部门和虚拟经济之间的流转情况。其认为“脱实向虚”问题有所缓解的原因是，实体经济领域融资需求的恢复（PPP 项目的推广、房地产投资的恢复、经济的企稳反弹等）和监管部门金融去杠杆的努力。前者导致实体经济资金需求的增加，后者导致影子银行信用创造的收缩。同时，实体部门融资需求也企稳改善。在银行理财资金投向中，“非标”资产的占比也在

① 数据来源：wind。

2016 年下半年稳定下来并有轻微的回升。此外，银行表内贷款的投放总体偏强，在全部表内贷款中的占比快速攀升。

二、保险资金运用中的"脱实向虚"

自 1950 年恢复国内保险业务以来，保险资金运用走过了初始阶段、治理整顿阶段、规范发展阶段和专业化、市场化发展阶段。通过不断地探索，保险资金运用逐渐规范化、专业化。但是伴随着保险业务的逐步扩大，以及整体经济社会的"脱实向虚"倾向，保险资金运用过程中也发生了一些值得探讨的问题。

（一）股票市场

首先是著名的"万宝之争"。虽然最后以深圳地铁成为第一大股东收场，事态恢复平稳，但万科股权之争还是留下无数争议，其中最重要的一点是，使得社会公众将保险资金这类的虚拟资本与实体经济对立起来。这也使得监管机构明确表态，金融要为实体经济服务，防止资金"脱实向虚"，这是中央划下的红线。事实证明，一些险资打着支持实体经济的旗号，弄虚作假、恶意举牌投资，这才是对实体经济最大的损害。

最近两年，一批中小型保险公司在二级市场频频举牌，成为资本市场和公众的焦点，保险资本也被赋予"野蛮人"的称号。一方面，高现金价值产品等资金来源和高杠杆收购的资金组织方式确实蕴含了较多风险；另一方面，二级市场"举牌"现象的影响力较大，每次举牌都伴随着标的公司股价的剧烈波动。个别保险资金罔顾市场接受程度、行业负面影响，采取"快进快出"等基金的投资行为，或通过概念炒高股票获利，甚至在取得上市公司控制权后将企业家和管理层驱逐，使上市公司沦为融资平台，严重影响"实体经济"。这些都是资金"脱实向虚"的表现。

（二）杠杆

谈到"脱实向虚"，就不得不说杠杆问题。一直以来，资管业务在债券投资领域获取高收益的办法，其中之一就是债券投资加杠杆。简单地讲，就是以持有的债券为质押，在银行间市场获得低成本资金，然后继续购入相对高息的债券，实现加杠杆过程。这是"资金空转""脱实向虚"的一大主要问题。这也是本文"脱实向虚"的研究重点。

另外，需要说明的是，机构融入资金的渠道有很多种，从股票市场、银行间市场的买断式回购和质押式回购都可以融入资金，但是这 3 个渠道融入资金量是有很大差别的。以 2017 年 12 月 12 日（某一普通交易日）数据为例，质押式回购市场成交金额

29 174.43亿元，买断式回购市场成交金额1 701.84亿元，远远小于质押式回购市场[①]。可以看出，质押式回购市场是融通资金的主要市场。

（三）期限错配

期限错配问题也是可以使得“资金空转”的一个重要手段。与加杠杆相类似，借助收益率曲线短期低、长期高的特点，资管业务可以在本币市场中通过债券质押，付出较低的利率，借得短期资金；而与此同时，购买收益率高的长期产品，通过不断借短期资金，来实现最终的期限匹配，同时赚取长期产品与短期产品收益率的差值。

需要说明的是，期限错配也是金融业经营中的一项正常的获利手段，而且并不是所有的期限错配都会引发严重的“脱实向虚”问题。所以，不能因为当前略显严重的经济社会“脱实向虚”问题就“一刀切”地禁止，而应当探索一种合理有效的监控手段，既有利于金融机构的日常经营，又可以帮助监管机构做好管理。

（四）小结

第一，研究“脱实向虚”的必要性。虽然监管机构和很多学者都不断强调了实体经济困难是“脱实向虚”的根源，认为虚拟经济由实体经济产生，又依附于实体经济，虚拟经济的周期性运动反过来又对实体经济产生巨大的实质性影响。因此，在保险资金运用过程中，必须正确认识实体经济和虚拟经济的关系，从而选择合理的战略配置。但在前文分析中，我们还是发现了保险资金“脱实向虚”的很多问题，因此防范保险资金“脱实向虚”是非常有必要的。

第二，研究“脱实向虚”的难点。从前述理论分析和实际情况说明已经看出，研究防范保险资金“脱实向虚”有很多难点。首先，对于实体经济和虚拟经济的具体范畴，尚无定论，进而如何界定资金“向实”，又如何界定资金“向虚”都存在难题。其次，各种“脱实向虚”问题都不是单独存在的，比如：保险资金的“脱实向虚”不能与整体行业的“脱实向虚”割裂开；放杠杆的过程中也往往伴随着期限错配，也不能明确地将其割裂研究。考虑到这些实际研究中的困难，笔者另辟蹊径，将保险资金的运用渠道进行归纳，再逐一分析研究其可能发生的“脱实向虚”风险，最终得出风险防范的有效措施。

保险资金运用机构在进行投资操作时，其投向主要可以归纳为四类，即非标准化（包括项目资产支持计划、专项资产管理计划、集合信托计划等）、标准化、流动性、其他金融资产（基金、同业存单等），如图 1—3 所示。

一是非标产品的分析。直接投向非标准化的股权和债权计划，这类投资会直接投

① 数据来源：外汇交易中心。

向非标准化股权债权以及 PPP 和其他另类投资等，都可以视为资金进入到了实体领域（类似于前文对于房地产行业的投向界定问题），不存在“脱实向虚”问题。

二是标准化产品的分析，归纳为以下四个市场投向：

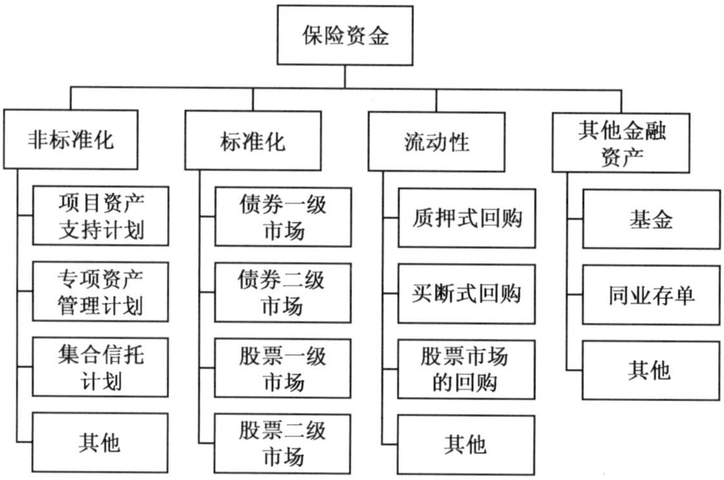

图 1—3　保险资金投向图

（1）债券一级市场，即筹集资金的公司或政府机构将其新发行的债券销售给买方的金融市场。在这一市场上，保险机构的资金直接交给发行债券的资金需求方进入实体经济，因此不存在资金“脱实”的问题，也就不存在需要防范资金“脱实向虚”的风险。

（2）债券的二级市场。这一市场设立的原本初衷是为了活跃市场，促进债券合理定价，但是所有金融机构在这一市场中都有“加杠杆”和“期限错配”来赚取资本利得部分以提高收益的可能，存在资金“脱实”风险，也就成为重点研究的对象。

（3）股票一级市场，类似于债券一级市场，资金的运用直接支持了发行股票企业进行实体经济建设，不存在“脱实”问题。

（4）股票二级市场，股票市场设立的初衷是为了促进经济社会发展，但资金在股票二级市场的运用中存在投机的可能，而且之前险资在股票二级市场的种种举牌行为给行业带来了或多或少的负面影响，原中国保监会更是在这两年连续出台了多项规定，限制险资在股票二级市场上的不当运作，因此，虽然股票二级市场存在资金“脱实向虚”风险，但并不是本文研究的主要内容。

对于流动性产品的分析，主要是对回购市场的分析。回购市场简单来说就是借用资金的市场。该市场设立的初衷是缓解金融机构偶尔发生的流动性等问题，但在“脱实向虚”问题上，去杠杆和期限错配都与回购交易分不开。所以，借助回购市场的杠杆问题，是资金“脱实向虚”研究的重点，也是防范的重点。如前文分析，在回购市场，质押式回购市场的体量是最大的，所以本文选取质押式回购市场为主要研究对象，进行研究。

除了上述投资方向，保险资金还可以购买其他金融产品，比如基金、同业存单等，但是考虑一方面由于该业务占比较小，另一方面基金的投向与保险资金运作的投向大同小异，因此本文不做讨论。

第三节　风险的相关理论

一、风险的概念

在研究实体经济与虚拟经济之后，要研究风险防范，就得先讲一讲风险。风险，就是生产目的与劳动成果之间的不确定性，大致有两层含义：一种强调了风险表现为收益不确定性；另一种则强调风险表现为成本或代价的不确定性。若风险表现为收益或者代价的不确定性，说明风险产生的结果可能带来损失、获利或是无损失也无获利，属于广义风险，所有人行使所有权的活动，应被视为管理风险，金融风险属于此类；若风险表现为损失的不确定性，说明风险只能表现为损失，即没有从风险中获利的可能性，属于狭义风险。风险和收益呈正比，所以一般积极进取的投资者偏向于高风险是为了获得更高的利润，而稳健型的投资者则着重于安全性的考虑。

所以说，风险是一种不确定性，如果确定了也就不叫风险了。本文研究的风险也存在一种不确定性，即有可能发生，也有可能不发生，发生了可能是其他原因，也可能是“脱实向虚”，但是只要其大概率是存在“脱实向虚”的问题，也是本文所研究的范畴。

二、风险的传染

对于风险传染的研究，是近些年兴起的。有研究认为，外部传染风险是相对于金融体系内部风险而言的，即产生于体系之外的风险。但这种风险显然又不同于一般的企业经营风险或其他风险，而是产生于融资活动或准金融活动的风险，具有向体系传染的介质，所以称之为外部传染风险。本文的后续其他研究，也借鉴了风险传染的理论。

三、风险的管理

风险管理即是识别、确定和度量风险，并制定、选择和实施风险处理方案的过程。目前常用的风险量化管理的工具有很多，较为常用的有 VaR 等。1993 年发表的 30 国集团的《衍生证券的实践与原则》报告中，对已知的头寸或组合的市场风险定义为：经过某一时间间隔，具有一定工信区间的最大可能损失，并将这种方法命名为 Value at Risk，简称 VaR 法，并竭力推荐各国银行使用这种方法，这也成为目前金融机构中较为常用的方法。

在风险量化研究中，还有一个值得一提的是，利用不确定性的随机性特征来定义风险。风险的不确定性包括模糊性与随机性两类。模糊性的不确定性，主要取决于风险本身所固有的模糊属性，需采用模糊数学的方法来刻画与研究；而随机性的不确定性，主要是由于风险外部的多因性（即各种随机因素的影响）造成的必然反映，需采用概率论与数理统计的方法来刻画与研究。这也与前文中提到的“脱实向虚”风险很难界定相一致。

第四节　小结及研究框架

一、小结

基于上述研究，将要点总结如下，这些要点也是本文研究的基础和方向。

第一，理论研究认为虚拟经济过度发展不好。已有理论研究认为过度发展的虚拟经济对实体经济带来负面影响，所以有必要对“脱实向虚”问题进行研究。

第二，实际中确实存在经济金融化的问题。通过对实体经济与虚拟经济的具体情况分析，我国保险资金运用中目前存在“脱实向虚”问题，所以防范“脱实向虚”风险很有必要。

第三，虚拟经济具有主观性会传染。虚拟经济具有主观性的特点，可以用非理性人假设下的许多理论结合流行的风险管理理论进行研究。

第四，杠杆和期限错配是“脱实向虚”的主要问题。从实际投资角度逐一分析“脱实向虚”风险，认为主要存在于杠杆和期限错配上。

第五，质押式回购市场是融入资金的主要市场。相比股票市场而言，质押式回购市场才是融入资金的主要市场，其规模远远超过买断式回购，也是极有可能发生杠杆问题的市场,更是本文研究的主要市场。

第六,VaR 是风险管理的一种好方法。很多研究都认为 VaR 是一种比较好的风险度量方法,VaR 也广泛地用于实际的风险管理中。

二、研究框架

第一章已经分析了"脱实向虚"是一个非常值得关注的问题,但是并没有具体阐述"脱实向虚"有哪些危害,因此,第二章将研究世界其他国家发生的"脱实向虚"问题有哪些后果,且这些国家采取了怎样的政策措施来应对。

在总结国际经验的基础上,第三章将研究内容放在当前保险资金"脱实向虚"风险传染机制上。前面的理论分析已经提到,虚拟经济具有主观性的特点,可以考虑用非传统的行为经济的理论来研究,并且保险资金作为回购市场的一分子,很有可能受到外部风险的传染。

在研究外部防范后,第四章讨论保险公司内部风险的管理问题。具体来说,研究当前保险资金"脱实向虚"风险计量及数值模拟。通过理论研究我们知道杠杆是"脱实向虚"的主要问题,本章拟探讨一个较为合理的防范方法。

第五章是对全文的一个总结。通过对"脱实向虚"现状的阐述、国外经验的总结、外部传染风险和资金配置的研究,提出"脱实向虚"风险防范建议。

第二章 发达西方国家的经验和教训

综观各国"脱实向虚"问题的发展趋向,往往最终导致了经济危机。因为过度地炒作资本,会影响基础经济的发展,威胁社会稳定。历史上几次著名的萧条事件,无论是17 世纪荷兰的郁金香泡沫、美国的 5 次萧条,还是日本和加拿大的衰退,都与"脱实向虚"多多少少有些关涉。所以,研究危机也是研究"脱实向虚"的危害。

本章分为三部分:第一节阐述历史上发达西方国家"脱实向虚"带来的严重后果,第二节总结这些国家在发生了危机后,补救措施中的一些可圈可点可借鉴的政策,第三节具体研究国外保险资金的运作模式,与我国目前现状是否一致,我们能从中得到哪些借鉴。

第一节 “脱实向虚”的教训

一、美国

（一）20 世纪 30 年代的萧条

虽然研究认为 20 世纪 30 年代的大萧条是金本位制的失败（巴里·艾肯格林和杰弗里·萨克斯）。但实际上，最初的原因还是虚拟经济的股票市场崩溃引发了实体经济也陷入长期萧条。

（二）2007 年的萧条

2007 年的次贷危机更是资金“脱实向虚”严重后果的明显例证。在这次危机中，由于保险业通过承保次级抵押贷款保险、次级债券担保保险等业务和购买大量的次级债券，在危机中遭受重创（李香雨、程鹏，2012）。

美国的“脱实向虚”问题也与其衍生品市场的蓬勃发展脱不开干系。很多研究认为大量衍生品加剧了“资金空转”的问题。2007 年次贷危机，也是由于次级贷款证券化后，高度衍生导致了危机爆发。

二、其他

（一）日本

除了比较有代表性的美国，日本也有著名的“失落的十年”，指的是从 20 世纪 90 年代后期一直持续到 21 世纪初期的通货紧缩、经济萧条时代。1984 年股指第一次突破10 000点，低利率和股价的不断攀升又刺激了包括房地产在内的资产价格的上涨，推动了整个资产泡沫不断膨胀。但“虚拟经济”部分的股票市场和房地产市场于 90 年代初期崩溃，在此后的大约 15 年时间里，日本政府频繁陷入财政赤字，最后政府债务飙升到年度 GDP 的 1.71 倍，实体经济陷入萧条。这仍旧与“脱实向虚”问题紧密相连。

（二）欧洲

欧债危机也是近些年较为重要的一次经济危机，其原因是欧洲近半个世纪以来金融服务业快速发展，大量制造业外迁导致实体经济“空心化”，欧债危机时无力“输血”（贺扬、朱子凯，2012）。

三、总结

第一,“脱实向虚”风险的后果非常严重。严重的“脱实向虚”往往最终走向危机,一旦发生危机,将会对GDP、失业率、价格等方方面面产生负面影响。以美国为例,19世纪90年代,在经历了股市繁荣后,经济进入衰退,失业率一度达到18.4%;20世纪30年代,随着全球股票市场的崩溃,经济陷入萧条,第二次世界大战爆发;20世纪末,安然公司舞弊,泡沫破灭,引发了一定程度的危机;2007年,众所周知,房价泡沫破灭,次级贷款问题浮出,经济又一次陷入衰退。

第二,风险的起因事件多种多样。“脱实向虚”引发危机的具体原因总是不同的。比如,1993年美国的“储贷危机”,就是由于大量资金在未受有效监管的体系外涌动造成的。虽然美国政府针对该问题后续出台了一系列措施,但是到2007年另一种类型的未受监管的资金涌动还是出现了,最终导致了席卷全球的“次贷危机”。这也是“脱实向虚”风险不易防范的重要原因——风险事件每次都不会相同。也正因此,需要时时提高警惕,结合实际情况,做出具体分析。

第二节　其他国家的经验

在研究了各国“脱实向虚”引发危机的严重后果后,如何防范这么严重的问题,也就摆在了重要的位置。在研究防范之前,需要首先了解一下这些危机问题是如何被解决的。

一、美国

美国虽然应对历次危机的具体政策不同,但总结起来,应该是采取了结合实际情况的监管措施。具体来说:

(一)设立美联储

在很早之前并没有美联储这样的机构,正是为了应对危机、应对萧条,美联储在1913年成立。“弹性货币”条款被认为是其主要创新。美联储的主要作用是经济中的最后放贷人。

(二)存款保险制度

发明存款保险制度,从而避免了大量中小存款人出现恐慌和挤兑行为。具体来说,如果发生危机,单个储户都可以得到联邦存款保险公司最多25万美元的存款保险。

（三）加强资本管理

要求商业银行控制经营杠杆，保持充分的资本缓冲，避免资本损失转移给存款人（罗伯特·席勒，2012）。

（四）TALF

TALF 是一种定期资产抵押证券贷款工具，并且无追索权，政府只能得到银行的抵押品（且只要求很低的估值折扣）。该方法的好处是，一方面银行的潜在损失有限，另一方面银行会尽力发放优质贷款。在 2008 年 11 月，该政策快速重新激活了濒临崩溃的信贷市场。

（五）GSEs

GSEs 同样是 2007 年应对危机的产物。简单来说，就是直接向银行注资。由于银行放贷受到自身资本实力的制约，额外注入的银行资本就格外珍贵。这时就需要通过政府支持企业（GSEs）直接发放贷款。

（六）“动物精神”学者的观点——情绪感染

萧条时由于信心低落引起的信贷紧缩极其严重，货币政策和财政政策使经济恢复到充分就业的水平的刺激是不够的。为了实现充分就业，可能需要大幅增加政府支出或减税，将信贷流量控制在充分就业时的水平之上，这样可以恢复因信心骤降而消失的信贷流量。

二、其他

克鲁格曼（1988）建议日本银行采取永久性提高通货膨胀目标的政策。一方面，当名义利率为零时，实际利率足够低的通货膨胀目标可能会高于从其他角度来看是最优的通货膨胀率；另一方面，中央银行可以在公开市场操作中购买除短期政府债券以外的其他资产。

三、总结

通过上述研究可以发现，“脱实向虚”一旦引发危机后果严重，并且每次引发的具体事件都不相同，所以每一次解决的政策措施也都不尽相同，这也符合事物不断发展变化的规律。比如，20 世纪初，美联储的成立正是为了应对危机，承担最后放款人的角色；而当 2007 年时，尽管美联储正常运行已久，还是出现了泡沫，引发了危机，美国政府则制定了更加严格的金融监管政策来解决这一问题。从中可以看出，虽然每次的具体补救方式存在差异，但是思路相对而言是有共性的，那就是将引发危机的虚拟资金纳入监管之中。

第三节　保险资金运作的经验

一、从管理模式看

从管理模式看，我国情况与国外差不多，并无太多经验可以指导防范“脱实向虚”风险问题。

国际保险业资金管理的模式有三种：一是外部委托，是指保险机构将管理资产委托给外部第三方机构进行投资管理，借助外部专业机构的力量来提升整体投资组合的收益率，适用于中小型的保险公司；二是内设投资部门，是指公司在内部设置投资部门进行资金运作；三是设立专门化保险资产管理机构。

二、从资产投向看

从保险资金的投向角度研究，可以得到一些国外的管理经验。

第一，保险资金是资本市场上资金的主要来源之一。在国际股票市场上，保险公司持有的上市公司的股票市值占整个股票市场市值总额的比重较高，欧洲为40%、日本为50%。在美国，保险公司和私人养老基金的投资在其货币市场和资本市场中所占的比例为20%以上。在“脱实向虚”引发萧条之后，监管机构对于资本市场的投资比例进行了限制。

第二，发展开拓间接融资渠道，比如日本和德国的保险资金投资组合中，贷款占相当大的比重。

第三，向不动产类的实体经济领域投资。美国、日本、德国、韩国和新加坡等国的保险公司不动产投资占总资产的比例都达到5%—8%。

第四，加强监管。美国保险投资由各州保险监管机构监管，严控保险公司任何有价证券的投资或贷款，以及普通股、合伙权益、信托凭证或者其他股权等的比例限制。

第五，鼓励另类投资。美国自全球量化宽松形成低利率环境以来，加强了资金向“实体经济”中的配置，主要以另类投资为主。

第三章　保险资金“脱实向虚”风险外部传染机制研究

理论分析和案例研究都证明“脱实向虚”风险需要关注。在防范的基础上，本章通过模型的形式，探讨保险资金运用过程中，“脱实向虚”风险的外部传染。

首先，从理论研究出发，认为保险资金是处于整个经济环境之中的，不是割裂开的单独存在，可能会受到其他机构的风险传染；并且，虚拟经济具有主观性，不能用传统理性人假设下的经济理论进行研究，而可以从非理性、传染等角度来分析。从实际研究出发，确定质押式回购市场上的杠杆和期限错配问题是保险资金“脱实向虚”的主要途径（如前所述，虽然买断式回购市场上也有融资业务，考虑到市场规模以及市场内结构的高度类似性，此处以质押式回购市场情况作为范例进行研究）。

其次，质押式回购市场是保险资金乃至各种金融机构进行融资的主要市场，而且保险资金并不是市场中的主要力量，在这样一个市场中，“脱实向虚”的风险很可能是由外部传染过来的。所以，要研究这样的风险传染，首先要理清市场的具体结构，分析杠杆的位置，才能做好防范。

所以本章先研究质押式回购市场上参与者的行为结构、杠杆大概率所在的位置，最后通过获得的白名单样本，来验证理论研究与实际情况的相符程度，进而总结寻找防范风险的有效措施。

第一节　质押式回购市场分析

一、质押式回购市场简介

（一）质押式回购

质押式回购是交易双方以债券为权利质押所进行的短期资金融通业务。在质押式回购交易中，资金融入方（正回购方）（在交易系统中委托显示“融资”）在将债券出质给资金融出方（逆回购方）（在交易系统中委托显示“融券”）融入资金的同时，双方约定在将来某一日期由正回购方向逆回购方返还本金和按约定回购利率计算的利息，逆回购方向正回购方返还原出质债券。

（二）质押式回购市场参与者

本币质押式回购市场是一个非常复杂的市场，其中机构众多，根据外汇交易中心2017年12月12日公布的数据，市场内成员共21 239家。[①] 可见，保险机构只是其中一类参与者，而且是家数比较少的一类参与者，如表3－1所示。

① 数据来源：外汇交易中心。数据更新至2017年12月12日。

表 3—1　市场参与者

机构性质	成员数	机构性质	成员数
大型商业银行	25	股份制商业银行	42
城市商业银行	152	政策性银行	3
外资银行	110	农村商业银行和合作银行	876
基金	3 936	基金公司	68
农村信用联社	542	信托投资公司	69
金融租赁公司	41	财务公司	213
保险公司	142	证券公司	117
资产管理公司	4	汽车金融公司	20
社保基金	107	企业年金	1 953
信托公司的金融产品	1 079	保险公司的保险产品	372
其他投资产品	19	村镇银行	53
保险公司的资产管理公司	24	期货公司	29
证券公司的证券资产管理业务	4 174	境外银行	180
境外保险公司	32	非金融机构	147
商业银行资管	32	理财产品	612
保险资产管理公司的资产管理产品	603	基金公司的特定客户资产管理业务	4 598
基金公司的资产管理公司	2	民营银行	10
境外央行	53	期货公司资产管理产品	96
私募基金	110	境外其他资产管理机构产品	182
境外证券公司	27	境外基金管理公司非法人产品	213
境外保险公司非法人产品	2	境外人民币清算行	13
境外证券公司非法人产品	30	主权财富基金	5
国际金融组织	7	境外其他中长期机构投资者	16
境外其他资产管理机构	24	境外养老基金公司	4
境外慈善基金公司	1	境外其他中长期机构投资产品	2
境外基金公司	7	养老基金	49
消费金融公司	4	证券公司的资产管理公司	
其他	7		

数据来源：外汇交易中心。

质押式回购市场不同于股票市场，双方是匿名的；质押式回购市场上的交易双方是需要联系和接触的。

（三）质押式回购业务量

质押式回购业务量非常大。举例说明，如表 3－2 所示，这是 2017 年 12 月 12 日（一个平凡的交易日）当日成交的质押式回购业务的数据，其中品种名称中的数字表示期限，分别为 1 天、7 天，M 代表月，Y 代表年。可以看出，成交量最大的还是 1 天期限的质押式回购，达到了23 656亿元。

表 3－2　　品种交易量

品种	成交笔数(笔)	成交金额(亿元)
R001	7 414	23 656.733 6
R007	2016	3 577.785 5
R014	356	692.699 7
R021	140	771.724 2
R1M	206	249.484 1
R2M	105	120.331 0
R3M	34	72.202 5
R4M	12	17.743 1
R6M	7	7.246 0
R9M	4	6.530 5
R1Y	2	1.950 0

资料来源：外汇交流中心

二、参与者结构

（一）参与者分类

为研究市场的结构，需要对参与者进行整理分类。

首先，由表 3－1 可知，质押式回购市场的参与者非常多，全面研究是很难突出重点的。所以，在明确本文研究的主要内容是“脱实向虚”风险及防范的前提下，为有所侧重，按照分类方式，将境外参与者和各类产品剔除。

其次，从实际业务中了解到，质押式回购市场上，资金能呈现出一些流动方向。如果将市场分为四层：最上层的资金融出方是三大国有政策性银行；第二层的资金融出方是四大国有商业银行和交通银行；第三层是股份制商业银行，第四层是城商行、农商行、保险机构、公募基金、券商乃至私募基金。需要说明的是，在第四层，由于资金体量的巨大差异，又可以再分为三类，分别是城商行、农商行，保险机构和公募基金，券商和私募基金。

（二）分类原因

在解释上述分类原因之前，首先需要说明的是，银行间本币质押式回购交易市场上的交易是错综复杂的，理论上机构之间都可以相互交易，只是实际上，举个简单的例子，作为资金主要融出方的三大政策性银行，是不可能主动与私募基金公司做质押式回购业务的，所以如果不事无巨细地描述，而是在归纳主要资金流向的情况下，进行上述分层研究也是合理的。换句话说，以上归纳的层级，并不代表全部，只是一个主流情况的探讨。其次，在明确了这个分层是按照资金的主要流向进行归纳的前提下，在了解具体业务情况的基础上，假设本层之间机构会进行质押式回购业务，而上一层的机构不会与下一层的机构去进行质押式回购。简单来说，就是下一层机构向上一层机构借入资金，本层机构之间进行资金的融入，而上一层机构不会向下一层机构进行资金的融入。

回到分类原因的探讨上，前文分类的规则之一是从判断实际机构是否有其他业务经营渠道获取资金，并能获取多大规模的资金。首先，三大政策性银行鉴于本身性质，在此不必再分析；其次，各类银行机构是可以通过零售业务的存款业务获得现金流的，但是由于规模的不同，五大行、其他股份制银行、城商行和农商行之间的差异巨大，也因此分列于不同的三层之中；再次，保险公司的资金可以从保费销售渠道获取，而基金公司本身就是募集资金进行运作的，但相比银行，这个量小了很多；最后，券商业务是基本没有渠道获取资金来进行运作的（或者说很少的渠道），而私募基金虽然也是资金募集，但是相较其他金融机构，正规的私募基金无论从家数还是业务量上都非常小。据此，笔者进行了如图 3—1 的层次划分。

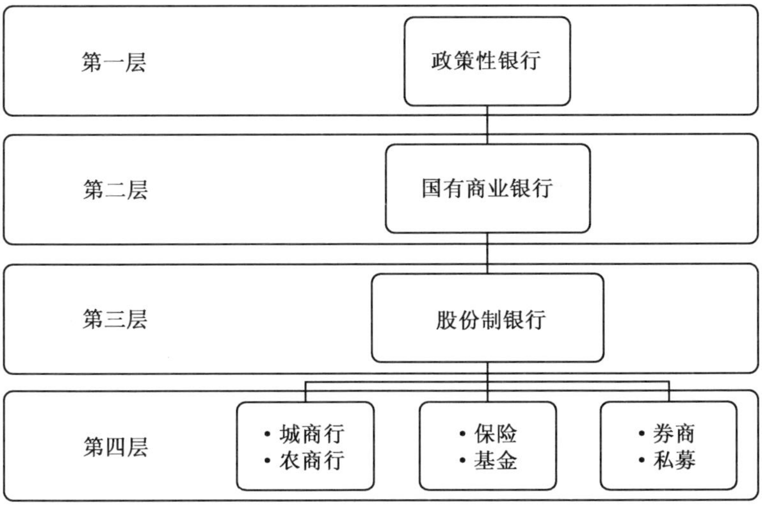

图 3—1　质押式回购市场结构图

（三）对券商的说明

前文提到券商从其他业务获取资金的能力有限，是因为考虑到券商的主营经纪业务并不具备银行、保险、基金这样的资金募集能力。蒋健荣（2016）的研究也侧面说明了这一情况，他使用 CEIC 数据，对截至 2015 年底，我国银行理财、信托、保险、券商资管、公募基金及基金子公司的管理资产规模做了分析，发现分别为 23.5 万亿元、16.3 万亿元、11.18 万亿元、11.89 万亿元、8.4 万亿元及 8.57 万亿元。但是值得一提的是，他认为券商资管虽然管理着近似于保险业规模的资金，但是其中 11.1 万亿元（93%以上）均为通道业务。众所周知，通道业务其实只是为了监管套利而使用的一种手段，并非真正的资金运作管理。因此，笔者认为，券商在本币市场外的业务经营市场上获取资金的规模较小。

第二节　质押式回购市场中的杠杆

一、定性研究

假设市场中只有 A 和 B 两个机构，如果 B 向 A 借钱，则杠杆肯定不在机构 A；当然，对于机构 B 来说，他借钱的初衷可能不是放杠杆，但是不能排除他完全不是放杠杆（这也符合第一章提到的风险的模糊性）。所以，如果在这样一种两机构市场内存在杠杆，那么杠杠只能在机构 B。

基于上述分析，结合实际情况，换句话说，可以认为杠杆大概率存在于资金的融入方。具体到质押式回购市场，杠杆大概率兴起存在于业务的最末端的资金需求方，也就是自身其他业务融入资金能力较小的券商和私募。

二、定量研究

前文明确了质押式回购市场的结构，并分析认为质押式回购市场的杠杆大概率存在于最终的资金融入方。接下来，考虑交易量对杠杆的影响。假设一个三机构的市场，机构 A 是资金的融出方，机构 B 和机构 C 分别是资金的融入方，但机构 B 融入后的杠杆是 300%，而机构 C 是 130%，可以认为，这个市场中的主要杠杆在机构 B。

同理，可以通过研究分机构的交易情况，推测市场中的主要杠杆。此处以 2017 年 12 月 12 日（某一普通交易日）的质押式回购业务中各机构的交易占比（数据来源：外汇交易中心）进行分析。如图 3－2 所示，可以明显看出，不考虑“其他”项目情况下，占比较高的机构类型从高到低依次是城市商业银行、农村商业银行和合作银行、股份制银行、大型商业银行和外资机构。所以，我们大概率地认为，城市商业银行、农村商业银行和合作银行，是主要存在杠杆的地方。(不考虑"其他"项目的原因是，如表3－1所示，质押式回购市场参与者有55类之多，排除大型商业银行、股份制银行、城市商业银行、外资机构和农村商业银行和合作银行外，还有50类，其内部构成机构类型复杂多样，外汇交易中心也未公布其中细分数据，所以这类暂时不再分析)。

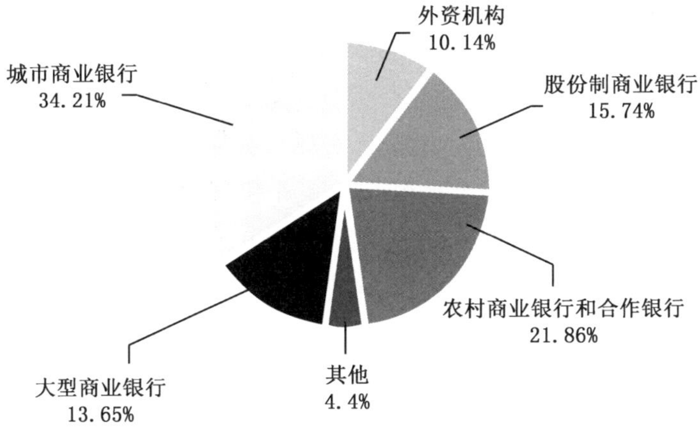

图3—2 质押式回购市场分机构业务占比

第三节 传染研究

一、理论基础

前文已经说明了，虚拟经济具有主观性，可以使用非理性假设下的非传统经济理论进行研究。

(一)行为经济学理论

行为经济学是将行为分析理论与经济运行规律、心理学与经济科学有机结合起来，以发现现今经济学模型中的错误或遗漏，进而修正主流经济学关于人的理性、自利、完全信息、效用最大化及偏好一致基本假设的不足的一类学说。

最近运用行为经济学原理分析经济社会生活的一个比较有名的方面是"动物精神"。"动物精神"的概念来源于凯恩斯1936年的《就业、利息和货币通论》。凯恩斯承认，大多数经济行为源自理性的经济动机，但也有许多经济行为受动物精神的支配，即人们总是有非经济方面的动机，在追求经济利益时并不总是理性的。阿克洛夫把"动物精神"概括为，导致经济动荡不安和反复无常的元素；它还用来描述人类与模糊性或不确定性之间的关系。动物精神具体有 5 个方面：信心、公平、腐败和反社会行为、货币幻觉。相关经济学者认为，信心以及信心与经济运行之间具有反馈机制，正是这种机制放大了各种干扰。

"羊群效应"是较为广泛被接受的一种行为经济学理论，它也叫"从众效应"：是个人的观念或行为由于真实的或想象的群体的影响或压力，而向与多数人相一致的方向变化的现象，表现为对特定的或临时的情境中的优势观念和行为方式的采纳（随潮）、对长期性的占优势地位的观念和行为方式的接受（顺应风俗习惯）。人们会追随大众所同意的，将自己的意见默认否定，且不会主观上思考事件的意义。所以，人与人之间存在情绪影响，机构与机构之间也存在影响，一个机构的做法，会被其他机构效仿。

在这样的非理性市场中，信心、情绪都是经济波动的关键点，某一机构的短期杠杠方式的获利很容易被其他机构效仿。质押式回购业务的市场参与者虽然是机构，但具体业务操作者是相关工作人员，在主观性较强的这类市场上，更容易产生一些非理性行为，进行一些从众性操作。

（二）复杂网络理论

对于上述问题的量化研究，可以借鉴传染病的传染方式为故事的传播创建模型。比如：故事或者情绪就像病毒，它们口口相传，具有一定的传染性。流行病学家开发了一种研究流行病的数学模型，也有用复杂网络理论来研究传染的，经济学者也可以用它来研究故事和信心的传播。

复杂网络作为一门新兴科学，是对存在的网络现象及其复杂性进行解释的学科。它研究的是网络（非狭义的计算机网络概念）现象。网络在自然界和人类社会中普遍存在，包括自然界中天然存在的星系、食物链网络、神经网络、蛋白质网络；人类社会中存在的社交网络、传染病传播网络、知识传播网络；人类创造的交通网络、通信网络、计算机网络；等等。

现实中病毒传播、信息传播、谣言扩散等，都可看作是服从某种规律的网络上的传染动力行为，该理论的发展和应用研究受到学者们的广泛关注。同时，由于关联主体之间的关联结构可用复杂网络进行刻画，而其关联信用风险具有类似病毒传播的特性，因此复杂网络理论为研究关联信用风险传染演化规律提供了一种新的视角。

（三）传染理论

传染风险是指涉及影响单个或一系列银行的特殊冲击向其他金融部门的传递。

经济学中的传染，目前主流的研究在于金融危机的传染。其实与金融危机的传染类似，经济生活的很多方面都存在着传染问题，只是由于其暴露出来的影响程度的大小有区别，尚未成为主流的研究内容。

传染风险中提到注意力配置效应。在经典经济学模型中，假设经济主体的认知是瞬时和无代价完成的，然而处理信息和做出决策都需要足够的时间，所以个体必须在不同的信息间进行取舍，有些信息会被重点关注，而另一些则不能被注意到（理性不注意），这样就形成了有限注意力配置的问题。与“脱实向虚”问题相联系，我们可以理解为，如果某一机构通过杠杆操作获取了超过其他机构正常操作所获得的收益率，那么其他机构的注意力就很有可能被这类事件所吸引。在注意力基础上，进一步地，机构之间也是非理性的，也可能情绪传染、放大，杠杆获利的机构越来越多。原本个别机构的“以钱炒钱”行为，如果扩散开来，变成了整个系统的“脱实向虚”。

二、获取数据

真实的交易关联数据不可得，就像我们不能从公开渠道获得沪深市场上成交的证券的买卖双方数据一样，质押式回购交易的机构对手方的数据从机构公开发布的信息渠道是拿不到的。

研究机构之间这种传染，又需要这样的数据，因为质押式回购市场不同于证券市场，交易双方机构的工作人员是接触和联络的，在这种交易模式下，接触就相当于改变了机构之间的距离。也就是说，有接触的机构之间的传染肯定比没有接触的更容易发生。

所以本文折中地选择了索取部分机构白名单来作为研究机构之间关联关系的一种方式。

（一）白名单

白名单源于计算机领域，其概念与“黑名单”相对应。黑名单启用后，被列入黑名单的用户（或 IP 地址、IP 包、邮件、病毒等）不能通过。如果设立了白名单，则在白名单中的用户（或 IP 地址、IP 包、邮件等）会优先通过，不会被当成垃圾邮件拒收，安全性和快捷性都大大提高。

将其含义扩展到质押式回购市场的参与机构，各机构也有白名单和黑名单，白名单就是可以进行业务操作的对手方机构的列表，黑名单则是不能与之进行业务操作的机构列表。需要说明的是，各机构的白名单一般情况下是不会对外公布的。

（二）数据量

通过联系各机构，本文最终选取股份制银行 5 家、城商行 6 家、农商行 5 家、保险机构 5 家、基金公司 3 家、券商 3 家、私募 3 家。具体行业分布如图 3—3。

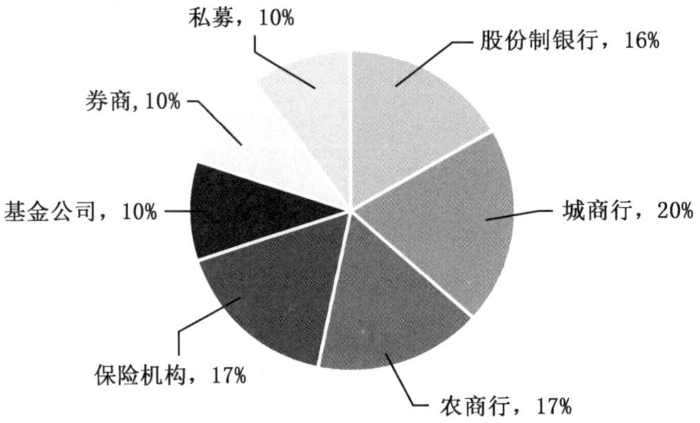

图 3—3　选取的样本类别分布

（三）数据修正

对于获得的白名单，还需要根据实际业务情况进行修正。比如，某股份制银行 A，在某保险公司 B 的黑名单中，而保险公司 B 在股份制银行 A 白名单中，即 B 不会对 A 进行质押式回购的资金融出业务，但是不影响 B 作为资金的融入方与 A 开展质押式回购。简单来说，B 不会借钱给 A。但是实际情况是，A 作为股份制商业银行，几乎很少向 B 融入资金。例如这样的黑名单，我们认为是无效黑名单，将相关数据，予以剔除。

此外，选取的机构样本并没有 3 家政策性银行和 4 家国有商业银行以及交通银行，但这些机构作为市场上主要的资金融出方，是应该出现的。幸运的是，本文研究不是市场上的所有机构，只是从各类机构随机抽取几家，所以只需要向样本机构了解确认其是否可以从这 8 个机构融入资金即可。

最终，将获取的全部白名单按照机构属性进行分类，具体如表 3—3 所示。考虑到市场业务竞争的保密性，这里将银行代码用编号替代，例如 A101 代表银行类编号 101 的某家机构。

表 3—3　样本机构情况

政策性银行	A101、A102、A103
五大行	A104、A105、A106、A107、A108

续表

股份制银行	B101、B102、B104、B110、B113
城商行	C101、C103、C108、C122、C124、C143
农商行	D127、D142、D144、D151、D152
保险机构	E103、E104、E105、E121、E122
券商	F112、F131、F184
公募基金	G107、G133、G139
私募基金	H102、H104、H106

资料来源：笔者制作。

三、结果及建议

（一）模型简介

按照白名单中各机构的相关情况进行数据的组织和描述。第一，图中的点代表市场中的机构。第二，如果机构 A 可以向机构 B 融出资金，即机构 B 在机构 A 的白名单上，则由 B 至 A 画一条有向连线。第三，关于点的大小，此处由于数据限制，并不通过复杂的计算获得，而是通过与其连接的机构数量来获得。比如，连入的机构越多，越能反应是市场资金的主要融出方，则拥有杠杆的几率越低，“脱实向虚”的风险越小，点也越小。

（二）结果

首先，验证质押式回购市场是否有层级结构或者说中心结构，即以三大政策性银行为主要资金融出方的中心式结构。其做法是将各银行与三大政策性银行和五大行（工、农、中、建、交）的连接关系标示出来，如图 3—4 所示。可以看出，质押式回购市场的确是具有中心化的市场结构，主要融出方是三大政策性银行以及工、农、中、建、交五大行。

其次，将获得的全部数据进行描述，如图 3—5 所示。结合表 3—3 发现，相对较大的点基本为券商和私募，这与之前的理论分析基本一致。

另外，从线的密集程度看，图 3—5 左上部分的线的密集程度较高，这些点主要是城商行和农商行。这种情况说明这些机构之间的联系非常紧密，如果有传染，那么这些机构之间的传染概率是较大的。这也与之前研究发现的、质押式回购业务主要存在于城商行和农商行之间的情况相符。

（三）建议

通过研究发现，越是“以钱炒钱”这类“脱实向虚”的业务，越有可能具有群体情绪

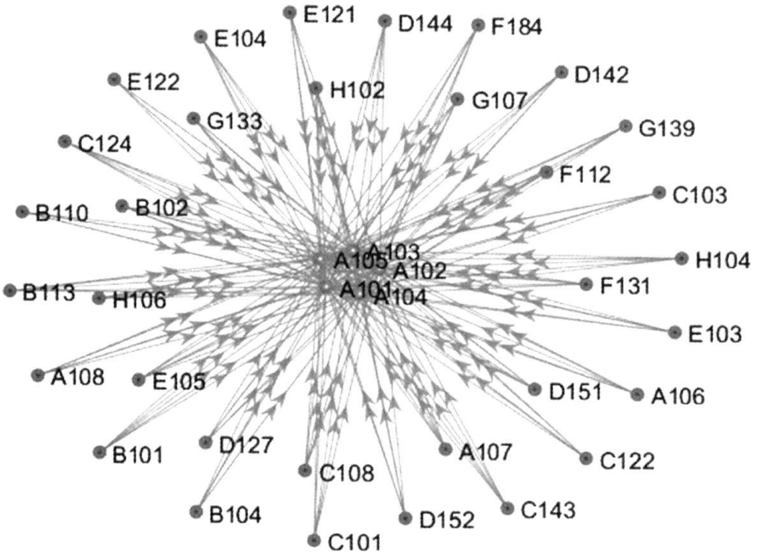

资料来源:笔者制作。

图 3—4　质押式回购市场的中心结构

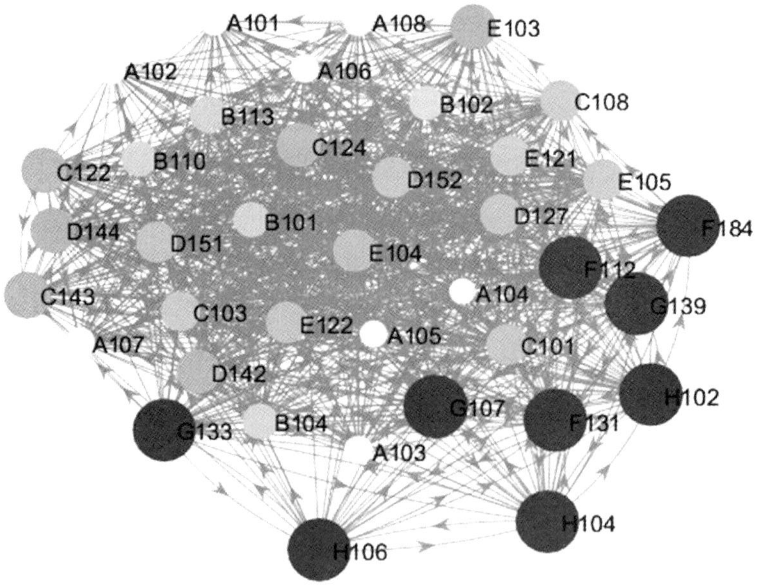

资料来源:笔者制作。

图 3—5　质押式回购市场“脱实向虚”风险描述

下的传染效应，所以越应当做好风险防范。结合上述结论，提出如下建议：

第一，理论认为市场内的机构行为、情绪都是可以相互传染的，实际情况也发现各机构之间是具有连接关系的。所以，作为市场参与者之一的保险机构本身应当做好自律，本着虚拟经济服务实体经济的本质，进行资金运作，要做有原则、有底线的金融市场参与者。

第二，保险机构在质押式回购市场中，作为机构投资者应该更加理性，不要被外界情绪所感染，对主要杠杆所在位置的机构，或者传染能力较强的机构有所警惕。

第三，可以发现，对于保险资金而言，“脱实向虚”等风险可能存在于外部，并且由于传染理论的存在，所以说明金融行业的自律性非常重要。

第四章　保险资金“脱实向虚”风险内部计量及模拟

在研究了保险机构面临外部带来的“脱实向虚”风险及防范后，将视角转向保险机构内部，研究保险机构内部应如何进行“脱实向虚”的风险及防范。

之前的分析中，已经明确了保险资金“脱实向虚”与杠杆和期限错配分不开。考虑到保险机构非常重视资产负债管理，而这其中或多或少与期限错配有关，所以这里重点讨论杠杆所带来的“脱实向虚”及风险防范问题。

第一节　相关理论和方法

一、VaR

（一）概念

VaR 是英文 Value-at-Risk 的缩写，中文含义是“出于风险中的价值”，或称“在险值”，是指在某一特定的持有期内，在给定的置信水平下，某一金融资产或证券组合的最大可能损失。VaR 模型的最直观的优势在于一个数字就可以反映整个投资组合所面临的风险、组合内的风险分散效应以及风险与概率之间的联系。VaR 模型是 1993 年 J.P.Morgan 在考察衍生产品的基础上提出的一种风险测度方法。VaR 方法一经提出便受到了广泛欢迎：巴塞尔银行监管委员会于 1996 年推出的巴塞尔协议的补充规定中，明确提出基于银行内部 VaR 值的内部模型法，并要求作为金融机构计量风险的基本方法之一；美国证券交易委员会（SEC）1997 年 1 月规定上市公司必须及时披露其金融衍生工具交易所面临风险的量化信息，指出 VaR 方法是可以采用的三种方法之一，目前美国一些较著名的大商业银行和投资银行甚至一些非金融机构都已经采用 VaR 方法。

（二）公式

VaR 的基本含义是在某一特定的持有期内，在给定的置信水平下，给定的资产或资产组合可能遭受的最大损失值。

其数学定义式为：$\mathrm{VaR}[X;p]=F_x^{-1}(p)$

其中，$F_x^{-1}(p)=\inf\{x\in R\mid F_x(x)\geqslant p\}$

这一含义体现了 VaR 度量技术的综合性。

当 X 服从连续分布时，我们有 $\Pr[X\leqslant Q_p]=p$，即 $F_x^{-1}(p)=Q_p$，常常直接用 Q_p 表示风险价值，风险价值法也称为分位数风险度量。

（三）应用情况

应用 VaR 来进行研究的学者有很多，VaR 的应用领域也很广。阙小琦（2013）使用利率敏感性分析以及 VaR 值测算，对标准化债券信托账户的市场风险进行了评估。Huang et al（2009）以压力测试的方法构建模型，并在 VaR 模型的基础上，用模拟法检验各个金融指标对金融系统稳定性的影响，并将保费价格的高低作为系统性风险的衡量指标。Adrian & Brunnermeier（2011）在 VaR 模型的基础上构建 Co-VaR 模型，度量高风险或危机情况下金融市场及金融机构的投资损失。Benoit et al（2012）认为，CoVaR 模型可以确定是哪家银行最具有系统重要性，而 MES 和 SRISK 模型在确定单家银行系统重要性时效果较好。陈荣达和陆金荣利（2012）运用简约模型和 Monte Carlo 方法，计算分析可违约零息债券综合风险 VaR 值，结果发现，风险周期内综合度量的 VaR 值高于单独度量利率风险或者信用风险的 VaR 值，随着风险期限的延长，信用风险占据主导地位。

考虑到 VaR 方法存在一些局限性，包括不符合一致性风险度量方法的要求。所以，后面又提出了 CTE（conditional tail expection），CVaR（conditional value at risk），ES（expect shortfall）等方法。

二、Copula

(一)概念

Copula 理论的提出要追溯到 1959 年。Sklar 指出,可以将一个联合分布分解为 k 个边缘分布和一个 Copula 函数,这个 Copula 函数描述了变量间的相关性。由此可见,Copula 函数实际上是一类将联合分布函数与它们各自的边缘分布函数连接在一起的函数,因此有人将它称为连接函数。

(二)形式

Copula 函数有很多种,以二元 Copula 函数为例。二元 Copula 函数是指具有以下性质的函数 C( ):

(1)C( )的定义域为:I^2,即$[0,1]^2$;

(2)C( )有零基面(grounded)且是二维递增(2-increasing)的;

(3)对任意变量 u,v∈[0,1],满足:C(u,1)=u 和 C(1,v)=v。

假定 $F(x)$,$G(y)$是连续的一元分布函数,令 $u=F(x)$,$v=G(y)$,则 u,v 均服从[0,1]均匀分布,即 $C(u,v)$是一个边缘分布服从[0,1]均匀分布的二元分布函数,且对于定义域内的任意一点(u,v)均有:$0\leqslant C(u,v)\leqslant 1$。

(三)Copula 的优点

Copula 理论在 20 世纪 90 年代后期得到了极大的重视并迅速发展。特别是近年来,随着金融全球化和金融创新步伐的加快,金融市场的风险分析发展很快,原有的一些分析方法特别是基于线性相关的分析方法已经不适应这一需求,自然地作为一种可以研究非线性、非对称相关的统计理论。Copula 理论在国际上被迅速应用到金融市场的相关分析、金融风险的管理与防范以及资产定价、保险定价等方面。

Copula 函数自身具有很多优良的特性,因此用它来研究金融问题更灵活、方便。首先,由于不限制边缘分布的选择,在实际应用中,可以选取各种边缘分布和 Copula 函数构造灵活的多元分布。其次,如果对变量作严格单调增变换,相应地由 Copula 函数导出的一致性和相关性测度的值不变。再次,由于可以将随机变量的边缘分布和它们之间的相关结构分开来研究,因此在运用 Copula 函数构建多变量金融模型时,模型的估计更简单,经济含义更明了。Copula 函数可以捕捉变量间非线性、非对称以及尾部相关关系,因此 Copula 模型是一种基于非线性相关的模型,与现实更为接近,不仅可以用于研究一般情况下变量之间的相关关系,还可以用于研究极值相关关系,因此也更为实用和有效。

三、蒙特卡洛模拟

（一）概念

蒙特卡洛方法也叫随机模拟方法，就是把某一现实的或抽象的系统的某种特征或部分状态，用另一系统（称为模拟系统）来代替或模仿。因为模拟方法是利用随机数进行模拟计算的，所以这种方法也称为随机模拟的方法；又因为这种方法是利用计算机进行数值计算的一种具有特殊风格的方法，所以又称为计算机模拟方法。由于该方法也是对构造的模拟模型作统计试验，进而研究、分析原有的系统或设计新的系统，故此方法也称为统计实验法或统计模拟法。

（二）应用

Lehar（2010）认为系统性风险可以用系统性风险事件的发生概率来进行测算，并通过蒙特卡洛模拟计算系统性风险指数。Neu 等（2004）在公司资产相依和共同风险因子的条件下建立银行信贷组合的信用风险模型，并用蒙特卡洛模拟法分析其优势。

四、C－ROSS

（一）概念

原中国保监会在 2012 年初发布《中国第二代偿付能力监管制度体系建设规划（简称偿二代）》，提出要用 3－5 年时间，形成一套既与国际接轨又与我国保险业发展阶段相适应的偿付能力监管制度体系。

该体系用来监控保险公司的偿付能力，这是原保监会对保险公司监管的核心指标，类似银监会对银行资本充足率的监管。因此，"偿二代"也经常被类比为是保险业的"巴塞尔协议Ⅲ"。相比于以规模为导向的"偿一代"，"偿二代"则以风险为导向，这使得不同风险的业务对资本金的要求出现了显著的变化，从而显著影响保险公司的资产和负债策略。

（二）内容

偿付能力监管的三大支柱构成了"偿二代"的监管要素，三大支柱包括定量资本要求、定性监管要求和市场约束机制。第一支柱定量资本要求主要防范能够量化的风险，进而要求保险公司具备与其风险相适应的资本，涵盖了主干技术标准第 1－9 号监管规则。第二支柱定性监管要求进一步防范难以量化的风险，如操作风险、流动性风险等，涵盖了第 10－12 项监管规则。第三支柱市场约束机制是通过对外信息披露等手段，借助市场的约束力，加强对保险公司偿付能力的监管，涵盖了第 13－15 号监管规则。16 号偿付能力报告和 17 号保险集团两项监管规则涉及三大支柱所有内容。三大支柱都是保险公司外部的偿付能力监管，作用各不相同、各有侧重、相互配合，相互补充。从行业测试情况看，“偿二代”释放了“偿一代”下的资本冗余，对保险公司风险识别能力显著增强，传统险占比高的保险公司偿付能力充足率有所上升，高现价产品多、投资行为风险高的保险公司偿付能力充足率有所下降。

“偿二代”把评价保险公司偿付能力状况的指标由单一的偿付能力充足率扩展为三个指标：核心偿付能力充足率、综合偿付能力充足率和风险综合评级。偿付能力充足率为实际资本与最低资本的比值。“偿一代”主要是在实际资本中的各种认可资产比例上做文章，而“偿二代”则更注重最低资本的量化。量化风险最低资本由保险风险、市场风险、信用风险对应的最低资本三部分组成。“偿二代”鼓励保险公司设立内部风险资本模型，但是原来的模型并没有考虑“脱实向虚”这个风险点，在特殊的经济环境形势下，可以考虑加入这一风险。

五、小结

CROSS 等金融监管体系都越来越认为用计量风险资本的方法来替代行政性的一刀切的管理方式是更加合理的。VaR 作为一种衡量在险价值的方法来描述风险资本是受到广泛认可的，但是 VaR 方法也有很多局限性，比如描述多元风险时候存在短板(因为多元风险之间也不是割裂存在的，也有一定的关系)。正因如此，很多研究引入 Copula 函数来解决这一问题。风险资本的计量也是对未知情况的一种模拟，这就应用到蒙特卡罗的随机模拟思想。因此，下面将结合以上几种方法，进行建模模拟，探讨一种较为实用的保险机构内部进行“脱实向虚”风险管理的有效方法，希望能对相关后续研究有所启发。

第二节　模型和结论

一、模型设定

(一)包含哪些风险

按照原中国保监会“偿二代”体系分类，量化风险可分为保险风险、市场风险和信用风险。保险风险不在资金运用考虑之列，因此本部分不考虑。市场风险是资金运用中的一个重要风险，是必须纳入的。信用风险方面，考虑我国之前虽然发生过个别的信用风险事件，但是整体来看，还是刚性兑付结构，信用风险也就没有很好地被信用利差反映出来。为了突出研究重点，这里不考虑信用风险因素。

除此之外，本文研究的重点是“脱实向虚”风险。因此，本模型作为一个研究探讨，主要囊括了市场风险和“脱实向虚”风险两个方面。

（二）风险的代表指标

市场风险方面，使用 shibor7 日的收益率来代表，具体来说，选取 2015 年 1 月 1 日—2017 年 6 月 30 日的市场真实数据。

资金“脱实向虚”风险方面，由于其风险本身的模糊性和不确定性，理论界尚无一个公认的、较好的指标来进行度量。在这里，只能另辟蹊径，从风险管理的流程入手，用识别到的风险点作为衡量“脱实向虚”风险的指标。如第一章分析，认为杠杆交易是一个非常重要的方面，所以用杠杆率描述“脱实向虚”风险。

（三）模型设计

总体思路按照一般的 Copula-VaR 方法。特别需要说明的是：

第一，其他蒙特卡洛大多模拟的是最终的在险价值，或者风险暴露，但本文模拟的是波动部分。因为，风险资本主要有两部分影响，即风险暴露和波动率，作为一般性研究，本文尽量选取各机构有共性的地方，也就是波动率部分。

第二，市场风险与“脱实向虚”风险指标具有一定的关联性。比如，shibor 的高低会直接影响资金的融入融出意愿，进而影响机构的杠杆率。机构的杠杆率也会影响到市场资金的紧张程度，也会对 shibor 产生影响。所以，此处 Copula 作为连接函数的方法，是合理的。

第三，在风险聚合方面，本文借鉴银保监会“偿二代”使用代数方法，综合各项风险计算总的风险资本的思路。考虑到风险是相叠加的关系，市场风险越大，加上较高杠杆，则产生的风险越大，会有一个放大效应。因此，此处采取相乘的风险聚合方法。

就具体模型而言，本文为了研究防范“脱实向虚”风险的内部量化防范方式，设计两组共 5 个组合，5 个组合中市场风险都是不变的，变化的是代表“脱实向虚”风险的杠杆率。第一组两个组合分别为：模拟杠杆率是均值为 1.3（即 130％的杠杆）、方差为 1 的正态分布（这样的分布基本保证了杠杆率大概率在 1.3，并且大概率会在 100％以上）；模拟杠杆率是均值 3（即 300％的杠杆）、方差为 0.5 的正态分布。前者是一个对“脱实向虚”风险基本厌恶的投资组合，后者是对“脱实向虚”风险较为偏好的一种情况。第二组由 3 个组合构成：第一个是模拟杠杆率是均值为 1.9（即 190％的杠杆）、方差为 0.3 的正态分布；第二个是模拟杠杆率是均值为 2（即 200％的杠杆）、方差为 0.3 的正态分布；第三个是模拟杠杆率是均值为 2.1（即 210％的杠杆）、方差为 0.3 的正态分布。选取杠杆率为200%左右的3个组合,是因为很多保险资金运用内控部门都会将产品的杠杆率限制在200%以内,但是并没有有力证据说明杠杆率200%与210%之间是否有本质区别。为避免政策的“一刀切”,探索是否存在一种更为实用的管控方法。

二、结论

(一)过程

以第一组的第一个组合为例,简单描述建模过程。首先观察市场风险的分布情况。如图4—1所示,明显看出是一个有偏、厚尾的非正态分布。

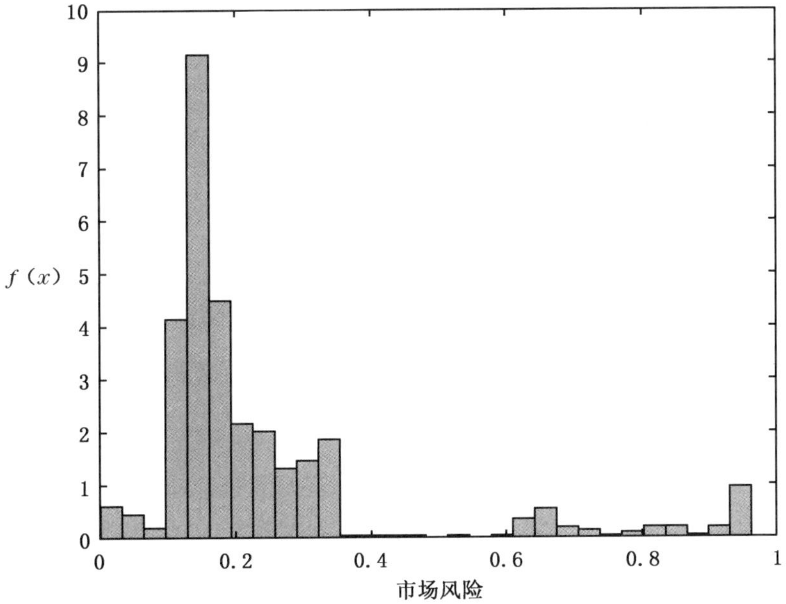

资料来源:笔者制作。

图4—1 市场风险分布

接下来,观察代表“脱实向虚”指标的杠杆率,如图4—2所示,这是使用蒙特卡洛方法随机模拟的一个正态分布(如前文所述)。

再观察它们的联合分布。如图4—3所示,明显具有不对称尾部特征,所以模型具体使用clayton copula函数。

对于均值为3的、均值为1.9的、均值为2的、均值为2.1的联合分布图,依次如图4—4、图4—5、图4—6、图4—7所示,并没有本质区别,此处不再赘述,都使用clayton copula作为连接函数。

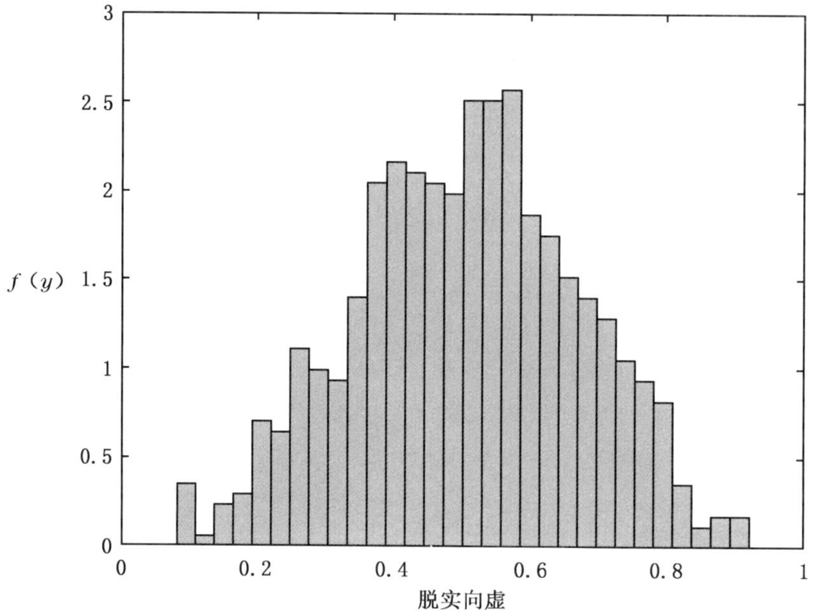

资料来源:笔者制作。

图 4—2　杠杆率分布

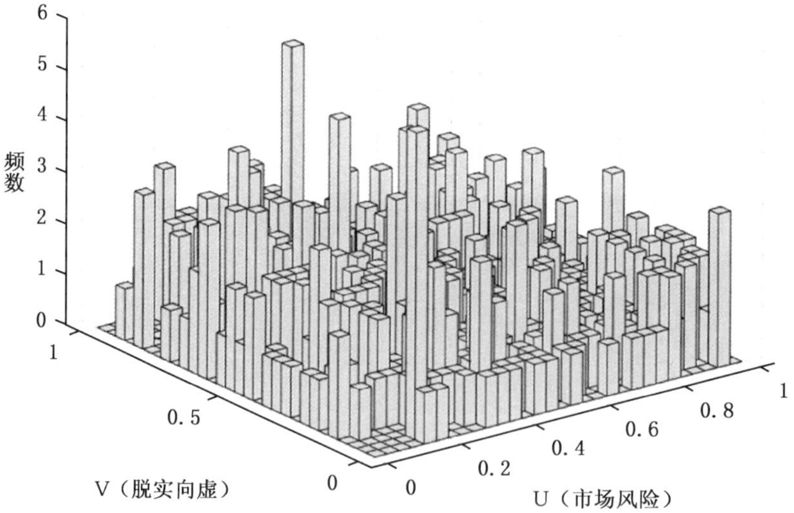

资料来源:笔者制作。

图 4—3　第一组第一个组合的联合分布

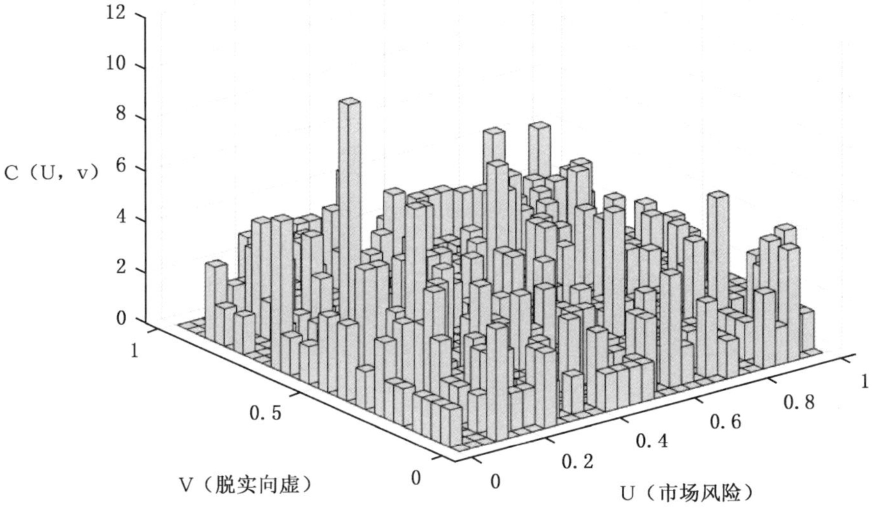

资料来源：笔者制作。

图 4—4　第一组第二个组合的联合分布

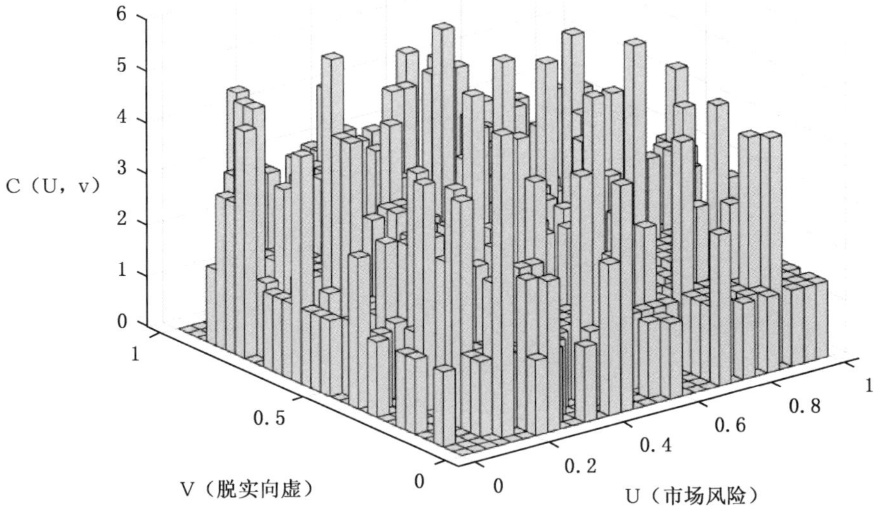

资料来源：笔者制作。

图 4—5　第二组第一个组合的联合分布

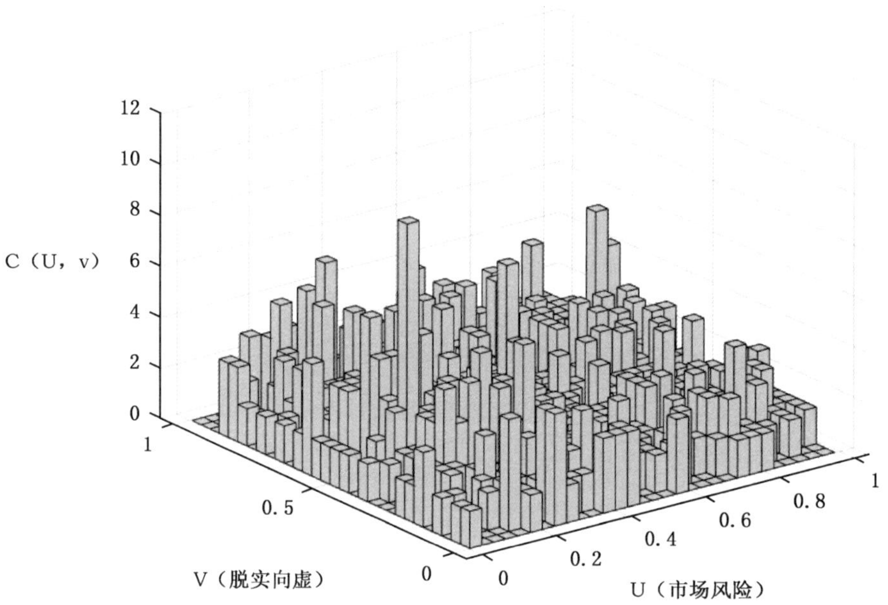

资料来源：笔者制作。

图 4—6 第二组第二个组合的联合分布

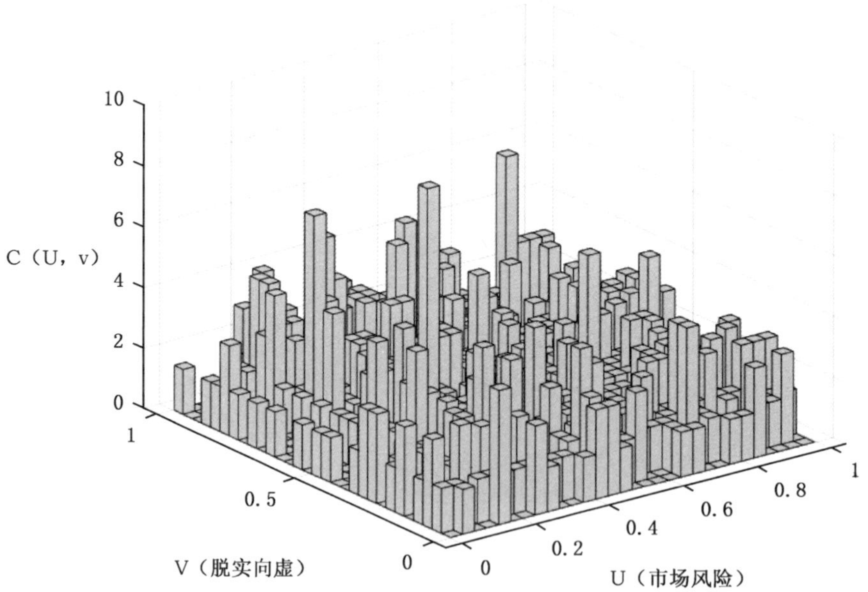

资料来源：笔者制作。

图 4—7 第二组第三个组合的联合分

(二)结果

第一组模型模拟10 000次后的结果如表 4—1 所示。

表 4—1　　第一组

	90%	95%	99%
均值 1.3	6.125	6.597	7.247
均值 3	16.672	18.465	21.024

可以明显看出,“脱实向虚”风险偏好大的、杠杆放得高的,肯定比杠杆低的风险大很多。这与实际情况也是相符的,即杠杆操作,将会使得收益或者亏损成倍增加。举个例子,假设原始本金为 100,可以购买到期收益为 5 的债券,如果没有杠杆,并且资金成本为 0,则到期收益为 5。如果借入资金成本为 2 的资金 100,可以购买 2 份到期收益为 5 的债券,则到期后,收益与成本的差就是获得的最终利润,为 5×2—2=8,是没有杠杆的收益的 1 倍多。当然,以上我们假设是盈利的情况下,如果债券发生兑付风险,到期没有实现 5 的收益,到期收益为 0,如果没有杠杆操作,到期收益为 0。如果杠杆操作,因为借入资金有成本,所以到期收益为—2。可见,杠杆操作会放大风险。当然资金市场加杠杆,进行二级市场低买高卖的操作,是“资本空转”“以钱炒钱”的行为,是资金的“脱实向虚”。

第二组模型模拟10 000次后的结果如表 4—2 所示,可以发现在 90%、95%、99%的置信水平下,三个组合数值相差不大。这也与实际情况相符。毕竟 190%的杠杆水平和 210%的杠杆水平没有本质区别,所以,目前监管政策也好,公司内控政策也罢,或者合同本身约定也好,以某一数值作为杠杆的限制是没有科学解释的,容易陷入“一管就死,一放就乱”的状态。而 Clayton-Copula-Var 的方法,结合风险资本的计量,可以更好地描述风险、监控风险。

表 4—2　　第二组

	90%	95%	99%
均值 1.9	10.046	11.133	12.642
均值 2	10.207	11.151	12.429
均值 2.1	10.284	11.263	12.558

三、建议

基于本部分的研究,提出如下建议:

第一，第一组模拟充分说明了去杠杆的必要性，杠杆的增加非常明显地增大了组合面临的风险，既不符合“脱实向虚”的要求，也不符合公司保险资金运用安全性的要求。

第二，建议采用 Copula-VaR 的方法作为公司内部风险控制的方法，一方面，该方法能够较好地表述面临的风险；另一方面，也符合中国 C-ROSS 体系中提倡建立内部经济资本模型的思想。

第三，建议监管部门或者行业自律机构采用 Copula-VaR 的方法，因为传统的“一刀切”式的指标管控缺乏科学性，容易陷入“一管就死，一放就乱”的循环，而 Copula-VaR 的综合性则可以更好地衡量风险。

第五章　保险资金“脱实向虚”风险防范建议

第一节　对保险资金运用机构的建议

前文是基于保险资金“脱实向虚”视角的研究，提出了诸多保险资金运用中较为负面的情况。但实际上，不可否认，保险资金因为其特殊性，对市场本身具有诸多正面影响。例如，保险资金因其对长期投资收益的侧重，可以促使上市公司不断改善经营、完善公司治理结构，有利于资本市场健康发展。在一级市场上，保险资金通过承购、包销购买等刺激一级市场的发展，在二级市场上，保险投资可大幅度提高资金的活跃性；保险公司对长期性、收益稳定的投资产品的需求，会通过市场的供求机制，促进债券品种的丰富完善，健全资本市场；保险证券化产品，也可以丰富资本市场的投资产品，完善投资者的投资组合。在保险业发达的国家，保险市场对资本市场的促进作用体现得更为充分。所以，为确保保险资金运用机构严于律己、稳健投资，故提出以下建议。

一、资金运用应当遵循服务实体经济的原则

保险资金主要来源于权益资本和各项准备金，这就决定了保险资金的运用必须首先服从并服务于保险经济补偿职能的实现，保险资金的运用必须遵循安全性原则 。

保险资金的运用，从长远战略上看，首先，要做好的是对实体经济的投资，只要实

体经济这条腿站稳了，虚拟经济这条腿才能迈出去、迈得远。其次，要做好投资实体经济与投资虚拟经济之间的联动，如果两者长期完全脱离，那将酿成某些严重后果。

国务院《关于加快发展现代保险服务业的若干意见》，其中明确要求发挥保险资金长期投资的独特优势，促进保险市场与货币市场、资本市场的协调发展，支持小微企业和战略性新兴产业发展，也正是基于这样的原则。

二、资金运用必须严格遵照监管规定的要求

保险资金不但数量大，并且具有长期性，是稳定证券交易市场的一大力量。发达国家资本市场发展的经验已经表明，机构投资者对资本市场起着支配性作用。随着资本市场的机构化趋势，机构投资者在投资结构中的比例已经成为检验一个国家资本市场是否稳定和成熟的重要标志。而保险公司作为重要的机构投资者参与资本市场，就必须严格遵守监管的各项规定。

国外虽然没有主动防范“脱实向虚”风险的经验，但是大量事实证明，在发生“脱实向虚”问题之后，都是通过加强监管来应对的。

三、防范外部带来的“脱实向虚”风险

各种非理性假设下的经济学理论都认为，情绪或者事件具有传染性。市场中的参与者由于各种联系，也使得传染成为可能。保险机构在质押式回购市场中，作为机构投资者，应该更加理性，不要被外界情绪所感染；对主要杠杆所在位置的机构，或者传染能力较强的机构应该有所警惕，不要被情绪所传染左右。

四、管理内部面临的“脱实向虚”风险

目前，保险资管机构的风险管理手段主要围绕尽职调查和信用评级展开，投资风险量化评价工具的缺失导致风险的识别与衡量过于依赖定性判断和经验决策，容易导致投资决策的盲目性和主观性。建议建立基于风险指标的检测与预警管理，通过体系化的量化指标来精细化分析投资风险并指导投资决策，运用量化手段更好地识别、计量风险，实现投资风险的体系化分析和管理。保险资管机构可以结合各类 VaR 方法，寻找适合机构本身的经济资本计量方法，合理控制各类风险，当然也包括“脱实向虚”风险。

五、加强内控以便更好地管理杠杆和期限错配

第一，要强化内控风险意识，真正认识到“脱实向虚”风险趋于恶化将会带来非常

严重的后果，唯此，才能切实做好防范工作。

第二，加强内控就应当建立好内部的风险预警，对杠杆率和期限错配等问题进行动态监控。建议各保险机构建立适用于自身的风险预警体系，针对可能出现的“脱实向虚”问题及早做出反应，及时采取有效措施，不断改善经营状况。

第三，经常性的信息披露可以督促保险资金运用机构本身做好定期自查，防范“脱实向虚”风险。完善的信息披露工作机制有助于机构内部自我审查以及外部监管和消费者的监督。各保险资金运用机构应定期审视信息披露制度的合理性和具体落实情况，从整体和细节上进行自查，对存在的问题及时改进，不断提高信息披露质量。

除以上建议外，需要对保险资金运用机构强调的是：

一是股票二级市场也是资金“脱实向虚”问题的重灾区，但是考虑到一方面监管机构已经强势介入，制订了严格的监管政策进行管理；另一方面，本文着重分析的是资金融入融出等与杠杆有关的市场，为突出重点，有所侧重，所以并未对股票二级市场做过多的分析。但是，保险资金运用机构在防范“脱实向虚”风险时不能忽略股票二级市场，要严格按照监管规定进行资金运作，避免包括“脱实向虚”风险在内的各类风险。

二是相较于西方发达国家，我国目前的金融衍生品市场发展有限，衍生品种类不多也并不复杂，金融链条相对较短，现实中金融最后对标的往往是某个实体投资项目；而作为我国最大的融资端——房地产领域，因其抵押相对充分，首付比例也相当高，所以总体而言，这方面的“脱实向虚”问题并没有像其他发生危机、萧条的国家那样严重。在此背景下，保险资金运用机构面临的“脱实向需”环境并不恶劣，因此，建议保险资金运用机构加强自身理解和使用衍生品的水平，毕竟经济金融化是当前趋势，要提前从自身实力方面提高应对“脱实向虚”风险的能力。

第二节　对保险资金监管机构的建议

一、加强监管

陆磊和王颖(2005)研究认为，各国的经验和中国的实践都证明保险资金运用与金融体制相关性大，综合国际环境和国内环境可以发现，保险资金运用的保值增值面临巨大挑战，保险公司可能出现保险资金滥用，追逐高风险业务的高收益，需要在监管体制上进行必要的改革。

国外经验表明，无论从政策方面还是从信心方面，监管才是最终恢复经济的最重要力量，监管机构、政府机构的地位和作用都是非常重要的。

所以，建议保险资金监管机构应一方面积极督促保险资金运用机构开展风险自查，严密监控行业性或区域性风险的传导，引导保险资金运用机构向规避风险的方向调整。另一方面，对于监管机构原本监管的重点——资产负债匹配度，不能放松。监管机构应坚定不移地推动保险机构资产负债匹配管理，对不同性质的资金、不同保险公司的资金以及不同保险按产品形成的保险资金实行分类监管，防范保险资金运用机构资产负债错配风险和流动性风险，加强对保险资金运用机构资产配置行为的监管，培植保险公司持续健康发展的动力。

二、扩展量化监管手段

“偿二代”的设计已经对“脱实向虚”问题做出了引导，其计算因子有利于保险公司投资未上市股权、投资性不动产、无法穿透的未上市股权投资计划和权益类信托计划等，这些都是对于资金流向实体经济的引导。

在此基础上，一方面建议监管机构继续设计相关监管体系，引导保险资金更多地流入基础设施债权投资计划等另类投资中，做好资金进入实体经济的顶层设计。另一方面，建议监管机构督促保险资金运用机构建立内部量化风险计量模型，使用更加科学合理的手段来监控风险。

第三节　对相关自律组织的建议

一、加强自律倡导

情绪、事件以及风险都是会传染的，这就需要自律组织积极倡导行业自律，使市场形成一种良好的风气，这样才能更有效地避免“脱实向虚”加杠杆行为的外部传染。

二、加强自律管理

仅仅是自律倡导是不够的，还需要采取一些管理手段。自律组织最直接的影响就是对于保险资金运用机构的声誉风险，所以建议自律组织对于杠杆控制小的保险资金运用机构予以表扬，对于“脱实向虚”风险大的机构进行批评，通过舆论引导的方式，帮助保险资金运用机构规避风险。

第四节　对实体经济的建议

一、积极发展实体经济

前文分析的内容都是控制“脱实向虚”，但实际上，正是因为实体经济疲弱，才会诱导资金流向虚拟经济。所以，解决“脱实向虚”问题的根本还是发展实体经济，只要实体经济发展了，资金自然会流向实体经济，毕竟“围堵”的做法永远都不如“疏通”。

近年来中国的资产价格在不同领域呈现轮动特征，制造业（特别是中小企业）融资困境得不到改善，而经济金融化的趋势在不断加强，不解决制造业的问题，并不能真正改善“脱实向虚”的大环境。

这也说明，只要经济增速仍在回落，实体企业的盈利状况没有得到根本改观，那么，投资实业的意愿也难有提升空间，“脱实向虚”的基本趋向很难改变。

要想重振中国的实业，虽然可以暂时抑制金融资本的扩张，要鼓励、引导企业进入实业领域，但是，最重要的还是出台相关鼓励实体经济发展的政策。此外，国家也要采取干预手段加速产业升级，加快劳动密集型产业向技术密集型转型的速度，这样才能从根本上解决“脱实向虚”问题。

二、监管机构协同配合

“脱实向虚”不是某一个部门、某一个行业单独面对的问题，而且机构或者行业之间也会受到主观情绪的传染，所以，需要整个社会的联动，而不是某个社会部门的单独努力。

比如，国际清算银行最先提出的“风险三角”问题，就是一个经济社会各方面相互影响下，“资金空转”、经济疲软的问题。“风险三角”是指生产率在不断下降、杠杆率在不断上升、宏观经济政策空间在明显收缩的一种情况。这种调控政策空间收缩的问题，也正是资金“脱实向虚”后的一种表现。

我国监管机构也意识到了这个问题，金融业已经成立了协调“一行三会”联动的机构，来解决“监管套利”“资金空转”等问题。

中国人民银行的监管基调是“去杠杆”和“防风险”，通过制止资金“脱实向虚”“以钱炒钱”以及不合理的加杠杆行为，引导资金支持实体经济，提高金融运行效率和服务实体经济的能力，同时牢牢守住不发生系统性金融风险的底线。

保险监管机构的主要观点是，积极鼓励保险机构在创新服务实体经济上下功夫，运用债权、股权、股债结合、证券化产品等金融工具紧紧围绕城镇化和服务民生的国家战略，打通保险资金和实体经济的联系，支持国家重点项目和战略性新型产业的发展。

建议：以此为契机，加强联动，从经济社会各个方面控制好"脱实向虚"风险。

参考文献

[1]乔治·阿克洛夫，罗伯特·席勒.动物精神[M].中信出版社，2012.

[2]保罗·克鲁格曼.流行的国际主义[M].中信出版集团，2016.

[3]戴维·罗默.高级宏观经济学[M].上海财经大学出版社，2014.

[4]何建敏，李守伟，周伟.金融市场中传染风险建模与分析[M].科学出版社，2012.

[5]黄小英，许永洪，温丽荣.商业银行同业业务的发展及其对货币政策信贷传导机制的影响——基于银行微观数据的基于银行微观数据的 GMM 实证研究[J].经济学家，2016(6).

[6]王爱俭，温博慧.虚拟经济的波动特征与演化路径——基于复杂性科学的研究[J].南开经济界研究，2007(1).

[7]孙武军，崔皓月.我国保险公司风险与资本比例关系的实证研究——基于 2SLS 和 2SQR 的方法[J].审计与经济研究，2017(1).

[8]王大鹏，赵正堂.中国保险业资产配置与风险整合——基于虚实配比、Copula-CVaR 模型和 Monte Carlo 算法的实证研究[J].产经评论，2016(2).

[9]刘沁芳.虚拟经济与实体经济匹配性的统计研究[J].统计与决策，2014(24).

[10]陆磊，王颖.金融创新、风险分担与监管：中国转轨时期保险资金运用的系统性风险及其管理[J].金融研究，2005(6).

[11]曲扬.保险资金运用的国际比较与启示[J].保险研究，2008(6).

[12]李健，邓瑛.推动房价上涨的货币因素研究——基于美国、日本、中国泡沫积聚时期的实证比较分析[J]. 金融研究，2011(6)：18—32.

[13]何佳.金融危机与政府救助[J].中国金融，2015(19).

[14]闫先东，朱迪星.资本市场泡沫、经济波动与货币政策反应[J].国际金融研究，2016(10).

[15]Froot A.K.，Scharfstein D.S.，Stern J.C. A framework for risk management[J].*Harvard Business Review*，1994.

[16]Golub. B.W.，and L.M. Tilman，Measuring Yield Curve Risk Using Principal Components Analysis，Value at Risk，and Key Rate Durations[J].*Journal of Portfolio Management*，Summer，

1994.

[17]Friedman Milton. The Role of Monetary Policy[J]. *American Economic Review*, 1968, 58 (3), 1—17.

[18]McDonald, Ian, and Robert Solow. Wage Bargaining and Employment[J]. *American Economic Review*, 1981, 71(4), 896—908.

[19]Neiss, Katharine, and Edward Nelson. The Real Interest Rate Gap as an Inflation Indicator [R]. Bank of England Working Paper.

[20]Andre Uhde, Ulrich Heimeshoff. Consolidation in banking and financial stability in Europe: Empirical evidence[J]. *Journal of Banking & Finance*, 2009, 33, 1299—1311.

[21]Michael Melvin, Mark P. Taylor. The global financial crisis: Causes, threats and opportunities[J]. *Journal of International Moneyand Finance*, 2009, 28, 1243—1245.

[22]Boubacar Diallo, Abdullah Al-Mansour. Shadow banking, insurance and financial sector stability[J]. *Research in International Business and Finance*, 2017, 42, 224—232.

[23]Masanori Ono. Inflation, expectation, and the real economy in Japan[J]. *Journal of the Japanese and International Economies*, 2017, 45, 13—26.

[24]Dirk G. Baur, Financial contagion and the real economy[J]. *Journal of Banking & Finance*, 2012, 36, 2680—2692.

[25]Kimberly F. Luchtenberg, Quang Viet Vu. The 2008 financial crisis: Stock market contagion and its determinants[J]. *Research in International Business and Finance*, 2015, 33, 178—203.

[26]Dimitris Kenourgios, Dimitrios Dimitriou. Contagion of the Global Financial Crisis and the real economy: A regional analysis[J]. *Economic Modelling*, 2015, 44, 283—293.

[27]Giampaolo Gabbi, Giulia Iori, Saqib Jafarey, James Porter. Financial regulations and bank credit to the real economy[J].*Journal of Economic Dynamics & Control*, 2015, 50, 117—143.

[28]Andrea Silvestrini, Andrea Zaghini. Financial shocks and the real economy in a nonlinearworld: From theory to estimation[J].*Journal of Policy Modeling*, 2015, 37, 915—929.

[29]Issam Hallak. Private sector share of external debt and financial stability: Evidence from bank loans[J]. *Journal of International Money and Finance*, 2013, 32, 17—41.

[30]Fariborz Moshirian. The future and dynamics of global systemically important banks[J]. *Journal of Banking & Finance*, 2012, 36, 2675—2679.

[31]Terhi Jokipii, Pierre Monnin. The impact of banking sector stability on the real economy [J]. *Journal of International Money and Finance*, 2013, 32, 1—16.

[32]Tadanobu Nemoto, Yoshiaki Ogura, Wako Watanabe. Inside bank premiums as liquidity insurance[J]. *Journal of The Japanese and International Economies*, 2016, 42, 61—76.

[33]Dobromil Serwa. Larger crises cost more: Impact of banking sector instability on output

growth[J]. *Journal of International Money and Finance*, 2010, 29, 1463—1481.

[34]Oz Shy, Rune Stenbacka, Vladimir Yankov. Limited deposit insurance coverage and bank competition[J]. *Journal of Banking & Finance*, 2016, 71, 95—108.

[35]Rudra P. Pradhan, Mak B. Arvin, Mahendhiran Nair, John H. Hall, Atul Gupta. Is there a link between economic growth and insurance and banking sector activities in the G-20 countries? [J]. *Review of Financial Economics*, 2017, 33, 12—28.

[36]Robert Düll, Felix König, Jana Ohls. On the exposure of insurance companies to sovereign risk—Portfolioinvestments and market forces[J]. *Journal of Financial Stability*, 2017, 31, 93—106.

[37]Sangwon Suh. Measuring sovereign risk contagion in the Eurozone[J]. *International Review of Economics and Finance*, 2015, 35, 45—65.

[38]Stephan Jank. Mutual fund flows, expected returns, and the real economy[J]. *Journal of Banking & Finance*, 2012, 36, 3060—3070.

[39]Md. Saifur Rahman, Farihana Shahari. The nexus between financial integration and real economy: Solow-growth model concept[J]. *Research in International Business and Finance*, 2017, (7).

[40]Yasushi Nakamura. The relationship between the real and financial economy in the Soviet Union: An analysis of government debts using newly available data[J]. *Explorations in Economic History*, 2017(6).

[41]Nikolaos Giannellis, AthanasiosP.Papadopoulos. Intra-national and international spillovers between the real economy and the stock market: The case of China[J]. *The Journal of Economic Asymmetries*, 2016, 14, 78—92.

[42] Gordon J. Alexander, Alexandre M. Baptista, Shu Yan. When more is less: Using multiple constraints to reduce tail risk[J]. *Journal of Banking & Finance*, 2012, 36, 2693—2716.

资金“脱实向虚”风险防范与国际经验借鉴

中国人保资产管理有限公司

凌秀丽　马俊炯　尹　力　姜春曦

摘要

自中共十六大报告提出“要正确处理虚拟经济与实体经济的关系”之后，有关“实体经济”与“虚拟经济”概念及两者关系的研究得到了更广泛的关注。在现代经济体系中，实体经济和虚拟经济互相依存、缺一不可；实体经济是虚拟经济发展的物质前提，而虚拟经济对实体经济存在正反两方面的影响，当虚拟经济的膨胀过度背离实体经济这一基础时，可能就会诱发系统性风险。

近年来，在我国出现资金“脱实向虚”的迹象，实体经济和虚拟经济发展失衡的问题凸显。宏观层面主要表现为“货币超发”，即货币供应量（M2）相当于GDP的比值偏高，表明信贷的快速扩张并没有带来同步的经济增长；从资金传导的微观路径来看，我国资金“脱实向虚”主要表现在以下三个方面：大量资金流入房地产相关领域；一些低效部门占用着大量资金用于债务循环；资金淤积在金融体系内部空转，实体经济融资链条加长。

资金“脱实向虚”不断加剧，使我国面临的系统性风险不断加大。对实体经济而言，融资成本上升，造成“挤出效应”；对虚拟经济来讲，催生了资产价格泡沫，加大了金融风险；而产业“空心化”一旦形成，则会破坏一国经济发展的基础并影响国家的核心竞争力。对政府来讲，“脱实向虚”使得货币政策效果受到制约，宏观调控面临挑战；同时导致地方政府争先大力发展金融、房地产业的异化行为出现。此外，“脱实向虚”加剧了贫富分化，进而影响社会稳定。为了守住不发生系统性金融风险这一底线，必须有效遏制“脱实向虚”问题的进一步恶化。

为了防范风险、破解“脱实向虚”，必须深入剖析形成这一问题的原因。首先，必须清醒认识到，由于虚拟经济和实体经济内在运作机制不同，“脱实向虚”的发生具有一定必然性和普遍性，所以必须注重外部变量的调控以引导两者协调发展；具体在我国，宽松的货币环境、金融创新和开放加速而监管相对滞后、多因素导致实体经济投资回报率下降，乃是导致“脱实向虚”的直接原因；透过这些表层或直接原因，传统的经济增长模式、一些非市场化体制机制因素的存在则是导致“脱实向虚”的根源。

在探明我国国情的基础上，本文还研究了美国、欧洲和日本“脱实向虚”问题的演变以及应对措施。由于所处的经济发展阶段、经济体制、政治体制、财政金融体系等国情不同，对国际经验的借鉴吸收必须立足于我国国情。通过比较研究，得出以下几点对我国防范系统性风险具有借鉴意义的启示：第一，从产业发展看，需保持相对均衡的产业结构，振兴实体经济发展；第二，从资源配置看，要处理好政府与市场的关系，应充分发挥市场在资源配置中的决定性作用；第三，政府宏观调控方面，以货币政策为代表的宏观政策必须保持适时、适度；第四，金融监管方面，需不断完善监管体系，以加强对系统性风险的管理和应对。

在选择性吸收美国、欧洲和日本治理“脱实向虚”经验教训的基础上，充分结合我国国情，本文提出了我国破解“脱实向虚”的思路和对策：一方面，从各种内生和表层原因入手“治标”，实体经济、房地产、金融“三管齐下”，配合适度的宏观经济政策和监管措施，引导资金“脱虚入实”；另一方面，要抓住导致“脱实向虚”的根源“治本”，加快转变经济发展方式，以更大力度推进市场化改革，最终实现资金配置的合理高效。

关键词

实体经济　虚拟经济　脱实向虚　货币超发　市场化改革

第一章　对“脱实向虚”内涵的理解与认识

从字面上理解，“脱实向虚”是指资金脱离“实体经济”而转向“虚拟经济”。本章的研究重点首先是对“实体经济”和“虚拟经济”概念予以界定，在此基础上进一步阐述对两者关系的理解与认识，最后引出本课题研究的背景与意义。

第一节 对“实体经济”与“虚拟经济”概念的界定

2002 年党的十六大报告首次提出“要正确处理虚拟经济与实体经济的关系”，之后有关“实体经济”与“虚拟经济”概念及两者关系的相关研究在国内得到了更广泛的关注。关于“实体经济”，是一个相对通俗的概念，虽未有明确定义，但在理论界争议和分歧相对较少，其理论基础来自成熟的古典经济学。古典经济学认为，经济增长表现为总产量的增加，由生产函数决定，是一种投入和产出的关系。以此为基础，“实体经济”可理解为物质和精神产品及服务的生产、流通等经济活动；现实中常用国内生产总值（GDP）或产品产量等表示实际产出的指标进行衡量。

相对“实体经济”，“虚拟经济”是一个相对较新的经济学名词，理论界和学术界尚未达成统一的认识。国内有代表性的主要包括成思危①、刘骏民②、戴相龙③、李扬等学者的观点。虽然学术界对虚拟经济的概念和范畴存在不同的理解，但从概念的提出和起源来看，其主要衍生和发展于马克思提出的“虚拟资本”④。随着金融市场的不断发展，“虚拟资本”的外延得以拓展，“虚拟经济”则是虚拟资本不断发展的产物。⑤ 本文采纳杜厚文（2003）厘清相关概念后得出的定义：“如果说实体经济指的是传统的商品和劳务的生产和流动等经济活动的话，虚拟经济则是与实体经济相分离的，具有相对独立的运行规律和特征，不经过实际资本循环，通过投资者的买卖就能带来收益的经济形态。”简单讲，虚拟经济就是以金融体系为依托直接“以钱生钱”的经济活动，毋须像实际资本经历“交换－生产－流通－交换”的循环即可产生收益。

综上，为了便于分析和理解，关于“脱实向虚”相关概念及范畴，本文有以下几方面界定：第一，本文界定的“脱实就虚”是指一部分货币资金没有直接进入生产和流通环节、最终形成有效供给，而是在金融体系或与金融密切关联的特定资产领域自我循环、

---

① 虚拟经济是与实体经济相对应的一种经济活动模式，是虚拟资本以金融平台为主要依托所进行的循环运动有关的经济活动，以及其中所产生的各种关系的综合。

② 虚拟经济是以资本化定价行为为基础的价格系统，其运行的基本特征是具有内在的波动性。

③ 虚拟经济是指以股票、债券及金融衍生品等各种虚拟资本为工具，以金融系统为主要依托，脱离实体经济活动的经济运动形式。

④ 马克思在《资本论》中将“虚拟资本”概括为独立于现实资本运动之外，以有价证券等形式存在的，能给持有者带来一定收入的资本。

⑤ 成思危（2002）将虚拟经济的发展分为 5 个阶段：一是闲置货币成为生息资本；二是生息资本的社会化；三是有价证券的市场化；四是金融市场的国际化；五是国际金融的集成化。

自我膨胀的过程。第二，本文将国内生产总值(GDP)作为衡量实体经济发展的主要指标；通过“虚拟资本”[①]交易规模、价格变化等来反映虚拟经济的发展。第三，从行业角度来看，为了便于分析，本文主要将金融业和房地产业作为虚拟经济的代表；而实体经济包括以农业、制造业为代表的物质生产服务部门以及教育、文化等精神产品的生产服务部门。需说明的是，这种对“虚拟经济”行业的界定并不严谨。金融业和房地产业兼具“实”和“虚”的特性；如：金融业，为企业提供融资等金融服务应属于“实体经济”范畴，而房地产投资增加了全社会总产出，也是“实体经济”不可或缺的一部分。不过鉴于两个行业的金融属性较强，与“虚拟资本”密切相关，出于方便研究的考虑，故将这两个行业作为虚拟经济的代表。

第二节　对“实体经济”与“虚拟经济”关系的认识

在现代经济中，“实体经济”与“虚拟经济”相互依存。一方面，虚拟经济的发展必须建立在实体经济发展的基础上；另一方面，虚拟经济像一把“双刃剑”，对实体经济存在正反两方面的影响。

一、实体经济是虚拟经济产生和发展的前提条件

实体经济作为物质和精神产品的生产部门，是人类社会生存和发展的根基，是虚拟经济健康发展的前提。纵观经济史，虚拟经济是实体经济发展到一定阶段后，为了适应实体经济发展的内在需要而逐渐产生和发展起来的，可见虚拟经济的发展是由实体经济决定的。例如，实体经济融资需求增长直接推动了金融业的发展；为了规避风险，一些金融工具应运而生；而企业经济效益的好坏决定了股票等有价证券的价格；等等。在第五次全国金融工作会议上，习近平总书记在讲话中强调，“金融是实体经济的血脉，为实体经济服务是金融的天职，是金融的宗旨，也是防范金融风险的根本举措”，彰显虚拟经济应围绕实体经济发展这一根本逻辑。

二、虚拟经济对实体经济具有正面推动作用

正如前文所述，金融是实体经济的血脉。虚拟经济对实体经济发展具有重要的助

① 刘骏民(1998)按照虚拟化程度的不同，将虚拟资本分为4个类型：一是直接代表实际资产并始终与实际资产共存的各种证券，包括股票等；二是大部分政府债券和其他以非生产性开支为目的的发行的证券；三是虚拟资本的虚拟资本，如资产担保证券等；四是始终无任何交易物的虚拟资本，如指数期货等衍生产品。此外，当一些实际资本，只要其价值与使用价值相分离，以有价证券的形式存在，通过买卖来获取收益，也是虚拟资本，例如“炒房”。

推作用，主要表现在以下几方面：第一，融资功能，这是虚拟经济支持实体经济的最基本的作用，如企业通过发行和交易股票、债券等相关证券，从社会筹集更多的资金用于生产经营，进一步推动实体经济的发展。第二，价格发现功能，引导有限的社会资源流向效益高的领域，提高经济运行效率，如经营效益好、具有发展前景的企业所发行的股票、债券等资产价格趋于上升，增量资金倾向于投入这些部门。第三，风险规避功能，有利于分散经营风险，降低企业的交易成本，如虚拟经济中的期货市场套期保值和外汇掉期等衍生工具，有助于实体企业规避市场价格波动和汇率变动所带来的风险。

总而言之，当"虚拟经济"和"实体经济"两者协调发展时，虚拟经济通过特定的金融工具，将投资者追求收益的过程与资源的有效配置以及风险规避结合起来，满足实体企业的资金需求，降低实体企业的成本和风险。

三、虚拟经济与实体经济过度失衡将诱发系统性风险

虚拟经济对实体经济具有正面助推作用的同时也存在一定负面反馈。虚拟经济一旦过度膨胀、严重背离实体经济发展这一前提，就会反噬实体经济，甚至会诱发系统性风险，导致经济危机。首先，对实体经济形成"挤出"效应。虚拟经济过度膨胀导致虚拟资本价格上升，由此会吸引大量资本从实体经济领域流出，进而导致融资难、融资贵，阻碍实体经济发展。其次，资产价格泡沫膨胀或诱发系统性风险。虚拟资本价格较多受到预期影响，往往并非理性，容易导致金融资源脱离实体领域在自身体系循环、自我膨胀，最终带来资产泡沫等多种隐患。最后，对货币政策产生一定破坏性。虚拟资本的定价受到预期影响，不确定性较大，与其理论价格的偏离程度往往难以发现，对央行采取的货币政策等纠偏措施提出挑战。比如，虚拟经济对利率变化不敏感时，当央行通过利率进行宏观调控时，或加剧实体经济和虚拟经济的背离。

综上，虚拟经济对实体经济的作用像是一把"双刃剑"，当"脱实向虚"不断加剧、两者严重失衡时，虚拟经济融资、资源配置等功能出现紊乱，将最终威胁到实体经济的稳定。所以必须保持虚拟经济的适度发展，更多地激发其积极作用，而遏制其消极影响。

第三节　当前研究"脱实向虚"问题的背景和意义

次贷危机以来，美欧日等主要发达国家先后实施了史无前例的非常规量化宽松货币政策。在全球流动性宽裕的大背景下，2014 年我国也开始实施又一轮货币宽松政策，催生了房地产等大类资产价格轮番上涨，却没有带来实体经济的显著改善，2016

年我国 GDP 实际增速降至 6.7%的相对低位，制造业投资、民间投资增速也一度下滑。“脱实向虚”不断加剧，将最终威胁到经济金融稳定。中央政府高度重视这一问题。2016 年中央经济工作会议提出“要把防控金融风险放到更加重要的位置”，同时提出“振兴实体经济”；2017 年 7 月，全国金融工作会议将“回归本源”和“服务实体经济”分别作为下一阶段金融工作四大原则和三大任务的首位；党的十九大报告再次强调“增强金融服务实体经济能力”“守住不发生系统性金融风险的底线”，并提出“加快建设制造强国”。可以预见，遏制资金“脱实向虚”、振兴实体经济发展已经成为当前及未来一段时间我国宏观经济政策重心。所以说，在当前时点上研究“脱实向虚”问题是非常有现实意义的。

为了深入探讨这一问题，本课题追本溯源，通过描述我国“脱实向虚”的表现和影响，进一步探寻造成这一现象的深层次原因；并结合美国、欧洲和日本治理“脱实向虚”的经验教训，提出破解我国“脱实向虚”问题的思路和对策。

第二章　我国资金“脱实向虚”的客观实际

本章重点描述我国资金“脱实向虚”的具体表现。从宏观层面看，我国 M2 相对 GDP 比值偏高的事实不容否认，说明确实存在较为严重的“货币超发”问题；从微观层面看，“脱实向虚”主要表现在大量资金流入房地产领域、被低效部门占用维持债务循环以及在金融体系内部空转。

第一节　“脱实向虚”的宏观表现——“货币超发”

理论上，一个国家信用规模（货币总量）扩张的速度会跟随实体经济同步变化；如果一个经济体货币总量的扩张速度显著快于实体经济，则意味着货币并未有效推动“实体”部门的增长，而被一些“虚拟”资产所吸纳，故“脱实向虚”呈现出“货币超发”的现象。图 2－1 显示，我国 M2/GDP 在 2003 年以前持续上升；2003－2008 年趋于平稳甚至有所下降；2009 年为应对国际金融危机的冲击，我国采取了“四万亿元”的刺激计划，M2/GDP 从 2008 年的 1.58 跳升至 2009 年的 1.81，之后也一路走高，2016 年末这一比值已达到 2.08。与其他经济体相比，我国的 M2/GDP 也处于偏高的水平。图

2—2 显示，2016 年末，在主要经济体中，我国广义货币与 GDP 的比值仅次于日本，远高于欧美等发达国家以及巴西、印度等新兴经济体国家。

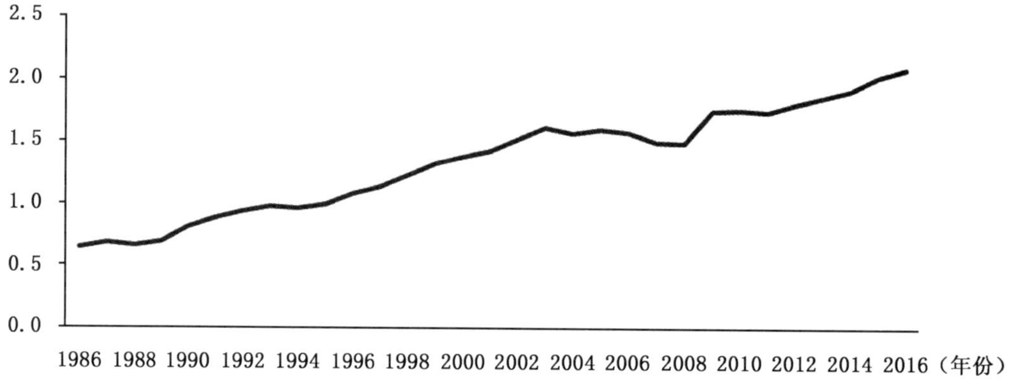

资料来源：Wind，人保资产宏观与战略研究所。

图 2—1　中国 M2/GDP 变化

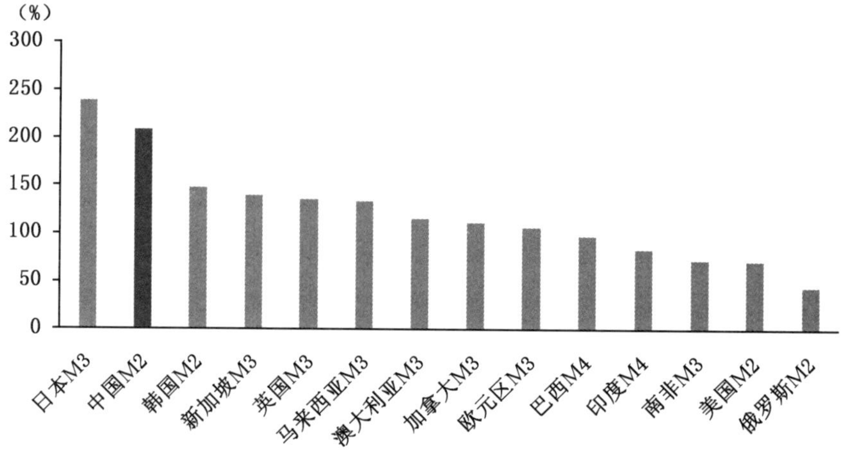

资料来源：Wind，人保资产宏观与战略研究所。

图 2—2　主要经济体广义货币/GDP 比较（2016 年）

诚然，随着金融市场和金融产品多元化的发展，并且由于社会融资体系和统计指标的差异，M2/GDP 已不具备理论上的严谨性[①]和国际上的简单可比性[②]。但从纵向、

① 中国人民银行《2017 年二季度货币政策执行报告》：随着市场深化和金融创新，影响货币供给的因素更加复杂，M2 的可测性、可控性以及与经济的相关性亦在下降。

② 李斌、伍戈．《信用创造、货币供求与经济结构》[M]．中国金融书出版，2014．一个经济体，越依赖于银行融资，且储蓄率越高，其货币总量/GDP 一般而言也越高。

横向对比的情况来看，我国货币供应总量相当于 GDP 的比例相对偏高的事实不容否认，说明确实存在“货币超发”问题。从另一个角度看，“货币超发”可理解为资金配置效率的下降；与之相印证，我国单位社会融资增量带来的 GDP（GDP/社会融资规模增量）也由 2002 年的 6 下降至 2016 年的 4.2，同样表明信贷货币的加速增长并没有带来同步的经济增长。

第二节 “脱实向虚”的微观路径

既然存在“货币超发”，那么“超发”货币流向了哪里？从资金传导链条来看，在信用货币时代，货币资金的传导开始于中央银行；央行提供的基础货币，成为商业银行进行资产扩张的基础；通过贷款等渠道，信贷资金由商业银行流向实体经济部门（包括政府、居民及非金融企业）。实体经济部门在获得资金后，可进行产业资本或商业资本的投资以及消费，最终推动经济总量的扩大，也可以用来投资金融产品等“虚拟资本”以获得增值收益。沿着这样的资金传导链条，可见“脱实向虚”主要有两种基本表现形式：一是资金从金融体系流入实体经济部门以后，并没有用于当期的消费和新建资产的投资，而是流向如房地产、金融市场等重视“虚拟资产”增值的领域；二是资金并未流向实体经济部门，而是在金融体系内部“空转”。基于以上两种基本表现形式，资金“脱实向虚”在我国主要表现在以下几方面：

一、大量资金流向房地产领域

2015 年以来，伴随新一轮地产刺激政策以及货币宽松周期的开启，信贷资金加速流入房地产领域。图 2—3 显示，新增房地产开发贷款和个人住房贷款占当期新增贷款的比重由 2012 年 9％的低点大幅提高至 2016 年的 41％；图 2—4 显示，房地产企业债券净融资额占非金融企业债券融资的比重也由 2013 年以前 2％左右大幅提高至 34％；此外，信托、委托贷款等表外融资渠道至少有四成流向了房地产相关行业。[①] 若将扣除股权融资后的社会融资规模作为实体经济从金融体系获得的信贷资源，则房地产占据的信贷比重由 2010 年的 20％左右大幅提高至 45％左右。

然而，45％的比例仍然低估了房地产的“吸金”能力，至少在以下几个层面还没有完全反映：一是地方政府用于土地储备和一级开发的融资；二是企业或居民以其他用

① 信托贷款流向房地产流域的资金规模按照信托资金投向占比进行推算；根据券商对上市公司公告进行的抽样调查，委托贷款中有一半投向房地产企业；以此推算表外融资中至少有四成流向房地产领域。

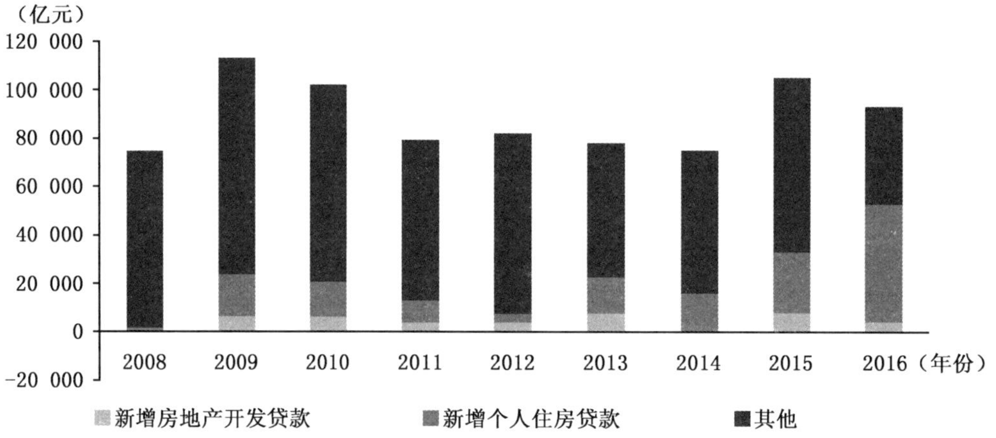

资料来源：Wind，人保资产宏观与战略研究所。

图 2—3　新增人民币贷款结构

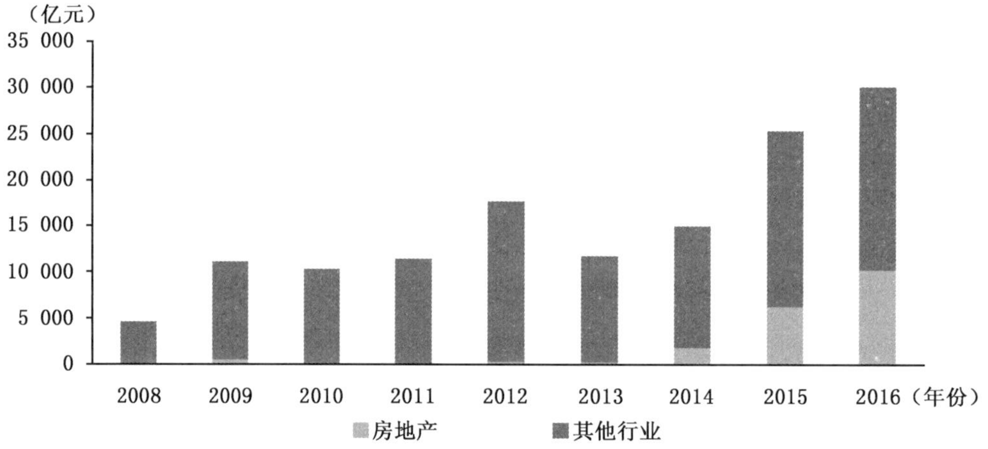

资料来源：Wind，人保资产宏观与战略研究所。

图 2—4　房地产和其他非金融企业债券净融资额对比

途申请的贷款但实际投入地产领域的资金，如居民使用消费贷、P2P 支付部分房款；三是通过"影子银行"体系进行非标融资而流入地产领域的资金并未完全统计；四是加上与地产密切相关的建筑业、钢铁等行业，则房地产及相关领域占用的信贷资源将更加庞大。

值得注意的是，近年来热点城市房地产市场已进入"存量交易"时代，如北京在 2015 年二手房成交面积已超过新建商品房，2016 年前者已是后者的近 1.5 倍。图 2—

5 显示，银行口径的房贷规模明显大于房地产开发投资资金来源中的房贷口径，2016 年两者的缺口达到 2.5 万亿元。这从一个侧面反映存量房交易的快速增长。由于二手房交易并不会推动投资的增长，可见与以往相比，当前资金流入房地产领域，其"虚"的成分可能更为突出。

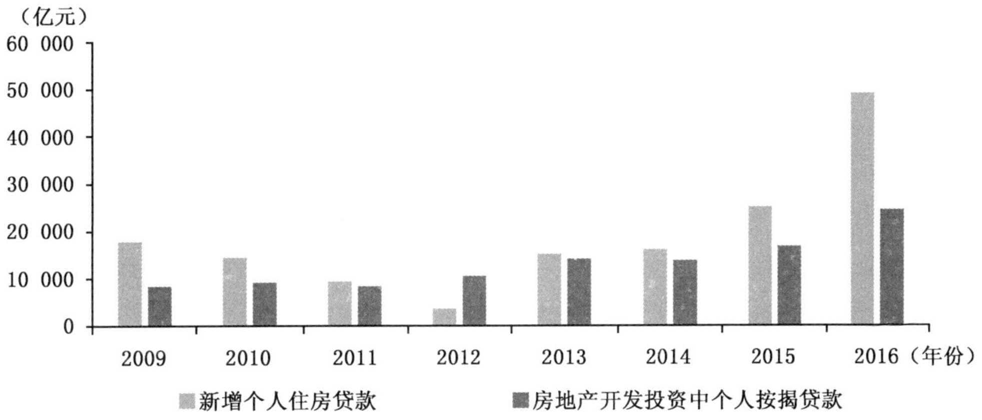

资料来源：Wind，人保资产宏观与战略研究所。

图 2—5　新增个人住房贷款与房地产开发投资资金来源中按揭贷款对比

二、资金被"低效"部门占用以维持债务循环

2008 年金融危机后，经历"四万亿元"的大规模刺激，我国全社会债务总额明显抬升，并且在 2012 年后扩张速度进一步加快。国际清算银行（BIS）数据显示，如图 2—6 所示，截至 2016 年末，我国非金融部门杠杆率已高达 257.1%，较 2008 年末提高 115.8 个百分点。

从国际比较来看，图 2—7 显示，我国杠杆率整体处于中游水平，低于日本、法国、西班牙等高债国，与美国、英国等国家接近，显著高于巴西、印度等新兴经济体；然而，增长速度之快"遥遥领先"，引起了市场对于中国债务风险的关注，也成为供给侧结构性改革去杠杆的直接动因。

杠杆率的攀升、经济增速的回落，意味着债务偿还压力加大。图 2—8 显示，金融危机后美国、日本等主要经济体的债务偿付率①均有所下降，而中国私人部门（非金融企业和居民）债务偿付率却从 2008 年的 11.7% 上升到 2016 年末的 20.1%。与之相对

① 债务偿付率（debt service ratios），指当年应付债务额（本金和利率）占总收入的比率，可以用来衡量当期的偿债压力；数据来源于国际清算银行（BIS）。

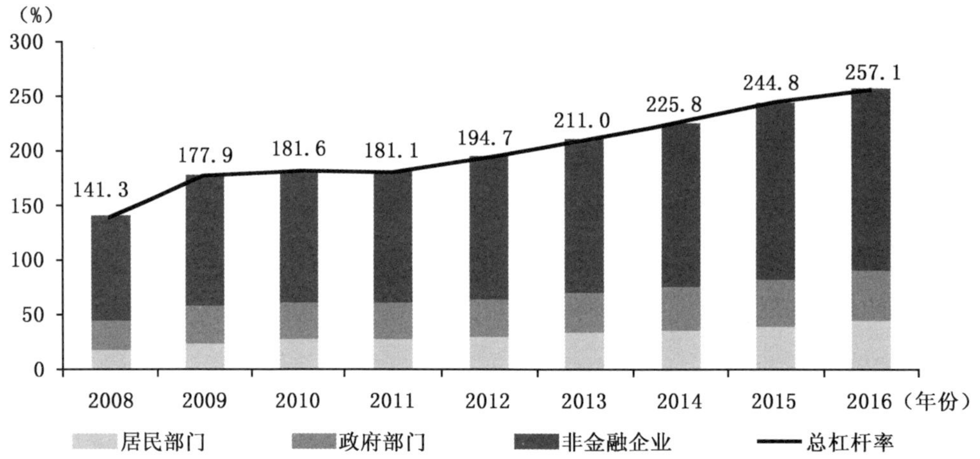

资料来源：BIS，人保资产宏观与战略研究所。

图 2—6　我国非金融部门杠杆率变化情况

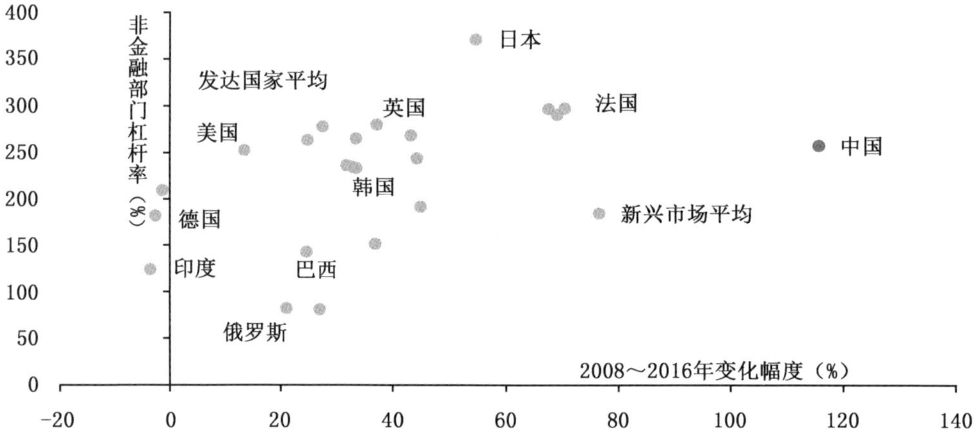

资料来源：BIS，人保资产宏观与战略研究所。

图 2—7　杠杆率及变化幅度的国际比较(2016 年末)

比，实体经济杠杆率最高的日本，其债务偿付率从 15.9%下降到了 14.2%。债务偿付率的上升，说明我国债务增速已经超过偿债收入的增速。偿债压力加大，不良贷款就会出现增长，为了避免债务风险暴露，一些问题企业通过“借新还旧”实现债务展期成为维持生存的主要方式。

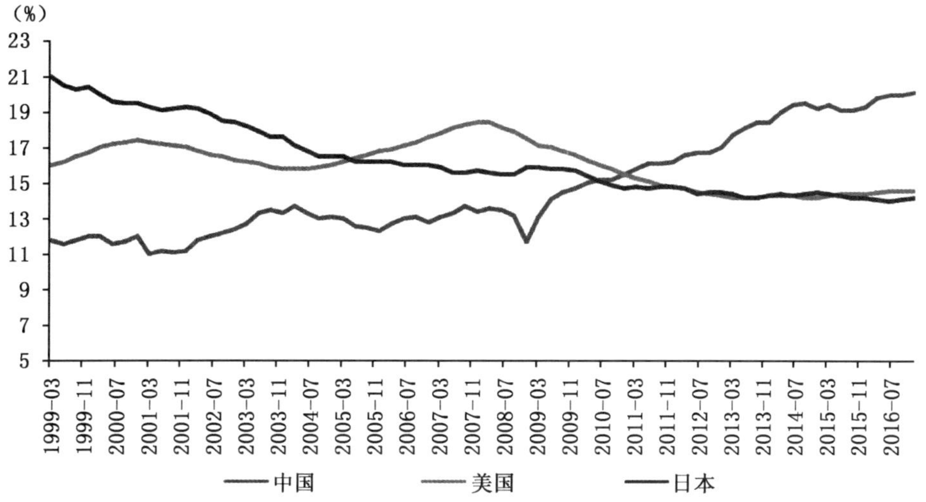

资料来源：BIS，人保资产宏观与战略研究所。

图 2—8　美中日三国债务偿付率变化

“借新还旧”维持债务循环的现象在以过剩产能、地方融资平台为代表的部门表现最为明显。中国人民大学国家发展与战略研究院在 2016 年 7 月发布的《中国僵尸企业研究报告——现状、原因和对策》中指出，钢铁行业中僵尸企业占比高达 51.4%。此外，近年来地方债务和地方融资平台成为大规模吸收信贷资源的重要渠道；由于这些资金大部分支持了基础设施建设，经济效益相对较差，偿债能力有限；为了控制地方债务风险，2015 年以来实施的地方债务置换就是一次典型的债务展期。因为“借新还旧”的过程并不创造任何新增就业岗位和生产能力，实质上是对货币资金的无效占用，同样是“脱实向虚”。

三、资金在金融体系内部空转，实体经济融资链条加长

近年来我国“金融脱媒”现象愈加明显，新增贷款在社会融资规模中的占比从 2006 年的近八成一度下降至 2013 年的不足六成；银行同业业务快速增长，理财、信托、券商资管等影子银行体系迅速扩张。同业业务、影子银行、非标融资产品等相互交织，实体经济部门在获得更多融资渠道的同时也面临着融资链条加长的弊端。

从商业银行资产端来看，2010 年以来银行对实体经济部门（非金融机构）债权的增长速度整体下滑，2016 年仅增 7%；而对其他金融机构的债权规模年均增长 40%以上，2016 年增速高达 50%。图 2—9 显示，银行对实体经济部门债权的占比由 2005 年

的 50％下降至 2016 年的 36％，与之相对应，对其他金融机构债权的占比由 2％提高到 11％。“一增一减”反映出从银行体系直接流向实体经济的资金比例在下降，更多资金继续留在金融体系内部循环。

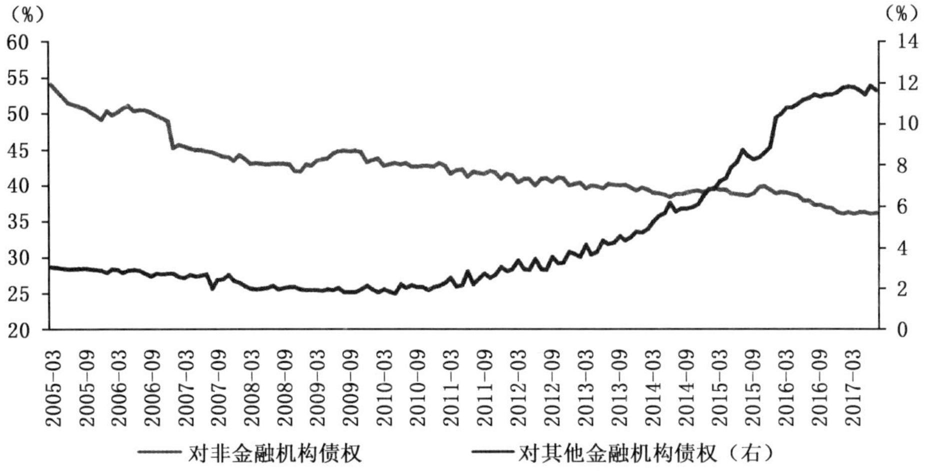

资料来源：Wind，人保资产宏观与战略研究所。

图 2—9　商业银行资产结构变化

一方面，银行同业业务发展迅速，以“同业存单一同业理财”为代表的套利链条成为资金在银行系统内部空转的主要表现。图 2—10 显示，银行同业专属理财规模占全部理财产品的比重从 2015 年 1 月的 3.6％迅速上升到 2016 年 12 月的 20.6％。另一方面，银行资金通过“委外投资”的方式进入其他非银金融机构（包括证金公司、证券公司、基金管理子公司、信托公司等）实现对相关监管的规避。商业银行不仅利用表内的自营资金（包括同业资金）进行委外投资，还通过表外理财等方式支持了非银金融机构的进一步扩张。这些委外资金一部分通过购买企业债券、非标、权益类资产、产业投资基金等途径直接或间接进入了实体经济部门；另一部分则通过投资金融产品、多层嵌套等方式继续淤积在金融体系内部。以理财资金为例，《2016 中国银行业理财市场年度报告》显示，“2016 年末理财资金通过债券、非标、权益类资产等途径向实体经济部门投入 19.6 万亿元，占理财资金投资各类资产余额的 67.4％”。

综上，如图 2—11 所示，我国“脱实向虚”主要表现在以下几方面：第一，大量资金流入房地产相关领域；第二，一些低效部门占用着大量资金用于债务循环；第三，资金淤积在金融体系内部空转，实体经济融资链条加长。

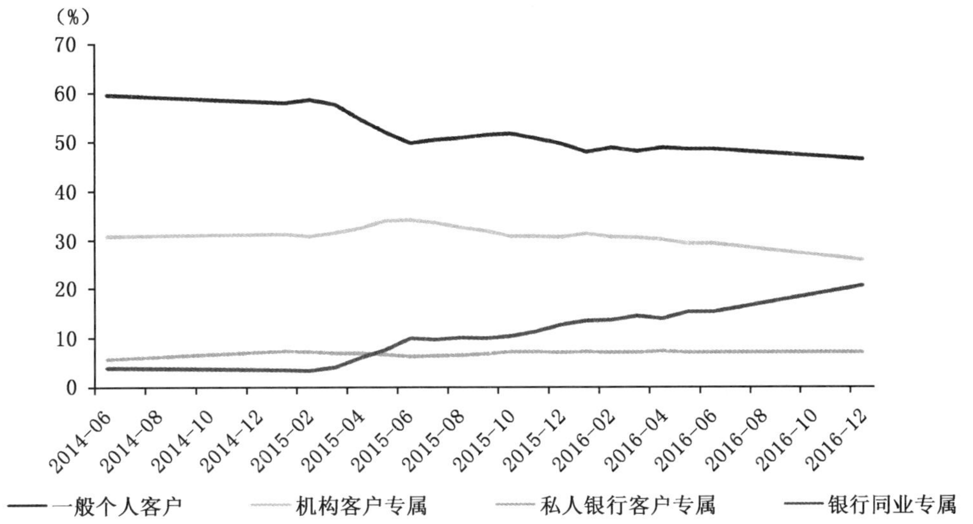

资料来源：Wind，人保资产宏观与战略研究所。

图 2—10　银行同业理财占比上升

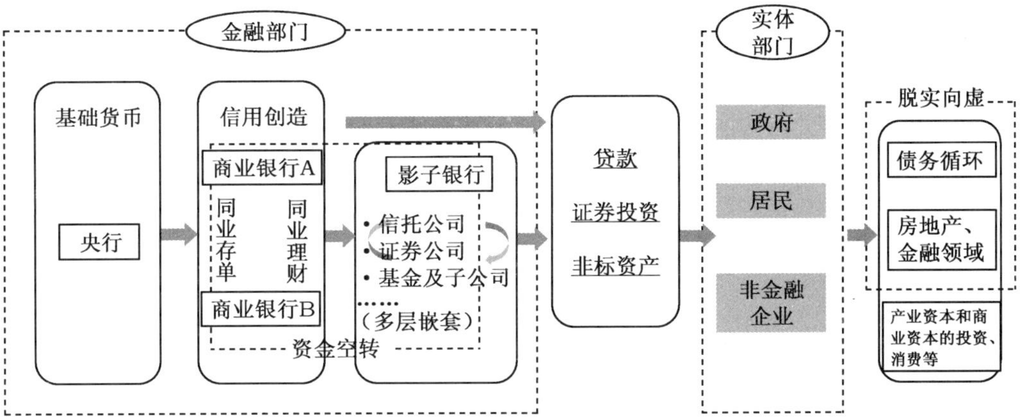

资料来源：人保资产宏观与战略研究所。

图 2—11　中国“脱实向虚”的主要表现

第三章　我国资金"脱实向虚"的风险剖析

正如前文所述，严重的"脱实向虚"，即虚拟经济与实体经济过度失衡将诱发系统性风险。对实体经济而言，融资成本抬升，造成"挤出效应"；对虚拟经济来讲，催生资产价格泡沫，加大金融风险；产业"空心化"一旦形成，则会破坏一国经济发展的基础并影响到国家的核心竞争力。对政府来讲，"脱实向虚"使得货币政策效果受到制约，宏观调控面临挑战；同时导致地方政府争先大力发展金融、房地产业的异化行为出现；此外，"脱实向虚"会加剧贫富分化，进而影响到社会稳定。

一、对实体经济的影响："挤出"效应抑制实体经济发展

首先，在信贷资源有限的前提下，大量资金进入房地产等领域，无疑对其他行业的发展产生"挤出效应"。图 3－1 显示，2016 年末，A 股中房地产上市公司负债规模占全部非金融上市公司的比重达到 17%，与之密切相关的建筑装饰行业占比为 16%。加上过剩产能行业、地方融资平台等"低效"部门同样占据着大量信贷资源，企业"融资难"问题凸显。其次，房价上升抬高了实体经济的运营成本，进一步摊薄企业的利润，抑制整个经济体的创新发展动力。再次，"脱实向虚"推升实体经济的融资成本。一方面，资金在金融体系内流转套利，经过多次周转后到达实体经济，资金链条被拉长；另一方面，资金过度流向房地产、过剩产能、地方融资平台这些对资金价格并不敏感的部门，价格信号扭曲，推升了融资成本，放大了挤出效应。

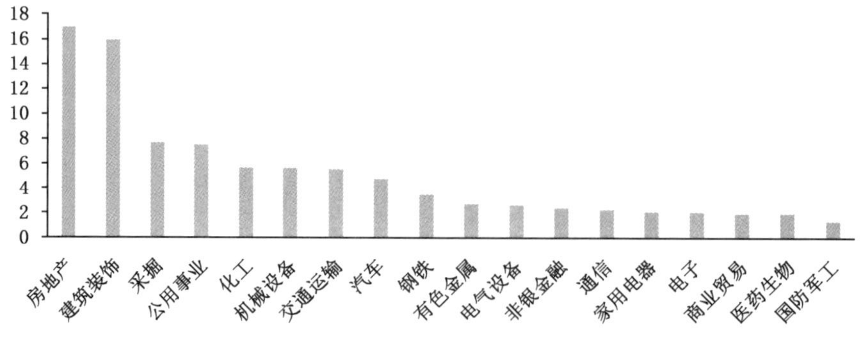

资料来源：Wind，人保资产宏观与战略研究所。

图 3－1　各行业上市公司负债占所有非金融上市公司总债务的比重(2016 年报)

二、对虚拟经济的影响:催生资产价格泡沫进而加大金融风险

当资金远离实体经济、过度流向房地产等金融属性较强的领域时,资产泡沫的风险随之显现。例如,银行资金通过“影子银行”体系,以伞形配资、参与定增等方式绕道进入股市,推动了2014—2015年上半年的股票牛市;委外投资对债券的大力配置,在很长一段时间里压低了债券市场的信用利差,债券牛市持续了数年。在2015年中股票市场的大幅下跌和2016年末债券市场的回调后,这些泡沫风险得以局部释放,如图3—2和图3—3所示。

资料来源:Wind,人保资产宏观与战略研究所。

图3—2　2006年以来A股(非金融)市盈率变化

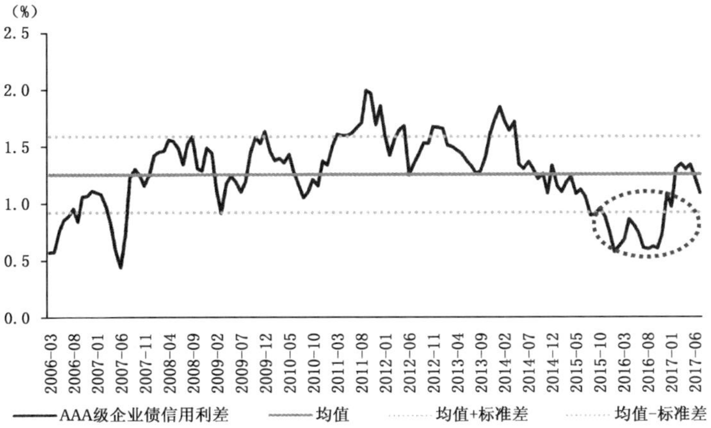

资料来源:Wind,人保资产宏观与战略研究所。

图3—3　2006年以来AAA级企业债信用利差变化

不过，房价泡沫化倾向依然严重。2014 年底以来，宽松的金融环境叠加“去库存”政策，房地产价格经历了又一轮快速上涨。截至 2016 年，国庆期间调控政策密集出台以前，一线城市新建商品住宅价格比 2014 年底上涨 47.9%，二线城市上涨 16.4%。当前中国一线城市的绝对房价水平已居于世界前列；图 3－4、图 3－5 显示，租金收益率、房价收入比等指标同样显示一线楼市泡沫化的严重性。

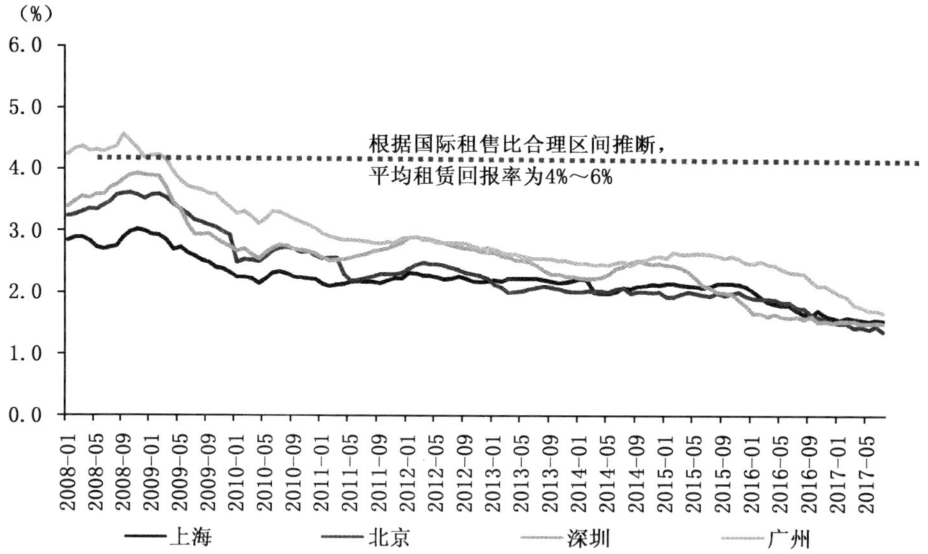

资料来源：Wind，人保资产宏观与战略研究所。

图 3－4　一线城市二手住宅租金回报率

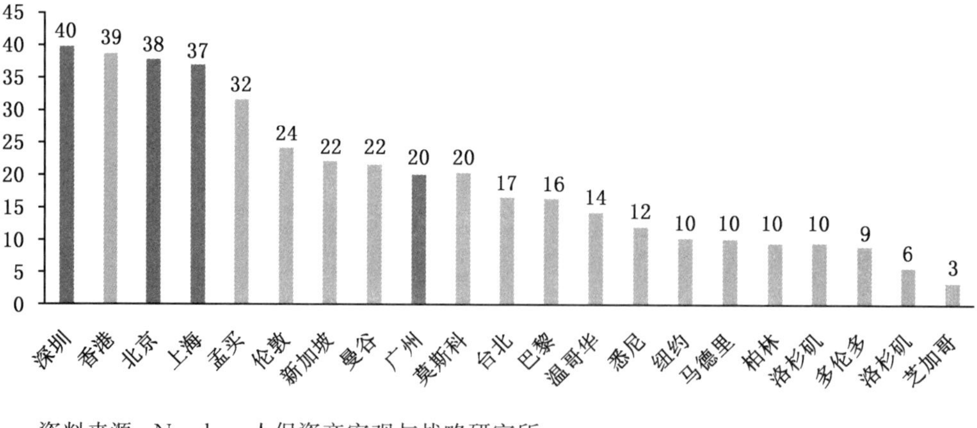

资料来源：Numbeo，人保资产宏观与战略研究所。

图 3－5　2017 年 6 月全球主要城市房价收入比

资产泡沫的膨胀将进一步加剧资金“脱实向虚”;同时,作为重要的抵押品,房地产价格的波动直接影响着银行的资产质量,投资市场的剧烈调整也对金融体系的稳定性造成冲击。资产泡沫倘若不主动抑制,一旦破灭,就可能演变成系统性危机。

三、对经济转型的影响:产业“空心化”危及国家核心竞争力

“脱实向虚”背景下,我国金融和房地产业对GDP的贡献已达到了空前水平。图3—6显示,我国金融业增加值占GDP的比重已经由2008年的5.7%上升至2016年的8.3%,不仅超过美国和日本的同期水平,也明显高于这两个国家历史上的最高点。房地产业扩张同样迅速,特别是2008年以来,在主要经济体房地产占比稳中有降的同时,我国房地产业增加值占GDP比重却上升了2个百分点。2008—2016年,我国第三产业增加值占比提升了9个百分点,其中房地产和金融两个行业贡献了一半力量。

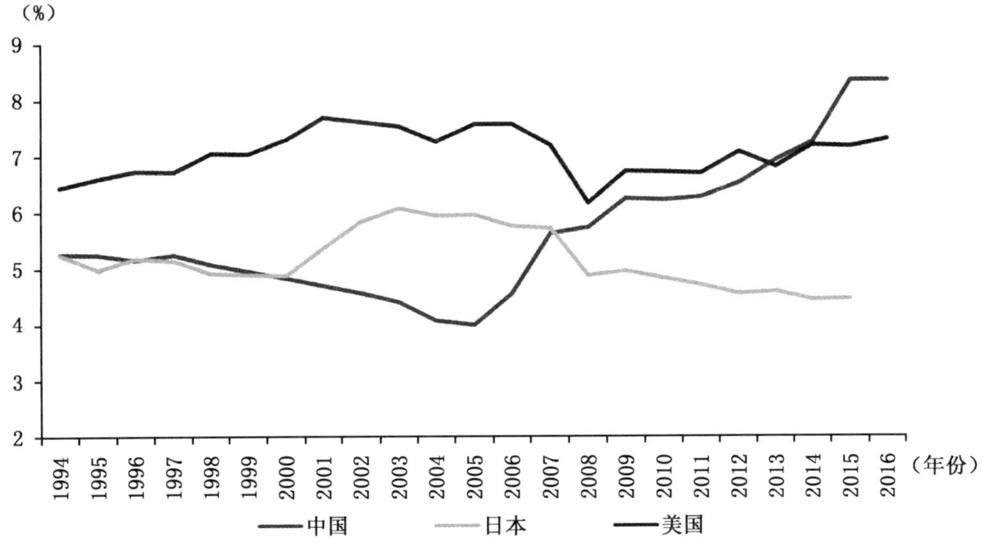

资料来源:Wind,人保资产宏观与战略研究所。

图3—6 中美日金融业增加值占GDP的比重变化

当资金不断从实体经济中抽离,“脱实向虚”不断加剧,实体经济的萎靡即产业的空心化将不可避免。实体企业不通过技术创新和产业升级来提高盈利水平,而转向依靠资本投资或投机,长期将破坏一国经济发展的基础并影响国家的核心竞争力。

四、对宏观调控的影响:货币政策效果受到制约

面对全球经济下滑和国内经济增长放缓,政府会通过扩张性货币政策刺激需求增

长。然而，2014 年来的这一轮宽松货币政策刺激效果难言乐观。截至 2016 年末，我国金融机构贷款余额突破 100 万亿元，社会融资存量规模已增长至 148 万亿元，但 2016 年 GDP 增速却创下金融危机以来最低水平。

正如前文所述，“脱实向虚”可理解为资金配置效率的下降，而这正是货币政策失效的体现。在宽松的政策环境下，资金倾向追逐房地产等金融属性较强的资产，而实体经济融资难、融资贵的问题并未缓解，反而由于信贷资源更加稀缺导致融资成本上升。最终，宽松货币政策未能振兴实体经济增长，却成为加剧“脱实向虚”的源头力量。

资金持续“脱实向虚”，在极端情况下就会导致“流动性陷阱”的出现，即货币政策的完全失灵。2015 年 10 月以来，中国 M1 增速持续高于 M2，两者形成的剪刀差，一度走阔至 15.2％的历史高点。从历史经验来看，M1 增速高于 M2，一般意味着经济景气度较高，企业经营活跃导致活期存款增多。图 3－7 显示，1995 年至今 M1 增速持续高于 M2 的情形共出现 4 次，前 3 次均伴随着经济增长的加快，而第 4 次实际产出并未显著改善。M1 与 M2 剪刀差不断扩大，即企业活期存款增加但投资持续低迷，可见宽松货币政策并未有效提升企业的投资意愿，“流动性陷阱”的特征已有所显现。

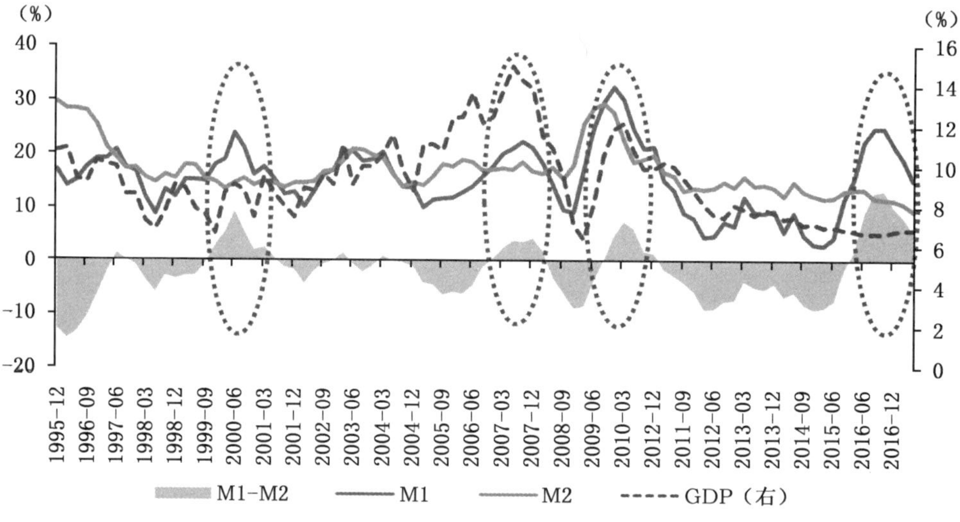

资料来源：Wind，人保资产宏观与战略研究所。

图 3－7　中国 M1 与 M2 增速变化情况

此外，金融产品和融资渠道的多元化和复杂化，对传统的以数量为目标的货币政策调控模式提出了挑战。中国人民银行《2017 年二季度货币政策执行报告》明确指出：“随着市场深化和金融创新，影响货币供给的因素更加复杂，M2 的可测性、可控性以及与经济的相关性均在下降。"由于货币供应量 M2 作为中间目标的重要性不断降低，当前我国货币政策已经开始向"价格型"调控转变。然而在资金"脱实向虚"情形下，资金配置效率的下降、价格扭曲因素的存在，同样影响着货币政策的利率传导机制。

五、对政府行为的影响：导致大力发展虚拟经济等异化行为出现

"脱实向虚"导致资产价格泡沫膨胀；虚拟经济呈现出效益兑现快、耗能低等特点，有利于快速提升经济规模、增加税收，导致地方政府争先发展金融业、房地产业等虚拟经济的异化行为出现。根据各地公布的"十三五"规划，吉林、辽宁、陕西等至少 14 个省份提出在"十三五"时期建设金融中心，如：辽宁省提出"推动沈阳、大连区域金融中心建设"，四川省提出"推进西部金融中心建设"等。诚然，鉴于虚拟经济的助推作用，发达的金融业有利于支撑实体经济的进一步发展，但不考虑自身的区位限制和资源禀赋，"一哄而上"违背了经济发展的基本规律，极大地浪费了社会资源。又如，在当前的土地制度和财税体制下，地方政府经营土地成为不二之选；为了维系土地经营链条的正常运转，地方政府也有意保持土地增值，客观上推动了房价上涨，进一步刺激资金"脱实向虚"。而土地价格上涨和抵押价值上升持续自我强化，成为政府债务水平上升的重要原因，不可避免地加剧了全社会的债务风险。根据中国社科院测算数据，如图 3—8 所示，2014 年地方政府债务余额比 2007 年增长近一倍，占我国全部政府债务的比重达到 70%以上，而其中与土地融资相关的债务规模至少占据 2 成。①

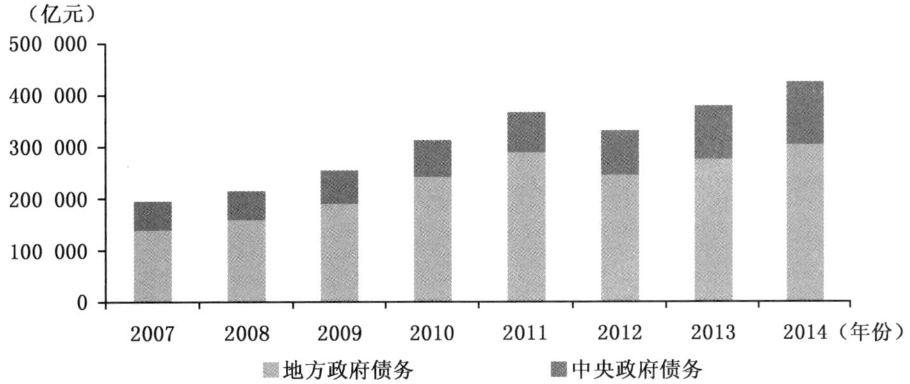

资料来源：Wind，人保资产宏观与战略研究所。

图 3—8 中国政府债务构成

① 央行《2010 年中国区域金融运行报告》：地方政府债务中以土地使用权作为抵押的贷款占比超过 20%。

六、对社会发展的影响：进一步加剧贫富分化

前文提到，虚拟经济可理解为“以钱生钱”的经济活动。当资金持续“脱实向虚”、资产价格不断上涨，无疑对“有钱人”更为有利。以房地产为例，不同社会阶层住房配置的差异，导致了财富分配的不均衡；同时随着房价的上涨，区域及居民之间的贫富差距将进一步拉大。2007 年国家信息中心发布的年度报告已经指出：“房价大幅增长，特别是一些大中城市房价增长过快，意味着财富以货币和固定资产的形式向经济发达、居住环境较好的地区集聚，在向少数高收入者，特别是投机购房者和房地产商手中集聚；相对而言，大部分居民和经营者的收入和财富则变相缩水，导致收入差距进一步拉大。”根据 70 个大中城市新建住宅价格指数计算，当前的房价水平较 2007 年平均上涨了 40％，由房价上涨导致的贫富差距显然进一步拉大。众多研究表明，贫富差距过大会导致社会矛盾激化，长期来看，还会抑制社会总需求进而导致经济内生增长动力匮乏。党的十九大报告指出，“我国社会主要矛盾已经转化为人民日益增长的美好生活需要和不平衡不充分的发展之间的矛盾”，而资产价格上涨拉大贫富差距，显然是“不平衡不充分”的重要体现，不利于建立和谐社会乃至全面建成小康社会目标的实现。

综上所述，由“脱实向虚”引起的系统性风险表现在多个方面。纵观历史上发生过的经济危机，往往开始于房地产等资产泡沫的破灭、债务规模的膨胀以及实体经济的萎缩。当前资金“脱实向虚”不断加剧，已经使我国面临的系统性风险不断加大。为此，必须采取措施及时遏制“脱实向虚”的进一步恶化。

第四章　我国资金“脱实向虚”的成因探析

本章将多角度、多层次分析引发我国“脱实向虚”的原因。首先，必须清醒认识到，由于虚拟经济和实体经济内在运作机制不同，“脱实向虚”的发生具有一定必然性和普遍性，所以必须注重通过外部变量的调控以引导两者协调发展。其次，具体在我国，从资金传导环节来看，宽松的货币环境、金融创新加速而监管相对滞后、多重因素导致实体经济投资回报率下降是资金“脱实向虚”的直接原因。再次，透过这些表面现象，传统的经济增长方式、非市场化体制机制是导致资金“脱实向虚”的根源。

第一节　资金"脱实向虚"的内生机制分析

"虚拟经济"与"实体经济"具有相对独立的运行规律和特征，使得两者的发展变化往往容易背离；与此同时，由于"金融加速器"效应的存在，虚拟资本具有自我膨胀的冲动，进而刺激资金进一步"脱实向虚"。

第一，虚拟经济和实体经济内在运行规律不同，两者周期变化的轨迹容易偏离。实体经济主要遵循边际收益递减的规律，其周期变动大致沿着"投资（产品产量增加）—投资效率递减（供给过剩）—利润率下降（产品价格下降）—新产品的出现—新一轮投资"的路径。虚拟经济则遵循资本化定价方式，主要是预期收益现值的方式，但受预期影响较大。在商品的生命周期中，随着效率提高，商品价格总是趋于下降；而在预期支撑的价格体系中，趋势性变化或难确定。而且由于市场上总是存在非理性预期，进而放大虚拟经济的波动幅度，使得实体经济与虚拟经济的运行轨迹进一步偏离。

第二，虚拟经济波动程度大、内部循环效率高；而实体经济受制于商品经济、货币流动等因素反应弹性不足，从技术创新到生产率持续提升的周期较长。对比之下，"脱实向虚"的出现具有一定的必然性和普遍性。特别是随着互联网技术的进步和电子化交易的普及，虚拟资本的流动速度越来越快，总规模迅速膨胀；与此同时，现代经济体系已从制造业为主转向以服务业为主，制造业的高度自动化目前还无法在服务业完全实现，使得生产率提高的速度有所放缓。当前全球虚拟经济以远高于实体经济增速的速度膨胀，如2001—2016年，全球商品贸易规模增长了1.6倍，但外汇成交总额增长了近5倍。

第三，由于"金融加速器"效应的存在，虚拟资本具有自我膨胀的冲动，进而刺激资金进一步"脱实向虚"。Bernanke和Gertler等人（1996）把金融市场可以放大初始冲击的机制称作"金融加速器"。现实中，最典型的例子就是房价上涨带来银行以房地产为抵押的信贷数量快速增加，这些信贷转而形成房地产投资或对房地产的需求，进一步推动房价上涨，从而吸引更多信贷资金流入房地产领域。崔光灿（2006）、黄静（2010）等的研究表明，我国房地产市场确实存在"金融加速器"效应，房价上涨将进一步吸引信贷资金投入房地产领域，加剧资金"脱实向虚"。

综上所述，虚拟经济和实体经济内生运行机制的不同，以及"金融加速器"效应的存在，"脱实向虚"问题的形成具有一定的必然性和普遍性。在这种情况下，遏制"脱实向虚"就必须通过加强外部变量的调控来引导实体经济与虚拟经济协调发展。

第二节　我国资金“脱实向虚”的直接原因分析

结合前文图 1—11 展示的中国“脱实向虚”的主要表现，宽松的货币环境、金融创新和开放加速而监管相对滞后、多因素导致实体经济投资回报率下降是造成我国资金“脱实向虚”的主要原因。

一、宽松的货币环境为“脱实向虚”提供了源头动力

次贷危机以来，发达国家先后实施史无前例的非常规量化宽松货币政策，甚至开始使用“负利率”政策。在全球流动性极度宽裕背景下，2014 年初开始，我国货币政策也开启了长达两年的宽松周期。2014 年，央行 4 次下调正回购利率，2 次定向降准，1 次降息，并扩大再贷款和专项金融债规模；之后 2015 年 6 月股灾、8 月汇改造成的市场震荡，客观上促使央行进一步放松货币政策。截至 2016 年 3 月，央行总共降息 6 次、降准 5 次，从图 4—1 可看出这段时期市场利率快速下行。

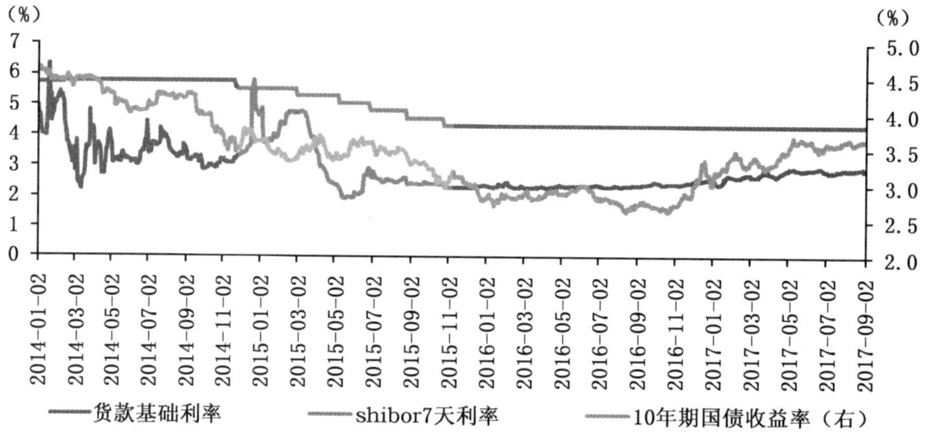

资料来源：Wind，人保资产宏观与战略研究所。

图 4—1　贷款基准利率及长短端利率变化

同时，这轮货币宽松还伴随着宏观审慎监管的放松，包括 2015 年中存贷比约束取消和房地产政策的松绑等，多种因素共同营造了金融条件较为宽松的环境。房地产政策方面，2014 年下半年房地产政策趋于放松，2015 年“330 新政”进一步降低首付比例，个人住房转让免征营业税的期限由 5 年下调为 2 年；2016 年 2 月不限购城市首付比例进一步降至最低 2 成。最终，宽松货币政策释放的流动性未能有效刺激实体经济

增长，反而成为资金“脱实向虚”的源头动力。

二、金融创新和开放加速而监管相对滞后为“脱实向虚”创造了条件

2012 年，第四次全国金融会议提出加快金融基础设施建设、改善金融发展环境，此后金融自由化和监管放松成为金融工作的总基调。从影子银行体系，到品种繁多的资管产品，再到互联网金融爆发增长，各种金融创新层出不穷，但金融监管建设未能跟上，为资金“脱实向虚”创造了条件。

一方面，监管部门存在一定“角色错位”问题，在推动行业发展的同时监管建设未能跟上。长期以来，金融监管部门将拓展本行业市场空间作为自身的潜在目标，有时是裁判员，有时是教练员，双重身份使得监管很难保持独立和中立(彭文生，2017)。以同业存单为例，自发行之初就享受了多种“政策红利”，如：发行条件宽松灵活，实行备案制，可规避多重监管指标考核等；监管部门还同时推动发行主体不断扩容。[①] 在这个过程中，监管部门过分注重促进业务的增长，却不注重识别发展中累积的风险；对同业存单的监管未能及时跟上，成为同业存单爆发式增长的重要推手。

另一方面，金融市场混业经营的发展趋势与分业监管体制的矛盾日趋突出。混业经营背景下，如果不同监管机构进行分业监管，则容易产生监管套利空间。可以说，近年来影子银行、各种理财产品的快速发展，均可视作监管套利的产物。比如，商业银行通过银信合作可绕过贷款规模的限制；银信合作监管加强后，银行又寻机与基金子公司、券商资产管理公司合作；由于监管规则不一致，部分资金仍可以通过信托和委托贷款、委外投资等途径投向地方融资平台、房地产、“两高一剩”等行业，加剧资金“脱实向虚”。

此外，值得关注的是，伴随经济全球化的深入发展，我国金融市场对外开放和市场化改革均在不断推进，国家之间金融市场的联动性加大，国外金融形势的变化对国内的传导更快、更直接，如果不加以监管，及时干预，或加大我国虚拟经济的价格波动幅度，进一步加剧虚拟经济和实体经济的失衡发展。

三、多因素导致实体经济投资回报率下降是“脱实向虚”的主要原因

2008 年金融危机以来，我国实体经济的投资回报率显著下降。图 4－2 显示，我国制造业资本回报率(ROE)从 2006 年的近 20％下降至 2016 年的 7.9％；相比之下，房地产和金融业的投资回报率较高，上市房地产企业的 ROE 从 2006 年的 5.6％上升

① 2013 年国有四大银行及股份制银行获许发行同业存单，2014 年部分城商行与农商业也获许发行同业存单。

至 2014 年的 10.4%，金融业上市公司 ROE 也保持在 10%以上。"趋利"动机下，企业更倾向于将资金投入到房地产、金融等领域。

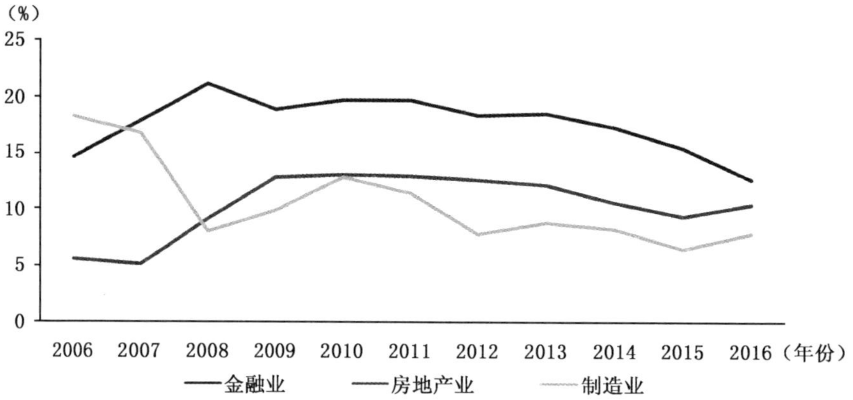

资料来源：Wind，人保资产宏观与战略研究所。

图 4—2 不同行业上市公司 ROE 变化

2016 年末，A 股中有1 446家上市公司拥有投资性房地产[①]，公司数量占 A 股上市公司的 44%，而在 2008 年末，这一比例仅为 23%；图 4—3 显示，制造业、交通运输、批发零售等实体行业拥有投资性房地产的公司占比均有显著提升。另外，企业购买理财产品也成为较为普遍的现象。据中证报报道："截至 12 月 8 日，今年以来共有1 088家上市公司购买理财产品，较去年同期增长 40%；理财规模达 1.06 万亿元，较去年同期增长 47%。"

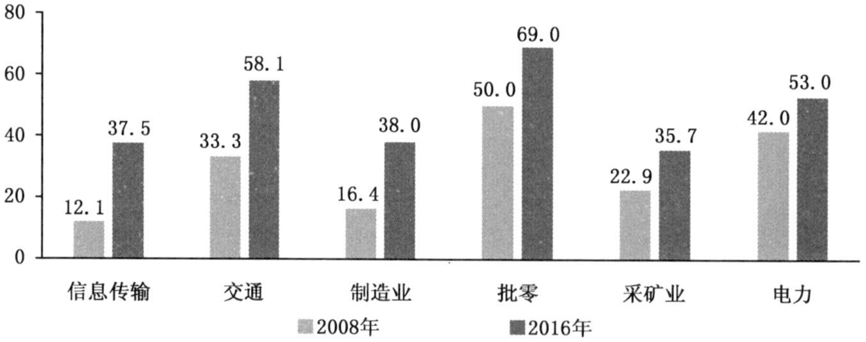

资料来源：Wind，人保资产宏观与战略研究所。

图 4—3 上市企业中拥有投资性房地产的公司占比

① 投资性房地产是指为赚取租金或资本增值，或两者兼有而持有的房地产，主要包括出租的土地使用权、持有并准备增值后转让的土地使用权和已出租的建筑物。

正如前文所述，虚拟经济和实体经济产出效率的相对变化使得“脱实向虚”具有一定必然性。从长周期看，由于人口红利下降，我国潜在经济增速趋于下行，实体经济的投资回报率面临阶段性回落的必然性。不过，我国实体经济投资回报率下降还受到多方面非周期性因素的影响。首先，产能过剩问题较为严重。2009 年政策刺激过后，企业以高杠杆运营形成的产能没有需求支撑，周期性行业和传统行业普遍出现了产能过剩的情况。随着 2016 年供给侧结构性改革的推进，形势虽有好转，但当前我国企业的设备利用率仍处在 2000 年以来的相对较低水平，产能过剩的状况依然较为严重。其次，成本上升侵蚀企业利润空间。最为普遍的是劳动力成本以及房价上涨导致的经营成本上升，而“脱实向虚”使得融资难、融资贵的问题也难以缓解，加上环保力度加大，企业生产硬约束增强，利润空间不断受到挤压。再次，企业的转型同样面临一定制度性约束。在竞争行业产能普遍过剩的情况下，供给不足的一些行业又存在准入限制，特别是民营企业在很多领域的投资依然面临“玻璃天花板”。图 4—4 显示，除制造业以外，大部分行业的民间投资占比不足一半。

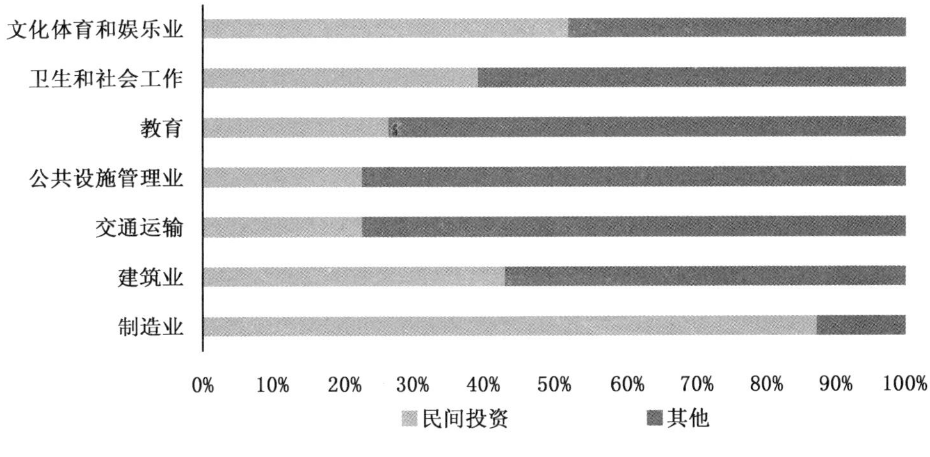

资料来源：Wind，人保资产宏观与战略研究所。

图 4—4　不同行业中民间投资占比（2016 年）

第三节　我国资金“脱实向虚”的深层次根源分析

透过上述表面或直接原因，“脱实向虚”作为资金配置错位、使用效率下降的体现，传统的经济增长方式、一些非市场化体制机制的存在是导致这一问题的深层次根源。

一、长期以来强刺激、高投资的增长模式容易导致“脱实向虚”

很长时期以来，GDP 增速是政府绩效考核最重要的内容。以 GDP 目标为中心的政绩观激发了地方政府发展经济、服务企业、开拓进取的热情和干劲，同时也形成了依靠投资驱动的粗放式增长模式。我国投资率常年保持较高水平，2000－2016 年平均值达到 43%，远高于其他主要经济体，高出全球平均水平 20 个百分点。高投资必然意味着高负债，背后自然也缺少不了宽松货币政策的支持。图 4－5 显示，1993 年以来，国内贷款增速与资本形成对 GDP 贡献率的变化基本吻合，2008 年以来两者的相关系数甚至高达 0.9。围绕 GDP 增速，中国经济形成了“增速回落—政策刺激—信贷增长—投资扩大”的惯性增长模式。2008 年金融危机爆发后，外需动力明显减弱，为了弥补外需不足带来的冲击，我国推出了一揽子经济刺激计划，以投资驱动稳定增长的模式得以进一步强化。

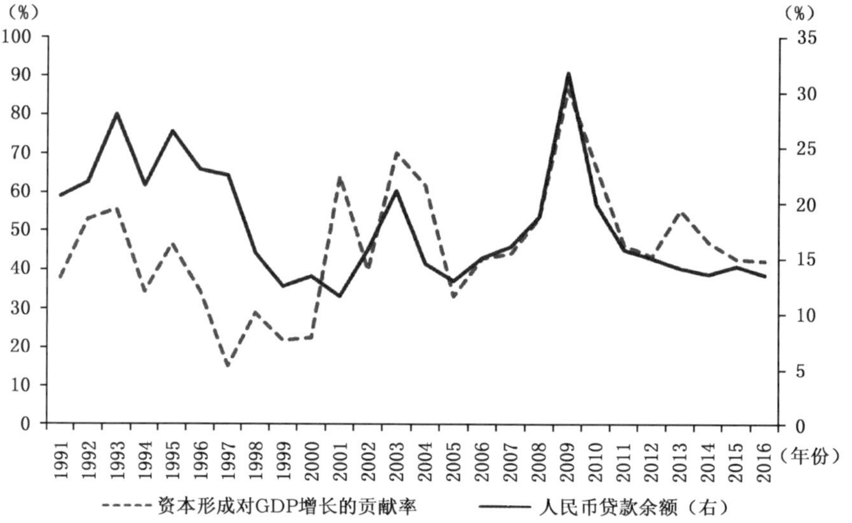

资料来源：Wind，人保资产宏观与战略研究所。

图 4－5　贷款增速与资本形成贡献率

然而，作为一种数量型要素投入模式，边际投资效率是趋于下降的，所以在投资驱动信贷扩张的同时，资金运用效率下降将是必然结果。与此同时，投资内部结构的变化也反映资金配置效率的下降。“四万亿元”刺激过后，产能过剩严重，制造业投资增速不断下滑，房地产和基建投资的支撑作用日益凸显。然而，随着人口结构变化和库存水平的提升，整体房地产市场供过于求的局面已经形成，房地产开发投资也趋于下行。在这种情况下，如

图 4—6所示,近两年由政府主导的基建成为投资的主要支撑,基建投资占总投资的比重由 2013 年的 21%上升至 2016 年的 25%。应该说,内部结构的这种变化正是“脱实向虚”的一种表现:从“量”上讲,更多资金流向房地产、政府融资平台等领域,对其他实体经济部门的资金需求产生挤出效应;从“效率”来讲,基建投资的经济效益较低,[①]通过盈利实现债务展期的可能性较低,资金流向“低效”部门进而导致整体配置效率的下降。

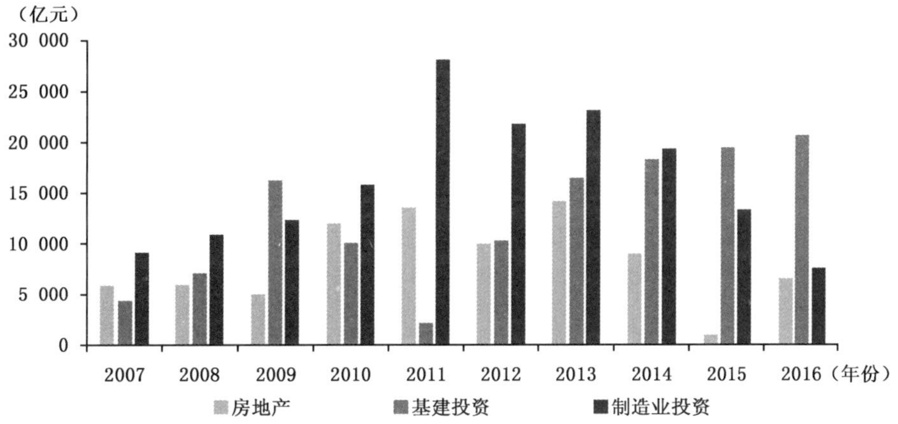

资料来源:Wind,人保资产宏观与战略研究所。

图 4—6 当年固定资产投资新增规模

白重恩、张琼(2014 年)的研究同样表明,“投资率大幅攀升和政府投资规模持续扩大导致中国经济宏观资本回报率大幅下降”。与此同时,由于地价、房价的上涨,“无效投资”积累也更加严重,全社会固定资产投资额与同期资本形成之间的缺口由 2010 年的 6 万亿元扩大至 2016 年的 27.7 万亿元,即超过 45%的投资最终没有转化为资本存量。[②] 也就是说,随着资本回报率的下降,每增加 1 单位的 GDP 需要累积更多的资本存量;而投资效率下降、无效投资的累计,形成 1 单位资本存量需要更多的固定资产投资,这也意味着更大规模的融资和负债。

综上,长期以来,为了实现 GDP 增速目标,我国经济形成了“增速回落—政策刺激—信贷增长—投资扩大”的增长模式。特别是当房地产投资和政府主导基建投资成

① 英国牛津大学的数名教授在《牛津经济政策评论》联合发表了一篇研究论文,核心观点认为中国逾半基础设施投资项目在运营生命周期内并无经济价值,并称管理不善的基建投资是中国经济和金融问题日益浮出水面的主要原因。

② 从统计方法的角度来看,固定资产投资包括土地购置费以及旧设备和旧建筑物购置费,但是固定资本形成并不包括这些支出。近年来,投资增速远高于固定资本形成增速的主要原因在于地价加速上涨引致的企业固定资产购置成本增长,这部分溢价反映在了投资数据中,但没有转化为资本存量,成为经济增长过程中的沉淀成本,导致了投资效率下降和无效投资累积。

为主要支撑时，容易导致的后果就是资产泡沫的积聚和资金配置效率的下降，大量资金被地方融资平台等“低效”部门占据，对其他实体经济部门，特别是民营企业产生较大的挤出效应。

二、非市场化因素的存在加剧了金融资源配置失衡

在我国，土地财政、政府隐性担保、预算软约束、刚性兑付等非市场化体制机制因素的存在，进一步加剧了资源配置的错位失衡。

在现行的土地制度和财税体制下，“土地财政”客观上成为“脱实向虚”的重要推手。一方面，因为刺激房地产发展不仅可以直接带动相关投资和消费，还可提高地方政府的收入以及以土地做抵押的融资能力，有利于支持由地方政府主导的基建投资和城镇建设。在这种情况下，以刺激房地产发展对冲经济下行的政策惯性思维很难打破。另一方面，只有房价上涨、土地不断升值才能维持“房价—地价—抵押品价格”的链条正常运转，地方政府在土地价格上涨的时候主动通过增加供给等途径平抑价格的动力不足，反而会在房地产萧条的时期倾向出台刺激政策，客观上推动了房价的上涨。据测算，房地产企业的拿地成本约占房价的四成左右，[①]所以说房价上涨带动地价上涨，而土地升值又将助推房价上行，如图 4—7 所示。

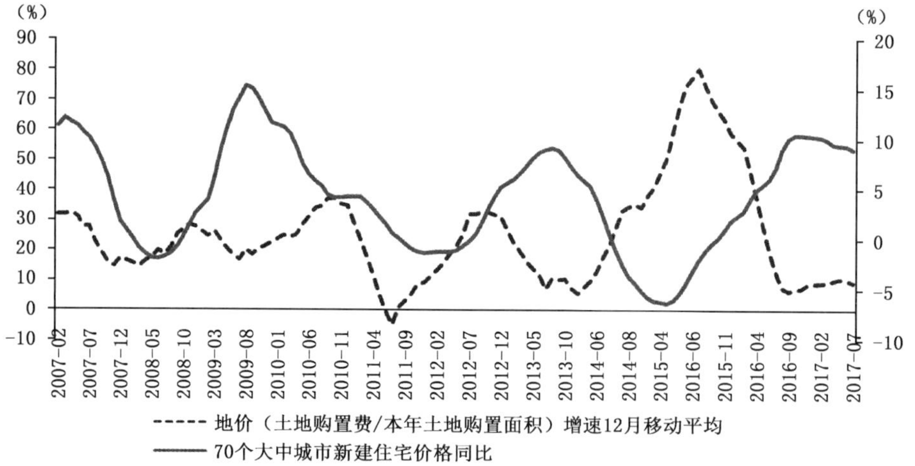

资料来源：Wind，人保资产宏观与战略研究所。

图 4—7　房价和地价轮番上涨

① 任泽平.《房地产盛宴的受益者：房价构成分析》[J].

又如,政府隐性担保带来的预算软约束问题同样会加剧金融资源的配置失衡。从金融体系来讲,由于有政府信用和充足抵押品的支持,价值融资需求大,信贷资源自然容易流向软约束部门和房地产领域。从企业自身来讲,对于有着严格预算约束的企业,经理人或控股股东在做投资决策时会注重权衡企业扩大投资和增加融资所带来的收益和支出;而在"软约束"下,由于企业不必承担决策失误所应承担的风险,其受到的债务约束就越弱,投资对资金成本的敏感就越低。伍戈、李斌(2016)的实证研究表明,国有企业相对更容易发生过度投资,而这些过度投资的企业对利率变化的敏感程度更低。图 4—8 显示,2006 年以来,国有企业资产负债率平均高出非国有企业 3.5 个百分点,而国有企业 ROE 平均低于 0.7 个百分点,反映出国有企业的投资和资金需求往往容易过度扩张,但投资回报率却偏低。

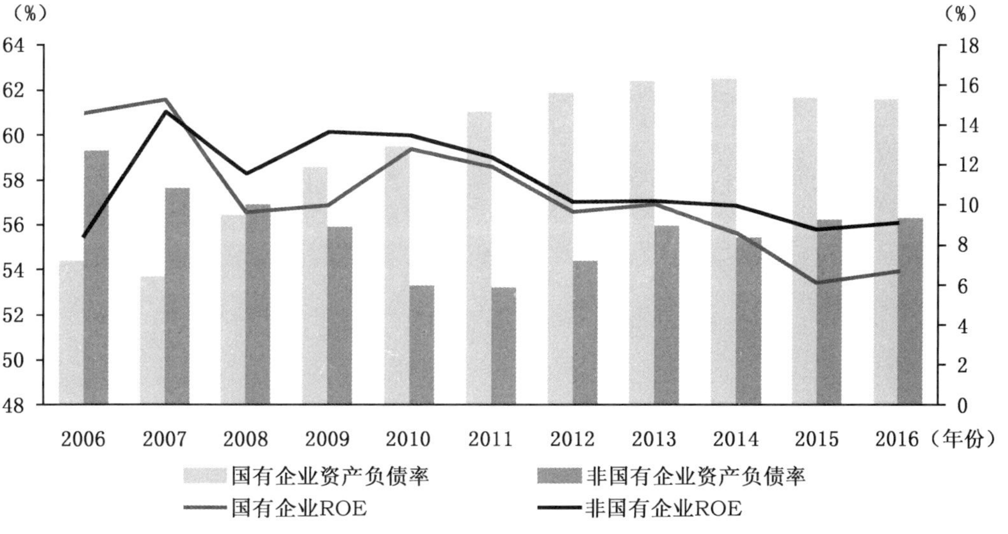

资料来源:Wind,人保资产宏观与战略研究所。

图 4—8　上市公司 ROE 和资产负债率

另外,"刚性兑付"的存在也影响了"虚拟经济"的价格发现功能。从资产端来看,金融机构更倾向于将资金投资于预算软约束主体发行的资产,这就可能导致这类资产的价格无法充分反映实际的风险,往往容易助长过度投资。从负债端来看,居民部门把银行信用等同于政府信用,将理财产品等同于普通存款,容易形成"刚性兑付"预期,提高了我国的实际无风险利率。在无风险利率高企的情况下,一方面企业投资实体的意愿下降,另一方面金融体系向实体经济融资的动力也将趋于下降。

综上，由于土地财政、政府隐性担保、预算软约束、刚性兑付等非市场化体制机制因素的存在，以地方融资平台、房地产以及产能过剩行业为代表的部门，其投资和资金需求往往容易过度扩张，不仅对其他实体部门产生了明显的资金挤出效应，而且推升市场利率，资金配置效率进一步下降。

第五章　治理“脱实向虚”的美国做法

美国次贷危机引起了全球金融市场的剧烈动荡并重创了全球实体经济，而这场危机的发生和发展过程与美国房地产市场过度繁荣、居民与金融部门杠杆率抬升、金融体系快速膨胀等“脱实向虚”问题直接相关。这些“脱实向虚”问题的背后，是长期过度宽松的货币环境、缺位的金融监管与经济结构失衡等深层次原因。危机爆发后，美国通过货币、财政政策等多种方式及时救助金融市场及金融机构，使得风险及时出清；并且采取“再工业化”战略、鼓励创新、完善金融监管等一系列中长期措施，进一步引导资金“脱虚向实”。

第一节　美国“脱实向虚”的客观实际

2000 年以来，美国经济出现了明显“脱实向虚”迹象，主要表现在以房价为代表的资产价格明显上涨以及与之相关的金融衍生品规模快速膨胀：

第一，房地产价格攀升，居民和金融机构杠杆率高企。2000－2006 年美国房地产价格年均涨幅接近 9%。居民部门杠杆率随着房价抬升，图 5－1 显示，2001－2007 年，美国家庭债务与可支配收入的比率累积抬升 30%以上，至 2007 年已达到 120%以上的水平；居民部门杠杆率（负债/GDP）接近 100%，同时金融机构杠杆率高企；华尔街投资银行的杠杆率普遍达到 30 倍以上，如果将表外业务纳入估算，投资银行当时的平均杠杆率甚至已达到 50－60 倍。商业银行虽然资产份额下降，表内业务杠杆率受到严格的监管，被限制在 12.5 倍以下，但影子银行业务快速膨胀；如果将表外影子银行业务纳入计算，商业银行杠杆率也远高于 30 倍。在不断加杠杆的过程中，美国金融部门的资产负债表迅速扩张，其负债规模相当于 GDP 的比重在 2008 年达到 400%的高位。

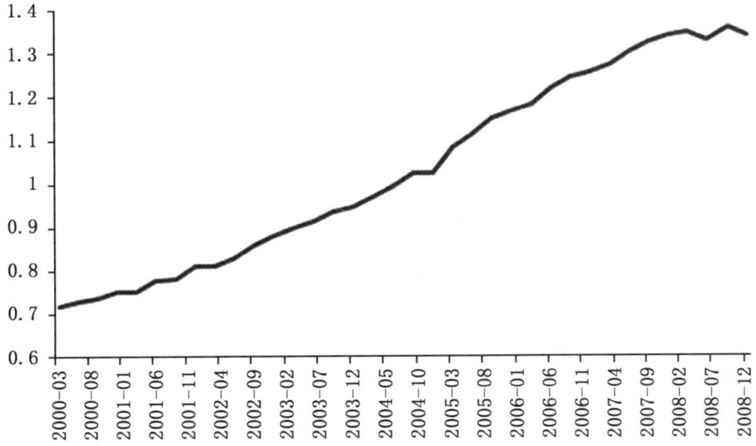

资料来源：Wind，人保资产宏观与战略研究所。

图 5—1　居民部门债务收入比

第二，金融衍生品规模不断膨胀。随着地产的繁荣与金融部门杠杆率的抬升，与其联系紧密的金融衍生品规模不断扩大。以住房抵押贷款证券为例，2000—2006年，其规模由3万亿美元增长至5.8万亿美元；同时，次级抵押贷款的证券化率也同步提高，2006年以后已经达到80%以上的较高水平。

第三，经济结构失衡日益明显。如图5—2所示，美国GDP中制造业占比持续下降，由1980年时20%以上的水平降至2008年约12%的水平；原支柱产业中钢铁、汽车等产能明显收缩，如美国钢产量占世界总产量的比重由1956年的47%下降到2007年的6.8%。与此同时，以"FIRE"(finance，insurance，real estate)产业为代表的金融服务行业繁荣发展，金融服务业行业增加值在GDP中所占的比重由20世纪70年代的15%升至2007年的20%左右；金融服务业利润总额占美国企业利润总额的比重在2007年达到40%以上。

最终，美国"脱实向虚"问题所积累的风险以次贷危机的形式爆发。为了抑制经济过热，美联储在2004年6月—2006年6月两年间，连续17次上调联邦基金利率。由于住房抵押贷款市场上绝大部分的次级贷款都是浮动利率，随着美联储的快速加息，在良莠不齐的次贷市场上越来越多的借款者难以承受，违约率迅速上升；同时，房价也开始回调，抵押品价值缩水使得借款者难以进行再融资，反向加速了次贷市场违约与抛售的扩散。如图5—3所示，违约率的上升导致CDO、CDS等以次贷为基础资产的衍生品价格下跌，此类金融产品配置比例较高的金融机构资产端迅速缩水，信用风险逐步爆发。随着市场的恐慌性抛售，资产端资金回笼困难，流动性风险也集中爆发，进一步加剧信用风

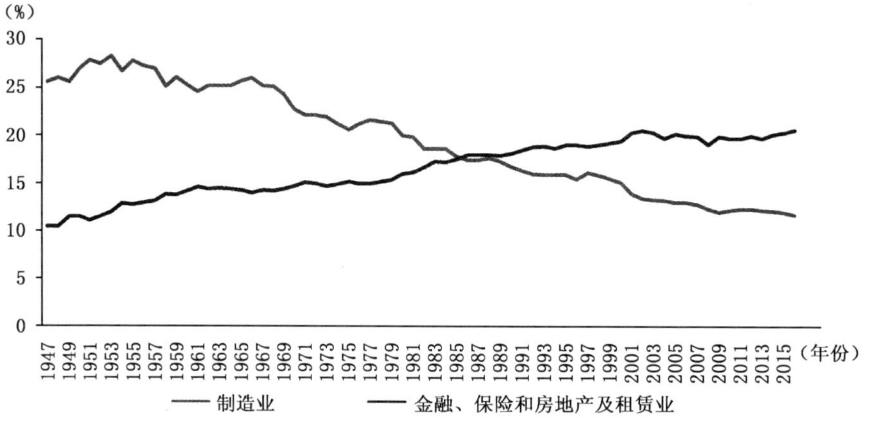

资料来源：Wind，人保资产宏观与战略研究所。

图 5—2　美国制造业和金融服务业增加值在 GDP 中所占比重

险暴露，信用风险与流动性风险不断蔓延形成了恶性循环。2007 年 4 月，随着次贷违约率飙升，美国第二大次贷供应商 New Century Financial Corp 申请破产保护；相当一部分持有该类衍生品的对冲基金由于 CDO 等次贷衍生品价格暴跌承受巨大赎回压力，贝尔斯登被迫关闭下属两家对冲基金；当年 8 月，美国第一大住房抵押贷款公司 Countrywide Financial Corporation 陷入流动性危机之后申请破产。风险沿着金融链条不断蔓延，如多米诺骨牌一般引起美国次级抵押贷款市场的大规模危机，投资银行、保险公司等各类金融机构均无幸免，最终难以避免地对实体经济产生了巨大打击。

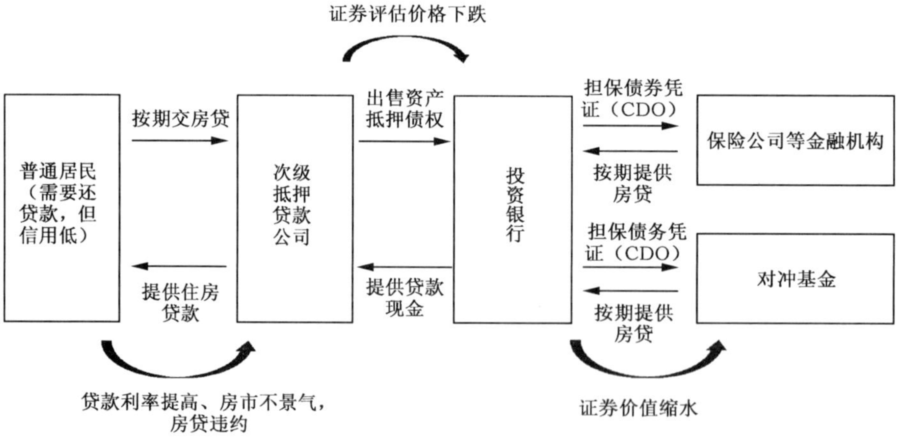

资料来源：人保资产宏观与战略研究所。

图 5—3　利率抬升引发次贷危机

第二节　美国“脱实向虚”的成因分析

一、长期宽松的货币环境刺激居民和金融机构“加杠杆”

2000年,美国互联网泡沫破灭后经济陷入衰退,美联储为刺激经济开始实行宽松的货币政策。2001年1月3日—2003年6月25日连续降息13次,联邦基金利率从6.5%降为1%,并维持了一年之久。

从居民部门来看,长期宽松的货币环境中居民过度消费的倾向日益增强。2000年后,美联储连续降息缓解了居民家庭的债务负担,加杠杆消费的动力增强,而居民消费的日益旺盛为经济的稳定增长提供了强有力支撑,最终形成了“扩大消费—经济增长—房价上涨—财富效应—刺激消费”的循环强化链条。不断上涨的房价也影响着居民的收益预期,同时金融创新有助于居民将增值的资产变现,通过“过度负债”参与购房活动的热情随着房价的攀升持续高涨。以此为背景,美国房地产市场迎来了空前的发展,居民部门负债率也持续上升。

宽松流动性环境下,金融部门也沉淀了大量的低成本资金,盈利驱使下金融机构加杠杆的动机逐步增强,杠杆率不断攀升。过高的财务杠杆扩大了金融机构的风险敞口,为金融危机埋下了隐患,也推升了资产价格泡沫,助推资金“脱实向虚”。特别是金融创新工具的发展使得以次级抵押贷款为代表的金融资产规模进一步膨胀,资金“脱实向虚”问题日益严重。

二、金融过度创新但监管缺位,加剧资金“脱实向虚”

在金融自由化的背景下,美国金融市场上创新手段层出不穷,证券化产品蓬勃发展。部分非流动性贷款通过证券化被包装成为流动性金融产品,金融机构对证券化产品背后实际借款者的评估和监测能力显著降低。伴随金融创新链条被不断拉长,监管的有效性明显下降。此外,在流动性过剩与资产价格膨胀的背景下,金融机构自身也缺乏监控资产质量的动力。

以次级抵押贷款相关金融创新链条为例,如图5—4所示:房地产投资者向商业银行等房贷机构申请贷款,房贷机构为提高自身资金周转率,将贷款卖给房利美、房地美等抵押贷款公司及投资银行,后者将其“包装”为抵押贷款支持证券向商业银行、基金公司等金融机构出售。由不同个人和机构组成的复杂金融链条中,责任约束随着链条的拉伸逐渐松散，资金来源与运用两端在期限、利率、流动性等多个层面出现错配，系统性风险逐步抬升。同时，金融机构还创新出了结构性投资载体，创造了庞大的影子银行体系，通过这样的操作，金融机构大量高风险资产被转移至表外。在这个过程中，穿透式监管难度加大，监管机构也未能及时弥补监管漏洞，监管的有效性进一步降低。

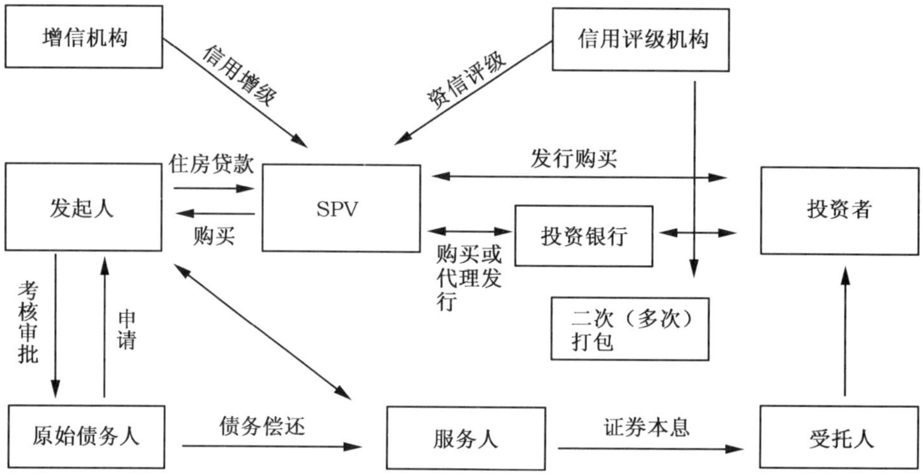

资料来源：人保资产宏观与战略研究所。

图 5—4　住房抵押贷款证券化示意图

利益驱动金融过度创新，叠加监管有效性下降，使得资金持续“脱实向虚”，并使得抵押贷款市场的信贷标准和质量不断下降，次贷呆坏账的发生率不断上升。随着房价的上涨与次贷规模持续攀升，高风险的金融资产快速膨胀，与担保债务凭证（CDO）、信用违约互换（CDS）等次级贷相关的金融衍生品在 2007 年分别达到了 6.8 万亿美元、58 万亿美元的巨额规模，并且沿着金融创新链条渗透到了金融系统各个环节。2004 年，美联储启动加息后，抵押贷款的质量进一步下滑，2005—2007 年，次贷市场的抵押品赎回权的丧失率激增 50%，系统性风险不断累积。最终，利率抬升过程中借款人违约增多，刺破了资产泡沫，风险沿着断裂的利益链条迅速扩散。

三、“去工业化”的产业结构失衡是危机产生的深层次根源

20 世纪 70—80 年代以来，美国逐步把大量的实体制造业转移到拉美、东南亚等成本较低的海外，经济结构通过国际产业转移实现了“去工业化”。随着制造业的萎缩、金融资产的膨胀，实体经济部门和金融部门之间的失衡日益严重；由于金融部门相对于其他部门能为投资者带来更高的收益，对资源的吸引力更大，大量金融资源和人

力资源不断涌入金融体系，“脱实向虚”的失衡状况愈加严重。

从另一个角度看，“去工业化”的产业结构使得美国经常账户长期失衡，巨额的贸易逆差为其他国家形成了庞大的外汇储备。由于美国资本市场较为发达，高额回报引发了其他国家对美国金融资产的投资热情，各国的外汇储备又以资本的形式源源不断回流到美国，加剧了美国国内流动性的宽松，助长了资产泡沫。例如，2006 年美国的政府财政赤字中 44%的债权人来自海外。换言之，其他国家也在为美国家庭与企业的过度负债行为提供资金来源。尤其在 2004 年以后，相当一部分外国资本开始通过购买资产支持证券的渠道流入美国，助长了虚拟经济的泡沫化发展。

第三节　美国治理“脱实向虚”的具体措施

一、多手段救助金融市场及金融机构，风险及时出清

货币政策方面，主要采取了以下几种措施：一是果断迅速降息以救助金融市场流动性；自 2007 年次贷危机爆发之初至 2008 年年底，美联储为救市共下调基准利率高达 525 个基点。二是降低再贴现利率积极向金融机构提供贴现贷款；截至 2008 年年底，美联储对贴现率的下调幅度达到 575 个基点，贴现率与联邦基准利率利差不断缩小，最终由从 100 个基点缩小至 25 个基点。三是推出新型非常规政策手段救助市场流动性。如表 5－1 所示，美联储先后推出 TFA、TSLF、PDCF 等一系列创新性流动性支持工具作为已有救助方式的补充，不断扩大救助对象，向市场提供不同期限的流动性支持。四是通过量化宽松政策大量购买国债及其他中长期债券以干预利率水平。从 2009 年 3 月—2013 年年底，美联储通过四轮大规模的资产购买计划（LSAP）购买国债和抵押贷款支持证券等，资产负债表规模从危机前的8 500亿美元一度扩张至 2013 年高峰期的 4 万亿美元；通过量化宽松措施，美联储成功推低了长期利率水平，并带动抵押贷款支持证券市场回归正轨。

表 5－1　　美联储创新流动性支持工具

工具名称	救助对象	救助方式
短期贷款拍卖（TAF）	存款机构	美联储以竞拍方式向存款机构提供固定期限短期贷款
短期证券借款工具（TSLF）	一级交易商	美联储用高流动性债券向一级交易商交换流动性较差的抵押证券

续表

工具名称	救助对象	救助方式
一级交易商融资便利(PDCF)	一级交易商	美联储从贴现窗口为一级交易商提供有抵押的隔夜贷款
货币市场共通基金流动性工具(AMLF)	存款机构和银行控股公司	美联储为存款机构和银行控股公司从货币市场共通基金处购买资产，支持商业票据提供融资
商业票据融资工具(CPFF)	票据发行机构	美联储通过 SPV 从商业票据发行机构购买短期商业票据
货币市场投资者融资工具(MMIFF)	货币市场投资者	由纽约联邦储备银行对 SPV 提供融资，促使其向货币市场投资者购买各类资产
资产抵押证券打款工具(TALF)	家庭、企业、“两房”等机构	美联储向消费贷款和小额贸易贷款支持＋U2：W9 的资产担保证券持有者提供无追索权贷款；从“两房”和吉利美手中够买 MBS；直接购买中长期国债等

资料来源：人保资产宏观与战略研究所。

财政政策方面，2008 年 9 月，时任美国总统布什推出了总额7 000亿美元的问题资产救助方案(TARP)；在经过众议院反复讨论修改后，10 月，美国参议院最终通过的救助方案将救助金额从7 000亿美元提升至了8 500亿美元，并且增加包括延长税收计划、上调银行存款保险 25 万美元上限等条款。同年，布什政府还签署颁布了《2008 年紧急经济稳定法案》，力促财政部出台资产损失处理计划，对问题金融机构提供资产损失保险。

值得一提的是，美国政府针对金融机构的救助并未采用一刀切的方式，包括有选择地救或不救以及有区别地选择救助方式。在“救与不救”的问题上，美国政府着力避免成为利益集团的输血工具，尊重市场规律，选择对保护纳税人利益最有利的金融机构进行救助，打破“大而不倒”的惯性，放任部分金融机构破产。在救助方式的选择上，针对有能力渡过难关的金融机构，通过购买资产、接手负债、贷款、捐赠等方式保持其持续经营能力；对较难继续经营的金融机构则采取收购继承的方式直接由政府或资产负债表健康的金融机构接管。2008－2014 年，有超过 500 家银行宣布破产；曾经著名的前五大投资银行中，雷曼兄弟破产重整，美林、贝尔斯登被美国银行和摩根大通收购，摩根士丹利和高盛转变为银行控股公司。最终，金融机构通过救助、破产、重组、兼并等不同方式实现变革，出清了风险。

此外，财政方面的救助还包括减税等措施。2008 年 1 月，美国政府推出了总额1 680亿美元的税收减免计划；2008 年 11 月，美国将针对非银金融机构的救助纳入计划，增加学生贷款、汽车贷款和信用卡的供应量，后又向汽车等非金融行业进行救助。

除了短期的税收减免政策外，为刺激实体经济复苏，2009 年 2 月，时任美国总统奥巴马签署《2009 年美国复苏和再投资法案》，推出了总额为7 870亿美元的经济刺激方案，其中包括2 883亿美元的大规模减税与税收直接支出计划。应该说，积极财政政策对稳定金融市场与托底实体经济效果明显。

随着这些紧急应对措施的推进，金融领域和实体经济的状况有所改观。问题金融机构的财务状况停止了恶化，并开始逐步脱离对政府救助的依赖，融资环境得以修复，实体经济逐步显现复苏迹象。图 5—5 显示，2009 年 3 季度开始 GDP 降幅开始收窄，至 2010 年 1 季度 GDP 增速已由负转正。

资料来源：Wind，人保资产宏观与战略研究所。

图 5—5　美国 GDP 当季同比

二、结合自身发展优势提出"再工业化"战略

美国政府深刻反思了引发此次危机的深层原因，意识到虚拟经济过度发展的弊端，开始正视美国经济失衡问题的严重性。为此，美国政府试图重新建立一个新的可持续的均衡增长模式。2009 年底，美国提出将经济转型为出口推动型增长和制造业增长，并制定了美国出口 5 年倍增目标；之后时任美国总统奥巴马签署了《制造业促进法案》明确了振兴制造业、向实体经济回归的战略方向，提出了"再工业化"的战略口号。

从国际分工体系来看，美国在其"后工业化" 时期已将绝大部分制造业转移至海外，美国实体经济的"再工业化"只能从与美国资本与技术优势相切合的角度入手。20 世纪末，美国的信息和文化产业发展迅猛，而新能源技术对美国未来保持国际竞争力至关重要。在此背景下，information（信息），cultural（文化），energy（能源）（ICE）产业组合应运而生。"ICE"产业取代了"FIRE"产业成为美国经济发展的重点领域，经济结构逐步寻求

从"火"向"冰"、从虚拟到实体的转变。总而言之,美国的"再工业化"战略并不仅仅是简单地扩大工业部门和其他物质生产部门的规模,而是选取有利于发展国家竞争力的新兴产业,通过科技与文化创新来推动重点产业进步,带动实体经济的回归。

美国"再工业化"战略推动经济结构改善的积极效果逐步显现。在奥巴马公布的经济重振计划中,涉及新能源产业转型与发展的计划超过半数,是经济复兴计划的重中之重;2008—2012 年,美国仅页岩油领域吸引外资规模已超过1 300亿美元。通过《贸易促进法案》和自贸区谈判,美国在能源、汽车、飞机、计算机和服务等领域的出口情况显著回升。

三、进一步加大对科技创新的支持力度

以"再工业化"战略为背景,美国还进一步加大对科技创新的鼓励力度,积极发展能够有效带动经济增长的技术驱动型产业。2009 年 9 月,美国政府颁布《美国创新战略——推动可持续增长和高质量就业》,提出"创新是推动经济复苏的必然要求,经济的性质与竞争的基础已经和过去不同,美国需要做出应对。美国应该对相互关联的全球化的各种服务以及丰富的新技术加以利用,以提高美国的制造能力"。2012 年,奥巴马政府推出"美国国家制造业创新网络(NNMI)"计划,旨在建立全国性的制造业领域政产学研协同创新网络。联邦政府提供了逾 10 亿美元资金创设了 10 多个制造业创新研究所,2014 年制造业创新研究所的规模已扩充至近 50 家。政府通过领投的方式引导和鼓励民间资本进入风险较高的前沿科技领域,同时利用税收杠杆、利益分担机制、严格的产权保护等鼓励企业积极创新,在研发环节加大投入。应该说,长久以来对科技创新的重视和鼓励,为美国全要素生产率的提高奠定了基础,也是美国经济核心竞争力的重要体现。

四、完善金融监管体系

次贷危机的发生充分暴露了美国金融监管体系的漏洞。2008 年 3 月美国公布了《现代金融监管构架改革蓝图》,对此前的多头功能性监管体系展开了全新的整理和归类,并分别从短、中、长期提出建议以提高金融监管效率、维护金融稳定,更好地对消费者的权益进行保护。该蓝图提出将金融监管划分为三个组成部分,即审慎金融监管者、市场稳定监管者以及商业行为监管者,三者互相协作以进一步完善监管体系。

2009 年 6 月,美国政府发布《金融监管改革:新基础》,其被称为金融监管体系改革的白皮书。该项改革方案覆盖了金融业的各个领域,监管对象涉及金融市场、金融

机构、金融产品以及消费者等，同时将过去游离于监管之外的创新金融产品与影子金融机构纳入监管体系，旨在全面弥补现有金融监管体系的漏洞，防止金融监管缺位为资金脱实向虚提供空间。白皮书主要涉及六方面的改革内容：一是成立金融服务监管委员会；二是扩大美联储监管范围；三是成立全国银行监管机构；四是撤销部分可能导致监管漏洞的监管机构；五是提高对金融企业资本金的要求；六是要求对冲基金及各类私募机构在证券交易委员会登记备案。金融监管改革方案公布后，众议院和参议院针对该法案各自提交了建议与修改版本。

2010 年 7 月 21 日，《多德—弗兰克华尔街改革与消费者保护法案》正式颁布，标志了美国金融体系“去监管化”告一段落。新的金融监管体系框架有以下重要改变（见表 5—2）：第一，法案提出了防范系统性风险的重要性，建立了金融宏观审慎管理的协调机构——金融稳定监管委员会；第二，确定美联储的超级监管地位，其可对大型、复杂、综合性金融机构实施全面监管；第三，创立沃克尔法则，解决混业经营和分业监管的制度错配问题，并且对大型金融机构的自营业务加强了监管；第四，建立更完善的清算机制，结束“大而不能倒”；第五，对原有监管漏洞进行填补，其中较为重要的是成立联邦层级的保险业监管主体以及将影子银行体系纳入新的监管框架之中（郑联盛、钟震，2015），此外还有加强对衍生品和对冲基金的监管等。

表 5—2　　金融危机后美国金融监管改革进程

时间	事件	主要内容
2007 年 7 月	《外国投资于国家安全法案》	旨在改革外国投资委员会、加强外资并购安全审查，明确外国投资委员会的结构、任务、工作程序和职责等，确定了外国投资委员会各有关行政部门的具体职责
2007 年 12 月	修改《诚实贷款条例》	限制部分交易手段，要求在交易开始后的更早期披露与抵押品相关的信息，只要发现存在不公平或欺诈行为，美联储监管小组有责任禁止与抵押贷款有关的交易
2008 年 3 月	《现代化金融监管体系改革蓝图》	短期目标着眼于解决次贷危机问题，中期目标强调修补现行监管体制漏洞，长期目标中提出从金融稳定监管、审慎监管和金融市场商业行为监管三方面重构美国监管体系，确保美国全球金融市场的核心地位。由布什政府提出的改革思路，为新一轮的没做金融监管改革奠定了基础
2009 年 2 月	《金融稳定计划》	要求银行机构接受全面压力测试；建立金融稳定信托基金；联合美联储、联邦存款保险公司和私营机构建立公共—私有投资基金，支持启动消费者 和商业信贷的新计划；推出全面的房地产计划

续表

时间	事件	主要内容
2009 年 6 月	《金融监管改革—新基础重建金融监管》	提出了针对目前监管框架的改革计划；提出了加强对金融机构的监管、建立对金融市场的全方位监管、保护消费者和投资者不受不当金融行为损害、赋予政府应对金融危机所必需的政策工具，以及建立国际监管标准并促进国际合作等方面的政策建议
2009 年 12 月	美国众议院通过了金融监管改革法案	该法案步入立法阶段
2010 年 5 月	美国参议院通过了法案	与众议院版本相比，参议院版本法案秉承拆分商业银行和投资银行的沃尔克法则，对金融机构的监管措施更为严厉
2010 年 6 月	美国众议院与参议院协商法案内容	两院代表就金融改革法案的最终定稿举行会议，经过多轮讨价还价后，到 6 月 29 日，两院代表敲定法案最终妥协版本
2010 年 7 月	《多德—弗兰克华尔街改革与消费者保护法案 2010》	这个历史性的信法案由 16 部分组成，共 2 800 多页，将对银行、对冲基金、信贷评级机构、交易商、投资咨询机构、会计、上市公司和其他金融机构的运行规则进行全面的改革与修订。重点防范系统性金融风险，提高金融系统稳定性，保护消费者免受金融欺骗与掠夺

资料来源：人保资产宏观与战略研究所。

综上所述，金融危机后，美国通过一系列中长期措施，一方面大力发展“ICE”产业为代表的实体经济部门；另一方面不断推进金融体制改革，重建美国金融监管体系，为实体部门提供稳定的金融支持。实体经济与虚拟经济协同发展，经济结构的失衡得以改善，使得美国成为金融危机后率先走出衰退的典范，并率先启动货币政策正常化进程；2013 年年底，美联储宣布开始逐步退出量化宽松政策，2015 年底美联储宣布加息并于 2017 年 9 月启动缩表。

第六章　治理“脱实向虚”的欧洲做法

希腊新政府在 2009 年底承认，为了顺利加入欧盟，前任政府虚假、低报了财政赤字；以标普、惠誉、穆迪为代表的国际评级机构随即大幅下调希腊主权债券至垃圾级，引发国际投资者大量抛售希腊主权债券。随后，同样财政状况堪忧的西班牙、葡萄牙、爱尔兰等国的国债市场发生连锁反应，最终酿成欧洲主权债务危机。实质上，欧债危机是南欧国家的主权债务偿付能力危机。究其背后的成因，在刚性福利制度背景下，资金脱实向虚、产业空心化问题严重进而导致经济综合竞争力下降是直接原因，同时欧元区体制自身存在的弊端也为危机爆发埋下了隐患。欧债危机爆发后，欧盟及成员国采取一揽子措施优化经济结构，防范金融风险。此外，与南欧 5 国脆弱的经济结构形成鲜明对比，得益于良好的产业布局和合理的房地产政策，德国实体经济显示出较强的综合竞争力，故本章也将重点介绍德国防范“脱实向虚”的有益经验。

第一节　欧洲“脱实向虚”的客观实际

欧洲“脱实向虚”集中体现在南欧 5 国（希腊、西班牙、葡萄牙、意大利、爱尔兰）“产业空心化”问题较为严重，经济结构脆弱。欧洲主要经济体产业结构在 1970 年之后陆续出现了“去工业化”倾向。图 6—1 所示，欧债危机前，南欧 5 国工业增加值占 GDP 的比重持续下降，如 2010 年希腊 GDP 中工业占比仅为 16.7％，这一比重约为 1980 年（30.8％）的一半。“去工业化”背景下，南欧 5 国多以发展旅游等服务产业作为支柱；然而，旅游等行业受外部需求影响较大，在危机冲击下显得较为脆弱。

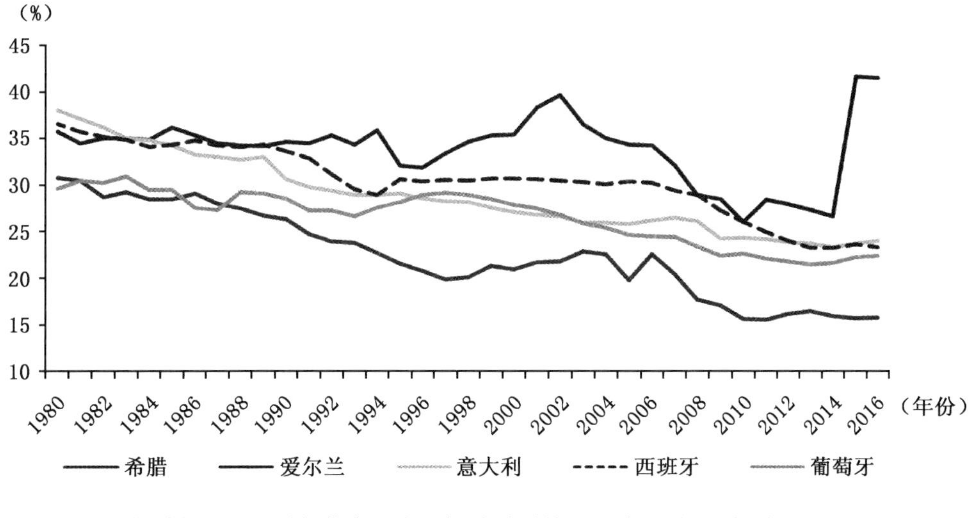

注：2015 年爱尔兰工业增加值占比大幅提升受到特殊因素影响，包括购买飞机、企业重组以及很多公司将资产转移到爱尔兰，使得当年爱尔兰的 GDP 核算结果出现了大幅调整。

资料来源：Wind，人保资产宏观与战略研究所。

图 6—1　南欧五国工业增加值占 GDP 的比重

同时，为了助力经济增长并进一步强化支柱产业，南欧 5 国的投资更多地向旅游和房地产业集中，并且由于长期享受欧元区单一货币体系的低利率环境，资金加速“脱实向虚”。例如，西班牙的经济增长十分依赖房地产业，2007 年左右，房地产业占西班牙 GDP 的比重达到 16%，1999—2007 年西班牙的房地产价格上涨约一倍，同期西班牙的新建房屋大约占据整个欧洲的 60%；爱尔兰，图 6—2 显示，2008 年年底爱尔兰居民房贷总规模与 GDP 之比高达 121%。美国次贷危机爆发后，西班牙和爱尔兰畸高的房地产市场崩溃，并最终引发了银行危机和主权债务危机。

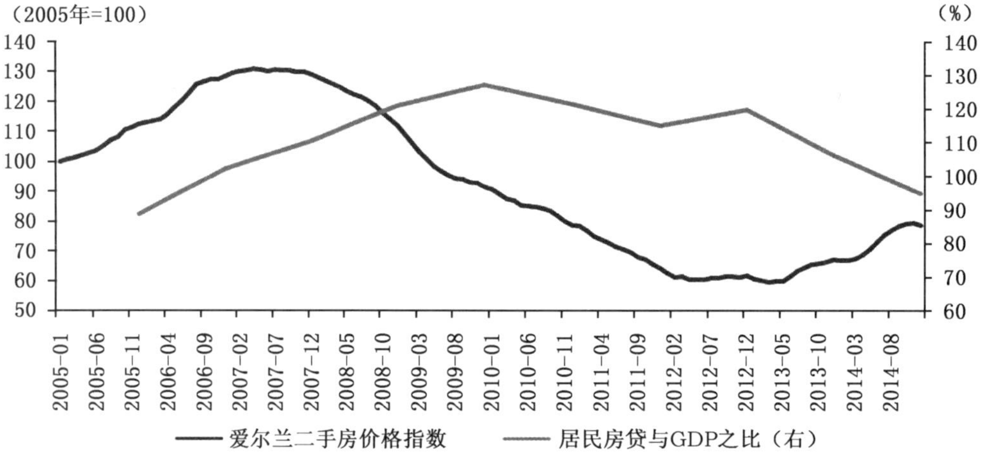

资料来源：Bloomberg，人保资产宏观与战略研究所。

图 6—2　爱尔兰二手房价格指数和居民房贷占 GDP 的比重

经济结构严重失衡，人口老龄化叠加松散的财政纪律使得财政负担较重，地方政府债务却有不断扩张的需求。众所周知，欧洲人口老龄化程度较高，65 岁及以上老龄人口比例由 1990 年初的 14%升至 2016 年初的 19.9%，15 岁以下人口比例较低且各国总生育率(每名妇女生育数)普遍低于人口自然更替水平(2.1)。也就是说，在没有充足移民补充的前提下，未来欧洲的老龄化程度将继续加深。人口老龄化必将加重政府的财政负担，加之民主选举制度下福利支出具有刚性，而各国政府普遍缺乏财政纪律，不惜超出经济发展水平过度举债以满足国民福利支出，最终导致财政赤字高企。图 6—3 显示，2008 年南欧 5 国财政赤字率均高于欧盟《稳定与增长公约》要求的 3%。在经济发展良好的情况下问题不大，但在外部冲击导致经济增长停滞时，“入不敷出”的问题就会显现。

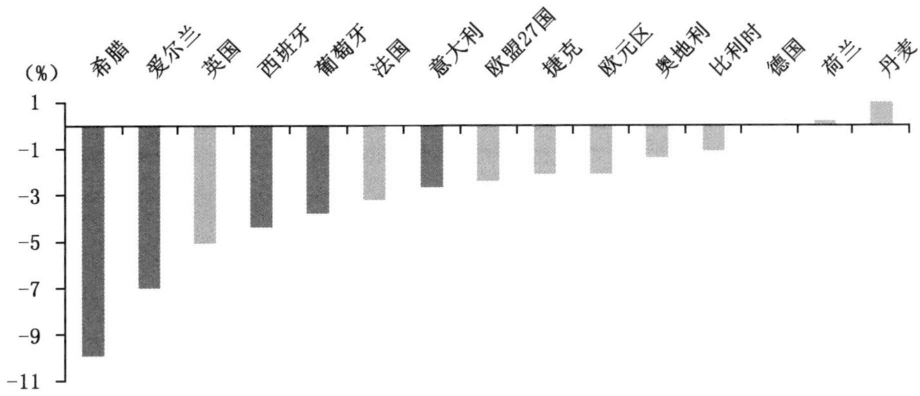

资料来源：Wind，人保资产宏观与战略研究所。

图 6—3　2008 年欧洲主要国家财政赤字率

最终，2008 年次贷危机爆发导致全球经济动荡，外需严重萎缩给南欧 5 国的实体经济带来重创。内生经济结构的脆弱性难以抵御外部金融危机的冲击，导致债务偿付能力下降，进一步引发欧债危机的全面爆发。

第二节　欧洲"脱实向虚"的成因分析

欧债危机本质上是南欧国家主权债务偿付能力危机。其中，资金脱实向虚、产业空心化问题严重，进而导致经济综合竞争力下降是直接原因，同时欧元区体制自身存在的弊端也为危机爆发埋下了隐患。

一、统一货币体系下的低利率环境为南欧国家过度举债创造了条件

在欧元诞生的初期，虽然南欧国家与德国等发达经济体的发展水平存在差异，但市场错误地认为区内各国已经形成了一个统一的信用主体。国际投资者大规模投资欧元区国债，南欧 5 国因此获得了与其经济发展水平并不相符的低融资成本。图 6—4 显示，欧债危机前，南欧 5 国长期国债收益率与德国的信用利差极小；2009 年 6 月，意大利、西班牙、葡萄牙 10 年期国债收益率与德国的信用利差平均不足 100 个 Bp，爱尔兰和希腊分别只有 183 个 Bp 和 143 个 Bp。低利率为南欧国家政府举债创造了有利条件，同时也进一步加剧资金"脱实向虚"，为欧债危机埋下了隐患。

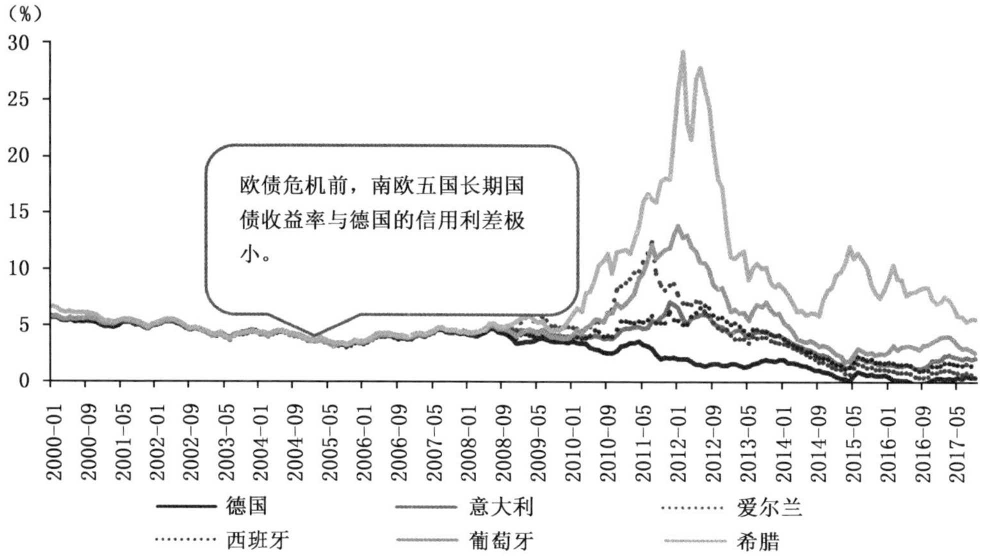

资料来源：Wind，人保资产宏观与战略研究所。

图 6—4　德国与南欧 5 国 10 年期国债收益率变化

二、成员国货币制度与财政制度不能统一，难以协调

欧元区货币政策统一但财政政策各国独立。欧央行在制定和实施货币政策时，需要平衡各成员国的利益，导致利率政策调整时效性差，效果不一。次贷危机爆发后，由于无法通过货币政策刺激经济，各国政府只能采用扩张的财政政策来对冲经济下滑的压力。为此，大部分欧元区成员国都违反了《马斯特里赫特条约》中公共债务占 GDP 比例不超过 60％的规定。图 6—5 显示，2008—2010 年欧盟各国政府负债普遍上升。以希腊为例，政府负债率由 2008 年的 109.3％跳升至 2010 年的 146.2％，最终债务负担积累至经济无法承受的水平，从而导致危机。

三、金融监管体系分散且存在漏洞，为金融安全带来一定隐患

欧债危机发生前，欧元区的金融监管权力分散在各个国家，主要依据 2000 年的莱姆法路西框架[①]进行监管协调。莱姆法路西框架的顶层设计较为合理，但在具体实施

① 莱姆法路西框架包括四个层级。最高层是具备立法权力的欧洲议会、欧盟理事会和欧盟委员会，负责制定框架性的基础法令；第二层是欧盟银行委员会、证券委员会、保险委员会和年金委员会，负责制定最高层法令的实施细则；第三层是欧盟银行监管者委员会、证券监管者委员会、保险和职业年金监管者委员会 3 家机构，成员由欧盟各国金融业当局代表组成，这 3 家机构的主要作用是促进各国监管信息交流，并不具备法律效力的监管权力；第四层是欧盟委员会具体负责欧盟法律的实施，监督各成员国对欧盟法律的执行情况，但并不存在专设机构。

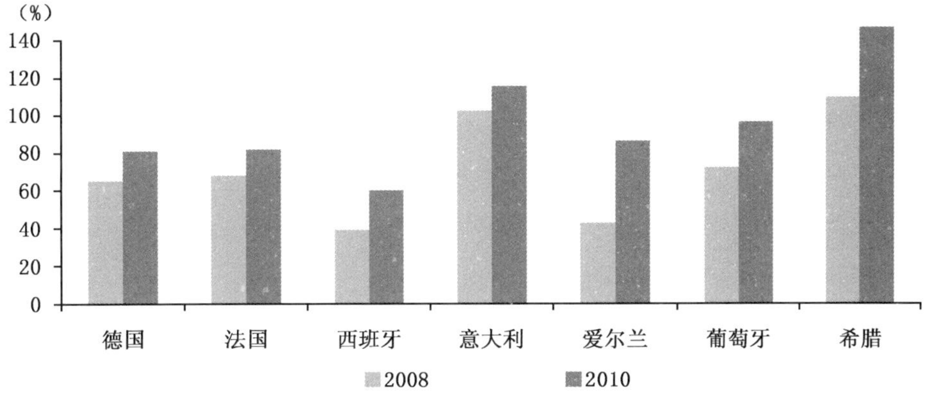

资料来源:Wind,人保资产宏观与战略研究所

图 6—5　欧元区主要国家政府负债率

上大打折扣。首先,金融监管权分散于各成员国,没有常设的跨国监管机构;其次,欧央行理论上行使最终贷款人职责,但《欧洲联盟条约》和莱姆法路西框架都未给予其金融监管权力;欧央行只能被动地从各国获取银行等金融机构的运行情况,难以在第一时间掌握信息,迅速做出决断。此外,现代金融衍生品的复杂性使得金融业务和风险在各国间快速流转,银行、证券和保险业的行业属性日益模糊,跨区域的金融风险对分散的金融监管体系造成了极大的挑战。

第三节　欧洲治理“脱实向虚”的具体措施

欧债危机爆发后,虽然欧盟内部对危机解决方案存在一定分歧,但为了避免危机进一步蔓延并“防患于未然”,欧盟与欧元区领导人多次协商争取达成共识,采取了一系列紧急救助措施并积极推动金融体系以及经济结构改革,欧洲经济逐步走上缓慢复苏的道路。

一、多重措施紧急救助,缓解南欧国家的偿债压力

欧债危机爆发后,欧盟和 IMF 在 2010 年 5 月联合成立总额为7 500亿欧元的救助机制—欧洲金融稳定基金(EFSF),为陷入危机的南欧国家提供贷款援助。以希腊为例,第一轮的救助贷款为1 100亿欧元;2011 年 7 月第二轮贷款为1 090亿欧元,贷款期限延长至 15—30 年,利率从 4.5%下调至 3.5%。之后,爱尔兰、西班牙、葡萄牙、意

大利也陆续接受了数额不等的援助贷款。援助贷款使陷入债务危机的国家获得紧急流动性支持，为后续的救援和改革措施提供了宝贵时间。

与此同时，欧央行通过降息、资产购买计划等宽松货币政策缓解债务压力并刺激实体经济增长：一方面，如图 6－6 所示，欧央行连续下调三大利率，使其接近零利率的水平，甚至将商业银行的超额准备金利率降为负值。另一方面，启动资产购买计划。2009 年 5 月、2011 年 11 月，欧央行分别实施资产购买计划 CBPP 和 CBPP2；2014 年 10 月，总额超过 1 万亿欧元的 CBPP3 计划启动，每月购买资产 600 亿欧元。2016 年 4 月－2017 年 3 月，欧央行提升每月资产购买规模至 800 亿欧元，并将非银行类机构发行的投资级欧元计价债券纳入量化宽松范围；2017 年 4 月欧央行下调月度购债规模至 600 亿欧元，但延长购债计划至 2017 年年底。

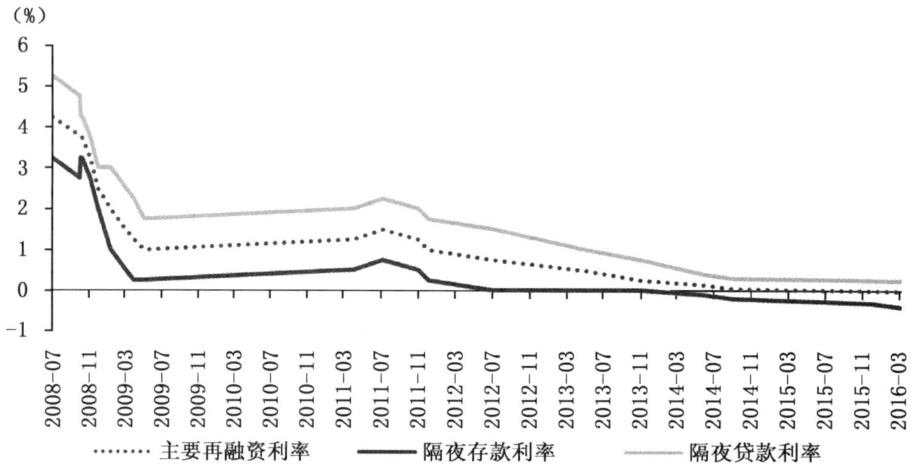

资料来源：Wind，人保资产宏观与战略研究所。

图 6－6　欧央行三大政策利率变化情况

总体来看，低利率和资产购买计划等措施有助于压低欧元区国家的长期国债收益率，减轻了相关国家的债务偿付压力，也有利于刺激经济和通胀形势好转。

二、摒弃去工业化的产业发展思路，重振实体经济发展

欧洲国家重新意识到工业对于经济稳定发展的重要意义，纷纷启动再工业化战略。欧盟于 2012 年 10 月公布了“新工业革命”战略，希望以此提高 GDP 中工业的占比，并制定了 2020 年工业占欧盟 GDP 的比重上升至 20％的目标。具体措施包括：

一是促进高新技术创新。欧盟在六大优先领域加强技术创新和应用的力度，包括清

洁生产制造技术、生态技术、关键使能技术、可持续建筑材料、清洁运输工具、智能电网。

二是完善市场环境，鼓励并扶持创业。欧盟层面加大力度统一协调区内各国技术规范体系，提高区内技术交流和转化效率；简化企业创立、转让手续，完善企业破产制度，支持企业家二次创业；保护知识产权，保证企业家利益。

三是改善融资环境，破解企业融资难题。欧盟主动出台“企业与中小企业竞争力项目”和总预算为800亿欧元的“地平线2020计划”，利用公共资金带动私人投资，为企业研发新技术提供支持；欧洲投资银行的贷款投放也向工业新技术领域倾斜，重点投向中小企业技术创新。另外，天使投资、供应链金融、保理以及金融租赁等金融工具也受到政策支持(孙彦红，2013)。

南欧国家中，西班牙制订了“再工业化”援助计划，以加大基础设施建设和促进技术创新的方法来提高生产率和增加就业；2011年，西班牙政府根据申请投放了4.624亿欧元的补助金带动大量投资进入工业领域；2014年，西班牙首相宣布将推行新的经济刺激计划来提升西班牙经济的竞争力和增加就业，其中包括价值63亿欧元的投资项目和公司税削减措施；另外，还包括针对中小企业的信贷措施，以及有关节能、交通和工业产品投资的措施。爱尔兰则一方面帮助企业增强出口竞争力，给予高潜力的新兴企业以财政和咨询支持，另一方面低税率扶持并吸引跨国公司将区域总部转移至该国。2013年12月15日，爱尔兰成功退出欧盟与国际货币基金组织的纾困机制，成为欧债危机后首位走出泥潭的国家。

三、调整改革福利制度，加强预算约束

国际货币基金组织和欧盟对南欧5国进行援助之前就意识到，其过高标准的福利体系是造成财政负担的重要原因。作为接受援助的条件，南欧5国必须进行必要的改革，比如削减财政预算和公共开支、增加部分行业税率等。以希腊为例，具体要求包括：一是降低养老金额度并提高领取的初始年龄、如提高女性领取养老金的初始年龄、取消特定节日和暑假的特殊养老补贴等。二是限制公共部门的薪酬，如公共部门津贴削减8%、事业单位工资总额削减3%。三是增加税收，如将附加税(VAT)提高至23%；奢侈品消费税提高10%、提高烟酒和燃料税等。通过以上一系列“增收减支”以实现对财政赤字率的有效控制。

为了获得援助，希腊全盘接受了IMF和欧盟提出的条件。随后，欧洲国家陆续效法希腊进行必要的福利制度改革，进一步加强预算约束。一系列改革措施效果显著，如图6—7所示，2016年南欧5国财政赤字率较2010年明显降低。

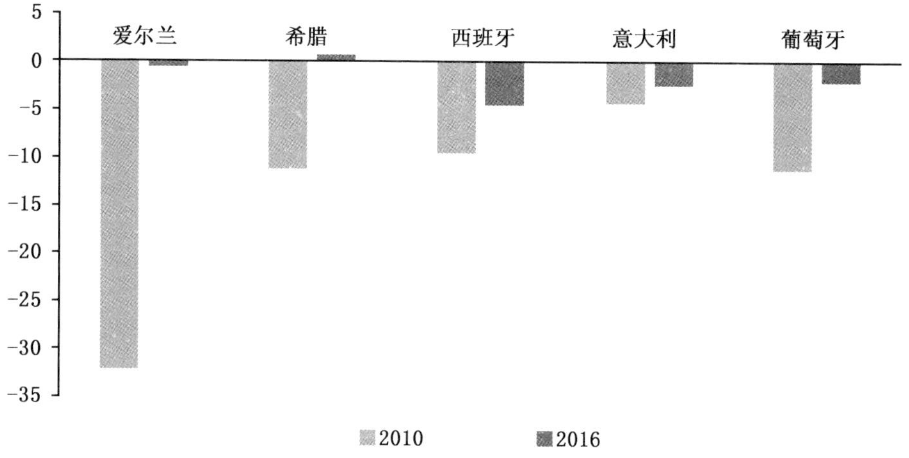

资料来源：Wind，人保资产宏观与战略研究所。

图 6—7　南欧五国财政赤字率变化

四、改进金融监管体系，增强金融安全

欧债危机使得欧盟反思监管体系分散的弊端，开始建立新的宏观审慎政策框架：第一，设立由欧央行主席直接领导的欧洲系统性风险委员会（ESRB），负责监管欧盟系统性风险，规定欧央行每年上交两次《金融稳定评估报告》，及时监控、识别各类威胁金融领域稳定健康发展的风险。第二，确立单一监管机制原则（SSM），集中银行业监管权力至欧央行、欧洲银行监管局（EBA）和各国银行监管部门组成的统一监管体系（《欧央行监管条例》[2014]468 号）。① 欧元区各国必须加入 SSM，非欧元区国家自愿加入。第三，为了有效应对金融机构的破产清算，欧洲议会在 2014 年 4 月通过了《单一处置机制法案》，成立单一处置机制理事会（SRB），负责使用单一处置基金（SRF）和金融机构倒闭后的风险处置工作。第四，欧盟改善了原存款保险制度，出台新的《存款担保机制指引》，通过事前向各国银行收费的方式筹集资金，避免未来动用财政资金为某一金融机构的经营失败买单。

欧盟新的监管框架在一定程度上打破了成员国国别的限制，统管整个欧盟的金融体系，政策制订和金融监管也在这一框架下有机结合，提升了新时期金融业监管的效果。

---

① 在具体实施上，欧盟银行监管局负责制定银行业的各项监管标准；欧央行负责对系统内重要大型银行（共 120 家，总资产约占欧元区银行业的 85%）进行监管；各国监管机构负责对非系统内重要银行监管，但欧央行保留对所有银行的最终监管决策权。另外，接受欧洲金融稳定基金（EFSF）或欧洲稳定机制（ESM）救助的银行也受到欧央行的直接监管。

通过以上产业、财政、金融监管等多方面的结构性改革，欧洲经济好转趋势逐渐明朗。2017 年 3 季度，欧元区经济同比增长 2.5%，创 2011 年 1 季度以来新高。经济的稳步复苏为逐步退出量化宽松奠定了基础。欧央行决定从 2018 年 1 月起缩减月度购债规模至 300 亿欧元，并将持续至 2018 年 9 月，意味着欧洲货币政策也正在逐步回归正常化。

第四节　遏制资金“脱实向虚”的德国经验

与南欧 5 国脆弱的经济结构形成鲜明对比，得益于良好的产业布局和合理的房地产政策，德国实体经济显示出较强的综合竞争力，在次贷危机、欧债危机的冲击下经历短暂动荡后能够较快重回正轨，成为稳定欧洲乃至全球经济的重要力量。可以说，德国的经济结构在“实”与“虚”之间取得了较好的平衡，为各国防范 “脱实向虚”提供了较好的经验借鉴。

一、德国抑制房地产泡沫的政策调控

历史上，德国房地产市场一直保持相对稳定。2000－2014 年，德国二手房价格年平均涨幅为 1.21%，而同期 CPI 的平均涨幅为 1.56%。图 6－8 显示，2003－2016 年，欧美主要国家中，英国名义住房指数上涨 77%，相对涨幅较小的美国上涨 44%，但德国仅增长 8%。德国房价长期保持稳定的原因，除了人口结构以及合理的产业布局外，主要得益于其各项制度保障。

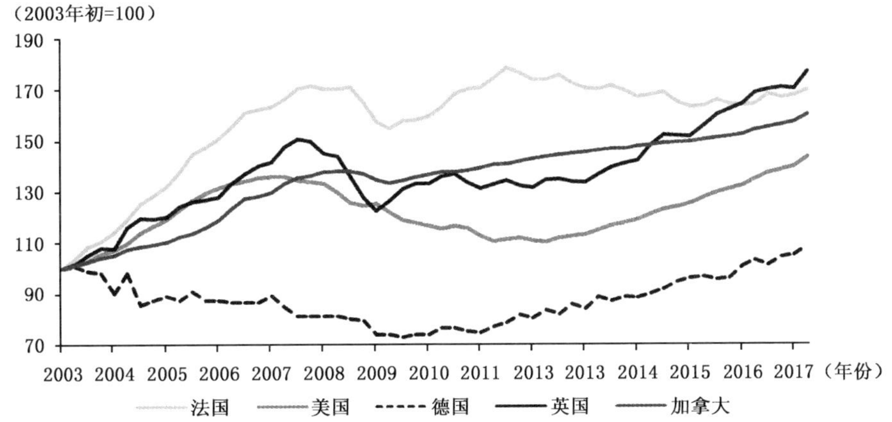

资料来源：Wind，人保资产宏观与战略研究所。

图 6－8　主要发达国家的名义住房指数变化对比图

（一）依法建立以居住为导向的住房制度

与大多数西方国家相比，德国政府仅将房地产视为国家社会福利体系的一环，从未认可其为支柱产业。德国《宪法》和《住宅建设法》规定，联邦政府首要政策目标是保障德国公民居有其所。对于房地产市场各个环节，德国也都制定了严格周密的法律规范，顶层设计下逐步形成了完善的房地产市场制度。

与德国住房相关的重要法律有四部，即《住房建设法》《住房补助金法》《住房租赁法》和《私人住房补助金法》。其中，《住房建设法》规定可以通过减免税和低息贷款的方式支持各类投资主体新建住房以增加供给；《住房补助金》帮助德国建立了基于家庭基本情况来提供补助金的制度；《住房租赁法》明确界定了租房双方权利和义务，保障租户的合法权益；《私人住房补助金》则根据家庭情况给予合理的资金补助，满足德国家庭的正常居住需求。由于形势变化，在 2001 年、2006 年德国政府分别废止了《住房建设法》和《私人住房补助金法》，但总体来看这些法律对保障城市住房供给、稳定整个房地产市场发挥了重要作用。

（二）法制保障建成发达规范的租赁市场

一方面，政策保障租赁房源充足。德国政府对公司建设租赁用房进行免税或补贴，鼓励地产投资商开发长租公寓；另一方面，法律保障住房租赁双方的权益。德国非常注重保护租客的合法权益，只要居民合法纳税，租房者与买房者享受同等的公共权利；房东解约必须满足相关法律规定，并提前 3－9 个月告知承租方；另外，德国还规定租金涨幅 3 年内不超过 20％（2015 年调整为 10％），且房租的上限不超过该地区平均水平的 20％。① 与此同时，房东的权益也会得到足够保障，如房东有权获得有意承租者的重要个人信息等。规范发达的租赁市场消化了很大部分的购房需求，德国人房屋自有率仅为 40％左右，低于欧盟国家 60％的平均水平，②加上严格的租金管制，有效抑制了房地产的投机行为。

（三）长期稳定的房贷政策

德国的住房抵押贷款多数实行固定利率，避免了利率波动的影响，且贷款上限为房屋价值的 60％，限制了居民加杠杆的空间；大部分抵押贷款合同期限小于 15 年，多种安排有效抵御了金融市场的周期性波动。更为重要的是，房产的增值部分不能增加按揭，避免了房价上升与贷款增加的自我强化。另外，德国还实行特色的合同储蓄模式，建房信贷协会会员可通过先存后贷的方式获得贷款，且利率低于市场水平，有效稳

① 姜超、于博、宋潇.《保障供给，完善租赁，抑制投机！——德国房价为何低位稳定？》[J].
② 任泽平.《德国房价为什么长期稳定：反思中国房价暴涨和房地产调控》[J].

定了居民购房预期并且控制了居民加杠杆的需求。因此，德国居民部门杠杆率始终处于合理水平，如图 6－9 显示，2016 年末德国居民部门杠杆率（负债/GDP）仅为 53.2％，远低于发达国家 72.9％的平均水平。

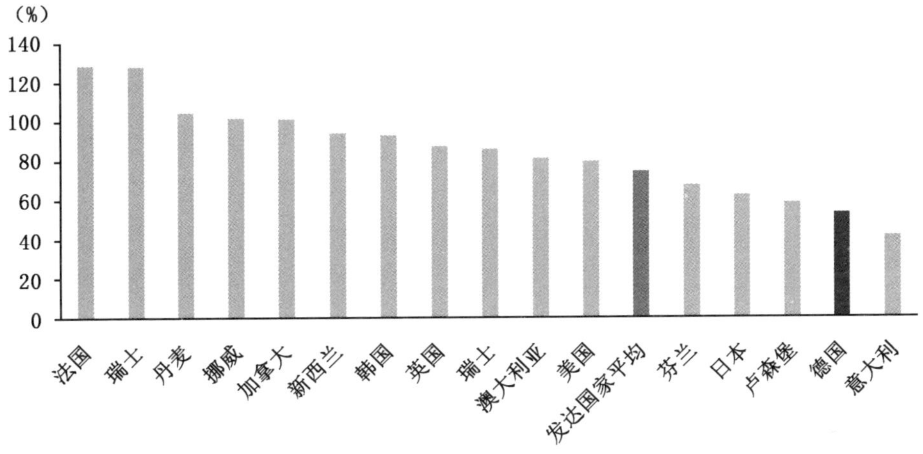

资料来源：BIS，人保资产宏观与战略研究所。

图 6－9　主要发达国家居民部门杠杆率（2016 年末）

二、德国促进实体经济发展的政策措施

德国政府不仅主动抑制房地产泡沫，还出台多种措施推动实体经济发展。图 6－10 显示，次贷危机后德国制造业增加值占整个欧盟的比重一直在上升。德国制造业立国的发展思路、鼓励创新和支持中小企业的政策导向以及完善的职业技术教育体系等均具有较高的借鉴意义。

（一）坚持制造业立国的理念，与时俱进提升竞争力

与其他西方发达国家类似，德国也曾有过"去工业化"时期，制造业占经济的比值由 20 世纪 70 年代的接近 40％下降至 90 年代初的 20％左右。之后，德国政府重回制造业立国的理念，采取了促进制造业发展的产业政策，阻止了制造业占比继续下滑的趋势。近年来，为了应对新兴市场国家制造业升级和发达国家再工业化的双向压力，德国也相应提出了"工业 4.0"战略（见表 6－1），希望以此提升未来德国制造业的全球竞争力，该战略已上升为德国的国家战略。

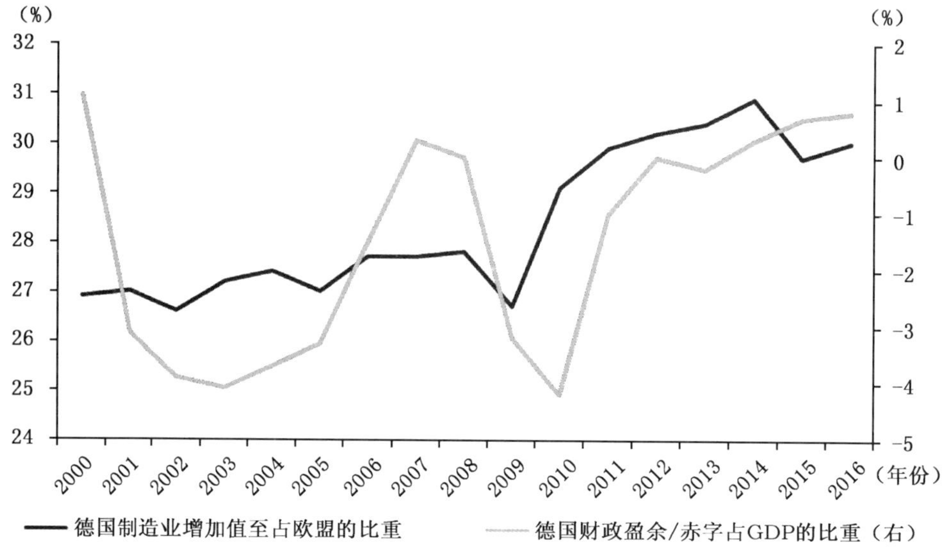

资料来源：Wind，人保资产宏观与战略研究所。

图 6—10　德国制造业增加值占欧盟的比重及赤字率变化

表 6—1　德国"工业 4.0"战略主要内容

1 个核心	2 重战略	3 大集成	8 项举措
智能＋网络化，即通过虚拟—实体系统，构建智能工厂，实现智能制造的目的	● 领先的供应商战略，要求德国的装备制造商必须遵循"工业 4.0"理念 ● 领先的市场战略，强调整个德国国内制造业市场的有效整合	● 关注产品的生产过程，力求在智能工厂内通过联网建成生产的纵向集合 ● 关注产品整个生命周期的不同阶段、时期信息共享，实现工程数字化集成 ● 关注全社会价值网络的实现，达成德国制造业的横向集成	● 实现技术标准化和开放标准的参考体系 ● 建立模型来管理复杂的系统 ● 提供一套综合的工业宽带基础设施 ● 建立安全保障机制 ● 创新工作的组织和设计方式 ● 水平（类别）手续的职业发展 ● 健全规章制度 ● 提升资源效率

资料来源：人保资产宏观与战略研究所。

（二）鼓励创新并支持新兴产业发展

德国制造业强大的基础是其国际领先的科研和工业创新体系。德国不仅高度重视基础研究，还着力完善技术的应用转化程序。弗劳恩霍夫协会（Fraunhofer-Gesellschaft）是德国最著名也是最重要的应用研究机构，其主要聚焦应用研究，且收入由企业界收费和政府补贴共同组成，有效帮助德国企业提高科技转化应用的效率。

除了提供强大产学研体系支撑外，政府还通过多种渠道鼓励企业自主创新、发展新兴产业，比如：在发展初期，通过资助研发投入等促进技术创新和多样化发展；在行业稳定发展期，通过有限度的政策保护企业正常经营；同时鼓励企业进行国际竞争，开拓更大的市场。

此外，德国政府还对夕阳产业采取过渡性政策，确保地区产业结构转型过程中就业和经济不发生大幅波动、衰退。以钢铁行业为例，20 世纪 70 年代中期德国钢铁行业集体陷入危机，政府通过引导企业重组、运用新技术进行产业升级和帮助企业安置下岗职工等减弱了行业衰退造成的负面影响（戴慧，2017）。

（三）良好的职业教育体系

德国的职业教育与学术教育相互促进，申请大学入学时承认职业教育具有同等学力，某些专业甚至直接认可职业教育的学分。同时，德国企业也非常认可职业教育，许多企业招聘时常要求具备职业技师资格而不是大学学历。在职业教育方面，德国采取“双元制”模式，即学生同时在学校和企业学习和实习。“双元制”职业教育促进了学生理论与实践动手能力的全面发展，从而达到“学以致用”的目标，同时可以实现学生就业和满足企业人才需求的双赢目标。良好的置业教育体系已经成为德国工业强大竞争力和创新力的基石。

（四）采取一系列措施促进中小企业发展

在各自细分领域拥有核心竞争力的广大中小企业是德国制造业强盛的坚实基础。首先，第二次世界大战后德国主动拆分了部分大型企业，降低了国有经济的比重，为民营企业的发展提供了充分的空间。其次，德国政府通过德国复兴信贷银行（KfW）和德国清算银行（DtA）帮助满足中小企业的信贷需求。再次，德国政府专门制定了中小企业创新核心计划，主动提供资金帮助中小企业进行创新活动（郑春荣、望路，2015）。此外，德国的商会和行业协会积极发挥作用，为企业提供培训、咨询和政策协调等服务。总之，在市场化、法制化的基础环境叠加政府和企业重视创新的内在基因，德国的中小企业逐步具备了国际领先的竞争力。

综上，德国通过顶层设计，以法律形式强化以居住为导向的住房制度设计，形成了发达规范的房屋租赁市场，加上严格的租金管制和稳定的房贷政策，有效遏制了房地产领域的过度投机和地产泡沫的形成；同时多措并举发展制造业，实现了“实”与“虚”的平衡，保障了经济的健康稳定发展。

第七章　治理“脱实向虚”的日本做法

20 世纪 80 年代日本出现严重的“脱实向虚”现象。由于日元升值、宽松货币政策和金融自由化加速，以股市、房地产市场为代表的资产价格飙升，与经济基本面脱节，形成“泡沫经济”。1989 年，政策突然收紧，导致泡沫破灭，造成了金融业危机、经济增长停滞、政府债台高筑等一系列严重负面冲击，日本经济进入“失去的十年”。为了重振经济，日本政府采取了一系列措施，这些政策措施可谓正误参半，评说各一。其中，有诸多可取之处，如进行金融体制改革、推动经济市场化改革并坚持科技立国战略等；同时亦有值得反思之处，比如对不良债权问题处理不够及时、未及时推动新经济转型和市场化改革推进力度不足等，具有一定警示作用。

第一节　日本“脱实向虚”的客观实际

20 世纪 80 年代日本经济出现严重的“脱实向虚”现象，主要表现在以股市、房地产市场为代表的资产价格飙升，与经济基本面脱节。如图 7－1 显示，1983－1991 年，日本平均公示地价从 14.92 万日元/平方米上涨至 72.87 万日元/平方米，年均增长率高达 21.9%，其中最疯狂的 1986－1988 年，日本平均楼面价分别同比增长了 37.09%、58.05%和 37.92%。股票市场也持续走高。图 7－2 显示，1985－1989 年日经指数从 11 558点上涨至38 916点，上涨了 3.37 倍。房价和股价相互推动、循环上涨；随着房价上涨，企业和家庭资产水涨船高，股票价格也疯狂蹿升；从银行获得的贷款增多，居民消费、房地产投资热情高涨，进一步助推资产价格膨胀。

疯狂的股票和房地产市场对实体经济产生极大的负面影响。由于实体经济的利润率远不及在房地产和股票市场的投机收益，企业、机构和个人纷纷通过贷款等加杠杆的方式进入房地产和股票市场，试图在这两个“永远上涨”的市场里分一杯羹。一个例证就是银行业对不动产领域的直接贷款比例越来越高，而对制造业等实体的贷款比例不断下降。表 7－1 显示，1986－1991 年日本银行对不动产业贷款的比重为 10.9%（不包括对建筑企业贷款和个人住房贷款），远高于 1981－1985 年的 6.5%；而投向制造业的贷款只占 20.3%，远不及 1981－1985 年的 30%以上。

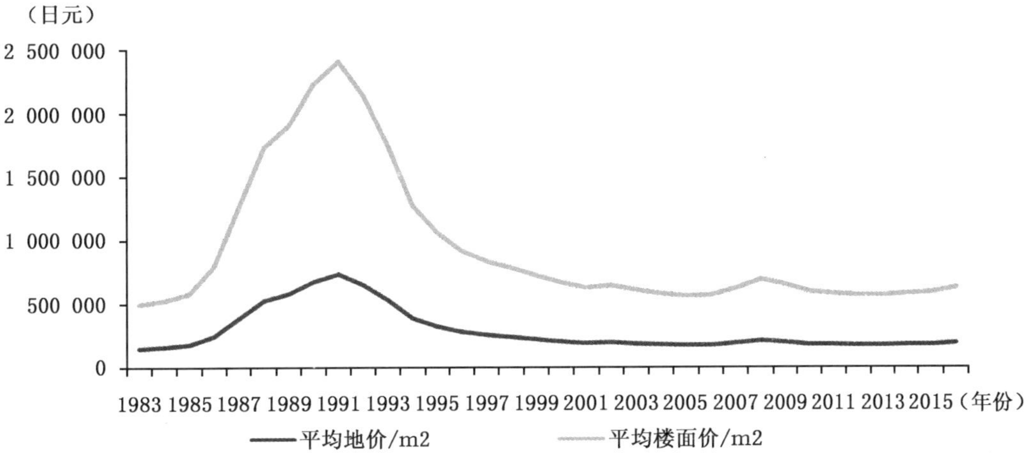

资料来源：Bloomberg，人保资产宏观与战略研究所。

图 7—1　日本平均地价和楼面价格变化

资料来源：Bloomberg，人保资产宏观与战略研究所。

图 7—2　日经 225 指数变化

表 7—1　日本银行机构贷款结构　单位：%

年份	制造业	不动产业	非银行金融机构
1951—1960	49	0.6	—
1961—1971	46.6	2.8	—
1971—1980	35.5	5.9	—
1981—1985	32	6.5	5.3
1986—1991	20.3	10.9	9.0

资料来源：人保资产宏观与战略研究所，《战后日本金融体制及其改革》。

面对不断上涨的资产价格，当时日本金融监管机构大藏省意识到市场已经孕育了巨大的泡沫，决定主动出手收紧货币政策，严格限制资金流向股市和房地产市场。货币政策方面，日本央行开启快速加息进程，1989 年 5 月—1990 年 8 月，央行连续 5 次上调利率至 6%，其中 1990 年 3 月 20 日单次加息 1%，资金成本快速上升。房地产方面，1990 年 3 月，大藏省出台《关于控制土地相关融资的规定》，对土地金融执行总量控制，导致银行领域流入房地产的资金骤然收紧；1991 年，日本政府开始加征 10%的土地转让法人税，并在保有环节增加地价税，导致土地上涨预期逆转，市场出现大规模抛售。股市方面，监管机构打破“特定资金信托”等产品的“刚兑”，1989 年 12 月大藏省证券局进一步要求各金融机构在 1990 年 3 月前停止所有“特定资金信托”合同，斩断了信托资金进入股市的渠道。

突如其来的各项收紧措施使得股票和房地产市场的资金压力倍增，两个市场相继崩盘。股票市场 1989 年末创下历史最高纪录后，1990 年股价暴跌，日经 225 指数在一年内大跌 38.7%至24 848点，1992 年年底进一步跌至16 925点，距离最高点下挫 56.5%。1991 年左右日本房地产市场也开始了长达十几年的下跌，2005 年日本平均楼面价仅为 55.7 万日元/平方米，较 1991 年下跌了 76.9%。

刺破的泡沫经济不仅造成了资产价格大跌和金融机构的坏账率高企，还从根本上削弱了日本经济的内生力量，此后日本经济长期不见起色。图 7—3 显示，1991 年至金融危机前的 2007 年，日本 GDP 年均增速仅为 1%，明显低于 20 世纪 80 年代 5%左右的增长水平。

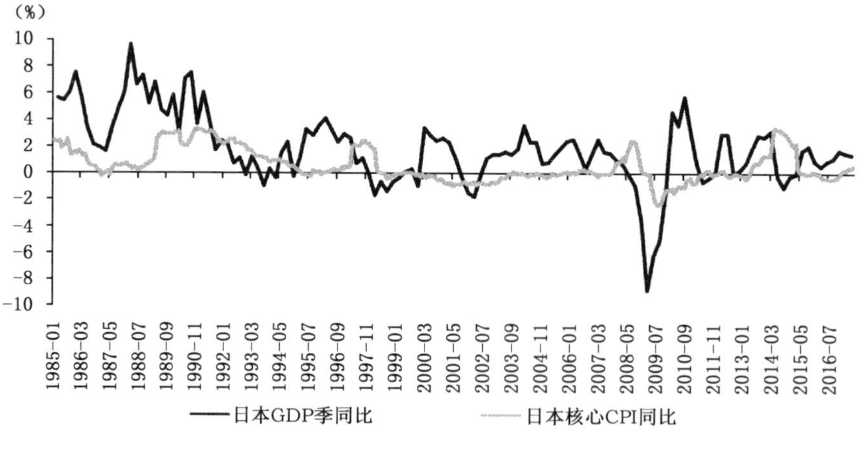

资料来源：Wind，人保资产宏观与战略研究所。

图 7—3 日本经济增长和通胀变化

第二节　日本“脱实向虚”的成因探析

1985年《广场协议》后日元大幅升值，为了缓解短期冲击，日本政府采取了超大力度的“反萧条”措施，同时引导产业结构向服务业转型，多项政策的选择失误使得资金加速“脱实向虚”，推动了泡沫经济的形成。

一、“广场协议”导致日元大幅升值是泡沫经济形成的导火索

1985年9月在纽约广场饭店，美、德、日、英、法5国央行行长和财政部长举行会议，达成联合干预外汇市场的《广场协议》，要求5国央行一起采取措施使美元对主要货币有序下调，以解决美国巨额的贸易赤字。之后，德法英日4国在国际市场上主动抛售美元，买入本国货币，使得美元兑德国马克、法郎、英镑和日元大幅下跌。从表面上看，《广场协议》不是针对日本一国的协议，但从实际汇率波动情况来看，日元受到的影响最大，1986—1988年日元升值幅度高达46%。

日本产业的国际竞争力由于汇率大幅升值而有所损害。图7—4显示，《广场协议》签订后，1985年9月出口增速即由正转负，1986年、1987年日本出口分别同比下降15.7%和5.5%。日本经济由于出口疲软而增长乏力，1986年和1987年日本GDP增长率仅为3.2%和4%，大幅低于1985年6.2%的增长水平。

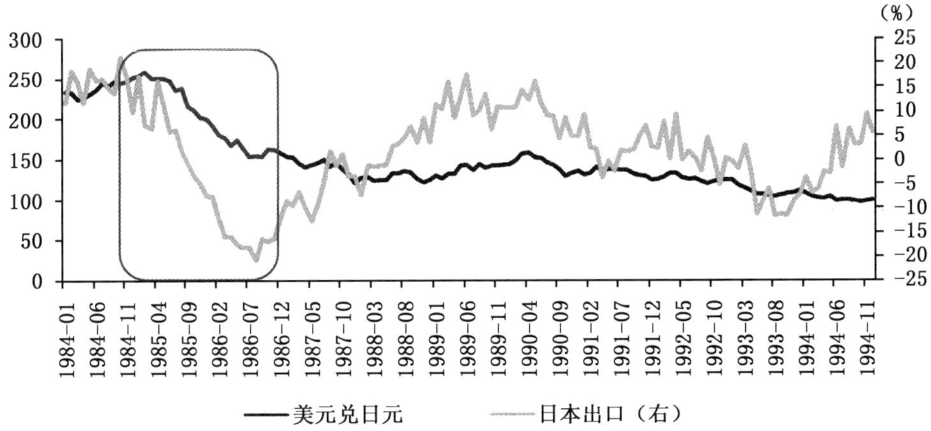

资料来源：Wind，人保资产宏观与战略研究所。

图7—4　日元汇率与出口同比增速

短期内日元升值严重冲击了日本的外向型经济，但应该说并非“百害而无一利”，如消费品价格下降和实际收入水平的提高，有利于促进消费潜力释放，或是顺势引导产业结构向高科技含量、高附加值方向调整等，均可逐渐消除货币升值的不利影响。然而，当时日本为了减缓短期冲击，采取了超大力度的“反萧条”政策，并引导产业结构向服务业转型，为后期“脱实向虚”的加剧创造了条件。

二、政府主导的产业政策失误是资金“脱实向虚”的重要原因

第二次世界大战以后，日本采取了具有政府主导色彩的“追赶战略”，政府通过财政支出干预产业发展方向，带动私人设备投资的大规模增加，建立了以出口为主导的经济模式，在实现经济高速增长同时也埋下了过度依赖外需的隐患。因此，在《广场协议》之后，日元升值的不利影响对经济造成了很大冲击。

之后日本产业结构调整也出现“去工业化”倾向。1987 年，日本政府出台了《第四次全国综合开发计划》和《休养地法》，希望降低制造业经济的比重并提升第三产业的规模，而房地产业和金融业正符合这一要求。政策导向叠加流动性宽松，货币信贷集中投向房地产、建筑等行业，进一步推升了资产价格快速上涨。

三、超大力度的“双松”措施是泡沫经济形成的直接诱因

为了缓解货币升值的负面作用，日本政府采用了财政、货币双松的政策。货币政策方面，日本央行在 1986 年 1 月－1987 年 2 月连续 5 次降息，央行贴现率由 5％降至 2.5％，这一水平不仅是 1910 年以来的最低，也是全球主要国家的最低水平，并持续了两年时间，使得国内流动性较为宽松，带动金融机构贷款大量增加，贷款余额相当于 GDP 的比例由 1980 年年底的 50％左右上升至 1980 年年代末的 100％。

同时，日本在 1987 年 5 月制定了高达 6 兆日元的综合财政扩张计划，其中包括 5 兆日元公共投资和 1 兆日元减税计划，城市开发和基础设施项目进一步加码。在政府资金的引导下，大量社会资本涌入房地产市场，客观上造成了地价、房价的快速攀升，并进一步助推上涨预期。图 7－5 显示，1986－1989 年，日本的住宅投资以及公共事业建筑投资均出现了较快增长。

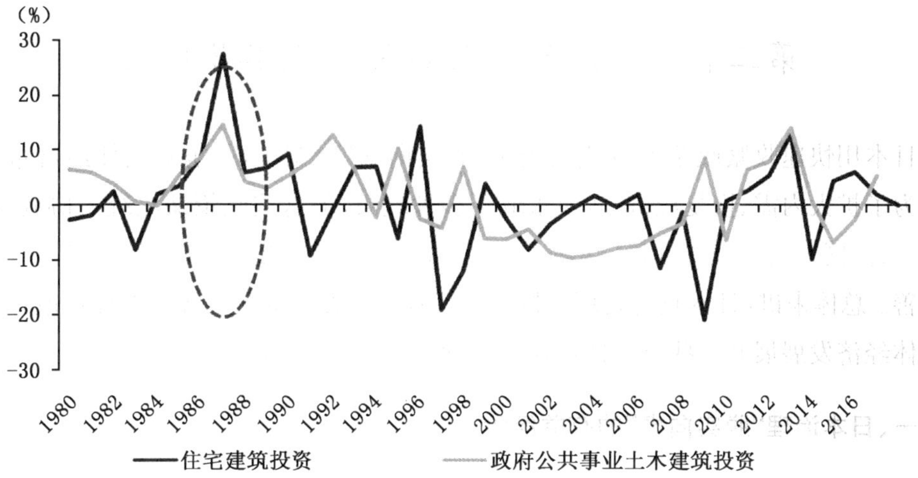

数据来源:Wind,人保资产宏观与战略研究所。

图7—5 日本住宅和公共事业建筑投资增长情况

四、金融自由化加速但监管缺位为"脱实向虚"创造了条件

在保持低利率政策的同时,日本的金融自由化进程也进入快车道。日本金融自由化具体措施:一是取消利率管制,存款利率逐渐市场化;二是废除金融机构混业经营禁令,银行和证券业开始相互进入对方的传统领域;三是开放资本账户,建设东京离岸金融市场以推动日元国际化。日本的金融自由化突破了分业管理和利率管制,金融国际化程度大大提高,吸引国际资金大规模流向日本金融市场,加剧国内流动性泛滥。同时,自由化过程中创新的各种复杂金融产品,为资金进入股市和房地产市场进行炒作提供了方便。例如,一种名为"特定资金信托"的理财产品,证券公司通过其募集资金,然后投向股市,或购买一些高收益率理财产品的优先级份额。由于这种产品在当时具有"刚性兑付"属性,大量资金涌向这类产品。

应该说,把"脱实向虚"简单归咎为金融自由化所致有失偏颇,更关键的是在这个过程中对金融监管的忽视。比如,在泡沫经济初期,大藏省对各类金融机构的投机行为始终采取放任态度;此外,日本政府向来重视保护大型企业的利益,社会普遍不相信金融机构会破产,导致金融机构自身也放松了风险管控。可以说,日本政府政策调控的错误导向和金融监管的长期缺位导致了泡沫危机。(张承惠,2014)

第三节　日本治理“脱实向虚”的具体措施

日本用快速收紧政策的方式实现了“脱实向虚”急刹车，但也对实体经济带来重创。为了扩大内需、恢复经济，政府采取了多种政策，但这些政策缺乏统一协调，难以形成合力，同时由于银行、居民、企业资产负债状况极度恶化，实体经济的发展并未明显改善。总体来讲，日本政府处理危机的政策有优有劣。本文围绕金融体系改革和促进实体经济发展展开一些政策性论述，以汲取其经验和教训。

一、日本治理“脱实向虚”的有益经验

（一）进行金融体制改革

泡沫破裂后，不良债权问题严重影响日本银行业。不过在相当长一段时间内，金融当局一再拖延对该问题的处理，直到 1995 年日本政府才真正开始处理不良债权问题，启动一系列金融改革。一是从法律建设入手，修改完善了一系列政策法律，[①]重整金融秩序；二是实施有条件的政府注资，推动金融机构完善信息披露制度、解决惜贷问题等；三是进行金融业的合并重组。2002 年，小泉内阁制定“金融再生计划”，采取金融改革和产业重组相结合双管齐下的配套改革，具体措施包括通过专业结构（如“整理回收机构”）减免中小企业债务、提高银行不良债权拨备、对银行制定明确的不良率削减目标并严格检查等。围绕处理不良债权的一系列改革措施逐渐取得成效，到 2003 年，日本金融机构的不良债权率开始大幅降低。

与此同时，针对大藏省（组织机构见图 7－6）高度集权和分业监管体系的弊端，日本政府着手改革金融监管体系。泡沫经济破灭之前，大藏省是日本经济政策的实际制定者并对金融机构进行监管。在此体系下，货币、经济、监管政策具有较高的同步性，决策一旦失败，负面效应成倍扩大；而且大藏省拥有直接任免央行高管的权力，并派遣专人入驻货币政策委员会，所以当时日本央行实际上并不具有独立性。另外，如前文所述，金融监管缺位是导致泡沫经济的重要原因，而当时大藏省体系下分业监管的模式显然已经不适应日益复杂的金融市场。

① 1996 年 4－6 月相继制定《存款保险法》《金融机构等经营健全性确保法》和《金融机构更生手续法》（”金融三法”）；1998 年 7 月制订《过度银行计划》；1998 年 10 月国会通过《金融再生法》和《金融机制早期健全及安全措施法》，确定了处理金融机构破产的法律框架。

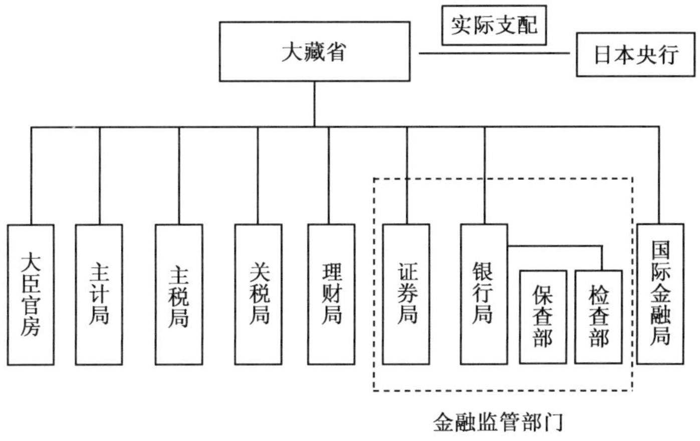

数据来源：联讯证券，人保资产宏观与战略研究所。

图 7—6　日本大藏省组织结构图

日本政府反思这些弊端并着手改革：一方面，以法律形式增强央行的独立性。1997 年《日本银行法》大幅修订并于 2000 年开始实施，从法律上规定日本央行具有独立的监管和政策制定权力。另一方面，1998 年 6 月，日本分离出原大藏省的金融监管部门，组建了金融监督厅（组织机构见图 7—7）作为金融监管专门机构。金融监督厅强调公正、透明的金融监管，并加强与海外金融检查监督部门的合作。至此，日本建立了统一的金融监管体系，职能专一且政策透明度高。

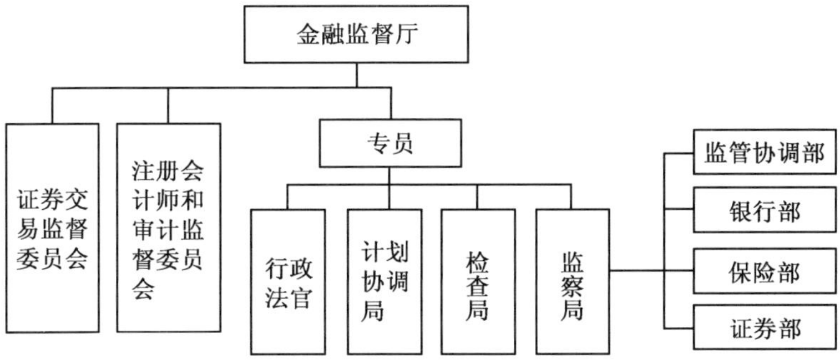

数据来源：人保资产宏观与战略研究所。

图 7—7　日本金融监督厅组织结构图

目前，日本金融监管的主要机构是金融监督厅和日本央行。金融监督厅专注于对不合规机构实施处罚、停业整顿等措施；央行则更关注系统性风险的监控和政策建议。

金融监督厅和央行既有分工又有合作机制。这一特点在 2008 年次贷危机时表现出较强的政策协调性和有效性。

（二）推动一系列市场化改革，多领域放松管制

第二次世界大战后日本形成了一系列有自身特色的经济发展制度，如融资以银行体系为主导和终身雇佣制等，这些制度既是日本经济 20 世纪 60—70 年代腾飞的重要助力，也是 80—90 年代经济转型的障碍。事实上，泡沫经济破灭后，日本政府已经意识到，要想使经济从长期萧条走向自主回升，还要推进市场化的结构改革。为了使日本及时转型为政府较少介入的经济体系，政府推行了一系列市场化改革措施，在多个领域放松管制，以期增强企业活力、促进自由竞争。

1995 年 3 月，日本出台《规制缓和推进计划》，在金融、房地产、交运和通信等 11 个领域进行市场化改革，制定1 901个放松管制项目；1996 年 3 月，将放松项目增加到 1 797个。1997 年 3 月，进一步完善《放松规制推进计划》，并重点将经济结构转型作为放松管制的目的。1998 年 3 月，日本再次出台《放松规制推进 3 年计划》，最终放开了 917 个市场化项目。虽然这些改革措施在多重因素影响下进展缓慢，但市场化的改革方向是值得肯定的。

（三）坚持实施科技立国战略

第二次世界大战后，日本长期重视科学技术的发展并确立“科技立国”战略。20 世纪 90 年代，为了追赶“知识经济”时代的步伐，日本政府又将“科技立国”战略注入了新的内容，提出了“科学技术创造立国”，决定与善于模仿的旧日本告别。基于“科技立国”理念，日本政府进行了多种举措：第一，加大政府科研投入。即使在 90 年代经济不景气的情况下，日本的研发投入强度也保持在 GDP 的 2%以上。第二，强化人才培育。日本学术振兴会、科学厅相继设立了“独创性个人研究培养制度”“科学技术特别研究员制度”和“产业科学技术研究开发制度”，培养了大批有创新精神的人才，为日后高新技术产业的蓬勃发展奠定了基础。第三，鼓励并扶持企业参与科研。日本政府通过法律、税收、金融等手段助力民间企业的科研活动。目前日本由企业投入的研发经费总体规模大于政府，占总体研发经费的七成以上，同时企业技术创新呈现多元化的特点，民间企业已是日本科技创新的主力。

可以说，正是由于“科技立国”战略的坚持和实施，崩溃的泡沫经济没有动摇日本的经济根基。图 7—8 显示，2016 年日本研发投入强度超过 3%，PTC 专利申请量占全世界的 20%，分别位列世界第三（仅次于以色列和韩国）和第二（仅次于美国）。坚实的教育和科技基础，成为日本产业升级的原动力。

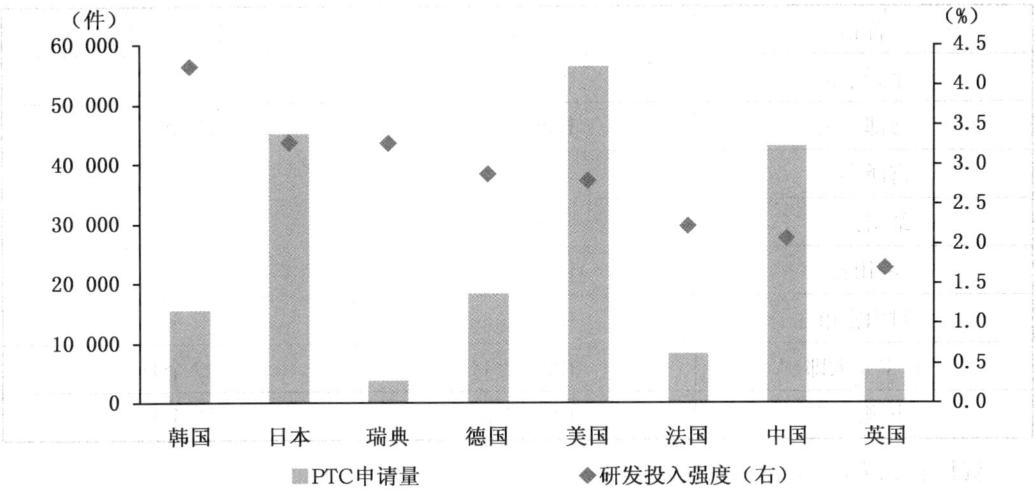

资料来源:Wind,人保资产宏观与战略研究所。

图7—8　2016年主要国家研发投入强度和PTC专利申请量

二、日本治理"脱实向虚"的政策失误

(一)对银行不良债权的处理不及时、不到位

1990年资产泡沫破裂后,以银行为主导的金融体系出现大量不良债务。为了避免不良债权危机造成连锁反应,许多日本官员极力建议国家财政注资救助金融机构。然而1990—1996年政权更迭频繁(见表7—2),政府对金融机构的救助经历了"推诿、拖延、维持、救助"的过程。一方面,救助计划一再拖延,直至1995年住宅金融专门公司的不良资产问题爆发,危机已经发展到不得不管的境地,日本政府才首次投入财政资金6 850亿日元予以救助。另一方面,对不能偿还债务的金融机构实行保护,存款人和股东均不承担损失,由政府指定的特定机构并购实质性破产的银行,以暂时拖延金融机构破产潮的爆发。[①] 因此在危机初期,日本政府并未及时注资对金融机构进行救助,也没有采取实质性改革措施对金融体制加以完善,最终导致的结果只能是积弊日深、风险后移。表7—3显示,从1994年起,部分金融机构破产事件开始发生;1997—1999年,破产银行越来越多,破产潮集中爆发(见表7—3)。

① 欧阳媛、杨华柏:《日本是如何依法处理破产金融机构、回收不良债权的》.

表 7—2　　1989—1998 年日本首相执政时间

首相	就职日期	执政时间
宇野宗佑	1989/6/3	2 个月
海部俊树	1989/8/10	15 个月
宫泽喜一	1991/11/5	21 个月
细川护熙	1993/8/9	9 个月
羽田孜	1994/4/28	2 个月
村山富市	1994/6/30	18 个月
桥本龙太郎	1996/1/11	22 个月
小渊惠三	1998/7/30	20 个月

资料来源：人保资产宏观与战略研究所。

表 7—3　　1994—1999 年日本破产金融机构一览表

时间	破产机构
1994 年 12 月 9 日	东京协和信用组合、安全信用组合
1995 年 8 月 1 日	宇宙信用组合
1995 年 8 月 30 日	兵库银行、木津信用组合
1997 年 11 月 17 日	北海道拓殖银行
1997 年 11 月 24 日	山一证券
1997 年 11 月 26 日	德阳城市银行
1998 年 10 月 23 日	日本长期信用银行
1998 年 12 月 13 日	日本债券信用银行
1999 年 4 月 11 日	国民银行
1999 年 5 月	幸福银行
1999 年 6 月	东京相和银行
1999 年 8 月	纳密哈亚银行
1999 年 10 月	新潟中央银行

资料来源：人保资产宏观与战略研究所：《日本经济泡沫兴败及其对中国经济的启示》。

金融体系是实体经济的血液。不良债权问题使得金融机构的造血能力下降，金融功能弱化加剧了经济的萧条，而经济长期不景气又会增加处理不良债务的难度。所以说，需高度重视金融问题在经济结构调整中的作用，而日本对不良债权问题的一再拖延成为经济增长的制约因素。

（二）未及时推动“新经济”转型，错失发展机遇

世界经济在20世纪90年代后进入信息时代。美国抓住有利时机，借助“信息高速公路”战略，在信息领域走在世界各国前列。泡沫经济破灭后，日本制造业占比的下降以及经济的持续低迷同样说明，日本的产业结构不符合信息时代经济发展的内在需求。从国际分工角度来看，一方面，在高新技术领域和技术密集型产业方面，日本竞争力弱于美国等发达经济体；另一方面，在传统工业和劳动密集型产业方面，日本又面临韩国、中国台湾等新兴工业国家和地区的挤压。直至2000年7月，第二届森喜朗内阁开始重视信息产业的发展并专设“IT担当大臣”官职；2001年，日本出台《IT基本法》，“IT立国”写入了国家战略，但此时日本已经在信息技术时代落后太多。2000年，日本的互联网普及率不到30%，低于高收入国家的平均水平，也低于美国、韩国以及新加坡等信息化程度较高的国家。总之，20世纪90年代由于未能准确把握经济发展和产业转型的方向，日本经济丧失了绝佳了经济复苏良机。

（三）市场化改革未能深入推进

正如前文所述，泡沫经济破灭后，日本政府已经意识到市场化改革的重要性。中曾根内阁在20世纪80年代中期制定“行政改革大纲”，推行了一揽子改革措施，特别是泡沫经济破灭后，政府在经济领域放松管制，并在行政、财政、金融、社会保障以及教育等多个领域推行改革措施。但总体来看，大部分改革进展缓慢、不够彻底，效果也远不及预期。一个显而易见的直接原因就是改革的阻力大。在日本，长期形成的“政治家—财界—官僚”铁三角模式根深蒂固，政府希望改革，但触及利益集团的既得利益、有实力的国会议员从中作梗，便构成了改革的阻力。（商庆军，2016）最终由于日本政府缺乏打破原有体制的魄力，市场化的改革未能深入推进，成为日本经济持续低迷的重要因素。

总体来看，由于宏观经济政策失误以及经济社会体制的弊端，日本经历了“失去的十年”，但经过一系列金融体制和市场化改革，不良债权得以处置，实体经济领域管制减少，产业转型取得一定进展，加上在科研等方面坚实的基础，日本经济初见曙光。日本经济在2002年2月—2008年2月出现了长达73个月的连续增长，GDP实际增长率虽不足2%，但较20世纪90年代1%的增长水平明显改善。次贷危机之后，2016年以来随着全球经济回暖向好，在外需好转带动下，日本经济景气度再度回升。

第八章 国际经验对我国的启示

对国际经验的借鉴必须立足于我国的现实国情。虽然我国“脱实向虚”的表现和形成原因与美国、欧洲和日本的经历存在相似之处，但应该看到，所处的经济发展阶段、经济体制、政治体制、财政金融体系等国情不同，对国际经验的借鉴不能以偏概全，而需结合中国国情进行选择性吸收。通过比较研究，美国、欧洲和日本“脱实向虚”问题的演变以及应对措施从产业发展、资源配置、宏观调控、金融监管等多个方面为中国防范系统性风险提供了宝贵的经验和教训：第一，从产业发展看，需保持相对均衡的产业结构，振兴实体经济发展；第二，从资源配置看，要处理好政府与市场的关系，应充分发挥市场在资源配置中的决定性作用；第三，政府宏观调控方面，以货币政策为代表的宏观政策必须保持适时、适度；第四，金融监管方面，需不断完善监管体系，以加强对系统性风险的管理和应对。

一、保持相对均衡的产业结构，振兴实体经济发展

从产业层面来看，纵观美国、欧洲和日本“脱实向虚”问题的演变，均在“去工业化”的同时，存在着房地产及金融领域过度膨胀的“失衡”现象，与之形成鲜明对比的德国，由于保持着“实”与“虚”的良好平衡，经济长期保持健康稳定。此外，各国为了遏制资金的“脱实向虚”，纷纷推行“再工业化”战略，重新强调制造业在国民经济中的重要性。这些国际经验表明，确保“实体经济”和“虚拟经济”两者协调发展对整个经济体系的长期健康发展至关重要。

一方面，要抑制虚拟部门的过度膨胀，特别要保持房地产市场的健康稳定。实体经济是虚拟经济发展的前提，过度膨胀的虚拟经济在压制实体经济的同时，也失去了进一步发展的基础，其中特别要注重抑制房地产的投机需求。正所谓“十次危机九次地产”，美国次贷危机、欧债危机以及日本泡沫经济的破灭，均表明房地产市场发展过度泡沫化蕴藏着极大的风险。从德国经验来看，通过顶层设计以法律形式强化居住为导向的住房制度设计、发展规范的房屋租赁市场以及稳定的信贷政策是抑制房地产投机需求的有效手段。

另一方面，必须注重制造业等实体经济的发展。诚然，根据经济发展和产业升级

规律，服务业占比提高和工业占比下降的现象会普遍存在，但这并不意味着要忽视工业发展。Hersh 和 Weller(2003)的研究表明，制造业是技术创新、推动经济增长的动力源，去工业化可能会损害一个国家的长期经济增长潜力。金融危机的发生已经让越来越多国家意识到提升实体经济竞争力的重要意义。在我国，党的十九大报告中明确指出“加快建设制造强国，加快发展先进制造业”。美欧日实施“再工业化”战略的国际经验对我国制造业发展同样具有一定借鉴意义：第一，主导产业选择要符合市场发展规律。在国际分工体系下，各国要以全球视野进行主导产业选择，充分发挥自身的比较优势，如美国从“FIRE”向“ICE”的转变取得了积极效果。第二，要以企业为核心进行产业升级转型。例如，日本政府“大家长”式主导下的产业结构调整难以准确契合市场发展方向，最终由于较晚意识到信息技术的重要性而错失了发展机遇。第三，注重科技创新的作用。德国、日本经验表明，长期以来对科技创新的重视为实体经济发展奠定了坚实的基础；美国对科研的高度重视使其全要素生产率提升水平一直领先全球，提升了实体部门的回报率。第四，必须注重虚拟经济对实体经济的支持作用。美国、欧洲的“再工业化”战略均提到企业融资环境的改善，如降低中小企业融资成本、为研发投入提供资金支持等；而日本由于未能及时处理不良债权问题，金融的“造血”功能不能恢复，进而拖累了实体经济的发展。

二、尊重经济规律，充分发挥市场在资源配置中的决定性作用

“脱实向虚”实质上是资金配置错位、效率下降，而引导资金“脱虚向实”即要提高资金配置效率。根据西方经济学理论，资源配置的优化在于“政府”和“市场”两种配置方式的综合运用：一方面，市场可以通过价格引导优化资源配置，是提高效率的基础；另一方面，由于信息不完全、外部性等因素导致的“市场失灵”，政府可通过计划配置方式对市场效率给予改进。

从各国“脱实向虚”问题的演变来看，与欧美相比，日本经济中政府的干预成分更多，政治更迭、宏观政策和产业政策的选择失误，成为资产泡沫不断累积的根源；在我国，土地财政、刚性兑付等一些非市场化体制机制的存在是资金配置效率下降的重要原因。同样在处理金融危机的过程中，美国政府对金融机构的救助并未“一刀切”，容忍了部分机构的破产；欧盟政府亦不轻易救助，并要求股东和债权人首先承担风险；而日本政府在泡沫经济破灭初期仍然对市场进行干预而不进行实质性改革，未能及时、果断地处理银行业不良贷款，导致日本银行深陷过剩产能与僵尸企业的包围，最终风险未能有效出清，拖累了实体经济的复苏，尽管后期日本政府意识到市场化改革的重

要性并推行实施，但由于缺乏彻底改革的魄力，最终将日本带入“失去的十年”。

以上事实说明，经济的发展必须尊重客观规律，要充分发挥市场机制在资源配置中的决定性作用，政府不可“越俎代庖”；与此同时，政府也要注重发挥改善市场环境、实施政策指引等方面的作用。理顺政府与市场的关系对于处在转型期的我国来讲尤为重要。党的十八届三中全会通过的《中共中央关于全面深化改革若干重大问题的决定》明确指出：“以处理好政府与市场的关系为核心，着力解决市场体系不完善、政府干预过多和监管不到位问题，以达到使市场在资源配置中起决定性作用和更好发挥政府作用的目的”；党的十九大报告再次强调要“加快完善社会主义市场经济体制”。总而言之，充分发挥市场机制，在资源配置中的决定性作用并注重政府对市场效率的改进，才是遏制资金“脱实向虚”的根本途径。对当前的我国而言，必须坚持市场化改革的方向不动摇，并积极推动政府职能转变，以更好地发挥政府作用。

三、宏观经济政策，特别是货币政策必须保持适时、适度

引起“脱实向虚”的原因可能来自内部，也可能来自外部。在遏制“脱实向虚”的过程中，对外部因素的调整和把控或更加关键。其中，宏观经济政策是主要的外部因素之一，如货币政策操作失当就是引起“脱实向虚”问题以及危机爆发的关键因素。

首先，货币政策持续宽松是资金“脱实向虚”的重要诱因。纵观美国、欧洲、日本以及我国“脱实向虚”的演变过程，大致沿着一条较为相似的路线：宽松的货币政策决定了信贷的易获性，助长金融机构加杠杆，导致资产价格上涨和信贷扩张相互刺激，进而引发资产泡沫并最终酿成危机。

其次，政策突然收紧容易刺破资产泡沫，导致经济“硬着陆”。由于资产泡沫一旦形成规模，演变过程难以预测，加之政策存在时滞，政策紧缩的实际、力度往往难以把握（纪敏、牛慕鸿、张翔，2016）。如日本政府在 1989 年一改持续多年的低利率政策，并在房地产、股市等领域采取一系列严厉的财政金融紧缩政策，政策的突然转向在刺破泡沫的同时也将日本带入“失去的十年”。

再次，鉴于金融功能对实体经济的重要作用，在危机发生后，及时注入流动性、及早恢复金融机构的“造血”功能十分关键。次贷危机以及欧债危机发生后，美联储和欧央行迅速做出反应，下调利率并采取非常规货币政策为金融机构及时注入流动性、稳定市场信心，避免了危机的进一步蔓延，而尽早恢复的金融体系也为后期实体经济的复苏奠定了基础。相比之下，日本政府在 1989 年泡沫破灭时，由于未能及时调整政策，且对不良债权问题一再拖延，流动性始终无法得到实质性的恢复，对经济增长形成

制约;之后日本显然吸取了这一教训,在2008年次贷危机发生初期,央行和监管层及时放松了某些监管要求,帮助金融机构渡过了最困难的时期。

由此可见,货币政策的松紧需与经济环境相匹配,货币政策的转向也需把握恰当的节奏,既要避免货币政策过度宽松加剧“脱实向虚”,也要避免在经济已经出现结构性失衡、资产泡沫聚集到一定程度时,货币政策迅速转向触发系统性风险爆发的可能;而在泡沫破灭、资产价格暴跌时,及时注入流动性、稳定市场信心也是必要的措施。

与之相类似,不适宜的财政政策也会助推“脱实向虚”。比如,日本推行扩张财政开支加大基础设施建设助涨了房价上涨预期;而我国地方融资平台对资金的低效利用与南欧5国政府过度举债也有一定相似之处。故要高度防范政府债务风险以及重视财税体制建设。

总的来说,政府应当灵活应用货币、财政等政策工具,做到适时、适度,既及时防范风险于未然,又以不造成新的风险为代价。

四、加强对系统性风险的管理和应对,不断完善金融监管体系

国际经验和我国的情况表明,金融自由化的推进,使得金融创新和金融衍生品大量涌现,而审慎监管体制建设没有相应跟上,为“脱实向虚”创造了条件,为金融稳定埋下了安全隐患。次贷危机以来,主要国家开始大幅提高金融监管标准,扩大监管范围,全面加强监管力度,呈现以下共同特点:

第一,加强系统性风险应对以及宏观审慎管理。次贷危机之前,主要发达国家长期信奉“最少的监管就是最好的监管”。危机彻底改变了这一观念,开始注重对系统性风险的监测和调控,如美国、欧洲都成立了专门的机构全面负责金融稳定和宏观审慎监管。现阶段我国金融监管体系的变革也基本顺应了全球金融监管发展的这种趋势。党的十九大报告明确指出“健全货币政策和宏观审慎政策双支柱调控框架”;2017年11月,致力于统筹协调金融稳定的国务院金融稳定发展委员会正式成立。

第二,扩大监管范围以及提高监管标准,及时填补监管漏洞。影子银行、金融衍生品等创新行为没有得到及时有效的监管,从而形成了明显的监管漏洞和监管空白,是次贷危机以及我国“脱实向虚”形成的重要原因之一。次贷危机后,各国普遍扩大监管范围,堵塞监管漏洞,如:美国将私募股权基金、对冲基金等业务纳入监管框架;全球层面,巴塞尔新资本协议、影子银行监管、金融机构破产等方面的标准和制度改进也逐步展开。

第三,中央银行在金融监管体系中的地位和作用进一步加强,如:《多德—弗兰克法案》赋予美联储超级监管地位,欧盟明确欧央行负责监管具有系统重要性的银行业

金融机构以及在必要时接管全部银行的监管，而日本央行在政策制定和监管方面的独立性也不断提高。

第四，辩证地看待“创新”和“监管”的关系。在加强金融监管的同时，我们也应看到金融创新对实体经济发展的重要作用同样不容忽视，如金融产品的创新在美国已经成为新能源等高技术产业发展不可或缺的一部分。现代经济体系中，金融创新是金融业乃至实体经济生存和发展的重要组成部分，而监管是确保金融行业健康发展的必要手段，两者既相互矛盾又相互促进。所以，不能以风险为由过分抑制金融创新，也要防止过度创新而加剧资金“脱实向虚”。最理想的情形是“创新不超前于监管，监管不滞后于创新，两者协调发展共进退”（刘霞，2014）。

此外，从次贷危机对全球金融市场的冲击来看，虚拟经济的跨境特征日益显著。可以说，随着技术的发展和创新步伐的加快，国际金融市场一体化的程度远高于实体经济，市场波动通过国际金融市场的传播更快、更直接。以此为背景，金融市场全球化与金融监管属地化之间的矛盾会日益突出，金融监管从国家层面拓展到国际层面已成为发展趋势，欧元区对金融监管体系的改革和调整即可视为这种诉求的一个缩影。所以，未来各国政府和国际机构及时进行沟通和协调将成为监管体系的必要组成部分。

第九章　中国破解“脱实向虚”的思路和对策

在充分结合我国国情，并借鉴国际经验的基础上，笔者提出了破解“脱实向虚”问题的思路和对策。一方面，从各种内生和表层原因入手，扭转“脱实向虚”需要实体经济、房地产、金融“三管齐下”，配合适度的宏观经济政策和监管措施，引导资金从虚拟经济回流实体经济；另一方面，要抓住导致“脱实向虚”的根源，加快转变经济发展方式，以更大力度推进市场化改革。

第一节　破解“脱实向虚”的治标之策

一、提高实体经济活力和实体投资回报率

多重因素导致实体经济投资回报率下降是导致我国“脱实向虚”问题的直接原因。

党的十九大报告指出，“建设现代化经济体系，必须把发展经济的着力点放在实体经济上，把提高供给体系质量作为主攻方向，显著增强我国经济质量优势”。前文提到，当前造成我国实体经济投资回报率低的原因有经济潜在增速下降的周期性因素，也有产能过剩严重、成本较高以及体制机制的约束等因素。提高实体经济活力和实体投资回报率，必须继续深化供给侧结构性改革，降低实体经济成本、释放经济活力并提高发展质量。

第一，加大对实体企业的减税降费力度，激发企业家精神，鼓励实体经济发展，并通过税收改革和社保改革调节收入分配，提高中低收入人群的消费能力，进一步释放消费需求。

第二，通过市场化债转股等方式降低企业债务负担，采用差别化的信贷政策，引导资金流入实体领域。

第三，加强对产品质量、环境保护和安全生产的监管，通过严格执法倒逼落后产能和低效产能退出，创造公平竞争的市场环境，让优质企业和先进产能在竞争中胜出，提升产业集中度和行业发展质量。

第四，以金融、财税等多手段支持企业创新，以《制造业 2025》为蓝本，加快发展先进制造业、培育新动能。

第五，加快实施市场准入负面清单制度，打破阻碍民营经济发展的“玻璃门”和“弹簧门”；并通过 PPP 等途径发挥政府投资的带动作用，充分激发民间资本活力。

二、建立长效机制，坚决抑制房地产泡沫

我国以往的房地产政策多为短期调控，出台的措施随房地产周期性摆动，政策往往滞后于市场发展。为了遏制“脱实向虚”，维持经济的平衡发展，建立符合国情、适应市场规律的房地产基础性制度和长效机制至关重要。党的十九大报告再次强调，“坚持房子是用来住的、不是用来炒的定位，加快建立多主体供给、多渠道保障、租购并举的住房制度，让全体人民住有所居”，为房地产制度改革指明了方向。

第一，要注重从供给侧着手解决问题。以往房地产调控多以限购、限贷的需求侧管理办法为主，但对热点地区而言，供需不平衡的根源还是供给不足。为此，需要建立因地制宜的土地供应机制，如一、二线城市土地红线应当适当放宽，三、四线库存压力大的地区适当收紧；同时要丰富供给结构，加大自住型商品房供应，保障中低收入群体的居住需求。

第二，加快住房租赁市场建设，“租售并举”优化需求结构。德国经验表明，租售同

权、充足供给以及对租房者和房东权益的法律保障是构成规范租赁市场的必要因素。为此，政府需要在加大租赁住房供给、提供公共服务、户籍制度改革以及法律规范建设等方面多措并举。

第三，进一步完善房地产持有环节的税收政策；决策部门应着眼长远发展，排除利益群体阻挠，做好承受短期调整的准备；应当设计合理可行的房地产税率，既能覆盖征收成本，又不影响房地产行业可持续发展，而且长期能达到取代地方政府土地出让金收入的目的。

第四，要对房地产企业融资和房贷加强监管，严格限制信贷流向投资投机性购房。

三、打破资金在金融市场的体内自我循环，降低金融机构杠杆率和投机回报率

从资金传导链条来看，治理“脱实向虚”问题一方面是要遏制资金在金融体系内部自我膨胀，另一方面是要引导资金流向实体经济。党的十九大报告指出，“深化金融体制改革，增强金融服务实体经济能力”，“健全金融监管体系，守住不发生系统性金融风险的底线”。

第一，坚持稳健中性的货币政策。彻底摒弃货币“放水”强刺激的做法，宽松的货币政策未必有利于带动资金进入实体经济领域，只有流动性保持稳健适度，金融泡沫才能得到有效抑制。

第二，健全监管体系和监管法律框架，杜绝监管套利与过度金融投机，防范系统性风险。2016 年以来，中央反复强调金融安全；2017 年 11 月，国务院金融稳定发展委员会正式成立，中国人民银行、原中国银监会、证监会、原中国保监会、外汇局《关于规范金融机构资产管理业务的指导意见（征求意见稿）》也随之发布，未来将对金融体系进行穿透式、全方位监管，有利于减少监管空白和监管重叠。从国际经验来看，在具体操作中，要重视对金融杠杆率的监管和控制，持续加强对金融产品尤其是新生的金融衍生品的监管；要建立和完善全面的、有效的金融机构进入和退出法律体系，使得资不抵债、经营效益不好的银行实施破产，早一些安全退出金融系统；同时要注重与其他国家和国际机构的沟通和协调，共同合力防范金融危机。

第三，以实体经济发展为导向进一步加强差别化的信贷政策，对在实体经济融资方面力度较大的银行金融机构提供利率优惠，从而降低银行放贷成本、减少资金在金融业内空转的情况。

第四，提高金融服务实体经济能力，促进多层次资本市场发展，提高直接融资比重。

第五，通过建立一批产业发展基金、科技创新基金和中小企业投资基金，加大发挥政策性银行的作用，保证金融机构对实体经济提供点对点的支持。

第二节　破解"脱实向虚"的治本之道

2016 年以来一系列政策措施的实施，在遏制资金"脱实向虚"方面已取得一定成效：一是 2016 年下半年开始货币政策由偏宽松转向稳健中性，从源头上收紧了流动性；二是 2016 年 10 月以来，热点城市房地产调控层层加码，房企融资收紧，房价涨幅稳中趋降，同时"发展租赁市场"等房地产长效机制建设明显加快；三是金融监管加强，资金在金融体系内部空转的现象有所好转，表外融资压缩明显；四是去产能、去杠杆持续推进，煤炭、钢铁行业利润明显好转，信用风险局部释放。此外，减税降费等"降成本"的措施也陆续推出。在政策综合作用下，制造业投资以及民间投资均出现止跌反弹迹象。

然而应当看到，这些对策对"脱实向虚"可以起到一定的抑制作用，在一定程度上使问题得到了缓解；但这些对策治标不治本，就好比一个体弱多病的人，通过药物可以治标——缓解病情，但要根除病灶，彻底摆脱疾病困扰，还需要通过强身健体达到治本的效果。为此，要从根本上解决"脱实向虚"的"病灶"问题，需要从以下两个方面入手。

一、加快经济发展方式由规模数量型向质量效率型转变

正如前文所求，导致"脱实向虚"的条件——企业陷入经营困境、房地产成为投机炒作的对象、资金在金融体系内部空转等，都是在我国长期以速度为中心的非科学的经济发展方式下形成的。"脱实向虚"的彻底根除取决于经济增长方式的根本性转变。受凯恩斯理论影响，长期以来，中国一直很注重经济增长速度，导致经济在低水平上扩张，造成了资源过度消耗、生态严重破坏、部分行业产能过剩等问题，这种数量型发展方式不仅本身不具可持续性，而且其后遗症会持久地存在。所以，我国经济迫切需要打破对旧发展方式的路径依赖，加快从规模数量型发展方式向质量效率型发展方式转变。

党的十九大报告为中国经济发展和转型指明了方向："我国经济已由高速增长阶段转向高质量发展阶段，正处在转变发展方式、优化经济结构、转换增长动力的攻关期，建设现代化经济体系是跨越关口的迫切要求和我国发展的战略目标。必须坚持质量第一、效益优先，以供给侧结构性改革为主线，推动经济发展质量变革、效率变革、动力变革，提高全要素生产率，着力加快建设实体经济、科技创新、现代金融、人力资源协同发展的产业体系，着力构建市场机制有效、微观主体有活力、宏观调控有度的经济体

制，不断增强我国经济创新力和竞争力。”下一阶段，要牢固树立创新、协调、绿色、开放、共享的发展理念，认真贯彻落实党的十九大报告精神，进一步淡化“增速”导向，以结构调整、动能转换、改革推进等维度改进政府考核体系，对地方政府大力发展虚拟经济、大规模举债等异化行为纠偏，切实加快我国经济发展方式由规模数量型向质量效率型转变。

二、以更大的力度深入推进体制机制市场化改革

市场是资源配置的最重要方式。对于“脱实向虚”问题的彻底解决，最终将取决于深层次的市场化改革，消除实体经济的扭曲因素。党的十八届三中全会明确指出，“经济体制改革的核心问题是处理好政府和市场的关系，使市场在资源配置中起决定性作用和更好发挥政府作用”。近年来，我国国有企业改革、利率市场化、人民币国际化等持续推进，并取得了显著进展，虽然在这个过程中存在诸如过度创新、监管缺位等问题，但市场化的改革方向是不可动摇的。

党的十九大报告再次强调“加快完善社会主义市场经济体制”。应该说，随着改革进入“深水区”，不可避免地将触及制度中的深层问题，遇到诸多困难和障碍，所以体制机制的市场化改革也必须要有“敢啃硬骨头、敢于涉险滩”的勇气和魄力。向前看，以下几个重点改革领域的持续推进和突破将成为遏制资金“脱实向虚”的关键因素：

第一，继续深入推进国有企业改革，加快破除软预算约束机制。

第二，加快政府职能转变和财税体制改革，逐步改变以经营土地作为支撑的大规模投资增长模式，推进房地产长效机制建设，同时结合财税体制改革，建立规范透明的地方融资机制。

第三，加快市场准入负面清单制度的实施，放宽服务业准入限制，激发各类市场主体的活力。

第四，把握“回归本源、优化结构、强化监管、市场导向”的原则推进金融体制改革，为实体经济发展营造出有利的融资环境。

参考文献

[1]白重恩，张琼.如何保持如何保持经济中高速增长[J].中国经济报告，2017(3).

[2]陈凯.试析美国经济从“虚拟”到“实体”的调整与协同发展[J] . 财经问题研究,2011(8).

[3]成思危.虚拟经济探微[J].中国党政干部论坛,2002(12).

[4]成思危.虚拟经济的基本理论及研究方法[J] .管理评论,2009(1).

[5]戴慧.德国促进实体经济发展的政策启示[J].中国产业经济动态,2017(4).

[6]杜厚文,伞锋.虚拟经济与实体经济关系中的几个问题[J].世界经济,2003(7).

[7]戴相龙.加强虚拟经济研究 进一步深化金融体制改革[J].南开学报,2003(3).

[8]董适平.战后日本金融体制及其改革[M].上海财经大学出版社,1998.

[9]辜朝明(Rechard C.Koo).大衰退[M].东方出版社,2008.

[10]纪敏,牛慕鸿,张翔.从国际经验看资产泡沫风险中的政策影响及应对[J] .黑龙江金融,2016(1).

[11]李斌,伍戈.信用创造、货币供应与经济结构[M].中国金融出版社,2014.

[12]李彬,田玉鹏.实体经济与虚拟经济发展的思考——金融危机后看美国、德国经济的发展经验[J].现代产业经济,2013(8).

[13]刘骏民.虚拟经济的理论框架及其命题[J].南开学报,2003(2).

[14]刘霞.金融创新背景下金融监管体制改革比较研究[J] .北京航空航天大学学报(社会科学版),2014(7).

[15]李晓峰.日本处理不良债权的新对策及其对我国的启示[J].北京师范大学学报(社会科学版),2014(1).

[16]欧阳媛,杨华柏.日本是如何依法处理破产金融机构、回收不良债权的[J].法学家,2000(6).

[17]彭文生.渐行渐近的金融周期[M].中信出版集团,2017.

[18]商庆军.日本“泡沫经济”破灭后的产业结构调整[J].现代日本经济,2016(1).

[19]孙彦红.欧盟“再工业化”战略解析[J].欧洲研究,2013(5).

[20]王永钦,高鑫、袁志刚、杜巨澜.金融发展、资产泡沫与实体经济:一个文献综述[J] .金融研究,2016(5).

[21]袁钢明.日本经济泡沫兴败及其对中国经济的启示[J].国际经济评论,2007(7/8).

[22]姚余栋,金海年.中国债务——如何走出高杠杆陷阱[M].中信出版集团,2016.

[23]周长富,张莅,冒建忠.“脱实向虚”的表现、成因及机制分析[J].区域金融研究,2016(3).

[24]张承惠.日本经济转型中的资产泡沫原因及启示[N].中国经济时报,2014(9).

[25]郑春荣,望路.德国制造业转型升级的经验与启示[J].人民论坛・学术前沿,2015(11).

[26]郑联盛,钟震.国际金融监管改革启示[J].中国金融,2015(12).

[27]赵儒煜,阎国来,关越佳.去工业化与再工业化:欧洲主要国家的经验和教训[J].当代经济研究,2015(4).

[28]A.Joanne Kellermann,Jakob de Haan,Femke de Vries.21 世纪金融监管[M].中信出版集团,2016.

[29]Reinhart,C.and Rofoff K. *Financial and Sovereign Debt Crises*:*Some Lessons Learned and Those Forgotten*[*J*]. *Journal of Banking and Financial Economics*,2015(4).

保险业"去杠杆"研究
——基于保险公司资产负债的视角

东方金诚国际信用评估有限公司

徐承远　尹海程　李　磊

摘要

2014 年以来，中国经济进入增长动力切换和发展方式转变的新常态，央行连续多次降息降准为保险行业营造了低利率的投资环境，市场"资产荒"现象加剧。"L 形"经济下的低利率周期，加之保险行业的费率市场化改革、保险资金运用自由度的提升，保险业出现了一轮"加杠杆"的现象。

基于资产、负债的视角，本文分别考察了国内保险公司"加杠杆"的进程：负债端——保险公司通过发展中短存续期万能险业务快速提高市场份额。以"保户投资款新增交费/净资产"衡量，保险业杠杆水平 2015 年为 0.57 倍，2016 年达到 0.96 倍，其中新兴寿险公司分别达到 0.99 倍、2.18 倍；资产端——保险公司运用融资杠杆和结构化杠杆，非理性举牌上市公司，使得保险公司面临较大的权益类价格风险敞口，其中以通过"中短存续期万能险－非理性举牌－股权质押"杠杆投资模式举牌万科的前海人寿为典型代表。

国际上，日本、美国保险公司的破产与危机，生动演绎了保险业"规模快速扩张－成本提升－投资激进－泡沫破裂－流动性或偿付能力风险－重组破产"的发展脉络。与 20 世纪 90 年代日本保险业高成本负债和国际金融危机中 AIG 杠杆投资相类似，国内保险公司依靠发展中短存续期万能险并进行杠杆投资，正面临潜在的流动性风险，甚至将发生偿付能力风险。

本文实证分析和论证了:单个保险机构对其他保险机构的风险传染效应不大;即使单个保险机构发生偿付能力问题,造成整个行业发生风险的可能性不高;但需要警惕高速发展的中短存续期万能险业务和杠杆投资问题。

未来,围绕保险业“去杠杆”的主线,可能实施的路径包括:一是保险公司主动收缩负债端具备理财性质的产品规模,同时监管机构实施一定的监管举措,促使保险业回归风险保障的本源;二是采取股东直接注资和市场化融资的方式提升资本规模,同时可通过财务再保险解决账面“利差损”问题;三是发展保险公司股权投资,既能满足收益要求又能有效支持实体经济“去杠杆”。本文还分别从监管部门、保险公司以及信用评级机构等角度对未来保险业健康发展提出了相关政策和建议。

关键词

低利率　中短存续期万能险　去杠杆　偿付能力风险

第一章　我国保险资金运用的发展历程和现状

第一节　我国保险资金运用的发展历程与监管分析

改革开放后,国内保险资金运用市场最初呈现中国人保、平安财险和太平洋保险“三足鼎立”的寡头垄断格局,资金运用率极低、投资乱象较为严重。以 1980 年中国人保正式恢复保险业务为起点,保险资金运用已历经 30 余年的发展,国内保险资金运用可以分为四个阶段。

第一阶段:保险资金运用的起步阶段,时间为改革开放初期至 1995 年《保险法》颁布。这一阶段的保险资金运用混乱无序,累积了大量不良资产。1985 年 3 月,国务院颁布《保险企业管理暂行条例》,明确规定保险企业可以自主运用保险资金。后续保险资金被允许试办流动资金贷款、企业技改贷款、购买金融债券和参与银行同业拆借等。1991 年,随着全国经济形势好转和资本市场的发展,保险资金开始试办“三产”,参与货币市场,进行贷款、拆借、协议存款、担保等业务。此外,保险资金还投资房地产、各种有价证券、信托等。这一阶段的保险资金运用规模较小，产险和寿险资金混同使用，且随着经济调整和资本市场的回调，保险资金投资产品的风险逐渐暴露，保险公司形成了大量不良资产。

第二阶段：规范阶段，时间为 1995—2003 年。1995 年颁布的《保险法》规定，保险公司的资金运用仅限于银行存款、买卖金融债券和政府债券，以及国务院规定的其他资金运用形式。1999 年 7 月，保险公司可以在原中国保监会申请、国务院批复的额度内购买信用评级在 AA＋以上的中央企业债券，并可在证券交易所交易。同年，保险公司获准进入银行间同业债券市场办理国债回购业务，同时可以通过购买证券投资基金实现间接进入股票二级市场，购买证券投资基金的规模为公司资产的 5％。2002 年，原中国保监会取消了保险公司投资证券投资基金资格审批和投资比例核定两项行政审批权，保险公司可根据自身需要做出投资决策。

第三阶段：保险资金运用的发展阶段，时间为 2003—2012 年。一方面，以建立集中化、专业化、规范化的保险资金运用主体为标志，保险资金运用形成了新的发展格局。2003 年，中国人保和中国人寿先后成立资产管理公司，至 2012 年年底共有 16 家保险公司设立了保险资产管理公司，保险资金运用的专业化水平大幅提高。另一方面，保险资金投资范围进一步放开，拓宽了保险资金投资渠道，改善了资产配置状况。2003 年《保险公司投资企业债券管理暂行办法》将保险资金的投资范围拓宽至 AA 级以上的企业债券。2009 年修改的《保险法》将保险资金运用范围进一步放宽至不动产直接投资领域。

第四阶段：2012 年至今，为保险资金运用的改革阶段。以 2012 年下半年以来保险资金运用系列政策的出台为起点（见表 1—1），原中国保监会按照“放开前端、管住后端”的总体思路，持续推进保险资金运用的市场化改革，之后在 2014 年 8 月《国务院关于加快发展现代保险服务业的若干意见》（国发〔2014〕29 号，“新国十条”）的出台下，保险资金运用市场化改革工作被推向新高度。保险资金运用及其监管体制的市场化改革，为规范和发展保险资金运用奠定了坚实基础，提高了保险公司投资能力。

表 1—1　　保险资金运用相关政策及法规

时间	相关法律规范	主要内容
1995.6	《中华人民共和国保险法》	保险资金运用限于在银行存款、买卖政府债券、金融债券和国务院规定的其他资金运用形式
2003.6	《保险公司投资企业债券管理暂行办法》	允许保险公司投资 AA 级以上的企业债券；购买企业债券余额不得超过公司上月末总资产的 20％；同一期单品种企业债券持有量不得超过保险公司上月末总资产的 2％或该期单品种企业债券发行额的 15％，两者以低者为准；投资连结保险投资企业债券比例最高为 100％，万能寿险为 80％，分红保险或其他独立核算的保险产品为 20％

续表

时间	相关法律规范	主要内容
2004.1	《国务院关于推进资本市场改革开放和稳定发展的若干意见》	鼓励合规资金入市，提出“支持保险资金以多种方式直接投资资本市场”
2004.2	《保险资产管理公司暂行规定》	规定保险资产管理公司设立监管等要求，加强保险资金运用合规监管
2004.10	《保险公司投资者股票投资管理暂行办法》	保险公司投资者的股票投资限于可转换公司债券、人民币普通股票和原中国保监会规定的其他投资品种；保险公司投资单一上市公司的股票应低于该上市公司人民币普通股票的30%
2006.3	《保险公司间接投资基础设施项目试点管理办法》	保险公司可将其保险资金投资受托人设立的投资计划，投资范围主要包括交通、通信、能源、市政、环境保护等国家级重点基础设施项目，可通过包括债权、股权、物权及其他可行方式投资基础设施项目；寿险公司投资余额不得超过上季度末总资产的5%，财险公司不得超过2%
2006.10	《关于保险公司投资商业银行股权的通知》	允许保险公司投资境内商业银行未上市的股权
2007.7	《保险资金境外投资管理暂行办法》	允许保险公司运用自有外汇或购汇进行境外投资，标志保险资产管理步入新的发展阶段
2009.10	修改的《保险法》	保险公司的资金运用扩大至不动产投资
2012.7	《关于保险资金投资股权和不动产有关问题的通知》	保险资金直接投资股权的范围进一步扩大，门槛也相应提高
2012.7	《保险资金委托投资管理暂行办法》	允许保险公司开展定向资产管理、专项资产管理或者特定客户资产管理等投资业务
2012.7	《保险资金投资债券暂行办法》	增加投资品种，提高债券投资上限
2012.10	《关于保险资金投资有关金融产品的通知》	放开保险资金投资理财产品等类证券化金融产品的限制
2012.10	《保险资金参与股指期货交易规定》《保险资金参与金融衍生产品交易暂行办法》	获得对冲工具，增强风险管理能力
2012.10	《保险资金境外投资管理暂行办法实施细则》	规范保险资金境外投资运作行为，防范投资管理风险，实现保险资产保值增值
2012.10	《基础设施债权投资计划管理暂行规定》	放宽偿债主体和投资项目要求等投资限制，可投资项目增加，增加保险资金投资积极性
2013.1	《关于保险资金投资创业板上市公司股票等有关问题的通知》	允许保险资金投资创业板上市公司股票

续表

时间	相关法律规范	主要内容
2013.9	《关于加强和改进保险资金运用比例监管的通知》	对各类资产进行大类监管，更加关注投资品的真实属性，回归风险收益本质，其中增加了基础设施债权计划和不动产投资比例，由20%提升到30%
2014.3	《保险业服务新型城镇化发展的指导意见》	提出创新保险资金运用形式，加大保险资金投资基础设施建设和运营力度，加大基础设施债权投资计划发展力度，探索项目资产支持计划、公用事业收益权证券化、优先股以及股债结合、夹层基金等新型投资工具和方式，满足基础设施建设多元化的融资需求
2014.4	修改的《保险资金运用管理暂行办法》	规定要求保险资金运用必须遵循安全性原则，符合偿付能力监管要求
2014.10	《关于保险资金投资优先股有关事项的通知》	在满足一定条件的情况下，保险资金可以直接投资优先股，也可以委托符合条件的投资管理人投资优先股
2014.12	《关于保险资金投资创业投资基金有关事项的通知》	保险资金可以投资创业投资基金，投资创业投资基金的余额纳入权益类资产比例管理，合计不超过保险公司上季度末总资产的2%
2015.3	《关于调整保险资金境外投资有关政策的通知》	将保险资金投资的债券及其发行人信用等级由BBB级(含)以上的评级调整为BBB－(含)级以上，同时扩大了投资范围
2015.7	《关于提高保险资金投资蓝筹股票监管比例有关事项的通知》	投资单一蓝筹股票的余额占上季度末总资产的监管比例上限由5%调整为10%；投资权益类资产的余额占上季度末总资产比例达到30%的，可进一步增持蓝筹股票，增持后权益类资产余额不高于上季度末总资产的40%
2015.7	《关于保险资产管理产品参与融资融券债权收益权业务有关问题的通知》	提出保险资产管理公司可以通过发行保险资产管理产品募集资金，与证券公司开展融资融券债权收益权转让及回购业务
2015.9	《关于设立保险私募基金有关事项的通知》	保险公司可以GP身份独立发起设立股权投资基金，对接投资国家重点支持的行业和领域

资料来源：中国银保监会。

第二节　我国保险资金运用现状分析

一、投资结构

截至2017年9月末，我国保险资金运用余额14.65万亿元，较年初增长9.38%。2012～2016年，保险资金运用余额年均复合增长率达到18.24%。从保险公司资金运用结构看，主要分为银行存款、债券、权益资产(股票、基金、其他权益类投资)、非标准化债权资产等其他投资。随着原中国保监会放开对保险公司资产配置的限制以及 2013 年 8 月以来逐渐放开寿险保单预定利率上限,保险资金投资结构中银行存款和债券的投资比重均呈现下滑态势,股票和证券投资基金的投资比重则受二级市场行情影响较大,整体保持震荡态势。其中,股票和证券投资基金的配置比重在 2015 年下半年有所增加,主要与其间万能险规模大幅增长、高负债成本驱动下保险公司大规模举牌上市公司有关。保险资金配置其他投资的比例持续增加,对银行存款和债券资产产生了明显的挤出效应。截至 2017 年 9 月末,保险资金银行存款、债券、股票和证券投资基金和其他投资占资金运用余额比例分别为 13.73%、35%、12.86%和 38.41%(见图 1—1)。

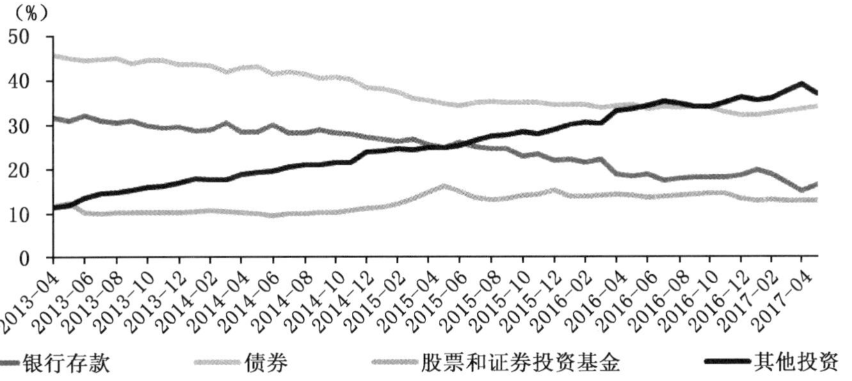

资料来源:wind 资讯。

图 1—1　保险资金投资资产构成情况

保险资金境外投资方面,境外投资有助于提高保险公司资产负债管理能力,降低整体的利率风险。2012 年 10 月发布的《保险资金境外投资管理暂行办法实施细则》,规定保险公司境外投资余额不应超过上年末资产总额的 15%。在人民币汇率波动加剧、国内"资产荒"愈演愈烈环境下,近年来保险资金的全球化配置持续增加,但整体规模仍较小。截至 2016 年末,保险资金境外投资余额约3 416.60亿元,占保险业总资产的 2.25%,仍有巨大的提升空间。目前保险资金境外投资主要品种主要集中于股权、股票、不动产等,投资地域以欧美发达国家主要城市为主,呈现较强的区域集中性。

二、收益情况

保险资金运用规模的逐年快速增长带动了保险公司投资经验的积累,加之可投资渠道的不断放开,保险资金盈利能力提高。2012 年以来,保险资金运用收益率逐步改善。其间,保险公司通过配置非标准化债权资产等另类资产,在资产端适度拉长久期、提升高收益率资产投资比例，使保险资金投资收益率得到有效提升。同时，伴随着资本市场的高速发展，保险资金投资收益率从 2012 年的 3.39％提高到 2015 年的 7.56％，达到 2008 年以来的最好水平；2016 年，受低利率的宏观经济环境和国内资本市场转弱的影响，投资收益率出现回调（见图 1—2）。

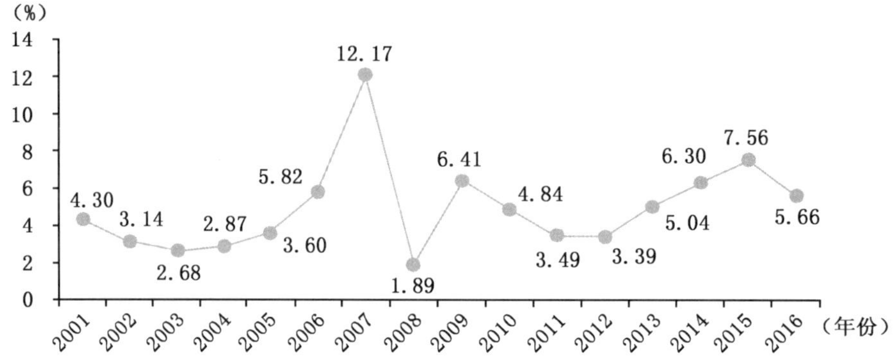

资料来源：wind 资讯。

图 1—2　保险资金投资收益率情况

三、存在问题

由于可供投资资产期限的限制，国内保险公司长期以来面临资产负债久期不匹配的问题。根据安永咨询发布的《2016 年保险业资产负债管理与资产配置调研结果》，2016 年国内寿险公司传统、分红、万能账户的资产负债平均久期缺口分别为－6.2 年、－8.8 年、－3 年，产险公司的资产负债平均久期缺口为 1.2 年，潜在的资产负债错配风险较大。

一方面，截至 2017 年 9 月末，我国存量债券余额 72.23 亿元，其中 1 年以内占比 23.45％，1～5 年占比 46.36％，5～10 年占比 24.96％，10 年以上占比 5.22％。作为保险资金重要的配置品种，缺乏长期限的债券品种，使得保险资金的长期价值没有得到应有的体现。

另一方面，在存款利率较低、债券期限相对较短的情况下，近年来期限较长、收益率较高的另类资产在保险公司投资结构中的比重快速上升。但保险公司另类投资主要以债权投资方式为主，而股权投资计划、资产支持计划等股权投资产品占比较小。2006 年以来，原中国保监会先后放开了保险资金投资未上市银行股权、未上市企业股权，以及支持保险机构包括设立成长基金、并购基金、新兴战略产业基金、夹层基金、不动产基金、创业投资基金等相关基金。目前,保险资金股权投资范围已涵盖创业期、成长期及成熟期企业,基本实现了全生命周期的覆盖。在"去杠杆"的宏观经济环境下,保险资金股权投资的潜力有待挖掘。

同时,近年来部分保险公司主要依靠发展短期限、高回报理财型保险产品,聚集资金并用于投资。由于这部分资金成本较高,迫使保险资金不得不"短钱长投""风险错配",以及杠杆投资,导致行业风险隐患加大。以"保户投资款新增交费/净资产"衡量,保险业(剔除数据缺失情况,共 32 家寿险公司)杠杆水平 2015 年为 0.57 倍,2016 年达到 0.96 倍,其中新兴寿险公司分别达到 0.99 倍、2.18 倍。在高成本负债压力下,由于分业监管的问题,部分保险公司(主要是新兴寿险公司)在获取万能险资金后,通过循环嵌套设计放大投资端的杠杆,面临较大的市场风险。

第二章　保险业"加杠杆"的动因分析

第一节　"L 形"经济下的低利率周期

2014 年以来,国内宏观经济环境主要表现为利率持续下行、资产配置压力较大。从经济发展周期看,产能投资于 2007 年达到峰值后,受劳动人口红利消失、人口老龄化和房地产出现拐点影响,经济增速换挡下行周期启动,经济增长速度逐步由高增长切换至中等增速的新常态。2014 年 11 月至今,央行为降低实体融资成本推行较为宽松的货币政策,先后多次降低法定存款准备金率和存贷款基准利率。受此影响,债券市场出现震荡下行的行情走势,其中 10 年国债收益率从 4.72%下行至 2.64%的水平(见图 2—1)。市场"资产荒"现象加剧。

国际上,受经济低增长和宽松货币政策影响,低利率甚至负利率已成为世界经济常态。国际金融危机后,世界经济增长乏力,总体向低速增长收敛。受此影响,2008 年后美国前后实施了三轮量化宽松的货币政策。截至 2016 年末,全球包括日本、德国等在内的 9 个国家和地区的中央银行实行了负利率政策,开启了人类历史上的第一次负利率时代。从 10 年期国债收益率看,截至 2015 年末,美国 10 年期国债收益率已经由 2013 年的 3%左右下降至 2%以下,德国、法国、日本 10 年期国债收益率接近零。

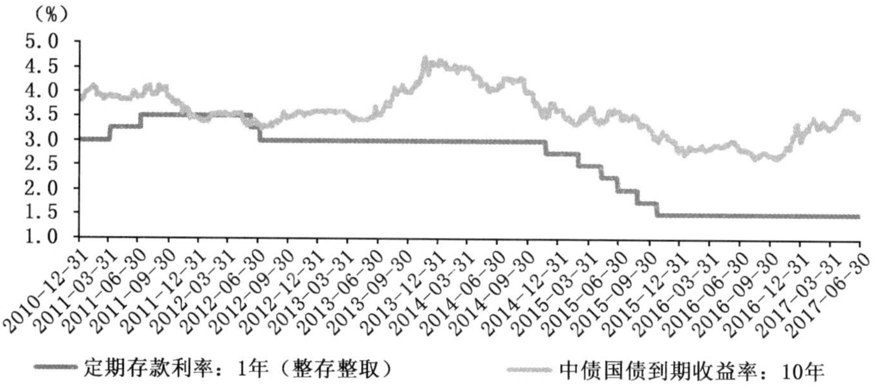

资料来源：wind 资讯。

图 2—1　中国 1 年期定期存款利率和 10 年期国债到期收益率

国内经济面临着高速增长的传统比较优势正在衰减，外部不利条件依旧，尤其是外需疲软、内需低迷等因素持续制约着经济增长。在增长速度换挡期、结构调整阵痛期、前期刺激政策消化期“三期叠加”的阶段下，2014～2016 年，中国 GDP 同比增速分别为 7.4％、6.9％、6.7％，国内经济开始步入到“L 形”的相对平缓阶段，市场迎来新一轮的低利率周期。

利率主要从资产端的投资资产和负债端的责任准备金两方面对保险公司造成影响。保险公司的投资资产主要分为交易性金融资产、持有至到期投资、可供出售金融资产等。其中，交易性金融资产和可供出售金融资产以公允价值计量。由于保险公司债券投资以持有至到期投资为主，利率下行对该部分存量重估影响较小，将会提升另外两项资产账面价值、资本公积，使得保险公司净资产增多，盈利水平提升。短期的低利率对保险公司存量资产产生有利影响，但在持续的低利率周期下，随着存量到期资产的再投资，其将面临投资收益率的下降。

保险公司负债端中，利率主要影响各类准备金计提金额。按照相关规定，保险公司承保新保险合同时需要计提保险合同准备金，计提标准为未来因履行相关支付义务所需支出的合理估计金额。其中，非寿险承保周期短，因此未到期责任准备金和未决赔偿责任准备金计量简单，通常不需要考虑时间价值；而寿险和长期健康险承保周期长，跨度长达二三十年，因此计量寿险和长期健康险准备金必须考虑时间价值，并对未来现金净流量做出估算。寿险和长期健康险中，传统险责任准备金一般以 10 年期国债 750 日移动平均收益率加上合理的溢价为折现率；其他险种的保险责任部分责任准备金的折现率为预期的长期投资收益率，非保险责任部分按照公允价值单独计量负债，不提取责任准备金。2015 年下半年以来，国债 750 日移动平均收益率曲线的持续下行（见图 2—2），直接提高了保险公司负债端准备金计提金额，使得保险公司盈利水平承压。

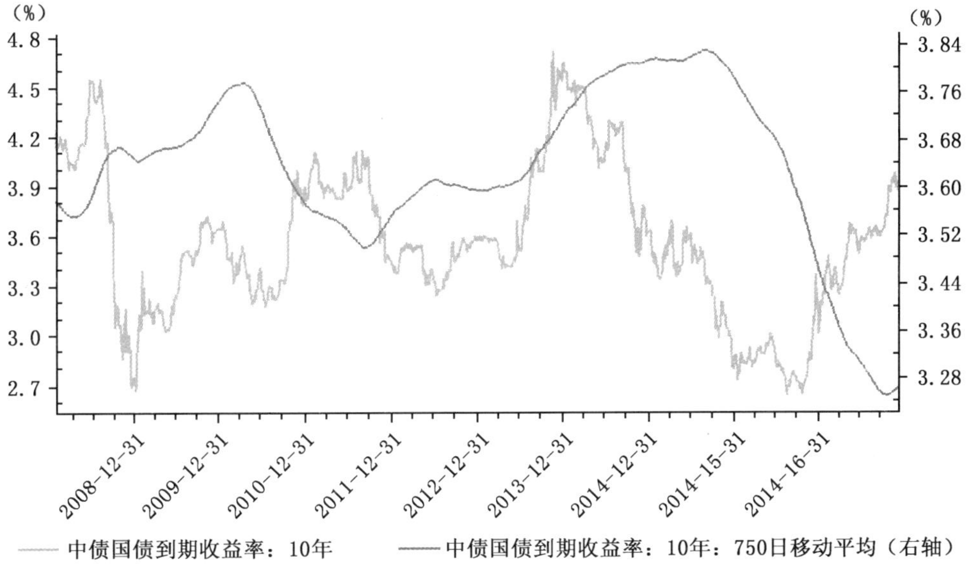

资料来源：wind 资讯。

图 2—2　10 年期国债 750 日移动平均收益率走势

目前，国内保险公司（主要是寿险公司）的利润源自“费差益”“死差益”“利差益”，其中以“利差益”贡献度最大。“费差益”是指所收保费中扣除支付预定费用的剩余部分，与实际支出费用的差额；“死差益”是由于实际死亡率与定价假设的死亡率存在差异，保险公司按照定价假设的死亡率收取的纯保费在支付实际保险成本后尚有盈余而产生的利益；而当保险公司资金运用的实际投资收益率大于预期利率，产生的收益即为“利差益”。保险公司投资收益率的下滑，导致保险给付责任中隐含的保证利率和非保证利率之和大于实际投资收益率。在低利率周期下，保险公司的“利差益”转为“利差损”，侵蚀保险公司净利润，使得保险公司经营风险增加。

由于保险公司（主要是寿险公司）资产负债匹配“短资产、长负债”的特点，在长期低利率的宏观经济环境下，每年新增保险资金投资，以及资产到期资金再投资的需求较大，保险资金面临着较大的配置压力，隐含较大的市场风险隐患。一方面，资产端收益率低于负债成本从而出现“倒挂”，形成“利差损”风险，加剧保险公司经营风险；另一方面，在低利率周期的环境下，负债贴现价值升速明显快于资产贴现价值升速，从而降低保险公司净资产和税前利润。长此以往，低利率的宏观经济环境给保险公司资产端和负债端均带来了一定挑战，特别是长期寿险业。在此背景下，“资产负债驱动”的经营模式得到快速发展，部分保险公司通过加大高风险投资以获取高收益。

第二节　产品费率市场化改革

保险产品的预定利率在2013年以前受到监管严格管制。1999年6月，央行将定期存款基准利率大幅下调80～160BP，带动保险公司资产端投资收益率的大幅下滑。为了避免公司大幅亏损，原中国保监会随后发布相关文件，规定寿险产品预定利率不得超过2.5%，并一直延续至2013年。

2006年1月，原中国保监会放开定价生命表，拉开人身保险费率市场化改革的序幕。进入2013年以来，原中国保监会先后启动“普通型、万能型、分红型”人身险费率改革，依次放开普通型、万能型、分红型人身保险预定利率和最低保证利率。其中，2013年8月，原中国保监会率先放开普通人身险定价利率；2015年2月，原中国保监会发布《关于万能型人身保险费率政策改革有关事项的通知》，正式放开万能险定价利率；同年9月，原中国保监会发布《关于推进分红型人身保险费率政策改革有关事项的通知》，放开分红险定价利率。分红险定价利率的放开，标志着人身险费率市场化改革的正式完成。

长期以来，人身险费率由于受到监管限制，未能充分反映市场发展情况。产品费率的市场化改革，有利于发挥市场在资源配置中的决定性作用，以及市场化定价机制的建立。随着产品费率市场化改革的完成，保险产品价格出现竞争性下降。产业资本开始涌入保险业，市场主体增多，新兴保险公司希望利用投资来反哺承保业务，使得保险公司负债的资金成本上升。

第三节　保险资金运用市场化改革

2012年以来实行的保险资金运用市场化改革主要包括：一是进一步扩宽保险投资品种，将投资范围拓宽至创业板股票、私募股权基金、基础设施债权计划和商业银行理财产品、信贷资产支持证券、集合资金信托计划、不动产投资计划等金融产品等领域；二是放开投资比例监管限制，除取消投资单个集合信托20%的比例限制、将投资股票资产比例的上限从25%提高到30%以外，原中国保监会还系统整合简化了现行监管比例政策，建立了以保险资金分类为基础、多层次比例监管为手段的保险资金运用监管体系。保险资金投资资产分为固定收益类资产、流动性资产、权益类资产、不动产类资产和其他金融资产五大类，前两者投资比例无限制，后三者投资比例上限分别为公司上季度末总资产的30%、30%和25%。

保险资金运用的系列市场化改革措施，使得保险公司在监管体系内的投资自主决策性明显提高，但在一定程度上也为后续激进投资，以及非理性举牌二级市场起到了一定的刺激作用。

第三章　国内保险公司“加杠杆”的进程分析

杠杆可以简单理解为业务规模相对自有资产的比例。保险公司“加杠杆”主要包括负债端与资产端两方面。负债端，保险公司通过发行具备理财性质的寿险产品进行主动负债，可以通过中短存续期万能险占比来衡量。资产端，保险公司杠杆主要为其资金运用的杠杆投资模式，可以分为融资杠杆和结构化杠杆，前者是在用资金购买金融产品后，通过对外质押进行再融资，实现以少量资金撬动大量资金的杠杆操作；后者是在结构化的金融产品中通过优先与劣后的分层设计，以少量的劣后资金撬动大量的优先资金，其融资行为发生在同一产品中。

第一节　总体情况

资产端，保险公司投资面临着低利率下较低投资收益率困境；负债端，因“资产负债驱动”的经营模式得到快速发展，行业恶性竞争加剧导致负债成本高企，部分保险公司通过发行高预定利率、具备理财性质的产品——中短存续期万能险，抢占市场份额和做大资产负债规模。受此影响，不少保险公司面临产品成本高企与投资收益降低的双重挑战。以部分寿险公司发行的结算利率高达5%甚至更高的万能险为例，如果考虑到2%—3%的手续费，其综合负债成本达到7%—8%甚至更高。而近年来保险资金投资资产中大部分收益率仅为4%甚至更低。保险公司大规模发行高成本的保险产品，迫使其保险资金运用盲目追求高收益，并发展成“中短存续期万能险—非理性举牌—股权质押”的杠杆投资模式，企望通过最大限度地提升资金运用规模来获取投资收益和做大资产端，反哺承保业务。

第二节　中短存续期万能险业务

万能险是一种既包含保险保障功能，也兼有一定投资属性的人身保险产品。万能险所缴保费划分为两部分，一部分用于保险保障，另一部分用于投资账户。投保人拥有保障和投资额度设置的主动权，可根据个人需求和财力状况任意支付保险费，以及任意调整死亡保险金给付金额。保险公司负责账户资金的投资事项，投资收益上不封顶、下设最低保证利率。万能险的优势包括最低利率保证、费用明确列示、条款相对简单等。根据产品定位与特点，当前国内保险公司发行的万能险产品可大致分以下 3 类，即传统期交型、高现价策略型（中短存续期万能险）和附加账户型，其中以高现价策略型和附加账户型为主。

根据《中国保监会关于万能型人身保险费率政策改革有关事项的通知》（保监发〔2015〕19 号）规定，当投保人购买万能险后，保险公司需要按照规定提取责任准备金，包括最低保证利率准备金、账户准备金和其他保单利益准备金。万能险中，通过一定压力测试的风险保障的部分可以计入保险公司的保费收入中，体现在中国银保监会公布的人身险保险公司保费收入的原保费收入中，而其余部分则变成保险公司的负债，计入保户储金及投资款科目，近似于中国银保监会公布的数据——保户投资款新增交费。

2012 年以来原中国保监会实行一系列保险资金运用的市场化改革措施，进一步扩宽保险投资品种，将投资范围扩充至创业板股票、私募股权基金、基础设施债权计划和商业银行理财产品、信贷资产支持证券、集合资金信托计划、不动产投资计划等金融产品等领域。保险资金运用的市场化改革提升了保险公司投资收益率，同时也为保险公司主动负债、扩张规模的“资产驱动负债”经营模式的发展创造了一定条件。以 2015 年 2 月放开万能险定价利率为重要时点，国内保险公司为快速提高市场份额、扩张业务规模，纷纷推出保障功能弱、投资属性强的中短存续期万能险，希望借此实现“弯道超车”，尤其以新兴中小型寿险公司为典型代表。从 2015 年年初开始，国内寿险公司规模保费中保户投资款新增交费占比开始快速提高。2016 年 1～4 月，国内寿险公司保户投资款新增交费6 728.21亿元，占保费规模的 38.70％，创下历史高点；当年累计同比增速达到 202.91％，增长迅速（见图 3－1）。

国内寿险市场格局近年来也发生较大改变。受限于销售渠道、客户资源积累、定价能力等因素，新兴保险公司主要依托中短存续期万能险业务挤占传统保险公司的市场空间，实现快速崛起。2015－2016 年，老 7 家寿险公司（国寿股份、平安人寿、太保

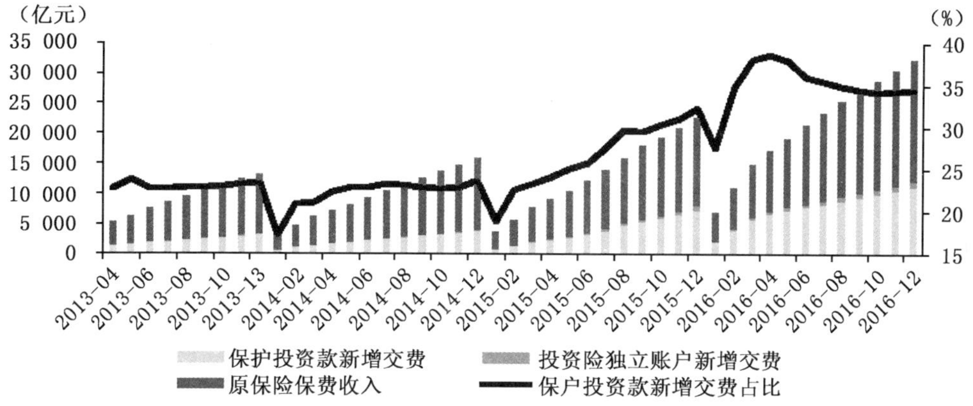

资料来源：中国银保监会。

图 3—1　中资寿险公司保费收入情况

寿、新华保险、泰康人寿、人保寿险、太平人寿）万能险收入分别为1 673.47亿元和3 204.76亿元，市场份额由2013年39.66%降至2015年的22.73%。表3—1列出了中短存续期万能险收入规模排名前15名的保险公司，基本为新兴寿险公司，甚至该项收入构成其规模保费的主要部分。

表 3—1　　部分保险公司保户投资款新增交费收入规模及占比情况

排名	2015年			2016年		
	公司简称	规模（亿元）	占比（%）	公司简称	规模（亿元）	占比（%）
1	华夏人寿	1 519.90	96.68	安邦人寿	2 162.90	65.45
2	富德生命	859.27	52.02	国寿股份	1 655.51	27.77
3	平安人寿	840.65	28.39	华夏人寿	1 377.24	75.19
4	前海人寿	605.54	77.70	平安人寿	909.61	24.70
5	国寿股份	433.47	10.64	前海人寿	782.66	78.02
6	安邦人寿	405.26	42.64	富德生命	681.09	40.00
7	国华人寿	218.23	45.73	和谐健康	473.94	30.69
8	泰康人寿	211.54	20.92	天安人寿	352.08	51.23
9	珠江人寿	210.08	99.44	泰康人寿	301.51	24.17
10	君康人寿	200.46	81.14	君康人寿	265.67	87.84
11	阳光人寿	190.91	38.04	阳光人寿	216.28	32.70
12	和谐健康	182.14	37.16	国华人寿	160.21	33.04

续表

排名	2015 年			2016 年		
	公司简称	规模(亿元)	占比(%)	公司简称	规模(亿元)	占比(%)
13	幸福人寿	162.38	60.17	安邦养老	138.50	100.00
14	中融人寿	142.78	80.54	太保寿	123.99	8.28
15	天安人寿	120.07	38.56	上海人寿	119.94	52.48

资料来源:中国银保监会。

万能险虽然兼具投资和保障双重功能,但在新兴寿险公司的变相设计下,其保障功能被严重弱化,基本上无法体现,这使得万能险实质上沦为一种理财产品,产品负债久期降低至 5 年,甚至 3 年以内。部分保险公司将“抢市场、争份额”作为主要经营思想和战略目标。在上述经营思想和战略目标下,各家保险公司均竞相推出高预定利率产品。这些行为都为后续的“利差损”埋下了风险隐患,构成保险公司激进投资的根本原因。

以“保户投资款新增交费/净资产”衡量,保险业杠杆水平 2015 年为 0.57 倍,2016 年达到 0.96 倍。其中,2015 年和 2016 年,老 7 家杠杆水平分别为 0.24 倍、0.49 倍;新兴寿险公司分别为 0.99 倍、2.18 倍,杠杆水平较高且上升较快(见图 3－2)。最终,新兴寿险公司负债端的成本压力传导至资产端,迫使其加大杠杆进行融资和投资。

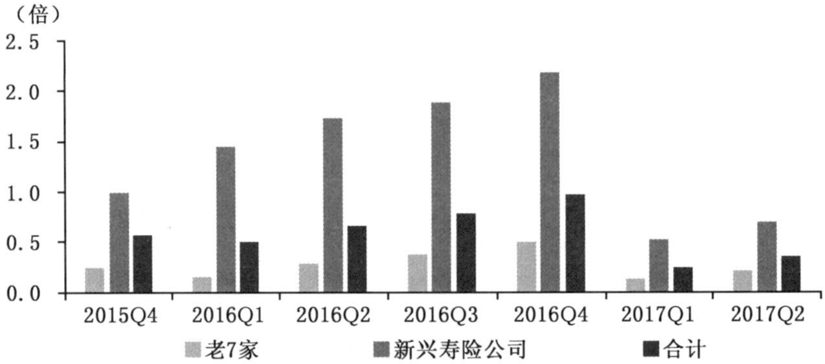

注:由于缺失净资产相关数据,剔除数据缺失机构后,共有 32 家寿险机构纳入计算口径,其中老 7 家缺失一家机构,其余 6 家分别为国寿股份、平安人寿、太保寿、新华保险、人保寿险、太平人寿。

资料来源:保险业协会、中国银保监会。

图 3－2　不同寿险公司杠杆水平(保户投资款新增交费/净资产)变化情况

第三节　资产端的投资分析

根据前文分析，部分新兴保险公司销售较高预定利率的万能险产品——负债端主动“加杠杆”来抢占市场份额和做大资产端。对应保险资金运用，保险公司只有依靠杠杆融资提高的可投资资金规模、会计科目调整等监管套利方式，来覆盖负债端的资金成本。保险公司资产结构主要包括银行存款、债券、股票和证券投资基金，以及其他投资，杠杆投资和监管套利等主要在后三种资产类别投资中得以实现。

一、债券投资

(一)保险公司债券投资以利率债和商业银行债为主

由于保险资金体量较大、风险偏好较低的特点，使得其往往缺乏优质资产满足配置需求。其中以寿险资金为典型，因负债久期明显长于资产久期，导致“长债短配”。债券品种上，保险公司相对偏好政策性银行债、商业银行债(普通债、次级债和混合资本债)和国债。截至 2016 年末，保险公司的债券持仓结构中，政策性银行债5 832亿元，占比 31.02%；商业银行债3 852亿元，占比 20.49%；国债3 488亿元，占比 18.55%；中期票据2 266亿元，占比 12.06%；企业债1 742亿元，占比 9.27%；短期融资券与超短期融资券1 315亿元，占比 6.79%(见图 3—3)。整体而言，作为传统配置机构的保险公司，由于负债久期较长，其债券需求相对更偏好政策性银行债券、商业银行次级债和国债。

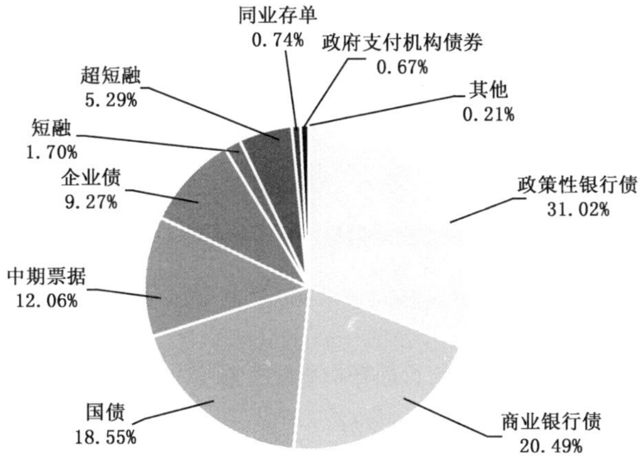

资料来源：中债网、上清所。

图 3—3　截至 2016 年末保险公司主要债券持仓情况

从机构横向对比来看，保险公司在商业银行债券、企业债、中期票据、国债、短期融资券（含超短期融资券）和政策性银行债券投资中占有举足轻重的位置。截至2016年末，保险公司投资在上述各类债券中的比重分别为23.53％、4.92％、5.08％、3.23％、6.21％和4.70％。同时，相应地2012年末保险公司在上述各类债券的投资比重分别为46.53％、21.04％、3.22％、4.37％、1.66％和7.46％。随着时间的推移，2013年以来保险公司持有企业债、商业银行债占比趋势减小，短期融资券（含超短期融资券）持有规模占比趋势上升，国债、政策性银行债券持有规模占比变化较小。信用风险的抬升，驱动着保险公司从信用债向利率债配置的转移。

（二）投资杠杆水平较低

债市杠杆可分场内场外两种。场外杠杆一般借助结构型产品模式，较难计算。本文仅考虑保险公司债券投资的场内杠杆。由于场内杠杆一般采用循环债券回购（“以券养券”）的方式来撬动收益率，本文采用资产规模/自有资金的计算方法，计算公式如下：

$$\text{债券投资杠杆水平}=\frac{\text{债券托管量}-\text{买断式待返售余额}+\text{买断式待购回余额}}{\text{债券托管量}+\text{质押式待返售余额}-\text{质押式待购回余额}}$$

从资金融出/入情况来看（见图3－4），通过计算质押式正回购与逆回购规模之差，得出银行间各类型机构的资金融出入情况。结果显示，既不同于大型银行提供资金，也不同于中小银行负债融资，保险公司在银行间市场的资金净融出规模较小。

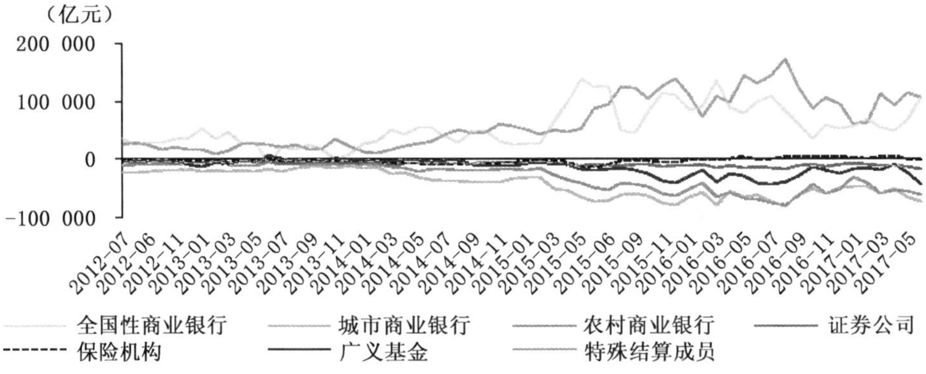

资料来源：wind资讯。

图3－4　银行间各机构资金融出/入情况

同时，保险机构债券投资杠杆的计算结果显示：保险机构杠杆水平基本在0.95－1.20小范围内波动，处在较低水平（见图3－5）。由于保险公司主要以配置需求为主，导致交易活跃度一般，保险公司甚至有时作为资金融出方，反而是“去杠杆”，使得其杠杆水平维持在较低的范围之内。

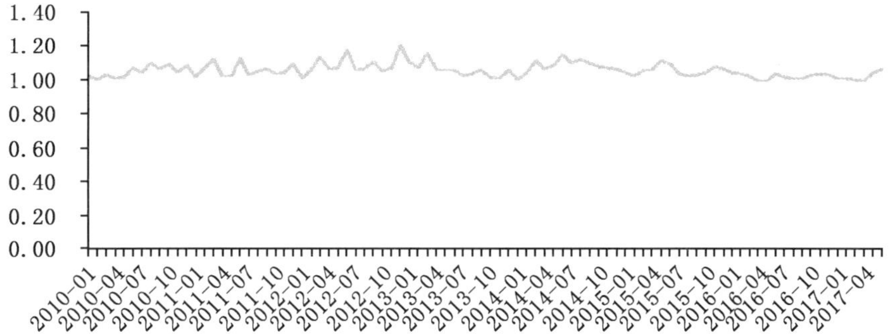

资料来源:中债网。

图 3—5　保险公司银行间市场债券投资杠杆水平

二、权益投资

(一)二级市场投资现状

保险公司持仓标的主要以现金流充沛、高净资产收益率低估值的上市公司为主,持仓规模较大的依次为非银金融、银行、房地产、医药生物和其他行业。截至 2017 年 9 月末,保险公司持有上述行业股票市值分别为5 923亿元、4 185亿元、844 亿元、337 亿元和12 797亿元,持仓市值共占所有机构投资者的比重为 4.91%(见图 3—6)。

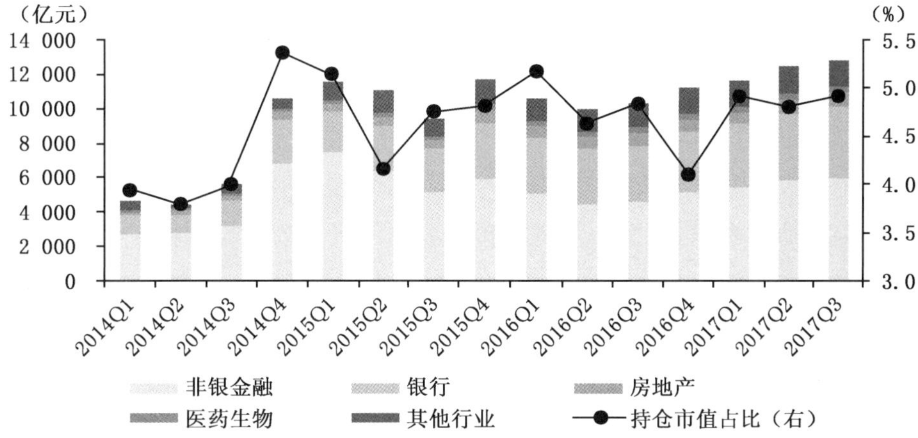

资料来源:wind 资讯。

图 3—6　保险公司股票持仓情况

保险公司持仓市值占所有机构投资者的比重分别在 2014 年末和 2016 年一季度末达到阶段性高点(见图 3－7),主要与保险公司频频举牌二级市场相关联。在各类机构中,考虑绝对规模和占比,保险公司持仓市值占比较高的为非银金融行业,其他包括房地产、银行、商业贸易、医药生物、纺织服装和家用电器。上述各行业中,保险公司持仓市值占比主要在 2015 年下半年左右到达较高水平。

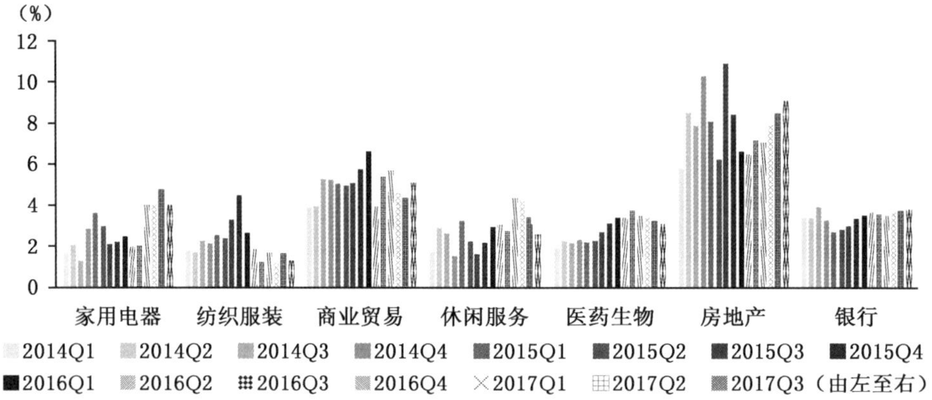

资料来源:wind 资讯。

图 3－7 保险公司股票持仓市值占比变化情况(按行业)

纵向来看,保险公司二级市场持仓市值占比的变化反映出,之前保险公司进行高成本负债的压力自 2014 年下半年以来已逐渐传导至投资端,因此相对较高收益率的权益投资已成为主要的获利手段,保险公司二级市场投资占比加大。

(二)保险公司二级市场投资的动因

1. "偿二代"下长期股权投资利于优化资本结构

2016 年正式实施的以"风险导向"的中国第二代偿付能力监管制度体系(简称"偿二代"),从定量资本要求、定性监管要求和市场约束机制 3 个维度衡量保险公司风险状况,其中偿付能力充足率被作为监管的重点。以综合偿付能力充足率为例,分子项为实际资本,最低资本作为分母项。其中,实际资本为认可资产与认可负债的差额,认可资产以报表账面价值确认,认可负债是最优估计准备金与风险边际之和;最低资本包括根据风险管理要求与评估(SARMA)得出的控制风险最低资本、量化风险(市场风险、信用风险、保险风险,其中主要以市场风险为主)最低资本和附加资本 3 项。根据规定,市场风险最低资本计算标准如下:

$$市场风险最低资本=风险暴露\times基础因子\times(1+特征系数_1+特征系数_2+\cdots\cdots)$$

“偿二代”下，不同险种最优估计准备金计提存在差异，对于到期保单多、渠道建设弱、退保率低、保单维持费用较高的万能险等，预定利率越高，选择权及保证利益的时间价值（TVOG）越高，最优估计准备金越高，认可负债越多，导致实际资本减少。高现价产品、高预定利率产品等激进型产品过渡销售将降低保险公司偿付能力。资产端，资产的市场风险或信用风险越高，相应要求的最低资本越大，导致偿付能力充足率越低。高预定利率产品对应投资的资产主要是股票、资产管理产品等，基础因子较高，最低资本要求高。

保险公司投资行为对自身偿付能力充足率的影响表现在所购买的资产类别上，不同资产要求的量化风险最低资本要求不同，且市场风险最低资本影响最大（见表3—2）。根据“偿二代”规定，上市普通股票中主板基础风险因子为0.31，中小板、创业板分别为0.41和0.48，而长期股权投资基础风险因子不超过0.15，且对金融机构、保险非金融关联行业的投资存在负值的特征风险因子。在前期投资但比例尚未突破20%上市公司股票的基础上，保险公司增加持股比例，采用长期股权投资核算，将显著降低基础风险因子、提升偿付能力充足水平。其他资产中，固定收益类资产管理产品的权益价格风险因子是0.06，基础设施股权计划为0.12。

表3—2　“偿二代”中权益价格风险最低资本要求

<table>
<tr><th>投资资产</th><th>风险暴露</th><th colspan="2">基础因子</th><th colspan="2">特征系数1</th><th colspan="2">特征系数2</th></tr>
<tr><td rowspan="3">上市普通股票</td><td rowspan="3">认可价值</td><td>主板</td><td>0.31</td><td>$x \geq 1$</td><td>1</td><td>沪深300</td><td>−0.05</td></tr>
<tr><td>中小板</td><td>0.41</td><td>$0 \leq x \lt 1$</td><td>x^2</td><td rowspan="2">否</td><td rowspan="2">0</td></tr>
<tr><td>创业板</td><td>0.48</td><td>$-1 \leq x \lt 0$</td><td>$-x^2$</td></tr>
<tr><td>未上市股权</td><td>认可价值</td><td colspan="2">0.28</td><td colspan="4">—</td></tr>
<tr><td>债券基金</td><td>认可价值</td><td colspan="2">0.06</td><td colspan="4">优先级：−0.20；劣后级：0.20</td></tr>
<tr><td rowspan="3">股票基金</td><td rowspan="3">认可价值</td><td>普通</td><td>0.25</td><td colspan="4">—</td></tr>
<tr><td>优先级</td><td>0.10</td><td colspan="4">—</td></tr>
<tr><td>劣后级</td><td>0.45</td><td colspan="4">—</td></tr>
<tr><td>混合基金</td><td>认可价值</td><td colspan="2">0.20</td><td colspan="4">—</td></tr>
<tr><td>货币市场基金</td><td>认可价值</td><td colspan="2">0.01</td><td colspan="4">—</td></tr>
<tr><td>可转债</td><td>认可价值</td><td colspan="2">0.18</td><td colspan="4">—</td></tr>
<tr><td>基础设施股权投资计划</td><td>认可价值</td><td colspan="2">0.12</td><td colspan="4">—</td></tr>
<tr><td>权益类资产管理产品</td><td>认可价值</td><td colspan="2">0.25</td><td colspan="4">—</td></tr>
<tr><td>固收类资产管理产品</td><td>认可价值</td><td colspan="2">0.06</td><td colspan="4">—</td></tr>
</table>

续表

<table>
<tr><th>投资资产</th><th>风险暴露</th><th colspan="2">基础因子</th><th>特征系数 1</th><th>特征系数 2</th></tr>
<tr><td>另类资产管理产品</td><td>认可价值</td><td colspan="2">0.40</td><td colspan="2">—</td></tr>
<tr><td>混合类资产管理产品</td><td>认可价值</td><td colspan="2">0.20</td><td colspan="2">—</td></tr>
<tr><td>未上市股权投资计划</td><td>认可价值</td><td colspan="2">0.31</td><td colspan="2">—</td></tr>
<tr><td>权益类信托计划</td><td>认可价值</td><td colspan="2">0.31</td><td colspan="2">—</td></tr>
<tr><td>优先股</td><td>认可价值</td><td colspan="2">0.06—0.40</td><td colspan="2">—</td></tr>
<tr><td rowspan="2">长期股权投资</td><td rowspan="2">认可价值</td><td>子公司</td><td>0.10</td><td colspan="2" rowspan="2">金融机构：－0.25；
保险关联行业：－0.20；其他：0.00</td></tr>
<tr><td>合营联营企业</td><td>0.15</td></tr>
</table>

注：x 代表股票上涨幅度；购买优先级、劣后级债券基金时，对应的特征系数分别为－0.20 和 0.20，股票、股票基金、长期股权投资按类似规则对应基础因子和特征系数。

数据来源：《保险公司偿付能力监管规则第 7 号：市场风险最低资本》。

2.“长期股权投资－权益法”核算下的投资收益与利润提升

保险公司的权益类投资主要计入交易性金融资产、可供出售金融资产和长期股权投资三大会计科目。当权益投资计入交易性金融资产项时，二级市场行情的波动将通过投资收益影响保险公司会计利润。当权益投资计入可供出售金融资产项时，投资标的价格波动被计入其他综合收益，影响保险公司资产负债表中的净资产。另外，当保险公司进一步增持股票，原先计入可供出售金融资产项下的权益投资将被改列为长期股权投资，导致之前计入其他综合收益的累积公允价值变动以及公允价值与账面价值之间的差额，重新计入按权益法核算的当期损益，从而实现在前期股价上升的情况下提高当期利润的目的。

长期股权投资核算分成本法和权益法两类。成本法应用于投资者对被投资单位享有控制权，整体对保险公司投资收益的提升相对较小。权益法核算一般要求直接或间接持有上市公司 20%～50%的表决权，投资者对被投资单位能产生重大影响；但当上市公司股权分散时，保险公司持股比例超过一定比例后可通过派驻董事的方式对上市公司施加重大影响的情况也适用。在“长期股权投资－权益法”核算方式下，保险公司可按持股比例享有被投资单位的净利润和其他综合收益。保险公司投资高净资产收益率且盈利稳定的上市公司可在这种核算方式下实现高额投资收益，显著提高利润水平。

三、“中短存续期万能险－非理性举牌－股权质押”杠杆投资模式

根据规定，投资者每持有一个上市公司已发行股份的 5%时，应在该事实发生之

日起 3 日内，向证券交易所等做出书面报告，通知该上市公司并予以公告，业内称之为“举牌”。根据同花顺 iFinD 显示，国内保险公司举牌资本市场最初发生在 2007 年，为泰康人寿举牌洪城水业，后续有太平洋人寿、中国平安分别举牌新世界和新华百货。进入 2012 年之后，特别是 2014 年以来在保险资金运用新政出台、“新国十条”出台后，加之“资产荒”现象加剧，保险公司二级市场举牌事件日渐增多，并在 2015 年达到顶峰。

表 3—3　　二级市场上市公司被举牌次数统计情况

类别	2012 年及以前	2013 年	2014 年	2015 年	2016 年	2017 年 1～9 月
保险机构	3	6	15	61	7	0
其它机构	83	36	52	99	118	93
合计	86	42	67	160	125	93
保险机构占比	3.49%	14.29%	22.39%	38.13%	5.60%	0.00%

资料来源：同花顺 iFinD。

保险公司在 2015 年“股灾”之后的两个季度，保险公司“举牌”的次数大幅增加，当年 7 月、8 月和 12 月分别为 11 次、12 次和 19 次，合计占当年比重的 68.85%（见图 3—8）。在标的选择上，保险公司举牌具有以下特征：一是在估值特征上，保险资金偏好净资产收益率较高、分红较好、股息率较高、市盈率与估值较低的上市公司，例如投资于低市盈率的地产上市公司；二是在现金流特征上，保险公司偏好现金流较为稳定的上市公司，如类似商业贸易行业的“现金牛”企业；三是在操作上，保险公司偏好已经持有或重仓的股票，从而可根据市场股价与投资情况进行仓位与策略调整；四是在股权结构上，保险公司倾向投资股权分散、大股东持股比例不高的公司。

从举牌上市公司的保险公司来看（见表 3—4），主要为民营股东、成立时间较短的公司（泰康人寿、中国平安举牌上市公司发生在 2012 年以前）。上述类型保险公司由于通过大规模发行具备理财性质、高预定利率的产品，负债结构中保户储金及投资款明显高于行业平均水平。高成本的负债压力，导致此类保险公司投资较为激进，甚至循环利用股权质押融入资金，以提高可营运资金规模。下面以“宝万之争”为研究案例，分析保险公司“中短存续期万能险－非理性举牌－股票质押”的杠杆投资模式。

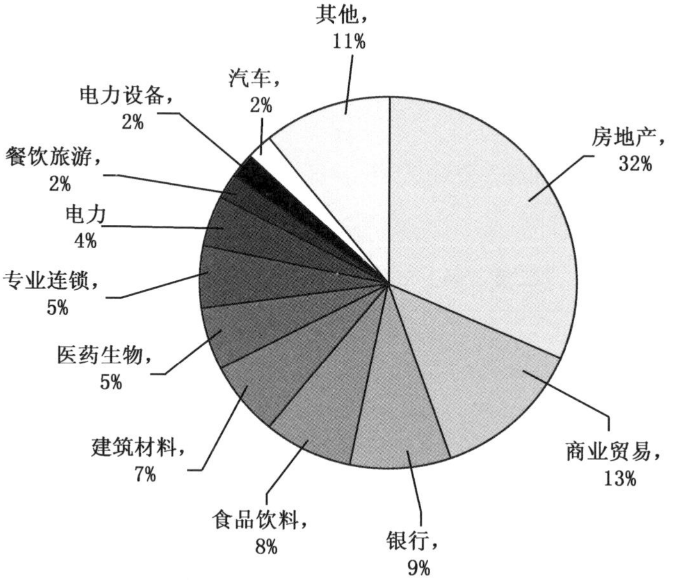

资料来源：同花顺 iFinD。

图 3—8　历年保险公司举牌次数按行业分布情况

表 3—4　　　　保险公司举牌上市公司统计

险资股东	举牌公司	被举牌上市公司
安邦保险集团	安邦财险	招商银行(600036)、金地集团(600383)
	和谐健康	金融街(600402)、万科 A(000002)、金风科技(002202)、同仁堂(600085)、欧亚集团(600697)
	安邦人寿	金地集团(600383)
	安邦养老	大商股份(600694)
万达集团等	百年人寿	万丰奥威(002085)、胜利精密(002426)
深圳市富德金融投资控股有限公司等	富德生命人寿(生命人寿)	金地集团(600383)、浦发银行(600000)、农产品(000061)
天茂实业集团股份有限公司	国华人寿	国农科技(000004)、东湖高新(600133)、有研新材(600620)、天宸股份(600620)、华鑫股份(600621)、新世界(600628)、长江证券(000783)
宁波市鄞州鸿发实业有限公司	君康人寿(正德人寿)	三特索道(002159)、东华科技(002140)、中视传媒(600088)
宝能投资集团	前海人寿	万科 A(000002)、南玻 A(000012)、合肥百货(000417)、韶能股份(000601)、明星电力(600101)、南宁百货(600712)、中炬高新(600872)

续表

险资股东	举牌公司	被举牌上市公司
泰康保险	泰康人寿	洪城水业(600461)
阳光保险	阳光人寿、阳光财险	承德露露(000848)、中青旅(600138)、凤竹纺织(600493)、京投发展(600683)、吉林敖东(000623)、伊利股份(600887)
中国平安	平安人寿	新华百货(600785)
中国人民保险集团	人民财险、人保寿险	兴业银行(601166)
中国太平洋保险	太平洋人寿	新世界(600628)
中润合创投资有限公司等	中融人寿	真视通(002771)、天孚通信(300394)、鹏辉能源(300438)

资料来源:公司偿付能力报告、同花顺 iFinD。

2015 年 7 月—2016 年 7 月,前海人寿及其一致行动人——深圳市钜盛华股份有限公司(简称钜盛华)先后 6 次公告增持万科 A,在市场引起广泛关注与争议。争议主要的焦点为资金来源、公司治理等。前海人寿与钜盛华的实际控制人均为宝能投资集团,后者增持万科 A 过程可以归纳如下(见图 3—9):第一阶段,通过与国信证券、华泰证券等证券公司开展收益互换和融资融券业务,实现利用杠杆资金购买股票的目的,主要发生在 2015 年下半年;第二阶段,主要运用前海人寿保险资金,包括万能险账户保费资金和自有资金(来自传统保费收入和股东注入的资金),其中万能险产品包括“聚富产品”“海利年年”和“万能型保险产品”;第三阶段,通过对接银行理财资金、资产管理计划等,提高资金运用规模。宝能投资集团以 67 亿元劣后资金,引入浙商银行 132.9 亿元理财资金作为优先,通过华福证券、浙商宝能资本构建有限合伙基金,以增资、股东借款等方式向钜盛华输入资金。后续,钜盛华又利用部分资金作为劣后,引入包括证券公司、基金子公司在内的金融机构发行的资产管理计划,在二级市场上增持股票。

宝能投资集团收购万科 A 过程中,综合运用了银行理财、保险资金等多种资金,涉及融资杠杆、结构化杠杆。从融资杠杆来看,首先,由于万能险产品具有缴费和退保灵活的特点,前海人寿的万能险保费收入与长期的股权投资存在期限错配,属于“短钱长投”,面临着较大的流动性风险;其次,宝能投资集团在增持万科 A 的过程中,循环利用股权质押借入资金或接续资金,包括置换融资融券和收益互换方式融入的资金,以及引入资产管理计划进行融资。从结构化杠杆来看,宝能投资集团反复利用资产管理计划实现杠杆融资目的,其中包括宝能投资集团出资 67 亿元撬动浙商银行 132.9

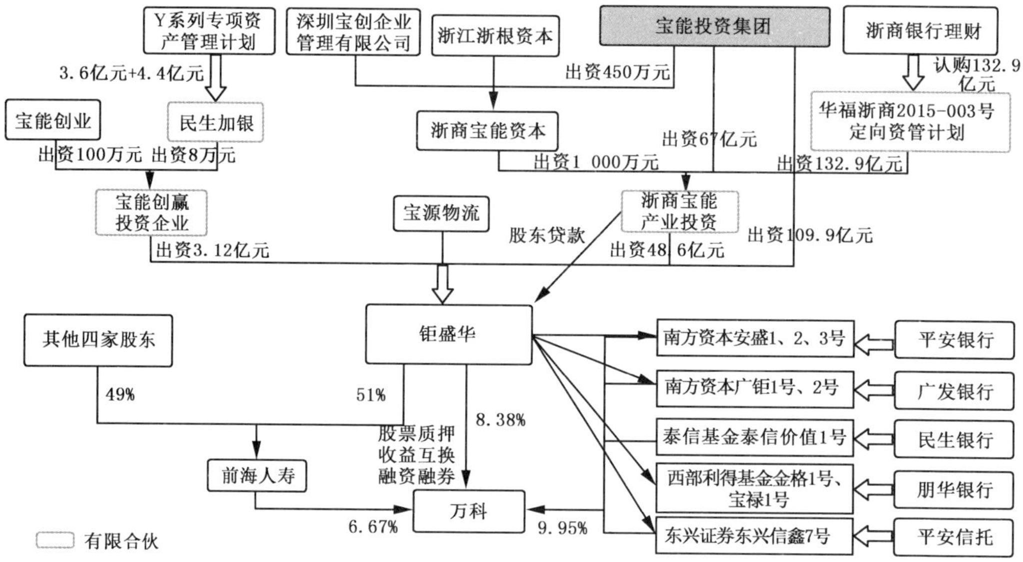

资料来源:《规范杠杆收购,促进经济结构调整—基于“宝万之争”视角的杠杆收购研究》

图 3—9　宝能资金链

亿元理财资金、宝能创业出资 100 万元撬动 8 亿元民生加银专项资产管理计划,以及由钜盛华出资 77 亿元引入 155 亿元银行理财、信托资金等共同设立资产管理计划。因资产管理计划平仓线的设置,一旦万科股价下跌超过一定幅度,钜盛华将面临追加保证金和被强制平仓的困境,蕴含着较大的市场风险。在资金运用中,银行理财资金作为优先级,对接证券公司定向资产管理计划、专项资产管理计划等,各类资产管理计划又相互套嵌,风险伴随着资金杠杆生成的同时,也在逐步放大。以最后一次公告日(2016 年 7 月 7 日)计算,宝能投资集团持股万科 A 的比例为 25%,累计交易均价 16.18亿元,资金杠杆倍数约为 4.21 倍。①

与其他资金来源相比,保险资金规模大、期限长、来源较为稳定的特征,使其具备了进行长期价值投资的条件和资格。在我国以中小投资者为主的股票市场环境下,保险公司对投资预测的专业性,使保险公司的投资行为容易获得中小投资者的认可,从而对资本市场起到了一定的引导作用。若保险资金有意扮演价值投资者,则保险资金的入市甚至举牌上市公司会向资本市场传递出长期投资、稳健运作的信号。中小投资者在保险资金投资策略的引导下,也会逐渐树立价值投资的理念。中小投资者对保险资金投资理念的认可效仿,从客观上会改变我国资本市场上盲目投机的现状。

① 资金杠杆倍数＝增持万科 A 累计消耗的资金/自有资金。

但在“资产驱动负债”经营模式下，部分保险公司先通过不断增资和做大保户储金业务规模，提高投资端资产运用规模，再反过来促进负债业务发展。这类公司产品端主要以中短存续期万能险为主要构成部分。高成本负债压力下，保险公司通过“中短存续期万能险一非理性举牌一股权质押”的杠杆投资模式投资上市公司，运用短久期负债撬动长久期资产，以获得期限错配、市场风险下的超额投资收益。由于万能险紧密关系到保户本金和投资收益的按期给付，因此在市场波动的影响下面临着较大的风险；同时，上述投资中虽然单个资产管理计划满足投资者适当性管理，但在层层嵌套投资后，已远远超出了最底层出资人的风险承受能力。

第四节　实证分析

一、保险公司偿付能力风险分析

2015 年以来，万能险能够畅销的主要原因是其提供了较高的预期结算收益率。结算收益率包括保证收益率和可调整的投资收益率，后者主要取决于万能险投资收益情况。但在行业竞争下，保险公司主要通过最大程度提供结算收益率，以提高万能险保费规模。但是当结算收益率未能达到保单持有人预期，将会影响后续保费收入规模的增速，进而影响到保险公司资产端的投资和流动性管理，甚至可能导致实际结算收益率继续低于预期，使得保费增速继续下滑，陷入恶性循环。

较高的结算收益率，给投资端带来了巨大的投资压力。保险公司寄希望通过期限错配配置权益等资产及杠杆投资来覆盖产品成本。这种通过中短期万能险配置中长期的另类资产、长期股权类资产的“短钱长投”方式，使得保险公司资产负债错配风险增加，流动性风险加剧。

“偿二代”下，部分承保、投资激进的中小保险公司偿付能力会下降，承保、投资稳健的大型保险公司偿付能力将上升。一方面，相比传统险，万能险保证利率越高，最优估计准备金越高，导致实际资本减小，且万能险通常配置较多的另类资产，相应的风险因子高，最低资本要求相应提高。另一方面，在持仓股票计入可供出售金融资产项下，股价的上涨可以提升公允价值，提高偿付能力，但同时股价的不利变化将拉低偿付能力水平。投资业务的良好发展可以提高保险公司的盈利能力和经营的稳定性，降低保险费率，减轻保险客户的负担。但如果运用不当导致亏损，将对保险公司盈利能力产生较大的负面作用。例如，中融人寿因投资的股票出现严重浮亏，导致出现偿付能力水平低于监管标准。图 3－10 列出了截至 2016 年末，所有综合偿付能力充足率较低的寿险公司，基本上为负债结构中保户储金及投资款占比较高的新兴寿险公司。

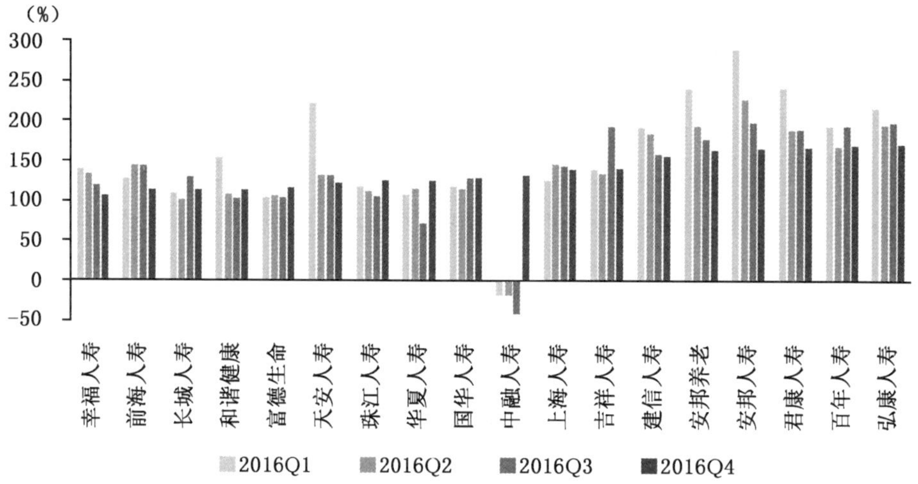

资料来源：保险业协会。

图 3－10　部分保险公司的综合偿付能力充足率情况

资产价格的持续上升，保险机构会持续盈利。而一旦资产价格发生逆转，就需要保险机构对资产进行减值，进而影响其权益总额。在一定程度内，资产减值不会对保险公司的财务状况造成重大影响，但是一旦超过安全边界，将会面临发生偿付能力的风险，尤其是在高杠杆率的情况下。从“短钱长投”的后续极端情况下来看，如果大量配置的权益类资产没有记入长期股权投资科目，当出现股价急剧下跌，必将触及保险公司的偿付能力关口。市场投资的非预期变化，使得保险公司或将面临集中式的满期给付或集中性退保，引发流动性风险，甚至出现偿付能力问题，形成“市场风险－流动性风险－偿付能力风险”的风险链条。目前，新兴寿险公司的激进投资业务，使得其面临较大的权益类价格风险敞口，存在潜在的流动性风险，甚至偿付能力风险。

二、保险行业风险外溢效应的实证研究

金融市场的快速发展，使得金融各部门间以及部门之间的联系日趋紧密。因金融机构具备显著风险外溢的特征，单个金融机构的流动性危机等风险事件易传染至其他金融部门，甚至可能导致系统性风险爆发。金融机构之间关联度越高，其风险溢出效应越大，从而提高了系统性风险水平。这里，基于银行、证券、保险三类金融机构，尝试运用格兰杰因果检验，计算金融部门及金融机构间的格兰杰因果关联数和关联度，分

析保险部门对中国金融系统性风险的影响。考虑数据的可得性和较为完整的金融周期,本文选择 2009 年以前上市的 27 家金融企业作为样本机构,[①]数据为样本机构 2009—2016 年股票的周收益率。相关指标定义如下:

$$DGC=\frac{1}{N(N-1)}\sum_{i=1}^{N}\sum_{j\neq i}(j\rightarrow i)$$

格兰杰因果关联度:DGC。其中,N 为样本机构数量,$N(N-1)$代表所有可能的格兰杰因果关系个数之和;$j\rightarrow i$ 表示 j 是 i 的格兰杰原因,则为 1,否则为零。

关联数:Out:$(j\rightarrow S)=\sum_{i\neq j}(j\rightarrow i)$;In:$(S\rightarrow j)=\sum_{i\neq j}(i\rightarrow j)$;In+Out:$(S\leftrightarrow j)=\sum_{i\neq j}(i\rightarrow j)+(j\rightarrow i)$。Out 表示机构 j 是其他样本机构的格兰杰原因的个数之和,In 代表其他样本机构是机构 j 的格兰杰原因的个数之和,In+Out 为两者之和。

Out—to—Other:$\left((j\mid\alpha)\rightarrow\sum_{\beta\neq\alpha}(S\mid\beta)\right)=\sum_{\beta\neq\alpha}\sum_{i\neq j}((j\mid\alpha)\rightarrow(i\mid\beta))$

Out—from—Other:$\left(\sum_{\beta\neq\alpha}(S\mid\beta)\rightarrow(j\mid\alpha)\right)=\sum_{\beta\neq\alpha}\sum_{i\neq j}((i\mid\beta)\rightarrow(j\mid\alpha))$

In + Out — Other:$\left((j\mid\alpha)\leftrightarrow\sum_{\beta\neq\alpha}(S\mid\beta)\right)=\sum_{\beta\neq\alpha}\sum_{i\neq j}((j\mid\alpha)\rightarrow(i\mid\beta))+((i\mid\beta)\rightarrow(j\mid\alpha))$

其中,α、β 表示样本机构类型,包括银行、证券和保险三类;Out—to—Other 表示机构 j 是其他类型样本机构的格兰杰原因之和,In—from—Other 表示其他类型样本机构是机构 j 的格兰杰原因之和,In+Out—Other 为两者之和。上述关联数指标的值越大,表示关联性越高,风险传染性越高,系统性风险越大。

为动态分析金融部门风险溢出效应,本文将划分为 2009—2012 年、2013—2016 年两个时段。选取 2012 年为节点,主要因 2012 年非银行金融部门迎来创新业务的快速发展和保险资金运用新政的颁布。各收益率序列均通过平稳性检验。根据分析,在 99%的置信水平下,2009—2012 年和 2013—2016 年 27 个样本机构之间分别存在 28 个和 34 个关联关系,格兰杰因果关联度分别为 3.99%和 4.84%。从风险的溢出效应来看,2009—2012 年银行部门对自身、证券、保险的格兰杰因果关联度较大,反映银行部门的风险溢出效应较强。2013—2016 年,证券部门对银行、证券、保险格兰杰因果关联度分别提升为 3.57%、7.78%和 10.00%,对其他部门风险溢出效应超过了银行

① 包括浦发银行、华夏银行、民生银行、平安银行、宁波银行、招商银行、南京银行、兴业银行、北京银行、交通银行、工商银行、建设银行、中国银行、中信银行、长江证券、中信证券、国金证券、西南证券、海通证券、东北证券、国元证券、国海证券、广发证券、太平洋证券、中国太保、中国平安、中国人寿。

部门(见表 3－5)。证券部门由于其业务特点,与银行、保险部门联系紧密,敏感性高,相应地,风险溢出效应也较高。

表 3－5　　按样本机构类型划分的格兰杰因果关联度情况

样本机构		2009－2012 年			2013－2016 年		
		to			to		
		银行	证券	保险	银行	证券	保险
from	合计	3.99%(28)			4.84%(34)		
	银行	2.20%(4)	11.43%(16)	4.76%(2)	4.95%(9)	2.86%(4)	4.76%(2)
	证券	1.43%(2)	0.00%(0)	3.33%(1)	3.57%(5)	7.78%(7)	10.00%(3)
	保险	0.00%(0)	10.00%(3)	0.00%(0)	9.52%(4)	0.00%(0)	0.00%(0)

注:百分比表示格兰杰因果关联度,括号中数值代表相应的关联数。

资料来源:笔者制作。

从格兰杰因果关联度来看,保险部门易受银行、证券部门风险传染影响,2013－2016 年银行、证券部门对保险部门的格兰杰因果关联度分别达到 4.76%和 10.00%(见表 3－6),较前期上升明显。从统计的关联数来看,保险部门对自身部门风险传染效应较低,包括 2009－2012 年和 2013－2016 年;对银行、证券部门存在一定的风险外溢作用。

表 3－6　　按样本机构类型统计的关联数情况

	2009～2012 年						2013～2016 年					
	Out	In	In+Out	Out－to－Other	In－from－Other	In+Out－Other	Out	In	In+Out	Out－to－Other	In－from－Other	In+Out－Other
银行	1.57	0.43	2.00	1.29	0.14	1.43	1.07	1.29	2.36	0.43	0.64	1.07
证券	0.30	1.90	2.20	0.30	1.90	2.20	1.50	1.10	2.60	0.80	0.40	1.20
保险	1.00	1.00	2.00	1.00	1.00	2.00	1.33	1.67	3.00	1.33	1.67	3.00

注:考虑到各金融部门机构数量不一致,故以金融部门平均关联数代替。

资料来源:笔者制作。

实证结果表明:证券部门是金融系统中最为敏感的部门,与其他部门的关联程度高,容易传递风险,同时也受到其他部门的冲击影响;近年来,银行部门的风险传染效应有所降低,但体系内的关联风险有所增加;保险部门对自身部门风险传染效应较低,需要警惕来自银行、证券部门风险溢出效应的影响。

经济顺周期环境下，金融市场流动性充足，金融机构从金融市场获得资金较容易，杠杆率通常较高；而在逆周期下，金融市场流动性紧张，金融机构难以从金融市场获得大量资金。单个金融机构"小危机"演变为系统性风险"大危机"的渠道包括：一是资产负债表效应，金融机构间资产负债表关联度越高，风险扩散越剧烈；二是盯市计价交易原则，资产交易价格下降—损失增加—进一步卖出资产……的恶性循环将推动危机深化；三是投资者的非理性（张晓朴，2010）。考虑到保险部门一定的外溢作用，新兴中小型寿险公司可能成为金融危机传导的源头，即单个寿险机构的流动性风险发展为系统性金融风险。

国际上，主流采用规模（size）、替代性（substitutability）、关联性（interconnectness）评估金融体系的系统性风险（IMF、BIS 和 FBS，2009），后续又增加了时效性（timing）指标（IAIS，2013）。截至 2016 年年末，我国保险业资产规模约占银行业资产规模的 6.51%，占比较前些年有所提高但仍处于较低水平。保险业部分功能也可以被社会保障机制进行替代。就保险经营而言，我国保险业集中度低于发达国家，近些年还出现下降。保险赔付速度往往比储蓄提取、担保赎回等银行业务缓慢得多，偿付能力危机的传染速度远低于银行业。大型保险公司往往比商业银行具有更充分的风险分散效应，保险业引发系统性风险的可能性不大，但保险公司表外衍生品交易和短期融资业务，是引发系统性风险可能性较大的业务（赵桂芹，2012）。

近年来，新兴保险公司依靠中短存续期万能险进行负债，属短期融资业务；而激进投资中各类有效监管不足的资产管理计划具备"表外衍生品交易"性质。在保险业引发系统性风险的可能性较低，且单个保险机构对其他保险机构的风险传染效应不大的情况下，即使单个保险机构发生偿付能力问题，造成整个行业风险的可能性不高，但仍需要警惕高速发展的中短存续期万能险业务和杠杆投资问题。

第四章　国际案例研究

第一节　日本保险公司的破产

日本寿险行业最早可以追溯至 1881 年明治生命保险公司的成立，至今已有 136

年的历史。第二次世界大战后，在日本国内经济的迅速发展下，加之人口快速增长、抚养比下降等经济和社会条件，日本寿险业获得快速的扩张与发展。其中，1970－1989年，日本寿险行业保费收入由1970年的1.8万亿日元以年均15.5％的速度快速增长至1989年的28万亿日元，在20年间增长了近16倍。日本寿险1989年的保费收入约占世界市场的30％，已成为当时全球规模最大的寿险市场。

20世纪80年代开始，由于经济持续增长，人们对未来预期乐观，同时市场主体增多，日本寿险行业竞争加剧。为刺激死亡保障产品的销售、增加产品对客户的吸引力，日本人身保险业多次上调预定利率，企望借此稳定原有客户，保持市场份额。在此影响下，保险公司新增保单预定利率逐年升高，最高时达到6.25％，并长期维持在5％附近，但整体仍低于同期的银行利率。利用低预定利率获得的“利差益”是日本寿险业的主要利润来源。1985年，在美国的主导下，日本签订了以解决美国巨额贸易赤字为目的的《广场协议》，之后美元贬值、日元升值，其中在《广场协议》签订仅仅一年之内日元升值了50％左右，日本寿险公司也因此遭受了巨大的外汇损失。为弥补损失，保持现金流稳定，1986年日本多家大型寿险公司开始销售高风险、高回报的变额寿险，主要为年金类产品，希望通过增加保单销售以扩大资产管理规模，再将资产投资于繁荣的股市。以日产生命为例，1987－1989年其总资产扩大了2.3倍，达到1.63万亿日元，其中高利率的个人年金商品（部分保险产品预定利率为8％左右）占总资产的比重高达49％（见表4－1）。与此同时，日元的大幅升值提高了其在国际货币体系中的地位，日本对外投资大幅度增加，拉开了日本经济泡沫的序幕。

表4－1　　日本寿险业新增保单预定利率　　单位：％

<table>
<tr><th colspan="2">期限</th><th>1981年</th><th>1985年</th><th>1990年</th><th>1993年</th><th>1994年</th><th>1996年</th><th>1999年</th></tr>
<tr><td rowspan="3">预定利率</td><td>＞20年</td><td>5.0</td><td>5.5</td><td>5.5</td><td rowspan="3">4.75</td><td rowspan="3">3.75</td><td rowspan="3">2.75</td><td rowspan="3">2.0</td></tr>
<tr><td>10～20年</td><td>5.5</td><td>6.0</td><td>5.5</td></tr>
<tr><td>＜10年</td><td>6.0</td><td>6.25</td><td>5.75</td></tr>
</table>

资料来源：《从资产负债管理看日本寿险业的利差损问题及对我国的启示》。

1985年前后，日本经济增速开始放缓，日本央行在1986年1月－1987年2月连续5次调低中央银行贴现率，希望通过降低利率来刺激经济增长。在宽松的货币政策环境下，资金“脱实向虚”开始流向股市和房地产市场。另外，在日元升值预期下，国际资本涌入日本市场，进一步吹大了股市、房价的泡沫。1990年，日本六大城市中心地价指数较1985年上涨了90％左右。在股市与房市双重泡沫的压力下，日本政府选择了主动挤泡沫，最终导致股市、房市泡沫先后破裂。一方面，从1989年开始，日本央行连续5次调升再贴现利率至1990年8月6%的水平;另一方面,日本政府采取行政管控严格限制金融机构房地产相关贷款。1990年开始,日本股市、房市泡沫先后被刺破,经济几乎陷入停滞。

为缓解严重的通货紧缩,1991年7月—1995年9月,日本中央银行先后9次下调存贷款利率,由1990年的6.0%降至1995年的0.5%。后续,日本中央银行又在1999年4月启动“零利率政策”,利率又被降至0.01%的水平(见图4—1)。

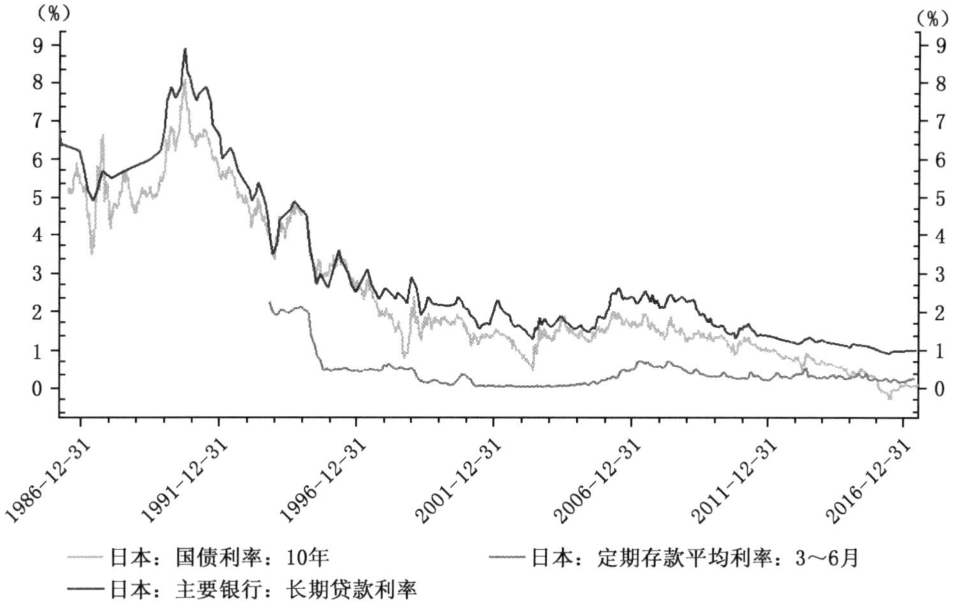

资料来源:wind资讯。

图4—1 日本90年代主要市场利率情况

在低利率时代背景下,日本寿险业“利差益”逆转为“利差损”。为适应这种低利率趋势,1990—2000年日本寿险公司先后4次调低保单的预定利率,降至2.0%的水平。但投资收益率的急剧下降,且下降速度明显快于保单预定利率的下调,导致大量保单的预定利率水平仍远高于市场收益率。而且下调的预定利率只适用新出售保单,而泡沫经济时代销售的高预定利率保单在保险契约期满前皆有效,加之经济衰退及房地产、股票等资产价格泡沫破灭,日本寿险公司开始产生了巨大的利差损。

在资产配置结构中,为满足客户投资需求和覆盖负债端高昂的资金成本,日本寿险公司加配了海外投资和权益类投资,1980—1990年对外国证券的投资比例由2.5%

上升至 13.1%，股票配置比例由 17.2%上升至 22.0%，而相应减少债券和贷款的配置比例（见图 4—2）。美元的持续贬值，导致日本寿险公司持有的美元资产价值大幅缩减。而后由于日本股市、房市泡沫的先后破裂，日本保险公司的权益类资产和房地产投资均出现大幅亏损，直接导致保险公司利润大幅下滑。

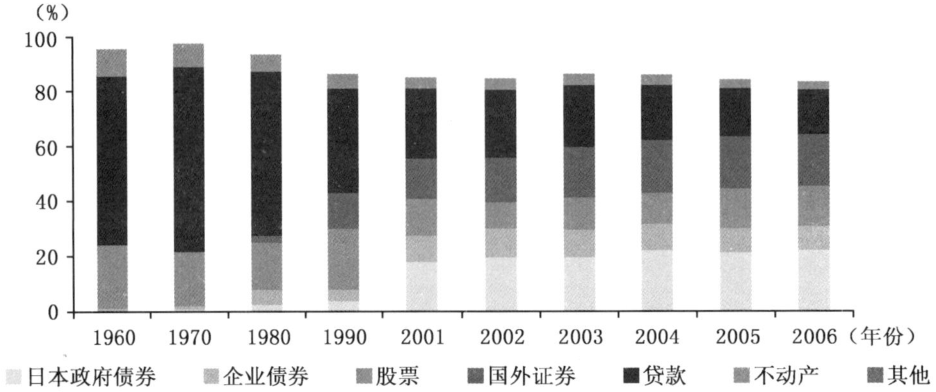

资料来源：wind 资讯。

图 4—2　日本寿险公司资产配置情况

20 世纪 90 年代之前，日本监管部门对保险业实行"护送船队方式"的传统金融监管体制，即以最低的标准制定各种监管措施，维持"金融机构不破产"的神话，以实现从金融层面支持日本经济增长及维持金融秩序稳定的目的。这也导致日本保险公司盲目追求规模，管理体制缺乏竞争优势，经营管理及财务制度结构透明低。根据相关资料统计，1985 年日本只有 101 家保险公司，其中外资公司仅 4 家，而同年英国和美国分别有保险公司 842 家和5 900家，其中外资公司分别为 162 家和 118 家。由于可凭借垄断地位轻易获得超额垄断利润，日本的保险公司普遍以扩大规模为导向，而忽视经营效益和市场竞争力的提高。

20 世纪 90 年代之后，部分保险公司开始无法按期支付到期保单。1995 年，日本修订《保险业法》，实行金融自由化，不再对保险公司进行严格的管制和保护。1996 年日美保险协议达成后，欧美保险公司开始大举进入日本保险市场。由于日本保险公司在市场服务、险种创新等诸多方面都不及欧美公司，以致市场份额不断被压缩，发展空间受到挤压。长期的"利差损"已经使得日本保险公司步履维艰，而外国公司的加入导致竞争加剧，直接引发了日本保险公司的接连破产。1997～2001 年，日本有 9 家保险公司进入破产和再生，其中 7 家为寿险公司（见表 4—2）。

表 4—2　　1997～2001 年日本破产的寿险公司概况

公司简称	成立时间	破产时间	排名	破产原因
日产生命	1909 年	1997.4	16	公司由于负利差的沉重负担和投资不善而倒闭
东邦生命	1898 年	1999.6	16	由于保单退保率上升，公司被金融监管局责令部分停业。公司长期以来受困于保证利率与投资收益率之间的不匹配
第百生命	1914 年	2000.5	15	偿付能力低于官方最低要求 200%而被要求停业
大正生命	1913 年	2000.8	28	因公司的偿付能力跌至－68%而被要求停业
千代田生命	1904 年	2000.10	12	因长期陷入经营不善向法院申请破产
协荣生命	1947 年	2000.10	11	与第一火灾海上保险公司相互注资导致 300 亿日元资金无法收回,同时保户由于不信任度的提升而纷纷解除合同,加剧了公司财务恶化。另外,协荣生命在有价证券领域也损失惨重
东京生命	1895 年	2001.3	14	保险公司接连破产导致投保人不信任感增加,退保率增加。另外,由于股价下跌,使得公司的有价证券大幅缩水

资料来源:公开资料。

从日本寿险业由盛转衰的过程中可以看出:首先,日本各寿险公司在经济高速增长时期大规模销售高预定利率产品,随着 20 世纪 90 年代经济出现通货紧缩、进入低利率时期,产生巨额"利率损";其次,日本各寿险公司投资的股票、不动产价格大幅下跌引起资产价值缩水,大量寿险公司前期不易显现出的资产配置不合理及缺乏风险管控等问题充分暴露出来。由此可见,低利率环境产生的"利差损"是造成日本保险公司破产的直接原因,更深层次的原因则是日本保险公司资产负债管理的问题。

第二节　AIG 危机

美国国际集团(American International Group,AIG)最早可追溯到 1919 年,是由 Starr 在上海成立的美亚保险公司发展而来的。作为全球最大的保险集团,AIG 业务遍布 130 多个国家及地区,拥有财险保险、人寿保险与退休金业务、金融服务和资产管理四大业务板块,在全球范围内提供多样化金融服务。AIG 旗下金融产品公司(AIG Financial Products Corp,AIGFP)主要负责衍生品的投资交易业务,包括为债务抵押债券(CDO)提供担保业务,即一种类似于"保险"的衍生品——信用违约互换(CDS)。根据规定:CDS 的购买者需要向 AIGFP 缴纳"保费",换取其能在 CDO 出现信用违约时获得一定的损失赔偿。同时,AIGFP 也要向 CDO 的持有者提供现金或资产作抵押，提供抵押物的数量取决于 CDS 发行方的信用等级（见图 4—3）。

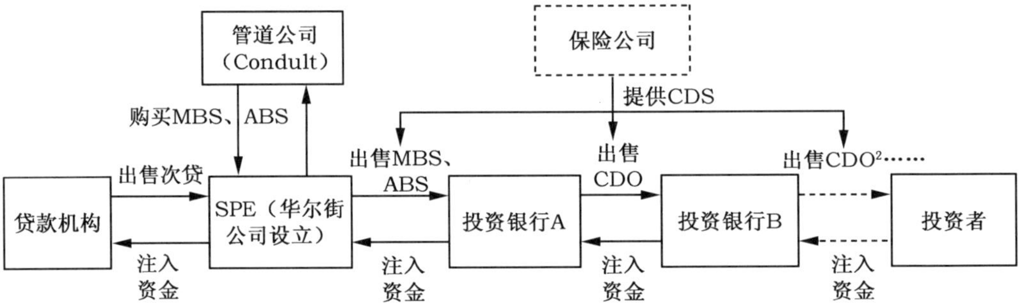

资料来源：据公开资料整理。

图 4—3　CDO 及 CDS 交易流程

2001 年后，互联网泡沫破灭后，美国经济陷入衰退。美联储为了刺激经济增长，从 2001 年初至 2003 年 6 月连续 13 次将联邦基金利率由 6.5％调低至 1％的水平。在低利率环境下，房地产市场一片繁荣。1996 年 12 月—2006 年 6 月，美国 10 大城市房价指数上涨 2.9 倍，达到 226.29 的历史性高点。在抵押贷款利率下降导致购房成本降低以及房价上涨预期的刺激之下，美国居民纷纷加入抵押贷款购房的行列。银行在住房贷款发放出去以后，又将抵押贷款进行“证券化”出售给投资银行，后者出于防控风险购买 CDS，演化出“MBS－CDO－CDS”的产品链条。随着市场的过度繁荣，CDS 甚至被用来进行投机。由于 CDS 类似于信用保证保险，发行方损益主要取决于住房贷款的信用情况。因此，当住房贷款的违约率处于较低水平时，CDS 发行方能获得较大收益；而一旦大量住房贷款出现违约，就可能导致发行方出现财务危机，甚至触发整个系统性金融风险。2006 年以前，在较低的住房抵押贷款违约率背景下，AIGFP 通过出售 CDS 实现了巨额的投资收益。

从 2004 年 6 月起，美国经济开始复苏，出于对通货膨胀的担忧，美联储连续 17 次调高联邦基金利率，联邦基金利率由 1％上调至 2006 年的 5.25％。在浮动利率定价下，由于重新设定的住房抵押贷款利率随联邦基准利率的上升而上升，导致借款人的还款压力大幅增加，最终导致信用风险爆发并发展成为“次贷危机”。因“次贷危机”爆发，作为发行方的 AIG 因 CDS 产品产生巨额亏损，包括追加资产抵押和现金支付以满足监管要求。在巨额资产抵押增加、现金支付下，AIG 逐步出现现金流危机，导致信用评级被下降，反过来又需要 AIG 进一步追加现金或资产作抵押。最终，在巨大的财务困境下，AIG 被收归国有才得以存活。后续 AIG 又先后将旗下亚洲寿险业务友邦保险(AIA)、美国人寿保险公司(ALICO)分别出售给英国保诚集团和美国大都会人寿保险公司,以偿还巨额债务。

危机前,AIG的传统保险业务运营良好,保费收入保持稳定增长。2006—2008年,AIG保费收入分别为742.13亿美元、793.02亿美元和835.05亿美元,呈逐年增长态势。但受AIGFP经营的CDS业务信用风险爆发影响,以及AIG后续承接的商业房地产抵押贷款支持证券(CMBS)和个人住房抵押贷款支持贷款(RMBS)价值下降影响,2006—2008年其实现的净资本利得分别为1.06亿美元、—35.92亿美元和—554.84亿美元(见表4—3)。根据AIG披露的年报,2008年CMBS损失和RMBS损失分别占已实现净资本损失的12.72%和46.21%。

表4—3　　2006—2008年AIG保费收入和净资本损益情况

<table>
<tr><th colspan="3">保费收入(亿美元)</th><th colspan="3">净资本损益(亿美元)</th></tr>
<tr><th>2006年</th><th>2007年</th><th>2008年</th><th>2006年</th><th>2007年</th><th>2008年</th></tr>
<tr><td rowspan="3">742.13</td><td rowspan="3">793.02</td><td rowspan="3">835.05</td><td rowspan="3">1.06</td><td rowspan="3">—35.92</td><td>—554.84</td></tr>
<tr><td>其中:CMBS损失70.57亿美元</td></tr>
<tr><td>RMBS损失256.38亿美元</td></tr>
</table>

资料来源:AIG 2006—2008年年报。

AIG的高杠杆经营,导致投资风险过大,是其发生危机的直接触发事件。一般保险业务会被要求计提准备金,但CDS产品由于场外交易、类保险业务性质导致有效监管不足,CDS资本金计提严重不足。2006年末—2008年末,AIG以“负债/股东权益”衡量的杠杆水平快速提高,由7.93倍上升至2008年末的12.72倍,远高于行业平均水平。高杠杆率增大了AIG的经营风险,在资产减值损失、评级下调导致抵押品追加、赔付大幅增加的情况出现之后,AIG有限的净资产便难以有效应对。一旦无法顺利融资,经营便陷入困境。

AIG危机发生的直接触发因素是投资问题,其深层次的问题在于公司自身内部控制和美国监管体制。1999年颁发的《金融服务现代化法案》打破了分业经营限制,建立了“伞状监管框架”对金融集团进行监管,而监管体系并没有跟上节奏。由于缺乏统一的审慎监管标准,不同监管当局的资本和杠杆率存在一定差异,对于金融集团子公司业务给整个集团带来的风险缺乏统一的本质认识;同时,“伞状监管框架”下还导致监管真空的存在。例如,CDS作为一项金融创新产品,属于美国证券交易监督委员会的监管范畴,而不在保险监管部门的监管范围,但前者对该类产品却没有明确的资本或准备金要求。

第三节　国际案例经验总结

日本保险公司在盲目追求规模扩张中，销售大量高预定利率的保单；而高成本的负债导致保险公司投资追求高收益，最终“利差益”发展为“利差损”。同样的情况也在美国发生。从 1977 年起，美国 Baldwin United 公司开始销售趸缴保费的延期年金产品，并将部分保单的初始利率定为 14%；同时设定，如果产品结算利率低于初始利率 75BP，保户可以在无须支付任何手续费情况下随时退保。依靠此类产品的热销，1982 年 Baldwin 完成了一桩大规模的重组并购，但也在一年后便因保户退保带来的流动性危机而破产。

金融机构的特殊性在于取得负债的低成本和便利性，高杠杆经营成为金融机构获利的来源。杠杆率越高，说明较小的自有资本控制了较大规模的资产，在为股东提供高收益的同时也承担了巨大的风险。AIG 因高杠杆的衍生品投资而遭遇财务困境。2008 年国际金融危机中，日本首家倒下的金融机构——大和生命保险公司同样因高杠杆投资导致破产。由于追求利润而过度依赖高风险、高回报的金融产品，在全球金融市场的动荡中，大和生命保险公司所持的有价证券价格大幅下跌，最终把自己逼入绝境。

根据美国保险评级机构 A.M.Best 对 1969－1998 年美国 640 家破产保险公司的破产原因的调查结果，因投资问题导致美国财产与意外险公司遇到财务困境占比 7%；而对于人寿与健康保险公司，15%的破产原因可以归结为投资和风险管理问题（见图 4－4、图 4－5）。

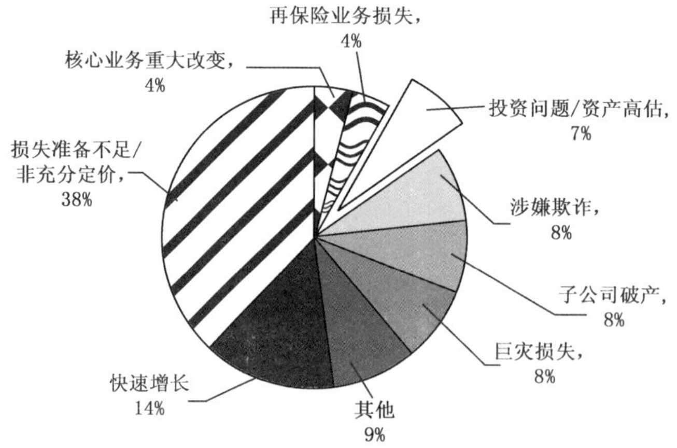

资料来源：《保险公司破产与危机预测问题研究》。

图 4－4　1969－2008 年财产与意外险公司破产原因

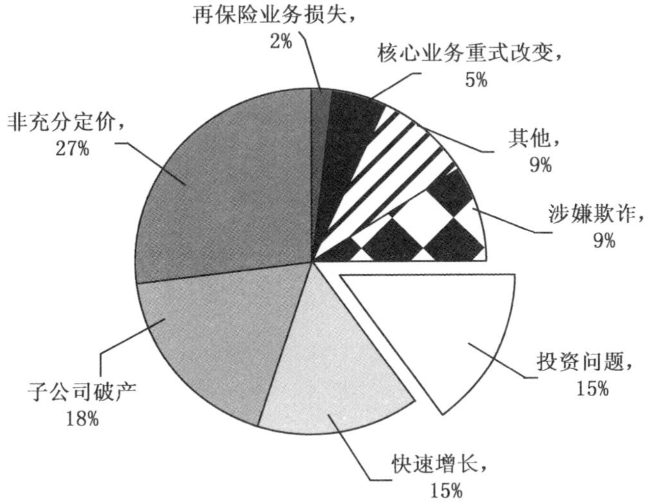

资料来源:《保险公司破产与危机预测问题研究》。

图 4—5　1969—2008 年人寿与健康险公司破产原因

2015 年,国内保险公司大规模发展中短存续期万能险产品,频频举牌二级市场,与 20 世纪 90 年代日本保险业高成本负债和国际金融危机中 AIG 杠杆投资有着相似之处。日本、美国保险公司的破产与危机,均未能摆脱世界保险业"规模快速扩张—成本提升—投资激进—泡沫破裂—流动性或偿付能力风险—重组破产"的发展轨迹,这也为国内保险行业提供了经验教训。国内保险公司短期需要警惕流动性风险,未来将亟须完善资产负债管理能力。

第五章　保险业"去杠杆"实施路径的分析

作为负债经营的金融机构,保险机构发展过程中必然要面临"加杠杆"问题。在正常合理范围内金融机构"加杠杆"不仅是必要的,也为监管部门所容许。然而,如果为追逐高收益而盲目"加杠杆",导致杠杆过高,就会存在较大的风险。

保险公司的杠杆去化,将使得保险公司从流动性过剩逆转为持续的流动性短缺,从而发生流动性风险等,甚至触发部分机构的偿付能力问题。保险公司去杠杆的具体实施路径包括:一是保险公司主动收缩负债端万能险等具备理财性质的产品规模,降低此部分保险产品占比，同时监管机构施加一定监管，促使保险业回归风险保障的本质；二是保险公司采取直接注资或市场化融资的方式增加自有资本规模，直至支撑其资产负债表；三是将复杂的保险资金杠杆运用链条简单化，这将有利于提高金融体系稳定性，降低单个机构“去杠杆”的外部负效应，主要是针对循环嵌套设计放大投资杠杆的问题；四是发展股权投资，支持实体“去杠杆”。

第一节　调整保险公司负债端

一、主动调整路径

在接连破产发生后，叠加长期的低利率环境，日本寿险公司采取了一系列措施调整产品结构：一是大力发展健康保险、医疗保险产品，而此前以死亡保险和储蓄型保险为主。此类产品设计时由于采用更加保守的生命表，“死差益”较高，价值率一般是死亡保险的 2—3 倍；二是增加外币保单销售，将汇率风险向投资者转移；三是增加变额年金销售，将投资风险转移给保单持有人。日本寿险公司利润来源结构从前期以“利差益”为主，逐步转为以“死差益”为主，同时“费差益”贡献一定比重的局面。

部分国内保险公司可参考日本保险公司的调整路径，主动聚焦期交业务，逐步收缩趸交业务，挖掘“死差益”的潜能，在优化业务结构的同时实现负债端的“去杠杆”。

二、监管路径

保险公司资产负债业务前期的无序发展证明了市场运行“无形的手”存在缺陷。在市场出清的机制部分失灵下，监管机构有必要采取行政手段。2016 年 3 月，原中国保监会发布《关于规范中短存续期人身保险产品有关事项的通知》，对不同存续期限的中短存续期产品的销售做出不同限制。2017 年 5 月，原中国保监会下发《关于规范人身保险公司产品开发设计行为的通知》，规定“保险公司不得以附加险形式设计万能型保险产品或投资连结型保险产品；两全保险产品、年金保险产品，首次生存保险金给付应在保单生效满 5 年之后，且每年给付或部分领取比例不得超过已交保险费的 20％”等。后续需要监管机构持续发挥“保险姓保、回归保障”的政策导向作用，对中短存续期万能险产品的销售施加持续的监管政策，包括限制中短存续期产品保费收入在投入资本或净资产一定比例之内。

一定的监管是“去杠杆”的必要条件，但仍需货币政策跟进配合。紧缩的货币政策提高了货币市场资金成本，通过金融机构等资产负债行为传导至实体经济，也不利于实体经济“去杠杆”。短期内，紧缩的货币政策使得资产价格迅速破灭，造成经济低增长甚至负增长的负面作用，如日本20世纪90年代股市、房市泡沫的破裂；但宽松的货币政策又滋生了金融机构杠杆投资的土壤。稳健中性的货币政策可以成为监管较好的选择，一方面可以提升融资成本，压缩金融机构杠杆投资业务套利利差；另一方面，相比紧缩的货币政策，稳健中性的货币操作能够减轻实体企业融资成本，降低金融领域“去杠杆”对经济增长的负面作用。在施加监管与实施稳健中性的货币政策过程中，同时需要监管机构注重实施节奏，防止出现部分中小银行和非银行金融机构的流动性风险传染事件。

国际上，金融危机爆发后各国采取了出售资产，通过降低分子的方法来达到降低金融机构杠杆率，同时政府实施系列购买计划。当市场金融机构同时卖出资产时，资产价格波动加大，容易陷入恶性循环中，也就加剧了金融系统的波动。考虑到保险公司股票持仓占比13%左右，另类投资中各类资产管理产品由于场外交易标准化程度低，采取出售投资资产满足监管要求的调整路径的必要性较低。金融领域资金杠杆运用的根源，来自不同监管部门对合格投资者认定、杠杆率、投资范围、净资本要求等方面要求的差异，使得监管套利肆意发展。刚性兑付使得金融机构成为风险的承担者，而无形的政府信用承诺提高了金融机构的风险偏好。未来，消除监管套利、打破刚性兑付是监管机构实施“去杠杆”长期明确的方向。

第二节　提升保险公司资本金

由于正处于退保和满期给付高峰期，保险公司将持续面临较大的现金流出压力，其中以少数经营激进的公司的流动性风险隐患较为严重。一方面，部分存在较大偿付能力监管压力的保险公司可以采取直接注资的方式提升权益规模；另一方面，保险公司可运用市场融资方式，包括发行普通股、优先股、债务性资本工具、保单责任证券化产品。除保单责任证券化产品实施细则尚未出台，优先股尚未正式实施，其他发行途径中，资本补充债券因可以在银行间债券市场发行和交易，近年来逐步成为保险公司的主要选择（见图5—1）。

对于前期通过发行高负债成本保险产品的保险公司，可以通过财务再保险的风险转移机制分散风险。“偿二代”下，财务再保险通过降低直保公司负债来提高保险公司的偿付能力充足率，从而帮助保险公司降低经营风险，提高资本运作效率。在遭受投

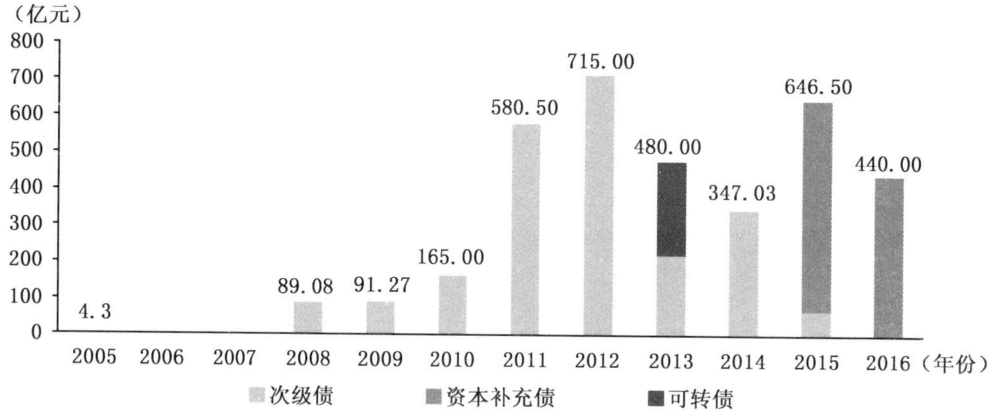

资料来源：wind 资讯。

图 5—1　保险公司债务性资本工具(含可转债)发行统计

资严重损失下，2008 年平安寿险与慕尼黑再保险公司签订合同，分出其 47 个传统非分红险有效保单的全部自留死亡风险保额，以锁定上述保单未来的相关“死差益”，并确认税前收益 48.71 亿元(见表 5—1)。中国平安利用分保提前支取了未来的利润，提高了实际资本，使得应收分保合同准备金大幅增加，为公司偿付能力和当年盈利带来正面影响，但此举也将使公司未来每年的净利润减少超过 1 亿元。引进财务再保险业务是解决当前利差损账面数额过大的一种行之有效的方法。再保险通过降低直保公司负债来提高保险公司的偿付能力充足率，有利于提升行业风险管理能力。

表 5—1　　财务再保险路径下中国平安的资产负债表(2008 年末)　　单位：亿元

		⇨		
资产	7 127.69		资产	7 076.40
现金	575.74		现金及其等价物	524.45
投资资产	4 173.25		投资	4 173.25
其他资产	2 378.70		其他资产	2 378.70
负债	6 361.71		负债	6 261.71
责任准备金	4 300.64		其他应付款	4 200.64
其他负债	2 061.07		责任准备金	2 061.07
所有者权益	765.98		所有者权益	814.69
资本	73.45		资本	73.45
未分配利润	119.49		未分配利润	168.20
其他资本	573.04		其他资本	573.04
负债与所有者权益	7 127.69		负债与所有者权益	7 076.40

注：假设慕尼黑再保险公司以 51.29 亿元的再保险费收入去承担 100 亿元的赔款(给付)。

资料来源：中国平安年报。

第三节　发展股权投资支持实体“去杠杆”

保险行业竞争的加剧，将传导至保险公司资产端，提高其投资压力。由于缺乏像大型保险公司长期积累的投资经验，叠加投研力量的相对不足，在国内经济下行仍存较大压力的情况下，中小保险公司通过提升信用风险偏好来加强配置信用债的策略将面临较大的信用风险敞口。而在股权投资方面，中小保险公司与大型保险公司基本处于同一起跑线上，后者并不具备明显的先发优势。权益类投资中，可以考虑将之前“单一的二级市场股票投资”转变为“一级市场股权＋二级市场股票”双轮驱动的权益投资模式。

保险公司可以围绕寿险领域的医疗健康产业链、车险的汽车后服务产业链等上下游企业，以及重大基础设施建设项目和“去产能”任务较重的国有企业，以直接或间接投资，以及通过设立股权基金等方式进行股权投资。一方面，上述产业链上下游企业可以与保险业务形成天然的协同性，表现在销售渠道共享、客户行为数据库共建、产业资本深度融合等诸多方面；另一方面，据东方资产《2017：中国金融不良资产市场调查报告》，目前，我国非金融企业杠杆高企，部分企业资本回报率甚至无法覆盖利息支出，企业债务风险已成为国内主要的宏观经济风险。保险资金的特点，使得其在支持企业股权融资、降低杠杆方面“大有可为”。以上海莱士为例，2014 年以来，上海莱士主要通过以非发行新股的方式重组并购了多家血液制品企业，跃升为国内血液制品行业的龙头企业。没有较大的刚性债务负担，是其能够实现快速发展的重要原因。保险公司发展企业股权投资，可摆脱前期复杂的高杠杆资金运用链条带来的风险，实现降低资产负债的错配风险，亦能够与供给侧改革中“去杠杆”的战略无缝对接。

第六章　研究结论与政策建议

第一节　研究结论

长期低利率的投资环境，加之保险行业的费率市场化改革、保险资金运用自由度的提升，导致部分保险公司杠杆融资，激进投资，最终形成“中短存续期万能险一非理性举牌一股权质押”的杠杆投资模式。各类资产管理计划相互套嵌，在风险伴随着资金杠杆生成的同时，也在逐步放大。

基于资产、负债的视角，本文分别考察了国内保险公司“加杠杆”的进程：负债端：通过发展中短存续期万能险业务快速提高市场份额。以“保户投资款新增交费/净资产”衡量，保险业杠杆水平 2015 年为 0.57 倍，2016 年达到 0.96 倍，其中新兴寿险公司分别达到 0.99 倍、2.18 倍；资产端：运用融资杠杆和结构化杠杆手段，非理性举牌上市公司，使得保险公司面临较大的权益类价格风险敞口。参考日本和美国保险公司的破产路径，即“规模快速扩张－成本提升－投资激进－泡沫破裂－流动性或偿付能力风险－重组破产”，国内保险公司依靠中短存续期万能险非理性举牌上市公司，“短钱长投”，资产负债错配风险增加，流动性错配风险加剧。在投资收益未能达到预期标准下，保险公司或将面临集中式的满期给付或集中性退保压力，从而引发流动性风险，并终将发展为偿付能力风险。目前，存在潜在偿付能力风险的主要为产品结构中中短存续期万能险占比较高、二级市场投资较为激进的新兴寿险公司。

考虑到金融机构显著的风险外溢特征，本文运用格兰杰因果检验，实证分析了金融各部门之间和部门内部的风险传染效应。实证结果表明：近年来国内金融系统中银行、证券、保险之间的关联程度有所提高，风险传染效应有所加强。而保险部门虽对自身部门风险传染效应较低，但对银行、证券行业存在一定的风险外溢效应，同时自身也易受银行、证券部门的影响。在保险业引发系统性风险的可能性较低，且单个保险机构对其他保险机构的风险传染效应不大的情况下，即使单个保险机构发生偿付能力风险，造成整个行业风险问题的可能性不高，但需要警惕高速发展的中短存续期万能险业务和杠杆投资问题。

后续，保险业“去杠杆”的可能实施路径包括：一是保险公司主动收缩负债端具备理财性质产品的规模，同时监管机构实施一定的监管举措，促使保险业回归风险保障的本源；二是保险公司采用直接注资和市场化融资的方式提升资本规模；三是发展保险公司股权投资，支持实体“去杠杆”。

第二节　政策建议

一、对监管部门的建议

（一）统一监管标准，加强监管协调性

宏观层面，监管部门应该建立执行统一监管的部门，以加强跨市场监管的协调性

与一致性。杠杆融资行为涉及机构众多,如"宝万之争"中前海人寿运用银行理财、保险资金、各类资产管理计划等,形成资金跨部门、跨行业流动的新格局。分业监管机制下,一方面,决策者难以获得全局性数据,由于缺乏信息共享与交叉验证机制,各监管部门只能管中窥豹,对所面临的市场风险也只能进行定性分析而无法准确量化;另一方面,受各监管部门分头决策、各自为政,加之理解方面的偏差,当市场风险积聚,监管部门因缺乏统一行动,"去杠杆"政策制定往往缺乏及时性、有效性。

微观方面,由于不同监管部门的净资本和杠杆率要求差异显著,资产管理业务定义不同、合格投资者认定标准存在差异、以及业务准入条件的差异,引发金融机构监管套利。例如,原中国保监会明确禁止发行 3 类具有嵌套交易结构的产品,禁止投资于单只非公开市场投资品种、另类资产管理产品和同一管理人设立的产品,而证券公司资产管理只是禁止结构化的资产管理计划嵌套投资其他金融产品的劣后份额。统一监管,需要在市场准入、资本约束、投资范围、杠杆限制、投资者适当性等方面划定相同或相似标准。未来,在统一监管下,可以考虑借鉴国际全球法人机构识别编码(LEI)经验,建立资产管理产品登记平台,监测分析跨市场、跨部门的资金流向,以提高金融系统稳定性。

(二)审慎发放保险牌照,有序放开国内保险市场

近年来,大量产业资本的进入,一方面,对保险业的发展创造了条件,形成利好;另一方面,不排除有些资本以转型为借口,利用保险业务的低成本融资特征,控制保险公司来实现为股东输送利益的目的。此外,加入保险业的这些公司的主营业务与保险业的相关性较小,在专业性较强的保险经营上经验明显不足。而且,资本在投资设立保险公司时需要花费大量人力财力,保险公司的收入实现也需要较长的周期。如果出资公司的实力不够雄厚、发展路径不够明确,盲目追求多元化发展,在短期投资不能获利的情况下,新设立的保险公司的发展必然受到极大的限制,严重者可能会被重组。这对整个保险业而言,并不是完全利好。

另外,日本保险历史上外国竞争主体的加入对国内公司造成负面作用。由于"利差损"问题,当前国内部分寿险公司面临经营风险。未来,在提高金融业开放程度上,需要监管机构充分权衡,把握好开放节奏。

(三)完善保险公司市场退出机制和再保险市场体系

2013 年 11 月原中国保监会出台《兼并收购征求意见稿》,意味着保险业将进入兼并重组阶段,偿付能力持续不足的保险公司将面临退出保险市场的现实。但国内保险业尚无破产的案例,而国际上如美国每年大约有 0.5%~1%的保险公司破产,英国每

年大约也有0.5%的保险公司破产。每年一定比例的保险公司因破产或其他原因退出市场，是市场机制发挥优胜劣汰作用的体现。由于国内保险市场存在一定的误区，导致监管层极力避免保险公司破产，进而采取相对严格的偿付能力监管，引发监管资源的浪费和监管层繁重的监管事务。偿付能力监管的目的应是在维持一定的破产比率的同时，维持一定的进入比率，并能有效防范行业系统性性风险。

同时，对比国际再保险规模来看，国内再保险行业领域仍有巨大成长空间。外资再保险公司凭借再保险定价技术等方面的优势，吸收国内保险分出业务，导致国内大量再保业务流向国际市场；而自主再保险企业主体数量不足，不利于保险业“稳定器”作用的充分发挥和长远发展。监管机构应该建立健全保险公司合并、兼并和破产的市场退出机制，提高再保险市场主体的有效供给，构建行业良性的竞争格局。

二、关于保险公司长远发展的建议

（一）以“投行”思维运用保险资金

保险公司一般习惯以出资方身份出现，被动挑选产品而接受投资结果。但随着资产管理行业竞争的日趋激烈，保险资产管理公司必须向主动开发项目和参与投资过程管理转变，从单纯的下游资金端向上游资产端延伸。传统投行，在开发客户的IPO业务后，还会通过拓展其债券发行、定向增发、项目融资、并购重组等多方面业务，成为其长期合作伙伴。保险公司也应如此。

一方面，保险资金可以“投行”思维主动发挥自身期限较长、体量大的优势，重点围绕寿险领域的医疗健康产业链、车险的汽车后服务产业链等上下游企业以及重大基础设施建设项目，以直接或间接投资或通过设立基金等方式进行股权投资。另一方面，目前产能过剩较为严重的钢铁、水泥、煤炭、有色金属等行业国有企业比较集中，其是去产能的关键所在。保险资金通过参与国有企业改制重组、国有控股上市公司增资扩股等，有利于国有企业深化混合所有制改革，提高国有资本配置和运行效率。

（二）加大负债端产品创新，优化产品结构

短期来看，重点发展保障型产品，将可能导致保险公司保费收入和市场份额出现下降，如新华保险。但不同于储蓄型商品那样对投资环境较为敏感，保障型产品的抗风险性相对较强，盈亏主要来自“死差益”。保险公司应加大创新，大力发展健康保险、医疗保险产品等高“死差益”产品，优化产品结构。

（三）加强资产负债管理组织体系及机制建设

资产负债错配风险可能是国内保险业未来很长一段时间面临的重点风险。国际

市场应对“利差损”困境的措施包括积极改变盈利模式、优化资产负债匹配、实施分散化投资并增加海外投资等，其中以资产负债匹配为重点。目前，国内保险公司在流程和职能架构方面虽能够达到银保监会监管要求，但是在人才配备、压力测试、使用模型技术上尚处于初级阶段，资产负债管理的有效性不高。“偿二代”虽对保险公司资产负债匹配监管提出了一定要求（资产负债久期越接近，利率风险越小），但还未成体系。未来，保险公司应加强规范资产负债管理的职能架构，建立资产端、负债端之间的沟通协商机制，强化资产负债管理技术，以有效应对资产负债错配风险。

三、针对信用评级机构的建议

首先，在“次贷危机”遭受财务困境中的 AIG，信用等级先后被国际三大评级机构调低，其他包括日本大和生命保险公司等，均与评级机构的信用评级紧密相连。评级机构在进行相关次级债券信用评级的同时，提供有偿的结构化设计服务，独立性有待规范。其次，短时间内评级机构频发调整评级极易造成市场恐慌。“次贷危机”期间，三大评级机构在短时间内多次对大量次贷产品调低信用等级，从而引发市场抛售行为；之后，市场环境的恶化，又促使评级机构进一步调低信用等级，陷入恶性循环中。评级机构对危机的放大效应，也使得自身广受非议。前车之鉴，国内评级机构应注重加强自身前瞻研判能力。

“偿二代”监管规则鼓励保险公司主动聘请信用评级机构对本公司进行主体信用评级，并在信用评级有效期内，持续跟踪保险公司业务发展、偿付能力、风险管理等情况。评级机构应结合自身评级工作实践积累的经验，持续监测保险公司信用风险，并根据监测结果主动进行分类管理和信息公示，发挥“偿二代”下市场约束机制的作用。

参考文献

[1]陈文辉.新常态下的中国保险资金运用研究[M].北京：中国金融出版社，2016.

[2]孙文娟.保险公司破产与危机预测问题研究[M].北京：经济科学出版社，2016.

[3]万峰.日本寿险业研究[M].北京：中国金融出版社，2014.

[4]赵桂芹，吴洪.保险体系的系统风险相关性评价：一个国际视角[J].保险研究，2012(9).

[5]中国财富管理 50 人论坛，清华大学国家金融研究院联合课题组.规范杠杆收购促进经济结

构调整——基于“宝万之争”视角的杠杆收购研究[M].北京：清华大学出版社，2017.

[6]郭金龙，胡宏兵.我国保险资金运用现状、问题及策略研究[J].保险研究，2009(9).

[7]赵家敏，苏莉.从资产负债管理看日本寿险业的利差损问题及对我国的启示[J].现代日本经济，2004(2).

[8]王茂琪，陈秉正.AIG 陷入财务困境的原因及启示[J].保险研究，2009(2).

[9]孙婷.详解万能险与险资举牌的前世今生：监管思路明确，万能险无序发展时代结束[R].海通证券研究所，2016－12－13.

[10]吴杰.中短存续期万能险资金运用特点、风险防范与配置建议[J].中国保险，2016(10).

[11]杨明秋.发达国家金融系统的去杠杆化趋势及其影响[J].中央财经大学学报，2011(02).

[12]Billio, M.,Getmansky, M.,Loriana, A.W.,Pelizzon, L.,Econometric measures of connectedness and systemic risk in the finance and insurance sectors[J]. *Journal of Financial Economics*, 2012,104 (3),p535－559.

[13]张晓朴.系统性金融风险研究：演进、成因与监管[J].国际金融研究，2010(7).

[14]中国保险资产管理业协会.2016IAMAC 年度系列研究课题集[M].上海财经大学出版社，2017.

（本文获“IAMAC 2017 年度系列研究课题”优秀课题）

寿险公司资产负债管理及体系建设研究

德勤华永会计师事务所(特殊普通合伙)

韩国斌　文启斯　盛　谱　谈　亮　梁　昕　邓　麒　高晓文

摘要

本文从寿险公司的经营角度出发,根据监管要求,结合国外寿险公司资产负债管理的实践经验和案例,分析了目前国内寿险公司资产负债管理的情况及存在的主要问题。在此基础上,从资产负债管理的角度出发,向国内寿险公司提出了针对产品策略、资金运用以及如何建立完善的资产负债管理体系等方面的建议。

关键词

资产负债管理　产品策略　资金运用　案例分析　体系建设

第一章　资产负债管理及其体系

资产负债管理应被视为保险公司日常经营管理活动中的核心工作之一,该项工作同时也关乎保险业乃至整个金融市场的稳定性。若保险公司未能进行有效的资产负债管理,将有可能导致偿付能力危机甚至威胁公司持续经营能力。

在长期利率下行的经济环境下，结合目前保险资产规模日益增加、投资渠道不断多元化、新保险产品不断涌现的趋势，无论从外部监管对于提升保险行业整体风险抵御能力的要求，还是保险公司自身希望增强其核心竞争力的愿景，都应对资产负债进行合理匹配，同时建立并不断完善资产负债管理体系，以加强风险管控，优化资产负债结构，实现经营的安全性和盈利性。

第一节　资产负债管理理论发展

资产负债管理理论起源于西方发达国家，最初的理论来源于商业银行的业务发展和金融工具的创新。

保险业资产负债管理理念萌芽于 1800 年，由公平人寿的 William Morgan 提出需要保持充足准备金以覆盖未来的负债。20 世纪 30 年代，两位著名经济学家 Frederic Macaulay 和 John Hicks 在研究债券价格变动的测量方法时，相继提出了用于分析其利率敏感性的久期、凸性等概念。1952 年，英国保诚人寿精算师 Frank M.Redington 提出了免疫理论，鼓励保险公司将资产久期与负债久期进行匹配，以消除利率波动对盈余的影响，这也就是最为经典的保险资产负债管理技术——Redington 免疫，即久期匹配。[①]

此外，资产负债管理的基础理论还包括美国经济学家 Markowitz 提出的投资组合理论、美国经济学家 Myron Samuel Schole 和数学家 Fischer Black 提出的 Black－Scholes－Merton 期权定价公式等。

第二节　资产负债管理的定义

在资产负债不匹配的情况下，利率波动可能会对公司的经营带来较大影响。因此，狭义的资产负债匹配管理是指在利率波动的情况下，通过对利率敏感性资产和负债的配置进行调整，维持资产与负债之间正的盈余，其专注于利率风险管理，并且将重点更多地放在寿险资金运用方面。

对于广义的资产负债管理，根据 20 世纪 90 年代末北美精算师协会提出的定义："资产负债管理是在给定的风险承受能力和约束下，为实现企业财务目标而制定、实

① 彭晓燕，保险公司资产负债管理概述[J].中国保险会计研究中心.

施、监督和修正企业资产和负债的有关决策的过程。”[1]原中国保险监督管理委员会(简称原中国保监会)对资产负债管理的定义为:“资产负债管理是指保险公司在风险偏好和其他约束条件下,持续对资产和负债相关策略进行制订、执行、监控和完善的过程。”[2]

第三节 资产负债管理体系

为有效开展资产负债管理工作,保险公司需要建立一套完善的资产负债管理体系,包括:总体目标、组织架构和人员、管理制度和流程、模型、工具和数据。

一、资产负债管理体系的构成

(一)总体目标和战略

资产负债管理的总体目标和战略在资产负债管理体系中属最高层级,是公司开展资产负债管理工作的指导原则。一些公司将资产负债管理目标设定为风险缓释措施,而多数公司则将资产负债管理目标定位为在可接受的风险程度内实现公司经营和财务目标。公司可接受的风险程度通常以风险偏好、风险容忍度和风险限额的形式设定。

(二)组织架构和人员

组织架构和人员是公司进行资产负债管理的前提。资产负债管理的组织架构涵盖治理层、管理层、执行层,包括董事会及其下设的资产负债管理委员会、高级管理层及其下设的相关委员会、资产负债管理部门以及其他相关职能部门等。此外,公司还需配备具有资产负债管理专业知识和技术能力的人员,以保证资产负债管理工作的有效开展。

(三)管理制度和流程

管理制度和流程是执行资产负债管理的保障。公司应围绕资产负债管理总体目标和战略建立配套的资产负债管理制度,并将之贯穿于寿险资产负债管理过程的始终。资产负债管理制度中应明确各层级和各相关部门、岗位的职责分工,以及资产负债管理工作开展的程序和相关职能部门间的沟通机制,确保每个环节均可按照规范有序地开展相关工作。

---

① http://wiki.mbalib.com.

② 《中国保监会办公厅关于征求对保险资产负债管理监管规则意见及开展行业测试的通知》[R]. 保监厅函〔2017〕299 号.

（四）模型、工具和数据

资产负债管理模型、工具和数据是公司具体开展相关工作的基础。公司应通过搭建符合自身管理需求的模型实现对资产负债管理所需的测算，并根据业务和资产特征，合理运用相关工具和指标，定期对资产负债匹配情况进行分析。此外，资产负债管理的测算和分析均依赖于真实、准确的数据，所以数据质量也是公司能否有效开展资产负债管理工作的关键因素。

二、资产负债管理体系的意义

从资产负债管理的定义出发，其是指公司在风险偏好和其他约束条件下，持续对资产和负债相关策略进行制订、执行、监控和完善的过程；将其进一步分解，公司还需要决策风险偏好、财务目标、业务规划、全面预算、资产战略配置规划和年度资产配置计划方案、产品策略、重大产品和投资事项、分红和万能结算政策等。

如果保险公司没有建立一套完善的资产负债管理体系，上述的决策可能是由一些相互独立的委员会或部门负责拟定和分析。例如，投资委员会负责决策资产配置，而产品开发委员会负责产品策略和定价，风险管理委员会拟定风险偏好，各委员会之间难以形成有效的沟通机制，导致资产负债有关决策的制定相互分离。此外，在执行层面的产品精算、投资、风险管理、财务等相关职能部门也可能因为相似的原因难以有效落实高层制定的决策。

而建立完善的资产负债管理体系，可以帮助公司在一个统一的框架下进行资产负债管理决策，并通过建立资产负债管理的组织架构、管理机制和配套工具以支持对于资产负债管理目标的决策和执行和落实。具体来看：

首先，公司通过建立资产负债管理的组织体系，可在制定资产负债管理目标时进行充分沟通，纳入各层级和相关部门的专业意见；而在资产负债管理工作执行过程中，各层级和各部门将有明确的责任划分。

其次，公司通过制定完整的管理制度和流程，也保证了在资产负债管理目标从制定到执行的整个过程中，上述各级机构之间在有章可循的前提条件下开展相关工作。

再次，制定资产负债管理目标需建立在分析和测算的基础上，帮助公司在进行相关决策时拥有更为充足的信息，提高决策的科学性和准确性。此外，通过相关技术工具和指标也便于公司在经营过程中进行持续监测，以保证资产负债管理工作的执行与有关决策保持协调统一。

第四节　资产负债管理技术工具

常见的资产负债管理技术工具包括现金流匹配、利率免疫、缺口分析、在险价值、动态财务分析等。

一、现金流匹配

现金流匹配是指为使公司资产与负债的现金流在时间和数量这两个因素上达成匹配，主动去配置相关资产。它实际上是一种负债主导型的资产负债管理技术。从理论上来说，如果在未来各个时点上的资产和负债现金流可完全匹配，风险可被完全消除。使用现金流匹配技术需按照期限由远到近的顺序，对所有负债现金流进行匹配。

二、利率免疫

现金流匹配的目的是为了达到资产现金流与负债现金流的时间和数额上的匹配，但由于现实中负债发生的时间和数额存在不确定性，难以实现精确匹配。免疫技术关注资产和负债价值的匹配，使资产和负债的差额对利率免疫，主要用于应对利率风险。相对于现金流匹配，利率免疫技术具有更大的弹性。当资产久期与负债久期相匹配的时候，可达到短期内的“免疫”，即资产和负债的变化不受利率波动的影响。

三、缺口分析

缺口分析是指对利率敏感性缺口的分析，缺口是指：

利率敏感性缺口＝利率敏感性资产 － 利率敏感性负债

缺口分析可用于利率风险和流动性风险的管理，它既可以期限的角度分析资产和负债的利率弹性，也能够从保险公司资产市值和负债市值整体的角度衡量利率风险，较好地衡量利率变化对公司资产净值的影响。但是，缺口分析技术有两个限制条件：一是资产与负债的利率水平要相等；二是资产与负债利率波动幅度相同。

四、在险价值

在险价值（VaR）是指在正常的市场环境中，给定的置信水平下，某一个金融资产或某一个资产组合在未来一段时间内可能的最大损失值。VaR 可直观表现潜在损失金额，因此被广泛应用。VaR 作为风险管理有效工具，可作为风险限额指标，监测资产负债不匹配的风险。

五、动态财务分析

动态财务分析(DFA)技术是指对某段时期内的保险公司的整体财务状况进行动态监控,既考虑了不同业务之间的相关性,同时也注重分析影响结果的所有因素的随机特征。DFA 要求对利润表、现金流量表、资产负债表和偿付能力表的结果进行分析,最终选取符合公司战略发展目标的方案。

与 DFA 相比,利率免疫和现金流匹配等技术是处理资产负债管理的静态手段,后者只考虑了利率和现金流等单方面因素的不确定性,没有从公司整体出发,忽视了市场环境、监管约束条件、公司业务假设等内外部环境的影响。DFA 的结果的有效性也依赖于假设、参数和模型质量等较为准确可信为前提。

第二章　资产负债管理与寿险公司经营

第一节　资产负债管理对于寿险公司经营的意义

资产负债管理是寿险公司日常经营管理活动中的重要工作之一。寿险公司一方面通过承保业务,承接保险责任,并收取保费;另一方面结合投资业务,通过持有或交易资产获得收益。

寿险公司需综合考虑死亡率、费用率、利率等多方面因素,并将保费收入进行合理安排,开展投资活动以满足负债端的赔付和费用等支出,并产生一定的盈利。当外界因素变化,如利率波动,会对资产、负债的价值及公司的盈利产生巨大影响。

从寿险公司的负债特点来看,首先,其通常期限较长,且结构多样化,在期限结构方面管理较为复杂。其次,负债通常具有成本,包括但不限于一旦触发保险责任则需进行的赔偿、保险合同期满的给付、储蓄型保单基于预定利率的收益返还等,而且从流动性的角度来看,还须确保在上述支付时点有充足的流动性资金。因此,这就需要公司通过合理的方式,将资产和负债在期限结构、成本收益和现金流等方面进行匹配,并能够根据外界因素的变化,不断调整和优化资产结构和负债结构,以保证在经营过程中的安全性、盈利性和流动性。

第二节　资产负债管理与寿险公司产品开发

一、预定利率

寿险产品的预定利率的确定需考虑诸多方面的条件和因素，包括宏观经济环境和政策、监管的有关要求和限制、同期银行存款利率、产品特征和计划支持该产品的投资组合等。

预定利率也与寿险产品定价息息相关。在其他假设如预定死亡率或预定费用率一定的情况下，如果寿险产品的预定利率越高，则投保人缴纳的保费越低，该寿险产品在市场上的竞争力越强，但未来投资收益率高于预定利率从而获取利差益的空间可能被压缩。

对于短期意外险和短期健康险等保险合同期限较短的保单，预定利率对保费影响并不显著。但对于诸如终身死亡保险、生存保险、两全保险和年金等长期寿险合同，预定利率的高低对保费的影响显著。这些保险合同也可进一步划分为保障型和储蓄型等类型。

二、不同保险产品的特征

保障型产品，例如定期寿险主要针对死亡等保险风险事件，一般设有固定的保单利率，不随市场利率变动，投保人所获得的保险保障也是一个确定的给付金额。一般纯保障型保险产品由于只支付死亡或意外伤害等保险责任，这些保险责任的给付也取决于死亡或意外伤害发生的概率，这些概率可通过生命表以及精算经验分析进行预测。所以，纯保障型保险产品的盈亏主要来自死差益和一部分费差益，其风险也主要涉及保险风险和一部分费用风险，对于利率风险并不敏感。

相反，对于储蓄型的寿险产品如两全保险和年金等，除了基本的保障功能外，还有储蓄的功能，所以也使得预定利率与银行利率产生了紧密的联系。如果预定利率设定过高可能导致利差损，如果预定利率设定过低则不利于保单的销售。由于这些储蓄型寿险产品的期限一般较长，当市场利率不断变化时，预定利率与实际利率则会产生偏离。此外，受到外部经济环境的影响，储蓄型寿险产品的预定利率的变化也比较大。例如，在经济环境动荡的时期，储蓄型寿险产品可能会因银行利率的频繁调整而不断进行更替，从而影响公司业务发展的稳定性。

对于分红保险和万能保险而言，分红保险产品可让公司根据资金运用的实际收益情况来确定分红水平并防范利率风险。同样，万能保险保单持有人可根据实际需要和个人财务情况，对保费及保险保障进行调整，此外，公司也可先以一个较低的保证利率出售保险产品，同时将账户余额与资金运用收益挂钩。对于投保人而言，具有抵御通货膨胀和利率变化的优点；对于公司而言，也可控制利率风险。通常上述两种保险产品也会设有最低保证利率，如果公司设定了较高的保证利率，则会承担较大的风险。

三、利率变动的影响分析

寿险资金的投资收益率是决定预定利率的重要因素之一，投资收益率和市场利率密切相连，同时也与公司的投资范围及投资结构有关。

预定利率会对公司的保费规模和利润均产生较大影响。从寿险公司的产品定价角度来看，在激烈的市场竞争下，预定死亡率和预定费用率的可调整空间并不多，所以公司的盈利在很大程度上依赖于资金运用，即通过有效合理的投资活动，获取高于产品预定利率的投资收益率，以保证成本收益的匹配。

由于寿险合同的长期性的特点，寿险公司很难实现对未来保险合同期内的投资收益率进行精确预测，尤其是对于一些利率敏感性的储蓄型产品而言，当外界市场环境发生变化如利率下降时，可能会导致（该产品所涉及投资资产的）实际投资收益率低于产品的预定利率，从而造成损失。

此外，对于寿险公司而言，其负债的期限较长，而资产的期限通常短于负债，期限结构并不匹配。当利率波动时，这种不匹配会导致资产和负债价值的变动有所不同。

例如，当市场利率上升时，公司资产和负债的价值下降。因为上述资产的期限短于负债，所以负债价值的减少会超过资产价值的减少，加之一些到期的再投资产品或新增投资也将获取更高收益，如果单从资产负债表的结果来看，此时对公司可能是有益的。

然而，在市场利率上升的同时，市场上其他的产品的收益率也会随之上升，在保险合同预定利率不变的情况下，预定利率可能低于市场利率，虽然对于保障型保险的影响不大，但会导致一些储蓄型的保险产品的竞争力下降，投保人和潜在投保人可能会在此时转而投资于收益率更高的产品。对于有效保单而言，可能会出现退保，进而引发流动性风险。对于新业务而言，若不立刻改变预定利率则会导致销售端压力增加，无法达成预期的保费规模。所以，当市场利率上升时，公司通常为提高产品竞争力而提高预定利率，但公司实际投资收益却无法在短时间内大幅增长，因此对于公司的盈利会存在一定程度的压缩，在成本收益匹配方面存在一定的风险。

当市场利率下降时，公司的资产及负债价值上升，因为资产的期限短于负债，所以负债价值的增加会超过资产价值的增加，进而在资产负债表上可能对公司造成不利影响。

利率下降时，在短期内公司持有的债券资产价格会上升，但从长远来看，新增资产以及存量资产的到期后再投资的收益率都很有可能下降，所以利率下降会对资金运用产生不利影响。此外，投保人可能会在此时使用保单中的选择权，使公司遭受损失。

当市场利率低于预定利率时，储蓄型保险产品较银行理财产品会更具竞争力，保单销量可能大幅增长，同时有效保单也会维持较高的续保率。但市场利率下降给公司所带来的成本收益匹配的压力也随之增加，如果此时公司难以在资本市场取得高于保险合同预定利率的投资收益率，可能会导致利差损的产生(在本章第四节将详细分析寿险公司利差损及其成因)。但是，如果此时公司因为成本收益匹配压力，降低新产品的预定利率，又可能影响新业务规模。

四、资产负债管理中的典型问题——利差损及其成因

利差损问题在世界一些主要国家的保险市场上均曾发生，甚至最终导致公司因资不抵债而面临破产。如下分别是美国、英国和中国寿险业中发生的利差损案例分析。

(一)美国保险业利差损

美国经济在 20 世纪 80 年代处于高利率环境，当时很多寿险公司销售了高预定利率的寿险产品。但 90 年代美国市场利率降低，此外，美国保险监管机构也规定降低责任准备金的评估利率，导致公司提取责任准备金的增加。[①] 其中，对于一些资产负债匹配情况较好的公司，这些影响可与其固定收益类资产的价值增加相互抵消，并未对公司的财务状况造成很大影响。但对于一些资产负债匹配情况较差的公司则引发了偿付能力危机。监管机构也对这些公司采取了追加资本金、出售其业务等监管措施。

例如，美国的 First Capital Holdings 主要经营利率敏感性年金保险，但是利率敏感性产品在给公司带来机遇的同时，也带来了风险，而在危机爆发前，First Capital Holdings 并没有通过合理的资产负债管理来应对风险，最终于 1991 年宣告破产。同时，另一家美国保险公司 First Executing Corporation 在 19 世纪末发行了大量的保证

① 陈琼，寿险公司资产负债管理问题研究[D].湖南大学.

收入合同(GICS)和年金产品,也由于盲目发行具有竞争力的产品,而忽略了匹配同样高利率的资产,终于在20世纪初宣告失败。

（二）英国保险业利差损

同样在20世纪80年代,英国银行利率较高,英国寿险公司也相继销售了一些高预定利率的保险产品。但是,1998年开始,英国进入低利率时期,寿险公司的投资收益大幅下降。其中比较具代表性的是公平人寿事件,其销售的大量高预定利率的保险产品,①在低利率时期导致了巨额的利差损。

公平人寿曾以合理的保费水平加上高分红不断刺激保费规模的增长,一度成为英国保险市场中的佼佼者。公平人寿不断对其养老金业务进行创新,推出了灵活的个人退休年金业务和额外自主缴费型养老金计划等产品,并签发了大量含有保证年金选择权的养老金保单。然而,公司管理层和精算师对此类保单的风险认识不足,准备金提取不充分。按照保单规定,保单持有人有权在到达退休年龄后按照签发保单时确定的年金费率购买年金,即保证年金选择权。最初,公平人寿没有对选择权提取相应的准备金,后来虽然提取了,但不充足。20世纪90年代后期英国基础利率不断下降,股市大跌,公平人寿面临巨大的利率风险,股票投资遭受巨大损失,在2001年投资损失约为12.7亿英镑。公平人寿在2000年前所拥有的股票投资占总投资的比例超过50%,但与分红养老金保单有关的投资收益早已远远达不到公司所保证的保单预定利率。②

（三）中国保险业利差损

我国保险业曾在20世纪90年代后期出现了较为严重的利差损,主要是由于90年代寿险业销售大量高预定利率的保险产品,在银行连续降息和保险资金运用渠道有限的环境中逐渐累积并爆发。

20世纪90年代初到中期,我国处于高利率时期(见图2－1),由于当时我国寿险产品主要以利率敏感性高的储蓄型产品为主,如前文分析,这些公司所经营的产品大多与银行利率挂钩。当时我国银行一年期存款的平均利率在8%左右,在1993年高达10.98%。在高利率的推动下,寿险产品的预定利率曾高达8.8%,许多公司销售了大量高利率的保单。从1993年开始,央行先后8次降息,并在2002年降到了1.98%。

在1999年之前,虽然很多公司已经开始对预定利率进行下调,但下调的利率却只对新业务适用,其既往所销售的寿险保单预定利率仍与高利率时期的银行利率挂钩,且大部分寿险保单为长期合同,预定利率一般不能变动。根据我国《保险法》第15条

① 公平人寿销售了大量含有保证年金转换权的高预定利率分红养老金保单。
② 丁昶、商敬国.英国公平人寿事件剖析[J].中国金融.

规定:“除本法另有规定或者保险合同另有约定外,保险合同成立后,投保人可以解除合同,保险人不得解除合同。”所以此时,公司对于利差损的加剧无能为力。与此同时,长期寿险预定利率的调整滞后于银行存款利率的调整,在 90 年代保费大量增长的阶段利差损一直存在,保费收入越多,成本收益匹配压力越大。①

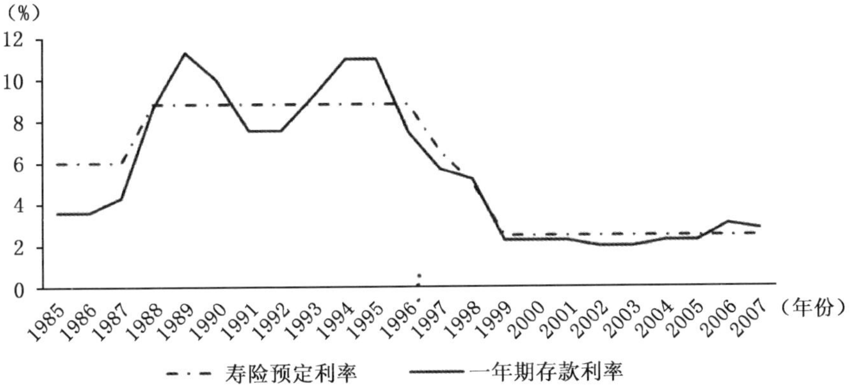

资料来源:笔者整理制作。

图 2—1　一年期存款利率与寿险预定利率(1985—2007)

从资金运用方面来看,1995 年《保险法》颁布之前,保险资金运用在缺乏有效的风险控制措施的情况下,导致了一些公司在投资方面的损失。

1995 年后根据监管规定,保险资金在运用渠道上,主要以银行存款、国债、金融债为主。1998 年,保险资金先后被允许同业拆借、购买中央企业 AA+公司债券,但仍难以解决利率下调给保险公司带来的压力,直到 1999 年国务院批准保险资金通过证券投资基金间接进入证券市场。

这就导致公司 1995 年之前的部分投资形成了坏账,1995 年后资金运用渠道受到监管的严格限制,资产与负债在成本收益和期限上匹配更为困难。

寿险公司以长期负债为主,国债和银行存款等投资期限较短,所以不得不在低利率环境下对到期的投资资产和新增保费收入进行再投资,但此时投资收益率下降,甚至低于保险合同的预定利率,造成成本收益方面的不匹配,进一步加剧了利差损。

(四)利差损的主要成因

利差损的出现表面上是公司在资金运用时受外部经济环境的因素影响,如市场利率变化等,但更深层次的原因,主要是资产负债管理的不当。

① 化解我国寿险业利差损风险探析[J]. 保险研究.

第一，盲目追求业务规模的迅速增长，陷入对市场份额的激烈竞争。寿险产品的主要功能应以保障为主，投资为辅。但一些公司过度宣传其产品的投资功能，而弱化产品传统的风险保障功能，竞相以高预定利率推出自己的产品，激烈的价格战不但在保险业内部蔓延，甚至还与银行业竞争市场，从而背负了成本收益匹配的巨大压力。

第二，在保单预定利率设定时并未充分考虑未来几年或者几十年对于金融市场的变化因素，如利率的变化及影响等。此外，如果预定利率只是参照当时市场上主要投资资产的收益情况，缺乏对具体支持该保险产品投资组合的预期回报率的分析，产品的预定利率与投资组合的回报率之间则缺乏相关度，难以综合考量负债和资产之间的相互影响。

第三，在新产品开发和评估等环节，缺乏有关技术和经验，在设定有关假设或评估精算准备金时对于风险的分析和认识不足。此外，由于日趋激烈的市场上竞争，一些公司在产品条款中增加了如保单借款、退保、转保等嵌入选择权。当利率或其他外界条件发生不利变动时，投保人就会根据更有利于自己的条款使用保单中的选择权，增加了公司资产负债匹配的难度。

第四，在资金运用方面，主要受到资金运用渠道限制，在资金运用上缺乏灵活度，从而束缚了公司资金运用的潜力，并造成风险的加剧。

第三节　资产负债管理与资金运用

一、资产配置

合理进行资产配置是资产负债管理的关键因素，而资产配置又与负债特性紧密相关。寿险公司的资产与负债不仅相互影响，也会受外部经济环境和市场因素的影响，如利率变化等。

由于寿险资金的长期性等特性，所以资产配置不能单以高投资收益作为唯一目标。因为寿险公司的资产配置有诸多约束条件和考虑因素，如公司投资限制、负债结构、偿付能力要求、风险偏好、流动性和合规性要求等。整个资产配置也是一个动态调整的过程，包括对经济环境和资本市场的研究和预测、对投资目标的设定、对资产负债情况的分析、对风险偏好的执行，以及对相关收益和风险情况进行测算等一系列专业程序。

从寿险公司的负债端来看，寿险合同的主要功能应是风险保障和储蓄。所以公司的资金运用应主要以财务状况的稳健来衡量，资产配置可考虑不同公司的负债结构和特点，以选择大类资产配置和具体投资产品，并通过多元化的配置兼顾风险与收益平衡。如果公司在进行资产配置时，未充分考虑负债特点而进行盲目投资，过高地承担了投资风险，如大量购买一些超出公司风险承受能力的投资产品，则会对公司的稳健经营带来不利影响。

此外，对于一些新兴或较为复杂投资品种，如果在进行投资前，没有经过足够的研究分析、风险评估并建立适当的风险管控措施的前提下盲目开展，也可能造成投资损失。

二、美国险资高风险投资案例

（一）美国执行人寿案例

美国执行人寿（Executive Life Insurance Company）曾是美国加利福尼亚州最大的人寿保险公司之一，其在 1991 年的破产对其投保人和金融市场造成巨大动荡。执行人寿在 1974—1988 年利用美国垃圾债券市场高收益的机会进行大规模投资并获得丰厚回报，其投资金额高达 90 亿美元，约 90％的交易是通过保险中介公司 Drexel Burnham Lambert 进行。其管理资产规模从第 355 位上升到第 15 位，一度达到员工盈利全美最高，资本收益率全美第三的水平。但是 1989 年 7 月—1990 年 12 月美国垃圾债券市场崩溃，导致 Executive Life 遭受巨额损失，在 1991 年 4 月被美国加州保险监管当局查封。

（二）AIG 案例

美国国际集团（AIG）于 1919 年成立，是全球首屈一指的国际性保险服务机构。

在 2008 年的金融危机中，AIG 因为采取相对激进的投资策略，在次贷支持类债券上的大量投资蒙受了巨额亏损，最后不得不接受美国政府的接管。

1987 年，AIG 的子公司“美国国际集团金融产品公司”（AIGFP）在伦敦成立，主要投资于金融衍生品市场。

1998 年，刚刚发明出 CDS 的 J.P.Morgan 向其建议由 AIG 出售以 CDO 债务包为基础资产的 CDS。后来接受了这个建议，改为 AIG 对 AIGFP 的 CDS 提供履约担保。到 2005 年，CDS 已经超过其他业务成为 AIGFP 的主要业务。AIGFP 出售的与次级贷款相关的 CDS 是以多类型债券 CDO 的超级安全债券为基础资产，当 CDO 证券的持有者蒙受损失之时，AIGFP 作为该档债券的 CDS 卖方，就要承担赔偿义务。由于当时 AIG 自身的信用等级很高，因此，不需要提供太多的信用抵押品；再加上当时的债务违约率很低，使得 AIGFP 卖出 CDS 的利润率很高，这些 CDS 交易也给 AIG 带来了丰厚的回报。

次贷危机爆发后，AIG 开展的 CDS 业务损失惨重，2008 年 AIG 前三个季度共损失 185 亿美元，股价自 2008 年以来跌去了 96%，股价暴跌、信用评级下调、交易对手追索抵押品，这些危机环环相扣，仅 3 天时间使得 AIG 这个具有 1 万亿美元资产的“巨人”走入绝境。AIG 于 2008 年 9 月 16 日被国有化。①

表面上看，是次贷危机爆发导致 AIG 销售的与次贷有关的保险产品巨额亏损，出现了现金流危机、信用评级下降，而信用评级下降使公司融资成本上升，更加加剧了现金流危机。但从根源来看，是 AIG 的资产负债管理的战略性失误，主要包括如下几个方面。

第一，CDS 产品风险过大。一旦发生违约，市值可能会巨幅减少。

第二，CDS 产品风险过于集中。一旦宏观经济环境变化，比如升息，将导致房价下降、还贷违约率上升，这种提供信用违约掉期的产品风险会在短时间内全面、集中爆发。

第三，AIG 销售的 CDS 产品数量过多，承受的风险暴露过大，且并没有充分考虑公司的风险容忍度。

所以，AIG 的投资策略并非为了满足资产负债匹配而是为了追求高收益。从保险公司经营角度看，其使用金融衍生工具来管理风险，如一些利率、汇率、信用风险的对冲，以满足保险资金的安全性要求是合理的。然而，AIG 的投资策略不仅没有对冲相关风险，反而通过出售 CDS 产品，承受巨大的风险，大大超出了公司的风险承受能力，漠视了保险资金运用的安全性和流动性的原则，使公司陷入经营危机。

第三章　保险行业资产负债管理的监管要求

第一节　国际监管

国际上多个保险监管主体均对保险公司资产负债管理提了相应的要求。例如，国

① 朱铭来，卓宇. AIG 危机对我国保险业的启示[J]. 中国金融，2008(21).

际保险监督官协会(简称 IAIS)1999 年 12 月发布《保险公司资产管理标准》,指出保险公司在制定资产配置策略的时候,要考虑其负债情况,要确保其资产的性质、期限和流动性能够满足保单责任到期支付的需要。

2015 版《保险监管核心原则》(ICP),在 ICP 8(风险管理和内部控制)、ICP 15(投资)、ICP 16(偿付能力目标下的企业风险管理)、ICP 20(公开披露)中,均涉及了资产负债管理的相关要求,并要求保险公司建立全面风险管理的体系和有效的资产负债管理和监控流程,确保其投资活动和资产的配置与公司的风险水平和负债相匹配。

另外,在其颁布的《资产负债管理标准》(IAIS 第 13 号准则)中,进一步明确了资产负债涉及的风险和管理程序,并要求保险公司建立完善的资产负债管理架构、管理政策、风险容忍度和风险限额、技术工具、风险控制和报告机制等。

第二节　国内监管

一、"偿二代"

原中国保监会高度重视国内保险公司的资产负债管理,在 2015 年发布的"中国风险导向偿付能力体系"(简称"偿二代")制度标准中,从偿付能力风险管理角度对保险公司资产负债管理提出了相关要求。

从"偿二代"第一支柱的最低资本要求计算来看,对于寿险公司的利率风险采用情景法计算,重点关注资产和负债久期的匹配,一般久期缺口越大,最低资本要求越高。

此外,在第二支柱的《保险公司偿付能力监管规则第 11 号:偿付能力风险管理要求与评估》中,要求保险公司"应当将偿付能力风险管理目标嵌入资产负债管理流程中","应当健全资产负债管理机制,建立资产负债管理重大事项审议制度,确保资产和负债的互动在风险偏好约束之下"。

二、资产负债管理监管办法

原中国保监会于 2017 年 5 月下发了《加强保险资产负债管理有关监管规则(征求意见稿)》(简称《征求意见稿》)。具体来看,监管制度包括监管办法、能力评估规则和量化评估规则。能力评估规则分为"基础与环境""控制与流程""模型与工具""绩效考核"和"资产负债管理报告"五个部分,并从"制度健全性"和"遵循有效性"两方面进行评估。同时,能力评估规则还对保险公司提出了提升要求作为加分项,鼓励公司进一步提高资产负债管理能力。人身保险公司的资产负债管理量化评估标准包括基本信息、期限结构匹配、成本收益匹配和现金流匹配 4 个部分，通过收集和计算相关指标对资产负债管理能力进行量化评估。

从偿付能力管理到资产负债管理，是银保监会防范风险工作得到进一步加强的具体体现，引导保险公司防范资产负债不匹配风险，避免非理性开展业务和投资行为。

2017 年 12 月，原中国保监会就《保险资产负债管理监管办法》（简称《监管办法》）征求行业意见。《监管办法》在前期五项具体监管规则的基础上，进一步明确了资产负债管理的基本要求、监管框架、评级方法以及对应的差别化监管措施，是资产负债管理监管的总领性文件。①

三、保险资金运用内部控制指引

2015 年原中国保监会发布了《保险资金运用内部控制指引》及应用指引，要求保险公司建立健全保险资金运用内部控制制度并组织实施，对保险资金运用内部控制进行专项审计，并向原中国保监会报送专项审计报告。应用指引为投资领域的保险资金运用提供内部控制体系建设指引，针对投资活动的决策制定、执行和管理等各个环节制定了相关标准及要求。

四、规范中短存续期产品

2016 年，原中国保监会出台了《关于规范中短存续期产品有事项的通知》《关于进一步完善人身保险精算制度有关事项的通知》《关于强化人身保险产品监管工作的通知》等，规范中短存续期产品。

在这些政策规范性文件中，原中国保监会将中短存续期产品的范围从存续期不满 3 年扩大为 5 年，同时提出销售总额、结构构成上的限制条件；停售存续期不满 1 年的产品；并自 2017 年起，不得将终身寿险、年金保险、护理保险设计成中短存续期产品等。

五、其他监管措施

在 2010 年发布的《人身保险公司全面风险管理实施指引》中，原中国保监会要求寿险公司建立资产负债管理目标和制度，并选择资产负债管理工具等。

在 2012 年和 2015 年发布的《保险资产配置管理暂行办法》《关于加强保险资产配

① 由于《监管办法》的发布时间与本课题研究结题时间相同，因此笔者并未对《监管办法》进行详细解读。

置审慎性监管有关事项的通知》中，原中国保监会要求保险公司加强期限管理、成本收益管理、风险预算和压力测试，防范资产负债错配风险等。

2017 年 4 月 20 日以来，原中国保监会密集出台“1＋4”系列文件、对保险业资产负债管理提出了相关要求。

其他资金运用相关监管要求如表 3－1 所示。

表 3－1　　资金运用相关监管规则

时间	监管规则	摘要
2015.12	《关于加强保险公司资产配置审慎性监管有关事项的通知》	该通知的出台主要是针对当时投资型保险产品超发的风险警示
2015.12	《保险公司资金运用信息披露准则第 3 号：举牌上市公司股票》	规范举牌境内外上市公司股票的信息披露行为
2016.5/2016.7	《关于进一步加强保险公司关联交易信息披露工作有关问题的通知》	进一步加强关联交易信息披露工作，保护保险消费者合法权益
2016.6	《关于清理规范保险资产管理公司通道类业务有关事项的通知》《关于加强组合类保险资产管理产品业务监管的通知》	一行三会实施联合监管，规范票据、不良资产、信托、券商资管、保险资产管理产品以及通道类业务等非标业务，体现了国务院“去杠杆、防风险”的精神；进一步明确保险资产管理公司开展产品业务的相关规范
2017.1	《关于进一步加强保险资金股票投资监管有关事项的通知》	加强对保险机构与非保险一致行动人重大股票投资行为的监管
2017.5	《关于开展保险资金运用风险排查专项整治工作的通知》	全面掌握保险资金运用状况，摸清行业风险底数

资料来源：笔者整理制作。

第四章　国外寿险公司资产负债管理相关经验

第一节　国外寿险公司产品及负债情况

一、国外寿险公司产品及负债端案例

（一）标准人寿

英国标准人寿（STANDARD LIFE）于 1825 年成立。在 20 世纪 80 年代，英国标

准人寿非常注重资产负债管理，使其即使销售了高预定利率的保单，也保证了资产负债的匹配，有效预防了利率波动带来的影响。公司每销售一批高固定利率的产品，都会匹配相应的高预期回报率的投资，从而实现资产与负债的合理匹配，因此在市场利率发生波动时，英国标准人寿并没有出现财务危机。①

（二）友邦保险

友邦保险全称美国友邦保险有限公司（简称 AIA 或友邦保险），服务范围覆盖 130 多个国家和地区，主要经营普通保险、人寿保险和退休服务、金融服务及资产管理等业务领域。

尽管 2008 年金融危机后，母公司美国国际集团遭遇了困境，友邦保险短期内退保率有所上升，然而凭借其在亚洲近百年来的价值发展经验、稳健发展策略及有效的资产负债管理与风险管理控制，其业务并未遭到重大冲击。友邦保险发展经验对我国寿险业具有重要借鉴意义。

友邦保险自成立以来，一直坚持价值导向策略，把握结构性增长机会，专注于发展保障型产品。友邦在 1997 年以前只销售预定利率低于 6.5％的保单，虽然短期内业绩受到影响，但是当亚洲金融危机爆发，央行利率大幅下调时，友邦只承担了很小的利差损失。

根据友邦保险（中国区）公开资料显示，近 3 年来友邦保险中国地区保费收入逐年增长，2016 年度中国区的保费总收入为 161.14 亿元，其中个人健康险、个人寿险及个人年金的收入分别为 72.41 亿元、50.68 亿元及 27.43 亿元，为主要收入来源（见表 4－1）。

表 4－1　　近三年来友邦中国地区保费收入情况　　单位：万元人民币

险种＼年份	2016	2015	2014
个人寿险	506 776	458 500	427 391
个人健康险	724 112	492 548	359 307
个人意外伤害险	54 003	46 488	40 981
个人年金	274 342	214 745	194 240
团体寿险	3 783	3 931	3 369
团体健康险	35 707	27 881	22 611
团体意外伤害险	12 671	13 042	10 120
合计	1 611 394	1 257 136	1 058 019

资料来源：《友邦中国 2016 年年度报告》。口径为中国区分支公司合并口径。

① 周艾珂. 化解我国寿险业利差损风险探析[J]. 保险研究，2007－11－20.

根据 2016 年友邦保险(中国区)数据,从其主要产品构成来看,保障型传统险占比 66.79%、分红险占比 30.52%、万能险和投资连结险占比 0.46%,保费收入排名前 5 位的主要为疾病保险和分红型年金保险等产品,友邦保险的负债端主要以长期保障类产品为主。从分保前寿险责任准备金来看,保障型传统险占比 53.73%、分红险占比46.23%、万能险和投资连结险占比 0.04%(以上占比数据不包括团体险),如表 4—2 所示。

表 4—2　　友邦中国 2016 年保险产品经营信息　　单位:万元人民币

排名	保险计划名称	保费收入	新单保费收入
1	友邦全佑倍至重大疾病保险	107 387	42 786
2	友邦全佑一生“六合一”疾病保险	86 607	1 702
3	友邦传世金生年金保险(分红型)	64 145	58 024
4	友邦全佑至珍重大疾病保险	61 964	61 964
5	友邦全佑一生(倍保险)重大疾病保险	59 954	30 165

资料来源:同表 4—1。

2010—2016 年,友邦保险新业务价值和内含价值复合年增长率为 24%和 10%,远超过行业同类型公司水平(见图 4—1)。

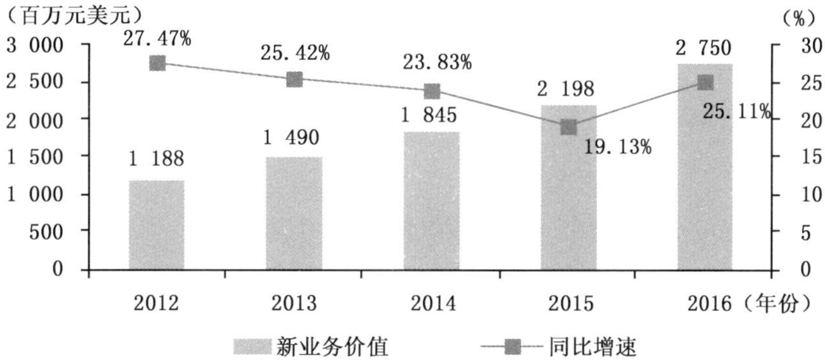

资料来源:根据友邦保险年度报告整理。

图 4—1　友邦保险 2012—2016 年新业务价值情况

由于保障型产品市场稳定性强于投资型产品市场,凭借友邦保险优秀的渠道销售和卓越的客户服务水平,并且受益于新业务价值的持续稳定增长,比优秀同业拥有更为显著的新业务价值增速,较同业保持较好的发展态势(见图 4—2、图 4—3)。

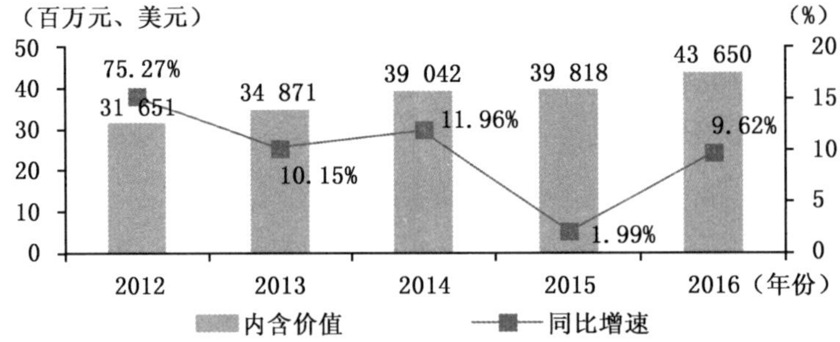

资料来源：根据友邦保险年度报告整理。

图 4－2　友邦保险 2012－2016 年内含价值情况

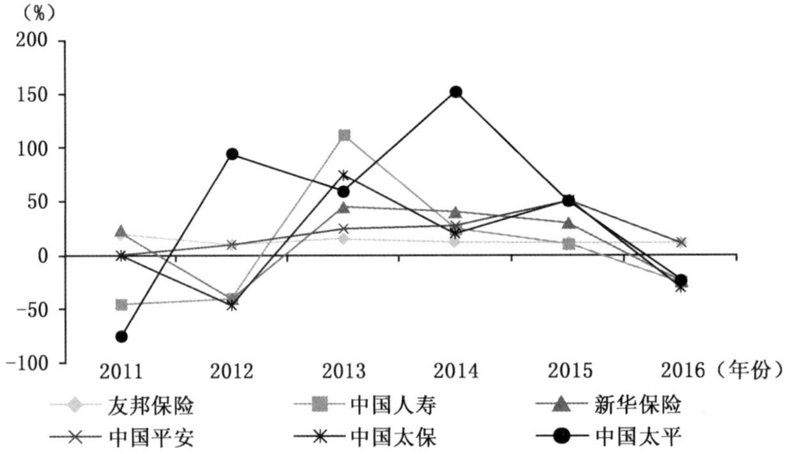

资料来源：根据友邦保险年度报告整理。

图 4－3　部分上市险资公司利润增速情况

因投资型占比较低，传统保障型业务占比较高，因此友邦保险新业务价值及内含价值受市场波动影响较小，业务经营和价值发展更加稳健。以 2016 年为例，通过对各公司投资收益率假设分别上升和下降 50 个基点，可以看出友邦保险新业务价值对精算假设敏感度较低（见表 4－3）。

表 4－3　　2016 年新业务价值对投资收益敏感性　　单位：万元人民币

公司名称	上升 50BP 后新业务价值变动	下降 50BP 后新业务价值变动
友邦保险	6.44%	－8.22%
中国太平	15.50%	－15.56%

续表

公司名称	上升 50BP 后新业务价值变动	下降 50BP 后新业务价值变动
新华人寿	15.53%	—15.59%
中国平安	9.47%	—9.50%
中国人寿	17.10%	—17.06%

资料来源:根据上市公司 2016 年度报告整理。

2016 年年报数据显示,友邦债券类 57%的久期超过 10 年,使利率周期波动对友邦影响较小,公司利润增长的长期稳定性大幅高于中国公司(见图 4—4)。

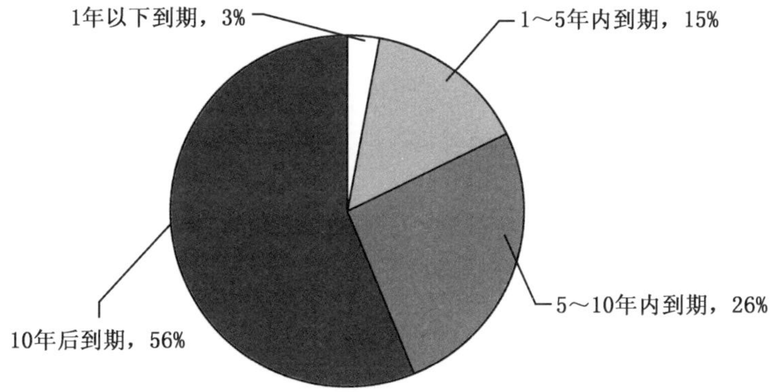

资料来源:友邦保险年度报告整理。

图 4—4　2016 年友邦保险债券类久期分布

自上市以来,友邦保险保费收入、税后利润、新业务价值、内含价值等都实现了大幅增长。尤其每年开发新的保障型产品,通过不同国家地区发展需要,满足客户不同阶段的需求,例如:

(1)2010 年,以独立保单或附于基本保单的附加保险等形式向客户提供涵盖医疗、残疾、危疾及意外等意外及医疗保险产品。

(2)2011 年,开发专注为家庭经济支柱不幸过早离世时提供所需保障。

(3)2012 年,着重开发销售对意外、危疾和伤残所引发的财务后果提供保障的保险产品。

(4)2013 年,将综合保障产品引进中国年轻家庭客户群,并推出专为满足教育资金需要而设的全新长期产品。

(5)2014 年,为中国香港客户提供组合式的全面退休方案。

(6)2015 年，推广更灵活的储蓄保障产品，在中国香港地区宣传医疗保健以及身心健康对个人和家庭保障的重要性；在中国香港和菲律宾推出 AIA Vitality 计划。

(7)2016 年，引用行为经济学，激励客户积极参与保健和健康活动，并借此提供保单折扣和升级优惠。

友邦保险在专注于提供风险保障的同时，不仅为客户提供一系列传统和分红投资型产品，也为客户提供健康生活全方位方案，通过中长期保障产品，以及科技创新带来的健康生活目标，满足包括从年轻家庭的教育储蓄到年老者退休前、后累积产品等不同人生阶段储蓄需求，对新业务价值及内含价值贡献较大。

(三)日本生命保险公司

日本生命保险公司(即日本生命保险相互会社)创建于 1889 年，是日本第二大人寿保险公司，

根据日本生命保险 2017 年披露的年度报告，可以看出其保费收入主要来源为个人保险(2017 年占总体保费收入的 52.60%)以及团体年金(2017 年占总体保费收入的 25.90%)；但 2015 年以来，个人保险以及团体年金的占比有逐年下降的趋势(分别下降 19.56%和 18.50%)，而个人年金及团体保险的保费收入占比逐年增加(分别增加 34.50%和 1.58%)。从保费收入占比最高的个人保险来看，个人保险的有效保单呈逐年下降趋势，而其中医疗健康险类的有效保单呈明显的逐年增加的趋势，进一步验证了保障类保险在保险公司的地位，以及近年来健康险的发展趋势(见表 4—4)。

表 4—4　　近三年来日本生命保险保费收入情况　　单位：百万日元

险种	2017 年一季度	2016 年一季度	2015 年一季度
个人保险	2 443 961	3 258 020	3 038 186
个人年金	682 503	518 919	507 474
团险	263 403	260 725	259 308
团险一年金	1 202 981	1 988 163	1 476 123

资料来源：日本生命保险 2017 年度报告。

根据《财富》的公开数据统计，自 2008 年金融危机后，日本生命保险公司每年的利润总体呈稳定上升趋势(见图 4—5)。

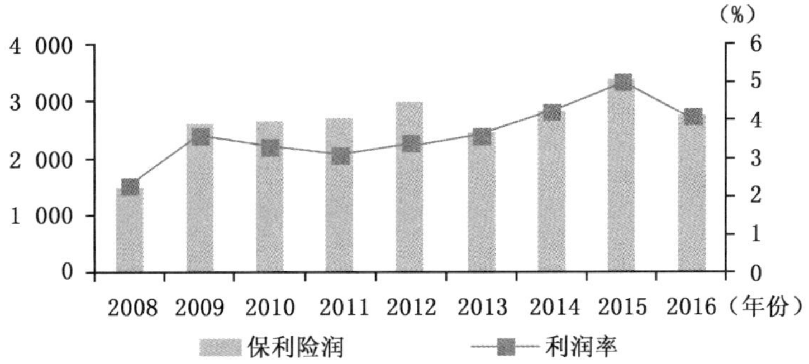

资料来源:http://www.fortunechina.com/global500/96/2017。

图 4—5 近年来日本生命保险利润与利润率情况

第二节 国外寿险公司资金运用情况

一、国外保险公司资产配置案例

(一)友邦保险

在前文中我们分析了友邦保险的产品结构,下面将从其投资组合产品比例、产品分类、产品期限和投资的债券产品信用级别等方面进行分析。

从友邦保险的投资组合的比例情况来看,主要是以债券和权益投资为主(见图 4—6)。债券类产品方面,友邦保险对该类产品的投资占比从 2007 年的 70.5%升至 2016 年的 79.9%,呈直线上升态势;而权益类投资则从 2007 年的 14.9%降至 2016 年的 10.8%,呈波动下降态势。现金类投资以 2008 年为拐点,从 2007 年的 4.2%增至 7.9%,同比增长 3.7 个百分点,2008 年金融危机后,该类投资的占比一路下滑至 2016 年的 1.2%。

从债券的产品分类来看,主要由以政府债券、政府机构债券和公司债券为主的债券产品构成。从占比看,友邦保险投资的公司债券类产品呈快速上升态势,该类投资占比由 2007 年的 29.9%升至 2016 年的 44.1%。

从投资期限来看,近 5 年来,10 年期及无固定到期日的债券占比逐年上升(见图 4—7),目前投资比例约为 57%左右,为目前固收类产品的主要期限;5—10 年期债券占比较为稳定,保持在 25%的比例;1—5 年期的债券比例整体呈下降态势,由 2013 年的 19%降至 2016 年的 15%。从趋势上看,公司从 2013 年以来开始加大对长期债券产品(10 年期及无固定到期日)的投资占比,减少了对短期(1—5 年期)债券的投资

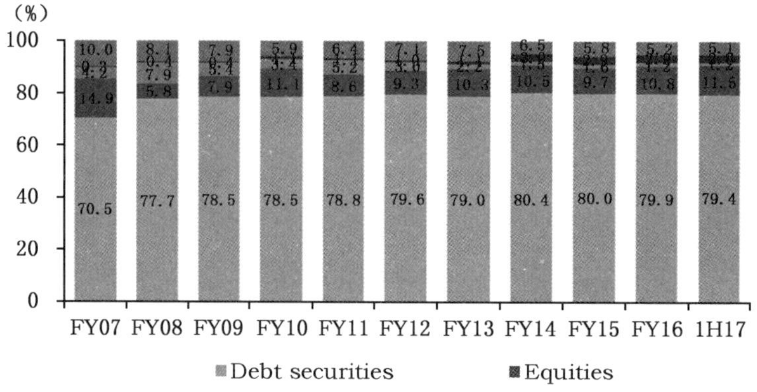

注：excluding investment—linked investment assets.

资料来源：公司公开披露资料，BofA Merrill Lynch Global Research.

图 4—6　2007—2017 年第一季度友邦保险投资组合比例(%)

占比，长期限的债券也将更好地和其寿险产品久期匹配。

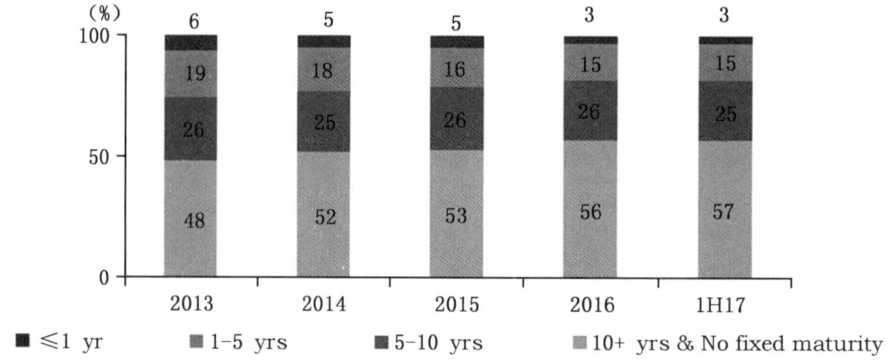

资料来源：公司公开披露资料，BofA Merrill Lynch Global Research.

图 4—7　2013—2017 年第一季度友邦保险固定收益类资产投资期限(%)

从债券的评级上看(见图 4—8)，AAA① 等级的产品占比仅在 5%左右，主要是 AA②，A③，BBB④ 级别的债券为主。从同行业的固收资产信用评级的情况看，AIA 债券产品的级别较为稳健，但 AA 等级及 A 等级的债券产品占比合计约为 60%左右，BB⑤ 等

① 信誉极好，几乎无风险。
② 信誉优良，基本无风险。
③ 信誉较好，具备支付能力，风险较小。
④ 信誉一般，基本具备支付能力，稍有风险。
⑤ 信誉欠佳，支付能力不稳定，有一定的风险。

级及以下等级的债券产品的配置占比为 5%。

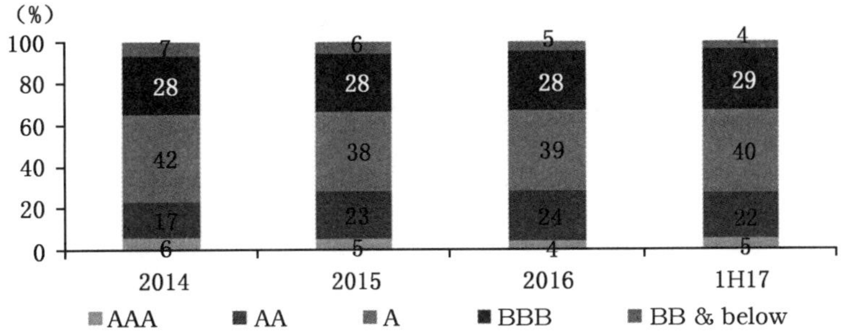

资料来源:公司公开披露资料,BofA Merrill Lynch Global Research.

图 4—8　2014—2017 年第一季度友邦保险债券产品信用级别分布

总体来看,从近 10 年的数据看,友邦保险的投资情况较为稳定,其债券类产品占比保持在 80%左右,较为稳定,并逐步加大了长期限(10 年及以上)产品的投资,有助于和负债段产品久期的匹配。其 BB 等级及以下信用等级的债券产品占比逐年下降,有助于降低信用风险,保持流动性。

(二)宏利人寿

加拿大宏利人寿保险公司(简称 Manulife 或宏利人寿)于 1887 年成立,目前是加拿大规模最大的寿险公司。

从图 4—9 可看出,宏利人寿的资产配置中,政府债券和公司债券产品的占比合计约为 50%,从比例上看,明显低于友邦保险 80%左右的债券产品配置;其他资产配置主要为 15%左右的房屋贷款以及 9%左右的私募债券产品。

从宏利保险公募债券及私募债券产品的评级分布来看(见图 4—10),宏利寿险的 AAA 等级债券产品配置较多、比例较高,此类产品收益率不高而风险较小。2010—2015 年,AAA 等级债券产品的占比的债券配置呈下降趋势,由 2010 年的 28%降至 2015 年的 23%。此外,与友邦保险 A 等级和 BBB 等级债券产品的比例相比,宏利寿险该类等级的产品合计占比约为 60%,处于较高水平;相比友邦保险 40%左右的 AA 等级债券产品配置,2010—2015 年宏利保险 AA 等级产品配置的平均比例为 18%。从等级分布来看,虽然宏利保险 AAA 级别的债券产品占比略高,但 A 与 BBB 等级债券产品为其债券产品配置的主要构成,虽然此类产品相应的收益率略高,但面临一定的信用风险。

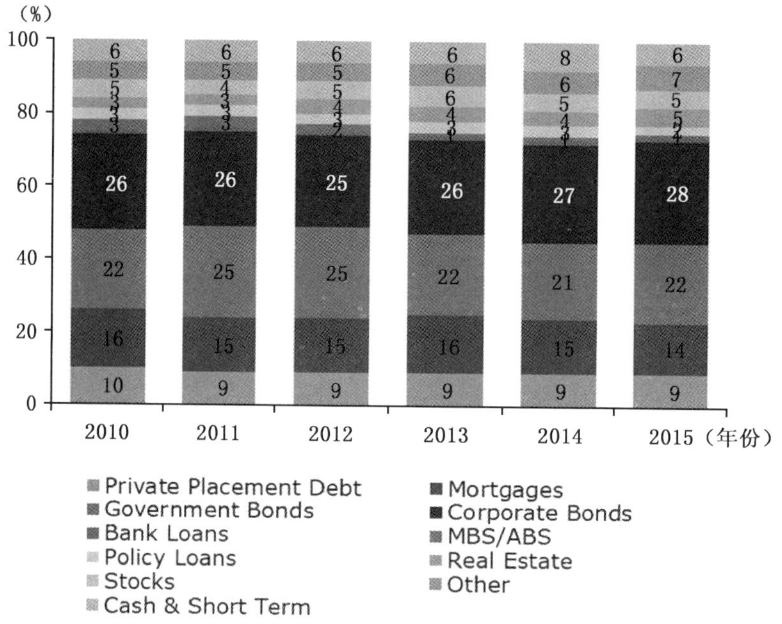

资料来源：公司公开披露资料，BofA Merrill Lynch Global Research。

图 4－9　2010－2015 Manulife 年资产配置分布

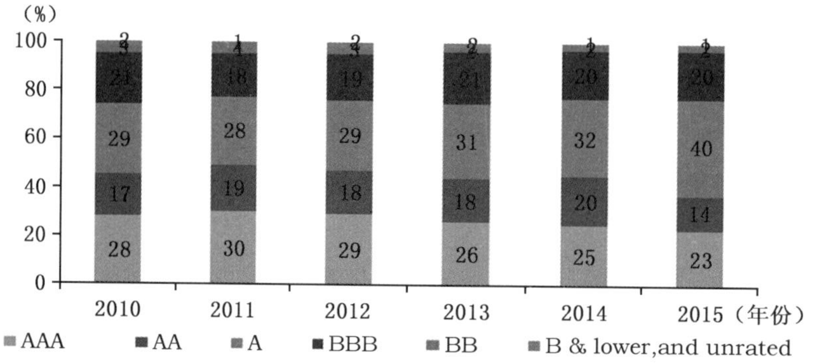

资料来源：公司公开披露资料，BofA Merrill Lynch Global Research.

图 4－10　2010－2015 年第一季度 Manulife 债券信用级别分布

二、美国寿险业低利率环境下的资金运用分析

2008 年金融危机后，美国寿险公司的投资收入在利率下行（见图 4－11）的情况下仍呈波动式增长。

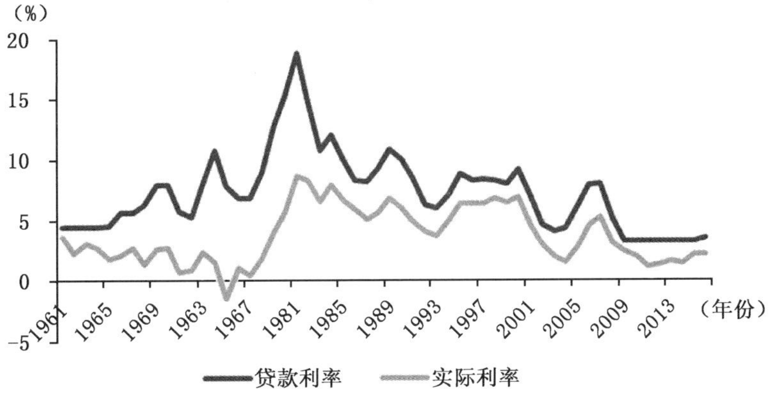

资料来源:wind.

图 4—11　1960 年以来美国贷款利率与实际利率走势情况

从图 4—12 可看出,2009 年的投资收入为近年的低点,约2 590亿美元。但在随后 5 年,投资收入开始保持上升趋势,主要受益于美国保险公司通过增加私人股权及对冲基金投资等多元化资产配置,以及同时减少低信用等级的债券产品占比。

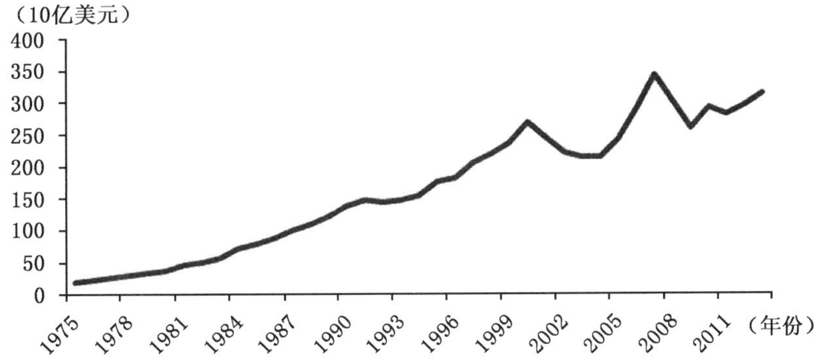

资料来源:wind。

图 4—12　1975—2013 年美国寿险公司投资收入

20 世纪 80 年代以来,美国的 10 年期国债收益率一直处于下行状态(见图 4—13)。2008 年金融危机之前,美国国债收益率仍较为平稳,金融危机后美国政府采取宽松的货币政策,10 年期国债收益率继续下滑。美国联邦基金利率由 2008 年 1 月的 3.5%降至 2008 年 12 月的 0—0.25%。①

① NAIC(美国保险监督协会).

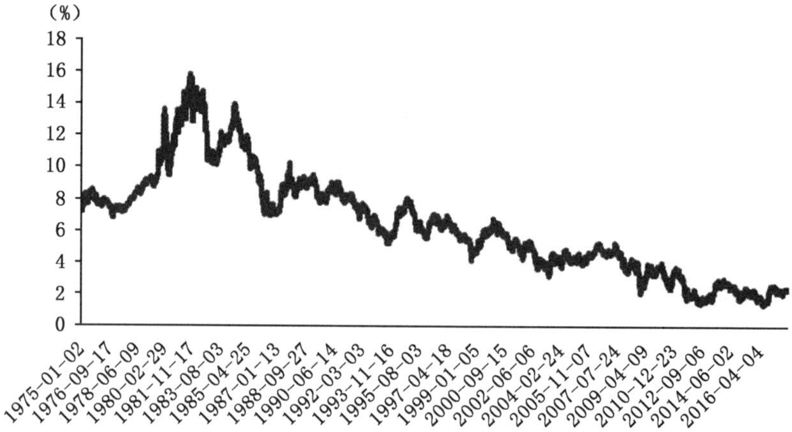

资料来源：Choice。

图 4—13　1975 年以来美国 10 年期国债收益率

在低利率环境下，公司倾向于投资短期债券，因为长期债券可能会被低利率套牢。但对于需要大量投资长期资产的寿险公司而言，这样会导致资产与负债的错配。

受债券产品较低的收益率影响，美国保险公司开始减少对债券的配置并开始寻求另类投资配置，虽然这些另类投资资产的流动性稍差，但有着更高的投资收益率，主要涉及的产品包含私募股权、对冲基金、房屋贷款以及结构债券等。从图 4—14 可看出，私募股权以及对冲基金的投资金额在金融危机后均保持逐年上升的态势。

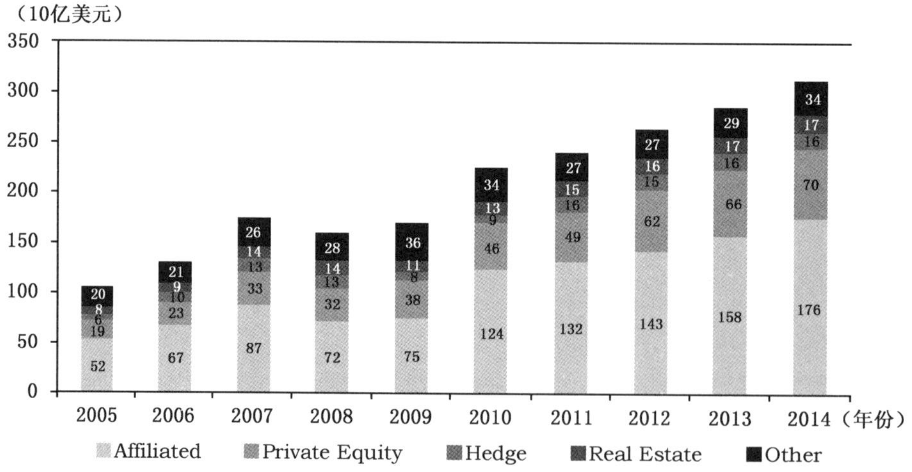

资料来源：NAIC.

图 4—14　近年来美国保险公司投资的其他长期资产金额

从资产配置来看，美国寿险资金配置较为稳健(见图4—15)，虽然在低利率环境下增加一些另类投资配置，但是其投资的主要资产仍然是债券类资产。

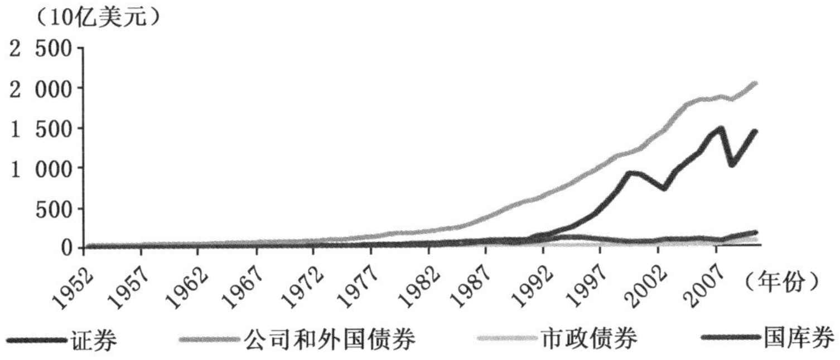

资料来源：Choice.

图4—15　美国寿险公司持有股票及不同种类债券金额(十亿美元)

根据NAIC的统计，截至2014年底，美国保险公司持有的债券90%以上为投资级别(BBB及以上等级)的债券。从图4—16可知，从2006—2009年美国保险行业投资的投资级别以下的债券呈逐年上升的态势。2009年投资级别以下的债券占比达6.3%，这同时也受金融危机后大量债券级别下调的因素影响。2009年后，美国保险公司购买的投资级别以下的债券开始呈下降态势，截至2014年末，为5.6%。

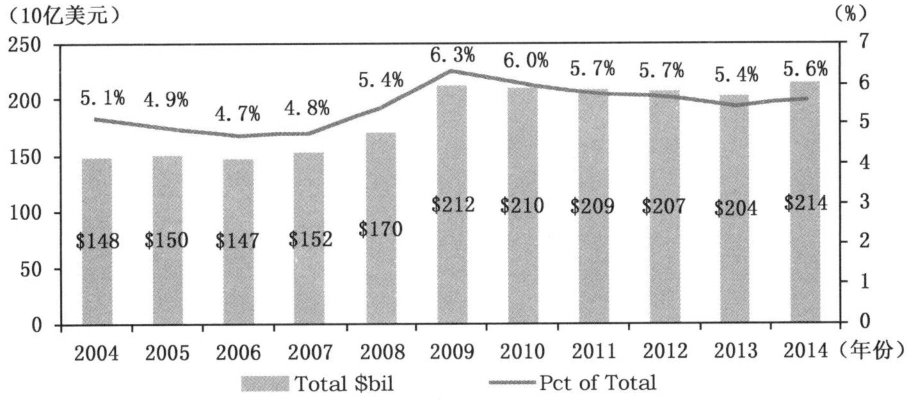

资料来源：NAIC.

图4—16　美国保险公司披露的投资级别以下的债券比例的比例

长期处于低利率环境下美国保险公司的投资收益仍保持上升态势，一方面是采取了增加私募股权以及对冲基金等高利率低流动性的资产配置，以平衡低利率环境下的利差损失；另一方面保险公司通过减少投资级别以下债券占比以降低风险，保持稳定的收益。

第三节　日本寿险业的危机及应对案例

在前文分析中，我们不难看出当公司未能进行有效的资产负债管理时，可能引发利差损等风险，甚至危及其持续经营。以下是20世纪90年代在日本寿险业集中爆发的经营危机案例，其中资产负债管理的不当是引发此次危机的根本原因，日本寿险业也蒙受了巨大损失并经历了长时间的衰退期。但日本寿险业在这次危机之后，深刻总结了经验教训，通过不断改善经营方式，提高资产负债的匹配和管理，最终摆脱了长达22年的利差损，迎来了全新的发展时期。

一、危机爆发

20世纪80年代后期，日本处于泡沫经济时期，日本寿险公司为抢夺市场份额、增加保费收入、追求规模扩张，相继发行了大量高预定利率且储蓄型强的养老保险和个人年金，分红型产品保证收益率达到4％－6％。80－90年代，日本寿险业的预定利率一直居高不下，1985年，10年期以下的新合同预定利率更是达到6.25％。[①] 由于当时10年期以上的长期政府债券发行量较小，因此寿险公司将大部分资金投资在股票、房地产和贷款上。

1991年，日本银行存贷款利率开始下调，1995年跌至0.5％，2000年开始正式实施零利率政策(表4－5、图4－17)。在低利率的环境下，日本寿险公司也相应降低了保单的预定利率，而下调的预定利率只是针对新单业务，加之之前累计的高预定利率保单，日本寿险公司面临巨大的成本收益匹配压力。

表4－5　　1985－1999日本寿险公司产品保单年预定利率

预定利率	1985年	1990年	1993年	1994年	1996年	1999年
20年起以上	5.5％	5.5％	4.75％	3.75％	2.75％	2.00％
10年期以上	6.0％	5.5％	4.75％	3.75％	2.75％	2.00％
10年期以下	6.3％	5.8％	4.75％	3.75％	2.75％	2.00％

资料来源：《现代日本经济》。

① 赵家敏，苏莉. 从资产负债管理看日本寿险业的利差损问题及对我国的启示[J]. 现代日本经济，2004(2).

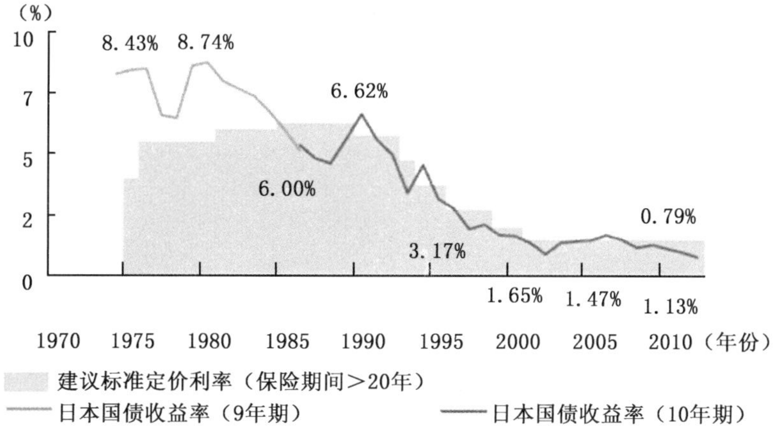

资料来源：《中国商业保险》。

图 4—17　日本国债收益率和建议标准定价利率

在资金运用方面，受低利率政策的影响，日本寿险公司也对资产配置进行了调整（见图 4—18），下调存款比例，并增加了公司债和股票等有价证券投资占比，尤其增加了债券和外国股票的持有。然而，20 世纪 90 年代股市、房市的价格暴跌，日本寿险业的投资收益率从 1990 年的 7%左右下降至 2000 年的 2%左右。加上日元不断升值，使以外币结算的海外投资资产也出现了汇兑损失，导致寿险公司的财务收支急剧恶化。（见图 4—19）

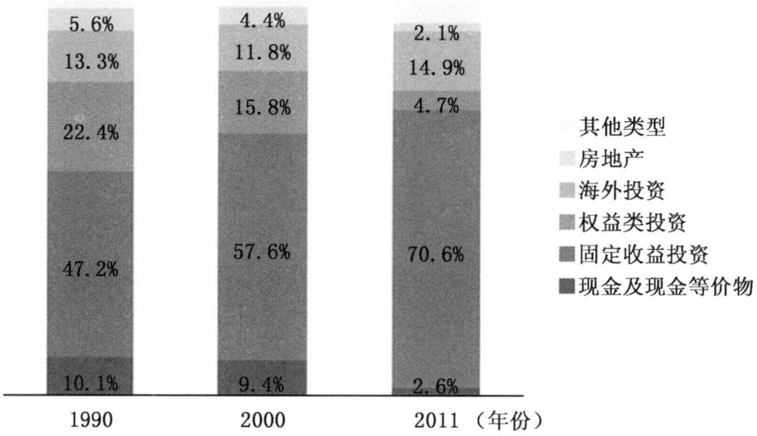

资料来源：《现代日本经济》。

图 4—18　日本寿险业一般账户资产配置

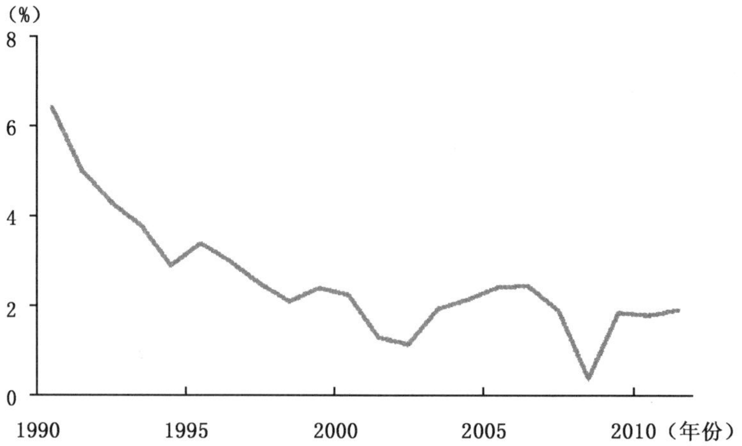

资料来源：《现代日本经济》。

图 4－19　日本寿险业一般账户投资收益率

由于前期过高预定利率产品的累计，而随经济变化下的投资收益又明显下滑，结果必然产生利严重的差损，日本寿险公司随后相继破产。1999 年，日本 15 家主要寿险公司的利差损达到了15 301亿日元。

在 1999－2001 年 3 年间，共有 6 家保险公司相继宣布资不抵债(见表 4－6)，2008 年大和生命公司也宣告破产。其中，有不少寿险公司在破产前均已成立超过了 80 年。

表 4－6　　日本寿险公司破产情况

公司名称	破产时间	倒闭时总资产(亿日元)	等价资产(亿元人民币)
日产生命	1997/04	20 609	1 284
东邦生命	1999/06	28 046	1 747
第百生命	2000/05	21 885	1 363
大正生命	2000/08	2 044	127
千代田生命	2000/10	35 019	2 182
协荣生命	2000/10	46 099	2 872
东京生命	2001/03	10 150	632
大和生命	2008/10	2 832	176

资料来源：《现代日本经济》。

日本寿险业整体的利差损现象从 1991 年一直延续至 2013 年，历时达 22 年。此外，1995 年寿险保费收入受经济的影响开始出现负增长态势，新单和有效保单均出现严重下滑。日本寿险公司一方面无法支撑负债端的高资金成本，另一方面新增保单负增长，存量保单又因无法达到预期收益率而遭遇退保，寿险业陷入了困境。

二、应对和解决之道

在日产生命公司宣告破产后，日本监管机构开始允许保险公司按规定调低准备金，但最高调整幅度不超10%。此外，第三方保险公司将接管原保险公司以确保后续的运作。同时监管机构规定，如保单持有人在公司资不抵债被接管后的首年退保，将允许承保公司扣除保单持有人退保金的15%—20%作为惩罚，这一扣除比例将逐渐降低，第10年降为0。[①]

危机爆发之后，日本寿险公司也深刻体会到资产负债管理在日常经营中的重要性。从日本寿险行业各家公司的情况来看，在1990年日本经济泡沫破灭后的较长时间的利差损阴霾中，很多公司仍然保持着健康稳定的持续经营能力，这其中的重要原因在于这些公司对于内部费用和死亡率的合理控制，提高了死差益和费差益，一些公司通过这种方式不但弥补了利差损，反而取得了盈利。在2000年前后，日本寿险业的利差损高达−60%以上，但死差益贡献超过120%，而费差益贡献在40%以上，促使三差合计约为正值。[②] 不少公司通过持续下调新增保单的预定利率，以及在降低负债端成本的基础上优化资产配置来逐渐减少利差损带来的影响。其具体措施如下。

(一)调整产品结构，加强产品创新

日本寿险公司采用了一系列调整产品结构的措施：如增加变额年金销售，将投资风险转移给保单持有人；增加外币保单，尤其是美元保单和欧元保单的销售，并由保单持有人承受汇率风险等。此外，日本寿险业也加大了在健康保险、医疗保险等产品的发展力度。

利差损过后，储蓄型保险的需求大幅减少，随着老龄化和预期寿命延长带来的长寿风险成为主要的风险，死亡保险的需求相对下降，医疗保险的增速大幅提高，如健康险、长期护理险和防癌险成为业务增长主要来源。各家保险公司看到了健康保险等产品的广阔市场前景，逐步实现产品和服务差异化和多样化，提供医疗咨询等附加服务。

除健康保险以外，2015年个人年金更取得近乎翻倍的增长，其中变额年金增长迅速。很多公司也在这些产品定价时采用了更加合理和保守的假设，通过有效的管理获得了不少利润。

(二)调整预定利率

为了应对低利率，日本寿险公司相应下调保单预定利率，并按上一年的10年期国

① 陈艳婷.日本解决利差损问题及启示.中国商业保险，2013(4).

② 孙婷，举牌是保险业的唯一出路吗？或许还要从“供给侧”解决问题：日本寿险业的启示，搜狐财经.

债的平均收益率来确定新一年的保单预定利率。对于利差损时期的高预定利率保单，其中一部分是由于公司倒闭而转移到其他公司，承接保单的公司可以重新签订合同，并强制下调预定利率；另一部分由于公司没有倒闭而保单继续有效，但需下调新单预定利率。这一系列举措也让日本保险公司的平均负债成本逐年下降。

（三）加强渠道创新

首先，日本寿险公司加强银保渠道营销，重点发展税务和财务顾问等销售渠道，销售与日本税收环境相适应的增额定期寿险等产品。另外，一些公司自营网销渠道，主销售定期寿险、健康险和失能险等。Life Plaza Holdings 控股公司（LPH）在 2000 年设立了第一家来店型店铺，①为客户提供多家保险公司产品，并提供专业的保险咨询服务；又如 Lifenet 生命和 SBI 安盛生命利用互联网优势，寻求寿险销售的新途径。这些新渠道也为日本寿险公司带来可观的保费收入。

（四）提高运营效率

由于保费收入增长乏力，日本寿险业致力于降低费用成本，提高运营效率。很多公司通过缩减编制，关闭营业场所，从而降低营运成本。此外，很多公司为提高投入产出效率，增加对绩优代理人的激励，减少对绩效落后代理人的支出。

（五）提升服务质量

日本寿险业面临退保高压态势，并不利于公司可持续发展和长期盈利。日本寿险公司为了增加保单留存率，增加了保单维持人员数量。此外，很多公司也采取了增加对绩优营销员的激励，减少对绩效落后营销员的支出。②

（六）加强产品销售管理

很多公司刻意采取减少如趸缴养老金保险等容易被误导为投资为目的的保险产品销售，例如降低佣金、限制保费及保险金额等，一些公司甚至停止销售这类商品。同时，也可降低预缴保费的折扣率及延迟领取保险金的利息等。

（七）优化投资资产配置

为应对日本投资环境的变化，日本寿险公司将部分资金投资到海外市场，不少公司在防范汇率风险的基础上增加海外固收类资产投资，同时加大配置海外房地产基金，并由于日币升值的影响，海外投资收益率也高于日本 10 年期国债收益率。由于经济环境和货币政策的影响，日本 10 年期国债收益率也在逐年下降，但通过资产配置结构的优化，日本寿险业投资收益率却在逐步提升，其 2000 年前后的投资获得的平均收

① 来店型店铺就是开设保险门店，让消费者自由选购自己所需要的保险。

② 孙婷，举牌是保险业的唯一出路吗？或许还要从“供给侧”解决问题：日本寿险业的启示，搜狐财经.

益率约为 1.8%，超过 10 年期国债平均收益率 50 个基点。[①] 下文将对日本寿险业在低利率环境中的投资策略进行分析。

从图 4—20 可以看出，自 1990 年开始，日本进入利率大幅下行阶段，虽然 2005—2008 年有小幅回升，但是 2008 年金融危机后开始呈下降趋势。1990 年至今，日本的 10 年期国债到期收益率也一直处于较低水平(见图 4—21)。

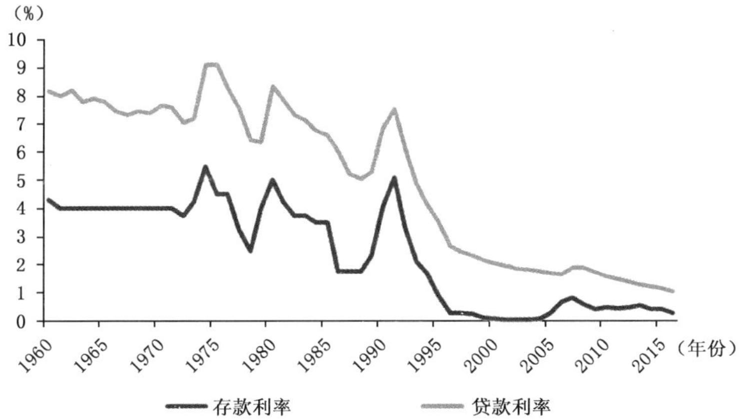

资料来源：wind。

图 4—20　日本存款利率及贷款利率走势(%)

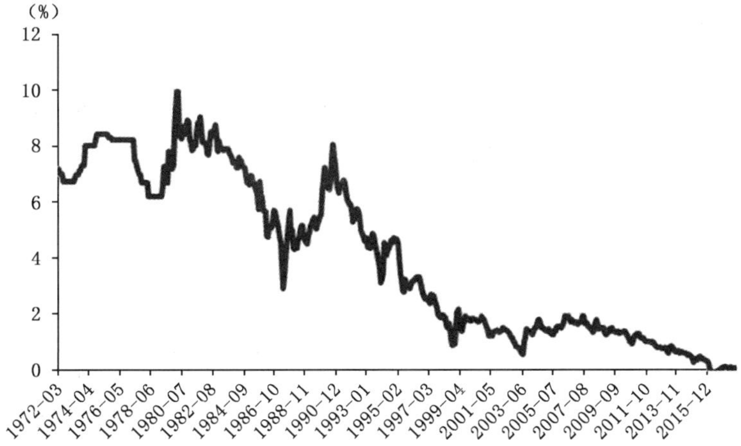

资料来源：wind。

图 4—21　日本 10 年期国债基准收益率

① 陈艳婷.日本解决利差损问题及启示.中国商业保险，2013(4).

从日本保险公司的分产品投资收益情况（见表 4－6）可看出，股票收益率最高，2015 年末，境内和境外的投资收益率分别为 5.17％和 2.24％。其次为对房地产的投资收益，从 2011－2015 年的数据可看出，房地产的投资收益率一直保持稳定在 2％以上，2015 年末为 2.62％。相比股权及债券，房地产的投资收益较为稳定。

表 4－6　　日本保险公司分产品的投资收益率情况　　单位：％

年份	债券	国内股票	境外股票及债券	财务贷款	房地产	通用账户资产
2011	1.91	1.56	2.91	1.94	2.27	1.92
2012	2.00	0.61	5.25	2.18	2.35	2.36
2013	1.95	5.14	4.60	2.15	2.43	2.40
2014	1.88	5.31	5.50	2.28	2.50	2.58
2015	1.75	5.17	2.24	1.70	2.62	1.92

资料来源：The life insurance association of japan.

日本境内债券的收益率长期低于 2％，收益明显小于境外债券。从图 4－22 看出，日本保险公司逐渐增加了对境外股票投资配置，2015 年末，对境外股票及债券市场的资产配置已达 21.4％。

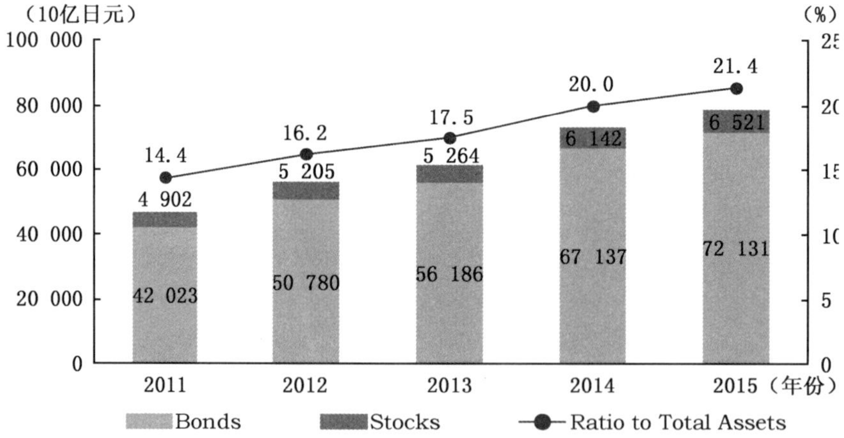

资料来源：The life insurance association of japan.

图 4－22　近年来日本保险公司境外股票及债券投资情况

（八）改变资本结构

通过改变资本结构提高运营效率、降低成本。例如，互助保险公司转换成股份制公司,股份制公司相互合并;日本生命、三井生命先后转换成股份制公司;三井住友生命和相生人寿则合并成三井住友相生人寿。[①]

三、危机化解

随着负债成本的下降和投资收益率的稳步提高,2014 年日本寿险行业整体利差损转为利差益,结束了长达 22 年的利差损。2016 年新增保单的预定利率约为 0.5%—1%,投资收益率保持在 2.5%—3%,已经形成了稳定的盈利模式。

目前,随着寿险、健康险等保障型业务的增加,死差益也逐渐成为主要利源,其受外界经济因素影响较小,具有更为稳定的利润贡献。同时,日本寿险业也致力于不断完善精算和风险管理机制,一般每 5 年发布一次《完全生命表》,每年发布一次《简易生命表》,经验数据更新及时且累积丰富,有效控制了保险风险。

此外,在费用方面得益于上述的提升运用效率和管理精细化水平,一些公司尤其是大型保险公司也保持着稳定的费差益。日本寿险业在经过了巨大的危机后,探索出了一条低利率环境下的健康发展之路。

第四节　国外寿险公司资产负债管理体系建设实践案例分享

经多年不断摸索,国外许多寿险公司已经建成了较为完善的资产负债管理体系。具体而言,这些公司在资产负债管理体系建设方面具有如下特点:

第一,国外多数寿险公司制定了明确的资产负债管理的总体目标,并在此基础上,形成了资产负债管理的策略和相关政策,确保总体目标的实现。

第二,多数公司建立了层级较为清晰的资产负债管理组织架构,设置了包括资产负债管理委员会、资产负债管理专职部门等机构,并为资产负债管理相关岗位配置了具备精算、投资、财务或风险管理等相关专业背景的员工,保证其接受足够的专业培训以胜任相关工作。

第三,许多公司建立了完善的管理制度和流程,将各相关层级、部门和岗位的职能职责以及相关事项通过管理制度和流程进行固化,确保各项工作在执行过程中有序开展。

第四,一些公司配套了较为科学的模型和工具,并建立了数据平台,实现了资产负

① 陈艳婷.日本解决利差损问题及启示.中国商业保险,2013(4).

债管理的量化、自动化和集成化。

如下是 4 家国外寿险公司（A、B、C、D）的资产负债管理实践案例，其分别在总体目标的设定、组织架构的建立、管理流程的设计、模型和工具的应用等方面各具特点。

一、案例一（A 公司）

主要特点：该公司制定了明确的资产负债管理目标，并在资产配置政策的制定过程中，建立了分工较为明确的协作机制。

公司资产负债管理的总体目标是确保财务稳定。为实现该目标，公司制定了以减少资产负债错配为核心的资产负债管理策略，并将资产负债错配纳入公司的风险偏好中，设定了资产负债错配限额。

公司根据资产负债管理总体目标和策略，结合资产负债错配限额，制定了资产配置政策（包括战略资产配置方案和投资指引等）和风险管理政策，并建立了较为完善的配套制度和流程。其中，在战略资产配置方案的制定过程中，投资部门、精算部门、风险管理部门相互配合，并由投资委员会对战略资产配置方案进行审批，具体流程如下：

（1）精算部门对公司的负债情况进行审慎评估，并将评估结果提供给投资部门和风险管理部门。

（2）风险管理部门根据公司董事会审批的风险偏好和风险容忍度，结合公司资产负债管理的总体目标，拟定资产负债错配限额并提交集团审批。

（3）投资部门基于精算部门提供的负债评估结果，结合资产负债错配限额和集团制定的其他约束条件（包括资本回报要求、允许投资的范围、投资集中度限制、流动性要求等），拟定战略资产配置方案，提交公司投资委员会审批。

（4）风险管理部门对投资部门拟定的战略资产配置方案进行风险评估，确保其符合资产负债错配限额以及内外部合规性要求，并将风险评估意见提交公司投资委员会。

（5）公司委托资产管理公司进行投资，资产管理公司根据投资委员会审批的战略资产配置，结合其对于投资市场情况的专业判断，开展具体投资活动。

二、案例二（B 公司）

主要特点：公司将资产配置风险管理作为公司资产负债管理的重要组成部分，设立了资产风险控制部门并建立了运行有序的资产配置风险管理流程。

公司采取负债导向型的资产负债管理模式，[①]并高度重视资产负债错配和流动性风险。所以，资产配置风险管理是公司资产负债管理的重要组成部分。

公司设有资产风险控制部门，负责日常投资和交易活动的风险预警。公司建立了资产配置风险管理制度和相关流程，当资产风险控制部门发出预警信息时，投资部门制定处置措施，并在管理层的审批后执行。具体流程如下：

（1）资产风险控制部门根据公司资产配置方案和风险偏好，设定相关风险监测指标，并对指标进行日常监控。

（2）当发现指标阈值突破时，资产风险控制部门发出预警信息通知公司管理层、投资部门和风险管理部门。

（3）投资部门从风险成因、影响程度等方面进行评估分析，并拟定处置措施，内容包括具体的行动计划、预计完成的时间等。

（4）风险管理部门在资产风险控制部门的协助下，对投资部门拟定的评估分析结果和处置措施进行审核，并提交管理层审批。

（5）审批后的处置措施由投资部门落实执行，风险控制职能部门对处置措施的执行情况进行监督，定期将有关信息向管理层和风险管理部门反馈。

（6）处置措施执行结束后，资产风险控制部门向管理层进行总结报告。

公司运用科学的量化手段，通过敏感性分析和随机模拟等方式分析可能影响资产负债错配程度的因素，包括债券收益率、股票价格、房地产价格、汇率、对冲基金指数、隐含波动率、信用利差、主权债务息差、金融衍生品价格等。

公司定期运行经济资本模型，测算各类风险（包括保险风险、市场风险、信用风险等）的经济资本。为保证技术的先进性，公司配备了经济资本计量团队，负责对模型的运行和维护，并持续对相关参数进行校验和调整。

此外，公司密切关注资产的流动性水平。公司通过流动性压力测试预测未来在压力情景下的流动性资产需求，以及因赔付或集中退保导致的资产强制变现所产生的损失等，并设置了流动性限额和相关监测指标，提高流动性管理的前瞻性。

三、案例三（C 公司）

主要特点：该公司建立了该公司建立了较为清晰的资产负债管理组织架构和管理

---

① 该模式强调从负债的角度看待资产与负债之间的关系，即根据负债的特点安排资产的期限、结构、比例及流动性等。其主要目的：一是资产配置需要满足负债偿还的要求，即保证在确定的时间范围内，能及时、足额偿还负债；二是资产配置要为公司日常经营准备足够的流动性，以维持企业经营的正常运转；三是在满足前述要求的基础上，尽可能提高所配置资产的盈利能力。

程序。①

（一）资产负债管理职责分工

1. 资产负债管理委员会

资产负债管理委员会负责制定资产负债管理目标和政策并对公司的资产负债头寸进行检查，以保证所有的资产负债管理指导原则正常执行。

资产负债管理委员会由公司的首席执行官、首席财务执行官、首席精算师、首席投资官和首席风险官组成，会议召开时也包括与当时议题有关的部门的负责人等。

资产负债管理委员会下设投资小组和信用等级评定小组。

投资小组的主要职责是回顾和检查资产组合的变动，量化衍生工具和资产交易的影响，跟踪和评估利率和其他风险的程度，对所有投资组合进行优化和更新。小组委员包括投资部门、精算部门和财务部门的代表，并至少每季度对以下事项进行研究：(1)公司的法定准备金和会计准备金充足情况；(2)会计规则下的不匹配款项；(3)公司盈余的经济价值；(4)关键利率的灵敏度；(5)资本需求和资本收益。

信用等级评定小组的任务是决定寿险产品和年金的信用等级。每周召集一次会议，投资部门、精算部门、财务部门、市场精算部和年金市场部门需派代表参会。

（二）资产负债管理主要程序

1. 决定风险承受能力

公司资产负债管理的目标是在可承受的风险水平和一定的约束内实现既定的财务目标。

资产负债管理委员会负责制定与公司风险承受能力相协调的资产负债管理战略、政策和指导原则，如设计未来收益波动的可接受范围等。资产负债管理委员会从外部市场情况和公司财务状况两个方面评估公司的风险，设置利率风险管理的相关决策和约束条件，并监控流动性和资本充足性。

2. 执行投资策略

公司通过更新投资组合，或者采取利率互换、货币互换或其他套期保值策略，对风险对冲，以实现资产负债管理目标。通常除了年金组合需月度回顾外，所有其他组合均为季度回顾，同时也需进行持续分析和优化以保证在可承受的风险水平和约束的范围内最大化公司的收益。

公司投资组合更新和最优化过程通过资产买卖和金融工具实现。公司在转移资

① 本案例内容引主要参考《LifeCo 公司资产负债管理案例分析》。

产时以市场价值计算,并要求进行有形的买卖交易,并禁止以账面价值进行转移。公司通过套期保值对冲风险,以减少整体组合的汇率和利率风险,并理安排衍生工具业务以支持套期保值的会计处理。

3. 分析和报告

公司的资产负债管理政策中包括了对资产信用质量的指导原则,要求公司分散资产的信用风险,并进行监控。公司同时还规定了不同信用等级资产的最大持有量,投资部门定期向资产负债管理委员会报告公司资产的信用风险情况。

公司通过现金流分析对投资组合的流动性提出要求。此外,公司还基于历史经验数据设定相关监测标准,跟踪不同资产配置的流动性情况,以保证有足够的流动资产满足预期的现金流支出需求。

对于金融衍生品,财务管理部门负责定期形成相关报告,并提交至资产负债管理委员会审阅,报告内容包括工具类型、交易对象、买进日期、名义本金和由投资部门提供的当前的市场价值。公司在股东报告和其他证券监管机构要求的报告中披露衍生工具对资产负债表的影响。

公司规定衍生品交易对象的信用等级至少应该是评级机构评级的 BBB 以上的机构,且公司须在衍生工具交易前与对方签署 ISDA 协议。公司设置了与单一交易对手进行交易的市场价值上限,并每次交易都会记录在案,由投资部门备份给财务部门,财务部门将保留所有衍生工具交易的记录。财务部门将记录所有互换合约的收入和支出并对计算结果进行校验。财务负责人审核全部计算结果,并签字确认。

精算部门编制公司资产负债管理状况的季度报告,内容涵盖公司面临的利率风险的情况说明、在两次报告期间市场利率的变动情况、情景测试结果和各种必要的说明等。具体包括:(1)货币久期分析;(2)修正久期分析;(3)凸值分析;(4)关键利率的灵敏度分析;(5)现金流分析;(6)过去 12 个月内现金流匹配情况的说明;(7)资产和负债的账面价值和市场价值;(8)对目前和前一期的利率期限结构的比较。

公司精算部每周会收到投资部门提供的资产委托状态的报告,包含以下信息:(1)需要检查或协商的资产委托;(2)正在申请或建议进行的资产委托;(3)内部已通过的但是尚未进行投资的委托;(4)已委托的资产情况,具体分为未敲定价格、已敲定价格和已完成资金支付的资产等。

四、案例四(D 公司)

特点:该公司建立了较为完善的测算模型及模型配套管理机制,可对于其特殊的年金产品的准备金及在不同风险情景或投资策略下进行测算。

在前文中的利差损案例中，公平人寿签发了大量含有保证年金选择权的养老金保单。但由于公司精算师对此类保单的准备金提取不充分，给公司造成了很大的风险。

保证年金选择权（GAO）是一种通常会内嵌于养老金产品的选择权，保单持有人有权在到达退休年龄后按照签发保单时确定的年金费率购买年金，这种选择权的评估和定价方式也比较复杂，有时需要借助马可夫链（markov chain）和蒙特卡洛模拟（monte-carlo simulation）等方式进行测算，因此对于模型和精算评估人员的要求均比较高。

英国养老金市场非常发达，产品种类也相当丰富。GAO 很早就已经作为选择权嵌套在养老金产品中进行销售，这种选择权也同时非常受消费者的欢迎，所以英国很多寿险公司的养老金产品包含 GAO。

这家大型国际寿险集团已在英国保险市场经营了数十年，并通过并购等方式不断扩大。其在 20 世纪 90 年代收购了一家英国本土以养老金为主的大型寿险公司，养老金产品也占到公司保险业中的近九成，其中，有相当大的一部分投资连结养老金产品包含 GAO。

吸取了公平人寿等公司的经验，该公司非常重视对于 GAO 的评估和风险管控。公司聘请外部咨询机构搭建了专门用于测算 GAO 的精算模型，并定期请模型开发专家以项目的形式对模型进行不断调整和更新。公司内部的模型优化团队负责进行 UAT（User Acceptance Test，也就是用户验收测试），对模型的使用和合理性进行测试，以保证模型的准确度。

同时，该公司奉行模型开发和精算评估的相互独立，具体 GAO 模型的运行和精算评估分析由公司精算报告团队完成。该团队又细分专门的 GAO 小组，由两位精算师全职负责 GAO 的准备金评估和一些风险测试工作。工作内容包括该集团所在国家的法定准备金评估、英国法定准备金评估、风险资本要求评估、情景测试和敏感性分析、投资策略和对冲策略分析、退保分析、市场风险容忍度和限额测试等。从模型运行和结果计算的流程上，实行一位精算师运算，另一位精算师复核检查的工作机制，以确保相关测算的准确合理。

在模型的维护方面，公司建立了模型维护相关管理手册，包括对于模型的使用、更新和审批程序、模型操作手册（手册中详细说明了在不同目的下的运行流程，如准备金评估流程、情景测试和敏感性分析流程、投资策略和对冲策略分析流程、退保分析流程等）、模型组评估方法说明、各子模型功能和运算方法说明、模型开发手册等。

就 GAO 模型本身，是由数据转换系统、资产端和负债端现金流预测精算模型、经济情景发生器等子模型组成的模型组，其中：数据转换系统和精算模型是通过上述模型开发项目搭建，精算模型是公司在模型项目开发的 Excel VBA 基础上搭建，经济情景生成器 ESG 是通过购买外部公司 Barrie & Hibbert 的产品。同时，公司配备 Bloomberg 终端，以保证在 GAO 的每次评估中使用最新债券、股票等资产相关数据。

从模型设计原理来看，也遵循资产负债联动效应。在投保人退休时，根据投连账户投资资金的情况，结合当时的市场利率和 GAO 选择权的保证利率之前的较大者，或可以选择以现金的形式，全额提取投连账户的资金。GAO 负债模型，会根据相关假设，预测不同经济情景下公司可能面临的因投保人使用 GAO 选择权而增加的负债现金流情况。负债现金流最长预测期限为 35 年，35 年以上会通过折现的形式与第 35 年负债现金流加总。在资产端，GAO 主要投资资产涉及债券、股票和对冲衍生品，如互换、零息互换、互换期权、股指远期合约等。在计算时，对于对冲衍生品将不涉及再平衡等交易，对于其他投资资产，模型会根据会计科目，进行投资组合的再平衡，对于盈余现金流进行再投资，或对于亏损现金流通过卖出资产平衡等。另外，如果净现金流为负，同时没有可供出售类资产时，模型会假设借入资金来平衡现金流。最终，模型根据随机情景测试结果，根据条件尾部期望(conditional tail expectation，CTE)的方法进行准备金的计算。

第五章　国内寿险公司资产负债管理情况

第一节　国内寿险公司产品及负债情况

一、国内保险业务整体情况

从业务上看，我国保险公司正处于高速蓬勃发展的时期。在保费收入方面，近几年的数据如表 5—1 所示。

表 5—1　　2013—2016 年我国寿险公司保费收入状况　　单位:亿元

	2013 年	2014 年	2015 年	2016 年
寿险公司原保险保费收入	10 740.93	12 690.28	15 859.13	21 692.81
同比增长	7.86%	18.15%	24.97%	36.78%
寿险业务原保险保费收入	9 425.14	10 901.69	13 241.52	17 442.22
同比增长	5.80%	15.67%	21.46%	31.72%
健康险业务原保险保费收入	1 123.5	1 587.18	2 410.47	4 042.5
同比增长	30.22%	41.27%	51.87%	67.71%
意外险业务原保险保费收入	461.34	542.57	635.56	749.89
同比增长	19.46%	17.61%	17.14%	17.99%

资料来源：http://www.circ.gov.cn/web/site0/(中国银保监会)。

图 5—1 列示了近 3 年上市寿险公司规模保费、保费收入、投资款新增缴费以及投连险独立账户新增交费的情况。图 5—2 是 6 家规模较大的寿险公司的保费收入情况。

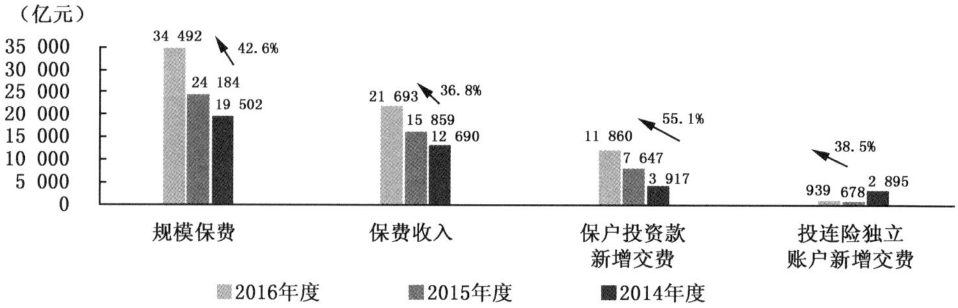

资料来源:德勤统计。

图 5—1　2016 年上市寿险公司规模保费及保费收入

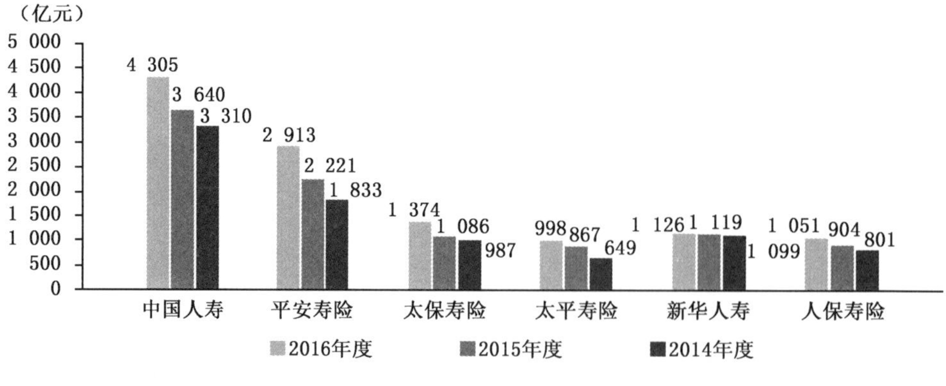

资料来源:德勤统计。

图 5—2　2016 年 6 家上市寿险公司的保费收入

随着国内保险市场的日趋成熟，行业竞争加剧，非上市寿险公司的市场份额逐年增大；同时，表 5—2 中所示的 6 家上市寿险公司的市场份额均有所下降。

表 5—2　　　　2016 年上市寿险公司市场份额

上市寿险企业	2015 年市场份额		2016 年市场份额	
	按保费收入	按规模保费	按保费收入	按规模保费
中国人寿	23.0%	16.8%	19.9%	17.3%
平安寿险	13.1%	12.2%	13.4%	11.3%
太保寿险	6.8%	4.8%	6.3%	4.3%
太平寿险	5.0%	3.4%	4.4%	2.9%
新华人寿	7.1%	4.7%	5.2%	3.4%
人保寿险	5.6%	4.0%	4.8%	3.4%
总计	60.7%	46.0%	54.0%	42.6%

资料来源：德勤统计。

各家险企对于市场份额的争夺日趋激烈，加之互联网技术不断提高，保险产品的营销渠道从线下转到线上，逐步缩小了中小险企与大型险企之间在渠道上的差距。中小险企推出的大部分产品以万能险等理财型产品为主，尤其是中短存续期产品，而大型险企的产品结构以长期储蓄性和风险保障型保险产品为主。[①] 由于监管在 2016 年发布了有关中短存续期产品的政策规范（详见本文第三章），使得万能保险的保费增长速度放缓，很多保险公司也开始了转型。

2017 上半年，普通寿险业务规模保费占比 52.91%，较上年底上升 16.71 个百分点；2016 年全年保险业共提供风险保额 2372.78 万亿元，同比增长 38.09%，增速甚至高于保费增速。[②]

2017 上半年万能险规模保费占比 17.4%，下降 19.45 个百分点，而分红险规模保费占比 28.80%，上升 5.04 个百分点。2017 年一季度，中小保险公司的寿险保费增速开始明显下滑，增速降为 45.86%，同比下滑近 46%，这主要体现为保户投资款新增交费累计值的下滑。从新单业务结构看，2017 上半年期交原保险保费收入占比 33.11%，同比上升 6.47 个百分点。其中，3—5 年期和 10 年期及以上期交份额上升比较明显，分别占新单业务的 12.12%和 15.74%，占比上升 2.58 和 2.11 个百分点。[③]

① 2016 年中国保险行业市场现状及发展前景分析。
② 2017 年上半年寿险行业分析报告。
③ 2017 年上半年保险业数据发布。

近年来我国健康险发展迅速，2013—2016 年的保费收入状况如图 5—3 所示。近几年来，我国的健康险业务原保险业务发展更加迅猛，每年增速不断创新高。

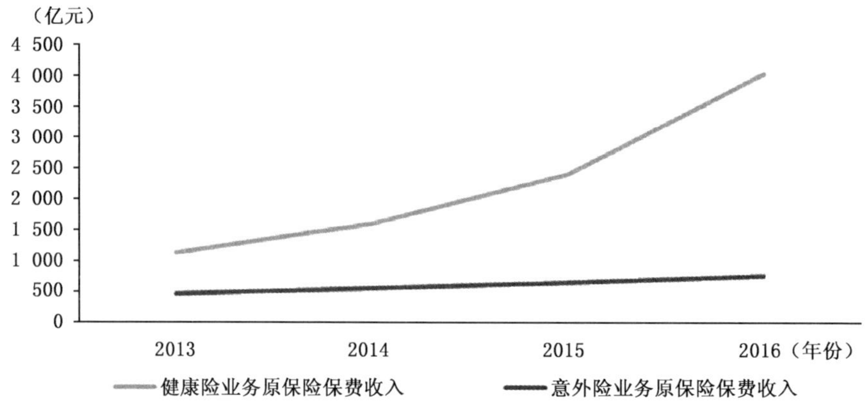

资料来源：http://www.circ.gov.cn/web/site0/（中国银保监会）。

图 5—3　2013 年—2016 年我国健康险和意外险保费收入状况

自 2011 年，健康险进入高增长阶段，不仅高于行业增速，且增速保持递增态势，业务占比不断提高。2016 年健康险保费收入4 042亿元，同比增长 67.7%，占人身险原保费收入比例为 18.2%。[①]

在负债端的给付方面，近几年的数据如表 5—3 所示。

表 5—3　**2013—2016 年我国保险业赔付和给付支出状况**　单位：亿元

年　份	2013	2014	2015	2016
寿险业务给付	2 253.13	2 728.43	3 565.17	4 602.95
同比增长	49.71%	21.09%	30.67%	29.11%
健康险业务赔款和给付	411.13	571.16	762.97	1 000.75
同比增长	37.88%	38.92%	33.58%	31.17%
意外险业务赔款	109.51	128.42	151.84	183.01
同比增长	13.12%	17.27%	18.24%	20.53%

资料来源：http://www.circ.gov.cn/web/site0/（中国银保监会）。

① 2017 年中国健康险比重增速分析。

退保率方面，上市寿险公司 2016 年退保率同比均有所下降。

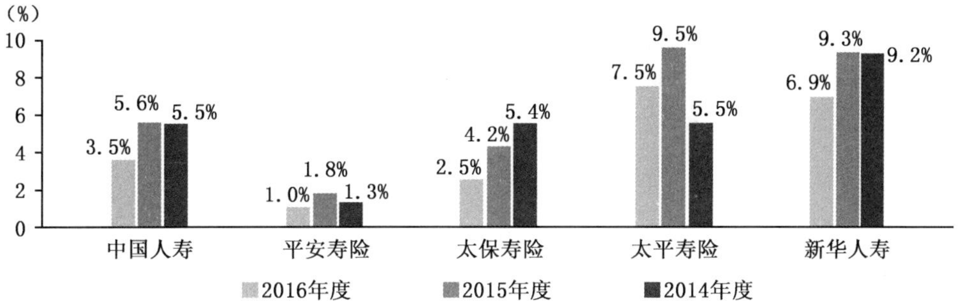

资料来源：德勤统计。

图 5—4　2016 年上市寿险公司退保率

一般来说，理财型产品退保率高于保障型产品，银保渠道产品退保率高于个险渠道，趸交产品退保率高于期交产品。而传统保障型产品退保主要与投保人财务状况关联度较高，投资型产品与市场行情相关度较高，如在市场低迷时可能会出现集中退保的现象。

手续费及佣金率方面，受产品结构和销售渠道等影响，各家上市寿险公司存在较大差异，但总体呈现逐年上升趋势。

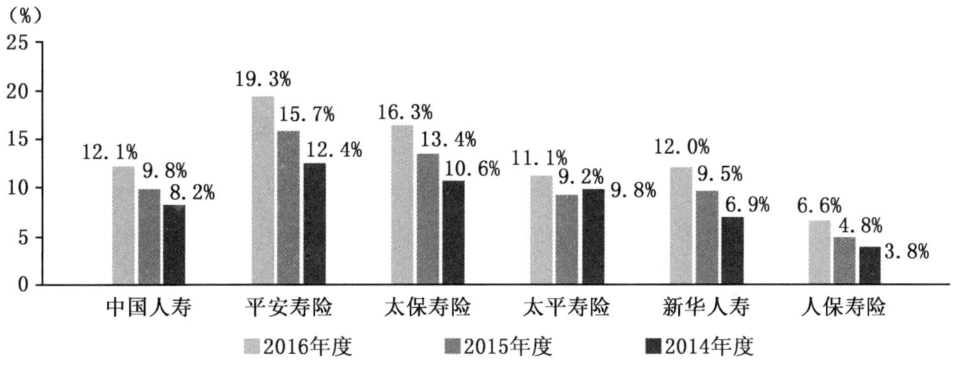

资料来源：德勤统计。

图 5—5　2016 年上市寿险公司手续费及佣金率

费用率方面，多数上市寿险公司较 2015 年同比均有所下降。

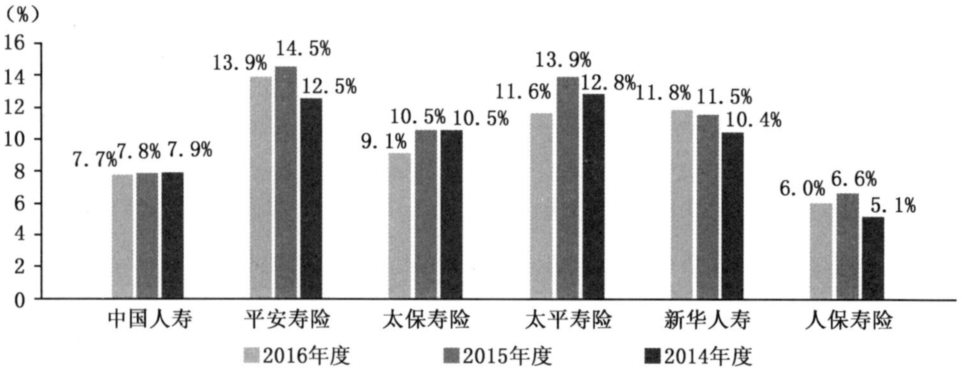

资料来源：德勤统计。

图 5—6　2016 年上市寿险公司费用率

二、产品策略与资产负债管理

（一）综述

近年来，由于与其他金融产品竞争、传统险定价利率的放开，以及产品同质化严重等原因，一定程度推高了负债成本，导致负债成本不断上升。当投资收益无法覆盖负债成本时，公司资产与负债成本收益不匹配的问题就会凸显。

以往国内保险公司多采用“负债驱动资产”的模式。传统的“负债驱动资产”策略更注重资产与负债匹配，包括久期、收益率等。而“资产驱动负债”模式一般有两种含义：一是激进的投资行为，用高预定利率产品、高现价产品提高获客能力；二是利用有效的资产配置，提高收益率，进而设计与之相匹配的负债端产品。近几年一些快速发展的中小寿险公司，通过大量销售万能险，快速积累了保费规模。但这种模式下，万能险的高结算利率、高渠道费用产生了高昂的负债成本，增加了这些公司出现利差损和费差损的可能性。

（二）我国万能保险及主要问题

1. 万能保险特点

万能保险除了给予投保人生命保障外，还可以让投保人直接参与由保险公司为投保人建立的投资账户内资金的投资活动，即保单价值与保险公司独立运作的投保人投资账户资金的业绩挂钩。

万能保险是包含投资和保障两大功能的人身险产品，投保人将保费交到保险公司后会分别进入两个账户，即风险保障账户和投资账户。投保人可根据不同需求对保额和投资额进行调节，投资账户的资金由保险公司代为投资，下设最低保障利率。①

万能保险对于投保人具有较强的吸引力的原因在于：一是缴费灵活，投保人可以任意选择变更交费期，可补缴、多次缴、缓缴、停缴保费；二是保额可调整，投保人在一定范围内可随时变更基本保额，从而满足对保障投资的不同需求；三是保单账户价值提取便捷，投保人可随时领取保单价值金额。

根据产品定位与特点，在 2015—2016 年国内保险市场的万能险产品可大致分为三大类，即高现价策略型、附加账户型和传统期交型，其中高现价策略型和附加账户型占比较高。附加账户型万能险用于与主险搭配销售（不得单独销售），通过较高的结算利率吸引保户，从而起到促进主险销售的效果。传统期交型万能险相对偏重保障，具有保险金额高、前期扣费高、投资账户资金少、前期退保损失大等特点。②

2. 我国万能保险的资产负债匹配问题及现状

传统万能保险产品一般交费期较长，投保时间在 5 年以上甚至是终身。保证其年利率长期维持在较高水平并非易事，由于收益率较低，提前支取需要扣除高额手续费，对客户吸引力较低。

新型的万能保险产品多属于高现价产品或中短存续期产品，承诺的结算利率一般高于银行理财产品，因而具有强大的吸引力。但由于难以将利率长期维持在较高水平，公司便将万能保险产品的期限控制在短期甚至一年，引导投保人在投保满一年时退保，即“长险短卖”，累积投资资金，实行资金快入快出的策略，以将产品年利率维持在高水平运行，抢占客源，迅速扩大市场规模。但过高的负债成本有可能使公司的成本收益匹配压力增加。

而在资产端，由于低利率的外部环境，市场上长期配置且收益率合理的资产相对较少，这些公司又集中投资于变现能力较差的资产，如股权和不动产等，通过“短钱长配”希望通过价值被低估的蓝筹股做股权投资，并以高额收益返还投保人。如此循环这个期限错配的过程，在极大程度上增加了流动性风险；同时，很多公司负债端资金成本很高，面临着利差损的风险。

由于一些公司在快速发展中短存续期产品中暴露出了资产负债严重不匹配和现金流不足等风险隐患，引起了原中国保监会的高度关注。同时，自从 2015 年保险举牌潮后，原中国保监会就保险举牌资金来源密切关注。原中国保监会于 2016 年出台了多项政策，规范中短存续期产品。由于监管的政策规范，很多以万能保险尤其是中短存续期产品为主的

① 万能险并非万能，你了解万能险吗，中国银保监会网站。
② 2016 年中国万能险行业发展历程及市场现状分析。

公司开始业务转型，并更加重视风险管理，万能保险过快的增长得到了有效遏制。

（三）我国分红保险及主要问题

1. 分红保险

分红保险是一种保单持有人与保险公司分享经营成果的险种。保户按期交纳保费之后，不仅可以享受到一般的保险功能，还可以定期获得分红，其分红方式主要包括如下两种。①

（1）现金分红。现金分红就是将分红以现金的方式分配给投保人，投保人可以直接领取，也可以累积生息，或者抵缴保费，分红还可以作为趸交保费来购买保额。

（2）增额分红。增额分红是以增加保额的方式来分配红利，只能等保单终止时以保额或者现金价值的方式体现。

分红保险产品可让公司根据分红保险产品账中资金的运用收益情况确定每年的红利分配水平，从而有效防范利率风险。尤其当分红保险产品的定价利率设定在较低水平时，当利率发生不利变动，可以通过减少客户的分红来抵御利率风险，以控制利差损风险的产生。因此，多数分红保险产品也属于非利率敏感型产品。但如果分红保险产品的最低保证利率设定过高，对于公司也会存在一定的利率风险。

分红政策是分红保险关键因素之一。保险公司在制定分红政策时，需要考虑协调市场竞争和经营成果，平滑长期与短期的关系，平衡客户与公司的利益。由于分红保险红利的不确定性，而投保人对未来的红利水平有一定的预期，因此保险公司应一方面通过产品说明等引导投保人建立合理的期望，另一方面也应在制定分红政策时充分考虑投保人的合理期望。根据监管规定"保险公司每一会计年度向保单持有人实际分配盈余的比例不低于当年可分配盈余的 70%"，但保险公司可根据当年度的业务盈余，决定当年度的可分配盈余，因此可分配盈余的确定是分红政策制定的重要内容。

分红保险的红利可来自死差益、利差益和费差益。由于保险市场竞争激烈，在承保环节一般很难获取高额利润，所以死差益和费益差的占比非常小，分红保险的利源主要来自利差益，公司的投资能力成为决定红利水平的主要因素。

从盈余分配角度来看，分红模式主要包括"全差分红"和"费（或死）差之外的其他差分红"两种。对于前者，公司将可能产生盈余的所有利源全部参与分配；而对于后者，除费差（或死差）不列入分红账户外，其他利源类似"全差分红"。公司在决定可分配盈余时，会根据市场环境的变化，尤其是投资情况以及对未来资本市场的预测来调

① 丁昶，我国分红保险的机理与制度框架.保监督会网站.

整红利，将部分盈余留存至未来发放，在保证未来红利基本平稳的条件下进行分配，也称“平滑机制”。未被分配的盈余留存公司，用以平滑未来红利、支付终了红利。通过合理运用“平滑机制”，保险公司可将红利稳定在一个长期可持续的水平上，即使在资本市场大幅波动、投资环境恶化的情况下，也可相较于投连、万能等投资型保险产品产生较为稳定的分红水平，以稳定保险客户群，避免大规模的退保及现金流支出。

2. 我国分红保险的主要问题

我国从2000年开始销售分红保险，并发展迅猛。但随着分红保险市场规模的不断扩大和竞争的不断加剧，也暴露出来了如下几个主要问题：

(1)分红不确定性高，销售误导问题明显。公司可决定分红政策和当年度的可分配盈余，而投保人购买分红保单时，会对未来的红利水平有一定预期。然而，一些销售人员在推销分红保险时对未来红利进行误导宣传，会使投保人的分红预期过高，导致投保人预期与公司实际分红政策之间的偏差。据不完全统计，2015年分红险销售误导约产生了2 000余起争议。

尽管在《中国保监会关于推进分红型人身保险费率政策改革有关事项的通知》中规定，保险公司用于分红保险利益演示的低、中、高档的利差水平分别不得高于0、4.5%减去产品预定利率、6%减去产品预定利率。但一些保险代理人在销售过程中，过度夸大分红保险的投资功能，承诺高额回报，隐瞒红利的不确定性；一些银保代理人混淆分红保险与投资理财等产品的概念，误导消费者认为分红保险等同于投资理财产品。

(2)利源单一，成本压力加大。由于上述分红保险的利源主要来自投资收益，极大程度增加了寿险公司资金运用的压力，尤其是在市场环境恶劣、投资收益大幅下降、保证利率又较高的时候，可能出现利差损。例如，前文所述的公平人寿的利差损案例。此外，市场竞争的日趋激烈也增加了公司销售方面的压力，很多公司为了扩大市场份额而不断提高手续费和佣金，一旦实际费用超过了定价假设的费用时，可能造成费差损。当市场环境低迷而经营费用又不断攀升的时候，可能会导致利差损和费差损的同时出现。

(3)产品结构不合理，可能产生流动性风险。一般而言，以储蓄目的为主的保险产品在产品设计时适合采用分红型，如养老金、理财保险产品、终身保险产品等。然而，有的公司为抢占市场份额，追求保费规模，在分红险保费收入中主要由短期限的保单组成。尤其当保费增速放缓，且分红政策与客户预期差距较大时，可能会出现给付困难、退保等诸多问题，造成流动性风险。

第二节　国内寿险公司资金运用情况

一、宏观经济形势

2015 年以来，在经济下行压力下，中国人民银行(简称央行)开始用宽松的货币政策来刺激经济，主要通过降低金融机构人民币贷款和存款基准利率。2015 年年内，央行降息 5 次，每次下调幅度均为 0.25 个百分点。以一年期基准利率为例，2015 年末，存款利率由年初的 2.75%降至 1.50%；而一年期贷款基准利率由 5.6%降至 4.35%，均下降 1.25 个百分点。截至目前，我国一年期存款和贷款基准利率仍为 1.50%和 4.35%，已经持续超过 24 个月(见表 5—4)。

表 5—4　　2015 年一年期贷款基准利率下调情况

2015 年	下调幅度	下调后为
3 月	一年期贷款基准利率下调 0.25 个百分点	5.35%
	一年期存款基准利率下调 0.25 个百分点	2.50%
5 月	一年期贷款基准利率下调 0.25 个百分点	5.10%
	一年期存款基准利率下调 0.25 个百分点	2.25%
6 月	一年期贷款基准利率下调 0.25 个百分点	4.85%
	一年期存款基准利率下调 0.25 个百分点	2.00%
8 月	一年期贷款基准利率下调 0.25 个百分点	4.60%
	一年期存款基准利率下调 0.25 个百分点	1.75%
10 月	一年期贷款基准利率下调 0.25 个百分点	4.35%
	一年期存款基准利率下调 0.25 个百分点	1.50%

资料来源：Wind。

中长期利率(5 年以上)也处于下行态势，2015 年经过 5 次利率下调，年末中长期贷款利率由上年的 6.15%降至 4.9%(5 次下调幅度均为 0.25 个百分点)。近 24 个月以来，中长期贷款利率仍稳定在 4.9%左右(见图 5—7)。

2014 年以来中国国债收益率也进入快速下行阶段，到期收益率由 2013 年年末最高点的 4.7%左右降至 2014 年末的 3.6%左右。2015 年年末，10 年期国债的到期收益率跌破 3%，而此期间银行基准利率也历经 5 次下调，国内市场近几年处于低利率环境(见图 5—8)。

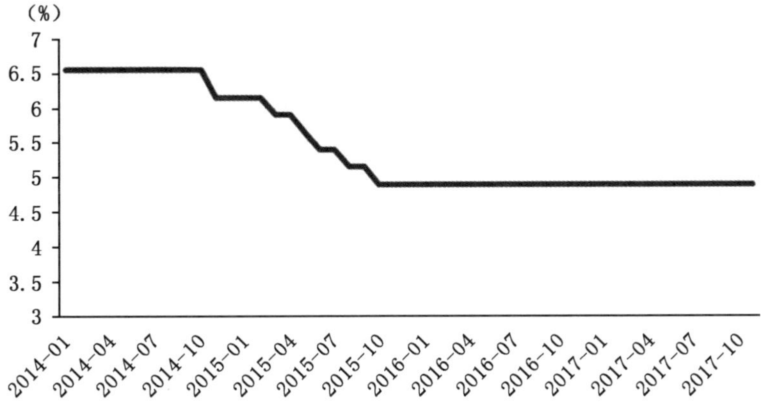

资料来源:Choice。

图 5—7 近期中国中长期贷款利率变化情况

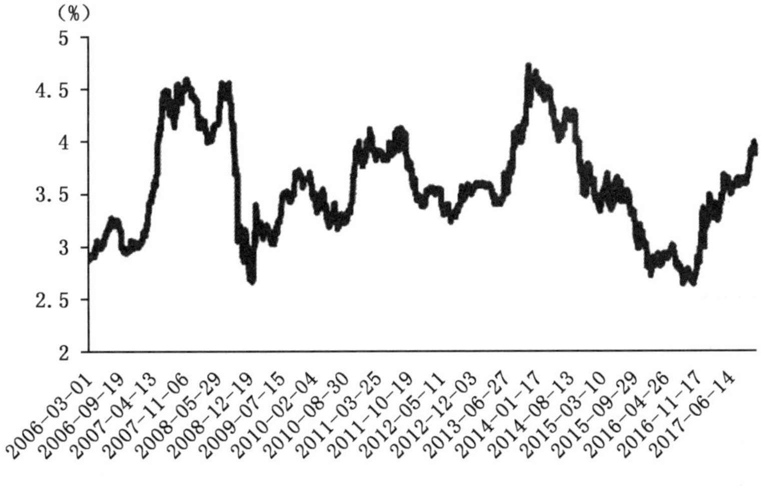

资料来源:Choice。

图 5—8 近 10 年中国银行间 10 年期国债到期收益率走势情况

2016 年,国债收益率曲线整体上移,年末 10 年期国债收益率升至 3%左右。截至 2017 年 11 月末,10 年期的国债收益率约为 3.9%,为近两年来最高点(见图 5—9)。

虽然 2016 年以来债券市场利率整体升高,但同时国内债券市场也面临信用风险事件频发的现状。

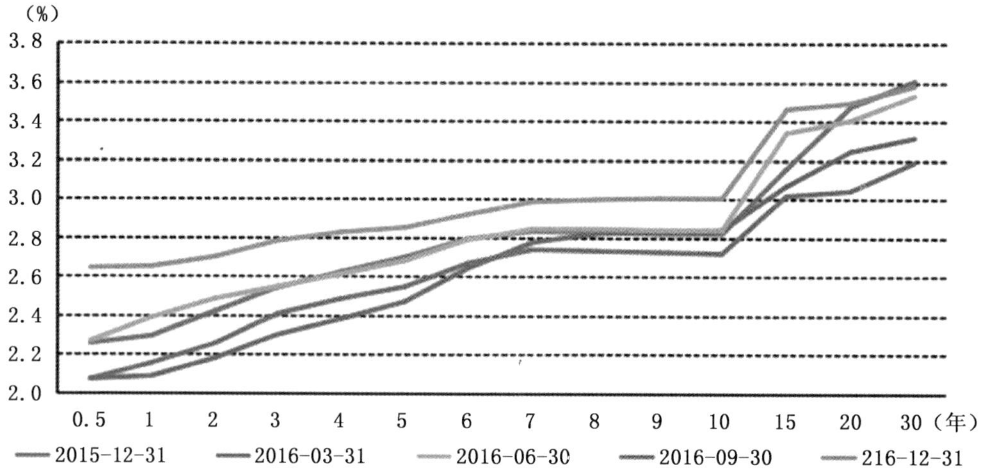

资料来源：中央国债登记结算有限公司。

图 5—9　近期银行间市场国债收益率曲线变化情况

二、国内资产配置情况

（一）国内保险市场整体资产配置情况

2016 年保险行业继续保持了较快的发展，增速远高于总体国民经济增长速度。从近 10 年中国保险业总资产规模情况来看，我国保险行业总资产规模呈持续快速增长态势（见图 5—10）。

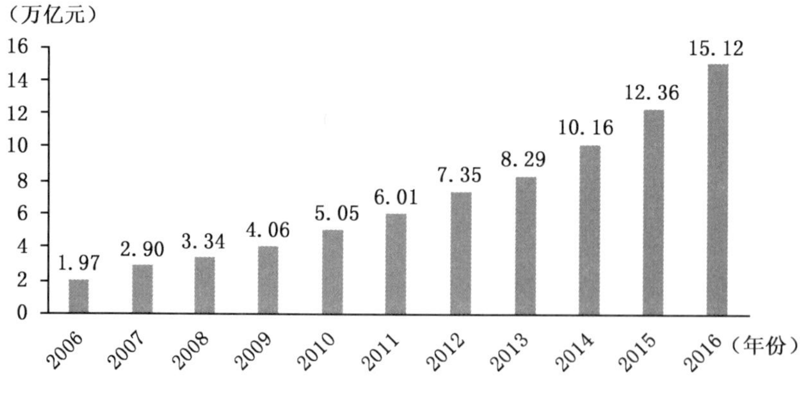

资料来源：中国银保监会。

图 5—10　近 10 年中国保险业总资产规模情况

2016年年末,中国保险行业总资产为15.11万亿元,同比增长22.3%。根据中国银保监会的统计数据,“2016年保险行业保险资金运用余额规模为13.39万亿元,较年初增长19.78%”(见图5—11)。①

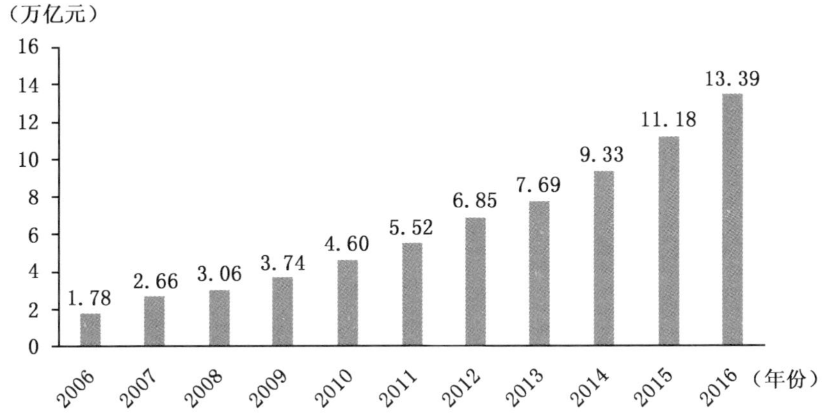

资料来源:中国银保监会。

图5—11 近10年中国保险业保险资金运用余额情况

保险资产管理业已成为大资管时代的主要力量,为保险良性发展、资本市场长期稳定提供强有力的支持。我国保险行业资金运用状况如表5—5、图5—12、图5—13所示。

表5—5 保险行业资金运用比例

年 份	2013	2014	2015	2016
资金运用余额	76 873.41	93 314.43	111 795.49	133 910.67
较年初增长	12.15%	21.39%	19.81%	19.78%
银行存款	22 640.98	25 310.73	24 349.67	24 844.21
占比	29.45%	27.12%	21.78	18.55%
债券	33 375.42	35 599.71	38 446.42	43 050.33
占比	43.42%	38.15%	34.39%	32.15%
股票和证券投资基金	7 864.82	10 325.58	16 968.99	17 788.05
占比	10.23%	11.06%	15.18%	13.28%
其他投资	12 992.19	22 078.41	32 030.41	48 228.08
占比	16.90%	23.67%	28.65%	36.02%

资料来源:http://www.circ.gov.cn/web/site0/(中国银保监会)。

① 中国保险监督管理委员会,《2016年保险统计数据报告》。

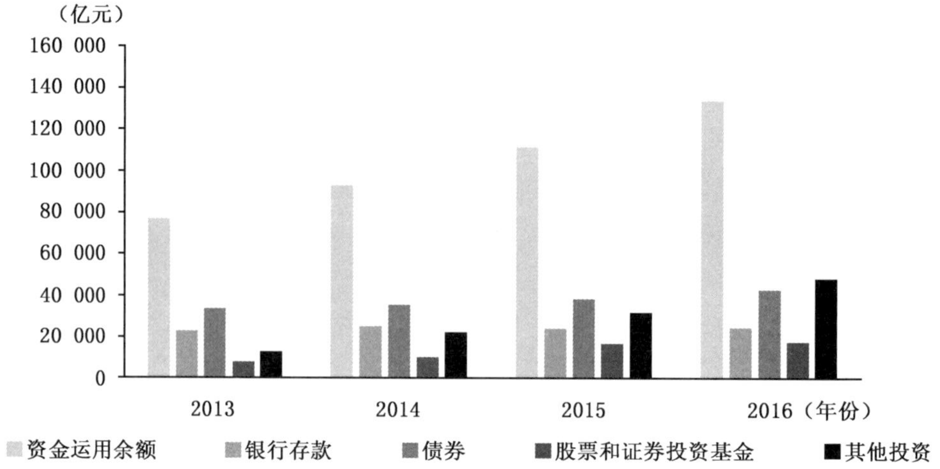

资料来源：http://www.circ.gov.cn/web/site0/(中国银保监会)。

图 5－12　2013－2016 年我国资金运用状况

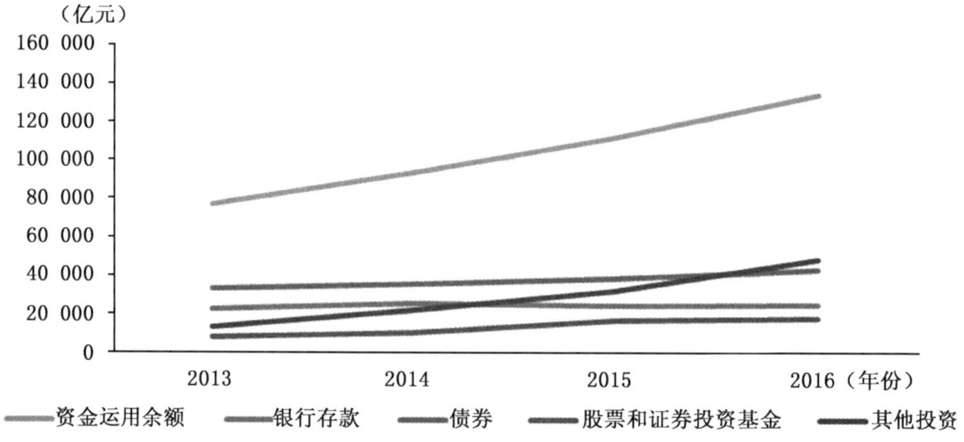

资料来源：http://www.circ.gov.cn/web/site0/(中国银保监会)。

图 5－13　2013－2016 年我国资金运用状况

2013－2016 年间，我国险资的投资范围和投资比例均有所拓宽，放开了非标资产投资和境外投资，无担保非金融企业债券的投资比例和权益类投资比例提高。尤其是寿险公司，为了匹配负债成本以及一些期限较长的负债，开始选择投资一些期限长收益高的投资品种以追求利差益和久期匹配。

由图 5－14 可看出，银行存款、债券所占的比例呈逐年下降趋势，股票和证券投资基金占比处于波动状态，这与股票市场和基金市场的变化密切相关。而其他投资的占比从 2013 年的 17％发展到 2016 年的 36％，这种变化的原因主要来源于政策的调整。

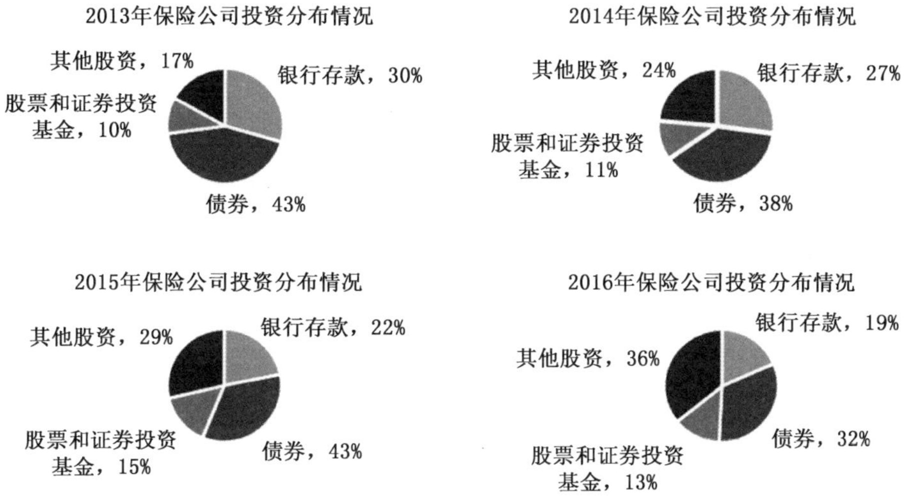

资料来源：http://www.circ.gov.cn/web/site0/（中国银保监会）。

图 5—14　2016 年我国保险公司投资分布状况

从 2004 年开始，资金运用范围逐渐拓宽，依据投资范围大致可以划分为四个阶段。第一阶段 2004—2005 年，寿险公司可以直接投资权益类资产、进行境外投资。第二阶段 2006—2008 年，寿险公司可以间接投资基础设施项目、商业银行的股权。第三阶段 2009—2011 年，寿险公司可以投资未上市公司的股权以及进行不动产投资。第四阶段为 2012 年下半年至今，原中国保监会连续颁布了 10 余项保险资金运用新政策，鼓励寿险投资业务的创新，进一步放宽了投资渠道和可投资比例。

图 5—15 为 2014—2016 年几家国内上市保险公司的资产配置分布情况。

根据中国保险资产管理业协会公布的数据“截至 2017 年 8 月末，保险资金运用规模为 14.5 万亿元。配置的银行存款规模为 1.96 万亿元，占比 13.6％；各类债券为 5.04 万亿元，占比 34.8％；股票 1.07 万亿元，占比 7.4％；长期股权投资 1.36 万亿元，占比 9.4％；基础设施投资计划 1.2 万亿元，占比 8.5％；信托等金融产品 1.45 万亿元，占比 10％”（见图 5—16），可见，当前基础设施投资计划的投资比例已经超过股票投资的比例。而非标类资产中，基础设施债权投资计划项目的存续期较长和投资收益率较高等特点更适合匹配寿险公司负债端的长久期，因此此类产品为保险公司非标类投资资产配置的主要品种。

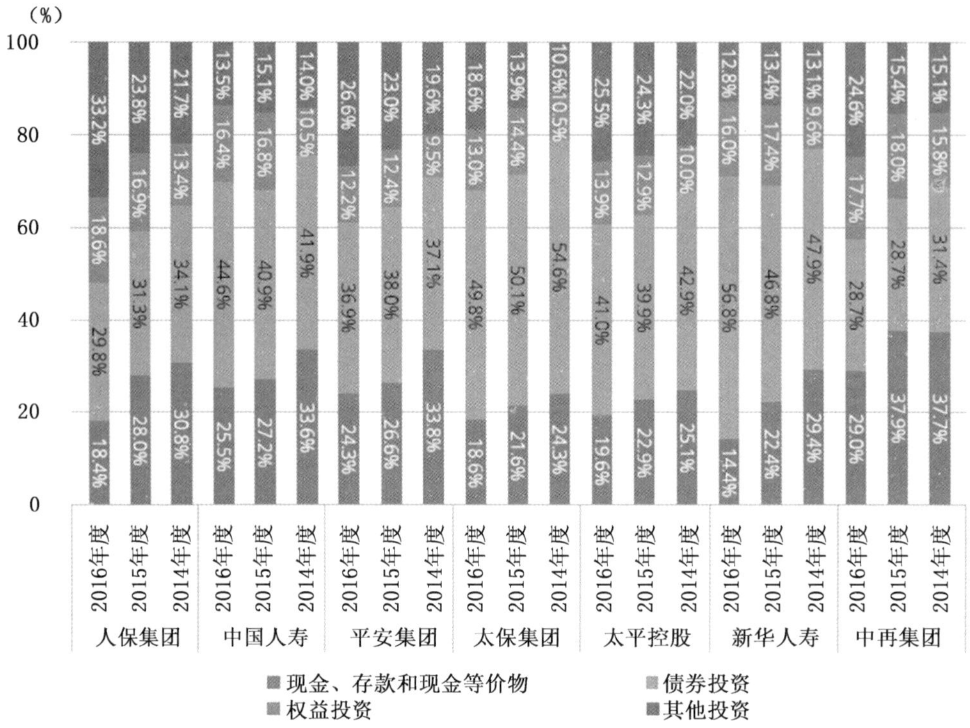

资料来源:公司公开披露数据。

图 5－15　2014－2016 年上市保险公司投资资产配置

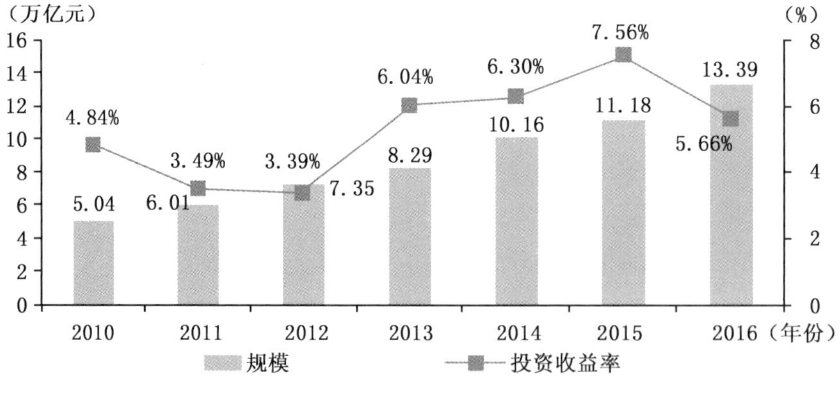

资料来源：http://www.circ.gov.cn/web/site0/(中国银保监会)。

图 5－16　2010－2016 年我国保险资金运用规模和投资收益率

根据公开市场披露的保险公司年报显示，2014 年年末中国保险公司的不动产投资规模由 2011 年的 330 亿元增至 784 亿元。2010 年原中国保监会颁布《保险资金投资不动产暂行办法》，中国保险业不动产投资规模随后几年间快速增长，一方面是因为在低利率的环境下房地产投资收益率高于长期债券投资，另一方面是由于其租金收益不易受利率风险影响。表 5—6 为目前我国几家保险公司不动产投资的主要情况。

表 5—6　　各大保险公司不动产投资情况

公司名称	投资资产	投资金额或持股比例
中国平安	伦敦劳合社大楼	2.6 亿英镑
	Tower Place 大楼	3.27 亿英镑
中国人寿	伦敦金丝雀码头 10 Upper Bank Street 大楼	75.6 亿元/70%股权
	ALDGA TE Tower 办公楼	16.5 亿美元
安邦保险	美国纽约华尔道夫酒店	19.5 亿美元
	温哥华本托尔中心	10 亿加币/66%股权
	万科 A	4.55%
	金地集团	20.49%
	保利地产	3.41%
	金融街	29.98%
	中国建筑	10.00%
前海人寿	深圳金利通金融中心	65.77 亿元
	杭州新天地集团	30.47 亿元
	万科 A	4.55%

资料来源：公司公开披露资料，德勤中国整理。

2016 年，中国股市的低迷给保险公司的资产配置增加了压力，根据各家上市保险公司年报的公开披露数据显示，其总投资收益率均大幅缩水（见图 5—17）。此外，随着 2016 年中国资本市场的持续低迷，上市保险公司持有的权益类金融资产面临公允价值下跌的压力（见图 5—18）。

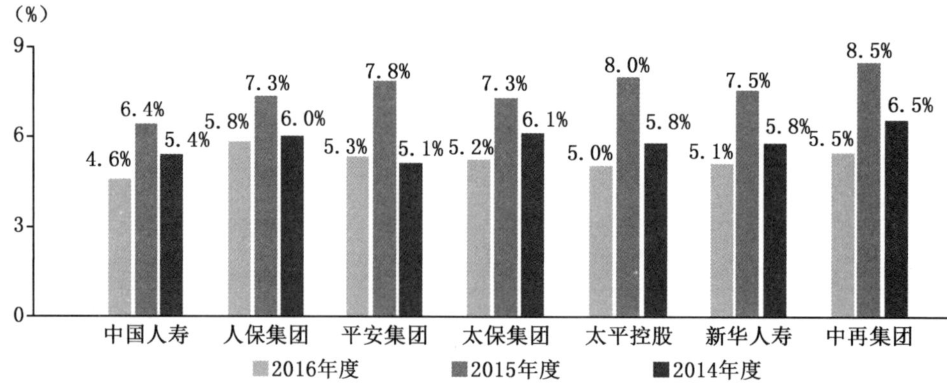

注：各上市险企计算总投资收益率口径不完全一致。

资料来源：公开市场资料，德勤统计。

图 5－17　近年来上市保险公司总投资收益率

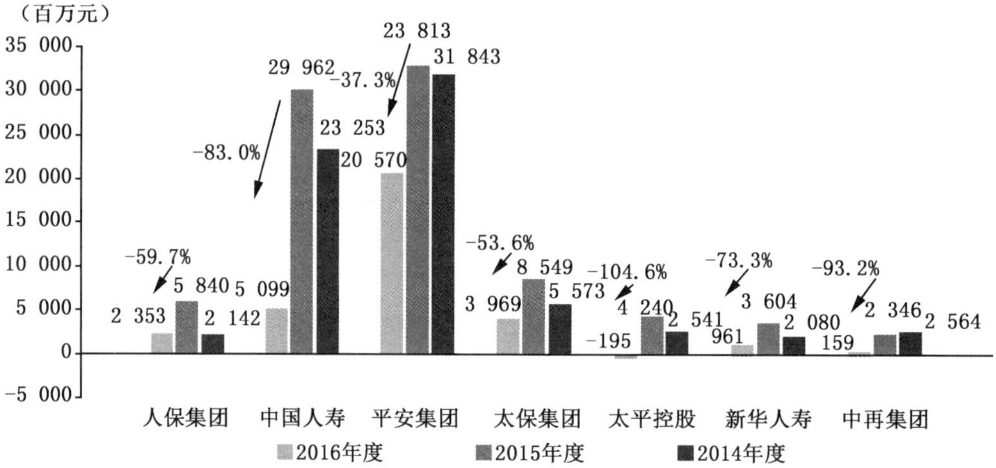

资料来源：公开市场资料，德勤统计。

图 5－18　近年来上市保险公司 AFS 累计公允价值变动(百万人民币)

(二)国内保险公司与国外保险公司资产配置情况比较

根据图 5－19，从不同地区的保险公司的投资组合情况来看，亚洲区域以 AIA 为代表，其国债的投资比例超过 80%，韩国、欧洲和美国公司的国债投资比例也均占 80%左右，而中国区域的国债投资比例为 34%，并相应增加了国内和海外的权益类投资配置。

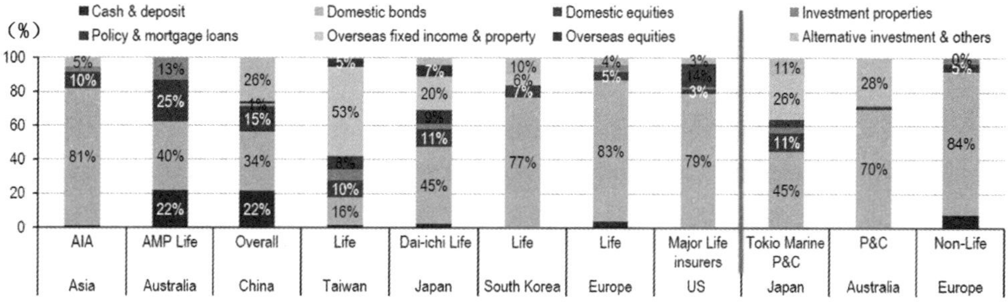

资料来源:公司公开披露数据,BofA Merrill Lynch Global Research.

图 5—19　不同地区投资组合的资产配置情况

2014—2017 年,10 年期的国债收益率的变化经历了从 4.7%、2.8%到 3.9%。在市场利率波动的情况下,保险公司很难找到收益与负债端资金成本相匹配的固收类产品。由于中国市场上长期债券的匮乏,国内保险公司也较难寻求合适期限的债券与负债的久期相匹配。

图 5—20 对比了 2011—2015 年亚洲地区 10 年期国债年化平均收益率,中国区的收益率在 3%到 4%左右。通过对比近 10 年中国境内公司债的利率水平来看,2014 年为利率上行高点,AA 等级的债券产品的利率可达 7.5%,AAA 等级的债券产品利率可达 6%。而 2015 年以来,公司债券产品的利率开始迅速下滑,截至 2017 年 1 月,AAA 等级的公司债券产品利率已降至 3.5%左右。

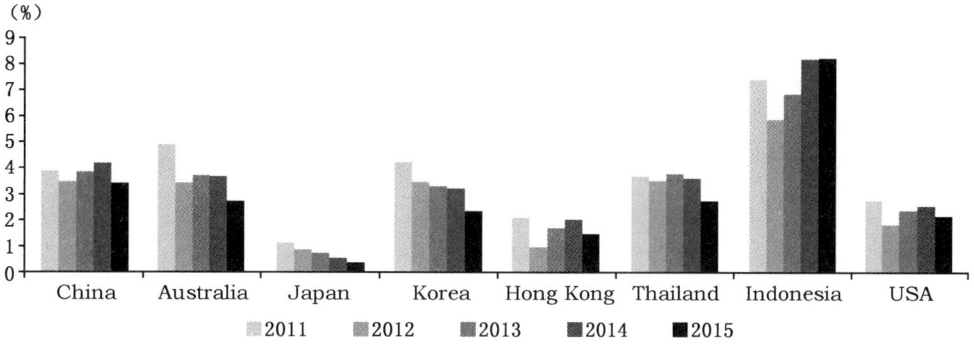

资料来源:公司公开披露数据,BofA Merrill Lynch Global Research。

图 5—20　亚洲地区 10 年期国债年化平均收益率

从投资收益率的情况来看,近年来中国区域的投资收益率整体呈上升态势,日韩两国则趋于稳定态势,其中日本一直处于较低水平(见图 5—21)。

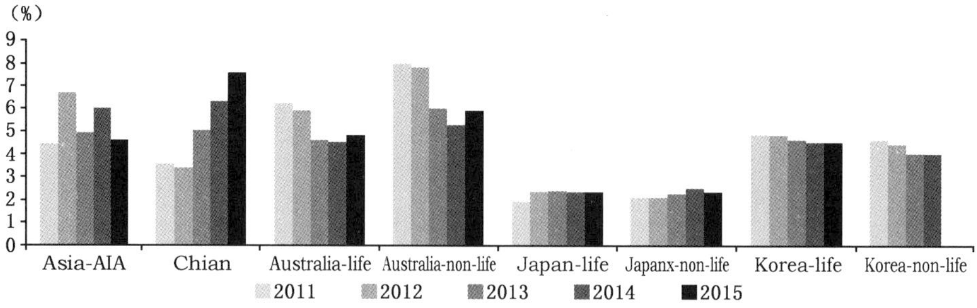

资料来源：公司公开披露数据，BofA Merrill Lynch Global Research.

图 5－21　2011－2015 亚洲地区保险公司投资收益率情况

由于保险公司的投资组合主要仍以固定收益类投资为主，可以通过其投资产品的信用评级来判断其投资产品的质量。在中国，由于信息披露有限，无法获得行业投资组合产品的具体信用评级信息，此外，中国境内发行的债券均为由本土评级公司评级（如中诚信、大公等机构），评级方法和体系与国际评级机构（Moody's、S&P 等）略有不同，因此为对标国外保险公司投资组合信用级别带来一定的难度。

图 5－22 为 AIA 和 Manulife 等公司的固定收益类产品信用等级分布情况。可以看出，主要是以评级为 A 等级以上以及 BBB 等级固定收益类产品为主，高信用等级的投资产品将有助于保险公司对其资产配置更好地风险把控以及降低其信用风险。

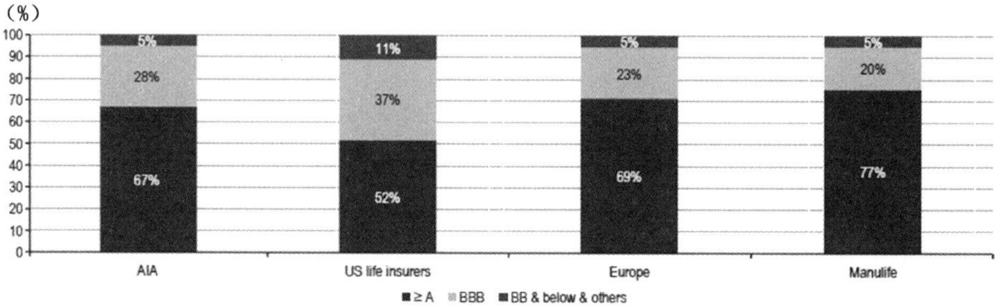

数据来源：Company data，BofA Merrill Lynch Global Research.

图 5－22　不同机构地区保险公司固定收益类产品的信用等级分布情况

总体而言，目前国内保险公司资产配置中，权益类投资比重较高。相较于欧美市场，中国债券市场体量较小且缺少长期限产品等特点，使得公司难以通过加大债券的投资比例来弥补久期缺口。通过近年来各大保险公司对房地产等的投资情况来看，不动产或基础设施投资计划等可成为有效的均衡资产配置的方式，以弥补债券市场无法匹配的不足。

三、近年国内资金运用的主要问题

由于外部经济环境的不断变化，保险资金运用也面临着诸多的风险和问题。

过去几年经济下行压力逐渐加大，面对资产荒、利率下行，内外竞争加剧，公司治理缺陷，触碰法律合规底线，使得部分保险公司急功近利，企图弯道超车。随着创新金融产品迅速崛起，跨行业跨监管的资产管理业务增长较快，一些金融机构通过加杠杆、加久期、降信用、产品嵌套等方式套利，险资非理性举牌、跨境跨领域大额投资和并购给保险资金管理带来负面影响。

（一）"举牌"收购

近年来险资负债规模逐年上升，尤其是前文所述的万能险等中短存续期产品的热销，结算利率大幅提高，迫使险资不得不重新调整大类资产配置结构，从稳定的固定收益债券市场转向高风险、高回报可能的二级市场投资。

在 2014—2016 年的险资举牌浪潮中，万能险是险资的主要资金来源。这些公司的短炒行为引起了原中国保监会的高度重视并采取了监管措施，包括限制股票投资一年、下调权益类资产投资比例上限、责令撤换相关责任人、责令就有关问题进行整改等。

此外，在前文所述的国内监管部分也同时提到原中国保监会通过发布《保险公司资金运用信息披露准则第 3 号：举牌上市公司股票》，旨在进一步增加市场信息透明度，推动加强资产负债管理，防范投资运作风险。

（二）跨境跨领域大额投资和并购

根据公开资料显示，截至 2016 年上半年，我国保险行业海外并购金额达到 65 亿美元，超过了 2015 年的全年水平。

尽管保险资金海外投资是市场多元化投资发展的必然过程，但是保险公司在进行海外投资并购时应谨慎考虑。尤其近年保险公司盲目开展跨境投资并购，投资规模较大，投资杠杆行为明显，保险资金海外并购存在法律、监管、外汇、交易风险，也容易产生关联交易风险和风险的交叉传递。

2017 年 4 月底，原中国保监会发布《关于强化保险监管 打击违法违规行为 整治市场乱象的通知》，也对资金运用乱象问题进行了详细说明，其中也指出了盲目海外并购行为。保险公司应不断加强防范海外并购风险意识，提升海外项目评估水平，合理运用对冲工具降低汇率风险，避免对海外并购研判不足而引发经营风险。

（三）产品多层嵌套和监管套利

金融市场改革创新浪潮以来，高杠杆、多嵌套、投资期限长等因素导致金融产品底层基础资产属性不明，风险难以评估。例如：通过金融产品嵌套和金融通道业务，改变投资资产属性及类别，超范围、超比例投资，利用有关业务或产品，为其他金融机构提供通道行为，回购交易及资产抵质押融资资金来源和性质不清晰等。

2016 年和 2017 年，原中国保监会下发《关于加强组合类保险资产管理产品业务监管的通知》《关于弥补监管短板构建严密有效保险监管体系的通知》，强调了去杠杆、去嵌套、去通道导向等监管要求，严禁保险资金流向基础资产、资金去向和风险状况不清的多层嵌套产品。

（四）债券违约

近年来，债券市场面临的信用风险升高，2014 年 3 月 4 日，＊ST 超日发布公告称“11 超日债”无法在原支付利息日按期全额付息，成为中国债市近年来第一起实质性违约事件，彻底结束了中国债券市场政府隐性担保和刚性兑付这一惯例说法。

Wind 资讯数据显示，2014 年中国债券市场发生 6 只债券违约，金额共计 13.4 亿元。根据中国人民银行发布的《中国金融稳定报告（2016）》，2015 年，国内债券市场共有 18 起违约事件，违约金额超过 100 亿元，从私募债到公募债均发生违约情况。

2016 年债券违约事件加剧，央行在《中国金融稳定报告（2016）》中指出，债券市场目前面临的信用风险主要包括债券违约事件的增加以及产能过剩行业的违约企业集中的风险，这也给保险公司在债券市场的投资加大了难度。

四、PPP 模式下的保险资金运用

2016 年 7 月 3 日，原中国保监会发布了修订后的《保险资金间接投资基础设施项目管理办法》，指出“在防范风险的前提下，放宽保险资金可投资基础设施项目的行业范围，增加政府和社会资本（简称 PPP[①] 模式）等可行投资模式”。

2017 年 5 月 5 日，原中国保监会发布《关于保险资金投资政府和社会资本合作项目有关事项的通知》，指出：“保险资金投资 PPP 项目是指保险资产管理公司等专业管理机构作为受托人，发起设立基础设施投资计划，面向保险机构等合格投资者发行受益凭证募集资金，向与政府方签订 PPP 项目合同的项目公司提供融资，投资符合规定的 PPP 项目。”

PPP 项目具有资金规模大及项目周期长的特点，与险资规模大、期限长等特点匹配度较高；期限方面，险资投资期限可达 10－30 年；此外，PPP 项目中有政府参与作

① 即 Public-Private Partnership，是公共基础设施中的一种项目运作模式。

为信用保障。

从外部环境来看，国家各个部门也在加大推进 PPP 项目的力度。根据市场公开披露数据显示，截至 2016 年末，财政部累计推出三期 PPP 项目库，入库项目共 748 个，涉及金额超 1.95 万元。同期末，国家发改委，累计推出两期 PPP 项目入库，入库项目共2 531个，金额超 3.21 万亿元。

根据中国保险资产管理业协会统计调查的 31 家保险资产管理结构中，截至 2016 年年末，有超过 6 家机构为 PPP 项目的牵头方，中标项目总额最低超过 20 亿元，主要集中在 100 亿元以上。此外，中标项目的期限也均超过 5 年。下表为保险资金参与 PPP 项目的几种主要方式（见表 5—7）。①

表 5—7　　保险资金参与 PPP 项目方式概览

	模式概述	特点
1	以股权投资方式与施工/运营企业等社会资本方设立专项基金，再由社会资本方或独立第三方提供增信安排	保险资金通常在交易结构设计中作为优先级 LP，由施工/运营方作为劣后级 LP，同时对优先级 LP 承担差额补足和回购义务。因此，保险资金可以较好地规避项目固有风险。但由施工/运营方承担差额补足和回购义务，需要其具有良好的信用等级
2	以股权投资方式与地方政府成立引导基金（产业基金），由地方政府或融资平台提供增信	在这一模式下，保险资金作为基金中的优先级 LP，由政府制定的社会资本作为劣后级并对优先级 LP 承担回购义务
3	保险资金与大型施工/运营企业组成投资联合体共同作为 PPP 项目方	主要由大型施工/运营企业为保险资金方提供差额补足和回购义务。该模式有利于保险资金方发挥投融资方面的独特优势，与施工/运营方在建设、工程管理、经营管理等方面的丰富经验形成优势互补，分散 PPP 项目建设运营风险，提高中标机会或控制建设成本，但对社会资本方的信用要求较高
4	保险资金方作为独立的社会资本方，以股权形式成为 PPP 项目方	保险资金方作为项目方，从投融资、项目增信设计、施工建设、工程管理、项目运营、退出机制等当面全方位管理。但与此同时，保险资金方缺乏施工运营等方面的人才，管理难度较大，尚未有具体实例
5	通过基础设施债权、股权计划等投资方式，为特定的 PPP 项目提供资金支持	保险资金方以非标类资产投资的传统方式参与，作为财务投资者，交易结构简单清晰，既为 PPP 相关施工或运营方提供了资金支持，能够满足保险资金对安全性和长期性的要求，也间接参与了 PPP 项目。但当前市场资金较为充裕，相关投资计划的发行存在一定困难

资料来源：中国保险资产管理业协会。

PPP 模式在中国处于初期发展阶段，险资参与 PPP 项目仍将面临一定的挑战。首先，由于保险公司内部传统的信用评级机制主要是针对企业和政府，通过抵押、质押

① 中国保险资产管理业发展报告[R]. 中国保险资产管理业协会.

以及担保等情况进行评级，且均是对主体的信用评估。而 PPP 模式是以项目本身为导向，因此保险公司的内部信评模式可能难以在较短时间内对接 PPP 项目。其次，险资对于投资项目的资信度要求较高，目前符合保险公司相关要求的 PPP 项目数量仍有限。再次，银行、证券和信托也参与 PPP 项目，市场竞争较为激烈。

第三节　国内寿险公司资产负债管理体系建设情况

国内寿险公司的资产负债管理体系建设起步较晚，取得了长足的进步，但同国外较为成熟的寿险公司相比仍存在一定差距，主要体现在如下几个方面：

一是，一些公司的资产负债管理总体目标和战略并不清晰，在资产策略和负债策略的制定方式上较为独立，缺乏两者在战略层面的有机结合。

二是，有些公司已经建立了资产负债管理组织体系，尤其一些大型寿险公司，在集团或总公司层面成立了跨部门委员会，负责资产负债管理，评估公司在资产和负债领域的风险，并制定相关制度。还有一些公司即使尚未成立专门的资产负债管理委员会，也会授权如投资管理委员会等职能相近的委员会履行部分资产负债管理职能。

然而，在执行层面，多数公司资产管理和负债管理还处于相互分离的状态，在部门和岗位设置上需要进一步提高。此外，虽然一些公司建立了部门间的沟通机制，但一般都采取较为简单的方式，主要依靠精算和投资部门之间协调，缺乏其他相关职能部门的参与。许多公司也缺乏具有资产负债管理实操经验的相关专业技术人员。

三是由于上述资产管理和负债管理在部门和岗位设置上的相互分离，所以资产负债管理流程也有待提高。比如，在制定和调整资产配置方案时未考虑公司风险偏好和相关约束条件；一些公司在资产配置方案执行过程中，主要以静态分析报告为主，缺乏动态的监测和沟通机制等。

四是多数中小型寿险公司的模型仅能实现监管要求下的压力测试，尚未实现资产端和负债端的有效联动以及多维度情景测试等。此外，许多公司的数据质量也有待提升。

第六章　对国内寿险公司的资产负债管理建议

根据我国寿险业资产负债管理情况，结合前文的案例分析，本章从产品策略、资金运用、资产负债管理体系建设出发，对公司寿险公司的资产负债管理提出建议。

第一节　对国内寿险公司产品策略建议

一、重点发展保障型保险

前文所述，一些以规模导向的寿险公司，为了扩大市场占有率，推出以万能险为代表的中短存续期产品，致使其中很多公司退保率飙升，同时资产负债严重错配，不仅造成公司流动性风险，还威胁到偿付能力，面临“长钱短用”的困境。

同时，随着近期《中国保监会关于规范人身保险公司产品开发设计行为的通知》(134 号文件)的发布，要求产品设计回归保险本源，关注客户的风险保障需求，而不是以产品为中心，鼓励开发和发展定期寿险产品、终身寿险产品。

再者，结合前文对日本寿险业危机案例分析，笔者注意到在利率下行时，投资理财类保险产品对于投资端的过度依赖使得支付压力陡增，原因在于该类产品对于利率的高敏感度。因此，需要大力发展保障型保险产品，将其逐渐回归到保障功能的本质上来，降低保险产品对投资的过度依赖，减轻在低利率环境下资产配置的压力。

所以在监管要求和历史经验的驱动下，建议公司加快转型速度，重点发展保障型保险产品，从规模导向转变为价值导向。我国寿险业产生的利率风险在很大程度上是由于保险公司盲目追求保费规模而导致。因此，缓解保险业的利率风险的本源，还是要把经营思想和发展战略从单纯追求业务规模、市场份额转变到追求企业效益、产品品质和客户服务上来，发展保障型保险等具有高效益的保险业务。

发展长期保障型产品具有相对优势。就寿险公司的业经营而言，长期保障型产品的新业务价值率多高于储蓄型产品，尤其是在“偿二代”下，新业务价值率较“偿一代”大幅提升，而长期储蓄型保险的新业务价值率较低。前文介绍的中短存续期产品的新业务价值率一般为负。

同时，借鉴上述友邦保险的案例，其一直坚持价值导向策略，把握结构性增长机会，专注于发展保障型产品，新业务价值及内含价值受市场波动影响较小，业务经营和价值发展更加稳健，且新业务价值和内含价值增速显著。

此外，长期保障型盈利来源丰富。储蓄型保险产品盈利来源主要是利差益，中短存续期产品费用分摊期限过短导致费差损，利差取决于投资收益率，且可能产生利差损。而开展保障型保险产品盈利来源主要涉及费差、死差等，其受外界经济因素影响较小，具有更为稳定的利润贡献。结合日本保险业应对危机的启示，随着日本寿险业保障型业务的提升，死差益不但成为公司的主要利源，还同费差益一起，扭转了日本寿险业长期利差损的局面。

从“偿二代”偿付能力充足率的角度来看，长期保障型保险对偿付能力贡献大，有助于公司维持较高偿付能力充足率；而储蓄型保险产品可能拉低公司偿付能力充足率；中短存续期产品具有高负债成本和资本要求，偿付能力溢额贡献为负，使得公司偿付能力受到很大影响。

此外，针对利率风险，对于储蓄型保险产品，其主要利源为利差贡献，因此储蓄型产品比保障型产品的利率敏感度高，因而产生的利率风险较大。

所以，从公司长远发展和持续盈利的角度来看，重点发展保障型产品有利于公司长期、稳定和健康的发展，无论从利润贡献还是资本节约，都会给股东带来更高的价值。

二、加速健康险产品的发展力度

从前文日本寿险业应对危机的案例我们看出，其加大了在健康保险、医疗保险等产品的发展力度，并通过这些保险产品扩大了市场规模。

从我国的政策方面来看，自 2013 年起，相关部门陆续发布《国务院关于促进健康服务业发展的若干意见》《国务院关于加快发展现代保险服务业的若干意见》《关于加快发展商业健康保险的若干意见》《保监会关于开展个人税收优惠型健康保险的通知》《中国保险发展“十三五“规划纲要》《“十三五”深化医药卫生体制改革规划》等，均对发展健康险提出了明确的要求和方向。

此外，健康险税优政策于 2016 年 1 月 1 日开始在 31 个城市试点；2017 年 4 月 28 日，财政部、税务总局和原中国保监会联合出台《关于将商业健康保险个人所得税试点政策推广到全国范围实施的通知》，规定对个人购买符合条件的商业健康保险产品的支出，允许按每年最高2 400元的限额予以税前扣除。所以，政策端的催化使得健康险发展路径逐渐明晰，预计未来 5 年我国商业健康保险年均增速将达到 25％以上，2020 年达到万亿元级规模。因此，我们建议寿险公司加速健康险的发展力度，并从产品创新和技术创新两方面提升市场核心竞争优势。

（一）产品创新

可在医疗保险产品的主导地位进一步巩固的同时，将保险责任从住院门诊等事后环节延伸到健康维护、健康促进等事前和事中环节。伴随互联网和大数据技术，发展新型管理式医疗产品，并进一步细分人群和特定疾病的保险产品。新型健康保险产品主要包括管理式医疗、团体健康保险方案以及个人健康维护计划三类。

（二）技术创新

由于健康保险对数据信息的依赖程度较高，尤其是针对细分人群的健康危险因素，区分生理、心理、行为等风险要素，所以要求公司需加大技术创新力度，打造专业化平台，并进行精细化的定价和差异化的新型健康保险产品开发，以提升市场竞争力。这除了需要满足群体统计特征的历史数据外，还需要海量、动态、及时的个人健康信息。随着互联网科技和健康医疗技术的进步，既往制约健康保险产品创新的数据障碍逐渐被打破，新型健康保险将与各种可穿戴设备、移动互联工具、大数据分析技术的普及融合一起，相互促进、共同推动医疗和保险行业向前发展。目前，市场上一些公司也正在为客户提供如运动健身信息监控等服务。①

三、重视产品定价

目前我国仍处在利率下行周期，伴随着低利率的继续，保险公司利差益收入受到一定限制。建议寿险公司关注利率风险，合理下调预定利率，避免未来高预定利率的保单给付给公司经营带来压力。

结合前文所述的利差损案例分析来看，如果定价参照的是当时主要的投资工具，如银行存款或债券等的利率，而不是支持该产品的投资组合的预期回报率，导致产品的定价利率与投资组合的回报率之间不相关，并且没有考虑利率可能会发生的变化及变化的可能结果，则很可能导致利差损风险。

所以，当公司出售高预定利率产品或利率较为敏感的产品时，应评估用于支持该产品的资产组合的投资回报率，使其与负债端的成本收益匹配要求一致。

从2017年开门红产品来看，主流公司大部分保险产品预订利率在2.5％—3.5％，较2016年开门红产品有所下移，处在合理区间。

此外，借鉴日本寿险业的案例，建议在产品定价时，可设定更为保守的死亡率和疾病率等假设，以增加保单的盈利性，即死差益。

四、合理发展分红保险

根据前文分析，对于分红型保险产品，由于公司可以通过减少分红比例来降低利

① 我国商业健康保险的发展现状及趋势分析。

率变动，所以分红保险产品相对于传统型产品的利率敏感度低，有利于控制利率风险。

根据我国分红保险市场存在的一些主要问题，建议寿险公司可从以下几点入手，合理发展分红保险。

（一）加强销售管理

（1）大力加强对分红保险销售人员的资格审核，加大对分红保险销售人员的培训，提高销售人员的综合素质。

（2）规范销售行为，严肃处理销售误导等违规行为，并通过回访机制，发现销售过程中存在的问题并及时处理。

（3）在销售过程中通过各种渠道加强投保人对分红保险的认识程度，避免消费者产生不合理的预期和对保险产品定位的片面理解。

（4）及时、妥善处理客户的各项投诉，并建立重大、疑难投诉件的报告机制，加强投诉处理队伍的建设。

（二）控制成本

建议控制分红保险的销售成本，可重点发展银保合作、邮保合作、证保合作等方式。借鉴欧洲等发达保险市场的销售经验，其保费收人大多来源于银保，银邮渠道的销售成本较低，有利于公司的销售成本控制。此外，建议通过强化内部管理、提高工作效率、降低保单的管理费用，以进一步控制成本。

（三）合理安排产品结构

首先，根据前文对于短期分红保险所产生的问题，建议重点发展长期的分红寿险，避免产生流动性风险以及保费期限分布过于不均衡等问题。同时，拉长产品缴费期限有助于形成稳定的可投资资产，以减轻资金运用的压力，并缓解资本市场的短期波动对投保人的影响，也有利于公司通过稳定投保人的预期，保证分红保险业务的持续发展。

其次，建议重点发展期交型的分红保险，不但有助于市场资源的可持续性开发，同时也有利于对销售成本进行控制和保费收入的良性循环。

再次，建议回归保险保障功能，应主要以保险保障功能为主、附带分红功能为辅，而不是分红为主、附带保障功能为辅的形式。通过增加保障型分红保险产品的发展力度，也可促进利源的多元化，如死差益和费差益的贡献，逐步改善单一依靠利差的利源结构，提高分红保险利润贡献的稳定性以及公司盈利模式的转型。

最后，建议寿险公司加大产品创新力度，开发多元化功能的保险产品，避免集中于少数几个险种，使险种结构更加合理和多样化。

第二节　对国内寿险公司资金运用建议

2017年以来，各类“保险姓保”为思想主旨的监管政策频频出台，限制了发展势头良好万能险业务和险资举牌扩张的种种举动，保险行业被迫进行产品结构调整，资产负债匹配管理要求提高。由于前几年的规模发展模式，导致现在仍存在流动性风险及负债成本高企的压力。面对越来越规范的保险公司治理思路及监管政策，在偿二代背景及中国负债结构特征下，必须持续丰富资产类别和投资策略，寻找收益突破点。为此，笔者对我国寿险公司的资产配置提出以下建议。

一、强化战略资产配置，平衡收益和资本消耗

寿险公司应强化战略资产配置，有效平衡长、短期收益目标。从保险业务的特点出发，主要以风险保障为主、投资理财为辅。结合资产负债匹配的角度，可参考前文案例中AIA以及韩国、欧盟和美国等资产配置策略，主要采取以固定收益类尤其是债券类资产为主、权益类投资为辅的投资方式，其中股权投资以财务投资为主、战略投资为辅。

在期限结构方面，同样借鉴前文AIA的投资策略，逐步加大长期限，尤其是10年及以上产品的投资（目前10年期及无固定到期日的债券占比约为57%），并减少了对短期（1—5年期）债券的投资，有助于与负债端产品久期的匹配。

此外，可通过分析研究投资配置大类资产与“偿二代”最低资本因子之间的关系，通过技术方法降低最低资本消耗，提升偿付能力充足率。

首先，从利率风险的角度来看，久期匹配仍然是固定收益投资的关注重点。根据前文所述的“偿二代”第一支柱的最低资本计量方式，寿险资产负债久期缺口越大，利率风险的资本要求越高，而资产与负债对利率变动的敏感度越接近，则利率风险越小。

其次，对于公允价值计量的固收产品，还涉及利差风险，其风险因子与资产的修正久期相关，资产久期越长，各信用等级间因子差距越大，但不同信用等级资产的利差随期限的增长幅度较小。从风险与收益的角度，可在公司风险容忍度内适当增加低信用评级但期限较短的资产，但对于长期资产仍建议保持高信用评级。[①]

① 偿二代推进险资运用须向精细化转变。

二、分账户管理

寿险公司应结合自身发展优势、市场战略需要，明确公司负债结构及产品发展策略，兼顾资本市场特征，分账户管理资产。传统险、养老保险稳定性较高，要求投资收益较低的账户配置稳健的固定收益产品；能够承担高风险收益的客户，销售高现金价值产品如万能险、投连险，将其独立账户配置高风险高收益的资产，例如权益或非标资产。

三、加强投资风险管控，建立风险限额及信用评级体系

寿险公司应进一步深化风险管控理念，提高资产管理协同能力，在合规的前提下合理运用股权投资、债权投资等，防范系统性风险，并不断提高资产负债的管理能力，对公司持续经营能力提供保障。具体而言：

第一，寿险公司应积极防范资金运用过程中的信用风险。重点关注违约事件的集中爆发，注重另类投资风险控制。在内部在对投资及政策和交易对手的授信考虑上，可引入信用风险预算管理机制，以防范信用风险，并根据“偿二代”《保险公司偿付能力监管规则第 11 号：偿付能力风险管理要求与评估》的要求，建立信用风险限额管理制度和交易对手管理制度，并设定各级信用限额。在前文 AIA 的资产配置案例中，其固定收益类产品的信用级别较为稳健，并不断减少低信用等级的固定收益类产品。建议国内寿险公司可参考其投资策略，以降低信用风险，稳健经营。

第二，结合前文所述各国保险资金运用中涉及的债券违约事件，参考 AIG 危机案例，建议国内寿险公司结合资金运用的需要，建立科学的内部信用评级体系，制定相关管理制度并规范内部信用评级的方法和流程。一方面，国内信息披露有限，无法获得行业投资组合产品的具体信用评级信息；另一方面，结合次贷危机的历史经验，一些信用评估机构的评级可能无法反映相关资产的真实风险。所以，公司可通过建立并不断完善内部信用评级体系，对各交易对手的信用情况进行更为科学准确的分析判断，防范信用风险。

第三，公司应密切关注资金运用过程中的流动性风险，充分关注资产变现的能力，确保退保和给付高峰期与资金流相适应，考虑高流动性资产对短期负债的衔接问题。

第四，公司可在确保在有足够经验和技术能力作为前提条件下，合理、适当地利用衍生品工具，缓释利率风险，如使用利率互换等工具，对冲、转移部分利率风险敞口。

四、参与基础设施投资项目

随着国债收益率曲线将进一步平滑，短债长投对于险企而言也较难覆盖其成本支出。此外，根据前文对国内保险公司资金运用情况的分析，由于相较于欧美市场，国内债券市场也面临着体量较小且缺少长期限产品等问题。而基础设施投资计划等方式可作为有效的资产配置方式，弥补债券市场无法匹配的不足。

建议公司重视政策趋向，合理进行资产配置以赚取较高收益。尤其需要注重久期较长的固收类投资机会以及国家层面的基础设施投资或债权计划，拉长投资久期。可从支持实体经济的投资理念出发，创新资金运用方式。积极参与“一带一路”“京津冀一体化”“雄安新区建设”等基础设施项目建设、棚户区改造等国家重大工程，服务供给侧结构性改革。地方性基础设施建设或旧城改造项目是保险资金较为理想的投资选择，通常这类项目拥有政府信用担保，具有投资期限长、收益高于债权投资、波动率较低的特点，项目整体资质较高。

五、开拓海外投资市场

寿险公司应积极开拓海外投资市场。从债券市场来看，发达国家的债券市场较中国更为稳定。随着我国利率不断下行、美元走强等影响，海外债券尤其是美元债券的配置价值不断提升。从发达国家不动产投资来看，不动产投资与险资规模大、久期长的特征相契合，且投资发达市场的经济风险较小。保险资金可以通过参与基金、信托计划、资管计划等方式进行投资。

从偿二代市场风险最低资本的角度出发，发达市场上市股票的基础因子小于沪深主板，但境外不动产的资本要求较境内不动产要高，此外，投资于新兴市场的各类资产资本消耗普遍较大。所以在保险资金涉足海外市场初期，仍建议以发达市场为主，谨慎投资新兴市场。

第三节　对国内寿险公司资产负债管理体系建设建议

根据监管要求和前文分析的主要问题，借鉴国外寿险公司的资产负债管理实践经验，建议国内寿险公司从如下几方面着手，推动资产负债管理体系的建立，提升自身核心竞争力，为稳健发展保驾护航。

一、建立明确的目标

公司应根据业务特点和实际管理需要，建立明确的资产负债管理目标，以指导资产负债管理工作的开展，协调保险业务和投资业务。例如，公司在关注保费规模增长的同时，也需要重视投资收益、资产流动性等是否与负债相匹配等问题。

在资产负债管理目标设定时也需考虑收益、资本和风险三者的有机平衡。建议保险公司建立风险偏好体系，并结合风险量化技术帮助，引导公司将风险因素作为目标设定的关键因素之一，根据自身实际资本实力调整产品组合和投资目标。

二、完善组织架构并补充专业人员数量

首先，公司应基于现有治理结构，进一步完善从治理层、高管层到部门层级的资产负债管理组织架构，对各个层级的具体职责分工进行明确界定。公司应设置资产负债管理专职部门，在执行层面统筹协调各相关部门开展资产负债管理工作。

董事会在资产负债管理体系中扮演着重要的角色，不仅承担公司风险管理的最终责任，而且要确保公司治理的所有关键要素都是恰当的，包括资产负债管理的组织结构、董事会有效授权的资产负债管理委员会、董事会审批通过的资产负债管理政策和制度、清晰的资产负债管理职责分工、完善的资产负债管理框架和风险容忍度，等等。董事会还应确保有效的资产负债管理机制以支持战略决策的制定。

此外，公司应分别在董事会和管理层设立资产负债管理相关委员会，为资产负债管理的决策提供专业支持并领导、组织和推动资产负债管理的相关工作的开展。

其次，公司应结合实际管理需要，补充、增加具有丰富资产负债管理实操经验的相关专业技术人员数量。因为寿险产品的设计、寿险资金的运用都需要专业性的、经验丰富的管理人员来运作。考虑到在短期内增加相关专业技术人员数量较为困难，公司可通过相关专业培训等方式，提升现有人员的专业知识和技能。

三、明确管理制度和流程

（一）明确有关制度、流程和职责分工

建议寿险公司应在偿二代制度体系建设的基础上，结合对资产负债管理流程的梳理和优化，补充、完善资产负债管理的相关制度，同时建立健全资产端和负债端的信息沟通机制，促进各部门之间的合作。

结合前文所述的国外寿险公司的实践经验，建议公司各相关部门在各司其职的基

础上，加强相互间关于资产负债管理事项的合作和沟通，以提高资产负债管理的工作效率。

如下是一些部门在资产负债管理制度和具体工作开展中的职能定位参考示例（各家公司对于部门名称的设置可能有所不同）。

精算部门应拟定负债端相关假设（如退保率、再保险假设、万能结算利率等），并定期进行回顾；建立、维护、运行负债端的精算模型，对负债进行评估，拟定分红政策和万能结算利率；协助投资、风险管理等有关部门进行压力测试等工作。

财务部对于公司的财务及流动性状况进行评估，并提供其他相关部门所需要的财务和预算数据等。

投资部门在风险、收益和资本消耗的多重维度内建立有效前沿，并根据负债成本、投资期限、流动性、风险偏好等约束条件，通过配置模型形成资产配置方案，并定期对其进行评估等。

资产管理部门/资产管理中心与投资部门保持沟通，确认资产配置方案在实际操作中的可行性，并在实施中通过组合分析进行优化调整，定期向投资部门报告资产配置方案的执行情况。

国内公司可设立专门的资产风险控制部门或岗位，负责日常投资和交易活动的风险预警，并建立资产配置风险管理制度和相关流程。当资产风险控制部门或资产风险控制岗发出预警信息时，投资部门或资产管理部门/资产管理中心应及时制定并落实风险处置措施，形成在投资风险管理中的持续沟通和反馈机制。

风险管理部门组织相关职能部门识别、分析可能影响公司资产负债状况的风险，可包括市场风险、信用风险、保险风险、流动性风险等，并结合公司战略、风险管理目标等因素拟定风险偏好，并通过风险量化的手段设定风险限额，组织开展风险监测工作，做出风险提示等。此外，风险管理部门应对资产配置方案进行风险评估，确保其符合资产负债错配限额以及内外部合规性要求。

战略发展和业务规划的制定部门在制定业务规划时应充分考虑公司未来资产负债匹配情况，并与精算、投资、财务等职能部门保持密切沟通，针对业务规划应由相关部门进行测算并对资产负债情况进行分析。

产品管理部门应根据业务规划，在拟定产品策略、开发和停售重大产品的过程中，充分考虑公司资产负债匹配情况及涉及的风险，并与相关部门保持沟通。

前端业务部门应执行和落实公司的业务规划和产品策略，确保销售产品和保费结构符合公司制定的业务规划和产品策略，并及时与产品管理等相关部门保持沟通。

信息技术部应提供资产负债管理过程中相关的 IT 支持，内部审计部对资产负债管理的执行情况进行监督和独立评估，并定期向资产负债管理委员会和董事会进行报告。

此外，保险公司还应明确资产负债管理的牵头部门，负责组织协调其他相关部门开展具体工作，并在执行层面成立相关工作小组，以提高公司资产负债管理工作的效率，确保公司资产负债管理目标的落实。

（二）建立动态监测机制

建议寿险公司应完善对资产负债情况的动态监测机制，设定相关监测指标，并定期进行报告和分析，协助管理层及时了解经营实际和管理预期之间的偏差，以便及早做出调整。

首先，建议公司基于量化技术，通过风险偏好量化传导机制将风险偏好和风险限额进一步分解，设定细化的风险监测指标。通过对各指标进行持续监测和分析，可提前掌握资产负债错配和流动性等风险的变化情况，对潜在风险或损失进行定位并制定事前应对措施，帮助公司更为有效地针对影响公司资产负债管理目标的潜在问题定点处理。

其次，建议公司建立配套的风险处置机制。当指标突破阈值发出预警信息时，相关部门应确保有关信息在公司内部传递的时效性，建立持续的良性沟通机制，并密切配合，根据对风险事件影响程度的分析结果尽快采取避险减损的应对措施。若经分析认为事态较为严重，相关部门可发出重大风险提示，向管理层提请启动重大风险应对预案，及时化解重大风险，保证公司稳健经营。

（三）建立报告机制

建议寿险公司建立资产负债管理报告机制，以支持对公司资产负债匹配状况的分析和评估。

报告应定期编制，相关部门应根据职能定位编写报告内容，并针对有关内容进行充分沟通。报告内容可涵盖对资产负债状况的分析、主要指标情况、资产配置计划执行情况、主要风险的变化及风险提示、相关部门在资产负债管理工作中的履职情况等。

四、完善模型和配套工具，加强数据应用

（一）优化模型

建议寿险公司优化资产负债管理和资产配置相关模型，在实现资产和负债的联动的基础上进行多维度的情景分析和压力测试，并建立模型维护的相关管理制度和手册。

第一，建议国内寿险公司在充分考虑资产端和负债端业务的复杂度和公司资源等因素的前提下，构建资产负债管理模型和资产配置模型。例如，可结合精算软件 Prophet 和 MoSes 开发 ALS 模块，或仿照前文国外先进实践案例建立单独的 Excel 测算模型。Excel 模型具有开发和维护成本低等特点，结合投入产出比、实施周期和难易程度等方面综合考量，对于中小型寿险公司不失为一种可操作性较强的实施方式。

第二，建议国内寿险建立完善的模型管理制度和配套维护手册，如模型的使用、更新和审批程序，模型假设调整的审批程序，模型运算方法和数据来源说明、模型功能说明、模型操作手册和开发手册，等等。

第三，公司可在资源充足的情况下，考虑聘请外部咨询机构或模型开发专家搭建专业化模型。借助咨询机构和外部专家一方面可以为公司节约资源，另一方面咨询机构和外部专家已具备充足的经验或拥有比较成熟的同业标准化模型，可以帮助公司在较短时间对模型进行完善。此外，建议公司在借助外部力量的同时，也应通过组建联合项目组以及培训、知识转移等方式，让公司内部实操人员了解资产负债管理模型的搭建原理和运行方式，并保存充足的文档以保留相关成果的可延续性。公司可根据业务实际需要，考虑购买或研发经济情景发生器（ESG），以支持多维度随机情景测试等。在模型运行和精算评估分析中可实行精算 AB 岗制度，保证公司时刻配备有充足的模型技术人员参与。

（二）加强各类资产负债管理分析工具的应用

建议保险公司应加强各类资产负债管理分析工具和相关指标的应用，包括但不限于久期、在险价值、现金流测试、成本收益匹配测试、动态财务分析等。

借助资产负债管理技术工具和相关指标，可对风险进行有效管控，为保险公司的资产负债匹配提供参考依据，并寻求风险和回报之间的最优组合，以提升资产负债管理的精细化水平以及相关决策的准确性。

资产负债管理管理技术的应用需考虑监管要求，[①]同时还取决于公司自身的技术实力以及管理资源。公司要善于运用多种技术，制定集成的资产负债管理管理策略，对风险假设和回报进行多情景和多因子的分析、管理和控制。

① 在前文中，笔者介绍了原中国保监会于 2017 年 5 月下发的《加强保险资产负债管理有关监管规则（征求意见稿）》。其中在资产负债管理量化评估规则中，原中国保监会通过要求保险公司报送整体及大类账户的关键久期、修正久期、有效久期等指标值的方式，对保险公司的资产负债期限结构匹配情况进行评估。

在本文第一章中，我们介绍了各类资产负债管理的技术工具，下文将针对资产负债管理的主要技术工具进行比较和分析（见表 6—1）。

表 6—1　　各类管理技术的总结与对比

管理技术	主要作用
现金流匹配	流动性风险管理
利率免疫	利率风险管理
缺口分析	利率/流动性风险管理
在险价值	财务决策优化
动态财务分析	财务决策优化

资料来源：笔者制作。

各项技术的管理作用和适用范围都有所不同，但公司希望通过多种技术，在一定时间内，有效防范利率风险、流动性风险、市场风险、信用风险和保险风险等。根据对行业资产负债管理情况的调研，多数公司选择了修正久期作为资产负债管理的监控指标，其他使用较为普遍的指标包括凸性、关键久期、在险价值、现金流匹配等。各项技术和指标的衡量维度可参见表 6—2。

表 6—2　　各类技术和指标的衡量维度

技术	具体指标	利率曲线平行移动	利率曲线非平行移动	利率大幅移动	时间节点分析	阶段分析	嵌入期权	现值	市值	账面价值	盈利	监管要求最低资本	经济资本
现金流匹配	资产、负债现金流					√		√					
利率免疫	修正久期	√			√			√					
	有效久期	√		√	√		√	√					
	金额久期	√			√			√					
	关键利率久期	√			√			√					
	凸值		√	√	√		√	√					

续表

技术	具体指标	利率曲线平行移动	利率曲线非平行移动	利率大幅移动	时间节点分析	阶段分析	嵌入期权	现值	市值	账面价值	盈利	监管要求最低资本	经济资本
缺口分析	利率敏感性缺口					√		√					
在险价值	随机模拟			√		√	√	√	√		√	√	√
	在险价值			√		√	√				√	√	
动态财务分析	情景分析	√	√	√		√	√	√	√	√	√	√	

资料来源：笔者制作。

（三）推动数据平台建设，提高数据质量

鼓励寿险公司引入金融科技及大数据等创新工具，加强数据分析平台及系统化建设，提高数据质量和数据整合及管理能力，逐步建立数据的共享机制，形成行业数据库，在此基础上进行大数据分析。一方面，向董事会和管理层呈送更具准确性、时效性和完整性的资产负债相关信息，以支持其做出更为有效的决策；另一方面，为产品开发、运营、销售、财会、精算、资产管理、投资、风险管理等部门提供翔实精确的数据参考，实现资产负债管理工作的有效落地。

一些国外保险公司已经建立了数据平台并配备了专业化数据团队，定期进行数据清洗和校验，为资产负债管理等工作的开展提供了有效的数据支持。此外，欧美市场有一些行业数据库，例如当某几家公司形成一个联盟时，可以相互共享数据，以获取最实时的数据信息，提升了业务和管理分析的时效性和准确性。

从国外的先进实践来看，在过去 5 年的“欧偿二”市场调研报告中，数据处理、数据质量和数据完整性一直是欧洲各大保险公司排名前 5 的关注点。一些大型保险集团用了洪荒之力，花费上亿欧元建立、升级、优化数据治理体系，改造相应流程、系统，并推广到全球的分支机构。①

从国内情况来看，每家公司都有相关数据，但难以整合。大部分公司并不是按照管理目标把外购系统的数据按照管理目标进行恰当组合，并且制定适用于目标的数据

① 韩国斌，杨之杰. 保险公司数据治理如何倚借洪荒之力[N]. 中国保险报·中保网.

标准，所以容易形成数据孤岛，比如资产负债管理中涉及的精算模型和资产配置模型等。此外，国内还缺少市场数据，如社保数据等。

随着偿二代的正式运行以及大数据、云计算、车险费改、资金运用监管等内外部驱动力的作用，很多同业已经有意识地开始建立数据仓库、数据报表平台或者专题的数据集市，以期提高数据质量、提升数据管理和使用的水平。

建议国内寿险行业建立行业数据库，在监管数据和咨询公司数据的基础上，形成公司间的数据共享机制，并进一步完善对于某个区域某种特定人群的数据库。借助数据质量的提升，公司可不断在产品开发、精算、投资、渠道等业务及管理领域进行精耕细作，提高管理水平和公司盈利性。

再者，结合前文所述的健康险市场的发展潜力，由于健康险产品对数据信息的依赖程度较高，所以寿险公司的数据平台应包括满足群体统计特征的历史数据，并涵盖海量、动态、及时的个人健康信息。新型健康保险也可与移动互联工具、大数据分析技术一起，相互促进、共同发展。

此外，在《保险资产负债管理监管办法（征求意见稿）》中，原中国保监会要求“保险公司应当建立资产负债管理数据管理制度和机制，确保资产负债管理基础数据的真实性、合规性和完整性”。据此，建议公司还应不断提高数据管理水平和数据质量，因为翔实、完备和高质量的数据是公司有效开展资产负债管理和业务管理的重要基础。例如，在资产负债管理目标制定的过程中，需要对公司资产负债所面临的各类风险进行全面分析，而资产负债管理模型的运行、资产负债管理技术工具的应用、以及嵌入系统的计算引擎等，都需要准确的数据来支持，以确保分析测算的准确性，为管理决策提供更具科学有力的信息支持。

（四）将计算引擎嵌入系统，实现自动化计量

建议寿险公司应在不断提高数据质量的基础上，结合上述对于资产负债管理模型的优化，将相关计算引擎嵌入系统，实现自动化计量，逐步实现资产负债动态管理。

公司可进一步结合各类资产负债管理分析工具，将相关计算引擎与指标监测、报表生成和推送等功能相结合，以帮助公司在外部经济环境、监管要求以及股东和管理层决策等因素变化时，提升响应速度并占领先机。

参考文献

[1]韩国斌，杨之杰. 保险公司数据治理如何倚借洪荒之力[N].中国保险报，中保网，2016 —09—13.

[2]赵家敏，苏莉.从资产负债管理看日本寿险业的利差损问题及对我国的启示[J].现代日本经济，2004(2)：28—32.

[3]陈艳婷.日本解决利差损问题及启示[J].中国商业保险，2013 年第 4 期.

[4]彭晓燕，保险公司资产负债管理概述.中国保险会计研究中心，http://www.sohu.com/a/127522326_481633，2017—02—28.

[5]丁昶，商敬国.英国公平人寿事件剖析[J].中国金融.2008—09

[6]孙婷.举牌是保险业的唯一出路吗？或许还要从“供给侧”解决问题：日本寿险业的启示.搜狐财经 http://www.sohu.com/a/120817807_479823，2016—12—06.

[7]万能险并非万能，你了解万能险吗，中国银保监会网站，http://www.circ.gov.cn/web/site0/tab5247/info3979712.htm.

[8]2016 年中国万能险行业发展历程及市场现状分析，http://www.chyxx.com/industry/201605/417416.html.

[7]偿二代推进险资运用须向精细化转变，http://xw.sinoins.com/2017—10/16/content_244774.html.

[8]朱铭来，卓宇.AIG 危机对我国保险业的启示[J].中国金融，2008 年第 21 期.

[9]我国商业健康保险的发展现状及趋势分析，http://www.cn—healthcare.com/articlewm/20170204/content—1010710.html.

[10]丁昶.我国分红保险的机理与制度框架.中国银保监会网站，http://www.circ.gov.cn/web/site0/tab5267/info261495.html.

[11]陈琼.寿险公司资产负债管理问题研究[J].湖南大学，2003.

[12]周艾珂.化解我国寿险业利差损风险探析[J].保险研究，2007—11—20.

[13]2017 年中国健康险比重增速分析，http://www.chyxx.com/industry/201709/565109.html.

[14]2017 年上半年保险业数据发布，http://www.sohu.com/a/162787878_99956542.

[15]LifeCo 公司资产负债管理案例分析

[16]中国保险资产管理业协会.2017 年中国保险资产管理业发展报告[J].中国财经出版传媒集团，2017—11 月.

（本文获“IAMAC 2017 年度系列研究课题”优秀课题）

保险资产管理公司国际化发展战略研究

中国人保资产管理有限公司

秦　岭　王　莹　凌秀丽　王　辉　吴　杰

摘要

党的十九大报告明确指出，要坚持"引进来"和"走出去"并重，推动形成全面开放新格局。国际化是我国保险资产管理公司发展的客观需要和必然方向，目前我国保险资产管理公司的国际化实践已取得了一定成果，并已具备实现这一目标的基本条件，需要在当前实践的基础上进一步加大国际化资产配置、资产管理、资源整合的改革力度，进一步学习国际保险资产管理公司的先进经验，并结合自身实际，加快推进国际化发展步伐。为此，本文研究提供以下观点和建议：一是境外保险资产管理公司走向国际化的经验和做法可资借鉴；二是政策驱动叠加自身发展需要我国保险资产管理公司加快国际化建设步伐；三是我国保险资产管理公司的业务国际化需着力于资金渠道和资产配置的创新策略；四是我国保险资产管理公司的组织管理国际化需着力于机构布局和人才队伍的配套建设；五是我国保险资产管理公司的全面国际化有赖于外部政策环境的多方完善。

关键词

保险资产管理　国际化　境外投资　监管政策　风险管理

第一章　保险资产管理公司国际化的内涵及主要模式

第一节 保险资产管理公司国际化的概念与发展阶段

一、保险资产管理公司国际化的衡量指标

保险资产管理公司国际化是指其经营由国内发展到国外，其经营活动、服务对象不受某一国家或地区地理条件的限制，在业务和机构等方面跨越国界，追逐国际市场行为的体现。保险资产管理公司国际化发展既是我国发展外向型经济的现实需要，也是保险资产管理公司追求自身发展，参与国际竞争的内在需求。

一家保险资产管理公司国际化程度主要体现在国际化资产配置、国际化资产管理以及国际化资源整合等方面，可以用海外机构数量、海外资产管理规模占比、海外第三方业务占比、海外人员的国际化构成等指标综合评价。通常来说，如果一家保险资产管理公司的海外资产管理规模占比高、海外资产管理业务来源广泛、海外机构覆盖区域较大、海外人员的来源国家和地区多样化，表明其具有较高的国际化程度。

例如，法国安盛的资产管理业务是全球化程度最高的机构之一。目前由安盛全球资产管理公司(AXA Global Asset Management，AXA GAM)负责集团资产管理业务战略的统一制定和实施，监督各资产管理子公司的经营和绩效。截至2016年底，旗下子公司联博资产管理公司(AllianceBernstein，AB)在21个国家和地区拥有47家分支机构，第三方资产管理业务占比高达70%，资金来源中美国地区占比54%，海外资产管理规模和海外第三方业务占比都非常高。除此，AB拥有3 438名员工，分别来自世界不同的地区。

二、保险资产管理公司国际化的不同阶段及其主要特征

根据资产配置、资产管理、资源整合的国际化水平，可将保险资产管理公司国际化进程分为三个主要阶段(见图1—1)。

第一阶段为资产配置国际化阶段，主要以自有海外资金配置或境内资金海外配置

为主，实现在局部地区具备一定的区域资产配置能力。

第二阶段为资产管理国际化阶段，主要表现为全球范围的资管、投行等第三方业务占比明显提高，同时全球化资产配置的范围和水平进一步提升。

第三阶段为资源整合国际化化阶段，主要表现为通过全球范围内的资金、业务、机构、人才、管理等资源的有效整合，实现各业务板块结构均衡，资源配置合理优化，全球化资产配置、资产管理的有效协同。

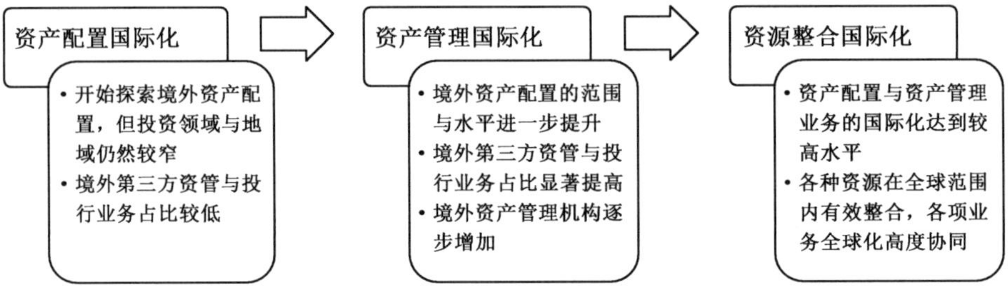

资料来源：人保资产宏观与战略研究所。

图 1－1　保险资产管理公司国际化的主要阶段及特征

第二节　保险资产管理公司国际化的主要模式与比较分析

一、保险资产管公司国际化的主要模式

目前，全球范围内有多家大型保险资产管理公司完成了国际化目标，实现了资产配置、资产管理、资源整合的国际化发展。从实现国际化的动机看，大致分为保险业务跟随型和海外资产配置型两大类。

（一）保险业务跟随型

保险业务跟随型是指跟随负债业务的国际化，实现资产管理业务国际化，也即保险公司在海外经营负债端保险业务，出于海外保险业务资金的配置需求，驱动实现保险资产管理业务的国际化；后期随着全球化混业经营趋势的加强，跟随型公司的业务领域更加宽广，机构布局更加均衡，国际化程度更加成熟。

这种负债国际化驱动资产管理国际化的案例很多，多数保险业务发展成熟、历史悠久的大型保险公司的资产管理业务都属于这一类别。既包括太平洋投资管理公司（PIMCO）、保德信投资管理公司（Pramerica Investment Management）、法通投资管理公司(Legal & General Investment Management)和安盛投资管理公司(AXA Investment Managers)等全球前四大保险资产管理公司,也包括慕尼黑再保险资产管理公司(MEAG)等再保险系资产管理公司。

(二)海外资产配置型

海外资产配置型是指没有海外保险业务但出于海外资产配置需求而实现的国际化。海外资产配置型的保险机构虽然没有海外保险业务,但受国内利率环境、资产稀缺性等因素影响,为了增强投资收益以覆盖负债成本,会通过海外资产配置实现资产管理业务的国际化。

这类保险资产管理公司以日本、东南亚国家以及我国台湾地区为主,如日本第一生命保险旗下的第一资产保险公司(Asset Management One)、日本 T&D 控股旗下的 T&D 资产管理公司(T&D Asset Management)、我国台湾地区国泰人寿旗下的 Conning 资产管理公司。

二、不同国际化模式的相同之处

(一)顺应全球化混业经营趋势

20 世纪 90 年代前,全球保险资产管理公司实现国际化发展主要是受负债业务或海外资产配置需求驱动,国际化进程比较缓慢。随着 90 年代美国、欧洲等国家大力推进金融自由化改革,混业经营趋势席卷全球,保险资产管理公司开始通过自设、收购或自设+收购等各种形式加快走向国际化,这一阶段保险资产管理公司国际化进程明显加快。

(二)注重为客户提供全方位服务

保险资产管理公司在受托管理客户资产时,除了依靠自身良好的历史业绩来赢得客户的信赖之外,完善的全方位服务也是取得客户满意的关键因素之一。事实上,为客户提供全方位服务已经是大资管时代各家资产管理机构重点发展的方向之一,旨在通过提供资产配置建议、研究咨询、风险管理、会计核算等增值服务,提升客户满意度。

三、不同国际化模式的差异之处

(一)驱动因素不同

跟随型受海外负债业务资产配置需要逐渐实现国际化,而资产配置型更多地受境内保险资金的海外配置需求驱动。多数历史悠久的大型保险机构国际化保险业务发展都比较成熟,在全球主要国家和地区都有保险业务分支机构。这些海外保险业务的资产配置驱动了跟随型保险资产管理公司国际化进程的早期发展。而资产配置型保险资产管理公司更多是受本国境内资产荒、低利率环境等原因，出于增强投资收益、覆盖负债成本的初衷，增加海外资产配置力度，逐渐带动了资产管理业务的国际化。

（二）投资经验不同

跟随型公司相对而言投资经验比较丰富，经营更稳健。跟随型保险资产管理公司由于母公司的保险业务在海外发展较成熟，资产管理业务实现国际化过程中可依靠保险业务境外分支机构逐渐开展；而资产配置型资产管理公司由于没有境外负债业务经营经验的积累，出于海外资产配置需求国际化过程中经验相对缺乏，不得不采取“干中学”的发展模式。

（三）另类业务发展不同

跟随型的另类投资业务发展更快速、更成熟。从大投行角度，资产配置型保险资产管理公司国际化更多的是出于资产配置需求，无论自设或收购的境外资产管理分支机构多偏重于传统固收和权益投资；而跟随型保险资产管理公司的国际化经验相对更加丰富，投资银行业务更熟，业务团队更多样，另类投资业务发展更快。

第二章　境外主要保险资产管理公司的国际化经验与启示

本章遴选了两类代表性境外保险资产管理公司开展国际化经验的比较分析，业务跟随型以法国安盛和美国大都会公司为典型，海外资产配置型以日本 T&D 和我国台湾地区国泰人寿为代表，这些公司在资产管理业务、运营管理能力等方面都给我国保险资产管理公司的国际化提供了有益的借鉴。

第一节　境外保险资产管理公司的国际化经验

在当前复杂利率环境下保险资金出海主要出于分散化风险、增强投资收益、降低收益率波动等目的，我国保险资产管理公司国际化的目标主要为海外资产配置。因此在借鉴境外保险资产管理公司的国际化经验时，既要借鉴与国内保险资产管理公司实现国际化有相似动机的资产配置型保险资产管理公司的国际化经验，也要借鉴比较成熟的业务跟随型保险资产管理公司的国际化经验。

一、业务跟随型保险资产管理公司的国际化经验

从国际诸多保险资产管理公司的事件来看，法国安盛和美国大都会的实践最具有代表性和借鉴价值。

（一）法国安盛的资产管理业务

1. 国际化发展历程

安盛集团（AXA）首家公司于1816年在法国成立，通过多项并购活动，逐渐发展成全球首屈一指的保险集团。2016年，安盛在世界500强中排名第33，业务主要包括人寿保险与储蓄、财产保险、国际保险、资产管理和银行业务5部分，业务区域集中在欧洲、北美和亚太，业务收入仅次于伯克希尔·哈撒韦（Berkshire Hathaway）集团，位列全球保险行业第二位。截至2016年底，集团总资产为8 927亿欧元。受安盛集团保险业务全球化经营影响，安盛集团资产管理业务的国际化有很长的历史。1994年，安盛集团整合集团内部各投资业务线组建了安盛投资管理公司（AXA IM）。2000年收购了美国桑福德伯恩斯坦投资公司（Sanford C. Bernstein）并更名为联博资产管理公司（Alliance Bernstein，AB）。截至2016年底，安盛集团在全球的资产管理业务主要由AXA IM和AB运营，共管理资产12 032亿欧元。为加强安盛所有的资产管理业务的管理，安盛集团于2016年7月，成立了安盛全球资产管理公司（AXA GAM），负责集团资产管理业务战略的统一制定和实施，监督各资产管理子公司的经营和绩效。

AXA IM总部位于法国巴黎，成立于1994年。AXA IM在经营过程中，一方面通过内生性增长使全球资产管理能力不断增强，于1999年通过了全球投资和运营流程项目认证，于2001年接受了全球投资绩效标准（GIPS）和绩效提供标准（AIMR－PPS）。另一方面通过外延式扩张，分别于1994年和1999年并购了美盛股票投资（Framlington Equities）和罗森博格股票（Rosenberg Equities）等与自身优势互补的投资团队。

AB是由安联资本公司于2000年收购桑福德伯恩斯坦投资公司后组建的。安联资本成立于1971年，于1985年被Equitable Life收购，Equitable Life于1992年被AXA收购更名为AXA Financial。桑福德伯恩斯坦投资公司成立于1967年，主要为个人、私人客户提供投资咨询服务，并发展为最大的独立投资管理机构之一，至今已有50年的资产管理历史。

2. 实现国际化的动机

安盛集团实现资产管理业务国际化的驱动因素包括：一是负债业务国际化驱动资产管理业务国际化。法国安盛集团拥有 200 多年的保险业务经营经验，遍布全球各国家和地区，负债业务的国际化促使保险资金管理需进行全球化配置，进而致使资产管理业务全球化。二是欧洲金融机构的自由化进一步加快了资产管理业务的国际化。20 世纪 90 年代的欧盟区域内金融自由化改革，促使金融机构混业经营趋势加快，欧元自由兑换程度进一步放开，加上 20 世纪末网络信息技术的快速发展，金融机构国际化进程明显加快。安盛集团也借机成立了安盛投资公司并收购了美国桑福德伯恩斯坦投资公司，资产管理业务国际化程度更加深入。

3. 国际化业务开展情况

AXA 集团资产配置以固定收益类资产为主，投资地域广泛。截至 2016 年底，AXA 集团保险业务一般账户投资资产5 830亿欧元，其中：近 83％投资于固定收益类资产，权益类资产占比仅 3％；不动产投资占比 5％，(见图 2－1)。从资产配置结构来看，反映出 AXA 集团的传统稳健风格。

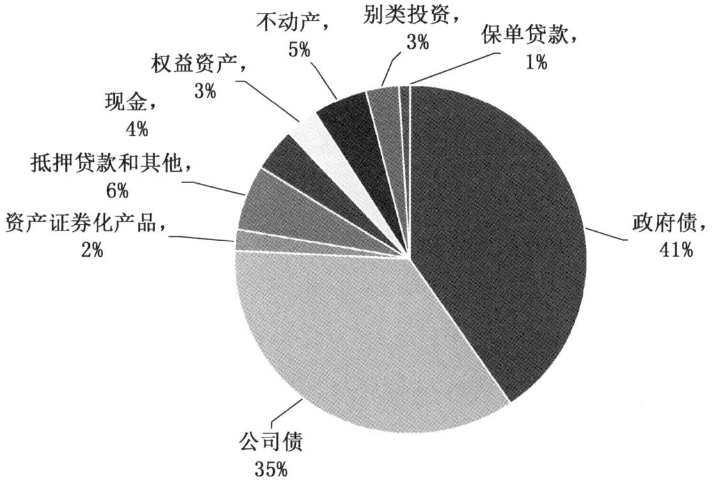

资料来源：AXA 官网，人保资产宏观与战略研究所。

图 2－1　AXA 保险业务一般账户资产配置结构

从投资地域看，国债、公司债以欧洲、美国和日本为主；权益类资产以美国、法国、德国和日本为主；不动产投资以瑞士、法国、比利时等国家为主；私募股权投资以欧洲和美国为主；抵押贷款业务以瑞士、美国、德国和法国为主(见图 2－2)。

AXA IM 目前为全球 60 多家国家和地区的4 997个客户提供组合式的大类资产

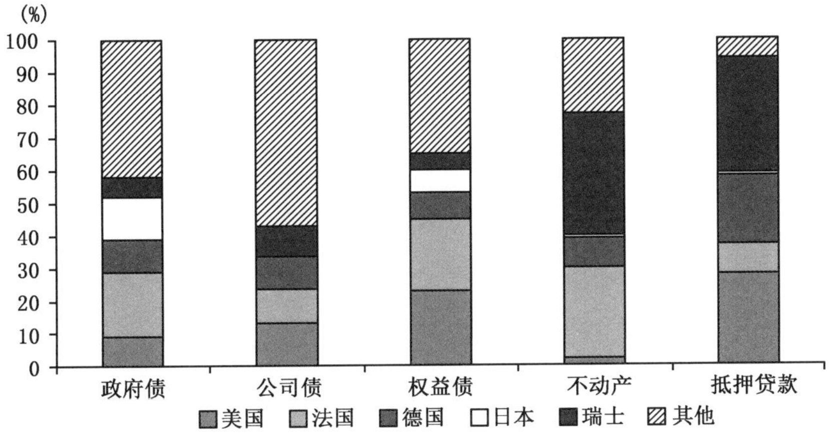

资料来源：AXA 官网，人保资产宏观与战略研究所。

图 2—2　AXA 保险一般账户大类资产的地域分布

投资管理服务，客户范围包括 AXA 集团保险资金、其他集团外保险资金、养老计划、FOF 基金、主权财富基金和个人投资者等。[①] AXA IM 的专长投资领域在于固定收益和结构性金融产品投资、不动产投资、私募股权投资以及资产配置解决方案等。AXA IM 的资产管理业务主要立足于欧洲，通过遍布在全球的 21 个投资中心运用管理(见表 2—1)。

表 2—1　　AXA IM 分布在全球的投资中心

	投资中心所在城市
美洲	格林尼治、墨西哥城、纽约、旧金山
亚洲	香港、孟买、首尔、上海、新加坡、东京
欧洲	阿姆斯特丹、布鲁塞尔、布达佩斯、科隆、法兰克福、伦敦、马德里、米兰、巴黎、斯德哥尔摩、苏黎世

资料来源：AXA IM，人保资产宏观与战略研究所。

AXA IM 管理的集团资产与第三方资产大致相当，资产配置结构以固定收益为主。截至 2016 年年底，AXA IM 管理资产规模高达7 170亿欧元。其中，安盛集团保险资金占比 57%，第三方机构投资者占比 33%，零售个人客户占比 10%。从资产配置结构看，固定收益占比高达 61%，权益资产占比 10%，不动产占比 9%(见图 2—3)。较之一般账户投资的资产配置，略有差异，其原因可能在于对更高投资收益的追求。

① 数据来源于 AXA IM 官网。

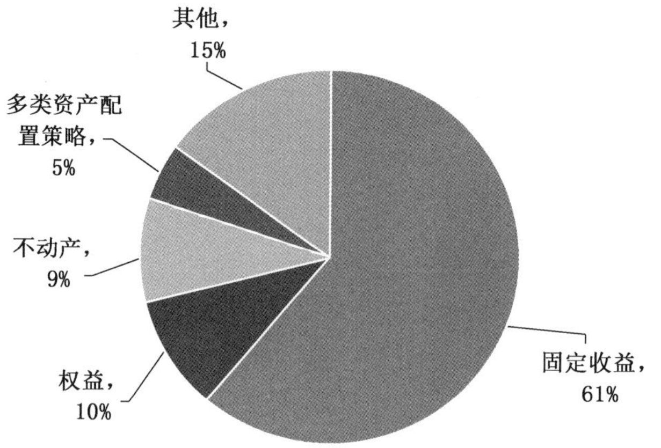

资料来源：AXA IM 官网，人保资产宏观与战略研究所。

图 2—3　AXA IM 管理资产的配置结构

AB 的业务布局同样遍布全球，在美国、欧洲和亚洲等 21 个国家的 47 个城市都有经验丰富的资产管理分支机构，为全球保险机构、第三方机构投资者和个人投资者提供资产管理服务。业务领域以传统标准化的固定收益和权益投资为主，通过在全球的网点布局，汇集跨区域多部门的创新观点和前沿研究，为委托人提供投资咨询。

AB 管理资产以第三方业务为主，资产配置结构中权益占比相对较高。截至 2016 年年底，共有3 438名职员，管理资产高达4 860亿欧元。从员工背景看，具有不同文化、学历和个性，注重员工的多样性和包容性。遵循母公司安盛的用人原则，AB 倡导每位员工特别是不同背景的员工彼此间交流，各部门会有一个清晰的管理模式和框架，但必须尊崇同样的公司核心价值和理念。从资金来源看，机构投资者占比 50%，私人财富占比 17%，零售客户占比 33%。其中，管理集团内资产比例在 30%左右，主要以第三方资产管理业务为主。从委托人地域分布看，美国占比高达 65%，其他国家和地区占比达 35%（见图 2—4）。从资产配置机构看，以主动管理的固定收益和权益资产为主（见图 2—5）。

（二）美国大都会人寿投资管理

1. 国际化发展历程

美国大都会人寿保险公司创始于 1863 年，1868 年公司决定专注发展人寿保险业务，该项业务在被称为 Metropolitan（大都会）的纽约最为成功，这也是公司命名的缘由。大都会人寿已在全球近 50 个国家和地区开展保险、年金、员工福利计划和资产管理等业务，业务区域横跨美国、拉丁美洲、欧洲、亚洲和中东等。截至 2016 年底，公司

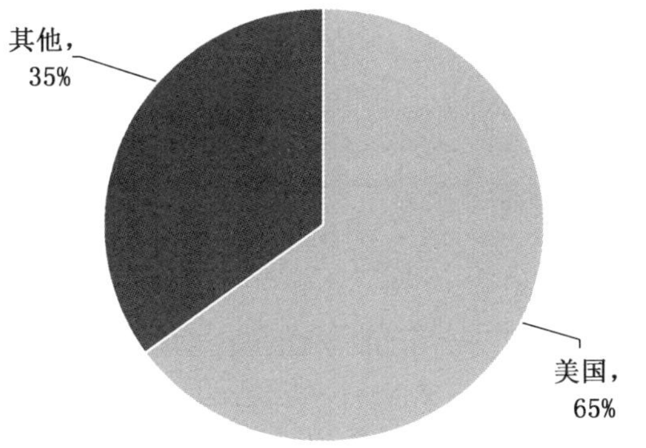

资料来源：AB 2016 年报，人保资产宏观与战略研究所。

图 2—4　AB 受托资产委托人的地域分布

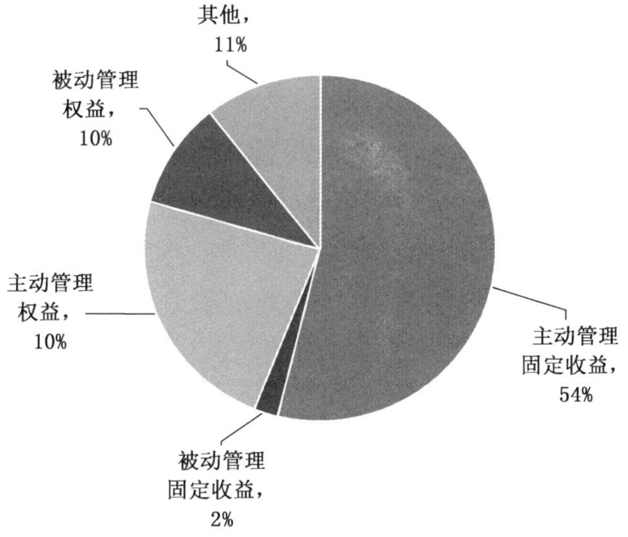

资料来源：AB 2016 年报，人保资产宏观与战略研究所。

图 2—5　AB 管理资产的配置结构

资产累计高达8 988亿美元。大都会人寿的投资业务由大都会投资咨询公司、大都会人寿投资有限公司、大都会投资管理有限公司等子公司运作，简称为大都会投资管理(MetLife Investment Management，MIM)。凭借大都会人寿历史悠久的全球化业务布局，MIM 已具有 140 多年丰富的国际化投资经验。

2. 实现国际化的动机

MIM 走向国际化主要受以下两方面因素影响：一是负债业务国际化驱动资产配

置国际化。大都会人寿广泛的开展国际保险业务，造成大量保险资金需在不同国家和地区进行配置，负债业务国际化驱动了资产业务国际化。二是全球化混业经营浪潮加速了资产业务国际化布局。随着 20 世纪八九十年代日本和欧洲等逐步放松监管和全球化混业经营趋势愈演愈烈，美国于 1999 年推出了《金融服务现代化法案》，标志着美国金融自由化改革开始，全球化金融自由化、经营混业化趋势促使越来越多的保险机构加快资产管理业务的国际化布局。

3. 国际化业务开展情况

MIM 的受托管理资产主要来源于大都会集团内部保险资金、其他保险资金、公众和私人养老计划和主权财富基金等。截至 2017 年 3 月底，大都会人寿投资公司在伦敦、中国香港、新加坡等全球 30 多个国家和地区设有分支机构，共有 800 多个全球业务投资团队，汇集了全球不同学历背景、不同地区文化的专业人员，具有全球主要大类资产的研究和投资能力，为受托资金提供风险管理、资金清算等完善的配套服务。[①] 主要投资目标是使所得税税后收入、风险调整后的投资收入和风险调整后的总回报最优。在投资过程中，实时把控信贷风险、利率风险、清算风险等各类风险。

MIM 的管理资产以集团内保险资金为主，不同账户间资产配置结构差异较大。截至 2017 年 3 月底，MIM 共管理资产5 297亿美元，其中：大都会人寿系统内的一般账户保险资金共4 856亿美元，占比 92%；独立账户 280 亿美元，占比 5%；受托管理的第三方资产共 161 亿美元，占比 3%。资产配置类别即包括传统的标准化债券、股票等资产，也包括抵押贷款、不动产、私募投资等另类资产。大都会人寿保险资金一般账户、独立账户和第三方资产账户的配置情况如表 2—2 所示。可以看出，MIM 管理的一般账户资产配置结构反映了大都会人寿的全球负债业务特点；独立账户以权益类资产为主，与美国寿险独立账户的配置特点基本一致；第三方资产账户主要以公司债、不动产和抵押贷款为主。

表 2—2　　MIM 管理资产的配置结构

资产类别	一般账户		独立账户		第三方资产	
	金额（10 亿美元）	百分比（%）	金额（10 亿美元）	百分比（%）	金额（10 亿美元）	百分比（%）
投资评级公司债	159.0	32.74	3.1	11.07	8.2	50.93
抵押贷款	78.0	16.06	0	0	3.2	19.88

① 资料来源：MetLife 官网。

续表

资产类别	一般账户		独立账户		第三方资产	
	金额（10 亿美元）	百分比（%）	金额（10 亿美元）	百分比（%）	金额（10 亿美元）	百分比（%）
结构化产品	62.6	12.89	3.9	13.93	0	0
U.S.政府债	56.9	11.72	4.4	15.71	0	0
外国政府债	60.4	12.44	0	0	0	0
现金和短期工具	27.4	5.64	1.2	4.29	0	0
公司权益	10.2	2.10	15.4	55.00	0	0
不动产权益	14.5	2.99	0	0	4.4	27.33
低于投资评级公司债	16.6	3.42	0	0	0.3	1.86
合计	485.6	100	28.0	100	16.1	100

资料来源：MetLife 官网，人保资产宏观与战略研究所。

MIM 海外资产配置以外国国债和公司债为主。受大都会人寿全球开展负债业务影响，保险资金配置也呈现明显的国际化特征。以标准化的债券为例，截至 2017 年 3 月底，共投资外国政府债 604 亿美元，占保险资金一般账户比例为 12.44%；外国公司债 585 亿美元，占保险资金一般账户比例为 12.05%。①

MIM 具有丰富的海外另类投资经验。出于近年来保险资金和养老基金对投资收益的需求，MIM 于 2012 年整合集团内部几十年来的另类投资团队，设置了专门进行不动产和私募领域投资的资产管理部门。从表 2—2 可以看出，受托管理的绝大多数资产都投资于另类资产上，体现出 MIM 在另类资产投资领域的特长和优势。截至 2017 年 3 月底，共有1 453亿美元投资于另类资产（见图 2—6）。从投资项目来源看，投资项目遍布全球各国，以商业不动产抵押贷款为例，国际配置比例高达 16.8%，再次与全球化的负债业务形成对照。

二、资产配置型保险资产管理公司的国际化经验

（一）日本 T&D 资产管理公司

1. 国际化发展历程

日本 T&D 控股是以太阳生命、大同生命和 T&D 金融人寿三家寿险公司为主的

① 资料来源：MetLife 官网。

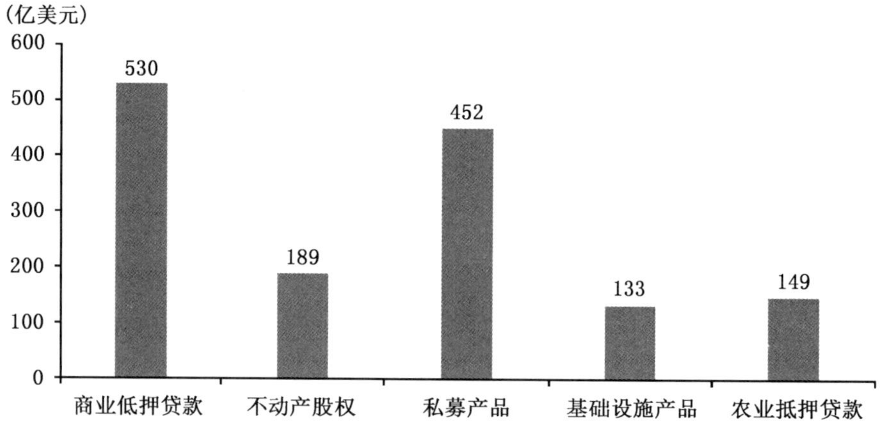

资料来源：MetLife 官网，人保资产宏观与战略研究所。

图 2—6　MIM 另类资产配置结构

控股集团，最早历史可以追溯到 1893 年。截至 2016 年 3 月，总资产为146 742亿日元。目前旗下与投资管理相关的子公司包括：T&D 资产管理有限公司、T&D 租赁有限公司、太阳信用担保有限公司和另类投资资本有限公司。尽管 T&D 控股的境外保险业务没有丰富的布局经验，但受全球化资产配置需求驱动，境外投资业务早已发展很久，早在 20 世纪 80 年代 T&D 控股的子公司太阳生命和大同生命已经开始境外投资，并于 2002 年成立了 T&D 资产管理公司，负责 T&D 控股系统内的保险资产管理，同时为养老金客户、国内零售客户和国际投资者提供第三方资产管理业务。

T&D 资产管理公司的前身为太阳生命资产管理公司（成立于 1986 年）、大同生命资产管理公司（成立于 1986 年）和 Dai－Ichi 投资信托管理公司（成立于 1980 年）。随后各子公司经过重组合并，于 2002 年合并成立为 T&D 资产管理公司，并于 2007 年成为 T&D 控股的直属子公司。T&D 资产管理公司为包括集团子公司在内的海内外客户提供多元化产品组合，从传统资产到另类资产。其优势在于对日本本土资产的投资管理，同时通过下设的国际投资部与有战略联盟关系的其他全球资产管理公司合作，以进行全球化资产配置。

2. 实现国际化的动机

T&D 资产管理公司实现国际化布局主要受日本政策催化和市场环境影响。一是 20 世纪 80 年代以来，伴随日本保险业发展和国内外投资市场环境变化，日本监管部门对境外投资规定进行了多次调整。1980 年，允许保险公司投资国外有价证券，投资上限为 10%；1986 年，进一步将比例监管上限放宽至 30%；直到 2012 年境外投资比例的全面放开。二是随着 20 世纪 90 年代日本房地产泡沫的破裂，债券收益率不断走低，在面临利差损考验下（见图 2—7），保险机构加大了境外资产的配置力度，国际化配置的能力得以迅速提升。三是 1997 年日本金融监管机构发布《金融体制改革规划方案》，全面进行金融领域改革，放松了金融管制，促进了金融自由化，加快了金融机构混业经营的步伐。其中经修改的《外汇管理法》放宽了外汇交易限制，外汇交易实现自由竞争格局，进一步加速了保险机构的国际化布局。

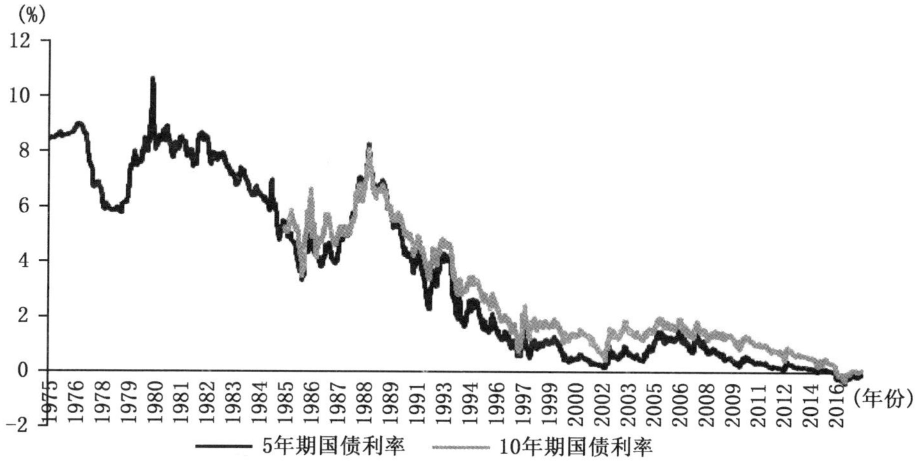

资料来源：Wind，人保资产宏观与战略研究所。

图 2—7　日本主要期限国债收益率曲线

3. 国际化业务发展情况

T&D 管理资产以第三方资产为主，资产配置结构中海外债券占比较高。截至 2017 年 3 月底，T&D 资产管理公司共管理资产17 320亿日元，同比增长 32%。其中，管理 T&D 控股集团内资产5 580亿日元，占管理资产规模的 32%，同比减少 4.29%；管理海内外第三方资产11 740亿日元，占比 78%，同比大幅增长 38%。[①] 从资产配置结构看，管理的 T&D 控股资产以配置债券为主，占比高达 98.2%，其中海外资产占比近一半，同样以海外债券为主，权益资产占比较低（见图 2—8）；管理的第三方资产配置同样以债券为主，其中海外资产配置比例高达 60%，亦以海外债券为主，另类资产和权益资产占比较管理的 T&D 控股资产要高（见图 2—9）。值得注意的是，管理的 T&D 控股资产以标准化金融工具为主，未配置另类资产，这是因为 T&D 控股的另类资产投资由旗下专业的另类投资资本有限公司负责。

① 资料来源：TDAM 官网。

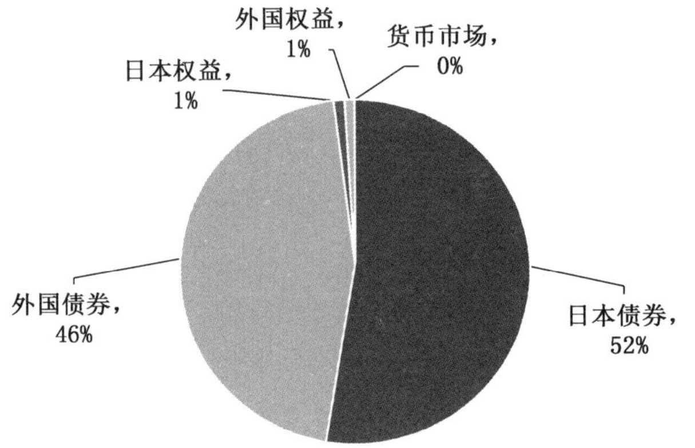

资料来源：TDAM 官网，人保资产宏观与战略研究所。

图 2—8　TDAM 管理 T&D 控股资产的配置结构

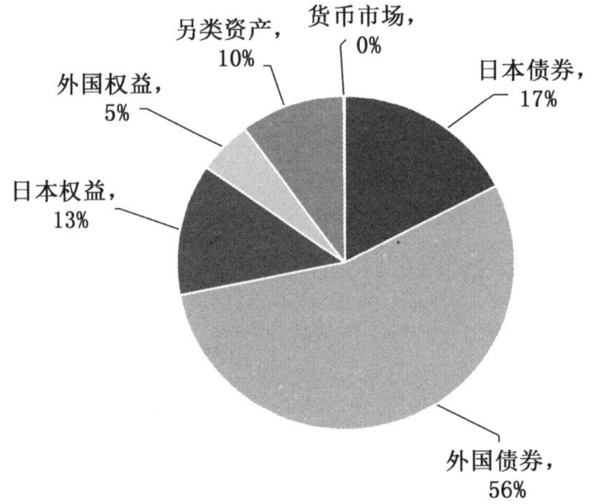

资料来源：同图 2—8。

图 2—9　TDAM 管理第三方资产的配置结构

(二)中国台湾地区国泰人寿资产管理业务

1. 国际化发展历程

国泰人寿成立于 1962 年，是我国台湾地区最大的保险公司，截至 2016 年底，总资产高达 5.53 万亿新台币。面对国际化挑战，国泰人寿初期将保险业务市场定位在亚洲，并先后于 2005 年和 2007 年在中国大陆和越南成立子公司。在保险业务国际化之前，国泰人寿的海外投资业务早已经发展 10 余年，属于典型的海外资产配置型公司。随着 2015 年以 2.4 亿美元成功收购 Conning 公司，国泰人寿资产管理业务的国际化步伐迈出了重要一步。

Conning 是一家全球资产管理公司，成立于 1912 年，总部位于美国哈特福德，主要为全球保险公司、养老金等机构投资者提供资产管理、投资咨询、风险解决方案和保险研究等服务。国泰集团在 2015 年收购 Conning 前，早在 2011 年起就一直是 Conning 的保险资金委托方，并于 2012 年合资成立了国泰康利资产管理有限公司，收购 Conning 后更名为 Conning Asia Pacific Limited，并入 Conning 集团，负责亚太市场的资产管理业务。

2. 实现国际化的动机

国泰人寿海外资产管理业务起步较早的原因主要受 20 世纪 90 年代台湾地区海外投资政策放宽和市场环境变化影响。一方面是台湾地区监管部门逐步放宽保险机构国外投资比例。首先于 1992 年修订"保险法"，允许保险资金国外投资总额不超过保险业总资金的 20%；后来于 2003 年将国外投资比例放宽至 35%；再到 2007 年将这一比例提升至 45%；直到 2014 年再次修订"保险法"，允许外币保单并满足一定条件者，向主管机构申请后的国外投资不计入国外投资总额的额度。另一方面，20 世纪 90 年代末台湾地区长期利率快速下行（如图 2—10），保险公司为应对低利率环境、防范利差损，开始全球化分散投资，提升投资收益稳定性，海外投资占比逐步提升。

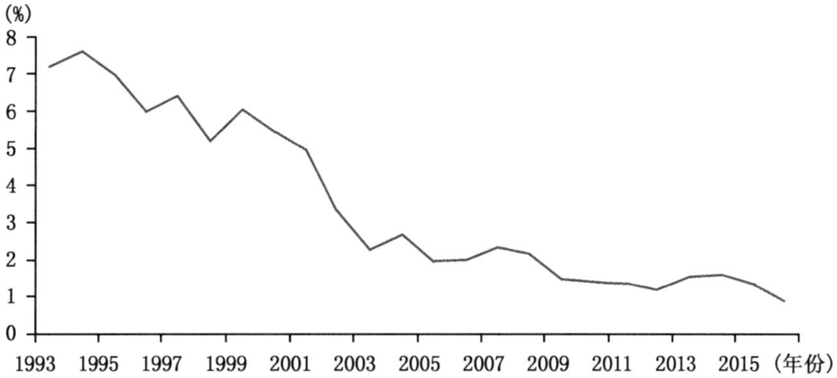

资料来源：Wind，人保资产宏观与战略研究所。

图 2—10　我国台湾地区 10 年期政府公债收益率曲线

3. 国际化业务开展情况

截至 2016 年底，台湾地区寿险业国外投资占总投资资产的比例高达 62.82%，国泰人寿 2015 年国外投资比例也高达 59.83%，近年来台湾地区保险业国外投资占比变动如图 2—11 所示。

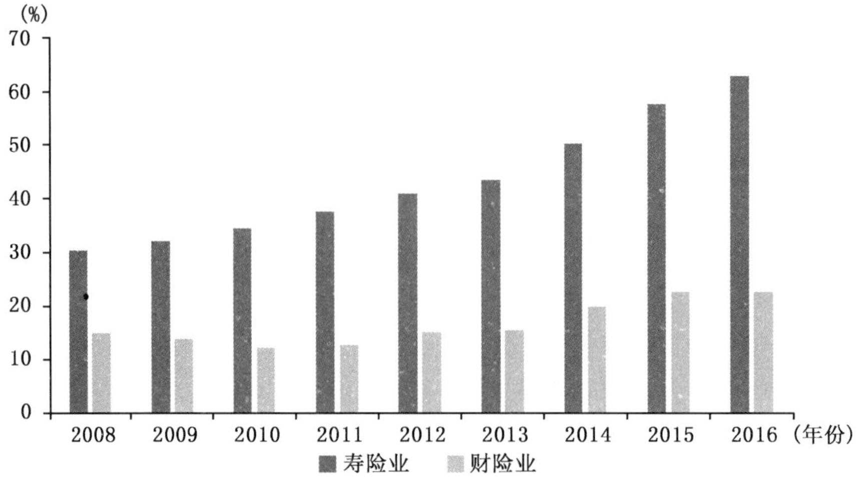

资料来源：财团法人保险事业发展中心，人保资产宏观与战略研究所。

图 2—11　中国台湾地区保险业境外投资占比变动

从保险资金海外投资标的看，台湾寿险业主要以债券为主，占比高达 82.35%，股票占比较低，仅为 2.24%，不动产投资微乎其微（见图 2—12）。从国泰人寿的境外资产配置看，仍以债券投资为主，占比达 76%，股票投资占比为 8%，高于行业平均水平（见图 2—13）。

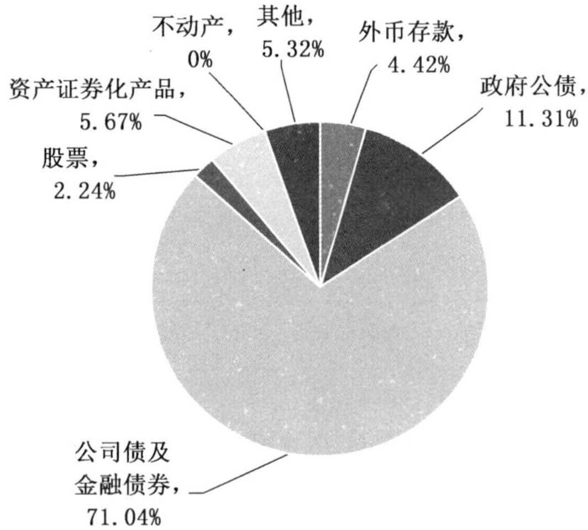

资料来源：财团法人中华经济研究院，人保资产宏观与战略研究所。

图 2—12　中国台湾寿险业境外资产配置结构

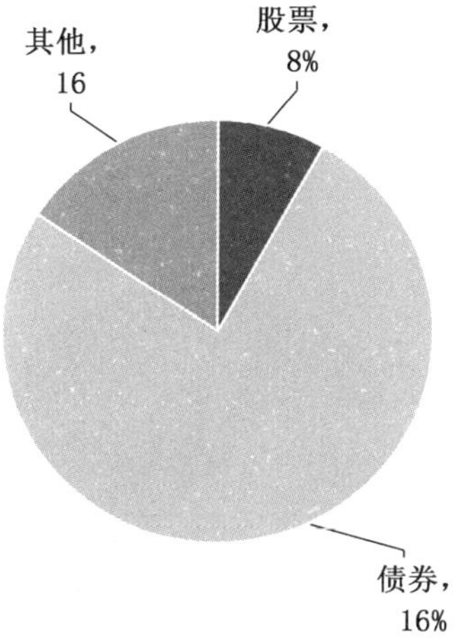

资料来源：同图 2－12。

图 2－13　国泰人寿境外资产配置结构

中国台湾宽松的国外投资政策不仅鼓励加大海外资产配置，更鼓励保险企业开展国际化探索，鼓励保险企业通过保险资金设立或投资海外保险公司，以加快保险企业国际化步伐，提升国际竞争力，在经济全球化趋势中取得一席之地。除此，台湾地区对保险资金兑换汇没有严格外汇管制，采取原则自由、例外管制的外汇政策。为了管控国外投资外汇风险，台湾地区监管部门除允许保险企业运用衍生金融工具进行套保外，还于 2012 年设立了外汇价格变动准备金制度，以降低外汇风险管控成本。根据 Bloomberg 数据统计，外汇价格变动准备金制度实施后，外汇风险管控平均成本由实施前的 2.6％降至 0.7％，避险成本大幅下将。

目前 Conning 通过旗下 Conning & Company，Conning，Inc.，Conning Investment Products，Inc.，Conning Asset Management Limited，Octagon Credit Investors 等子公司在波士顿、哈特福德、科隆、中国香港、伦敦、纽约和东京等七大城市设有办事处，全球资产管理团队共有 696 名专家。业务涵盖投资管理、战略咨询和战略资产配置方案设计等。其中，Conning 的战略资产配置方案与量化模型专门为保险公司设计，投资管理产品类别包括传统固定收益债券、权益类产品、另类产品和国际化产品等。截至 2016 年第三季度末，管理资产规模高达1 053亿美元，包括 178 个独立账户、11 个混合基金、22 个贷款担保凭证基金及 59 个共同基金。资金来源主要以财险、寿险、健康险、养老计划为主；资产配置区域以亚太、北美、英国为主；资产配置币种以美元为主；资产配置类别以投资评级内债券、结构化证券、银行贷款为主，具体如

图 2—14、图 2—15、图 2—16、图 2—17 所示。

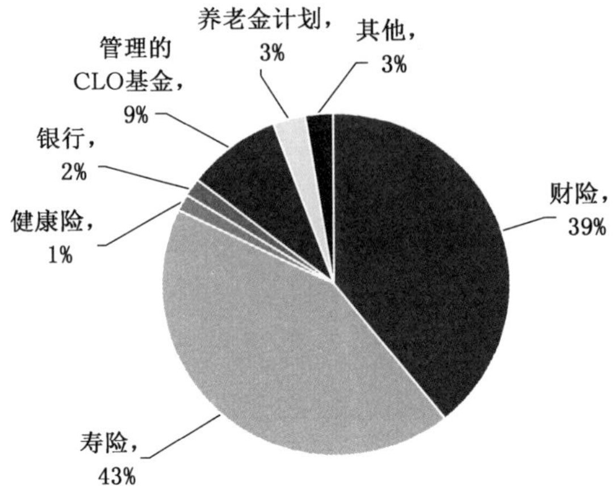

资料来源:Conning 官网,人保资产宏观与战略研究所。

图 2—14　管理资金来源

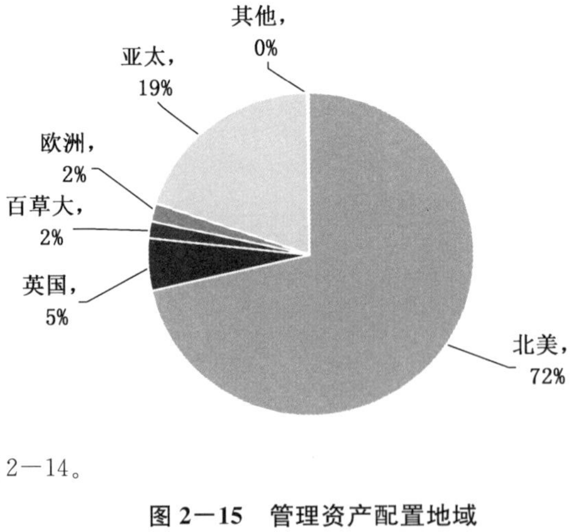

资料来源:同图 2—14。

图 2—15　管理资产配置地域

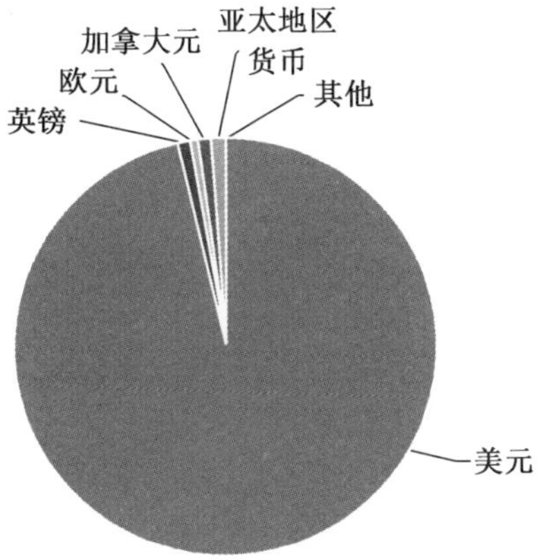

资料来源：Conning 官网，人保资产宏观与战略研究所。

图 2—16 管理资产配置币种

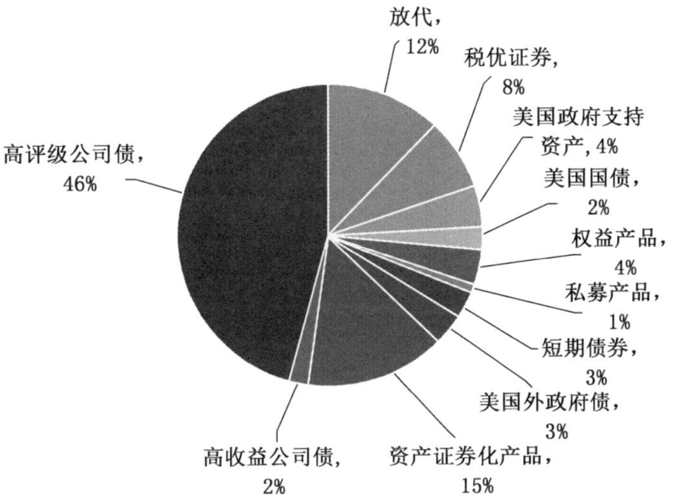

资料来源：同图 2—16。

图 2—17 管理资产配置类别

第二节　对我国保险资产管理公司的重要启示

在国际化道路上，我国保险资产管理公司国际化实践已取得一定成果，现阶段需要在已有实践的基础上更大范围地配置资源，更大程度地改革开放。通过对境外代表性保险资产管理公司的国际化经验分析，可为我国保险资产管理公司进一步深入推进国际化进程提供四个方面的启示。

一、当前我国保险资产管理公司进一步推进国际化发展恰逢其时

从境外主要国家和地区保险资产管理公司的国际化动机看，体现在以下三大方面：一是宽松政策环境的支持。一方面 20 世纪八九十年代，日本、欧洲和美国等发达国家先后实施金融自由化改革，全球化混业经营趋势加快了金融机构的国际化布局，主要保险公司纷纷通过自设或并购等形式发展资产管理业务，增加第三方资产管理业务的利润贡献度。另一方面美国、德国、法国、日本等国家没有严格管制的外汇制度，宽松的外汇环境确保了保险资金可以灵活进出。二是负债业务国际化的驱动。如法国安盛、德国安联、美国大都会人寿、慕尼黑再保险、美国保德信等国际化大型保险公司都有着历史悠久的全球化保险业务经验，全球化保险业务资金的配置需求驱动资产管理业务的国际化发展。三是海外资产配置的需求。日本及我国台湾地区在 20 世纪八九十年代利率一直下行，有着迫切的海外资产配置需求，随着当地政府逐步放松境外投资比例限制，这些国家和地区的国际化资产配置能力得以迅速提升。

对我国保险资产管理公司来说，近年来国内金融机构集团化、混业化经营趋势在加强，国家鼓励金融机构“走出去”的政策逐步放宽，原中国保监会对保险资金境外投资的大类资产比例也放宽至 15%。虽然保险资产管理公司仍面临外汇管制、保险资金海外配置渠道受限等问题，但在当前复杂利率环境、长期收益率曲线可能继续下行的背景下，我国保险资产管理公司走向国际化既是遵循党的十九大报告“推动形成全面开放格局”的要求，也是保险业服务“一带一路”建设的需要，还是保险资产管理公司更好融入国际市场竞争的内在需求。近期，国家放宽外资在金融业的投资比例，再次表明政府对推动形成全面开放格局的重视，激励着保险资产管理机构加快“走出去”。

二、投资管理业务是国际化的重要标志

（一）资产配置结构以固定收益类为主

从保险资金的境外投资看，以美元、欧元等发达国家的固定收益资产为主。由于固定收益类资产具有风险低、收益稳定的特点，特别是以欧美为主的债券市场比较成熟，期限结构多样，能够满足保险资金成本要求和资产负债管理要求，是保险资金的最佳配置领域。固定收益类资产的投资能力将是我国保险资产管理公司国际化过程中首要打造的投资能力之一。

（二）另类资产投资逐渐受到重视

虽然国际保险资产管理公司受托管理的保险资金仍遵循固定收益类资产为主、权益投资为辅的大类资产配置结构，但近年来另类资产增长趋势明显，越来越受到重视。私募股权投资、不动产和抵押贷款等另类资产业务发展迅速。

（三）注重第三方资产管理业务发展

成功的国际化保险资产管理公司在初级阶段都以资产配置为主，时机成熟后注重发展第三方资产管理业务。为增强保险集团业务经营的稳定性，降低利润周期性波动，在全球化混业经营背景下，保险机构开始增加第三方资产管理业务的收入占比，大力发展第三方资产管理业务。第三方资产管理业务的发展程度也是衡量一家保险资产管理公司国际化程度的主要标志之一。

三、选择符合实际的国际化机构布局

（一）注重全球化网点布局，具备全天候投资能力

营业网点的全球化布局情况反映了一家资产管理公司的国际化资产管理实力。境外实现国际化的主要保险资产管理公司在全球主要金融市场都设有分支机构，主要分布在纽约、中国香港、新加坡、伦敦、迪拜等国际金融中心城市，以形成全天候的资产管理能力。

（二）“自设”或“并购”根据公司和市场实际情况决定

不管是业务跟随型或是资产配置型，保险资产管理公司实现国际化过程中都会选择“自设”或“并购”或“自设＋并购”形式，不同形式的选择应根据保险资产管理公司的具体战略规划，同时考虑国际资产管理市场主体情况，如能否洽谈到合适的收购对象，以此来综合决定。

（三）外延式并购注重业务优势互补，形成新的竞争优势

保险资产管理公司在国际化过程中若选择外延式收购策略，可注重选择与自身业务具有互补优势的收购标的，以产生资源整合效应，增强资产管理综合实力。

（四）外延式并购选择以传统固收和权益投资为主的资产管理公司，另类资产业务适合“自设”

资产管理行业属于轻资产行业，投资理念和人力资本是公司的核心。我国保险资产管理公司倘若选择外延式收购，可以考虑首选以传统固收和权益投资为主的资产管理公司，以获取投资理念为主。而对于另类资产业务为主的公司以人为主，一旦核心成员离职，公司将变为空壳，团队建设适合以“自设”为主。

（五）国际化初期注重与其他国际资产管理公司的战略合作

无论是“自设”或“收购”，在国际化业务初期需加大与国际优秀资产管理公司的战略合作力度，不仅有利于增强自身的国际化投资实力，也有利于为选择外延式并购对象提前做准备。

四、运营管理能力是国际化的重要保障

（一）业务团队建设注重采用“多经理人”模式

国外主要保险资产管理公司对不同的投资领域或投资区域都采用“多经理人”模式的团队管理方式。这与我国部分保险资产管理公司具有的“事业部”模式相似，不同团队拥有完全的经营自主权，实行独立经营、利润核算和绩效评估，并设有独立的市场化薪酬体系，以此最大化地激发团队的工作效率。

（二）外延式并购注重保持原业务团队的稳定性与独立性

资产管理行业的轻资产特性决定了人才的重要性，保险资产管理公司收购境外资产管理公司时应注重保持原业务团队的稳定性和独立性，以防范因企业文化不融合、过度干预等问题出现人才离职潮，使被收购公司的资产管理能力下降。

（三）人力资源注重培养多文化、多地域背景的人才团队

保险资产管理公司在国际化发展过程中，非常注重不同文化和地区的人才队伍建设，注重职员对公司的荣誉感。这不仅有助于提高员工工作的积极性，还有助于不同文化间融合，便于不同地域间国际化业务的开展。

（四）注重运用多工具、多手段进行风险管理

境外保险资产管理公司在国际化资产管理过程中，不仅构建了针对市场风险、信用风险和操作风险等风险类别的缜密风险管理体系，而且注重运用衍生工具、制度创

新等形式进行风险对冲和套期保值。

五、其他方面的有益借鉴

（一）注重做实本土市场，为国际化奠定基石

成熟的本土市场资产管理能力是实施国际化战略的基础，不仅为国内资产管理业务赢得相对竞争优势，还可为国际化提供丰富的经营和投资经验，将特色鲜明的投资理念应用于境外资产管理业务中。

（二）客户服务注重提供全方位增值服务

国外主要保险资产管理公司注重为客户提供全方位的附加增值服务，为受托客户提供战略资产配置建议、投资咨询、风险管理、运营核算等多条业务线的服务，以增强受托客户的满意度，提升第三方业务的国际竞争力。

（三）“保险＋资管”的双轮驱动发展模式越来越受到重视

随着20世纪末全球化混业经营趋势的加强，保险机构越来越注重发展资产管理业务，其对保险公司的利润贡献占比越来越高，“保险＋资管”的双轮驱动发展模式成为保险公司业务发展的主流模式之一。

第三章　我国保险资产管理公司国际化的实践与挑战

第一节　我国保险资产管理公司国际化的背景及动因

一、全面开放的新格局是我国保险资产管理公司国际化的重要基础

中共十九大报告指出：要以“一带一路”建设为重点，坚持“引进来”和“走出去”并重，构建全面开放的新格局。“走出去”战略是我国在经济全球化新形势和国民经济发展的内在需要下的重大决策，是全面提高对外开放水平的有效途径，也是我国保险资产管理公司国际化的重要基础。“一带一路”建设的全面展开标志着我国对外开放战略的重大升级，也为我国保险资产管理公司国际化指明了发展方向。目前“一带一路”建设的资金缺口较大，根据亚洲开发银行预测，从目前到2030年，亚洲及太平洋地区

每年的基础设施建设资金需求将达到 1.5 万亿美元。① “走出去”战略和“一带一路”建设的实施，为保险资产管理公司海外布局提供了政策保障，指明了发展方向。

二、我国保险资产管理公司国际化拥有广阔的市场

目前我国保险资金海外投资与对外合作多集中于欧美发达国家，随着“一带一路”建设的全面推进，我国企业在全球范围内的金融与保险服务需求不断增加，也为我国保险资产管理公司拓展了更为广阔的市场。2016 年，我国非金融类对外直接投资达 1 701.1亿美元，同比增长 44.1%。目前我国海外企业已达 3 万多家，分布在全球 188 个国家和地区，并建立 56 个经贸合作区。② 国内保险机构以及保险资产管理公司的国际化，能够提升我国全球化保险金融服务能力，更好地为我国企业“走出去”战略服务。我国保险机构和保险资产管理公司在国外开展业务，能够为我国企业在当地提供有效的风险管理服务，同时能够利用以保险资金为基础，为我国企业在国外融资提供有力的保障。

三、国际化能够进一步拓展我国保险资管行业的发展空间

从美、日、欧等发达国家和地区保险资金运用经验看，保险资产管理公司的国际化能够有效拓展业务空间，为客户创造价值。(1)保险集团或保险资产管理公司通过全球范围并购资产管理公司的方式，能够迅速扩大管理资产规模，获得规模效应；(2)在海外收购或设立资产管理机构能够扩大第三方管理资产规模，加快由单纯的保险资产管理公司向综合性资产管理机构的转型；(3)海外资产管理机构的并购或设立能够优化投资能力，以全球化的视野、多元化投资理念把握资本市场的机遇；(4)资产管理机构全球化的资产配置能力对于吸引养老基金、慈善基金等优质机构投资者具有重要作用。

四、国际化能够有效提升投资收益分散风险

保险资产国际化配置是提升投资收益水平和降低系统性风险的重要手段。我国经济经过长期高速增长后，增速逐渐放缓、潜在风险增大，保险资金国内配置难度进一步加大。与此同时，国内缺乏优质长期资产的问题没有得到根本解决，保险资产负债错配风险隐患将长期存在。保险资产管理公司的国际化发展，为保险资金的海外配置提供了有利的条件。保险资金在全球范围配置资产，能够有效分散系统性风险，能够

① 资料来源：亚洲开发银行《满足亚洲基础设施建设需求》报告。
② 资料来源：商务部公布数据。

有效发现全球资产价值洼地，能够有效提升保险资金运用的能力。

第二节 我国保险资产管理公司国际化的政策环境

近年来，我国保险资产管理行业的监管政策整体向着开放、市场化方向稳步推进。但由于行业整体的快速发展，国际化需求不断提升，仍有一些制约我国保险资产管理公司国际化的政策瓶颈。

一、监管政策市场化改革是我国保险资产管理公司国际化的重要条件

近年来，随着我国保险行业实力的逐步增强，以及保险资金全球化配置需求的不断提升，我国保险资金运用国际化方面的监管政策逐步完善，制度化、市场化、规范化程度不断提升。2007 年 6 月，原中国保监会与人民银行以及国家外汇管理局联合下发《保险资金境外投资管理暂行办法》，规定了保险资金开展境外投资过程中的方针政策，总体体现了监管机构对保险公司积极开展境外投资探索的支持态度，同时也对相关风险防范提出了明确要求。办法规定保险公司境外投资的范围有所拓展，投资比例提高到上年末总资产的 15%。

2012 年 10 月，原中国保监会发布《保险资金境外投资管理暂行规定实施细则》，作为对《保险资金境外投资管理暂行办法》的补充和修订。细则要求境内受托人受托管理的保险资金仅限于投资香港市场；对于保险资金所投资的股权投资基金的资本金、业绩等情况进行了明确要求；对保险资金境外投资地域与比例进行了进一步划分，在境外总投资额不超过上年末总资产 15%的基础上，进一步要求投资新型市场的余额不超过上年末余额的 10%；对直投的不动产类资产具有更严格的要求；要求不得投资实物商品、贵金属及相关衍生品。

2015 年 3 月，原中国保监会发布《关于调整保险资金境外投资有关政策的通知》，进一步加强对境外投资的监管，有序扩大保险资金国际化的范围，防范经营风险。通知要求从事境外投资的保险机构至少配备 2 名以上境外投资风险责任人，强化风险防控；将保险资产管理受托机构的投资范围由单一的中国香港市场拓展到《保险资金境外投资管理暂行规定实施细则》中所列明的 45 个国家或地区；与国际投资管理接轨，将债券投资范围由 BBB 级以上调整为 BBB－以上；同时允许保险资金投资中国香港创业板股票。

保险业“十三五”规划进一步细化了保险资产管理国际化的相关要求。具体内容

包括：支持符合资质的保险机构开展境外投资业务，拓展保险资金境外投资范围，规范保险资金境外投资行为，推动全球化资产配置达到新水平；支持符合资质的保险机构开展境外投资业务，拓展保险资金境外投资范围，规范保险资金境外投资行为，推动全球化资产配置达到新水平；支持保险企业在综合考虑自身实力基础上，通过新设、参股及兼并收购境外保险机构的方式，完善全球经营网络布局，提高国际化经营水平。①

在《中国保监会关于保险业服务“一带一路”建设的指导意见》《保险业支持实体经济发展的指导意见》等文件中也要求保险资金不断提升境外投资能力，鼓励中资保险机构“走出去”，为“一带一路”建设中的经贸合作和双边、多边的互联互通提供投融资支持，通过股权、债权、股债结合、基金等形式为“一带一路”沿线国家和地区大型投资项目提供长期资金支撑。

二、当前我国保险资产管理公司国际化的主要政策瓶颈

（一）我国目前尚未出台保险资产管理公司国际化的监管规定

综观我国有关保险资金国际化的相关政策，主要关注在保险资金境外资产投资方面，而对保险资产管理公司国际化、保险资产管理业务国际化等内容并没有明确规定，仅在“十三五”规划中提出鼓励有条件的保险机构通过新设、参股及兼并收购境外保险机构的方式，完善全球经营网络布局，提高国际化经营水平，对于保险资产管理公司国际化并没有明确规定。

（二）保险资金境外投资领域仍然较窄

随着我国保险资金运用及监管市场化程度的不断加深，保险资金投资领域不断拓宽，但在投资品种、投资区域、投资方式等方面有着较严格的限制。对于境外投资的相关限制将在一定程度上制约保险资金投资收益水平以及全球范围风险分散能力。

（三）保险资产管理业务国际化受到外汇政策的较大制约

近期，由于国内外政治经济环境错综复杂，人民币汇率未来走势仍然存在较大不确定性。监管机构在人民币贬值和外汇储备下降的压力下，将不会有效放松资本管制的力度。从目前情况看，QDII、ODI、QDLP以及异地大额购汇等各类人民币出境渠道均受到一定程度限制。

（四）海外并购监管将进一步加强

近期，我国企业海外并购出现了盲目投资的现象，监管部门出台多项规定，对非理

① 资料来源：《中国保险业发展“十三五”规划纲要》。

性对外投资、大额非主业投资、有限合伙企业对外投资、“母小子大”、“快设快出”等类型对外投资进一步加强监管。2017 年 1 月，国资委发布《中央企业投资监督管理办法》和《中央企业境外投资监督管理办法》，引入了央企投资项目负面清单制度，从“管投向、管风险、管程序、管回报”四个方面进一步加强了央企在境内外的投资监督管理。企业境外投资监管的不断加强也将对我国保险资产管理公司国际化发展造成一定的影响。

第三节　当前我国保险资产管理公司国际化的主要特征

经历多年的探索，目前我国保险资产管理公司国际化实践已取得一定成果，但总体发展仍处于起步阶段。当前我国保险资产管理公司国际化主要特征包括：境外资产占比较低，资产配置种类较窄，投资区域较为集中，境外机构与国际化人才较为缺乏。

一、境外投资占比较低，发展空间巨大

如图 3—1 所示，截至 2016 年底，我国保险资金境外投资余额 492.1 亿美元，同比增长 49.12%，占保险业上季末总资产的 2.33%，离银保监会 15%的大类资产比例监管上限存在巨大提升空间。保险资金境外投资占比同日本、英国等主要发达国家 10%—20%的比例相比明显偏低，仍有巨大发展空间。

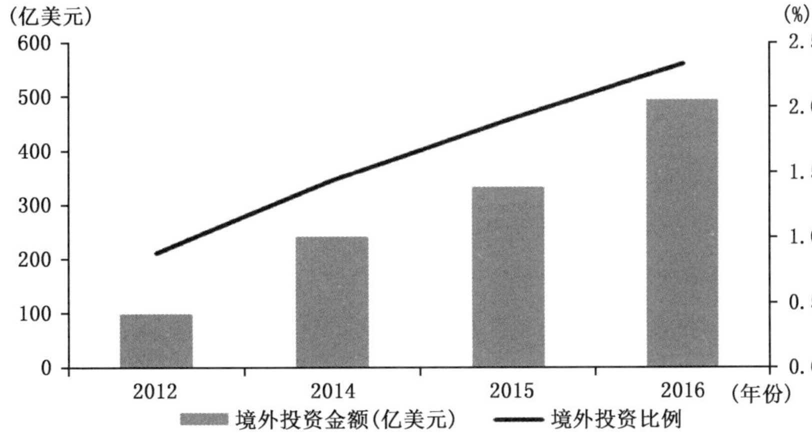

资料来源：互联网资料整理，人保资产宏观与战略研究所。

图 3—1　境外投资金额与比例变化

二、投资品种比较单一，综合性资产配置能力有待提升

2012 年前，保险资金境外投资以港股为主，近年来随着监管放宽未上市股权和不动产投资门槛，另类投资占比逐年上升。如图 3－2 所示，从保险资金境外大类资产投资占比看，截至 2015 年底，股票占比 42％、股权占比 25％、不动产占比 12％、银行存款占比 10％、债券占比 5％。从大类资产配置结构来看，我国保险资金海外投资股票、股权和不动产占据八成以上份额，投资品种比较单一且过于集中。这与日本、英国、德国等发达国家和地区以债券和股票为主的境外资产配置结构存在明显差异，受美国国债收益率低于国内同期国债收益率影响，保险资金境外债券投资积极性一直不高。随着“沪港通”和“深港通”政策的催化，以股票、股权和不动产为主的境外投资结构在中短期内很难发生大的转变。

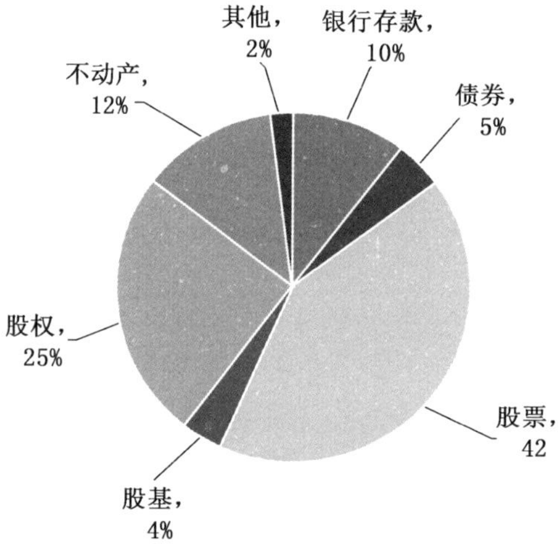

资料来源：《21 世纪经济报道》，人保资产宏观与战略研究所。

图 3－2　我国保险资金境外投资配置机构

三、投资区域分布集中，风险分散能力较差

从投资地域看，主要以中国香港市场为主。截至 2015 年中，港币资产超过1 700 亿港币，占境外投资资产总额的 67％。从具体类别资产看，股票和股基投资中港股占绝大多数，占比高达 95％以上；股权和不动产投资中，以美国、欧洲和香港地区为主。目前，我国保险资金境外投资在地域上比较集中，不能充分发挥全球化资产配置分散风险的作用。随着我国保险资产管理公司国际化程度的不断提高、资产配置能力的不

断提升，保险资金的投资区域也有望从欧美等少数国家拓展到更广阔的区域。

四、海外机构与人员较为缺乏，难以满足国际化发展需求

目前我国保险资产管理公司的海外机构数量较少，仅有国寿、平安等少数保险机构在境外设立了代表机构，服务现有和规划中的海外投资业务。我国保险资产管理公司海外代表处所设地区也主要集中于美国、英国等发达市场国家，仍未实现更为广泛的全球化布局。相比于国际领先保险资产管理公司，目前我国保险资产管理公司的国际化发展仍然处于初级阶段，缺乏具有全球化视野与经营管理能力的人才，难以满足我国保险资产管理公司快速国际化发展的需求。

第四节　我国主要保险资产管理公司国际化经验

我国大型保险金融集团经过多年的探索，在海外资产配置、机构设置、资源整合、运营管理等方面积累了一定的国际化经验，正在找寻一条适合我国实际的保险资产管理公司国际化道路。

一、中国人寿资产管理国际化的探索

近年来，中国人寿通过深化同全球领先资产管理局机构的合作，在全球设立分支机构、代表处，广泛布局全球不动产投资资产等方式，不断加快资产管理国际化的探索步伐。目前中国人寿海外投资规模已超过300亿美元，主要集中于不动产、股权投资等领域。

（一）通过与国际领先资产管理机构的全面合作，不断加强海外资产投资管理能力

在国际化探索的过程中，中国人寿注重通过与国际顶尖资产管理机构的深度合作，逐步增强全球资产配置与管理能力。2007年5月，中国人寿资产管理（香港）有限公司引入战略投资者Franklin Templeton Strategic Investments Ltd.，并更名为“中国人寿富兰克林资产管理有限公司”。该公司是中国香港第一家有保险背景的中外合资资产管理公司，也是中国保险业拓展全球资产管理的先行者。成立10年以来，中国人寿富兰克林资产管理有限公司成为中国人寿集团全球资产配置与管理的专业平台，在管理中国人寿内部资产的同时，也积极拓展第三方机构客户，专业化、综合化的国际资产管理能力逐步提升。

2014年7月，中国人寿以2.5亿美元收购得克萨斯太平洋集团（TPG）2%－5%的

股权，成为 TPG 最大的战略投资者之一。TPG 成立于 1992 年，是全球第三大私募股权投资公司，管理资产规模与投资管理能力均处于全球领先水平。对 TPG 战略投资的意义不仅在于获得资产增值收益，更重要的是通过与国际领先私募股权管理机构的深度合作，快速提升了中国人寿在全球范围另类投资的能力，对中国人寿增强海外投资标的选择能力，有效利用国际资本市场具有重要意义。

（二）设立海外分支机构、代表处，增强国际化资产管理能力

2015 年 6 月，中国人寿在新加坡设立了首家海外分支机构——中国人寿保险（新加坡）有限公司。新加坡分公司不仅是中国人寿拓展海外保险市场的重要探索，也是中国人寿配置东南亚市场资产的重要支点。依托新加坡人民币离岸中心建设以及“一带一路”倡议的提出，中国人寿新加坡分公司进一步加强与国内外金融企业在新加坡分支机构的深化合作，不断探索人民币创新、RQFII、股权投资、债券投资、另类投资等方面的投资机会。目前中国人寿在新加坡及中国澳门、中国香港地区均设有分支机构，海外分支机构的不断设立成为中国人寿拓展国际业务与增长全球资产管理能力的重要支撑。

2016 年 11 月，中国人寿驻伦敦、纽约代表处相继开业。伦敦代表处是中国人寿集团设立的首个境外代表处，是继在我国香港、澳门地区和新加坡设立子公司后，海外布局迈出的新步伐。目前中国人寿在英国的不动产标的资产规模已超 15 亿英镑。主要投资项目包括伦敦金丝雀码头 10 Upper Bank Street 大楼、伦敦金融城 99 Bishops gate 大楼、伦敦 Aldgate Tower 写字楼等。纽约代表处是中国人寿继伦敦后，在境外所设的第二家代表处。中国人寿在美国投资规模超 30 亿美元，包括对德克萨斯太平洋集团（TPG）、优步等公司的股权投资，以及曼哈顿、波士顿等核心地区的不动产投资。在伦敦、纽约等国际金融中心设立海外代表处，不但能够加强对当地投资资产的管理，而且能够有效利用当地国际金融市场中的信息、资源等方面的优势，增强中国人寿国际化资产配置以及海外布局的能力。

（三）海外不动产投资资产规模不断扩大，投资能力持续提升

依托庞大的资产规模、良好的品牌价值以及专业化的投资能力，近年来，中国人寿积极收购海外优质资产，海外资产规模不断扩张，领域不断拓展。如表 3－1 所示，中国人寿发挥资金规模大、久期长、现金流稳定等优势，积极开展海外另类投资，主要包括资产久期较长，预期年化收益较高，与负债端具有较好匹配性的不动产和商业物流的资产包。

表 3—1　　中国人寿主要海外投资项目

时间	项目名称	所在区域	投资规模	主要合作方
2014.6	10 Upper Bank Street	英国伦敦金丝雀码头商务区	7.95 亿英镑	卡塔尔控股(Qatar Holding)
2015.3	波士顿不动产综合体	美国波士顿港区(Seaport District)4 号码头	5 亿美元	铁狮门(TISHMAN SPEYER Properties)
2015.11	99 Bishopsgate 大楼	英国伦敦金融城	1.7 亿英镑	卡塔尔投资局、加拿大博枫资产管理公司(Brookfield)
2015.11	美国核心物流资产包	分布于美国经济实力前 20 的主要城市	10 亿美元	全球领先物流地产商普洛斯(GLP)
2016.3	Aldgate Tower 写字楼	英国伦敦金融城	3.46 亿英镑	加拿大博枫资产管理公司(Brookfield)
2016.5	1285 大楼	美国纽约曼哈顿	16.5 亿美元	美国不动产投资管理机构 RXR
2016.6	日本核心物流资产包	主要分布在东京、大阪等日本主要大都市圈	未公布	未公布
2016.10	喜达屋资本集团精选服务酒店资产	遍及美国 40 个州	20 亿美元	某主权财富基金及相关投资者
2017.5	美国二三线城市 48 处商业地产组合	美国东北部及五大湖区域	9.5 亿美元	ElmTree Funds

资料来源：人保资产宏观与战略研究所整理。

1. 英、美、日核心区域的不动产投资

2014 年 6 月，中国人寿保险股份有限公司和卡塔尔控股(Qatar Holding)联合收购金丝雀码头集团(Canary Wharf Group plc)的旗下资产——伦敦金丝雀码头 10 Upper Bank Street 大楼。本次交易总金额约为 84 亿元人民币(7.95 亿英镑)。交易完成之后，中国人寿将持有该楼 70%的股权，卡塔尔控股将持股 20%，金丝雀码头集团持股 10%。10 Upper Bank Street 大楼所在的英国金丝雀码头是英国首都伦敦的重要金融区和购物区，该大楼目前每年的租金收入为4 435万英镑，大部分租约将持续到 2028 年。据此测算，中国人寿本次不动产投资年化租金回报率将超过 5%。海外稳定的现金流收入，不但能够为中国人寿带来可观的投资收益，也能够有效对冲人民币贬值风险。

2015 年 3 月，中国人寿联手中国平安与全球顶级不动产投资机构——铁狮门基金(TISHMAN SPEYER Properties)收购了波士顿港区(Seaport District)4 号码头地块价值 5 亿美元的商业不动产项目。铁狮门基金将运用其领先的不动产开发与该项目，完成对一个 13 层的写字楼和一个拥有 100 个单位的 9 层公寓的改造建设工作。

中国人寿对波士顿相关不动产资产的收购，已经从对现有物业直接收购，发展到了相关不动产的建设、改造、运营等环节，投资管理能力进一步提升。

2016 年 3 月，中国人寿联合加拿大博枫资产管理公司(Brookfield)，以 3.46 亿英镑收购英国伦敦金融城 Aldgate Tower 写字楼。该物业位于伦敦金融城(Square Mile)的 Aldgate East 地铁站区域，总楼面面积为325 000平方英尺(约合 3 万平方米)。目前物业出租率超过 90%，主要租户为 Uber、WeWork 等高科技企业，租金回报较为稳定，预计未来中国人寿本次投资年化回报率约为 4.9%。

2016 年 5 月，中国人寿作为单一最大投资机构，联合美国不动产投资管理机构 RXR，以 16.5 亿美元的价格完成曼哈顿美国大道 1285 写字楼项目的收购。1285 大楼地处纽约曼哈顿中城核心区域，为曼哈顿地标性建筑之一，总规模约 180 万平方英尺。曼哈顿美国大道 1285 标志性写字楼项目的地理位置、租户品质、租约状况等条件极佳，能够保证中国人寿持有该物业能够获得稳定租金收益，同时具有较大的增值潜力。

2016 年 6 月，中国人寿收购日本东京、大阪等都市圈的核心物流资产包，其中包括约 170 处成熟物流资产，租户为汽车工业巨头三菱扶桑集团，出租率 100%，主要分布在东京、大阪等日本主要大都市圈。

2016 年 10 月，中国人寿牵头相关主权财富基金和其他投资者收购喜达屋资本集团(Starwood Capital Group)总价值约 20 亿美元的精选服务酒店资产。本次所收购资产遍及美国 40 个州，共包括 280 家以万豪、希尔顿等全球的知名品牌为主的精选服务酒店，总规模超 2.4 万间客房。中国人寿通过与全球领先的私人投资公司喜达屋资本集团 (Starwood Capital Group)深度合作，将多家优质酒店资产通过第三方资产包的方式一并收购，标志着中国人寿海外资产并购能力的进一步增强。

2. 海外不动产投资延伸到美国二三线城市区域

随着海外投资规模的不断扩大，投资能力的进一步成熟，中国人寿在海外不动产领域的投资步伐继续加快。2017 年 5 月，中国人寿收购 ElmTree Funds 所持有的美国 48 处商业地产 95%的股权，总价值约为 9.50 亿美元。与以往仅关注一线城市核心区域不动产项目有所不同，本次中国人寿所收购的 48 处商业地产分布在以美国东部和北部五大湖区为主的 21 个州，包括物流、办公、医疗三类业态组成的成熟型资产包。本次中国人寿的交易对手方为私募股权投资公司 Elm Tree Funds，是美国市场上不动产定制开发领域的领先企业，通过在不动产领域与本土各大企业长期租售合作，与租户建立了稳定的合作关系。本次 48 处商业地产组合入住率高、合同期限长，具有稳定的现金流收入。本次中国人寿改变以往投资大城市核心区域的不动产策略。一方面由于美国二三线城市不动产具有明显的性价比优势，另一方由于通过与优质物业管理方的深度合作，能够找到具有与保险负债相匹配的、能够创造长期稳定现金流的不动产资产。

二、中国平安资产管理国际化的探索

中国平安是我国最早开展国际化探索的保险机构，近十年以来平安的国际化探索一直领先国内同业公司。其间，虽然也有过类似富通集团的失败经历，但国际化的探索步伐始终没有停止。随着内外部条件的不断成熟，近年来中国平安资产管理的国际化再次进入了快速发展阶段。

（一）早期国际化探索的失败教训

2007 年，中国平安以近 240 亿元人民币收购比利时富通集团约 4.99%的股份，成为富通的最大单一股东，同时计划以 21.5 亿欧元收购富通集团旗下资产管理公司 50%的股份。富通集团是欧洲最大的金融机构之一，业务涉及保险，银行和投资等领域，在 2008 年世界《财富》500 强中总资产排名第 14 位。富通集团旗下的“比利时国际保险公司”，“荷兰保险公司”在欧洲比利时、荷兰和卢森堡等国家的金融保险市场处于领先地位。富通集团旗下的富通银行在当时是欧洲第十大银行，业务涉及全球 65 个主要国家与地区。平安通过对富通集团的收购，成为其第一大股东，在当时看来一方面能够分享其稳定的现金流收益，另一方面也通过富通集团在欧洲乃至全球保险、银行以及资产管理领域重要的影响力，为中国平安的国际化创造有利条件。

但随着 2008 年全球金融危机爆发，富通股价出现暴跌。为应对危机，比利时政府出资将富通国有化，并随之将富通集团旗下优质资产分拆出售，导致其盈利能力大幅缩水。至 2008 年年底，中国平安对富通集团的投资预计已亏损 228 亿元。这次海外投资的探索以惨败而告终。平安对富通投资的失败主要有两方面原因：一是对国际金融危机的系统性风险准备不足；二是对当地法律社会风险没有做好充分准备。全球金融危机的“黑天鹅”事件，导致富通集团各业务单元的经营状况急转直下，平安对富通集团投资的价值安全垫快速消失。而被平安视作对富通投资重要安全保障的第一大股东地位，也在破产清算压力下，由于比利时政府将富通集团国有化而名存实亡。虽然平安凭借第一大股东的地位，明确反对比利时政府对富通集团的分拆出售，但在全球金融危机的特殊环境下，政府保护公众利益的诉求远大于平安等国际投资者的商业利益，导致平安投资富通的资产总额缩水超过 90%。

（二）国际化发展的再次起航

投资富通的失败经历，并没有阻挡平安国际化探索的步伐，经过多年的卧薪尝胆，随着内外部条件的不断成熟，平安再次开始了国际化发展的探索。

2013 年 7 月，平安保险通过平安信托以 2.6 亿英镑（约合 23.7 亿元人民币）的价格收购了位于英国伦敦的劳合社大楼。劳合社大楼是伦敦金融城的标志性建筑，也是著名保险机构劳埃德保险集团的所在地。劳埃德保险集团租用了劳合社超过 2/3 的物业面积，据测算劳合社大楼每年稳定租金超过1 600万英镑。全球核心的金融区域，能够加深与全球领先保险机构的合作，以及长期稳定的租金收入是平安选择劳合社大楼作为海外投资再次起航第一笔投资的主要因素。

2015 年 1 月，中国平安旗下子公司平安人寿以 3.27 亿英镑（约合 30.54 亿元人民币）收购英国伦敦 TowerPlace 办公大楼。TowerPlace 位于伦敦 EC3 保险业区域中心，地理位置较好，使用面积达 3.57 万平方米，目前大楼的出租率为 99.3%，具有较好的预期租金收入。

2015 年 10 月，中国平安与美国 Blumberg Investment Partners（BIP）成立地产合资平台，进一步加强对美国长期、优质不动产资产的投资能力。BIP 在不动产投资的优质标的选择、投前风险管控、投资平台建立、法律、会计等专业咨询合作等方面均具有国际领先水平。与此同时，平安内部也在不断增强海外不动产投资专业团队的力量。平安已经建立了不动产投资的专业子公司，注册资本 100 亿元，管理规模近 500 亿元，为平安集团面向全球选择优质不动产投资项目。

（三）搭建专业化、国际化资产管理业务体系

如图 3－3 所示，平安海外资产管理业务由平安海外控股与平安资管（香港）负责。2016 年，中国平安整合集团内部的境外业务，成立中国平安海外（控股）有限公司，整合海外另类投资业务团队，负责海外另类资产投资。平安海外另类投资业务团队组建于 2015 年，主要负责平安集团内保险资金的海外另类资产的直投与跟投。2015 年，平安开始投资海外基建和不动产基金；2016 年投资范围扩大至所有资产类别，目前包括 PE、私募债、不动产和基建四大块业务。由于平安已在国内投资了大量另类资产，出于全球化分散投资的考虑，平安海外另类投资主要以欧美地区为主，而非继续集中在东亚及东南亚一带。目前海外另类资产业务 99%的受托资金来源于集团内部，已配置海外另类资产比重占整体境外资产的 3%－4%。尽管另类资产业务占比较低，但未来平安海外另类投资的发展方向是对标法国安盛旗下的 Ardian 公司，进一步加大第三方资产管理业务的比重。

平安资管（香港）主要负责集团海外投资管理业务以及第三方海外资产管理业务，同时为机构客户提供 QDII、DFII 和 RQFII 咨询服务。截至 2016 年 12 月 31 日，平安

资产管理(中国香港)受托管理的资产规模达480.94亿港元。投资团队包括宏观及资产配置、股票、固定收益及货币市场、量化投资组合及ETF管理、FOF及委外投资等团队。目前的投资方案包括交易所买卖基金(ETF)、单位信托基金、专户投资委托、QDII、DFII和RQFII咨询。

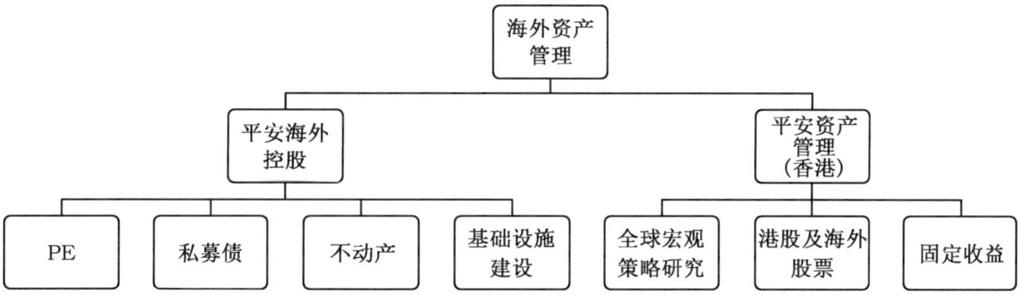

资料来源:上市公司公报,人保资产宏观与战略研究所整理。

图3—3 平安海外资产管理组织架构

三、复星集团资产管理国际化的探索

复星集团的保险与资产管理国际化战略主要依托其子公司复星国际统一实施。通过对海外保险企业与资产管理公司的收购与整合,复星集团初步形成了包括保险、资本管理、银行及其他金融服务板块的综合化国际化发展版图(见图3—4)。

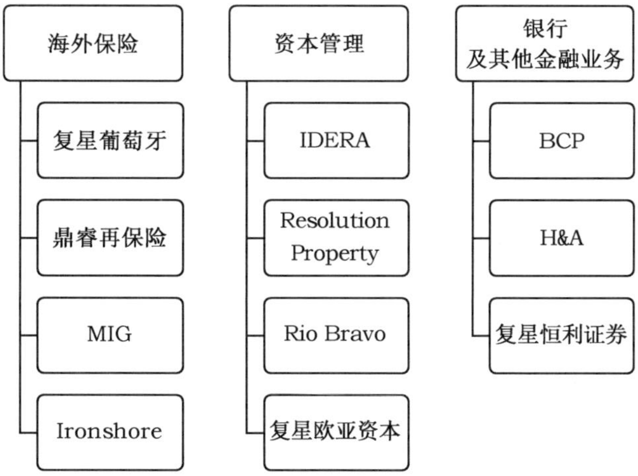

资料来源:上市公司公报,人保资产宏观与战略研究所整理。

图3—4 复星集团海外资产管理板块架构

（一）海外保险业务

复星集团的海外保险资产主要包括葡萄牙保险（葡萄牙最大的保险集团）、中国香港鼎睿再保险（主要业务范围为寿险、非寿险再保险及用其可投资资产进行投资），美国 Ironshore 保险公司（专注于特种险的全球性保险公司）、美国劳工险公司 MIG（专注于细分市场的专业财险及保险管理服务公司）。加之复星集团所控股的两家大陆保险企业——永安财险（总部位于西安的全国性保险公司，经营各类非寿险保险业务）、复星保德信人寿（主要业务范围为人寿保险、健康保险、意外伤害保险等保险业务以及上述业务的再保险业务），复星集团保险负债端资金来源已经形成了以亚太地区为主，覆盖欧美等地区的国际化布局。

（二）海外资本管理业务

在并购海外保险资产的同时，复星集团也积极通过收购来扩张旗下资产管理规模与实力。复星集团于 2014 年 5 月，收购了日本地产资产管理公司 IDERA 98％的权益；于 2015 年 6 月，收购了总部位于伦敦的欧洲地产资产管理公司 Resolution Property 60％的权益；于 2015 年 8 月，设立了一家俄罗斯资产管理公司复星欧亚资本，持有其 75％的权益；于 2016 年 11 月，本集团收购了巴西的基金资产管理公司 Rio Bravo 50.1％的权益。截至 2016 年 12 月 31 日，复星集团资产管理业务的规模已达人民币 886.1 亿元，其中包括 IDERA 资产管理规模人民币 142.1 亿元，Resolution Property 管理规模人民币 66.4 亿元、复星欧亚资本管理规模人民币 3 亿元以及 Rio Bravo 管理规模人民币 251.7 亿元。2016 年度复星集团资产管理费收入达人民币 6.4 亿元。

（三）海外其他金融业务

BCP 成立于 1985 年，是葡萄牙最大的上市银行。截至 2016 年 12 月 31 日，其总资产规模达到约 712.6 亿欧元，市值约为 24 亿欧元。BCP 在葡萄牙的各项金融服务市场都拥有领先的市场地位，其中贷款市场份额约 17.8％。存款市场份额约 17.1％。BCP 全面的金融产品与金融服务覆盖葡萄牙地区及海外市场，包括零售银行业务、企业及投行业务、私人银行业务等，并拥有独立的网络银行平台 ActivoBank。BCP 在欧洲及非洲等海外市场也占有重要地位，主要分布在波兰、瑞士、莫桑比克、安哥拉等国家，并自 2010 年在澳门设立全牌照分行，在我国广州拥有代表处以拓展大陆市场。截至 2017 年 2 月，复星集团持有 BCP 约 23.9％的股权，对 BCP 的投资将有利于复星集团拓展在欧洲及非洲的综合金融服务平台业务，并逐步形成境内与全球金融业务发展的有效协同。

截至 2016 年 12 月 31 日，复星集团持有其海外附属子公司德国 H&A 银行 99.91％的权益，并计划将其打造成为复星全球性的家庭财富管理平台的重要组成部分。H&A 为德国少数独立私人银行之一，拥有200多年历史，专注于为私人、企业及机构客户提供综合咨询服务和资产管理，主要业务包括向机构投资者提供专业资产管理服务、与独立资产管理人合作推出特定投资领域的私募基金，其资产管理和资产服务的规模超600亿欧元。

复星恒利证券的前身恒利证券成立于1987年，是一家经注册的中国香港证券经纪商，拥有可代零售客户和企业客户买卖证券等多种证券业务牌照。复星恒利证券具有多元化的业务收入结构，2016年供股、债券融资及财务顾问服务收入增长至2 200万港元，具备进一步成为全能型投资银行的有利条件。目前，复星集团已持有复星恒利证券100%的股权，对于打通境内外投资渠道、提升海外资产管理能力具有重要意义。

第五节　我国保险资产管理公司国际化的优势与机遇

一、国家整体经济实力的增强是我国保险资管公司国际化的首要基础

党的十九大报告深刻指出："中国特色社会主义进入新时代"，经济建设取得了重大成就。我国国内生产总值已达80万亿元，位列世界第二，经济长期保持中高速增长，对世界经济增长贡献率超过30%，成为拉动世界经济增长的重要引擎。我国经济在世界经济中的地位不断提升，加快了我国企业"走出去"和资本"走出去"的步伐。2014年，我国实际对外投资额历史上首次超过吸引外资额约200亿美元，成为对外净投资国。我国经济实力的不断增强和我国"走出去"战略的不断深化，成为我国保险资产管理公司国际化的重要基础。

二、国际地位的不断提升是我国保险资管公司国际化加速实施的重要保障

近年来，我国实施共建"一带一路"倡议，发起创办亚洲基础设施投资银行，设立丝路基金，举办首届"一带一路"国际合作高峰论坛、亚太经合组织领导人非正式会议、20国集团领导人杭州峰会、金砖国家领导人厦门会晤、亚信峰会，国际影响力进一步提高，为我国保险资产管理公司国际化加速实施创造了有利的外部条件。以"一带一路"建设实施为例，据统计，"一带一路"建设将带动约44亿人口的巨大市场需求，打动沿线65个国家的城市基础设施建设、商品贸易投资，为沿线各国的经贸合作、资金融通提供广阔的合作机会。我国在国际合作中的作用日益提升必将为我国资产管理公司国际化带来重要发展机遇。截至2017年5月，亚洲基础设施投资银行已经为"一带一

路”建设参与国的 9 个项目提供 17 亿美元贷款，“丝路基金”投资达 40 亿美元，但“一带一路”建设所需资金仍然存在较大缺口。[①] 保险资金作为重要的机构投资者，在基础设施建设投资领域具有独特的优势，势必在“一带一路”建设投资和服务实体经济等方面发挥更加重要的作用。

三、人民币国际化稳步推进是我国保险资管公司国际化的有利条件

目前，人民币已经成为全球第 2 大贸易融资货币、第 4 大支付结算货币和第 6 大外汇交易货币，在全球经济中的地位不断提升。近年来，随着我国对外贸易规模的不断扩大，人民币国际化程度不断加深，在国际货币体系中的地位和作用不断增强。截至 2016 年，全球跨境贸易人民币结算业务规模达 5.23 万亿元。截至 2017 年第一季度，各国央行持有人民币的总量为 845 亿美元，约占全球央行外汇储备总量的 1.07%。[②] 人民币国际化的稳步推进也成为我国资本“走出去”，保险资产管理公司国际化的有力支撑。

四、资本市场的互联互通为我国保险资产管理公司国际化创造了良好环境

随着“沪港通”“深港通”“债券通”的相继实施，人民币加入 IMF 特别提款权（SDR），A 股纳入 MSCI 新兴市场指数等重要事件，标志着我国与国际资本市场互联互通的步伐不断加快，为我国保险资产管理公司等金融企业国际化创造了更加便利的条件。我国与国际资本市场的进一步互联互通，将有效扩大金融业双向开放的程度，推动资本的有序自由流动，推动人民币在国际范围内的自由兑换、自由使用，也将客观上减少我国境外投资的汇兑限制，为我国保险资产管理公司等金融企业逐步实现国际化拓展了空间。

五、我国保险资产管理公司综合实力显著提升是国际化实施的内在基础

随着我国保险业持续快速发展，以及保险资金运用模式的发展创新，我国保险资产管理行业综合实力显著增强。截至 2017 年 6 月底，我国保险行业总资产 16.4 万亿元，资金运用余额 14.5 万亿元，行业总规模不断壮大，行业实力显著增强。与此同时，我国保险资金配置结构更加合理，收益率水平不断提升，风险防控能力显著提高，稳健成熟的行业投资风格逐步形成。在行业规模不断扩大、风险管理能力不断提高的同时，我国保险资产管理行业在经营能力、人才储备、技术支持等方面也相比过去有了长足的进步，尤其通过近年来海外资产配置与海外机构布局的持续发展，国际化视野不

① 资料来源：“一带一路”国际合作高峰论坛。
② 资料来源：中国人民银行统计数据。

断扩大、国际化经营管理架构逐步形成、国际化人才队伍加速储备，为我国保险资产管理公司的国际化发展夯实了内在基础。

第六节　我国保险资产管理公司国际化面临的挑战

当前我国保险资产管理公司国际化也面临着多方面的挑战，包括国际宏观经济、资本市场的风险，国内资本管制等政策的不确定性，以及我国保险资产管理行业自身国际化经验与能力的欠缺等。

一、政治、法律、社会等海外投资风险影响不容忽视

我国保险资产管理公司国际化将面对投资国家或地区的政治、法律、社会等众多风险。一是在我国保险资产管理公司国际化的主要目标国家中，美国特朗普政府美国优先等政策、欧洲地区非一体化因素、“一带一路”沿线国家地区冲突等风险因素都将对我国保险资产管理公司海外资产配置以及并购分设分支机构产生较大影响；二是由于不同国家或地区的金融、财政、贸易、会计等法律制度具有较大差异，国内的商业模式和管理经验或将面临较大挑战；三是不同国家的社会结构、文化传统等因素也可能对我国保险资产管理公司的海外机构管理、资产配置等方面工作产生一定影响。

二、欧美主要国家货币政策收紧，海外融资成本上升

目前，美国、欧洲等主要经济体已经或即将陆续出台包括退出 QE、加息、缩表等一系列紧缩性货币政策。未来全球宏观流动性水平偏紧，不利于我国保险资金开展海外投资、兼并收购或其他国际化的战略。我国保险资金海外扩张的资金有较大比例来源于境外金融机构融资，欧美主要国家的紧缩性货币政策将显著提升海外融资成本。同时，全球范围主要经济体的紧缩性货币政策，将对主要资产价格产生负面影响，我国保险资产管理公司在当前环境下进行国际化扩张，需要更加谨慎选择投资标的。

三、我国资本账户管制与外汇管控力度仍然较大

与日本、欧美等发达国家和地区自由兑换的外汇制度不同，我国采用的是有管理的浮动汇率制度，结售汇制度是外汇管理的核心。保险机构开展境外投资一般需要向外汇局审批，常见的渠道包括：外汇局审批的保险类 QDII 额度、借助券商和信托等金融机构的 QDII 通道、投资上海自贸区金融产品、港股通、发债境外融资和内保外贷

等。自国家外汇管理局 2015 年 12 月审批通过中国太保 3.87 亿美元合格境内机构投资者(QDII)投资额度后,近两年来没有审批新的 QDII 投资额度。截至 2017 年 7 月底,国家外汇管理局共审批通过 899.93 亿美元 QDII 额度,其中共有 40 家保险机构获批 QDII 额度,保险类 QDII 额度累计 308.53 亿美元,占总 QDII 额度的 34.28%,占保险资金境外投资总额的 62.70%(见图 3—5 和图 3—6)。由于新增 QDII 额度受限,保险机构可用的海外投资资金规模较为有限,增量境外投资更多的是通过港股通、发债境外融资和内保外贷等渠道实现。受监管审批、额度限制等因素影响,目前保险资金海外配置仍然存在较大困难。

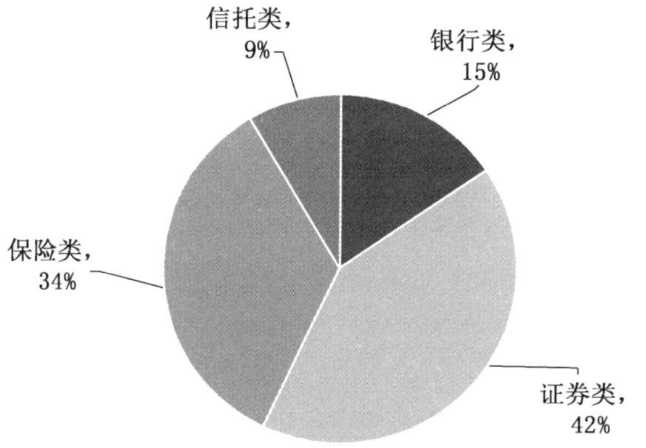

资料来源:国家外汇管理局,人保资产宏观与战略研究所。

图 3—5　外汇局审批的 QDII 额度分布

四、我国保险资产管理公司缺乏国际化经验

我国保险资产管理行业成立至今不足 20 年,由主要管理保险资产向全面资产管理的模式发展也仅有 5 年左右。总体来看,我国保险资产管理行业仍然处于成长阶段,在总体实力、发展经验、商业模式等方面尚缺乏相关经验。目前虽然我国保险资产管理公司的国际化发展具有较好的外部条件支持,但内在经验和实力仍然存在一定欠缺,且目前我国保险资产管理公司尚未真正开始在海外设立分支机构,需要通过在国际化的探索中不断积累经验,走出一条适合我国保险资产管理行业的国际化发展道路。

五、缺乏具有国际化资产管理能力的专业人才

资产管理属于人才密集型行业,我国保险资产管理行业中具有全球范围资产配置、投资研究、运营管理等能力的专业人才较为稀缺,直接影响我国保险资金管理机构

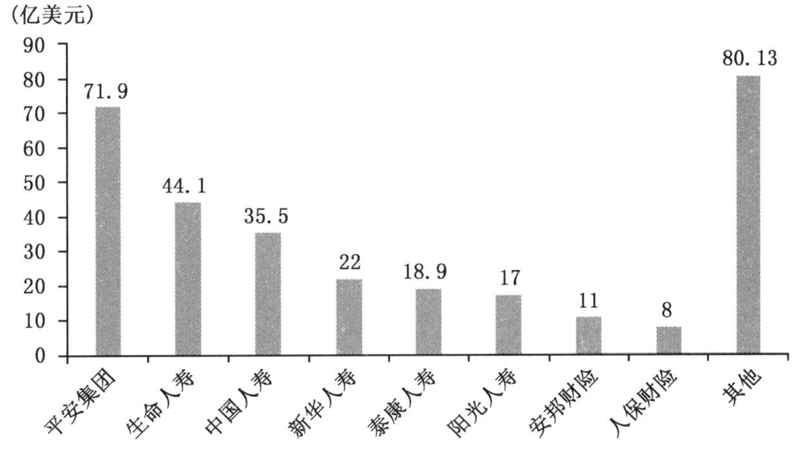

资料来源:同图 3—5。

图 3—6　保险机构 QDII 分布(亿美元)

国际化的发展。在海外资产配置工作中,需要具有全球资产配置与管理的投研团队,并能够与国内负债端业务有效衔接,实现立足本土、全球配置的国际化目标。在海外资产管理机构的设立与并购工作中,需要深入了解海外法律环境、金融市场的复合型国际化人才,在全球范围选择并购或开设资产管理机构。在海外资产管理机构的运营管理中,需要了解本地市场,具有全球资产管理经验的运营管理团队,服务我国保险资产管理公司的国际化经营管理。

第四章　我国保险资产管理公司的业务国际化

第一节　资产配置的国际化

一、资产配置国际化的影响因素分析

(一)境外固定收益资产与境内相比收益率偏低

全球金融危机以来,欧美等发达国家维持了宽松的货币政策,利率水平与国内相比处于较低水平。尽管近一段时间来受全球经济回暖影响,欧美等主要经济体逐渐退

出宽松货币政策，美国也进入加息周期，但受美高等级债券供不应求影响，以中美 10 年期国债为首的同期国债收益率利差仍然较为明显。相比境内，境外同期利率债的配置优势较低，难以覆盖大多数保险资金的负债成本，一定程度上限制了我国保险资产管理公司境外固定收益资产投资的积极性。

（二）资金来源渠道不畅通，影响境外权益投资的广度

受外汇管制政策影响，我国保险资金"走出去"渠道有限，在现有的政策条件下，保险资金进行海外投资更多是依靠"港股通"渠道。目前国内保险资金境外投资股票绝大多数以港股为主，欧美资本市场中的股票资产配置比例几乎没有。从历史数据看，港股走势不仅受美股影响，也受 A 股影响。美股的表现往往会优于港股，且与 A 股的相关性较低，是不错的权益投资风险分散标的选择之一。内地企业发行的港股走势与国内经济周期存在较强的相关性，港元虽然盯住美元，但维持汇率的稳定也与境内外汇储备实力密切相关，因此境外投资港股可能并未真正实现风险分散，只是系统性风险的境外延续。受制于资金来源渠道的不畅通，境外权益投资呈现高度集中的现象，一定程度上限制了境外权益投资的地域广度。

（三）经验缺乏和风险管理能力有限是影响另类投资的主要因素

由于我国监管部门自 2012 年才相继放开了保险资金投资不动产、私募股权投资基金、信托计划等另类资产的政策限制，近年来国内另类投资发展比较迅速，但境内投资经验仍正在不断积累中，境外另类资产投资经验更是少之又少。除此之外，由于另类投资最大的特征是非标准化，流动性较差，需要保险资产管理公司具有较强的风险管理能力，这进一步限制了保险资产管理公司境外另类投资的积极性。

二、当前保险资金国际化配置的主要机会及建议

（一）以发达国家和地区特别是美元资产为主要配置方向

从国际经验看，主要保险资产管理公司在开展境外投资时仍以美国、欧洲、日本等发达国家和地区作为资产配置重点。尽管从长期看，受老龄化、高基数效应等因素影响，发达国家和地区在风险收益方面同新兴经济体间的差距在逐步缩小，但发达国家和地区在汇率风险、政治风险、流动性风险方面具备相对优势。通过国际主要保险资产管理公司的资产配置结构看，美元资产是主要的配置币种。美元资产作为全球最稳健的储备货币之一，理应作为资产配置的主要币种。

（二）债券投资暂不考虑中短期利率品种，可适度下沉信用债信用评级

由于美国国债收益率远低于国内同期国债收益率水平，难以覆盖国内保险负债成本，

建议我国保险资金境外投资暂不考虑中短期利率债品种。但考虑到美国债券市场比较发达,期限结构种类丰富,出于保险资金资产负债管理的需要,可适度配置美国长期限的利率债品种。由于美国等国外信用债市场并不存在刚性兑付现象,债券品种间信用利差比国内要明显,建议境外投资信用债时,可谨慎适度下沉信用评级,且控制好配置比例。

(三)权益投资应注重全球化配置能力,海外投资初期以被动投资为主

为实现境外权益投资分散投资组合系统性风险的目的,在境外资金来源得以保障的前提下,保险资金境外股票权益投资应注重全球化资产配置能力,适当加大美股的配置力度,以在风险全球分散的前提下追求超额收益。同时,保险资金境外权益投资应加强"择时"和"选股"能力的培养,最大程度规避可能出现的全球或区域金融系统性风险冲击。除此之外,在境外投资初期,为弥补投资经验缺乏的劣势,建议选择以被动投资为主、主动投资为辅。随着海外权益投资经验的丰富,再逐步加强主动投资资产的比例。

(四)积极参与不动产、未上市股权等另类资产投资

从国际经验看,积极投资不动产、未上市股权等另类投资项目是增厚保险资金投资收益的主要手段之一。对于不动产,国外主要城市的租金回报率高于国内一线城市,其中美国住宅租金收益率高达5%,远高于国内北上深不足2%的收益率水平,具备较高的投资价值。建议保险资金可境外投资北美、欧洲等发达国家和地区主要城市的优质不动产,既可采取直接方式投资不动产项目,也可以通过房地产投资信托基金(REITs)等间接方式投资(见图4—1)。

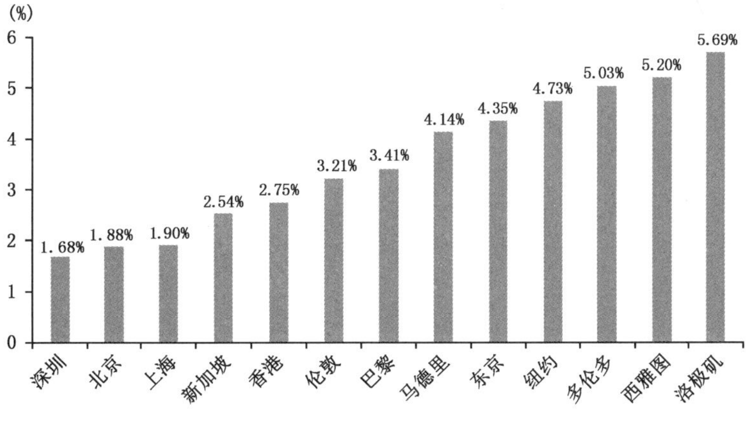

注:租金收益率为全球主要城市75—120平方米住宅公寓数据。

资料来源:互联网资料整理,人保资产宏观与战略研究所。

图4—1　全球主要城市楼市租金收益率情况

另外，境外未上市股权也是较好的投资资产之一。一是可以选取有助于加快保险机构国际化进程的境外保险、银行、资产管理公司等金融机构，以便助力保险机构国际化布局。二是可以选择与保险机构经营具有协同发展效应的境外 UBI 新技术公司、养老健康等上下游产业公司，以便学习和引进国外优秀公司的经营，促进保险机构境内业务的转型发展。三是可以选择人工智能公司、新能源汽车、区块链技术公司等新一轮技术和产业创新公司，以分享这些公司成长红利，增厚保险资金的境外投资收益。

第二节　资金来源的国际化

一、资金来源国际化的影响因素

保险资产管理公司进行国际化投资的资金来源主要包括受托管理的集团内保险资金和第三方客户资金。其中，集团内保险资金除了包括通过换汇或投资“港股通”等渠道“走出去”的境内保险资金，还包括来源于境外的保险资金。第三方客户资金除了受托管理的境内保险机构的境外资金外，还包括境外第三方业务的资金。从我国保险资产管理公司境外资金来源的现状看，除了通过“港股通”、QDII、自贸区 ODI 等渠道“走出去”的资金外，国际化资金来源主要受以下因素影响。

（一）境外发债融资手续复杂且需备案

境外发债是指保险机构在境外发行债券募集资金。原中国保监会 2015 年年底对《保险公司资本补充管理办法（征求意见稿）》公开征求意见，允许保险资金通过债务性资本工具补充实际资本。境外上市公司可选择永续次级债等方式融资，但境外发债存在手续比较复杂、费用支出较大、法律监管较严的问题。比如，根据《关于推进企业发行外债备案登记制管理改革的通知》（发改外资〔2015〕2044 号）规定，境内保险公司境外发债需向发改委备案登记。这在一定程度上延长了保险机构境外发债的周期，降低了发债积极性。

（二）内保外贷融资只对集团公司适用

内保外贷是指境内银行为境内保险机构在境外注册的附属企业或参股控股企业提供担保，由境外银行给境外企业发放相应贷款，同时境内保险机构向境内银行提供反担保。根据《跨境担保外汇管理规定》，内保外贷担保人注册地在境内，债务人和债权人注册地均在境外。具体的内保外贷流程如下：境内保险机构向银行出具无条件、不可撤销的反担保→由银行境内机构为该境内保险机构的境外注册附属企业或参股控股企业提供担保，由银行境外营业机构向该境内保险机构境外注册的附属企业或参股控股企业提供放款(见图 4—2)。

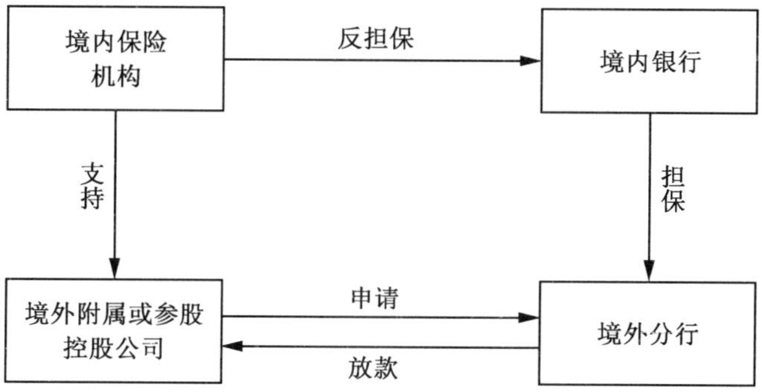

资料来源：人保资产宏观与战略研究所。

图 4—2　保险机构内保外贷流程

内保外贷模式虽然不涉及保险资金的直接出境，但也存在一些问题。比如，根据《关于规范保险机构对外担保有关事项的通知》，保险公司和保险资产管理公司不得对外担保，保险集团公司可以为其下属公司提供担保。而多数保险资金委托人是保险公司而非集团公司，这使内保外贷模式在保险业适用性大打折扣。除此之外，内保外贷模式需占用银行的外汇额度和授信额度，需要较强的谈判力，往往只有大型保险集团会采用这一模式融资。

(三)保险机构境外上市融资积极性不足

虽然境外资本市场对上市企业的财务状况要求比上海和深圳证券交易所市场宽松很多，在 2003 年曾发生境内公司境外上市融资潮。但受中国人寿在美国上市信披违规事件影响，保险机构境外上市积极性受到冲击。近年来保险机构境外上市节奏逐渐放缓，致使保险机构很少利用境外上市平台进行 IPO 融资或配股再融资。

(四)境外保险业务发展缓慢，无法提供源源不断的保险资金

从国际化经验看，在德国安联、法国安盛、美国保德信金融、英国保诚等历史悠久的全球性保险机构的海外资产管理业务中，保险集团内部的海外保险资金占较大比例。但我国保险机构，除了注册地在香港的中国太平、以再保险业务为主的中再集团、中国人寿香港分公司等公司外，绝大多数保险机构海外保险业务尚未涉及。以中再集团为例，截至 2016 年底，在伦敦、中国香港、纽约和新加坡等国际主要城市设立了分支机构或办事处，在全球六大洲共实现 18.56 亿元人民币的分保费收入(见图 4—3)。但

这 18.56 亿元人民币的海外保险资金远远无法满足保险机构境外投资需求，海外保险业务发展的缓慢致使无法为海外资产管理业务提供源源不断的资金来源。

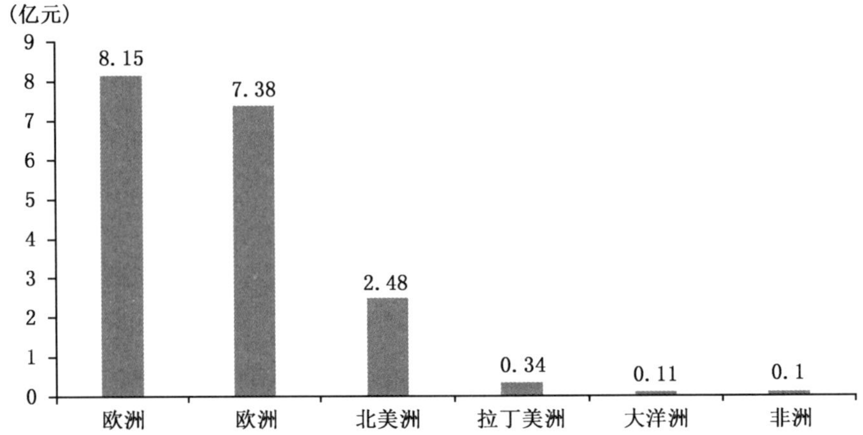

资料来源：中再集团 2016 年年报，人保资产宏观与战略研究所。

图 4—3　中再集团全球再保险业务收入

二、对资金来源国际化的建议

（一）积极推动境外发债融资

由于近年来国外债券利率普遍低于国内，国内保险机构销售分红险、万能险等险种的经营成本往往比同期银行理财高，致使境内保险资金负债成本要远高于境外发债融资成本，所以保险机构境外发债融资成本相对更低。尽管境外发债的手续复杂且需要备案，但相比其他境外融资手段，境外发债融资是相对可行且受欢迎的境外融资手段。近年来，境外发债融资已成为大中型保险机构境外融资的主要渠道之一。我国主要保险机构境外发债情况见表 4—1。建议我国保险机构可以积极推进境外发债融资，为国际化资产管理业务提供资金来源。

表 4—1　近年来主要保险机构境外发债情况

发债时间	机构名称	发行金额（美元）	期限（年）	票面利率
2014 年 9 月	中国太平	6 亿	永续次级	5.45％
2015 年 7 月	中国人寿	12.8 亿	60 年可展期	4％
2016 年 1 月	平安人寿	7 亿	3	2.375％
2016 年 1 月	平安人寿	5 亿	5	2.875

续表

发债时间	机构名称	发行金额(美元)	期限(年)	票面利率
2016年1月	阳光人寿	不详	不详	不详
2016年9月	合众人寿	5亿	5	3%
2017年2月	新华保险	20亿(拟发行)	不详	不详
2017年3月	中再集团	8亿	5	3.375%
2017年6月	中再集团	7亿	5	3.375%
2017年7月	中国人寿	2.5亿	10	3.35%

资料来源：人保资产宏观与战略研究所。

(二)尝试进行内保外贷融资

由于保险集团公司可充分利用政策窗口进行内保外贷融资，业内也有中国平安进行内保外贷融资的先例，建议保险集团在合法合规的前提下，加强与国际业务比较成熟的境内商业银行合作，探索通过内保外贷模式融资，为境外投资提供资金便利。

(三)试点募集第三方客户资金

第三方客户资金是保险资产管理公司国际化投资的主要资金来源之一。从欧美经验看，相对经营比较成熟的保险资产管理公司都注重发展第三方资产管理业务，部分公司的第三方资产管理业务规模超过受托的集团内保险资金规模。第三方客户资金受托管理形式主要包括专户管理模式和集合投资产品模式。专户管理模式适用于第三方机构投资者，不仅为委托人提供投资管理服务，还提供包括大类资产配置、组合管理、风险管理、信用评级、运营结算等一系列附加增值服务。集合投资产品模式既适用于机构投资者也适用于个人投资者，通过提供包括货币型、债券型、股票型、混合型、另类投资型等多样的标准化集合投资产品，以满足机构和零售投资者的不同需求。尽管目前国内保险资产管理公司国际化业务以境内资金境外资产配置需求为主，第三方资产管理业务经验比较缺乏，但随着保险资产管理公司经营经验的积累，建议保险资产管理公司可以充分依托“港股通”、债券通等政策红利，试点开发满足海外客户需求的人民币投资产品和满足境内客户需求的境外投资产品，大力发展第三方资产管理业务。

(四)择机通过IPO或增发股票方式融资

随着近年来保险机构信息披露的规范，国内保险机构的财务信息透明度显著提升，建议我国保险机构在充分了解境外证券交易所市场法规的前提下，一方面未在境外上市的保险机构可根据公司战略择机考虑在境外上市融资。事实上，在2007年允许境内保险资金境外投资前，中国人寿、中再集团、中国人保等在境外上市募集的资金是当时境外投资主要的资金来源。另一方面对于已经在境外上市的保险机构，可依据公司发展规划，考虑在境外证券市场增发股票募集资金，以拓宽境外管理资金的来源渠道。

（五）适时设立或并购海外资产管理机构，获取海外资金

保险机构可以积极围绕自身的战略布局，探索设立或并购海外保险机构的可行性，通过发展负债业务为资产管理业务提供持续不断的海外资金来源。除了加快在境外设立海外保险分支机构外，还可以适时并购海外保险机构、资产管理机构。从国际经验看，收购境外保险公司既是实现保险机构国际化的常见途径之一，也是获取国外保险机构成熟经营理念、发挥协同发展效应的重要方法之一。随着原中国保监会放宽保险资金海外投资未上市股权，部分国内保险机构开始尝试收购境外保险机构。安邦集团自 2014 年起，先后收购比利时 FIDEA 保险公司 100％股权、韩国东洋人寿 63％股权、荷兰 VIVAT 保险公司。复星集团先后收购日本地产资产管理公司 IDERA、欧洲地产资产管理公司 Resolution Property 60％、巴西资产管理公司 Rio Bravo，以及葡萄牙最大的银行 BCP、德国独立私人银行 H&A、香港复星恒利证券等资产管理机构，为国际化资产管理提供了重要的资金来源。

第三节　投行业务的国际化

一、投行业务国际化的影响因素

（一）本土机构缺乏境外投行业务经验

原中国保监会自 2012 年才允许保险资产管理公司发起设立资产管理产品，投行业务方面的队伍和经验逐步积累，但在国内相对券商、基金等差距仍然较大，在境外投行经验更是少之又少，相比境外成熟的全球投行公司劣势明显，本土机构的经验缺乏限制了境外投行业务的发展步伐。

（二）本土机构投行业务创新能力有限

目前，国内保险资产管理公司境外投行业务起步较晚，整体投行业务创新能力有限。由于受创新能力的限制，致使无法利用创新业务模式绕开监管限制，实现相应项目的落地，以此打造境外投行能力的竞争优势。本土机构境外投行业务创新能力的有限，进一步限制了境外投行业务的空间，限制了第三方业务的发展速度。

(三)对东道国的政策、法规等信息缺乏充分了解

由于国内走向国际化的保险资产管理公司的投行团队主要仍以本国员工为主,缺乏拥有国际背景的多文化、差异化的人才,而且对投行项目所在国的法律、法规、估值方法等缺乏全面的了解,这些因素进一步限制了投行业务的国际化进程。特别是对于中国平安投资富通集团失败事件,由于中国平安缺乏对当地政策法规的了解,在比利时政府未履行股东大会程序的情况下对富通资产进行剥离,致使股东利益受损,导致中国平安投资巨亏,使国内保险机构对海外兼并收购在很长一段时间变得非常谨慎。

二、对投行业务国际化的建议

(一)积极为中国"走出去"企业提供资本运营、融资等服务

近年来,随着国家政策鼓励中国有实力的企业"走出去",特别自 2013 年习近平主席提出"一带一路"构想以来,中国境内企业"走出去"步伐明显加快。中国企业走向国际化过程中有大量的资本运营、兼并收购、融资等需求,建议保险资产管理公司在国际化过程中大力发展投资银行业务,积极获取相应业务的资质牌照,为中国"走出去"提供境外发债、境外上市、兼并收购等一系列服务。特别对"一带一路"沿线国家的中国企业项目,可以积极为其提供资金融通支持。由于多数"一带一路"重点项目期限长、资金需求大,这与保险资金的资金特性相符。保险资产管理公司的境外投行团队,可以积极开发债权、股权、股债结合和资产支持计划等资管产品,带动保险资金投资为基础设施建设项目等重大项目提供资金支持,积极参与"一带一路"重大项目的资金融通。

(二)积极围绕保险机构自身发展战略,提供境外资本运营和融资的投行服务

保险机构在实现国际化过程中,在境外的并购、重组、境外发债等项目众多,覆盖行业较广,持续时间较长,对投行支持有较高要求。保险资产管理公司可以紧紧围绕保险机构自身境外发展战略,从卖方角度,为保险机构自身在境外的并购、重组、境外发债、股票配售等项目提供投行专业服务。

(三)积极发行和设立私募股权投资、不动产投资等另类资管产品

我国保险资产管理公司在实现国际化过程中,可以借鉴法国 AXA IM、美国 MIM 等公司的经验,积极打造自己的另类投资团队,提前布局,放眼于长远,待境内相关监管政策成熟后,即可迎来业务增长爆发期。海外另类投资团队不仅可以发行和设立债权投资计划、股权投资计划和不动产支持计划等传统另类投资项目,还可以逐步尝试私募股权投资、夹层投资等产品的运作,除支持保险机构自身战略布局的全球股权投

资和兼并收购外，还可以满足不同资金的投资需求，扩大国际资产管理业务规模，尽快缩小与国际先进保险资产管理公司的差距。

第四节　全球资产配置模型实证分析

保险资产管理公司全球资产配置过程包括资产战略配置（SAA）、资产战术配置（TAA）和资产交易配置。资产战术配置和交易配置更注重中短期的“择时”和“选股”能力；资产战略配置是从中长期视角进行的资产配置，笔者构建的全球资产配置模型属于资产战略配置层面。根据 Brinson, Singer & Beebower（1986）、Ibbotson & Kaplan（2000）的研究发现，资产战略配置贡献了整个投资组合 90％以上的投资收益。在我国保险资产管理公司国际化初期，在缺乏对海外市场足够了解的情况下做好全球资产战略配置规划至关重要。

一、全球资产配置模型的基本假设与构建

（一）资金账户假设

由于传统寿险、分红险、万能险、投连险、财险等不同险种的资产负债匹配目标不同，保险资金的投资收益目标也存在差异，“分账户”管理模式决定了不同资金属性的资产配置差异。笔者构建的全球资产配置模型以分红险资金为例，假设分红险合同保证预定利率为 2.5％，过去 5 年的实际分红平均收益率为 3％，退保率为 3％。保险公司要想维护客户预期，绝对收益的投资收益率目标应达到 3％的分红收益率，这一绝对投资收益率目标是资产组合投资收益率的底线。

（二）全球主要类别资产的选择

根据《关于加强和改进保险资金运用比例监管的通知》（保监发〔2014〕13 号）规定，保险资金划分为流动性资产、固定收益类资产、权益类资产、不动产类资产和其他金融资产五大类资产。这里选取流动资金、银行定期存款、国债、金融债、企业债、权益资产、不动产、金融产品作为境内资产类别的代表，选取境外银行存款、境外国债、境外企业债、港股、美股、境外不动产作为境外资产类别的代表。

（三）约束条件假设

对于收益匹配要求，根据假设的分红险资金账户特点，假设投资组合的期望收益 E(R_P)大于等于 3％。对于流动性因素，根据《关于加强和改进保险资金运用比例监管的通知》（保监发〔2014〕13 号）中流动性监测要求，投资流动性资产与剩余期限在 1

年以上的政府债券、准政府债券的账面余额合计占本公司上季末总资产的比例低于5%，须向原中国保监会报告，我们假设境内流动资金、境内国债和境外国债的和大于5%；考虑到分红险历年平均退保率为3%，为了保证退保资金要求，假设境内流动资金比例大于3%。

对于大类资产比例监管限制，根据保监发〔2014〕13号文件规定，境内权益资产、港股和美股之和小于等于30%，[①]境内不动产和境外不动产之和小于等于30%，境内金融产品小于等于25%，境外银行存款、境外国债、境外企业债、港股、美股和境外不动产之和小于等于15%。

对于偿付能力充足率限制因素，根据偿付能力充足率计算公式，偿付能力充足率等于实际资本除以最低资本。由于"偿二代"下实际资本更基于公允价值计量，且同时受资产和负债变动影响，实际资本的波动幅度相比"偿一代"更平稳，这使最低资本成为影响偿付能力充足率的关键因素。从资本优化角度，在资产配置过程中如何最低消耗最低资本成为实务中大型保险公司普遍关注的问题。根据"偿二代"监管规则，各类别资产的最低资本风险因子估算如表4—2所示。

表4—2　　各类别资产的最低资本风险因子估算

类别资产	市场风险	信用风险	类别资产	市场风险	信用风险
流动资金	0	0	金融产品	0	0.1
银行存款	0	0	境外银行存款	0	0
国债	0.084	0	境外国债	0.0762	0
金融债	0.0595	0.03	境外企业债	0.0762	0
企业债	0.0595	0.055	港股	0.30	0
权益资产	0.25	0	美股	0.30	0
不动产	0.12	0	境外不动产	0.12	0

注：寿险资金以公允价值计量的固收资产的利率风险测算需要基于情景分析法。笔者以财险资金的利率风险计算方法代替，假设国债、金融债、企业债都以公允价值计量，权益资产以普通股票基金代替，不动产假设以公允价值计量，金融产品假设都以摊余成本计量，以可穿透信托信用风险因子替代，假设境外投资以发达国家和地区为主。

资料来源：人保资产宏观与战略研究所估算。

假设$X=(x_1,x_2,\cdots\cdots,x_{14})$分别代表流动资金、银行定期存款、国债、金融债、企

① 理论上，未上市股权和股权投资计划也属于权益类资产。考虑我国保险资金这块投资占比较小，此处约束限制忽略此因素。

业债、权益资产、不动产、金融产品、境外银行存款、境外国债、境外企业债、港股、美股、境外不动产的投资比例，MC_P 为组合的最低资本占用。根据"偿二代"监管规则，相关性汇总后的最低资本占用函数为：

$$MC_P=\sqrt{Y_M M Y_M^T+0.5\cdot\sqrt{Y_M M Y_M^T}\cdot MC_C+(MC_C)^2}$$

其中，$Y_M=(0.084\cdot x_3+0.059\ 5\cdot x_4+0.0595\cdot x_5, 0.25\cdot x_6, 0.12\cdot(x_7+x_14), 0.0762\cdot(x_10+x_11), 0.3\cdot(x_12+x_13), 0.035\cdot(x_9+x_10+x_11+x_12+x_13+x_14)$,

$$M_C=\sqrt{(0.03x_4+0.055x_5)^2+0.5\cdot(0.03x_4+0.055x_5)\cdot(0.1x_8)+(0.1x_8)^2)}$$

对于其他约束因素，需考虑行业或公司自身现有资产配置结构的影响。截至2016年底，保险业境外投资占上季末总资产比例为2.33%，假设全球资产配置模型中境外投资总占比不超过5%。出于资产缓慢增加或减少的考量，假设境内银行存款占比大于5%，企业债占所有债券资产的比例低于2/3，不动产资产配置上限为25%，金融产品配置上限为20%。

（四）资产战略配置模型的构建

根据经典的马科维茨投资组合模型，风险与收益是最优化模型的目标函数变量。本节构建的资产战略配置模型中，在风险和收益两个变量基础上加了最低资本占用变量。对于多目标规划问题，常见的处理方法包括约束法、降维法和理想点法。约束法是选出一个主目标函数，其余目标函数转为约束条件；降维法是通过降维把多目标转为单目标问题；理想点法是将距离理想点最近的点作为多目标问题的最惠解。本节设计的资产配置模型以分红险账户为分析对象，投资目标以绝对收益基础上的相对收益为主，在目标规划过程中，选取给定投资收益目标的前提下，实现风险最小和最低资本占用最低。考虑到约束法只优化了主目标函数，次目标仅作为约束条件未被优化；降维法中风险和最低资本两个变量的单位、量级等存在很大不同，而且两者都是最小化，而非一个最小化一个最大化，很难将两者合并为一个指标，因而采用理想点法来解决多目标规划问题，旨在得到给定收益目标水平下的最惠解。

理想点法中通常利用 fgoalattain 函数作为多目标最优化函数，记 VaR_P 为组合在95%置信水平下的在险价值，代表组合的风险；$E(R_P)$ 为组合的收益。利用 fgoalattain 函数进行多目标下全球资产战略配置优化，其步骤为：

第一步：求以风险作为单目标优化函数、收益为约束条件不考虑最低资本占用下的最优解。此时最优化问题可表述为：

目标函数：$\min VaR_P(X)$

约束条件：
$$\begin{cases} \sum_{i=1}^{14} x_i = 1 \\ E(R\_P) \geqslant 4\% \\ x_1 \geqslant 3\% \\ x_2 \geqslant 5\% \\ x_1 + x_3 + x_{10} \geqslant 5\% \\ x_6 + x_{12} + x_{13} \leqslant 30\% \\ x_7 + x_{14} \leqslant 25\% \\ x_8 \leqslant 20\% \\ x_9 + x_{10} + x_{11} + x_{12} + x_{13} + x_{14} \leqslant 5\% \\ 2x_3 + 2x_4 - x_5 \geqslant 0 \\ 0 \leqslant x_i \leqslant 1,\ i = 1, \cdots, 14 \end{cases}$$

第二步：求以最低资本作为单目标优化函数、收益为约束条件不考虑风险下的最优解。此时最优化问题可表述为：

目标函数：$\min MC_P(X)$

约束条件：
$$\begin{cases} \sum_{i=1}^{14} x_i = 1 \\ E(R_P) \geqslant 4\% \\ x_1 \geqslant 3\% \\ x_2 \geqslant 5\% \\ x_1 + x_3 + x_{10} \geqslant 5\% \\ x_6 + x_{12} + x_{13} \leqslant 30\% \\ x_7 + x_{14} \leqslant 25\% \\ x_8 \leqslant 20\% \\ x_9 + x_{10} + x_{11} + x_{12} + x_{13} + x_{14} \leqslant 5\% \\ 2x_3 + 2x_4 - x_5 \geqslant 0 \\ 0 \leqslant x_i \leqslant 1,\ i = 1, \cdots, 14 \end{cases}$$

第三步：以前两步的最优解作为 fgoalattain 函数中的目标值(goal)，确定适合的权重(weight)，利用 fgoalattain 函数求得多目标规划问题的最惠解。

目标函数：$\min\lambda$

$$
\text{约束条件：}\begin{cases}
F(x) \leqslant goal + weight \cdot \lambda \\
\sum{}^{1} 4_{i=1} x_i = 1 \\
E(R_P) \geqslant 5\% \\
x_1 \geqslant 3\% \\
x_2 \geqslant 5\% \\
x_1 + x_3 + x_{10} \geqslant 5\% \\
x_6 + x_{12} + x_{13} \leqslant 30\% \\
x_7 + x_{14} \leqslant 25\% \\
x_8 \leqslant 20\% \\
x_9 + x_{10} + x_{11} + x_{12} + x_{13} + x_{14} \leqslant 5\% \\
2x_3 + 2x_4 - x_5 \geqslant 0 \\
0 \leqslant x_i \leqslant 1,\ i = 1, \cdots, 14
\end{cases}
$$

其中，$F(x)$是由 n 个方程组成的目标方程组，这里包含组合的风险函数和最低资本函数；$goal$ 为约束目标上限，也即第一步和第二步求解得到的给定收益率水平下的最优最低风险和最优最低资本；$weight$ 为权重向量，λ 为误差因子。fgoalattain 函数是在给定 $weight$ 下实现误差因子 λ 最小，以使 $F(x)$的值尽可能小于目标值 $goal$，使多目标函数最惠解尽可能地同时满足最低化风险和最低化最低资本要求。

二、约束条件下全球资产配置最优策略

根据各类别资产 2009－2017 年第二季度的季度历史数据，计算得到各资产的 SAA 基准收益率（见表 4－3）。

表 4—3　　各类别资产的 SAA 基准收益率　　单位：%

资产	流动资金	银行定期存款	国债	金融债	企业债	权益资产	不动产
历史收益	0.41	2.49	3.41	3.85	4.71	11.11	7.45
预测收益	0.35	1.55	3.68	5.08	4.83	5.94	5.30
SAA 基准	0.35	1.55	3.60	4.71	4.79	9.56	5.95
资产	金融产品	境外银行存款	境外国债	境外企业债	港股	美股	境外不动产
历史收益	6.56	0.20	2.48	2.90	0.48	8.65	13.59
预测收益	6.44	1.2	2.3	2.65	10	19	10
SAA 基准	6.48	0.9	2.35	2.72	3.34	11.75	11.08

注：预测收益根据误差修正模型预测未来半年的收益率，权益类资产的 SAA 基准根据历史收益和预测收益权重为例 70/30 求得，固定收益类资产的 SAA 基准根据历史收益和预测收益权重为例 30/70 求得。

资料来源：人保资产与宏观战略研究所。

SAA 基准收益率是评估 TAA 绩效水平的重要参考指标,代表战略资产配置层面对大类资产预期收益率的假设。战略资产配置部门可每季度根据资本市场表现和负债特征要求监控 SAA 的执行情况,并进行动态调整(DSAA)。

根据构建的全球资产配置模型,利用 Matlab 软件编程,不同收益目标下同时满足风险最低和资本占用最低的最惠资产配置结构如表 4—4 所示。

表 4—4　　不同收益目标下满足风险最低与资本占用最低的最惠资产配置结构　　单位:%

收益目标	5.2	5.4	5.6	5.8	6	6.2	6.4	6.6
流动资金	3	3	3	3	3	3	3	3
银行存款	5	5	5	5	5	5	5	5
国债	0.24	2	2	2	2	2	2	2
金融债	43.63	40.70	33.15	28.49	28.18	24.22	15.95	4.23
企业债	0	0	3.40	3.94	0.07	0	4.42	12.42
权益资产	0.7	1.37	3.45	7.57	11.76	15.95	20.13	24.29
不动产	23.91	24.14	25	25	25	24.83	24.50	24.06
金融产品	20	20	20	20	20	20	20	20
境外银行存款	0	0	0	0	0	0	0	0
境外国债	1.76	0	0	0	0	0	0	0
境外企业债	0	0	0	0	0	0	0	0
港股	0	0	0	0	0	0	0	0
美股	1.76	3.79	5	5	5	5	5	5
境外不动产	0	0	0	0	0	0	0	0

资料来源:人保资产宏观与战略研究所。

在同时考虑风险和最低资本占用最低的情形下,在 3%的绝对收益目标下,境内资产配置收益基本能覆盖负债成本,且以风险较低的银行存款、金融债配置比例较高,境外资产配置需求较低。随着收益目标的提高,企业债、不动产、金融产品等境内资产的配置比例上升,对境外资产的配置需求也大幅提高。从境外资产配置看,优选境外美股,这与我国境外投资的现状有所出入,主要由于港股历史平均收益较低,与美股相比从风险收益特征看处于绝对劣势,所以模型没有配置港股。实务中,由于我国保险资金全球化投资经验缺乏,受制于政策限制,国际化过程中以中国香港为桥头堡,保险资金配置海外权益类资产一般通过“港股通”形式“走出去”,所以港股配置比例较高。

保险机构在选择最优资产配置方案时,会在保证 4%绝对收益目标的前提下,尽可能地追求更高的相对收益，通过持有一定水平的权益类资产来获取更高的超额收益。基于保险机构的风险偏好，在选择最优资产配置方案时，需要保证3%的绝对收益目标不被击穿。鉴于此，笔者根据权益类资产的历史波动，利用bootstrap随机模拟方法对投资组合进行压力测试，见图4—4。

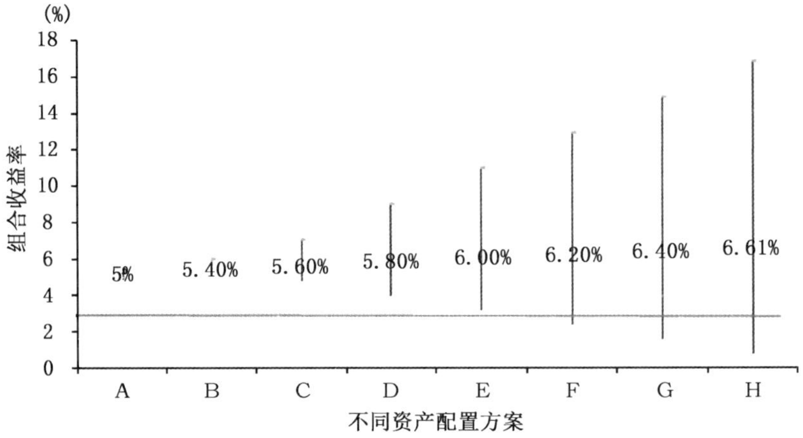

资料来源：人保资产宏观与战略研究所。

图4—4　90%置信水平下权益资产波动对投资组合收益率的影响

根据权益资产风险压力测试结果，在保障3%绝对收益水平下，方案C、D、E既可以满足保险机构绝对收益目标底线，又可以根据不同风险偏好增配不同比例的高风险资产，以赚取更多的超额收益。可选择最优投资组合方案如表4—5所示。

表4—5　　最优全球资产配置方案　　单位：%

风险偏好	保守	中性	积极
最优方案	方案C	方案D	方案E
组合收益率	5.6	5.8	6.0
流动资金	3	3	3
银行存款	5	5	5
国债	2	2	2
金融债	33.15	28.49	28.18
企业债	3.40	3.94	0.07
权益资产	3.45	7.57	11.76
不动产	25	25	25

续表

风险偏好	保守	中性	积极
金融产品	20	20	20
境外银行存款	0	0	0
境外国债	0	0	0
境外企业债	0	0	0
港股	0	0	0
美股	5	5	5
境外不动产	0	0	0

资料来源：人保资产宏观与战略研究所。

专栏一：我国保险资金境外投资历程

1. 利用自有外汇资金投资阶段(2004年8月—2007年6月)

在2004年以前，我国保险机构几乎没有开展境外投资业务，部分保险公司靠境外保险业务经营和境外上市融资等形式拥有部分外汇，但大多以银行存款的形式持有。随着原中国保监会和中国人民银行于2004年8月颁布《保险外汇资金境外运用管理暂行办法》(保监会 人民银行令〔2004〕9号)，允许保险公司自有外汇资金可投资于银行存款、外国政府债和公司债、中国政府或企业发行的境外债等投资品种。2005年6月，原中国保监会发布《关于保险外汇资金投资境外股票有关问题的通知》(保监发〔2005〕55号)允许保险外汇资金投资于中国企业在境外成熟资本市场证券交易所发行的股票，投资总额不超过国家外汇局核准投资付汇额度的10%。2005年9月，原中国保监会发布《保险外汇资金境外运用管理暂行办法实施细则》(保监发〔2005〕77号)，从申报管理、品种管理、协议管理和投资管理等方面对保险外汇资金境外投资进行了更详细规定。这一阶段保险公司只能利用自有的外汇资金进行投资，投资币种仅限于美元、日元、欧元等9种货币。

2. 境内资金境外投资缓慢尝试阶段(2007年7月—2012年9月)

2006年6月，国务院发布保险业“国十条”明确支持保险资金境外投资。次年7月，原中国保监会、中国人民银行和外汇局联合发布《保险资金境外投资管理暂行办法》，支持保险机构持有的自有外汇资金、用人民币购买的外汇资金等外汇资产进行境外投资。进一步拓宽了保险资金境外投资范围，允许保险资金投资未上市股权；提升了保险资金境外投资上限，将境外投资总额上限提升至不超过上年末总资产的15%。保险机构开始尝试通过换取QDII额度出海，纷纷在香港设立子公司。但受2008年全球金融危机的冲击，特别是中国平安投资富通巨亏事件影响，保险公司境外投资步伐有所放缓。

3. 境外投资快速发展阶段（2012 年 10 月一至今）

随着 2012 年起"放开前端，管住后端"监管理念的深入，一系列投资新政开始颁布，投资端市场化改革加快了保险资金境外投资步伐。2012 年 10 月原中国保监会发布《保险资金境外投资管理暂行办法实施细则》（保监发〔2012〕93 号），进一步拓宽了保险资金境外投资品种范围，投资区域放宽至 45 个国家和地区，下沉了债券品种的投资评级，允许直接投资金融、养老、医疗、能源、资源、汽车服务和现代农业等企业的未上市股权，允许直接投资 25 个发达市场主要城市核心地段的商业不动产和办公不动产。2015 年 3 月，原中国保监会发布《关于调整保险资金境外投资有关政策的通知》（保监发〔2015〕33 号），进一步放宽保险资金的国际配置空间，放宽了在中国香港设立资产管理机构的投资市场范围，放宽了境外投资政府债、公司债等固收产品的信用评级至 BBB－，允许保险资金境外投资香港创业板股票。2016 年 9 月和 2017 年 6 月先后允许保险资金投资"沪港通"和"深港通"，进一步拓宽了保险资金"走出去"渠道。这一阶段，保险资金境外投资政策限制基本打通，保险资金境外投资进入迅速发展阶段。

第五章　我国保险资产管理公司的机构国际化

第一节　机构国际化路径选择的影响因素分析

保险资产管理公司选择何种路径实现机构国际化，需要考虑两个方面的因素：一是东道国的市场情况；二是自身发展情况。

一、东道国的市场情况

（一）市场准入限制

各国对外资资产管理机构进入本国市场的态度有所不同。有的国家出于保护本土资产管理机构、维护金融秩序等考虑，对外资资产管理机构的准入标准和监管政策比较严格，往往会限制其准入方式、地域选择和业务类别；而有的国家为吸引外资，不但会放宽准入限制，而且会对外资资产管理机构提供政策优惠。通常来讲，对外资资产管理机构有较为严格的准入限制的东道国，大多以并购方式进入，以避开政策限制；而对于准入较为宽松的东道国，可根据资产管理机构自身战略灵活选择新建或并购方式进入。

（二）资产管理市场的集中度

东道国资产管理市场的集中度对进入方式产生影响。在一个高度集中的资产管理市场，外资资产管理机构如果是以新建的方式进入，原有的市场在位者为了维护自身市场影响力，往往会对新进入者做出激烈反应。因此，对于集中度高的资产管理市场，采用并购通常会比新建模式所面临的进入成本更低。

（三）经济发展状况

东道国的经济发展状况也是资产管理机构选择进入方式的重要因素。东道国经济处于繁荣时期，意味着并购标的的盈利能力恢复比较好，对跨国并购有积极影响。所以，我国保险资产管理机构如果想在东道国经济繁荣时快速进入东道国市场，采用跨国并购往往是更适合的方式。

二、资产管理机构自身发展情况

（一）经营效率

对于国际化经营的资产管理机构，其经营效率对进入方式的选择有不同影响，经营效率越高的资产管理机构，选择跨国并购的可能性越大；反之，则选择新建的可能性就更大。国外学者通过对并购金融机构与目标机构的效率进行比较分析，发现并购成功的案例大都有一个共同特征，即并购金融机构的经营效率要高于目标机构的经营效率。

（二）国际经验

如果资产管理机构拥有较多的国际经验，往往更倾向于选择收购方式对外投资；如果经验缺乏，可先选择新设投资方式，在积累东道国当地管理经验后，综合根据保险资产管理机构实际情况，再考虑以并购方式继续发展。

（三）经营规模

资产管理机构自身的经营规模也是影响其选择并购或新建方式的一个重要因素。规模越大的资产管理机构越倾向于选择并购的方式，国外学者通过对金融机构规模与跨国并购前后的利润情况进行比较分析，认为金融机构规模与并购具有正向关系。

第二节 我国保险资产管理公司机构国际化策略

保险资产管理公司的机构国际化需要坚持审慎原则，从最熟悉的市场起步，渐进拓展，逐步扩张。

一、机构布局的方式选择

保险资产管理公司常见的国际化机构布局方式包括新设海外资产管理机构和并购海外资产管理机构两大类。两种方式在扩张速度、投资成本、业务范围等方面有着显著差异。

（一）新设海外资产管理机构

自设分支机构，是较为传统的途径，是典型的内生式增长方式。控股股东对自设分支机构的控制力较强，但成本高昂、筹建时间长，需要耗费大量时间和精力来通过当地监管机构的审批且具有很大不确定性；本土化进程、本地业务及网络的扩展都比较缓慢。

设立正式的分支机构流程复杂且收放不自如，需要格外谨慎。借鉴同业经验，可以先向目标国派设工作组，为分支机构设立、寻找投资或合作对象等做好铺垫。派驻工作组具有手续相对简便，灵活机动且节约成本的优点，作为在当地的“触角”，做好市场调研和各项基础性工作。

（二）并购海外资产管理机构

海外并购包括收购海外机构和收购海外资产（投资）。通过收购海外资产管理公司或购买其股份（控股或参股），拓展所在国本土市场业务，是典型的跨越式和外生式增长方式，易于获取稀缺的资质许可，对当地监管和经营环境适应较快，利用目标公司的经营基础能迅速实现客户和市场本地化以及人员和管理的本地化，较快地把业务开展起来，实现短时间内迅速本土化扩张。但并购目标的选择、尽职调查、风险评估、商业谈判、法律合规和内外部审批等诸多环节均存在较大不确定性，且通常并购目标会产生一定溢价使得前期需要较高的资金投入，后期的机构和文化整合、技术与管理移植等都存在难度，需要相当的时间。

（三）海外机构布局的方式选择

从成立的时间看，海外新设的时间具有一定的不确定性，除了要组织必要的资源外，还要选择地址、准备办公场所、安排人员、制定经营计划等，并且还会受到东道国相关法律的制约；而在并购方式下，不存在机构重新组建问题，只存在外资进入的时间问题，因此在时间上比新建要快得多。

从表现形式来看，新设的资产管理机构，可以是独资子公司、合资公司、事业部、代表处等多种形式，而并购一般仅限于子公司或合资公司的形式。事业部、代表处等其他形式不能通过并购来实现。

从东道国的环境基础来看，新设资产管理机构往往缺乏在东道国的市场、机构和客户基础，并且对相关监管法规和政策的把握能力会比较有限；而并购，可直接利用被并购资产管理机构在当地市场的业务渠道和客户关系，以及对监管环境的熟悉，在当地市场快速立足。表5—1显示了保险资产管理公司海外机构发展的两种方式的比较。

表5—1　　保险资产管理公司海外机构发展的两种方式的比较

	海外新设\	海外并购
准入门槛	东道国一般有严格要求	东道国金融市场的开放程度
扩张速度	进入东道国市场速度较慢	可迅速进入东道国市场
投入成本	投资金额灵活	视并购标的大小，一般需要大量资金
面临风险	母公司的附属机构，容易控制	影响因素较多，有并购失败的可能性
业务范围	东道国出于保护本土金融机构的考虑，对外资机构有较多限制	可从事被并购资产管理机构所有业务

资料来源：人保资产宏观与战略研究所。

我国金融机构主要以新设等内生性增长方式为主，对于跨国并购等外延式增长方式，近年来也逐步做出尝试。如前所述，这两种海外机构拓展方式在准入门槛、扩张速度、投入成本、风险控制、业务范围等方面各有优劣，保险资产管理公司需要根据自身发展情况和东道国市场情况进行选择。

二、根据区位优势，确立国际化重点拓展区域

在机构布局的地域选择方面，中国金融机构在海外市场的经营规模与中国和东道国之间的经济关系的紧密程度存在显著的正相关关系。当前与中国贸易量较大的国家主要集中在美国、欧盟和日本，其次是亚洲新兴经济体。欧美等发达国家资产管理市场较为饱和，拓展空间有限；而亚洲新兴经济体是全球资产管理市场增长最快的地区，增长潜力较大，市场拓展空间更为广阔。因此，中国保险资产管理公司可以有选择地进入受中国文化影响较大的亚洲新兴市场。初期可立足金融市场较为成熟的中国

香港地区和新加坡，再逐步拓展到东亚市场，进而辐射亚太国家。这一扩张路径，能够让保险资产管理公司快速熟悉当地政经环境，拿到金融行业经营牌照、减少运营成本。此外，还可以有选择性地进入欧美发达国家金融市场实施学习战略，以提高资产管理水平和经营效率。

三、充分利用“一带一路”发展机遇

随着“一带一路”建设的深入推进，越来越多的“一带一路”沿线项目需要提供项目融资、兼并收购等服务。据瑞再企商研究显示，2015—2030 年，“一带一路”地区的基础设施资金缺口将达 20 万亿美元（见表 5—2）。而多数“一带一路”重点项目期限长、资金需求大，与保险资金特点天然吻合。中国保险资产管理公司走向国际化过程中可依托“一带一路”倡议资源优势，进行重点机构布局，在为“走出去”企业和“一带一路”沿线项目提供投行服务的同时，加快国际化步伐，分享“一带一路”的发展红利。

表 5—2　　截至 2030 年预计中国新增“一带一路”项目的融资需求　　单位：10 亿美元

	项目类别	中国	海外	总计
基础设施	交通	30	942	972
	通信	200	369	569
	供水和卫生	239	434	672
	能源和资源	585	1 105	1 690
	其他基础设施	171	420	592
农业	农林牧渔	17	55	73
文化交流、旅游	文化交流、旅游	38	119	157
其他	产能合作	28	60	88
	工业园区	61	171	232
	商业建筑	56	138	194
总计		1 426	3 813	5 239

资料来源：瑞再经济研究与咨询部，人保资产宏观与战略研究所。

四、利用人民币国际化优势加强网络布局

近年来,人民币国际化程度不断深入,在国际货币体系中的地位显著提升,同时也为我国"走出去"企业提供了发展机遇。我国保险资产管理公司迈向国际化过程中,可以充分借助人民币国际化契机,优选以人民币作为直接结算货币的国家和地区布局网点(见图 5—1),不仅可以有助于保险投资的国际化,投资于境外以人民币计价的债券、股票等资产,规避汇率波动风险,还可以为当地"走出去"中国企业提供投行服务,大力发展第三方业务。

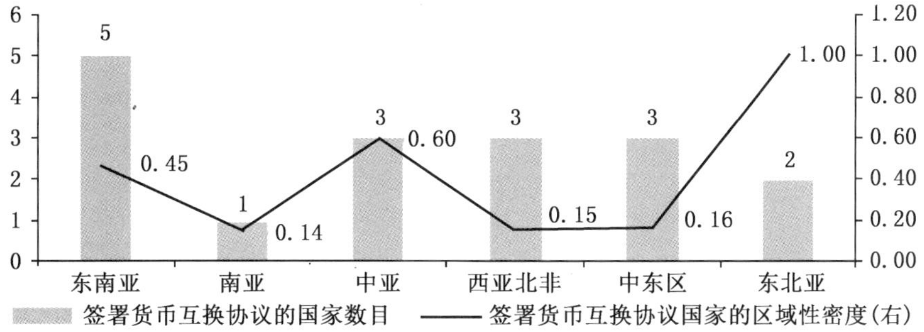

资料来源:民生证券研究院,人保资产宏观与战略研究所。

图 5—1 "一带一路"沿线国家与我国签订货币互换协议的情况

专栏二:国内其他金融机构的海外机构布局情况

1. 银行业

20 世纪 90 年代以来,我国商业银行纷纷制定并实施"走出去"海外发展战略。在海外机构布局方面主要采用了两种方式:一是在海外直接设立分支机构。商业银行在海外设立数目众多的代理行,通过代理行与所在国银行业展开浅层次的合作,等发展到一定程度后再升格为分行,通过这些分行拓展和延伸其运营网络。这种方式较为传统,母银行对海外机构的控制力强,双方联系最为紧密。二是参股并购。商业银行以资本合作的方式引入境外战略合作伙伴,直接投资参股、并购国外银行,利用双方金融资源、优势互补,提升银行在全球的核心竞争力。

近年来,中国商业银行加快了海外机构布局步伐。以国际化程度最高的中国银行为代表,其设立的海外分支就在 2007 年就已达到 689 家,近年来不断优化海外分支机构布局,网点布局更加合理。相比中国银行以后,建设银行和交通银行的国际化扩张则显得相对谨慎。此外,中小股份制银行也纷纷开始在国际化机构布局方面迈出了步

伐。表 6—2 显示了我国上市银行海外分支机构数量。

表 6—2　　上市银行海外分支机构数

年份	2007	2008	2009	2010	2011	2012	2013	2014	2015	2016
工行	112	134	162	203	239	383	329	338	404	412
中行	689	806	973	984	586	613	620	628	644	578
农行	7	7	9	10	10	10	10	10	12	13
交行	7	7	7	8	12	12	12	13	15	20
建行	9	9	9	12	14	15	15	16	24	29
招商	3	4	5	5	5	5	6	6	7	8
中信	2	2	2	2	2	2	2	3	3	4
浦发	0	0	0	0	1	1	1	1	1	1
北京	0	1	1	2	2	2	2	2	2	2

资料来源：人保资产宏观与战略研究所。

2. 证券业

1. 设立分支机构

国内许多券商会选择在文化、制度相近、交流便利、金融市场发达的香港地区设立分支机构，部分券商也积极在境外设立代表处以拓展海外业务。

除了中国香港地区，一些券商也会选择新加坡、英国等金融市场较为成熟、开放的国家作为落脚点，成立子公司，然后以此为中心，向其他地区逐步拓展。如招商证券、东吴证券等，除了已经在香港成立子公司之外，招商证券、东吴证券也分别于 2015 年在英国、新加坡成立子公司。招商证券于 2015 年 10 月在英国设立招证国际，用于开展大宗商品交易业务；东吴证券于 2015 年 9 月在新加坡设立资管子公司，开展资管业务。表 6—3 显示了国内主要券商在境外设立分支机构情况。

表 6—3　　国内券商在境外设立分支机构情况

券商	主要境外分支机构	设立时间	所在地	主营业务
中信证券	中信证券国际	2009 年	中国香港	公司主要从事控股、投资，通过其下设的子公司可从事投资银行、证券经纪、期货经纪、资产管理等业务
招商证券	招证国际	2015 年 9 月	英国	通过设立不同子公司分别经营证券及期货合约经纪、代理人服务、上市保荐、财务顾问、市场研究等业务
广发证券	广发控股香港	2006 年	中国香港	通过下属专业公司从事投行、股票销售及交易、资产管理、境外股权投资以及香港证监会批准的其他业务

续表

券商	主要境外分支机构	设立时间	所在地	主营业务
海通证券	海通国际	2007年6月	中国香港	主要从事证券及期货合约经纪及买卖,企业咨询、配售及包销,基金管理,以及提供储蓄计划之经纪及代理服务
申万宏源	申万宏源国际	——	中国香港	投资控股
国泰君安	国泰君安金融控股	1995年	中国香港	主要通过其控股的国泰君安国际及其子公司在香港从事包括经纪、企业融资、资产管理、融资融券及贷款、投资与做市业务等经有权机关批准的证券相关业务
光大证券	光证金控	2010年10月	中国香港	主要从事证券、资管以及投资业务
兴业证券	兴证金控	2011年5月	中国香港	通过下设子公司,业务范围包括证券交易、期货合约交易,就证券提供意见、提供资产管理等
华泰证券	华泰金控	——	中国香港	主要从事投资银行业务、销售及交易业务和资产管理业务
方正证券	方正香港	2014年08月	中国香港	主要从事证券交易、买卖业务
东兴证券	东兴香港	2015年	中国香港	主营业务包括投资管理、证券交易、就机构融资提供意见、香港放债人牌照、实业项目投资咨询、市场营销策划
西南证券	西证国际投资	2013年11月	中国香港	主要从事证券以及期货合约交易、就证券提供意见、就机构融资提供意见、资产管理业务

资料来源:人保资产宏观与战略研究所。

2. 海外并购

海外并购也是券商布局海外的重要路径之一,具体如几起重要的海外并购:海通证券2015年9月收购100%股权的葡萄牙圣灵投资银行(BESI),一家在葡萄牙成立的私人公司,其在若干国家拥有多家控股核心子公司的全面持牌银行,以欧洲为其本土市场,并在伦敦、纽约和中国香港设立分支机构,这对于海通证券的国际化布局将起到重要推动作用;华泰证券2016年10月收购100%股权的AssetMark,是美国一家全方位服务统包资产管理项目平台(TAMP),在过去20年里为美国投资顾问企业提供投资和咨询方面的解决方案。华泰证券可依托AssetMark的投资能力、投资组合专长以及理念,借助AssetMark平台进入美国资产管理市场,并为AssetMark提供进入中国市场的渠道,使双方业务均得到进一步发展。

第六章　我国保险资产管理公司运营管理的国际化

国际化发展必然会对每一个管理要素提出新的要求。资产管理公司应不断借鉴国际先进经验，在人才培养、组织架构、风险管理等方面全面提升运营管理的国际化水平，使其自身在国际化发展方面取得实效。

第一节　人才队伍的国际化

由于对具体投资产品的管理和提供投资咨询等服务具有高度的专业性，因而具有一定专业知识和市场经验的人才价值在资产管理行业尤其突出，任何成功的资产管理机构都离不开一支专业化的投研人才队伍。为了适应国际化发展，资产管理机构需要在一个更加开放的市场环境下提供各种跨市场、跨币种的产品和服务，也会面对来自境内和境外的不同客户的多样化需求，因而对人才队伍提出更高的要求。适应国际化发展的高素质专业人才是未来资产管理机构的核心价值所在。

一、人才队伍国际化的影响因素

（一）国际化业务发展程度是人才国际化水平的基础

资产管理业务国际化的发展程度为相关人才国际化能力的增长创造了有利的条件。随着海外资产配置、海外机构设置、海外资源整合的逐步深入，我国保险资产管理行业从业者对国际市场的政策环境、市场规律、社会文化等方面的认识能够不断提高；同时，与国际先进资产管理机构的合作中，能够直接学习全球化资产配置、风险管理等方面的经验，快速提升我国保险资产管理公司人才队伍的国际化水平。

（二）本土人才国际化需要一个较长的培养过程

我国保险资产管理行业人才队伍的国际化关键是本土人才的培养，通过现有人才队伍的成长，满足相关业务国际化的需要。本土人才的培养需要完成人才选拔、国际化技能学习、国际国内实际相结合等诸多复杂的工作，需要较长的时间周期，将会在一定程度上制约我国保险资产管理公司国际化的发展速度。

（三）国际人才的引进需要政策、制度的支持

除本土人才培养之外，在关键领域、重点岗位引进国外先进人才，对推动我国保险资产管理公司国际化的发展具有积极作用。资产管理机构在选择海外人员时，需要获得有效的政策、制度支持，以在当地富有竞争力的薪酬制度和用人机制吸引人才，尤其是要聘用既具有国际视野又熟悉东道国金融市场的当地员工，这对资产管理机构拓展东道国市场具有重要意义。

二、对人才队伍国际化的建议

拓展海外市场，需要优秀的国际化人才支撑，而且海外业务专业性较强，对人员素质要求较高。目前国内保险资产管理公司普遍缺乏开展国际业务的经验与知识储备，对海外市场较为陌生，要建立有效的人才发展制度，注重对于内部已有人才的培养，并适度引进国际顶尖人才。

（一）重点培养内部适应新市场环境和客户需求的高素质人才

国际化的金融机构大多非常注重培养具有跨国背景的人才。例如，汇丰银行在其内部实行"国际经理人"的培训计划，这些"国际经理人"每过一段时间就被派遣到集团旗下不同国家和地区的机构任职，以更好地熟悉当地的工作方式、文化等。这支"国际经理人"团队虽然只有400人，不到员工总人数的0.25%，但却成为汇丰高级管理人员的摇篮，使汇丰的国际化战略得以有效执行。

资产管理机构内部的员工熟悉公司传统业务和境内市场环境，也更适应本公司的投资理念和工作环境，但原有员工中深入了解境外人民币产品并具备跨境资产配置能力的人才不多。因此，加强国际化的人才培养，做好人才储备显得尤为重要。

首先，选拔并重点培养内部素质较好、对公司具有较高忠诚度的中青年员工，定期、分批派遣至海外资产管理机构进行中长期的学习锻炼，使之通过针对性的培训和在境外市场的锻炼，进一步把握境内外市场法律、会计、监管等制度的差异，逐步建立起跨境条件下资产管理的系统性工作方法。

其次，倡导员工努力学习国际前沿理论、国外保险资产管理同行先进的投资管理和市场运作经验，鼓励员工考取国际上普遍认可的金融保险类的从业资格证书，做好内部人才引导。

再次，加强高级管理者的全球化领导能力培训。全球资本市场瞬息万变，影响因素多、复杂程度高，对高级管理者的经营管理能力提出了更高的要求。为了培养精英型高级管理者，需要寻找有潜力的候选人，建立常态化培训机制，不断强化其国际化思

维和业务技能的培训。

（二）适当引进拥有海外知识背景和业务经验的专业人才

随着境内人民币资金对外投资和境外人民币资金回流投资的通道逐渐放开，熟知境外市场法律、会计准则、监管规则、金融产品类型的人才非常稀缺。资产管理机构有必要在适当的岗位引进海外金融机构富有经验的专业人才，发挥外部并结合现有境内资产管理团队的本土经验，有效协调境内境外两个市场，快速提高本机构为投资者提供跨境资产管理的能力。

同时，还要对这类专业人才进行适时培训，了解我国经济和行业发展情况，掌握法律法规和行业监管制度，提高他们对我国国情的认识、对保险行业的认识，提高他们基于本土开展国际业务的适应性和创新性。

（三）建立适应国际化发展的人才管理制度

我国保险资产管理公司应有意识地改进海外机构的人力资源管理体系，完善人员聘用、绩效考核、薪酬福利等人力资源管理制度，建立海外机构的激励约束机制，打造具有国际竞争力的人才发展环境。

首先，制定与国际化战略匹配的人力资源规划。保险资产管理公司应依据自身的战略目标和发展方向进行人力资源需求预测，一方面，根据未来人力资源总成本、业务量的变化、员工的工作负荷，以及员工流动率制定人力资源数量需求预测；另一方面，根据海外业务的发展方向、东道国的市场变化等制定人力资源技能需求预测。

其次，制定合理的薪酬制度。建立具有市场竞争力的薪酬制度是企业在国际人才市场上吸引和留住核心人才的重要手段。对不同国籍的员工，应采用统一标准，以评价其业绩和能力；同时，根据不同国家的行业薪酬水平、劳动力市场的供求状况制定不同的薪资水平。

再次，建立国际化的人才评价与激励约束机制。我国保险资产管理公司的海外经营要真正实现国际化水平，需要建立与之配套的人才评价与激励约束机制。一是采用更加市场化的职级体系，建立择优任用、优胜劣汰的用人制度；二是注重激励约束的长期化，注重风险收益整体考核，协调好整体目标与局部目标、短期目标与长期目标的关系。三是注重责权利相匹配，保证授权能够有效支持工作责任的完成，激励能够有效促进工作业绩。

（四）树立共同价值观，打造全球化的企业文化

共同的核心价值观是国际化企业基业长青的重要基础。不仅仅是业务的国际化，文化的国际化也是国际化资产管理企业的重要组成部分。在构建跨境业务平台的同

时，兼顾选择和吸纳外来文化中的优秀元素，能够为企业发展提供有效的支撑。根据环境的要求和企业战略的需求所建立的企业核心价值观能够减少由于不同国家分支机构间的文化冲突，对国际化保险资产管理机构的长期发展具有重要意义。

第二节　组织架构的国际化

资产管理公司组织架构是保险资产管理业务运作和管理实施的组织方式，是战略目标得以贯彻的基础和运营效率得以确保的前提，对国际化的发展具有重要意义。

一、国际化保险资管公司组织架构的影响因素

（一）客户国际化资产管理需求能够得到满足

国际化保险资管公司在组织架构上，通常以客户为中心来进行业务和部门的设置。一是能够比较全面地了解客户需求，并将有相关性、协同性的业务和产品集合在一起，更好地满足客户的一揽子金融服务需求。二是有利于增强市场营销功能，有效梳理前台与中后台之间的关系，保证业务部门对外营销职能的更好发挥。三是在客户需求地域差异性不大的领域可打破地域的限制、集中处理客户需求，提供标准化的产品和服务，以节省成本，提高效率。

（二）业务管理与地域管理能够有效结合

矩阵式的管理架构能够将业务与地域有效结合，是国际化金融机构的主要组织结构模式。在实践中，国际化资产管理机构在纵横布局上的差异主要存在于业务线和地域块的组合方式以及权责倾向，即：地域块是嵌入还是独立于业务线，地域块和业务线被分别赋予的决策权的大小，等等。国际化资产管理机构的组织架构模式更需要根据实际情况，兼顾业务战略和区域战略的实施，保持业务线和地域块之间的平衡，并在此基础上充分考虑机构设置与管理模式在管理成本、信息传递成本等方面的因素。

（三）组织架构与战略规划和外部环境能够相匹配

国际化金融机构在具体组织架构的设计上应充分考虑自身战略和所处的环境。在组织架构构建与优化的过程中要将全球业务整合与业务条线管理有机结合；将本土化管理与总部垂直管理有效协同，充分考虑东道国的政治、文化、政策等因素，构建收放适度、管理有效的组织架构体系。

二、对我国保险资产管理公司组织架构国际化的建议

国际化是大型中资保险资产管理公司的发展方向之一，当海外机构网络达到一定

规模时，需要建立有效的组织架构进行管理。对于中资保险资产管理公司在组织架构的设计上，笔者提出如下建议。

第一，基于国际化保险资管公司的经验，组织架构并无最优模式。保险资产管理公司在进行组织架构设计时，需要根据自身特点，结合自身发展战略、公司文化、国际化经验等内部因素，以及东道国的市场环境等外部因素统筹加以考虑。

第二，组织架构不是一成不变的，需要根据自身发展进行动态调整。从国际化金融机构组织架构的演变来看，在不同时期，其业务条线划分、部门设置、区域划分都随着自身的发展在持续发生着变化。中国保险资产管理公司可结合自身的发展阶段，随着环境和战略变化做出相应的调整。

第三，建立柔性矩阵式管理模式。在业务经营上可同时采取业务条线和经营区域两个管理维度，并根据内外部环境的变化以及自身发展的需要，在业务条线和经营区域两个维度间，调节管理权限及强度。

第四，以客户为中心，对前台业务进行梳理整合，形成机构业务、零售资产管理业务、金融市场业务等业务线条，在每一条线内部建立若干产品线，并对条线内的产品部门和市场营销部门进行分类管理，构建“客户＋产品”的前台服务模式。

第五，对海外机构实行区域管理。我国保险资产管理公司国际化经验比较缺乏，对海外机构实行直接管理存在较大的难度。实行区域管理，既可以缩小管理半径，有利于海外机构更好地结合当地市场开展业务，也可以将区域内的机构联合起来，利用不同机构的牌照、客户、网络等优势，发挥协同效应。

第三节　风险管理的国际化

一、我国保险资产管理公司国际化的面临的主要风险

（一）政策风险

东道国在不同时期的宏观环境可能发生较大变化，如政府换届以及主要监管思路的变化都有可能给保险资产管理公司的海外投资和长期经营带来不良影响。例如，平安投资富通的过程中，就曾经因为全球金融危机的爆发，比利时政府将富通集团国有化，并拆分出售，导致平安投资遭受严重的损失。

（二）汇率风险

考虑到会计核算、资金划转、利润分配等问题，我国保险资产管理公司在海外经营

活动也将受到一定的汇率风险影响。汇率风险的降低，有利于中国保险资产管理公司国际化发展。例如，欧洲在20世纪70年代汇率体制改革后，对内可调整、对外联合浮动的汇率制度有效促进了欧洲金融机构的跨国经营。

（三）市场波动风险

保险资产管理公司在开放程度不断提高的境内金融市场或者直接在境外市场从事投资交易活动，市场化程度不断提高的人民币利率、汇率等经济变量会引起金融市场的价格波动，而跨境人民币资金的频繁流动也会传导甚至放大市场上的风险因素，使得投资市场的波动风险更为突出。

（四）经营管理风险

保险资产管理公司在境外经营过程中由于对东道国的法律法规缺乏深入的了解，可能会做出对业务发展不利的决策。此外，保险资产管理公司因缺乏对整体投资环境、投资项目进行长期深入的研究，仅凭借短期的认识或盲目相信外部第三方的投资意见而做出的决定，有可能造成严重的损失。

二、我国保险资产管理公司国际化风险管理的相关建议

我国保险资产管理公司未来国际化业务和机构设置，必将面临比国内市场更为复杂的风险。如果风险管理措施不到位，不仅会影响到海外业务的发展，而且会对国内业务以及公司整体业务发展带来不利影响。

在开展业务初期，各类资产管理机构对新型的跨境人民币产品并不熟悉，对在新的市场环境下投资交易的经验不足，因此尤其要提高风险控制的意识。

（一）在业务结构上要规避风险

可先以风险较低的固定收益类产品投资为主，如银行间市场的各类债券；而后随着对市场交易的不断熟悉，再逐步扩大对股票等高风险产品以及另类资产的投资比例。

（二）要学会运用衍生品等风险管理工具

目前境外市场上与人民币相关的衍生产品有人民币NDF、股票指数期货、汇率期货和期权、可交收人民币期货等；而境外也有汇率远期、汇率掉期、远期利率协议、外汇期权、股指期货等衍生产品。充分运用这些产品进行套期保值等操作，可对人民币汇率、利率、股价等导致的市场风险进行有效的分散、对冲和管理。

（三）建立海外投资内部风险管理和监控体系

保险公司在“一带一路”沿线国家开展海外投资的过程中，要把提高风险控制能力

摆在首位，建立多层次和多部门的内部风险管理和监控体系。需要制定科学合理的海外投资流程，全面把握海外投资的风险状况，把风险控制理念贯穿于整个投资过程中。

第七章　推动我国保险资产管理公司国际化发展的政策建议

第一节　宏观政策建议

中国人民银行、发改委、财政部和银保监会等相关宏观调控部门通过完善法律规范，在充分尊重市场运行规律的基础上，适时发挥政府的引导、调控和规范作用，为保险资产管理公司国际化发展创造一个良好的市场环境，推动保险资产管理公司在国际化道路上健康发展。

一、制定相关规划，明确发展目标

政府相关部门可研究制定保险资产管理公司国际化经营的发展规划。在规划中将资产管理机构国际化目标定为：未来 10 年，我国保险资产管理国际化整体水平大幅提高，拥有 1～2 家具有国际影响力的大型跨国保险资产管理公司，其海外资产管理业务规模、海外第三方资产管理业务占比、多文化员工分布情况等达到国际一流资产管理公司的平均水平。

为实现这一目标，加快提升保险资产管理公司对国际化战略的认识和重视程度。可在行业中选取 2～3 家实力较强的保险资产管理机构作为国际化战略推进的试点单位，对其海外业务拓展试行负面清单监管模式，鼓励其开展有利于国际化能力和水平的模式创新、产品创新和服务创新。与此同时，加强对规划落实情况的跟踪和监督，效果良好的创新试点在行业中推行，容易引起市场广泛关注及动荡，应出台相应的监管办法。

二、稳健加快人民币国际化进程

人民币国际化有助于保险资金投资的国际化，为保险资产配置提供境外以人民币计价的离岸债券、股票、资产证券化产品，极大拓宽保险资金境外投资范围，增厚保险资金投资组合收益率，规避境外投资汇率波动风险。人民币国际化还有助于保险资产管理公司境外第三方资产管理业务的发展，为越来越多的“走出去”企业的人民币融资需求，提供境外发债、项目融资等投行服务。随着我国综合国力不断增强，人民币在国际市场的地位不断提升，人民币国际化将对我国各行业带来深远影响。尽管人民币国际化还有很长路要走，仍建议政府将人民币国际化上升至国家战略，加强顶层设计，在管控好风险的前提下，稳步推进人民币国际化战略。

三、积极引导保险资金参与“一带一路”建设

“一带一路”沿线国家和地区存在大量的资金需求，保险资产管理公司利用好服务“一带一路”的契机，发挥资金融通功能，为“一带一路”建设保驾护航。建议政府更加重视引导保险资金参与“一带一路”建设。

一是建立“一带一路”重点项目发布机制。建议各级政府根据“一带一路”建设总体规划，加快“一带一路”重点建设项目清单的制定和公布，从政府和行业层面梳理并设立重点国家、重点产业、重点企业保障目录，引导鼓励保险资产管理公司向重点领域倾斜。

二是加强“一带一路”投融资平台建设。建议政府引导保险机构与世界银行、亚洲基础设施投资银行、金砖国家开发银行、丝路基金等多边国际机构加强沟通与协调，形成金融支持的合力，及时对接“一带一路”投融资需求。

三是对重点项目给予增信支持。保险资金对投资安全性的要求较高，建议由政府部门协调银行等机构对投资规模大、投资期限长的项目进行担保增信，为保险资金介入创造良好条件。

四是对境外项目创新风险承担方式。对于保险资金投资境外“一带一路”项目，可创新风险承担方式，例如：采用政府引导基金，与保险资金共担风险；对于一些商业保险公司难以承受的政治风险、种族和教派冲突风险和战争风险等，建议政府建立财政兜底机制。

四、打造有利于助推保险资产管理公司国际化发展的环境

在国际化发展方面，保险资产管理公司是主体，政府的主要作用是通过打造有利环境加以引导，其目的是为保险资产管理公司国际化发展增强动力和提供便利。

一是根据保险资产管理公司的实力，结合我国资本项目开放的步伐，加快对其海外网点的审批速度。

二是继续加大政府间国际金融合作，加强与相应国家的沟通力度，为我国保险资

产管理公司国际化经营铺平道路。

三是加强与其他金融行业的互动，推动与银行、证券等其他金融机构在海外信息共享、业务互动、机构共建等方面的合作，发挥协同优势，整合各方的信息和客户资源，更好地满足中资海外企业的信用支持、海外融资和风险管理的金融需求。

第二节　监管建议

一、建立适合我国保险资产管理公司国际化经营发展的宏观审慎监管和行为监管制度

鉴于我国保险资产管理公司国际化起步较晚，国际化进程中更多的是接受国际上既定的规则和标准，因此，国际规则制定的话语权有待提升。建议我国监管部门一方面加强与国际监管组合的合作，对接国际监管标准，积极参与国际监管标准规则的制定，为保险资产管理公司国际化经营提供境内外统一的监管准则；另一方面加强与国际监管机构和组织的沟通，为我国保险资产管理公司提供风险咨询服务，并帮助保险资产管理公司防范化解国际化经营中的风险。

二、进一步放开保险资金海外投资相关政策限制

2014 年 8 月 13 日，国务院下发《加快现代保险服务业发展意见》，明确指出“拓展保险资金境外投资范围”。2015 年 3 月 27 日，原中国保监会发布《关于调整保险资金境外投资有关政策的通知》，将保险资管公司受托集团内保险资金投资境外的市场由香港地区扩展至 45 个国家和地区，扩大了境外债券投资范围，为保险企业进行海外投资提供了良好的政策环境。

我国对保险资金海外投资的比例上限设定为 15%，且境内受托人受托管理保险资金仅限于投资香港市场。而一些国家如日本海外投资的比例上限为 30%，且基本上没有地域限制。我国保险资产管理行业较为年轻，监管部门对海外投资严格限制，其初衷是帮助保险机构控制海外投资风险。但从其他经济体的经验看，保险资金进入国际投资市场是大势所趋，放宽相关限制也是必然趋势。

三、探索实行机构分类监管

证券、期货等行业对监管对象实行分类监管模式，具体做法为：以风险管理能力、

市场竞争力和持续合规状况为评价基础，对监管对象进行分类，并对不同类别主体规定不同的风险控制指标标准和风险资本准备计算比例，并在监管资源分配、现场检查和非现场检查频率等方面区别对待。建议银保监会借鉴相关行业经验，对保险资产管理公司采取分类监管模式，探索对不同保险机构及其国际化业务实行分类监管。对于一般账户，由于承担固定给付责任，绝对收益压力较低，建议以强化资产负债管理为主；对于一般独立账户（主要指万能险账户和部分分红账户）和独立账户，建议尽可能放开海外投资限制，通过加大海外优质资产配置以缓解投资组合的绝对收益压力，提高对不同风险偏好投资者的吸引力。通过对保险机构的分类监管来实现合理配置监管资源，提高监管效率，促进行业良性发展。

四、尝试监管方式由静态监管转向动态监管

保险资金投资渠道的拓宽，以及未来保险资产管理公司国际化业务的深入，要求监管部门需改进现有静态监管方式，以应对复杂多变的市场环境。

建议银保监会转变监管方式，由静态监管转向动态监管。静态监管方式主要基于保险公司过去的经营业绩，容易忽视市场环境变化对保险公司经营产生的影响。动态监管需要加强保险资金监管系统建设，将保险机构投资交易数据与监管机构的信息系统对接，实现全天候、零距离的在线实时监管。此外，还应积极推动保险资金监管系统对接其他金融监管系统，实现监管信息和资源的有效共享。

五、探索负面清单模式下的监管方式

由于全球金融市场创新发展日新月异，为鼓励保险资产管理公司拓展海外业务，加大国际市场竞争力，建议监管机构放弃以往的“列举法”，而采用“负面清单制”，将自主权放给保险资产管理公司，促使国内保险资产管理公司更好地跟上国际金融市场的创新步伐。比如，建议对保险资金境外投资国家和地区，不限定目前指定的45个国家和地区，而是采用“负面清单制”，定期更新禁止投资的国家和地区，以此约束和规范保险资产管理公司的投资行为，进而调动保险资产管理公司境外投资的积极性。

六、进一步支持和鼓励保险资产管理公司的创新

一方面，鼓励保险资产管理公司开发跨境投资的创新产品。一是鼓励保险资产管理公司及其境外分支机构根据客户需求，围绕“港股通”等政策机遇，可独立发行或与符合条件的境外资产管理机构合作发行投资境外市场的资管产品，帮助保险机构分享

投资海外优质资产带来的收益。二是以上海自贸区为平台推动保险资金跨境投资。推动自贸试验区内保险资金跨境双向投融资试点，充分获取自贸区金融改革红利。三是借助“债券通”机遇，围绕境外机构投资者的境内投资需求，利用特殊的产品设计实现固定收益类跨境投资产品落地，实现人民币的跨境投资。

另一方面，鼓励保险资产管理公司以创新方式融入“一带一路”建设项目。一是加强在监管和行业层面组织与相关政府、企业和金融机构对接，鼓励保险资产管理公司创新保险资产管理产品种类，为服务“一带一路”建设项目提供资金支持。二是鼓励保险资产管理公司探索创新方式为“走出去”企业提供境外投行服务，积极为境外“走出去”企业提供境外发债、项目融资、兼并收购等投行服务。

七、推动建立与相关部门、其他行业及境外机构的沟通协调机制

一是进一步加强与其他监管机构的交流与合作。随着保险资金投资规模增加和投资渠道拓展，保险资金进入境内外金融市场的规模日趋增多，投资形式也更加多样化，保险资金运用监管部门迫切需要加强与银监会、证监会以及海外监管机构之间的联系，在监管政策、信息、技术、人员培训等方面开展广泛的交流与合作。

二是进一步提升保险资产管理业的社会认知度。过去很长一段时间，保险资产管理行业主要业务领域集中在保险行业，社会公众甚至一些市场机构对其认识不够，因此，必须加大宣传力度，通过行业交流、媒体宣传等各种方式加深对保险资产管理公司的了解，获得社会公众对保险资产管理的认可和支持，有利于业务拓展和行业发展。

三是鼓励加强与境内外行业组织间的沟通合作。一方面，要加强与境内外同行的沟通，定期组织行业交流活动，探讨行业发展的机遇，研究解决面临的问题，重点在市场准入、监管政策、信息交流等方面加强协调与信息共享，建立有效竞争合作机制，促进行业的共同发展。另一方面，要加强与国外券商、基金、咨询机构等公司的交流与合作，提升境外投资管理能力，学习和借鉴成熟市场经验，提高保险资产管理公司适应对外开放的能力，推动国际化业务的良性发展。

参考文献

[1]保建云.论“一带一路”建设给人民币国际化创造的投融资机遇、市场条件及风险分布[J].天

府新论，2015(1).

[2]陈立敏.国际化战略与企业绩效关系的争议——国际研究评述[J].南开管理评论，2014(5).

[3]段国圣.资本约束下的保险公司最优资产配置：模型及路径[J].财贸经济，2012(8).

[4]葛兆强.商业银行国际化及其动因分析[J].商业银行国际化研究，2008(8).

[5]胡挺.海外保险机构并购国内基金公司的财富效应研究——基于宏利人寿并购泰达荷银基金案例分析[J].上海金融学院学报，2011(5).

[6]韩长征.人民币国际化与中资商业银行国际化[J].金融论坛，2011(12).

[7]姜建清.中国银行业"走出去"的实践与思考[J].全球化，2015(5).

[8]赖小民.后危机时代金融控股公司模式选择研究[M].北京：中国金融出版社，2013.

[9]刘永樑.国际化、创新与企业绩效——基于创业板数据的实证研究[J].中山大学研究生学刊，2016(2).

[10]李海燕.中国企业如何并购外国保险公司[J].河南科学，2016(1).

[11]李锋.我国对外直接投资政策研究[J].全球化，2016(10).

[12]李海波，施晋.境内外联动：中资银行全球化过程的必选战略[J].农村金融研究，2010(6).

[13]李华.工商银行与汇丰银行国际化的比较分析[D].哈尔滨工业大学，2014.

[14]缪建民.保险资产管理的理论与实践[J].新金融评论，2013(5).

[15]王松.资产管理公司境外并购保险公司的可行性研究[J].福建质量管理，2016(2).

[16]王元伟.中国银行业国际化的双重路径——直接渠道和间接渠道[J].新经济，2016(36).

[17]余龙武.中资银行跨境并购的机遇、风险与策略[J].金融监管研究，2012(6).

[18]周立群.类别资产视角下的保险投资观察[J].中国保险，2013(8).

[19]朱蕾，王旭，周洪荣，吴一萍，陈久红.国际大型保险资产管理机构运作经验——国际保险资管业务发展趋势研究(1)[R].海通证券，2017.

[20]Brinson, G. P., Hood, R., & Beebower, G. L. Determinants of Portfolio Performance [J]. Financial Analysts Journal (July/August), 1986, pp.39－44.

[21]Chiu, M. C., H. Y., Wong, Mean－variance Asset－liability Management: Cointegrated Assets and Insurance Liability [J]. European Journal of Operational Research, 2012, 223, pp.785－793.

[22]Ibbotson, R. G., P. D. Kaplan, Does Asset Allocation Policy Explains 40, 90 or 100% of Performance? [J]. Financial Analysts Journal, 2000, pp.26－33.

IAMAC

IAMAC
系列丛书

2017–2018
IAMAC 年度系列研究课题集

Proceedings of IAMAC Annual Series Research Projects

中国保险资产管理业协会 编

（下 册）

上海财经大学出版社

图书在版编目(CIP)数据

2017－2018 IAMAC 年度系列研究课题集：全 2 册/中国保险资产管理业协会编．—上海：上海财经大学出版社，2018.10

ISBN 978-7-5642-3112-5/F・3112

Ⅰ.①2… Ⅱ.①中… Ⅲ.①保险-文集 Ⅳ.①F84－53

中国版本图书馆 CIP 数据核字(2018)第 208078 号

□ 责任编辑　刘　兵
□ 封面设计　张克瑶
□ 版式设计　朱静怡

2017－2018 IAMAC 年度系列研究课题集

中国保险资产管理业协会　编

上海财经大学出版社出版发行
（上海市中山北一路 369 号　邮编 200083）
网　　址：http://www.sufep.com
电子邮箱：webmaster @ sufep.com
全国新华书店经销
上海华业装璜印刷厂印刷装订
2018 年 10 月第 1 版　2018 年 10 月第 1 次印刷

787mm×1092mm　1/16　66 印张(插页：1)　1211 千字
定价：223.00 元
（共上下两册）

编 委 会

落实保险姓保责任　助力行业稳健发展

2017年以来,保险业处在防范化解风险攻坚期、多年积累深层次矛盾释放期和保险增长模式转型阵痛期的"三期叠加"阶段,保险资金运用也处在回归本源、服务主业、稳健经营的转型发展期,面临着全球流动性收紧、债务高企、贸易保护主义,国内经济增长内生动力仍需长期培育等国内外的风险挑战。在这样的大背景下,保险资产管理行业坚持以习近平新时代中国特色社会主义思想为指导,深入学习党的十九大精神,认真贯彻党中央国务院对金融工作的决策部署,紧紧围绕服务实体经济、防控金融风险、深化金融改革任务,进一步加大研究和创新力度,为维护国家金融安全、建设现代化经济体系、促进经济和金融良性循环贡献智慧。

当前,我国经济正由高速增长阶段转向高质量发展阶段,保险业专于市场化的风险管理、社会管理和灾害救助,保险资金精于长期、多元、稳健投资管理,这些独特价值可以且必须通过服务党的十九大提出的加快创新型国家建设、乡村振兴、区域协调发展等国家重大战略来实现和提升。保险资产管理业要发挥保险资金的长期、规模优势,积极把握"一带一路"、长江经济带、京津冀协同发展、自贸区建设中的机遇,把保险资金更多投向国家重点领域和薄弱环节,在更好服务国家战略和实体经济发展中,优化配置,顺势而为,合理分享经济社会发展成果。为此,保险资产管理行业要回归本源、服从服务于经济社会发展,要找准方向、从国家战略大局出发,要稳中求进、把防范风险放在首要位置,要深化改革、着力疏通保险资金通向实体经济的渠道和路径,要勇于创新、把党对金融工作的要求转化为保险资产管理的发展实践。

复杂的内外部经济金融形势和服务国家大局的历史担当,要求全行业必须要以更加求真务实的态度潜心于保险资产管理领域的重大理论研究和业务探索，用最前沿的研究成果和长远的战略目光助推行业的稳健发展。中国保险资产管理业协会（以下简称协会）积极践行以研究助发展的职责使命，于 2015 年创办“IAMAC 年度课题”，至今已连续举办三届，取得了丰硕的研究成果，为行业稳健发展和监管科学决策提供了坚实的研究基础。其中，2017 年度课题主要围绕服务实体经济、防范金融风险、探索普惠金融、优化资产配置、践行责任投资等重点热点问题开展深入研究，共有 28 家业内会员单位、5 家业外金融机构、6 所高等院校参与，累计完成 54 项、180 余万字的研究成果。我们精选了 20 项课题纳入 IAMAC 丛书—《2017－2018IAMAC 年度系列研究课题集》，与社会各界人士共享行业最新研究成果。

中国保险资产管理业协会
执行副会长兼秘书长
2018 年 8 月 10 日

目　录

行业发展篇

公司战略篇

风险管理篇

业务创新篇

风险管理篇

保险资产配置中的风险平价应用与拓展

中国平安人寿保险股份有限公司

孟若妍　陆　彬　郭　泰　王慧明　布晓龙

摘要

在复杂的投资环境下,保险资金投资面临着绝对收益要求、风险偏好约束以及资产负债久期错配等一系列问题与挑战。这些问题直接关系到保险公司经营业绩和未来发展。近年来,基于风险平价理念的资产配置模型在国内日益普及。然而,对于保险资金来说,风险平价模型的应用还存在来自资产间的相关性变化、部分资产的非流动性特性以及资产负债匹配管理等方面的挑战。如何根据我国的投资环境与监管要求,有效利用风险平价配置模型,达到更优的资金运用,是本文研究的主要课题。在比较风险平价模型与其他大类资产配置模型的基础上,以保险资金管理角度为出发点,从资产维度和优化方法等方面对风险平价模型进行了延伸与扩展,进一步优化投资收益风险比率,提升资金使用效率。本文还从保险资产负债管理和投资收益财务管理两个方面探讨了风险平价模型的应用,为保险资产配置管理提供参考。

关键词

风险平价　因子投资　大类资产配置　资产负债管理

第一章　保险资金配置中的问题与挑战

第一节　保险资金配置中的三个核心问题

在复杂的投资环境下，保险资产投资面临着绝对收益要求、风险偏好约束以及资产负债匹配管理等一系列问题与挑战，这些问题直接关系到保险公司经营业绩和未来发展。

在保险投资中，大类资产配置决定了资金的投资方向，同时也是控制投资风险的重要屏障，是获得投资组合收益的关键来源。在保险资金大类资产配置中，需要解决三个核心问题：配置什么？为何配置？怎样配置？对这三个核心问题的回答即形成了资金配置过程中最重要的思维框架。核心问题本身并没有统一的标准答案，不同地域、规模和类型的保险公司会给出不同回答。

一、配置什么——保险投资的大类资产分类

从保险监管角度看，《保险法》将保险资金可投资的大类资产分成五个大类：流动性资产、固定收益类资产、权益类资产、不动产类资产、其他金融资产。如图 1－1 所示，五大类资产下还有更加细分的资产类别。

定义每一类资产的收益和风险属性对于资产配置规划至关重要，只有深入了解资产的特征与特性，才能将不同的资产有效地组合在一起，获取更高且更稳健的投资收益。图 1－2 展示了不同大类资产的风险收益关系。

传统的金融学告诉我们，收益与风险呈正比关系。[①] 权益资产相对于固收资产的超额收益被定义为风险溢价，要获得更高的收益意味着投资者需要有更高的风险预算或者风险承受能力。表 1－1 是以 S&P500 为代表的权益资产和以 Barclays US 为代表的固定收益资产的历史收益均值和波动率，该数据从实证上印证了收益与风险在长期时间维度上的关系。

---

① Sharpe.，W. Capital Asset Prices：A Theory of Market Equilibrium under Conditions of Risk[J]. *The Journal of Finance*，1964

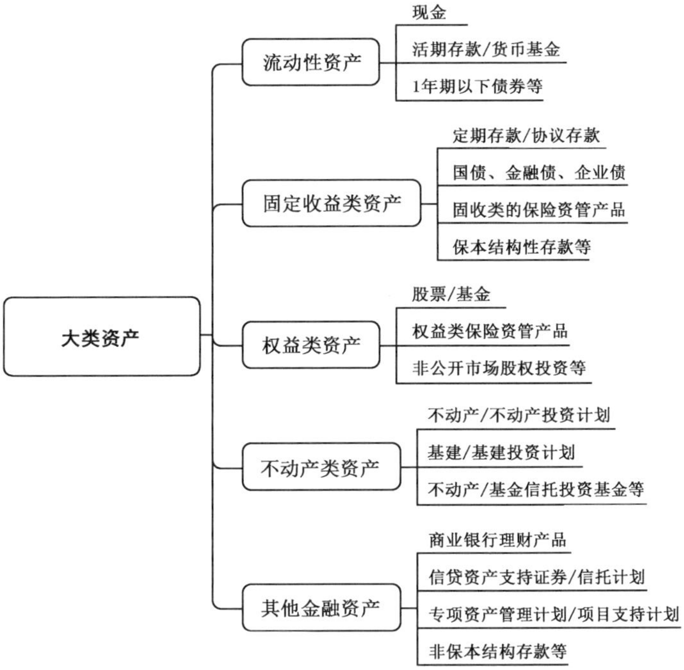

资料来源:笔者制作。

图 1—1 大类资产分类

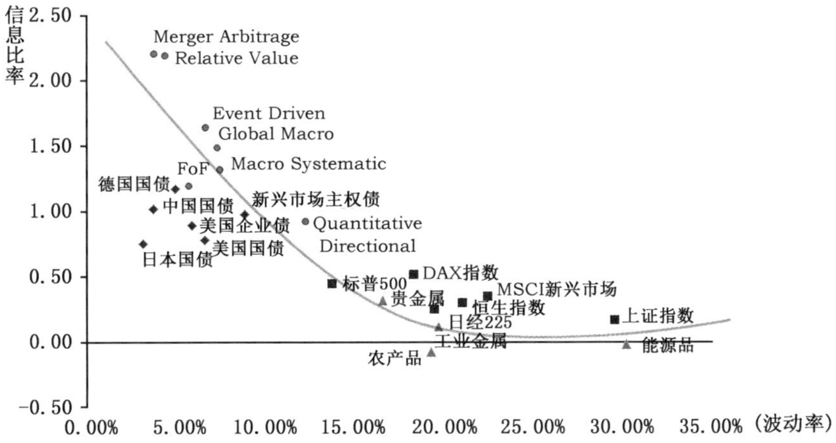

注:数据频率为月度,股票与商品回溯区间为 1991.12—2016.06,债券回溯区间为 2003.06—2016.06 数据,对冲基金策略回溯区间为 1990.12—2016.06。

资料来源:笔者制作。

图 1—2 大类资产风险收益关系

表 1—1　权益与债券历史收益与波动

	权　益	债　券
年化收益率	9.42%	5.09%
年化波动率	18.39%	4.54%
夏普比率	0.36	0.51

数据长度：1994.03.01—2017.08.31。

注：权益采用标普 500 全收益指数，债券采用彭博巴克莱美国国债全收益指数。无风险收益率为 1 年期美国国债到期收益率。

数据来源：Wind，Bloomberg。

保险资金可投资的五大类资产及其项下的细分资产，其风险收益关系如何确定？答案并非显而易见。首先，需要确定衡量风险和收益的量化指标；其次，需要定义代表每类资产的基准标的；最后，还需要选择量化指标计算的具体方法。

首先，基于五大类资产类别，用传统的历史年化平均收益率和历史年化波动率来衡量每类资产的收益和风险。表 1—2 中展示了五类资产的代表基准。由于国内不动产数据有限，我们选取 JP Morgan 基于海外数据和回归模型计算的未来 10 年预期收益和波动率作为该资产类型的参考。

表 1—2　五大类资产类别

大类资产	基　准
流动性资产	7 天回购利率
固定收益类资产	10 年期及以上国债全收益指数
权益类资产	沪深 300 全收益
不动产类资产	基于 RIETS 的回归模型（海外数据）
其他金融资产	贷款利率

资料来源：笔者制作。

本文选取了 2002—2017 年各类资产基准的时间序列数据，并进行了相应的统计计算，得出各类资产历史平均收益和波动率（见表 1—3）。

表 1—3　各类资产历史平均收益和波动率

资产类别	基　准	收益率（年化）	波动率（年化）	统计区间
权益类资产	沪深 300 全收益	12.03%	27.35%	2002.01.07—2017.07.31

续表

资产类别	基　准	收益率(年化)	波动率(年化)	统计区间
固定收益类资产	10年期及以上国债收益率	3.79%	0.46%	2006.01.01—2017.07.31
其他金融资产	贷款利率	5.39%	0.69%	2006.03.31—2017.07.31
流动性资产	7天回购利率	2.91%	1.20%	2006.01.01—2017.07.31
不动产类资产	JPMorgan LTCMA(2017)	7.80%	11.00%	长期观点

从长期角度看,各大类资产的平均收益和波动率具有稳定性,这为收益和风险的预测提供了重要的参考。从中短期角度看,各类资产的收益和风险存在不确定性,围绕均值做上下波动,特别是在市场危机或过热阶段,资产的表现可能大幅偏离均值。对于保险资金大类资产配置而言,把握资产长期的收益风险特征是最为关键的,这与金融市场其他的短期配置产品有本质的区别。因此,在进行资产的风险收益特征定量分析时,首先要选择和明确时间维度,是看长期、中期还是短期。

其次,资产收益和风险的定量指标也有不同的计算方法。历史均值法是最直接简单的方法,资产配置的实践者在此基础上不断地更新完善量化模型,包括:

(1)历史经验值+主观判断:如 Black-Littermen 模型;

(2)历史经验值+预期模型:如波动率预测模型 GARCH。

最后,基准选择也是非常重要的一环。基准选择反映了投资人的投资理念和目标。以权益为例,国内 A 股市场有多个基准指数,包括沪深 300、中证 500、中证 800、创业板指数、中小板指数等。不同指数由于定义范围不同,其历史表现有很大差异(见表 1—4)。因此,投资管理人应该对指数基准作充分的研究和比较,从收益性、风险性、分散性、可投资性等方面进行考察,选择最符合公司投资目标和理念的基准。

表 1—4　　　　不同基准的累计收益率与年化收益率

	近 10 年累计收益率	近 10 年年化收益率
上证 50	48.03%	3.72%
沪深 300	87.97%	6.05%
中证 500	282.54%	13.29%
中小板综	373.24%	15.56%
创业板综	143.21%	8.62%

注:时间长度为 2007.01.01—2017.09.30。

透过现象看本质，当保险公司配置各类资产时，外在的表现是投资不同类别的资产；但实质上，保险公司是在对不同的风险收益回报进行资源调配。因此，大类资产配置可以理解为一种风险预算，寻找在既定风险约束下获得最高收益的资源配置方法。

二、为何配置——保险投资的目标和风险约束

保险资金的投资目标一般分为两个层次：一是满足保险负债成本，兑付保单承诺收益；二是在承诺收益基础上产生额外的超额收益，实现股东利益的最大化。这两个层次的目标既有先后顺序，又有主次之分。

安全性是保险资金管理最为重要的特性。因此确定投资目标应从保险本身出发，制定与保险负债相匹配的投资收益目标。传统保险的负债成本通常定义为保单的定价利率。对于分红和万能型产品，则以分红水平或万能结算利率作为参考。负债成本越高，对保险投资收益要求也越高。但是如果为了追求高收益而忽略了保险资金的安全性，则是本末倒置的做法。保险公司需要根据自身财务和资本状况设定投资风险底线，确保投资长期且稳定地满足负债成本的要求。如果由于经济或市场条件原因，投资收益无法满足负债成本时，公司需要检视负债成本的合理性，从产品层面做出调整。

营利性是保险资金管理的另一个目标。保险公司的利润主要有三个来源：死差、费差和利差。其中，利差是最主要的利润来源之一。当实际投资收益高于负债成本时就产生利差收益，对公司的利润和股东权益形成正贡献。保险资金提升投资收益有多种途径，包括：

(1)选择和扩展资产大类，增加市场收益的深度与广度。

(2)完善大类资产配置方法，提升组合夏普比率。

(3)选择优秀的投资管理人，积极创造超额收益。

营利性不仅仅局限于利差收益的提升。对于保险公司而言，资产和负债是紧密相连的。只有同时考虑资产和负债端的变化才能真正达到股东权益的最大化。国际上很多成熟的保险公司均从资产负债管理(ALM)的角度进行资产配置与投资，投资目标也不仅仅是单纯的投资收益最大化，而是将企业内含价值或经济价值最大化，作为最终的投资目标。这就要求投资管理过程中加入资产负债匹配的考量，包括：

(1)对冲利率风险，消减无效风险。

(2)考虑资产负债联动效应对内含价值的影响。

(3)针对不同保险产品，采用不同的投资策略(充分考虑保险产品现金流的期限结构、成本、流动性需求、隐含选择权等)。

综上所述，安全性和营利性是保险资金投资追求的最重要的两个目标，明确了投资目标之后才能通过投资方法和流程的不断完善，获得同时满足投保人利益和股东利益的投资收益，促进保险业的健康发展与壮大。

三、怎样配置——大类资产配置的方法

资产配置是保险资金投资中最为重要的环节。1991年布利森、辛格和比鲍尔[①]提出资产配置对组合收益业绩贡献率超过90%。资产配置是基于各类资产的风险与收益特征，通过定性或定量方法确定资金在不同资产类别中的配置比例，在满足风险约束前提下达到投资收益目标的过程。通过科学的资产配置方法，投资者可以分散整体组合风险，增加组合的单位风险收益，提升资金使用效率。以下是大类资产配置常见的几种方法：

（一）均值—方差法

均值—方差法(Mean-variance)由 Harry Markowitz 提出[②]。基于资产的收益假设和协方差矩阵计算不同资产组合的预期收益与波动，通过优化得到资产配置有效前沿。在有效前沿上的组合均满足两个条件：一是既定风险水平下，该组合的预期收益最高；二是既定收益水平下，该组合风险最小(见图1—3)。

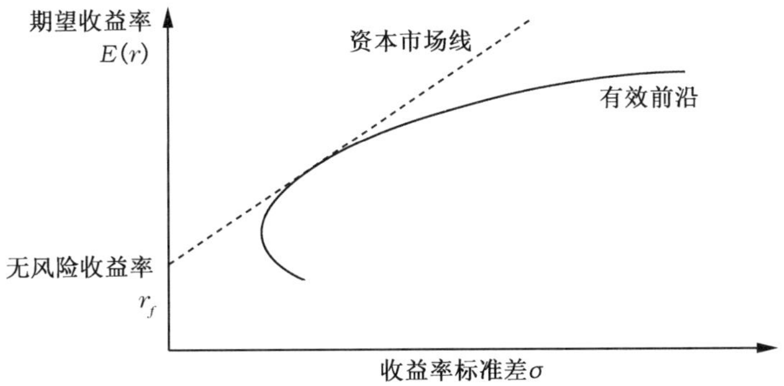

资料来源：笔者制作。

图1—3　马科维茨资产配置有效前沿

均值方差法被广泛地接纳和运用，成为经典的资产配置模型。但是该方法也存在一些问题。比如，当资产类别增加时，优化算法不一定得到唯一解；均值方差模型对参

① Brinson, GP., Beebower, GL., Determinants of Portfolio Performance[J]. *Financial Analysts Journal*, 1991, 47(3): 40—48.

② Markowitz, HM[J]. *Journal of Finance*, 2000, 44(2): 531.

数假设极为敏感，预期收益或风险假设的微调也可能导致优化结果的巨大变化，或者导致配置比例过于集中于某类或某几类资产。

（二）Black-Litterman 模型法

Fischer Black 和 Robert Litterman 在 1992 年提出了著名的 Black-Litterman 模型，①在均值方差法的基础上改进了参数假设的制定流程。该模型利用概率统计方法，将专家市场判断与历史均值收益相结合，得到更为合理且直观的资产收益假设，提升了配置模型的实操性。目前 Black-Litterman 模型已经逐步取代均值方差法，成为最主流的资产配置模型。

（三）风险平价模型

虽然 Black-Litterman 模型在资产收益率假设方面做了改进和完善，但对于投资收益的预测是否可靠，这个问题一直存在争论。风险平价配置方法最早由美国磐安基金的 Edward Qian 博士提出，②该配置策略以平衡各资产在组合中的风险贡献度为目标。决定配置权重时无须考虑各资产的预期收益率，风险指标是唯一的核心变量。相较于均值—方差模型，风险平价策略实现了更好的风险分散，且不依赖于对大类资产的收益预测，配置更为稳定。美国桥水基金的"全天候策略"就是基于风险平价的方法并取得了成功。但风险平价策略也有缺点，比如风险指标以波动率为主，对于非资本市场或流动性较差的资产，无法很好刻画其真正的风险。关于风险平价模型的优劣势及其在保险资金配置中的应用将在后文作更加具体的分析。

第二节　保险资金配置面临的挑战

中国保险资金配置正经历着由稚嫩走向成熟的过程。越来越多的保险公司意识到资产配置的重要性和复杂性，在学习海外先进经验的同时，也在摸索适合中国市场和公司自身情况的配置方法与理论。在这个过程中面临着如下诸多挑战。

一、集中投资还是分散投资

集中投资还是分散投资是投资配置上两种截然不同的理念，但两种理念在实践中均有成功的运用。著名的桥水基金创始人 Ray Dalio 于 20 世纪 90 年代提出了 All

① Black.，F，Litterman.，R，*Financial Analysts Journal*[J]. 1992，48(5)：28—43.

② Qian，E.，Risk Parity Portfolios：Efficient Portfolios through True Diversification. Panagora Asset Management. http：//www. panagora. com，2005.

Weather 全天候配置策略，其核心理念是未来资产价格很难做到精准预测，通过风险平价模型实现更为有效的分散化投资，从而达成长期稳定的投资收益。众所周知的股神巴菲特则是集中投资的倡导者，他认为自下而上的基本面研究是获取投资回报的核心，通过专业且深入的研究，选择最具投资价值的公司进行集中投资是最有效的投资方式。巴菲特拥有的伯克希尔·哈撒韦公司 2016 年年末权益投资规模高达 2 000 亿美元，其中 90%以上集中在 20 大持股，体现了其集中投资的理念。

以上两种投资理念虽看似不同，但实质上并不矛盾。两种理念其实是基于两个不同的前提条件，即对未来资产判断的置信度。当投资者对资产价格的涨跌有确定把握，那么集中投资当然是不二选择；但如果投资者对未来资产走势无清晰判断，则分散投资可能是更明智的选择。对于保险公司而言，选择偏向哪一种理念或方法，需要基于自身的投研能力和投资决策架构，并非一定要二者选一，完全可以因时因势而变，不拘泥于固定的形式与框架。

从配置模型角度分析，传统的均值方差模型对于投资收益假设非常敏感，优势资产将获得明显的超配，更接近集中投资的方法；而风险平价模型旨在平均分配风险暴露，更能体现分散化投资的理念。

二、定量模型优于定性分析

大类资产配置的定量模型基于客观数据和既定的算法规则，体现的是有纪律的投资；纪律性对于保险资金长期配置规划至关重要，可以帮助投资者避免受短期市场波动或情绪的干扰，坚持自身的投资理念，遵循市场长期的客观规律，从而获取更加稳健的收益回报。因此，进行大类资产配置需要反映投资理念和方法的量化模型作为基础工具，为投资配置决策提供客观的量化参考。然而，量化模型也有缺点，比如对参数假设的依赖、忽略了模型之外的影响因素等。因此适当加入定性分析与判断，可以在一定程度上弥补量化模型的不足，提升配置模型的灵活性和可操作性。

以风险平价模型为例，其核心理念认为未来的经济情形难以预测，对于长期投资者来说，通过风险分散可以获得更加稳健的收益。由于债券的市场波动小于股票，因此风险平价模型倾向于配置更多的债券。虽然该模型在长期回测中展现了比传统投资更为优异的业绩表现（见图 1—4），但显而易见的是，风险平价模型在利率下行周期的表现肯定好于利率上行周期。虽然从长期来看，周期波动可以得到平滑，但很少有投资者能容忍长时间的亏损。因此，如果在模型中加入利率周期判断指标，适当调整和限制债券的配置上限，则可以避免或减小利率上升周期中组合业绩的过大的回撤。

表 1—5 展示了传统风险平价模型与加入利率周期定性判断因子模型在利率上升周期中的业绩比较，后者的表现优于前者。当然，在传统模型中加入定性规则也需要基于前后一致的逻辑分析和判断，在不破坏整体纪律性的前提下才能发挥积极作用。

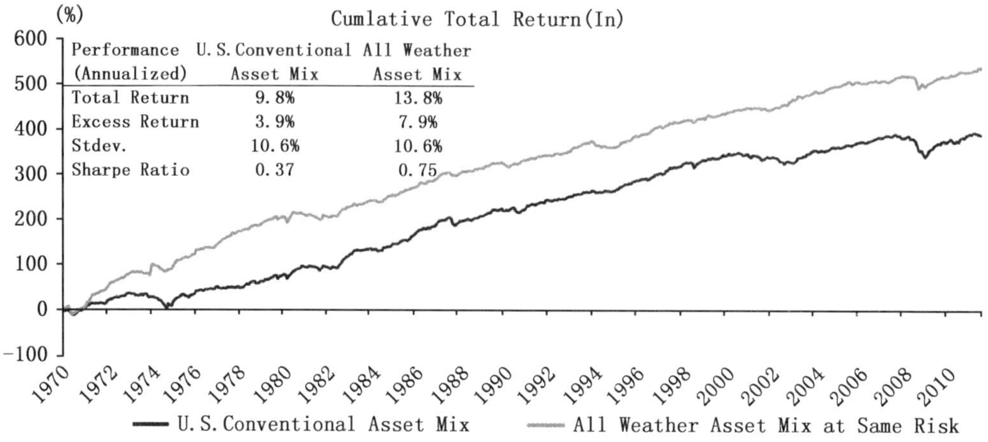

资料来源：Bridge water。

图 1—4　传统组合与全天候组合的业绩比较

表 1—5　传统风险平价模型 VS. 加入利率周期判断因子的风险平价模型

	年化收益率	年化波动率
风险平价	4.26%	2.85%
风险平价（含利率周期因子）	5.30%	2.52%

注：回溯期间：2015.10—2017.11。组合资产为中国权益、英国权益、香港地区权益、美国权益、中国固收。带有利率判断因子的风险平价组合通过判断固收资产的月度动量因子调整仓位，下调仓位至 60%。

资料来源：笔者制作。

三、如何实现多目标投资

在保险资金的投资配置实践中最棘手的问题之一就是多目标管理。投资配置方案往往在需要满足财务需求的同时，又要满足资本需求，此外还需兼顾同业比较等。

从量化配置模型的角度来说，很难实现多目标优化。比如风险平价模型，以风险的分散化为优化目标，间接地实现比传统 60/40 配置更高的投资回报，但并不以收益最大化或资本最大化为直接目标。因此保险公司如果要采用风险平价模型，需要对模型本身或者使用模型的流程进行完善和优化，尽可能将其他目标纳入配置框架。在实践中，需区分主要目标和次要目标，主要目标作为量化配置模型的优化目标，而次要目标则可以通过增加约束条件的方式体现；或者采用递进迭代的配置方式进行配置规划，先确定满足主要目标的配置方案集合，然后再优化次要目标。例如，整合不同的配置模型，比如将风险平价模型与均值方差模型配合在一起使用，在大类资产层面采用均值方差模型，满足收益最大化目标；在细分资产层面采用风险平价模型，满足风险分散目标。

第三节　讨　论

本章讨论了保险资金大类资产配置中的三个核心问题：配置什么、为何配置以及如何配置。这三个核心问题构成了讨论风险平价模型应用于保险资产配置的基本思维框架。在后文中通过具体分析风险平价模型中大类资产的特征分析、组合风险与收益的优化方法以及基于保险资金特点对模型进行扩展与完善，将风险平价模型在保险资金中的应用价值逐层呈现。

在此基础上，进一步探讨保险资金配置中面临的几个主要问题，包括：(1)以分散投资为理念还是集中投资为理念？(2)定量模型还是定性分析？(3)如何进行多目标管理？将尝试从风险平价模型的角度寻找以上问题的应对方法与途径。

资产配置是一门科学，也是一种艺术。它没有统一的标准和答案，需要不同的机构，结合自身的情况寻找最适合自己的资产配置模型、方法与流程。风险平价模型为了适应不同的市场环境和投资目标，可以有不同的变化与衍生，但万变不离其宗，追求资产的保值与增值始终是投资管理人不懈奋斗的目标。

第二章　基于风险平价模型的保险资产配置

风险平价策略近年来受到越来越多机构投资者的关注。尤其是在次贷危机之后，投资者意识到尾部事件对组合的冲击，平衡稳健地获取投资收益从长期来看可以获得更高的回报。风险平价策略的核心在于投资组合的风险控制，通过平衡大类资产对组合的边际风险贡献来达到“跨周期、降波动”的效果。相比其简单的形式，风险平价的内涵要深刻得多。

第一节　风险平价模型介绍与历史回顾

诺贝尔经济学奖获得者 Harry Markowitz 于 1952 年将有效前沿的概念引入现代投资组合理论。另一诺贝尔经济学奖获得者 James Tobin 认为有效前沿模型可通过加入杠杆的方式有效提升收益/风险比。同一时代的其他经济学家，包括 Jack Treynor、William F. Sharpe、John Lintner 等人也研究了如何在多资产投资组合中运用杠杆和降低波动，但真正意义上的风险平价策略还未运用到实际投资中。

1996 年，桥水（Bridgewater Associates）率先发行了名为"全天候资产配置策略"（All Weather Asset）的基金产品。尽管桥水是第一家将风险平价策略推向市场的公司，但它并不是风险平价概念的首创者。[①] 磐安资产管理公司首席投资官钱恩平（Edward Qian）在 2005 年的白皮书中首次提出了风险均衡的概念。在此之后，市场上多家资产管理公司陆续成立了以风险平价为基础的多资产配置策略基金。

在 20 世纪 90 年代美国股票牛市阶段，以权益为主的配置方法显著跑赢风险平价策略。[②] 然而在 2000 年 3 月的互联网危机（Dot-Com Bubble）后，风险平价策略受到越来越多的关注。美国的威斯康星州立投资委员会和宾夕法尼亚公立学校职工退休系统（PSERS）[③]已投资数千万美元于 AQR、Black Rock 和 Bridgewater Associates 发行的风险平价基金。2008 年的金融危机使得以权益为重头的基金损失惨重，[④]而风险平价策略基金在这一阶段表现相对较好。[⑤] 根据一份 2011 年对机构投资者的问卷调查显示，美国国内超过 50%的养老基金在其投资组合中已经纳入或正在考虑纳入风险平价策略。[⑥]

风险平价模型基于大类资产波动率、资产间相关性矩阵以及资产配置权重计算每类资产的边际风险贡献，其计算公式为：

---

① Brinson，GP.，Beebower，GL.，Determinants of Portfolio Performance[J]. *Financial Analysts Journal*，1986，42(4)，pp. 39－44.

② Qian，E.，Risk Parity Portfolios：Efficient Portfolios through True Diversification. Panagora Asset Management. http：//www. panagora. com，2005.

③ Clarke，R.，de Silva，H.，Thorley，S. Portfolio constraints and the fundamental law of active management [J]. *Financial Analysts Journal*，2002，58(5)，pp. 48－66.

④ Qian，E.，On the Financial interpretation of risk contributions：Risk budgets do add up[J]，*Journal of Investment Management*，2006(Fourth Quarter).

⑤ Choueifaty，Y.，Coignard，Y.，Towards maximum diversification[J]. *Journal of Portfolio Management*. 2008，34(4)，pp. 40－51.

⑥ Risk Parity Investment Survey. aiCIO. 12 September 2011.

$$MC_i = w_i \frac{\partial \sigma_p}{\partial w_i} \tag{2—1}$$

其中，MC_i 为资产 i 的边际风险贡献度，W_i 为资产 i 的权重，σ_p 为总体组合的波动率，即总体组合的标准差。在仅考虑两种资产的情况下，标准差可以通过以下公式计算：

$$\sigma_p = \sqrt{w_1^2\sigma_1^2 + w_2^2\sigma_2^2 + 2w_1w_2cov(\sigma_1, \sigma_2)} \tag{2—2}$$

其中，$cov(\sigma_1, \sigma_2)$为资产 1 与 2 之间的协方差。

风险平价模型的配置目标是均衡配置每类资产对组合的边际风险贡献 MC_i，因此风险平价模型较“均值—方差”“Black-Litterman”等传统配置模型更有效地分散风险。风险平价是从结构出发的配置方法，而传统模型是从结果出发的配置方法。风险平价模型并不直接对组合整体的收益和风险进行优化，而是在既定风险预算约束下，平衡配置各大类资产对投资组合的风险贡献。简言之，风险平价希望各类资产的重要性是旗鼓相当的，不在任何单一资产上过度下注。因此，风险平价策略以资产结构平衡为出发点，不直接考虑最终投资收益的优化问题。传统模型则以优化投资收益为出发点，基于大类资产收益和波动的预测，寻求获得最优风险调整后的收益。传统模型的优化结果，各类资产的风险构成可能比较均匀，但也有可能极不平衡。总体而言，风险平价模型着重优化资产风险结构，而传统模型则直接优化单位风险收益。

既然投资者关心的是最终的投资组合收益表现，那为什么风险平价策略要从优化结构，而不是结果出发呢？首先，从传统模型的缺陷来看，以“均值—方差”为代表的传统模型必须将大类资产预期收益、波动和相关性作为输入参数进行优化。然而众所周知，大类资产预期收益率和相关性的预测都是极其困难的，优化所使用的参数假设很可能并不适用于未来实际市场环境。其次，从风险平价策略的优点来看，Bridgewater 的 Bob Prince 认为：[①]风险资产长期表现优于现金，其价格反映了未来经济情景的折现，因此资产配置的任务是在获取风险溢价的同时，尽可能抵消经济情景预期变化带来的风险。为了实现所谓的“抵消风险”，桥水主张投资组合应平衡地配置在每一类典型经济情景中表现较好的“强势资产”。

第二节　大类资产风险溢价比较

风险平价策略的核心是均衡分配各类资产的边际风险贡献。本文以权益和债券两

① Prince, B., Risk Parity is about Balance, Bridgewater, 1996.

类资产作为代表，用夏普比率作为资产单位风险溢价的量化指标，对两类资产进行比较。

表 2—1　　　　中国股票、中国债券长期均衡风险收益

	权　益	债　券
年化收益率	8.08%	3.33%
年化波动率	29.44%	2.39%
夏普比率	0.18	0.27

数据跨度：2007.1.1—2017.08.31。

注：权益采用沪深 300 全收益指数，债券采用中债国债总财富指数。无风险收益率为 1 年期中国国债到期收益率。

资料来源：Wind。

表 2—1 统计了自 2007 年至今国内权益和债券的收益和风险情况，从中可以看出，债券的长期收益虽然低于权益，但夏普比例更高。风险平价策略的目标是平衡资产的风险贡献，单位风险收益较高的资产会获得更高的配置比例。

图 2—1 统计了股票和国债从 2007—2017 年度夏普比率，可以发现在这 10 年间，有 5 年股票夏普比率高于债券，其余 5 年债券高于股票。在 2007 年的股票牛市中，股票夏普比率为 4.81，显著高于债券的—3.45。在 2008 年和 2015 年两轮“股灾”阶段，债券夏普比率分别为 3.26 和 2.42，好于同期股票的—1.42 和 0.38。因此，中短期来看，股债夏普比率的相对强弱具有很大的不确定性。

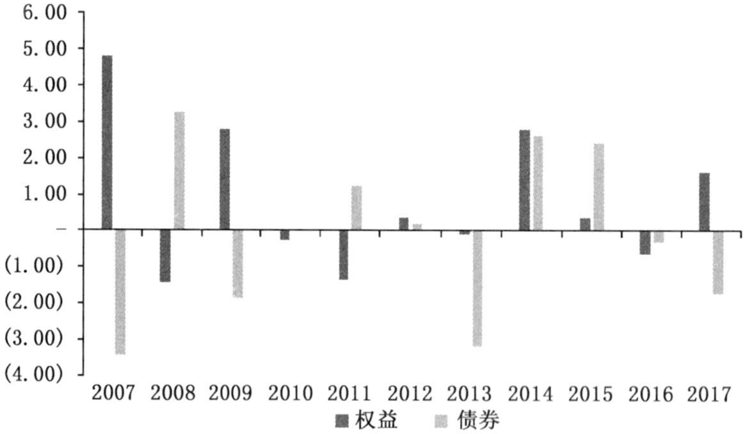

数据长度：2007—2017 年。

注：权益采用沪深 300 全收益指数，债券采用中债国债总财富指数。夏普比率计算中的无风险收益率为 1 年期中国国债到期收益率。

资料来源：Wind。

图 2—1　中国股票、中国国债年度夏普比率统计

表 2—2 统计了美国股票和债券在相同历史阶段的风险收益特征。从 1994—2017 年，以标普 500 全收益指数为代表的美国股票夏普比率为 0.36，以彭博巴克莱美国国债总财富指数为代表的美国国债夏普比率为 0.51。图 2—2 为分年度的统计结果。可以看到，从 1995—2017 年的 23 年中有 16 年股票夏普比率高于债券，其余 7 年债券高于股票。因此，站在中短期的维度，股债风险溢价的高低同样存在较大不确定性。

表 2—2　　美国股票、美国国债长期均衡风险收益

	权　益	债　券
年化收益率	9.42%	5.09%
年化波动率	18.39%	4.54%
夏普比率	0.36	0.51

数据跨度：1994.03.01—2017.08.31。

注：权益采用标普 500 全收益指数，债券采用彭博巴克莱美国国债总财富指数。无风险收益率为 1 年期美国国债到期收益率。

资料来源：Wind，Bloomberg。

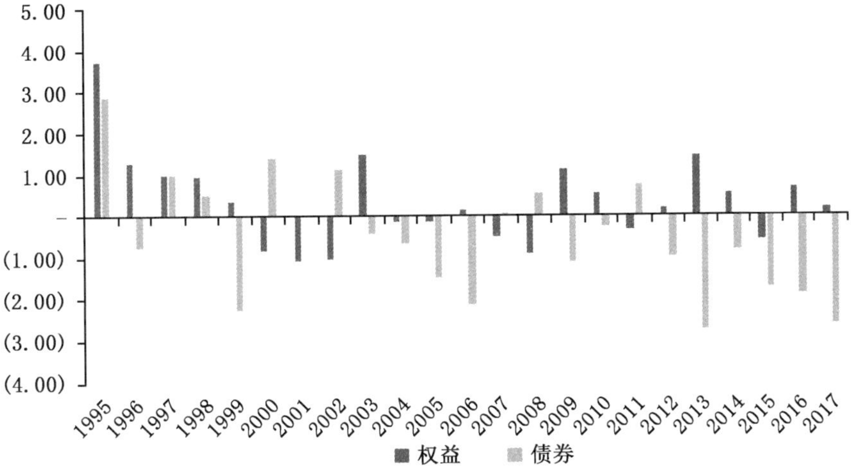

数据跨度：1994—2017 年。

注：权益采用标普 500 全收益指数，债券采用彭博巴克莱国债总财富指数。无风险收益率为 1 年期美国国债到期收益率。

资料来源：Wind。

图 2—2　美国股票、美国国债年度夏普比率统计

美国市场经验数据与中国相似。从长期来看，债券的单位风险溢价水平略高于股票，但在中短期维度上随着宏观环境和金融市场的变化，债券和股票的夏普比率高低仍有较大的不确定性。由此可见，资产在不同市场环境下对组合的边际风险贡献可能会产生变化，如何在市场波动中更好地运用风险平价模型？桥水基金的“全天候策略”提供了一个很好的框架，将经济周期与风险平价模型有效地结合起来。

第三节　经济周期下的风险平价模型

桥水基金的Bob Prince将宏观经济预期的变化视为驱动资产价格的核心因素。由于无法预测未来宏观经济将处于什么状态，风险平价策略主张避免对单一资产下赌注，而是均衡配置典型经济环境周期中的所谓“强势资产”。从而，在任何经济状态下，投资组合整体都会有比较平稳的表现。

具体而言，桥水用GDP和CPI分别刻画宏观经济增长和通胀两个代表变量（见图2—3），这两个变量又将传导影响各类资产对应的价格水平。由于股票是未来企业盈利现金流的折现，因此经济增长预期上升（下降），股价将会上升（下降）。经济增长对债券的影响正好相反，经济增长（衰退）使得预期通胀水平上升（下降），从而使得债券价格下跌（上涨）。通胀直接对折现率产生影响，因此当预期通胀水平上升（下降）时，股票价格可能会下降（上升），而债券价格也会随之下降（上升）。桥水用增长和通胀两个指标将经济环境划分为4个象限，比如经济增长的上升与下降阶段、通胀的上升与下降阶段。由于难以精确预测未来经济将轮转到哪一个象限，桥水选择将风险预算平衡地配置到每个象限中。股票对应经济增长期的强势资产，债券为经济衰退和通胀下降时的强势资产，而商品则作为通胀上升时的强势资产。这样，这三类资产已经可以对整个宏观经济的所有象限进行全覆盖。

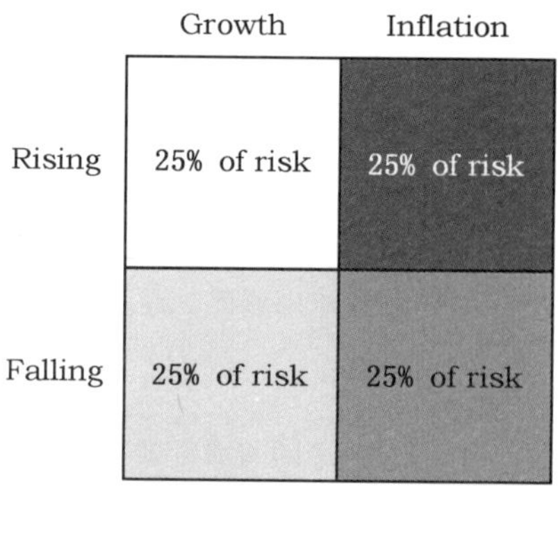

资料来源：Bob Prince，“Risk Parity is about Balance”，Bridgewater Associates.

图2—3　经济环境与风险预算分配

尽管桥水提供了一个简单、实用的配置哲学，但不得不承认现实的情况要复杂得多。第一，大类资产的驱动因素十分复杂，无法仅用简单的若干个变量概括；第二，当多个宏观变量同时发生变化时，大类资产价格的走势将具有更大的不确定性。比如，经济增长的同时若伴有通胀上升，权益将受到两种反向作用的因素的冲击；如果宏观经济变量的变化在各个大类资产中无法得到所谓"抵消"，那么风险平价策略将失效。

如果统计大类资产与宏观变量的滚动相关性(见图 2—4、图 2—5)，就能发现相关性水平并不稳定，而且在正值和负值之间切换，还频繁出现相关性同时为正值或负值的情况。

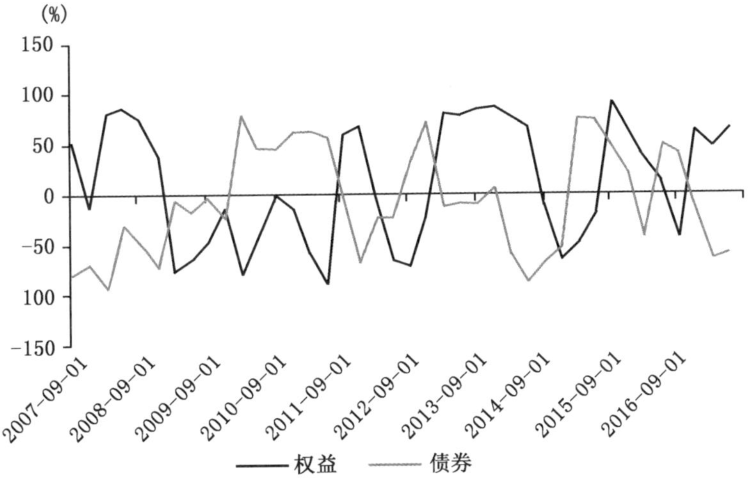

数据长度：大类资产相关性测算窗口为 2007.09—2017.06。

注：权益采用沪深 300 全收益，债券采用中债国债总财富指数。相关性计算窗口为 1 年。

资料来源：Wind。

图 2—4　中国股票、中国债券与 GDP 滚动相关性

图 2—6 和图 2—7 分别展示了美国股票和美国国债与宏观经济变量滚动一年的相关性。结果显示，相关性的变化范围非常大，而且也频繁出现同正同负的情况。

实证数据显示宏观变量对大类资产的影响比较复杂，大类资产与宏观变量(经济增长与通胀)并不一定符合经典资产定价假设，风险平价未必能"抵消"短期宏观变量变化产生的冲击。因此，风险平价策略是基于长期的、跨越周期的配置策略，短期的市场波动会给该策略带来干扰因素，不能仅从短期的市场观察来直接判断该策略是否有效。

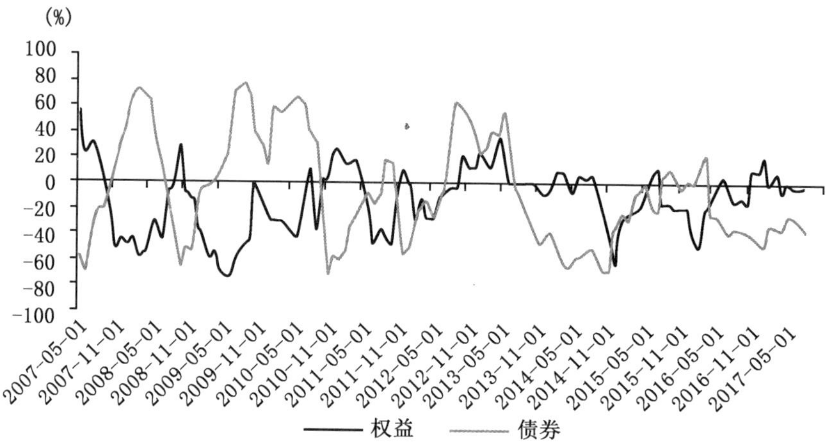

数据长度:大类资产相关性测算窗口为 2007.05—2017.08。

注:权益采用沪深 300 全收益,债券采用中债国债总财富指数。相关性计算窗口为 1 年。

资料来源:Wind。

图 2—5　中国股票、中国债券与中国 CPI 滚动相关性

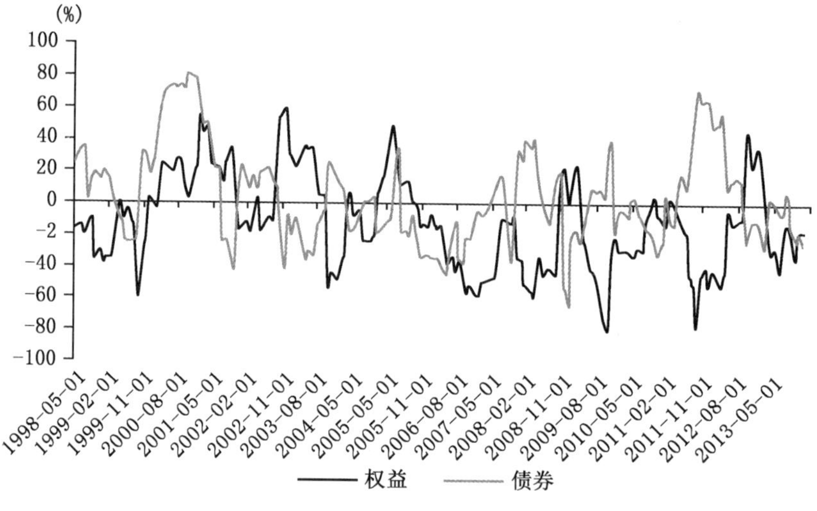

数据跨度:大类资产相关性测算窗口为 1997.05—2017.07。

注:美国权益采用标普 500 指数,美国债券采用彭博巴克莱国债总财富指数。相关性计算窗口为 1 年。

资料来源:Wind,Bloomberg。

图 2—6　美国股票、美国债券与美国 CPI 滚动相关性

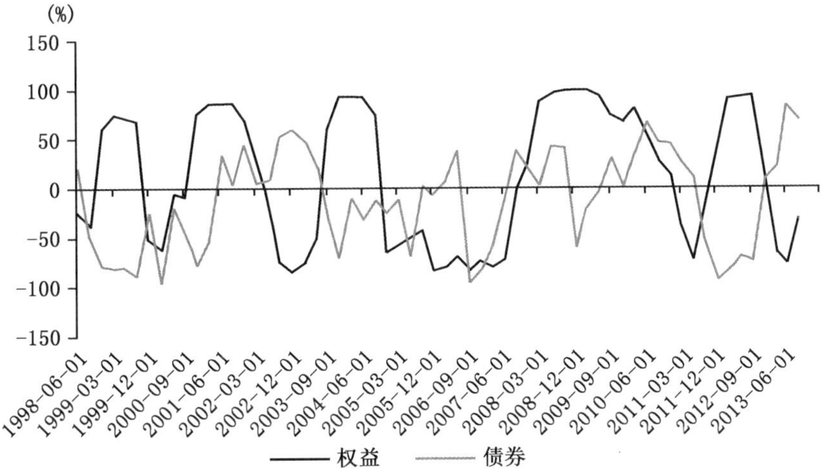

数据跨度:大类资产相关性测算窗口为 1997.06—2017.06。

注:美国权益采用标普 500 指数,美国债券采用彭博巴克莱国债总财富指数。相关性计算窗口为 1 年。

资料来源:Wind,Bloomberg。

图 2—7　美国股票、美国债券与美国 GDP 滚动相关性

第四节　风险平价策略实证回溯

本节对风险平价策略进行实证回测,并与 40/60、20/80 策略进行对比。40/60 策略由 40%权益和 60%债券构成;20/80 策略由 20%权益和 80%债券构成。

表 2—3 展示了三种策略在 2002 年 7 月 1 日—2017 年 8 月 31 日回溯时段内的业绩表现,风险平价(不加杠杆)的年化收益率为 3.38%,年化波动率为 3.71%。同时期的 40/60 策略由于股票权重较大,年化收益率达到 5.74%,年化波动率高达 10.87%,20/80 策略表现折中,年化收益率为 4.52%,波动率处于中位的 5.86%。若仅从收益角度看,风险平价并不占优势,显著低于 40/60 策略和 20/80 策略,但其波动率水平却为三种策略中的最小者,其信息比率最高,达 0.91,接近 40/60 策略的两倍。图 2—8 是三种策略在历史回溯期的净值曲线。在实际操作中,投资者可以通过风险平价加杠杆的方式,提升投资收益的同时保持较低的波动。

表 2—3　风险平价、40/60 策略和 20/80 策略风险收益统计

	风险平价	40/60 策略	20/80 策略
年化收益率	3.38%	5.74%	4.52%
年化波动率	3.71%	10.87%	5.86%
夏普比率	0.22	0.29	0.34
信息比率	0.91	0.53	0.77

数据跨度:2002.7.1—2017.8.31.
注:策略采取月末调仓,中国权益采用沪深 300 指数,中国债券采用中证国债总财富指数。
资料来源:Wind。

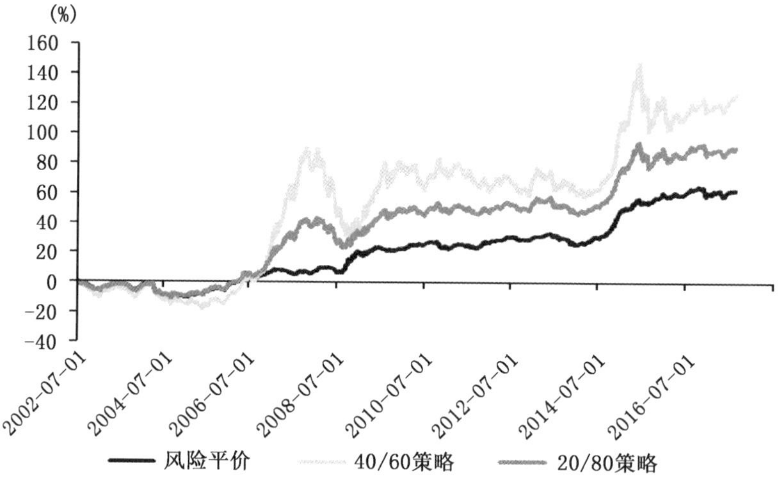

资料来源:Wind。

图 2—8　风险平价、40/60 策略和 20/80 策略历史回溯

由于风险平价策略的意义在于降低组合波动和熨平周期,因此有必要对特殊市场阶段的策略表现做更细致的检验。为此,本文选取了 2007 年、2008 年和 2015 年两轮股灾的时间窗口,对策略表现做进一步比较。

图 2—9 为三种不同策略在 2007 年、2008 年的净值曲线。不难发现,尽管 40/60 组合已经通过配置债券分散了一定的风险,但在此轮股灾期间仍出现了接近 40%的回撤。同一时期 20/80 策略出现了约 9%的亏损,而风险平价策略净值却上升了 11%。图 2—10 为 2015 年 5 月 14 日—2015 年 11 月 14 日的半年时间中三种不同策略的净值曲线,40/60 策略下跌约 10%,20/80 策略下跌约 2%,而风险平价却上升了 3%。

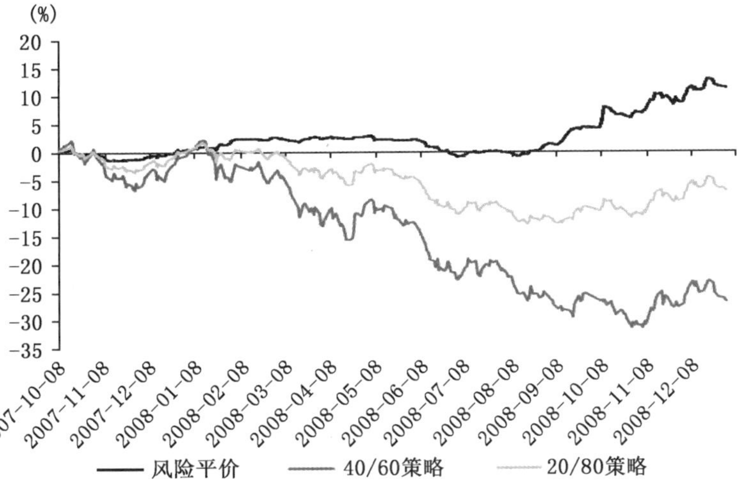

资料来源：Wind。

图 2—9　风险平价、40/60 策略和 20/80 策略在 2007 年、2008 年股灾中的表现

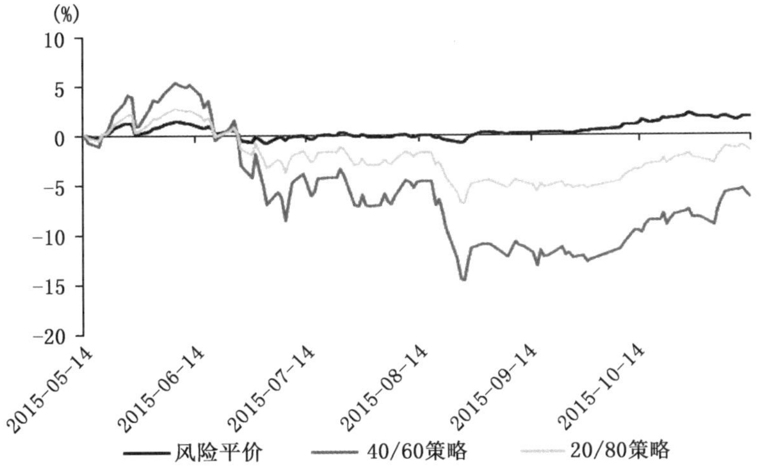

资料来源：Wind。

图 2—10　风险平价、40/60 策略和 20/80 策略在 2015 年股灾中的表现

由此可见，风险平价策略提供了相对稳健的投资配置，在极端市场环境下，降低了投资组合的波动和回撤。风险平价的核心不在于最大化收益，而是通过平衡大类资产对组合整体的风险贡献来降低宏观经济因素变化造成的冲击，提升投资组合单位风险的收益水平。

第五节　讨　论

风险平价策略通过资产边际风险贡献的均衡配置，增加了单位风险收益较高的资产配置比例，从而提升组合的资金使用效率。从实证数据来看，债券长期风险溢价高于股票，但在中短期维度上，股票和债券风险溢价的相对强弱具有很大的不确定性。在经济周期的不同阶段，宏观变量对底层资产的影响会相互抵消。通过检验发现，长期来看，经济增长和通胀对不同大类资产的冲击的确有规律可循；但站在中短期维度来看，宏观变量与大类资产的关系变得更为复杂，其相关性水平波动幅度较大，并且频繁出现“同正同负”的情况。因此，本章的结论是，风险平价策略是基于资产与宏观经济变量长期内在关系建立的，短期的市场波动不能作为评价该策略是否有效的标准。风险平价长期性的特点与保险资金相契合，但对于短期波动产生的影响，需要投资管理人通过完善配置方法和技巧加以改进与优化，例如加入投资组合动态波动控制。这样，既考虑长期风险分散，又考虑短期风险控制，才是比较完善的配置模型。

此外，在“股债双杀”的情形下，大类资产分散不能真正起到“风险分散”的作用，如果通过挖掘推动资产价格背后的风险因子，从“资产风险平价”转为“因子风险平价”，则能够起到更好的风险分散作用。

第三章　新资产维度下风险平价模型配置研究

第一节　新资产维度

国内权益与固收市场内部存在较为严重的同涨同跌现象，资产间的相关性较高，例如不同行业的股票存在较高的同步性。即使在固收与权益大类资产之间，近年来也频繁发生“股债双杀”的风险事件。因此，如果仅仅局限于传统资产配置，往往风险分散效果不尽人如意，很难在本质上显著提升风险调整后收益。如图 3－1 所示，近年来，基于风格或风险因子投资的新资产维度逐渐兴起。风格或风险因子是推动资产价格变化的内在因素。在传统大类资产的基础上配置具有长期溢价的风格因子组合，如动量、价值、波动因子等，可以进一步实现投资组合的风险分散，提升风险溢价水平。[①]为了前瞻性地探索基于新型因子资产维度下的大类配置的可能性及配置效果，本章将对权益因子、固收因子以及基于这些因子的风险平价配置方法展开研究。

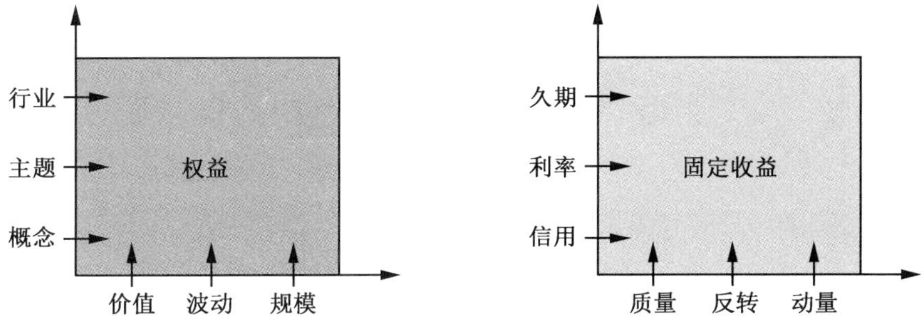

资料来源：笔者制作。

图 3—1　不同维度下的资产类别划分

第二节　权益因子资产的构建

在权益市场方面，以 FAMA-FRENCH 三因子模型为基础衍生出了丰富的因子模型，[②]这些模型可以归结为财务类如 BP、PE、ROE、分红等；技术类如动量、反转、Beta、波动率等；规模类如市值等。不同的因子在不同的经济情形以及不同的市场环境中表现各异。考虑到保险资金的市场容量以及风险偏好，本文将采用 MSCI A 股 Smart Beta 因子，具体细分为规模、价值、成长、红利、低波动五类。

图 3—2 为自 2008 年因子指数发布以来的净值曲线。从图中可以看出，从长期来看，价值、高分红、质量、低波动和规模指数均能超越沪深 300 指数。其中，低波动指数相对沪深 300 指数具有较高的超额收益。质量指数在前几年表现较为一般，但近一年具有较好的表现。不同的因子收益随着市场风格的轮动而变化。

表 3—1 总结了自 2008 年以来各风格因子指数分年的超额收益。在所选的 5 种指数中，价值指数的超额收益具有更好的稳定性，除了在 2010 年以及 2017 年至今跑输市场之外，其他年份均具有超额收益。规模指数具有较大的波动性，在 2009 年、

① Bender, J., Briand, R., Melas, D., Subramanian, RA., *Foundations of Factor Investing*[M]. Social Science Electronic Publishing, 2013.

② Fama, E. F., French, K. R. Common Risk Factors in the Returns on Stocks and Bonds[J]. *Journal of Financial Economics*, 1993(33).

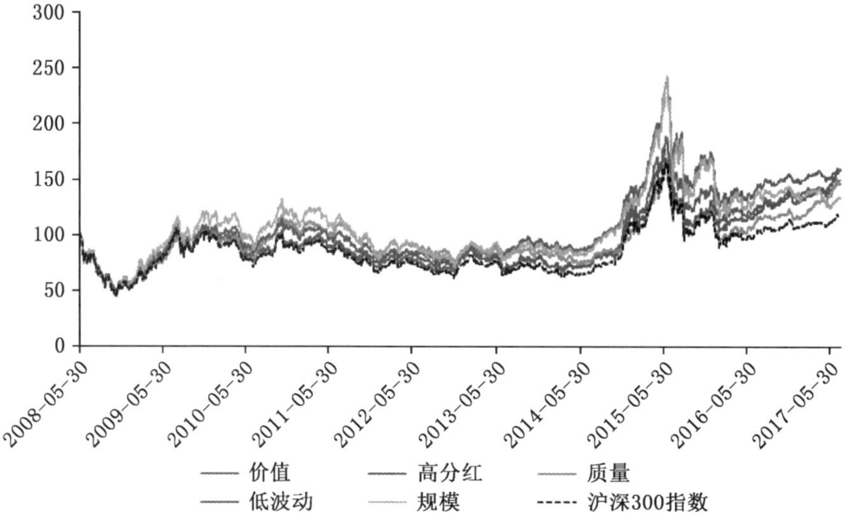

资料来源：MSCI。

图 3－2　风格因子指数与沪深 300 指数对比

2010 年、2013 年以及 2015 年具有非常可观的超额收益，但是在 2011 年、2012 年、2014 年、2016 年以及 2017 年也较大程度地输给沪深 300 指数。

表 3－1　　风格因子指数相对沪深 300 的分年超额收益

年份	价值	高分红	质量	低波动	规模
2008	1.19%	0.69%	0.57%	4.92%	2.93%
2009	6.35%	7.66%	2.62%	－6.51%	20.72%
2010	－2.53%	－3.65%	19.00%	9.81%	13.63%
2011	2.88%	9.03%	0.56%	0.16%	－7.20%
2012	1.23%	－3.50%	－6.64%	－6.58%	－5.39%
2013	0.43%	－0.57%	2.83%	18.34%	8.60%
2014	11.42%	－3.93%	－40.86%	－6.38%	－10.47%
2015	3.11%	1.66%	17.75%	14.55%	20.88%
2016	5.39%	11.19%	4.18%	－3.02%	－8.15%
2017	－0.83%	10.89%	14.40%	－4.61%	－13.72%

资料来源：笔者制作。

表 3－2 总结了各指数的年化收益与波动情况，从中可以看出，各风格指数的年化收益均超越沪深 300 指数，低波动指数与高分红指数年化收益最高，规模指数较低。

由于A股市场的高相关性，各指数的波动均与沪深300较为接近。考虑收益/风险比，各因子指数的收益/风险比均优于沪深300指数，进一步表明了配置风格指数较市场指数的优势。

表3—2　　风格因子指数与沪深300指数的收益波动比较

	价值	高分红	质量	低波动	规模	沪深300指数
年化收益	7.80%	8.13%	7.42%	8.28%	7.23%	5.46%
年化波动	26.26%	25.26%	25.94%	25.73%	28.71%	26.67%
收益/风险比	0.30	0.32	0.29	0.32	0.25	0.20

资料来源：笔者制作。

第三节　固收因子资产的构建

在固收市场方面，传统的固收因子主要为信用与期限等，用于描述债券的等级与期限。在此基础上，参考权益资产的技术因子，还可构建动量与波动因子。[①] 信用因子主要通过对债务人信用风险暴露获得风险溢价，期限因子主要通过对资产久期风险暴露获得风险溢价。由于固收资产的复杂性，本文主要通过中债债券系列指数构建所述的固收因子。

图3—3总结了上述4种固收因子自2010年以来的净值曲线。图中显示，从长期来看，动量、高波动、信用、期限因子均能超越中债总财富指数。自2010年以来，动量因子表现最佳，而信用因子表现同样较好且波动较小。高波动与期限因子走势较为相似，在2013年下半年以及2016年下半年发生较大回撤。相较于权益资产因子，固收资产因子的收益更加稳定，不同于权益市场上的反转效应，固收资产的动量效应较为明显。

表3—3进一步总结了各因子的年化收益与波动情况，从中可以看出，各因子的年化收益均超越中债总财富指数，动量与信用因子的年化收益最高。在波动层面，动量、高波动与期限因子的波动率较高。考虑收益/波动比，动量与信用的收益波动比好于中债总财富指数，但高波动与期限的收益/波动比低于中债总财富指数。

① A New Framework for Multi-Asset Class Strategies，MSCI.

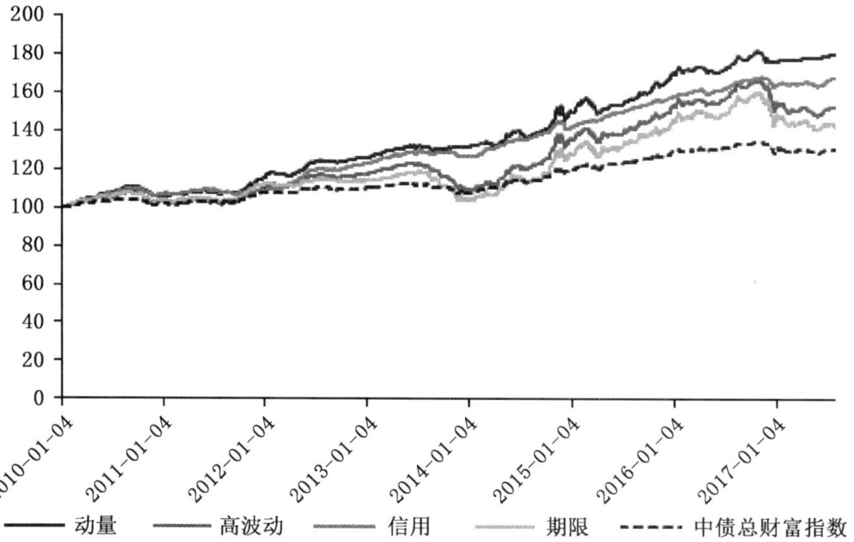

资料来源:笔者制作。

图 3—3　债券因子指数与中债总财富指数对比

表 3—3　固收因子指数与中债总财富指数的收益波动比较

	动量	高波动	信用	期限	中债总财富指数
年化收益	8.19%	5.92%	7.18%	4.97%	3.71%
年化波动	2.98%	3.95%	1.45%	4.77%	1.79%
收益/波动比	2.74	1.49	4.96	1.04	2.07

资料来源:笔者制作。

第四节　新型资产的风险平价配置

通过对权益以及固收因子资产的研究可以看出,无论在权益还是固收资产中,通过配置新型因子资产,从长期来看可以获得高于传统市场基准的超额收益。此外,因子是对大类资产风险驱动因素的进一步细分,因子配置策略比资产本身的配置策略有更好的风险分散效果。

通过对传统大类资产进行风险因子拆分,可以将大类资产风险平价配置策略转化为风险或风格因子平价配置策略,①实现风险因子的均衡,从而达到更好的分散效果。因子平价配置框架如图 3—4 所示。

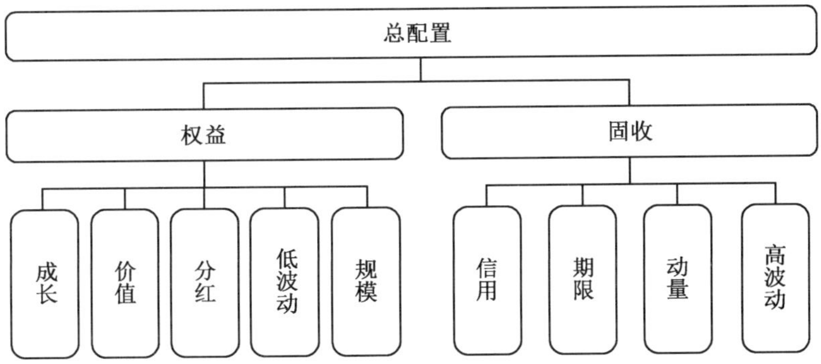

资料来源:笔者制作。

图 3—4　基于因子资产的风险平价配置结构

因子平价模型分为两层。在细分资产层面,首先对代表权益资产的 5 个权益因子进行风险平价配置,同时对代表固收资产的 4 个固收因子进行风险平价配置,分别得到权益因子风险平价组合以及固收因子风险平价组合;在此基础上,进一步对权益组合与固收组合进行风险平价配置,从而在大类资产层面实现风险平价配置。

通过对图 3—4 所示的权益因子资产进行风险平价配置,所得到的投资组合收益如图 3—5 所示。从图中可以看出,通过因子风险平价配置后得到的投资组合优于沪深 300 指数。自 2008 年至今,投资组合年化收益为 7.78%,高于同期沪深 300 指数的 5.46%。与此同时,波动率略有下降,从 26.7%降至 25.7%,收益/风险比也从沪深 300 指数的 0.2 提高到权益风险平价配置的 0.3。

对比表 3—4 与表 3—2 可以发现,风险平价配置后的因子资产组合相较于单因子,其收益与风险均处于中间水平。如表 3—5 所示,该组合年化超额收益相较于单因子更加稳定,避免集中暴露于单一风险。

① Qian, E., Risk Parity Portfolios: Efficient Portfolios through True Diversification. Panagora Asset Management. http://www.panagora.com, 2005.

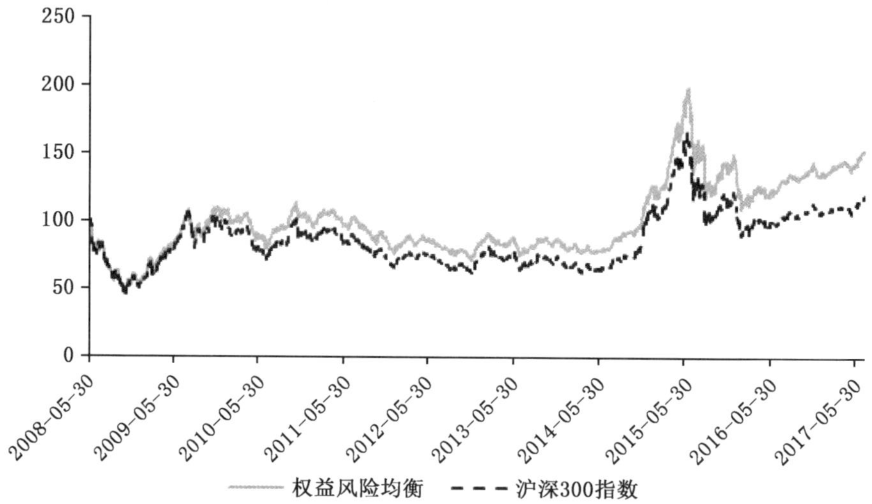

资料来源:笔者制作。

图 3—5　风险平价配置后的因子投资组合与沪深 300 指数的净值比较

表 3—4　　风险平价配置后的因子投资组合与沪深 300 指数的收益波动比较

	因子风险平价	沪深 300 指数
年化收益	7.78%	5.46%
年化波动	25.68%	26.67%
收益/风险比	0.30	0.20

资料来源:笔者制作。

表 3—5　　风险平价配置后的因子投资组合超额收益

2008 年	2009 年	2010 年	2011 年	2012 年	2013 年	2014 年	2015 年	2016 年	2017 年
3.60%	−1.18%	6.16%	0.18%	−1.84%	4.45%	−3.03%	−0.66%	10.84%	1.63%

资料来源:笔者制作。

在固收因子层面,通过对图 3—3 所示的固收因子资产进行风险平价配置,所得到的投资组合收益如图 3—6 所示。

从图中可以看出,通过风险平价配置后得到的投资组合优于中债总财富指数。从 2010 年至今,投资组合年化收益为 6.88%,远高于同期中债总财富指数的 3.71%。由于配置了高波动等因子,波动率略有提升,从 1.79%升至 2.31%,收益/风险比从中债总财富指数的 2.07 提高到固收风险平价配置的 2.98。

对比表 3—6 与表 3—4,相较于权益因子资产,固收因子组合所得到的年化收益

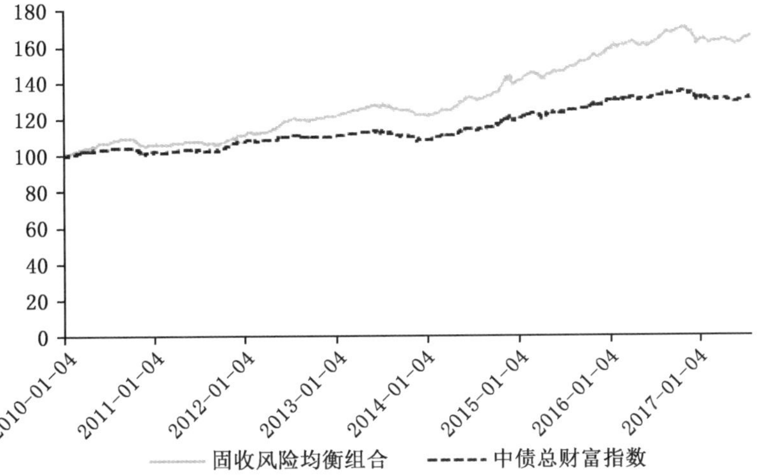

资料来源:笔者制作。

图 3—6　风险平价配置后的固收投资组合与中债总财富指数的净值比较

略低,但波动率远低于权益资产,因此有着更好的风险收益比,更适合保险资金特别是寿险久期长、风险控制要求较高的资金进行配置。

表 3—6　　风险平价配置后的固收因子组合与中债总财富指数的收益波动比较

	固收因子风险平价	中债总财富指数
年化收益	6.88%	3.71%
年化波动	2.31%	1.79%
收益/波动比	2.98	2.07

资料来源:笔者制作。

图 3—7 展示了基于权益因子和固收因子的风险平价策略与传统的权益和固收资产风险平价策略的比较。传统风险平价策略以沪深 300 和中债总财富指数分别作为权益和固收的基准。从图中可以看出,基于因子资产的配置方法优于基于传统宽基指数的配置方法。基于因子的配置年化收益达 7.61%,优于传统资产配置(年化收益 4.64%)。在风险方面,基于因子的配置策略波动率为 3.20%,略高于传统资产配置的 2.38%。综合考虑收益风险比,基于因子的配置为 2.38,高于传统资产的 1.85。

表 3－7　因子大类资产与传统大类资产风险平价配置的收益波动比较

	因子大类资产风险平价	传统大类资产风险平价
年化收益	7.61%	4.39%
年化波动	3.20%	2.38%
收益/风险比	2.38	1.85

资料来源:笔者制作。

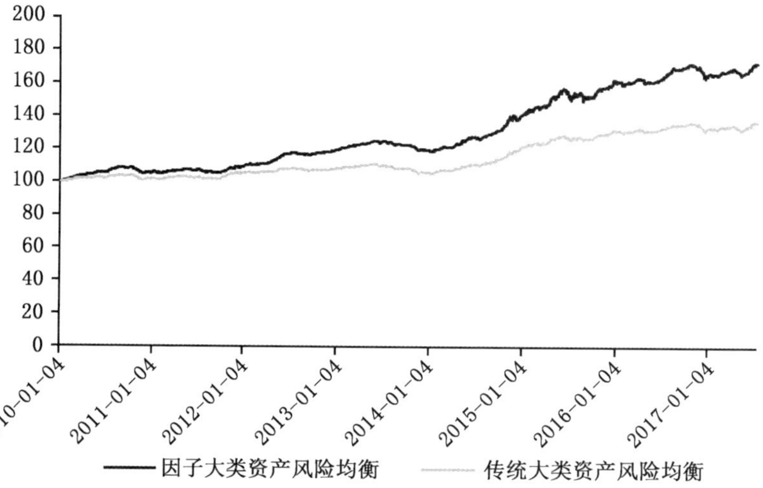

资料来源:笔者制作。

图 3－7　因子大类资产风险平价投资组合与传统大类资产风险平价组合对比

图 3－8 展示了因子配置和传统资产配置策略的比例,两种配置的趋势基本一致。由于权益因子资产的波动率略微低于沪深 300 指数,而固收因子资产的收益率略微高于中债总财富指数,因此基于因子的风险平价配置中,权益占比略高于其在传统资产风险平价中的配置。

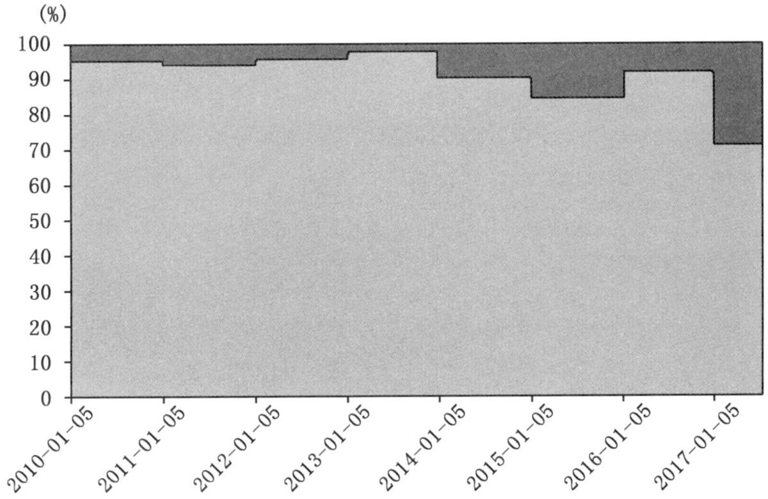

(a)因子大类资产

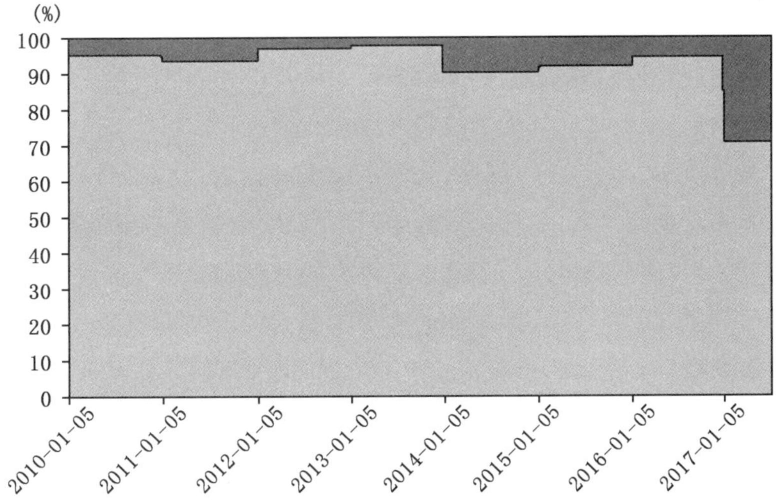

(b)传统大类资产

资料来源:笔者制作。

图 3—8　风险平价配置比例变化

第五节 讨 论

本章的研究基于因子投资方法将传统资产价格背后的风险驱动因子进行细分，并通过风险平价方法，将投资组合动态暴露在不同细分风险因子中，实现资产配置在风险因子层面的均衡。在新型的因子资产维度下，因子资产较传统资产具有更高的收益风险比率，基于因子维度的资产配置具有更高的收益以及收益风险比。虽然，基于因子的投资组合波动率比传统配置略高 0.45%，但其总体波动依然较低，适合对风险控制要求较高的保险资产配置要求。

从投资可操作性角度看，目前权益投资中，因子的配置实现已经较为方便，国内外各指数公司包括中证、MSCI 与富时均推出了较为完整的权益因子指数，通过跟踪这些指数实现因子投资组合的构建已经有了较为完善的解决方案。然而，由于流动性以及市场容量等一系列问题，固收因子资产的构建尚处于研究阶段，无论是中债总财富指数还是本文中所构建的固收因子指数，尚不具有可投资性。虽然市场上也存在部分针对不同债券品种的被动型基金，其针对不同的风险特性的区分度尚不完全满足因子投资的需求。因此，固收市场的因子投资方法还有待逐步成熟。

在风险平价模型方面，由于保险资金的风险偏好要求以及投资限制，风险平价模型本身并不能完全发挥其效用。一方面，来自杠杆比例的限制，债券的投资比例相较于国外仍然较低，实现利率风险与经济增长风险的完全对冲只能通过降低对经济增长风险的暴露（配置较低的权益），而不能通过增加利率风险暴露实现（通过杠杆配置更高的固收），从而降低了投资组合收益。另一方面，国内市场权益与债券收益率的负相关性并不明显，特别是在 2013 年的下半年以及 2016 年年底发生权益与固收收益同时下跌的“股债双杀”现象，从而造成投资组合发生较大的回撤，而基于利率风险与经济增长风险相互对冲为假设的风险平价模型在这一时期失效。

在前文的研究中，相较于均值方差模型对收益风险水平的选择与优化，风险平价模型本身并不对资产本身的未来走势进行假设。本章中提高投资组合收益的方法来自提升资产本身的收益风险比，即选择更优质的资产提升整体收益。在因子投资维度下，通过被动投资于 Smart Beta 因子指数而不依赖于主动管理等方法，不但其容量适用于保险大资金的配置，管理费用也更加低廉，因此是一种值得未来深入探索的新型投资途径。

第四章　财务口径下的风险平价模型

第一节　新会计准则对财务投资收益的影响

保险资金的资产配置存在多元化目标，资产配置的方案往往需要满足资本需求、资产负债匹配、大类资产比例的监管要求等多种目标和要求；同时，在公允价值和财务口径下，均需要在充分分散风险的前提下获取相对高的收益。前文基于新资产维度下的风险平价模型，给出了公允价值口径下的大类资产配置建议，获取了较高的收益风险比。本章则着眼于财务口径，希望通过风险平价模型的应用和资产维度的拓展，在不影响公允价值收益与风险的同时，寻找能够更好满足财务口径下收益与风险目标的大类资产配置。

在财务口径下，不同会计类别的资产有着不同的收益确认规则，虽然会计分类无法改变资产的收益和风险特征，但部分资产通过适当的会计处理，其资产价格波动对利润造成的影响可以被平滑，从而这类资产在财务口径下的波动将有所降低。在目前现行的会计准则下，金融资产主要分为持有至到期资产（简称 HTM）、贷款和应收资产（简称 LR）、交易类资产（简称 TR）和可供出售类资产（简称 AFS）。对于股票、基金等高收益资产，价格（公允价值）波动较大，在公允价值口径下，属于高收益、高风险资产，而在财务口径下，大多数公司倾向于将其分类为 AFS，考虑到是其公允价值变动而不计入当期损益，因此对财务波动影响不大。而财务口径下真正的高风险资产（TR 类金融资产）普遍占比不大，因此财务波动可以获得有效控制。

在即将实施的 IFRS 9[①] 会计准则[②]下，金融资产基于合同现金流量特征及业务模式被重新分类为三类，分别是以摊余成本计价的金融资产（简称 AC）、以公允价值计价且变动计入其他综合收益的金融资产（简称 FVOCI）和以公允价值计价且变动计入

① 2017 年 3 月 31 日，财政部修订发布金融工具相关企业会计准则（简称“新会计准则”），包括《企业会计准则第 22 号——金融工具确认与计量》《企业会计准则第 23 号——金融资产转移》和《企业会计准则第 24 号——套期保值》。这些新金融工具准则与《国际财务报告准则第 9 号——金融工具》（简称“IFRS 9”）趋同，堪称中国版的 IFRS 9。

② 国金证券，《“A 股分红”专题报告：A 股分红，历史、特征和高分红个股挖掘》，2017.

当期损益的金融资产(简称 FVPL)。与现行的会计准则下宽松的金融资产分类标准不同,新会计准则下对于金融资产的分类标准存在严格要求;同时,满足业务模式和现金流量特征上的要求,才能分类为 AC 类或 FVOCI 类,否则必须分类为 FVPL 类,即公允价值变动都将计入当期损益。[①]

在新会计准则的标准下,绝大多数基金、净值型另类产品、嵌入衍生品的金融产品、通不过 SPPI 现金流测试的债权类资产都将归类为 FVPL,同时考虑到 FVOCI 权益类资产的买卖价差永久性不能进入利润表,大量股票也将归类为 FVPL。这些资产一旦公允价值发生波动,将直接影响损益,因此预计在新会计准则下,保险公司财务波动将不可避免地出现大幅增长。据此,在 IFRS 9 下严格控制财务波动,同时保证一定水平的财务投资收益率,就成为保险公司必须面临的一项重要课题。

第二节　新会计准则下投资收益风险控制

合理设置财务收益风险偏好将是保险公司迎接新会计准则的首要工作。在现有会计准则下,众多保险公司的财务口径下投资收益风险偏低,风险偏好也维持在较低水平。在新会计准则下,保险公司可基于资产和负债特性,重新评估财务收益要求和风险承受能力,适度调整风险偏好。

限制 FVPL 类资产比例是控制财务波动的有效途径。通过将高波动、长久期的债权类资产归类为 AC 或 FVOCI,或是将部分高分红的权益类资产归类为 FVOCI,可以大量减少资产价格波动对财务口径下投资收益的影响,使得财务波动维持在较低水平。同时,着眼于长期票息和股息收入而非短期价格波动,符合保险资金的长期性特点,更加有助于保险公司更好地服务实体经济。因此,保险公司可以考虑将永续债等固定收益类资产和高分红的蓝筹股、长期股权投资、优先股等权益类资产归类为 FVOCI 的行列(见图 4－1)。

① IASB,IFRS 9—Financial Instruments,2010,http://www.iasplus.com/en/standards/ifrs9.

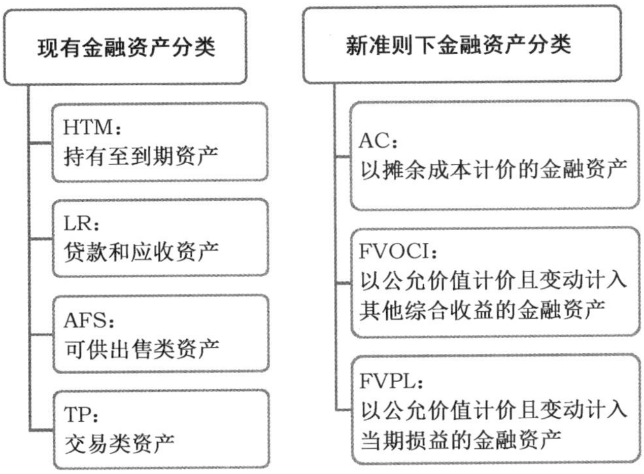

资料来源：笔者制作。

图 4—1　新旧会计准则下的金融资产分类

投资组合多元化是分散风险的有效途径。保险公司可通过拓宽投资渠道，不断发掘新的资产大类以分散市场风险。

第三节　考虑新的会计分类后的风险平价模型

在保险公司的实际投资过程中，会计分类准则对大类资产配置具有一定影响。本节将把金融资产的会计分类与大类资产配置相结合，在前文对权益以及债权因子的风险平价模型研究基础上，进一步优化新会计准则下的风险平价模型，不仅在公允价值口径下确保较高收益、控制风险，同时进一步优化财务口径下的收益与波动率。

基于权益以及债权因子资产的风险平价模型测算结果显示，在公允价值口径下，模型回测结果预期收益为 7.61%，年化波动率为 3.2%（表 3—7）。若所有资产均为 FVPL 类，则财务口径下收益与公允价值口径收益相同。若该结果不能满足保险公司财务口径下波动率要求，或者公司希望进一步提升财务稳定性，则需要将一部分股息/票息较高的资产归类为 FVOCI，降低财务收益波动率。

考虑到权益资产中的高分红因子能够提供持续稳定的股息收益和较好的财务投资收益，本文将该因子类别资产归类为 FVOCI，其他因子资产因分红水平不稳定，投资收益主要来自股票价格变化，更适合归类为 FVPL（见表 4—1）。

表 4－1　各风格因子指数分红水平比较

	价值	高分红	质量	低波动	规模
年化分红水平	2.12%	3.02%	1.77%	1.55%	1.08%
分红水平波动	0.49%	0.72%	0.45%	0.26%	0.14%

资料来源：笔者制作。

债权类资产可提供稳定票息，但高波动因子和期限因子对应资产的价格波动较大，导致公允收益波动率较大，可考虑划为 FVOCI 类。重新分类以后，各大类因子的会计分类如表 4－2 所示。

表 4－2　各风格因子资产会计分类建议

权益类因子	会计分类	债权类因子	会计分类
价值因子	FVPL	动量	FVPL
高分红因子	FVOCI	高波动	FVOCI
质量因子	FVPL	信用	FVPL
低波动因子	FVPL	期限	FVOCI
规模因子	FVPL		

资料来源：笔者制作。

在会计分类确定以后，本章基于前文介绍的风险平价模型，测算了组合整体的财务收益与波动水平，并同时列示了公允价值口径的收益与波动率作为参考。其中，通过合理的会计分类，权益类资产在财务口径下的波动率得到了一定控制(见表 4－3)。

表 4－3　权益类资产两个口径下收益与风险

	财务口径	公允价值口径
年化收益	6.73%	7.79%
年化波动	20.62%	25.70%

资料来源：笔者制作。

债权类资产的结果列示在表 4－4 中，可以看到财务口径下的波动率控制效果更为明显。

表 4—4　　债权类资产两个口径下收益与风险

	财务口径	公允价值口径
年化收益	6.46%	6.88%
年化波动	1.17%	2.31%

资料来源:笔者制作。

从整体资产的收益波动来看,经过会计分类调整,风险平价配置后的因子投资组合在财务口径下的波动率得到了有效控制,财务稳定性得到一定保证(见表 4—5)。

表 4—5　　投资组合在两种口径下的收益与风险

	财务口径	公允价值口径
收益率	6.92%	7.61%
波动率	2.20%	3.20%

资料来源:笔者制作。

第四节　考虑恒生高股息因子后的风险平价模型

为有效降低财务收益的波动,需要在会计上将 AC/FVOCI 类资产和 FVPL 类资产进行区分。收益主要来自股息/票息的资产适合归类为 AC/FVOCI,收益主要来自价格收益的资产更适合归类为 FVPL。目前,在权益投资中,MSCI 等指数公司推出的高分红因子指数所代表的高分红股票将有助于保险公司实现 FVOCI 类权益的配置,是权益类资产配置中财务收益的主要贡献者。但考虑到目前国内 A 股市场股息率、分红率相比海外成熟市场处于较低水平,这将使得红利对财务收益率的贡献有限。数据显示,过去近 10 年间 MSCI A 股高分红因子指数的分红水平仅为 3.02%,放眼整个 A 股市场,2016 年 A 股股息率为 0.51%,明显低于港股的 2.02% 和美股的 1.85%;A 股上市公司平均分红率也较低,2016 年 A 股平均分红率为 35%,而同期港股和美股平均分红率分别为 51.6%、82.0%。[①]。因此,在海外市场寻找高分红股票并在会计上计归类为 FVOCI,这也是保险机构和风险平价模型可进一步研究的课题。

本文选择了港股高股息因子指数,使得总投资组合在提供稳定财务投资收益的同

① IASB,Classification and Measurement:Limited Amendments to IFRS 9[proposed amendments to IFRS 9 (2010)],2012.

时，通过资产多元化进一步降低财务风险。表 4—6 展示了 A 股与 H 股高分红因子指数的比较。

表 4—6　　A 股与 H 股高分红因子指数分红水平比较

	A 股高分红	恒生高股息率
年化分红水平	3.02%	5.24%
分红水平波动	0.72%	1.03%

资料来源：笔者制作。

图 4—2 为自 2008 年以来恒生指数、恒生国企指数以及恒生高股息指数的净值曲线。从图中可以看出，长期来看，恒生高股息率指数超越恒生指数和恒生国企指数。

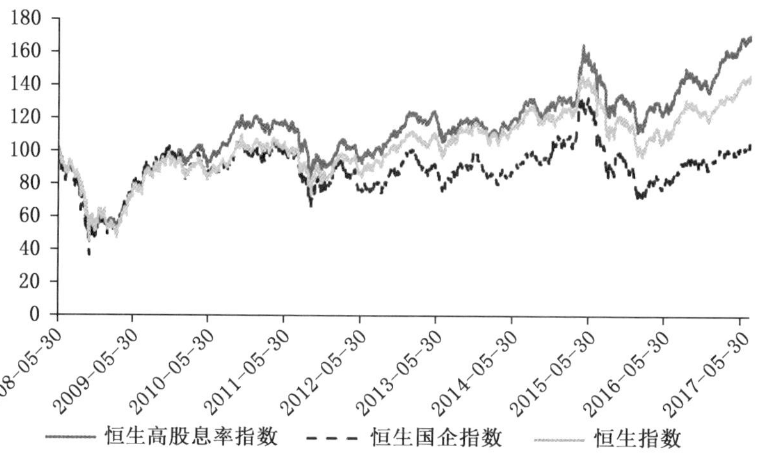

资料来源：Wind。

图 4—2　恒生高股息因子与大盘指数净值曲线

从表 4—7 可以看出，恒生高股息率指数相比港股大盘指数（恒生指数、恒生国企指数）提供了更稳定的额外收益，且分红水平更高。本文将恒生高股息率指数作为 FVOCI 类资产加入资产组合中（图 4—3），获取一部分海外宏观风险和收益，利用风险平价模型实现各种风险的均衡，同时提升资产整体的财务收益和风险比。

表 4—7　恒生高股息率指数与恒生指数、恒生国企指数的年化收益和分红水平比较

	恒生高股息率指数	恒生指数	恒生国企指数
年化收益	7.94%	7.33%	5.34%
年化波动	19.68%	24.64%	30.86%
收益/风险比	0.40	0.30	0.17
年化分红水平	5.24%	3.62%	3.62%
年化分红水平波动	1.03%	0.76%	1.18%

资料来源:笔者制作。

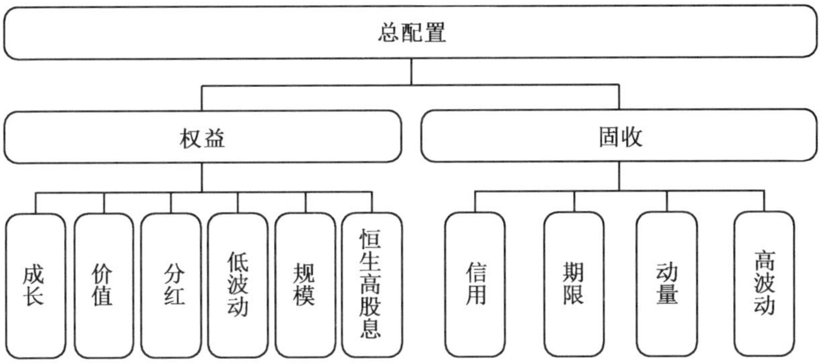

资料来源:笔者制作。

图 4—3　考虑恒生高股息因子后的资产配置

本文在应用风险平价模型的过程中以公允价值收益和风险作为首要优化目标,模型依然分为两层:先对下层的六大权益因子资产和四大固收因子资产分别进行风险平价配置;然后进一步对权益组合和固收组合进行平价配置。权益因子经过优化配置后,财务收益波动从 20.62%下降至 16.29%(表 4—8),同时公允收益的波动也从 25.68%下降至 22.60%(表 4—9)。由于风险的下降,收益/风险比普遍得到提升,在财务口径下,收益/风险比从 0.33 提升到 0.39,在公允价值口径下,收益/风险比从 0.30 提升到 0.34。

表 4—8　权益类资产财务口径下收益与风险

	考虑恒生高股息因子后的平价策略	考虑恒生高股息因子前的平价策略
年化收益	6.36%	6.73%
年化波动	16.29%	20.62%
收益/风险比	0.39	0.33

资料来源:笔者制作。

表 4—9　　权益类资产公允价值口径下收益与风险

	考虑恒生高股息因子后的平价策略	考虑恒生高股息因子前的平价策略
年化收益	7.67%	7.78%
年化波动	22.60%	25.68%
收益/风险比	0.34	0.30

资料来源:笔者制作。

相较于权益因子资产,固收因子组合所得到的年化收益略低,但波动率却远低于权益资产,有着更好的风险收益比,因此将固收类资产与权益类资产进行整体层面的风险平价配置后,组合整体风险有了大幅下降。在财务口径下,考虑恒生高股息因子资产后,组合整体收益/风险比从 3.1 提升到 3.4。

表 4—10　　投资组合在财务口径下的收益与风险

	考虑恒生高股息因子后	考虑恒生高股息因子前
收益率	6.90%	6.92%
波动率	2.01%	2.20%
收益/风险比	3.4	3.1

资料来源:笔者制作。

公允价值口径下,资产的多元化分散了权益风险,资产配置实现了风险的进一步优化(表 4—11)。考虑恒生高股息指数后,年化收益率变动不大,同时年化波动率略有下降,收益/风险比稳定在 2.4 左右。

表 4—11　　投资组合在公允价值口径下的收益与风险

	考虑恒生高股息因子后	考虑恒生高股息因子前
收益率	7.62%	7.61%
波动率	3.13%	3.20%
收益/风险比	2.4	2.4

资料来源:笔者制作。

考虑恒生高股息因子前后的风险平价配置的净值比较如图 4—4 所示。

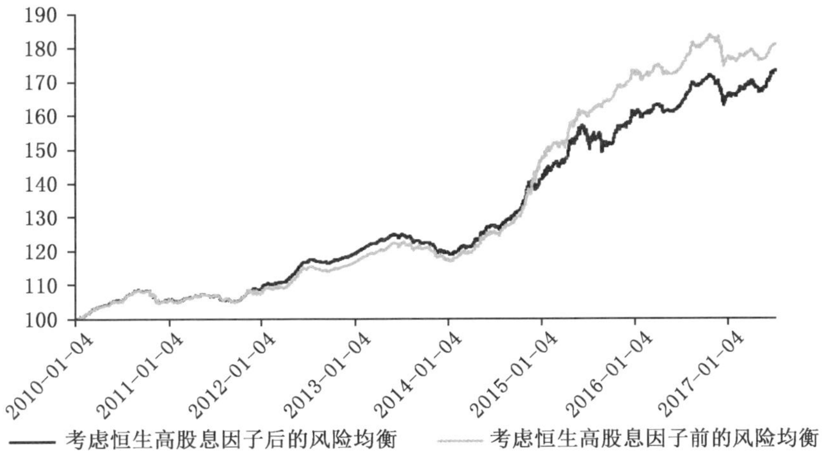

资料来源：笔者制作。

图 4—4　考虑恒生高股息因子前后的风险平价配置的净值比较

第五节　讨　论

在新会计准则下，由于大量资产将被迫归类为 FVPL，其公允价值波动将直接影响财务收益，因此短期内保险公司财务收益波动加大将是必然结果，保险公司需要调整财务收益风险偏好，加强组合管理和大类资产配置，迎接会计准则变更对保险业投资端带来的挑战。

本文采用新资产维度下的风险平价模型，将公允价值收益和风险作为首要优化目标，将财务收益和风险作为次要目标，次要目标的实现主要依靠会计分类的约束和资产类别的扩充，从而为保险资金配置提供了满足两种口径下的收益风险要求的有效建议。一方面，本文根据财务收益和风险特性为各大类资产针对性地进行了会计分类，配置了一定数量的 FVOCI 资产；另一方面，本文探索了在权益类因子中引入恒生高股息因子指数，在有效提升财务收益的同时，加强了投资组合的多元化，进一步分散了市场风险。风险平价模型有效控制了保险公司的财务收益的波动，同时公允价值收益和风险也保持了稳定。

对于保险资金中流动性强的资本市场资产，风险平价模型提供的配置建议，有效地平衡了财务和公允价值口径的收益与风险。考虑到保险资金的长期性和巨大体量，还有相当一部分保险资金投资于非资本市场或是低流动性资产，例如不动产、长期股权投资等资产类别。这些资产在新会计准则下有着与传统债权资产和公开市场股票不同的风险和收益特征，在投资组合中能够提供积极的风险分散作用。但由于其收益和风险数据较为缺乏，风险平价模型无法很好刻画其真正的市场风险，也未能对这类资产的配置提供建议，这也是保险资产配置未来需要进一步研究的方向。

第五章　资产负债管理框架下的风险平价模型研究

第一节　保险资产配置中的资产负债管理要求

保险资产管理必须以资产负债匹配为核心原则，这是保险资管与其他资产管理机构的本质区别。保险产品以负债驱动型为主，保费是公司投资资产的主要来源，保费收入成为保险公司的留存金，通过合理的资产配置和投资管理保值和增值，为未来保险给付提供准备。优秀的资产管理不仅能确保公司履行其保险承诺，还能够创造超额收益为公司股东带来价值。然而保险给付义务在时间上和金额上都具有不确定性，保险投资也面临市场风险和信用风险，因此保险公司必须基于审慎原则进行资产管理，持有充足的安全资本以应对公司可能面临的各种经济上的不确定性，这样才能维持公司乃至整个行业健康稳定地运营。

2015 年 2 月，原中国保监会颁布实施《中国第二代偿付能力监管制度体系整体框架》，①开启了中国保险行业以风险为导向的资本管理新阶段。在“偿二代”体系中，保险公司面临的保险风险（给付义务的不确定性）、市场和信用风险（投资端的不确定性）通过统一的量化模型进行计量，最后合并成为公司最低资本要求（图 5－1）。当公司的实际资本低于最低资本要求时，其偿付能力充足水平低于 100％，意味着公司可能无法应对未来一年风险事件导致的公司财务损失。因此，对于保险公司而言，保持较高水平的偿付能力充足率是经营管理的重要目标。

“偿二代”体系对保险资产管理产生深刻影响，各类资产配置比例和规模将直接影响公司市场风险的计量。最低资本的计量基于在险价值（value at risk）的理念，以市

① 原中国保监会，《保险公司偿付能力监管规则（第 1 号－第 17 号）》，2015.

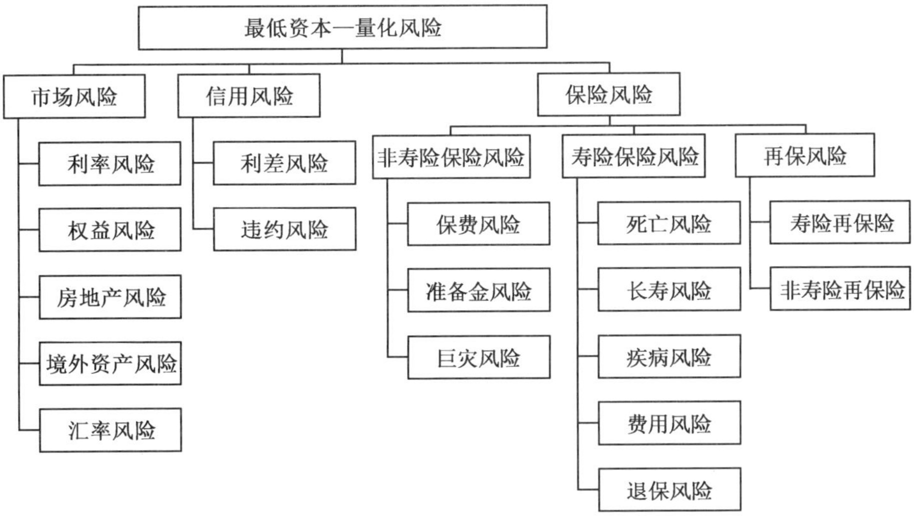

资料来源:笔者制作。

图 5—1 “偿二代”体系下风险量化最低资本框架

场风险为例,资产波动率越高,最低资本要求和资本占用就越高。因此,公司在进行大类资产配置时,不仅要考虑资产的预期收益,还要考虑该资产的风险及其对资本占用的影响。此外,“偿二代”计算整体最低资本时并不是简单的算术加总,而是采用各类型风险相关系数矩阵法,以反映不同风险间的分散效应(见表 5—1)。对于资产配置而言,通过考虑不同类型资产的市场风险最低资本要求以及不同风险间的分散效应,可以有效降低资本占用,提升公司的偿付能力充足水平。

表 5—1　　市场风险最低资本相关系数矩阵

	$MC_{利率}$	$MC_{权益价格}$	$MC_{房地产}$	$MC_{境外固收}$	$MC_{境外权益}$	$MC_{汇率}$
$MC_{利率}$	1	−0.14	−0.18	0	−0.16	0.07
$MC_{权益价格}$	−0.14	1	0.22	0.06	0.50	0.04
$MC_{房地产}$	−0.18	0.22	1	0.18	0.19	−0.14
$MC_{境外固收}$	0	0.06	0.18	—	0.04	−0.01
$MC_{境外权益}$	−0.16	0.50	0.19	0.04	1	−0.19
$MC_{汇率}$	0.07	0.04	−0.14	−0.01	−0.19	—

资料来源:原保监会偿付能力监管 7 号文:市场风险。

利率风险不同于其他的市场风险,其计量需要同时考虑资产和负债的利率敏感性。利率风险是国内寿险公司面临的最大风险之一,主要原因是保险负债期限较长,而国内市场在长久期债券上的供应有限，造成资产和负债久期缺口较大。降低利率风险需要通过增加长久期债券的配置或者运用相应的利率衍生品对冲负债久期。因此，保险资产配置中应充分考虑对冲利率风险的需求，直接采用均值—方差模型可能导致资产配置过于集中收益率较高的权益资产，而忽视了资产负债久期匹配的要求。风险平价策略虽然不直接考虑利率风险，但策略本身倾向于配置更多低波动率的债券，间接地起到降低利率风险的作用，因此更加符合保险公司的需求。

满足公司资本充足率需求是保险资金管理最基本的考量，但并非唯一考量因素。保险资金管理的核心任务是满足负债支付要求，这也是保险资产负债管理中的关键要素，即投资收益与负债成本的匹配。负债成本具有刚性特征。一是因为负债合同是长期的，定价利率在合同期初确定不能随意变更；二是出于市场竞争考虑，降低定价利率或负债成本将导致保险产品市场竞争力下降，因此即使投资收益下降时期很多保险公司也不会轻易调整负债成本。以 2016 年为例，10 年期国债利率全年中枢处于 2.86％的低位，A 股沪深 300 指数全年收跌－11.2％，资本市场的不利环境给保险公司的投资业绩带来很大挑战（图 5－2）。然而同期的市场调研发现，仍有接近半数的保险机构对分红、万能和传统账户的投资目标设定为 5％或以上（图 5－3）。由此可见，保险行业的成本收益匹配充满挑战。

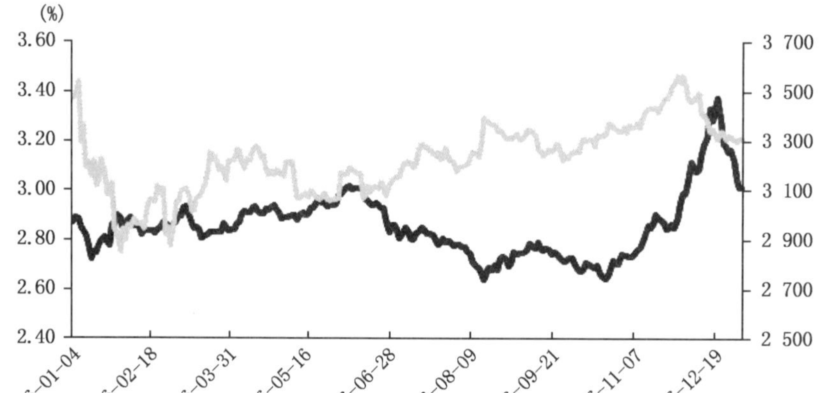

资料来源：笔者制作。

图 5－2 2016 年国债收益率和沪深 300 走势

本章第二节将探讨风险平价策略在偿付能力最低资本管理中的应用，通过策略比较为公司提供可提升偿付能力水平的配置建议；第三节将进一步研究风险平价策略在收益成本匹配上的考量，测试风险平价策略在降低组合风险的同时，是否能满足负债成本匹配的要求。

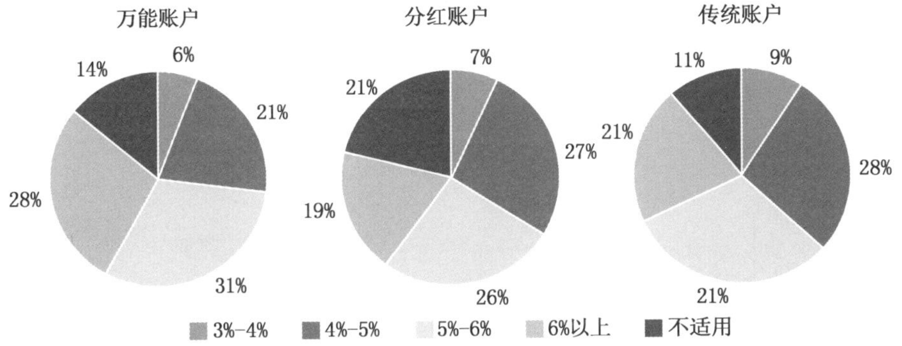

图 5—3　安永保险业 2016 年度 ALM 调研：各范围投资收益目标的公司占比

第二节　风险平价策略与最低资本优化

资本管理是保险公司经营管理中的重要内容，偿付能力充足率反映公司资本充足状态和应对未来各种不确定性的经济能力。监管规定保险公司的偿付能力水平不得低于 100%。在以风险为导向的"偿二代"体系中，资产配置对公司的偿付能力有重要的影响，投资资产的风险分布直接影响偿付能力最低资本要求，因此本文将以案例分析的形式探讨如何通过资产配置降低最低资本要求，提升公司的偿付能力水平。

假设一个传统寿险账户，资产规模为 1 000 亿元。我们对国债、信用债、股票和房地产四类资产进行配置，其中股票和房地产按银保监会资金运用规定分别设置投资比例上限 30%。表 5—2 和表 5—3 展示了资产预期收益和波动率假设和大类资产间的相关性系数。从风险收益关系看，国债和信用债属于低波动低收益的安全性资产，房地产和股票属于高波动高收益的风险资产(图 5—4)。

表 5—2　　大类资产的收益风险假设

	收益率	波动率
国债	3.6%	3.6%
信用债	5.0%	3.4%
股票	12.9%	27.5%
房地产	7.2%	11.0%

注：大类资产风险收益参数仅作为研究假设，非实际投资依据。

表 5—3　　大类资产之间的相关性(基于历史数据)

	国债	信用债	股票	房地产
国债	100%			
信用债	67.4%	100%		
股票	－8.3%	－10.0%	100%	
房地产	－7.4%	－10.3%	70.8%	100%

资料来源:笔者制作。

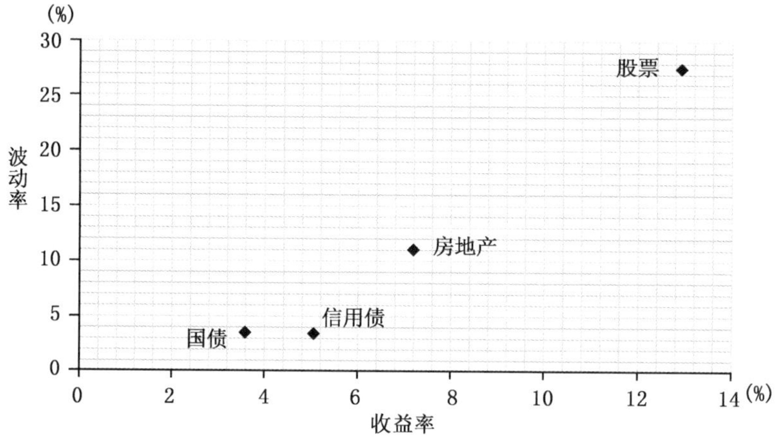

资料来源:笔者制作。

图 5—4　大类资产的风险收益

一、采用传统风险平价配置策略下的最低资本

首先使用传统的资产风险平价配置方法建立投资组合,即将四类资产的边际风险贡献进行平均配置,配置比例如图 5—5 所示:

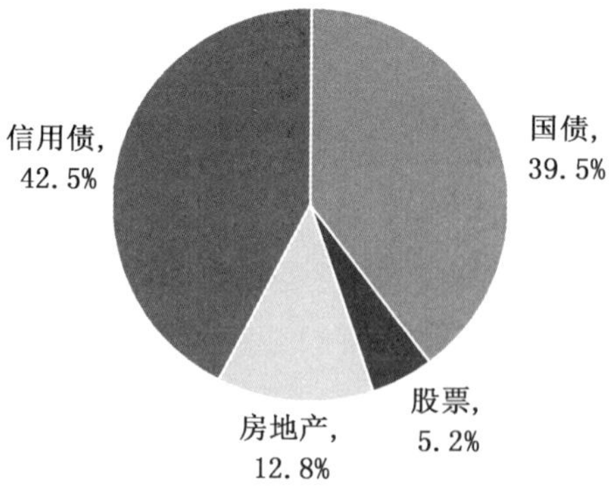

图 5—5　资产风险均衡配置

资产风险平价组合中超过80%的资产配置为低波动的国债和信用债。股票和不动产资产由于波动性较高,配置比例仅为5.2%和12.8%。

资产配置比例对偿付能力框架下最低资本的分布产生直接影响,图5—6展示了四类资产基于银保监会"偿二代"量化规则计算的利率风险、权益风险、不动产风险以及信用风险的最低资本要求。为简化分析,利率风险固化了负债利率风险贡献。从图5—6可以看出利率风险在该策略中的占比最大,原因是该传统产品的期限较长,资产负债久期缺口较大。虽然风险平价策略中债券配置比例较高,但主要以久期较短的信用债为主,对冲负债利率风险的效果有限。考虑分散效应后,该传统账户的最低资本要求为52亿元。

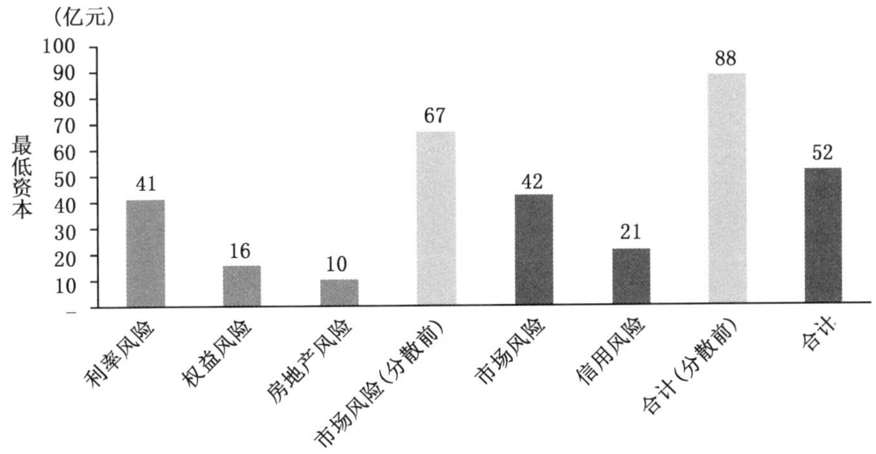

资料来源:笔者制作。

图5—6 资产风险平价策略的市场和信用风险最低资本

采用蒙特卡洛模拟方法预测资产组合未来一年的收益和波动率,结果如表5—4所示。

表5—4 资产风险平价组合预期收益率和波动率

	预期收益率(1年)	预期波动率(1年)
资产风险平价策略	5.6%	3.8%

资料来源:笔者制作。

二、以最小化最低资本为目标的配置策略

对于偿付能力充足率较低的公司,在做资产配置决策时会把降低资本占用作为首

要目标。以资本占用最小化为目标的策略将基于偿付能力量化计算规则，分别计算出不同配置方案下的市场和信用风险最低资本要求，优先选择资本要求最小的配置方案。

在同样的组合规模和四类可选资产的条件下，优化最低资本得到的各资产配置比例如图5—7所示。结果显而易见，该策略大幅增加国债配置比例至70%，用于对冲负债利率风险；而股票属于高风险资产，资本占用比例最高，因此策略直接将权益比例降至0%。

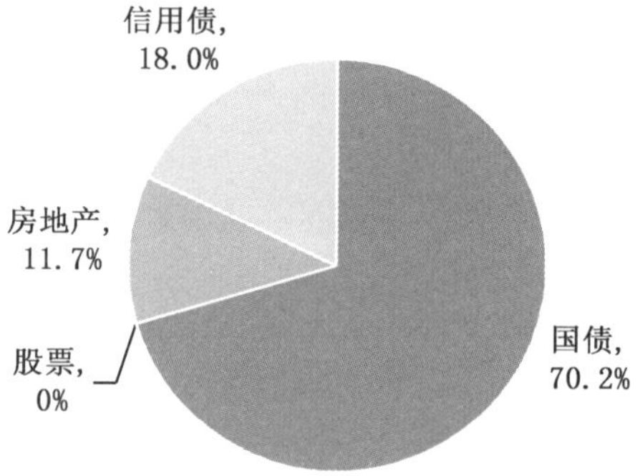

资料来源：笔者制作。

图5—7　最低资本占用策略配置比例

图5—9展示了最低资本占用策略下组合的市场和信用风险最低资本要求。可以看到，资产配置比例的调整直接改善了资本占用，考虑分散效应后的最低资本降至15亿元，其中利率风险完全对冲，权益风险为0。该策略中市场风险和信用风险各占比50%，充分利用了不同风险间的分散效应。

最后，从风险收益角度考察该策略，表5—5展示了最低资本占用策略未来一年的投资收益和波动率。相对于资产风险平价策略，最低资本占用策略的收益率大幅下降60bp。对产生收益来源的各类资产进行分析，可以看到收益大幅下滑的原因来自于资产的集中配置，即长期限国债占比过高，而可以提升组合收益的股票资产配置为0。

表5—5　最低资本占用组合预期收益率和波动率

	预期收益率(1年)	预期波动率(1年)
最低资本占用策略	5.0%	3.8%

资料来源：笔者制作。

对比以上两种配置方案，我们发现资产风险平价策略组合收益较高，但过于暴露

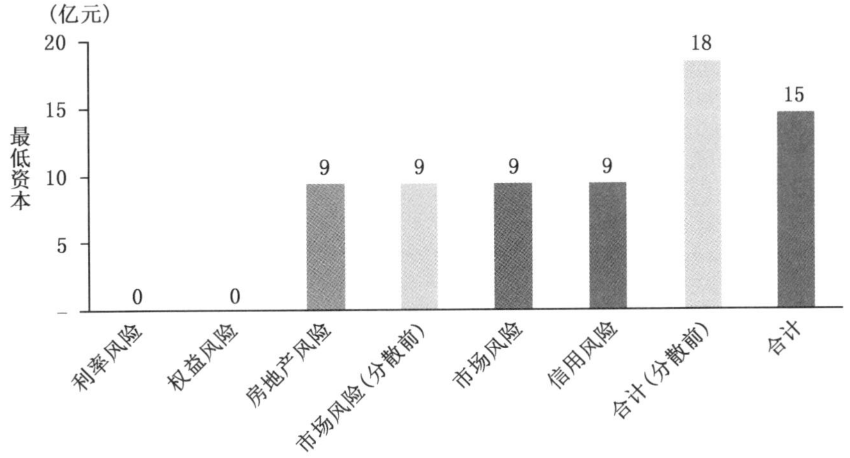

资料来源:笔者制作。

图 5—8　最低资本占用策略的市场和信用风险最低资本

利率风险;最低资本占用策略集中配置国债,低配权益,最大限度地改善了最低资本要求,但缺点是收益没有吸引力。是否存在更加均衡的资产配置方法,能够兼顾收益和资本占用两个优化目标呢?

三、资本风险平价策略

平衡各类风险资本占用可以更好地利用风险间的分散效应,从而降低整体偿付能力最低资本要求。前文讨论的风险平价策略是单纯从资产端的角度,分散投资资产的各项风险;从公司资产负债管理角度,我们需要寻找提升公司资本管理效率的配置策略。"偿二代"的量化规则提供了一个很好的框架。基于"偿二代"的市场风险和信用风险计量方法,以各类资产最低资本要求代替波动率作为风险指标,结合相关系数矩阵,运用风险平价模型进行各类风险最低资本的均衡配置。该策略将原来资产风险平价策略转化为资本风险平价策略。

采用资本风险平价策略得到的配置结果如图 5—9 所示。资产之间的配比相对更加分散,国债仍然占有绝对优势,为 63.1%,但股票资产占有将近 4%的配置。

与最小资本占用的组合进行比较(图 5—10),资本平价策略的国债减少部分被均匀分散到股票和房地产等风险资产中,这样在一定程度上提高了该策略的收益上升空间。

图 5—11 展示了资本风险平价策略的市场风险和信用风险。最低资本要求合计

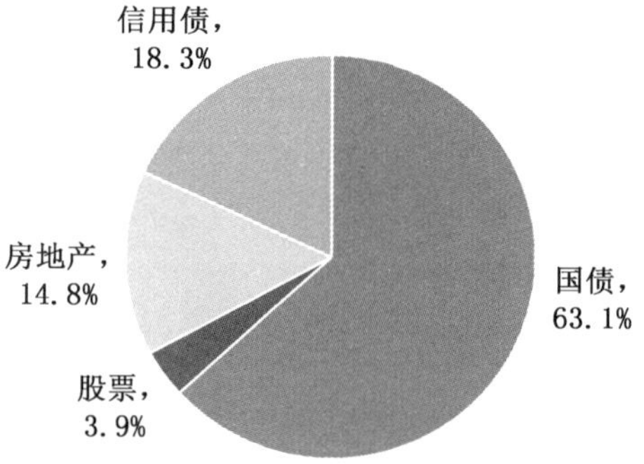

资料来源:笔者制作。

图 5—9　资本风险平价配置

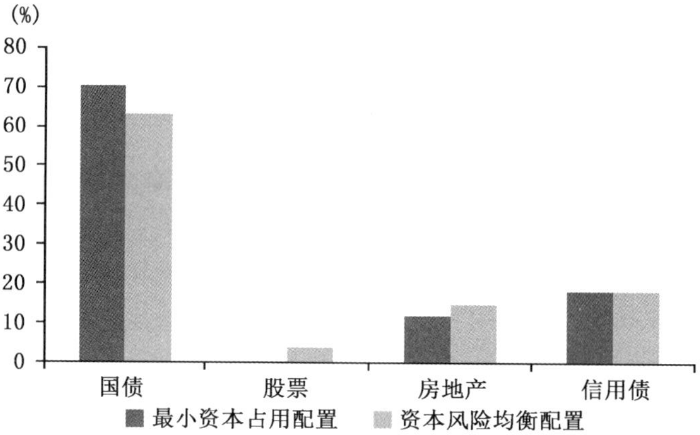

资料来源:笔者制作。

图 5—10　两种配置方法的资产比例比较

为 24 亿元,且较为均匀地分布于各子类风险中。

表 5—6 展示了资本风险平价策略未来一年的投资收益和波动率。

表 5—6　　最低资本占用组合预期收益率和波动率

	预期收益率(1 年)	预期波动率(1 年)
资本风险平价策略	5.4%	4.0%

资料来源:笔者制作。

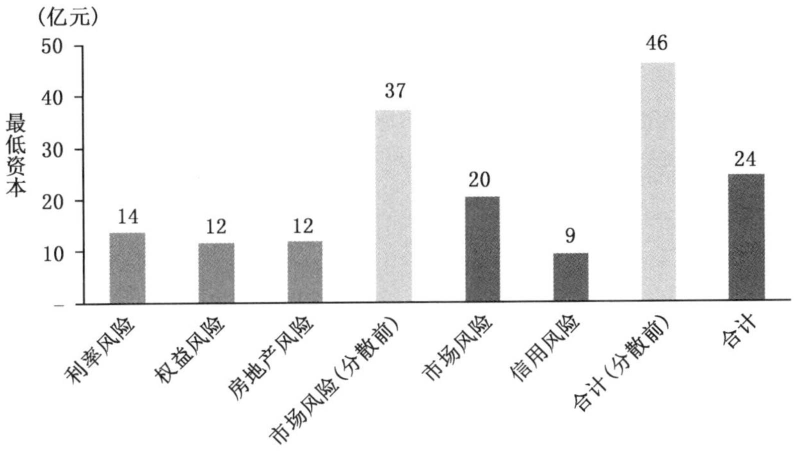

资料来源:笔者制作。

图 5—11　资本风险均衡配置最低资本

四、三种策略的比较

从配置比例上来看(表 5—7),资产风险平价在各资产类别上的配置比例最均衡,但该策略完全不考虑资产负债匹配和利率风险对冲需求,因此大部分固收配置集中于久期较短的信用债资产。

最低资本占用策略最大限度地降低了利率风险和权益风险,但配置过于集中在国债,限制了投资收益的上升空间。

资本风险平价策略是对以上两种策略的平衡,既考虑了保险公司资产负债管理中利率风险对冲的需求,同时又相对均衡地配置了各类资产的风险暴露,为组合的投资收益提供了上升空间。表 5—8 显示资本风险平价策略仍能获得 5.4%的较高的年化投资收益,同时又能将最低资本占用维持在较低的水平。

表 5—7　　三大策略配置比例

	国债	信用债	权益	不动产	合计
资产风险平价策略	39.5%	42.5%	5.2%	12.8%	100%
最低资本占用策略	70.2%	18.0%	0.0%	11.7%	100%
资本风险平价策略	63.1%	18.3%	3.9%	14.8%	100%

资料来源:笔者制作。

表 5－8　　三种策略的预期收益、波动率和最低资本金额

	预期收益率(1 年)	预期波动率(1 年)	最低资本(亿元)
资产风险平价策略	5.6%	3.8%	52
最低资本占用策略	5.0%	3.8%	15
资本风险平价策略	5.4%	4.0%	24

资料来源:笔者制作。

第三节　保险资产配置中收益成本匹配分析

前文从投资收益和资本占用角度对三种配置方法进行整体分析与比较,资本风险平价策略能够提供两者之间较好的平衡。本节将着重从投资收益与成本比较的维度对三种策略作进一步研究。收益成本匹配是保险投资资产负债管理中的核心内容之一,在确保投资组合安全性的前提下,保险公司也关心投资收益是否能够满足保险负债成本的需求,并且希望创造超额收益提升股东权益。

投资策略的收益风险匹配可以从两个方面进行考量:一是收益性,即投资组合的预期收益至少达到负债最低保证利率加公司预期超额收益。假设上述传统险产品的最低保证利率为 2.5%,在此基础上公司股东预期获得 200bps 的超额收益,投资组合最终的预期收益应该不能低于 4.5%。表 5－9 中显示三个策略均符合公司收益性的要求。当然,公司对收益的期望会随时间和市场环境的变化而变化,如果股东期望利差从 200bps 上升到 300bps,那么只有资产风险平价策略才能满足其要求。最低资本占用策略和资本风险平价策略需要增加风险资产的配置才能达到更高的预期收益。

表 5－9　　三种策略的预期收益、波动率和最低资本金额

	目标收益率(1 年) 2.5%+2%	预期收益率(1 年)	是否符合 最低收益要求
资产风险平价策略	4.5%	5.6%	是
最低资本占用策略	4.5%	5.0%	是
资本风险平价策略	4.5%	5.4%	是

资料来源:笔者制作。

二是确定性。资本市场存在不确定性,投资策略的实际收益也会随之上下波动,一味增加风险资产的配置,确实可以获得较高的预期收益率,但是收益不确定性也随之增加。在各种可能发生的经济情形下,投资实际收益应大概率高于负债最低保证利

率才能使公司保持健康稳定地运营。因为当实际收益低于最低保证利率时将产生利差损，导致利润损失和股东权益的下降，公司应尽可能降低利差损发生的概率。基于蒙特卡洛动态模拟可以计算投资策略在未来一年的投资收益分布。图 5－12 展示了三种投资策略的预期收益分布。

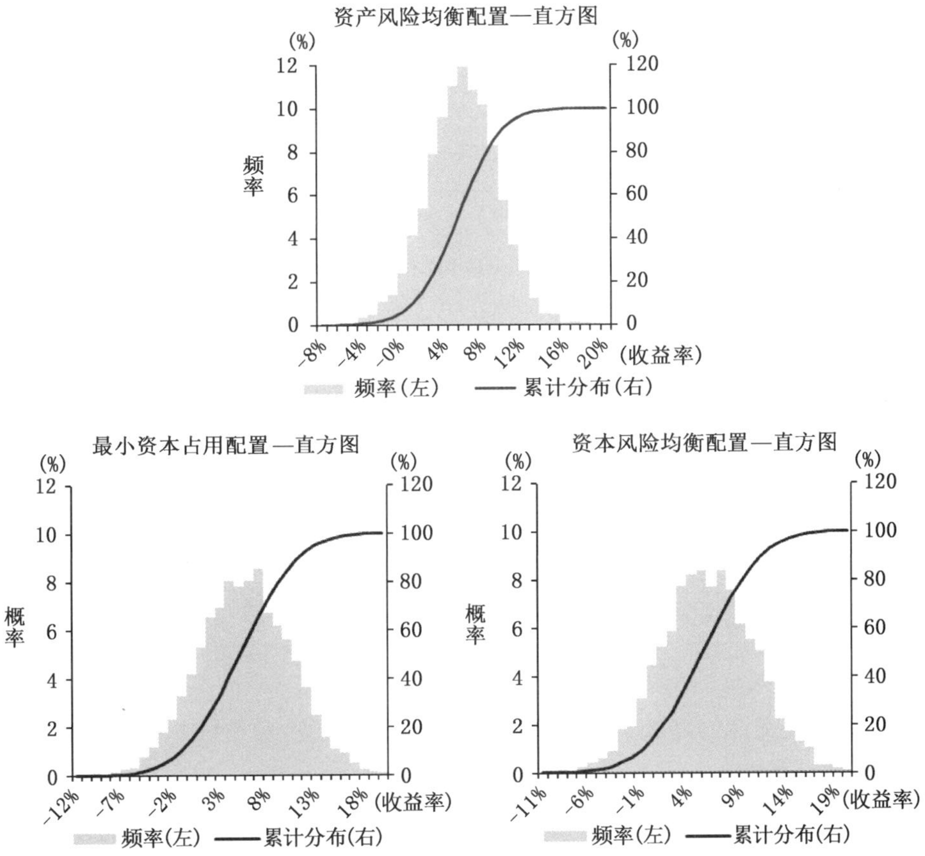

资料来源：笔者制作。

图 5－12　资本风险均衡组合的模拟收益统计分布图

资产风险平价策略的收益分布图形最窄，表明各种经济情形下的收益率比较集中，确定性相对较高；而最低资本占用策略和资本风险平价策略收益分布较宽，代表不确定性更高。三种策略的最低保证成本为 2.5％，通过收益率分布可以计算出每个策略投资收益达到或超过 2.5％的概率，概率越高，收益成本的匹配性就越好。图 5－13 展示了三种策略投资收益累积分布曲线；表 5－10 比较了三种策略获得超过 2.5％收益率的概率。资产风险均衡策略的概率最高，收益成本匹配性最好，最小资本占用配置收益成本匹配性较差。

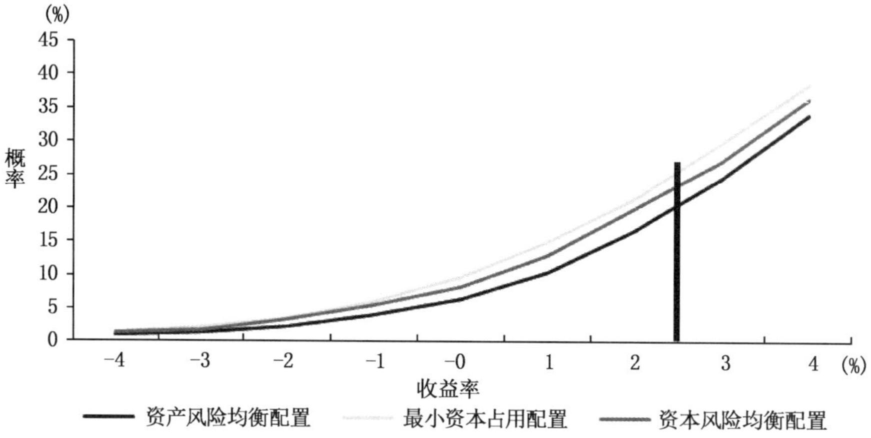

资料来源：笔者制作。

图 5－13　三种策略的模拟收益累积分布图

表 5－10　　　　三种策略达到或超过 2.5%收益率的概率

策略名称	Prob(Return≥2.5%)
资产风险均衡配置	80%
最小资本占用配置	74%
资本风险均衡配置	76%

资料来源：笔者制作。

收益成本匹配性的高低与负债成本的高低息息相关，负债成本越高，投资收益要求就越高，匹配难度加大。假设最低保证成本从 2.5%上升至 4.5%，三种策略达到和超过最低收益要求的概率如表 5—11 所示。三种策略击穿最低收益要求的概率均明显上升，收益成本匹配的不确定性大幅增加。由此可见，资产负债的收益成本匹配管理不能仅依赖投资配置策略的调整，同时需要控制负债保证成本，从产品设计和开发层面进行调整。

表 5－9　　　　三种组合对应 4.5%收益率的 VaR 值

策略名称	Prob(Return≥4.5%)
资产风险均衡配置	61%
最小资本占用配置	55%
资本风险均衡配置	59%

资料来源：笔者制作。

第四节　讨　论

传统的资产组合重点关注资产本身的风险收益特征及其之间的相关性。风险平价策略提供了均衡资产风险贡献的配置方法，并在市场实践中取得了较好的实证业绩。保险资金投资管理有区别于其他机构投资人的特殊性，即保险资产负债管理要求，在进行投资配置规划时，不仅要考虑组合本身的投资收益和风险，还要考虑投资组合对公司整体资本及资本使用效率的影响。此外，保险资金要求绝对收益回报，投资收益与负债成本的匹配是资产负债管理中的核心内容。收益成本匹配管理，一方面要考虑投资组合的收益性，即预期收益是否能够到达负债成本要求；另一方面还要关注收益的确定性，即收益超过负债成本的概率。如果为了达到收益性而盲目增加风险资产，反而会增加投资组合的波动率，降低负债收益匹配的确定性，起到适得其反的作用。因此，平衡收益与风险的关系是保险资金配置中的关键因素。

为了应对上述资产负债管理要求，本章对三种不同策略进行了分析和比较。资产风险平价策略仅从资产端进行考量，虽然可以获得最高的投资收益和最好的收益成本匹配性，但却忽略了利率风险对资本的占用，降低了公司整体资本的使用效率；最低资本占用策略以降低最低资本要求为目标，弥补了资产风险平价策略的不足，但是过于集中的资产配置，导致其收益性和成本匹配性都有所下降。

资本风险平价策略以资产负债管理为出发点，由传统风险平价模型延伸出来，既降低了资本占用成本，同时也保证了较高的收益性和成本匹配性。可作为保险机构进行资产负债管理和资产配置的参考模型。公司可根据自身的资本充足水平、风险偏好、产品结构、收益要求等情况做进一步的修改与完善，探索出适用于自身的资产配置模型，为公司稳健经营奠定良好基础。

第六章　结　论

本文对风险平价模型进行研究，通过量化方法回测对比了风险平价模型与传统大类资产配置模型的区别，探索基于新维度因子资产下的风险平价模型表现。最后，本文从保险资产负债管理和财务投资管理角度研究了风险平价模型的应用。通过本文研究，得出以下结论：

第一，风险平价策略基于大类资产风险因子与宏观经济的长期内在关系，以资产间风险贡献均衡为首要目标，通过风险分散效应提升投资组合的单位风险溢价，从而取得较传统配置方法更为稳健的投资组合。风险平价的长期性和稳定性与保险资金特性吻合，适用于保险资金的配置管理。宏观环境与资本市场错综复杂，风险平价模型的使用需要配合动态检视与完善，也可以与其他模型和方法结合使用。

第二，在运用风险平价策略的过程中，对资产的选择尤为重要。在模型中纳入具有高风险溢价的资产比传统的宽基资产能在相同的风险水平下获得更优的收益。在本文研究中，将风险平价模型与因子投资方法相结合，被动投资于 Smart Beta 因子指数，不但其容量适用于保险大资金的配置，而且其收益风险比也优于对传统宽基指数的投资。

第三，在保险资产投资管理中，投资收益有不同维度的衡量，除了以市值为基础的公允投资收益考量之外，公司也关注资产配置对财务利润的影响。特别是在新的会计准则 IFRS 9 框架下，投资收益的波动对利润影响大幅增加，风险平价配置模型可以起到风险均衡作用，一定程度上降低了收益的不确定性。通过权益采用 FVOCI 会计分类可以直接降低利润，但也损失了权益上升空间带来的正面贡献。本文推荐在风险平价配置模型中加入海外高分红权益因子，为利润贡献分红收益，同时将部分固收和权益类资产划分为 FVOCI 会计分类，以降低利润波动。

第四，保险资金投资配置必须以资产负债管理为出发点。本文从保险公司偿付能力充足率管理角度探讨了风险平价模型在提升资本使用效率中的运用，在传统资产风险平价模型基础上进行扩展延伸，提出资本风险平价模型。该模型在降低资本占用的同时，提供满足负债需求的收益，从公司整体层面平衡风险与收益的关系。成本收益匹配是资产负债管理的核心内容。本文从收益性及收益确定性两个方面考察了资本风险平价模型，取得了不错的结果。

通过对模型的延伸与扩展，风险平价策略可以兼顾不同的管理目标，如投资管理、利润管理、资本管理和风险管理等。未来风险平价模型仍有巨大的创新空间，公司可结合自身的特性，开发出最适合自身的投资配置方法与流程。

风险平价模型在保险资金资产配置中的应用价值研究

泰康资产管理有限责任公司

张敬国　丁振寰　杨　帆　刘圣尧

摘要

风险平价(Risk Parity)是一种基于风险配置的、捕捉市场多元化溢价的投资过程。本文主要探索了保险资金如何在有负债约束的条件下运用风险平价模型,将风险平价模型的策略实践与保险资金的资产负债管理相结合,提出了基于风险平价模型的资产负债匹配管理策略,为保险公司的资产负债管理和资产配置提供参考。

第二章主要研究了风险平价策略在中国资本市场上的实践效果。从不同的策略构建方法、不同的平价构建方法、不同的大类资产种类和不同的细分资产种类四个维度系统地对策略表现进行了回溯,发现风险平价策略具有相对较高的收益,以及相对较低的波动率和回撤风险;当对风险因子运用风险平价策略,对更多不同风险来源的大类资产运用风险平价策略,或在大类资产内部和大类资产之间同时使用风险平价策略时,都能够获得比基准情景风险平价策略更好的绩效表现。

第三章在风险平价策略的基础上进一步引入了基于宏观经济状态的动态调整机制,发现基于增长、通胀和流动性周期的动态调整策略在收益表现和收益风险比方面都有明显提升。

第四章系统梳理了保险资金资产负债匹配管理的相关理论,包括资产负债匹配理念的发展历史、基于负债驱动(LDI)的资产负债匹配理论以及基于资产负债匹配管理技术的资产配置策略。其中,基于 LDI 的资产负债匹配理论以及久期匹配策略为风险平价模型与资产负债匹配管理互相结合提供了理论基础。

第五章研究了基于风险平价模型的资产负债匹配管理策略。从负债驱动投资(LDI)的资产负债匹配理念出发，独立构建负债对冲与风险平价两个组合，并提出了“核心＋卫星”策略；还从同时实现负债对冲和风险平价的角度出发，创造性地提出了双重目标优化策略——在大类资产之间进行风险平价，同时在固定收益资产内部按照负债特征进行关键利率久期匹配，构建满足双重目标的投资组合。两种策略都能够满足保险资金对资产负债匹配管理的需求，并具有相对较好的绩效表现。

关键词

风险平价　资产配置　资产负债管理

第一章　引　言

第一节　风险平价的提出

风险平价(risk parity)概念最早由Qian(2005)提出，模型通过使每种风险对投资组合整体风险的贡献权重相等，从而达到风险均衡分散的目标。总体来说，风险平价模型是一个基于风险的捕捉市场多元化溢价的过程，最终目标是构建一个在不同市场周期、不同经济环境下具有分散化特征、实现稳定收益的投资组合。2008年金融危机以来，传统投资策略损失惨重，而风险平价策略获得了稳健的投资收益，从而逐渐引起了广大投资者关注。

对于传统的60/40策略，虽然具有简单、直观、易于执行的优点，但是由于股票的波动性远远高于债券，导致实际上投资组合中不同风险的贡献度极为不均衡，股票风险占比超过90%，分散化效果较差。针对这一问题，耶鲁基金在投资组合中进一步加入了私募股权、房地产、对冲基金等流动性相对较低的资产类别，使得整个组合更加趋于多元化，同时获取一定的流动性溢价，但是次贷危机期间仍然出现了该基金历史上最大幅度的亏损，幅度高达24.6%。鉴于风险分散程度无法令投资组合在动荡的市场环境中保持稳健收益，于是风险平价策略应运而生（见表1—1）。

表1—1　　不同资产配置策略的特点

投资策略	60/40策略	耶鲁模型	均值方差模型	风险平价策略
策略特点	简单、直观、易于执行	获取稳定更高的组合收益	具有良好的风险收益特性	均衡的风险配置、收益更加稳定
问题与不足	权益风险的贡献过于集中	投资组合承担较高的流动性风险	结果对模型输入参数比较敏感	预期收益较低，需要加杠杆

资料来源：泰康资产。

第二节　风险平价的思想

各类资产对不同类型风险的暴露程度存在差异，例如：权益类资产更多地暴露于经济增长的风险，而利率债主要暴露于通胀风险，低等级信用债则存在较大的信用风险。

风险平价是一个围绕真正的基于风险捕捉市场多元化风险溢价的投资过程（Qian，2017）。此处选取权益类、利率类、信用类和其他类四种资产，以及增长、通胀、信用和其他四类风险为例，介绍风险平价的思想，如图1—1所示。首先，将各类资产按照增长、通胀、信用和其他风险进行分解；然后，选择合适的投资组合配置权重，使得四类风险对整体投资组合的贡献权重相等，即均为25%。这样得到的配置组合具有风险均衡、收益稳定的特征，以及较高的夏普比率等特征。

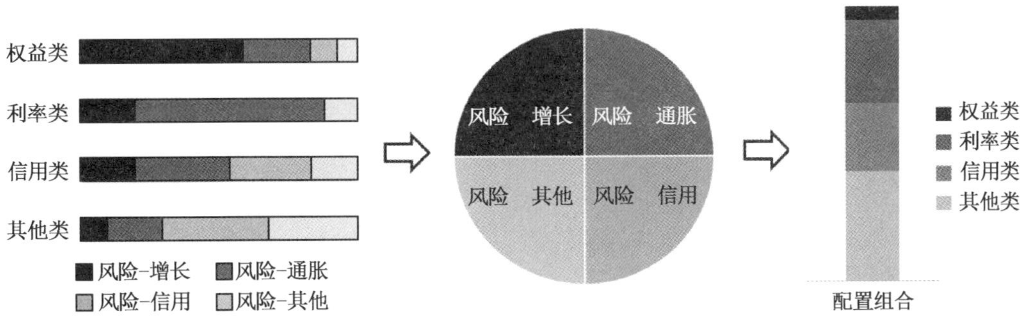

资料来源：泰康资产。

图1—1　风险平价思想示意图

在实践应用方面，风险平价的内涵十分广泛。例如，Bridgewater旗下All Weather产品的策略是使得不同宏观驱动因素下的风险贡献相同，Pear Tree旗下Pear Tree

PanAgora Risk Parity EM Fund 产品的策略是使得不同新兴市场国家的风险贡献相同，Invesco 旗下的 Balanced Risk Allocation 产品的策略是使得股票、债券、商品三种资产的风险贡献相同，而 AQR 旗下的 Risk Parity Fund 产品的策略是使得股票风险、利率风险、通胀风险、信用/货币风险的贡献相同。

在学术研究方面，Qian(2006)从理论上证明了风险平价模型相比 60/40 策略具有更显著的分散化效果。随后，Chaves、Hsu and Li(2011)，Anderson、Bianchi 和 Goldberg(2012)通过实证发现相比于等权重策略、60/40 策略和均值—方差模型，风险平价策略具有更高的夏普比率。Asness、Frazzini and Pedersen(2012)对风险平价模型获得高夏普比率的原因提供了一种解释，认为部分投资者不愿意使用或无法使用杠杆(leverage aversion)，为了实现目标风险，不得不持有更多的高风险资产，导致高风险资产价格往往被高估，而风险平价模型对高风险资产的配置权重相对更低，因而能够获得超额收益。

第三节　风险平价模型

风险平价模型的数学表述如下：假设有 N 个资产，资产 i 的收益率和标准差分别为 r_i 和 σ_i，配置权重为 w_i，资产 i 和资产 j 之间的协方差为 σ_{ij}，于是投资组合的收益率和标准差为：

$$r_p=\sum_{i=1}^{N}w_ir_i,\sigma_p=\sqrt{\sum_{i=1}^{N}\sum_{j=1}^{N}w_iw_j\sigma_{ij}}$$

那么，资产 i 的边际风险贡献为：

$$MRC_i=\frac{\partial\sigma_p}{\partial w_i}=\frac{1}{\sigma_p}\times\sum_{i=1}^{N}w_i\sigma_{ij}=\frac{1}{\sigma_p}Cov(r_i,r_p)$$

资产 i 的总风险贡献：

$$TRC_i=w_i\times MRC_i=\frac{1}{\sigma_p}\times w_i\times Cov(r_i,r_p)$$

由此，投资组合的总风险可以分解为：

$$\sigma_p=\frac{\sum_{i=1}^{N}\sum_{j=1}^{N}w_iw_j\sigma_{ij}}{\sigma_p}=\frac{1}{\sigma_p}\sum_{i=1}^{N}w_i\times Cov(r_i,r_p)=\sum_{i=1}^{N}TRC_i$$

风险平价模型通过使得所有资产的总风险贡献相等，求得各类资产的配置权重：

$$w_i\times\frac{\partial\sigma_p}{\partial w_i}=w_j\times\frac{\partial\sigma_p}{\partial w_j},\forall i,j$$

于是，配置权重的求解就转化成如下优化问题

$$\begin{cases} \min\limits_{w} \sum_{i} \sum_{j} (TRC_i - TRC_j)^2 \\ \text{s. t. } \sum w_i = 1 \end{cases}$$

第四节　本文结构

本文的结构安排(见图 1—2)如下：第二章研究风险平价策略在中国资本市场的表现，包括不同的策略构建方法、不同的平价构建方法、不同的大类资产种类和不同的细分资产种类四个维度对风险平价策略进行全面分析和回溯；第三章研究加入基于经济周期的动态调整后，风险平价策略的绩效改善程度；第四章系统梳理保险资金资产负债匹配管理相关理论，包括资产负债匹配理念的发展历史、基于负债驱动(LDI)的资产负债匹配理论以及基于资产负债匹配管理技术的资产配置策略，为风险平价模型与资产负债匹配管理相互结合提供理论基础；第五章主要探索基于风险平价模型的资产负债匹配管理方法，并提出了基于负债对冲与风险平价的“核心＋卫星”策略以及双重目标优化策略。

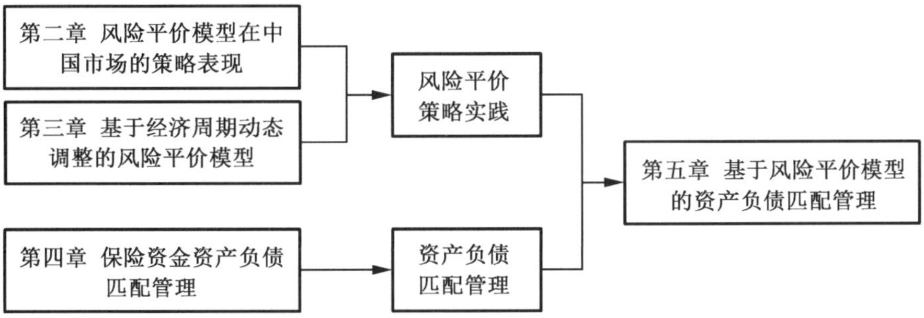

资料来源：泰康资产。

图 1—2　本文结构安排

第二章　风险平价模型在中国市场的策略表现

常见的资产配置模型包括传统 60/40 策略、均值方差模型、最小波动率策略和风险平价模型。本文将对各种资产配置模型的效果进行回溯，以充分了解各类策略的风险收益特征。

此外，在风险平价模型的具体实践上，尚未形成统一的共识。从平价的构建方法方面，可以分别将资产的收益率、资产的风险溢价和资产的风险因子作为基础数据计算风险平价模型；从大类资产的种类方面，可以额外选取包括境内地产、境外股票以及大宗商品等另类资产作为标的资产开展风险平价策略；从细分资产的种类方面，可以将股票细分为不同的风格因子，将债券细分为不同的久期和信用评级等方式开展风险平价策略。鉴于以上原因，本文将对这些风险平价策略进行回溯对比，以期更加全面地了解不同估计方法、不同大类资产、不同细分资产对策略的影响。

第一节　样本数据

本文选取沪深 300 指数、中债国债总指数、中债企业债总指数、中金标准房地产投资收益指数[①]、MSCI EAFE 股票、南华商品指数，分别代表股票、利率债、信用债、境内地产、境外股票、大宗商品 6 种资产（见表 2－1），时间区间为 2007 年 1 月－2016 年 12 月。

表 2－1　　大类资产风险收益特征

资产类别	股票	利率债	信用债	境内地产	境外股票	大宗商品
均值	12.27%	3.40%	5.31%	13.91%	9.62%	6.12%
标准差	28.81%	3.06%	3.20%	6.83%	15.23%	14.96%
夏普比率	0.34	0.31	0.89	1.68	0.47	0.24

资料来源：Wind 资讯，泰康资产。

① 考虑到房地产投资既有租金收益又有增值收益，本文选取一二线城市中金标准房地产投资收益指数作为境内地产的代理指标。由于该指数是季度公布数据，所以在每季度内本文将该指数收益按照 CREIS 写字楼指数收益的波动调整为月度数据。

在风险平价模型的构建过程中，波动率、相关系数矩阵均采用第 $t-24$ 个月至第 $t-1$ 个月的月度收益率数据进行估计，然后计算相应风险平价组合的配置权重，并将第 t 月的资产收益率按照该权重进行加权，作为第 t 月的风险平价组合收益表现，这样可以避免使用未来的资产价格信息进行策略构建。

第二节　基准情景下的策略表现

本文以股票、利率债和信用债三类资产的情况作为风险平价模型研究的基准情景，该情景下的策略表现如图 2—1 所示。从策略净值走势可以看出，风险平价策略收益相对稳定，虽然在 2011 年、2013 年和 2016 年末均出现一定幅度回撤，但回撤幅度比较有限。另外，策略净值曲线的斜率自 2014 年后出现明显上升，2015 年年末以来有所趋缓。

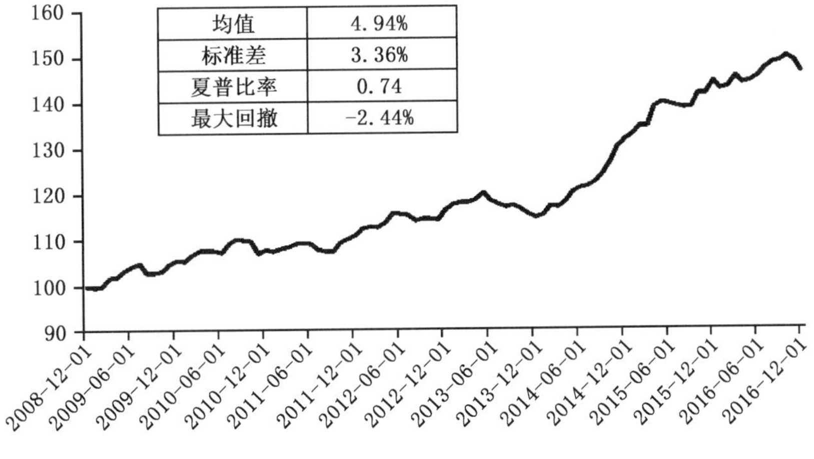

资料来源：泰康资产。

图 2—1　基准情景下风险平价策略净值走势

如图 2—2 所示，从风险平价组合的配置权重变化来看，股票的平均权重在 8.0%左右，利率债的平均权重保持在 49.3%上下，信用债的平均权重约 43%。此外，在样本区间内各类资产的配置权重变化相对缓慢，意味着换手率较低。

如表 2—2 和图 2—3 所示，在基准情境下，风险平价策略的平均收益率为 4.94%，标准差为 3.36%，年度最大回撤幅度为 2.44%。值得注意的是，风险平价策略的夏普比率为 0.74，是股票和利率债的 2 倍，略低于信用债的夏普比率。考虑到保

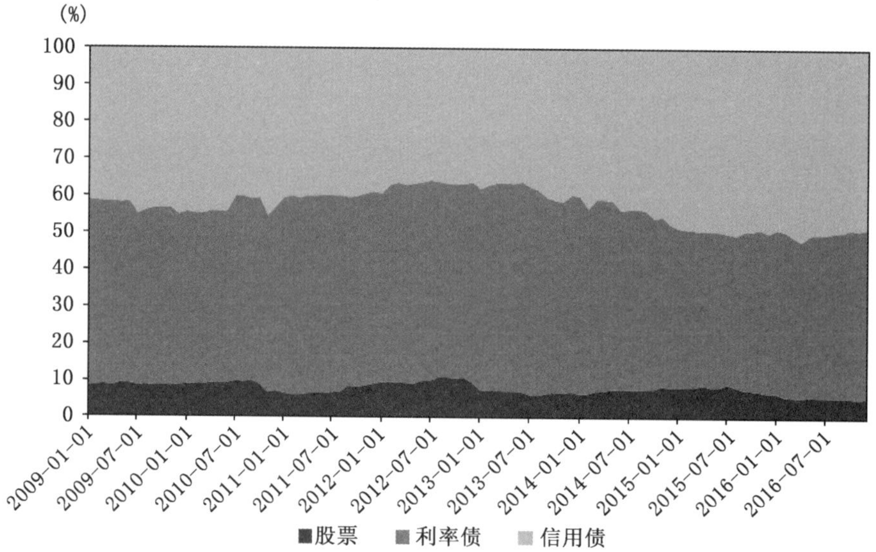

资料来源:泰康资产。

图 2—2　基准情景下风险平价模型的配置权重变化

险公司实际融资杠杆使用情况,本文还对带有 10%杠杆的风险平价策略进行了回溯,加杠杆情景下风险平价策略的平均收益率为 5.20%,标准差为 3.70%,年度最大回撤为 2.95%。

表 2—2　　风险平价模型和单一资产的策略表现

资产类别	风险平价策略		单一资产表现		
	基准情景	10%杠杆	股票	利率债	信用债
均值	4.94%	5.20%	12.27%	3.40%	5.31%
标准差	3.36%	3.70%	28.81%	3.06%	3.20%
夏普比率	0.74	0.74	0.34	0.31	0.89
最大回撤	−2.44%	−2.95%	−39.37%	−0.42%	4.20%

资料来源:泰康资产。

从相关性矩阵来看,如表 2—3 所示,股票与利率债、信用债的相关系数均为负值,表明具有一定的风险对冲作用,适用于进行分散化投资。风险平价策略的收益率与股票、利率债、信用债收益率的相关系数比较接近,位于 0.6—0.7。

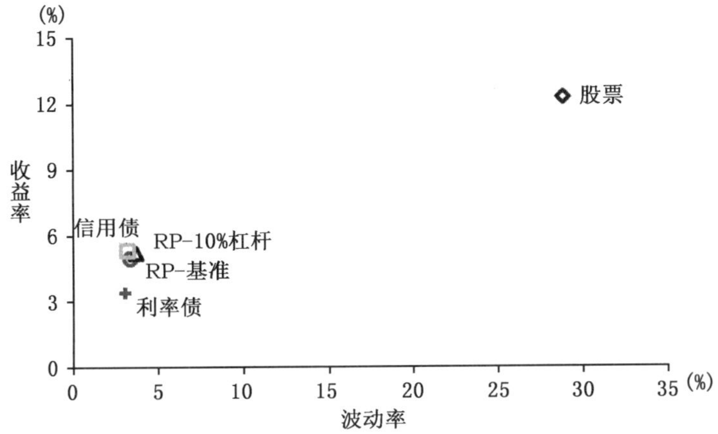

资料来源:泰康资产。

图 2—3　风险平价模型与单一资产的风险收益特征

表 2—3　　　　**风险平价模型与单一资产的相关性**

	股票	利率债	信用债	风险平价
股票	1.0	—0.2	—0.1	0.6
利率债	—0.2	1.0	0.8	0.6
信用债	—0.1	0.8	1.0	0.7
风险平价	0.6	0.6	0.7	1.0

资料来源:泰康资产。

本文将样本时间区间按照三类资产全部下跌、只有两类资产下跌、只有一类资产下跌和三类资产全部上涨进行划分,样本月份数量分别为 10 个月、18 个月、39 个月、29 个月(见图 2—4),在这四种状态下,风险平价策略组合的收益率分别为—1.06%、—0.02%、0.21%、1.42%(见图 2—5)。当三类资产全部下跌时,分散化的作用将会显著降低甚至失效,此时风险平价策略才面临较大回撤。因此,风险平价策略并不会明显受到单一资产表现较差的拖累,真正拖累风险平价策略表现的是在所有资产都面临负收益的时候。

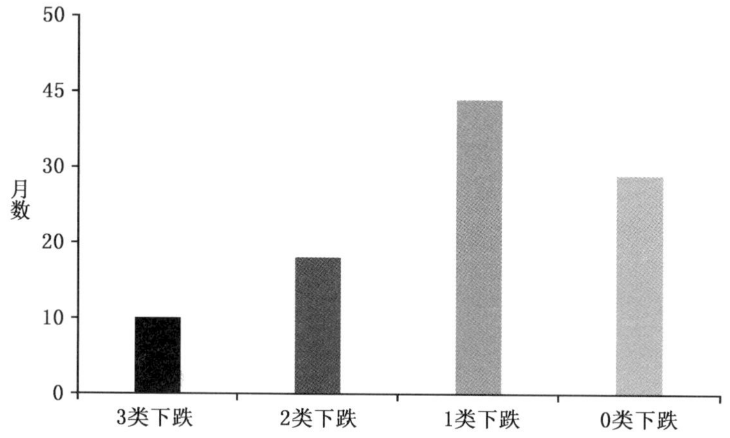

资料来源:泰康资产。

图 2—4　不同数量资产价格下跌的月数

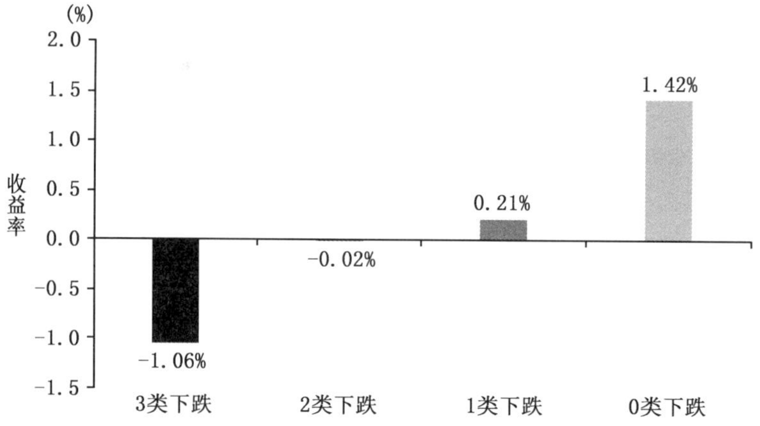

资料来源:泰康资产。

图 2—5　风险平价模型在不同数量资产价格下跌时的表现

第三节　不同的策略构建方法

在不同的前提假设和配置目标下,会形成不同的资产配置策略,常见的策略包括传统 60/40 策略、均值方差模型、最小方差模型等。

最传统的资产配置策略就是 60/40 策略,即投资组合中 60%的资金投资于股票,

40%的资金投资于国债或优质公司债券，并定期或不定期调整组合以保持比例恒定，期望通过股票与债券之间的负相关性降低投资组合的整体风险。该策略的优点是简单、直观、容易执行，但是也同时面临权益风险贡献过于集中的风险。

均值方差模型是利用资产的收益率和协方差矩阵得到一系列有效的投资组合，投资者可以根据自身的风险偏好从这一系列投资组合中选取合适的组合进行资产配置。这一系列有效的投资组合具有以下特征：在既定风险水平的前提下，每个组合的期望收益率都是最高的；在既定期望收益率的前提下，每个组合的风险水平都是最低的。若将夏普比率作为投资组合绩效的衡量标准，可以通过选取有效前沿上夏普比率最大的投资组合作为最优组合开展资产配置。

最小方差模型是指以投资组合波动率最小为目标的优化模型。这种方法忽略了预期收益率的信息，只关注资产收益率之间的协方差信息。该方法较多应用于股票投资组合构建（Chaves，Hsu and Li，2011），其背后的思想来源于低波动率异象，即波动率或特质波动率较低的股票往往在未来具有较高的收益率（Ang，Hodrick，Xing and Zhang，2009）。

本文将对风险平价策略、传统 60/40 策略、均值方差模型、最小波动率策略四类不同的资产配置策略构建方法进行回溯对比。从表 2—4 可以看出，传统 60/40 策略的收益率最高，但是波动率和最大回撤也是最高的，夏普比率较低。另外三种策略都具有较高的夏普比率，其中最小波动率策略的标准差和最大回撤较低，收益表现也较差，而均值方差模型最大回撤偏高（见表 2—4）。

表 2—4　　不同策略构建方法下的策略表现

资产类别	风险平价策略	传统 60/40 策略	均值方差模型	最小波动率策略
均值	4.94%	9.03%	4.85%	4.67%
标准差	3.36%	17.16%	3.33%	2.95%
夏普比率	0.74	0.38	0.72	0.74
最大回撤	−2.44%	−18.85%	−3.95%	−2.31%

资料来源：泰康资产。

从风险与收益两方面来看，如图 2—6 所示，相比其他策略，风险平价策略具有相对较高的收益，以及相对较低的波动和回撤风险。

当投资组合遭受重大损失时，亏损的贡献与资产的配置比例并不一致，而是与风险贡献一致（Qian，2006），因此，风险贡献是观察投资组合风险结构的一项重要指标。本文对四种资产配置策略中各个资产的风险贡献权重进行分析，如图 2—7 所示。对

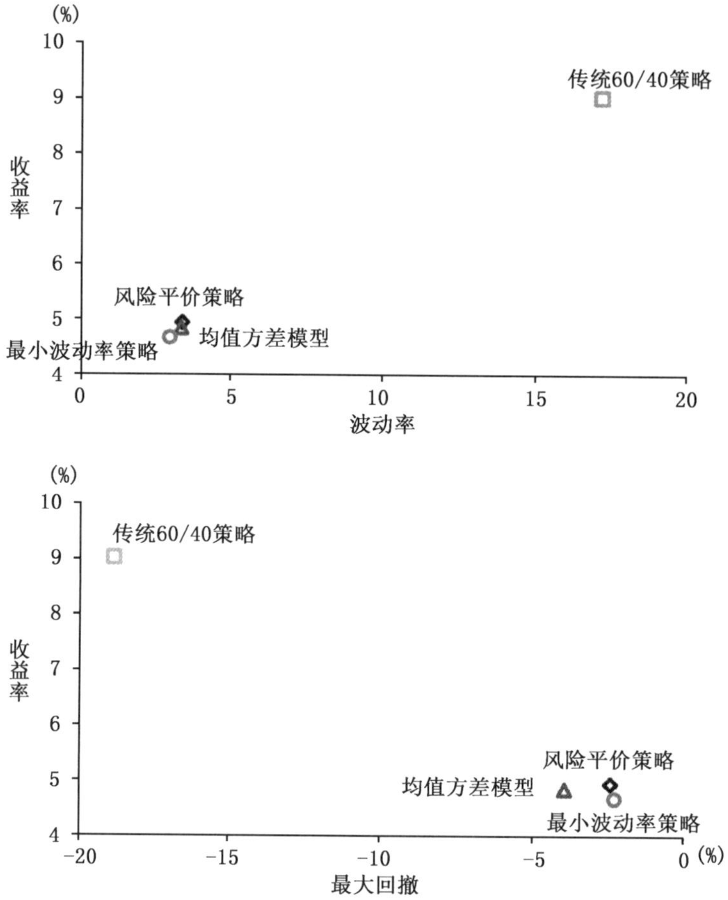

资料来源:泰康资产。

图 2—6　不同策略构建方法下的风险收益特征

于风险平价策略而言,从配置权重的角度,股票的配置权重较低,两类债券的配置权重较高,而从风险贡献的角度,三类资产的贡献权重均为 33%,这也意味着从事后来看,风险平价策略的确实现了风险贡献的均等化。对于传统 60/40 策略,风险贡献的集中度非常显著,股票的风险贡献权重超过 100%,而利率债和信用债的风险贡献权重分别为−0.7%、−0.2%,主要是因为股票和债券之间的负相关性起到了一定的分散化作用。均值方差模型中,信用债的风险贡献权重约为 65%,而股票和利率债分别只有 15%、20%。对于最小波动率策略,股票的风险贡献权重仅有 3.3%。

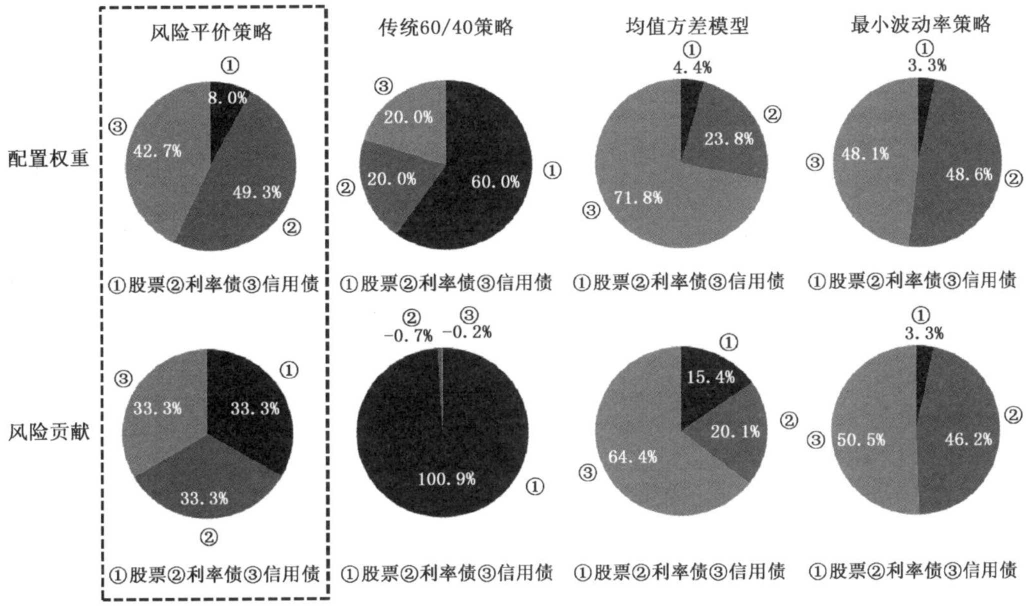

资料来源：泰康资产。

图 2—7　配置权重与风险贡献对比

第四节　不同的平价构建方法

本文将对基准情景风险平价、波动率平价、风险溢价平价、风险因子平价四类不同的风险平价构建方法进行回溯对比。

波动率平价①是指以各个资产收益率标准差的倒数占比作为配置权重，当标准差越高时，配置权重越低：

$$w_i = \frac{1}{\sigma_i} / \sum_j \frac{1}{\sigma_j}$$

风险溢价平价是指以各个资产的风险溢价标准差的倒数占比作为配置权重：

$$w_i = \frac{1}{\sigma_i^{risk\ premium}} / \sum_j \frac{1}{\sigma_j^{risk\ premium}}$$

风险因子平价首先利用主成分分析法提取资产收益率的因子，考虑到因子之间相

① 波动率平价与基准情景风险平价的区别在于，波动率平价没有考虑资产收益率之间的相关性，而是直接将配置权重与波动率的倒数成正比关系。

关系数均为0,因而可以直接将各个因子标准差的倒数占比作为配置权重即为风险因子下的标准风险平价方法：

$$w_i = \frac{1}{\sigma_i^{risk\ factor}} / \sum_j \frac{1}{\sigma_j^{risk\ factor}}$$

从表2—5可以看出,风险因子平价具有最高的策略收益,比基准情景下高0.47%,但波动率也较高;而风险溢价平价具有更高的夏普比率,但年度最大回撤也相对较高;基准情景风险平价策略的年度最大回撤较小。

表2—5　　　　　　　　不同平价构建方法下的风险平价策略表现

资产类别	基准情景风险平价	波动率平价	风险溢价平价	风险因子平价
均值	4.94%	4.78%	4.87%	5.41%
标准差	3.36%	3.05%	2.99%	4.16%
夏普比率	0.74	0.76	0.80	0.71
最大回撤	−2.44%	−2.80%	−3.13%	−2.67%

资料来源:泰康资产。

如图2—8所示,若以收益率为主的角度出发,风险因子平价策略具有相对更好的表现,策略收益显著高于其他构建方法。而若以控制回撤风险为主的角度出发,基准情景的风险平价策略具有相对更优的表现。

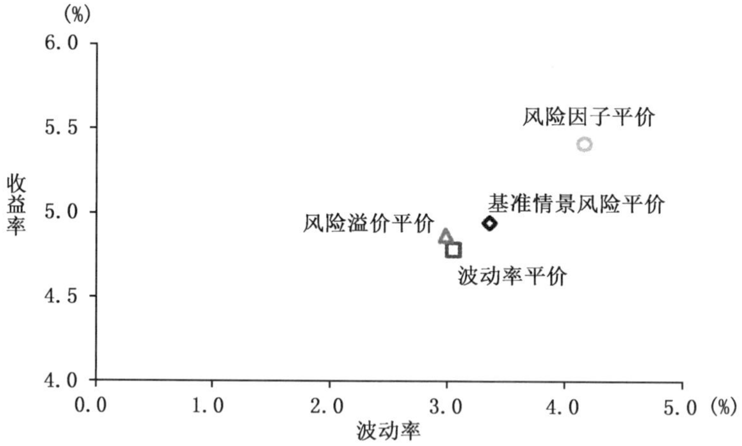

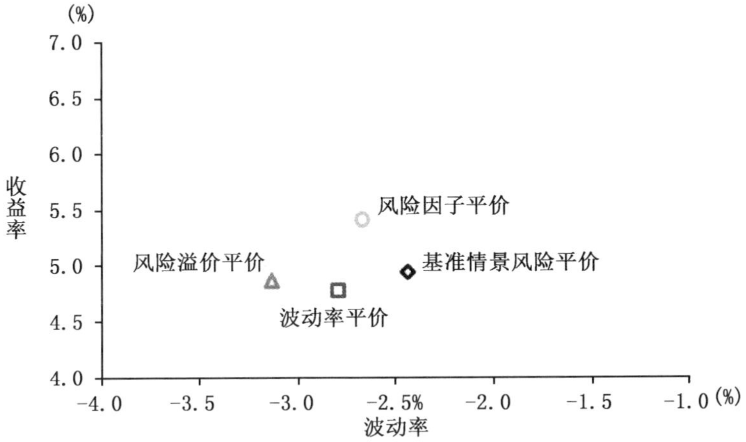

资料来源：泰康资产。

图 2—8　不同平价构建方法下的风险收益特征

第五节　不同的大类资产种类

对于风险平价策略，当不同风险所驱动的大类资产种类越多时，意味着分散化的效果越高，风险平价模型也应当越有效。本文将在利率债、信用债和股票的基础上，加入境内地产作为四类资产的投资组合，加入境内地产和境外股票作为五类资产的投资组合，加入境内地产、境外股票和大宗商品作为六类资产的投资组合，并分别使用风险平价模型进行回溯对比。大类资产范围的选取如表 2—6 所示。

表 2—6　大类资产范围选取

资产类别	基准情景	四类资产	五类资产	六类资产
股票	√	√	√	√
利率债	√	√	√	√
信用债	√	√	√	√
境内地产		√	√	√
境外股票			√	√
大宗商品				√

资料来源：泰康资产。

如图 2—9 和表 2—7 所示，相比基准情景，四类资产情况下的风险平价策略收益、夏普比率均出现显著提升，回撤幅度显著下降，主要是由于境内地产的收益率波动非常小，而且其走势与股票和债券相关性很低，通过风险平价模型为投资组合带来了较为显著的分散化效果。五类资产情况下的风险平价策略亦有类似表现，而且其回撤幅度的下降更为显著。但是加入大宗商品后，相比五类资产的情况，策略收益、夏普比率均出现了一定下降，最大回撤上升也比较明显，主要是由于大宗商品的收益率波动性和回撤风险较大，并且夏普比率较低。大宗商品可能并不适用于一直持续地用于构建投资组合，而是适合在充分考虑经济周期状态下进行动态配置，例如在通胀上行的周期中配置大宗商品，而当通胀风险不高时则不予配置。

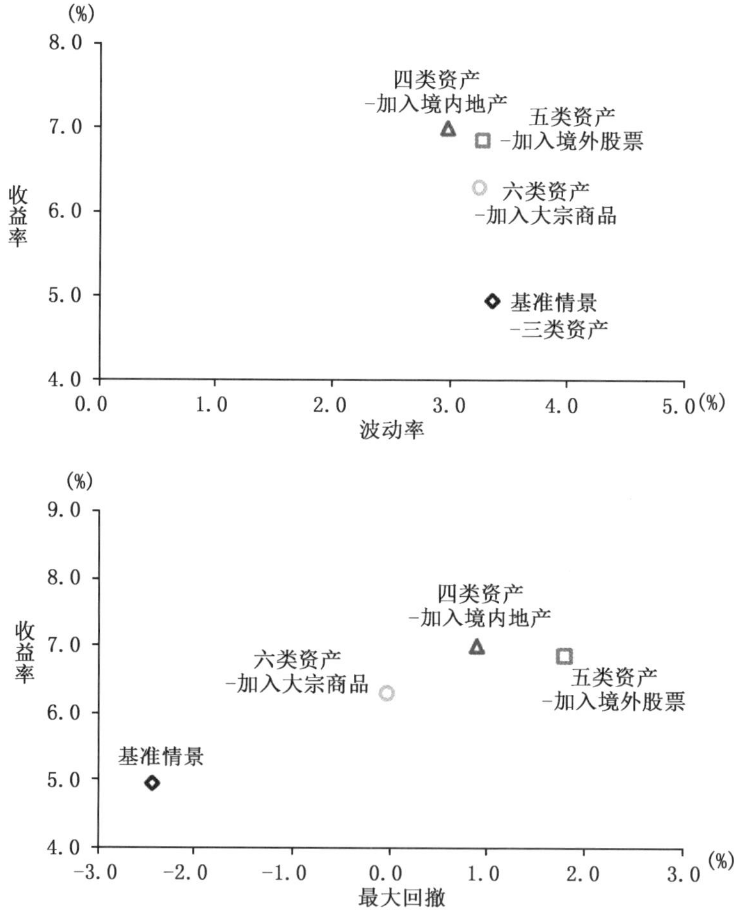

资料来源：泰康资产。

图 2—9　不同大类资产种类的风险收益特征

表 2—7　　不同大类资产种类的风险平价策略表现

资产类别	基准情景	四类资产	五类资产	六类资产
均值	4.94%	7.00%	6.85%	6.30%
标准差	3.36%	2.97%	3.27%	3.24%
夏普比率	0.74	1.53	1.34	1.18
最大回撤	−2.44%	0.89%	1.79%	−0.03%

资料来源：泰康资产。

第六节　不同的细分资产种类

Qian(2017)认为，无论是在自下而上还是在自上而下的维度上，风险均衡原理无处不在。鉴于此，本文提出在大类资产品种内部，对具有一定风险溢价的细分资产使用风险平价模型构建投资组合，同时也对大类资产之间使用风险平价模型构建投资组合，使得投资组合在各类资产之间和各类资产内部都具有风险平价特征。

在股票资产内部，按照规模、价值、低贝塔、盈利质量四个风格指数构建风险平价权益组合，平衡了不同股票风格的风险；而在债券资产内部，按照中期利率债、长期利率债两个利率债指数构建风险平价的利率债组合，平衡不同期限的利率风险；按照 AAA 信用债、AA+信用债、AA 信用债三个信用债指数构建风险平价的信用债组合，平衡不同信用等级的风险(见表 2—8)。其中，规模、价值、低贝塔、盈利质量风格指数分别使用中证 1000 指数、申万低市盈率指数、中证 500 低贝塔指数、中证盈利质量指数；中期利率债、长期利率债、AAA 信用债、AA+信用债、AA 信用债分别使用中债国债总财富(5—7 年)指数、中债国债总财富(10 年以上)指数、中债企业债 AAA 财富(5—7 年)指数、中债企业债 AA+(5—7 年)指数、中债企业债 AA 财富(5—7 年)指数。

表 2—8　　细分资产范围选取

股票内部	债券内部	股债内部
规模		市值
价值		价值
低贝塔		低贝塔
盈利质量		盈利质量
	中期利率债	中期利率债
	长期利率债	长期利率债
	AAA 信用债	AAA 信用债

续表

股票内部	债券内部	股债内部
	AA+信用债	AA+信用债
	AA 信用债	AA 信用债

资料来源：泰康资产。

如图 2—10 和表 2—9 所示，相比基准情景，不论在股票资产还是在债券资产内部使用风险平价模型，都可以提高风险平价策略的收益表现和夏普比率，而同时在股票和债券内部都使用风险平价模型，策略收益为 6.16%，比基准情景下高出 1.22%，夏普比率为 0.91，比基准情景高出 0.15，而年度最大回撤只增加了 0.25%。因此，在大类资产内部和大类资产之间同时使用风险平价模型，可以获取更优的风险收益表现。

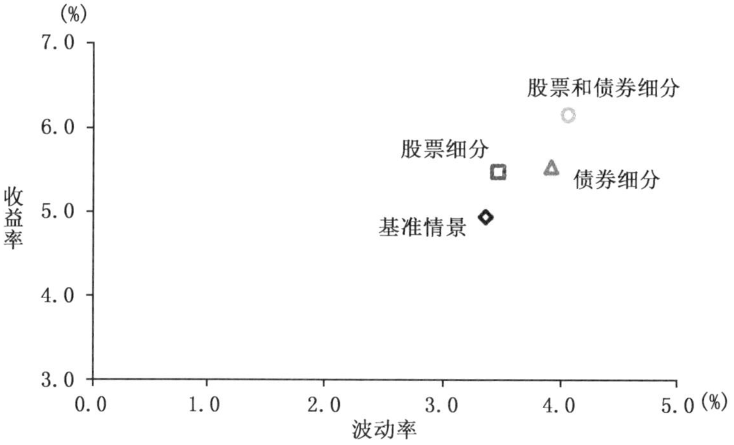

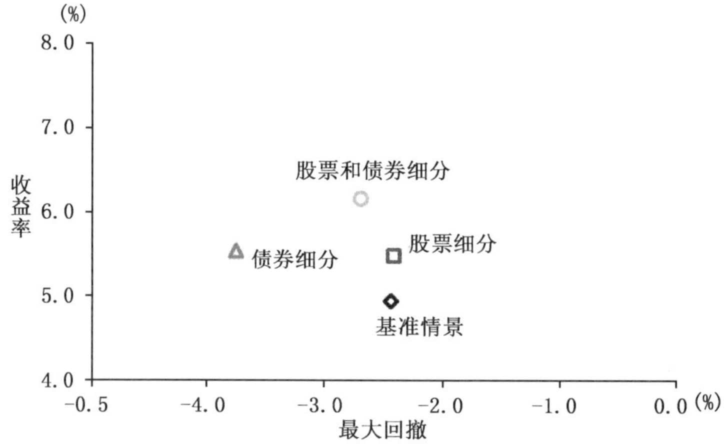

资料来源：泰康资产。

图 2—10　不同细分资产种类的风险收益特征

表 2—9　　不同细分资产种类的风险平价策略表现

资产类别	基准情景	股票细分	债券细分	股票和债券细分
均值	4.94%	5.48%	5.54%	6.16%
标准差	3.36%	3.47%	3.92%	4.06%
夏普比率	0.74	0.87	0.78	0.91
最大回撤	−2.44%	−2.42%	−3.76%	−2.69%

资料来源:泰康资产。

第三章　基于经济周期动态调整的风险平价模型

第一节　基于经济周期动态调整的动机

前文对风险平价在中国市场的策略表现进行了比较详细的讨论,但在具体实践过程中仍然面临一个无法回避的问题:由于风险平价策略是一种偏被动的、完全忽略预期收益的投资策略,所以其投资收益率普遍偏低。

但在海外市场上,风险平价策略作为一种投资风格仍然吸引了大量长期机构投资者,比如养老金和主权财富基金。那么,这些机构投资者是如何解决风险平价策略收益率偏低的问题呢?一方面,海外市场往往都存在丰富的衍生品工具和活跃的衍生品交易,例如股指期货、国债期货、利率互换等,可以通过使用衍生品交易实现杠杆投资,从而达到期望的目标收益率。另一方面,在应用风险平价策略时,海外机构投资者并没有机械地按照将各类风险贡献严格相等来执行,而是对不同类型的风险所产生的风险贡献度按照自身的风险偏好进行调整。例如,丹麦劳动力市场补充养老金(ATP)的战略风险配置比例为35%权益风险、25%通胀风险、20%利率风险、10%信用风险和10%商品风险,在2012年第一季度末,ATP的实际资产配置情况是:固定收益债券52%、信贷产品15%、权益15%、应对通胀风险产品16%、商品3%(钱恩平,2017)。

对于国内保险资金而言,一方面,受到衍生品市场不够发达的影响,并没有丰富的衍生工具配合风险平价策略的执行;另一方面,融资杠杆方面受到监管部门的关注,原中国保监会在《关于加强和改进保险资金运用比例监管的通知》中将20%作为融资规模监测比例。因此，在国内市场上，提高风险平价策略的收益表现难以通过杠杆投资的方式实现，不得不另辟蹊径。本文认为，风险平价本质上是基于几类宏观风险溢价所驱动的投资策略，因此基于宏观经济周期的动态调整对于风险平价策略应当是适用的，能够在一定程度上提高其绩效表现。同时，对于以保险资金为代表的长期投资者，投资决策通常基于宏观经济周期分析做出，因而基于宏观经济周期动态调整的风险平价策略也能够与其宏观经济周期分析判断相结合，适合于保险资金进行资产配置。

第二节　不同经济周期下的策略表现

本文将工业增加值同比作为经济增长的衡量指标，PPI 同比作为通货膨胀的衡量指标，采用长江证券范辛亭(2011)提出的根据宏观变量实际值生成宏观状态的方法，将经济周期划分为增长下通胀下、增长上通胀下、增长下通胀上、增长上通胀上四个类别。

如图 3－1 和图 3－2 所示，在增长下通胀下的环境中，股票、利率债、信用债的表现比较接近，此时基准情景风险平价策略表现最好，月均收益为 0.79%。在增长上通胀下的环境中，股票表现特别突出，但利率债和信用债表现较差，此时风险平价策略月均收益为 0.31%。在增长下通胀上的环境中，股票表现仍然较好，信用债优于利率债，风险平价策略月均收益为 0.42%。在增长上通胀上的环境中，股票表现较差，风险平价策略的表现也相对较差。

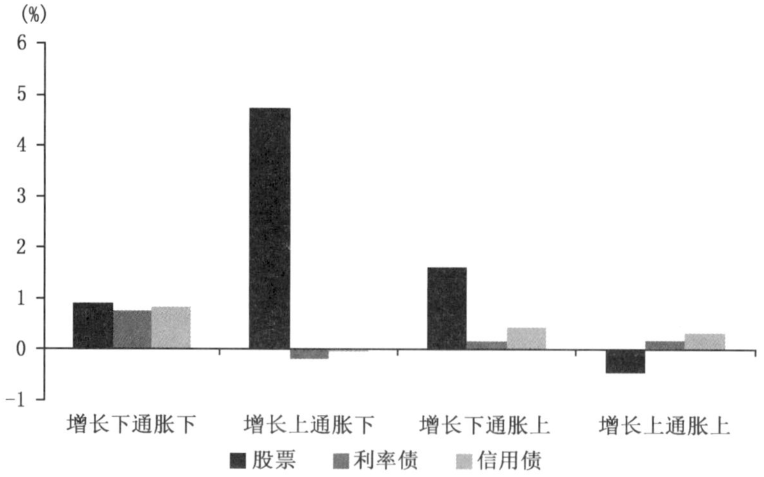

资料来源：泰康资产。

图 3－1　不同经济周期下的资产收益表现

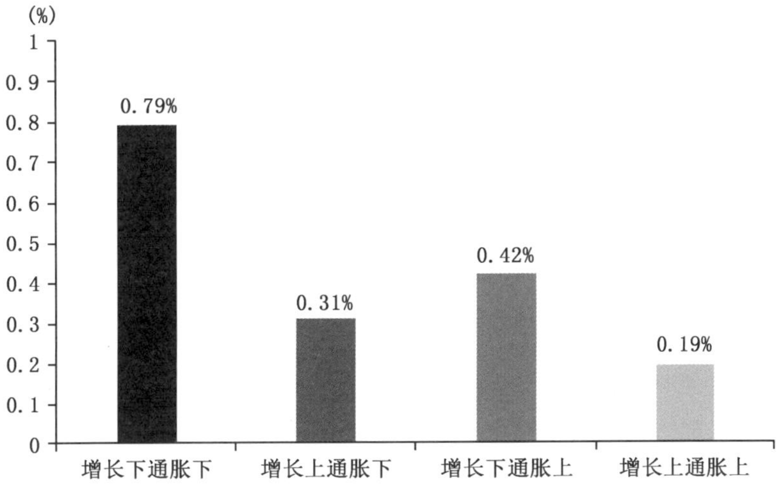

资料来源:泰康资产。

图 3—2　不同经济周期下的风险平价策略表现

第三节　基于增长与通胀周期的动态调整策略

根据以上分析,基于增长和通胀周期的动态调整策略原则主要是根据各种资产在历史上不同周期中的表现情况,当表现较好时则调高风险贡献权重,当表现较差时则调低风险贡献权重。具体权重设定如下:在增长下通胀下的状态下,经济处于衰退期,仍然使用风险平价策略,股票、利率债、信用债的风险贡献权重为 1/3、1/3、1/3;在增长上通胀下的状态下,经济处于复苏期,调高股票的风险贡献权重,三类资产的风险贡献权重分别为 2/3、1/6、1/6;在增长下通胀上的状态下,经济处于滞涨期,调高股票的风险贡献权重,三类资产的风险贡献权重分别为 2/3、1/6、1/6;在增长上通胀上的状态下,经济处于过热期,调低股票的风险贡献权重,三类资产的风险贡献权重分别为 1/6、5/12、5/12。如表 3—1 所示。

表 3—1　　基于增长与通胀周期划分下各类资产风险贡献权重设定

资产类别	股票	利率债	信用债
增长下通胀下	1/3	1/3	1/3
增长上通胀下	2/3	1/6	1/6

续表

资产类别	股票	利率债	信用债
增长下通胀上	2/3	1/6	1/6
增长上通胀上	1/6	5/12	5/12

资料来源：泰康资产。

如图 3—3 和表 3—2 所示，通过历史回溯发现，基于增长和通胀周期的动态调整策略表现与基准情景下的风险平价策略表现差异并不大，并且在 2014 年以前，该动态调整策略是跑输基准情景风险平价策略的。具体来看，在平均收益率上，基于增长和通胀周期的动态调整策略表现略好于基准情景风险平价策略，但波动率和最大回撤更高，导致夏普比率相对较低，策略绩效表现更差。

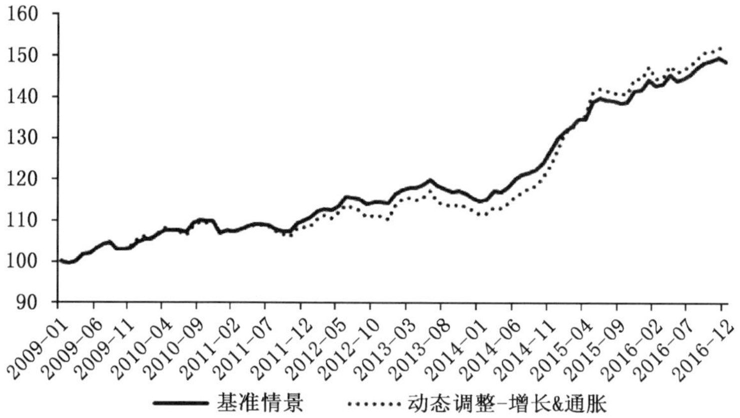

资料来源：泰康资产。

图 3—3　基于增长和通胀的动态调整风险平价策略净值走势

表 3—2　基于增长和通胀周期划分下的风险平价策略表现

资产类别	基准情景	基于增长 & 通胀
均值	4.94%	5.19%
标准差	3.36%	4.13%
夏普比率	0.74	0.66
最大回撤	−2.44%	−2.94%

资料来源：泰康资产。

第四节　基于增长、通胀与流动性周期的动态调整策略

之所以基于增长和通胀周期的动态调整没有出现明显的绩效改善，很可能是因为没有充分考虑宏观经济周期中的流动性因素。流动性的变化是驱动风险平价策略获取收益的一个核心因素。本文将按照增长、通胀、流动性对宏观经济状态进行划分，其中流动性的衡量指标采用7天回购利率作为代理变量，然后根据不同的状态对风险贡献权重进行动态调整。

调整的原则与基于增长与通胀的调整原则一致，基于增长、通胀与流动性周期的动态调整策略具体权重设定如下：在增长下通胀下利率下的状态下，调高股票的风险贡献权重，三类资产的风险贡献权重分别为2/3、1/6、1/6；在增长上通胀下利率下的状态下，调高股票的风险贡献权重，三类资产的风险贡献权重分别为2/3、1/6、1/6；在增长下通胀上利率下的状态下，调低利率债的风险贡献权重，三类资产的风险贡献权重分别为5/12、1/6、5/12；在增长上通胀上利率下的状态下，调高股票的风险贡献权重，三类资产的风险贡献权重分别为2/3、1/6、1/6；在增长下通胀下利率上的状态下，调低股票的风险贡献权重，三类资产的风险贡献权重分别为1/6、5/12、5/12；在增长上通胀下利率上的状态下，调低股票的风险贡献权重，三类资产的风险贡献权重分别为1/6、5/12、5/12；在增长下通胀上利率上的状态下，调高股票的风险贡献权重，三类资产的风险贡献权重分别为2/3、1/6、1/6；在增长上通胀上利率上的状态下，调低股票的风险贡献权重，三类资产的风险贡献权重分别为1/6、5/12、5/12。如表3—3所示。

表3—3　　基于增长、通胀与流动性周期划分下各类资产风险贡献权重设定

资产类别	股票	利率债	信用债
增长下通胀下利率下	2/3	1/6	1/6
增长上通胀下利率下	2/3	1/6	1/6
增长下通胀上利率下	5/12	1/6	5/12
增长上通胀上利率下	2/3	1/6	1/6
增长下通胀下利率上	1/6	5/12	5/12
增长上通胀下利率上	1/6	5/12	5/12
增长下通胀上利率上	2/3	1/6	1/6
增长上通胀上利率上	1/6	5/12	5/12

资料来源：泰康资产。

图 3—4 展示了基准情景风险平价策略与基于经济周期的动态调整策略的净值表现。可以看出，相比基准情景风险平价策略和基于增长和通胀的动态调整策略而言，基于增长、通胀和流动性的动态调整策略具有明显更高的累计收益。

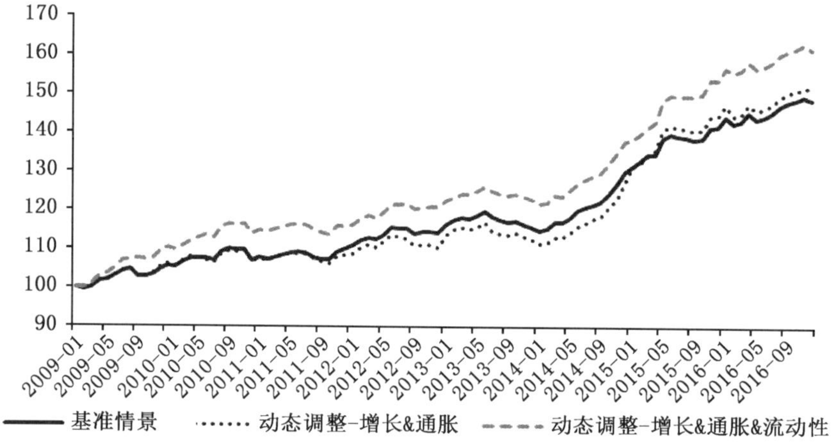

资料来源：泰康资产。

图 3—4　基于增长、通胀与流动性周期划分下的风险平价策略净值走势

具体来看，如表 3—4 所示，基于增长、通胀和流动性周期划分的动态调整策略收益为 6.07%，夏普比率为 1.07，均显著高于基准情景风险平价策略，而年度最大回撤为 2.19%，明显低于基准情景风险平价策略。因此，基于增长、通胀和流动性周期的动态调整策略是能够获得绩效改善的，不仅能够提高策略收益表现，还能够改善策略的风险收益比。

表 3—4　基于增长、通胀与流动性周期划分下的风险平价策略表现

资产类别	基准情景	基于增长 & 通胀	基于增长 & 通胀 & 流动性
均值	4.94%	5.19%	6.07%
标准差	3.36%	4.13%	3.37%
夏普比率	0.74	0.66	1.07
最大回撤	−2.44%	−2.94%	−2.19%

资料来源：泰康资产。

第四章　保险资金资产负债匹配管理

近些年来，随着保险资金运用规模迅速增长、资金运用渠道持续拓宽、保险产品不断推陈出新，国内保险行业出现了一些依赖销售高现价产品冲规模的现象，并且“短钱长配”和“长钱短配”两个矛盾同时存在，由此形成的成本—收益不匹配、期限结构不匹配可能蕴含着较大的行业风险，因而加强保险资金资产负债匹配管理的任务迫在眉睫。段国圣、李斯和高志强(2011)曾提出，良好的资产负债状态是保险公司生存与可持续性发展的基石，作为指导保险经营活动的基本原则，树立正确的管理理念并构建一套合理的资产负债匹配管理模式，是支持我国保险业在复杂的风险环境中高速稳健成长、避免由于资产负债错配导致行业系统性风险的根本保障。站在当前时点来看，借鉴国内外资产负债匹配管理的研究成果和实践经验，积极探索适合保险资金运用管理实践的资产负债匹配管理模式显得越来越重要。下面将对资产负债匹配管理的相关理论等内容进行介绍，为下一步风险平价模型与资产负债匹配管理互相结合提供理论基础。

第一节　资产负债匹配管理的重要性

保险公司是一种以“收入在前、成本在后”为经营特征的“负债经营型”金融机构。保险公司进行产品销售时要先收取一定的保费，然后将不同投保人的保费汇集起来开展投资，当保单约定的事件在未来某时刻发生时，保险公司有义务将保单约定的利益支付给投保人。因此，保险公司的经营可以从两个角度来看：从负债端看，收取保费并承担保险责任；从资产端看，进行资金运用并获得投资收益。

资产端与负债端的匹配管理对保险公司而言是非常重要并且必要的，是保险公司进行持续经营的重要保障。保险公司销售保险产品并获得保费的过程，实质上可以看作发行一种类似债券的负债工具，然后通过在资本市场上对资金进行合理配置，使得投资回报能够提供足够的现金流以满足合同约定的支付需求。因此，保险公司的资产与负债之间存在非常紧密的联系，尤其是对同时驱动两者变化的风险因子的敏感性很高，比如利率因素。当资产端与负债端的不匹配程度较高时，往往蕴含着较大的系统性风险，是保险公司的主要风险来源，历史上日本和韩国都曾因此引发保险公司破产潮。

从国内保险行业现状来看，随着我国人均 GDP 超过 8 000 美元，居民对保险的需求迅速扩张，保险资金运用规模迅猛增长，同时投资渠道也呈现多元化，但是国内保险公司的资产负债匹配管理体系尚不成熟，资产端与负债端的矛盾较为突出。陈文辉(2016)指出“短钱长配”与“长钱短配”两种现象同时存在，“长钱短配”带来了再投资风险，“短钱长配”带来了流动性风险。这种资产负债错配可能蕴含着较大的潜在风险，因此原中国保监会发布了《关于征求对保险资产负债管理监管规则意见及开展行业测试的通知》，同时对保险公司开展资产负债管理能力试评估和量化评估测试工作，以完善保险公司的资产负债管理体系，防范资产负债错配带来的风险。

第二节　资产负债匹配理念的发展

保险资产负债匹配管理理念最初是由英国公平人寿保险协会的 William Morgan 提出的，他认为保险机构需要保持充足准备金以覆盖未来的负债，同时还需要结转盈余保证金，并对利润来源进行分类度量。虽然该观点尚未明确涉及资产负债匹配的概念，但其中已经隐含了资产和负债需要统一协调的构想，是资产负债匹配管理理念的萌芽。

在 20 世纪 70 年代高利率环境下，现金流匹配策略(dedication strategy)是保险和年金进行资产负债匹配管理的主流方法。现金流匹配要求对每一笔现金流流出所对应的负债，都需要有一笔现金流流入所对应的资产，即通过资产的现金流完全复制负债的现金流以实现资产负债匹配。在高利率环境下，固定收益类资产的到期收益率普遍较高。出于锁定资产端高额回报的目的，现金流匹配成为当时资产负债匹配管理的流行策略。

在 20 世纪 80 年代，免疫策略逐渐开始取代现金流匹配成为资产负债匹配管理的主流方法。免疫理论(immunization strategy)由 Redington 在 1952 年提出，认为保险公司可以通过令资产久期与负债久期形成一种匹配关系，降低利率波动对经济盈余的负面影响。如果通过构建资产组合，使得资产久期等于负债久期，那么利率变动对盈余的影响将会大幅减轻甚至消除。随着市场利率水平见顶回落，越来越多的发行人赎回了在高利率时期发行的债券，这一行为严重影响了资产端的现金流特征和到期期限，给免疫和现金流匹配策略的执行带来了挑战。Leibowitz and Weinberger(1982)

提出了应急免疫策略(contingent immunization),这是一种兼有被动和主动因素的资产负债匹配管理方法。当资产组合的价值低于事先确定的触发点时,积极的债券组合管理策略将立即停止,并进入免疫策略模式。该方法的好处在于既追求积极管理带来的收益最大化,又通过免疫策略控制了组合的下行风险。

在20世纪90年代,资产负债匹配的管理理念逐渐让位于以盈余优化为目标的配置理念,大量配置权益类资产,这种行为也为后来一些企业在互联网泡沫破灭过程中出现技术性破产埋下了伏笔。1985年,美国财务会计准则委员会发布了对年金的会计核算方法,其中规定如果年金资产的投资收益超过预定利率,则可以将差异部分计入年金收益,从而提高企业的净利润,即年金投资的业绩表现会影响企业的利润表。为了追求企业利润最大化,很多企业将这种预定利率作为年金资产的门槛收益率(hurdle rate),对资产收益率的关注程度逐渐超越了对负债匹配的关注程度。在80年代末期,随着利率逐渐走低,到期资金的再投资收益率也明显下降,但预定利率仍维持在8%左右(Ryan,2013),这一矛盾促使市场机构开始采用盈余优化策略替代过去的现金流匹配策略和免疫策略。由于股票的长期投资回报率远高于债券,盈余优化策略更加偏好配置股票,而且美国股市表现也起到了推波助澜的作用,标普500指数在90年代的平均涨幅超过17%。采用盈余优化策略的年金获得了更高的资产投资收益率,这又促使更多的年金转向盈余优化策略并增加股票配置。这一景象随着美国互联网泡沫的破灭戛然而止,标普500指数暴跌近50%,很多企业年金的提存比率(funding ratio)迅速恶化,甚至由此引发了一些企业的技术性破产。

经过吸取教训,进入21世纪后,市场重新回归对资产负债管理的关注,负债驱动投资(liability-driven investing,LDI)的方法得到广泛应用,资产负债匹配管理理念逐渐焕发出新的活力。Fabozzi and Ryan(2005)提出,对于不同的年金计划,由于其负债特征各不相同,应该先按照负债特征构建个性化的负债指数,以此作为年金计划的投资基准,并按照该指数构建负债贝塔投资组合(liability beta portfolio),这一过程充分体现了负债驱动投资(LDI)的思想。随着LDI理念的推广,Adler(2009)发现大约一半的美国企业年金正在使用或考虑使用负债驱动的投资策略。法国北方高等商学院(EDHEC Business School)在2014年对欧洲企业年金的一项问卷调查显示,近80%的受访者已经熟知LDI的投资理念。

第三节　基于LDI的资产负债匹配管理理论

正如前文所述,进入21世纪以后,经过互联网泡沫的冲击,市场重新回归对资产负债管理的关注，资产负债匹配管理经历了由盈余优化策略向负债驱动投资（LDI）模式的演变。

盈余优化策略是一类从投资端视角出发的资产负债匹配方法，基本思想为：在资产配置过程中，进行优化的对象主要是公司盈余，即所有者权益，而非保险公司的总投资资产，因而投资组合的风险不再是资产组合的波动率或下方风险，而是投资收益是否满足负债端给付要求的风险，即盈余的波动率或下方风险。资产配置方法方面，盈余优化的量化模型从投资组合全局角度出发，可视为对经典 Markowitz 模型的扩展，将投资资产与负债一并视为一个多空投资组合，负债相当于固定权重（负债规模/资产规模）的卖空资产。盈余优化策略在应用实践中具有较高的实用性，一般的资产配置方法均可由此转化为资产负债匹配的管理，适用于对负债特性精确度刻画要求不高的情形。

盈余优化模型具有简洁的形式，但各投资资产在资产负债管理中的定位无法明确体现，特别是资产负债匹配程度的刻画简化为波动率或市场风险，可能无法满足更细致复杂的管理要求。特别是在保险公司选择其他维度刻画资产负债匹配程度时，盈余优化模式难以进行相应调整，灵活性显得较为不足。相比而言，负债驱动投资形式的管理模式具备更佳的适应性。

负债驱动投资框架下，资产配置问题被分解为两个子问题，一是与负债端密切相关的利率风险管理，二是投资收益的最大化。目前市场机构的主流做法是针对两个目标分别进行资产配置测算，再通过资产负债管理策略合并成整体投资组合。具体而言，第一个目标是保证资产负债的匹配性，即通过构造一个负债对冲组合（liability hedging portfolio）实现。该组合定义为免疫负债的最佳组合，目标为对冲或降低负债的主要风险，与负债具有高相关性。实践中可以根据公司的资产负债管理理念，挑选具有匹配负债性质的资产。例如，在会计报表口径下，负债对冲资产是可提供稳定当期财务投资收益的资产，在市场一致性口径下是与负债具有高相关性或相同风险因子的资产。第二个目标是为公司赚取利差，即通过构造一个以追求收益最大化为目标的组合（performance seeking portfolio）来实现。该组合定义为提升盈余的最佳组合，目标为满足目标收益需求或获取超额收益，具有较高的收益风险比。此外，用于获取收益的资产配置结构与负债特性无关，可相对独立进行决定。实践中可以运用各种配置方法构建组合，包括以均值方差为代表的组合优化、侧重风险的风险预算、基于对资产收益来源进行量化剖析的因子配置等主流方法论。

在学术研究方面，负债驱动投资理念与盈余优化方法有着密切的联系。根据引入负债的基金分离定理，基于对盈余或提存比率（funding ratio）的最优无约束资产配置，可分解为两个相对独立的组合，即 LHP 组合和 PSP 组合。

假设有 N 种可投资的风险资产，r 是无风险利率，S_t 表示风险资产价格向量，B_t 表示无风险资产价格，则资产价格具有以下形式：

$$dS_t = \mathrm{diag}(S_t)[(r1+\sigma'_s\lambda_s)dt+\sigma'_s dz_t]$$

$$\frac{dB_t}{B_t}=r\,dt$$

其中，λ_s 是风险资产的单位风险溢价向量，σ_s 是风险资产的波动率矩阵。

对于负债组合价值，具有以下形式：

$$dL_t = L_t[\mu_L dt+\sigma'_L dz_t]$$

令 w_t 为风险资产的配置权重，那么给定 w_t，资产组合价值具有以下形式：

$$dA_t = A_t[(r+w'_s\sigma'_s\lambda_s)dt+w'_s\sigma'_s dz_t]$$

同时，投资者具有如下常相对风险厌恶效用函数（constant relative risk aversion）：

$$U(x)=\frac{x^{1-\gamma}}{1-\gamma}$$

其中，γ 是相对风险厌恶系数。

那么，保险公司的资产负债匹配管理问题将转化为以下优化问题：

$$\max_{w} E\left\{U\left(\frac{A_T}{L_T}\right)\right\}$$

该问题具有如下形式的最优解[①]：

$$w=\frac{\lambda_{PSP}}{\gamma\sigma_{PSP}}w_{PSP}+\left(1-\frac{1}{\gamma}\right)\beta_{LHP}w_{LHP}$$

这两个组合的权重分别为，

$$w_{LHP}=\frac{\sum^{-1}\sum_{AL}}{1'\sum^{-1}\sum_{AL}}$$

$$w_{PSP}=\frac{\sum^{-1}\mu}{1'\sum^{-1}\mu},$$

其中，w_{LHP} 是 LHP 组合的配置比例，该组合是与负债相关性最高的组合；w_{PSP} 是 PSP 组合的配置比例，该组合是经典有效前沿理论中的无约束最优组合；γ 是投资

① 具体过程详见 Cox and Huang（1989）以及 Badaoui，Deguest，Martellini and Mihau（2014）。

者的风险厌恶系数；β_{LHP} 是负债相对于 LHP 组合的贝塔值；λ_{PSP} 是 PSP 组合的夏普比率；σ_{PSP} 是 PSP 组合的波动率。

由于负债型资金的运用具有最低保底收益要求，Martellini 和 Milhau（2010）进一步证明了在对提存比率增加短期下限约束条件的情况下，连续时间情形同样可以得到与静态情形类似的基金分离定理，即以下最优化问题：

$$\begin{cases}\max\limits_{w} E\left\{U\left(\dfrac{A_T}{L_T}\right)\right\}\\ \text{s. t. } A_t \geqslant kL_t\end{cases}$$

其中，A_T 是资产价值，L_T 是负债价值，$U(\cdot)$是效用函数，k 是最小的提存比率。该问题具有如下形式的最优解：

$$w_t = \frac{\lambda_{PSP,t}}{\gamma\sigma_{PSP,t}}\left\{1-p_t\frac{F_t}{A_t}\right\}w_{PSP,t}+\left\{1-\frac{1}{\gamma}\left[1-p_t\frac{F_t}{A_t}\right]\right\}\beta_{LHP}w_{LHP}$$

其中，$F_t = kL_T$，表示可接受的最低价值。可以发现，该问题的解与不考虑最低保底收益形式的解具有相似的形式。

基金分离定理为负债驱动投资范式提供了理论基础，以匹配负债为目标的组合与以追求收益最大化为目标的组合各司其职，共同组成整体的投资资产组合。

第四节　基于资产负债匹配管理技术的资产配置策略

保险资金在资产负债匹配管理实践方面，可以基于资产负债匹配管理技术制定相应的投资策略，例如久期匹配策略、现金流匹配策略、动态财务优化策略等。

一、久期匹配策略

久期匹配策略又称免疫策略（immunization strategy），是由 Redington 在 1952 年提出的。这一理论是现代资产负债匹配管理技术的起源，被保险、年金、银行等金融机构广泛应用于资产配置过程中，成为利率风险控制和管理的奠基石。利率风险是保险资金运用的主要风险来源，当利率发生较大变化时，由于资产端与负债端对利率变化的敏感性不同，导致资产价值与负债价值的波动幅度不一致，可能引发公司盈余的大幅下降。为了解决这一问题，免疫策略通过构建互相关联的资产与负债组合，使得保险公司能够在任何利率环境下，保证公司盈余维持稳定，从而降低利率波动带来的负面影响。

在实践方面，采用衡量利率敏感性的久期指标作为工具，令资产久期等于负债久期，进而利率变化对资产价值和负债价值的影响程度相同，实现无论利率未来是上升还是下降，都不会对公司盈余产生任何损失，最终保证资产的价值都能够不低于负债的价值。虽然后来又出现了很多其他资产负债匹配管理模型技术，但久期匹配策略仍然是保险公司开展资产负债匹配管理的重要方法。特别地，保险公司的资产久期往往小于负债久期，当资产负债久期缺口为负且负值不断扩大时，公司抵御利率下行风险的能力就越差，出现利差损的概率也越高。

因此，保险公司开展资产配置的首要任务就是利用久期匹配策略构建投资组合，作为公司长期资产配置的"锚"。保险公司可以将投资资产划分为两个组合：一个是以匹配负债为目标的组合，该组合的主要作用是对冲负债的利率风险，与负债变化的相关性较高，可以按照与负债现金流进行久期匹配的原则，利用不同期限的固定收益类资产构建具有相似久期特征的固定收益投资组合；另外一个是以追求收益率最大化为目标的组合，该组合主要通过配置高风险资产获取较高的收益率。这种方法的好处在于，既实现了负债对冲的作用，避免了资产负债错配，又能够在一定程度上获取更高的收益，是目前保险公司实践中常用的资产负债匹配管理策略。

久期匹配策略的优点在于方法简单、易于理解、便于操作，为保险公司基于资产负债管理的要求制定投资策略提供了具有较高实用性的方法。但是，久期匹配策略仍然存在一些问题：一是利率曲线结构的变化可能对久期匹配策略产生重大影响，因为资产（负债）久期衡量的是利率曲线平行移动且变化幅度较小，即资产（负债）受利率变动的影响程度，当利率曲线出现非平行或大幅的变动时，久期匹配策略将无法实现利率风险的有效对冲；二是资本市场中的资产品种供给结构也会影响久期匹配策略的实现，当长期固定收益品种的供给较少时，保险公司无法使用资本市场上的短期资产去匹配长久期的负债；三是在资产配置组合中，当赋予久期匹配策略较大的权重时，将会大量配置收益相对较低的固定收益资产，导致整体投资组合的收益率较低，无法达到目标收益率；四是保险公司的负债现金流可能具有较高的不确定性，与公司业务规划、市场利率水平、经济所处周期、人均收入水平等因素都有较大的关系，当现金流的预测值与实际值出现较大偏差时，将会对负债现金流的久期度量产生较大影响，进而影响通过久期匹配策略来对冲负债的效果。

二、现金流匹配策略

当市场利率水平的波动性加剧时，管理利率期限结构的大幅变化所带来的风险变得非常困难，而久期匹配策略只能在利率曲线平行移动且变化幅度较小的情况下产生较好的匹配效果，此时就有了对负债现金流进行匹配的需求，现金流匹配策略能够很好地规避利率非平行且大幅度变动所带来的利率风险。

现金流匹配策略是指通过构建一个固定收益投资组合，使得每一笔负债现金流出都能够被期间内的资产现金流入所覆盖，从而达到消除利率风险和流动性风险的目的。实际上，现金流匹配策略是一种比久期匹配策略更加严格的投资策略。一个满足现金流匹配的投资策略，一般而言也都满足久期匹配策略。

现金流匹配策略的出现，为保险公司进行资产负债匹配管理提供了另一种方法和工具。一方面，对于一些小型保险公司，当没有足够的资源和能力开发更加复杂精细的资产负债匹配管理模型时，现金流匹配策略是一种简单易行、容易操作的投资策略；另一方面，对于大型保险公司而言，虽然往往都已经开发了较为复杂精细的资产负债匹配管理模型，但是现金流匹配策略仍然适合作为复杂模型的一个部分或者一个子策略，以便更好地管理可能出现的利率风险。

现金流匹配策略虽然能够有效规避利率波动带来的负面影响，但在实践中也存在诸多问题：一是对于负债期限较长的公司，当长期固定收益资产的供给较少时，完全的现金流匹配就变得非常困难，往往只能通过购买短期限资产，并在到期后重新进行投资来实现现金流匹配，但是在此期间将无法避免地存在再投资收益的不确定性；二是现金流匹配策略的灵活性较差，而且能够获得的预期收益也往往较低，无法达到目标收益率；三是未来负债现金流的不确定性在现金流匹配策略中显得尤为突出，如果出现错误的现金流预期，几乎必然意味着一个糟糕的现金流匹配策略。

三、动态财务优化策略

在资产负债匹配管理发展的早期，受到计算能力等外部因素的约束，资产负债匹配管理策略通常使用简单的静态优化方法，然而难以准确反映出环境变化的影响。特别是随着资金运用渠道持续拓宽、保险产品不断推陈出新，公司盈余价值的变动更加难以估计，其中蕴含的风险也越来越复杂，静态优化方法的局限性逐渐凸显出来。因此，保险公司开始尝试将多期随机规划方法引入资产负债匹配管理之中，动态财务分析就是一种颇为流行的随机规划方法。

动态财务分析是指在充分考虑不同业务部分之间的相互关系，以及各类因素的随机性特征后，评估保险公司在一定时期内整体财务和风险状况的过程。动态财务分析模型通常包含五个部分：（1）初始条件，主要是对公司保费收入、赔付率、宏观经济、资本市场收益率等变量，以及初始时刻的资产负债表、利率期限结构进行刻画；(2)情景发生器，通过将各类风险因素进行随机模拟得到不同的情景，每个情景代表了一定概率下公司的经营情况和风险情况；(3)财务计算器，通过将不同情景下生成的随机因素输入财务模型中，得到财务指标结果；(4)优化程序，根据财务计算结果生成一系列最优的策略组合，每个组合代表了不同的风险水平，公司根据自身的风险承受能力，选择合适的策略组合作为长期资产配置组合；(5)结果分析。

动态财务分析的方法使得保险公司不再局限于对负债的对冲，而是为公司在风险和收益之间寻求平衡，即在适度承担风险的条件下，获取更高的盈余价值。同时，动态财务分析方法还具有较大的灵活性，为公司进行全面风险管理以及提升盈余价值提供了一种有效工具。但是，该方法也存在局限性：一方面，大量的随机变量之间可能存在非常复杂的关系，明显提高了运算难度和运用门槛；另一方面，模型中的参数设置和情景模拟也具有一定的主观性。

第五章　基于风险平价模型的资产负债匹配管理

保险公司作为资本市场上重要的长期投资者，保险资金具有非常鲜明的负债约束特征，在进行资产配置时需要时刻关注负债端的变化，以应对资产负债不匹配所带来的利差损问题，这也正是保险行业所面临的重大挑战。而在风险平价模型的实践过程中，投资者往往仅从资产端对风险使用平价策略，未能充分考虑负债端的特征，因而保险机构难以直接应用该模型开展资产配置实践。

本文将进一步研究如何在有负债约束的条件下运用风险平价模型，使得风险平价模型与保险资金的资产负债匹配管理相结合，从而指导保险公司的资产负债匹配管理与资产配置实践。

第一节　“核心+卫星”策略

从负债驱动投资(LDI)的资产负债匹配理念出发，一些保险公司和企业年金机构根据投资目标的不同，将投资组合划分为两个部分：以匹配负债为目标的组合和以追求业绩最大化为目标的组合。Qian(2017)也认为在资产负债管理框架中，资产端最优的投资策略可由负债匹配组合和风险资产组合构成。借鉴这一思想，本文将负债驱动投资与风险平价策略相结合，构建“核心＋卫星”模式的资产负债匹配管理策略。

一、“核心＋卫星”策略的动机

正如前文所述，保险公司销售保险产品并获得保费的过程，实质上可以看作发行一种类似债券的负债工具，然后在资本市场上对资金进行合理配置。这意味着保险资金在资本市场上进行投资时，不仅需要考虑资产端的问题，还需要着重考察负债现金流特征，即未来发生赔付的现金流支出需求的特征。在历史上资产负债错配往往蕴含着较大的风险，因此匹配负债是保险资金在资金运用过程中的首要目标，以匹配负债为目标的组合应当成为投资资产的“核心”组合。同时，前文研究结果表明，风险平价策略相比其他资产配置策略具有相对更高的收益，以及相对更低的波动率和回撤风险，即风险平价策略具有更好的风险调整收益。因此，可以通过风险平价策略构建投资组合作为“卫星”组合，该组合以追求收益最大化或收益风险比最高为目标。具有匹配负债作用的“核心”组合与具有风险平价特征的“卫星”组合，共同形成基于负债对冲与风险平价的“核心＋卫星”组合。

值得指出的是，负债对冲组合与风险平价组合的构建过程是相互独立的，保险公司可以灵活制定负债对冲组合的配置比例（或对冲负债的比例），并非一定需要完全匹配负债。从资产负债匹配程度来看，目前市场上主要有三种模式：(1)被动的负债驱动资产模式，通过调整资产端不同类型资产的配置比例来适应负债端的现金流支出，这种机械地基于负债配置资产的模式往往投资收益率较低，而且容易出现资产受到供给的约束，难以实现匹配负债的情况；(2)资产驱动负债模式，先从资产端寻找有价值的投资项目，然后再通过负债端提供资金满足项目所需要的融资，这种模式往往伴随着较高的负债成本，而且资产负债的期限错配比较容易出现流动性风险；(3)主动管理的资产负债匹配管理模式，即根据公司的业务发展和风险偏好主动管理资产端与负债端之间的匹配关系，实现资产负债匹配管理的动态平衡。本文主要借鉴第三种管理模式的思想，认为可以根据公司的资产负债比率和风险偏好调整负债对冲组合的配置比例，对于资产负债比率或风险偏好较高的公司，可以选择承担更多的风险，并减少负债对冲组合的配置比例；反之，亦然。

此外，按照资产负债匹配原则构建的负债对冲组合往往由政府债券和信用债券组成，能够获得的收益率相对较低，如果“卫星”组合继续采用基准情景下的风险平价策略进行构建，则整体投资组合的收益率将会偏低，无法达到目标收益率要求。因此，需要考虑通过积极管理的风险平价策略来构建“卫星”组合，从而提高“卫星”组合的收益率，以保证整体投资组合收益率达到满足要求的收益率水平。

“核心＋卫星”组合的构建流程包括：首先，需要刻画负债现金流特征，本文将关键利率久期作为负债现金流特征的衡量指标；其次，按照关键利率久期匹配的原则，使用不同期限的政府债券和信用债券构建负债对冲组合；再次，参考前文研究结果，将不同细分资产类别的风险平价策略与基于经济周期动态调整的风险平价策略相结合，构建积极管理的风险平价组合；最后，根据负债对冲组合和风险平价组合的配置情况，构建基于负债对冲与风险平价的“核心＋卫星”策略。

二、负债现金流特征刻画

对于负债现金流，本文利用正态分布模拟了未来 30 年现金流支出情况，如图 5—1 所示。在实践中，保险公司一般使用在未来业务规划和精算假设下计算得到的现金流支出情况进行分析，当未来业务规划或精算假设改变时，现金流支出情况也会发生改变。本文模拟的现金流支出规模先呈现上升趋势，并于第 6 年达到最大值，随后逐步下降。

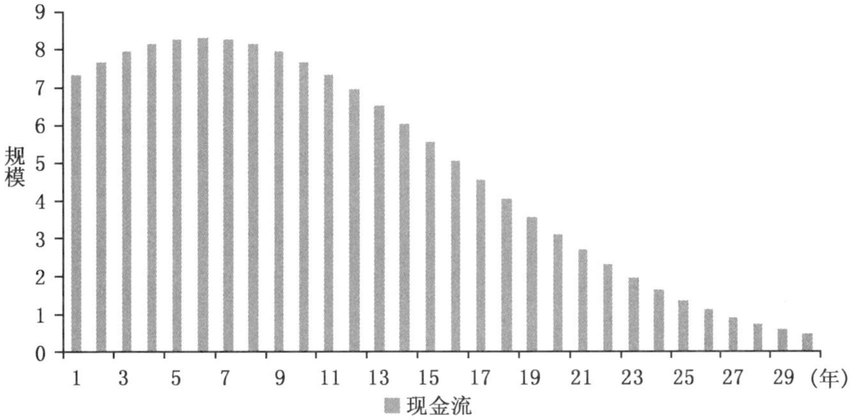

资料来源：泰康资产。

图 5—1 负债现金流模拟结果

对于负债现金流的贴现率曲线，本文使用传统型保险产品（未来保险利益不受投资收益影响的保险合同）的责任准备金评估折现率，即由基础利率曲线附加综合溢价两部分组成，如图 5—2 所示。其中，基础利率曲线由三段组成，当期限小于 20 年时，采用 750 天移动平均国债即期利率曲线；当期限大于 40 年时，采用终极利率 4.5%；

当期限介于20—40年时，采用终极利率过渡曲线，由二次插值方法计算得到。对于综合溢价，不同保险公司的取值可能略有不同，本文采用50bp作为综合溢价，该水平大致与行业平均值相当。经过此贴现率曲线折现后，负债现金流的现值为100。

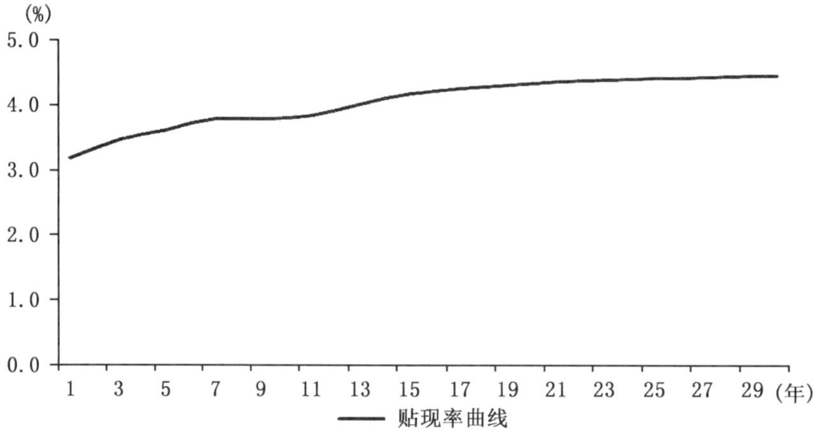

资料来源：泰康资产。

图5—2　负债现金流贴现率曲线

最后，利用负债现金流规模和贴现率曲线刻画负债现金流的特征——久期。考虑到负债整体久期没有包含负债现金流的期限结构信息，负债对利率曲线的非平行变动，可能具有不同的利率敏感性，因此负债整体久期并不能很好地描述负债现金流特征。因此，本文使用关键利率久期作为负债现金流特征的衡量指标，以体现负债现金流在不同关键期限上的利率敏感性，其中关键期限包括1年、3年、5年、7年、10年、15年、20年、30年。负债现金流的关键利率久期如图5—3所示。为了简单起见，这里假设负债现金流特征不随时间变化。[①]

三、负债对冲组合构建

正如前文所述，当资产久期等于负债久期时，利率变化对资产价值和负债价值的影响程度相同，无论利率未来是上升还是下降，都不再影响公司盈余水平，这就实现了匹配负债的目的。因此，可以考虑使用久期匹配策略构建负债对冲组合。特别地，为了体现出负债现金流的期限结构信息，本文选择使用关键利率久期匹配的方法构建负

① 此处只是为了更好地介绍策略方法而做出该假设。当负债现金流特征因业务规划或精算假设而发生变化时，只需重新计算负债现金流关键利率久期，并构建负债对冲组合，形成新的“核心＋卫星”策略即可。

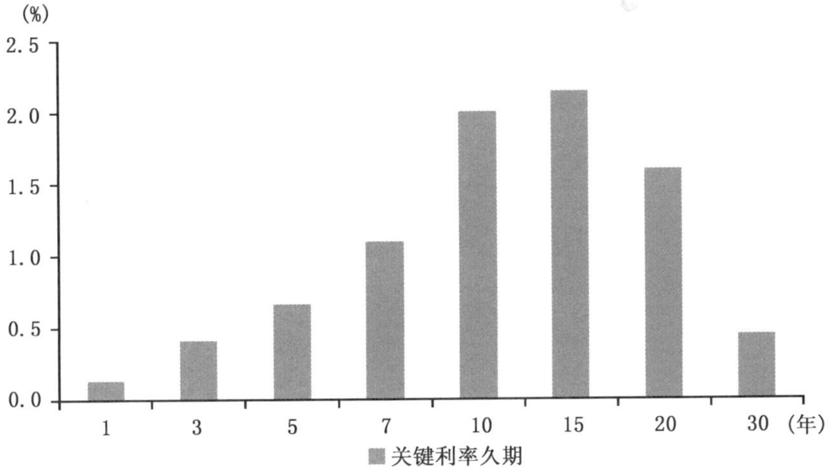

资料来源:泰康资产。

图 5—3　负债现金流关键利率久期特征

债对冲组合,即通过合理配置各类资产的权重比例,使得资产关键利率久期与负债关键利率久期的跟踪误差最小。[①] 具体的组合构建方法如下:

$$\begin{cases}\min\limits_{w}\Delta KRD'\times Cov\times\Delta KRD\\ \text{s. t.}\sum w_i=1\end{cases}$$

其中,ΔKRD 是关键期限的久期缺口向量,$\Delta KRD_j=\sum w_i Dur_{i,j}^{A}-LA*Dur_j^{L}$ 是第 j 个关键期限上的资产负债久期缺口,$j=1,2,\cdots,N$,N 是关键期限个数,w_i 是第 i 种资产的配置权重,$Dur_{i,j}^{A}$ 是第 i 种资产在第 j 个关键期限上的关键利率久期,Dur_j^{L} 是负债在第 j 个关键期限上的关键利率久期,LA 是负债规模与资产规模的比值,这里取值为 1,Cov 是关键期限利率变动的协方差矩阵。为了简单起见,假设协方差矩阵 Cov 不随时间变化。

构建负债对冲组合所使用的资产类别包括 1 年期 AAA 企业债、3 年期 AAA 企业债、5 年期 AAA 企业债、7 年期国债、10 年期国债、15 年期国债、20 年期国债、30 年期国债 8 种资产,各资产类别的关键利率久期情况如表 5—1 所示。

① 在内涵上,关键利率久期匹配类似于跟踪误差最小的概念。

表 5—1　　各资产类别的关键利率久期

资产类别	1	3	5	7	10	15	20	30
1 年 AAA 企业债	0.97	0.00	0.00	0.00	0.00	0.00	0.00	0.00
3 年 AAA 企业债	0.08	2.72	0.00	0.00	0.00	0.00	0.00	0.00
5 年 AAA 企业债	0.09	0.23	4.15	0.00	0.00	0.00	0.00	0.00
7 年国债	0.07	0.18	0.28	5.62	0.01	0.00	0.00	0.00
10 年国债	0.07	0.19	0.29	0.49	7.29	0.00	0.00	0.00
15 年国债	0.08	0.21	0.32	0.54	1.09	8.99	0.01	0.00
20 年国债	0.08	0.22	0.34	0.56	1.14	1.62	9.52	0.01
30 年国债	0.08	0.22	0.35	0.58	1.17	1.68	2.64	10.00

资料来源：泰康资产。

按照上述方法构建负债对冲组合，资产配置权重如表 5—2 所示。可以看出，负债对冲组合对 7 年国债、10 年国债、15 年国债和 20 年国债的配置比例较高，主要原因是负债现金流在第 7 年、第 10 年、第 15 年和第 20 年的利率敏感性（关键利率久期）较大，从而需要配置较多相应期限的固定收益资产，以实现负债对冲的目标。

表 5—2　　负债对冲组合配置比例

资产类别	配置比例
1 年 AAA 企业债	5.3%
3 年 AAA 企业债	9.0%
5 年 AAA 企业债	10.4%
7 年国债	13.8%
10 年国债	21.3%
15 年国债	20.1%
20 年国债	15.5%
30 年国债	4.5%

资料来源：泰康资产。

负债对冲组合的净值走势如图 5—4 所示，可以发现，该净值走势与前文基准情景下的风险平价策略净值走势有一定的相似性，可能是因为利率变化是驱动这两个组合涨跌的共同核心因素。

从表 5—3 中可以看出，负债对冲组合的收益率相对较低，平均收益率为 3.72%，而波动性相对较高，标准差为 3.92%，因此夏普比率较低，仅有 0.32。正如前文所述，

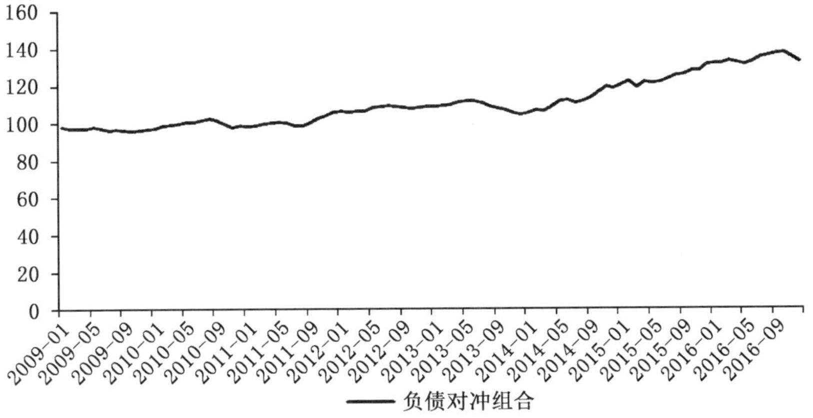

资料来源:泰康资产。

图 5—4　负债对冲组合净值走势

负债对冲组合一般由政府债券和信用债券组成,能够获得的收益率相对较低,当负债对冲组合的配置比例较高时,将拉低整体投资组合的收益率表现。

表 5—3　　负债对冲组合策略表现

资产类别	负债对冲组合策略表现
均值	3.72%
标准差	3.92%
夏普比率	0.32
最大回撤	−3.98%

资料来源:泰康资产。

四、风险平价组合构建

为了提高整体投资组合的收益率,需要使用积极管理的风险平价策略构建“卫星”组合。通常,基于细分资产种类的风险平价策略收益表现相对较好;同时基于增长、通胀和流动性的经济周期动态调整策略也具有相对较高的收益表现。下面将这两种过程进行结合,形成基于细分资产种类和经济周期调整的风险平价策略。

在大类资产内部,采用基于细分资产种类的风险平价策略构建方法,在股票资产内部,按照规模、价值、低贝塔、盈利质量四个风格指数构建风险平价权益组合,平衡不同股票风格的风险;在利率债资产内部,按照中期利率债、长期利率债两个利率债指数构建风险平价的利率债组合,平衡不同期限的利率风险;在信用债资产内部,按照

AAA 信用债、AA＋信用债、AA 信用债三个信用债指数构建风险平价的信用债组合，平衡不同信用等级的风险。

在大类资产之间，不再使用严格的风险平价模式进行组合构建，而是采用基于增长、通胀和流动性的经济周期动态调整策略构建方法，即：首先，按照增长、通胀、流动性对宏观经济状态进行划分；然后根据各种资产在历史上不同周期中的表现情况，适当调整大类资产的风险贡献权重，当表现较好时则调高风险贡献权重，当表现较差时则调低风险贡献权重。大类资产风险贡献权重的调整方法如表 3－3 所示。

通过以上过程构建基于细分资产种类和经济周期调整的风险平价策略，净值走势如图 5－5 所示。可以发现，该方法构建的风险平价策略收益表现明显优于基准情景的风险平价策略、基于股票和债券细分资产种类的风险平价策略以及基于增长、通胀与流动性周期动态调整的风险平价策略。

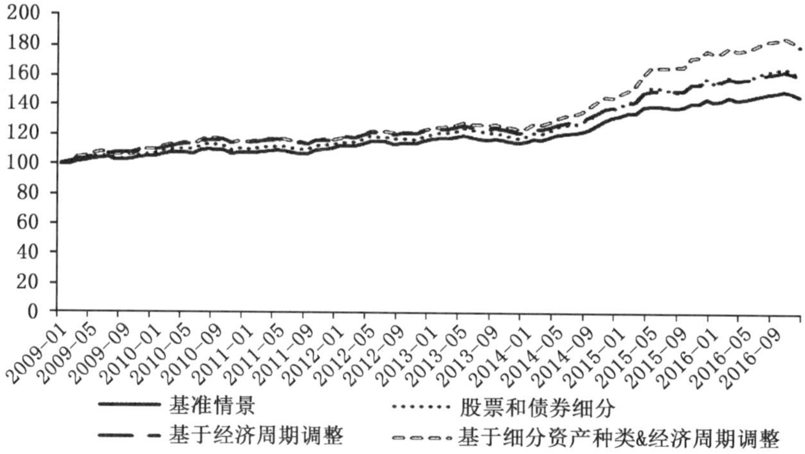

资料来源：泰康资产。

图 5－5　基于细分资产种类和经济周期调整的风险平价策略净值走势

该方法构建的风险平价策略平均收益率为 7.73%，明显好于其他方法构建的风险平价策略，并且其夏普比率高达 1.22，显著高于基准情景的数值 0.74、基于股票和债券细分资产种类的数值 0.91 以及基于增长、通胀与流动性周期动态调整的数值 1.07。

表 5—4　　不同经济周期划分下的风险平价策略表现

资产类别	基准情景	股票和债券细分	基于经济周期调整	基于细分资产和经济周期调整
均值	4.94%	6.16%	6.07%	7.73%
标准差	3.36%	4.06%	3.37%	4.32%
夏普比率	0.74	0.91	1.07	1.22
最大回撤	−2.44%	−2.69%	−2.19%	−2.59%

资料来源：泰康资产。

五、基于负债对冲与风险平价的“核心＋卫星”策略

考虑到负债对冲组合与风险平价组合的构建过程互相独立，同时不同保险公司拥有不同的资产负债比率和风险偏好，保险公司可以灵活调整负债对冲组合的配置比例，即当资产负债比率或风险偏好较高时，公司可以选择承担更多的风险，减少负债对冲组合的配置比例，增加风险平价组合的配置比例；反之亦然。因此，整体投资组合的收益率取决于以下四个因素：负债对冲组合的收益率、风险平价组合的收益率、负债对冲比例、公司的资产负债比率。

下面将利用前文得到的负债对冲组合和风险平价组合构建“核心＋卫星”策略。采用前文计算的负债对冲组合与风险平价组合收益率和组合配置比例，那么“核心＋卫星”策略的收益率主要受到负债对冲比例和资产负债比率的影响。当负债对冲比例提高时，则有更多的资产用以配置于负债对冲组合，导致“核心＋卫星”整体组合收益率下降；当资产负债比率提高时，则有更多的资产配置于风险平价组合，导致“核心＋卫星”整体组合收益率上升，如表 5—5 所示。

表 5—5　　不同情景下的整体组合收益率示意

不同情景	负债对冲比例	资产负债比率	组合收益率
基准情景	70%	110%	5.69%
负债对冲比例提高	80%	110%	5.29%
资产负债比率提高	80%	120%	6.07%

资料来源：泰康资产。

当可选择的负债对冲比例位于 40%—90%范围内且公司的资产负债比率位于 90%—150%范围内时，整体组合收益率、负债对冲比例、资产负债比率三者之间的关系如图 5—6 所示。其中，“核心＋卫星”整体组合的收益率位于 3.4%—10%，保险公

司可以根据自身资产负债比率的实际情况以及整体风险偏好程度选取平面上不同位置的节点，按照相应的负债对冲组合与风险平价组合相对比例，并结合两个组合内部各个资产的配置权重，构建基于负债对冲与风险平价的“核心＋卫星”策略投资组合。

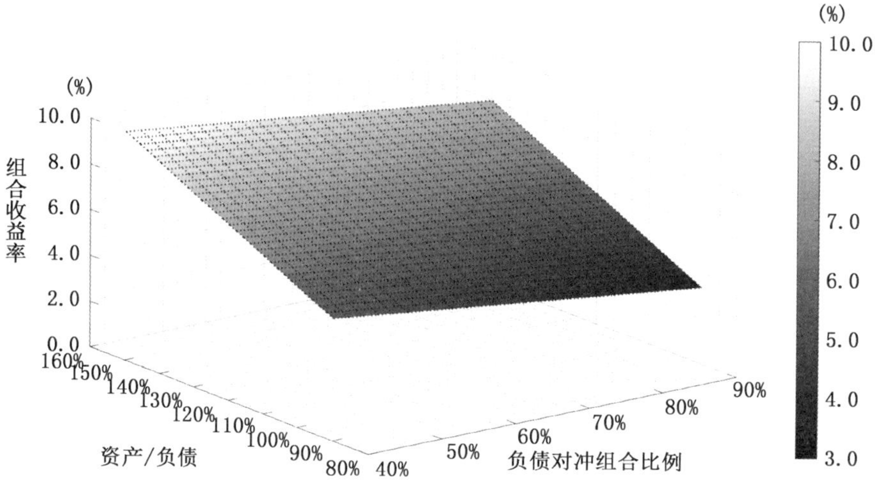

资料来源：泰康资产。

图5—6 “核心＋卫星”策略三维图

第二节 双重目标优化策略

下面创造性地提出了另一种基于风险平价模型的资产负债匹配管理策略——双重目标优化策略，在该策略中，负债对冲组合与风险平价组合的构建是同时进行的。也就是说，负债对冲和风险平价两个目标可以同时实现平衡。

一、双重目标优化策略的动机

在“核心＋卫星”策略中，由于负债对冲组合的收益率较低，当负债对冲比例设置为较高水平时，将会拉低整体投资组合的收益率表现。本文采用了积极管理的风险平价策略来提高风险平价组合的收益率，以减轻该问题的影响程度。

但是，“核心＋卫星”策略仍然存在一些问题：从两个组合的相关性来看，负债对冲组合与风险平价组合收益率的相关系数高达54.9％，即两个组合之间的分散化作用较低，可能会影响整体组合的绩效表现；从两个组合的资产构成来看，负债对冲组合中都是固定收益资产，而风险平价组合中也倾向于配置较多的固定收益资产。从某种意义上讲，风险平价组合中的固定收益资产具有匹配负债的作用，而负债对冲组合中的固定收益资产也起到追求收益的作用，因此“核心＋卫星”策略中重复的配置固定收益资产降低了资产配置效率。

有鉴于此，本文认为可以通过在大类资产之间进行风险平价，同时在固定收益资产内部按照负债现金流期限结构进行久期匹配，并由此提出了双重目标优化策略，能够同时实现负债对冲和风险平价的目标，以避免“核心＋卫星”策略所出现的问题。

二、基于负债对冲与风险平价的双重目标优化策略

（一）策略构建方法

本文将关键利率久期匹配作为负债对冲的目标。关键利率久期匹配意味着资产关键利率久期与负债关键利率久期的跟踪误差最小，两者的跟踪误差可以表示为：

$$TE_{liability\text{-}hedge}=\Delta KRD'\times Cov\times \Delta KRD$$

其中，ΔKRD 是关键期限的久期缺口向量，$\Delta KRD_j=\sum w_i Dur_{i,j}^A-LA\times Dur_j^L$ 是第 j 个关键期限上的资产负债久期缺口，$j=1,2,\cdots,N$，N 是关键期限个数，w_i 是第 i 种资产的配置权重，$Dur_{i,j}^A$ 是第 i 种资产在第 j 个关键期限上的关键利率久期，Dur_j^L 是负债在第 j 个关键期限上的关键利率久期，LA 是负债规模与资产规模的比值，这里取值为 1，Cov 是关键期限利率变动的协方差矩阵。

将利率债、信用债和股票的风险贡献权重相等作为风险平价的目标，这意味着各类资产风险贡献权重之差的平方和最小，各类资产风险贡献权重之差的平方和可以表示为：

$$TE_{risk\text{-}parity}=\sum_i\sum_j(TRC_i-TRC_j)^2$$

其中，TRC_i 是第 i 种大类资产的总风险贡献，$TRC_i=1/\sigma_p\times w_i\times Cov(r_i,r_p)$，第 i 种大类资产的收益率和标准差分别为 r_i 和 σ_i，w_i 为第 i 种资产的配置权重，投资组合的收益率和标准差分别为 r_p 和 σ_p。

那么，基于负债对冲和风险平价的双重目标优化策略就转化为以下优化问题：

$$\begin{cases}\min_w\max_w(TE_{liability\text{-}hedge},TE_{riskJ\text{-}parity})\\ \text{s. t.}\sum w_i=1\end{cases}$$

（二）样本资产选择

对于固定收益类资产，选取 1 年期 AAA 企业债、3 年期 AAA 企业债、5 年期

AAA 企业债三种信用债，以及 7 年期国债、10 年期国债、15 年期国债、20 年期国债、30 年期国债五种利率债；对于股票类资产，选取规模、价值、低贝塔、盈利质量四个风格指数作为四种资产。

具体风险平价与负债对冲的实现过程如下：在固定收益资产内部，通过合理分配各个期限资产的配置权重，实现关键利率久期匹配的目标；在股票资产内部，实现不同风格指数的风险平价；在大类资产之间，实现利率债、信用债和股票三种资产的风险平价。

（三）双重目标优化策略表现

通过以上过程构建基于负债对冲与风险平价的双重目标优化策略，策略净值走势如图 5—7 所示。可以发现，该方法构建的策略收益表现持续优于基准情景下的风险平价策略和基于股票和债券细分资产种类的风险平价策略。

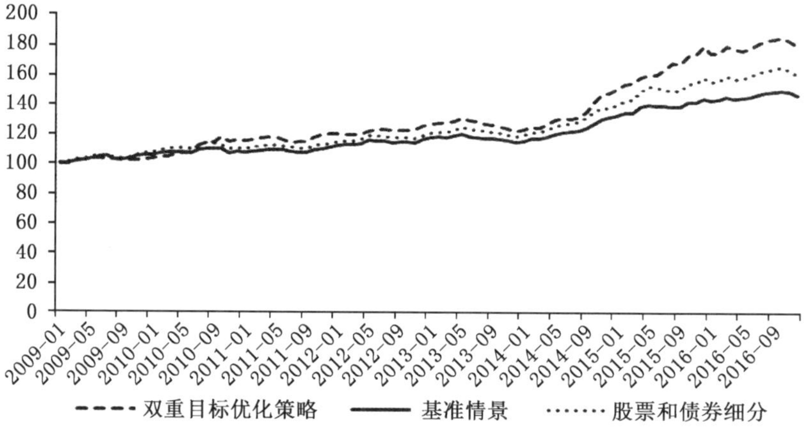

资料来源：泰康资产。

图 5—7　双重目标优化策略净值走势

从表 5－6 可以看出，该策略的平均收益率为 7.70%，显著高于基准情景的 4.94%和基于细分资产种类的 6.16%，并且其夏普比率为 1.07，也明显优于另外两种风险平价策略。

表 5—6　负债对冲组合策略表现

资产类别	基准情景	股票和债券细分	双重目标优化策略
均值	4.94%	6.16%	7.70%
标准差	3.36%	4.06%	4.89%

续表

资产类别	基准情景	股票和债券细分	双重目标优化策略
夏普比率	0.74	0.91	1.07
最大回撤	−2.44%	−2.69%	−2.67%

资料来源:泰康资产。

对于双重目标优化策略构建的投资组合,平均配置权重如图 5—8 所示,策略组合中将配置较多的 5 年 AAA 企业债、20 年国债和 30 年国债。该组合与负债对冲组合的跟踪误差如图 5—9 所示,其中长久期国债的跟踪误差较大,主要原因是利率债的波动率相对较低,在风险平价的过程中,为了平衡利率债、信用债和股票之间的风险,将被动配置较多波动率相对较高的长久期利率债,导致双重目标优化策略组合相对负债对冲组合的固定收益资产配置比例出现一定的偏离。[①] 但是,这种偏离基本上是可以接受的:固定收益类资产的平均偏离度为 3.69%。换言之,平均而言,每种固定收益资产偏离负债对冲组合的配置比例数值为 3.69%。因此,双重目标优化策略较好地平衡了负债对冲与风险平价两个目标,可以作为一种基于风险平价的资产负债匹配管理策略。

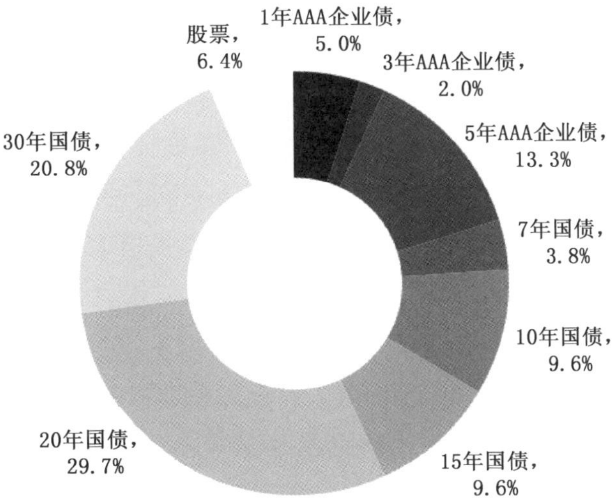

资料来源:泰康资产。

图 5—8　双重目标优化平均配置权重

① 这意味着在双重目标优化策略中,需要选取具有合适匹配效果和风险特征的样本资产来构建投资组合。

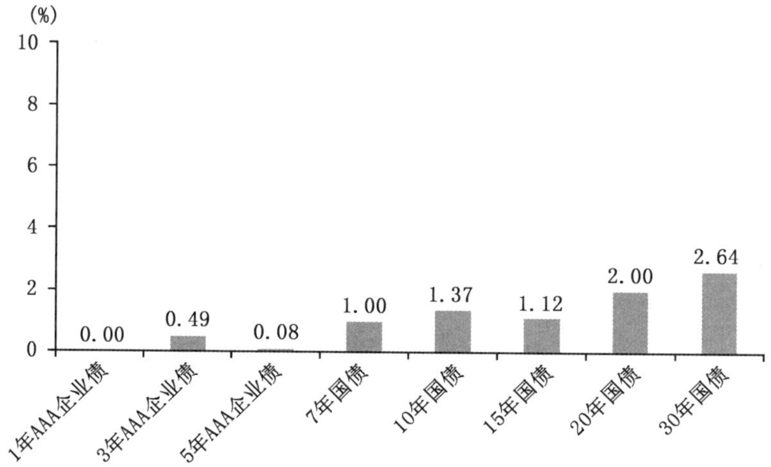

资料来源：泰康资产。

图 5—9　固定收益类资产的跟踪误差

第六章　总　结

风险平价（risk parity）是一种基于风险配置的、捕捉市场多元化溢价的投资过程。本文主要探索了保险资金如何在有负债约束的条件下运用风险平价模型，将风险平价模型的策略实践与保险资金的资产负债管理相结合，提出了基于风险平价模型的资产负债匹配管理策略，为保险公司的资产负债管理和资产配置提供参考。

第二章主要研究了风险平价策略在中国资本市场上的实践效果。从不同的策略构建方法、不同的平价构建方法、不同的大类资产种类和不同的细分资产种类四个维度系统地对策略表现进行了回溯，发现风险平价策略具有相对较高的收益，以及相对较低的波动率和回撤风险；当对风险因子运用风险平价策略，对更多不同风险来源的大类资产运用风险平价策略，或在大类资产内部和大类资产之间同时使用风险平价策略时，都能够获得比基准情景风险平价策略更好的绩效表现。

第三章在风险平价策略的基础上进一步引入了基于宏观经济状态的动态调整机制，发现基于增长、通胀和流动性周期的动态调整策略在收益表现和收益风险比方面都有明显提升。

第四章系统梳理了保险资金资产负债匹配管理的相关理论，包括资产负债匹配理念的发展历史、基于负债驱动(LDI)的资产负债匹配理论以及基于资产负债匹配管理技术的资产配置策略。其中，基于LDI的资产负债匹配理论以及久期匹配策略为风险平价模型与资产负债匹配管理互相结合提供了理论基础。

第五章研究了基于风险平价模型的资产负债匹配管理策略。从负债驱动投资(LDI)的资产负债匹配理念出发，独立构建负债对冲与风险平价两个组合，并提出了"核心+卫星"策略；另外，还从同时实现负债对冲和风险平价的角度出发，创造性地提出了双重目标优化策略——在大类资产之间进行风险平价，同时在固定收益资产内部按照负债特征进行关键利率久期匹配，构建满足双重目标的投资组合。两种策略都能够满足保险资金对资产负债匹配管理的需求，并且具有相对较好的绩效表现。

附录

附表1　　不同策略构建方法下的组合平均配置权重

资产类别	基准情景	传统60/40策略	均值方差模型	最小波动率策略
股票权重	8.0%	60.0%	4.4%	3.3%
利率债权重	49.3%	20.0%	23.8%	48.6%
信用债权重	42.7%	20.0%	71.8%	48.1%
合计	100.0%	100.0%	100.0%	100.0%

资料来源：泰康资产。

附表2　　不同平价构建方法下的组合平均配置权重

资产类别	基准情景	波动率平价	风险溢价平价	风险因子平价
股票权重	8.0%	5.7%	4.1%	11.7%
利率债权重	49.3%	48.8%	36.9%	41.9%
信用债权重	42.7%	45.5%	59.0%	46.3%
合计	100.0%	100.0%	100.0%	100.0%

资料来源：泰康资产。

附表 3　　不同大类资产种类下的组合平均配置权重

资产类别	基准情景	四类资产	五类资产	六类资产
股票权重	8.0%	5.6%	4.4%	3.3%
利率债权重	49.3%	38.3%	35.7%	35.9%
信用债权重	42.7%	32.8%	29.5%	27.7%
境内地产权重		23.2%	22.2%	19.0%
境外股票权重			8.2%	6.2%
大宗商品权重				7.9%
合计	100.0%	99.9%	100.0%	100.0%

资料来源：泰康资产。

附表 4　　不同细分资产种类下的组合平均配置权重

资产类别	基准情景	股票细分	债券细分	股票和债券细分
股票权重合计	8.0%	7.8%	8.7%	8.6%
规模		1.70%		1.9%
价值		2.40%		2.6%
低贝塔		1.80%		2.0%
盈利质量		1.90%		2.1%
利率债权重合计	49.3%	49.8%	46.2%	46.7%
中期			28.2%	28.6%
长期			18.0%	18.1%
信用债权重合计	42.7%	42.4%	45.1%	44.7%
AAA			14.5%	14.5%
AA+			15.3%	15.1%
AA			15.3%	15.1%
合计	100.0%	100.0%	100.0%	100.0%

资料来源：泰康资产。

附表 5　　基于经济周期动态调整策略的组合平均配置权重

资产类别	基准情景	基于增长 & 通胀	基于增长 & 通胀 & 流动性
股票权重	8.0%	12.20%	8.35%
利率债权重	49.3%	48.56%	47.81%

续表

资产类别	基准情景	基于增长 & 通胀	基于增长 & 通胀 & 流动性
信用债权重	42.7%	39.25%	43.85%
合计	100.0%	100.0%	100.0%

资料来源:泰康资产。

附表 6　　基于细分资产种类和经济周期调整的组合平均配置权重

资产类别	基准情景	股票和债券细分	债券细分	股票和债券细分
股票权重合计	8.0%	8.6%	8.35%	9.2%
规模		1.9%		2.0%
价值		2.6%		2.9%
低贝塔		2.0%		2.2%
盈利质量		2.1%		2.2%
利率债权重合计	49.3%	46.7%	47.81%	45.1%
中期		28.6%		28.7%
长期		18.1%		16.4%
信用债权重合计	42.7%	44.7%	100.0%	45.7%
AAA		14.5%		14.8%
AA+		15.1%		16.0%
AA		15.1%		14.9%
合计	100.0%	100.0%		100.0%

资料来源:泰康资产。

参考文献

[1]范辛亭．趋势状态的重要性——宏观经济变量与股市关系系列报告之方法篇[R]. 华泰证券金融工程,2011.

[2]钱恩平．风险均衡策略[M]. 北京:电子工业出版社,2017.

[3]段国圣、李斯和高志强．保险资产负债匹配管理的比较、实践与创新[M]. 北京:中国社会科学出版社,2012.

[4]陈文辉．险资运用风险何来[J]．财新周刊，2016(34)．

[5]Adler，D. The New Way to Crunch Your Numbers[J]. Barron's，2009(6)：32—35.

[6]Anderson，R. M.，Bianchi，S. W. and Goldberg，L. R. Will My Risk Parity Strategy Outperform? [J]. *Financial Analysts Journal*，2012，68(6)：75—93.

[7]Ang，A.，Hodrick，R. J.，Xing，Y.，and Zhang，X. High Idiosyncratic Volatility and Low Returns：International and Further US Evidence[J]. *Journal of Financial Economics*，2009，91(1)：1—23.

[8]Asness，C. S.，Frazzini，A. and Pedersen，L. H. Leverage Aversion and Risk Parity[J]. *Financial Analysts Journal*，2012，68(1)：47—59.

[9]Badaoui，S.，Deguest，R.，Martellini，L. and Milhau，V. Dynamic Liability-Driven Investing Strategies：The Emergence of a New Investment Paradigm for Pension Funds. EDHEC-Risk Institute Working Paper，2010.

[10]Chaves，D.，Hsu，J.，Li，F. and Shakernia，O. Risk Parity Portfolio vs. Other Asset Allocation Heuristic Portfolios[J]. *Journal of Investing*，2011，20(1)：108—118.

[11]Cox，J. C. and Huang，C. F. Optimal Consumption and Portfolio Policies When Asset Prices Follow a Diffusion Process[J]. *Journal of Economic Theory*，1989，49(1)：33—83.

[12]Fabozzi，F. and Ryan R. Reforming Pension Reform[J]. *Institutional Investor*，2005：84—88.

[13]Leibowitz，M. L. and Weinberger，A. Contingent Immunization-Part I：Risk Control Procedures[J]. *Financial Analysts Journal*，1982，38(6)：17—31.

[14]Martellini，L. and Milhau，V. From Deterministic to Stochastic Life-Cycle Investing：Implications for the Design of Improved Forms of Target Date Funds. EDHEC-Risk Institute Working Paper，2010.

[15]Qian，E. Risk Parity Portfolios：Efficient Portfolios through True Diversification. *Panagora Asset Management*，2005.

[16]Qian，E. On the Financial Interpretation of Risk Contribution：Risk Budgets Do Add Up[J]. *Journal of Investment Management*，2006，4(4)：41—51.

[17]Ryan，R. J. The Evolution of Asset/Liability Management[J]. *Research Foundation Literature Reviews*，2013，8(2)：1—25.

偿二代下保险可投资资产类别及风险因子合理性研究

中山大学岭南(大学)学院

曾　燕　王灵芝　张宇先　王瀚洋　戴　玮

林洁瑜　曹一秋　陈永辉　陈　峥

摘要

中国第二代偿付能力监管制度体系(简称"偿二代")以风险为基础,通过科学公允的计量风险和资本要求,促进保险公司提高资本使用效率,强化风险管理能力。落实到投资端,如何准确地划分资产类别并厘定风险因子,是业界和监管机构共同关心的话题。本文在借鉴欧盟偿付能力 II 和美国 RBC 体系的资产类别和风险因子后,分析了"偿二代"相关规定的合理性和局限性,基于金融学理论,利用多元回归、K-means 聚类等统计方法,分别从暴跌概率、违约概率对 A 股和上市公司发行债,进行资产二级分类,并厘定了新的风险因子,更好地捕捉了资产的风险特征。

关键词

资产类别　风险因子　暴跌概率　违约概率

第一章　保险投资监管及相关研究的意义

保险投资的效果对保险公司的经营与保险业发展具有重要影响，20 世纪末，日本寿险业的教训就是一个很好的例证。20 世纪 80 年代末，日本经历了一段经济增长，随着土地、股票价格上涨，泡沫经济不断扩张。而借助这种经济扩张，日本寿险公司也快速发展。为了吸引更多投资者，寿险公司纷纷推出高额保证利率产品。从图 1－1 可以看出，日本的寿险公司有效业务价值从 1980 年 382 亿日元增长到 1985 年 602 亿日元，增长了约 58%。同时，寿险公司不断提高风险投资（股票、房地产）的比例，资产价格的上升一方面支撑了寿险公司的保证利率，另一方面为寿险公司创造了巨额投资收益。

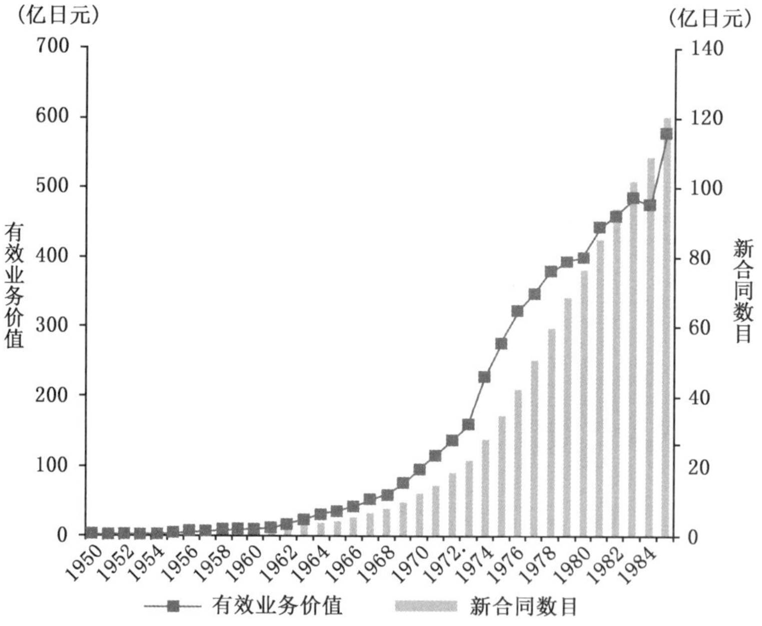

资料来源：Fact book of life insurance business(life insurance association in Japan)。

图 1－1　日本寿险公司有效业务价值和新合同数目

但随着 20 世纪 90 年代日本经济泡沫破裂，土地、股票价格剧跌（见图 1－2），日本寿险公司“骑虎难下”，为吸引新业务，不得不保持产品的高昂利率，以期通过增加新的业务来维持现金流的稳定。但是，与此同时，不断到期的保险产品使保险公司负债端面临巨大压力，暴跌的资产收益已经无法支撑高额的保证利率。从图1－2可以看出，股票年化收益率从90年代初的7％骤降到90年代末约2％，资产收益急剧萎缩。寿险公司纷纷倒闭，行业危机全面爆发。1997年4月，日本大型寿险公司——日产生命的破产预示着日本寿险业危机的来临。到2002年，一共有7家大型寿险公司被清算或被国内外公司收购。由此可见，保险公司的投资对于承保业务端的偿付起到重要的支持作用，然而一旦投资收益出现严重萎缩，在负债端的巨大压力下，保险公司将处于倒闭的边缘。

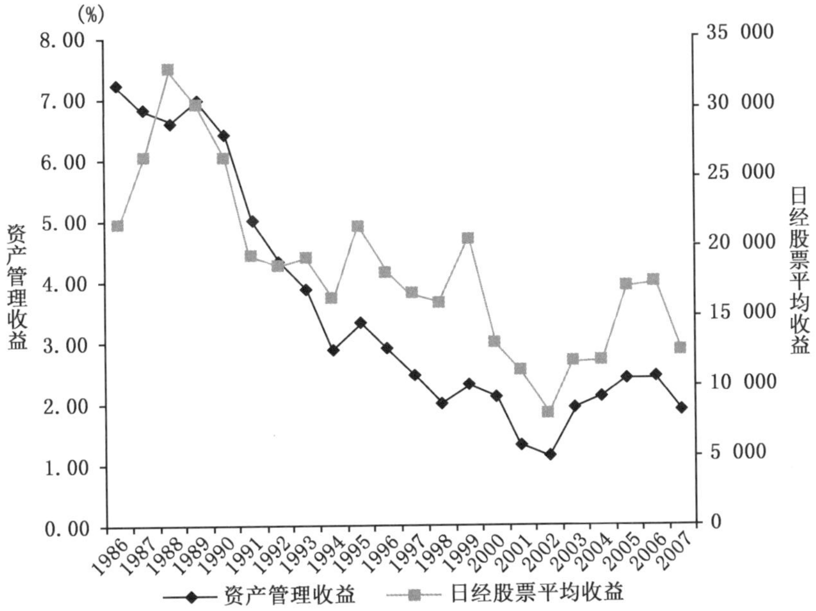

资料来源：Fact book of life insurance business(life insurance association in Japan)。

图1－2　日本20世纪90年代泡沫破裂、资产收益暴跌

保险作为高杠杆经营的行业，资金具有负债性的特征，因此投资无疑要遵循安全性、流动性、收益性有机统一的原则。但问题是，空泛地讲安全性毫无意义。事实上，任何机构投资者的资产管理都面临着这三个原则统一协调的问题，而且这些原则之间并非完全统一的，这就要求我们在实践中做出科学合理的权衡，通过风险和收益的最佳匹配来实现三者的有机统一。

合理的投资对于保险公司承保端的偿付起到重要的支撑作用。寿险公司和财险公司都面临着严峻的经营风险。财险公司面临着短期集中赔付的流动性风险；寿险公司承保责任多为长期责任，受尾部风险、长寿风险影响较大。根据 Schrand and Unal (1998)的 coordinate risk management 理论，能否通过投资端的资产配置来缓解流动性风险，保障偿付能力，成为保险公司经营的关键。同时，根据 Ho et al.（2013）的观点，激烈的竞争将使保险公司承保利润越来越薄，甚至为负，投资收益会成为保险公司利润的重要来源。高质量的投资也为保险公司降低保险产品价格提供了保障，有助于提高保险公司在市场中的竞争力。

反之，投资不当会使保险公司落入承保端与投资端的恶性循环，最终走向破产。随着保险可投资范围的不断扩大，保险公司承担着多样化的投资风险。如果不能通过资金运用实现资金的保值和增值，公司财务表现恶化，股东和管理层的权益都会受到影响，对于保证利率较高的保险产品，也无法满足未来的给付需求。因此，如何动态地配置在固定收益类、权益类和其他资产的投资比例，实现资产的安全性、收益性和流动性，是业界关注的重要问题。

而考虑到保险资金运用存在无法避免的市场失灵和保险行业对金融系统性风险的贡献（Ma et al. ，2012；Kaserer and Klein，2016），保险投资历来也受到监管机构的高度重视。具体来说，有以下原因：

1. 缓解逆向供给周期（inverted production cycle）

保险行业具有逆向供给周期特征：投保人首先缴纳保费，而根据合同的理赔，仅当风险损失发生时，保险人才对风险损失给予经济补偿和保险金给付。换句话说，保险公司大部分作为负债性质的资金是不会突然被撤回的，保险人具有相对稳定的现金流。为了保障投保人的权益，缓解逆向供给所带来的道德风险，监管机构必须围绕保险公司的偿付能力进行严格地监管。

2. 保护个人投保人的权益

保险是高度专业的行业，从承保、核保、定价到理赔，涉及精算、法律、会计等各方面的知识，相比于个人投保人，保险公司占据信息优势，投保人无法及时、准确地观测和评价保险人的行为（Doff，2016）。监管机构对保险投资进行约束，要求保险人具有偿付能力，就是保护个人投保人的权益。

3. 发挥保险公司作为机构投资者的作用

从金融市场发展看，保险公司作为重要的机构投资者，承担着重要的价格发现职能，是推进资本市场长期发展的重要力量。在发达国家中，保险资金作为重要的机构投资者占有重要地位。以美国为例（见图 1－3），美国寿险资金中股权投资资金比例不断增长，2015 年股权投资比例约为 35％。

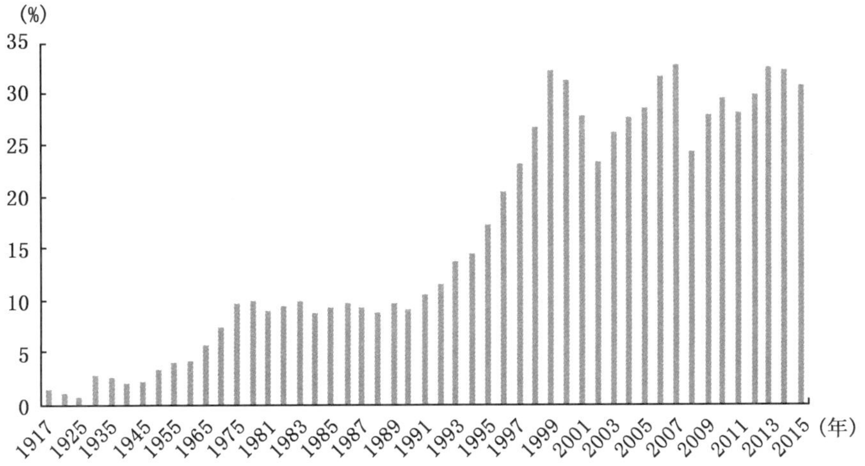

资料来源:American Council Of Lifeinsurers.

图 1—3　美国寿险行业股权投资比例(1917—2015 年)

合理的保险投资可以促进资本市场的健康发展。比如在 2015 年股灾时,保险机构举牌上市公司,尤其是蓝筹股,就有力地刺激了低迷的股市,起到了“救市”的作用。但激进的保险投资则会带来负面的社会效应。比如 2016 年“险资举牌”浪潮中,前海人寿投资的南玻发生了高管集体离职的事件,主要矛盾就在于前海人寿对于南玻原有员工的持股和股权激励处理不当。这样的投资会干扰上市公司的正常经营活动,搅乱资本市场,应该受到严肃的处理。

21 世纪以来,我国保险行业随着经济增长快速扩展业务,资金规模迅速攀升,监管层对于投资的约束也逐渐放松。根据银保监会数据,2016 年年底,保险资金运用余额为 133 910.67 亿元,同比增长 19.78%。按照《关于加快发展现代保险服务业的若干意见》确定的目标,2020 年全国保费收入将达到 5.1 万亿元。随着保险资金规模的高速攀升,保险资产大类配置的重要性逐渐凸显,不仅关系到保险公司的资金安全、资金效率、投资收益,也关系到我国金融市场的有效性与稳定性。而近年来,经济下行,实体经济萎缩,主要标的资产市场表现低迷,保险传统资产渠道收益下降。以保险公司大类资产配置中比例最高的债券为例,10 年期中债国债收益率从 2014 年初的 4.5%一路跌至 2016 年的不足 3%。险资向何处去才能获得高收益率,成为保险公司一个无比棘手的问题。同时,如何避免重蹈日本寿险行业 20 世纪 90 年代的覆辙,保证行业的偿付能力,守住系统性风险不发生的底线,是保险监管机构的当务之急。

为了进一步加强偿付能力监管,更加有效地提高保险行业风险防范能力,银保监会启动了中国第二代偿付能力监管制度体系建设工作，对于资产类别的细分以及对应资产的风险因子进行了重新厘定。"偿二代"对债券、银行存款、股票、基金、投资性房地产、信托等投资资产的风险进行了科学分类，在风险分类的基础上，针对不同风险设定了不同的资本要求，将资本要求与风险紧密挂钩。对于股票、信托计划、投资性房地产等风险较高的投资资产设定了较高的风险因子，对于国债、银行存款、基础设施债权计划等风险较低的投资资产设定了较低的风险因子，并对同类资产根据其风险特征设置不同的风险因子。"偿二代"的资本要求引导着保险公司由"规模导向"转变为"风险导向"，使得保险资金运用风险计量更加科学，也引导着保险公司投资决策和评价体系更加多元化，由"以投资收益率为核心的单维度体系"转变为"以资本、风险和价值为核心的多维度体系"。此外，合理的资产分类和风险因子有助于保险公司正确评价自身风险与收益，提高资本的使用效率。"偿二代"的出台将会使保险公司的最低资本要求产生－10％－40％的变化，鼓励保险公司通过提升风险管理水平实现内部挖潜，降低最低资本要求，从而达到提升资本效率和效益的目标。① 由此来看，资产类别和风险因子的相关研究对于保险监管转型以及保险公司未来发展至关重要。能否准确反映保险公司的风险是衡量现有保险监管体系合理性的重要一环。

在这样的背景下，本文围绕保险公司的偿付能力，以风险为导向，站在保险监管机构的角度，研究"偿二代"下保险可投资资产的类别和对应的风险因子，以计提相应的风险资本，避免行业的流动性危机。第二章将中国"偿二代"的监管体系和欧盟偿付能力Ⅱ、美国风险资本制度（RBC）体系进行对比，从制度特征、监管要素、监管基础三个方面分析了国内外保险投资监管的区别和联系，同时指出了我国"偿二代"体系的创新性和局限性；第三章从暴跌概率入手，对 A 股进行资产二级分类，厘定各类股票的风险因子；第四章从违约概率切入，对上市公司发行债进行二级分类，并厘定各类债券的风险因子。

第二章　国内外保险投资监管政策分析

保险业的监管以偿付能力为核心，而全球尚未建立统一的偿付能力监管规则。美国 RBC 和欧盟偿付能力监管体系是两种代表性的监管模式，其他国家正向美国或欧

① http://insurance.jrj.com.cn/2015/05/15072519226669.shtml.

盟的体系靠近。与欧洲、亚洲、北美代表性国家相比,我国保险行业起步较晚但发展迅速。2005 年以来,原中国保监会不断扩大保险公司可投资资产范围,2012 年初发布《中国第二代偿付能力监管制度体系建设规划(简称"偿二代")》。2014 年颁布的《中国保监会关于加强和改进保险资金运用比例监管的通知》明确了每个资产大类的定义和投资比例,标志着我国保险大类资产管理与世界接轨。2015 年 2 月,"偿二代"正式发布并进入实施过渡期。2016 年第一季度起,"偿二代"监管体系正式实施,保险公司只向原中国保监会报送"偿二代"报告,停止报送"偿一代"报告。这意味着我国保险监管将全面实行"风险导向"新制度,标志着我国保险监管向精细化转型。中国保险投资监管政策的发展既包括可投资资产范围的不断扩大,也包括偿付能力监管方式向风险监管方向的转变。一方面,增加可投资资产类别也是对目前全球低利率环境的一种回应,多样化的投资手段能够帮助保险公司健康成长,发挥市场稳定器的重要作用。另一方面,改善保险公司偿付能力监管体系是给予保险公司多样化投资渠道的配套措施,从风险监管的角度,通过定性、定量监管以及市场监管的方式,全方位保障保险资金的安全性。我国保险投资监管相关政策是不断调整的,体现了监管者、保险公司、市场的相互适应过程,其中也出现了一些值得监管者思考的问题。

本章将以欧盟偿付能力Ⅱ和美国 RBC 体系为例,介绍发达市场保险监管在资产分类和风险因子上的规定,并与"偿二代"对比后,分析"偿二代"对保险行业的影响以及相关的反思。

第一节　我国保险投资监管政策

原中国保监会于 2012 年初发布"偿二代"。在"偿二代"监管体系下,根据保险投资资产各投资品种的风险收益特征,划分为流动性资产、固定收益类资产、权益类资产、不动产类资产和其他金融资产五大类资产。

其中,流动性资产主要包括现金、货币型基金、活期存款、通知存款、剩余期限不超过 1 年的政府债券和准政府债券、逆回购协议等;固定收益类资产主要包括普通定期存款、协议存款、具有银行保本承诺的结构性存款、剩余期限在 1 年以上的政府债券和准政府债券、金融企业(公司)债、非金融企业(公司)债、债券型基金等;权益类资产则主要包括股票、股票型基金、混合型基金等上市权益类资产,以及未上市企业股权、股权投资基金等未上市权益类资产;不动产类资产主要包括基础设施投资计划、不动产及不动产投资相关金融产品,以及房地产信托投资基金(REITs)等境外品种。此外,商业银行理财产品、银行业金融机构信贷资产支持证券、信托公司集合资金信托计划、证券公司专项资产管理计划、保险资产管理公司项目资产支持计划、没有银行保本承诺的结构性存款等，均划归其他金融资产。

针对上述五大类资产，银保监会制定了保险资金运用上限比例和集中度监管比例，同时给予不同可投资资产的风险因子，从而衡量保险公司的偿付能力。

首先，规定权益类资产、不动产类资产、其他金融资产、境外投资的账面余额，分别不高于保险公司上季末总资产的30％、30％、20％、15％，而流动性资产无总量控制。偿付能力充足率低于120％的，投资上市权益类资产、非上市权益类资产的账面余额，分别不高于本公司上季末总资产的20％和10％。

此外，规定投资单一的固定收益类资产、权益类资产、不动产类资产、其他金融资产的账面余额不高于保险公司上季末总资产的5％，部分投资除外。其中，投资同一上市公司股票的账面余额，不高于该上市公司总股本的10％；超过10％的，纳入股权投资管理，适用保险资金投资股权的规定。投资同一法人主体的余额不高于保险公司上季末总资产的20％。

我国保险可投资资产种类的放宽经历了不断探索的过程，保险公司的自主性和灵活性不断得到提升，表2－1展示了近年来部分与保险可投资资产类别相关的政策和相关内容。

表2－1　　保险可投资资产相关政策

时间	保险资金投资范围相关法规	投资相关内容
2010.9	《保险资金投资股权暂行办法》	开放参与非上市公司股权投资
2012.7	《关于保险资金投资股权和不动产有关问题的通知》	扩大非上市公司股权投资、适度降低投资门槛
2012.10	《保险资金参与股指期货交易规定》	增加股指期货交易品种
2012.10	《保险资金参与金融衍生品交易暂行办法》	授权范围内参与衍生品交易
2012.10	《基础设施债权投资计划管理暂行规定》	增加保险险资金可投资范围，放宽投资限制
2012.10	《关于保险资金投资有关金融产品的通知》	增加金融产品投资范围，包括银行理财、信贷支持证券、集合理财计划等
2013.2	《关于债权投资计划注册有关事项的通知》	修改债券投资计划为注册制，提高效率
2014.1	《关于保险资金投资创业板上市公司股票等有关问题的通知》	扩大股票投资细分品种，允许投资创业板个股
2014.8	《国务院关于加快发展现代保险服务业的若干意见》	允许保险资产管理等机构设立夹层基金、不动产基金和并购等私募基金

续表

时间	保险资金投资范围相关法规	投资相关内容
2014.10	《关于保险资金投资优先股有关事项的通知》	增加优先股作为投资标的
2014.12	《关于保险资金投资创业投资基金有关事项的通知》	保险资金可有创业基金,支持小微和创业企业发展
2015.3	《关于调整保险资金境外投资有关政策的通知》	扩大境外投资范围,增加债券投资范围和香港股票投资范围
2015.7	《关于提高保险资金投资蓝筹股票监管比例有关事项的通知》	提升保险资金投资蓝筹股票的比例
2015.12	《保险资金运用内部控制指引》及应用指引通知	对银行存款、固定收益投股票及股票型基金的资金运用内部控制给出了具体的规定
2015.12	《保险公司资金运用信息披露准则第 3 号:举牌上市公司股票》	要求保险公司举牌上市公司股票的信息披露行为更加规范,防范投资风险。
2015.12	《保险公司资金运用信息披露准则第 4 号:大额未上市股权和大额不动产投资》	重点规范保险机构大额未上市股权和大额不动产投资的信息披露事宜
2016.5	《保险资金间接投资基础设施项目管理办法》	放宽保险资金可投资基础设施项目的行业范围
2017.1	《关于弥补监管短板构建严密有效保险监管体系的通知》	切实完善监管制度,改进监管方式,深化改革创新,构建严密有效的保险监管体系,提升监管效能和权威性。

资料来源:银保监会、海通证券,《保险资产管理行业发展建议——国际保险资管务发展趋势研究(3)》。

其次,在"放开前端、管住后端"的改革思路指导下,我国保险构建了新的偿付能力监管体系——"偿二代",从控制风险的角度约束保险公司的偿付能力。"偿二代"监管体系的运行框架是"三支柱"系统(见图 2－1)。"三支柱"指的是评价保险公司偿付能力的三个维度,分别是:定量资本要求,定性监管要求以及市场约束机制。定量资本要求的核心是偿付能力比率,就是保险公司的实际资本规模能否有效覆盖其最低资本需求;定性监管要求的核心是对于难以量化风险的经验评估。银保监会定期对各保险公司的难以量化风险进行打分,以确定各公司的难以量化风险大小;市场约束机制的核心是保险公司偿付能力信息的交流与披露,充分发挥社会公众力量,对保险公司的偿付能力进行及时跟踪和监控。

在"偿二代"监管体系下,保险公司最低资本的计量以风险为基础,涵盖了保险公司面临的所有可量化为资本要求的风险。其中,保险风险、市场风险和信用风险的最低资本计量采用在险价值(value at risk)法;难以量化风险评分的主要依据是银保监会根据风险的外部环境、分布特征、预期损失、历史经验数据、日常监管信息等多种因

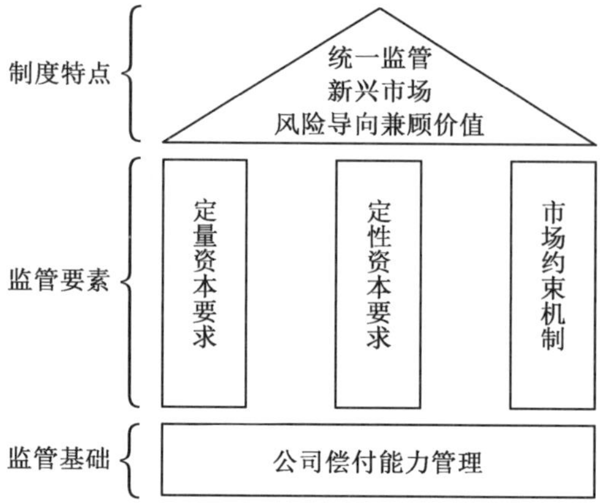

资料来源:笔者制作。

图 2—1 "偿二代"监管体系框架

素对操作风险、战略风险、声誉风险和流动性风险四类风险进行加权平均得到的综合评分。控制风险的最低资本计量采用监管评价法。最后,采用加权平均的方式将各类风险最低资本要求合成为保险公司的最低资本要求。基于此,建构核心偿付能力充足率、总和偿付能力充足率、核心一级资本、核心二级资本、核心偿付能力溢额以及综合偿付能力溢额等指标,对保险公司偿付能力进行监管。图 2—2 展示了"偿二代"所关注的风险。

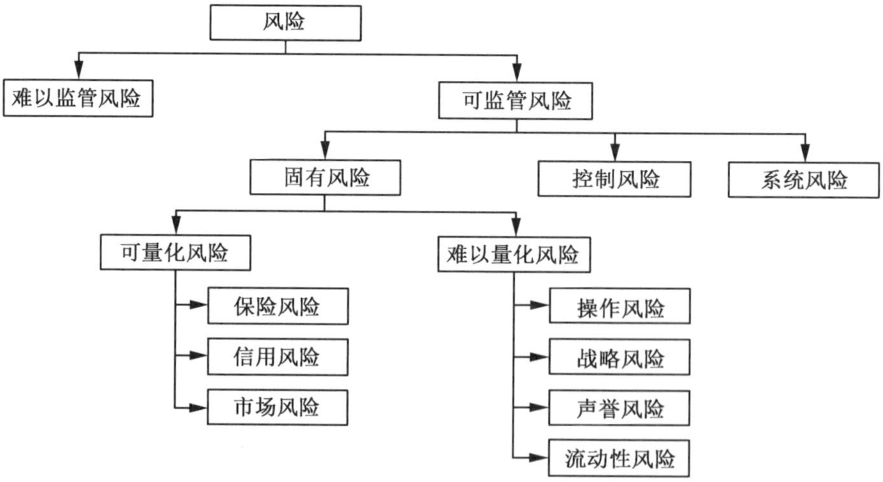

资料来源:银保监会。

图 2—2 "偿二代"监管体系风险分类

第二节　欧盟偿付能力Ⅱ[①]

欧盟偿付能力Ⅱ是英国以及欧盟28个国家采用的风险导向保险监管体系。其主要目标有如下四个：

(1)增强消费者保护:全欧盟统一监管,增强投保人信心。

(2)现代化监管:将监管者的视角转向风险测算、风控能力评估以及管理体系评估。

(3)促进欧洲市场一体化。

(4)增加欧洲保险市场的国际竞争力。

欧盟偿付能力Ⅱ分为三大支柱,对应三个方面的监管要求,具体如表2—2所示。

表2—2　　欧盟偿付能力Ⅱ三大支柱

支柱一	支柱二	支柱三
财务要求	管理与监督	报告与披露
·偿付能力资本要求,SCR ·最低资本要求,MCR ·SCR可根据标准模型和内部模型测算 ·MCR是某些变量的线性函数,取值范围在SCR的25%—45% ·进行资产负债评估	·有效的风险管理系统 ·风险及偿付能力自检 ·监管报告及干预	·保险提供者需要披露详细的风险暴露、资本充足情况以及风险管理情况 ·通过透明化和信息公开帮助市场力量对行业监管产生更重大的影响

资料来源:lloyds。

欧洲的保险公司可投资资产包括债券、贷款、股票、不动产等。本文所研究的资产类别和风险因子对应于欧盟偿付能力Ⅱ下SCR和MCR的标准模型,他们共同决定了保险公司投资某种资产时需要计提准备金的数量。

一、SCR与MCR

SCR代表一年内分位数为99.5的VaR,保证保险公司能够承受200年发生一次的严重风险。SCR可以理解为在极端冲击情景下基本自有资金(basic own funds)的变化水平。欧盟偿付能力Ⅱ关注寿险保险风险、非寿险保险风险、健康险保险风险、市场风险、信用风险和运营风险。我们研究的资产类别和风险因子对应于SCR计算公

① https://www.lloyds.com/the-market/operating-at-lloyds/solvency-ii/about/what-is-solvency-ii.

式中的市场风险，它代表了由资产价格波动带来的损失。欧盟偿付能力Ⅱ中市场风险被分为利率风险、权益风险、产权风险、信用价差风险、集中风险、汇率风险六个部分，其所对应的SCR由六个部分的SCR通过相关系数矩阵相加获得。每种风险的SCR由特定情境下的损失决定。

$$SCR_{market}=\sqrt{\sum_{j} Corr_{ij}\times SCR_{i}\times SCR_{j}} \tag{1}$$

其中，SCR_i 代表第 i 种风险需要的SCR，$Corr_{ij}$ 代表第 i，j 种风险的相关系数。相关系数如表2—3所示。

表2—3　相关系数矩阵

风险	利率风险	权益风险	产权风险	信用价差风险	集中风险	汇率风险
利率风险	1	A	A	A	0	0.25
权益风险	A	1	0.75	0.75	0	0.25
产权风险	A	0.75	1	0.5	0	0.25
信用价差风险	A	0.75	0.5	1	0	0.25
集中风险	0	0	0	0	1	0
汇率风险	0.25	0.25	0.25	0.25	0	1

资料来源：Price Waterhouse Coopers.

根据规定，利率上升时A＝0，下降时A＝0.5。

MCR代表最低的资本要求，代表85分位数的VaR。如果保险公司未达到MCR的要求，则会立即受到监管方的干预。

二、市场风险SCR计算

（一）利率风险

利率风险刻画了由于利率期限结构变化所导致的资产、负债价值变动状况。利率风险SCR由短时间内的利率剧烈变化决定，并取利率上升和下降时取值较大的SCR。利率风险适用于任何对利率敏感的资产、负债。表2—4给出了不同到期时间的产品所需要考虑的利率变化情景，相应的情景决定了计算某种产品SCR时考虑的损失幅度。

表 2—4　　不同到期时间对应的利率升降幅度

到期时间(年)	1	2	3	4	5	6	7	8	9	10
上升幅度	70%	70%	64%	59%	55%	52%	49%	47%	44%	42%
下降幅度	75%	65%	56%	50%	46%	42%	39%	36%	33%	31%
到期时间(年)	11	12	13	14	15	16	17	18	19	20
上升幅度	39%	37%	35%	34%	33%	31%	30%	29%	27%	26%
下降幅度	30%	29%	28%	27%	28%	28%	28%	28%	29%	29%

资料来源:Price Waterhouse Coopers.

（二）权益风险

权益风险代表了由权益价格变动导致的资产负债价值变化。欧盟偿付能力Ⅱ将股票分为发达市场股票和发展市场股票两种,并对它们进行不同程度的监管。前者的SCR 为暴跌 30%时的净资产变化,后者为暴跌 40%时的净资产变化。欧盟偿付能力Ⅱ在此基础上根据 MSCI 指数相对于 3 年平均水平的变化调整计算 SCR 时参考的暴跌程度,最大调整幅度为 9%。计算权益风险 SCR 时依然采用相关系数矩阵对两种股票的 SCR 相加,两种 SCR 的相关系数为 0.75。

（三）产权风险

产权风险代表公司所投资的不动产在价格暴跌 25%后给公司带来的净资产变化。不动产包括土地、建筑、不可转让的产权、为支付保险赔付而投资的产权、任何房地产相关的打包资产,通过资产证券化等手段打包的资产的 SCR 需要通过穿透法计算。产权风险的计算公式如下：

$$Mkt_{prop}=\max(\Delta NAV \mid property\ shock;0) \tag{2}$$

其中,Mkt_{prop} 代表投资产权时计提的 SCR,ΔNAV 代表冲击带来的净资产变化。

（四）信用价差风险

信用差价风险刻画了信用利差变化时资产、负债价值变化所带来的风险状况。信用价差风险分为债券及贷款、资产证券化、信用衍生品三个部分,三部分 SCR 直接相加,不存在分散效应。

债券及贷款:SCR=市场价值×风险因子。风险因子取决于久期和信用等级。计算风险因子时对应的冲击情景如表 2—5 所示。

表 2—5 **债券信用价差风险相应冲击**

	利率上行	利率下行	最低久期	最高久期
AAA	1.0%	0.4%	1	——
AA	1.5%	1.0%	1	——
A	2.6%	1.7%	1	——
BBB	4.5%	3.0%	1	7
BB	8.4%	6.3%	1	5
B 及更低	16.2%	8.6%	1	3.5
未评级	5.0%	3.3%	1	7

资料来源：Price Waterhouse Coopers.

证券化资产：

$$SCR=\sum_{I}MV_{i}\frac{\max\{G(ratingdist_{i},tenure_{i})\times[1-R(ratingdist_{i})]-attach_{i};0\}}{detach_{i}-attach_{i}} \quad (3)$$

其中，MV 代表市场价值，*ratingdist* 代表评级，*tenure* 代表期限，*detach* 代表资产证券化产品中使某一层完全损失掉的最小亏损，*attach* 代表该使层资产完全不受影响的最大损失。(3)式中 G 和 R 的计算方式如表 2—6、表 2—7 所示。

表 2—6 **G 计算方法**

G	AAA	AA	A	BBB	BB	B	CCC 及更低	未评级
0—1.9 年	0.8%	1.6%	4.7%	8.1%	20.9%	41.5%	65.9%	9.7%
2—3.9 年	1.6%	3.1%	8.1%	14.7%	34.1%	59.7%	83.3%	17.6%
4—5.9 年	2.3%	5.0%	10.9%	20.2%	43.0%	68.2%	88.4%	24.2%
6—7.9 年	3.5%	7.4%	14.0%	25.2%	50.4%	73.3%	90.7%	30.2%
8 年及以上	4.7%	9.7%	17.1%	30.2%	56.2%	77.1%	91.9%	36.2%

资料来源：Price Waterhouse Coopers.

表 2—7 **R 计算方法**

R	AAA	AA	A	BBB	BB	B	CCC 及更低	未评级
收回比例	50%	45%	40%	35%	30%	25%	20%	35%

资料来源：Price Waterhouse Coopers.

信用衍生品 SCR:信用价差下降 75%或扩大 600%造成损失的较大者。

（五）汇率风险

汇率风险刻画了汇率及其波动率变化所导致的损失,每种货币的准备金是升值和贬值冲击下的较大损失。对于一般货币来说,升值、贬值的幅度为 25%,对于与欧元挂钩的货币适当减小幅度。任何与外汇相关的权益、产权都暴露于汇率风险。

（六）集中风险

集中风险代表和某一市场参与者进行大量交易产生的风险。集中风险主要发生在权益、利率、信用价差和产权相关的资产上,不包括承受违约资产的风险,政府债券也不在集中风险的考虑范围内。集中风险的计算分为三步进行:计算过量暴露;计算每个交易对手身上的风险集中程度;加总。过量暴露计算如下:

$$XS_I = \max\left(0; \frac{E_i}{Assets_{xl}} - CT\right) \tag{4}$$

其中,XS 代表风险暴露,E 代表在某一个交易对手身上的风险暴露,$Assets$ 代表暴露于集中风险的资产价值,CT 取决于外界对该交易对手的评级,具体取值如表 2—8 所示。

表 2—8　　交易对手评级对应 CT

评级	AAA—AA	A	BBB	BB 及更低
CT	3%	3%	1.5%	1.5%

资料来源:Price Waterhouse Coopers.

下一步计算每个交易对手的集中风险,方法如下:

$$Conc_i = Asset_{xl} \times XS_I \times G + \Delta Liab \tag{5}$$

其中,$Conc_i$ 代表第 i 个交易对手的集中风险,$\Delta Liab$ 代表负债的变化。

G 取决于交易对手的评级,算法如表 2—9 所示。

表 2—9　　G 计算方法

评级	AAA—AA	A	BBB	BB 及更低
G	0.12	0.21	0.27	0.73

资料来源:Price Waterhouse Coopers.

接下来,通过对平方和开根号进行加总,公式如下:

$$Mkt_{conc} = \sqrt{\sum_i Conc_i^2} \tag{6}$$

其中,Mkt_{conc} 代表集中风险计提的 SCR。

三、违约风险

违约风险针对风险分摊合约，如再保险、来自金融机构的应收账款以及任何信用价差风险之外的信用风险暴露。最后一种的定义尚未明确，取决于信用价差风险的适用范围，目前包含在最后一种情况的资产有银行存款、保险公司所持债券等。

违约风险分为两类，即不可分散并且交易对手有信用评级的情况，以及可以分散但交易对手没有信用评级的情况。

第一类违约风险对应的 SCR 为：

$$SCR_{def,1}=\min(\sum_i LGD_i ; q\times\sqrt{V}) \tag{7}$$

其中，LGD 代表违约损失，取决于违约后能够赔付的比例、最大的可恢复价值、再保险带来的风险分散以及抵押物价值。q 是固定的分位数，V 是第一类违约损失的方差。q 能够使得准备金数量足以抵御 99.5%的损失，具体数值依照风险分布而定。

第二类违约风险 SCR 计算如下：

$$SCR_{def,2}=x\times E+y\times E_{past\text{-}due} \tag{8}$$

其中，x 代表第二类风险的风险因子，E 代表未到期或者到期时间小于 T 的资产价值，y 代表超过期限未支付的资产所对应的风险因子，$E_{past\text{-}due}$ 代表相应资产的价值。x，y 均为常数，根据 SCR 标准模型—违约风险部分，x，y 具体数值尚未确定。

第三节　美国 RBC 体系

美国 RBC 体系是美国的风险导向保险管理体系，自 1994 年开始实施。与欧盟偿付能力Ⅱ类似，美国 RBC 体系针对一年后的风险并给每种风险赋予风险因子来计算所需的准备金，称为 risk based capital(RBC)。RBC 涵盖六大类风险；分别是：表外风险、固定收益产品的资产风险、权益及不动产类资产的资产风险、违约风险、准备金风险、溢价风险。之后的修改，美国 RBC 体系将每种风险进一步细化。National Association of Insurance Commissioners(NAIC)推出了保险公司投资模型，模型中详细规定了保险公司投资范围与投资比例，但各州可以根据此模型为参考，并针对各自的情况加以修改。如纽约的保险法规定，人寿保险公司对于每一公司债券的投资不得超过其认定资产的 5%；对每一抵押贷款公司债券的投资不得超过其认定资产的 0.1%；总投资额不得超过其认定资产的 5%；人寿保险公司投资于普通股票的总额不得超过认定资产的 10%，1983 年改为 20%；人寿保险公司投资于每一企业优先股的投资不得超过认定资产的2%;一项工程投资不得超过保险公司资产的10%;不动产抵押贷款不得超过不动产价值的1/3。接下来,我们将介绍RBC中与“偿二代”资产类别和风险因子类似的资产风险及违约风险。

一、资产风险

(一)独立固定收益证券

固定收益产品主要面临违约风险,相应的风险因子取决于证券的评级,其取值范围在0—30%,具体如表2—10所示。

表2—10　　债券等级与风险因子关系表

债券等级	联邦政府债券	最高级别	高级	中等	低等	更低等	几乎违约
风险因子	0	0.3%	1.0%	2.0%	4.5%	10.0%	30.0%

资料来源:Property/Casualty Insurance Company Risk-Based Capital Requirements.

美国RBC体系根据债券的风险分散化程度对债券的资本计提比例进行调整,称作规模因子。保险公司买入更多公司的债券,则相应的资本计提越少。具体比例如表2—11所示。

表2—11　　公司数量与权重关系表

公司数量	0—50	51—100	101—400	400以上
权　重	250%	130%	100%	90%

资料来源:Property/Casualty Insurance Company Risk-Based Capital Requirements.

最终的规模因子等于公司数量的加权平均减1。规模因子代表暴露于规模风险的资产所占的比例。

(二)优先股

优先股的收益特征与债券相似,但是优先股评级数据并不可得。美国RBC体系认为优先股的违约概率更大并且违约造成的损失更严重,因此投资优先股所需要计提的资本比相似的债券多2%。联邦政府发行的优先股除外,并且计提资本比例不得超过30%。

表2—12　　优先股等级与风险因子关系表

优先股等级	最高级别	高级	中等	低等	更低等	几乎违约
风险因子	2.3%	3.0%	4.0%	6.5%	12.0%	30.0%

资料来源:Property/Casualty Insurance Company Risk-Based Capital Requirements.

在寿险当中优先股和债券都属于同一类风险，但在财险中两者分别属于两类风险，需要通过相关系数矩阵进行加总。

（三）现金风险

储存在银行里的现金可能因为银行破产而无法取出，这样的风险类似于高级债券违约，因此美国 RBC 体系 对现金赋予了 0.3％的资本计提比例。

（四）独立的普通股

经过多次调整之后，财险和寿险的普通股资本计提比例统一在 12％－15％的范围内，这个水平可以抵御 95％的损失。

（五）资产集中风险

RBC 体系规定保险公司投资规模最大的 10 个项目的 RBC 翻倍，每个资产最大的 RBC 为 30％。政府债券、高级债券等资产不包含在资产集中风险里面。

（六）利率风险

目前的 RBC 对利率风险没有考虑。

（七）表外风险

表外风险针对的是未来可能产生的资产或负债。表外风险包括三种风险：不受公司控制的资产，比如一个仍然有效的看跌期权；保险集团之间的互保；偶然产生的负债。

二、违约风险

美国 RBC 体系所关注的违约风险主要是再保险风险和保险集团内部互保时的违约风险。与我们相关的风险中，应收账款的准备金率为 5％，由于资产贬值产生的违约风险需要计提 1％的资本。

第四节　国内外保险投资监管政策对比

“偿二代”的整体框架由制度特征、监管要素和监管基础三大部分构成，下面从三个角度将中国“偿二代”与欧盟偿付能力体系Ⅱ、RBC 体系进行比较分析。

一、制度特征差异分析

欧盟偿付能力体系Ⅱ的制定，一方面是修正欧盟偿付能力体系Ⅰ所采取的将资本要求与业务规模挂钩的监管模式所带来的公司风险估计偏误，进行现代化监管体系改革；另一方面基于经济资本的理念通过采用市场一致性原则促进欧洲市场一体化，增强欧洲保险市场的国际竞争力。而美国 RBC 体系的提出主要以识别保险公司的偿付能力为主，以防止保险公司因偿付能力不足而发生倒闭事件。因为在 20 世纪 80 年代，美国大量保险公司由于偿付能力不足纷纷倒闭，对当时的经济发展与社会稳定造成了严重的负面影响。而中国"偿二代"的制定，既有借鉴国际经验修正"偿一代"所带来的监管漏洞、跟进国际发展步伐，又有结合中国特殊国情满足国家机构对保险公司业务结构、资产管理和风险管控的要求，保障社会经济的长久发展与人民生活的稳定。

二、监管要素差异分析

中国"偿二代"体系的监管要素包括定量监管要求、定性监管要求和市场约束机制三大支柱。欧盟偿付能力体系Ⅱ在计算基本的财务指标要求时，采用模块化结构测算偿付能力资本要求，计算方法和过程过于复杂；采用的内部模型则因监管难度大、数据可靠性难以保证而饱受争议，不仅可能带来"建模风险"，也可能引起管理者的道德风险（Cummins 和 Phillips，2009）。美国 RBC 体系的监管框架则不够全面，既没有考虑保险集团偿付能力监管，也没有考虑巨灾风险及运营风险等重要风险险种，对各类风险相关性的处理相对简单。"偿二代"则兼用因子法和压力情景测试法在实际资本的基础上计算和量化风险最低资本及在险价值。

三、监管基础差异分析

欧美保险行业监管制度与中国"偿二代"最根本的区别在于欧美保险偿付能力监管制度都是基于发达保险市场的资本监管标准，其所采用的监管理念、方法、模型与参数，更多地体现了成熟保险市场特征，并不符合中国新兴保险市场的实际情况。中国保险行业的发展刚刚起步，人才储备和技术力量较为薄弱，公司业务结构监管与资产配置约束标准也尚处于摸索尝试阶段，保险公司业务的快速增长与资本补充之间的矛盾较为突出，这些在成熟保险市场中不存在的特殊问题对中国"偿二代"监管制度的实施有了不同于欧美国家保险监管体系的要求，也说明"偿二代"的推行有了更加明确的符合中国实际情况的现实意义。

第五节　保险投资监管政策对保险公司投资行为的影响

传统上，保险投资监管主要从两个方面着手：增加资产种类；取消细分类资产的投资比例限制。而“偿二代”能力监管体系注重风险导向，而非以往规模导向的监管方式。这些政策对保险行业的投资行为产生了深刻的影响，图 2—3 展示了近年来险资的运用情况。

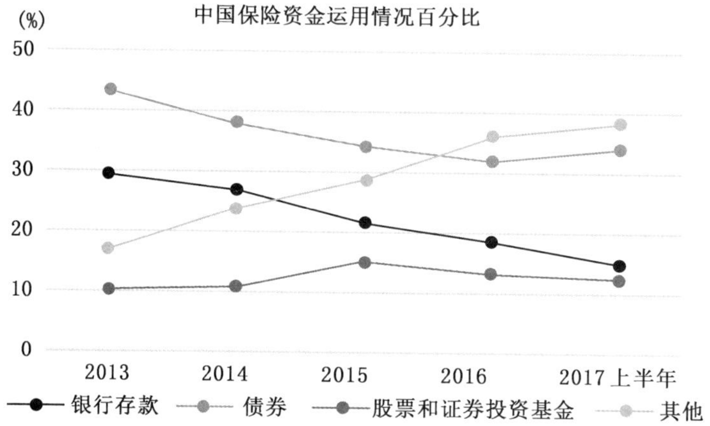

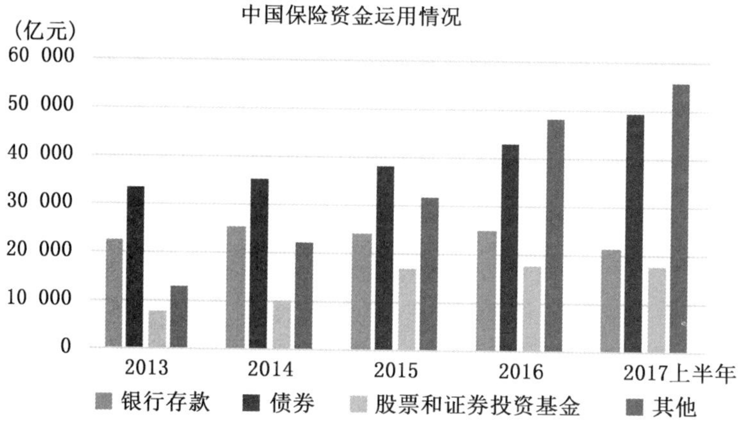

资料来源：广发证券、银保监会。

图 2—3　我国险资分配情况

在“偿二代”下，几乎所有资产风险因子（资本消耗的比例）均有所上升，只有少数风险因子有所下降，即投资性不动产和基础设施股权计划。从图 2—3 可以看出，投资于银行存款、债券等传统项目的险资在不断变少，2016 年另类投资占比首次超过债券，说明新的政策在整体上给了保险公司更大的自主性。例如，2017 年第二季度市场收益下行之后，部分保险公司增持成长性良好的中小创股票，获得了一定的收益。此外，保险公司更加积极地融入资本市场，如生命人寿通过二级市场持有金地集团 10%

的股权。据估计,可投资资产的新政策能够给证券市场带来 4 000 亿元的资金。[①]

然而在一些资产上,不断放松的新政并没在短时间内带来全行业的变化。例如,2013 年以前股权投资上限为 20%,一般保险公司在股票上的投资仅有 10%左右,监管者提高股权投资上限并不意味着保险公司将贸然持有更多的股票。在海外投资方面这种现象更加明显,尽管投资比例上限为 15%,但是截至 2016 年年末,保险公司实际投资于海外资产的比例仅为 2%。保险公司投资行为取决于风险管理能力,新的资产代表着未知的风险,保险公司资产管理能力不及基金公司,因此相当一部分保险公司倾向于在新政策出台后依然保持冷静。

第六节　保险投资监管政策合理性分析

从理论上讲,可投资资产相关政策以及第二代偿付能力监管体系有助于保险公司更加灵活地管理资金,提高险资运用效率。但是,最近出现的恶意举牌等问题又令人反思这些政策的不足之处。

一、现有保险投资监管政策优点

保险公司可投资资产范围不断扩大,长期来看有助于保险公司提升风险管理水平。扩大可投资资产范围有助于保险公司寻找优质资产。在全球低利率、国内股市低迷的情况下,保险公司增加了另类投资的比例,获得了较高收益。我国保险可投资资产范围逐年扩大,能够投资新资产的公司也越来越多。可以预计,保险公司在未来将有更大的可投资范围,更有发现优质资产的潜力。保险公司投资资产的比例逐渐放宽,可以更自由地配置大类下的细分资产。同时,随着衍生品等资产的开放,保险公司对冲风险的能力也将得到提升。随着保险公司投资权利的增加,其处理风险的能力也在增强。因此,保险可投资资产的扩大可以提升保险公司的成长性和稳健性。

此外,保险可投资范围的扩大能够帮助保险公司实现机构投资者的职能。保险公司注重稳健发展,能够成为资本市场的稳定器。随着险资入市,市场理性逐渐增加,秩序趋向良好。此外,扩大投资范围使得保险公司承担了更多的社会职能,从未上市股权、基础设施建设的投资来看,保险公司已经有了一些私募基金的性质,为实体经济发

① http://xian.qq.com/a/20131112/010939.htm.

展做出贡献。

二、现有保险投资监管政策不足

首先，“偿二代”监管体系正式施行时间较短，对各类风险衡量的可靠性仍有待实践的检验。2016 年末，在以风险为导向的“偿二代”下，承保、投资稳健的大型保险公司偿付能力上升，但部分承保、投资激进（万能险扩张、另类资产占比高）的中小保险公司偿付能力下降，面临较大的增资压力。在此背景下，如何提高偿付能力成为一些保险公司亟待解决的问题。申万宏源分析指出，补充资本可以提升偿付能力，包括增加注册资本、发行可赎回资本补充债券、发行次级定期债务等。但值得注意的是，提升持仓股票市值也是提升偿付能力较为迅速的方法。尽管投资股票相应所需的最低资本要求较高，但持仓股票市值同时能够带来认可资本的提高，从而改善保险公司偿付能力不足的问题。因此，在 2016 年末相继上演了险资举牌大戏，险资涌进了股市。“偿二代”风险因子的设置是否合理也是我们着重研究的问题。不仅如此，保险公司投资过程中还面临着众多不可量化的风险。随着保险产品的创新，在业务端保险公司的业务线也会逐渐增加，相应地，保险风险中所应涵盖的范围也会扩大。

其次，目前的保险可投资资产类别仍然不够全面。随着险资在国际市场上的参与度逐渐增加，诸如黄金、石油等海外的商品的投资权限也应该得到放松，以便保险公司对冲国外经济形势带来的风险。①

除了范围问题之外，从近期保险公司的恶意举牌和对海外资产的谨慎态度来看，保险监管者对现有可投资资产的监管依然存在问题。部分保险公司追求短期利益、炒作股票价格，严重扰乱了市场秩序，但是起初保险监管文件对保险公司恶意举牌并没有做出明确限制。因此，在扩大投资范围的同时，如何坚持保险姓保的基本准则也是监管者需要思考的问题。在海外资产投资方面，尽管海外优质资产丰富，投资比例上限不断扩大，但是海外资产的投资会同时占用其他资产的份额。例如，通过 QFII 投资海外的债券也会占用债券本身的投资额度，②使得保险公司对海外投资积极性很高但投资比例偏低。同时，对海外资产的陌生也削弱了保险公司投资的积极性，使保险公司错过了获利机会。截至 2016 年末，海外资产的投资占比仅为 2%。因此，在保险可投资资产不断扩大的同时，监管者需要真正保证保险公司投资的自主性并对其投资行为加以引导。

---

① http://www.stcn.com/2016/0623/12766216.shtml.

② http://news.xinhuanet.com/fortune/2016－10/25/c_129336580.htm.

保险公司的恶意举牌也反映了监管方面更深层次的问题——我国分业监管模式与保险公司业务边界模糊之间的矛盾。随着保险可投资资产范围的增加，保险公司与基金公司等市场参与者的界限日益模糊，对股票、基金的监管应该逐渐适用到保险公司。① 但目前我国实行分业监管，2002 年修改的《保险法》通过严格限定保险公司的资金运用的方式，确定保险的分业经营。2009 年《保险法》再次修改后，该法在总则直接规定了分业经营："保险业和银行业、证券业、信托业实行分业经营、分业管理，保险公司与银行、证券、信托业务机构分别设立。国家另有规定的除外。"因此，保险公司正处于监管的灰色地带，无法由证监会和银保监会直接管理，由此导致恶意举牌愈演愈烈，最终引发了证监会的强烈反应，甚至出现了"险资是妖精"这样的论断，对保险行业和金融市场的发展都极为不利。因此，制定与投资范围配套的监管体系也是当下保险监管者的当务之急。

再次，在风险因子方面，现有的监管制度存在风险定义模糊、分类标准粗糙的问题。具体风险因子绝对大小和相对大小的确定是否合适，还需要时间的检验。监管机构对于相关因子的设置在一定程度上可能会抑制正常的保险市场的多样化发展。就股票而言，现有监管制度简单地将其分为三类，即沪深主板、中小板、创业板，并分别赋予 0.31、0.41、0.48 的风险因子。但是股票所面临的风险来源众多、结构复杂，简单地以股票种类为标准设置风险因子不能准确地刻画风险。现有的政策会促使保险公司投资优质的中小创股票，不利于资产配置的多样化和稳定经营。

债券方面，《保险公司偿付能力监管规则第 8 号：信用风险最低资本》根据债券的评级确定相应风险因子的大小，但是，债券的定性评级并不能很好地评估债券的违约风险。2015 年，发生违约的企业中 80％为民营企业，国有企业违约事件只是初步显现。而 2016 年，国有企业违约事件增多。有市场统计显示，截至 2016 年 7 月底，来自国企的债券违约金额占比达七成，部分国企因过快扩张带来资产负债率和杠杆率过高，而产能过剩亏损严重，使得企业到期债务难以偿还，从而发生了债券违约。在评估债券违约风险来确定风险因子时，债券的评级不适合用于评估标准有两方面原因：一方面是债券的违约风险受到社会经济及企业发展情况各方面的影响，评级不能全面如实地反映债券的违约风险；另一方面是债券的评级反映的是企业的历史信息，不能很好地根据实际的发展情况及时进行调整，很可能会给投资者对债券的违约风险评估产生误导。

① http://www.lwinst.com/cjgjzk201616/2344.htm.

综上所述，精确的衡量各类资产面临的风险，完成更准确的资产分类和风险因子赋值对“偿二代”体系构建至关重要。

第三章　股票资产二级分类和风险因子探索

根据 Orbis Insurance Focus 数据①，全球主要国家保险资金投资资产配置呈现出以下特点（见图 3—1）：一是债券由于收益相对稳定、与保险资金的匹配性较好，普遍

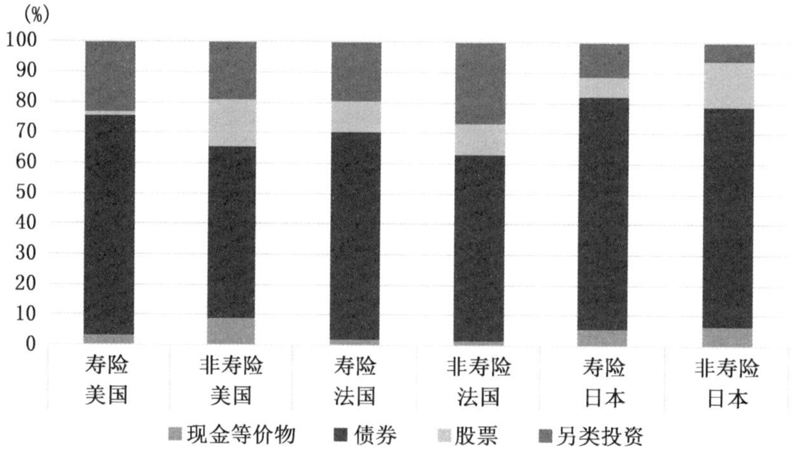

资料来源：Orbis Insurance Focus.

图 3—1　2016 年全球主要市场险资配置情况

成为各国保险资金配置的首要类别。2016 年，无论是美国、日本还是法国，债券的比重均超过 50％，且寿险在债券上的配置比例略高于寿险。二是股票在非寿险资产配置中的比例均超过 10％，且非寿险在股票上的配置比例略高于寿险。由于非寿险资金对投资风险的承担能力更强，大部分国家非寿险业的股票资产比例大多高于寿险业。三是另类投资也占据了相当的比重。美国寿险公司另类投资比例达到 23％，法国非寿险公司另类投资比例接近 27％。这可能与全球低利率环境下保险公司传统投

① Orbis Insurance Focus 是一个动态更新的全球保险行业分析库，它包含 12 000 多家各国主要保险公司的详细财务信息，提供各公司的保险业务性质、业务描述、全球及本国排名、历年资产负债、损益表、现金流量表、信用评级、股价系列（上市保险公司）、管理层人员姓名、股东及附属机构、审计情况等综合信息。

资渠道收益走低有关。

而国内市场的险资配置也表现出相同的特点，根据银保监会公布的行业数据，截至 2016 年年底，保险业银行存款 24 844.21 亿元，占资金运用余额的比例为 18.55%；债券 43 050.33 亿元，占比 32.15%；股票和证券投资基金 17 788.05 亿元，占比 13.28%；其他投资 48 228.08 亿元，占比 36.02%。可以看出，债券、股票仍然是重要的投资类别，对保险公司投资组合的风险敞口影响较大；同时，它们流动性好，交易数据较全。因此，我们围绕这两种资产进行二级分类，重新厘定风险因子，以更好地捕捉资产的风险特征。

根据原中国保监会《保险公司偿付能力监管规则第 7 号：市场风险最低资本》，上市普通股票分为沪深主板、中小板、创业板三类，与传统股票分类雷同。但是传统的资产分类标准是否捕捉到了风险特征，从而促进保险公司稳健成长，仍然有待商榷。我们将重新选择风险衡量指标并对股票进行分类。

第一节　风险指标与文献综述

一、我们关注的风险——暴跌风险

风险代表股票价格中的不确定性。不确定性涵盖范围极其广泛，因此金融学中又按照来源对风险进行细分，如衡量交易对手违约的信用风险、衡量变现能力的流动性风险等。风险的衡量同样标准较多并且各有侧重，表 3—1 给出了一些常见的风险衡量指标及其含义。

表 3—1　　常见风险衡量指标

VaR	给定置信区间后最大的期望损失，衡量下行风险
ES	超过 VaR 的损失的期望值
偏度	衡量股票收益率的不对称性，一般情况下为负
贝塔	体现股票收益率受市场收益率影响的程度
σ^2	收益率方差，体现了收益率的不确定性

资料来源：笔者制作。

VaR 和 ES 是目前应用最广泛的指标，两者都衡量了股票在极端情况下的损失。ES 是 VaR 的改进，对超出 VaR 的损失求期望能够更加真实地刻画损失大小。偏度与上述两个指标有些相似，侧重刻画大幅损失发生的概率。如果某只股票的收益存在较大的负偏，则这只股票更有可能发生大幅亏损而非大幅收益。后两个指标是最初人们用来衡量风险的指标。但是随着研究的不断深入，股票收益呈现明显的肥尾特性，发生大幅涨跌的概率大于正态分布，收益率方差对风险的刻画作用有限。同样，贝塔来源于 CAPM 模型，但是股票的风险不只来源于市场，还可能来自公司内部，这种风险刻画方式也有失全面。

保险公司是追求长期稳定收益的投资者，投资收益率和亏损的概率都比较低。然而一旦某种资产出现了暴跌，保险公司的资产价值将受到严重影响。由于股票收益率具有负偏度，一只股票发生暴跌后很难有另一只股票提供相近的收益，暴跌的影响难以消除。因此暴跌风险不仅会对保险公司的资产价值造成严重伤害，还难以通过对冲进行预防，所以暴跌风险应该作为股票分类的指标。暴跌从本质上来说是负偏度的一种体现，也是对极端损失的刻画，因此与常用的风险指标 VaR、ES 有一定的相似之处，符合主流风险指标的关注点。此外，“偿二代”是一套基于风险的监管体系，原中国保监会对资产进行分类，继而赋予相应的风险因子供保险公司投资时计提准备金。容易发生暴跌的资产应当计提更多准备金来防范难以对冲的风险，因此暴跌风险也同样符合“偿二代”的思想。故我们所关注的风险指标为股价暴跌。

暴跌概率更高的股票在未来更有可能使保险公司承受大幅损失，这样的股票风险更高，投资时需要计提更多的准备金，相反的股票风险较小，所需准备金比例也较低。效仿欧洲及美国标准，我们采用一年后公司股票发生暴跌的概率进行资产分类。作为分类指标，暴跌概率既反映了资产随时间而变化的健康状况，也反映了保险公司面临的期望损失。

二、文献综述

目前对暴跌风险的研究主要依靠回归分析，2001 年以来学者对暴跌风险的来源有了愈加清晰的认识。Chen et al.（2001）将暴跌风险定义为股票日收益率的偏度，并且发现交易量大的股票由于面临着更多意见分歧而更容易发生暴跌，长时间上涨的股票可能正在经历价格泡沫也有可能暴跌。Hutton（2009）在此基础上加入了公司因素，他认为不透明的财务报表会导致暴跌。不透明的财务报表掩盖了公司内部的不良信息，当不良信息超过公司能够隐藏的数量时，这些信息会在短时间内大量泄露给投资者，造成股票价格暴跌。Kim et al.（2011）从另一个角度解释了公司的不透明度。他认为公司通过操纵递延收益进行，盈余管理，进而隐藏不良信息，这样的隐藏会在纳税中得到体现，因此可以从避税角度得到公司隐瞒信息的情况。同时，如果公司变得不透明，公司特有信息将不会影响股价，根据 CAPM 模型，股票收益率将会更加与市场同步，如果将股票收益率对市场收益做回归则会得到更大的 R^2。除此之外，Kim et al.（2016）从 CEO 个人层面解释了企业隐藏不良信息的原因，认为过度自信并且权力集中的 CEO 更难发现自己投资了低质量的项目，进而增大了暴跌可能性。Xu（2014）等人基于中国数据发现暴跌风险会随着监管加强逐渐减弱，即将退休的 CEO 会增加公司股价暴跌概率。An 和 Zhang（2013）在研究中发现，长期持有股票的大型机构投资者通过监管能够减轻公司的盈余管理，降低暴跌可能性；相反，交易频繁的机构投资者会加大暴跌的可能性。分析师的关注同样能够起到监管作用并降低暴跌可能性。

由上可知，暴跌风险可以由投资者意见分歧、公司隐藏不良信息和分析师关注度三个角度解释。我们将沿着这三个角度展开并寻找有效的因子。

第二节　数据与变量

一、资料来源

我们的数据来自于 Wind 和 CSMAR 的 A 股 2006—2016 年的数据，共提取出 3 354 只股票的数据，剔除不属于申万一级行业以及数据残缺严重的股票后剩余 2 018 只可以进行分类。

二、变量选取

（一）暴跌

Stein（2001）直接选取了收益率偏度来刻画暴跌，其后的作者均将股票收益率对市场或行业进行回归后得到公司特有收益率再计算暴跌，如 Hutton（2009）对公司特有收益率的计算公式为：

$$r_{j,t}=\alpha_j+\beta_{1,j}r_{m,t-1}+\beta_{2,j}r_{i,t-1}+\beta_{3,j}r_{m,t}+\beta_{4,j}r_{i,t}+\beta_{5,j}r_{m,t+1}+\beta_{6,j}r_{i,t+1}+\varepsilon_{j,t} \quad (9)$$

其中，$r_{j,t}$ 代表股票 j 在第 t 周的收益率，$r_{i,t}$ 代表股票 j 所在行业在第 t 周的收益率，i 是 industry 的缩写，代表了股票所在的行业，$r_{m,t}$ 代表市场在第 t 周的收益率。在其他学者的文章中，$r_{j,t}$ 的解释变量不尽相同，有些只对市场收益进行回归取残差。本公式剥离了市场及行业因素，提取公司自身原因所导致的股价暴跌。

另一种指标基于偏度公式，称为 $NCSKEW$，具体计算方法如下：

$$NCSKEW_{jt}=-\frac{n(n-1)^{1.5}\sum W_{jt}^3}{(n-1)(n-2)(\sum W_{jt}^2)^{1.5}} \quad (10)$$

其中，$NCSKEW_{jt}$ 代表股票 j 在第 t 年的 $NCSKEW$，$W_{jt}=\ln(1+\varepsilon_{j,t})$，$\varepsilon_{j,t}$ 为(9)式中的残差项。n 代表了一年的星期数。

我们认为保险公司与监管者所面临的风险不仅是公司特有收益率暴跌，更应该包括市场因素导致的价格暴跌，所以只要股票的收益相对市场处于较低水平都属于暴跌，由于不同行业股票的收益特征，我们分行业统计了股票的收益分布，并认为如果股票当周跌幅超过其所在行业指数亏损的 99 分位数则为暴跌。行业指数的收益分布通过 2010—2015 年数据和非参数统计方法得到。每个行业亏损的 99 分位数见表 3—2 所示。

表 3—2　　行业亏损 99 分位数

农林牧渔	采掘	化工	钢铁	有色金属	电子	家用电器
—0.132 34	—0.127 45	—0.119 73	—0.110 85	—0.131 03	—0.117 05	—0.113 21
食品饮料	纺织服装	轻工制造	医药生物	公用事业	交通运输	房地产
—0.093 26	—0.116 77	—0.104 2	—0.109 44	—0.100 49	—0.098 62	—0.117 37
商业贸易	休闲服务	综合	建筑材料	建筑装饰	电气设备	国防军工
—0.127 93	—0.126 32	—0.115 55	—0.105 78	—0.142 66	—0.119 98	—0.125 87
计算机	传媒	通信	银行	非银金融	汽车	机械设备
—0.136 75	—0.128 66	—0.119 72	—0.078 95	—0.112 23	—0.118 28	—0.131 82

我们将一年内发生暴跌的次数作为被解释变量，发生次数越多的股票风险越高，记为 *crashcount*。

(二)市场收益敏感度

由于股票收益受市场收益影响，在市场下跌时，敏感的股票下跌幅度相对更大。我们选取股票对沪深 300 指数的贝塔值衡量敏感程度，记为 *beta*。

(三)投资者意见分歧

投资者的意见分歧体现在交易上，买入和卖出体现了投资者对股票的不同态度。如果市场对股票的预期一致，则买入者和卖出者不能充分匹配，导致交易量减小；相反，成交量大，则说明市场对该资产的意见分散。我们借鉴 Chen et al.(2001) 和 Kim et al.(2016) 采用周度换手率平均值和年平均换手率的差分衡量投资者意见分散程度，记为 *turn* 和 *dturn*。后续实验中发现 *dturn* 效果不佳，故只采用 *turn* 刻画投资者意见分歧。

(四)公司不透明度

我们采取 Hutton(2009)中定义的 *Opaque* 反映公司的不透明度,具体计算如下:

$$\frac{TA_{jt}}{Assets_{jt-1}}=\alpha_0\frac{1}{Assets_{jt-1}}+\beta_1\frac{\Delta Sales_{j,t}}{Assets_{jt-1}}+\beta_2\frac{PPE_{j,t}}{Assets_{jt-1}}+\varepsilon_{j,t} \tag{11}$$

$$DiscAcc_{jt}=\frac{TA_{jt}}{Assets_{jt-1}}-\left(\hat{\alpha}_0\frac{1}{Assets_{jt-1}}+\hat{\beta}_1\frac{\Delta Sales_{j,t}-\Delta Receivables_{j,t}}{Assets_{jt-1}}+\hat{\beta}_2\frac{PPE_{j,t}}{Assets_{jt-1}}\right)$$

其中,$TA_{j,t}$ 代表 j 公司在 t 时刻的总递延收入,$Assets_{j,t-1}$ 代表 j 公司在 $t-1$ 时刻的总资产,$\Delta Sales_{j,t}$ 代表 j 公司第 t 年销售收入变化,$PPE_{j,t}$ 代表 j 公司第 t 年固定资产,$\Delta Receivables_{j,t}$ 代表 j 公司第 t 年应收账款的变化。

$$OPAQUE=AbsV(DiscAcc_{t-1})+AbsV(DiscAcc_{t-2})+AbsV(DiscAcc_{t-3}) \tag{12}$$

其中,*Opaque* 描述了盈余管理带来的信息不透明,但更一般地,公司信息不透明表现为公司自身信息对投资者影响较小,进而大部分股票收益可以被行业和市场解释。因此,我们将(1)式中回归的 R^2 作为另一个解释变量,R^2 越大说明股票越充分地被市场和行业解释,信息不透明程度越高。

(五)分析师关注程度

我们设置虚拟变量记录该公司的分析师覆盖量是否处于行业前 25%,该变量记为 *rate*。如果处于前 25%则代表关注度高,信息透明并且不容易发生暴跌,此时 *rate* 取 1,否则取 0。

(六)其他变量

一般来说,大型蓝筹股收益较为稳定,因此是否为重要股指的成分(*idx*)也应当成为解释变量。除此之外,账面市值比对数(*PB*)、市值对数(*lgmv*)等指标也被考虑解释股价暴跌。公司内部层面,我们使用滞后一期的公司特有收益率标准差(*rstd*)作为解释变量。

三、数据描述

表 3—3　　数据分布特征

变量名称	样本数量	样本均值	标准差	最小值	最大值
Crashcount	11 761	1.64	1.94	0.00	11.00
beta	9 447	1.00	0.49	−1.18	3.36
turn	11 590	2.10	0.85	−3.22	5.18

续表

变量名称	样本数量	样本均值	标准差	最小值	最大值
lgmv	10 974	22.30	1.06	18.61	28.51
PB	10 906	1.21	0.73	－1.07	11.52
R^2	11 119	0.42	0.17	0.01	0.91
Opaque	9 557	0.25	0.28	0.01	8.29
idx	12 186	0.12	0.32	0.00	1.00
rate	12 186	0.17	0.38	0.00	1.00

资料来源：笔者制作。

表 3—4　　相关系数表

	Crashcount	beta	turn	lgmv	PB	R^2	Opaque	idx	rate
Crashcount	1.00	0.02	0.24	－0.11	0.00	－0.24	－0.04	－0.13	－0.23
beta	0.02	1.00	－0.22	－0.07	－0.23	－0.07	0.05	0.06	0.00
turn	0.24	－0.22	1.00	－0.27	0.15	－0.06	0.02	－0.28	－0.28
lgmv	－0.11	－0.07	－0.27	1.00	－0.03	0.22	－0.06	0.67	0.43
PB	0.00	－0.23	0.15	－0.03	1.00	－0.15	0.14	－0.09	0.01
R^2	－0.24	－0.07	－0.06	0.22	－0.15	1.00	－0.07	0.16	0.05
Opaque	－0.04	0.05	0.02	－0.06	0.14	－0.07	1.00	－0.03	－0.05
idx	－0.13	0.06	－0.28	0.67	－0.09	0.16	－0.03	1.00	0.37
rate	－0.23	0.00	－0.28	0.43	0.01	0.05	－0.05	0.37	1.00

资料来源：笔者制作。

第三节　暴跌概率计算及分类

一只股票发生这一事件的概率越大，说明股票的风险越大。我们用一年内发生暴跌的次数代表发生概率。通过线性回归进行预测，确定模型后带入新的数据预测暴跌次数，并把暴跌次数相近的股票用 K-means 方法分为一类，距离则选取欧式距离。

对于聚类个数的确定，我们利用“肘方法”。该方法的思想是，随着聚类个数的增加，误差在减小，但是减小的速度越来越慢；找到这样一个“拐点”，这时候的聚类个数是相对比较合理的。这里的误差，采用组内误差/组间误差来计算，因为聚类越好，则每个类之间的误差要远远小于组间误差，并绘制图像来进行选择。

我们将 *crashcount* 对选取的解释变量进行回归，由于是预测，我们选取解释变量滞后一年的值，回归方程如下：

$$crashcout_t = \alpha + \beta_1 \times stockbeta_{t-1} + \beta_2 \times turn_{t-1} + \beta_3 \times lgmv_{t-1} + \beta_4 \times pb_{t-1} + \beta_5 \times R^2{}_{t-1} + \beta_6 \times opaque_{t-1} + \beta_7 \times idx_{t-1} + \beta_8 \times rate_{t-1} + \varepsilon_t \quad (13)$$

回归 R^2 为 0.150 5，系数和相关检验如表 3—5 所示。

表 3—5　　回归结果

变量名称	α	stockbeta	turn	Lgmv	pb	R^2	opaque	idx	rate
回归系数	−3.25	0.21	0.56	0.25	−0.15	−2.97	−0.46	−0.33	−0.99
T 值	−4.44	4.62	18.26	7.66	−4.61	−22.82	−5.60	−3.66	−15.70
P 值	0.00	0.00	0.00	0.00	0.00	0.00	0.00	0.00	0.00

资料来源：笔者制作。

从表 3—5 可以看出所有变量均显著，R^2 和 opaque 的符号与预期相反。我们以 R^2 和 opaque 作为指标对股票进行分层，发现这两个指标取值高的股票收益率较低，收益方差较小；取值低的股票相反。低收益、低风险的股票安全性更高，发生暴跌的概率较小，更加安全，模型结果符合我们的认知。R^2 和 opaque 的符号与预期相反可能是因为监管加强，公司特有收益不代表信息不对称，而是更有可能带来积极影响的因素；也可能是因为我们选择的暴跌不仅限于公司层面，所以整体来看结果与参考文献相反。

接下来，我们使用 K-means 方法确定聚类个数。K-means 方法基于的思想是距离越近的点越容易被归为一类，因此在我们定义了距离之后，通过计算不同样本之间的距离，就可以得出聚类的结果。计算所有点到质心的加权平均距离作为指标，当类的个数接近合理水平时，该指标下降速度会明显放慢。如图 3—1 所示，可以看出，拐点发生在聚类个数等于 4 的时候，也就是说四类的效果是较为理想的。因此，我们选择聚类个数为 4 的 K-means 方法。

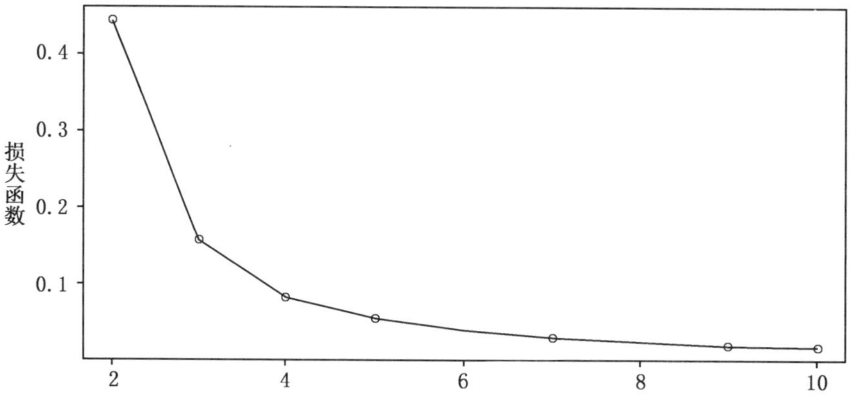

资料来源:笔者制作。

图 3—1　筛选聚类个数

我们对数据完整的 1 945 只股票进行分类。由于大量股票没有发生暴跌,回归中被解释变量 0 值较多,预测结果中有少量股票的预测暴跌次数略微小于 0,仍在可接受范围内,聚类时我们将这些小于 0 的数值当作 0 处理。

第四节　风险因子计算

现有的"偿二代"体系下风险因子分为两个部分,即基础因子和随股票种类、个股收益变化的调整因子。在我们的回归模型中是否为重要股指成分已经是一个因子,所以不需要再单独进行调整。"偿二代"目前正在研究如何添加随市场整体变化的调整因子。我们将对此问题以及基础因子的合理取值展开分析。

根据前文的聚类结果,四类股票发生暴跌次数的质心分别为 0.508 4,1.411 9,2.149 7,3.010 8,这 4 个数字同时代表每一类股票未来一年发生暴跌的平均次数。我们对 4 个数字进行一定的近似,认为四类股票发生暴跌的次数分别为 0.5,1.4,2.1,3.0,类似于欧盟偿付能力Ⅱ。我们认为风险因子代表了投资股票时面对的损失,所以结合单次暴跌的损失和暴跌次数来计算风险因子。为了审慎监管,取行业指数周亏损率 99 分位的最大值作为下跌幅度,其取值为 14%。同时,一些股票的跌幅可以远超过行业指数,并且股票仍然面临其他风险,我们假设这些风险带来的损失等于一次暴跌,故在每一类股票的风险因子上再加 0.14,以保证风险抵抗能力,最终的风险因子取值如表 3—6 所示。

表 3—6　　　　风险因子

类别编号	1	2	3	4
风险因子	0.21	0.34	0.43	0.56

资料来源:笔者制作。

随着中国金融市场与世界不断接轨,可以预见我国保险资产在国际上的地位也将会越来越高,因此我们认为应该选取国际化的指数作为市场参考进行风险因子调整。我们借鉴欧盟偿付能力Ⅱ的调整方法,利用 MSCI 指数最近 3 年的涨跌幅度对股票风险因子进行逆周期调整。欧盟偿付能力Ⅱ的风险因子基于具体的损失情景,OECD 国家股票的情景为亏损 39%,其他股票为亏损 49%。欧盟偿付能力Ⅱ改变每一情景的下跌幅度来调整计提 SCR 的比例,具体公式如下:

$$adjustment\ term = \min\left\{\max\left\{\frac{I_t - \frac{1}{n}\sum_{s=t-1}^{t-n} I_s}{\frac{1}{n}\sum_{s=t-1}^{t-n} I_s} \times \beta, -0.1\right\}, 0.1\right\} \tag{14}$$

其中,$I_t = t$ 时刻 $MSCI$ 世界价格指数市值;n = 参考时间窗口的长度;$\beta = MSCI$ 指数价格对其平均数 OLS 回归的一次项系数;$MSCI$ 代表发达国家的市场行情。

由调整冲击的计算公式可见,欧盟偿付能力Ⅱ对 SCR 的调整幅度取决于 MSCI 与其平均数的偏离程度,即为市场整体在短时间内的景气程度。市场上行,调整冲击为正,SCR 变大,保险公司偿付能力减弱;市场下行时情况相反,可以从理论上减小顺周期性。β 是对 MSCI 增长速度的调整。在 MSCI 激增或骤降时,β 变大使得调整幅度变大,对市场的反应更加灵敏。此外,n 取值不同时,调整的敏感程度也不同,时间窗口越短调整越灵敏。欧盟偿付能力Ⅱ的调整幅度在−10%—10%。

在政策颁布初期,我们建议采取较为稳定的监管政策,n 的取值不宜过小,取 3 为宜;我国在风险因子上直接进行调整,将(15)式的结果作为一个比例系数作用于风险因子中,实现逆周期调整。

风险因子最终表达式如下:

$$\text{risk factor} = \text{risk factor} \times \text{adjustment term} \tag{15}$$

第五节　风险因子合理性分析

从分类结果和风险因子看,大部分股票的风险因子与之前差距较小。如大部分主板股票的风险因子从 0.31 变为 0.34，中小板从 0.41 变为 0.43。可见，在一定程度上，原有的“偿二代”资产类别和风险因子反映了股票的风险特征。我们的结果通过明确定义风险对原有的分类进行微调，识别出主板股票中风险较高的部分和中小板中有潜力的部分，有助于保险公司挖掘优质资产，提高资产配置效率。

第四章　债券资产二级分类和风险因子探索

在经济下行压力下，企业盈利能力每况愈下，债券的信用风险快速集聚，违约事件进入多发期并呈蔓延趋势。根据 Wind 统计，2016 年，我国违约债券数量达到 79 只，违约规模约为 400 亿元，违约债券数量是 2015 年和 2014 年总和的 2.8 倍，违约债券余额也是前两年总和的近 3 倍，违约事件的频率明显提高。

在这一背景下，中国债券市场“刚性兑付”的神话被打破，债券违约使保险资金投资组合的风险敞口加大，严重侵蚀了投资收益。以 2016 年年底爆发的侨兴债违约事件为例，浙商财险为侨兴集团提供担保，在合同中承诺如果侨兴无法正常还款，浙商就启动理赔，赔偿金额是本金加利息，共计 11.46 亿元。侨兴债前两期于 2016 年构成实质违约，导致浙商财险预赔付了 3.12 亿元，如果未来债务都由浙商财险偿付，对保险公司无疑是灭顶之灾。

如何甄别企业债、公司债的交易对手违约风险？通过资产分类、风险因子捕捉不同债券对保险公司投资组合风险敞口的影响，是监管机构和保险公司共同关心的话题。我们根据 Bandyopadhyay(2006)的方法，构建多元 logistic 方程来预测中国上市公司发行债的违约概率，并根据违约概率对债券进行分类，参考银保监会目前的规定，厘定风险因子。

破产或者违约的概率的预测在学界并没有统一的理论，有赖于不同的实证方法。Beaver(1966)筛选了一系列关于公司破产的指标，并建立了多元回归分析的步骤。他发现在一个匹配的样本中，破产的公司和非破产的公司在重要的指标上有显著差别，而这种差别可以提前 5 年预测破产。Altman(1968)构建了经典的 MDA 模型来预测美国上市制造业公司的破产概率，其回归的样本包含了 33 对匹配的破产公司和非破产公司。在后续的研究中(Altman，1995)，他改进了原先的模型，使之适应新兴市场和私人企业的预测。其他学者尝试用非线性模型来预测破产概率(Martin，1977；

Zavgren, 1985; Lennox, 1999; Grunert et al. , 2005), 非线性模型提升了样本内拟合的准确度，但是在样本外的预测却更不可信。不过，非线性模型如 logitstic 模型可以更好地考虑财务指标和非财务指标（Amemiya, 1981; Maddala, 1983），从而捕捉更多的信息。因此，我们通过构建多元 logistic 方程来预测中国上市公司发行债的违约概率。

模型的训练集使用了 2014—2015[①] 年我国 A 股上市公司的财务数据、债券违约数据，数据全部来自 Wind 和 CSMAR 数据库。logistic 方程的被解释变量是哑变量，取 1 代表 2014—2015 年该公司发行债存在违约，取 0 代表不存在违约。解释变量根据以往文献和中国市场的表现，包括营业收入/总资本、总资产回报率、账面市值比、托宾 q、是否为国企及 17 个行业虚拟变量。营业收入/总资本、总资产回报率、托宾 q 取 2014—2015 年度数据的均值，账面市值比取 2014—2015 年度数据的均值，是否为国企则根据 2014 年数据。为了防止极端数据的影响，所有连续变量均采用 1%水平的 Winsorize 缩尾处理。表 4—1 报告了 logistic 方程的回归结果。

表 4—1　　违约概率预测 logistic 方程

营业收入/总资本	总资本回报率	账面市值比	是否国企	托宾 q	行业固定效应	截距项	样本数
−0.010 3**	0.103***	0.0284***	−0.340***	−0.227***	Y	−2.395***	2 707
(−3.25)	(−10.37)	(−7.98)	(−4.66)	(−4.83)		(−8.86)	

资料来源：笔者制作。

模型的测试集使用了 2016 年 A 股上市公司的财务数据和非财务数据。根据 Bandyopadhyay(2006)的方法，首先将 2016 年数据代入违约概率预测 logistic 方程，然后通过 logistic 转换来计算违约概率。即：

$$PD=F(Z)=\frac{1}{1+e^{-Z}}=1+e^{-(b_0+b_1X_1+\cdots+b_kX_k)} \tag{16}$$

其中，PD 代表违约概率，等式中间项表示 logistic 转换，而等式右边项的括号中就是我们测试的违约概率预测方程。在计算出各个上市公司的违约概率后，采用 K-means 聚类方法，根据发行方违约概率对债券进行二级分类。首先，我们绘制出损失函数随聚类个数的变化图。当图象存在拐点，即增大聚类个数不能很显著地减少损失时，就没有必要再增加聚类个数了。从图 4—1 中可以看出，债券的合理分类个数是 8，因为在聚类个数超过 8 之后，损失函数没有明显下降。

① 债券违约的数据，Wind 上从 2014 年开始。

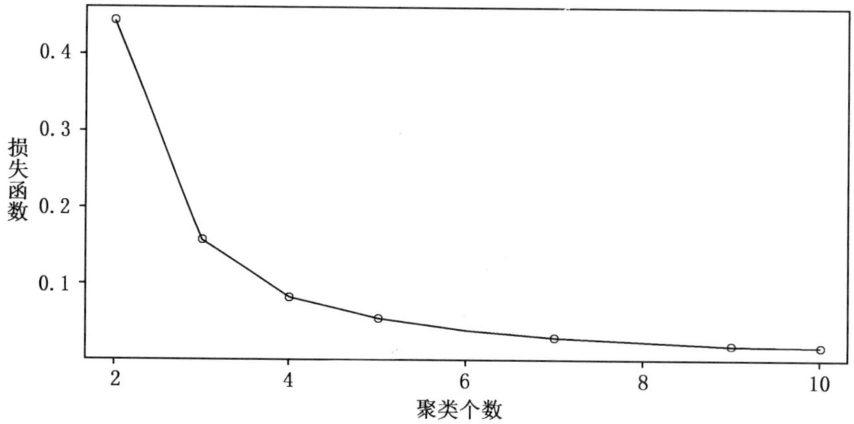

资料来源：笔者制作。

图 4—1 损失与聚类个数关系图

接下来，我们利用 K-means 的方法进行聚类。从图 4—2 中可以看出，聚类效果还是比较合理的。如果有外部数据已知标签的数据，则可以用于验证聚类结果是否合理。

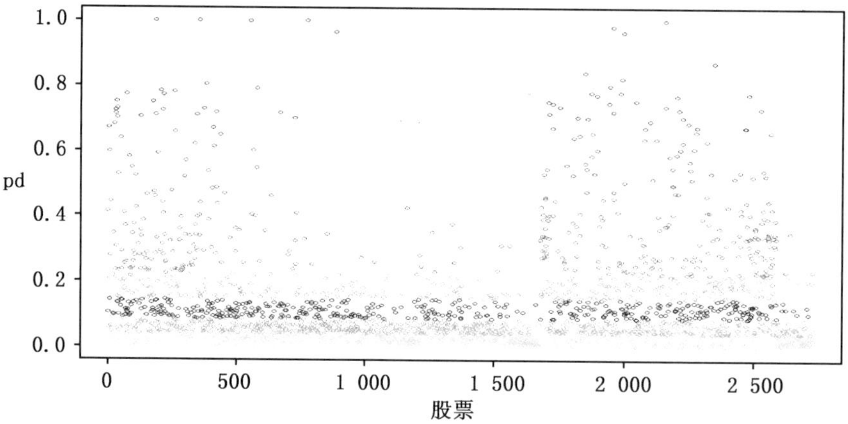

资料来源：笔者制作。

图 4—2 聚类关系图

原中国保监会《保险公司偿付能力监管规则第 8 号：信用风险最低资本》第 21 条规定了企业债、公司债（不含可转债）的交易对手违约风险的基础因子。其中，评级 AAA 的债券违约风险因子是 0.015，而评级在 B 及以下的债券违约风险因子是 0.135。我们假设 8 类上市公司发行债级差的风险因子相等，而风险最低类的债券是

0.015,风险最高类的债券是0.135,最终给定了新的公司债分类和对应的违约风险基础因子。

第五章 总 结

我们立足于保险监管角度,在目前"偿二代"以风险为导向的框架下,重新对资产进行二级分类,并厘定风险因子,以引导保险公司安全、高效、多元地投资,收益和风险并重,避免行业的流动性危机。

首先,将中国"偿二代"的监管体系和欧盟偿付能力Ⅱ、美国风险资本制度(RBC)体系对保险资产的监管要求进行比较,从制度特征、监管要素、监管基础三个方面分析了国内外保险投资监管的区别和联系。紧接着,指出不同于以规模为导向的传统监管方式,中国"偿二代"体系在赋予保险资金运用更大的自主权的同时,提升了保险公司的风险管理能力。但是,现有体系对资产的分类和风险的度量还不够科学、全面。

其次,我们以股票、债券为例,分别从暴跌风险、违约风险对A股和上市公司发行债,进行资产二级分类,并厘定了新的风险因子。具体来说,先用多元线性回归预测了股票的暴跌概率和债券的违约概率,再用K-means聚类方法,分别按照暴跌概率和违约概率,将A股分为4类,上市公司发行债分为8类,并参考"偿二代"规定的风险因子区间,最终厘定各类资产新的风险因子。

最后,因为受交易数据的限制,我们无法对所有大类资产进行二级分类,厘定风险因子。而且,资产分类和风险因子无论是从理论还是实务角度,都是充满争议的问题。但是,我们的研究根据"偿二代"体系以风险为导向的思想,针对资产的主要风险进行预测并分类,计算风险因子,为监管制度的改进提供了一种新的思路。资产的风险是复杂和多变的,没有一成不变的资产分类和风险因子,只有不断优化预测模型、更新测试数据,才能更好地捕捉资产的风险特征,守住行业不发生流动性危机的底线。

参考文献

[1] Altman, E. I., Hartzell, J., Peck, M. Emerging market corporate bonds—a scoring sys-

tem. In: Levich R. M. (eds) Emerging Market Capital Flows[C]. Springer, Boston, MA: The New York University Salomon Center Series on Financial Markets and Institutions, 1998(2).

[2]Altman, E. I. Financial ratios, discriminant analysis and the prediction of corporate bankruptcy[J]. *The Journal of Finance*, 1968, 23(4): 589—609.

[3]Amemiya, T. Qualitative response models: A survey[J]. *Journal of Economic Literature*, 1981, 19(4): 1483—1536.

[4]An, H., Zhang, T. Stock price synchronicity, crash risk, and institutional investors[J]. *Journal of Corporate Finance*, 2013, 21(1): 1—15.

[5]Bandyopadhyay, A. Predicting probability of default of Indian corporate bonds: logistic and Z-score model approaches[J]. *The Journal of Risk Finance*, 2006, 7(3): 255—272.

[6]Beaver, W. H. Financial ratios as predictors of failure[J]. *Journal of Accounting Research*, 1966: 71—111.

[7]CEIOPS. CEIOPS' Advice for Level 2 Implementing Measure of Solvency II: SCR standard formula -Counterparty default risk modele. 2009.

[8]Chen, J., Hong, H., Stein, J. C. Forecasting crashes: trading volume, past returns, and conditional skewness in stock prices[J]. *Journal of Financial Economics*, 2001, 61(3): 345—381.

[9]Cummins, J. D., Phillips, R. D. Capital adequacy and insurance risk-based capital systems[J]. *Journal of Insurance Regulation*, 2009, 28(1): 25—72.

[10]DCWP. Solvency II Standard Formula and NAIC Risk-Based Capital(RBC), 2012.

[11]Doff, R. The Final Solvency II Framework: Will It Be Effective? The Geneva Papers on Risk and Insurance-Issues and Practice, 2016, 41(4): 587—607.

[12]Grunert, J., Norden, L., Weber, M. The role of non-financial factors in internal credit ratings[J]. *Journal of Banking and Finance*, 2005, 29(2): 509—531.

[13]Hutton, A. P, Marcus, A. J, Tehranian, H. Opaque Financial Reports, R^2 and Crash Risk[J]. *Journal of Financial Economics*, 2009, 94(1): 67—86.

[14]Ho, C. L., Lai, G. C., Lee, J. P. Organizational structure, board composition, and risk taking in the US property casualty insurance industry[J]. *Journal of Risk and Insurance*, 2013, 80(1): 169—203.

[15]Kim, J. B., Li, Y., Zhang, L. Corporate tax avoidance and stock price crash risk: firm-level analysis[J]. *Journal of Financial Economics*, 2011, 100(3): 639—662.

[16]Kim, J. B., Wang, Z., Zhang, L. CEO overconfidence and stock price crash risk[J]. *Contemporary Accounting Research*, 2016, 33(4): 1720—1749.

[17]Kaserer, C., Klein, C. Systemic risk in financial markets: how systemically important are insurers? [M]. Social Science Electronic Publishing, 2016.

[18]Lennox,C. Identifying failing companies:a re-evaluation of the logit,probit and DA approaches[J]. *Journal of Economics and Business*,1999,51(4):347—364.

[19]Maddala,G. S. Limited-dependent and qualitative variables in econometrics(No. 3)[M]. Cambridge University Press,1986.

[20]Martin,D. Early warning of bank failure:A logit regression approach[J]. *Journal of Banking and Finance*,1977,1(3):249—276.

[21]Ma,Y. L. ,Ren,Y. Do Publicly Traded Property-Casualty Insurers Cater to the Stock Market? [J]. *Journal of Risk and Insurance*,2012,79(2):415—430.

[22]Schrand,C. ,Unal,H. Hedging and coordinated risk management:Evidence from thrift conversions[J]. *The Journal of Finance*,1998,53(3):979—1013.

[23]Sholom Feldblum. NAIC Property/ Casualty Insurance Company Risk-Based Capital Requirements,1996.

[24]Xu,N. ,Li,X. ,Yuan,Q. ,Chan,K. C. Excess perks and stock price crash risk:evidence from china[J]. *Journal of Corporate Finance*,2014,25(2):419—434.

[25]Zavgren,C. V. Assessing the vulnerability to failure of American industrial firms:a logistic analysis[J]. *Journal of Business Finance and Accounting*,1985,12(1):19—45.

[26]陈文辉．保险偿二代的实施重点[J]. 中国金融,2016(13):9—11.

[27]黄海森,高琳．欧盟 Solvency Ⅱ框架综述及相关问题思考[J]. 金融发展研究,2013(2):75—79.

[28]唐金成,胡珊珊．我国保险公司偿付能力及其监管研究——基于“偿二代”监管体系[J]. 西南金融,2017(1):39—44.

[29]项俊波．保险业偿付能力监管:国际格局与中国道路[J]. 金融监管研究,2012(8):1—9.

（本文获“IAMAC2017 年度系列研究课题集”优秀课题）

偿二代下保险资产类别及风险因子合理性研究

南开大学金融学院

李学峰　栾豫宁　王　会　申思哲　刘俊恺

迟　宁　赵子亵　李扬潇

摘要

本文的主要研究目的是探究"偿二代"监管体系下保险资产类别及风险因子的合理性。在以风险为导向的"偿二代"监管体系下，资本约束成为保险业面临的突出问题。保险公司需要充分考虑资本占用和偿付能力充足率，选择与负债更匹配的资产配置结构。不同资产类别的风险因子可以影响最低资本，进而影响偿付能力充足率，在决定各类资产的配置情况时发挥了至关重要的作用。

为了探究"偿二代"下保险资产类别及风险因子的合理性，首先从理论层面研究了各类保险资产的风险和收益特征，以资产配置效率作为合理性的评判标准，计算保险公司在现有风险因子体系下可以实现的各类资产最优配置。模型结果表明，在现行风险因子体系下，随着投资者风险偏好的提高，最优资产配置组合中高风险、高收益投资标的比重逐渐提高。

其次，针对风险因子合理性问题，构建了动态风险因子合理性评价模型，在不同类别资产现有风险因子取值±5%的范围内进行搜索，分析是否存在更优的风险因子取值，可以提高资产配置的效率。研究发现，样本区间(2010 年 1 月—2017 年 6 月)内适当降低高风险资产的风险因子，提高低风险资产的风险因子，可以提高资产组合的配置效率。如果能够引入风险因子的动态调整机制，通过监测各类资产的市场表现，在特定的风险因子中枢水平上给予一定的调整空间，阶段性地调整风险因子，将有助于保险资金根据市场行情更灵活地配置各类资产。

最后，对国际偿付能力监管改革经验进行了梳理和对比，进而寻找未来中国“偿二代”监管体系下风险管理的下一步优化方向。

通过分析，本文最终得到三点结论与启示：第一，从保险资管的业务主体来看，各个公司天然具有逐渐提升资产组合风险的动力，随着业务与市场的发展，各个公司的风险承担能力逐渐提升，其风险偏好的倾向会加大。监管当局应当注意“偿二代”监管过程中对于各个公司风险承担能力的考察，以使有关保险公司的风险偏好的倾向与其风险承受能力相匹配。第二，不同资产的风险状态除了其客观存在之外，还应该与投资者的风险感受、资产管理目标等相结合。如果能够适当地对高风险资产的风险因子进行调整，可以达到动态资产配置的目标，实现最大化投资效用，满足保险资管的收益要求。需要注意的是，相应的调整需要围绕“风险偏好态度与风险承受能力”这一目标，对高风险资产的更多持有不能超越保险公司的风险承受能力。第三，保险公司的资产配置，其优化是在动态调整中实现的，无论从保险公司的角度还是从监管部门的角度，都不应该整齐划一或者规定得过死，要允许市场主体在一定的范围内、在“偿二代”监管框架下，根据公司自身的风险承受能力和市场状态，对不同类别的资产进行相对灵活的配置调整，在风险承受能力范围内获取相对更高的收益。

关键词

风险导向　资本约束　最优资产配置　动态风险因子

第一章　“偿二代”下保险资产配置的衡量

从 2016 年的首个季度开始，我国有关监管部门规定，今后，保险机构在报送报告时，逐步停止按照“偿一代”规则，转而按照“偿二代”监管体系形成报告并报送。“偿二代”监管体系从市场约束机制、机构定性监管要求和保险资产定量测度这三个层次对保险机构的保险资产和风险进行监管。与“偿一代”相比，“偿二代”更加注重测度和控制风险，因此要求保险机构更加注重保险资产的风险控制与管理。

“偿二代”对保险机构的资产进行了详细的分类，并且对每一类资产赋予对应的风险因子，在此基础上计算出保险机构的市场风险最低资本。每类资产风险因子的大小反映了该资产在市场风险最低资 本中所占的权重，风险因子越大，该资产所占用的最低资本就越多。因此，为了满足银保监会对于最低资本的要求，保险机构需要根据资产风险因子的大小，对资产进行合理配置。同时，在配置资产的过程中，保险机构也需要考虑不同资产的收益期望与方差并不相同，所带来的效用大小也不一样，进行合理的资产配置，才能让自身的效用最大化。

保险机构的目标是使自身效用最大化。“偿二代”出台以后，给保险机构效用最大化的目标函数增加了一个风险因子的约束条件。那么，这个约束条件会对保险机构的资产配置行为和偿付能力产生怎么样的影响？风险因子大小的设定是否合理，能否进一步优化？这些都是我们非常关心和亟待解决的问题。

在本文中，我们首先讨论了保险机构的资产配置理论；然后，构建了保险机构的效用函数，并假设保险机构资产配置的最终目标是使自身效用最大化，以此来构建一个保险机构的行为模型；接着，将“偿二代”中的风险因子和对最低资本的要求作为约束条件纳入模型中，并考察约束条件的变化将会对保险机构的配置资产产生怎样的影响，并据此分析已有的风险因子值的合理性；最后，对本文的研究做了延伸，将中国的“偿二代”与美国、欧盟的保险监管体系进行对比分析，从而对“偿二代”体系的进一步完善提供政策建议。

第一节　偿二代监管框架

一、“偿二代”体系概述

中国第二代保险机构偿付能力监管体系，即“中国风险导向的偿付能力体系”（简称“偿二代”），英文为（china risk oriented solvency system，C-ROSS）。“偿二代”体系于 2012 年 4 月正式启动，原中国保监会于 2013 年颁布了《中国第二代保险机构偿付能力监管体系基本框架设计》，继而完成了制度基本框架的设计；2014 年完成全部标准建立并进行多轮压力测试；2015 年 2 月 17 日，原中国保监会印发《中国第二代保险机构偿付能力监管体系基本规则（1－17 号）》。由此，“偿二代”保险机构偿付能力监管体系正式确立，并于 2016 年一季度正式实施。“偿二代”监管体系以风险为导向，在风险控制体系的约束下，建立有效的激励机制，保证效率，确定合理的资本要求，在引导保险公司保证效率的同时，提高风险测度、控制和管理水平；与我国新兴保险市场的国情相适应，同时也是一种与国际接轨的保险机构偿付能力监督体系。

“偿一代”体系所实施的监管是以保险机构所进行的业务规模为导向的监管。对于拥有资本量相同的两家保险公司来说，只有业务规模的差异能造成其偿付能力的差异，并且业务规模与偿付能力呈负相关关系。在计算保证偿付能力所需要的最低资本时，“偿二代”体系将业务风险指标的加总值作为主要的考虑对象，包括市场风险、经营风险、保险风险等。其中，在计量机构的经营风险时，“偿二代”体系的计量结果也更加合理，并且更加符合经营的稳健性导向。“偿二代”对于保险公司偿付能力的关注焦点在于保险公司的各类经营风险，注重加强风险管理和资产负债匹配水平，引导行业的资产配置更加合理。此外，“偿二代”首次将“定性”要求作为监管原则之一，对一些难以测度以实现量化但至关重要的风险进行了考虑。总的来说，风险因素在衡量机构的偿付能力时处于核心地位。

“偿二代”体系的基本制度框架由评价机构偿付能力的三个层面构成，分别是：市场约束机制、定性监管要求、定量监管要求。这一框架又被称为“三支柱”系统。

机构偿付能力信息的披露与交流是市场约束机制的重中之重。为了保证偿付能力信息的质量，为了推动此类信息的披露和交流，应该对各机构的偿付能力进行跟踪和监控，而发挥社会公众力量是一个成本较低、效果较好的方式。市场约束机制（第三支柱）鼓励并引导市场相关利益人通过保险公司对外的信息披露进行有效监督；建立保险公司及其他金融机构与监管部门的双向沟通机制；规范引导评级机构及时对外公布评级信息。

对于那些难以量化风险，包括操作风险、战略风险、声誉风险和流动性风险，“偿二代”体系选择了经验评估的方式，这也是定性监管要求的核心。银保监会定期对各保险机构所面临的那些难以计量的风险进行评估，主要以评分的方式来衡量这些项目相应的风险。定性监管采用风险管理评估（SARMA）、综合风险评级（IRR）等方式。

在定量资本监管中，保证偿付能力充足率不低于红线是其重中之重。保险机构的实际资本量必须覆盖其相应的最低资本需求，才能满足定量资本监管的要求。

“偿二代”和“偿一代”体系下，实际资本都可以简单地表述为认可负债与认可资产的差值，但两者在认可资产和认可负债的计量处理上有显著差异。“偿一代”体系下，认可资产总和为各项认可资产账面价值与其相应的认可比例乘积的加总。以投资资产为例，“偿一代”体系下的认可资产是根据认可资产的账面价值乘以认可比例来进行入账的，考虑更多的是认可资产的流动性和安全性。“偿二代”体系与“偿一代”相比，其认可资产的标准大相径庭，除个别资产需要调整外，均以账面价值作为其相应的认可价值。认可负债公式方面，“偿一代”中的法定准备金改为“偿二代”中的以会计原则计算的准备金。相较而言，“偿二代”对于认可负债、认可负债的调整，更能动态反映保险公司经营和资产管理的风险水平。具体的“偿二代”监管指标见表1－1。

表1－1　“偿二代”监管指标

分类	监管要素	监管指标及其对应监管规则号
定量资本要求	实际资本 最低资本 保险风险最低资本 市场风险最低资本 信用风险最低资本	1号：实际资本，2号：最低资本，3号：寿险合同负责评估，4号：保险风险最低资本（非寿险业务），5号：保险风险最低资本（寿险业务），6号：保险风险最低资本（再保险公司），7号：市场风险最低资本，8号：信用风险最低资本，9号：压力测试
定性监管要求	偿付能力 流动性风险 风险综合评级	10号：风险综合评级（分类监管），11号：偿付能力的风险管理评估，12号：流动性风险
市场约束机制	偿付能力信息公开 偿付能力信息交流 保险公司信用评级	13号：偿付能力信息公开，14号：偿付能力信息交流，15号：保险公司信用评级
其他		16号：偿付能力报告，17号：保险集团

资料来源：银保监会官网，http://www.circ.gov.cn/web/site0/。

二、“偿二代”的风险分类体系

第一代偿付能力监管体系以企业业务规模为导向，而“偿二代”则以风险为导向，这是“偿二代”最大的特色与科学之处。

“偿二代”在进行最低资本计算时并未引入规模变量，而是以两大类风险为基础计算风险基准下的最低资本，此外对于一些难以量化但至关重要的风险进行了考量，风险因素在衡量保险公司的偿付能力时处于核心地位。“偿二代”监管体系风险分类如图1－1所示。

三、“偿二代”的偿付能力评价体系

在评价保险公司的偿付能力时，可以运用加权平均法。量化风险评分的权重为0.5，难以量化风险评分的权重为0.5。主要根据保险公司的偿付能力充足率来量化风险评分，难以量化风险评分则是运用银保监会将风险的外部环境、分布特征、预期损

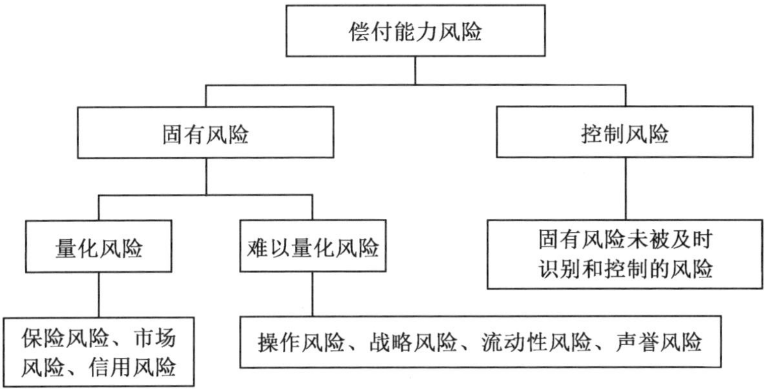

资料来源:笔者制作。

图1—1 “偿二代”体系风险分类

失、历史经验数据、日常监管信息等多种因素作为权重因素,对操作风险、战略风险、声誉风险和流动性风险四种风险加权平均得到的总综合评分。根据量化风险评分和难以量化风险评分这两项评分结果,可以将保险公司分为A,B,C,D四类,对于四类公司,银保监会将在市场准入、产品管理、资金运用、现场检查等方面进行差异化监管。“偿二代”监管指标体系如图1—2所示。

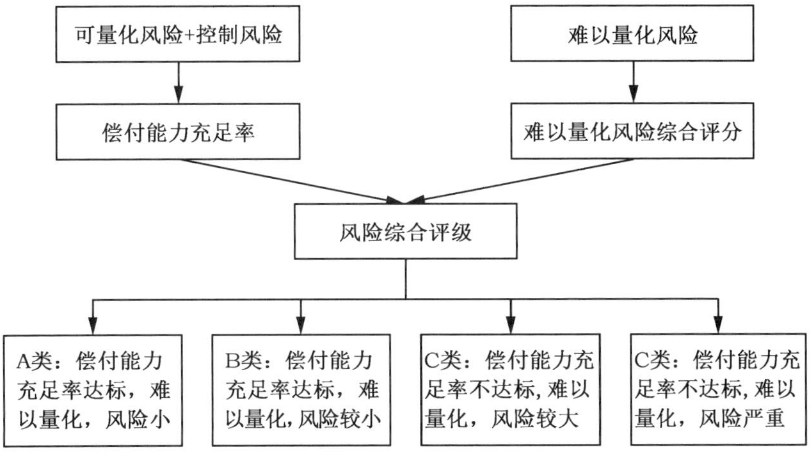

资料来源:笔者制作。

图1—2 “偿二代”偿付能力分类监管体系

保险公司的偿付能力即为该保险公司履行赔偿或给付责任的能力,始终是监管的核心。

目前来看，欧盟的第二代偿付能力监管体系（Solvency Ⅱ）和美国的风险资本制度（risk-cased capital，RBC）是国际上相对成熟的偿付能力监管体系。本文力图通过对 Solvency Ⅱ 和 RBC 这两种模式的发展经验与发展趋势进行研究，以期能为我国保险业的“偿二代”监管体系的进一步完善提供参考建议。

第二节　保险资产类别及其合理性研究

一、保险资产配置的内涵

（一）资产配置的定义

资产配置是对资产种类的选择，需要恰当地配置投资的资产组合中的各类资产，并对这些资产进行实时管理。近些年来，随着现代投资组合理论的发展，资产管理的重心渐渐地从考虑单一资产转移到考虑投资组合整体。最初的资产配置的含义是指通过对组合中股票、债券等资产比例的实时调整，有效地规避、分散风险，提高资产的配置效率。

随着更进一步地发掘投资组合整体属性，逐渐形成了资产类的概念，资产配置的内涵得以进一步扩大，出现了行业资产配置和风格资产配置，可以在不同类别的行业（如医疗保健业、交通运输业、金融业等），以及不同风格（如大盘股、价值型和成长型、小市值）的各类资产之间进行合理配置。

20 世纪 70 年代初量化投资进入了大众视野，通过分析比较不同资产类的统计特征，构建数学模型，明确投资组合中的资产配置目标以及各类资产的分配比例，如今量化投资被广泛应用于各类资产配置中。

（二）资产配置的策略

资产配置可以分为两大策略：一是战略性资产配置。根据投资者的投资目标，明确投资组合中的主要资产类型，及各个资产类型所对应的长期均衡比率；二是战术性资产配置。在确定了战略性资产配置后，根据对应阶段的市场情况在短时期内适时调整资产配置的比例，并确定如何调整。

两者的主要区别在于：战略性资产配置是以长期的数据为基础，建立最优化模型，得到的是一个长期平均的配置比率；战术性资产配置以短期的数据和评估为基础，是对战略性资产配置的长期平均配置比率的暂时性偏离，可以看作是基于战略性资产配置比率的“微调”。特别是，据国内外的有关研究（Brinson、Hood 和 Beebower，1986；

Ibbotson、Kaplan，2000；李学峰、魏娜、张舰，2008)，战略性资产配置是决定组合收益的主要来源。

战略性资产配置是资产配置的关键一步，是投资目标实现的重要保证，其突显了资产在风险与收益之间的权衡结果，即按照一定的方法将各类资产组合在一起，以实现投资者在既定风险水平下获得最大收益率的目标。

战略性资产配置过程主要分为以下几个环节：

(1)选择投资组合可以包含的资产，确定组合的投资范围；

(2)确定组合中包含的各个合适资产在计划持有期内的预期回报率以及其风险水平；

(3)在估计各种资产的风险一收益水平后，运用投资组合理论以及资产配置优化模型，找出在每一个风险水平上收益率最高的投资组合，确定有效投资组合前沿；

(4)在可忍受的风险水平上挑选出回报率最高的投资组合，作为战略性资产配置，即确定出有效投资组合上的最优投资组合。

(三)我国保险资产配置的相关规定

根据我国《保险法》及有关规定，保险公司允许投资资产可划分为五大类资产，即：流动性资产、权益类资产、固定收益类资产、不动产类资产、其他金融资产。

保险公司可以根据自身经营管理需要、自身风险偏好和收益要求，选择、调整投资组合。目前我国保险资金投资渠道主要有如下几类：存款、债券类、上市股票、证券投资基金、不动产、基础设施债权投资计划；除此之外，还有贷款、境外权益投资、境外固定投资等。

2014 年 2 月，为了加强和改进保险资金运用比例，原中国保监会针对上述五大类资产规定了保险资金运用上限比重。

(1)投资权益类资产的账面余额(账面余额不包括保险公司以自有资金投资的保险类企业股权)，合计不高于本公司上季末总资产的 30%；重大股权投资的账面余额，不高于本公司上季末净资产。

(2)投资不动产类资产的账面余额，合计不高于本公司上季末总资产的 30%(账面余额不包括保险公司购置的自用性不动产)。保险公司购置自用性不动产的账面余额，不高于本公司上季末净资产的 50%。

(3)投资其他金融资产的账面余额，合计不高于本公司上季末总资产的 25%。

(4)境外投资余额，合计不高于本公司上季末总资产的 15%。

分别将银保监会对保险资金运用的监管政策法规和保险资金运用范围整理如表

1－2、表1－3所示。

表1－2　　关于保险资金运用的政策法规

时　间	事　项	内　容	影　响
2015－3－31	原中国保监会关于调整保险资金境外投资有关政策的通知	拓展保险资产管理机构的受托投资范围，扩大境外债券投资范围，增加中国香港创业板股票投资	有利于促进保险机构在全球范围进行资产多元化配置，分散投资风险，获取稳定收益
2015－6－26	中国保险投资基金获准设立	设立规模约3 000亿元的保险投资基金	有利于保险机构拓宽资金运用渠道，提升行业投资效益
2015－9－11	资产支持计划业务管理暂行办法	构建资产支持计划业务运作框架，建立相互制衡运作机制和基础资产负面清单管理机制，强化信息披露、风险提示	有利于扩大保险资产管理产品创新空间，满足保险资金配置需求，促进保险资金直接对接存量资产，进一步支持实体经济发展
2015－9－11	关于设立保险私募基金有关事项的通知	支持保险资金设立成长基金、并购基金、新兴战略产业基金、创投基金及相关母基金，重点投向国家支持的重大基础设施、战略性新兴产业、养老健康医疗服务、互联网金融等产业和领域	有利于拓展保险资金高效对接实体经济，提升保险资产管理竞争力，优化资产配置，提高投资回报率
2015－10－8	关于保险业务支持重大工程建设有关事项的指导意见	支持保险机构通过债券、投资基金、基础设施投资计划、资产支持计划等方式参与重大工程投资	拓宽保险机构服务领域，匹配保险资金负债久期
2015－12－3	修改《保险公司设立境外保险类机构管理办法》	取消保险机构在境外设立代表机构审批	为保险业开拓海外打开政策大门

资料来源：银保监会官网：http://www.circ.gov.cn/web/site0/。

表1－3　　保险资金投资范围

投资类型	主要内容
流动性资产	现金、货币型基金、活期存款、剩余期限不超过1年的政府债券、准政府债券、通知存款、逆回购协议等
固定收益类资产	普通定期存款、协议存款、具有银行保本承诺的结构性存款、债券型基金、金融企业（公司）债、非金融企业（公司）债、剩余期限在1年以上的政府债券和准政府债券等
权益类资产	股票、股票型基金、混合型基金等上市权益类资产，以及股权投资基金等未上市权益类资产、未上市企业股权
不动产类资产	基础设施投资计划、不动产及不动产投资相关金融产品，房地产信托投资基金（REITS）、境外品种

续表

投资类型	主要内容
其他金融资产	商业银行理财产品、证券公司专项资产管理计划、银行业金融机构信贷资产支持证券、信托公司集合资产信托计划等
境外投资	境外货币市场产品、固定收益产品、固定收益产品等

资料来源：银保监会官网：http://www.circ.gov.cn/web/site0/。

我国传统的四大保险企业分别为中国人寿保险公司、中国平安保险集团、中国太平洋保险公司以及新华人寿保险公司，通过分析它们的年报，得到四大保险企业的资产配置情况，整理如表1—4和表1—5所示。

表1—4　　2015年四大保险企业资产配置概览

保险公司	投资资产（亿元）	银行存款（%）	债券投资（%）	股票和基金投资（%）	其他投资（%）
中国太保	10 879	18.1	50.4	14.4	17.1
新华保险	6 357	22.3	36.1	18.0	23.6
中国人寿	22 878	24.6	43.6	18.0	13.8
中国平安	17 316	15.7	47.9	16.2	20.2

资料来源：上市公司年报。

表1—5　　2011—2015年四大保险公司投资回报率

保险公司＼年份	2011	2012	2013	2014	2015	标准差
中国太保	3.7%	3.3%	5.0%	6.1%	7.3%	0.016 6
新华保险	3.8%	3.2%	4.8%	5.8%	7.5%	0.017 0
中国人寿	4.0%	2.9%	5.1%	5.1%	7.8%	0.018 2
中国平安	3.5%	2.8%	4.9%	5.4%	6.2%	0.014 0

资料来源：上市公司年报。

总体来看，四大保险企业的承保能力比较强，业务活动主要以传统险为主，个险渠道为先，增强了实际资本；同时，资产与负债的匹配能力较好，整体投资方式比较稳健，具有良好的风控系统，并且进一步减少了最低资本要求。就传统四大保险企业的资产配置情况而言，截至2015年年底，多数资产用于债券以及存款两方面的投资，银行存款和债券投资合计占比都超过了50%，其中：中国太保和中国人寿银行存款和债券投资合计配置比例分别为68.5%和68.2%；股票和基金投资配置占比小，资本占用少，其中新华保险和中国人寿股票和基金投资配置占比较高，为18.0%，中国太保股票和基金投资配置占比较低，为14.4%。在“偿二代”监管框架下，各类风险资产进行进一步的精细化风险衡量，将释放更多的资产空间。新华人寿保险公司和中国平安保险公司对于其他类资产的配置比重相对更高。更为丰富的多样化资产配置策略能够比较充分地缓解与稀释投资组合的风险，同时也会进一步保障保险企业的偿付能力。

从投资回报率来看，四大保险公司在2013年以后的投资回报率水平整体要高于2011年和2012年，并在2015年度达到最高水平。在能够有效保障自身偿付能力的前提下，四大保险企业的资本可以得到进一步的发挥与释放。如果能够根据资产负债相匹配的原则，在第二代偿付能力体系监管框架下进一步优化资产配置策略，四大保险公司会有更充足的手段优化资产配置，提高投资回报率。

二、保险资产配置的合理性研究

现代保险企业的营利核心已经从承保业务转变为投资业务。同时，保险公司持有的资金由于其时间期限较长、规模较大的特点，在金融市场上发挥着不可忽视的作用。因此，险资如何在各种类别的资产间进行选择与配置，对于保险公司与资本市场的稳健发展均有着重大的现实意义。一般地，我们用资产配置效率，即从保险资产的风险与收益角度来衡量保险资产配置的合理性。

（一）保险资产配置合理性的研究综述

现代资产配置理论奠基于Markowitz(1952)，他运用期望回报率和方差的思想，研究了资产组合的最优选择。保险资产配置策略的研究也基于Markowitz投资组合理论上的实践延伸。Lee(2003)强调了投资组合当中各类资产之间的相关系数越小，风险被分散的程度和收益提升的潜力越高。Consiglio、Saunders和Zenios(2006)对保险企业的产品案例进行了分析，同时研究了最低收益保障产品对应的资产负债管理方式。Xie、Li和Wang(2008)利用均值一方差(Mean-Variance)模型以及一般随机线性与二次控制方法，对连续时间框架下非完备市场中多风险资产、单一负债端的资产组合配置问题进行了研究，并得到了最佳动态配置策略的和Mean-Variance有效前沿的显式封闭解。Flilipovic等(2011)以风险转移和偿付监管为外生变量推导了帕累托最小下的投资策略和保费水平。Chiu和Wong(2012)考虑了连续时间以及在资产协整的非完备市场条件下，保险公司基于均值方差模型对资产负债管理进行优化的问题。Yao、Lai和Hao(2013)研究了在带有Markov跳并且负债内生的市场情况下，多时期的退出时间不确定的资产组合配置问题。

近些年来国内学者也越来越关注保险行业的资产配置研究。一些学者通过模型构建，分析保险资产配置的比重及策略问题。秦振球、俞自由(2003)对于保险公司的最佳投资比重建立理论模型进行了分析，利用模型计算得到了保险资金在银行存款、债券投资以及基金上的资产分配比重。荣喜民等(2010)在投资组合模型中考虑了承保风险，将总收益和总风险纳入模型中，给出了保险公司的最佳投资比重公式。李心愉、沈冲(2010)将政策因子纳入保险公司最优投资比例决策模型中，构建了保险监管机构与保险公司的博弈决策模型。罗琰、杨招军(2010)研究了基于保险公司与自然之间两人零和随机微分博弈模型并获得了保险公司最优策略及最优值函数的闭式解。田玲等(2011)采用了 GARCH 和 CJR 模型，并结合 Copula 理论研究了投资风险的限额配置，结果表明，使用投资风险限额的调整模型对资产配置进行优化，可以明显提升保险公司的投资业绩。李心愉等(2013)通过结构方程与 Black-Litterman 模型对不同时间区间的保险资产的最优资产配置方法进行了讨论；徐景峰等(2013)考虑了寿险公司的收益率分布以及相关法规对寿险公司投资的限制，建立寿险公司资产配置模型计算中国人寿的最佳投资比重。卞小娇等(2014)基于拟动态规划的方法建立了最大化投资者效用的多期动态模型，计算得出了风险偏好对不同期限的债券和股票配置比例的影响。李秀芳等(2014)研究了在决策者多目标情境下的，多阶段的保险公司的随机资产—负债管理方法，进一步提高了关于资产－负债的管理决策的准确性与有效性。王正文等(2016)从公司风险管理的思想出发，对中国人寿和平安保险的最优投资与承保比例进行了研究，认为保险集团应加强多样化投资战略，多数资产投资于低风险资产，少量资产配置高风险资产。王灵芝(2016)对资金占用作为约束条件下的资产选择与配置问题进行了考察，通过遗传模型，计算出了不同风险偏好下的帕累托最优解；从收益、风险、流动性、资本占用情况四个角度将"偿一代"体系、"偿二代"体系与经典的马科维茨模型下的资产配置策略进行了比较，发现在添加了偿付能力约束后，"偿二代"下的有效集优于"偿一代"下的有效集，"偿二代"提高了资本的使用效率。

以往关于保险业资产配置的文献，将监管体系所规定的资产类别和风险因子作为静态约束条件，建立提高保险业资产配置效率的策略，而对于这一静态约束条件本身的合理性未展开探讨。实际上，适当调整监管体系中各类资产的最低风险因子，将会影响各类资产的最优配置比例，可能有利于提高保险业的资产配置效率。本文基于资产配置效率的角度，提出了动态的风险因子合理性评价模型，着重探究风险因子变动对保险企业各类资产配置情况的影响，为更合理的风险因子设计提供建议。

(二)保险资产配置效率的衡量方法

根据现代资产组合理论，资产选择的最优解是使投资者在承担一定风险的情况下，得到最高预期收益，进而获得最高期望效用的投资组合。在不确定性条件下，投资者所获得的期望效用大小取决于两方面：一是投资组合收益率的分布特征；二是投资者自身的风险偏好。Markowitz（1952）创立了基于均值一方差框架的现代资产组合选择理论，他假设投资者符合理性人特征，且只考虑收益率的一阶矩与二阶矩特征，这样便可以通过“收益率均值”（预期收益）和“收益率方差”（风险）两个指标来描述投资组合的收益率分布情况，为战略资产配置建模提供了可能。后人的研究对 Markowitz 的分析方法进行了扩展，而且资产风险与预期收益的度量方法不尽相同，但是总体上仍然与 Markowitz 的分析框架相一致。

以下列示了几种对风险与预期收益度量方法以及基于这些理论的资产配置模型。

1. Markowitz 的均值一方差投资组合理论

资产配置理论以现代投资组合理论为开端。1952 年，马科维茨提出对资产的管理应该是将所有资产整合在一起去管理，将这些资产视为一个整体而非单个资产，并且在决策时应考虑投资组合的总体风险和收益。基于此，他提出了著名的均值一方差模型。投资组合的收益分布情况可以采用收益率的概率密度函数（PDE，Probability Density Function）来描述。Markowitz 进一步做了简化，即不考虑收益率分布的一阶矩与二阶矩，这对应着投资组合的收益率是服从正态分布（Normal Distribution）的。在这种情况，仅仅需要均值方差两个参数来描述投资组合的收益率分布特征。因此，Markowitz 采用收益率的一阶矩—均值以及二阶矩—方差来测度期望收益和风险，建立了经典的资产选择模型：在给定期望收益率的情形下通过资产选择以最小化投资组合的风险，以及在给定方差的情况下通过资产选择以最大化投资者的期望收益率。如公式（1）所示：

$$Min\sigma_p^2 = \sum_{i=1}^{n}\sum_{j=1}^{n} x_i x_j \operatorname{cov}(R_i, R_j) \tag{1}$$

$$\text{S. t.} E(R_p) = \sum_{i=1}^{n} x_i E(R_i) \tag{2}$$

$$\sum_{i=1}^{n} x_i = 1 \tag{3}$$

其中，$E(R_P)$为投资组合总的预期回报，σ_p^2 为投资组合的方差，$E(R_i)$为第 i 个证券的预期投资回报率，x_i、x_j 为证券 i、j 在组合中的权重，$cov(R_i, R_j)$为证券之间的协方差。

但是 Markowitz 的均值一方差模型存在着不足，即它在标准的投资组合理论中，收益率为正态分布。一旦这一条件得不到满足，就无法仅仅通过均值与方差的数据来得到模型的最优解，该模型也就难以适用了。此外，心理学与行为金融学的研究认为，对风险方差的正离差和负离差不加区别地对待，是和现实中投资者真实的风险态度背离的。[①] 此后人们继续研究更加完善的资产配置理论与模型。

2. 基于 LPM 理论的资产配置模型

为了解决假设预期收益率不服从正态分布以及投资者真实风险态度问题，有学者提出了考虑投资组合下方风险（Downside-risk）的度量法。其中以 Harlow（1991）的 LPM（Lower Partial Moments）理论最具影响力。该理论在对风险进行度量时，只关注收益的左尾部分。如果目标收益率 T 已经确定，LPM 这一变量能够对一项投资的风险进行很好的衡量，若收益率是离散的，则其表达式为公式（4）：

$$LPM_n = \sum_{R_p=-\infty}^{T} P_p(T - R_p)^n \tag{4}$$

其中，T 是目标收益率，P_p 是证券组合收益为 R_p 的概率，n=0 或 1 或 2。

在 LPM 理论中，虽然收益还是均值，但用于测度风险的指标发生了变化。当 $n=0$ 时，LPM 为低于目标收益率的概率；当 $n=1$ 时，LMP 是负离差对应的数学期望；当 $n=2$ 时，LMP 为对负离差平方对应的数学期望。

其模型可以表示为公式（5）—（7）表示：

$$\text{Min} \quad LPM_n = \sum_{R_p=-\infty}^{T} P_p(T - R_p)^n \tag{5}$$

$$\text{S. t} \quad E(R_p) \geqslant R_0 \tag{6}$$

$$\sum_{t=1}^{r} W_i = 1 \tag{7}$$

其中，(6)式表示投资组合的收益 $E(R_P)$ 要高于某个目标收益率 R_0。哈洛将这一模型应用于对美国、日本、英国等国证券市场 11 年的月度数据对比研究。实证结果显示，LMP 模型拥有更高的资产配置效率。

3. 基于 VaR 理论的资产配置模型

VaR（Value at risk）即在险价值法，在一定时间内，在给定的置信水平下，任何一种资产组合或者金融工具在未来可能面临的最大损失。

该模型可以表述为：

$$VaR = E(W) - W^* \tag{8}$$

① 这里最为典型的一个情况是行为金融学所发现的处置效应，即当在盈利情况下人们对风险是厌恶的，而在亏损情况下则变为了风险喜好。既然人们的风险态度是在变化的，那么对于风险的计量特别是对其的平均化处理就显示出与现实市场情况的背离。

其中，$E(W)$表示组合的期望价值，W 表示组合在期末的价值，W^* 表示在一定置信水平下组合在期末的最小价值。令：

$$W=W_0(1+R) \tag{9}$$

$$W^*=W_0(1+R^*) \tag{10}$$

其中，W_0 为组合期初的价值，R 代表组合在持有期内的收益率，R^* 表示在置信水平下资产组合的最小收益率。

由上述三个公式得到：

$$VaR=W_0[E(R)-R^*] \tag{11}$$

基于 VaR 理论建立的资产配置模型就是在组合预期收益一定的情况下最小化 VaR 值。它的优点在于其可以一种简单而标准的方法来度量风险。在本质层面上，VaR 对下方风险的度量，比方差更能反映投资者的真实心理态度。

4. 基于 SP/A 理论的资产配置模型

SP/A(Security Potential/Aspiration)理论是 Lopes(1987)提出的，该理论是将选择心理学考虑引入投资组合的理论，是对传统风险度量理论的突破。它认为，有两种心理因素会对投资者的风险态度造成影响：侥幸心理和恐惧心理。在计算预期财富时，侥幸心理使投资者持乐观态度而恐惧心理则使投资者变得异常悲观。在 SP/A 模型中，综合考虑这两种心理因素的影响，把预期财富的分布函数定义为：

$$h(D)=\delta h_s(D)+(1-\delta)h_p(D)=\delta D^{(1+q_s)}+(1-\delta)[1-(1-D)^{(1+q_s)}](0<\delta<1) \tag{12}$$

其中，$h_p(D)$表示侥幸心理下的预期财富分布，其分布函数为 $h_p(D)=1-(1-D)^{(1+q_s)}$，$h_s(D)$表示恐惧心理下的预期财富分布，其分布函数为 $h_s(D)=D^{(1+q_s)}$。

SP/*A* 理论资产配置模型表示：在预期回报不低于渴望水平的概率 $D(A)$一定条件下，求主观预期财富 $E_h(W)$的最大化，或是主观预期财富一定时，求概率的最大化。即：

$$\text{Max} \quad E_h(W)=\sum_{i=1}^{n}[h(D_{i+1})-h(D_i)]W_i \tag{13}$$

$$\text{S. t.} \quad D(A)=D_0 \tag{14}$$

$$\text{Or} \quad \text{Max} \quad D(A) \tag{15}$$

$$\text{S. t.} \quad E_h(W)=W_0 \tag{16}$$

其中，$h(D_{i+1})-h(D_i)$表示收益为 W_i 时的主观概率，是在投资者主观心理因素的作用下由客观概率转化而来的。

5. 基于行为组合理论的资产配置模型

行为组合理论(behavior portfolio theory,BPT)是由 Statman 和 Shefrin(2000)借鉴 Markowitz 的 MV 理论提出的。他们认为投资者在进行最优决策时的心理选择是不确定的;认为投资者的理想组合应该是一种金字塔的形状,而不是与 MV 边际相切的组合。金字塔的每一层对应不同的投资目的和风险认知程度,Statman 和 Shefrin 将每一层称为一个心理账户。为此,投资者需要综合考虑投资安全性、现有财富、预期财富收益等因素来选择最优资产组合。

为了简化分析,将金字塔简化为两个心理账户:安全账户和风险账户。两个账户的效用函数表示成:

$$U_s = P_s^{1-\alpha}[E_h(W_s)]^{\alpha} \tag{17}$$

$$U_r = P_r^{1-\beta}[E_h(W_r)]^{\beta} \tag{18}$$

其中,P_s 表示安全账户期末财富价值 W_s 小于渴望水平的概率,P_r 表示风险账户期末预期财富价值 W_r 小于渴望水平的概率。α 和 β 分别代表权重,α、$\beta \in [0,1]$

因此投资者最优组合的最大效用函数为:

$$U = [1 + K_r \times U_r][K_s \times U_s] \tag{19}$$

其中,K_r、K_s 分别是安全账户和风险账户财富价值在整个效用函数中所占的权重,其中假设 K_s 远远小于 K_r。但是第 1 块钱必须投在安全账户内,这样才会使总效用不为零,接着投资者可以在各种可选择的资产中进行配置并得到效用最大的最优组合。

综上,上述资产配置理论与模型虽然没有针对“偿二代”下风险因子合理性及其资产配置进行针对性研究,但对本文所要研究的问题具有一定的启发。这其中特别是李学峰、茅勇峰(2007)、李学峰、魏娜、张舰(2008)以及李学峰、郭羽、谢铭(2009)从投资组合的收益与风险相匹配的角度给出的资产配置的原则和判断资产配置能力高低的标准、战术性与战略性配置的区分和实施,以及资产配置的动态调整等角度问题的研究,为本文提供了直接的参考与借鉴。

第二章 “偿二代”下风险因子合理性评价模型构建

“偿二代”把对保险机构偿付能力的要求作为对保险机构资产负债风险控制和管理状况进行监管的最主要工具,着重加强了对保险公司的资产负债管理,使保险机构的各种投资行为受到偿付能力限制、各项的投资比例和公司的资产负债特征等多方限制，能够更加有效地管理保险企业在经营管理中的决策行为。

不同资产类别的风险因子可以影响企业所需计提的最小资本量，进而对偿付能力充足率造成影响，是保险企业进行资产配置决策时的重要约束，在一定程度上决定了各类资产的配置策略。为了探究“偿二代”下保险资产类别及风险因子的合理性，本文以资产配置效率作为合理性的评判标准，帮助保险公司在控制风险的情况下实现各类资产的最优配置，即风险既定的情况下获得的收益最大，收益既定的情况下承担的风险最小。

为了度量“偿二代”下的风险因子合理性，本文在王灵芝(2016)提出的资产负债管理模型基础上进行改进①，提出了动态的风险因子合理性评价模型，着重探究风险因子变动对保险企业各类资产配置情况的影响，进而找出最合理的风险因子取值。

第一节 “偿二代”下保险资产配置的约束条件

一、偿二代下保险资产配置的约束条件

(一)偿付能力充足率

$$\text{偿付能力充足率}=\frac{\text{实际资本}}{\text{最低资本}}=\frac{\text{认可资产}-\text{认可负债}}{\text{风险资本要求}} \tag{20}$$

对于公式(20)中认可资产来说，如果公司准备处置这些资产，那么处置的过程不受限制，可以有多方用途，包括可以用于对保单持有人履行赔付义务，而对于认可负债来说，保险机构必须偿还的此类债务，不论企业是持续经营还是破产。

在进行资本配置和管理时，“偿二代”体系实行分级管理的方法(见表 2－1)，以各类资本弥补损失能力的大小为依据，把保险机构的资本分为核心资本、附属资本。对于附属资本来说，即使企业处于破产清算状态，该类资本也可以用于偿还债务、弥补企业的损失；而对于核心资本来说，无论企业是处于破产清算状态下还是处于持续经营状态下，该类资本都可以用于偿还债务、弥补企业的损失。在“偿二代”体系中，综合偿付充足率等于保险机构的核心资本加上该机构的附属资本的和比上该机构的最低资本，而核心偿付充足率等于保险机构的核心资本比上保险公司的最低资本。对于综合偿付能力充足率的监管和对于核心资本充足率的监管共同构成了对保险机构偿付能

① 在王灵芝(2016)研究基础上加入了新的动态风险因子合理性评价模型，详见下文。

力充足率的监管准则。“偿二代”体系下，保险机构的核心偿付充足率不得低于50%，综合偿付充足率不得低于100%。

表2—1　　　　实际资本分级管理

名称	主要包含项目	监管比例
核心一级资本	(1)净资产 (2)保险公司持有的子公司长期股权投资按照权益法确定的认可价值与其财务报表账面价值的差额 (3)寿险业务应收分保准备金财务报表账面价值与其认可价值的差额(调减) (4)各项非认可资产的账面价值(调减) (5)对农业保险业务提取的大灾风险保费准备金 (6)财务报表下寿险责任准备金负债的账面价值与偿付能力报告下对应的保险合同负责认可价值和所得税准备认可价值之和的差额 (7)现金价值保证的认可价值 (8)保险公司发行的符合一级资本标准的负责类资本工具，按照规定可计入核心一级资本的金额	核心二级资本不得超过核心资本的30%
核心二级资本	(1)优先股 (2)期限不低于10年的定期可转债/定期次级债	
附属一级资本	(1)以公允价值计量的投资性房地产的公允价值增值 (2)自由房地产中曾以公允价值计量的房地产的累计评估增值 (3)期限为5—10年的定期可转债/资本补充债券/定期次级债	附属资本不得超过核心资本的100%；附属二级资本不得超过核心资本的25%
附属二级资本	期限小于5年的定期可转债/资本补充债券/定期次级债	

资料来源：银保监会官网：http://www.circ.gov.cn/web/site0/.

由于偿付能力充足率的测算会受到市场风险、信用风险、保险风险、综合评级等多重因素影响，处理较为困难，本文沿用王灵芝(2016)的处理方法，用资本占用情况代替偿付能力充足率来进行分析，进而对资产配置进行约束。

(二)风险因子和最低资本占用

“偿一代”下的最低资本只受保费规模影响，各类资产的风险通过对认可资产打折体现，偿付能力更多受到资产价格影响。而“偿二代”体系下最低资本是影响偿付能力充足率的关键因素，配置到不同资产的资本占用情况差异较大，资本金成为资产配置中的重要约束。

风险因子的取值大小将会直接影响最低资本占用和最终的资产配置情况，因此合理性评价问题的核心是在控制风险的前提下，尽最大可能提高资产收益率和资产配置效率。

（三）资金运用比例监管

根据《关于加强和改进保险资金运用比例监管的通知》（保监发〔2014〕13 号）和银保监会官网披露的信息，可以总结出保险资金投资于固定收益类资产、不动产类资产、流动性资产、权益类资产和其他金融资产等不同类别资产的比例约束，具体如表 2－2 所示。

表 2—2　保险资金运用监管

监管分类	监管目的	监管项目	账面余额限制
大类资产监管比例	防范系统性风险	a. 权益类投资	≤30%×上季末总资产
		b. 不动产投资	≤30%×上季末总资产
		c. 其他金融资产投资	≤25%×上季末总资产
		d. 境外投资	≤15%×上季末总资产
集中度风险监管比例	防范集中度风险	a. 单一固收类、权益类、不动产、其他金融资产投资	≤5%×上季末总资产
		b. 投资单一法人主体	≤20%×上季末总资产
风险监测比例	防范资产的流动性、高波动性等风险，用于风险预警	a. 流动性资产	≤5%×上季末总资产
		b. 同业拆借、债券回购	≥20%×上季末总资产
		c. 长期信用评级的债券（AA级（含）以下）	≥10%×上季末总资产
		d. 权益类资产	≥20%×上季末总资产
		e. 其他金融资产	≥15%×上季末总资产
		f. 境外资产	≥10%×上季末总资产

资料来源：银保监会官网：http://www.circ.gov.cn/web/site0/。

（四）账户特征与基本假定

为了降低市场风险的资本占用，在进行资产配置时，需要针对保险公司不同产品线的负债特征，将产品线与标的资产的期限、收益和流动性要求进行匹配；同时，还需要考虑账户对现金流、收益、风险承受能力等的要求，明确不同类型的资产与负债间的关系。

二、"偿二代"下的最优资产配置模型①

设 A_0 为期初可用于投资的资产，L_0^j 为期初第 j 个保单的负债情况，I_0 为期初现金流入量；Q_0 为期初现金支出量，A_T 为期末总资产；L_T 为期末总负债；r_i 为资产收

① 本模型主要参考了王灵芝（2016）的模型设计。但根据本文的研究目标我们加入了动态风险因子合理性因素。

益率,是服从均值为 r_i^*,方差为 σ_i 的正态随机变量;g_j 为负债 j 的增长率,是服从均值为 g_j^*,方差为 σ_j 的正态随机变量;α 为分配给投保人的收益比例,γ 为负债要求的回报率;p 为流入现金增长率,$p\in(p^*-\sigma_1,p^*+\sigma_1)$;$q$ 为现金支出增长率,$q\in(q^*-\sigma_2,q^*+\sigma_2)$,$h_i$ 为第 i 类资产的投资比例上限,X_i 为第 i 类资产的持有头寸。

由于未来风险资产的收益是随机变量,设定风险厌恶系数 Γ,Γ 越大则风险厌恶程度越高,因此价格波动应满足:

$$\sum_{i=1}^{m}\left(\frac{r_i-r_i^*}{\sigma_i}\right)^2\leqslant\Gamma^2 \tag{21}$$

目标函数为期望收益最大化,由于投资者为风险厌恶型,结合风险厌恶系数 Γ,可设定目标函数如下:

$$\text{Max}\quad\sum_{i=1}^{m}r_i^*X_i-\sqrt{\Gamma\times V(X)} \tag{22}$$

约束条件:

$$\sum_{i=1}^{m}X_i=A_0 \tag{23}$$

$$\sum_{i=1}^{m}\alpha\times r_i\times X_i\geqslant L\times\gamma \tag{24}$$

$$\sum_{i=1}^{m}r_iX_i+A_{0+}I_0(1+0)-Q_0(1+q)=A_T \tag{25}$$

$$\sum_{i=1}^{m}L_0^j(1+g_j)=L_T \tag{26}$$

$$\frac{(A_T-L_T)}{MC}\geqslant100\% \tag{27}$$

$$0\leqslant X_i\leqslant h_iA_0,i=1,2,\cdots,m \tag{28}$$

目标函数(22)中,$V(x)=(X_1,X_2,\cdots,X_m)\Sigma(X_1,X_2,\cdots,X_m)^T$。其中,$\Sigma$为各种资产 $X_1,X_2,\cdots,X_m$ 收益率的方差协方差矩阵$\Sigma=\begin{bmatrix}\sigma_1^2 & \cdots & \sigma_{1m}\\ \vdots & \ddots & \vdots\\ \sigma_{m1} & \cdots & \sigma_m^2\end{bmatrix}$。

方差为:

$$\sigma_i^2=\frac{1}{m-1}\sum_{i=1}^{m}(r_{ti}-r_i^*)^2 \tag{29}$$

协方差为:

$$\sigma_{ij}=\frac{1}{m-1}\sum_{i=1}^{m}\sum_{j=1}^{m}(r_{ti}-r_i^*)(r_{tj}-r_j^*)(i\neq j) \tag{30}$$

约束条件中，(23)式为投资总额，指期初可用于投资的资产，(24)式为分配给投保人的收益要高于负债要求的回报率；(25)式为投资本金加上投资收益和期内保费收入减去退保、赔付、分红后的余额；(26)式为期末负债额，L_T 为不确定的变量，假设负债按照$(1+g_j)$的速度增长；(27)式为偿付能力约束，A_T-L_T 为认可资产减去认可负债后得到的实际资本，MC 为"偿二代"下的最低资本；(28)式为监管比例下的投资约束。

三、"偿二代"下的动态风险因子合理性评价模型①

(一)风险因子计算

为了评价"偿二代"下的风险因子合理性，首先需要从理论层面研究各类保险资产的风险和收益特征，计算"偿二代"体系下不同类资产的风险因子。

根据"偿二代"监管规则，保险公司在计算市场风险最低资本和信用风险最低资本时，对于不同的资产，需要使用不同的风险因子进行加权。风险因子与最低资本的关系如下：

$$MC=EX\times RF \tag{31}$$

其中，MC 为最低资本；EX 为风险暴露，即该项资产的认可价值；RF 为风险因子，且 $RF=RF_0(1+K)$；RF_0 为基础因子；K 为特征因子，且 $K=\sum_{i=1}^{n}=k_1+k_2+\cdots+k_n$，$K\in[-0.25,0.25]$，银保监会另有规定的除外；$k_i$ 为第 i 个特征系数，n 为特征系数的个数；特征系数 k_i 由偿付能力监管规则规定和赋值，无明确规定赋值的，则 $k_i=0$。

"偿二代"监管规则对各个资产风险基础因子进行了赋值，对于权益类资产、房地产资产和固定收益类资产三大主要资产类别，其基础风险因子赋值分类整理如下文所示。另外，对于资管类产品、权益类信托投资计划、未上市股权投资计划等产品，"偿二代"要求用穿透法，按照产品的具体投资基础资产测算相应的最低资本。

1. 固定收益类资产

2014 年以来，我国已发生多起债券违约事件，固定收益类资产的风险同样不可忽视。"偿二代"体系下，固定收益类资产大类下又可以分为如下四个小类：债券类资产，包括企业债、公司债、金融债、政府债、准政府债等，不含可转债；利率类金融衍生品，包括国债期货、利率互换等；资产证券化产品，包括信贷资产支持证券、证券公司专项资产管理计划等；其他固定收益类产品。

固定收益类资产的风险因子的赋值与修正久期有关。根据"偿二代"的规定，债券

① 本模型为在王灵芝(2016)研究基础上的改进模型。

类、资产证券化类等固定收益产品的风险基础因子 RF_0 赋值如下：

$$RF_0=\begin{cases}D\times(-0.0019\times D+0.0214) & 0<D\leqslant 5\\ D\times(-0.0007\times D+0.0154) & 5<D\leqslant 10\\ D\times 0.0084 & D>10\end{cases} \tag{32}$$

其中，D 是资产修正久期，修正久期可按照中央国债登记结算有限责任公司所公布的方法计算。对于浮息债，D 是资产的利率久期。

利率互换的风险暴露 EX 是合约的名义本金，其风险基础因子 RF_0 的赋值为：

$$RF_0=\begin{cases}D\times(-0.0019\times ABS(D)+0.0214) & 0<ABS(D)\leqslant 5\\ D\times(-0.0007\times ABS(D)+0.0154) & 5<ABS(D)\leqslant 10\\ D\times 0.0084 & ABS(D)>10\end{cases} \tag{33}$$

其中，ABS 表示绝对值；D 为资产的修正久期：若合约方向是收固定利率、付浮动利率，则合约久期为正；反之，为负。

另外，对于投资境外固定收益类资产的，其认可价值为价格风险暴露 EX；除银保监会另有规定外，发达市场和新兴市场固定收益类资产基础因子 RF_0 分别赋值为 0.076 2 和 0.213 9。

2. 权益类资产

权益类资产主要包括证券投资基金、未上市股权、上市公司股票、可转债等类 4 个小类。对于上市公司股票，其收益率波动性往往受到股票市值的影响，以大盘股为主的沪深主板股波动性较低，而以中小市值股票为主的中小盘股和创业板股波动性较强。因此，在“偿二代”体系下，沪深主板股、中小板股、创业板股基础风险因子赋值依次提高，其风险基础因子 RF_0 赋值如下：

$$RF_0=\begin{cases}0.31 & \text{沪深主板股}\\ 0.41 & \text{中小板股}\\ 0.48 & \text{创业板股}\end{cases} \tag{34}$$

“偿二代”监管规则对于其他权益类资产的风险基础因子也进行了赋值。未上市股权的风险基础因子 RF_0 赋值为 0.28，债券基金的风险基础因子 RF_0 赋值为 0.06，混合基金的风险基础因子 RF_0 赋值为 0.2，股票基金的风险基础因子 RF_0 赋值为 0.25，可转债的风险基础因子 RF_0 赋值为 0.18，货币市场基金的风险基础因子 RF_0 赋值为 0.01。

3. 房地产资产

“偿二代”监管规则 7 号文件规定：以物权形式持有的投资性房地产，其房地产价

格风险暴露 EX 为其认可价值；风险因子设定标准为：

若历史成本计价，风险基础因子 RF_0 赋值为0.08；

若以公允价值计价，风险基础因子 RF_0 赋值为0.12。

（二）市场风险最低资本计算

本文使用相关系数矩阵汇总的方式，将房地产价格风险最低资本、汇率风险最低资本、利率风险最低资本和权益价格风险最低资本汇总为市场风险最低资本，具体计算公式为：

$$MC_{市场}=\sqrt{MC_{向量}\times M_{相关系数}\times MC^{T}向量} \tag{35}$$

其中，$MC_{市场}$ 代表市场风险的最低资本；$MC_{向量}$ 为一个行向量，由（$MC_{利率}$，$MC_{权益价格}$，$MC_{房地产}$，$MC_{汇率}$）组成；$MC_{利率}$ 为利率风险的最低资本；$MC_{权益价格}$ 为权益价格风险的最低资本；$MC_{房地产}$ 为房地产价格风险的最低资本；$MC_{汇率}$ 为汇率风险的最低资本；$MC_{相关系数}$ 为相关系数矩阵。

（三）动态搜寻最优的风险因子

将计算出的风险因子及最低资本代入前文构建的资产负债管理模型，得出最优的目标函数取值，绘制投资组合最优边界。

采用定步长搜索和遗传算法在各类资产对应的风险因子取值±5%范围内进行搜索，代入新的风险因子取值，分别求解资产负债管理模型，根据计算结果从收益、风险、流动性和资本占用情况4个方面对“偿二代”体系下的资产配置效率进行评估，计算得出不同风险因子取值下的投资组合最优边界，分析是否存在更优的风险因子取值可以提高资产配置的效率，对未来风险因子的设计提供进一步的参考依据。

第三章　模型设定与实证检验

第一节　“偿二代”规则下最优资产配置模型

一、模型基本假设

保险公司的资产配置种类繁多，为了去繁就简突出重点，我们将保险公司的资产配置主要分为三大类：权益类资产、固定收益类资产和房地产资产，这三类资产一一对应于利率风险最低资本、权益价格风险最低资本和房地产价格风险最低资本。在计算出上述三个风险最低资本后，可以利用相关系数矩阵汇总的方式，得到保险公司的市场风险最低资本。对于账户中持有的流动性资产，我们参考王灵芝(2016)的计算方法，认为在考虑退保和死亡费用支出之后，保险公司对流动性资产的要求比例为6%。

二、资产样本选择及其描述性统计

在前文中，已经将保险公司的资产配置划分为三个部分：(权益类资产和固定收益类资产、房地产资产，其中固定收益类资产又可以进一步划分为金融债、国债和企业债资产。为了进一步明确各类资产的风险与收益特征，以及资产与资产之间的联动关系，需要进行描述性统计分析。

本文选取的样本数据观测区间为2010年1月—2017年6月，以中债固定利率国债指数收益率反映国债收益情况，以中债固定利率企业债指数收益率反映企业债收益情况，以中债固定利率金融债指数收益率反映金融债收益情况；以沪深300指数收益率反映权益类资产收益情况；以样本住宅平均价格(百城平均)变动反映房地产资产收益情况；以货币基金收益率反映流动性资产收益情况。上述各收益率均进行了年化处理。各类资产收益与风险情况的描述性统计结果如表3—1、表3—2所示。

表3—1　　各类资产的收益特征指标

资产类别	年化收益率均值	波动率	CV比
国债	4.28%	0.012 2	0.29
企业债	4.32%	0.013 2	0.31
金融债	6.28%	0.014 8	0.24
权益资产	6.20%	0.008 7	0.14
房地产	60.22%	4.368 9	7.26
流动性资产	3.58%	0.000 1	0.00

资料来源：根据《保险公司偿付能力监管规则第8号：信用风险最低资本》制作。

表3—2　　资产收益的方差协方差矩阵

	国债	金融债	企业债	房地产	权益资产	流动性资产
国债	0.012 2					
金融债	0.011 8	0.013 2				

续表

	国债	金融债	企业债	房地产	权益资产	流动性资产
企业债	0.010 8	0.012 3	0.014 8			
房地产	－0.002 4	－0.002 9	－0.003 2	0.008 7		
权益资产	－0.019 9	－0.016 2	－0.035 0	－0.036 7	4.368 9	
流动性资产	0.000 2	0.000 2	0.000 3	－0.000 4	0.002 2	0.000 1

资料来源:同表 3－3。

根据表 3－1 和表 3－2 结果显示,在样本区间(2010 年 1 月－2017 年 6 月)内,房地产类年化收益率均值和波动率都是最高的,年化收益率均值高达 60.22%,波动率为 4.37。这与国内房地产市场尤其是一二线房地产市场的繁荣有关;以货币基金收益率反映的流动性资产年化收益率均值和波动率均为最低。

从方差协方差矩阵看,国债、金融债、企业债三种固定收益类资产之间协方差为正值,表明其收益率波动具有一致性;权益类资产与房地产资产之间协方差为负值,表明两者收益率具有反向波动的特征;而三种固定收益类资产与房地产、权益类资产协方差均为负值,表明固定收益类资产与房地产之间、固定收益类资产与权益类资产的收益率之间均为反向变动。

三、风险因子计算

参照《保险公司偿付能力监管规则第 8 号:信用风险最低资本》整理计算可得“偿二代”要求下各类资产的风险因子取值,具体如表 3－5 所示。

表 3－5　　“偿二代”下各种资产风险因子的取值

资产类别	偿二代
	资本占用比例(风险因子)
	价格风险
上市股权	
非 ST 股票	沪深主板:31%/中小板:41%/创业板:48%
现金及存款	
现金及流动性管理工具	0－5%
货币市场基金	
债券	

续表

政府债	0%
金融债	
政策性银行和国有独资商业银行	0%
资本充足率大于等于8%的非国有独资商业银行	1%－3.5%
资本充足率小于于8%的非国有独资商业银行	20%
非银行金融机构：AA级(含)以上	5%
非银行金融机构：AA级以下	20%
公司债和企业债(不包含可转债)	
AA级(含)以上	1.5%－4.5%
AA级以下	4.9%－13.5%
不动产和基础设施计划不动产	
AAA级	1%
AA级(含)－AAA	3.1%－4%
A级(含)－AA	4.4%－8.5%

资料来源：《保险公司偿付能力监管规则第8号：信用风险最低资本》。

其中，权益类资产风险因子取沪深主板、中小板、创业板上市股票三者风险因子均值，流动性资产风险因子取规定的现金及存款资产风险因子范围0－5%的中间值2.5%，房地产资产风险因子取AAA级不动产及基础设施计划不动产风险因子1%，国债的风险因子为0。对于金融债和企业债资产的风险因子，需要进一步确定市场上两类债券各自不同评级债券的占比，对其风险因子进行加权平均。不同评级的债券占比根据二级市场上各自的债券余额计算确定，具体的计算结果如表3－4所示。

表3－4　　金融债和企业债风险因子计算结果

	比例	风险因子	加权值
金融债			
AA级(含)以上	23.30%	5%	1.36%
AA级以下	0.96%	20%	
政策银行债	75.74%	0%	
企业债			
AA级(含)以上	99.32%	3%	3.04%
AA级以下	0.68%	9.20%	

数据来源：wind数据库。

根据表3－4，二级市场金融债余额中，风险因子为0的政策银行债占比为

75.74%，风险因子为5%的AA级（含）以上金融债占比为23.30%，AA级以下金融债占比仅为0.96%。由于风险因子为0的政策银行债占比很高，所以金融债整体风险因子加权值较低，为1.36%。在企业债余额中，风险因子为3%的AA级（含）以上企业债占比为99.32%，企业债整体风险因子加权值为3.04%。

综上可知，各类资产最终的风险因子取值计算结果汇总如表3－6所示。

表3－6　　各类资产风险因子取值汇总

资产类别	风险因子
国债(x1)	0
金融债(x2)	0.013 6
企业债(x3)	0.030 4
权益资产(x4)	0.4
房地产(x5)	0.1
流动性资产(x6)	0.025

资料来源：同表3－5。

四、模型设定

由于我们希望最终得到的资产配置组合的风险尽可能低，收益尽可能高，因此采用目标权重法将多个目标进行加权转化为单目标求解，根据风险厌恶的系数λ（$\lambda \in [0,1]$）设计加权的权重比例配置，将监管比例约束、流动性约束、最低资本占用、偿付能力充足率等作为约束条件，计算最优资产配置结构。代入数值后可以得到如下模型：

$$\text{目标函数：} \min f(x)=(1-\lambda)\sigma_p^2-\lambda E(R_p) \tag{36}$$

$$\text{约束条件：}\begin{cases}\sum_{i=1}^{6} x_i = 1 \\ MC_{SC} \leqslant 0.15 \\ x_4 \leqslant 30\% \\ x_5 \leqslant 30\% \\ x_6 \geqslant 6\% \\ x_i \geqslant 0, i=0,1\cdots 6\end{cases} \tag{37}$$

上式中 x_i 代表资产 i 的权重，r_i 为资产 i 的收益率，$\text{cov}(r_i, r_j)$ 为资产 i 和资产 j

的协方差，$\sigma_p^2=\sum_{i=1}^{n}\sum_{j=1}^{n}x_ix_j\mathrm{cov}(r_i,r_j)$，$E(R_p)=\sum_{i=1}^{n}x_iE(r_i)$，$MC_{sc}$ 为市场风险最低资本，风险厌恶系数 λ 的取值和风险偏好有关，风险容忍度越高，λ 的取值越大。

五、最优资产配置战略的实证结果

为了了解不同风险偏好投资者的最优投资组合有何不同，我们使用自适应遗传算法分别求解 λ 取不同值时各项资产的最优权重。模型使用的目标函数是基于遗传算法产生的适应度性函数：$\min\{(1-\lambda)\cdot f(x)-\lambda\cdot g(x)\}$。自适应遗传算法基本原理在于经过选择、交叉和变异等计算过程，连续迭代，然后设定标准的淘汰机制，经过数代遗传过程后，筛选出适应度函数值最低的个体。这个个体代表的各个资产的比重即为我们求得的解。我们求出来的解如表 3－7 所示。

表 3－7　在“偿二代”体系下各种风险偏好下最优组合的资产配置情况

λ 取值	0	0.1	0.3	0.5	0.7	0.9	1
国债占比	17.58	24.61	31.09	33.98	35.62	36.71	36.71
金融债占比	2.22	0.00	0.00	0.00	0.00	0.00	0.00
企业债占比	0.00	10.80	14.69	15.95	16.62	16.94	16.94
权益类占比	0.17	0.52	0.70	0.78	0.82	0.84	0.84
房地产占比	11.61	17.41	17.94	17.97	17.95	17.93	17.93
货币基金占比	68.42	46.66	35.57	31.32	29.00	27.58	27.58

资料来源：笔者制作。

在我们所选择的样本区间内，方差和年化收益率的均值最大的是房地产，它属于高风险高收益的投资标的；而方差和年化收益率均值最小的是货币基金，它属于低风险低收益的投资标的。

从最优资产组合配置的角度分析，随着 λ 值的增大，意味着投资者风险偏好有所提高，从而对高风险、高收益投资标的选择的比重提高。反映在最优配置组合中，随着 λ 值从 0 增大到 1，收益率均值、方差较大的房地产和企业债占比增大，房地产占比由 11.61%上升到 17.93%，企业债占比由 0 上升到 16.94%；而收益率均值、方差较小的货币基金占比逐渐下降，由 68.42%下降至 27.58%。同时，我们看到，在大部分情况下，金融债占比都为 0。这一现象可以从表 3－7 中得到解释：金融债的 CV 比是第二大的，仅次于房地产。然而，房地产的收益率比其他品种高出一个数量级，金融债的收益率却没有明显的优势，因此最优资产组合中往往没有金融债。

第二节　动态风险因子合理性评价模型

一、模型基本假设

前文中已经通过一系列计算得到国债、企业债、金融债、权益资产、房地产与流动性资产这六类资产在“偿二代”体系下的风险因子取值分别为 0、0.013 6、0.030 4、0.4、0.1 和 0.025。在本模型中，我们考虑在±5%范围内考察风险因子变动对资产配置的影响。由于国债的风险因子取值恒为 0，在本模型中不做考虑。将金融债、企业债、权益资产、房地产与流动性资产五类资产的风险因子分别用符号 A2、A3、A4……A6 表示，A2、A3、A4……A6 的初始值设定为现有的风险因子取值，代入公式(32)，在 $\lambda=0.5$ 的条件下计算得出目标函数的初始值 $F(x)$；接下来在±5%范围内按照指定的搜索步长对所有的风险因子可能取值组合进行遍历，采用自遗传算法计算资产组合，结合相应的目标函数值与夏普比率，分析风险因子的合理性。

根据资产的风险和收益特征，把资产分为两类，即低风险资产和高风险资产。低风险资产包括国债、企业债、金融债和流动性资产；高风险资产包括权益类资产、房地产资产。同一类资产的风险因子应保持同向变动，表明偿付能力监管体系中对该类资产所要求的最低资本同向变动。结合各类资产的风险收益特征，不同资产风险因子取值由低到高的排序依次为金融债、流动性资产、企业债、房地产、权益类资产，剔除其中不符合相对风险排序条件及经济学逻辑的组合，最终筛选得出的风险因子组合结果如表 3－8 所示，其中第 0 组表示初始风险因子组合。

表 3－8　　动态风险因子组合

序号	国债(x1)	金融债(x2)	企业债(x3)	权益资产(x4)	房地产(x5)	流动性资产(x6)
0	0	0.013 6	0.030 4	0.400 0	0.100 0	0.025 0
1	0	0.013 3	0.029 8	0.408 0	0.102 0	0.024 5
2	0	0.013 5	0.030 1	0.404 0	0.101 0	0.024 8
3	0	0.012 9	0.028 9	0.420 0	0.105 0	0.023 8
4	0	0.013 9	0.031 0	0.392 0	0.098 0	0.025 5
5	0	0.013 7	0.030 7	0.396 0	0.099 0	0.025 3
6	0	0.014 3	0.031 9	0.380 0	0.095 0	0.026 3

续表

序号	国债（x1）	金融债（x2）	企业债（x3）	权益资产（x4）	房地产（x5）	流动性资产（x6）
7	0	0.013 3	0.030 1	0.408 0	0.101 0	0.024 5
8	0	0.013 5	0.029 8	0.404 0	0.102 0	0.024 8
9	0	0.013 7	0.031 0	0.396 0	0.098 0	0.025 3
10	0	0.013 9	0.030 7	0.392 0	0.099 0	0.025 5

资料来源：笔者制作。

二、模型实证结果

如果 λ＝0.5，我们发现各个风险因子所对应的资产组合中各项资产所占比例如表 3—9 所示。其中，用第 0 组来表示原风险因子组合下，λ＝0.5 时的各资产占比。

表 3—9　　各个风险因子下对应的组合资产配置情况

序号	国债（x1）	金融债（x2）	企业债（x3）	权益资产（x4）	房地产（x5）	流动性资产（x6）
0	33.98%	0.00%	15.95%	0.78%	17.97%	31.32%
1	33.26%	0.00%	16.49%	0.77%	17.61%	31.87%
2	33.61%	0.00%	16.20%	0.77%	17.79%	31.63%
3	32.13%	0.00%	17.40%	0.75%	17.10%	32.63%
4	34.66%	0.00%	15.49%	0.79%	18.34%	30.72%
5	34.30%	0.00%	15.76%	0.79%	18.15%	30.99%
6	35.55%	0.00%	14.82%	0.81%	18.93%	29.89%
7	33.32%	0.00%	16.22%	0.77%	17.79%	31.90%
8	33.53%	0.00%	16.43%	0.77%	17.61%	31.66%
9	34.35%	0.00%	15.47%	0.78%	18.34%	31.05%
10	34.60%	0.00%	15.74%	0.79%	18.16%	30.72%

资料来源：笔者制作。

通过资产组合中各资产占比，计算出各组资产组合的预期收益率、方差和对应的目标函数计算结果。我们以 1 年期国债票面利率 3.54%作为无风险利率，计算各资产组合的夏普比率，结果如表 3—10 所示。

表 3—10　各个资产组合预期收益率、方差、目标函数值、夏普比率

序号	预期收益率	收益率方差	目标函数值	夏普比率
0	14.45％	0.28％	－7.09％	39.39
1	14.25％	0.27％	－6.99％	39.03
2	14.35％	0.28％	－7.04％	39.28
3	13.98％	0.27％	－6.85％	38.38
4	14.65％	0.28％	－7.19％	39.78
5	14.55％	0.28％	－7.14％	39.54
6	14.97％	0.28％	－7.35％	40.51
7	14.35％	0.27％	－7.04％	39.20
8	14.26％	0.28％	－6.99％	38.69
9	14.65％	0.28％	－7.19％	40.31
10	14.55％	0.28％	－7.13％	39.44

资料来源：笔者制作。

我们以目标函数值和夏普比率作为资产配置效率的指标，目标函数值越低或夏普比率越高，表明资产组合配置效率越高。根据表 3—10 结果，在 10 组调整风险因子后得到的资产组合中有 6 组目标函数值要小于初始风险因子下得到的资产组合，同时夏普比率要高于初始风险因子下得到的资产组合，表明这 6 组风险因子下得到的资产组合配置效率比初始风险因子下得到的资产组合高。这 6 组风险因子调整方向相同，都是将低风险资产（包括金融债、企业债和流动性资产）的风险因子调高，将风险高的资产（包括权益类资产、房地产资产）的风险因子调低。这样的调整反映在资产组合上，带来的变化是企业债和流动性资产占比下降，而权益资产和房地产占比提高。其中，资产配置效率最高的第 6 组风险因子组合，相比于初始风险因子组合，将低风险资产（包括金融债、企业债和流动性资产）提高了 5％，将高风险资产（包括权益类资产、房地产资产）的风险因子调低了 5％，达到了设定的最大调整幅度。

上述结果表明，在本文选取的样本区间（2010 年 1 月—2017 年 6 月）内，适当降低高风险资产风险因子，调高低风险资产的风险因子，可以提高资产组合配置效率。这一结果与样本区间内各各类资产的收益和风险表现相关。样本区间内，房地产资产年化收益率高达 60.22％，远超其他资产，而权益类资产不仅收益率高于企业债，而且风险也要低于企业债。在这样的背景下，适当地降低高风险资产风险因子，提高低风险资产风险因子，自然有利于提高资产组合的配置效率。总体上，保险资金的投资管理策略应保持一种稳健的风格，增强其抗风险能力。但基于提高资产配置效率的角度，我们建议，引入风险因子的动态调整机制，通过监测各类资产的市场表现，在特定的风险因子中枢水平上给予一定的调整空间，阶段性地调整风险因子。

总之，本文探究了“偿二代”体系下保险资产类别及风险因子的合理性，得到了如下结论与启示：

第一，在现行风险因子体系下，伴随着投资者风险偏好的提高，高风险、高收益投资标的在最优资产配置组合中的比重逐渐提高。由此带来的启示是，作为保险资管的业务主体来看，各个公司天然具有逐渐提升资产组合风险的动力，因为随着业务与市场的发展，正常情况下各个公司的风险承担能力会逐渐提升，从而其风险偏好的倾向会加大。那么，对于监管当局而言，要注意“偿二代”监管过程中对于各个公司风险承担能力的考察，以使得有关保险公司的风险偏好的倾向与其承受风险的能力相匹配。

第二，由本文构建的动态风险因子合理性评价模型发现，适当降低高风险资产的风险因子，将低风险资产的风险因子提高，可以提高组合资产配置效率。这也就启示我们，不同资产的风险状态除了其客观存在之外，还应该与投资者的风险感受、资产管理目标等相结合。为了达到动态资产配置的目标，实现最大化投资效用，满足保险资管的收益要求，可以在一定范围内对高风险资产的风险因子进行调低处理，以便可以更多地配置这些收益也相对更高的资产。当然，这一调整需要围绕的目标，则是上述第一中的风险偏好态度与风险承受能力——对高风险资产的更多持有，不能超越保险公司的风险承受能力。

第三，本文发现，引入风险因子的动态调整机制，通过监测各类资产的市场表现，在特定的风险因子中枢水平上给予一定的调整空间，阶段性地调整风险因子，将有助于保险资金根据市场行情更灵活地配置各类资产。这不仅进一步印证了上述两点结论和启示，也进一步启示我们，保险公司的资产配置，其优化是在动态调整中实现的。无论从保险公司的角度还是从监管部门的角度，都不应该整齐划一或者规定的过死，要允许市场主体在一定的范围内、在“偿二代”监管框架下，根据公司自身的风险承受能力和市场状态，对不同类型的资产进行相对灵活的组合配置调整。保险姓保，是在风险承受能力范围内获取相对更高的收益过程中达到的。

第四章 “偿二代”与其他国家偿付能力监管体系的比较

第一节 欧盟偿付能力监管制度

一、欧盟偿付能力改革的发展历史

20 世纪 70 年代，欧共体颁布了 Solvency Ⅰ——“以风险资本为基础的偿付能力”，提出了寿险与非寿险的偿付能力监管标准，允许其成员国根据各自情况的差异开展实施。随着其金融业自 80 年代后期的开放和 21 世纪以来的快速发展以及 2008 年金融危机，使得保险行业风险更加复杂，保险业的监管面临更大挑战。2001 年，启动了偿付能力Ⅱ项目，引入了较完整的风险管理框架；2007 年，推出了欧盟偿付能力监管标准Ⅱ草案（Solvency Ⅱ）；2011 年“综合二号指令”提案被提交；2013 年就综合指令Ⅱ 达成协议；最终 Solvency Ⅱ 于 2016 年 1 月 1 日正式生效。在 Solvency Ⅱ中，借鉴了银行巴塞尔协议下的“三支柱”监管体系，在量化分析、定性监管和公开信息披露三方面进行了规定。

二、欧盟偿付能力改革的特点

与巴塞尔协议的三支柱模式相似，欧盟偿付能力Ⅱ中也主要包括了三大支柱，即用数量性要求（技术准备金、资产负债评估、资本要求等）、质量性要求（治理结构、监管审查程序、风险管理等）和信息披露要求（公众披露、监管报告等）组成，体现了全面的风险管理监管思路，即兼顾定性分析与定量分析，以风险为基础。

欧盟偿付能力Ⅱ以风险基础资本为核心理念，以风险资本、风险管理和风险信息为治理构架，在偿付能力资本（SCR）要求的基础上，加大了风险整合范围，更加关注不同风险之间的相关性，更加科学地实现了以风险为基础的计量；也指出了在利用标准法计算所得到的偿付能力资本之外，各公司可以制定适合各公司自身的风险特征的资本要求，促进各公司参照自身经验，开发出最适合自身特色的风险管理方法，加强了提高风险管理能力的内在动力。

欧盟偿付能力Ⅱ在评估资产负债价值时，利用了市场一致性价值评估方式；同时，在资本监管方面，由偿付能力额度转向为最低资本要求 MCR(minimum capital requirement)和偿付能力资本要求 SCR 双重资本体系，而偿付能力资本要求则采用了市场一致性原则来评估资产负债价值，即以国际财务报告准则所定义的公允价值为评估基础，这极大提升了保险企业的资本监管的水平。

三、欧盟偿付能力改革中资产配置和风险因子相关规定

(一)偿付能力资本要求(SCR)

偿付能力资本要求(SCR)是欧盟偿付能力Ⅱ中资本要求的关键，计算方法为风险值(VAR，Value at Risk)法，置信度为 99.5%，时间长度为一年，反映了在一年的时间内，对于任何不利事件，保险企业都能有 99.5%的可能性保证其偿付能力所需资本。

在 SCR 的标准计算中，主要包括承保风险、市场风险、信用风险与操作风险四类风险，每类风险又包括若干子风险。需要利用线性相关技术(linear correlation techniques)对各类子风险进行加总，得到每类风险所对应的 SCR，再将四类 SCR 以同样的方法加总，得到最终的 SCR。

在将风险进行分类后，基本 SCR 的 BSCR(basic solvency capital Requirement)计算方法为：

$$BSCR = \sum\sum_{i,j} corr(i,j) \times SCR_i \times SCR_j \tag{38}$$

其中，SCR_i 与 SCR_j 分别代表承保风险、信用风险与市场风险所要求的偿付能力资本，$corr(i,j)$代表风险之间的相关系数。

对于每类风险所要求的 SCR 的计算方法与 BSCR 相似：

$$SCR_n = \sum\sum_{i,j} corr(i,j) \times scr_i \times scr_j \tag{39}$$

其中，SCR_n 代表承保风险、信用风险与市场风险所要求的偿付能力资本，scr_i 代 scr_j 表三类风险中各自所包含的子风险，$corr(i,j)$代表子风险之间的相关系数。

(二)最低资本要求(MCR)

最低资本要求(MCR)是偿付能力资本要求(SCR)的底线，可以作为公司财务状况恶化情况下的缓冲基金。需要注意的是，最低资本要求(MCR)并不是基于风险基础的资金，公司并没有对 MCR 具有选择权。

MCR 是采用了简化方法与绝对底线的方法来计算，其中，简化方案将 MCR 设置为置信度为 80%－90%、时间为 1 年时基本自有资金的 VAR；MCR 的绝对底线规

定，成员国的寿险企业不得低于 200 万欧元，非寿险和再保险企业不得低于 100 万欧元。

（三）资产配置情况

保险公司会继续依据产品类型的不同，实行不同的资产配置方法，但会进一步关注波动管理，同时也注重风险和回报之间的最优平衡。通过对不同产品在欧Ⅱ体系下“单位资本要求的回报率”（excess return/ capital requirement）的比较，可以发现短期、高评级的不动产贷款和信贷产品更具有吸引力，而长期、低评级的证券以及信贷产品缺乏吸引力；在欧Ⅱ体系下，“单独的资本要求”（standalone capital requirements）比较了不同产品，发现不动产贷款、短期信贷和直接房地产投资等产品的资本要求不变，而长久期信贷资产的资本要求会降低，最具吸引力的资产类别为不动产贷款和短久期信贷。

第二节　美国偿付能力监管制度

一、美国偿付能力监管体系的发展历史

美国早期的偿付能力监管制度以各个州为基础。在美国，20 世纪 80－90 年代随着责任保险危机和巨灾损失危机的爆发，更加凸显各州监管制度不一的弊端。因此，各州保险监督管理协会开始统一使用全国保险监督官协会（NAIC）指定的财务监管指标，建立了风险资本制度（RBC）。从此以后，美国形成了联邦—各州的“两级监管”模式：由 NAIC 制定监管规则和标准，并对各州进行指导；各州的保险监督管理协会对各州的保险公司进行监管，拥有一定的自主权。

2008 年国际金融危机爆发后，美国又推进了偿付能力现代化变革（solvency modernization initiative，SMI），在原有的 RBC 制度基础上进行了完善，进一步拓展了其风险覆盖能力。

二、美国偿付能力现代化变革（SMI）的特点

美国偿付能力现代化变革（SMI）的主要作用是保护保险消费者的利益，确保保险人能够向保单持有人提供充分的保险保障，进而提高美国保险市场的市场效率。SMI 主要涉及了保险消费者、保险公司和保险市场三大方面。

SMI 的主要评估对象为美国保险监管法律法规及保险公司的财务机制，其中主

要评估领域为以下 5 个方面:资本需求、集团监管、公司治理与风险管理、法定会计与财务报表、再保险。

SMI 中的偿付能力标准包括适用于保险人的特别州法、管制规则、指导手册等;偿付能力监控包括当局为了保证监管行为质量所采取的一系列方法,例如工作集团财务分析、NAIC 的财务偿付能力分析工具等。

三、美国偿付能力监管体系中资产配置和风险因子相关规定

在保险公司偿付能力的预警和监管方面,NAIC 主要是根据风险资本比率来评价资本以及盈余是否充足。NAIC 借鉴了巴塞尔协议对商业银行资本充足性的要求,根据面临的风险的不同,为保险公司分别规定了所需要的风险资本额,并计算出一个假设的最小资本金数额,通过比较该数额与保险公司调整过后资本金,来评价该公司资金充裕与否,并要求监管部门使用一些有效的干预措施。

风险资本比率(RBC Ratio)=调整的资本(adjusted capital)/授权控制水平 RBC (authorized control level RBC)

调整的资本是指公司的资产评估准备金、法定资本和盈余、自主投资准备金、保单分红责任四项总和。授权控制水平在数值上等于风险资本的总额乘以 50%。风险资本总额 RBC 为:

$$RBC = C_0 + C_{4a} + \sqrt{(C_1 + C_{3a})^2 + C_2^2 + C_{3b} + C_{4b}^2} \tag{40}$$

其中,C_0:关联企业资产风险,反映无法收回对关联企业的投资的风险;C_1:资产风险,资产市场价值波动和不良资产风险;C_2:保险风险,承保业务中关于发病率、续保率、死亡率、费用率等所有假设与实际情况不一致的风险;C_{3a}:利率风险,由于利率变动引起资产和负债不匹配的风险;C_{3b}:健康信用风险;C_{4a}:业务风险,即经营不当的风险;C_{4b}:健康保险费用风险。其中每一个风险因素都是根据针对各个风险因素的风险额和已经规定的风险因子的乘积计算出来的。

SMI 对现有的风险资本统计方法进行了补充和更新,对 *RBC* 公式做出了进一步修订,并且统一规范了计算口径,各 *RBC* 风险因子公式的时间区间、置信水平及其互相一致性做出了明确规定,但并没有大规模修改 *RBC* 公式,按惯例使用 *RBC* 作为标准衡量公司资本并作为底线判断是否触发监管干预措施。

SMI 还对现有 *RBC* 中未考虑到的特定风险做出了重新评估,其内容包括:明确设立了巨大灾难风险的标准,更加细化投资风险标准(C1 风险因子)及资产风险标准,并进一步补充完善了再保险信用风险标准。此外,*SMI* 对在 *RBC* 中对集团监管增加

额外资本要求及风险管理给予考虑。

第三节　美国、欧盟、中国偿付能力监督管理规定的对比

整体而言，“偿二代”监管机制与欧洲 Solvency Ⅱ监管机制更为相似，两者在以下三方面具有相同之处：首先，具有相同监管框架，两者都以定量要求、定性要求和信息披露为主作为支撑监管体系的“三支柱”；其次，具有相似的价值评估标准，“偿二代”使用的中国会计准则非常接近 IFRS；最后，具有相同的风险测量模型，两者都将损失分布与压力测试模型作为使用模型。

“偿二代”和美国 RBC(risk based capital)的相同点：一是两者均将风险导向作为监管方向；二是皆采用标准模型法计算风险资本。

与欧美相比，中国的“偿二代”监管体系的制定又参考借鉴了现阶段中国市场基本情况，具有鲜明的中国特色。“偿二代”与 Solvency Ⅱ和 RBC 相比主要有以下差异：(1)“偿二代”的资产负债评估采用以会计报表账面价值为基础并调整的方法，而非 Solvency Ⅱ的市场一致评估原则或 RBC 的法定价值法。(2)符合中国保险业的实际状况。“偿二代”是基于我国保险业近 20 年的资料测算而得的各项因子与参数，监管体系反映的是我国保险业长期以来的风险变动情形。

总体来看，我国的“偿二代”监管标准相比于美国的 RBC 稍显严格，但相较于欧盟的“偿付能力Ⅱ”却更加宽松。在“偿二代”具体的制定过程中，对原则与规则的协调性、会计规则的适用性、监管的统一性、中国作为新兴市场经济国家的特性，以及风险与价值的统一等因素，做出了充分考虑，具有明显的中国特色。未来希望能够通过“偿二代”相关配套标准的制定，高起点地构建与欧、美监管标准“三足鼎立”的态势，提高我国保险监管的国际地位，增强我国在国际金融新秩序构建过程中的影响力，加大中国保险监管在国际保险监管协调中的话语权，同时为其他新兴市场国家提供参考和借鉴。

美国、欧洲与中国的偿付能力监管比较如表 4—1 所示。

表 4—1　　美国、欧盟、中国偿付能力监督管理规定的对比

	中国偿二代	欧盟偿付能力Ⅱ号	美国 RBC(现代化法案)
监管理念	接近欧Ⅱ	准确反映资产负债的风险额潜在损失，识别需要监管干预的公司	准确反映资产负债的经济价值，确定保险公司应该持有的资本

续表

	中国偿二代	欧盟偿付能力Ⅱ号	美国 RBC(现代化法案)
价值评估标准	中国会计准则(接近IFRS)	国际财务报告准则(IFRS)下的公允价值	美国一般公认会计准则(GAAP)
风险测量模型	损失分布与压力测试	损失分布与压力测试	多风险因素分析
是否具有置信水平	是,99.5%	是,99.5%	否
是否接近资产负债匹配问题	是	是	否
模型	标准模型法	标准模型法 内部模型法	标准模型法
量化风险	保险风险 市场风险 信用风险	保险风险 市场风险 信用风险 操作风险	附属机构投资资产风险 资产风险 保险风险 利率风险 业务风险

资料来源:银保监会官网:http://www.circ.gov.cn/web/site0/。

通过对比可以发现,其他国家先进偿付能力监管体系的可借鉴之处在于,公司除实行标准法计算偿付能力资本外,还分别开发了个体内部模型,以适应与自身风险特征相对应的资本要求,进而促使各公司从实际经验出发,发展出最适合本身的风险管理体系,为公司强化风险管理提供动力。因此,设计出更加关注各保险公司差异化特征的风险计量模型,可以作为未来中国"偿二代"监管体系下风险管理的进一步优化方向。

第五章　结论与建议

"偿二代"监管主要以风险为导向,能够精确识别和计量保险公司的风险,并且能够让保险公司在更为广泛的范围和领域进行自主决策、自主投资,进而实现保险公司资产的多元化配置,同时有利于推动保险资金运用的市场化改革。

在以风险为导向的"偿二代"监督管理体系下,资本约束成为保险业面临的突出问题。对资本占用和偿付能力充足率的衡量是保险公司需要充分考虑的首要因素,并且保险公司需要选择与负债更匹配的资产配置结构。不同资产类别的风险因子可以影响最低资本,进而影响偿付能力充足率,在决定各类资产的配置情况时发挥了至关重要的作用。

为了分析现行“偿二代”规则下保险机构的资产配置情况，我们以保险机构自身效用最大化为目标，以风险因子和对最低资本的要求等作为约束条件，构建了最优资产配置模型。对模型结果进行分析可知：

首先，在现行风险因子的体系下，随着投资者风险偏好的不断提高，最优资产配置组合中高风险、高收益投资标的比重也逐渐提高。具体来看，随着风险厌恶系数 λ 值从 0 增大到 1，收益率均值、方差较大的房地产和企业债占比增大，房地产占比由 11.61％上升到 17.93％，企业债占比由 0.00％上升到 16.94％；而收益率均值、方差较小的货币基金占比逐渐下降，由 68.42％下降到了 27.58％。同时，我们看到，由于金融债的风险和收益情况相比于其他类资产劣势较为明显，在大部分情况下最优资产组合中没有金融债投资。

其次，针对风险因子合理性问题，我们构建了动态风险因子合理性评价模型进行分析。通过分析样本区间（2010 年 1 月－2017 年 6 月）内各类资产的收益与风险表现，可以得出结论，即通过适当降低高风险资产风险因子，提高低风险资产风险因子，可以达到提高资产组合配置效率的目的。实际上，各类资产的收益与风险表现并非固定不变，一套固定的风险因子组合并不总能带来较高的资产配置效率。总体上，保持稳健风格的保险资金的投资管理者，可以增强保险公司抗风险能力。但基于提高资产配置效率的角度，我们建议，引入风险因子的动态调整机制，通过监测各类资产的市场表现，在特定的风险因子中枢水平上给予一定的调整空间，阶段性地调整风险因子，使得保险资金可以依据市场行情的变动更加多样地配置各类资产。

最后，本文对中国“偿二代”监管体系与其他国家偿付能力监管体系做出了比较：一是欧盟方面推出了偿付能力监管标准Ⅱ（Solvency Ⅱ），此监管体系借鉴了对商业银行进行监管的巴塞尔协议的“三支柱”监管体系，对保险公司的量化分析、定性监管和公开信息披露三个角度进行了规范，并以控制风险基础资本为核心理念，进一步形成了以风险资本、风险管理与风险信息反馈为特征的风险治理框架结构。保险公司可以根据不同的产品类型进行资产配置，但仍需要加强关注波动管理和风险与回报之间的最优平衡，欧Ⅱ体系下，不动产贷款和短期、高评级的信贷类产品成为保险公司资产配置的新宠。二是美国方面进行了偿付能力现代化变革（SMI），以风险导向、基于协作的持续性共识、监管评估或压力作为基础。通过三者比较可以发现，中国的偿付能力监督管理体系在设计理念上更接近于欧Ⅱ，其特点是可以准确地反映资产负债的风险额潜在损失，进而对需要监管、干预的公司进行识别，并重点量化了保险公司的保险风险、市场风险和信用风险。其他国家先进偿付能力监管体系的可借鉴之处在于，公司在实行标准法计算偿付能力资本外，还进行了依据自身风险特征的资本要求而设计的个体内部模型的开发，从而制定根据实际经验形成的最适本公司的风险管理系统，为公司强化风险管理提供动力。因此，设计更加关注各保险公司差异化特征的风险计量模型可以作为未来中国“偿二代”监管体系下风险管理的进一步优化方向。

综上，本文将得到的主要结果与启示总结如下：

第一，在现行风险因子体系下，伴随着投资者风险偏好水平的不断提高，中高风险、高收益投资标的比重在最优资产配置组合中会逐渐提高。各保险资管的业务主体天然具有逐渐提升资产组合风险的动力，因为随着业务与市场的发展，各个公司承担风险的能力逐步提高，从而其对于风险偏好的倾向会逐渐加大。对于监管当局而言，要注意“偿二代”监管过程中对于各个公司风险承担能力的考察，以使得有关保险公司的风险偏好的倾向与其风险承受能力相匹配。

第二，由本文构建的动态风险因子合理性评价模型发现，适当降低高风险资产的风险因子，随着低风险资产的风险因子的不断提高，资产组合的配置效率也逐渐得以提高。据此得到的启示是，不同资产的风险状态除了其客观存在之外，还应该与投资者的风险感受、资产管理目标等相结合。为了达到动态资产配置的目标，实现最大化投资效用，满足保险资管的收益要求，可以在一定范围内对高风险资产的风险因子进行调低处理，以便更多地配置这些收益也相对更高的资产。当然，相应的调整需要围绕“风险偏好态度与风险承受能力”这一目标展开——对高风险资产的更多持有，不能超越保险公司的风险承受能力。

第三，本文发现，引入风险因子的动态调整机制，通过监测各类资产的市场表现，在特定的风险因子中枢水平上给予一定的调整空间，阶段性地调整风险因子，将有助于保险资金根据市场行情更灵活地配置各类资产。这不仅进一步印证了上述结论和启示，也进一步启示我们，保险公司的资产配置，其优化是在动态调整中实现的。无论从保险公司的角度还是从监管部门的角度，都不应该整齐划一或者规定的过死，要允许市场主体在一定的范围内、在“偿二代”监管框架下，根据公司自身的风险承受能力和市场状态，相对灵活地对不同类别的资产配置做出调整。保险姓保，是在风险承受能力范围内获取相对更高的收益过程中能达到的。

参考文献

[1]Chiu M C, Wong H Y. Mean-variance asset-liability management: Cointegrated assets and insurance liability[J]. *European Journal of Operational Research*, 2012, 223(3): 785—793.

[2]Consiglio A, Saunders D, Zenios S A. Asset and liability management for insurance products with minimum guarantees: The UK case[J]. *Journal of Banking & Finance*, 2006, 30(2): 645—667.

[3]Filipovic D, Kremslehner R, Muermann A. Optimal Investment and Premium Policies Under Risk Shifting and Solvency Regulation[J]. *Journal of Risk and Insurance*, 2015, 82(2): 261—288.

[4]H. Sherin and M. Statman. Behavioral Portfolio Theory[J]. *Journal of Financial and Quantitative Analysis*, 2000, 35(2).

[5]Harlow W. V. Asset allocation in a downside risk framework[J]. *Financial Analysis Journal*, 1991.

[6]Lee S L. Correlation Shifts and Real Estate Portfolio Management[J]. *Journal of Real Estate Portfolio Management*, 2003, 9(1).

[7]Lopes, L. Between hope and fear: The psychology of risk[J]. *Advance in Experimental Social Psychology*, 1987(20): 255—295.

[8]Markowitz H. Portfolio Selection[J]. *The Journal of Finance*, 1952, 7(1): 77—91.

[9]Mei C C, Wong H Y. Mean-variance asset-liability management: Cointegrated assets and insurance liability[J]. *European Journal of Operational Research*, 2012, 223(3): 785—793.

[10]Xie S, Li Z, Wang S. Continuous-time portfolio selection with liability: Mean-variance model and stochastic LQ approach[J]. *Insurance Mathematics & Economics*, 2008, 42(3): 943—953

[11]Yao H, Lai Y, Hao Z. Uncertain exit time multi-period mean-variance portfolio selection with endogenous liabilities and Markov jumps [J]. *Automatica*, 2013, 49(11): 3258—3269.

[12]Brinson. G. P, Hood. L . R, Beebower. G. L. . Determinants of Portfolio Performance[J]. *Financial Analysts Journal*, 1986, 42(4): 39—48.

[13] Roger G. Ibbotson and Paul D. Kaplan. Does asset allocation policy explain 40, 90, or 100 percent of performance? [J]. *Financial Analysts Journal*, 2000(Jan/Feb): 26—33.

[14]李心愉，付丽莎．基于 Black-Litterman 模型的保险资金动态资产配置模型研究[J]. 保险研究，2013(3): 24—38.

[15]李心愉，沈冲．保险投资中的政策因子及其作用机制[J]. 改革，2010(7): 85—91.

[16]李秀芳，景珮．基于多目标规划的寿险公司随机资产负债管理研究[J]．经济管理，2014(3)：014.

[17]罗琰，杨招军．基于随机微分博弈的保险公司最优决策模型[J]．保险研究，2010(8)：48—52.

[18]秦振球，俞自由．保险公司投资比例问题研究[J]．财经研究，2003，29(2)：41—47.

[19]荣喜民，吴孟铎，刘泊炀．保险基金投资的单位风险收益最优化模型研究[J]．河南大学学报(哲学社会科学版)，2002，15(2)：40—43.

[20]田玲，王正文，许潆方．基于经济资本的我国保险公司投资风险限额配置研究[J]．保险研究，2011(11)：31—38.

[21]王灵芝．"偿二代"体系下保险资产配置策略及效率评估[J]．保险研究，2016(10)：89—101.

[22]王正文，方蕾，唐甜．保险集团最优投资和承保比例研究——基于公司风险管理视角[J]．保险研究，2016(2)：17—25.

[23]徐景峰，朱浩然．我国寿险公司资产配置研究[J]．保险研究，2013(1)：41—48.

[24]李学峰，茅勇峰．我国证券投资基金的资产配置能力[J]．证券市场导报，2007(3)：43—50.

[25]李学峰，郭羽，谢铭．我国证券投资基金积极资产组合管理能力研究[J]．金融发展研究，2009(8)：27—35.

[26]李学峰，魏娜，张舰．证券投资基金不同资产配置方式及其对基金收益影响的比较分析[J]．证券市场导报，2008(9)：53—62.

[27]卞小娇，李方方．基于动态多期投资模型的寿险公司最优投资决策[J]．保险研究，2014(5)：76—86.

(本文获"IAMAC2017年度系列研究课题集"优秀课题)

保险资金运用风险监测预警体系构建研究

光大永明资产管理股份有限公司

王　瀑　周　凯　游梦羽　王克璋　梁　龙

摘要

本文从当前市场环境与全面风险管理框架出发，分析了建设风险监测预警体系的重要意义；结合保险资金运用的发展与现状、保险资金面临的风险及其特性，归纳总结并对比了我国原保监会、证监会、原银监会资金运用监管体系中风险监测要求与工具的差异；在解析风险监测预警体系模型、框架及信息来源的基础上，对其建设与实践进行探讨，并结合保险资产管理公司风险监测预警体系建设的具体实践，在归纳总结的基础上对保险资金运用的监管体系、风险监测预警体系的建设等提出相关建议。

关键词

保险资金运用　风险预警　风险监测

第一章 引 言

第一节 加强风险监测与预警是市场环境的必然要求

当前,我国经济正处于“新常态”时期,保险资金运用面临巨大的机遇与挑战。2014 年,国务院发布的《关于加快发展现代保险服务业的若干意见》为保险行业创造巨大的发展空间与契机;近年来,保险资金规模的快速增长也为其在运用体量上奠定了基础;“放开前端、管住后端”的创新监管理念将监管重心移至事中监管和事后监管,推进保险资管产品注册制改革等监管政策推动保险资产管理产品的发行效率。保险资金的负债特性和投资约束需要确保资金运用的安全、稳健,对流动性管理的要求也更加复杂化;从宏观经济环境的不断变化,到各类市场的持续波动,保险行业的快速发展在提高保险资金投资收益的同时也带来更多元化的风险。

一、宏观经济政策调整,供给侧改革影响深化

2015 年以来,我国经济步入了一个新阶段,主要经济指标之间的联动性发生一定背离,经济增长持续下行与 CPI 持续低位运行,居民收入有所增加但企业利润率不断下降,消费水平虽有所上升但整体投资规模下降。供给侧结构性改革作为“十三五”主线,从 2015 年开始通过 “去产能、去库存、去杠杆、补短板、降成本”的五大着力点改善供给侧整体环境、优化供给侧运行机制,激发我国经济活力,成为增强我国经济长期稳定发展的新动力。去产能通过改善供需关系,促使工业企业走出通货紧缩,企业盈利情况逐步改善,提振制造业投资信心;去库存可大幅降低房地产市场库存销售比例,提升房地产企业补库存意愿,缓解政府限购政策等对地产投资的负面影响;去杠杆可推动货币政策更趋于稳健,抑制资产泡沫,推动资金注入实体经济,削弱货币扩张下的资产荒现象,通过重点推进“三去一降一补”,改善我国供给侧结构,实现最优配置。

但与此同时,供给侧改革也为宏观调控带来了诸多挑战:一是去产能、去杠杆以及淘汰各类僵尸企业可能引起市场流动性大幅减少,社会不稳定因素有所增加,经济下行压力相应加大;二是股票发行为“去杠杆”的重要途径之一,可将资本市场中的社会

资本引入实体经济，促进其发展，但由于股市仍未真正走出 2015 年股灾阴影，近年来持续波动，市场极为脆弱；三是在全球担忧中国经济发生“硬着陆”的现状下，人民币贬值预期或相应增加，对汇率市场产生影响。宏观经济政策的不断变化促使各类风险因素频发，及时的监测预警可缓解其在投资过程中产生的风险。

二、保险资金投资范围扩大，各类市场波动增加

（一）债券市场

2016—2017 年 8 月末，中国公募债券市场共有 77 只债券发生实质性违约，涉及 33 家发债主体，违约金额达 600 亿元，自 2014 年第一只公司债发生违约以来，“刚兑”不断被打破，债券市场风险持续走高。从违约企业的性质来看，违约主体过半数为民营企业，中央国企和地方国企各占约 1/4。违约主体中大多企业在违约前期出现过评级下调、业绩大幅亏损、公司治理漏洞、受到监管处罚、信息披露延迟等负面信息。债券违约事件可理解成一系列信用风险事件叠加或持续发展而形成的必然结果，选取合理的观测指标，构建有效的监测与预警机制，有利于债权人在信用事件的萌芽期或积蓄期觉察债务人违约的可能性，并及时做出相应调整。

根据对前期公募债券违约事件的总结，信用风险的预警与监测可着重关注发债主体所属行业经济周期与特性、行业地位、财务状况和相关负面新闻等内容，及时发掘其未完全暴露的风险因素，争取早于市场做出反应，减少损失。

（二）权益市场

中国权益市场历史上共发生过 4 次较为严重的股灾，分别发生在 1992 年、1993 年、2008 年和 2015 年，平均历时 1 年左右，平均跌幅高达 68%，每次股灾过后又常伴随着较长时间的熊市，整体权益市场波动幅度较大，风险水平较高。在债券市场“井喷式”爆发违约事件的同时，权益市场从 2016 年至今也因高强度监管新规频出且对权益市场影响较大的事件频发而波动加剧。2016 年新年伊始，A 股市场就遭遇了“熔断机制”的重创，1 月上证指数由 2015 年 12 月 31 日的 3 539 点下跌约 1 000 点，至 1 月 28 日的 2656 点；同年 6 月，MSCI（Morgan Stanley Capital International）宣布延迟将 A 股纳入其新兴市场指数；12 月，港交所和深交所同时开启深港通，沪港深三地证券市场实现互联互通。同时，证监会主席更换、新股发行申购新规出台、险资举牌、强制退市等事件也对权益市场表现形成较大影响。与信用风险的预警与监测指标选取不同，由于权益市场瞬息万变且可量化的内容更多，市场风险的预警与监测更注重预警的时效性与前瞻性，使预判行业与企业发展方向成为分析权益市场的核心。

(三)衍生品及汇率市场

我国衍生品市场仍处于初级发展阶段,品种相对较少,且交易量小、市场流动性较差。因衍生品的交易与定价机制较为复杂,风控及后台人员对其了解程度及创新方面知识不足,致使其发展受到一定限制,且衍生品繁琐条款内的潜在风险较高,透明度较低。自1994年起我国汇率市场实施以市场供求为基础的、单一的、有管理的浮动汇率制度,并于2015年8月11日进行汇改,对汇率中间价报价机制进行了进一步调整,形成了“收盘价+一篮子货币调整”的中间价机制,使得人民币汇率中间价更为真实地反映当期的市场外汇的供需情况,汇率形成机制趋于市场化。在汇率机制市场化改革的进程中,人民币汇率双向波动幅度也更加明显,汇率的波动性与灵活性也不断增加。且从国际市场环境来看,2017年美国第45任总统特朗普就职、美联储加息并进入加息的上升通道;英国政府启动为期两年的正式脱欧进程;世界经济、政治局势动荡,黑天鹅与灰犀牛频发,而保险资金投向一些外汇相关产品,其投资风险仍值得高度关注。

三、监管多方位强化,建立有效的监测预警机制至关重要

2017年2月14日,在原中国保监会召开全国财产保险监管工作座谈会上,原中国保监会副主席陈文辉指出,全面落实“保险业姓保、保监会姓监”、“坚定不移地强化监管和防范风险”,本着“放开前端、管住后端”的总体思路,建立健全现代化多层次的资金运用监管体系,牢牢守住风险底线。其具体措施:一是加强风险监测和预警。加强保险资金运用监管信息化水平,完善风险监测体系,进一步加强对重点风险领域和重点风险公司的风险监测工作,提高风险监测针对性和有效性,抓早抓小。二是强化事中事后监管工具。充分运用信息披露、内部控制、分类监管、资产负债匹配、托管等事中事后监管工具,全面加强事中事后监管工作。尤其是监管部门参照外国各类风险政策制定的“偿二代”发布实施后,进一步强化了对偿付能力的硬约束,利用资本约束来引导保险资产配置,明显提升了保险行业内的风险管控能力。三是加强现场检查和处罚。不断加强保险资金运用现场检查的力度和频度,严肃查处违规问题,追究有关公司和人员的责任。2017年5月,原中国保监会发布《关于弥补监管短板构建严密有效保险监管体系的通知》(保监发〔2017〕44号),明确指出应“完善监管机制,强化薄弱环节。建立清晰有效的监管责任体系和问责机制,强化对公司风险状况的整体把握,及时将预警和防控措施传导到整个监管体系”,“推进保险中介云平台建设,完善中介机构非现场监管体系,切实提高风险监测和预警水平”。

此外,建立有效的风险监测与预警机制也符合银保监会对于内控比例管理的相关

要求。原中国保监会发布《关于加强和改进保险资金运用比例监管的通知》(保监发〔2014〕13 号),明确指出“保险公司应当根据本通知及有关规定,按照资产负债管理和资产配置要求,制定分散投资管理制度和风险控制措施,严格控制大类资产投资比例、高风险(类)资产投资比例、行业和单一品种以及单一交易对手投资比例等。同时,还应当制定流动性风险、信用风险、市场风险等风险预警监测比例。保险公司应当密切监控相关风险敞口,确保其在自身风险承受能力和资本覆盖能力之内”。通过不断强化的监管政策,可以看出监管机构对于把控全面风险的决心,建立有效的风险监测与预警机制符合保险行业的需求及发展方向。

在当前宏观经济不断变化、市场持续波动、监管政策连续出台的背景下,各类风险因素叠加发酵,风险监测与预警成为适应环境的必然需求。

第二节　风险监测与预警是全面风险管理的重要环节

一、全面风险管理的框架和要素

全面风险管理(ERM)最早由 Enterprise Risk Management(企业级的风险管理)概念引入。按照 2003 年 7 月美国 COSO(The Committee of Sponsoring Organization of the Thead way Commission)公布的《全面风险管理框架(草案)》所描述的内容,全面风险管理是一个从企业战略目标制定,到目标实现的风险管理过程。它可以简单用“348”的框架来描述,即:3 个维度:企业目标、全面风险管理要素、企业的各个层级。企业目标包括 4 个方面:战略目标、经营目标、报告目标和合规目标。全面风险管理要素有 8 个:内部环境、目标设定、事件识别、风险评估、风险对策、控制活动、信息和交流、监控。全面风险管理的 8 个要素为企业的 4 个目标服务,企业的各个层面要坚持同样的 4 个目标,每个层面都必须从 8 个要素进行风险管理。

2004 年巴塞尔委员会(Basel)发布的《新巴塞尔资本协议》(Basel Ⅱ)结合了全面风险管理理念的整体框架,将银行业加强内部控制、提高风险水平的要求融入管理框架内,也将操作风险和流动性风险等风险纳入风险管理的范围并制定不同的管理措施。《新巴塞尔资本协议》定义的全面风险管理,是指对整个银行内各个层次的业务单位、各个种类风险的通盘管理,这种管理要求将信用风险、流动性风险、市场风险和操作性风险等不同风险类型,公司、零售、金融机构等不同客户种类,资产业务、负债业务和中间业务等不同性质业务的风险都纳入统一的风险管理范围,并将承担这些风险的各个业务单位纳入统一的管理体系中，对各类风险依据统一的标准进行测量并加总，依据全部业务的相关性对风险进行控制和管理。

2010年，原中国保监会发布《人身保险公司全面风险管理实施指引》（保监发〔2010〕89号），明确指出，全面风险管理是指从公司董事会、管理层到全体员工全员参与，在战略制定和日常运营中，识别潜在风险，预测风险的影响程度，并在公司风险偏好范围内有效管理公司各环节风险的持续过程。

基于上述对全面风险管理理念的描述，全面风险管理可被理解为统一集中管理一个机构内的各类风险。对保险机构而言，全面风险管理是指保险机构为了达到经营目标，由董事会推动和参与，由业务部门和管理部门共同实施的风险管理程序。保险机构全面风险管理应覆盖包含金融机构共有风险及保险机构特有风险在内的各类风险因素，汇总和整合不同地理环境、部门及管理层级所涉及的多角度的风险因素（见图1—1）。

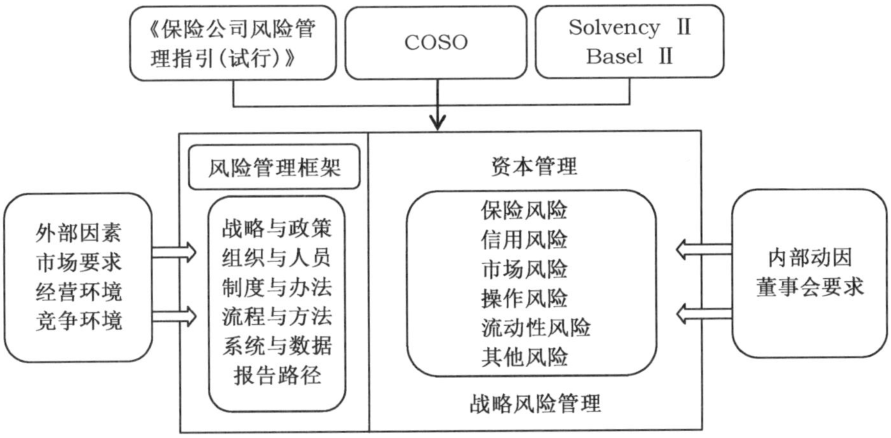

资料来源：中国银保监会，中科软科技保险公司风险管理体系建设方案。

图1—1　保险机构全面风险管理框架

风险管理的基本步骤包括风险偏好和风险容忍度的确定、风险识别、风险评估、风险监测与预警、风险处置和风险报告；而保险机构全面风险管理包含风险管理环境建设、风险管理组织建设、风险偏好体系建设、风险计量模型建设、资产负债管理、风险预警与监测体系建设等多方面内容。原中国保监会2010年发布《人身保险公司全面风险管理指引》（保监发〔2010〕89号），要求保险公司建立经董事会审批的包括风险偏好、风险容忍度和风险限额的风险偏好体系，并逐级分解至各职能部门和业务单位，为战略制定、经营计划实施以及资源分配提供指导，风险管理部门监测和报告风险偏好体系的执行情况，公司至少每年对风险偏好体系进行有效性和合理性审查（见图 1—2）。

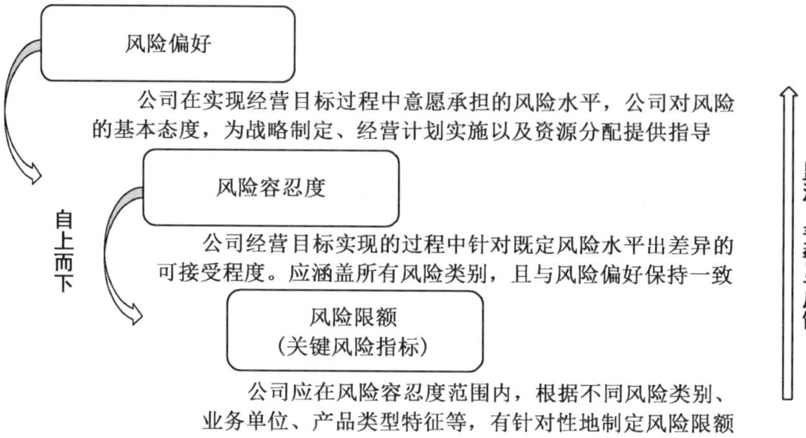

资料来源：《中国保险报》。

图 1—2　风险偏好传导机制

风险偏好及风险容忍度自上而下量化落实为风险限额，保险机构应根据具体风险限额管理方案进行相应的风险监测、预警及反馈。对于关键风险指标的监测数据，可用于分析风险发展趋势、报告公司管理层相关经营状况，并作为管理层决定是否突破风险限额及制定应对措施的依据。

二、风险监测与预警是风险管理的基本步骤

风险监测与预警是全面风险管理中重要的一环，其在风险管理中的作用主要包括四个方面：第一，及时发布保险机构风险预警信息，为风险的事前防控提供有力依据；第二，风险监测与预警系统可用作情景分析中的处理器，通过对于不同情景的模拟，该系统可揭示不同管理决策实施效果的有效性，并为管理层进行决策分析提供参考；第三，全面的风险监测与预警体系可反映保险机构各类定性和定量风险的分析结果，增强全面风险预控能力；第四，自动化的风险监测与预警系统，可在增加监测频率并减少人力成本及监管成本，提高保险机构运营效率

做好风险监测预警可以更加全面地把控风险，在监测到风险后有针对性地采取措施加以防范和化解，提升运营效率，为管理层决策提供参考。这是全面风险管理体系中不可或缺的关键环节。

第二章　保险资金运用的风险特点

第一节　保险资金运用的发展与现状

近年来，随着居民财富不断增长、城市化和老龄化进程加快、政府对行业支持力度不断加强，中国保险行业迅速发展，保险资产规模连年增长，目前其规模在大资管行业内仅次于银行业和信托行业，排名第三。截至2016年年末，我国保险资金运用余额13.39万亿元，同比增长19.78%，已成为全球最大的新兴保险市场，资金实力不断增强。截至2017年6月末，保险公司总资产16.43万亿元，较年初增加8.69%。其中，产险公司总资产2.48万亿元、寿险公司总资产12.82万亿元、再保险公司总资产0.38万亿元、资产管理公司总资产0.04万亿元。

保险资金运用方式可分为三类：保险公司直接投资、设立保险资产管理公司进行投资及委托。2003年7月，我国首家保险资产管理公司中国人保资产管理股份有限公司正式成立，截至2016年末，我国已拥有综合性保险资产管理公司23家，总资产达426亿元，较年初增长20.97%，专业资产管理机构及其子公司10余家，保险公司资产管理中心或部门170余家，中国香港资产管理子公司10家，养老保险公司7家，公募基金公司6家和私募基金公司9家。多家机构的建立及逐步完善，使得保险资产管理市场发展呈现专业化和国际化的格局。

随着保险资金投资范围及渠道的逐年拓宽，保险资金由初期仅可投资于银行存款、政府债券、金融债券和国务院规定的其他资金运用形式，逐渐拓展至可投资于证券投资基金、直接投资股票市场、保险资产管理产品、金融衍生品、境外投资等各类资产。2012年推行“加强资本化建设”，一系列的政策放松和渠道拓展促使保险资金投资收益增加，也使得保险资产配置结构日益优化。保险资金运用改革和发展的成效可在保险资金平均收益率上得到体现，2012—2015年，依托保险资金运用渠道的拓宽，保险资金平均投资收益率呈现上涨趋势，分别为3.39%、5.04%、6.30%和7.56%。2016年，受到固定收益产品收益下降的影响，保险资金投资平均收益率下降1.9%，为5.66%。资产证券化、债券计划等另类资产占比逐年上升，存款及债券占比逐年下降，权益类资产占比维持在 20%左右。投资渠道增加，投资监管的松绑，使得保险资产管理市场发展呈现差异化和多元化的格局（见图 2－1）。

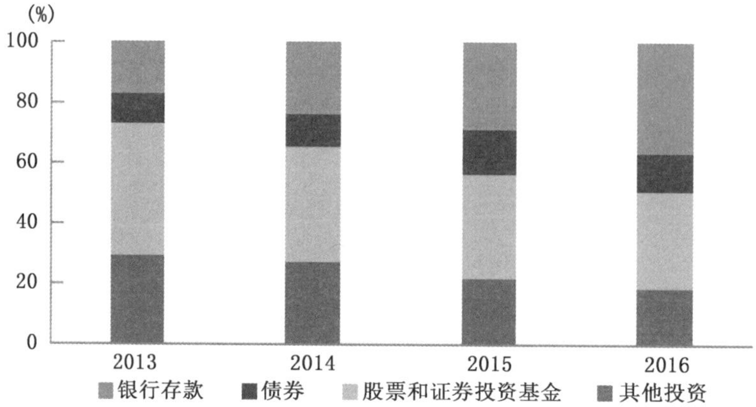

资料来源：中国银保监会。

图 2－1　2013－2016 年保险资金运用资产配置结构

第二节　保险资金运用风险及特点

风险即未来收益的不确定性。保险资金运用的风险即在保险类资产的经营过程中，外部风险因素变动引起的资产组合未来收益的不确定性。有效的风险识别是进行风险评估的前提和基础。目前，对于风险的分类较为普遍的方法是结合我国第二代偿付能力监管体系，根据可否量化及不同的风险驱动因素，将保险资产风险分为量化风险（包括市场风险和信用风险），难以量化风险（包括流动性风险、操作风险、合规风险、声誉风险、战略风险等），如表 2－1 所示。

表 2－1　　保险资产管理公司面临的主要风险及主要防范措施

主要风险类别	识别方法和模型	主要防范措施
信用风险	宏观经济指标分析、债务主体财务指标分析、信用敞口模型	建立交易对手库、设置授信制度、建立内部评级体系
市场风险	在险价值（VaR）、现金流量分析、压力测试	设置风险限额
流动性风险	融资比例、情景分析	制定流动性管理方案、预警及流动性风险处理机制
操作风险	操作流程、操作风险事件报告机制	制定业务操作规程、操作风险事件总结与报告

资料来源：笔者根据《保险资产管理的理论与实践》内容整理。

一、市场风险

保险资产管理所面临的市场风险与其他资产管理相一致，是因金融市场波动或变量引起保险资产组合未来收益的不确定性，其影响因素包括但不限于利率、股票价格、汇率和衍生品价格。根据影响因素，可将市场风险进一步划分为利率风险、权益资产价格风险、汇率风险和衍生品价格风险等。

（一）利率风险

利率风险是指由于利率水平不利变化引起的金融资产价格变动，导致保险机构遭受非预期损失的风险。利率风险是保险机构，特别是寿险公司资金运用中存在的最基本的风险和主要风险。由于保险资金主要投资于固定收益类资产，利率变动会影响保险资产和负债的利差变动。利率上升时，一方面，保险公司的固定利息债券价值下跌，长期资产大幅缩水；另一方面，行业间替代效应导致保险业务量萎缩，可运用资金减少。而退保与保单贷款业务增长，现金加速流出，保险公司或折价销售部分资产，影响财务稳定性及盈利能力。利率下降时，虽然部分固定利息资产价值上升，但大量保单持有人或通过各类保单选择权增加资金流入，迫使保险公司购入高价格资产，再加上到期资产和新增业务资金，保险公司面临较大再投资压力；同时，原有保险产品的预定利率如果过高，还可能造成巨额的利差损失。

（二）权益价格风险

权益价格风险是指由于权益资产价格不利变动导致保险机构遭受非预期损失的风险。影响权益资产价格的因素包括但不限于资金供求、宏观经济政策、上市公司盈利能力和估值偏差等。目前，我国保险资金可投资于股票、证券投资基金、未上市股权、基础设施股权计划等权益类资产。虽然保险资金投资于权益类资产的比例相对稳定，但近年来，监管部门降低资金杠杆水平的相关政策及国际政治、金融市场震荡等因素叠加，使得我国权益市场持续震荡并出现阶段性下跌行情。权益资产波动率增加，权益类资产面临更大的市场风险。

（三）汇率风险

汇率风险是指由于汇率变动而导致保险资产非预期损失增加的风险。影响汇率变动的因素主要包括国际收支、利率政策、通货膨胀率和市场预期等。2012 年 10 月，原中国保监会出台《保险资金境外投资管理暂行办法实施细则》（保监发〔2012〕93 号），放开保险资金投资境外市场，扩大可投资地区、明确相应资质及范围，自此保险资金可在全球范围内进行资产配置，汇率风险暴露也随之增加。随着人民币国际化进程加速，国家诸如“一带一路”倡议的相关政策扶持，2015 年 3 月，原中国保监会出台《关于调整保险资金境外投资有关政策的通知》（保监发〔2015〕33 号），投资范围进一步扩展，投资资质规定更加明确，保险机构获得更多自主配置的空间。

（四）衍生品价格风险

衍生品价格风险是指由于衍生品价格波动导致保险资产遭受非预期损失的风险。保险资金因风险对冲目的持有金融衍生产品，如衍生品价格发生不利变动，则可能产生衍生品价格风险。

二、信用风险

信用风险是指债务人或交易对手违约而导致损失的可能性，以及因债务人或交易对手的信用状况发生不利变动、履约能力恶化，导致保险机构遭受非预期损失的风险。信用风险可细化为利差风险和交易对手违约风险。利差风险是指保险资产收益率超出无风险利率的部分产生不利变动，导致保险机构遭受非预期损失的风险。交易对手违约风险是指交易对手不能履约或未能按时履行应尽义务，致使保险机构遭受非预期损失的风险。信用风险相对于市场风险，具有数据获取更难、频率及严重程度分布有偏且肥尾等特点。

从保险资金运用的资产配置结构来看，截至 2016 年，保险资金投资债券占比 32.15%，投资银行存款占 18.55%，投资另类资产及其他类资产分别占 27% 和 9.01%。从该数据来看，若假设另类资产中一半为固定收益类资产，则面临信用风险的保险资金达到 70%以上。近年来，保险负债端成本不断推高、期限缩短且负债端现金流不确定性增加，成本抬升促使保险机构追求更高收益，投资另类资产比例随之增加。另类资产存在交易结构复杂、部分信息不透明、流动性差等特点，加大了信用风险监测预警的难度。

三、流动性风险

流动性风险是指保险机构无法获取足额资金应对流动性需求，或无法及时以合理成本取得足额资金进行兑付等履行义务的行为的风险。流动性风险可划分为融资流动性风险和交易流动性风险。欧洲银行监管委员会（CEBS）将两种风险分别定义为“金融机构在没有遭到意外损失的情况下无法融资来偿还债务的风险”和“资产头寸无法轻易变现的风险，由于市场的流动性程度加深或市场崩溃而受市场价格剧烈影响”。

流动性风险与其他风险关联度较大,信用风险和市场风险等风险增大可能引发流动性风险。保险资金的特性要求其运用时注意期限、规模等要素的资产和负债匹配,以满足保险公司的偿付需求。而负债成本及不同资产类别投资收益差异的匹配问题将催生流动性危机。

四、合规风险

保险机构的合规风险是指保险机构因未遵循法律、规则和准则而受到法律制裁、监管处罚、重大财务损失和声誉损失等非预期损失的风险。作为保险资产管理机构,投资及管理行为应在银保监会等监管机构规定的框架下,遵循保险资金委托方投资指引要求,符合公司内部规章制度(见表2—2)。

表2—2　　保险资金运用的类别及适用法律、法规

资金运用方向	法律/法规
资金运用	《保险资金运用管理暂行办法》
资产配置	《中国保监会关于加强和改进保险资金运用比例监管的通知》
存款及债券	《中国保监会关于规范保险资金银行存款业务的通知、保险资金投资债券暂行办法》
股票与基金	《中国保监会关于提高保险资金投资蓝筹股票监管比例有关事项的通知》
基础设施	《保险资金间接投资基础设施项目管理办法》
股权及不动产投资	《保险资金投资股权暂行办法》
资产支持计划	《资产支持计划业务管理暂行办法》
保险资产管理产品	《中国保监会关于加强组合类保险资产管理产品业务监管的通知》
金融衍生产品及其他金融资产	《保险资金产于金融衍生产品交易暂行办法》
境外投资	《中国保监会关于调整境外投资有关政策的通知》
风险控制	《中国保监会关于保险资产管理产品风险责任人有关事项的通知、中国保监会关于保险机构投资风险责任人有关事项的通知》
内控合规	《中国保监会关于印发〈保险资金运用内部控制指引〉及应用指引的通知、保险公司合规管理办法》
关联交易	《中国保监会关于进一步规范保险公司关联交易有关问题的通知、关于执行〈保险公司关联交易管理暂行办法〉有关问题的通知》
信息披露	《保险公司信息披露管理办法、中国保监会关于进一步加强保险公司股权信息披露有关事项的通知》
计分审计	《保险资金运用内控与合规计分监管规则、保险稽查审计指引》

资料来源:中国保险行业协会。

五、其他风险

保险资金运用还面临操作风险、战略风险、声誉风险以及在保险资产管理公司的资金运用模式下产生的委托代理风险。根据巴塞尔委员会(Basel)的定义,操作风险是指“由于内部流程的不完善或失效、人力和系统以及外部事件所导致的风险”。战略风险是指由于战略制定和实施的流程无效或经营环境的变化,导致公司战略与市场环境、公司能力不匹配的风险。声誉风险是指由于保险机构的经营管理或外部事件等原因导致利益相关方对保险机构负面评价,继而造成损失的风险。保险资产管理公司的资金运用模式下的委托代理风险是指由于资金委托方和资产管理方由于信息不对称、投资机制不完善和内部运作不透明等行为而产生的资产管理方不以资金委托方的利益最大化为行事目标的风险。

第三节　资金运用监管体系

一、银保监会资金运用监管体系

中国偿付能力监管制度体系整体框架推出以前,我国对保险资金运用的监管以投资渠道监管、大类资产划分及比例限制为主要手段,虽达到部分风险控制的效果,但该监管模式无法根据保险机构特征、发展阶段、业务种类等具体内容进行差异化、动态化监管,且监管举措无法在实质上加强保险机构抵御风险的能力。鉴于国际保险监管的发展方向,建立偿付能力与资金运用监管的联动机制是防范化解资金运用风险的最有效手段。

2012年3月,原中国保监会启动第二代偿付能力监管制度体系(简称“偿二代”)建设工程(见图2—2);2015年2月,原中国保监会下发“偿二代”17项监管规则及过渡方案,自此进入“偿二代”过渡期阶段;2016年,“偿二代”正式施行;2017年7月,原中国保监会就《偿二代二期工程建设方案(征求意见稿)》向保险机构及同业征求意见,以期完善监管规则、健全执行机制和加强监管合作。

基于保险资金运用与保险机构偿付能力相互影响与制约的对立统一关系,对于保险机构的监管以偿付能力为核心,通过偿付能力衡量各保险机构内部风险水平,且根据各大类资产的风险特性,对资金运用进行分类监管。目前,保险资金运用风险控制指标体系既包含对各大类资产配置比例的限制,也包含不同类别资产单券集中度的限制。

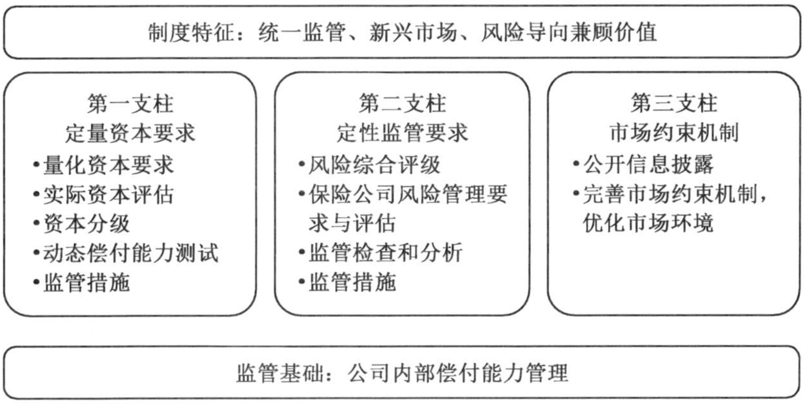

资料来源:中国银保监会。

图 2—2　偿二代监管体系

银保监会在诸多规章及规范性文件中对风险监测预警做出了明确的规范(见表 2—3)。2007 年印发的《保险公司风险管理指引(试行)》(保监发〔2007〕23 号)指出:“风险控制包括明确风险管理总体策略、制定风险解决方案和方案的组织实施等内容。制定风险管理总体策略是指保险公司根据自身发展战略和条件,明确风险管理重点,确定风险限额,选择风险管理工具以及配置风险管理资源等的总体安排。确定风险限额是指保险公司根据自身财务状况、经营需要和各类保险业务的特点,在平衡风险与收益的基础上,确定愿意承担哪些风险及所能承受的最高风险水平,并据此确定风险的预警线。”同年印发的《保险资产管理重大突发事件应急管理指引》(保监发〔2007〕42 号),指出:“保险机构应当建立保险资产管理重大突发事件监测预警机制,制定资产管理监测计划,科学设置监测变量、监测指标和监测警戒线等,综合评价监测数据”;“监测预警内容主要包括保险资产管理重大突发事件的类别、预警级别、起始时间、警示事项、影响程度、预警措施和预警报告制度”。《中国保监会关于加强和改进保险资金运用比例监管的通知》(保监发〔2014〕13 号)在内控比例管理规定中明确规定:“应当制定流动性风险、信用风险、市场风险等风险预警监测比例。保险公司应当密切监控相关风险敞口,确保其在自身风险承受能力和资本覆盖能力之内。”

表 2—3　　银保监会资金运用风控指标体系

大类资产监管比例	权益类资产	投资权益类资产的账面余额≤公司上季末总资产 30%，且重大股权投资的账面余额不超过上季末净资产（账面余额不包括自有资金投资保险类企业股权）
	不动产类资产	·投资不动产类资产的账面余额≤公司上季末总资产 30%，账面余额不包括购置的自用不动产 ·保险公司购置自用不动产的账面余额≤公司上季末净资产 50%
	其他金融资产	投资其他金融资产的账面余额≤公司上季末总资产的 25%
	境外资产	境外投资余额≤公司上季末总资产的 25%
集中度风险监管比例	投资单一资产	·投资单一固定收益类资产、权益类资产、不动产类资产、其他金融资产的账面余额均≤公司上季末总资产的 5% ·单一资产投资是指投资大类资产中的单一具体投资品种。投资品种分期发行，投资单一资产的账面余额为各分期投资余额合计
	单一交易对手	·投资单一法人主体的余额≤公司上季末总资产的 20%（投资境内的中央政府债券、准政府债券和以自有资金投资保险类企业股权等除外） ·单一法人主体是指保险公司进行投资而与其形成直接债权或直接股权关系的具有法人资格的单一融资主体
风险监测比例	流动性监测	·投资流动性资产与剩余期限在 1 年以上的政府债券、准政府债券的账面余额合计占本公司上季末总资产的比例<5% ·财产保险公司投资上述资产的账面余额合计占本公司上季末总资产的比例<7%
	融资杠杆监测	同业拆借、债券回购等融入资金余额合计占本公司上季末总资产的比例>20%
	类别资产监测	·投资境内 AA 级（含）以下长期信用评级的债券，账面余额合计占公司上季末总资产的比例>10% ·投资权益类资产的账面余额合计占公司上季末总资产的比例>20% ·投资不动产类资产的账面余额合计占公司上季末总资产的比例>20% ·投资其他金融资产的账面余额合计占公司上季末总资产的比例>15% ·境外投资的账面余额合计占公司上季末总资产的比例>10% ·集团内购买的单一保险资产管理产品，账面余额合计占公司上季末总资产的比例>5%

续表

内控比例管理	管理制度	按照资产负债管理和资产配置要求，指定分散投资管理制度和风险控制措施，严格控制大类资产投资比例、高风险类资产投资比例、行业和单一品种以及单一交易对手投资比例等
	监测比例	制定流动性风险、信用风险、市场风险等风险预警监测比例。保险公司应当密切监测相关风险敞口，确保其在自身风险承受能力和资本覆盖能力之内
	流动性风险管理方案	制定流动性风险管理方案，包括流动性风险管理体系和治理结构，管理政策和重要策略，识别、计量和监测流动性风险的主要方法和程序，流动性风险状况评价指标、压力测试和应急预案等，切实防范流动性风险

资料来源：中国银保监会。

二、证监会风险控制指标体系

根据《证券公司风险控制指标管理办法》，证券公司资金运用监管以净资本和流动性为核心，风险控制指标体系覆盖净资本、风险覆盖率、资本杠杆率、流动性覆盖率、净稳定资金率等各项指标的计算。2016 年《证券公司风险控制指标管理办法》的修订，强调了证监会对于流动性管理的重视，各类指标中，资本杠杆率的约束重在对证券行业的杠杆水平进行监测。该办法中各类风险控制指标有效增加证券行业体系的安全与稳健性，限制券商过激的转表加杠杆行为。

中国证券业协会 2016 年发布《证券公司风险控制指标动态监控系统指引》，中规定证券公司应当制定风险控制指标分级预警及跟踪制度，主要内容包括：根据公司的实际情况确定对各类风险控制指标进行分级预警的具体标准，最低预警标准应等于或严于监管要求的预警标准；不同级别预警信息的报告对象、方式和流程；公司相关管理人员对所受到的风险预警报告的处理责任及响应时限，风险预警报告中涉及的风险事项处理的跟踪监控责任；风险事项处理情况、报告与反馈的流程。该指引明确规定了证券公司在风险控制指标监测与预警过程中的行为规范（见表 2—4）。

表 2—4　　证监会风控指标体系

指标类别	指标及阈值
净资本	按照不同业务类别进行最低限制
风险控制指标	风险覆盖率≥100%
	资本杠杆率≥8%
	流动性覆盖率≥100%
	净稳定资金率≥100%
风险资本准备	计算市场风险、信用风险、操作风险资本准备

资料来源：中国证监会。

三、银监会风险控制指标体系

根据《商业银行风险监管核心指标（试行）》（银监发〔2005〕88 号），商业银行风险监管核心指标分为风险水平、风险迁徙和风险抵补三个层次。风险水平类指标包括流动性风险指标、信用风险指标、市场风险指标和操作风险指标，以时点数据为基础，属于静态指标。风险迁徙类指标衡量商业银行风险变化的程度，表示为资产质量从前期到本期变化的比率，属于动态指标。风险迁徙类指标包括正常贷款迁徙率和不良贷款迁徙率。风险抵补类指标衡量商业银行抵补风险损失的能力，包括盈利能力、准备金充足程度和资本充足程度三个方面（见表 2—5）。

表 2—5　　银监会风控指标体系

指标类别		指标及阈值
风险水平	流动性风险	流动性比例≥25%
		核心负债依存度≥60%
		流动性缺口率≥－10%
	信用风险	不良资产率≤4% 不良贷款率≤5%
		单一集团客户授信集中度≤15% 单一客户贷款集中度≤10%
		全部关联度≤50%
	市场风险	累计外汇敞口头寸比例≤20%
		利率风险敏感度
	操作风险	操作风险损失率

续表

指标类别		指标及阈值
风险迁徙	正常类贷款	正常贷款迁徙率 关注类贷款迁徙率
	不良贷款	不良贷款迁徙率
风险抵补	盈利能力	成本收入比≤35%
		资产利润率≥0.6%
		资本利润率≥11%
	准备金充足程度	资产损失准备充足率>100% 贷款准备充足率>100%
	资本充足程度	资本充足率≥8% 核心资本充足率≥4%

资料来源:中国银监会。

四、风险控制指标体系比较

横向对比来看,银保监会、证监会风险控制指标体系虽有所区别,但都前后引入了净资本和风险资本的概念,这也是国内外被广泛应用的综合性风险管理指标。银监会最早在2004年发布《商业银行资本充足率管理办法》,提出了风险资本的概念,而后在2010年、2012年分别发布《信托公司净资本管理办法》《商业银行资本管理办法(试行)》。证监会在2008年发布《证券公司风险控制指标管理办法》及2016年的修订版中也对风险资本及相关概念进行描述及规定。原中国保监会2015年下发《保险公司偿付能力监管规则》,明确了保险公司最低资本的定义及其组成部分,并对保险公司资本的风险覆盖提出了监管要求(见图2—3)。

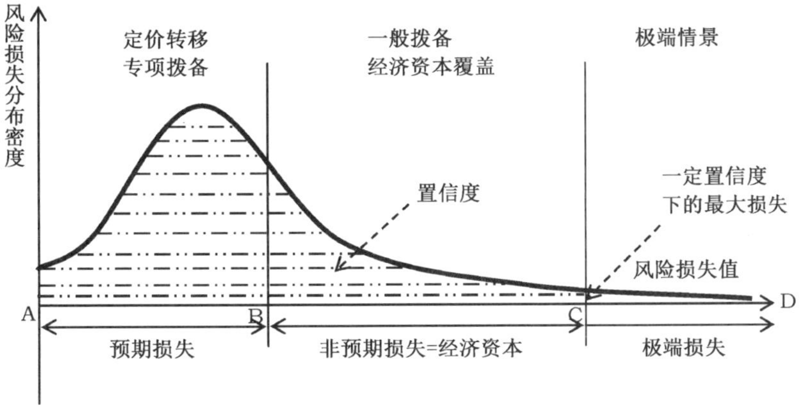

资料来源:笔者根据公开资料整理。

图2—3 风险资本的含义

综合来看,资本约束是监管机构加速融合、行业规范升级时期金融监管的重要工具之一,也是保险资产管理机构与信托公司、基金子公司等其他金融机构可进行横向对比的重要维度之一。对于保险机构及其他金融机构而言,业务结构规模与净资本、风险资本的匹配应当成为规划发展的重要参考,也是未来保险资金运用风险监测与预警可选取的重要指标之一。

第三章　保险资金运用风险监测预警管理体系实践探讨

第一节　风险监测预警体系构成解析

风险监测预警工作的全面、有序开展有赖于风险监测预警体系各组成部分的紧密整合、协调统一。完整的风险监测预警体系包括业务模型、监测预警框架以及监测信息三个主要构成部分。

业务模型为:依据公司/企业主要经营目标、盈利模式、管理模式等识别评估、总结概而成的价值传递、工序衔接、信息流转的框架模型,是对企业经营运作模式及价值创造过程的高度概括,也是开展实际监测工作的重要信息来源与依据。

监测预警框架为:依据外部监管标准、公司业务开展管理要求而建立的具体监控体系,包括监测预警模型、监测预警工作机制以及监测预警工具与措施等内容。监测预警框架详细描述风险监测预警标准、步骤,指导具体工作有序开展,确保风险监测预警目标实现。

监测信息为:风险监测预警实际工作的输出结果,为后续业务管理及(潜在)风险应对提供具体资讯与重要依据。结合具体使用方式及工作要求,监测信息的形式不限于报告、事件记录等非结构化形式,存储于相关业务系统、数据库中的结构化数据表也是监测信息的重要形式与载体。

下面介绍风险监测预警体系各部分具体内容。

一、业务模型

分析评估业务模型以揭示公司/企业业务内部逻辑与运作机制,是客观合理制定风险监测预警目标、设计完善实际监测预警方法措施及充分准确应用监测预警结果信息的重要参考依据。结合公司/企业自身经营目标与业务特征，业务模型可以进一步细分为公司价值链、公司工作流以及公司数据流三个层次。

（一）公司价值链

公司价值链是公司价值传递与增值活动的路径，识别公司价值链即基于公司经营目标、业务领域分类等信息识别这一路径的过程。区别于业务条线，公司价值链打破了业务单元与各专业业务领域的壁垒界限，更加关注公司经营活动中的价值流向，致力于客观清晰描述“公司价值/利润是如何产生”的问题，对于认清企业经营与管理现状有着重要意义。

基于已识别的价值链，公司可以依据不同分析目标、管理维度进行分类排序，从而更准确地把握“哪些业务对于公司当前/远期经营目标贡献最大”“在各业务/价值链条上哪些环节创造了更显著/重要的价值”“在各业务/价值链条上哪些环节的失控会对公司经营目标带来更显著/重大的影响”等问题，进而为后续的各项经营活动和管理决策提供重要的方向指引和参考依据。

（二）公司工作流

公司工作流相对于价值链更明确匹配公司组织结构、业务单元以及实际业务操作细节。公司工作流侧重于准确描述各工作开展的步骤工序、标准规范、输入输出、职责人员等具体安排，是公司价值链条的具象化表达，也是实现公司价值传递与增值的客观保证。

公司工作流依据目标可以细分为业务工作流及管理工作流。业务工作流用于描述公司主要经营业务的工作流程，如保险公司的保单销售、保单生命周期各环节工作流程，保险资产管理公司投资调研与决策、投资交易、运营清算、产品管理等工作流程；管理工作流用于描述辅助业务开展的相关工作流程，用以提升业务操作效率、效果及规范性，降低误差、偏离及潜在风险，确保公司经营活动与自身经营目标、内外部管理要求相匹配。

公司工作流依据实现形式可分为人工流程、电子化流程、混合流程等类别。人工流程主要以人工判断、核准方式完成，流程载体为各类纸质业务单据（如保单合同、交易指令单等）、审批单、操作记录、评估报告等；电子化流程是以各类专业流程协同系统为载体，人员通过电子签章等方式验证身份，获得权限后在线上完成各项业务操作，相关业务信息同时在系统中以结构化电子数据方式进行留痕记录，以供后续步骤或后期分析评估使用；混合流程为人工流程及电子流程的混合搭配，具体混合比例与实现环节视实际业务需求与系统条件不一而足。

（三）公司数据流

公司数据流是基于业务流框架对于各业务环节所生成、加工、存储及传递的信息数据之间的衔接、转化关系进行定义与描述。公司数据流一方面与业务要素高度相关，另一方面高度取决于数据载体（如各业务系统）的规则与结构，相对于公司价值链、工作流更加抽象且具有一定技术壁垒。随着当前"信息数据是公司（最）重要的资产"这一观念逐步成为各行业共识，清晰梳理并妥善管理公司数据流对于公司正常有序开展业务活动并实现经营目标具有重大而深远的意义。

公司数据流依据展现形式可分为显性（展示）数据流与隐性（逻辑）数据流。显性数据流更侧重于描述业务操作环节数据流动与转化的路径，如保险公司保单录单后合同要素信息流入核心业务系统，系统依据要素管理保单生命周期并生成现金流信息（催缴、理赔、退保等），传递到外围系统进行资金划转，各业务操作信息流入报表系统生成各类管理报告等；隐性数据流相对显性数据流更加贴近作为信息载体的系统规则与数据结构逻辑，在显性数据流转的同时，描述深层数据流动及结构转化处理逻辑等内容，如保单要素经由系统前端界面录入后分类存储于数据库保单信息表、客户信息表等库表中，系统依据业务类型（催缴、理赔、退保等）生成现金流要素通过系统接口发送至下游系统，并依据反馈信息更新保单信息表、会计分录表、保单活动（保全信息）记录表等相应数据表，进而构成数据信息在系统与库表间流转的内部逻辑路径。

二、监测预警框架

监测预警框架是指依据公司内外部管理要求、基于已识别的业务模型而制定的监测预警工作开展的具体内容标准与要求，用以指导实际风险监测预警工作落地实施。按照所涵盖内容差异，风险监测预警框架可以分为监测预警模型、监测预警机制以及监测预警工具及措施三个组成部分。

（一）监测预警模型

监测预警模型是用以描述相关业务流程已识别风险当前状态的逻辑指标及阈值的集合。监测预警模型依据业务流程指标状态作为输入，经过模型逻辑判断处理、反馈结果以揭示被监测风险当前状态，并触发后续对应风险处置措施。为紧密关联业务活动、客观匹配风险特征并准确揭示风险状态，监测预警模型应包括如下要素：

（1）适用业务场景特征：基于业务模型所识别的流程关键点以及拟监测的风险特征表现，评估风险不同程度表现对业务开展带来的（潜在）影响，明确风险监测预警所适用的业务场景。

(2)监测指标逻辑:结合使用场景的业务要素与拟监测风险特征,明确定义风险监测的输入要素内容/格式/意义、指标计算/处理算法逻辑以及输出要素内容/格式/意义。

(3)监测指标阈值:结合指标输出内容要素,定义拟监测风险各状态类别及所属的指标输出要素取值范围,用以明确界定风险现状。

(4)关联风险处置措施:结合监测指标阈值,明确监测风险各状态拟采取的风险处置措施。

(二)监测预警机制

监测预警机制用以描述实际监测预警相关工作开展的具体步骤、标准及要求,确保对应工作有序开展落实,全面准确实现监测预警工作目标。按照所涵盖内容差异,监测预警机制包括监测预警工作流及风险处置措施两部分内容。

(1)监测预警工作流:监测预警工作流属于管理工作流范畴(工作流可区分为业务工作流与管理工作流),具体描述监测预警工作执行步骤、人员职责、规范标准、监测预警信息使用方式等内容,用以规范监测预警工作开展落实。

(2)风险处置措施:风险处理措施描述依据已监测的风险状态信息应采取的后续风险处置工作内容,准确匹配上述监测结果中各风险状态,内容包括适用风险监测模型要素(场景特征、指标逻辑、指标阈值等)以及风险处置措施执行步骤、人员职责、规范标准及信息公告反馈要求等。

(三)监测预警工具及措施

监测预警工具及措施为监测预警工作开展所应用的工具载体,主要作用包括搜集业务活动及风险状态信息,计算处理监测预警指标以及触发对应风险处置措施。结合业务模式差异、企业文化习惯以及信息化水平差异等因素,各公司监测预警工具措施在具有基本共性特征的同时存在较大差异。依据当前行业内一般特征及工具功能及属性差异,常规监测预警工具包括业务系统平台、协同办公系统平台及定制自动化工具三种类别。

(1)业务系统及业务平台:业务系统平台一般为各公司核心业务系统及关联紧密的外围系统,主要用以批量化、电子化完成公司主要业务活动。相关系统在承载业务操作执行的同时,大多集成相关风险监测控制模块或功能,用于在线进行风险审核或控制;另有部分系统主要功能即为数据搜集与风险模型测算监控,属专用于风险监测控制的专业系统。

针对人寿保险公司，相关系统（各公司因选型差异名称或有不同，这里仅以功能而论）包括保单管理系统、保单生命周期（保全）业务操作管理系统（或有）、资金往来管理系统、销售渠道管理系统（不同类别渠道不同系统）、财务会计管理系统、管理信息系统（或数据中心、报表中心等）等。针对保险资产管理公司，相关系统包括投资交易管理系统、估值核算系统、风险控制与绩效评估系统、信用评级系统、产品信息管理系统、登记过户信息管理系统、销售渠道管理系统、财务会计管理系统、管理信息系统（或数据中心、报表中心等）等。

（2）协同办公系统平台：协同办公系统平台一般为公司行政办公或部分业务流程与信息流转载体，作为业务系统的扩展与补充参与（部分公司实现系统整合对接）部分业务执行操作。协同办公系统平台由于不涉及具体业务领域，各公司系统功能一般并无明显差别，仅在产品选型层面存在差异。针对保险及保险资产管理公司，协同办公系统平台一般包括办公 OA 系统、邮件系统等。

（3）定制自动化工具：考虑到开发及维护成本，目前各公司主要业务及协同办公系统平台建设模式均为选择业内相对成熟的产品作为基础，并结合自身业务开展需要进行部分客户化配置或开发。此种模式也就决定了系统平台的功能将主要解决共性业务需求问题，无法全面满足各公司自身的个性化、差异化需求。以常规的风险监测与数据统计工作为例，为满足日常各条线业务工作开展的具体需求，各公司人工数据处理仍大量存在。人工数据处理在时效性、准确性等方面都远劣于系统自动化处理的工作效果，进而部分公司采用自行编制定制化工具的方式来弥补系统平台灵活性的不足。定制自动化工具需求具有高度个性化的特点，实现方式多依赖于公司相关人员技术偏好与专长，常见技术手段包括 Excel-VBA、Access、MatLab、Python 等技术手段，列举如下：

Excel-VBA：Visual Basic for Applications（VBA）是 Visual Basic 的一种宏语言，是微软开发出来在其桌面应用程序中执行通用的自动化（OLE）任务的编程语言。主要用来扩展 Windows 的应用程序功能，特别是 Microsoft Office 软件，也可说是一种应用程式视觉化的 Basic 脚本。该语言于 1993 年由微软公司开发的的应用程序共享一种通用的自动化语言——Visual Basic For Application（VBA），实际上 VBA 是寄生于 VB 应用程序的版本。微软在 1994 年发行的 Excel5.0 版本中，即具备了 VBA 的宏功能。

Access：Microsoft Office Access 是由微软发布的关系数据库管理系统。它结合了 MicrosoftJet Database Engine 和 图形用户界面两项特点，是 Microsoft Office 的

系统程序之一。Access 有强大的数据处理、统计分析能力，利用 Access 的查询功能，可以方便地进行各类汇总、平均等统计，并可灵活设置统计的条件。比如，在统计分析上万条、10 几万条记录及以上数据时，速度快且操作方便。

MATLAB：MATLAB 是美国 MathWorks 公司出品的商业数学软件，用于算法开发、数据可视化、数据分析以及数值计算的高级技术计算语言和交互式环境，MATLAB 由一系列工具组成。这些工具方便用户使用 MATLAB 的函数和文件，其中许多工具采用的是图形用户界面，包括 MATLAB 桌面和命令窗口、历史命令窗口、编辑器和调试器、路径搜索和用于用户浏览帮助、工作空间、文件的浏览器。随着 MATLAB 的商业化以及软件本身的不断升级，MATLAB 的用户界面也越来越精致，更加接近 Windows 的标准界面，人机交互性更强，操作更简单。而且新版本的 MATLAB 提供了完整的联机查询、帮助系统，极大地方便了用户的使用。简单的编程环境提供了比较完备的调试系统，程序不必经过编译就可以直接运行，而且能够及时地报告出现的错误并进行出错原因分析。

三、监测预警信息

监测预警信息为风险监测预警工作的直接产物，其形式与用途主要取决于风险监测目标、风险监测预警机制相关规定以及风险监测预警工具输出结果的内容与格式特征。依据用途与形式差异，监测预警信息可分为监测报告/结果以及监测数据。

（一）监测报告/结果

监测报告/结果主要用途为：依据监测预警工作机制制定的沟通计划与规则定期或不定期向监测工作相关用户进行监测结果展现。展现的形式、频率随监测需求不同而有多种差异，一般共性监测指标往往有多种展现形式与规则。常见的监测报告/结果展现方式包括但不限于分析报告、数据表格、系统提示等形式，常见的展现频率分为定期与不定期，不定期展示频率又可细分为实时同步提醒/提示/汇报与事后异步提醒/提示/汇报。

（二）监测数据

区别于监测报告/结果的展示用途，监测数据主要用于历史监测结果存储与数据加工分析，故监测数据一般为高度结构化数据，存储于系统库表文件或数据表格中。完备的监测数据除保存有监测数据结果信息外，还应同步保存相关监测要素信息，包括但不限于：监测相关业务场景、关联监测指标、监测时点、监测数值量纲、监测用途等要素信息。

第二节　风险监测预警体系建设实践探讨

风险监测预警体系客观性、适用性直接决定风险监测预警工作实际效果。鉴于风险监测预警体系的重要性与核心地位，本文尝试结合业内相关理论及实践经验探讨风险监测预警体系搭建工作的优化步骤及注意事项。

依据各组成部分之间的内在联系，风险监测预警体系搭建过程可遵照树立业务模型、评估及设计监测体系、搭建监测体系相关工具以及评估监测体系有效性并进行持续完善的次序逐步开展。

一、梳理业务模型

梳理公司业务模型目的是清晰认识公司各项业务运作机制，全面把握各业务环节关联关系，准确识别各业务开展关键步骤，为后续定义风险监测目标、制定具体监测模型与机制提供重要的评估分析与决策参考依据。公司业务模式三个不同层次（价值链、工作流、数据流）的内容侧重点与结构特征各有不同，梳理工作应充分结合各层次性质特点深入细致开展，具体建议如下：

（一）分析公司价值链

公司价值链分析的目标在于准确辨别各业务领域对于公司的内在价值差异，以明确标准（如公司价值最大化）对各项业务进行价值排序。基于内部资源有限性的条件制约，公司应结合内外部管理需求整体规划风险监测预警工作安排，通过分析价值链，优先选择对公司业务开展价值较大的领域开展后续监测工作，力求最大化风险监测领域投入资源所产生的效用。

公司价值链分析具体步骤可参照企业价值链分析法（VCA）中推荐的步骤逐步开展进行。梳理工作开展过程中，公司应力求建立业务全局视角，避免各相关业务领域之间的割裂，充分识别各业务链条之间的前置后置依赖条件等关联关系，相关梳理工作步骤可参考业务连续性理论（BCP）中“业务影响分析（BIA）”部分推荐的实践方法逐步开展。

1. 企业价值链分析法

企业价值链分析法（value chain analysis）是企业为一系列的输入、转换与输出的活动序列集合，每个活动都有可能相对于最终产品产生增值行为，从而增强企业的竞争地位。企业通过信息技术和关键业务流程的优化是实现企业战略的关键。企业通过在价值链过程中灵活应用信息技术，发挥信息技术的使能作用、杠杆作用和乘数效应，可以增强企业的竞争能力。

价值链分析的步骤如下：

(1)把整个价值链分解为与战略相关的作业、成本、收入和资产，并把它们分配到‘有价值的作业’中；

(2)确定引起价值变动的各项作业，并根据这些作业，分析形成成本及其差异的原因；

(3)分析跨越整个价值链上的多个节点企业之间的关系，确定与顾客和供应商之间作业的相关性；

(4)利用分析结果，重新组合或改进价值链，以更好地控制成本动因，产生可持续的竞争优势，使企业在激烈的市场竞争中获得优势。

2. 业务连续性理论

业务连续性理论(business continuity plan)是一套基于业务运行规律的管理要求和规章流程，使一个组织在突发事件面前能够迅速做出反应，以确保关键业务功能可以持续，而不造成业务中断或业务流程本质的改变。

在业务连续性计划的制定中，需要参照以下几个关键步骤来进行：

(1)确定业务关键功能：公司的业务计划通常决定了公司关键的使命和业务功能。必须为这些功能设定优先级别，这样才能指出什么才是对于公司的生存至关紧要的。

(2)确定支持关键功能的资源和系统：在确定了关键的功能之后，就有必要找出实现这些功能究竟需要那些支持。这些支持不一定只是计算机系统，它们也可能是员工、程序、任务、供给和供应商的支持。在做计划的过程中必须确定对这些关键功能来说，如果有些资源和系统无法得到，那么将产生什么样的后果。需要有人来对这些资源进行分析，这样的分析应该由那些理解资源并知道它们是如何为企业提供功能的人来完成。这些人通常应该懂得各种资源之间的相互依赖关系，以及资源缺失造成的真正后果。

(3)估计潜在的灾难事件：在这一步中，我们要确定所有可能的意外事故和灾难，这很具有挑战性。这也许需要请外面的咨询人员来参与制定计划，主要是因为“当局者迷，旁观者清”，他们也许能够想到本团队想不到的问题。

(4)选择计划策略：这一步包括制定有关如何恢复关键资源和评估应急方案。一个灾难恢复计划通常包括突发事件响应、恢复和重新开始等活动。突发事件响应涉及保护生命和制止进一步的损害。恢复包括为使关键功能重新回到工作状态而采取的一系列必要步骤，重新开始是使公司回到初始工作状态的活动。尤其值得注意的是：计划所采取的策略要基于逻辑性、可行性和经济性等几个方面来考虑，也就是要做到比较好的tradeoff。为了恢复关键功能，有时候要在某些方面做出牺牲，在制定计划的时候就应该决定这种牺牲。

3. 业务影响分析

业务影响分析（business impact analysis，BIA），也称作业务影响评估，分析干扰性风险对组织运营的影响方式，同时识别并量化必要的风险管理能力。

（1）用途：BIA用来确定危害性以及过程和相关资源（人员、设备、信息技术）的恢复时间，以确保目标的持续实现。而且，BIA有助于确定过程、内外部各方以及供应链连接处之间的相互依存关系。

（2）输入数据：承担分析并制定计划的小组；关于目标、环境及运行和组织的相互依存关系的信息；有关组织活动及运行的详情，包括过程、辅助资源、与其他组织的关系、外包安排以及利益相关者；关键过程的缺失所造成的财务及运行结果；事先准备的调查问卷表；组织相关部门的受访者及/或计划联系的利益相关者的名单；等等。

（3）过程：通过使用调查问卷表、访谈、结构化讨论会或综合运用上述方法，可以开展BIA，以便认识关键过程、过程缺失产生的影响以及必要的恢复时间范围及辅助资源。关键步骤包括：根据风险及脆弱性分析（vulnerability assessment），确认组织的关键过程和输出结果，以确定过程的危害性；确定在干扰规定的时期内对被识别的关键过程造成的财务及/或运行影响；识别与关键内外部利益相关者的相互依存关系。这可能包括通过供应链说明相互依存关系的性质；确定现有资源及干扰过后继续以最低允许水平运行所需的基本资源；确定目前使用或计划开发的替代性工作区域和程序。如果在干扰过程中资源或能力无法获得或不够充分，那么可能就要开发替代性的工作区域和程序。根据被识别的结果以及职能部门的关键成功因素来确定各过程的最大可容忍故障时间（MAO）。MAO代表组织所能容忍的能力损失的最大时间段。确定任何特定装备或信息技术的目标恢复时间（RTO）。这可能包括评估过程中的重复水平（例如，设备备件）或是替代供应商的存在情况。确认关键过程的现期准备水平。这可能包括评价过程中的冗余程度（例如备用设备）或存在替代供应商。

（4）输出结果：包括：关键过程及相关依存关系的优先性清单；因关键过程缺失而带来的财务及运行过程影响的记录；用于被识别的关键过程的辅助资源；关键过程的故障时间范围以及相关信息技术恢复时间范围；等等。

（二）梳理工作流

公司工作流梳理的目的在于清晰描述各项具体业务开展执行的步骤环节、标准规范及指责安排等详细信息，进而依据内外部管理目标提炼概括形成监测预警工作切入落脚点。

工作流梳理首要因素是结合公司价值链明确工作流输出结果与公司实现价值目标的关联关系，明确各具体工作环节的价值与意义。工作流梳理应详细评估输入、输出、标准规范及岗位人员安排等各要素的充分性与必要性，揭示相关要素安排对其价值兑现过程的影响效果（促进、保障还是损害、削弱），进而结合管理目标、风险特征识别相关流程的脆弱性环节，为后续监测方案设计工作提供方向指引。

公司工作流梳理工作可参考“6－sigma管理理论”“全面质量管理理论（QTM）”“ISO9000质量标准体系”推荐的最佳实践步骤逐步开展。

1. 6-sigma管理理论

6-sigma管理理论也称六西格玛（six sigma，6σ），是20世纪80年代由摩托罗拉公司的概念和相应的管理体系。

（1）实施步骤：定义—辨认需改进的产品或过程，确定项目所需的资源；测量—定义缺陷，收集此产品或过程的表现作底线，建立改进目标；分析—分析在测量阶段所收集的数据，以确定一组按重要程度排列的影响质量的变量；改进—优化解决方案，并确认该方案能够满足或超过项目质量改进目标；控制—确保过程改进一旦完成能继续保持下去，而不会返回到先前的状态。

（2）实施程序：辨别核心流程和关键顾客；定义顾客需求；针对顾客需求评估当前行为绩效；辨别优先次序，实施流程改进；扩展、整合六西格玛管理系统。

2. 全面质量管理理论

全面质量管理理论（total quality management，TQM）是指一个组织以质量为中心，以全员参与为基础，目的在于通过顾客满意和本组织所有成员及社会受益而达到长期成功的管理途径。在全面质量管理中，质量这个概念和全部管理目标的实现有关。

（1）内涵：是以质量管理为中心，以全员参与为基础，目的在于通过让顾客满意和本组织所有者、员工、供方、合作伙伴或社会等相关方受益而使组织达到长期成功的一种管理途径。

（2）范围：全面质量管理的基本原理与其他概念的基本差别在于，它强调为了取得真正的经济效益，管理必须始于识别顾客的质量要求，终于顾客对他手中的产品感到满意。全面质量管理就是为了实现这一目标而指导人、机器、信息的协调活动。

(3)两大支柱:第一支柱为成本控制及时全面;第二支柱为持续改进自动化。

(4)管理工具:统计分析表法和措施计划表法、排列图法、因果分析图法、分层法、直方图法、控制图法、散布图法。

3. ISO9000 质量标准体系

ISO9000 质量标准体系是第一套管理性质的国际标准。它是各国质量管理与标准化专家在先进的国际标准的基础上,对科学管理实践的总结和提高,它既系统、全面、完善,又简洁、扼要。2008 族标准核心标准为下列 4 个:

(1)ISO9000－2005《质量管理体系——基础和术语》:阐述了 IS09000 族标准中质量管理体系的基础知识、质量管理 8 项原则,并确定了相关的术语。

(2)ISO9001－2008《质量管理体系一要求》:规定了一个组织若要推行 ISO9000,取得 ISO9000 认证,所要满足的质量管理体系要求。组织通过有效实施和推行一个符合 ISO9001:2000 标准的文件化的质量管理体系,包括对过程的持续改进和预防不合格,使顾客满意。

(3)ISO9004－2009《质量管理体系一业绩改进指南》:以 8 项质量管理原则为基础,帮助组织有效识别能满足客户及其相关方的需求和期望,从而改进组织业绩,协助组织获得成功。

(4)ISO19011－2011《质量和环境管理体系审核指南》:提供质量和(或)环境审核的基本原则、审核方案的管理、质量和(或)环境管理体系审核的实施、对质量和(或)环境管理体系审核员的资格等要求。

(三)梳理数据流

公司数据流梳理工作目的在于准确理解公司信息数据传递机制、数据逻辑规范,为针对业务数据深度分析与监测需求提供核心依据。

公司数据流梳理相比前两者有更高的技术门槛、更复杂的技术细节;梳理工作对参与人员的数据分析及应用能力、技术水平有相对较高的要求;梳理工作的成本相对较高;数据流应用场景范围相比前两者较窄,往往限于深度数据分析领域。考虑到上述特征,各公司应结合自身需求与人员素质综合权衡并适度开展数据流梳理工作,力求资源投入产出效用最大化。公司数据流梳理工作方法多取决于由梳理目标定义的梳理范围、作为数据载体的业务系统数据逻辑与规范,不同场景方法差异较大,一般性建议可参考“知识管理理论(KM)”“数据结构范式”以及“实体－联系数据模型(E－R模型)”所属相关原则酌情取舍开展。

1. 知识管理理论

知识管理理论(knowledge management)是知识经济时代涌现出来的一种最新管理思想与方法,它融合了现代信息技术、知识经济理论、企业管理思想和现代管理理念。实施分为 4 个步骤:

(1)认知:认知是企业实施知识管理的第一步,主要任务是统一企业对知识管理的认知,梳理知识管理对企业管理的意义,评估企业的知识管理现状;帮助企业认识是否需要知识管理,并确定知识管理实施的正确方向。

(2)规划:知识管理的推进是一套系统工程,在充分认知企业需求的基础上,详细规划乃是确保知识管理实施效果的重要环节。这个环节主要是通过对知识管理现状、知识类型的详细分析,并结合业务流程等多角度,进行知识管理规划。在规划中,切记知识管理只是过程,而不能为了知识管理而进行知识管理,把知识管理充分融入企业管理之中,才能充分发挥知识管理的实施效果。

(3)试点:此阶段是第二阶段的延续和实践,按照规划选取适当的部门和流程依照规划基础进行知识管理实践,并从短期效果来评估知识管理规划,同时结合试点中出现的问题进行修正。

(4)推广和支持:在试点阶段不断修正知识管理规划的基础上,知识管理将大规模在企业推广,以全面实现其价值。

2. 数据结构范式

数据结构范式:在设计关系数据库时,遵从不同的规范要求,设计出合理的关系型数据库,这些不同的规范要求被称为不同的范式,各种范式呈递次规范,越高的范式数据库冗余越小。

(1)第一范式(1NF):是指在关系模型中,对域添加的一个规范要求,所有域都应该是原子性的,即数据库表的每一列都是不可分割的原子数据项,而不能是集合、数组、记录等非原子数据项。即实体中的某个属性有多个值时,必须拆分为不同的属性。在符合第一范式(1NF)表中的每个域值只能是实体的一个属性或一个属性的一部分。简而言之,第一范式就是无重复的域。

(2)第二范式(2NF):是在第一范式(1NF)的基础上建立起来的,即满足第二范式(2NF)必须先满足第一范式(1NF)。第二范式(2NF)要求数据库表中的每个实例或记录必须可以被唯一地区分。第二范式(2NF)要求实体的属性完全依赖于主关键字,第二范式就是在第一范式的基础上属性完全依赖于主键。

(3)第三范式(3NF):是第二范式(2NF)的一个子集,即满足第三范式(3NF)必须先满足第二范式(2NF)。简言之,第三范式(3NF)要求一个关系中不包含已在其他关系已包含的非主关键字信息。第三范式就是属性不依赖于其他非主属性,也就是在满足 2NF 的基础上,任何非主属性不得传递依赖于主属性。

3. 实体一联系数据模型

实体一联系数据模型(entity-relationship,E-R)(简称 E-R 模型),它提供不受任何 DBMS 约束的面向用户的表达方法,在数据库设计中被广泛用作数据建模的工具。

(1)原则:从数据需求分析中分析出系统的实体属性图,需要遵循三范式原则,对实体之间的依赖关系进行整合后,得出系统 E-R 图。

(2)组成:E-R 图模型是由实体、属性和联系组成的。其中实体是一个数据的使用者,其代表软件系统中客观存在的生活中的实物。而同一类实体就构成了一个实体集。实体的内涵用实体类型来表示。实体类型是对实体集中实体的定义。实体中的所有特性称为属性。实体标识符也就是实体的主键。在 E-R 图中,实体所对应的属性用椭圆形的符号现况表示出来,添加了下划线的名字就是我们所说的标识符。

二、监测预警框架评估与设计

监测预警框架是对监测工作的总体定义与描述,监测预警框架的适用性与有效性是建立在准确识别公司业务模型、清晰理解外部监管规定/内部管理要求、充分把握拟监测风险特征实质的基础之上,即上述工作是评估设计监测预警框架的重要前置步骤。

监测预警框架各组成部分直接存在一定的内部关联,公司可逐步依次进行监测模型梳理、监测工作流定义以及监测工具方案设计等工作,或依据实际情况同时开展各项工作,具体次序安排由监测需求、公司相关条件以及资源限制(如时间要求等)综合决定。

(一)梳理监测模型

准确评估分析风险监测预警需求是梳理监测模型的重要前置步骤,监测需求评估分析工作注意事项包括但不限于:监测需求应全面覆盖监测工作内外部相关要求,外部要求包括监管机构规章制度、关联机构业务操作要求(如沪深交易所、银行间市场、中金所、登记结算公司等交易规范规则),内部要求包括公司制度规程、委托合同资金运用限制条款以及内部管理要求等;监测需求应结合公司业务场景对拟监测内容进行清晰明确描述,具体要素包括拟监测内容详细规格口径、监测指标阈值各阈值范围、监测工作频率及强度要求、监测异常情况拟处置方式等。公司监测需求评估工作可参考

"项目管理理论(PM)"中"需求分析"环节推荐的最佳事件步骤逐步开展。

梳理风险监测预警模型即明确定义监测逻辑与标准,监测模型梳理工作应确保模型指标逻辑密结合拟监测风险特征属性,具体包括辨别关联风险类别、对应类别风险与监测内容相关性评估、对应风险类别向其他类别风险迁移转化可能性与影响评估、转化风险对应监测内容与指标等内容。监测模型梳理工作应高度关注模型与风险预警监测需求的匹配性,具体包括指标数据来源与拟监测对象口径标准的吻合程度、监测指标阈值区段与拟监测风险特征类别差异之间对应程度、监测指标逻辑与拟监测风险市值的关联性等。

风险监测预警模型应具体包括前述的模型各相关要素,并建立文档进行规范管理,以备后续建设实施工作及有效性评估工作比照核查。

项目管理理论(project management)是管理学的一个分支学科,对项目管理的定义是:指在项目活动中运用专门的知识、技能、工具和方法,使项目能够在有限资源限定条件下,实现或超过设定的需求和期望的过程。项目管理是对一些成功地达成一系列目标相关的活动(比如任务)的整体监测和管控,这包括策划、进度计划和维护组成项目的活动的进展。

(1)定义:所谓项目管理,就是项目的管理者,在有限的资源约束下,运用系统的观点、方法和理论,对项目涉及的全部工作进行有效地管理,即从项目的投资决策开始到项目结束的全过程进行计划、组织、指挥、协调、控制和评价,以实现项目的目标。

(2)特性:普遍性、独特性、集成性、创新性、临时性。

(3)内容:项目范围管理、项目时间管理、项目成本管理、项目质量管理、项目人力资源管理、项目沟通管理、项目风险管理、项目采购管理、项目集成管理、项目干系管理。

(二)基于业务流、数据流,定义监测工作流

定义监测工作流旨在合理部署具体监测工作开展详细安排。监测工作流梳理定义工作应注意事项包括但不限于:工作流安排同监测需求之间的匹配性,监测异常事件处理时效/形式、监测信息安全性/保密性、监测结果通告机制是否与监测需求相吻合。工作流安排应充分结合公司业务场景与实际条件,具体包括评估当前业务开展主要载体、可用于开展监测工作的人员配备情况及专业化程度等。

监测工作流梳理中监测工作规范标准的制定可参照"IT 基础架构库(ITIL)"中制定"服务水平协议(SLA)"部分推荐的最优实践步骤。整体监测工作方案梳理可参照"项目管理理论(PM)"中计划方案制定章节推荐的步骤逐步开展。

1. IT基础架构库

IT基础架构库(information technology infrastructure library,ITIL)由英国政府部门CCTA(Central Computing and Telecommunications Agency)在20世纪80年代末制订,现由英国商务部OGC(Office of Government Commerce)负责管理,主要适用于服务管理(ITSM)。ITIL为企业的IT服务管理实践提供了一个客观、严谨、可量化的标准和规范。

(1)管理流程:事件管理;问题管理;配置管理;变更管理;发布管理。

(2)核心模块:ITIL的核心模块是“服务管理”,这个模块一共包括10个流程和一项职能,这些流程和职能又被归结为两大流程组,即“服务支持”流程组和“服务管理”流程组。其中,“服务支持”流程组归纳了与管理相关的一项管理职能及5个运营级流程,即事故管理、问题管理、配置管理、变更管理和发布管理;服务提供流程组归纳了与管理相关的5个战术级流程,即服务级别管理、服务财务管理、能力管理、服务持续性管理和可用性管理。

2. 服务水平协议

服务水平协议(service level agreement,SLA):是在一定开销(通常这个开销是驱动提供服务质量的主要因素)下,为了保障服务的性能和可靠性,服务提供商与用户间或者服务提供商之间定义的一种双方认可的协定。

(1)SLA特点:一是附加性。SLA是基于外包商常规服务标准上所提出的性能附加需求,如可靠性、安全性、可用性等,因此SLA并不是全新的服务内容,而是一种全新的服务理念和方式;二是量化性。SLA是以一个或多个业务性能指标为核心内容,并作为双方协议的标准,其定义的内容要求能够被量化表示,并对客户额外付出的费用和外包商承担的责任建立对应关系;三是风险性:客户通过SLA将业务可能失效的风险部分地转嫁给外包商,外包商还需承担不具备SLA业务提供或保障能力所带来的隐形经营成本。

(2)SLA生命周期:产品与服务开发阶段,谈判和销售,实施,执行同,评估。

(三)设计监测体系工具搭建方案

监测体系具体工具搭建方案设计基本步骤包括基于监测需求及监测工作流定义工具功能范围、输入输出要素内容及标准、可用资源评估及产品选型等步骤。

其中,明确定义工具功能范围及要素标准属于前置步骤,应力求全面完整、清晰明确。具体而言,工具功能范围应全面覆盖需处理的监测指标,工具形式应明确是嵌入业务工作流进行事前、事中控制还是进行事后控制,工具应能够兼容对接指标计算输入数据的内容与格式，工具输出结果应满足工作流所描述的监测结果应用场景需求。

基于工具功能与要素描述，公司应结合当前可用资源（业内供应商资源、公司可用人员专业水平等）进行工具的产品选型评估，进而选择最匹配工具应用要求的既有产品进行客户化、以实现快速部署上线，或者直接基于需求进行自行开发，以最大限度满足个性化需求。监测体系工具搭建方案为后续工具搭建实施工作提供明确指导依据。

设计监测体系工具搭建方案可参考“项目管理理论（PM）”中方案设计部分内容推荐的最佳实践方式逐步开展。

三、监测体系与工具搭建实施

监测体系与工具搭建实施工作是建设风险监测预警体系的实质阶段，基于已有的业务模型、预警监测框架设计方案，公司投入相关资源并推动监测体系成型交付，确保风险预警监测工作开展的必要条件完备充分。搭建实施工作可分为系统建设实施/工具编制以及结合监测主题实现各环节整合两个阶段。

（一）系统实施/工具编制

依据选型方案，工具建设实施可分为系统建设实施或者工具开发编制两种类别。

系统建设实施工作大致步骤包括商务操作、需求细化设计、系统开发/定制化配置、系统部署实施、功能测试验证、知识转移/培训、系统交付验收、系统上线等具体步骤，其中各步骤均有不同于其他环节的注意事项及把控要点，详情可参考“项目管理理论（PM）”中对应部分推荐的最佳实践步骤。系统建设过程中公司应高度关注需求细化设计、知识转移/培训等环节，确保系统工具与建设目标预期相匹配，且上线后公司员工具备应用系统开展具体工作的必要知识技能。公司应结合自身资源（时间、成本、人员）情况与制约条件密切关注并动态管理系统建设工作进度，保证系统交付质量。

定制自动化工具开发工作相对系统建设步骤较简化，大致步骤包括需求细化评估、工具开发、功能测试、知识转移及交付使用等环节。各环节步骤可参考“项目管理理论（PM）”中推荐的步骤进行。因各公司资源、技术储备情况差异较大，具体步骤完成标准与要求应结合自身情况分别把握。

（二）基于监测主题实现各环节整合

风险监测预警体系的正常运转有赖于各组成部分各司其职，协调统一。前文所述各步骤完成后，为确保风险监测预警体系能正常运转，公司还应结合监测主题对各组成部分进行有效整合。

具体而言，风险监测预警体系整合工作包括但不限于：整体层面重新检视体系与监测需求的匹配性、监测体系整体试运行测试及调整、参与人员技能培训与考核等相关工作，旨在以监测对象、监测目标为出发点，从整体层面检查各组成部分能否高效顺畅衔接，有序稳定运行，最终确保风险监测工作质量与效果。

四、监测体系有效性评估方法与持续完善

各类风险结合市场环境变化、公司业务发展呈现动态性特征，对应的风险预警监测体系也需结合实际运转状态及最新内外部情况定期评估有效性、适用性，对发现的问题及时调整。

为确保风险监测预警体系适用性，公司应结合现状定期评估当前监测需求与原监测需求差异，定期评估现有风险监测体系针对现有业务场景与监测需求的有效性与匹配性，并逐步建立监测体系的持续完善机制。

（一）评估有效性

评估监测体系有效性应以评估监测需求适用性为基础。公司应定期结合最新外部监管规定、内部制度要求以及拟监测对象最新的管理要求评估原有风险监测需求的适用性，及时添加新增内容，结合最新市场环境、公司业务目标及时调整对应指标口径、逻辑及阈值设置，及时更新风险监测异常情况的处置措施安排。结合更新后的监测管理需求，公司应组织资源评估现有监测体系的有效性，并针对梳理排查出的拟改进环节制定方案，及时推动体系更新工作开展落实。视管理需求与资源条件，公司可针对风险监测体系进行版本管理，建立档案完整记录各评估及改善工作内容、进度，规范风险监测体系有效性评估及升级改造工作。

（二）建立持续完善机制

保持风险监测预警体系有效性有赖于一套完整的持续完善机制，公司应明确针对监测体系进行有效性评估的时间期限、内容范围、规范标准与职责安排，通过形成制度机制确保风险监测体系与风险现状特征及公司业务发展步伐的动态匹配。

建立针对风险监测体系持续完善机制的步骤可参照“戴明环 PDCA 循环”框架模式推荐的步骤开展进行。

戴明环 PDCA 循环：PDCA 循环是美国质量管理专家休哈特博士首先提出的，由戴明采纳、宣传，获得普及，所以又称戴明环。全面质量管理的思想基础和方法依据就是 PDCA 循环。PDCA 循环的含义是将质量管理分为 4 个阶段，即计划、执行、检查、处理。在质量管理活动中，要求把各项工作按照做出计划、计划实施、检查实施效果，然后将成功的纳入标准，不成功的留待下一循环去解决的工作方法。这是质量管理的

基本方法,也是企业管理各项工作的一般规律。

PDCA 是英语单词 plan(计划)、do(执行)、check(检查)和 action(实施行动)的第一个字母,PDCA 循环就是按照这样的顺序进行质量管理,并且循环不止地进行下去的科学程序。

(1)P(plan) 计划,包括方针和目标的确定,以及活动规划的制定。

(2)D(do) 执行,根据已知的信息,设计具体的方法、方案和计划布局;再根据设计和布局,进行具体运作,实现计划中的内容。

(3)C(check) 检查,总结执行计划的结果,分清哪些对了、哪些错了,明确效果,找出问题。

(4)A(action)实施行动,对总结检查的结果进行处理,对成功的经验加以肯定,并予以标准化;对于失败的教训也要总结,引起重视;对于没有解决的问题,应提交给下一个 PDCA 循环中去解决。

第三节 风险监测预警体系实例列举

前文针对风险监测预警体系搭建实施的框架模式、方法路径以及参考借鉴的理念及方法论进行了探讨。下文简述保险资产管理公司相关主题风险监测预警体系实例,以期与前文所述内容交叉印证。

一、产品账户投资交易风险监测控制体系

(一)背景介绍

保险资产管理公司开展自有及委托资金投资交易业务需符合外部监管、内部制度规程及产品账户协议相关限制及约束。为满足内外部管理要求,公司结合自身资源条件逐步建立针对投资交易操作的监测控制体系。

(二)需求概述

监测与控制需求来源为监管、交易所及公司相关制度文件,产品及账户合同协议文件中投资授权、证券准入、投资比例、止损标准等要求。相关控制措施应优先采用系统事前、事中系统刚性控制,必要时通过事后控制方式实施。结合相关要求,针对监测突破限制的投资操作类别与要素分别采取禁止、授权审批、预警提示等控制措施,相关监测及控制结果定期形成各类报告,分别报送监管机构、公司管理层及公司各专业委员会作为监管依据及决策参考。

（三）方案概述

公司全面梳理监管制度、内部制度以及产品账户合同，建立管理要求清单、产品账户信息资料库，汇总搜集详细需求信息。结合不同管理主题，公司分别梳理形成投资授权管理体系、各类证券准入及禁投措施、标准、止损管理办法等管理制度及措施，构成风险监测控制具体执行机制框架。综合上述信息，公司最终形成各业务主题投资控制详细需求。

基于详细需求，公司风险管理职责部门在投资交易系统中设置风险控制参数，实现相关标准与限制的事前和事中控制，并结合交易数据对部分指标进行定期监测测算，依据监测结果履行预警提示、限期调整等风控职责。公司风险管理职责部门依据监测结果定期整理形成各类管理报告并报送监管机构、公司管理层及专业委员会。

公司风险管理职责部门依据委托账户、产品上线及变更业务流程设置必要评估及审批步骤，确保投资交易监测控制体系实时匹配账户、产品最新状态及管理需求。公司风险管理职责部门制定系统风控类参数管理机制，通过建立系统参数字典、明确参数需求评估、参数测试及上线配置、定期审阅等步骤确保投资交易控制参数持续有效。

二、风险限额监测管理体系

（一）背景介绍

保险资产管理公司开展各类投资业务需符合公司整体及各委托人风险承受意愿及能力。为确保各账户投资策略及投资交易操作与风险承受意愿/能力相匹配，公司应建立风险限额监测管理体系，作为风险偏好管理体系的基础支撑，对各产品账户投资行为进行整体管理。

（二）需求概述

当前及历史市场环境、公司投资策略风格及业绩表现也是建立风险限额监测管理体系的重要参考因素。实际工作中，限额监测、控制需求的文本来源通常为监管要求、公司制度及各委托账户、产品合同及投资指引中相关规定。风险限额监测管理体系应通过量化指标描述当前风险暴露状态、全面覆盖各类型账户（自有资金、三方委托账户）及主要类别风险（市场风险、信用风险、流动性风险等）。风险限额监测体系应及时揭示风险状态信息，并对实际投资操作进行有效影响约束。

（三）方案概述

公司全面梳理监管及公司制度文件、各产品账户合同及投资指引，搜集汇总风险偏好信息。公司结合各类风险实质表现及账户特征初步拟定限额指标体系，结合历史行情及投资业绩进行指标回测,组织专家小组进行评审评估,确保指标限额体系与风险特征的匹配性。公司制定风险限额管理步骤机制,明确限额评估制定、下发执行、定期监测、提示反馈及追踪跟进的工作机制,结合风险限额指标体系最终构成风险限额管理框架体系。

公司风险职能管理部门结合现有资源条件,明确通过风控系统制式化数据配合定制自动化程序加工处理的工具建设方案,并组织资源进行风控系统的升级改造及自动化程序的开发调试,确保限额数据得到及时、准确计算处理。

公司风险职能管理部门结合公司内部管理流程及限额管理机制,细化形成风险限额管理办法及监测方案与预警报告模板等,明确各操作环节步骤标准、时效要求以及职责安排,建立风险限额指标文档及限额监测数据归档机制,明确限额体系定期梳理更新工作要求,确保风险限额监测管理相关工作持续有效开展。

第四章　总结与建议

在宏观政策调整、市场波动频繁、监管全面加强的外部环境要求和保险资金规模日益增加、运用范围日益扩大的内在风险管控需求下,建立完备有效的风险监测与预警体系,既迫切又重要。在理论梳理和论证的基础上,工作实践中,建立有效的风险监测与预警体系,应有如下要素支持:

第一,对监测目的和管理内容的清晰认识。风险监测的目的按照自外而内、由基本要求到精细化管理的次序,可分为三个层次:系统性风险防范与合规性的要求、受托/产品管理契约性要求、风险偏好管理体系相关要求。在监测目的和内容研究分析并梳理归纳的前提下,应将各类监测需求最终转化为可实施的具象指标和数据,并对监测内容进行持续的学习、梳理、研究、评估及优化更新。

第二,对业务模式和数据信息的全面把握。围绕监测目的及业务场景,公司应深入评估资深业务模式,依据价值大小对各业务条线及流程排序以明确资源投入优先级,以各类业务开展步骤、工序为框架整理形成业务工作流及管理工作流,结合系统逻辑与数据规范总结概括业务信息及数据传递路径与转化机制,进而从各层面准确把握业务开展的机制逻辑,形成业务模型。公司应密切追踪市场环境动态与风险特征表现,利用各类外部业务/风险模型及信息数据对市场环境及风险特征进行定量准确描述，并有效结合自身业务特征筛选、分析、评估、总结，最终结合内部业务模型及外部环境特征实现监测业务背景的准确、清晰描述。

第三，对工作机制和工作流程的合理安排。风险管理活动是一项自上而下与自下而上相结合的动态管理过程，要求在组织架构中相关部门能够合理分工/适当制衡且积极互动。在某些业务的风险监测和预警工作中，甚至需要精细化的双线职能设计。例如，在前台投资和中台风控部门之间，对于灵活度及效率要求高的监测内容，可在前台部门的监测岗实现实时监测，辅以中台风控的定期数据校验，并双线汇报；对于独立性要求高的监测内容，则应坚持由中台风控部门监测并报告。在流程设计时，应充分考虑监测信息的使用和反馈便利和管理全面性，在制度制定中，则应分级分离且区分颗粒度规范工作和数据质量标准。

第四，对监测主体和监测工具的持续优化。监测主体即风险监测预警工作开展的主要载体，具体包括风险监测预警机制所描述的职责部门、岗位人员以及专家团队。为确保风险预警监测工作的有序开展，公司不仅应重视充足的人员配备，确保监测主体在"量"上达标，还应结合具体监测工作的特征及需求，不断提升监测主体资质水平，通过加强沟通协作、进行岗位技能培训确保监测工作参与人员具备必要的协作意识与专业技能，保证监测主体在"质"上满足监测工作要求。监测工具是风险监测预警工作高效、准确的重要保障。监测工具建设应在公司资金/人员/技术储备及业务场景、时间要求等诸多限制范围内，选择最匹配监测目标及需求的产品或技术，寻求资源投入与实际效果的整体平衡。鉴于业务状态、市场环境以及风险表现的动态性特征，公司应及时更新监测需求，相应提升岗位人员资质水平，逐步升级系统及工具，实现监测主体和监测工具的持续优化。

参考文献

[1]白哲．我国保险资金运用的风险预警与管理探析[J]．生产力研究，2015(2).

[2]曹福凯，高晶，沈宏．基于 ITIL 理念的数据中心管理标准化设计[J]煤炭技术，2012.

[3]陈林龙．建立自适应式全面风险管理体系[J]．中国金融，2005(4).

[4]陈文辉．险资运用的改革创新与依法监管[J]．中国金融，2015(6).

[5]陈雄．信用卡违约风险个人影响因素研究[D]．浙江：浙江大学，2011.

[6]韩洪军．论新巴塞尔协议与国有商业银行全面风险管理[N]．中国农业银行武汉培训学院学报，2015－12－20．

[7]李昌明．证券公司操作风险的识别与评估及其信息系统研究[D]．上海：同济大学，2007．

[8]李洪芳．以实施《新巴塞尔资本协议》为契机 加强银行业的全面风险管理[J]．理论观察，2009(3)：138－140．

[9]李燕，杨雷．运用六西格玛方法提高叶丝填充值[J]．工业工程与管理，2010．

[10]梁慧．基于 VBA 的材料清册统计系统设计[J]．企业技术开发，2012．

[11]梁涛．推进人身保险业全面风险管理[J]．中国金融，2011(6)．

[12]林炫圻．商业保险资金运用投资优化与风险管理研究[D]．天津：南开大学，2013．

[13]刘丽伟．基于 TQM 理论的高校教育教学改革项目管理模式的构建与实践探索[J]南昌教育学院学报，2017．

[14]鲁建彬．保险资金投资运用的风险管理[J]．西南财经大学，2012．

[15]栾红，李可．我国保险资金投资新兴市场的风险管控探析[J]．经贸实务，2014(11)：75－78．

[16]马寨璞．Matlab 语言编程[M]．电子工业出版社，2017．

[17]迈克尔·波特．竞争优势[M]中信出版社，2014．

[18]缪建民．保险资产管理的理论与实践[M]．中国经济出版社，2014．

[19]石文平．偿二代框架下 如何进行流动性风险管理？(上)[N]．中国保险报，2017－02－06．

[20]滕焕钦．财产保险公司风险预警研究[D]．山东：山东大学，2011．

[21]田远，刘宁．全面风险管理框架下商业银行风险预警机制的构建[J]．兰州大学学报，2013(1)：108－113．

[22]王惠，潘建国．基于作业的商业银行操作风险经济资本度量[J]．经济与管理，2012．

[23]王敏．基于战略风险管理模式下的养老保险公司风险管理分析[J]．保险研究，2010(10)．

[24]王双龙，周海华．企业财务风险监测的指标体系研究[J]．金融经济，2006(4)：76－77．

[25]吴军．企业 PDCA 管理模式探究[J]．管理观察，2013．

[26]徐硕，徐玉德，罗欢．我国保险资金投资风险管理存在的问题及对策建议 [J]．经济研究参考，2014(47)：57－62．

[27]徐晓华．保险公司的风险偏好体系[J]．中国金融，2012(2)．

[28]杨明生．对保险资金运用与监管的思考[J]．保险研究，2008(8)：74－77．

[29]杨秋华．基于价值链分析方法对企业成本管理体系构建的思考[J]．当代经济，2009．

[30]尹宁宁．我国保险偿付能力法律监管研究[D]．上海：华东政法大学，2014．

[31]张益群．信息技术与企业知识管理[J]．企业家天地，2013．

[32]张赟．次贷危机对新巴塞尔协议风险管理的挑战、启示[D]．上海：上海交通大学图书馆，

2010:8—15.

[33]周桂贤,赵心宇. 保险业风险监测预警体系的探索与实践[J]. 内蒙古金融研究,2011(8):61—62.

（本文获“IAMAC2017 年度系列研究课题集”优秀课题）

保险资金运用风险监测预警体系研究

生命保险资产管理有限公司

徐颖文　胡学文　肖志成　卢森堡

摘要

当前，国内外经济形势错综复杂，国内金融风险隐患日益凸显，保险资金运用所面临的风险形势日趋严峻。其中，既面临着资管行业所普遍的市场风险、流动性风险、信用风险、操作风险、声誉风险等，还面临着保险行业较为突出的公司治理风险、资产负债匹配风险等。不仅如此，全国金融工作会议确定了“严监管”的会议主题，当前工作重点在于强化监管、防控系统性金融风险。保险资金运用的首要原则是稳健和安全，加强保险资金运用的风险监测预警，既是保险资金运用风险管理的首要环节，更是构筑宏观审慎监管体系、防范系统性金融风险的重要内容。本文对当前我国保险资金运用所面临的风险形势进行深入剖析，并尝试性地分析各风险预警指标集。考虑到数据的可得性，本文选取××保险机构 2015—2017 年 7 月的月度数据，通过聚类分析、神经网络分析等方法，对我国保险资金运用风险监测预警进行了实证分析。

关键词

保险资金运用风险　风险监测　风险预警　神经网络

第一章　我国保险资金运用现状

第一节　我国保险资金运用发展概况

一、保险资产规模高速增长

改革开放以来，保险业在服务于国家经济建设的同时，自身也获得了蓬勃发展。在国内经济快速增长、保险市场全面开放、国民保险意识显著增强等积极因素的推动下，我国已经成为全球最重要的新兴保险大国，保险密度与保险深度呈现良好的增长趋势，保险资产规模实现了快速增长。以“新国十条”和“十三条新政”发布为标志，保险业从增长速度、业务创新、结构调整等方面发生了重大变化。2012－2016 年，保费收入从 1.55 万亿元提高到 3.1 万亿元，保险业资产规模从 7.35 万亿元迅速提高到 15.12 万亿元，保险资金运用余额 6.85 万亿元提高到 13.39 万亿元(见图 1－1)。保险服务已经延伸至国家经济发展和居民日常生活的各个领域，在服务实体经济、推进城镇化发展战略、编织民生保障安全网、维护金融稳定等方面发挥了不可替代的作用。目前，中国保费规模世界排名第三位，仅次于美国、日本。因保险机构可以提供期限更长、供应更稳定、成本较为合理的巨量资本，已成为国内最重要的机构投资者之一。

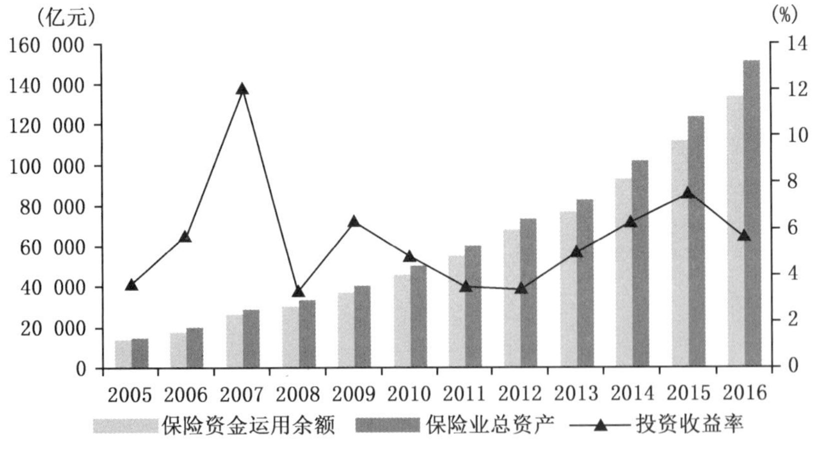

资料来源：根据银保监会数据整理。

图 1－1　我国保险业总资产与保险资金运用余额(2005－2016 年)

二、保险资金运用渠道不断拓宽

随着保费规模与保险业总资产的高速增长，保险行业风险管理能力的不断提高，保险资金运用渠道不断拓宽，初步实现了集约化、专业化、市场化和规范化。投资品类不断放宽，从信托、券商资管、银行理财、资产证券化，再到境外投资、优先股、对冲工具和金融衍生品，原中国资产配置的空间和弹性不断扩大，保险资金多元化配置格局逐步形成。2014 年开始，原中国保监会实施大类资产比例监管，在严防集中度风险、守住不发生系统性风险底线的同时，取消具体品种投资总量的比例限制，实现投资自主、风险自担，提高了险资运用的自主性与灵活度，有利于保险投资结构的稳定和优化，投资收益率及其稳定性也显著提高。其中，股票、基金、债券等是保险资金运用的传统渠道，保险资金已经成为债券市场第二大机构投资者和股票市场的重要机构投资者，在我国资本市场上发挥着重要作用。近年来，保险资金投资渠道大大拓宽，保险业直接服务于实体经济的能量得到释放，保险资金在资产配置结构方面呈现新的发展趋势：包括股权、不动产与基础设施在内的三大另类投资占比较快增长，而债券、证券投资基金与股票方面的传统投资占比则相对下降。

另类投资渠道的适度拓宽提高了保险机构资产配置的灵活性，纾解了保险资金可投金融产品不足、收益率较低的难题，为促进保险业发展发挥了积极作用；同时，也有利于提高保险资金参与经济建设的深度和广度，有利于全面提高保险业服务经济社会发展的能力。

（一）银行存款

保险机构配置银行存款主要是为了满足流动性需求，2012 年以来，随着保险投资渠道的放开，银行存款配置比例锐减，截至 2016 年年末，银行存款占比 18.55%。

（二）债券

由于保险机构的负债久期较长，且负债成本相对刚性，故把债券作为主要配置选择是全球保险业的主流做法。在我国，2016 年以前，债券一直是保险资金最大的投资品类。但从趋势上来看，2010 年以来，债券在险资资产配置中的比重开始逐年下降，这也体现了在相对低利率环境下债券配置价值减弱（见图 1—2）。

近几年，债券投资结构变化较大。整体而言，以政策性银行债、商业银行债及国债为主。其中，国债比重在 2013 年以前呈下降趋势，2013 年以后略有提升。2016 年年底，保险机构与行业平均持有商业银行次级债比重分别为 24.3%和 11.7%，保险机构远超行业平均水平（见图 1—3）。但对于国债的配置比重远低于行业平均水平。这在

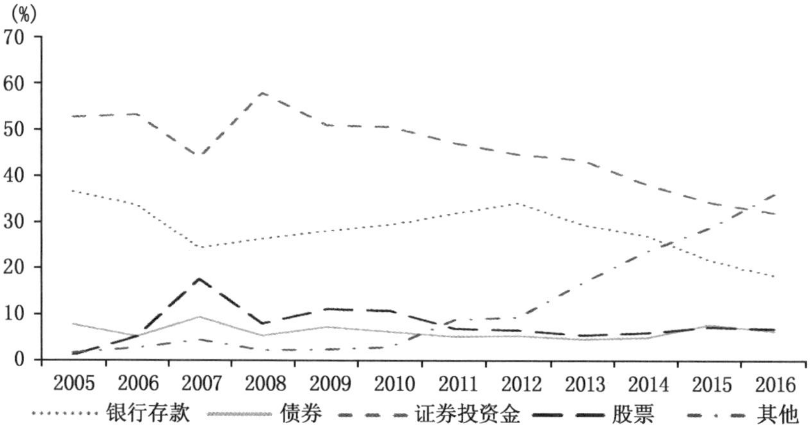

资料来源：根据银保监会数据整理。

图 1—2　我国保险业资金运用结构

一定程度上反映了保险资产配置长久期的特征。

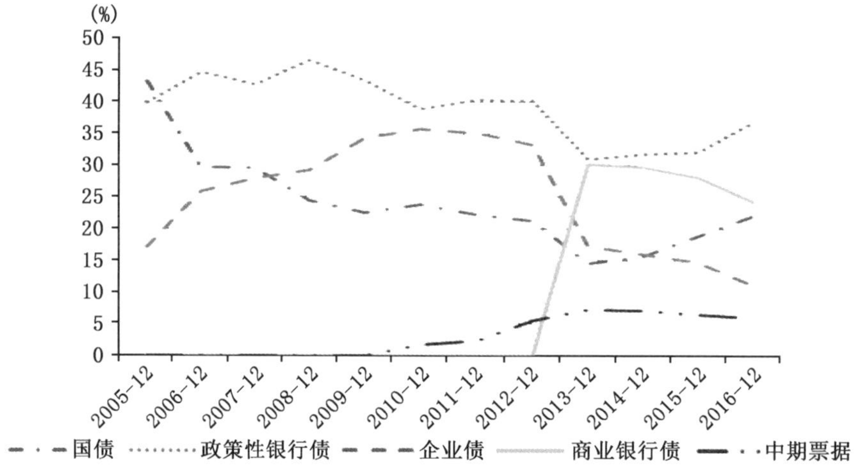

资料来源：根据 Wind 数据整理。

图 1—3　我国保险机构持有债券结构

从保险机构在整体债券市场上的份额来看，我国债券市场的不断发展，但保险机构持券占比总体上却呈现了下降趋势。其中，仅中期票据整体占比逐年攀升，2016 年底占整体中票市场的 10.41%，其他券种均呈下降趋势。2016 年年底，保险机构持有国债、政策性银行债、企业债、商业银行债占全市场投资者比重分别为 3.23%、4.70%、4.92%、15.28%(见图 1—4)。

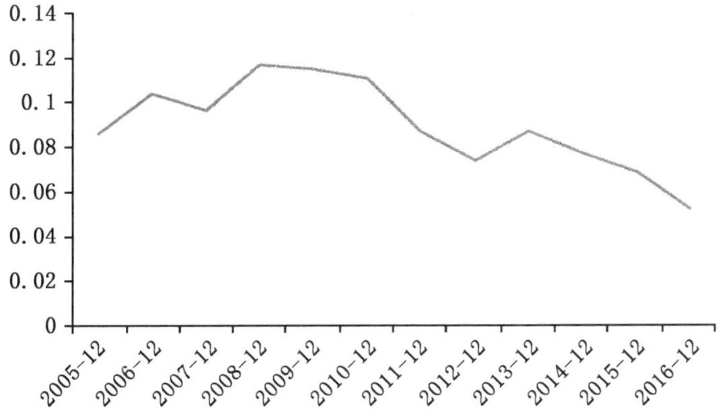

资料来源:根据 Wind 数据整理。

图 1—4　保险机构持有债券市场份额

从利率债和信用债角度来看,2013—2015 年,保险资金配置信用债比重高于利率债,而 2015 年以后,配置利率债的比重逐渐上升,且两者差距逐渐拉大(见图 1—5)。这一程度上反映出随着信用违约事件爆发率上升,保险资金从追求较高收益的信用债转向了更为安全的利率债。

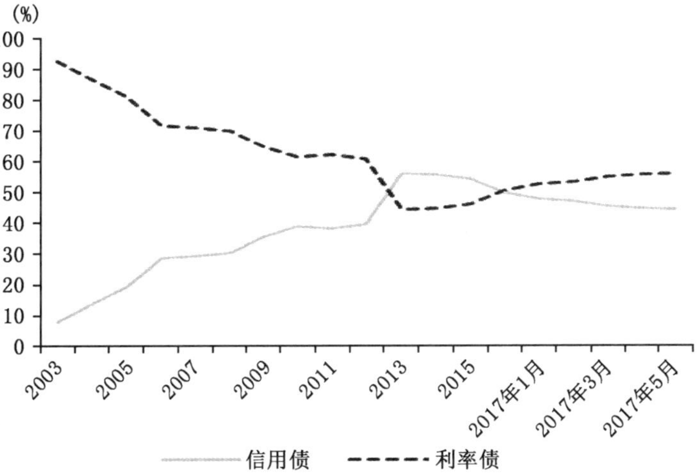

资料来源:根据 Wind 数据整理。

图 1—5　保险业持有利率债与信用债结构

从我国整体债券市场期限来看,整体上仍以 1—3 年以及 3—5 年期限的债券为主,10 年以上债券占比近几年不升反降,7—10 年期限债券占比缓慢提升(见图

1－6)。缺乏长期限债券品种仍然是我国债券市场的主要不足,也是我国保险业资产负债期限错配的主要原因。根据长江证券(2016)的一项统计,2010－2015 年,保险行业 15 年以上的资产与负债之间的缺口分别为 1.37 万亿元、1.6 万亿元、1.96 万亿元、2.45 万亿元、2.97 万亿元、5.4 万亿元。伴随着保险资产规模的逐步扩大,这一缺口还将持续增加。

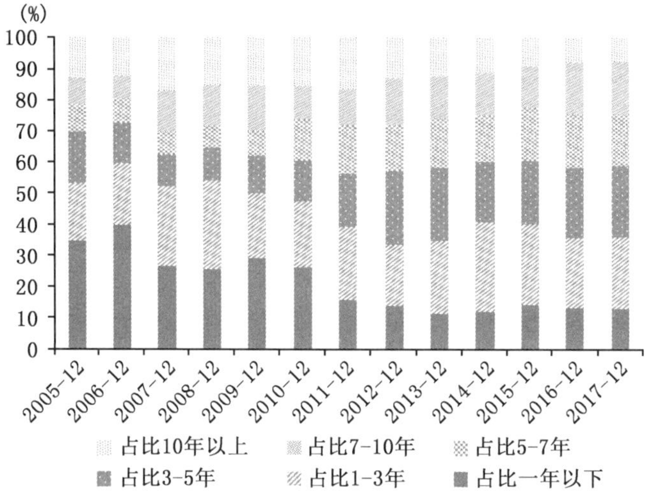

资料来源:根据 Wind 数据整理。

图 1－6　我国债券市场期限结构

(三)股票及证券投资基金

保险机构投资股票及证券投资基金,有利于提升其投资收益率,但受资本市场波动影响较大。2008 年金融危机后,保险机构在股票及证券投资基金上的配置比例出现了较大幅度的下滑,2015 年前后又出现了一次起伏,但波动率较 2008 年有所下降。目前,保险机构在股票及证券投资基金的配置比例在 12%左右。从选择的股票类型来看,以股息率较高、估值较低的股票为主。近期,银保监会逐步放开了保险资金参与沪深港通业务,将有利于其进行海外资产配置,也有利于行业提升投资收益率。

(四)其他类

2011 年以来,中国保险资金加大了另类资产的投资力度,对于优化资产配置结构和改善投资收益发挥了积极作用。这类资产具有收益率高于债券但流动性不佳的特点,但在利率降息周期往往成为保险机构资产配置的重要工具。2016 年,以非标资产为代表的其他投资首次超过债券投资占比,成为险资配置的第一大资产,充分反映出保险机构对高收益产品的需求日益增加。在低利率环境下以及保险服务实体经济的内生需求下，另类投资将备受保险资金青睐。

其中，债权计划、股权计划、项目资产支持计划等非标保险资管产品方面，截至2017年10月底，保险资产管理机构累积发起设立各类债权、股权和项目资产支持计划781项，合计备案（注册）规模19 523.10亿元。

（五）我国保险资金运用发展趋势

近年来，宏观经济呈L形走势，投资面临低利率及资产荒的困境。保险资金的配置更加困难，资产负债管理面临诸多考验。从发展趋势上来看，提升高收益率、长久期的另类资产配置和权益类资产配置是保险资金运用的主要发展趋势。

1. 另类投资力度逐渐加大

存款、债券和股票是我国保险资金运用的传统渠道，然而，这类产品目前收益难以满足保险负债端的成本要求。而且债券和股票的投资收益也比较依赖市场走势，并非通过投资管理可以有效改善。因此，我国保险资金运用逐步加大了另类投资的力度。另类投资主要包括非上市股权、股权类基建、私募股权、信托计划等。

2. 保险参与股权投资的方式更加灵活

我国保险资金在股权投资方面，传统上以二级市场股票、公募基金为主。然而，随着我国保险资金投资领域逐渐放开，保险资金以股权投资的方式开展投资，形式更加灵活多样。

一是保险公司加大了对蓝筹股的配置，关注“低估值＋高股息”的特征明显。以安邦保险为例，从2014—2015年其在二级市场增持了大量金融、房地产、百货等具有分红特征行业的股票。2015年以来，保险资金在二级市场也掀起来一波举牌潮，2016年年中的“宝万之争”，一度使保险资金投资成为资本市场舆论的焦点。

二是保险资金正在尝试并扩大投资未上市公司股权。以中国人寿为例，2006年便开始战略投资广发银行，并于2016年成为广发银行第一大股东；2015年底公告收购邮储银行不超过5％的股本；之后又以6亿美元参与滴滴打车的股权投资。

另外，间接投资公司股权的方式也正在涌现。保险公司或保险资产管理公司参与间接投资主要是充当财务投资者角色，在投入资金、向股权投资机构支付管理费后根据投资基金的运营情况获取投资回报。2015年，原中国保监会发布《关于设立保险私募基金有关事项的通知》，将保险资产管理公司的角色从LP转向GP，允许保险资金设立私募基金。

三、保险产品种类不断丰富

随着监管政策的变化、国民保险意识加强及收入的增长，我国保险产品种类不断丰富，负债端结构日趋多元化。其中，产险业务结构较为稳定，仍以车险为主。产品结构的调整主要集中在寿险业务上。

寿险保费收入在我国保险业保费收入中占有重要地位。自 1979 年 11 月我国决定恢复国内保险业务之后的 20 年间，我国保险业产品形态较为单一，寿险公司以销售长期型的普通寿险产品为主。进入 21 世纪后，国民经济的稳定快速增长在带动居民理财需求的同时，也加剧了保险市场竞争；与此同时，寿险公司经过多年发展积累，对寿险业的经营规律有了更深刻的认识，产品经营管理人才有了一定的储备，寿险公司开始大力推进产品创新，分红险、万能险、投连险等新型寿险产品蓬勃发展，逐渐取代了普通型寿险成为寿险公司保费收入的主要来源。2010 年，原中国保监会审慎推进变额年金试点；2013 年 8 月，原中国保监会决定实施普通型人身保险费率政策改革；2014 年 6 月，原中国保监会开展老年人住房反向抵押养老保险试点。这些措施进一步完善了寿险公司产品种类，不断推动保险机构经营管理创新。

保险产品的变革和创新必然引发保险机构管理的变革，产品的变革将直接对公司的负债产生影响并进而引发资产方的变化。产品的变革是保险机构资产负债管理发展的一个重要原动力和载体。随着新险种或新形态的寿险产品不断涌现，如何根据不同的产品特性进行科学合理的资产配置，成为保险机构经营管理的核心问题之一。

第二节　经营环境日趋复杂

随着国际经济的动荡以及我国金融市场的发展，保险行业面所面临的经营环境出现了很多新变化，市场化不断加深的中国保险业不可回避地被置于更加复杂的风险环境中。

一、国内外经济形势险峻

当前世界经济仍处于国际金融危机后的深度调整期，虽欧美经济缓慢复苏，但国际金融市场持续动荡，仍面临诸多挑战。这些挑战包括：全球金融条件收紧，金融市场更加脆弱，贸易投资增长乏力，收入分配与财富分配越来越不平等，反全球化趋势日益明显等；同时，地缘政治风险、网络黑客、难民危机、保护主义、大国政治周期、恐怖主义等问题仍然在影响世界经济的稳定与发展。国内方面，中国经济“增速换挡”，经济下行压力仍然持续，结构化改改的压力尚存。但同时，我国在产能修复上取得了一定的成效，而供给侧结构性改革、一带一路倡议、京津冀建设、雄安新区以及国企混改等有望为我国经济增长增添新动力。

二、利率环境错综复杂

以美国、欧盟为代表的主要经济体，为应对金融危机的冲击，近年来陆续实施了量化宽松的货币政策。但近期，全球性低利率环境已出现终结的端倪——美联储加息并公布缩表计划，全球央行的货币政策正在经历从全面宽松至边际收紧的过程。究其原因，美国方面，美联储加息主要出于对于本国经济缓慢复苏和通货膨胀升温的预期；欧日方面，虽然经济状况没有根本好转，但实行边际收紧的货币政策主要源于挽救负利率下举步维艰的银行业的考虑；而新兴市场国家方面，加息则是为了应对美联储加息，美元升值从而带来的本币贬值压力。但短期内部分国家加息仍然是渐进式的，加息幅度不大、频率不高，全球范围内利率仍将维持在较低水平。

对于国内市场而言，中国市场的利率环境错综复杂，通货膨胀及人民币汇率调控带来的不确定性使其利率发展趋势与其他发展中市场都有较大不同。这给中国寿险公司在资产和负债两端同时造成压力，对其传统盈利模式带来巨大冲击。

三、资管行业竞争格局面临重构

2012 年券商创新大会以来，我国资管业快速发展，势如破竹。得益于保险资金用途的放开，保险资管无论在规模还是业务结构上都取得了长足进步，但也面临着与银行、基金、券商等机构的同台竞争。当前，“一行三会”密集发声，监管政策持续收紧，去杠杆、去嵌套、去监管套利政策持续加码，对银行理财、同业业务、通道业务均产生了很大的冲击。全国金融工作会议后，强调统一监管、协同监管，力推监管标准的统一化、标准化、权威化。2017 年 11 月，《关于规范金融机构资产管理业务的指导意见(征求意见稿)》中，关于统一监管、去通道、去嵌套的监管力度大，资管行业正面临重新洗牌。保险资管应抓住当下的机遇期，顺势而为，主动研判、积极争取转型过程中的结构性机会，加快创新发展。

四、多重风险交织

当前，国际政治经济形势错综复杂，国内经济金融风险隐患日益凸显。多重因素共振、多重风险交织，加大了保险业风险防控的难度。除了在偿付能力、流动性、公司治理等传统保险业经营中的风险外，由于保险业近年来与实体经济的关联度不断提升，在大资管行业中的渗透不断加深，保险行业受到来自于实体经济减速、信用风险抬升以及资管行业规范调整的冲击与影响，所面临的风险因素更加复杂，风险的传染途径更加隐蔽和多样化，风险防控形势更加严峻。

第二章　我国保险资金运用所面临的风险现状

2012 年以来，保险资金运用在坚持市场化改革的导向下，不断推进体制机制创新，投资渠道逐步拓宽：从固定收益类拓展到权益类、从证券类拓展到另类、从境内市场扩展到境外市场、从传统的债券品种扩展到复杂的利率衍生品，保险资金投资领域基本实现了全覆盖。保险资金运用的深刻变革加上外部经济形势的扑朔迷离，导致当前保险资金运用所面临的风险形势日趋复杂，不仅面临着公司治理风险、偿付能力风险、资产错配风险、流动性风险等保险行业较为重视的风险，还面临着资管行业普遍的市场风险、信用风险、操作风险、声誉风险等。不仅如此，保险资金风险传导机制也出现了新的变化，一是保险资金所受到的来自于外部市场的风险传染度加剧，二是各风险类别之间的相互影响程度也有所加强。其主要体现在以下几方面。

第一节　公司治理风险

股权是公司治理的基础，规范的公司治理是防范风险的治本之策。保险机构的股权结构、股东资质、公司治理质量决定了其经营理念、风险偏好、投资策略。然而，在实践中，如何完善公司治理、保障治理有效一直是世界性的难题。近期，有些保险机构的公司治理在形式上虽满足了合规要求，但理性约束尚未形成、内在理念尚未养成，并未发挥实质上的约束作用，从而导致了一些不正当关联交易、激进投资、利益输送的情况发生，容易滋生一系列风险，更有甚者将保险公司作为融资平台，造成恶劣影响。从风险典型案例来看，部分公司章程基本事项缺失，授权机制不明确，公司主要人员替代和抵补机制不明确，董事提名产生机制缺失以及“生前遗嘱”缺失，给公司在治理运作中留下了风险隐患。此外，股权结构过于复杂、关联企业众多、股东资质实质上不适格、关联交易频繁隐蔽等问题近期表现得比较突出。正因如此，公司治理风险被银保监会列为行业十大重点防范风险之首。2017 年 4 月，原中国保监会发布《保险公司章程指引》，要求保险公司完善公司章程，明确股东权利义务，建立董事长、总经理等主要犯罪人的替代和递补机制，从源头上防范和化解公司治理风险隐患。2017 年 8 月，原中国保监会发布《保险公司股权管理办法(第二次征求意见稿)》，一是对于控股股东资质进行规范，并提高了准入门槛，明列了不得成为保险公司控制类股东的负面清单；二是规范资金来源，监管出资行为；三是从持股数量上降低控股股东控股比例，规定单一股东持股比例不得超过保险公司注册资本的 1/3，以此降低控股股东影响力，防止保险公司被单一股东所操控，影响正常运营。

第二节　资产负债错配风险

随着投资管制的放开，保险资金运用范围逐步拓宽，传统的“以负债驱动资产模式”被“保险与投资双轮驱动模式”取代。整体而言，我国保险业的资产负债管理意识有了很大的提升，但管理能力参差不齐，整体仍处于初级阶段。

资产负债错配既是金融机构的盈利来源，也是风险本源。我国保险资金运用过程中，由于资产、负债在规模、收益、期限结构、流动性等方面不匹配，可能导致流动性风险、再投资风险、利差损风险等。我国保险资金运用资产负债错配主要体现在“短钱长投”和“长钱短投”两个方面。

一、“短钱长投”的利差损及流动性风险

近年来，中小保险公司为快速拓展业务，采取了比较激进的经营策略。其中，负债端方面，大量发行高结算利率、中短存续期的产品。为支撑负债端的高成本，倒逼了部分险企加大杠杆、激进投资，大量配置于较高收益但投资期限较长的非标产品，如不动产、基础设施、信托等期限较长的产品上，“短钱长投”问题显著。该模式蕴含了较大的流动性风险，一旦负债端产品到期、新增保费流入不及时，很有可能引致动荡。近期银保监会坚持“保险姓保”，促进保险产品回归保障功能，对于保障功能较少的中短存续期产品进行了限制，“短钱长投”的发展模式受到了扼制。

二、“长钱短投”的再投资风险

由于我国金融市场普遍缺乏长久期产品，因而“长钱短投”是我国保险行业长期以来面临的问题。从我国整体债券市场期限来看，整体上仍以 1—3 年以及 3—5 年期限的债券为主，10 年以上债券占比近几年不升反降，7—10 年期限债券占比缓慢提升。根据长江证券(2016)的一项统计，2010—2015 年，保险行业 15 年以上的资产与负债

之间的缺口分别为1.37万亿元、1.6万亿元、1.96万亿元、2.45万亿元、2.97万亿元、5.4万亿元。伴随着保险资产规模的逐步扩大，这一缺口还将持续增加。目前，少数优秀公司做到了资产负债匹配，但对于绝大多数公司来说，资产端和负债端还是“两张皮”，仍处在负债驱动型的阶段——产品开发定价与资金运用相脱离，矛盾比较突出，资产负债错配，带来利差损风险、流动性风险隐患。

近期，随着我国经济结构与货币政策的调整，经济增速下调、低利率环境仍将持续，以优质资产稀缺为代表的“资产荒”成为我国金融机构共同面临的难题。当下，在“资产荒”下，利差损风险与再投资风险形势险峻，资产负债配置压力巨大。这一难题在后金融危机时代，同样是发达国家保险业所面临的问题，其资产配置结构也在不断调整，或加强全球金融资产配置比重分散风险，或适当放大了风险偏好以换取高收益，或加大了对长期限资产的投资比重，以流动性置换收益。因此，放宽投资渠道，加快产品创新，是降低再投资风险的手段之一。

第三节　市场风险

市场风险是指因各种市场因子不利变动而导致的保险资产未来价值的不确定性。随着经济全球化、金融一体化的发展，竞争的加剧及金融管制的放松，衍生金融工具等金融产品获得了蓬勃发展。金融产品的创新导致市场的波动性加大，识别计量市场风险的难度加大，市场风险的隐蔽性和危害性加大，市场风险逐步上升为威胁金融机构生存的重要风险来源。20世纪90年代以来陆续发生的美国橙县破产案、巴林银行倒闭事件、长期资本管理公司危机等，其根本原因在于市场风险管理失控。由此，引起了监管机构和金融机构对于市场风险管理的高度关注。

保险资金的投资组合通常包含债券、股票、存款、基金以及不动产等资产，资产价格的波动会给保险资金的运用带来风险。资产的价格不仅会受到其自身的微观因素影响，也会受到政策、经济周期、利率水平等宏观因素的影响，从而具有波动性。根据风险驱动因素，保险资金运用的市场风险可进一步分为利率风险、权益资产价格风险、不动产价格风险及汇率风险等。

一、利率风险

利率风险是指因利率水平的变化所引起的资产价格波动造成资产收益率和资产价值的不确定性。一方面，利率变动影响保险机构的资产和负债的利差；另一方面，利率波动通过资本市场的传导效应进而影响保险资金所投资资产的价格及其收益，这两种影响最终会直接指向偿付能力。随着我国金融经济改革和发展，尤其是利率市场化改革的深入，再加上国家运用各种货币调控工具的常态化，金融机构面临的利率风险不断加剧。

保险资金追求长期、收益稳定，通常持有相当比例的定息债券资产，对利率的敏感性极强，因此，利率风险是保险资金运用中的最重要风险。当前，我国利率市场化改革正进入攻坚阶段，利率中长期波动性会增加，对保险资金运用风险管理提出了挑战。

二、权益资产价格风险

权益资产价格风险是指权益资产价格的不确定性变化所带来的保险资产收益的不确定性。随着保险市场化改革的推进，保险资金权益类资产的投资比例、种类都有放宽，目前保险资金不仅可以直接投资于 A 股主板、中小板、创业板股票，也可以通过深沪港通投资于香港股票市场，对权益类资产的风险管理提出了更高的要求。上市权益类投资相较于其他类资产，具有波动性较大、高风险、高收益的特点，行情瞬息万变，并且很难预测行情变化的方向和幅度。2015 年，股票市场异常波动对保险投资收益冲击较大。而港股市场不设涨跌停限制，行业波动幅度大，近来出现过数次大规模股票暴跌的情况。权益资产价格通常会受公司企业的盈利情况、资金供求状况、宏观政策、市场情绪等影响。其中，影响企业盈利因素比较复杂，包括 GDP 的宏观经济增长状况、产业政策和贸易政策、外围市场经济状况、企业的劳动力成本和资金、企业的劳动生产率和企业商品的市场需求状况等。

未上市权益类资产除了普遍存在的系统性风险和非系统性风险，还面临的市场风险在于二级市场的股价影响 IPO 价格，从而给保险资金带来相关的投资风险。

三、固定收益资产价格风险

固定收益类资产的市场风险主要来自于其未来现金流的不确定性以及贴现利率的不确定性，其未来现金流的不确定性很大程度上也是通过市场利率进行度量。因此，固定收益类资产的市场风险主要集中在市场基准利率的风险和信用利差的风险。

市场基准利率风险主要受到来自于宏观经济形势、货币政策、货币供求、市场预期及情绪、国际金融市场资金供求、其他主要国家或地区的利率水平变动等因素的影响，具体的参考价格指标包括存贷款基准利率、存款准备金率、公开市场操作、新兴货币市场工具（SLO/SLF/MLF/PSL）、信贷额度（窗口指导），配合观察量价指标包括 M2（广义货币）、信贷与社会融资规模等数量指标以及回购利率、央票利率、国债收益率等。

信用利差主要受到债券发行人信用状况、评级变化、声誉变化、市场风险偏好变动等因素的影响，同时也受到信用债审批节奏的影响。

四、不动产价格风险

不动产价格风险是指因不动产市场价格波动导致收益率变动的可能性。市场波动会造成不动产资产价格变化。为识别市场风险，需要在投资前对不动产项目的投资周期、宏观市场、行业趋势、项目本身市场需求等进行全面和前瞻性的分析研判，并通过需求变化、成本变化、利率变化、工程周期变化等方面的量化压力测试，对投资项目的安全边际有充分预估，确保项目可行性。

自2009年修订《保险法》允许保险资金进入不动产领域以来，不动产逐渐成为保险资金配置的重要方向。目前，我国保险资金主要通过不动产债权投资计划投资于房地产行业，股权方面主要是投资于物流地产、商业物体、城市中心改造。根据保险资管业协会统计，截至2017年10月，共计注册不动产债权计划158项，注册总规模达2 249.44亿元。

近两年，我国房地产市场正经历严格的调控，经营模式、市场格局均发生了巨大变化。一是严格调控下，房地产价格走势受到影响，城市间分化情况较为严重，中小地产商压力较大。二是经营模式上从过去快速周转开始转向加强对持有物业的重视以及寻找新的利润增长点。从国外经验来看，国外险资持有不动产的模式在转向REITs和ABS。国内已有魔方公寓类REITs、新派公寓类REITs、保利住房类REITs、招商蛇口长租公寓REITs成功发行，未来险资关于不动产投资或不断创新。在此背景下，保险资金关于不动产的投资应注重防控相应的风险，提早做好应对。

五、汇率风险

保险资金运用的汇率风险是指由于汇率变动而导致保险资产持有外汇头寸价值变化的不确定性。原中国保监会2012年10月出台《保险资金境外投资管理暂行办法实施细则》，自此正式放开保险资产投资境外市场，相应地，汇率风险也上升为保险资产的重要风险之一。汇率变动主要受到国际收支、通货膨胀率、利率变动、汇率政策、市场预期以及冲击等影响。

总体而言，市场风险具有国际性、突发性、破坏性、转换性4个特点。它的国际性体现在它与国际政治、经济形势的变化是密切相关的，如2007年美国爆发的次债危机迅速传导至其他经济体，演变成全球性的金融危机；突发性与破坏性的典型案如2015年6月A股市场突然出现了前所未遇的异常波动，在不到一个月的时间里上证指数暴跌逾30%，个股大面积跌停，各路投资者损失惨重；转换性是指在一定条件下，市场风险有可能转化为其他风险，如资产的快速贬值导致投资者竞相抛售，引发流动性风险。

第四节　信用风险

信用风险是指由于交易对手不能或不能按时履行其合同义务，或者交易对手信用状况的不利变动，导致保险机构遭受非预期损失的风险。其中的合同义务包括：按时偿还本息、证券买卖与回购协议等。信用风险是一种非常复杂的风险，根据其成因可以分为违约风险、交易对手风险、信用转移风险、可归因于信用风险的结算风险等形式。信用风险主要来自于偿债主体、担保方或其他交易对手，而非保险机构本身。

当前，保险机构可投资信用债品种及其他固定收益类资产逐渐增多，所面临的信用风险将更加广泛。从外部环境来看：

一是中央明确逐渐打破刚兑，据Wind统计，2014年共发生6起违约事件，设计金额13.4亿元；2015年发生23起违约事件，金额共计126.1亿元；2016年共计违约78起，金额共计393.2亿元。截至2017年12月1日，共有48只债券违约，设计金额235.2亿元。从行业上来看，主要集中在钢铁、设备制造业、水泥制造业、能源燃料业、化工业、农业等强周期行业。从金额层面来看，设备制造业、钢铁、水泥、化工、能源等重工业违约金额占比较高。从企业性质来看，民企违约单数更多，但国企平均违约金额更大。从地域分布来看，主要集中在华东、华北区域。从违约品种来看，几乎涵盖了所有的债券品种，如短期融资券、超短期融资券、中期票据、定向工具、私募债等。

二是坚持降杠杆，防范地方政府金融风险，国企以及基础设施违约风险逐渐增加。尽管保险过去在信用风险防范上要求严格，但近年来保险机构债券投资亦涉及大额违约事件。因此，保险机构需要结合新的经济发展形势，结合外部信评机构提供的信息，对交易对手信用风险进行全面科学的分析、评估。目前，国内金融机构防范信用风险的主要方法仍然是传统信用风险控制措施，包括计提拨备、采用内外部信用评级结果、控制高信用风险行业和地区风险敞口、加强跟踪评估等。但随着资产证券化、信用衍生品、信贷二级市场等新工具的出现，主动式的管理方式如信用衍生品、结构化产品等信用风险对冲管理手段也逐步被广泛应用。

信用风险具有累积性、主观性及周期性。累积性是指信用风险具有不断累积、恶性循环、连锁反应、超过一定的临界点就会突然爆发而引起金融危机的特点；主观性是指信用风险并不完全是由客观因素驱动的，它的累积和爆发在很大程度上源于主体自身的主观因素，且这种主观因素难以通过数据、模型等量化工具衡量；周期性是指信用的扩张与收缩是交替出现的，这种交替出现往往与经济周期密切相关。

因信用风险的风险源主要是来自于交易对手方，而非公开市场信息，因此在信息获取上处于劣势。一旦信用风险爆发，标的资产的流动性会极差。因此，对于信用风险的识别、计量和缓释非常困难。

总体来说，信用风险具有很明显的非系统性风险特征。虽然信用风险也会受到宏观经济环境，如经济危机等系统性风险的影响，但在更大程度上还是由交易对手决定，如贷款投资方向、授信对象经营管理能力、财务状况甚至还款意愿等。但在实践中，债券、另类投资等产品流动性较差，所能获得的各项数据不公开、不透明，且违约数据不易获取，保险机构在信息获取上处于劣势。一旦信用风险爆发，标的资产的流动性会极差。因此，对于信用风险的识别、计量和缓释非常困难。

第五节　流动性风险

流动性风险的发生主要源自于流动性需求和流动性供给的不匹配。2008年全球金融危机中，许多银行尽管资本充足，但一夜之间陷入了流动性困境，因此，流动性是金融机构稳健运行的关键所在。对于保险资金运用而言，流动性风险来源主要包括：可转让变现的固定收益类、权益类资产由于市场动荡等原因，无法以合理的价格出售资产满足资金需求的风险；较长的股权投资配置和保险负债短端现金流错配引起的流动性风险；不动产项目因投资期限长、投资价值大、交易对手复杂多样、投资变现能力弱等问题所导致的流动性风险等。

流动性风险的具体识别需要结合上述业务、产品等的风险要素进行全面深入地分析，重点关注包括资产负债的期限错配问题和现金流回收速度、产品期限结构、规模、融资成本、融资渠道、变现能力及障碍、产品承诺条款等。

流动性风险与操作风险、市场风险、信用风险、声誉风险等相关性强，很多情况下流动性风险的爆发并非是由于流动性问题直接引起的，而是由其他风险所引致。不仅如此，流动性风险的传染性和破坏性极强，隐蔽性很高。原本风险管理水平很高的金融机构，可能因为外部的不利冲击导致流动性危机；而一个风险管理水平较差的公司，如果一直处在有利的市场环境中，流动性危机很可能会被隐藏。

当前，我国保险行业整体流动性风险可控，但仍然要提防重点机构以及市场传染所可能引发的流动性问题。自 2017 年下半年以来，随着监管力度的加强，保险逐渐回归保障本质，产品结构不断优化。但需要注意的是，2015 年 4 季度至 2016 年 1 季度是中短期存续产品的销售高峰，其期限大多为一年、两年、三年或更短，产品将陆续进入退保期。而新增的投保规模大幅锐减，2017 年第一季度保户投资款新增交费、投连险独立账户新增交费同比下降 62%，中小险企的退保压力不断增大。而当下正处在货币政策中性偏紧的时期，保险机构再融资成本上升，若退保压力过大，很有可能造成较为严重的流动性风险，值得特别关注。

第六节　操作风险

根据巴塞尔协议对于操作风险的定义，操作风险是指金融机构由于人员失误、外部事件或内部流程及控制系统发生的不利变动而可能遭受的损失。目前，公认操作风险具有以下主要表现形式：内部欺诈、外部欺诈、雇员活动和工作场所安全性，客户、产品及业务活动，实物资产损坏，营业中断和信息技术系统瘫痪，执行、交割和流程管理中出现的操作性问题，等等。操作风险存在于金融业的各个方面，具有普遍性。此外，不同于信用风险、市场风险的是，由于操作风险仅为下侧风险，即并不能因承担该风险而给金融机构带来潜在盈利，因此对它的管理策略应该是在一定的管理成本约束下，尽可能降低操作风险。

不同于其他风险，业界对于操作风险尚未形成统一的模型、办法和计量标准，市场中也缺乏相应的对冲工具。但操作风险又不能被任何金融机构所忽视，它除了可能形成直接损失，还可能进一步引发合规风险、声誉风险、流动性风险、法律风险和案件风险，甚至导致金融机构破产倒闭，2008 年法兴银行“魔鬼交易员”事件、2013 年光大证券“乌龙指”案件均为著名的操作风险案例，让金融机构蒙受重大损失

第七节　声誉风险

声誉风险是指由保险公司的经营管理或外部事件所导致利益相关方对保险公司负面评价而导致损失的风险。声誉是保险机构的核心财富，声誉的损害会严重影响委托方对公司的信任，进而影响公司的持续经营能力。声誉风险产生的原因非常复杂，

有可能是机构内、外部风险因素综合作用的结果，也可能是由非常简单的风险因素所触发。因此，识别声誉风险的核心在于正确识别判断其他几类基础风险。

近年来，随着居民财富的增长，百姓对保险行业的关注度和了解程度上升，但距离国际水平还有很大差距，保险深度和密度均有很大提升空间。保险行业良好形象的建立来之不易，但近期出现了一些风险事件，对行业产生了负面影响。声誉风险因诱发因素复杂、传播速度快、影响范围广，而且声誉易毁不易建，应当引起所有保险机构的高度重视。

第八节　实体经济及其他金融市场的交叉传染风险

随着保险资金运用渠道的放开，保险市场与实体经济以及其他金融市场之间的联系更加紧密、复杂，保险业也面临着更大的风险敞口，主要体现在：

一是伴随着实体经济的结构调整，部分落后产能不断被淘汰。2016年下半年以来，我国债市违约债市违约攀升，刚性兑付逐渐被打破，保险资金在非标投资方面要特别关注信用风险，防止踩雷。

二是关注地方政府债务融资的规范调整。近期，国家不断出台政策规范整顿地方政府融资乱象。过去，保险资金通过各种资管产品投资了相当比重的地方政府项目，需高度关注此领域政策变化所可能引致的风险。

三是关注商业银行、资本市场的风险传染。(1)大资管背景下，保险与商业银行、证券、基金等金融同业的业务合作与竞争不断加剧，需关注其他金融同业风险态势，提防风险的传染。(2)目前产品嵌套问题尚未完全解决。产品嵌套的本质在于躲避监管、变相增加杠杆，将引致流动性风险、市场风险、信用风险等多重风险，危害极大。(3)近期我国货币市场、资本市场的波动性不断加强，例如：利率波动的幅度加大、股票市场的日均波幅出现大幅波动的频率也在提升；保险资金通过港股通可以投资港股市场，而港股市场近期出现了多次中概股的暴跌，对保险资金的固收、权益投资等均带来了较大的挑战，值得高度重视。

四是关注跨境投资。保险资金出海趋势显著，但在跨境投资方面，除面临着复杂的外汇风险外，对境外市场的法律法规、商业习惯的不了解、不熟悉，隐藏着较大的经营风险。

第三章　保险资金运用风险监测预警理论发展及相关经验

第一节　建立保险资金运用风险监测预警体系的重要性

保险资金运用的首要原则是稳健和安全，加强保险资金运用的风险监测预警，是保险资金运用风险管理的首要环节。建立风险监测预警，主要是为了及时发现风险前兆，无论是从行业层面还是企业层面，能够对潜在风险进行评估，并采取对策，进而更有效地防范、控制和化解风险。

第一，从行业角度出发，保险资金已经成为我国国家重大战略和民生工程建设资金的重要提供者，社会管理、民生保障和养老产业的重要参与者以及金融体系稳健运行和金融安全稳定的重要维护者。随着保险资金在社会经济方面所发挥的作用日益加强，保险资金运用本身的安全稳定日益重要。

第二，风险监测预警体系是构建保险资金运用现代监管框架的重要抓手。全国金融工作会议明确了“强监管”的主题，要以强化金融监管为重点，以防范系统性金融风险为底线，加快相关法律法规建设，完善金融机构法人治理结构，加强宏观审慎管理制度建设，加强功能监管，更加重视行为监管。就保险业而言，防范保险资金运用风险已经成为行业健康发展的重要保障。只有理顺体制机制、通畅地传达信息、及时快速地做出反应和应对，才能更好地防范风险。监管部门在完善监管政策制度的同时，有必要创新监管工具，推动建立科学有效的保险资金运用风险监测预警体系。这正是审慎监管的重要构成部分，也是构建保险资金运用现代监管框架的重要抓手。

第三，风险监测预警机制是保险机构实现全面风险管理的必然要求。金融机构借助风险管理工具可以对风险状况进行动态监测、做出预警，有效降低甚至避免风险造成的危害。保险机构面临着复杂多变的保险资金运用风险，建立有效的风险监测预警机制、强化对风险动态演变过程的跟踪，是保险机构实现全面风险管理的必然要求。

第二节　保险资金运用风险监测预警理论综述

关于风险预警体系，现有较为成熟的理论大致可以分为金融风险预警与企业财务风险预警两大类，前者侧重宏观数据，后者侧重企业财务数据。随着近些年金融危机的日益频发，监管层、业界以及学术界对于风险监测预警的重视程度纷纷提升，但具体到我国保险资金运用风险监测预警尚处在探索过程中，虽关于局部风险（如信用风险）的监测预警研究较为深入，但对于保险资金运用风险监测预警体系的构建研究仍然较为匮乏。

一、金融风险预警

（一）国外方面研究

Sindey（1975）正式提出"金融预警"概念，随后金融风险预警的模型方法不断发展。频繁发生的金融危机极大地促进了预警系统的研究，尤其是 1999 年国际货币基金组织（IMF）开始注重货币危机预警系统的研究和开发以来，危机预警系统不断扩充、更新、完善。由于金融危机产生的条件和背景复杂多样，尽管目前还没有对所有情况都适用的模型和方法，但已形成建立危机诊断系统的基本框架。相对于纯粹的"专家猜测"和非模型预测方法，基于统计和计量经济的模型，其预警能力更优（Berg，Borensztein 和 Pattillo，2004）。基于统计和计量经济模型的预警系统的本框架是，以金融危机发生的事实为依据构造识别（或定义）危机的统计量；再根据一定的危机理论和模型，选取一定的经济指标作为预警指标，考察相关经济和金融变量在识别出来的"危机"前一定时期内（预警期）的变化情况。

在已有的金融危机预警模型研究成果中，影响范围广、可操作性比较强且广泛得到认可的三种经典模型为：FR 概率模型（probit /logit 模型）、横截面回归模型（STV 模型）、"信号法"（KLR 模型）。约半数的金融危机预警研究使用两类基本方法建立危机预警系统：离散应变量（probit/logit）模型和 KLR 的"信号法"。

1. FR 概率回归模型

Frankel、Rose（1996）运用单位概率模型基于 105 个发展中国家在 1971—1992 年的季度数据构建了金融危机预警的 FR 概率回归模型。经实证检验发现：经济增长越低，国内信贷增长越快，国际利率越高，外商直接投资与外债的比例越低、外汇储备越低以及实际汇率被高估的时候，货币危机发生概率越高。

2. KLR 模型

Kaminsky,Lizondo 和 Reinhart(1998)创建了“信号法”(KLR 模型),并经 Kaminsky(1999)完善, KLR 模型的主要方法是:首先,尽量广泛选择多个预警指标,并根据其历史数据确定阈值,当某个指标偏离均值的程度超过其阈值时,即视为发出了一个预警信号;其次,危机信号发出得越多,则相应的危机爆发概率越大。KLR 模型除了在危机监测预警指标体系和阈值界定方面做出了较大贡献外,也致力于分析金融危机发生的原因,因此成为目前各国使用最为广泛的预警模型之一。

3. STV 模型

Sachs、Tornell 和 Velasco(1996)建立了横截面回归(STV)预警模型,选取了 20 个新兴市场国家的截面数据,将货币危机指数定义为储备减少百分比和汇率贬值百分比的加权和。经实证检验,若一国的银行体系比较脆弱,实际汇率高估,同时外汇储备水平较低,则爆发金融危机的概率较大。

4. 创新模型

近年来,伴随着数量经济学的发展,金融风险预警模型不断改进与创新。例如,刘遵义(1995)提出的主观概率法;Kumar、Moorthy 和 Perraudin(2002)提出的基于滞后宏观经济和金融数据 Simple Logit 模型;Nag 和 Mitra(1999)利用神经网络建立货币危机预警系统,并对印度尼西亚、马来西亚和泰国数据进行实证检验,得出比信号法更优的解释;IMF 的“in-house”模型;一些私人投资银行所开发的“Private Sector”模型;Abiad(2003)建立的基于马尔科夫区制转移模型的危机预警系统;等等。

(二)国内方面研究

我国对于金融风险预警的研究始于 20 世纪 80 年代中期。1997 年亚洲金融危机爆发,推进了我国相关研究。陈松林(1997)分析了金融风险的生成与传导机理,并建立金融风险监测指标与度量模型,并将金融风险监测分为垂直和横向系统两种监测方式。唐旭(2002)综合预警方法、指标、模型、制度安排与管理信息系统,建立中国金融危机预警系统的框架。冯芸、吴冲锋(2002)提出了基于综合指标的多时标预警流程,引入了多时标和扩充观测指标集的方法,将预警指标体系中的指标分为短、中、长期预警指标三类。张瀛(2004)对货币危机预警方法进行了详细综述,并建立了一套金融危机预警指标体系,从经济总体状况等 6 个方面对危机预警。陈守东(2006)采用因子分析法研究我国金融风险的来源,运用 Logit 模型建立我国金融风险的预警体系。沈悦、张珍(2007)针对金融监管研究中出现的实际情况,为构建我国金融安全预警指标体系,设定了相应指标的临界值和安全区间,并提出了综合赋权的方法对指标体系设立权重。徐璐(2007)将风险的产生分别植入四个维度,分别在国际经济金融子系统、国内经济子系统、国内金融子系统和国内公众信心子系统的不同维度中，深入研究风险产生及防范的机理。陈守东、马辉(2009)采用马尔科夫区制转移模型建立了我国金融系统的货币危机、银行危机和资产泡沫危机预警系统，取得了较好的预测效果。

1. 金融风险指标体系研究

吴航(2000)基于国内外经济总体态势、金融、货币、财政、信贷、外贸、经济结构和经济泡沫成分等因素，构建了金融危机预警系统风险指标体系的基本框架。王胜华(2006)构建了包括银行体系风险指标、资本市场风险指标、货币风险指标、金融体制风险指标和经济稳定指数风险指标 5 个方面的金融稳定综合指标体系。顾海兵(2012)从宏观经济运行、金融机构运行与外部金融风险 3 个维度，构建了中国金融安全指数体系，其中：宏观经济运行风险通过 GDP 增长率、CPI 增长波动率、M2 增长率来度量；金融机构运行风险通过商业银行不良贷款率、银行资产流动性比率、证券化率、保险程度、综合赔付率来度量；外部金融运行风险通过短期外债/外债总额、外债偿债率、短期外债/外汇储备、汇率波动率来度量。梁永礼等(2017)通过分析新常态下中国金融业系统性风险的影响因素，从交叉传染、微观结构、持续发展和宏观影响 4 个层面分别予以构建风险指标。

2. 金融风险的测定和预警研究

吴海霞、邢春华、孙婵娟(2004)采用 KLR 信号分析法，构建了防范金融风险的预警系统，并用过去年份的经济和金融数据进行实证分析，得出的结论具有重要意义。张元萍、孙刚(2003)用 STV 横截面回归模型和 KLR 信号分析法，实证分析考察我国金融危机发生的概率。王宁、刘黎明(2001)应用了多级模糊综合评判的方法对预警模型进行设计，并指出在各类数据库建立时应当注意的问题。刘传哲、张丽哲(1999)提出了金融危机预警系统的运作程序和结构框架，结合中国的实际经济情况和金融运行数据进行了实证分析，对系统运行进行检验，得出的研究结论具有一定的实践意义。陈秋玲(2009)提出了一套具有强警戒功能的金融风险评价指标体系，在各项指标预警界限基础上将金融风险预警分等定级，并通过因子分析对金融风险预警机制进行分析。楼文高等(2011)以金融风险预警单指标区间评价标准为依据，生成足够多用于 BP 神经网络(BPNN)建模用的训练样本、检验样本和测试样本，在遵循 BPNN 建模原则和基本步骤的情况下，建立泛化能力较好的金融风险预警 BPNN 模型。王春丽等(2014)立足于国际金融危机传染渠道的新视角，构建具有实时性、针对性和国际视野的金融风险预警指标体系，并从外汇市场、银行业以及股票市场 3 个维度合成符合我国国情的金融压力指数，并利用马尔科夫区制转移模型对近年来中国金融风险预警进行了实证分析与预测。饶勋乾(2015)在回顾金融脆弱性理论和金融脆弱性指数研究的基础上,运用因子分析法测算中国金融体系的脆弱性指数,选取9类指标并提取主成分,计算得到我国2001年1月—2013年12月的金融脆弱性指数,对金融体系脆弱程度进行分析并提出相关建议。

二、企业财务风险预警理论

国内外关于企业财务风险预警研究较为成熟,主要是在企业生命周期理论基础上,以企业财务信息为基础,对企业在经营管理活动中的潜在财务危机风险进行监测预警,贯穿企业经营活动全程。从预警方法上来看,既有传统的单/多变量判别分析法、Logit回归分析法,也有案例推理、神经网络等人工智能方法。早期企业财务危机预测主要是通过比较分析财务危机企业和健康企业的财务比率,通常认为判别能力最高的是净利润/股东权益和股东权益/负债。Beaver(1966)通过单变量模型,发现营运资本流/负债、净利润/总资产判别成功率较高。Altman(1968)首次引入多变量判别分析法,Altman(1977)提出了"ZETA"模型(简称Z-模型)。此后,Logit回归、案例推理、神经网络等方法逐渐被学者使用。其中,神经网络因无须考虑变量之间是否满足统计假设以及自学习和自适应能力而大受好评。

从预警指标体系上来看,主要从筹资风险、投资风险、运营风险、现金流量风险等维度构建,其中,筹资风险预警指标体系主要通过资本结构、支付能力以及偿债风险来度量;投资风险主要通过投资结构、投资能力以及资产利用效率三个方面来度量;运营风险预警主要通过盈利能力、资产运营能力以及获取现金能力来度量。现金流量风险预警主要考察流动负债比、现金债务总额比以及现金比率等。

三、保险资金运用风险监测预警研究

近年来,伴随着保险资金运用渠道的拓宽,关于保险资金运用风险预警的研究也不断深入。张全(2011)分析了我国保险资金运用面临的主要风险,如利率风险、市场风险、通货膨胀风险等,并结合我国保险市场现状提出通过内部控制和外部监管两方面建立并完善保险资金风险管理体制。杨镇泽(2015)全面阐述保险机构资金运用所面临的风险,并结合保险市场发展现状,提出通过加强内部管理和强化外部监管两个方面建立完善的保险资金管理系统,将保险资金运用风险降低至最低。白哲(2015)对我国保险资金运用风险进行评价和预警,建立我国保险业资金运用风险评价模型与保险资金运用安全系统,探求市场化改革的方向,探讨监管方式的转变,以期对于保险资金运用的健康运行产生积极作用。但上述研究大多集中于理论探讨，缺乏具有实操性的模型研究与实证检验。

基于保险机构风险管理的视角，VaR 等模型被认为是保险资金运用风险管理的有效工具。黄英君（2010）将 VaR 引入中国保险资金运用的风险管理中，以有效提高资金运用的稳健性，并保障收益性和可持续性。严继莹（2012）提出在保险资金运用过程中，应该加大监管力度，优化投资组合，利用 VaR 模型实现风险预警，并组建一支诚信高效的投资专家队伍，以尽可能提高保险资金组合投资的安全性。徐硕、徐玉德、罗欢（2014）通过借鉴国外保险资金投资风险管理的经验，尤其是美国、英国、日本等发达国家，为我国保险资金投资的风险管理提供建议。靳珂（2016）通过分析我国保险资金投资收益不稳定等问题，将 VaR 细分为国债 VaR、企业债 VaR、证券投资类基金 VaR、股票 VaR 和不动产 VaR，来管控保险资金的投资风险，最后得出充分运用 VaR 对投资风险进行有效管控，是今后我国保险资金投资风险管理的必要手段的结论。

总体而言，目前保险资金运用风险预警的相关研究中，有着眼于大类资产的风险监测预警，有着眼于细分风险（如信用风险）的专项风险监测研究；有采取神经网络模型的，也有采取专家评分法的。整体而言，一是受制于数据可得性问题，在指标体系架构上较为简单；二是在预测模型防范上，仍然处于初期探索阶段，且多数研究停留在理论探讨上，实证研究方面有待加强。

四、我国金融同业风险监测预警实践

基于对风险防范的日益关注，我国银行业和证券业已经较早启动了风险监测预警体系的建设。

1. 我国银行业风险监测预警实践

在国外，关于银行早期风险预警的研究已有多年历史，其主要预警工具包括估计评级和评级降级模型、倒闭和生存预测模型以及预期损失模型、触发比率调整机制模型等。由于银行业风险特征多样化，不同的预警方发的重点有所差异，互为补充。

我国银行业广泛借鉴了欧美国家在指标体系构建和模型方法上的先进经验。2005 年，中国银监会制定了《商业银行风险预警操作指引（运行）》，初步确立了商业银行风险预警体系。该指标体系包括定量指标和定性指标两部分。定量指标包括资本充足度、信用风险、市场风险、操作风险和流动性风险五类 22 个指标。定性指标由管理层评价、经营环境、公司治理、风险管理与内控、信息披露和重大危机事件六类指标组成。中国银监会银行风险早期预警综合系统课题组（2009）从宏观指标、市场指标、银行机构指标三个方面来选取，对指标进行了扩充和完善。丁德臣(2016)年对经济新常态下商业银行风险预警系统进行了系统性梳理，构建的主要指标如表3—1所示。

表3—1　　　　商业银行风险预警指标体系

风险类别	一级指标	二级指标
系统性风险	国际金融风险冲击	短期资本流入/GDP
		短期债务/外债总额
		短期外债/外汇储备
		国内外存款利差
		汇率波动率
		经常项目差额/GDP
		FDI/GDP
		国外简介投资/FDI
	国内宏观金融环境	实际GDP增长率
		通货膨胀率
		财政赤字
		国内信贷增长率
		固定资产投资增长率
	中观金融市场指标	股票市盈率(倍数)
		证券化率
		贷款
		股票总市值
		M2增长率
		房地产增长率/GDP增长率
非系统性风险	微观银行层面指标	资本充足率
		不良贷款率
		应收账款周转率
		利率水平
		同业拆借加权平均利率
		存款余额增长率
		贷款余额增长率
		短期资金贷款比例
		存款年平均成本率
		贷款收益率
		资本利润率
		累计外汇敞口头寸比例
		银行业金融机构存贷比
		存款准备金率
		流动性比率

资料来源：丁德臣(2016)。

银行业风险监测预警体系构建中的重要经验在于：一是尽量将更多市场信息纳入风险预警系统，以期提升预警系统敏感度；二是预警系统中应更加重视宏观经济因素等外部因素的影响；三是剖析金融产品及业务结构，重视金融机构间的相互影响作用；四是预警系统与监管纠偏措施应更加直接密切；五是加强压力测试，随着金融市场化程度的不断加深，市场波动性会逐渐加大，银行遇到极端情况的可能性也会增加，因此，加强压力测试逐渐成为风险监测预警建设的重点。

2. 我国证券业风险监测预警实践

国外证券行业风控指标采取两种模式：一是以美国为代表的净资本监管模式，要求高流动资产保持在负债的一定比率之上。其监管理念在于证券公司任何时候将具有流动性的资产或净资本保持在规定的最低水平之上，以保证当净资本下降到最低要求之下时，公司能够以有序的方式得到清算。二是以欧盟为代表的资本充足率监管模式，要求具有偿付能力的资本保持在风险资产的一定比率之上，其监管理念在于从风险出发，要求金融机构最低持有一定数量高质量的资本工具，保持所持有资本对所承担风险的覆盖。

我国证券业主要借鉴了国际经验，采取了以净资本为核心的风险预警管理体系。2006年11月，中国证监会发布《证券公司风险控制指标管理办法》，从监管指标、计算方法进行重新设置，资本监管不仅限于规模方面的数量监管，而是按照各类业务设定不同的风险准备，即净资本监管直接约束到证券公司各项业务的规模和结构。此后，证监会多次完善证券公司风险控制指标体系并着重对流动性风险加强监管。同时，出台分类监管办法，以风险管理能力为基础对证券公司进行分类监管。目前，我国证券业监管逐步构建了由净资本充足指标、杠杆率指标、业务规模指标、流动性风险指标等组成的风险控制指标体系，初步实现了对证券公司各项业务的全面控制。但现行风控指标体系仍然存在一些缺陷：(1)伴随着金融发展新形势，所面临的风险总量和风险种类有所变化；(2)现行风控指标注重对业务规模的控制，并不能有效地对风险规模加以控制；(3)随着证券公司经营杠杆和资产规模的扩张，特别是两融规模的扩大，流动性风险监管指标计算规则也有待更新；(4)证券行业业务发展和风险累积受到股市波动周期的显著影响，逆周期调节机制的缺失将影响对证券行业风险的管控。相关内容如表3—2所示。

表 3—2　　现行证券公司风控指标一览

指标类别	指标构成	控制目标	监管文件
资本充足性指标	净资本		《证券公司风险控制指标管理办法》
	净资本/净资产	>40%	
	净资本/各项风险准备之和	>100%	
杠杆率指标	净资本/负债	>8%	
	净资产/负债	>20%	
业务规模指标	自营权益类证券及证券衍生品/净资本	<100%	
	自营固定收益类证券/净资本	<500%	
	融资融券规模/净资本	<400%	《证券公司融资融券业务管理办法》
	股票质押自有资金出资规模/净资本	<200%	《证券公司股票质押式回购交易业务风险管理指引》
流动性风险指标	流动性覆盖率	>100%	《证券公司流动性风险管理指引》
	净稳定资金率	>100%	

资料来源：邓晓力、张兴、杨春、张旭涛(2015)。

第四章　我国保险资金运用风险监测预警体系构建

第一节　保险资金运用风险监测预警指标体系

一、风险测度指标概况

刘喜华、杨攀勇、宋媛媛(2013)认为根据现有研究及实践，常见风险测度方法包括三种形式，即头寸指标及其限额、灵敏度指标及其限额、风险资本指标及其限额。

头寸指标及其限额表现为一定的名义金额，其优点在于简单、易理解、方便监控，但其缺陷在于难以控制风险。因增加风险并非完全依赖于规模，也可以通过增加杠杆比例、持有更长到期日组合等多种方式实现，头寸指标及其限额无法反映这种风险状况的变化。此外，绝对值的头寸指标及其限额不利于对比不同业务部门或投资经理之间的风险水平。因此，简单的风险指标及其限额管理可以采用头寸指标及其限额形式。

灵敏度指标及其限额适用于单个市场因子的市场风险指标及其限额，它反映了证券组合价值对其市场因子的敏感性。例如，二级市场上的国债价格主要受利率风险因子的影响，可以用久期和凸性衡量国债价格对利率的敏感度。囿于灵敏度概念只适用于单个市场因子的风险测度，故主要用于投资前台的风险控制，分析可能的交易、可能的市场运作对灵敏度的影响。

风险资本指标及其限额是指各级业务部门可以承受的最大风险损失水平，指在特定时间内，以特定概率所能承受的风险损失的大小来表示，即 VaR 限额。VaR 限额适用于所有金融资产交易，能够综合反映不同层次投资业务的风险状况，是对包括多个市场因子的市场风险的总体风险限额。但 VaR 也存在过度敏感性。此外，VaR 限额有时也可能与其他风险指标产生矛盾，例如，市场波动加剧时，VaR 限额要求减小风险敞口，而灵敏度指标却要求增加对冲。

二、保险资金运用风险监测预警指标体系

（一）公司治理风险

公司治理旨在借由治理主体通过对公司经营者以及大股东的监督与制衡，以期解决逆向选择和道德风险问题。关于公司治理风险的研究，主要围绕三个方面展开：一是治理风险概念的界定，二是治理风险的影响因素，三是治理风险的测量与预警。根据谢永珍、徐业坤（2013）研究，治理风险的影响因素总体分为两类：组织内部因素，包括股权结构、董事会结构与运作、董事激励、领导权结构、高管激励与约束等；外部因素，包括法律、制度、市场等的不完善。关于治理风险的测量，其采用了如下指标：

（1）股权结构：股权结构是公司治理的基础要素，决定了公司治理中的董事会、监事会等决策与监督系统。主要测量指标包括：第一大股东持股比例、实际控制人类别、股权集中度、股权制衡度。

（2）董事会：董事会是公司治理的关键要素，其核心职责是对公司重大决策行为负责，并控制公司风险。作为代理人，董事和董事会一方面存在机会主义行为，另一方面由于能力与信息的限制，可能因决策失误或监督不力而导致治理风险的发生。董事会的风险度量可以细分为两个方面：一是董事会独立性，具体可以用董事报酬、领取报酬董事比例、董事会持股比例、董事长持股比例等来度量；二是董事会运作与作为，一般用审计委员会设置、薪酬与考核委员会、战略委员会、提名委员会、董事会会议次数来度量。

（二）资产负债错配风险

资产负债管理是管理保险资金运用风险的一种实践。该理论认为，金融机构要实

现安全性、流动性和营利性三者的均衡，不能只靠资产或负债单方面的管理，而必须根据经济环境的变化和金融机构的业务状况对资产和负债进行统一协调管理，保险资金运用风险的控制不能只从资产端入手，还应考虑到保险公司的负债组合。在广义上，资产负债管理被定义为在给定的风险承受能力和约束下，为实现财务目标而针对资产和负债的有关决策进行的制定、实施、监督和修正的过程。在20世纪80年代后期，美国等保险业发达国家的数家大保险公司，由于没有适当地抵御风险而破产。因而，各国的监管机构开始要求保险公司提供基本的年度分析，资产负债管理方法逐渐成为保险公司偿付能力管理的核心内容。

林建艺(2007)认为资产负债管理有两个主要目标：一是通过管理公司日常的净现金流以更好地满足偿付能力要求；二是对利率风险进行管理，控制因保险公司产品组合与投资组合的现金流的不匹配所导致的利率风险。资产负债管理在具体操作时的主要分析方法有两种，即动态现金流测试和动态偿付能力测试，可以说，资产负债管理是两者的综合应用。其具体的操作程序如下：首先，将资产和负债按其现金流和风险特点进行组合分类；其次，利用凸性和期间等预测性指标，对资产和负债的组合分类进行分析；最后，将期间和凸性匹配的资产和负债结合起来管理。在此过程中，用模型对可能产生的后果进行预测。

尽管资产负债管理是对全面风险管理的突破，但也存在一定的缺陷，主要体现在：第一，由于资产负债管理理论产生于商业银行的管理，并且也主要运用于商业银行等金融机构的风险管理，因此，从目前它的理论内容和方法论述来看，银行管理的痕迹太浓，从而使得该理论和方法的适用性不够。第二，从资产负债管理的方法发展来看，资产负债管理主要还是将风险现象看成是一种单纯的经济现象，并试图通过明确的计量方法来测量所有的风险，强调优化工具和模型过多。

（三）市场风险

在市场风险评估中，更多采用定量指标，主要借助于一些统计手段对风险因子进行度量，包括规模、灵敏度、波动性三大类指标，进行在险价值(VaR)、敏感性分析、压力测试等。

1. 规模指标

最直接的测度指标是投资组合里的股票市值、债券市值等指标，在汇总时，多头和空头相加得到净规模，是风险敞口概念。此外，实践中也会用权益资产配置比例、不动产类资产配置比例、股票组合浮亏比例等作为绝对值规模指标的补充。

2. 灵敏度指标

灵敏度指标是在其他条件不变的前提下，研究单个风险要素的变化可能会对资产组合产生的影响。最常见的灵敏度指标是β系数、久期和缺口。其中，贝塔系数是一种评估资产系统性风险的工具，用以衡量资产或资产组合收益水平对市场平均收益水平变化的敏感性，反映的是投资组合相对于市场的表现情况，久期和缺口主要用于评估债券投资的市场风险。

3．波动性指标

计算 VaR 的核心是构造证券组合价值变化的概率分布，通常的做法是通过市场因子的变化来估计证券组合的未来损益分布。具体计算包括：第一，将证券组合中的每一头寸表示为关于其市场因子的函数；第二，构建波动性模型预测市场因子的波动性；第三，构建估值模型，根据市场因子的波动估计组合的价值变化和分布。其中，波动性模型和估值模型是关键，不同的波动性模型和估值模型构成了不同的 VaR 计算方法。比较有代表性的方法有：方差—协方差法、历史模拟法、Monte Carlo 模拟法等。就保险资金运用风险监测中，结合保险资金运用渠道，可细分为股票投资 VaR、基金投资 VaR 以及债券投资 VaR。相关内容如表 4—1 所示。

表 4—1　　保险资金运用市场风险监测预警指标

分　类	指　标	说　明
利率风险	利率敏感度	可供出售类和交易类债券资产市值×久期×(＋150bp)/最低资本
	资产负债久期缺口率	(资产久期－负债久期)/负债久期
	利率 VaR％	利率 VaR/利率风险暴露
	利率 VaR/上季末总资产	利率 VaR/上季末总资产
权益价格风险	权益类资产敏感度	(－20％)×权益类资产×其 beta/最低资本
	权益 VaR％	权益 VaR/上市类股权市值×100％
	权益 VaR/上季末总资产	权益 VaR/上季末总资产
	权益资产占比	权益资产市值/上季末总资产
不动产投资风险	不动产类投资比例	不动产类投资市值/上季末总资产
	不动产贬值率	(房地产账面价值－房地产购买成本)/房地产购买成本
汇率风险	汇率 VaR％	汇率 VaR/外币资产市值
	汇率 VaR/总资产	汇率 VaR/总资产

资料来源：笔者整理。

（四）信用风险

信用风险预期损失是未来一段时间内能够预计到的损失。决定保险资金运用信用风险损失主要包含三个因素：违约概率、贷款的担保措施、贷款余额。信用风险的计量可以分为对单个交易对手、单笔资产的计量和对信用资产组合的计量两个方面，对单个交易对手、单笔资产的计量指标主要有违约概率（PD）、违约损失率（LGD）、违约风险暴露（EAD）；对信用资产组合的计量指标主要有预期损失（EL）、非预期损失（UL）。

客户违约和信用质量下降是导致信用风险的关键因素。违约概率可以通过对处于同一信用级别的多个客户的历史违约情况的统计分析得出。信用评级方法，既可以由保险机构内部对客户进行评级来确定其信用级别，也可以直接使用外部信用评级机构或者监管当局提供的评级资料。

违约损失率与客户的信用挂钩，衡量了损失的严重程度。其计算方法可以违约后债务工具的市场价值计算，也可以违约后债权人最终回收到的资产价值总和计算，即最终回收率。

违约风险暴露，又称违约敞口，指信用暴露中面临违约风险的部分。它是未来的敞口，即在将来面临信用风险的头寸规模，具有不确定性。相关内容如表4—2所示。

表4—2　　保险资金运用信用风险监测预警指标

分　类	指　标	说　明
交易对手违约风险	最大单一法人主体投资比例	最大单一法人主体投资账面余额/上季末总资产
	AA级（含）以下债券占比	境内AA级（含）以下长期信用评级的债券账面余额/上季末总资产
	固收产品内、外部信用等级分布	固收产品内、外部信用等级分布
	固收产品偿债主体内、外部信用等级分布	固收产品偿债主体内、外部信用等级分布
	交易对手信用等级分布	交易对手信用等级分布
	不良资产占比	保险资产风险五级分类中不良资产与上季末总资产占比
信用利差	信用利差	债券到期收益率与无风险利率之差

资料来源：笔者整理。

（五）流动性风险

流动性风险识别的目的在于分析公司流动性风险来源，逐步建立流动性风险因子库，评估各种风险因子对各产品项目、各业务条线流动性影响及其相互之间的流动性影响。参照银行业及证券行业，在流动性风险测度上，包括静态指标、现金流模型、压力测试等方法。

静态指标包括杠杆倍数、流动性覆盖率、净稳定资金比率等。同时，考虑到交易对手个体与资产组合之间的关系，在进行信用风险度量时，通常会辅以集中度风险的度量。常用的指标包括：单一法人主体投资比例、单一资产投资比例、股票首位行业占比、非金融企业债首位行业占比等。除此以外，还有一些反映流动性的财物指标可供分析，包括或有负债比率、流动性比率等。

现金流模型是指基于对未来现金流预测进行现金流缺口分析的模型。按照是否考虑新业务计划，现金流预测方法一般分为静态现金流预测和动态现金流预测。其中，按照是否考虑客户行为调整，静态现金流预测又分为基于合同的静态现金流预测和基于客户行为调整的静态现金流预测。相关内容如表 4－3 所示。

表 4－3　　保险资金运用流动性风险监测预警指标

指　标	说　明
净现金流	反映保险公司报告期的净现金流量，以及在基本情景和压力情景下，未来一般期间内的净现金流量，包括三项指标：报告期的实际净现金流、基本情景下未来预计净现金流、在压力情景下未来预计净现金流
综合流动比率	反映保险公司在报告日持有的资产和负债在未来期间内，预期的现金流流入和现金流出的分布情况和匹配情况。综合流动比率＝现有资产的预期现金流入合计/现有负债的预期现金流出合计
流动性覆盖率	反映了保险公司在压力测试情境下未来一个季度的流动性水平，压力测试由银保监会另行制定。流动性覆盖率＝优质流动资产期末账面价值/未来一季度的净现金流
融资回购比例	融资回购市值/上季末总资产
优质流动资产折算金额占比	优质流动资产折算金额/总投资资产
现金头寸覆盖率	（库存现金＋活期存款）/未来一周预估的资金需求
融资集中度限额	同一融资渠道融资额/公司当前融资总额
投资流动性资产与剩余期限在 1 年以上的政府债券、准政府债券占比	投资流动性资产与剩余期限在 1 年以上的政府债券准政府债券/上季末总资产
对外担保额度	对外担保额度

资料来源：笔者整理。

（六）操作风险

操作风险的评估相较于其他风险存在一定的困难：一是操作风险具有复杂性和多样性；二是操作风险具有背景依存性。一般情况下，当发生操作风险事件后，公司会采取相应的管理措施，这样操作风险概率分布就会发生变化；三是不同类型操作风险事件的数据积累情况参差不齐，大部分操作风险事件具有“低频高损”特征，评估方法的选择上也存在困难。

定性评估操作风险的常用工具是风险地图，也称风险热图，是一种用图形表示识别出的风险信息，直观地展现风险事件的特征，方便风险管理者考虑采取怎样的风险控制措施的操作风险管理工具。定量评估方面，在风险管理方面领先的银行业，操作风险计量出现了一系列的方法，如综合打分卡法、内部计量法和损失分布法。在经过了近 10 年的发展，目前业界的操作风险计量方法逐渐形成了趋于一致的较佳实践，即损失分布法，且领先于银行将极值理论以及打分卡的应用也融合其中，使方法体系更为完善，更具风险敏感性。相关内容如表 4—4 所示。

表 4—4　　保险资金运用流动性风险监测预警指标

分　类	指　标
人员	员工年度累计流失率
	关键岗位流失率
	操作风险涉案人员比率
流程	投资交易差错次数
	投资比例超限额次数
	合作机构资质完备率
系统	系统异常事件数量
	信息安全事件数量
	数据差错量
外部环境	监察案件数
	监管机构处罚次数
	新增法律诉讼案件数

资料来源：笔者整理。

针对当前我国保险资金运用所面临的比较突出的风险，综合考虑指标体系的综合性、灵敏性、可操作性以及规范性，构建出上述对应的指标系统。然而，受制于课题组的数据可得性，初步筛选出如下预警指标系统为四大类共计 15 个指标，具体如表 4—5 所示。

表 4—5　　保险资金运用风险监测预警指标集

类别	指标名称	指标含义
市场风险	权益类资产配置比例 X_{11}	权益类资产/委托人上季末总资产
	股票投资组合 VaR 占比 X_{12}	股票投资组合 10 日 VaR 值/股票市值
	基金投资组合 VaR 值占比 X_{13}	基金投资组合 10 日 VaR 值/基金市值
	HFT/AFS 类债券投资组合 VaR 占比 X_{14}	HFT/AFS 类债券投资组合 10 日 VaR 值/债券资产公允价值
	股票组合 β 系数 X_{15}	取组合收益率和标的指数收益率之间的协方差与标的指数收益率的方差比；基准指数选取沪深 300 指数
	股票投资组合浮亏比例 X_{16}	股票投资组合浮动亏损/投资成本
	不动产类资产配置比例 X_{17}	不动产类资产投资账面余额/委托人上季末总资产
信用风险	外部评级 AA 级（含）以下债券占比 X_{21}	AA 级（含）以下债券余额/委托人上季末总资产
	无担保企业债券占比 X_{22}	无担保企业债券/委托人上季末总资产
集中度风险	单一法人主体投资比例 X_{31}	单一法人主体投资余额/委托人上季末总资产
	单一资产投资比例 X_{32}	单一资产账面余额/委托人上季末总资产
	股票首位行业占比 X_{33}	股票投资最大单一行业市值/委托方可投资权益类资产余额
	非金融企业债首位行业占比 X_{34}	非金融企业债最大单一行业余额/非金融企业债券余额
流动性风险	流动性资产占比 X_{41}	投资流动性资产与剩余期限在 1 年以上的政府债券、准政府债券的账面余额/委托人上季末总资产
	股票月变现比例 X_{42}	Min(20/平均变现天数，1)

资料来源：笔者整理。

第二节　保险资金运用风险监测预警试算

经对现有研究进行总结分析，采取神经网络分析法进行风险监测预警的客观性、科学性更强。本文重点是对当前保险资金运用所面临的风险进行全面分析，故遴选相应的预警指标，在具体的预警方法上仍然采用李志辉等(2015)所使用的神经网络分析法。考虑到数据的可得性和持续性，我们选取××保险机构 2015—2017 年 7 月的月度数据，首先通过数据标准化处理、聚类分析等筛选出具有代表性的指标变量，构建风险监测指标体系，然后采用神经网络方法等构建风险预警体系。

一、聚类分析

本文通过聚类分析对以上指标进行筛选处理，以此构建更具代表性的风险监测预警指标体系。经对数据进行标准化处理并采取以指标间欧式距离作为相似性度量进行聚类分析，得到相关的树状图如图 4—1 所示。指标集可分为 12 类，其中，X_{21} 与 X_{22}、X_{15} 与 X_{42}、X_{32} 与 X_{34} 合并为一类，其余指标单独作为一类。进一步，根据各聚类，分别选取代表性指标构成风险监测预警指标体系，选取标准为筛选指标与其他要素指标间的相关系数均值较大者。据此，筛选出 X_{22}、X_{15}、X_{34} 作为代表性指标，经聚类分析后的指标体系如表 4—6 所示。

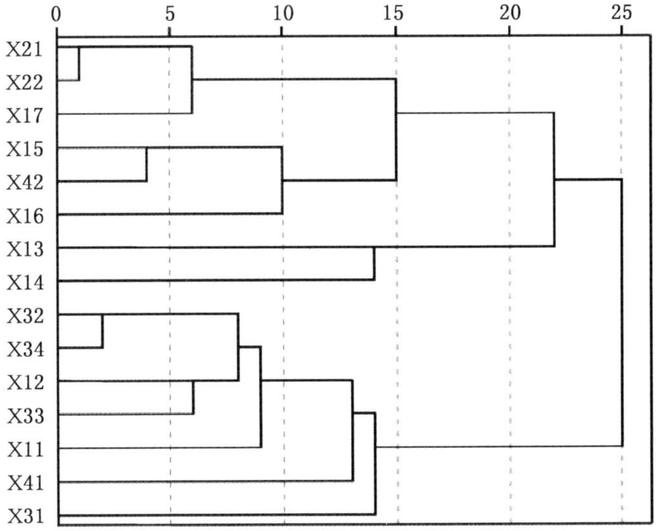

资料来源：笔者经 SPSS 运算结果整理。

图 4—1 风险监测预警指标集聚类分析树状图

表 4—6　　保险资金运用风险监测预警指标体系

类　别	指标名称
市场风险	权益类资产配置比例 X_{11}
	股票投资组合 VaR 占比 X_{12}
	基金投资组合 VaR 值占比 X_{13}
	HFT/AFS 类债券投资组合 VaR 占比 X_{14}
	股票组合 β 系数 X_{15}
	股票投资组合浮亏比例 X_{16}
	不动产类资产配置比例 X_{17}
信用风险	无担保企业债券占比 X_{22}
集中度风险	单一法人主体投资比例 X_{31}
	股票首位行业占比 X_{33}
	非金融企业债首位行业占比 X_{34}
流动性风险	流动性资产占比 X_{41}

资料来源：笔者整理。

二、要素指标预测

（一）预测方法

本研究采用神经网络分析方法进行预测。近年来，随着计算机技术的不断发展，神经网络的运用日益广泛。神经网络相比其他计算方面的算法的优点：神经网络不需要关注算法里面的细节信息，算法可以很容易地被重新训练来应对不同的分类数据；人工神经网络可以用来解决机器学习中的有监督学习和无监督学习问题。但是其不足之处：神经网络往往需要大量的训练数据，训练数据的获得性至关重要，但在现实中难以实现。

（二）神经网络测算风险指标

本文采取神经网络分析法对 2015—2017 年 7 月××保险机构风险指标进行要素指标预测，尝试使用机器学习算法辅助风险指标的计算，采用的工具为 Matlab 软件中的人工神经网络工具箱，计算的指标如前文所述，即采取李志辉等（2015）处理方法，经对数据进行标准化处理，并对数据的极端值进行了相应的处理。我们采取两种策略进行人工神经网络的建模：一是分别对每个风险指标对应的时间序列建立神经网络，分指标进行最新一期数值的预测；二是对整体的风险指标体系建立神经网络，对最新一期整体指标进行预测。

观察每种风险指标的时间序列，可以发现大部分风险指标显示出线性，所以对风险指标的预测的一种策略是分别对每个风险指标的时间序列建模，分指标进行神经网络的预测计算。使用 Matlab 软件中的人工神经网络工具箱，生成 2 层的神经网络，对 12 个风险指标分别建模预测。预测结果如图 4—2 所示。

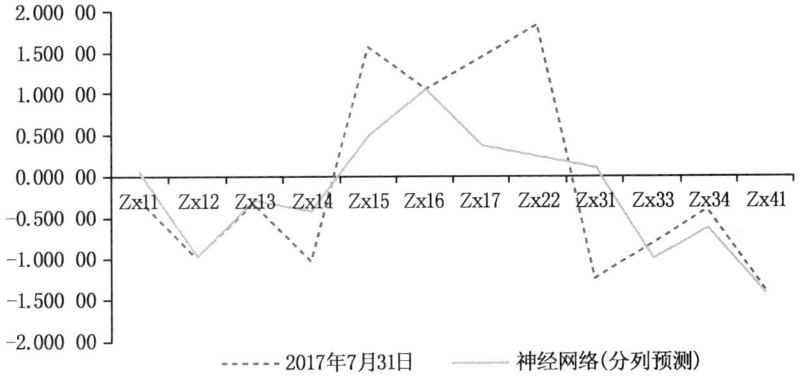

资料来源：笔者运算而得。

图 4—2　风险预测试算结果(按照分列预测法)

对风险指标预测的另一种策略是对整体指标进行建模，建立输入输出为 12 个风险指标的 3 层神经网络，预测效果如图 4—3 所示：

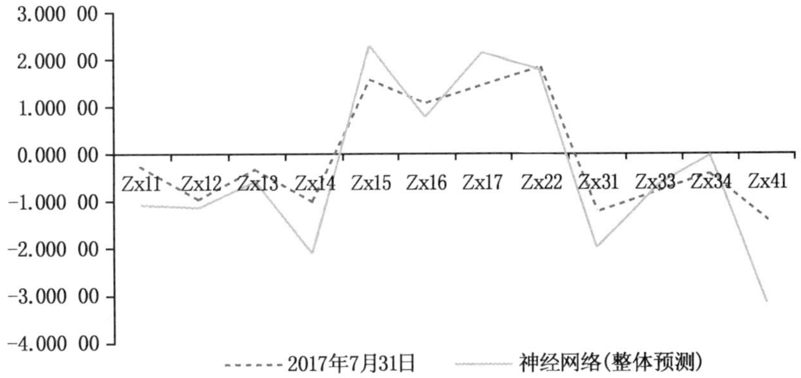

资料来源：笔者运算而得。

图 4—3　风险预测试算结果(按照整体预测)

从两种建模方法的结果上看，对风险指标进行整体建模的效果更好，可以更好地预测新一期的风险指标数值。相关内容如表 4－7 所示。

表 4－7　　神经网络模型下各要素指标预测状况

指标名称	预测值	指标名称	预测值
X_{11}	－1.0801	X_{17}	2.165 8
X_{12}	－1.128 7	X_{22}	1.744 8
X_{13}	－0.534 8	X_{31}	－1.990 0
X_{14}	－2.112 0	X_{33}	－0.740 5
X_{15}	2.307 2	X_{34}	－0.026 6
X_{16}	0.809 7	X_{41}	－3.155 0

资料来源：笔者经 Matlab 运算整理。

第五章　总结与不足

当前，我国正进入“严监管”时代，加强金融监管，防范系统性金融风险成为金融工作的重中之重。构建风险监测预警体系，正是构建宏观审慎监管框架的重要组成部分。我国保险资金运用经过多年积累和政策的支持引导，步入了重要的发展阶段。在混业经营格局日渐明朗、金融监管逐渐统一的情况下，构建保险资金运用风险监测预警体系，无论是对于保险机构还是对于整个保险业，甚至是对我国金融体系的整体稳健发展，均至关重要。

关于我国保险资金运用风险监测预警体系的研究尚处起步阶段，近年来诸多学者均在理论、方法、工具等方面不断尝试，但无论是从数据可得性还是模型算法方面都有很大的提升空间。本文致力于对当前我国保险资金运用所面临的突出风险进行剖析，并针对主要风险遴选出对应的风险监测预警指标集；在此基础上，选取具体的保险机构经验数据对风险监测预警指标体系构建进行实证分析。尽管笔者对于各具体类别风险在度量识别方面给出了较为具体的指标，但囿于数据的可得性和连续性，所能取得的指标数据及样本容量有限，后续仍有待在数据和模型上进行深入研究和完善。此为本研究的不足之一。基于此，从行业层面上，建议尽快确定出初步的风险监测预警指标，并在行业整体范围内统筹执行，逐步完善保险资金运用的风险监测数据库，并实际启动风险监测预警指标体系的运行。

不足之处二，当前，审慎监管不仅仅是微观审慎监管，更重要的是构建周密的宏观审慎监管体系。从风险监测预警方面而言，不仅是对单个机构的风险监测预警，更重要的是基于整个保险行业，甚至基于整个金融业的整体风险监测预警。本研究目前仍更多关注于保险机构层面的风险监测，对于系统性风险尚未予以考量，后续仍需纳入更多因素，包括外部影响以及机构间影响因子等，构建宏观层面的风险监测预警体系。

参考文献

[1]白哲．我国保险资金运用的风险预警与管理探析[J]．生产力研究．2015(2)．

[2]陈文辉．国际保险监管核心原则的最新发展与中国实践[M]．北京：人民日报出版社，2012．

[3]邓晓力，张兴，杨春，张旭涛．新形势下的证券公司风控指标体系研究[J]．中国证券，2015(12)．

[4]丁德臣．经济新常态下商业银行风险预警系统研究[J]．宏观经济研究，2016(4)．

[5]李志辉、王近、李源，大类比例监管下的保险资金运用风险监测预警研究[J]．中国保险资产管理(增刊)，2016(2)．

[6]李志辉、王近、田伟杰．保险机构债券投资信用风险监测预警研究．2016 年度 IAMAC 年度系列研究课题集[M]．上海：上海财经大学出版社，2017．

[7]梁风波．基于 BP 神经网络和遗传算法的保险企业内部风险预警实证研究．中国保险学会学术年会入选论文集[M]．北京：中国法制出版社，2010．

[8]林建艺．我国保险公司风险评估指标体系研究[D]．厦门：厦门大学，2007．

[9]刘喜华、杨攀勇、宋媛媛．保险资金运用的风险管理[M]．北京：中国社会科学出版社，2013

[10]鹏元资信评估有限公司．保险机构信用风险监测预警研究．2016 年度 IAMAC 年度系列研究课题集[M]．上海：上海财经大学出版社，2017．

[11]孙强，崔光华．我国银行业系统性风险预警指标体系设计与实证分析[J]．中央财经大学学报，2017(2)．

[12]滕焕钦．国外保险企业风险预警的理论与实践及对中国的启示[J]．保险研究，2011(1)．

[13]王勇，隋鹏达，关晶奇．金融风险管理[M]．北京：机械工业出版社，2014．

[14]谢永珍，徐业坤．基于股权结构与董事会治理视角的上市公司治理风险预警[J]．山东社会科学，2013(4)．

[15]杨攀勇．保险资金运用的风险管理与控制问题研究．[D]．天津:天津大学,2007.

[16]杨学理,朱衡,杨一帆．养老保险基金风险预警指标体系研究——基于神经网络思想的分析[J].西南交通大学学报(社会科学版),2016(5).

[17]袁雪薇．金融保险集团风险预警模式分析_基于 ERM 分析视角[J].财政金融,2013(7).

[18]张亮．保险资产管理信用风险预警监测系统研究_基于央行征信系统的视角[J].中国保险,2016(2).

[19]中国银监会银行风险早期预警综合系统课题组．单体银行风险预警体系的构建[J].金融研究,2009(3).

[20]周桂贤,赵心宇．保险业风险监测预警体系的探索与实践[J].内蒙古金融研究,2011(8).

[21]朱兆珍．企业生命周期视角下财务危机预警研究[D].南京:东南大学,2016.

业务创新篇

保险资金参与PPP投资风险控制与退出对策研究

光大永明资产管理股份有限公司

倪 霓 刘 雅 魏 超 裴 康

摘要

PPP(public-private partnership)是指政府与社会资本合作对促进经济转型升级、转变政府职能、构建现代财政制度具有重要意义。近年来,相关政策密集出台,险资参与PPP模式,机遇与挑战并存。对于保险资管行业,参与PPP项目,如何进行风险控制,建立退出机制显得尤为必要。

PPP项目风险比较复杂,主要风险有政府风险、法规政策风险、市场风险和项目风险。险资参与PPP项目,应该将风险控制放在首位,坚持风险合理分担原则、全方位动态风险管理原则;做到四个注意:谨慎选择合作伙伴、选择适宜的项目、选择适合的投资方式、采取相匹配的增信方式。

建立退出机制同样是险资参与PPP项目的重要组成部分,当前退出方式和渠道主要有项目移交、股权转让/回购、售后回租、IPO上市/新三板挂牌、资产证券化和PPP资产交易平台等,不同方式各有优缺点,亦存在一些难以回避的问题。

为此,需进一步完善政策法规、加强对PPP本质的认识、完善风险分担机制、构建多元化退出机制、建立信用信息共享机制、支持和培育专业中介机构,创造良好的政策环境和条件。同时,保险资管公司也应该关注相关政策法规、选择合适的方式、项目和合作伙伴,加强风控,用好用足增信措施,不断提高团队能力和水平,为参与PPP项目打好基础。

关键词

保险资金　PPP　风险管理　退出机制

第一章　PPP 概况

第一节　PPP 的概念

PPP(政府与社会资本合作)，是指政府在基础设施建设、公共服务等领域与社会资本开展合作，公共部门提供资源，社会资本提供资金、产品、技术及服务，通过合作达到比单独一方实施更有效率和质量的结果，实现社会效益的最大化。2017 年 7 月，国务院法制办向社会公开征求意见的《基础设施和公共服务领域政府和社会资本合作条例(征求意见稿)》[简称《PPP 条例(征求意见稿)》]，对 PPP 定义如下："指政府采用竞争性方式选择社会资本方，双方订立协议明确各自的权利和义务，由社会资本方负责基础设施和公共服务项目的投资、建设、运营，并通过使用者付费、政府付费、政府提供补助等方式获得合理收益的活动。"

现在通行的 PPP 模式，起始于 20 世纪 70 年代的英国，主要目的是为了解决公共建设领域资金不足的问题。英国等西方发达国家开始尝试在公共领域引入私营资本参与建设和运营后，一些中等发达国家和发展中国家相继效仿。我国第一个采用现代意义上 PPP 模式的项目是 1985 年以 BOT 模式开工建设的沙角 B 电厂。目前，PPP 模式已逐渐成为基础设施和公共服务领域的主要运作模式之一。

首先，从政府角度，PPP 模式可以解决政府提供公共产品与资金短缺之间的矛盾。政府需要开展基础设施建设，提供公共服务，但是一时无法投入大量的资金，通过引入社会资本，可以从某种程度上解决这一矛盾；其次，从社会资本角度，PPP 模式拓宽了社会资本参与基础设施建设和参与公共服务的渠道，提升社会资本参与投资的积极性；最后，从整个社会角度，政府在公共项目领域引入社会资本，通过发挥各自的比较优势，可以提高项目建设、运营效率，改善公共服务和产品质量。相对于优点，PPP 模式亦存在一些问题，诸如复杂的交易结构增加了政府与社会资本协调的成本、影响效率、合作期限过长风险较大、社会资本融资成本相对较高等。

第二节 PPP 的特征

当前，PPP 模式作为社会资源配置、政府体制机制改革、社会资本参与基础设施建设和公共服务项目的一种新模式，虽然各个国家、机构对 PPP 的定义不尽相同，PPP 模式存在的形式也多种多样，但 PPP 模式的特征基本可以概括为三方面：利益共享、风险共担和伙伴关系。国家发展改革委《关于开展政府和社会资本合作的指导意见》（发改投资[2014]2724 号）中提出："政府和社会资本合作（PPP）模式是指政府……通过……方式，与社会资本建立的利益共享、风险分担及长期合作关系。"

伙伴关系是 PPP 模式最为核心的特征，意味着各方参与主体具有平等的法律地位，有着一致的共同的目标，即希望能够以更少的投入，尽可能地提供更多更好的产品和服务。为此，在合作过程中需要互相尊重、互相信任、平等协商、互惠互利。

利益共享是 PPP 模式可持续发展的基础。虽然 PPP 模式各参与方有着共同的目标，但是各自也有不同的利益诉求，如果单独满足政府或者社会资本某一方的利益，则合作将失去基础。为此，需要在各种利益需求中寻求平衡，既满足政府开展基础设施建设与提供公共服务的需要，也要保证社会资本获取长期稳定的合理回报。

风险分担是 PPP 模式顺利实施的保障。任何项目都存在风险，但是与一般的合作最大的不同是，一般合作双方都会尽可能降低自己需承担的风险，而在 PPP 模式下，基于共同目标的伙伴关系以及利益共享的基础，双方会承担自己最有能力抵抗的风险，按照一定的原则将风险在参与方之间合理分担，而不是追求一方承担低风险或简单地划分风险。

第三节 PPP 在我国的发展

PPP 在我国曾经有过 3 次发展热潮。第一次是自 20 世纪 80 年代至 2000 年初，以中外合资 BOT、TOT 形式为代表的电厂、公路等基础设施项目为主；第二次是 21 世纪初至 2008 年前后，以民营企业为代表的一批社会资本进入供水等市政行业为主，随着"4 万亿元"刺激经济拉动投资和消费政策的出台，地方政府资金充裕，第二次热潮逐渐消退；第三次是 2014 年以来，在财政部、国家发展改革委等的大力推动下，随着地方债务压力的增大，预算管理日益严格，地方融资平台受限，土地财政难以为继，PPP 模式作为可以吸引社会资本、缓解地方政府财政压力、继续开展基础设施和公共项目建设、促进公共服务领域改革的模式，再次受到政府和企业新一轮的关注和重视。

从中央到地方，陆续出台了一系列 PPP 相关政策法规。中央文件以鼓励开展基础设施建设和公共服务领域机制创新、鼓励社会资本投资，进行全面的政策指导为主。部委层级，财政部、国家发展改革委作为主要管理部门从各自角度相继出台了众多 PPP 相关文件。财政部文件以框架指导性规定为主，侧重项目试点的推广、财政资金的运用监管等方面；国家发展改革委的文件，更加注重具体项目实施过程中的细节性规定，提出了开展 PPP 项目的一些具体规定和措施；其他如住建部、交通部等也从各自行业管理的角度，出台了一些规范 PPP 模式的文件。

经过数年的快速发展，PPP 投资已经达到相当规模。据财政部网站公布，PPP 入库存量项目总投资超过 17 万亿元，数量万余个。为此，财政部 2017 年 11 月 16 日发布《关于规范政府和社会资本合作（PPP）综合信息平台项目库管理的通知》（财办金〔2017〕92 号），严格入库标准，将动态管理常态化，清理、清退不合规项目。与此同时，相关部门一直积极推动统一规范的 PPP 立法工作，以解决不同文件彼此之间出现交叉重复甚至矛盾，以及部分规定与其他现行法律法规不一致的问题。2017 年 7 月，《基础设施和公共服务领域政府和社会资本合作条例（征求意见稿）》正式面向社会征求意见。

第四节　保险资金参与 PPP 概况

经过多年的发展，我国保险资金投资经历了从无到有、从小到大、从弱到强的发展历程。“1995 年《保险法》颁布实施后，保险资金运用的混乱局面从根本上得以扭转。2003 年以来，保险资金运用开始逐步走上集中化、专业化、规范化的良性发展轨道。”① 基础设施投资因其规模大、时间长、收益稳定一直受到保险资金的青睐，但是在 PPP 投资领域，因为缺乏明确的规定，加之 PPP 股权投资的性质，保险机构对于 PPP 项目仍然持比较谨慎的态度。2016 年 7 月，原中国保监会修订实施的《保险资金间接投资基础设施项目管理办法》，明确保险机构可以“采取股权、政府和社会资本合作模式投

① 陈文辉．保险资金运用的回顾与展望［J］．中国金融，2013(18)．

资基础设施”，同时要求“应当选择收费定价机制透明、具有预期稳定现金流或者具有明确退出安排的项目”，对保险机构投资 PPP 项目起到了促进作用。

一、保险资金参与 PPP 的优势

保险资金因其自身的特点，参与 PPP 项目具有一定的天然优势。首先，PPP 项目周期较长，普遍在 10—30 年，需要的资金规模较大。一般的金融机构要么存在期限错配的风险，要么无法提供足够的额度，而保险资金规模大、久期长，与 PPP 项目具有契合性，适合 PPP 项目投资。其次，保险资金对投资收益率要求不高，追求长期、稳定、低风险的固定回报。PPP 项目多为地方大型基础设施或者公共项目，有政府作为合作方的信用支持，给予财政预算或财政支出安排，风险较低，同时 PPP 项目具有动态调节机制，将回报率维持在一个合理的水平，这些均与保险资金的投资需求相匹配。再次，PPP 项目结构复杂，涉及投融资诸多方面，建设、运营服务提供商虽然拥有丰富的项目建设、运营经验，但是在投融资方面相对缺乏相应能力和人才储备，保险机构通过债权投资计划等方式投资基础设施、不动产建设，积累了较为丰富的经验，培养了一批专业人才，双方开展合作，可以充分发挥保险机构的专业优势。最后，相关政策对保险资金参与 PPP 项目建设给予支持和鼓励。中共中央国务院《关于深化投融资体制改革的意见》(中发〔2016〕18 号）提出了鼓励包括保险资金在内的相关金融资本在依法合规、风险可控等前提下，通过包括股权在内等方式参与基础设施、重大民生工程、新型城镇化等领域的项目建设，国务院《关于创新重点领域投融资机制鼓励社会投资的指导意见》(国发[2014]60 号）提出引导保险资金等用于收益稳定、回收期长的基础设施和基础产业项目；国家发展改革委、财政部相关文件中也提出了支持鼓励保险资金参与 PPP 项目；2016 年原中国保监会《保险资金间接投资基础设施项目管理办法》进一步明确了相关规定。

二、保险资金参与 PPP 的意义

在当前经济增速放缓、“资金荒”与“资产荒”并存，国家严格限制地方政府举债的背景下，政府要进一步发展经济，改善民生，企业要进一步做大做强，保险资金参与 PPP 建设前景广阔，不论是对国家经济发展、地方经济发展及保险行业发展，还是保险机构自身发展都具有非常重要的现实意义。保险机构应该充分发挥自身优势，积极研究和探索参与 PPP 的方式和渠道。首先，从经济发展的角度，保险资金参与 PPP 项目，国家和地方政府可以获得推进基础设施建设开展城镇化运动的资金，推动建立现代财政预算体系，缓解财政压力，还能将一部分风险转移给社会资本，同时通过发挥政府和社会资本各自的优势，还能够推进政府转变职能，提高政府的服务意识和契约意识，提高公共服务的水平和效率。其次，从行业发展的角度，保险资金参与 PPP 项目建设，有利于保险行业响应和落实保险支持实体经济发展的战略号召，加大保险资金对基础设施建设和公共服务领域的支持力度，拓宽保险资金的投资渠道，提升保险行业的投资能力和水平，推进保险行业全面发展。再次，对于保险机构来说，通过参与具体的 PPP 项目建设，可以为大量的资金寻求长期稳定的资产配置，获得相对低风险的稳定回报，打造企业在行业中的形象，可以维护和建立与地方政府的关系，为开展全方位的政企合作打好基础。

三、保险资金参与 PPP 的主要模式

总体而言，保险资金参与 PPP 项目建设并没有固定模式或者最优模式，需要保险机构对根据自身的实力、特点及风险偏好，选择适合的项目，采取与之相适应的方式。从目前国内外实践来看，目前保险资金参与 PPP 项目的主要有以下几种模式：

一是保险资金作为社会资本方直接以股权的形式投资 PPP 项目。保险资金股权投资受到一定的法规限制，可以通过股权投资计划等方式参与。例如，平安人寿等 7 家保险公司共同出资 160 亿元，投资平安资管京沪高速铁路股权投资计划，持有京沪高速铁路股份有限公司 13.91％的股权。真实股权投资符合鼓励保险资金参与 PPP 项目建设的初衷，也与保险资金规模大、久期长的性质相符合，如果项目运行良好，也可获取可观收益；但由于保险资金负债端成本相对固定，真实股权投资风险同样较大，因此项目本身的资质和选择尤为重要。同时，保险机构作为社会资本方，需要参与项目的建设运营管理，对保险机构的项目管理能力也是新的考验。

二是保险资金与社会资本共同设立专项企业基金，针对具体 PPP 项目，由社会资本方或者由项目本身提供增信。PPP 项目投资规模较大，此模式可以放大杠杆率，有利于 PPP 项目落地，同时通过结构化增信可以降低保险资金风险；但是在 PPP 项目建设运营中，相对于建设、运营等社会资本方，保险机构明显缺乏相关经验，社会资本方占据相对优势地位。同时，因为考虑“出表”等原因，社会资本方提供的增信往往难以满足保险资金的安全需要，而依赖项目本身增信亦存在较大不确定性。因此，需要在实践中进一步探索既能够满足保险资金安全需要，又能够满足社会资本方需求的合作模式。

三是保险资金与社会资本方成立 PPP 产业基金，或参与地方政府 PPP 产业引导

基金。其中，保险资金作为优先级 LP，其他社会资本作为中间级或劣后级 LP。采取产业基金或引导基金的模式的优势在于，通过分级结构化设计和政府增信，可以降低保险资金风险，通过母子基金及结构化等设计，可以提高杠杆率，推动项目落地，可以对接多个项目，提高工作效率。此模式是当前市场上受到普遍关注的 PPP 投资模式，因其多为政府主导，效率较高，安全性较好，市场竞争较为激烈。保险资金由于负债端成本问题，在与银行等资金竞争时，难以取得优势；同时，政府主导产业引导基金，在谈判时处于优势地位，一些政府部门要求金融机构承担相同风险，不对基金进行结构化分层，或者存在为了推进项目，违规承诺财政兜底等现象。据此，保险资金参与基金时要因地制宜，统筹考虑。

此外，还有以债权形式投资 PPP 项目，如为施工单位提供债权融资、为项目公司提供债权融资，以及购买 PPP 项目收益债、上市 PPP 项目公司股票等形式，因不属于典型的 PPP 项目投资模式，不予赘述。

四、保险资金参与 PPP 的注意事项

通过对 PPP 概念、特征的梳理，分析保险资金参与 PPP 项目建设的意义、优势、现状、模式等，可以看出保险资金参与 PPP 项目建设是大势所趋，既是保险资金参与国家经济建设、服务实体经济、加大基础设施建设力度，推进城镇化进程，提高公共服务水平的大局要求，也是保险机构自身发展的现实需要。目前，在政府的引导和推动下，PPP 项目建设正处于高速发展时期，大量 PPP 项目出现在市场上，而与之相配套的政策、法规尚不完善，政府的观念需要转变，管理能力需要提高，包括保险等金融机构在内的社会资本在 PPP 项目建设方面的经验也在逐步积累中。保险资金参与 PPP 项目建设，除了在合同谈判、项目把控、风险管理等方面的具体考量之外，还需要特别注意以下几点：

一是要始终注意依法合规这条底线，不能因为政策法规的不完善，打政策法规的“擦边球”。按照清华大学王守清教授的说法，即使要打“擦边球”，也要打现在没有说法，但将来可能合规的“擦边球”，不要打将来可能违规的“擦边球”。

二是要关注“真”PPP 项目，以财政部、发改委的入库项目为主。目前有关部门也在清理入库项目，保险资金参与投资也要优中选优。

三是结合自身特点，重点关注政府支持的、具备良好回报的重大基础设施建设工程、重点项目，或者可以促进自身其他业务发展的养老、公共服务项目。

第二章　保险资金参与 PPP 项目风险研究

政府和社会资本合作的 PPP 模式，作为地方政府融资、进行基础设施建设、推动地方经济发展的新选择，受到了地方政府广泛的重视与欢迎，各种形式的 PPP 项目在全国落地开花，进行得如火如荼。同时，随着经济增长达到一定阶段，伴随着经济增速放缓的“资产荒”的出现，国家鼓励金融资本支持实体经济，各地政府对 PPP 项目的热情升温，金融机构也逐渐开始关注 PPP 项目。虽然 PPP 项目在部分领域已有几十年的试点经验，不乏成功案例，但总体来说，PPP 项目在我国仍属于新生事物，政府和企业普遍缺乏相关经验，而 PPP 项目本身较为复杂，涉及项目选择、评估、招标、融资、建设、施工、运营、移交、验收等多方面和多种主体，由此带来的风险也存在于 PPP 项目的各个阶段。可以说，不同的风险贯穿和伴随于 PPP 项目的不同周期。特别是在现阶段，地方政府、企业对 PPP 的本质和作用还存在理解上的偏差和不足，对于什么情况下、什么项目才适用 PPP，理解和掌握得并不透彻，存在单纯将 PPP 作为一种解决地方开展基础设施建设却财力不足问题的一种手段的现象，这其中隐藏着一定的风险。因此，对 PPP 各阶段可能遭遇的各种类型风险进行梳理，研究如何采取相应措施有效识别、预防和应对风险，以及如何在参与主体之间分担风险，对于保险资金探索参与 PPP 项目具有理论和实践的双重意义。

第一节　PPP 项目风险分类

PPP 风险的分类，有不同的方法，PPP 项目早期参与主体以建设工程单位为主，从建设施工的角度，通常把风险分为可控风险和不可控风险，以便在建设施工和运营中加以把握。实践中，虽然一些风险从理论上讲属于不可控风险，但是我们也可以通过适当的机制安排，在风险发生时予以分担，从而将影响降到最低，实现最终结果上的“可控”。因此，经过梳理相关资料，本文将 PPP 项目实施过程中面临的主要风险总结为四大类：政府风险、法规政策风险、市场风险和项目风险。

一、政府风险

PPP 项目实施过程中来自政府部门及其工作人员的风险，主要包括：政府决策风险、政府信用风险、行政审批风险等。

（一）政府决策风险

在项目决策过程中，由于对项目所处区域、市场环境、盈利能力等的判断失误，或者由于决策不透明，未按照规定程序决策而产生的风险。PPP 项目决策过程中，政府掌握较大的话语权，决策过程往往由政府一家决定，一方面政府本身相对缺乏市场经验，对市场的判断容易出现误差，从而出现决策上的失误；另一面，政府有追求政绩的冲动，为尽快推进、促成项目，吸引投资，在程序有可能不遵守相关规定，关键环节缺失，或者在预测未来收入时，自觉或不自觉地夸大预期收入，使用的数据指标不准确、不完整，都有可能导致实际收入与预测有较大差距，而相关经济指标、数据，企业又难以掌握完整。因此，对于政府夸大数据或者测算上的疏漏很难发现，在此基础上进行投资决策，存在潜在的风险。决策风险属于可能影响到 PPP 项目实施的重大风险，一旦发生，有可能引起连锁反应，导致之后一系列的问题和风险。因此，在进行项目决策时要慎之又慎，从源头上杜绝风险产生的可能。

（二）政府信用风险

PPP 项目实施过程中，政府未按合同约定履行承诺，导致项目建设、运营等产生问题的风险。政府不履行约定的原因较多，比较常见的是地方政府因换届等原因发生主要领导变更或者项目主管人员调整，“新官不理旧账”导致之前承诺的事项不依约履行或迟延履行；有的因为地方经济形势发生变化，政府无法承担约定的责任；还有的政府缺乏契约精神和法律意识，吸引社会资本投资的时候，大包大揽拍胸脯，等社会资本进来了，推三阻四踢皮球。不论上述何种情形，企业对政府的类似行为，都难以形成有效制约，既影响了政府形象，也给企业、社会公众利益造成了损失。例如，早期某 PPP 项目中，在污水处理厂建成后，政府承诺的配套污水管网却迟迟没有建设，导致项目无法运营，从而引发纠纷。2017 年中共中央国务院《关于完善产权保护制度依法保护产权的意见》，提出“大力推进法治政府和政务诚信建设，地方各级政府及有关部门要严格兑现向社会及行政相对人依法做出的政策承诺，认真履行在招商引资、政府与社会资本合作（PPP）等活动中与投资主体依法签订的各类合同，不得以政府换届、领导人员更替等理由违约毁约，因违约毁约侵犯合法权益的，要承担法律和经济责任”。相信随着相关具体配套措施的完善，管理的进一步加强，项目可行性研究和物有所值评价水平进一步提高，以及 PPP 合作各方诚信意识的增强，政府违约的情况将逐渐减少。

（三）行政审批风险

行政审批风险是常见的政府风险之一，指因政府部门迟延审批、审批不通过等引发的风险。PPP 项目往往涉及多个政府部门、环节的审批，程序本身较为复杂，包括在中央部委这一层级，不同部门之间对 PPP 的审批流程规定亦不尽相同。从制度层面，就存在一定的操作难度，且自下至上审批的中间环节颇多，个别程序按正常流程进行已颇为耗时，加之还可能遇到政府部门效率低下、怠工迟延的情况，都会导致审批周期过长，影响项目进度，增加项目成本。PPP 项目因为多涉及公众利益，一些项目变动往往需要考虑公众利益，相关行政审批如果不能通过，可能会给项目带来较为不利的影响。例如，某城市供水 PPP 项目，在实施过程中需要提高价格，但是根据《价格法》等相关规定，实施政府指导价的项目需要履行听证程序，因为听证会不同意提高水价，出现了外国水务公司退出合作的情况。此外，如果审批事项中工作人员有腐败行为，则不但可能影响项目进度，即使通过审批也可能给后期项目实施带来不确定的风险，甚至导致项目失败。

二、法规政策风险

PPP 项目实施过程中因法律法规政策不完善、法规政策变更等问题所带来的风险。

（一）法规政策不完善的风险

由于相关法规政策不完善导致的项目风险。目前我国尚未有全国统一的 PPP 立法，PPP 项目涉及政策法规数量多、层级多，互相之间、不同层级的法规之间还可能存在不一致，甚至互相冲突、矛盾的情况，进而影响相关工作的开展和项目的实施。例如，经营性 PPP 项目招标通过与项目用地必须招拍挂制度之间的冲突，地方政府税收优惠承诺与国家税收（垂直管理）制度之间的冲突，PPP 项目股权转让与国有资产转让制度之间的冲突，等等。

（二）法规政策变更风险

法律规范作为调整各种社会关系，明确各种社会参与主体权利义务的强制性规定，其变化对于 PPP 项目参与方可能产生非常大的影响，从而给项目实施带来不可预见的风险。我国第一个公益性 PPP 项目——国家体育场（鸟巢）项目在实施过程中就遇到了因新的企业所得税法施行，项目公司适用的税率从 15％增加到 25％，而合同未就因税收法律调整而增加的成本如何分担进行约定，致使项目运营中产生了纠纷。

（三）项目合规性风险

PPP 项目因多属于基础设施或者公共服务项目，审批涉及的部门、环节多，实施 PPP 项目必须严格按照规定履行相关程序，确保不出现违规行为。近年来，地方财政压力加大，打着推广 PPP 旗号包装项目，搞变相融资的行为屡见不鲜，如果在选择项目时不加以分析判断，极易因违规受到政府相关部门的处罚，带来合规性风险。

三、市场风险

PPP 项目的周期较长，实施过程中，因竞争、供需、融资环境、利率汇率变化等外部市场环境变化导致的风险。

（一）竞争性风险

竞争性风险，也称唯一性风险，指 PPP 项目实施过程中，出现竞争对手，导致项目收入无法达到预期乃至无法运营的风险。由于 PPP 项目通常具有一定的社会公共属性，具有较强的地域性，其通过提升运营水平、提高效率、降低成本等市场化手段提高盈利水平的能力有限，如果出现竞争对手，极大可能影响项目的正常运营。以杭州湾大桥项目为例，该项目曾受到大量民间资本的追捧，项目 2008 年建成，起初收入情况虽不尽如人意，但尚可勉强维持；2013 年之后，受到嘉绍大桥、杭州湾第三跨海工程钱江通道相继通车，以及规划中宁波杭州湾大桥、舟山—上海跨海高速、杭州湾铁路大桥等项目影响，项目实施可谓雪上加霜，政府方不得不回购了社会资本持有的项目公司 80%的股份。

（二）融资风险

这主要指因为融资结构不合理、融资可行性等问题，导致融资成本增加，融资困难的风险。融资风险是 PPP 项目参与方尤其是社会资本方面临的比较重大的风险。在相关调查中，融资风险是 PPP 参与企业特别是民营企业关注的仅次于政府信用风险的第二大风险。PPP 项目参与方众多、投资金额大、周期长、不确定性强，对于资金的需求贯穿项目的前期、建设、运营、移交等多个阶段。例如，PPP 项目中标者被选定后，需要在规定的融资期限内完成融资，如果在规定的期间内中标者未能完成融资，会导致中标资格被取消的后果。20 世纪 90 年代末，湖南某电厂项目，因国际环境发生变化，中标的外国企业无法按期完成融资，导致被没收了投标保函。项目运营期间，如果出现经营性现金流无法满足项目运营需要、政府补贴短期内无法到位、融资性现金流出现问题等情况，会导致项目运营困难。

（三）需求不足风险

项目在没有受到竞争性风险的影响下，由于市场、人口、消费环境等因素变化，或者因为可行性分析不够全面科学，导致市场需求下降或者实际需求与预计需求存在较大差异的风险。需求预测需要很强的专业性和全面的数据支撑，在实际情况中，由于统计数据往往掌握在政府方手中，而政府因为相对缺乏专业性或者为了促成项目，对于需求预测往往偏乐观，最终容易产生需求不足风险。同时，由于PPP项目往往长达10—30年，我国经济处于高速发展阶段，各种社会、经济、环境因素变化较快，项目实施过程中容易出现需求变化。

（四）价格调整风险

PPP项目价格主导权往往在政府一方，有些涉及国计民生的商品价格，采取政府定价，无论是政府定价调整，或者是单方面调整合同价格，都需综合考虑社会影响、经济效益等多方面因素，履行听证等相关程序，定价往往难以完全满足企业预期，且调价程序复杂，一旦调整，短期内不会再次调整，难以及时准确反映市场情况和满足企业需求，甚至可能调价不获通过，从而对项目运营产生不利影响。还有的政府部门，在企业采取技术措施降低成本后，简单的调低约定价格，而不是就超额收益如何分配进行事先约定，抑制了企业进行技术创新和革新的积极性。

（五）利率、汇率、通胀风险

因利率、汇率的不确定性，以及物价上升导致成本增加给项目造成损失的风险。利率变化可能导致项目融资难度较大、成本增加；汇率变化可能导致兑换难度加大或者无法兑换；物价水平上升可能导致成本增加、需求减少。

（六）不可抗力风险

这是指由于战争、政治动荡、经济危机、自然灾害等无法预见、无法控制、无法预防的事件所引起的风险。不可抗力风险属于后果严重的风险，大多数情况将导致项目失败，造成投资方的重大损失。虽然不可抗力从某种程度上属于无法预测和不可控制的风险，但是可以通过对苗头性事件进行预判，采取选址避开自然灾害多发区、政治经济形势不稳定地区和国家等方法，尽量避免遭遇不可抗力风险。实践中有一类比较特殊的情况，如有的垃圾焚烧厂项目，已通过环评，也符合国家和地方的有关规定，但却遭到了周边居民的激烈反对，只能停止运营。这种情况是否属于不可抗力，存有争议。进行环评等工作时没有预见到公众的反应，主要原因还是在决策过程中没有进行充分的调查研究，属于应该预见而没有预见的情况，因此不能归于不可抗力因素，责任的承担还是应以政府为主体。

四、项目风险

（一）建设风险

由于项目本身的复杂性，或者设计、施工有问题，导致项目无法完工或无法按期完工而带来的风险。项目延期完工，会导致建设成本、融资成本增加，还会影响收入预期和企业信用；项目无法完工将直接导致项目失败，两者均属于后果比较严重的风险。

（二）运营风险

这主要指运营生产过程中技术不过关、原材料供应或者配套设施未满足要求等影响运营效果而产生的风险，包括：采用不成熟或落后技术，需要进行改造；企业管理制度不完善，运行效率低；浪费严重，原材料、能源供应不及时或成本上升等，均会导致企业运营成本增加，影响企业经济收益和社会效益。

第二节　保险资金参与 PPP 项目主要风险防范措施

为推动 PPP 项目融资方式创新，支持保险资金更好服务实体经济，2017 年 5 月，原中国保监会发布了《关于保险资金投资政府和社会资本合作项目有关事项的通知》（保监发〔2017〕41 号，简称 41 号文），采取多项举措推动 PPP 项目发展，为保险资金参与 PPP 项目给予了政策支持，创新了投资方式；同时，考虑到保险资金参与 PPP 项目建设目前仍处于初期阶段，在险资投资基础设施债权投资计划的基础上，突出了险资投资 PPP 项目的条件，包括入库项目选择、信用等级、政府信用和财力评价、现金流要求等。鉴于保险资金本身的特性，健全的风险防范机制是保险资金参与 PPP 项目的重要保障和推进剂，保险资金参与 PPP 项目的风险防范应该采取如下原则和措施。

一、风险合理分担原则

风险合理分担是 PPP 项目风险管理的重要原则，也是 PPP 项目风险管理的关键环节和重要措施。PPP 项目成功的基础，就是采取有效措施预见、预防风险，并将可能的风险在政府和社会资本之间进行合理的分配。风险分配不合理，将增加一方或者双方的成本，进而可能影响项目的进行甚至导致项目失败。风险分担的目的是减少风险发生的可能性以及降低风险发生后的损失，提高项目的吸引力，吸引政府和社会资本方开展合作，降低社会总成本，实现社会效益、公共利益、政府、企业利益的和谐共赢。PPP 风险分配的根本原则是由能实现社会利益最大化的一方承担风险，即哪一方最有可能预防、避免并将某类风险的损失降到最低，该类风险即由哪一方主要承担，即“政府的归政府，社会的归社会”。对于政府风险、政策法规风险中与政府行为关系较为密切的，由政府承担；对于市场风险、运营风险中与企业关系较为密切的，由企业车横担；对于双方都不具备控制力，无法预防、避免、预测的风险，诸如不可抗力风险等，要综合考虑双方的承受能力、取得的收益等，约定风险分担机制。风险的承担要和收益呈比例，不能由一方承担无限制的风险。在 PPP 项目中，政府一方往往较为强势，往往会将很多义务加诸社会资本一方，给企业带来额外的负担和风险。政府可以将部分风险转移给企业，但是不能转移全部或者大部分风险给企业，政府不能利用自己掌握行政资源、经济数据等优势，强迫或引诱社会资本承担不该承担的风险；社会资本也不能利用政府部门缺乏专业判断能力，获得额外的利益，增加政府可能承担的责任，双方要考虑各自的承担能力、风险管控能力，合理地分担风险。政府和包括保险机构在内的社会资本方要建立充分的互信，在此基础上，在项目前期进行多次协商、谈判，尽可能地考虑和约定所有细节，并以合同的形式将项目风险分担责任固定下来。

二、全方位动态风险管理原则

PPP 项目涉及主体多，项目复杂，投资规模大、周期长，因此在管理风险时必须全面、综合考量政府、社会资本以及项目本身的风险，在项目前期准备、招标、谈判、融资、建设、运营、移交退出等不同阶段，要全面预防、甄别风险，在项目实施的过程中根据具体情况，随时调整风险防范措施。PPP 项目的风险随时处于变化之中，贯穿始终，而任何一方都不可能对全部风险尤其是长期风险进行准确的预测和判断，因此必须有针对性地进行全流程、全周期的动态风险管理，根据不同阶段，运用不同的风险管理手段，采取不同的风险防范措施，并且建立相应的动态调节机制和退出机制。对于项目相关的重要要素，比如价格、期限、利益分配、融资责任、退出机制等，都要尽可能详细地考虑可能出现的情况，予以动态安排，必要时可以进行重新谈判。在项目前期，要进行充分的调研和论证，充分了解当地关于 PPP 的法规政策、经济情况、政府信用等；在招标、合同谈判阶段，要聘请专业的中介机构，对合同条款进行分析研判，精心设计合同条款；在项目融资阶段，根据实际需求选择匹配的融资包括再融资等方案，划分融资责任；在项目建设阶段，要控制成本、保证安全、确保工期进度；在项目运营阶段，要合理调整价格、提高运营效率等；在项目移交退出阶段，要建立相应的退出机制，明确退出方式，按合同约定和相关法规做好有关工作。

三、谨慎选择合作伙伴

“伙伴关系”是PPP项目有别于其他合作方式的特点之一，参与方要在较长的时期内，建立良好的互信协作关系，有的PPP学者将PPP比作一场婚姻，合作伙伴的选择对于PPP项目显得尤为重要，而以保险资金为代表的金融机构，在PPP项目实施中，对项目的控制力、风险承受力均相对较弱，因此，尤其需要谨慎选择合作伙伴。合作伙伴包括两方面的含义，一方面包括对政府方的合作选择，另一方面包括对共同合作的社会资本方的选择。对保险资金投资计划投资的PPP项目参与方的资质，41号文则有较为明确的规定，即“融资主体最近2年无不良信用记录”、“融资主体符合融资的法定条件”;在《保险资金间接投资基础设施项目管理办法》中明确进一步细化了相关规定，要求承担项目建设或运营管理责任的主要社会资本方应当为“行业龙头企业，主体信用评级不低于AA+，最近两年在境内市场公开发行过债券”,“PPP项目合同的签约政府方为地市级(含)以上政府或其授权的机构”。这一规定，虽然可能从一定程度上限制了保险资金投资，但是对于现阶段PPP投资经验相对欠缺的保险机构，这一制度明确了保险资金参与PPP项目主体的条件，有利于保险资金从源头上避免风险的发生，保护了保险资金的安全。国际上比较通行的做法是几家各具优势和竞争力的企业组建联合体作为社会资本，联合体的实力往往决定了能否顺利地获得、建设和运营项目。在国内，保险机构参与PPP也可以考虑与地方政府具有良好关系的当地国有企业、建设施工实力较强的工程总承包商和经营管理经验丰富的运营商合作，以便发挥各自的比较优势，实现强强联合，优势互补。同时，多家企业组成联合体投资，特别是3家以上的企业组成联合体，通过合理安排股比(如分别占股不超过1/3),可以回避母公司、子公司合并报表的相关规定，从而隔离项目风险。

四、选择适宜的项目

投资PPP项目，要进行充分市场调研和预测，包括对项目本身的评价和所处区域财政能力、行业整体发展水平的衡量。在对项目进行评价时，应该关注下面几点:第一，项目是否符合国家的相关法规、是否符合国家相关产业政策方向、是否获得地方政府的支持等。41号文明确规定保险资金投资PPP项目需“属于国家级或省级重点项目，已履行审批、核准、备案手续和PPP实施方案审查审批程序，并纳入国家发展改革委PPP项目库或财政部全国PPP综合信息平台项目库”,同时还为保险资金投资涉及“一带一路”、京津冀协同发展等符合国家发展战略的重大项目的注册开辟了绿色通道。第二，项目是否具有实际的市场需求，具有完善的运营模式，具有稳定预期回报或者纳入政府中长期运算、财政规划，是否符合保险资金的特性。41号文规定保险资金参与的投资计划需“具有预期稳定现金流”，“所处区域金融环境和信用环境良好，政府负债水平较低”等条件。第三，目前，各地出现了上马PPP项目的热潮，从保险资金配置布局的角度讲，首先要看一项目是否真正可行，真实的市场需求比纳入政府预算更为重要，如果项目实际不可行，政府也很难履约；其次要看项目是否采用PPP模式，优先考虑风险不高、具有长期稳定投资回报的项目。这样的项目，一方面与保险资金的特性相匹配，能够发挥保险资金支持实体经济发展的作用；另一方面，具有稳定现金流的项目，未来可以资产证券化的方式进行流通，有利于为保险资金提供更多的退出渠道。

五、选择适合的投资方式

PPP项目作为政府和社会资本合作的关系，属于股权合作。具有固定回报安排的PPP方式，目前已经无法通过合规审查，且《保险资金投资股权暂行办法》规定保险资金只能投资保险企业或与主业相关企业的股权，因此，要兼顾保险资金偏好固定收益和PPP项目股权性融资的特点，两者之间需要通过搭建适合的投资方式，使之既符合PPP的规定，又尽可能地降低风险，满足保险资金投资需要。前述保险资金参与PPP的模式可以进一步划分为直接投资和间接投资两种形式。除间接投资和直接投资外，保险资金还可以作为风险管理者参与PPP项目。①

直接投资包括保险资金以股权、债权或者股债结合形式直接投资PPP项目，具体内容是：保险机构作为财务投资者投资PPP项目或者与产业资本组成联合体参与PPP项目。直接投资的优点是有利于提高投资收益，提高实施效率，以联合体的方式还可以分别发挥不同机构、企业在融资、建设、运营等方面的优势，但同时，直接投资对投资能力提出了较高的要求，需要熟悉项目运作、擅长项目筛选，这对于更多依赖信用增信的保险机构是个挑战。现实中，也有金融机构单独或者联合其他金融机构，先单独中标PPP项目，再寻求产业资本合作的先例，但是一般的保险机构难以具备相应的实力和能力，不适宜单独作为社会资本方参与PPP项目。PPP项目的核心在于提高效率，如果在竞标等前期阶段，缺乏具备专业能力的产业资本的介入，包括保险机构在内的金融机构很难独立做好PPP项目实施方案，容易为后期引入产业资本和项目建设、运行带来隐患。

① 马勇.《保险资金参与PPP项目的路径》[N].中国保险报

间接投资包括保险资金对施工单位提供债权融资或设立 PPP 产业基金、参与 PPP 产业引导基金等，包括以债权投资计划等方式为施工单位提供融资，与实业资本共同成立产业基金投资于 PPP 项目，认购地方政府 PPP 产业引导基金 LP 份额等形式。间接投资有利于降低项目筛选成本和谈判风险，具有杠杆效应，可以撬动社会资金，通过滚动续期，可以实现 PPP 较长投资期限与金融资金中短期投资需求的错配；同时，采取结构化设计，可以实现风险与收益匹配，有政府参与的 PPP 基金，还可以为 PPP 项目提供政府增信。这其中，PPP 产业基金、产业引导基金应是适宜当前保险机构参与 PPP 项目的主要方式。国外经过多年的发展，已经产生了一批具有良好的投融资能力、风控管理能力和项目建设运营经验的专业的产业基金管理机构，作为资金方和 PPP 项目的连接纽带，在 PPP 项目建设过程中发挥了重要作用。

需要再次强调的是，由于 PPP 项目的复杂性，保险资金投资 PPP 项目，没有固定的最优模式，保险机构应结合实际情况，具体项目具体分析，采取最适合的方式。

六、采取与投资方式相匹配的增信方式

增信方式是保险资金投资 PPP 项目风险管理的主要措施。保险机构作为金融服务机构，对于 PPP 项目涉及的建设、运营普遍缺乏经验。因此，采取合规有力的增信方式，并通过合同的形式加以明确，是保险资金进行风险管理的重要手段，也是保险资金参与 PPP 项目的重要保障。增信方式主要包括：

（一）纳入预算

在国内，一般认为，政府信用高于企业信用，尽管地方政府也可能存在违约行为，但整体信用依然值得信赖，纳入预算不是保证担保，但是对于 PPP 项目，特别是对于政府付费和可行性缺口补助类 PPP 项目，其依然是强有力的增信作用。因此，对金融机构、社会资本方等来讲，地方政府的信用支持属于非常有效的增信方式。PPP 项目中常见的政府增信方式是地方人大常委会以人大决议的形式，将 PPP 项目还款来源列入中长期财政预算。在之前的实践中，由于地方政府对政策法规的理解不到位、不透彻等原因，政府增信的方式五花八门，出具承诺纳入预算函的有之、政府部门承诺担保的有之。近期，财政部陆续对一些地方政府违规担保承诺、违规举债开出罚单，一些金融机构也收到了监管部门的罚单，地方政府对类似问题逐渐重视起来。虽然从现行规定来看，如果纳入预算的内容是针对 PPP 项目的直接支付责任，作为第一还款来源，而不是对债务的担保，且支付安排通过“人大决议”，经人大批准，那么就不违反《预算法》《担保法》的有关规定，具有法律效力。但是从目前趋势来看，政府在提供增信方

面将日趋保守，保险机构作为投资者在合规性方面也要特别注意。

（二）保证担保

保证担保是保险资金投资基础设施常用的传统担保方式，保险资金向项目公司提供债权融资，由项目公司的股东提供担保。例如，保险资管公司与 PPP 项目公司设立债权投资计划投资某处基础设施，由项目公司股东承担本息全额无条件不可撤销连带责任保证担保。其优点在于项目公司可自行决定资金的使用方式，不足之处在于本质上依旧依赖于担保方的主体信用，属于传统债权投资模式，与 PPP 项目模式股权投资的特性不完全匹配，难以完全满足 PPP 项目的融资需求。现实中，也存在股东为了避免增加资产负债率，不愿意采用担保方式的情况。

（三）抵押质押

抵押质押也是比较传统的增信方式，抵押指债务人或第三人对债权人以一定财产作为清偿债务担保的法律行为；质押是指债务人或者第三人将其动产或权利移交债权人占有，将该动产或权利作为债权的担保，两者都是物的担保。PPP 项目中可能涉及的有项目公司收费权（特许经营权）质押、土地物业抵押、股权质押、应收账款质押等方式。需要注意的是，由于 PPP 项目的公共性质，哪些财产或权利可以用于抵押、质押，各地政策、法规、部门规定不尽相同，办理抵押、质押的操作程序也有所不同，因此，在实践中需要对不同地区的相关政策法规进行分析研究。

（四）结构化增信

保险资金以与产业资本共同成立产业基金，或者以参与地方政府 PPP 引导基金等形式投资于 PPP 项目时，可以对基金进行分级设置，设置优先、劣后级份额，部分还可增加中间级份额，不同级别份额承担不同的风险，获得相应的收益，实现风险收益匹配。在风险等情况发生时优先级获得相对稳定的收益、遭受较少的损失，保险资金认购优先级份额可以享受相对固定的收益，以满足保险资金相对保守的投资需求。例如，华信基金参与设立的某 PPP 城市发展基金，其优先级份额固定收益 7％，由劣后级份额对本息兜底；中间级份额 4％固定收益＋浮动收益（剩余收益的 20％），由劣后级份额对本金及固定收益兜底；劣后级份额浮动收益（享受剩余收益 40％）；GP 浮动收益（享受剩余收益的 40％）及 1‰管理费。

（五）差额补足

差额补足又称为差额支付，是指为了保障主权利人和主义务人之间的权利义务关系，当主义务人未按约定履行义务时，由第三人按照约定履行差额补足义务的行为。有别于传统的担保增信方式只针对债权，差额补足可以对股权收益给予保障，实现“类担保措施”的作用。在 PPP 投资实践中，差额补足可以作为结构化增信方式的配套措施出现。我国现行法规对于差额补足的法律性质、法律效力缺乏专门的规定，通常差额补足适用《合同法》《公司法》《合伙企业法》等的一般规定。《证券期货经营机构私募资产管理业务运作管理暂行规定》第 4 条规定：“证券期货经营机构设立结构化资产管理计划……不得存在以下情形：(一)直接或者间接对优先级份额认购者提供保本保收益安排……劣后级或第三方机构差额补足优先级收益……”但根据证券基金机构监管部编写的《〈证券期货经营机构私募资产管理业务运作管理暂行规定〉问题解答》中的解释，该规定“主要适用于证券期货经营机构通过资产管理计划形式开展的私募资产管理业务，私募证券投资基金业务参照执行”，“不适用于私募股权投资基金、创业投资”。鉴于上述监管口径，加之我国金融业采取分业监管，实践中认为该规定不适用于保险资管产品。需要注意的是，拟定合同差额补足条款时，需明确差额补足的责任主体，根据《公司法》《合伙企业法》中不得损害目标企业、目标企业股东及其债权人利益、收益分配的规定，未确保差额补足条款的效力，应尽量以目标企业的实际控制人或第三方作为差额补足责任人，承担差额补足义务。在 PPP 投资实践中，差额补足常常和股权回购一起作为结构化增信方式的配套措施出现，差额补足融入股权回购条款，保障效果更强。例如，在中国铁建基建产业投资基金股权投资计划中，中国铁道建设总公司为优先级 LP 提供本金回购和收益补足承诺。

(六)回购协议

回购协议是指合同约定由特定主体(可以是政府指定机构，可以是运营的社会资本，还可以是其他第三方)对社会资本的股权进行回购。PPP 模式推行的过程中，回购安排作为社会资本退出方式，一度较为普遍，一方面政府为追求经济增长或为追求政绩片面响应国家推广 PPP 模式的号召，存在泛化 PPP 项目的趋势，将不符合要求的项目套用 PPP 模式，通过回购承诺吸引社会资本投入；另一方面社会资本通过带有回购承诺的股权投资，既可以规避信用额度、资质限制等限制，还能获得稳定的投资回报，从而导致一些项目名为股权投资，实际上是债权融资，风险最终由财政兜底。“明股实债”[①]违背了 PPP 项目引入社会资本，减轻地方政府债务的初衷。为此，2016 年，财政部《关于印发〈政府和社会资本合作项目财政管理暂行办法〉的通知》(财金〔2016〕92 号)明确规定不得在股东协议中约定由政府股东或政府指定的其他机构对社会资

① 中基协《证券期货经营机构私募资产管理计划备案管理规范第 4 号——私募资产管理计划投资房地产开发企业、项目》中，关于“明股实债”的定义：“指投资回报不与被投资企业的经营业绩挂钩，不是根据企业的投资收益或亏损进行分配，而是向投资者提供保本保收益承诺，根据约定定期向投资者支付固定收益，并在满足特定条件后由被投资企业赎回股权或者偿还本息的投资方式，常见形式包括回购、第三方收购、对赌、定期分红等。”

本方股东的股权进行回购安排，限制了股权回购退出方式的应用。2017 年，财政部会同有关部门出台《关于进一步规范地方政府举债融资行为的通知》（财预〔2017〕50 号），禁止地方通过 PPP 等方式的违规举债。上述规定，限制了直接投资 PPP 时采用回购安排，但是对于以基金形式间接投资 PPP 项目，可以通过结构化设计，由产业资本负责回购优先级份额。例如，广东粤东西北振兴发展产业投资基金，首期规模 121 亿元，由广东省财政通过粤财控股出资 40 亿元、基金管理人中银粤财出资 1 亿元、中国人保出资 60 亿元、广东省建行出资 20 亿元构成，该基金通过结构化安排，约定金融产品所持 LP 份额到期由粤财控股承诺回购，形成了对优先级金融资本投资人的保障。

（七）流动性支持

流动性支持，通常是指当被支持人出现短期流动性问题时，承诺人按照约定根据自身实际情况给予一定支持，以维持被支持人运营的承诺。流动性支持常见于结构化的资管产品中，当优先级投资人无法取得约定的回报或者依约收回投资时，由劣后级投资人或者管理人的关联方为优先级投资人提供流动性支持。相较于保证担保等形式，流动性支持的优势：一是可以不依赖于债权债务关系而独立存在；二是不以债务方实际违约行为为前提，在有一定流动性危机的时候就可以提前发现问题从而触发流动性补偿，可以把风险的解决前置化。但是，流动性支持在实践中也存在一些问题，最为关键的问题在于不对承诺人具有强制性，通常只是作为解决临时性短期流动性问题的措施，如果承诺人发现或者担心被支持人存在根本性违约的可能，也可以不提供流动性支持；同时，在实践中双方对何为信用风险、市场风险的理解往往存在不同认识，对流动性支持触发的条件、支持力度往往约定不够明确，影响流动性支持措施的增信效力。

除以上 7 种比较主要的增信方式外，还有诸如信用触发机制、外部保险、信用证等增信方式，但因为与 PPP 项目的运作特点相关度较小，这里不赘述。

第三章　退出机制研究

第一节　PPP 退出机制的概念和必要性

PPP 退出机制广义上包括项目移交和项目退出的相关规定。前者通常指合作期限到期或提前终止，项目公司按照合同约定将项目移交给政府或政府指定的其他机构;后者主要指项目仍在正常运行,相关社会资本依照有关政策规定或合同约定,进行社会资本变更。作为保险资产管理机构,重点关注和研究后者。

PPP 项目需要政府与社会资本方构建长期稳定的伙伴关系,我们不应该狭隘地把稳定理解成社会资本方一成不变,而应该理解成搭建一种稳定的制度机制,确保符合要求的企业能够进得来,同样也要保证在合适的阶段社会资本能够出得去,实现进退有序,才能吸引更多有实力、有意愿的社会资本参与 PPP 项目。因此,作为 PPP 项目实施的重要环节之一,构建完善的退出机制,畅通社会资本退出渠道,十分必要。

一、长周期的需要

PPP 项目的实施周期普遍较长,社会资本很难保证全程参与。PPP 项目本身的特点决定 PPP 项目周期长,通常都在 10—30 年左右,个别项目周期长达 50 年。① 而根据普华永道会计师事务所发布的《2011 年中国企业长期激励调研报告》,中国集团企业的平均寿命只有 7—8 年,如果没有退出机制做保障,一方面一旦企业经营出现问题,将直接影响项目的正常运行,乃至影响社会公众利益;另一方面,也会影响企业参与 PPP 项目的积极性,减少政府方遴选社会资本的范围。

二、项目本身的需要

PPP 项目类型多样、结构复杂、要求高,良好退出机制有利于发挥社会资本参与各方的比较优势。PPP 项目融资、建设、运营等不同阶段有着不同的风险和需求,在保证项目整体效果、不影响提供社会公共服务的前提下,社会资本参与方选择自己擅长的领域、阶段进入和退出 PPP 项目,有利于发挥各自的优势,提高工作效率,降低项目成本。金融机构、施工方、运营企业作为联合体参加 PPP 项目投标,金融机构负责融资,施工方负责项目建设,运营企业保证运营,完成各自任务的一方在合适的阶段通过相应的方式退出。

三、金融机构特性的需要

金融机构中标 PPP 项目的现实,凸显了完善退出机制的迫切需要。PPP 项目推广初期,以建设商、运营企业一直作为社会资本的主导力量,近年来,随着实践的深入,

① 《基础设施和公用事业特许经营管理办法》第 6 条规定:“基础设施和公用事业特许经营期限应当根据行业特点、所提供公共产品或服务需求、项目生命周期、投资回收期等综合因素确定,最长不超过 30 年。对于投资规模大、回报周期长的基础设施和公用事业特许经营项目可以由政府或者其授权部门与特许经营者根据项目实际情况,约定超过前款规定的特许经营期限。”

金融机构单独或金融企业联合中标PPP项目的情况屡见不鲜。例如，2015年，中国邮政储蓄银行中标济青高铁（潍坊段）征地和拆迁项目，2016年贵阳祥山绿色城市发展基金（有限合伙）和交银国际信托联合体中标贵阳地铁PPP项目，2017年招商银行、光大银行和汉口银行联合体中标武汉轨道交通8号线PPP项目。一方面金融机构的资金和项目存在期限错配的问题，另一方面金融机构中标后实施项目时需要进行相应的结构化设计，都需要相应的退出机制给予支持和保障。

第二节　退出机制的相关政策法规规定

一、国务院、部委规范性文件

国务院、部委规范性文件以原则性规定为主。健全完善的退出机制是顺利推广实施PPP模式、保护政府和社会资本双方权益、降低项目风险的重要保障。国务院、发展改革委、财政部2014年出台的一系列关于推进PPP工作的主要规范性文件中，都对退出机制做了规定。

国字号文件如国务院《关于创新重点领域投融资机制鼓励社会投资的指导意见》（国发〔2014〕60号）规定，“政府要与投资者明确PPP项目的退出路径，保障项目持续稳定运行”。《国务院办公厅转发财政部、发展改革委、人民银行关于在公共服务领域推广政府和社会资本合作模式指导意见的通知》（国办发〔2015〕42号）在“合理确定合作双方的权利与义务”一节中规定“明确项目的……退出安排、应急和临时接管预案等关键环节，实现责权利对等”。

国务院有关部门，如发展改革委《关于开展政府和社会资本合作的指导意见》（发改投资〔2014〕2724号）提出“依托各类产权、股权交易市场，为社会资本提供多元化、规范化、市场化的退出渠道”。

财政部《关于推广运用政府和社会资本合作模式有关问题的通知》（财金〔2014〕76号）规定，“地方各级财政部门要会同行业主管部门协商订立合同，重点关注项目的功能和绩效要求、付款和调整机制、争议解决程序、退出安排等关键环节，积极探索明确合同条款内容”。财政部《关于规范政府和社会资本合作合同管理工作的通知》（财金〔2014〕156号），在“PPP合同管理的核心原则”中 规定，要“兼顾灵活”，在“保证合同内容的完整性和相对稳定性”的前提下，“合理设置一些关于期限变更（展期和提前终止）、内容变更（产出标准调整、价格调整等）、主体变更（合同转让）的灵活调整机制，为未来可能长达20—30年的合同执行期预留调整和变更空间”。

可以看出，在国务院及其部门层面，其规范性文件都将退出机制视作PPP模式合同管理的主要内容，是推进PPP模式重要的保障措施，进行了原则性的规定和阐述。

二、地方政府相关规范性文件

国务院、发改委、财政部关于推广PPP模式相关文件出台后，各省份纷纷出台贯彻落实国家有关政策的地方政府规范性文件。笔者整理了22个省份制定的PPP规范性文件，这些文件中，关于社会资本退出机制的规定，主要包括以下三种情况：

一是以贯彻国务院和有关部委相关文件为主，侧重PPP项目的适用范围、组织实施、监督管理，以及政策资金支持和保障等内容，未对PPP项目社会资本退出机制进行规定，主要有黑龙江、广西、云南、甘肃、新疆5省份。

二是在合同管理、项目执行、金融政策支持等章节中简略规定要明确退出路径等安排。大部分地方政府规定是这种模式，主要有河北、内蒙古、江苏、安徽、福建、山东、河南、湖北、海南、四川、贵州、陕西12个省份。

三是除在规范合同管理等部分规定有明确退出路径等安排外，还专设完善或健全退出机制相关章节，规定PPP项目运行过程中，如遇不可抗力或违约事件导致项目提前终止时，行业主管部门要及时组织接管，保障项目设施持续运行，保障公共利益不受侵害，确需变更社会资本方的，由政府和社会资本方协商解决，但应保护公共服务的持续性和稳定性等内容。主要有北京、辽宁、浙江、江西、广东5省份。

22个省级地方政府制定的规范性文件中，提到建立或完善相应的退出机制的17个，含有退出机制专门章节的5个。可见，在国家推动实施PPP项目初期，绝大部分地方政府都意识到退出机制对于推进实施PPP的重要作用，但是关于退出机制的规定，大部分以引用《关于推广运用政府和社会资本合作模式有关问题的通知》(财金〔2014〕76号)等国务院及其部门文件的原则性规定为主，部分地方政府虽然在贯彻国家相关规定和意见的框架下就退出机制做了进一步阐述，但主要关注点大部分仍是在特殊情况下政府方接管项目和变更社会资本的安排，主要目的是保障项目持续稳定运行和保护公众利益，缺少对社会资本方退出方式、安排的具体规定，更多的是将退出机制的安排视为合同自由裁量的范畴，交由PPP实施部门和社会资本方决定。

三、新出台规范性文件中更加具体的规定

由于制度层面缺乏相关可操作性的退出机制规定，从一定程度上降低了企业特别

是金融机构参与 PPP 项目的积极性。如何进一步细化相关规定，提高社会各方参与 PPP 项目的积极性，一直在有关部门的议事日程之上。

2016 年 8 月，发展改革委《关于切实做好传统基础设施领域政府和社会资本合作有关工作的通知》(发改投资〔2016〕1744 号)，提出“构建多元化退出机制”，“丰富 PPP 项目投资退出渠道”，“提高 PPP 项目收费权等未来收益变现能力，为社会资本提供多元化、规范化、市场化的退出机制，增强 PPP 项目的流动性，提升项目价值，吸引更多社会资本参与”。

2016 年年底，发展改革委和证监会《关于推进传统基础设施领域政府和社会资本合作(PPP)项目资产证券化相关工作的通知》(发改投资〔2016〕2698 号)，明确了重点推动资产证券化的 PPP 项目范围，鼓励符合国家发展战略的 PPP 项目开展资产证券化。

2017 年 5 月，原中国保监会发布了《关于保险资金投资政府和社会资本合作项目有关事项的通知》(保监发〔2017〕41 号)，规定保险资金参与投资的 PPP 项目，应该“设定明确可行、合法合规的退出机制”。

2017 年 6 月，财政部、人民银行和证监会发布《关于规范开展政府和社会资本合作项目资产证券化有关事宜的通知》(财金〔2017〕55 号，简称财政部 55 号文)，提出要“分类稳妥地推动 PPP 项目资产证券化”，鼓励项目公司在项目运营阶段，以能够带来现金流的收益权、合同债权作为基础资产，发行资产证券化产品。积极探索项目公司在项目建设期依托 PPP 合同约定的未来收益权，发行资产证券化产品。探索项目公司股东开展资产证券化盘活存量资产。同时，支持项目公司其他相关主体开展资产证券化。财政部 55 号文对 PPP 项目不同主体、不同阶段，不同基础资产上如何实施资产证券化作了较为具体的规定，为 PPP 项目的参与各方提供了广阔的退出渠道。

第三节　目前主要退出方式和存在的主要问题

一、项目移交

项目移交通常是指项目合作到期或者项目合同提前终止后，项目公司将全部设施及相关权益以合同约定的条件和程序移交给政府或者政府指定的其他机构。[①] 项目

① 吕汉阳，曾涛，朱崇坤等 . PPP 模式全流程指导与案例分析[M]. 北京：中国法制出版，2016. 114.

移交通常包括移交准备、性能测试、资产交割和绩效评价四个阶段。项目移交可以是无偿移交，也可以根据约定，对项目公司进行清算（或注册资本减少），社会资本通过获取股权收益，实现投资的退出。目前进行项目移交的 PPP 项目主要以 20 世纪 80 年代，我国 PPP 发展第一阶段的项目为主。该阶段 PPP 项目多数为 BOT 模式，投资领域多为电厂等基础设施项目。2015 年，我国电力行业第一个规范化 BOT 试点项目广西来宾 B 电厂项目合作方携手运营 18 年后，成为我国第一个期满成功进行移交的 PPP 项目。来宾 B 电厂项目的成功，得益于政府的大力支持，社会资本方的雄厚实力和全力投入，以及合理的制度设计，双方建立了合作共赢的信任伙伴关系。项目最终得以到期顺利移交，为 BOT 模式 PPP 项目提供了成功案例，同时也为其他项目的移交提供了良好的示范和借鉴。以项目移交、清算实现退出的方式，相对传统、简单，有利于维系长期稳定的运营；但是，对于包括保险资金在内的金融投资方来说，依靠项目结束清算实现投资退出，难以回避期限错配的问题，无法满足 PPP 项目长期运营的需要。

二、股权转让/回购

股权转让指在 PPP 项目公司完成或阶段性完成项目后，将股权转让给某一方参与主体或其他投资者。广义上的股权转让应该包括项目公司满足一定条件上市后的股权交易（在此不做讨论，在下文另设专节论述）。从提高社会资本参与积极性、提高流动性的角度，满足具备比较优势的不同性质的项目参与方在不同阶段参与和退出的现实需求，原则上应该允许 PPP 项目股权转让。实践中，由于 PPP 项目期限很长，出于保持项目稳定运营等考虑，政府方一般在 PPP 项目协议中都会对股权转让进行限制，特别是严格限制有可能影响项目正常建设、运营的股权转让，这就导致了一些社会资本方，特别是金融机构在参与 PPP 项目时无法匹配，要么放弃，要么提出更高的回报要求。股权回购的概念与股权转让类似，但通常回购是指按事先约定由某一方主体在约定的期限或条件下履行回购义务，或者是指非正常情况下的回购。约定回购在前述风险管理措施具体部分已有分析，这里不再赘述。后者指项目运行过程中出现摩擦与矛盾，或合作赖以形成的基础条件发生根本性变化，致使合作难以继续。在非正常方式退出情形下，有特定主体回购、临时接管等形式。比较典型的如前述杭州湾跨海大桥项目，因运营后连年巨额亏损，导致投资入股的民企纷纷退出项目，地方政府不得不通过国企回购赎回了项目 80％的股份股权转让或回购。股权转让既是 PPP 退出机制的组成部分，也是风险管理的重要内容，建立完善的退出机制与风险管理，两者可以说是相辅相成，互为依托，其根本目的都在于提高社会资本参与 PPP 项目的积极性，确保项目的有序实施。

三、售后回租

售后回租，是指将拥有的资产出售后，再向买方租回使用。在 PPP 项目中，通常是指项目建设完成进入运营阶段后，运营资产纳入项目公司，项目公司将自有设备、不动产等运营资产出售给租赁公司，再租回使用，项目运营期间以运营收入或政府给予的补贴等支付租金，项目到期后项目公司再以约定价格收回相应资产，并向政府移交。采用售后回租方式，运营企业可以在拥有资产的使用权的同时获得资金，盘活存量资产、改善财务状况。售后回租与其他的融资方式和退出方式相比，操作相对方便，程序相对简单，具有一定的优势。该方式较适合具有相对稳定回报、资产占比较高的 PPP 项目和具备运营能力的运营商，对于保险等金融机构，由于缺乏行业运营经验，运用此方式实现退出，具有一定难度。

四、IPO 上市/新三板挂牌

对于有稳定现金流且有丰富资源或题材的 PPP 项目，可通过首次公开发行股票或者新三板挂牌，公开交易，实现 PPP 项目与资本市场的有效对接，此后可借助二级市场交易完善社会资本退出渠道。[①] 虽然运用此种退出模式的 PPP 项目实践在国内较少，但并非没有先例。2015 年 5 月，北京碧水源科技股份有限公司以 PPP 模式运作的云南水务投资股份有限公司在香港联交所挂牌上市（股票代码：06839），成为我国混合所有制与 PPP 模式下的第一家上市企业。云南水务成功上市为碧水源公司提供了高效便捷的资本市场退出选择。该项目为 PPP 合资企业提供了标杆式的引导作用，为后续社会资本退出提供了清晰的思路。IPO 上市/新三板挂牌的优缺点都比较突出，优点是流通性好，可以获得较高的资本溢价；缺点是要求较高，一般 PPP 项目较难满足条件，首发上市/挂牌的审核程序复杂，审核周期长，存在很大的不确定性。

五、资产证券化

资产证券化，是以基础资产未来所产生的现金流为偿付支持，在此基础上发行资产支持证券等产品的过程。对于可产生稳定现金流的 PPP 项目，资产证券化是 PPP

① PPP：退出期 IPO_搜狐财经_搜狐网 http：//www. sohu. com/a/151057632_498910。

项目可考虑的重要退出渠道，也是目前政府部门力主推动的 PPP 项目退出方式。财政部 55 号文从分类稳妥推动、严格项目筛选、加强监督管理等多个角度，对 PPP 项目资产证券化作了详细的规定。可以开展资产证券化的项目，其优势在于基础资产比较广、风险较低、期限长，可以盘活存量股权资产，降低融资成本，提高资产流动性，变收益权、合同债权为可上市交易的标准化产品，助力社会资本的退出。同时，对推动政府及社会资本合作方降低金融杠杆，防范金融风险具有积极意义。

资产证券化的核心在于资产可以产生可预期的现金流，这是资产证券化赖以存在的基础，只有现金流可预期，基础资产的价值才可以判断，信用评级才有了依据。从实践来看，也是供热、供水、供电、污水处理、公共交通、高速公路等这些具有稳定现金流的项目，比较适合作为资产证券化的基础资产。不论是首单落地的 PPP 资产证券化项目“太平洋证券新水源污水处理服务收费收益权资产支持专项计划”，还是其后相继设立的“华夏幸福固安工业园区新型城镇化 PPP 项目供热收费收益权资产支持专项计划”“中信证券—首创股份污水处理 PPP 项目收费收益权资产支持专项计划”“中信建投—网新建投庆春路隧道 PPP 项目资产支持专项计划”和“广发恒进—广晟东江环保虎门绿源 PPP 项目资产支持专项计划”等，均属于上述行业，并且均取得了 AA+以上评级。

六、PPP 资产交易平台

虽然 PPP 资产交易因其本身的特点，相较于一般企业的资产转让具有一定的特殊性，既要受合同约束，又受国有资产转让等相关规定约束，同时 PPP 资产交易标的多为股权、产权、特许经营权等非标产品，其估值难度较大，公允价值难以测算。但是，金融资本天然具有流动性，在保证项目有序运行，不影响社会公共利益的前提下，政府部门有必要为 PPP 资产交易创造条件、搭建统一的平台，拓展社会资本的退出渠道，同时吸引新的社会资本参与 PPP 项目，提高社会资本参与 PPP 项目的积极性。2017 年年初，由财政部政府和社会资本合作中心与天津金融资产交易所合作共建的天金所“PPP 资产交易和管理平台”、与上海联合产权交易所签订战略合作建设的上海联合产权交易所 PPP 资产交易中心先后成立。PPP 资产交易平台的建立，为 PPP 项目的健康良性发展提供了支持，打通了 PPP 项目的链条，是完善 PPP 退出机制的重要一环，有助于探索和构建 PPP 项目的长效发展机制。

第四章 对策建议

第一节 宏观政策建议

一、进一步完善 PPP 政策法规

PPP 涉及各种利益，周期长、结构复杂，PPP 项目要顺利实施，离不开良好的政策基础、健全的法制环境和稳定的政府支持，建议国务院有关部门加快推进 PPP 统一立法工作，解决目前不同方面、不同层级法规制度存在的冲突，进一步明确部门分工，明确政府和社会资本的权利义务，逐步构建和完善促进 PPP 项目发展、保护社会公共利益、保障合作双方权益的制度体系；重视对社会资本方等私人部门利益的保护，尤其要重视政府违约时对社会资本方利益的保护，明确法律保障及争端解决机制，降低项目所在地政府可能对争端的行政干扰；完善金融、税收、土地等相关配套政策，降低融资、税收、用地等成本。这样才能吸引更多的社会资本进入，缓解政府的财政压力，推进基础设施建设，满足公共服务需求，实现各方的互利共赢。

二、正确认识 PPP 模式的目的和实质

不能简单地把 PPP 模式当成新的融资模式，或者投资刺激工具、政策安排，要认识到 PPP 的本质是一种新型的公共产品和服务的提供方式，其目的是更高效地满足社会对公共产品和服务的诉求，更有效地利用好政府财政资源，更好地发挥社会资本的作用。政府方要充分转变角色，不能既当裁判员又当运动员，要真正以平等合作的态度，基于契约精神与社会资本方开展合作，构建政府履约保障机制。社会资本方也要充分认识到 PPP 项目的风险，做好充分的项目调研，做好长期合作的准备，通过提高效率，获取长期稳定的合理利润，不能把自己当成单纯的资金提供者或项目承包商。

三、完善 PPP 项目风险分担机制

PPP 风险分担的原则是将可能的风险在政府和社会资本之间进行合理的分配，

各方承担的风险程度与所得的回报大小相匹配。在实践中，由于政府在 PPP 项目中掌握更大的话语权、更多的资源，往往比较强势，或者担心因为缺乏经验而让社会资本方赚取更多利润，所以在制定合同时往往尽可能地让政府方少承担风险，将大部分风险转移给社会资本方，短期看，有利于政府减少风险，但是长期可能会影响项目的运行，损害政府信用，影响社会资本参与的积极性。因此，应完善合理的风险分担机制，平衡好各方利益，以发挥社会效益、保护公众利益、提高项目整体收益和效率为出发点，根据收益和风险管理能力，在各参与方之间合理分配风险，既不能由社会资本方承担绝大部分风险，也不能搞政府兜底。

四、充分发挥保险行业主管部门和协会的作用

目前保险机构投资 PPP 项目尚处于探索阶段，在政策法规尚未完善的情况下，建议银保监会作为行业主管部门，对保险机构在投资能力建设、投资范围、投资工具运用、增信方式选择、项目审批注册流程等方面，以窗口指导的形式加以指导，在确保风险底线、加强指导监督的前提下，尽可能为保险机构参与 PPP 项目投资打造良好的环境和便利的渠道，鼓励和支持保险机构开展 PPP 项目投资。保险资管协会作为行业协会，充分发挥其在政策解读和培训、信息交流和共享方面的优势，加强协会与其他行业协会、保险机构与其他金融机构在 PPP 项目投融资方面的交流与合作；总结和推广典型 PPP 案例，为保险机构投资 PPP 项目提供参考和指引，总结行业先进经验、收集保险机构意见，提出完善和健全保险资金投资 PPP 项目政策建议。

五、鼓励和发展 PPP 产业引导基金

鼓励和发展 PPP 产业引导基金，可以拓展保险资金等金融资金进入 PPP 渠道，加大对基础设施建设的支持力度。通过制度化的设计，可以改善 PPP 项目的融资结构，提高流动性，满足不同需求投资者的需要，有利于充分发挥各参与方的核心优势。可以培育一批兼具项目建设、运营、投融资能力的专业机构和专业人才，有利于提升各方的投资信心，保证项目的顺利实施；同时，当产业引导基金达到一定规模时，应建立一套规范化筛选、运作项目的标准，可以促进整个 PPP 行业和项目的标准化运作，有利于 PPP 项目的推广和实施，提高整个社会的经济效益和运行效率。

六、构建多元化 PPP 项目退出机制

政府和社会资本等 PPP 项目参与方要依约合规，按照相关法规政策和合同的约

定，进行项目的移交、验收、资产交割等工作；推进资产证券化、股权交易、产权交易等多样化的PPP退出方式的实施，允许不同性质的社会资本方在相应的阶段退出。比如，金融机构在项目建成后，建设方在项目建成并稳定运行后，运营方在寻求到更有运营能力的社会资本方后，均应允许其以合适的方式退出。目前《PPP条例（征求意见稿）》中对此有原则性的规定："在合作项目建设期内，社会资本方不得转让其持有的项目公司股权。合作项目运营期内，在不影响公共服务提供的稳定性和持续性的前提下，经政府实施机构报本级人民政府同意，社会资本方可以转让其持有的项目公司股权。"政府部门应进一步细化相关规定，为不同形式的社会资本选择合适的阶段参与、退出PPP项目提供相应的指导和保障。

七、完善PPP信用信息平台建设

国家发改委、财政部等有关部门对PPP信息化建设非常重视，目前，已建立并运行了PPP项目库等综合信息平台等。2017年年初，财政部印发《政府和社会资本合作（PPP）综合信息平台信息公开管理暂行办法》，专门就PPP项目全生命周期的不同阶段信息公开的内容做了规定。建议有关部门在做好项目的储备和信息化管理的基础上，进一步完善和建设全国统一的信用信息共享渠道，实现信息公开的全面、透明，力求做"真PPP"，公布各地方政府及社会资本的履约情况，公布违约失信行为，通过政府监督和社会监督渠道，提高参与方履约意识，确保各方"真做PPP"。同时，进一步完善PPP项目资产交易平台的建设，保险行业主管部门和保险资管协会可以基于保险资管协会的"资产管理信息交互系统"搭建PPP项目资源共享平台，并依托上海保交所的保险资产登记交易平台建立PPP项目资产交易平台，对接国家发展改革委、财政部和地方PPP项目库和PPP交易平台，构建保险行业PPP二级市场退出机制，确保资产交易能够公开公正透明地进行，避免国有资产流失，也为PPP项目的退出营造良好的环境，从而鼓励更多的社会资本参与PPP项目建设。

八、支持和培育专业的中介机构

PPP项目咨询涉及工程、财务、法律、金融等众多领域，支持和培育完善专业中介机构能够很好地为PPP项目的顺利进行服务。与政府和企业相比，专业的中介机构在专业人才和项目经验上具有明显优势，如咨询机构、管理机构和技术服务机构等。建议政府有关部门通过行业协会加大对专门机构的支持力度，培养一批熟悉PPP项目融资、建设、运营的专门人才，支持保险机构打造PPP投资团队，提升PPP项目投资和管理能力。

第二节　公司操作层面建议

一、关注保险资金投资 PPP 项目的政策法规

为鼓励 PPP 项目创新，支持保险资金更好服务实体经济，国家有关部门相继出台相关政策法规，鼓励、引导、支持和规范保险资金参与 PPP 项目。因此，在参与 PPP 项目时，一方面要响应国家相关政策，顺应时代要求，研究国家政策导向，关注国家政策重点支持的产业、行业和区域。例如，涉及"一带一路"、京津冀协同发展、长江经济带、脱贫攻坚和河北雄安新区等符合国家发展战略的重大项目，以及养老、医疗、公租房、新能源等适合保险资金投资特性和国家鼓励发展的新兴产业等项目；另一方面要严格遵守有关 PPP 的法规规章，做到依法合规，确保资金安全。

二、选择与保险资金相匹配的参与方式

保险机构并非专业项目管理者，参与 PPP 项目投资，一旦项目出现问题，保险机构对项目的干预、影响有限。保险机构可以通过与产业投资基金管理公司或者其他专业管理机构开展合作，在综合考量自身实力和投资能力，选择适合的 PPP 项目参与方式，从而实现风险的相对隔离。对于实力较为雄厚的大型保险机构，可以考虑直接投资方式，以获取较高的投资收益和社会效益，对于中小型保险机构，可以选择参与 PPP 产业引导基金等间接投资方式，以保证风险相对可控。不论是直接投资还是间接投资，都应在决策前进行充分的尽职调查，尽可能地将可能遇到的情况通过合同方式加以明确。对于直接投资项目，在项目的建设、施工、运营应以建设施工方、运营方为主要决策人，保险机构应重点专注取得财务控制权和重大事项决策权，以提高效率，充分发挥协同效应，实现合作共赢。

三、重点关注本身具有良好现金流的项目

由于《预算法》及其实施条例对地方举债严格限制，地方政府财政压力大，有着通过 PPP 项目变相举债的冲动。饮鸩止渴谈不上，但是寅吃卯粮的情况还是有的，个别地方 PPP 项目的财政承受能力论证、人大决议等保障方式等流于形式，平台公司兜底、回购存在一定程度上的法律、政策和信用风险。《保险资金间接投资基础设施管理

办法》对保险资金投资PPP项目提出了“具有预期稳定现金流”的要求；41号文也要求PPP项目“预期能够产生持续、稳定的现金流”，保险资金本身属于风险偏好较低的资金。据此，投资PPP项目应对项目现金流进行认真测算，重点关注本身具有良好现金流的项目，对经济强度较低，自身收入或政府补贴、付费不足以覆盖全部成本和收益的项目要谨慎介入，确保可行性缺口补助和政府付费项目纳入政府的全口径预算管理。

四、谨慎选择合作伙伴

41号文规定“PPP项目合同的签约政府方为地市级(含)以上政府或其授权的机构”，对政府方的规定较为宽泛。在选择政府方时，重点要选择具有契约精神、履约能力强的政府，同时，由于政府部门履约承诺往往受到政府组成人员、工作人员变动的影响，因此在面临换届、人员调整时期选择政府方，在决策时要相对谨慎。在选择社会资本方时，除要求承担项目建设或运营管理责任的主要社会资本方为行业龙头企业、主体信用评级不低于AA＋、最近两年在境内市场公开发行过债券等规定外，还要重点关注社会资本方是否有建设、运营PPP项目的相关经验和人员。不论是选择政府方还是选择社会资本方，除了上述条件外，最重要的是考量保险机构与合作方之间，是否有充分的合作意愿和一致的利益诉求，这是各方开展合作和保障PPP项目运作安全与稳定的基础。

五、加强风险管控，用好用足增信措施

首先，要具有风险意识，对PPP项目实施全方位、全周期的风险管控。风险不可怕，可怕的是不可控。风险管理应该包括但不限于下列环节：入库项目的选择，项目盈利能力，区域金融环境和信用环境、政府负债水平、合作方实力和项目合法合规性的考察，合同条款的设计，项目运营情况监测，价格调整机制，退出安排，项目保险安排，不可预见对策，等等。

其次，要有完善的退出机制。退出安排是PPP风险管控的有机组成部分，在拟定合同时要尽可能构建完善可行、多元化的退出机制。虽然PPP项目更多的是依赖于项目自身经营情况的融资，对习惯以主体信用为主的保险机构，一方面需要转变观念，另一方面鉴于保险公司参与PPP投资尚处于探索阶段，依然要尽可能用好用足增信措施。除关注政府的财力、增信措施、是否纳入财政预算外，还要重点关注项目的其他增信措施，在实际操作中，采用多种组合增信措施降低风险。同时，还要狠抓增信措施

的落实，尤其对于抵押、质押等一些需要政府登记的增信措施，各地政府在执行中规定各有不同，因此在设定抵质押条款前要了解项目所在地相关政策法规，把担保方式的落实作为放款的前提条件，在选择抵押质押物时也要考虑自身的处理能力，优先选择容易变现的标的。

六、建立专门团队，提高管理水平

PPP 虽然发展已有较长时间，但对于我国大部分政府、企业而言，尚属新生事物，接触较少，且 PPP 项目复杂、周期长，保险机构开展 PPP 项目投资需要打造一个专业的、稳定的团队，既要内部挖潜，培养金融投资、项目建设运营的复合型人才，还要注重人才引进和借助外脑，与行业内的专家、中介机构建立良好的合作关系，不断提升自身的项目筛选、风险管控和投后管理等 PPP 投资管理能力。

参考文献

[1]吕汉阳，曾涛，朱崇坤等．PPP 模式全流程指导与案例分析[M]．北京：中国法制出版社，2016.

[2]林华．PPP 与资产证券化[M]．北京：中信出版社，2016.

[3]余文恭．PPP 项目与结构化融资[M]．北京：经济日报出版社，2017.

[4]王守清，王盈盈．政企合作(PPP)王守清核心观点[M]．北京：中国电力出版社，2017.

[5]邓小鹏．PPP 项目风险分担及对策研究[D]．东南大学博士学位论文，2017.

[6]PPP 模式的风险与防范[互联网]．政府和社会资本合作(PPP)研究中心，2015.

[7]梁良．PPP 产业基金退出机制法律问题研究[J]．产业与科技论坛，2017(5).

[8]许维鸿．PPP 项目资产证券化的交易平台创新[J]．中国保险资产管理，2015(2).

[9]王宇文．保险资金对接我国基础设施 PPP 模式研究[J]．中国保险资产管理，2016(1).

[10]黄华珍，王祎．监管新政背景下险资投资 PPP 项目探析[J]．中国保险资产管理，2016(4).

[11]赵威．保险资金参与 PPP 项目投融资的实践与探索[J]．中国保险资产管理，2016(5).

（本文获“IAMAC2017 年度系列研究课题集”优秀课题）

保险资金参与PPP项目投资的风险管理与退出机制研究

联合信用评级有限公司

万华伟　常丽娟　艾仁智　许余洁

王海潮　陈诣辉　何苗苗　李　珍　赵　哲　李天娇

摘要

PPP模式的发展和监管机构的鼓励,为保险资金融入实体经济拓宽了渠道。保险资金与PPP项目具有天然的匹配性,但同时,保险资金参与PPP项目也面临着诸多风险。本文借鉴国外保险资金参与PPP项目投资的风险管理经验,结合我国的金融制度环境,对我国保险资金参与PPP项目投资的途径、风险管理、退出机制进行了系统研究,提出了保险资金参与PPP项目的风险管理框架,探索了保险资金退出机制,分析了保险资金退出机制与投资途径之间的逻辑关系,并通过典型案例分析我国保险资金参与PPP项目所面临的种种风险。

最后,本文提出了政策建议:针对PPP项目运营模式、付费模式、增信措施等方面的风险,保险资金可通过PPP合同体系构建一套保险资金参与PPP项目的风险管理框架;设立国家级的PPP交易所或交易流转平台,在PPP项目交易平台(所)实现债权、股权、产权的顺畅交易,保障保险资金和其他社会资本更为便捷迅速地退出;培育公募REITs市场,帮助持有PPP项目股权的保险资金有序退出,并分散PPP项目的风险;改革和完善PPP项目评级体系,对PPP项目本身的资产质量和风险进行独立分析,得出PPP项目独立的信用级别,帮助PPP项目独立发行固定收益产品,更好地为保险资金揭示风险。

关键词

保险资金　PPP　风险管理　退出机制

第一章　保险资金参与 PPP 项目概述

对于保险业而言,保险投资和保险承保具有同样的作用。本章首先对国内外保险资金运用情况进行分析,解析保险资金投资特点,阐述保险资金参与 PPP 项目的意义。

第一节　国内外保险资金及其运用情况

一、国外保险资金及其运用情况

(一)美国

2008 年金融危机以来,美国长期维持"低利率"政策,甚至一度实行"零利率"。美国的长期低利率水平导致保费收入的增速放缓,而保费收入增速的放缓进一步导致了保险资金总额增速的放缓,进而影响了保险资金的投资资产增速。

从保险资金的投资资产总额来看,2011—2015 年,保险资金投资资产总额分别为 47 024.39 亿美元、47 926.52 亿美元、49 662.68 亿美元、51 636.11 亿美元和 52 329.15 亿美元,呈逐年增长态势,年复合增长 2.71%。分险种来看,2011—2015 年,寿险和健康险投资资产总额逐年增长,年复合增长率为 2.46%;2011—2015 年,财产和意外灾害保险投资资产总额呈波动增长态势,年复合增长率为 3.33%。可以看到,财产和意外灾害险的投资资产总额相对增速较快。

然而,从投资资产的净收益率来看,寿险和健康险的净收益率要明显高于财产和意外灾害险的资产净收益率。2011—2015 年,寿险和健康险投资资产的平均净收益率为 4.87%,财产和意外灾害险的资产净收益率为 3.55%,比寿险和健康险低 1.32

个百分点。同时，可以看到，不论是寿险和健康险还是财产和意外灾害险，近 5 年其投资资产的净收益率都呈下降趋势。相关内容如图 1—1 所示。

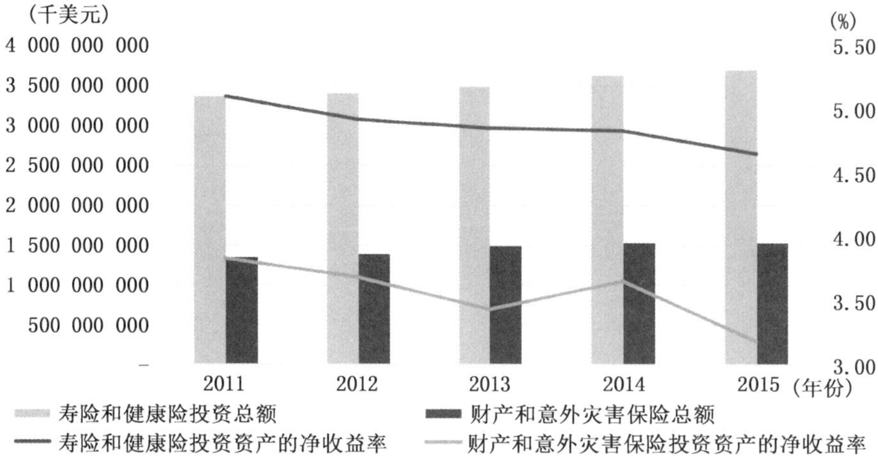

数据来源：Annual Report on the Insurance Industry 2016，笔者整理。

图 1—1　美国保险行业投资总额及投资资产净收益率

从险资投资品种来看，债券是险资配置的主要资产，无论是寿险和健康险还是财产和意外灾害保险，所投资的债券占比近几年均在 60%以上。这反映了险资追求长期稳定的固定收益的诉求，也符合保险资产配置与资产负债久期相匹配的要求。除债券外，险资也投资其他品种，但寿险和健康险与财产和意外灾害保险的侧重点有所不同。如表 1—1、表 1—2 所示，寿险和健康险主要投资抵押贷款、现金及短期投资等，财产和意外灾害保险主要投资普通股、现金及短期投资等。一方面，这反映了保险公司转向权益投资品种，追求相对更高收益的趋势；另一方面，由于投资品种的不同，两个行业的投资净收益率也有差异。

表 1—1　　美国寿险和健康险行业投资资产构成情况　　单位：%

年　份	2011	2012	2013	2014	2015
债券	75	75	75	74	74
优先股	0	0	0	0	0
普通股	2	2	2	2	2
抵押贷款	10	10	10	10	11
房地产	1	1	1	1	1
合同贷款	4	4	4	4	3

续表

年　份	2011	2012	2013	2014	2015
衍生品	1	1	1	1	1
现金及短期投资	3	3	3	3	3
其他投资品种	4	4	5	5	5
合　计	100	100	100	100	100

数据来源：Annual Report on the Insurance Industry 2016，笔者整理。

表 1—2　　美国财产和意外灾害保险行业投资资产构成情况　　单位：%

年　份	2011	2012	2013	2014	2015
债券	67	65	62	61	62
优先股	1	1	1	1	1
普通股	17	18	21	21	21
抵押贷款	10	10	10	10	11
房地产	1	1	1	1	1
合同贷款	1	1	1	1	1
衍生品	0	0	0	0	0
现金及短期投资	5	6	6	6	6
其他投资品种	8	8	8	9	8
合　计	100	100	100	100	100

数据来源：同表 1—1。

从投资期限来看，以寿险公司为例，美国寿险资产投资偏重于长期投资。2016 年，美国寿险资产中，10 年期债券投资占比为 37.10%，而 1 年以下期限债券投资仅为 7.90%。在固定收益投资方面，美国寿险偏好中长期政府债券和企业债券，并且两者占比也在逐年增长。相关内容如表 1—3 所示。

表 1—3　　美国寿险不同期限险资资产占比情况　　单位：%

		＜1 年	1—5 年	5—10 年	10—20 年	＞20 年
政府债券						
	2012 年	13.50	18.80	18.30	23.20	26.30
	2013 年	9.90	17.50	19.10	25.40	28.00
	2014 年	8.50	17.90	19.00	25.80	28.70

续表

		<1 年	1—5 年	5—10 年	10—20 年	>20 年
	2015 年	10.20	19.10	18.20	24.80	27.70
	2016 年	11.20	20.00	18.10	24.60	26.00
企业债券						
	2012 年	9.30	28.60	32.60	11.30	18.20
	2013 年	8.00	27.60	34.30	11.80	18.30
	2014 年	8.80	26.10	34.30	12.30	18.50
	2015 年	7.70	26.20	34.40	13.00	18.70
	2016 年	6.90	26.30	34.00	13.80	19.00
总计						
	2012 年	10.40	26.10	29.10	14.20	20.20
	2013 年	8.50	25.20	30.60	15.10	20.60
	2014 年	8.80	24.10	30.70	15.50	20.90
	2015 年	8.30	24.50	30.60	15.80	20.80
	2016 年	7.90	24.80	30.20	16.40	20.70

数据来源：ACLI(American Council of Life Insurance)，笔者整理。

整体来看，2011—2015 年，美国保险资金的投资资产增速有所放缓，投资资产的净收益率呈下降趋势。债券是美国险资配置的主要资产，其次为投资抵押贷款、普通股、现金及短期投资等。从投资期限而言，美国寿险资产投资偏重于长期投资。

（二）英国

近年来，英国保险资产增速变动较大。受 2008 年全球金融危机以及 2011 年希腊次贷危机的影响，英国险资资产增速甚至一度出现负值。但近两年，增速有所上涨，维持在 7%左右的水平。同时，在增速方面与整体经济在一致性中又存在交互性，从 2008—2014 年的情况来看，保险资产的变动基本上领先于整体经济。在经历了经济冲击及恢复之后，英国的长期险和财产险投资资产规模在 2014 年达到 19 296.50 亿英镑，如图 1—2 所示。

从险资投资品种来看，英国保险投资资产主要投资于英国公共部门债券、海外公共部门债券、英国股权、海外股权、信托基金、房地产和现金等，其中海外股权、英国股权、英国公共部门债券、信托基金占比较大，特别是股权类投资占比较高（见图 1—3）。10 年来，英国险资国内外股权投资占比维持在 50%左右的水平，其中海外股权投资占

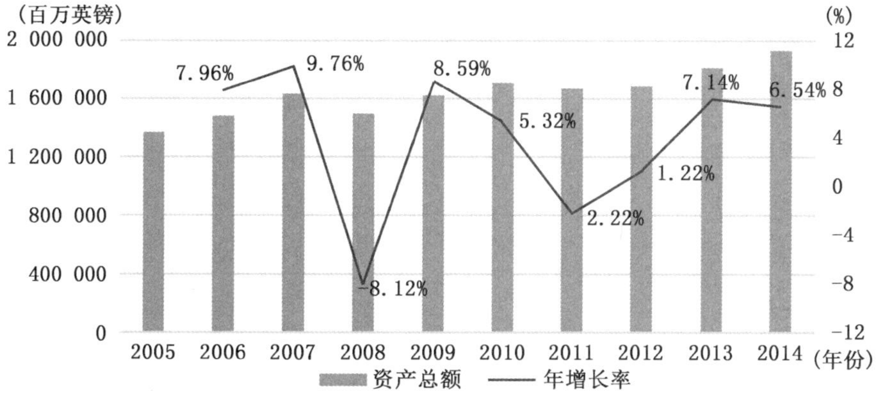

数据来源：ABI(Association of British Insures)，笔者整理。

图 1—2　英国保险行业资产总额及年增长率

比 30%左右，可以看到，股权投资是英国保险公司资金运用的第一大渠道，为英国保险公司带来了高收益回报，与此同时也不能忽视其带来的高风险。受益于较为宽松的监管环境、较为完善的金融市场，英国最大化地分散了投资风险，一定程度上保证了英国保险公司较为稳定的收益。

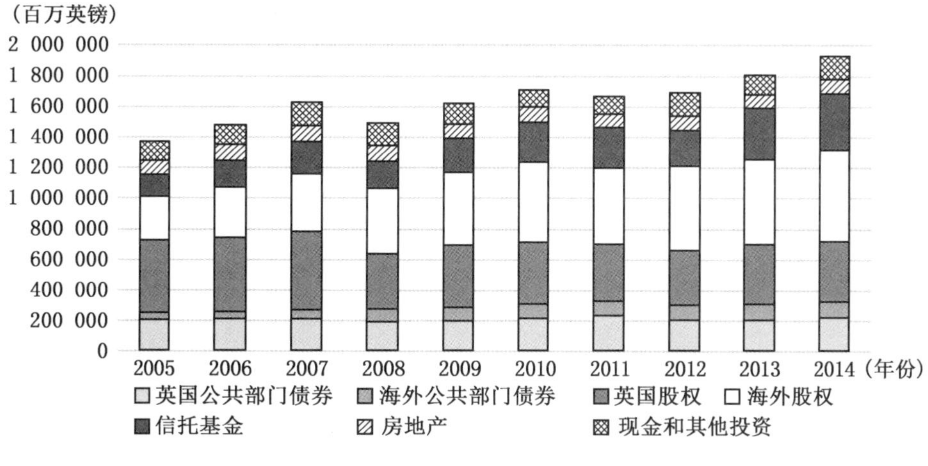

数据来源：ABI，笔者整理。

图 1—3　英国寿险行业投资资产规模分类情况

整体来看，英国保险资金增速近两年有所提升，维持在 6%附近。股权投资是英国保险公司资金运用的第一大渠道，但高收益的同时也要注意其带来的高风险性。债券投资和信托资金也是英国保险公司资金运用的主要渠道之一，在一定程度上维持了险资收益的稳定性与安全性。

（三）日本

近年来，日本寿险行业资产规模远远超过财险行业，保险行业资产增速变动较大。如图 1—4 所示，自 2008 年全球金融危机以来，日本财险行业资产增长率受较大影响，较之前大幅下滑，甚至一度为负。2012—2016 年有所改善，2016 年财险资产增长率为 2.29%。相较财险行业，日本寿险行业资产增速在 2008 年迅猛增长，高达 45.73%，之后一直维持在 2%—4%左右的增速。2008 年寿险资产大幅增长的主要原因是科学技术的革新推动了日本寿险业的发展，各种电子交易活动渗透保险产品的开发、销售、消费以及客服等环节，网络寿险公司等新兴经营模式进入寿险市场，导致 2008 年日本寿险保费急剧增长，由此引发寿险资产大幅增长。

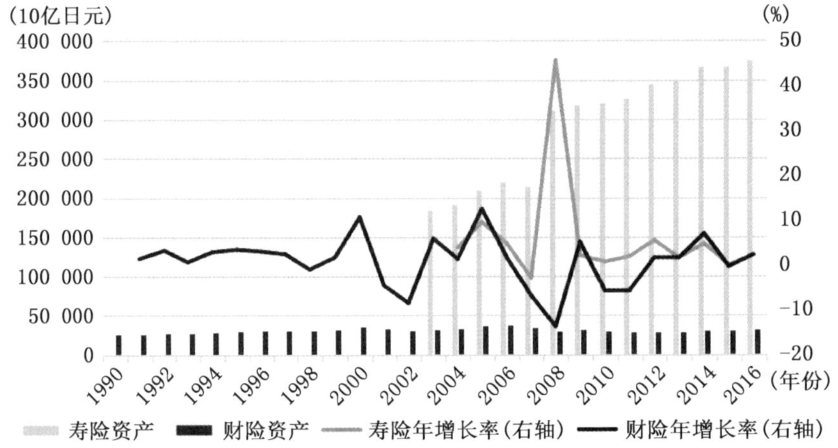

数据来源：Wind，笔者整理。

图 1—4　日本保险行业资产总额及年增长率

从险资投资品种来看，日本保险资产主要投资于银行存款、短期同业拆借、货币信托、有价债券、贷款、房地产等。无论是财险还是寿险资产，两者资产配置均以有价证券为主，近 10 年来有价证券配置占比均在 80%左右。

在日本，财险公司有价证券的资产配置中，国债和外国证券占比有所提升(国债占比从 2006 年 16.08%增长至 2016 年的 23.22%，外国债券占比从 2006 年 18.01%增长至 2016 年的 35.13%)，股票占比大幅下降(从 2006 年 45.71%跌至 2016 年的 30.61%)，这显示了日本财险公司追求资产配置多样性与稳健性并存的趋势。相关内容如图 1—5 所示。

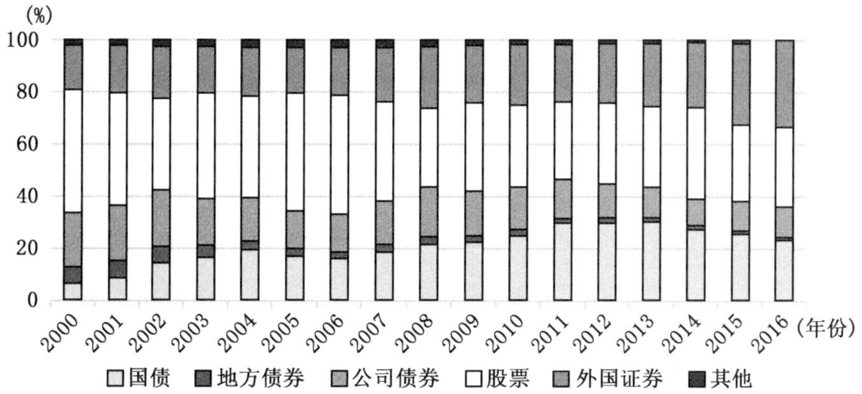

数据来源：Wind，笔者整理。

图 1—5 日本财险不同类型有价证券资产配置占比情况

然而，在日本寿险有价证券的资产配置中，投资策略趋向更显保守化。如图 1—6 所示，国债的资产配置占比 50%左右，股票占比大幅减少，从 2006 年的 19.96%缩减为 2016 年的 6.95%。这表明日本的寿险公司资产配置以保持稳健性为首要目的，倾向于配置低风险的国债，注重与寿险公司资产负债久期的匹配。

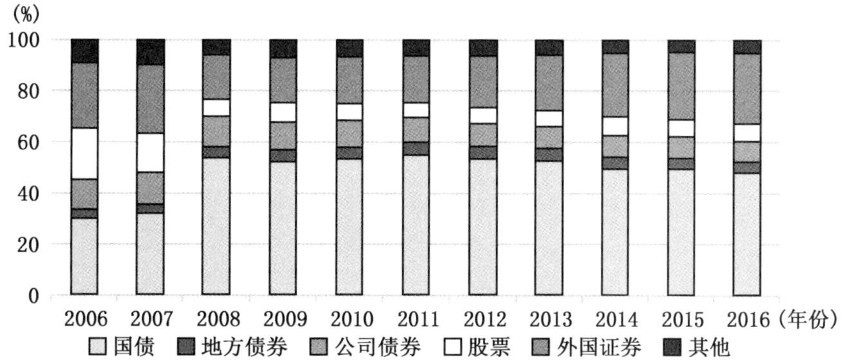

数据来源：Wind，笔者整理。

图 1—6 日本寿险不同类型有价证券资产配置占比情况

日本寿险公司比较重视维持资产投资收益的稳健性。从表 1—4 可以看出，国内股票投资收益波动性较大，所以寿险公司减少了股票的资产配置规模，而债券收益率低且较为稳定，仍占据险资投资的半壁江山，这反映了日本保险行业对于资产配置保守、稳健的风格。

表 1—4　　日本寿险不同类型资产配置平均收益率　　单位：%

年份＼指标名称	债券	国内股票	外国证券	贷款	房地产
2004	1.56	3.77	3.03	—	—
2005	1.53	4.71	3.96	—	—
2006	1.42	5.40	4.03	2.06	2.86
2007	1.77	3.26	2.18	2.13	3.12
2008	1.72	—4.35	—3.00	2.34	3.22
2009	1.64	2.33	2.52	2.23	2.87
2010	1.86	1.25	2.06	2.17	2.52
2011	1.91	1.56	2.91	1.94	2.27
2012	2.00	0.61	5.25	2.18	2.35
2013	1.95	5.14	4.60	2.15	2.43
2014	1.88	5.31	5.50	2.28	2.50
2015	1.75	5.17	2.24	1.70	2.62
2016	1.84	5.83	2.31	1.83	2.80

数据来源：Wind，笔者整理。

从投资收益率来看，日本寿险资产收益率较低。近年来，投资收益率维持在1.8%—2.6%的低水平。2016 年，日本寿险行业投资收益率为 1.96%，与 2015 年基本持平(2015 年为 1.92%)。

整体来看，近几年日本保险行业资产增速变动较大。日本保险资产主要投资于有价证券，其中寿险更倾向于国债、财险更倾向于外国债券和股票。日本保险资产投资收益率维持在 1.8%—2.6%的低水平。

二、国内保险资金及其运用情况

近年来，我国保险资金的运用渠道不断拓宽。根据原中国保监会于 2014 年 5 月发布的《关于修改〈保险资金运用管理暂行办法〉的决定》，保险资金运用限于下列形式：银行存款；买卖债券、股票、证券投资基金份额等有价证券；投资不动产；国务院规定的其他资金运用形式。保险公司可以借助资本市场投资工具对资金进行管理，提高资金收益。

随着经济的发展和国民保险意识的提高，在我国保费收入提升的同时，保险资金运用余额和保险总资产也在增长。2016 年,保险行业资金运用余额 133 910.67 亿元,较年初增长 19.78%。其中,银行存款 24 844.21 亿元,占比 18.55%;债券 43 050.33 亿元,占比 32.15%;股票和证券投资基金 17 788.05 亿元,占比 13.28%;其他投资 48 228.08 亿元,占比 36.02%。根据近几年的增速趋势来看,从 2008 年以来大部分年份总资产的增速在 20%左右。目前,保险资金投资渠道逐步开放并多元化,加快重点领域保险业务发展,保险的经济助推器和社会稳定器作用日益凸显。

保险资金运用中,银行存款与债券投资[①]占比均有下降的趋势,股票和证券投资基金类占比较为稳定在 10%—15%,另类投资占比具有上升的趋势。银行存款与债券投资的占比减少量恰好是另类投资的增加量。相关内容如图 1—7 所示。

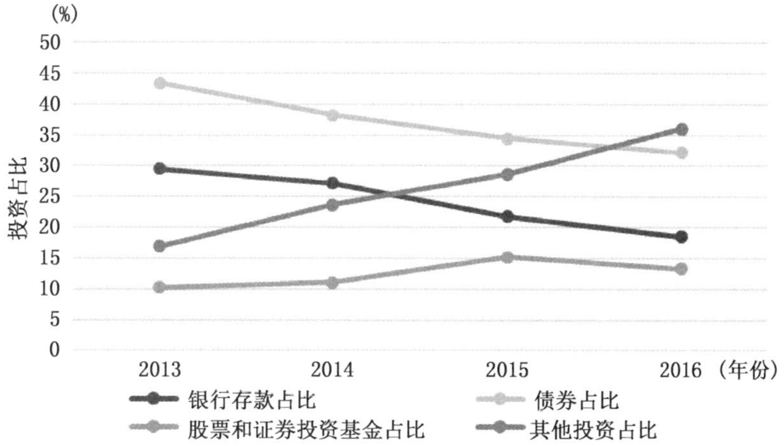

数据来源:中国银保监会,笔者整理。

图 1—7 2013～2016 年保险资金投资占比情况

从保险资金投资收益来看,2011—2016 年,保险资金投资收益呈波动增长态势,年复合增长率为 9.47%。2016 年,保险资金投资收益率为 5.66%,较上年下降 2 个百分点。这主要是由于资本市场的波动以及保险成本的上升所致。对于未来的经营,保险资金运用仍面临低利率、资金错配等多重风险。

整体而言,近几年我国保险资金运用余额和保险总资产规模有所提高。在险资投资品种上,银行存款与债券投资比例下降,另类投资占比上升。险资投资收益率近 5 年呈现波动增长态势,围绕着 5%上下波动。

① 债券投资包括持有至到期类的、以公允价值计的债券。

数据来源：中国银保监会，笔者整理。

图 1－8　2001～2016 年保险资金投资收益率情况

第二节　PPP 模式概述

一、PPP 模式的内涵与特征

PPP 模式，即政府部门与私营部门合作来提供公共产品和服务的模式，在我国多指政府与社会资本合作来参与公共基础设施建设的模式。

PPP 模式有三大特征：伙伴关系、利益共享、风险共担。伙伴关系是指政府部门和私营部门在 PPP 项目中的合作关系。两者目标一致，相互合作，优势互补。政府部门发挥自己优势，实现社会福利的提高等目标；私营部门灵活发挥自身优势获得收益，在此基础上合作共赢，促成 PPP 项目的实施。利益共享和风险共担是指政府部门和社会资本整合自身优势，并根据所承担的风险来合理分配收益。政府部门可以在 PPP 项目中提供稳定的运营环境及适度的保护政策，私营部门可以充分发挥自身的资金、技术、运营管理经验等促成项目的良好运营，两者共享项目收益。同时，政府部门和社会资本也要承担相应的风险。政府部门在实现公共福利社会保障的基础上，应保障项目的正常运营，在此过程中，可能需要提供相应的补贴；社会资本也要承担项目施工建设、资金链、运营管理等风险，双方风险共担，合理分配收益。

二、PPP 模式的优缺点

（一）PPP 模式的优点

PPP 模式可以使政府部门和社会资本发挥自身优势，即把政府部门的规划方针、组织协调能力、社会责任等与社会资本的资金优势、运营管理能力结合在一起。具体而言，PPP 模式具有以下优点：

(1)PPP 模式可以扩大投资主体，增加资金来源。传统的基础设施建设主要靠政府的财政支出，对于政府部门的财政预算和债务负担能力要求较高。PPP 模式引入私营部门，让更多的社会资本到参与项目中，减少了政府在初期筹资资金的压力，也提高了预算可控性，对项目的顺利运行起到了关键作用。

(2)PPP 模式可以使政府和私营部门优势互补。政府的公信力以及私营部门资金、运营实力相结合，互利互惠，从而有效地为公众提供高质量的基础设施建设服务等公众服务。

(3)PPP 模式可以提高项目风险合理分配。相较于传统项目私营部门承担全部风险，PPP 模式中政府部门的信用背书为私营部门提供了长期的、风险相对较低的现金流，即相对稳定的投资机会；同时，对于政府部门独立运行项目而言，私营部门也为政府提供了更加成熟的项目运作经验等，有助于基础设施项目稳健运行。PPP 模式使得风险分配更加合理，提高了项目成功的可能性。

(4)PPP 模式为公共基础设施建设项目扩展了新方法。长期以来，私营部门想要参与公共基础设施建设项目困难重重，该模式突破了这一困局，为城市供热、铁路、学校、机场、医院等公共基础设施建设或相关公共服务项目提供了新思路。

(二)PPP 模式的缺点

(1)PPP 模式或将导致经营垄断。PPP 模式下的合同通常期限比较长、规模大，引发投标成本、交易费用相当高，这就导致一些综合实力较小的私营机构无法参与 PPP 项目，进而减少了政府对私营机构的选择空间，私营机构之间的招投标竞争也相应减少了很多。同时，政府在 PPP 模式中有一定的垄断性，加上 PPP 模式的特许经营权，使得参与方在一定程度上获得了垄断保护。

(2)复杂的交易结构可能使效率降低。首先，PPP 模式参与方众多，沟通协调成本将会比一般项目增加很多。其次，由于参与方众多，沟通及人工等成本也将会增加，从而使得在收益机制的设置上要考虑到各方利益，从而更加耗时。最后，由于交易机构的复杂性和各个项目的特殊性，对各个参与方的专业性要求非常高，在相关条款、法律意见、交易结构上都要各方沟通、仔细斟酌，不能直接照搬国外经验和之前的项目经验，要对现有项目进行仔细了解，提出针对项目的可行性方案，这个过程将会使得 PPP 模式的效率低于一般项目。

(3)较长的期限使得项目灵活度降低。PPP 项目的期限一般较长，公共部门和私营部门在设计条款和结构时，很难把全部的风险以及未来的变化情况充分的考虑进去，但是为了项目的稳健运行，又必须签订严格的合同条款，这样就使得未来一旦发生相关变化，都要按签订好的合同运行，以致降低了项目的灵活度。为了兼具灵活性和合理性，一方面需要政府部门和私营部门项目经验丰富且专业，另一方面也要咨询律师，在可行的条件下，保留合同某些条款的灵活性。

三、PPP 模式的发展前景

从长期来看，PPP 模式的发展前景非常广阔。首先，PPP 已上升到国家战略和执政纲领。PPP 是国家提升综合治理能力，推进新型城镇化建设等的重要抓手，国务院、发改委等相关部门从政策法规、融资支持等方面予以 PPP 模式直接的指引和扶持。其次，PPP 模式扩充了部分城镇化资金的需求问题。城镇化所需求的资金非常庞大，PPP 项目的长期性可以不断地为城镇化提供所需要的资金，这是传统的融资项目所没有的优势。此外，PPP 模式也为地方政府融资平台的转型提供了一个很好的方向。最后，PPP 模式优势明显，PPP 模式可以使政府部门和社会资本发挥自身优势，互利互惠，有效地为公众提供高质量的基础设施建设等公众服务。整体来看，PPP 在应对资金缺口、减轻政府债务负担等方面，发展空间十分巨大。

第三节　保险资金参与 PPP 项目的意义

一、保险资金与 PPP 项目存在天然契合点

首先，保险资金投资期限与 PPP 项目期限契合度较高。保险资金，特别是寿险和养老保险的投资期限一般可长达 10－30 年。同样地，PPP 项目投资期通常也长达几十年，这使得两者契合度高，而商业银行等其他金融机构在投资时则与 PPP 项目存在一定的期限错配风险。

其次，保险资金要求资金收益的安全性与回报性并存，这与 PPP 项目的投资回报相契合。PPP 项目以政府信用做背书，有一定的安全性，同时 PPP 项目通常采用固定利息加浮动利息的方式给予社会资本回报，满足保险资金对资金收益的要求。

最后，保险资金还有其保险特质，为 PPP 项目提供建筑工程险、企业财产险、意外险等保险品种，在一定程度上起到了防灾防损的作用。

二、参与 PPP 项目对保险资金运用具有深远意义

随着保险资金的快速增长，保险资金的投资收益呈下降趋势，保险资金迫切需要寻找合理的长期投资渠道。PPP 项目通常都是关系国计民生的重大项目，具有强大的技术支持和稳定的偿付机制，为保险资金提供了良好的长期投资标的。PPP 项目公司发行的固定收益产品能很好地满足保险资金的安全性和收益性要求，有效提高保险资金的运营效率。

三、保险资金参与 PPP 项目对国家具有重要意义

保险资金参与 PPP 项目是保险资金服务实体经济的重要途径，符合国家“脱虚向实”的金融战略。PPP 项目是重要的基础设施项目和民生工程，关系到国家的经济发展和人民的生活质量。PPP 项目对长期资金的需求尤为迫切。大量保险资金参与 PPP 项目，将为 PPP 项目提供长期稳定的资金，有效缓解 PPP 项目的资金瓶颈，实实在在地支持了国家基础设施建设，为实体经济做出了重要贡献。

第二章　国外保险资金进入 PPP 项目经验

国外保险资金不断加大在政府债券、基础设施领域的投资力度。但目前，我国保险基金投资 PPP 项目的实践经验相对较少，这主要是因为涉及监管、专业水平、法律规则等多方面的影响。为此，笔者从保险资金作为利益相关者视角出发，综合国外关于 PPP 发展领域的实践经验，初步构建保险资金进入 PPP 领域的范式。

国外保险资金进入 PPP 领域的实践经验具有一定的参考价值。尤其是国外保险资金在 PPP 领域进行了一系列的实践，其创新性不仅基于 PPP 实践经验和研究成果，也在于吸取这些经验后形成符合保险资金实际情况的，具有一定先进性的一系列经验成果，这些经验尽管不一定符合国内的实际情况，但仍值得国内进行批判性借鉴。在中国保险资产管理业协会和清华大学政府和社会资本合作研究中心编著的《保险资金参与 PPP 实践研究》一书中指出，加拿大的养老金计划投资基础设施的情况很具有参考价值。其中，他们投资基础设施的比例在 7%—8%，目前的投资比例达到 20%，投资方式是通过成立投资委员会的方式，以确定的收益形式投资私募基金、基础设施

等领域。[①] 但没有进一步阐释加拿大养老基金进入PPP领域的实践经验。为此，这里结合Siemiatycki (2015)的研究成果进行重点论述。

第一节　国外保险资金进入PPP范式初构

保险资金进入PPP市场多数作为利益相关人，与一般的私营部门开展PPP项目模式具有一定的相似性，同时存在本行业的特殊性。从目前的研究来看，保险资金进入PPP的研究还相对缺乏，这与保险资金投资PPP项目受到诸多约束有关。尤其是如何从更全面的视角看待保险资金进入PPP项目，一方面可从国外的文献资料入手，如对影响保险资金进入PPP领域的诸多因素，开展经验研究；另一方面是通过对国外经验分析，进一步构建国外保险资金进入PPP项目的范式。从研究结果来看，国外保险资金进入PPP领域的实践具有一定的参考价值，但结合我国实际情况才能有效地发挥其借鉴意义。

一、保险资金进入PPP领域相关因素

（一）国外PPP利益相关者研究

利益相关者管理是PPP项目成功的重要因素。保险公司作为投资人或者保险服务的提供者，都在一定程度上成为利益相关者角色。Schepper et al. (2014)通过对4个PPP项目案例的研究后发现，PPP中利益相关者所面临的外部环境则更加复杂，如传统投标模式与PPP模式的不同，尤其是利益相关者结构和变化因素影响（见表2－1），公了共部门发起方与私人部门之间的矛盾。如何平衡利益相关方的冲突成为解决问题的关键。他提出，解决PPP项目中利益相关人角色矛盾冲突的关键是采用动态双利益相关者管理工具，进一步确认利益相关者分担的责任与权利。

---

① 中国保险资产管理业协会，清华大学政府和社会资本合作研究中心.《保险资金参与PPP实践研究》[M]. 北京：中国金融出版社，2017，63.

表 2—1　　利益相关者参与传统投标与 PPP 的比较

	传统投标		公私合作公司	
	公共发起人	私人承包商	公共发起人	私人财团
规范利益相关者	承包商 投资者 用户	公共发起人 分包商	私人财团 用户 当地社区 投资者	公共发起人 分包商 用户 投资者
衍生利益相关者	当地社区 分包商	投资者 当地社区用户	分包商	当地社区

资料来源：Schepper et al，2014.

Chou et al.（2015）认为，对改进 PPP 利用相关者采用一定的范式解决更为有效。他基于 PPP 利益相关者关系，提出了改进 PPP 利益相关者管理的战略治理准则，界定程序和内容，从确定利益相关者到评估业绩完成一个周期，再通过调整和定制进行矛盾的调和（见图 2—1）。

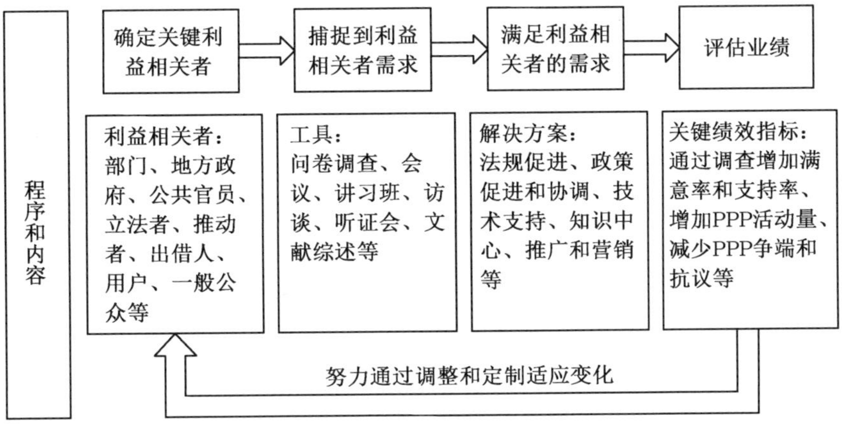

资料来源：Chou et al，2015.

图 2—1　改进 PPP 利益相关者管理的战略治理准则

（二）经纪人组织助力 PPP 项目开展

保险资金进入 PPP 市场，存在一定的不足之处。一方面是自身是否有足够实力的专业团队具备完成对 PPP 项目进行尽职调查的专业素养，面对众多行业的 PPP 项目，这显然要增加交易成本；另一方面是提升项目匹配水平，需要不同的策略进行应对（见表 2—2），保险公司需要更为专业的团队解决信息不对称问题。这些不足之处在深度和广度上限制了保险资金进入 PPP 领域的效率。

表 2—2　不同层次相匹配最相关的策略列表

<table>
<tr><th>策　略</th><th>水　平</th></tr>
<tr><td>1. 将经济现实适应于环境现实的限制</td><td rowspan="2">流域/区域</td></tr>
<tr><td>2. 适应发展方向的范式</td></tr>
<tr><td>3. 适应的制度文化</td><td rowspan="4">城市水平</td></tr>
<tr><td>4. 适应新客户和私人行为者</td></tr>
<tr><td>5. 发展小额保险</td></tr>
<tr><td>6. 发展应急金融(小额信贷、交叉补贴)</td></tr>
<tr><td>7. 获得服务改善机会和经济安全</td><td>个人层面</td></tr>
</table>

资料来源:Johannessen,et al,2014.

经纪人组织日益促进合作过程中的 PPP 项目的发展。经纪人组织功能超越了简单匹配作用,而在合作伙伴之间承担构建合作伙伴关系,并贯穿整个 PPP 周期。Chou et al.(2015)通过对 19 家经纪机构的研究表明,这些组织在整个合作期间承担召集人、调解人、学习的催化剂三种角色(见图 2—2)。经纪人组织在整个合作过程中维护了 PPP 项目各方的利益,并有助于 PPP 合同的执行。

作为 PPP 项目的投资方,保险资金维护资金的安全性方面承担较为明显的责任,受到更为严格监管,这与私人部门投资存在不同。从进入 PPP 项目到退出或项目终止,项目管理资源不足或缺乏经验时,就会遇到延迟和中断,这需要足够的策略和能力才能降低交易成本和加强沟通。为此,Nisar(2013)提出三个方面提高策略,包括战略调整、伙伴关系方法和项目管理技能,尤其是加强对 PPP 项目进行监测与控制。这正符合经纪人组织的专业优势。

(三)弹性合同应对不确定性问题

保险资金参与 PPP 项目一般是按照既定的设计完成的,但如果遇到外部因素冲击,这就要面对如何化解风险的问题。从一定程度上说,保险公司最初参与 PPP 项目遇到执行问题,如何解决不确定性问题成为避免风险的关键。Cruz 和 Rui(2013)利用一个医院 PPP 项目为案例,分析 PPP 项目作为一种长期合同,通过弹性合同解决不确定性问题。他们对合同中的灵活性进行梳理,从规模层面出发,在策略、战术和经营三个方面进行具体分析(见表 2—3)。

资料来源:Chou et al,2015.

图 2—2　合作过程中经纪人组织作用框架

表 2—3　　PPP 合同中灵活性的拟议分类

		灵活性的定位	
		互助性	个体的灵活性
规模	策略	介入权利	推迟放弃项目
		合同灵活的持续时间	能力模块
	战术	获得优惠	发展
		收入保障	替代生产线的投资
		利率上限	资产证券化和互换
		FFR 模型	技术变化
	经营	物业回租业务 短期变动	交换服务之间的 空间分配(医院)

资料来源:Cruz & Rui,2013.

保险资金进入 PPP 项目，需要关注弹性合同的作用，但弹性合同在降低不确定性的同时，应关注合同结构和标准合同的作用不可或缺。从葡萄牙能源领域 PPP 模式应用的经验中发现，特别是在风力发电厂的发展方面，对于私人合作伙伴选择的评价程序，合同结构和风险分担协议是值得特别注意的问题（Martins et al. ，2013）。从合同结构中，我们可以发现，保险公司在 PPP 项目中的位置，为进一步确认风险和权益，制定相应的策略，以及获得外部救济等方面奠定基础（见图 2—3）。

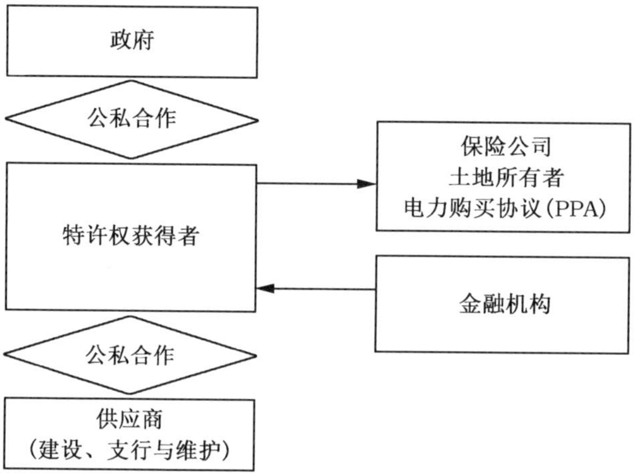

资料来源：Chou et al，2015.

图 2—3　风力发电厂合同结构

在制定 PPP 项目合同中，保险资金作为利益相关者除了投资人的角色以外，还可以作为保险服务的提供方。从葡萄牙风力发电厂的 PPP 项目合同结构来看，保险资金作为投资人应该承担的权利和义务，以及出现不确定性问题时，应该可以寻求的救济手段。这有利于降低保险资金进入 PPP 项目的风险，保障效应的权利（见表 2—4）。

保险资金在 PPP 项目中，除了关注与企业相关的合同结构以外，对 PPP 项目的风险结构需要有一个较为明确的界定，以进一步应对 PPP 项目执行过程中可能出现的风险。尤其是保险资金需要在进入 PPP 项目前，通过界定清楚风险，确定是否进入、进入程度，以及对合同结构和内容的设定（见表 2—5）。

表 2—4　　　　风力发电厂 PPP 项目的合同结构

风力发电厂 PPP 项目的合同结构

1. 定义和注释
2. 合同的目的
3. 项目启动说明(法律和财务)
4. 项目启动专属义务
   a. 电力上网折扣
   b. 产业项目特征
      i. 风力企业特点
      ii. 投资计划
      iii. 工业单位建设的里程碑
      iv. 工期
   c. 第二产业单位的特征
   d. 项目的技术管理系统
   e. 合同规定的时间界线
   f. 延迟处罚
5. 发起人的一般义务
6. 资质
   a. 融资方案
   b. 风险
   c. 保险
7. 合同监督与信息管理
8. 不遵守合同和合同终止
9. 套利和冲突处置

资料来源:Martins et al,2011.

表 2—5　　　　能源 PPP 项目主要风险

风险类型	风险说明	风险配置		发生概率	影响水平
		公共部门	私营部门		
计划	项目产出的界定	×		低	中
	特定设计中建设项目充足				
	风电场投产延误		×	低	中
建设	风资源失败风险				
	地质环境条件不确定性				
	设备在操作过程或安装过程中的损坏				
	材料提供困难				
安全	施工和运行阶段的事故		×	中	中
并网	未发电的风险预先商定		×	低	高
	权利丧失权不可用				
电网毁坏	配电网故障,影响能源使用	×		低	高
接入	现有道路的损坏风险		×	中	中
	私人财产占用的风险				
许可证和征用	接受征用		×	低	中
	取得建设和经营许可证				
环境	获得环境影响报告书	×	×	低	中
	迁徙路线上风力发电场的位置(某些鸟类的障碍和死亡风险)				
	风的可用性不确定(由风的间歇性,所造成的损失,收益损失)		×	中	高

续表

风险类型	风险说明	风险配置		发生概率	影响水平
		公共部门	私营部门		
运营与维护	设备状态				
	系统可靠性				
	设备利用率				
	对维修服的质量不确定性				
	利用基础设施的风险				
技术	技术进步的不确定性		×	中	中
偏好	可持续性服务质量的不确定		×	中	中
价格	电力价格波动(机会成本)	×		高	高
需求和竞争	区位和企业替代		×	低	高
	新竞争者的威胁				
财务	放款人破产的风险		×	中	高
	通货膨胀上升的不确定性				
	财务负担演变				
	监管当局的税务调整				
法律	新法规对结构成本影响的可能性	×		低	高
	更严格的规定				
不可抗力	自然灾害、破坏公物、战争、流行病	×	×	低	高

资料来源：Martins et al，2011.

（四）法律、制度因素

保险资金进入 PPP 项目受到相关法律、制度的制约。一方面法律、制度建设在一定程度上保障 PPP 项目合同顺利执行，以及在违约后可以进行救济；另一方面法律、制度建设是推动开展 PPP 项目的重要推手。Geddes 和 Wagner（2013）对 13 个主要的 PPP 授权法案构成一个指数，反映州立法对私人投资基础的作用，研究后发现，州水平的 PPP 立法支持当地的公共设施建设。Panayides et al.（2015）从制度视角分析影响港口 PPP 项目绩效的因素后发现，监管质量、市场开放程度、创业难度和合同执行是决定项目成功的重要因素。

保险资金对 PPP 项目相关的法律、制度建设的关注有助于提升 PPP 项目成功概率。Liu 和 Wilkinson（2014）的研究显示，一个成功的场地 PPP 项目有 5 个关键特征：（1）健全的商业案例的开发；（2）精简的财务安排；（3）强大的招标；（4）有效治理结构和伙伴关系为基础的联盟；（5）现实的风险分配（见图 2—5）。

（五）应对腐败的负面影响

在 PPP 领域发生腐败的概率也不容忽视，并在一定程度上降低了保险资金的安

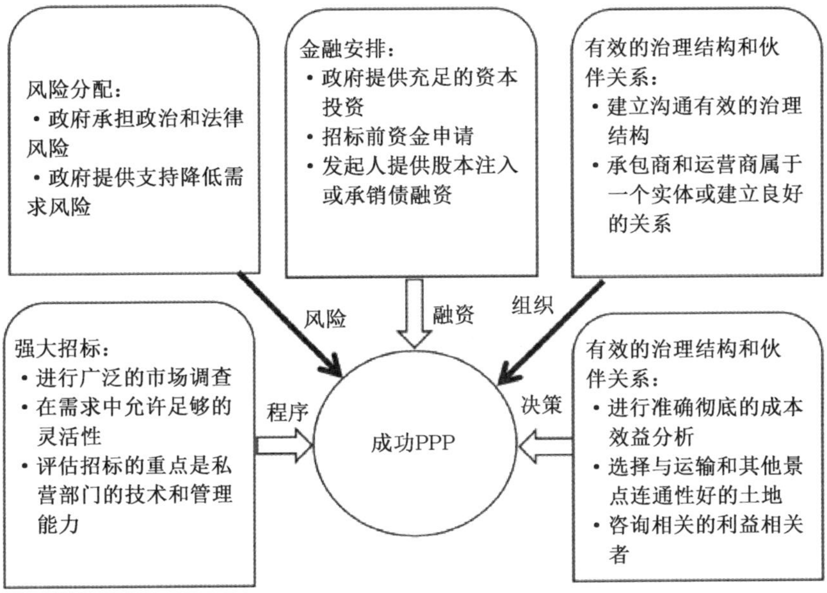

资料来源：Liu & Wilkinson，2014.

图 2—5　成功场地 PPP 项目地图

全系数。除了腐败发生在我国国内以外，在“一带一路”国家进行 PPP 项目投资时，包含腐败在内的国际风险概率更高。Iossa 和 Martimort (2016)分析了 PPP 项目中公共采购面临的道德风险、私人信息外生冲击、腐败威胁等情况下的风险分配和契约选择情况。他们认为，在这种情况下，通过改进保险，以及合同能够减少道德风险的代理成本。在他们的分析中，保险公司成为外生因素，但如果保险资金进入 PPP 项目中，则需要进一步完善合同条款，降低委托一代理的道德风险。同时，他们的研究显示，设置不完全合同将加大腐败发生的概率，也是腐败发生的一种信号。最后，他们提出，标准合约无疑是一项最优选择。

如何避免 PPP 项目中的腐败问题，根据 Iossa 和 Martimort (2016)的研究，私人干预等外部因素干扰 PPP 合约中的风险分配格局，而且识别和避免这些冲击都将增加成本，通过发挥法律等硬约束手段，将降低 PPP 项目中的风险，以及风险的合理配置。Asheem et al. (2017)认为，由于委托一代理，PPP 转移风险的作用并不总是有效管理，而通过三个 PPP 污水处理项目对委托一代理关系中存在 3 个因素，即竞争、监管和激励，对其检验后发现，竞争关系决定私人部门承担风险能力，监管降低事后信息不对称，而激励则确保风险得到有效管理。

（六）特许期仿真模型最优化作用

PPP 项目出现的风险可能来自于 PPP 项目的各个时期，作为利益相关者的保险公司和保险资金需要采用有效的方法进行更为准确的预测。Ng et al.（2007）通过一个假设的例子来说明 PPP 项目仿真模型的概念。其研究结果表明，风险和不确定性包括风险变化和不确定性的成本，并在一定程度上决定转让期限，而借助仿真模型，在构建理想的特许期后，可以考虑风险的影响。其中，净现值（NPV）被视为模拟特许权期所必需界定的不确定性参数。

一般来说，政府将进行传统的净现值和投资回收期分析来确定特许期。保险公司可以通过仿真模型，协助确定一个最优控制下的转让期。在一定程度上说，特许期包含建设期和运营期，但保险资金获得回报的阶段是回收期，这需要回收期尽可能小于特许期。政府界定的特许期与保险公司的回收期之差显示出 PPP 项目的回报水平。保险资金在完成对特许期的预测后，进一步对 PPP 项目进行判断投资的价值，从而在一定程度上降低投资风险（见图 2－6）。

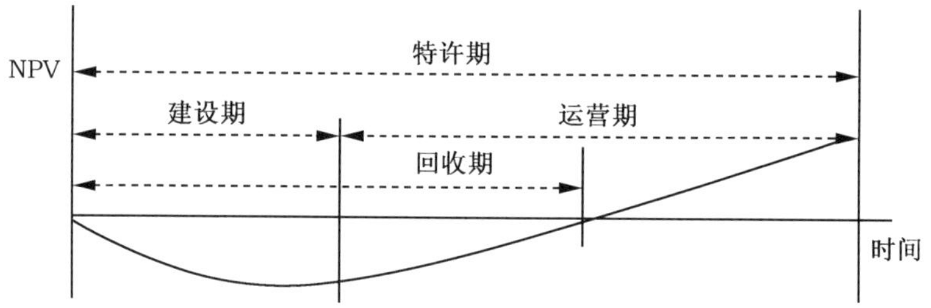

资料来源：Ng et al，2007.

图 2－6　特许期与 NPV 关系图

二、保险资金进入 PPP 项目范式

从国外的相关研究来看，国外研究人员对 PPP 项目的相关研究相对丰富，但就保险资金进入 PPP 项目的研究相对缺乏，尤其是保险资金参与 PPP 项目范式的研究尚属空白。故本项研究经过对相关文献的梳理后，初步构建保险资金进入 PPP 项目范式，作为其开展 PPP 项目过程的重要参考。

在经过梳理后发现，保险资金进入 PPP 项目将会受到以下因素影响，具体如：（1）国外 PPP 利益相关者研究；（2）经纪人组织助力 PPP 项目开展；（3）弹性合同应对不确定性问题；（4）社会民间组织的作用；（5）法律、制度因素；（6）应对腐败的负面影响；

(7)特许期仿真模型最优化作用。沿着以上研究思路,以保险资金为主体,即作为PPP项目的利益相关者,在既定的法律、制度背景下,加强与社会民间组织的合作,通过经纪人组织的支持,经过对特许期的仿真模型预测,签订弹性合同,与公共部门和项目公司构建SPV,并积极应对腐败,实现预期收益(见图2—7)。

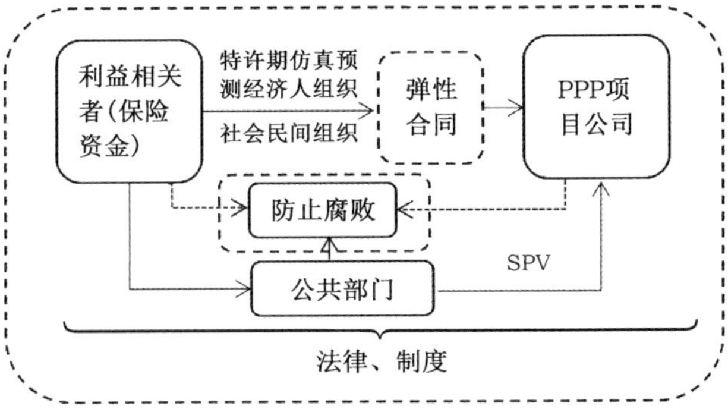

资料来源:笔者制作。

图2—7 保险资金进入PPP项目路线图

第二节 加拿大养老基金参与PPP项目经验

从目前来看,国外关于保险资金进入PPP项目的经典文献不多,这与保险资金在PPP项目领域的实践尚未深入有关。一方面,保险公司作为投资主体对PPP项目模式下收益和风险匹配与预期有一定差距,影响了投资规模;另一方面,诸多的限制因素,如法律、制度和专业化水平等,在一定程度上增加交易成本和投资风险。此外,国外保险资金进入PPP项目的层次还有待提升的状况也不容忽视。我国对国外保险资金进入PPP项目的研究也存在一定程度的空白。以中国保险资产管理业协会和清华大学政府和社会资本合作研究中心编著的《保险资金参与PPP实践研究》为例,其在国外保险资金进入PPP项目的介绍中,举出加拿大的养老金计划投资基础设施的情况很具有参考价值,[①],但没有进行更为详细的说明。为此,本文沿着其研究思路,以Siemiatycki(2015)的研究成果为抓手,按照保险资金进入PPP项目路线图,进一步介绍加拿大养老基金进入PPP项目(含基础设施等)情况,为相关人士提供理论和实践

① 中国保险资产管理业协会、清华大学政府和社会资本合作研究中心.保险资金参与PPP实践研究[M].北京:中国金融出版社2017,63.

的双重参考。

一、加拿大养老基金基本情况

加拿大养老基金参与 PPP 项目的研究较为全面的是 Siemiatycki (2015)，他以加拿大最大的 7 家养老基金为例，对加拿大养老基金从事 PPP 项目进行较为全面的研究。他认为，养老基金是私人资本的重要来源，作为下一代基础设施的关键投资资金。而且，养老基金不仅拥有大量的资本储备，也支持提供稳定、低风险、长期回报的投资，这些投资与基础设施项目的性质相一致。但从全球来看，养老基金尚未成为基础设施的重要直接投资者。然而，加拿大的养老基金与国际同行相比显得尤为突出。在过去10 年中，加拿大最大的养老基金已经成为世界上在基础设施领域最活跃的机构投资者，而且与美国和英国等国家的同类基金相比在基础设施领域持有总资产中更大的份额(OECD,2011)。

事实上，全球最经济和最具代表性的交通设施，不是由加拿大养老基金拥有就是由其经营。这包括英国的高速铁路，哥本哈根、布鲁塞尔和悉尼的机场，墨尔本、多伦多和圣地亚哥的收费公路，以及温哥华、纽约和新泽西的港口。但对于工会来说，将养老基金用来投资私人基础设施，这种私有利益违背其目标。这给养老基金带来了特殊的政治压力，但将投资重点放在经济目标或社会责任的国内投资，其绩效未必是最高，然而高风险带来高收益。

二、养老资金进入 PPP 路线图分析

(一)PPP 利益相关者的视角

养老基金作为利益相关者参与 PPP 项目具有一定优势。养老基金更适合用于基础设施项目投资，其总量巨大，可以用作大型公共基础设施项目的资金提供者。但养老基金却只是有限地参与基础设施的投资者。从历史上看，养老基金作为政府发行债券的购买者参与了基础设施的建设。作为直接股权投资者基础设施项目融资，不到1%的养老基金资本在全球投资于基础设施(克罗齐,2011)。

各国的养老基金作为基础设施的投资者存在不同，欧洲和美国的养老基金在基础设施作为资产方面进展缓慢，加拿大养老基金和澳大利亚最大的养老基金已成为投资于全球基础设施市场的领导者，并已被公认为最多产和最成熟的基础设施基金投资者(Torrance,2008;克罗齐,2011)。如表 2—6 所示，加拿大七大养老基金的资金投资公共部门，以及其他政府性资本已经成为基础设施的重要投资者，而且基础设施投资收

益率能够满足预期收益率要求，未来还有增长的潜力。截至 2012 年年底，加拿大养老基金近 300 亿美元用于国内和国际项目的直接投资。

表 2—6　　养老基金投资表现最为活跃的基础设施资产

养老金计划/混合公共部门储蓄基金	基金总额(10 亿美元)(—2011)	持有基础设施总额	养老基金持有基础设施比例(%)	总计划收益率(2011)	基础设施投资收益率(2011)	基础设施基准收益率(%)	超过基准	养老基金比例(%)	工会员工基金比例(%)	联合国负责任投资原则的签署国
加拿大退休金计划投资	148.2	9.5	6.4	11.9	13.3	—	—	—	—	是
安省市政雇员退休基金	55.7	8.49	15.3	8.79	8.4	8	是	100	67	否
安大略省公共雇员工会养老金信托	13.8	0.978	7.1	5.5	29.6	7.4	是	100	100	是
加拿大 BC 省投资管理公司	86.9	4.1	4.7	—	10.6	8	是	80	—	是
安大略教师退休基金	116.3	8.7	7.5	11.2	7.7	6.1	是	100	100	是
魁北克储蓄投资集团	159	5.8	3.6	4	23.3	12.7	是	61	27	是
艾伯塔省投资	68.8	1.7	2.4	8.2	8.2	10.1	否	56	44	是
合计	648.7	39.2	6.7	7.3	14.4	8.7				

资料来源：Siemiatycki，2015.

加拿大最活跃的 7 个养老基金计划显示，养老基金对基础设施投资具有十分重要的意义。在 2011 年基础设施资产中，这些大型公共部门养老基金的年回报率远远超过基金的平均水平。在一般的基础设施资产，交通部门收到的投资数量最多。

养老基金以及其他类型的机构投资者直接向新建项目和现有的土地资产的交通基础设施投资。他们还参与多种模式的基础设施投资以满足私人融资，其中包括：公私合作的 PPP 项目的设计、建造、金融运营和维护新的设施；来自政府机构的长期租赁经营项目，如现有公路、停车设施、机场或港口；购买在基础设施建设和运营中拥有特许权公司的所有权；投资私人监管或无管制基础设施资产，通常如港口、机场、收费公路。

(二)投资约束与经纪人组织作用

加拿大私营部门的养老基金还没有成为基础设施的重要直接投资者。养老金计划通过专门从事该部门的中介基金投资于基础设施资产的趋势日益明显，但这种方法通常有很高的管理成本。养老基金增加投资基础设施的障碍已被广泛认定为技术限制、强调投资机会有限、工作人员不足等。私营部门的工会养老基金和雇主组织基金的典型特征是规模较小，而整合跨多个雇主和汇集整个省的多个雇主养老金储蓄形成的大型投资基金是公共部门的基金。鉴于其规模较小，大多数私营部门基金缺乏大量资金和具备专门知识内部工作人员，限制了其直接投资于大型基础设施资产的能力。但是随着经纪人组织的不断参与，近年来，私营部门的养老基金已经开始使用专门的中介机构和基金池以满足基础设施对大量资金投资的需求，但他们还没有成为基础设施主要的直接投资者。随着养老基金越来越多地被确认为是基础设施的关键潜在投资者，必须认识到必须能从事某些类型的资产和交易。尤其是较小的养老基金和其他机构投资者，在对基础设施投资时，一般通过专业化的中介企业。

总而言之，加拿大大型养老基金形成一个共同特点是，他们致力于寻找、执行和监督基础设施交易的内部投资团队相当小。一般来说，这些基金只有 35 个或更少的投资专业人士，专业从事基础设施部门和负责管理美元投资。直接投资基础设施的高额交易成本加上小型内部管理团队，推动养老基金更有兴趣作为投资者。尽管如此，养老基金经理报告说，在他们的基础设施投资团队中，超过 1/3 的工作人员花在积极管理现有的投资上。

（三）弹性合同降低投资风险

国际社会在私人投资基础设施和公共利益方面面临的共同挑战是，短期时间跨度与某些投资者的利益最大化行动和基础设施资产的长期寿命之间的不匹配，后者可以跨越几十年。而且，私营部门提供基础设施的投资从两个广泛的资金来源得到偿还：一是税收支持的政府支付；二是通行费和其他用户费用。

对于政策制定者和政治家来说，养老基金与其他“买入和持有”的机构投资者（如保险公司和主权财富基金）的吸引力在于利益往往与基础设施项目的特点相一致。养老基金投资在较大程度上减轻了财政负担。养老基金的投资者通常寻找长期、稳定的回报，跨度超过 20—30 年才能覆盖增量退休义务的计划的受益者，而不是短期“超额利润”。

尽管加拿大最大的养老基金在其年度报告中设定的基础设施投资回报率在 6%—13%之间，大大低于其他公共部门的目标。基础设施项目通常具有很高的准入门槛，如它们往往需要大量的前期投资，且不可分割（通常为 1 亿美元或更多），而且资产在短期内可能是非流动性的，由于基础设施项目的复杂性会导致高的交易成本，大型联合养老基金投资者的需求可能特别符合基础设施项目的共同特点。

有效的合同设置降低养老基金的投资项目所承担的收入风险。养老基金设法避免参与其他投资者采用的冒险性短期战略，以获取暴利，特别是过度杠杆化或有风险的债务再融资举措。例如机场、海港和收费公路是特别有吸引力的资产，因为它们通常从监管环境或城市环境中获益，最大限度地减少新的市场进入者在未来直接竞争的可能性。这是因为在大多数国家，新机场或海港的启用受到严格限制，尤其是在现有的城市，限制了一个新的竞争对手带来的潜在挑战。其中，加拿大最大的养老基金通过两种交易结构投资大部分交通基础设施：(1)在管制或无管制部门的私人交通资产进行股权投资，特别是机场和港口；(2)投资长期持有运营基础设施资产的企业。这些基础设施的投资模式特别符合长期投资利益和大型养老基金制度的特点(见表 2—7)。

表 2—7　　加拿大养老基金在基础设施资产投资中最活跃的运输资产

PPP 项目中直接股权投资		公司持有长期资产的长期股权投资	私人基础设施的股权投资（单一资产的所有权或拥有多个私人基础设施的公司）	基础设施开发和运营公司股权投资
未开发地区	联合桥梁（北欧化工）加拿大线，温哥华			
待重新开发地带	（BCIMC/Caisse）	特许经营的部分业主经营多伦多公路 407 和悉尼 M7（北极光/教师基金）	底特律河隧道(Borealis) Autopastia 中心（智利圣地亚哥私人公路）—(AIMco) Grupo Costanera(圣地亚哥 4 条城市收费公路的业主，智利滨海公路) 英国机场管理局(Caisse)—豪赫蒂夫公司 机场(雅典、杜塞尔多夫、汉堡、悉尼)—(Caisse)	帝豪停车场有限公司(教师基金) Globalvia(西欧和拉丁美洲的铁路和公路特许经营权)-OPTrust Keolis (西欧和北美洲的铁路和公路运营商)-Caisse) Oceanex(加拿大航运)-(OP Trust)
			伯明翰市机场(教师基金)、布里斯托尔(教师基金)、哥本哈根(教师基金)、布鲁塞尔(教师基金) 三角洲集装箱码头，范库弗峰(教师基金)、纽约集装箱码头(教师基金)、全球终端，新泽西(教师基金)、达尔林普尔湾煤码头(澳大利亚)、英国联合港口(拥有和经营 21 个英国港口)-(Borealis)	

资料来源：Siemiatycki，2015.

(四)跨组织合作降低风险

加拿大养老基金视自己为基础设施的活跃投资者。他们通常承担战略治理角色，如在他们投资的公司董事会中担任职位，管理项目，并应对公共基础设施提供商相关的政治风险。养老基金投资者的积极治理作用，可能从公共部门管理的角度受益，因为养老基金是长期稳定的投资者，与他们的政府伙伴结盟。加拿大最大的养老基金通常是在基础设施领域的股权投资者，使他们能够充分利用其庞大的规模和内部员工技能的竞争优势，获得大型非上市交易，实现健康风险调整收益。而且，考虑到他们的大量资金、长期投资利益、相对温和的回报预期以及在项目和公司中治理的积极作用，受到机构投资者的青睐，以及全球的政治家和决策者正越来越多地试图吸引其到基础结构部门。

相比之下，加拿大最大的养老金计划都只投资有限的基础设施项目，被认为是可持续性的交通项目，特别是城市与城市间的轨道交通。在10多年的基础设施投资中，这些资金只有两个客运铁路项目中采取直接持有股权：连接英国与法国的D1高速铁路线的长期特许经营，以及温哥华轻轨铁路的设计、建造、融资、运营和维护。值得注意的是，除了对基础设施项目的直接投资，养老基金已经更加积极地以投资企业的方式参与可持续的交通运输项目投资，如Keolis公司和Globalvia公司，均持有和运营各种交通设施包括道路、机场和港口、高速交通系统和城市铁路。

（五）腐败、法律及制度的约束

虽然加拿大养老基金一直是全球基础设施中最活跃的投资者之一，但加拿大养老基金投资于本国的项目有限。加拿大最大的养老基金在本国境内做出的交通基础设施投资中所占的比例不到前三。此外，只有三项投资项目是由养老基金计划成员居住的家乡项目。国内投资不足的主要原因是因为加拿大市场上的交通基础设施项目很少。另一个障碍，有时被认定为加拿大最大的养老基金投资于国内基础设施项目，造成与公共部门联盟的利益构成冲突。工会强烈反对私有化和基础设施领域公私伙伴关系。

在选择哪些国家市场进行投资时，养老基金对各种技术因素都很敏感。这包括：可供私人使用的资产类型和交易结构，运营和他们是否符合养老基金的长期利益，法律制度的力量，保护契约和私有财产权的神圣性，以及政府管理私人基础设施运营商的经验，等等。商业环境和政治风险对养老基金也很重要。鉴于对相对较低风险和长期项目感兴趣，养老基金投资者青睐政治稳定的国家；对于政府决策，他们需要有一个合理的透明度和问责制，并限制腐败。

根据这些标准，加拿大最大的养老基金在地理上集中于投资北美洲和西欧的直接基础设施。加拿大最大6个基金的24项直接股权投资中，44%在北美洲，40%在欧洲。智利是唯一的发展中国家，它吸引了加拿大最大的养老基金在交通基础设施方面进行直接股权投资。原因是，智利有很强的保护合同和私人投资者利益的法律，以及通常认为在私人交易中被政治干预的风险较低。

总而言之，加拿大养老基金进入PPP项目的实践，显示出包含类似基金在PPP

领域的潜力巨大。对于我国而言，基础设施建设的资金缺口依然巨大，PPP 模式可以有效节约财政资金和提高基础设施的运行效率，而保险资金进入 PPP 领域将有效利用各自优势，实现双赢。尤其是我国进行的“一带一路”倡议，一方面增加了保险资金投资的领域，但另一方面也加大了从事国际 PPP 项目的风险和不确定性。从加拿大养老基金进入 PPP 领域和投资于基础设施建设来看，其实践有助于我国保险资金开展 PPP 项目。具体的经验有：(1)发挥资金投资基础设施优势，注重利益相关者角色，发挥投资过程中的审慎作用，选择低风险、稳收益的 PPP 项目；(2)加大与经纪人组织、社会民间组织等的跨组织合作，起到降低信息不对称和降低市场风险的作用，提高 PPP 项目的运营效率；(3)设立弹性合同，规避 PPP 项目实施中的风险和不确定性，提升对 PPP 项目监管水平和处理冲突的能力；(4)充分利用防止腐败、法律和制度的作用，助力 PPP 项目选择，积极化解外部冲突。

第三章　我国保险资金参与 PPP 项目的途径及风险管理

第一节　我国 PPP 项目的发展概况

一、我国 PPP 项目的发展历程

我国 PPP 项目的发展历程大致可以分为以下五个阶段：探索阶段(1984—1993 年)、试点阶段(1994—2002 年)、推广阶段(2003—2008 年)、波动发展阶段(2009—2012 年)和普及阶段(2013 今至今)。在各个发展阶段，由于当时所处的国内外经济环境与政策环境不同，PPP 项目的发展也呈现不同的特征。整体而言，PPP 项目所处的政策环境逐步改善，相关设计、实施、运营等环节更加成熟，发展趋势总体向好。[①]

(一)探索阶段(1984—1992 年)

自 1978 年实行改革开放之后，中国需要吸引外资进入我国经济建设的各个领域。当时，我国基础设施建设的一项重要资金来源就是外商的直接投资。在这个阶段还没

① 程哲，季闯．中国 PPP 发展历程及特征分析[J].

有 PPP 的概念，主要是效仿土耳其的 BOT 模式。

此阶段的主要特征是，当时中国还没有直接关于 BOT 的法规，审批项目需要地方向中央直接汇报，中央首肯后地方才可能批准，相关经验非常有限。典型的项目为深圳沙角 B 电厂 BOT 项目。

（二）试点阶段（1993—2002 年）

1992 年，邓小平“南方谈话”以及年底召开党的十四大确立了社会主义市场经济体制，为投融资改革提供了理论依据。1993 年起，国家主管部门开始研究投融资改革问题，并在 1994 年选择了 5 个 BOT 试点项目，包括高速公路、电厂、水厂等项目。随后，国家相继出台了一系列政策来推动 PPP 项目的发展。

此阶段的主要特征是，项目主要以能源、交通、水务等项目为主，BOT 试点较多，但项目壁垒较强，总体成功率不高。典型的项目为广西来宾 B 电厂项目、广东电白高速公路项目等。

（三）推广阶段（2003—2008 年）

2002 年，中共十六大召开，进一步强调市场机制。随后，住建部相继出台了《大力推进市政公用市场化指导意见》《市政公用事业特许经营管理办法》等一系列文件，成为此阶段开展 PPP 项目的基本法律依据。这些文件鼓励相关参与方以特许经营权的方式投资供水、供热、污水处理、公共交通等公用事业。在政府的有力推动下，PPP 项目在全国各主要城市掀起了一波高潮。

该阶段的主要特征是，国外资本、国有企业、民营资本同台竞争，但国外资本占比越来越低；招标方式主要采取公开招标方式，项目更加透明有效率，同时地方政府具有较高的主动权，有利于维护公共利益；PPP 项目的相关流程、运作、合同文本等越加规范，有力促进了 PPP 项目的实施。典型的项目为北京地铁四号线、北京国家体育场（鸟巢）等。

（四）波动发展阶段（2009—2012 年）

2008 年，美国爆发金融危机，并迅速传导至全世界。年底，中国政府为了应对全球金融危机，推出了 4 万亿元刺激计划。在此背景下，由政府引导的巨额银行资本开始进入基础设施领域，社会资本失去了谈判能力，PPP 项目受到巨大冲击。这种由政府主导的投资模式弊端很多，如效率低下、政府债务负担加重等。随着 4 万亿元计划弊端的显现，2010 年国务院出台新国 36 条，以此来鼓励和引导民间投资，但效果不是非常明显。

该阶段的主要特征是，PPP 模式的主要投资方为国企和政府，私人部门被挤出；

此外，随着项目投资资金的增加以及市场的逐步成熟，PPP 项目的融资渠道逐渐多元化。典型的项目为门头沟垃圾焚烧发电厂、兰州七里河安宁污水处理厂 TOT 项目等。

（五）快速发展阶段（2013 年至今）

从 2013 年年底开始，为解决地方政府债务负担、国有体制效率低下等问题，规范 PPP 项目的实施与应用，限制地方政府融资平台无序举债，中央政府连续出台各项政策规范，发改委启动特许经营立法工作，财政部成立 PPP 中心，鼓励通过 PPP 模式吸引社会资本进入公共服务领域。同时，学术界、咨询界等关于 PPP 模式的研讨沙龙不断，PPP 项目进入快速发展期。

该阶段的主要特征是，PPP 项目政策法规不断完善，相关落地、推广与应用支持力度较大，各界关注度较高，项目数量也迅速增加。典型的项目为北京新机场轨道线社会化引资项目、安庆外环北路工程 PPP 项目等。

二、我国 PPP 项目的发展特征

随着我国 PPP 项目数量和投资额的增加，PPP 项目的发展也呈现出了一定的特征：根据明树数据统计，[①]我国 PPP 项目的发展具有以下四大特征。

（一）PPP 项目整体成交额上行，但行业差异较大

从成交量和成交金额来看，我国 PPP 项目的成交量和成交额均呈上涨态势。截至 2017 年 6 月底，PPP 项目的成交总量为 3 774 个，成交总额为 5.57 亿元。从行业落地情况来看，市政公用事业项目总金额占比最大，交通运输业其次，两项成交额分别为 2.06 万亿元和 1.65 万亿元，占比分别为 37％和 30％，而农林水利与环境保护类项目落地总金额与数量占比均较低。[②]

（二）东西部落地 PPP 项目较多，国企成交额占比较高

从地区分布上看，2014—2017 年 6 月，落地的 PPP 项目总额与数量均呈现西部和东部地区较多、中部地区较少的现象。东部地区经济发展较快，政府服务观念相对深入；西部地区财力相对薄弱，基础设施建设相对薄弱，因此落地的 PPP 项目较多。2014—2017 年 6 月，落地 PPP 项目金额最多的省份前三是云南、四川和河北，最少的省份是天津、西藏和上海。云南、四川等经济发展相对滞后，对基础设施需求较大，

① 明树数据，中国 PPP 市场发展分析（2014—2017）。

② “市政公用事业”包括市政工程、能源、政府基础设施；“交通运输”包括财政部 PPP 项目库行业分类中的交通运输；“农林水利与环境保护”包括农业、林业、水利建设、生态建设和环境保护。

PPP 项目落地较多，而天津、上海等地基础设施建设条件已经相对较为完善，对 PPP 项目的需求不是很大。

从国企民企 PPP 项目成交金额占比来看，国有企业远超民营企业，成交金额为 41 139 亿元，占比约为 74%，在社会资本中占比较大；从 PPP 项目成交数量来看，国企、民企大致相当，各占半壁江山。

（三）项目回报率降低，市场竞争加剧

2015－2017 年 6 月，PPP 项目的平均回报率呈逐年下降趋势，2015 年为 8%、2016 年为 6.69%、2017 年上半年为 6.37%，平均回报率的降低也反映出 PPP 市场竞争格局的加剧。

建筑安装费用是 PPP 项目成本中占比较大的一项，也是社会资本竞争报价的重点。随着 PPP 项目竞争的加剧，建筑安装费用的下浮率也在逐年上升，且行业变化不一。其中，市政公用事业类项目 2015 年建安工程费下浮率为 5.47%、2016 年为 5.81%、2017 年上半年为 6.91%，下浮率的增长幅度最大。

（四）项目执行逐步推进，效率有待提高

PPP 项目正式进入实施阶段的一个里程碑即为成立项目公司，那么项目的执行效率在一定程度上就可以用中标到成立项目公司所用的时间来反映。截至 2017 年 6 月底，已经公布的 3 774 个项目中，成立了项目公司的项目共有 2 044 个，占比为 54.20%。社会资本从中标到成立项目公司平均历时 78.8 天，其中：国有企业牵头的项目，从中标日到成立 PPP 项目公司平均为 93 天；民营企业牵头的，平均为 71 天。民营企业在推进 PPP 项目合同谈判和 PPP 项目公司成立上相较于国企更有效率。

第二节　我国保险资金参与 PPP 项目的途径

一、保险机构参与 PPP 项目的方式

保险机构参与 PPP 项目的合作模式从角色定位上可以分为三类：一是投资者的角色，通过投资（财务投资或战略投资）获取投资收益；二是保险从业者的角色，为 PPP 项目建设或运营提供风险管理产品；三是综合服务商的角色，为 PPP 项目提供各类综合服务而获取收益。

在保险从业者角色定位上，保险机构可以通过推广各种保险产品（如企财险、责任险、意外险、建工险）的方式降低 PPP 相关方及运营风险；在服务商的角色上，保险机

构可以作为融资机构与各类产业资本组成联合体共同参与运作 PPP 项目，还可以作为综合服务商提供投行、资管等金融顾问类服务。根据目前保险机构的实践情况，除保险业务主业外，保险资金作为投资者参与 PPP 项目占比最大。本文主要讨论此种类型。

作为投资者的角色，目前的操作实践中保险机构主要作为财务投资人参与 PPP 项目投资。相关内容如图 3—1 所示。

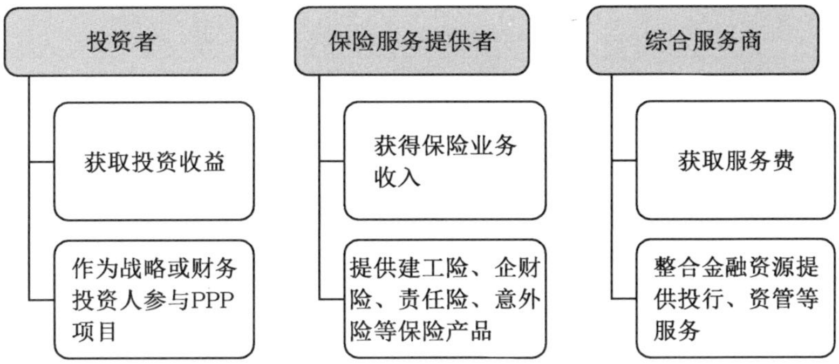

数据来源：笔者整理。

图 3—1　保险机构参与 PPP 项目方式

二、保险机构投资 PPP 项目的途径

从产品形式看，保险资金一般通过两大类途径投资 PPP 项目：一是参与直接股权或者间接股权投资的方式投资 PPP 项目；[①]二是以资管计划形式投资 PPP 项目。第二大类中，保险资管计划的类型有一般类资管、保险组合式资管和基础设施投资计划投资三种[②]（图 3—2）。保险资金投资的 PPP 项目应满足多项条件：(1)项目资质要求：属于重点项目（国家级或省级），纳入 PPP 项目库；(2)社会资本方要求：主体信用评级不低于 AA+，最近两年在境内市场公开发行过债券；(3)财政支出已经获批：PPP 项目财政支出责任已纳入年度财政预算和中期财政规划；(4)收入来源有保障：项目能够产生持续稳定的现金流。监管层鼓励多种投资形式（债权、股权、股债结合），支持投向重点区域的重点项目如"一带一路"、雄安新区、京津冀协同发展、长江经济带等。相关内容如图 3—2 所示。

① 源自中国银保监会网站：《保险资金投资股权暂行办法》（保监发〔2010〕79 号）。

② 源自中国银保监会网站：《保险资管业务试点通知》（〔2013〕124 号）、《组合类保险资管监管通知》（保监资金〔2016〕104 号）、《保险资金间接投资基础设施项目管理办法》（保监会令 2016 年第 2 号）。

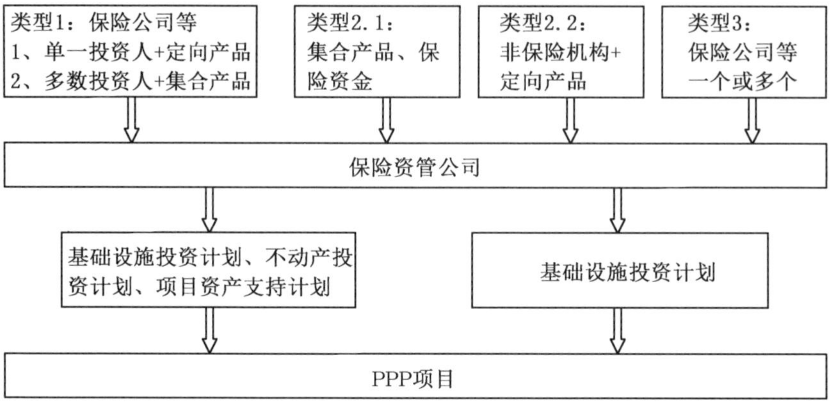

资料来源：《PPP模式与结构化融资》，笔者整理。

图3－2　保险资金参与PPP项目投资路径

相较于其他银行、券商、信托等其他金融机构投资者，保险资金投资PPP项目有其特殊性，这是因为：(1)投资途径的不同。由于监管口径的差异，目前保险机构参与PPP投资主要是以投资计划形式进行。从大类上看，保险资金发起设立的投资计划属信托资产范畴，而银行多以信贷关系形成的债权形式为主，券商和私募基金多通过资管子公进行股权投资。(2)资金周期不同。以寿险和养老险为代表的险资基于负债端的特性其可投资期限较长(可达10－30年)，而银行多为中长期贷款(5－7年)，期限错配风险较大。(3)风险偏好不同。与私募基金等机构相比，险资回报率适中稳健，与PPP项目防止暴利原则恰好吻合。(4)主业关联度差异。相较于其他机构投资者，险资的PPP投资与其保险主业具有紧密关联性，可通过建筑工程险、大病保险、农业保险等企业和当地政府建立合作关系。

自参与PPP项目投资以来，险资主要经历了三种形式的发展(表3－1)，继债权性资金投资、参股PPP项目公司为主的投资模式后，基于PPP基金的灵活性和普遍性，目前PPP基金成为主要的投资模式。本文着重介绍PPP基金。

表 3－1　　保险机构投资 PPP 项目的主要模式

参与模式	模式一:为 PPP 项目提供债权性资金	模式二:参股 PPP 项目公司	模式三:PPP 产业基金
参与方式	保险资金对 PPP 项目进行债权投资	·保险资金可以作为社会资本,以直接股权投资的方式参与 PPP 项目。 ·保险资金还可以通过明股实债方式参与 PPP 项目公司	保险资金认购 PPP 产业基金优先权有限合伙份额,社会资本方或政府平台公司认购基金的劣后权有限合伙份额
模式的特点	·PPP 项目具有较高比例的债务融资需求,通常债务融资可达项目总投资的 ·70％－80％,债权投资也是保险资金投资 PPP 项目的重要渠道	针对建设运营风险很低,能确保产生稳定的现金流回报且收益率达到保险资金要求的 PPP 项目	PPP 产业基金可以股权或债权等方式投资一个或多个 PPP 项目公司
增信安排	在附带追索权模式中,一般由地方政府融资平台或施工运营企业为保险资金的债权提供担保	·真股投资:项目现金流 ·明股实债:通常约定由社会资本方对保险资金持有的这部分股权收益进行差额补足并到期回购。	社会资本方一般还会通过股权回购或差额补足等方式对保险资金的退出及本息偿还提供保障

资料来源:笔者整理。

三、保险机构参与 PPP 基金

PPP 基金是指直接或间接投资 PPP 项目的私募股权基金,其与一般私募股权基金的区别主要表现在:(1)属于夹层融资。PPP 基金通过股权投资于 PPP 项目公司,其分配顺序劣于银行债权,但优于社会资本方股权,PPP 基金的部分作用是为了填补注册资本金的缺口。(2)本质为明股实债。PPP 基金多以“优先固定收益分红＋回购份额或股权形式”的方式,确保 PPP 基金的优先级可以获得稳定的现金流。上述形式类似于债权融资还本付息,本质上为债务融资。

从关键投资者的角度,PPP 基金分为社会资本方投资的 PPP 基金和政府方投资的 PPP 基金。前者是由社会资本方和财务投资人共同成立的 PPP 基金,财务投资人为贷款人,社会资本方为借款人,该基金的获利模式是由优先级财务投资人获取固定收益分红以及劣后级投资人对份额或股权回购的承诺,以此达到还本付息的效果。

政府方投资的 PPP 基金一般分为两类:一种是间接投资 PPP 项目的政府引导基金;另一种是直接投资 PPP 项目的政府投资基金。政府方投资的 PPP 基金,其在基金中只是参股的投资人,财务投资人为真正控股的投资人。

从实际操作情况看，保险资金通过资管计划等产品形式投资于 PPP 基金，多作为财务投资人以明股实债的形式，作为基金的优先级并视为第一顺位的贷款人，政府方作为基金的中间级别可以视为第二顺位的贷款人，以社会资本方作为基金的劣后级可以视为借款人，通过获取固定收益分红以及劣后级别投资人对份额或股权回购的承诺，通过对方的还本付息实现投资收益并完成退出。相关内容如图 3－3 所示。

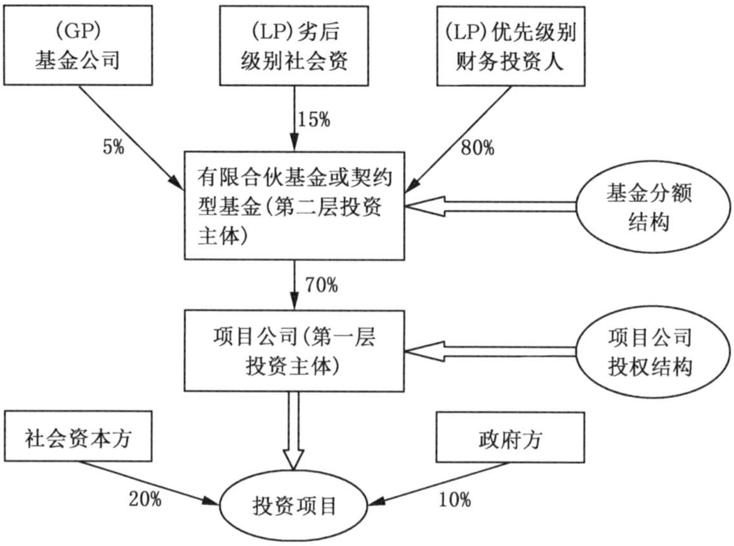

资料来源：笔者整理。

图 3－3　PPP 基金的股权交易结构

第三节　我国保险资金参与 PPP 项目的风险管理

风险管理的基本流程包括以下主要工作：[①]收集风险管理初始信息；进行风险评估；制定风险管理策略；提出和实施风险管理解决方案；风险管理的监督和改进。

一、收集风险管理初始信息

根据保险机构的自身特点，保险机构需要结合自己的风险容忍度对投资项目的内外相关信息进行收集，初始信息基于所分析的风险类型具体展开。从保险资金的投资实践来看，PPP 项目投资的风险主要来自穿透项目和投资模式两大方面。相关内容

① 国资委网站：《中央企业全面风险管理指引》，2006 年 6 月。

如图 3—4 所示。

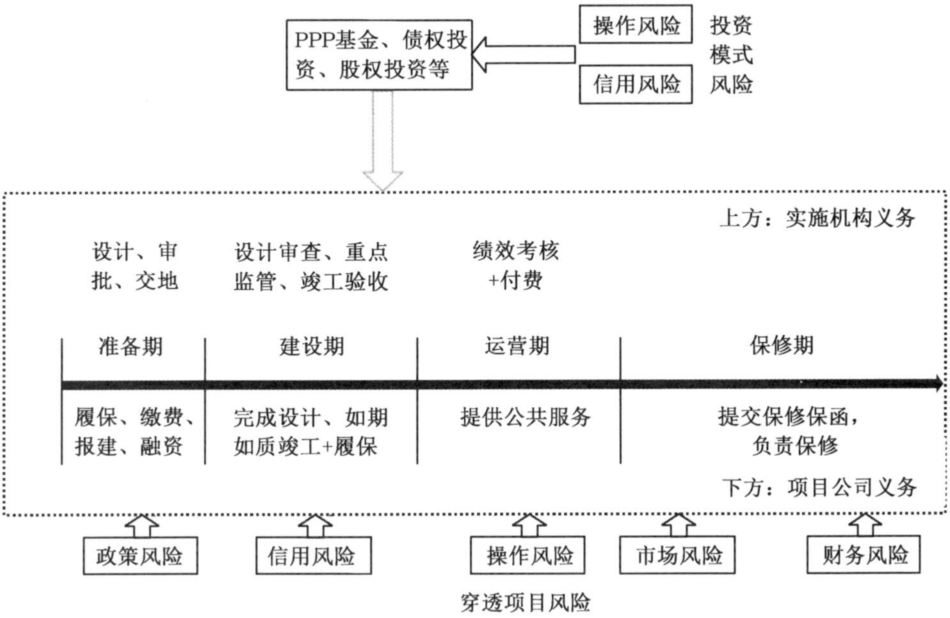

资料来源:笔者整理。

图 3—4　保险资金投资 PPP 项目的相关风险(以 BOT 运作模式为例)

(一)穿透项目风险

项目风险主要与所穿透的 PPP 项目相关。站在保险机构投资人的角度,其相关风险包括外部风险和内部风险。外部风险包括政策风险、市场风险、信用风险等;内部风险包括财务风险、操作风险等。

(1)政策风险:在基础设施项目运行的整个过程中,可能会存在由于国家相关方面的法律法规,例如劳资关系、环境保护等因素变动而导致投资的 PPP 项目存在失败、提前终止、延期的可能性。政策风险可能来自政府违约、政府方任意提前终止合约以及社会政治的不可抗力等因素。

(2)财务风险:所投资的 PPP 项目若因资金不到位或到位迟缓将不能顺利进行,项目运营会面临重大不确定性;同时,项目公司若负债率过高,较高的费用支出会拖累企业盈利,影响保险机构的收益回收。此外,由于所投资项目多为长周期,保险公司在投资时要充分考虑其投资的安全性,若是发生自然灾害等重大事故,会对保险公司的集中赔付形成巨大压力。

(3)信用风险:PPP 项目运行过程中参与者众多,包括政府、各类投资者、运营商、原材料供应商等，参与者的履约意愿、履约能力会对项目完工产生重要影响。一个项目牵涉的利益相关方越多，信用风险也就越高。

（4）市场风险：市场风险的本质就是价格变动风险，由于市场环境变化导致的相关要素价格变化（如利率、原材料价格、人工成本、购买服务采购价格等），均直接影响项目利润额和资金回收周期。

（5）操作风险：操作风险是指由于员工、过程、基础设施或对运作有影响的类似因素的失误而导致亏损的风险。PPP 项目运作过程中，涉及的相关方较多，环节较为复杂，某个环节或操作出了问题都会让项目面临较大风险。

（二）投资模式风险

目前保险机构作为财务投资人间接投资 PPP 项目的形式呈多元化，因此识别投资的交易结构、交易方式十分重要。在此过程中，交易风险主要表现为信用风险和操作风险。

（1）信用风险：主要是来自于交易对手的违约风险，即融资方的违约风险。在现有的 PPP 基金运作中，交易对手可能是社会资本方或政府方，由于政府方一般通过参股方式参与 PPP 项目，保险机构的交易对手主要是社会资本方。在 PPP 基金构成中，社会资本方作为劣后级的投资人，对项目的整体的建设运营起主导作用，其信用资质水平对投资收益的回收至关重要。另外，PPP 基金的增新措施安排和兜底承诺对投资项目的安全性也至关重要。若保险机构通过项目收益债、ABS 等产品形式投资 PPP 项目，计划管理人、原始权益人等信用资质也是关注重点。

（2）操作风险：主要来自 PPP 投资产品交易架构中的操作风险。以 PPP 基金为例，风险因素主要来自实施机构在运作过程中产生的风险，包括以合同条款形式所确定的、协调与实现交易双方最终利益关系的一系列安排，含保险资金投资项目的出入、回收路径，比如 PPP 基金的现金流偿付设计、本金偿付安排等。

二、风险评估与风险管理策略

在完成了风险管理初始信息收集之后，保险机构需要对收集的风险管理初始信息和项目各项重要流程进行风险评估，风险评估包括风险辨识、风险分析和风险评价等步骤。在评估多项风险时，应根据风险发生可能性的高低和对目标的影响程度的评估，对各项风险进行比较，初步确定对各项风险的管理优先顺序和管理策略。

传统的风险管理理论认为，企业要根据自身条件和外部环境，围绕企业发展战略，确定风险偏好、风险承受度、风险管理有效性标准，选择风险承担、风险规避、风险转移、风险转换、风险对冲、风险补偿、风险控制等适合的风险管理工具。一般认为，对战略、财务、运营、政策、法律等风险，可以采取风险承担、风险规避、风险转换、风险控制等方法；对能够通过保险、期货、对冲等金融手段进行理财的风险，可以采用风险转移、风险对冲、风险补偿等方法。

根据国家发展改革委《关于开展政府和社会资本合作的意见》[发改投资〔2014〕2724 号]，"原则上，项目的建设、运营风险由社会资本承担，法律、政策调整风险由政府承担，自然灾害等不可抗力风险由双方共同承担"。也就是说，除了法律变更风险由政府承担外，原则上所有市场风险、商业风险均由社会资本承担。其实，根据项目具体情况和政府与社会资本不同职责分工，部分市场风险也可能由政府承担，例如政府指定设计的（如鸟巢项目），政府应承担设计变更带来的造价和延期风险。因此，从大的原则来说，根据项目具体情况细致设计合同条款是避免风险的首要有效途径（风险规避策略）。例如，在合同中约定专属于金融机构的权（如介入权），确保在项目存在失败风险时金融机构能够提前介入项目管理以避免项目违约；又如，联合体之间股权自由转让权，确保投资机构股权退出时不存在合同障碍；再如，资金监管权、知情权等，确保随时掌握项目财务状况。

结合风险管理理论和自身实际情况，通常作为财务投资人，保险机构关注的 PPP 项目风险点主要包括：(1)运营模式中的操作风险；(2)付费模式下的盈利风险；(3)提前终止风险。交易的主要风险点主要包括：(1)社会资本方信用风险；(2)项目偿付模式风险；(3)项目增信措施及兜底风险。下面针对上述风险点的特征，主要从预警指标及解决方案进行分析。相关内容如表 3—2 所示。

表 3—2　　保险机构投资 PPP 项目的关键风险点及应对策略

风险来源	关键风险点	风险管理策略	风险解决方案
项目风险	运营模式操作风险	风险控制，可聘请外部专业机构提供咨询方案	・根据 BOT&BOOT 模式的具体操作模式，以股权转让的方式替代资产转让，采用内部收益率作为财务测算指标 ・TOT 方式下资产的第一次移交时，以特许经营权转让较为妥当，不需要涉及税费及相关负债指标测算
	付费模式下的盈利风险	风险承担，内部测算或聘请外部专业机构进行测算	采用情景分析法、敏感性分析法进行相关指标测算，在使用相关财务指标 NPV、IRR 和偿债备付率指标时注意相关的局限性
	提前终止风险	风险补偿，进行合同协议约定	对于三种终止情况下各方的权利义务及赔偿事项均需进行详细的约定

续表

风险来源	关键风险点	风险管理策略	风险解决方案
交易风险	社会资本方信用风险	风险承担、风险规避，对社会资本方进行全面考量或委托外部机构进行征信	通过内外部调研谨慎选择公信力强的社会中资本方，比如主体信用级别要在 AA+以上
	项目偿付模式风险	风险补偿、风险控制	辨析风险承受度，选择法律关系清晰，税费成本少的还款方式
	目兜底风险	风险补偿、风险控制	通过合同条款约定亏损分配的比例、约定收益分配的顺序、约定回购份额等

资料来源：笔者整理。

（一）特定运营模式的操作风险

根据《传统基础设施领域 PPP 工作导则》第 3 条的规定，新建项目优先采用 BOT、BOOT、DBFOT、BOO 等模式；存量项目优先采用 ROT 方式；同时允许在这 5 种模式之外根据项目的实际需要创新其他模式。PPP 项目运作可以区分为服务阶段与产权归属两部分。服务阶段可以分为“建设期＋运营期”“运营期”“改建期＋运营期”3 种；产权归属可以分为两种，即运营期间项目资产所有权归属于实施机构和项目资产所有权归属于项目公司（见表 3—3）。

表 3—3　　PPP 项目运作模式及类型

项　目	建设期＋运营期	运营期	改建期＋运营期
项目资产所有权归属于实施机构	BOT 模式	O&M 模式 MC 模式	—
项目资产所有权归属于项目公司	BOOT 模式	TOT 模式	ROT 模式

资料来源：笔者整理。

对于“建设期＋运营期”的运作模式，BOT 和 BOOT 模式的最大区别在于项目资产产权归属部分的操作，移交资产方式对项目的运营及收益有重大影响。运营期到期后，项目公司有两种移交项目资产的方式，即资产转让和股权转让。实践中常看到以股权转让的方式替代资产转让（避开不动产销售的税负），但需要注意的是：(1)采用股权转让方式的移交，要注意财务测算指标的选择。保险投资者应采用内部收益率作为财务测算时的指标，才能体现出将项目公司的公积金以及注册资本一并移交时对收益的影响。(2)股权转让需要缴纳所得税，相关的税负处理也很关键。

对于“运营期”项目采用 TOT 方式的项目，资产的第一次移交有 3 种方式：(1)实施机构将存量资产所有权转让给项目公司，并将存量资产的占有移交给项目公司；(2)实施机构将特许经营权授权给项目公司，并将存量资产的占有移交给项目公司；(3)实施机构将存量资产项目责任法人的股权转让给社会资本方，相应项目资产归属于项目责任法人。其中，第一种可能牵涉土地使用权的转让，涉及税费较多，产权转让手续复杂，存在较大操作风险；第三种会将责任法人的负债一并转让，导致社会资本方的负债率相应增加，财务测算难度增加，无关债务会增加社会资本方的财务负担；第二种的特许经营权转让较为妥当，但是特许经营权的内涵定位，目前业内争论较多。

（二）付费模式下的盈利风险

付费机制的设计涉及社会资本方及相关投资人可否获得合理的投资回报，对保险机构的财务投资能否获得偿债保障具有关键性。付费机制包含因素较多，包括付费主体（使用者付费/政府付费/复合型付费）、付费标的（金钱/资源/复合型）、计费方式（单价计费/总价计费）、计价控制机制（事前控制/事后控制）、调价公式、付费条件等。对此，除进行上述因素的定性分析外，定量财务分析测算指标也非常关键，相关的财务计算指标包括净现值（NPV）、内部收益率（IRR）、偿债备付率等。在测算上述财务指标时，可结合风险管理技术中的情景分析法、敏感性分析法进行指标测算。

保险机构需要在项目执行中建立项目现金流监测机制，及时了解项目财务状况，并建立紧急情况下的预警和应急处理机制，及时消除项目可能出现的违约风险。相关内容如表 3—4 所示。

表 3—4　　保险机构投资 PPP 项目的现金流测算及风险应对

项　目	比例法	情景分析法	概率法
净现金流数额	净现金流入	净现金流入	净现金流入
发生概率	—	—	—
计算方式	净现金流入×一定比例	净现金流入×基本概率＋不利净现金流入×不利概率＋最坏净现金流入×最坏概率	以可变风险参数作为变量，根据概率分布函数，计算各种风险发生带来的净现金流入

资料来源：笔者整理。

（三）提前终止风险

PPP 相关政策法规提出 PPP 项目要建立一个可进可出的制度，即要选出合适的社会资本方并剔除不合适的社会资本方。此处的剔除包括两层含义：一是指将不合适的社会资本方剔出 PPP 项目库的名单；二是指提前终止 PPP 合约。提前终止是 PPP 合同约定中的重要一环。基于提前终止的情况，PPP 合同中一般分为三类：(1)政府方违约、政府方任意提前终止合约以及政治的不可抗力；(2)社会资本方违约；(3)自然的不可抗力。对于三种情况下各方的权利义务及赔偿事项均需要进行详细的约定。

此外，需要注意的是，如果 PPP 在运营期提前终止，在计算损害赔偿额中，运营期政府方已经付费，付费金额中哪些是填补了建设期的成本，哪些是填补了运营期的成本，有多少是支付投资回报，是否考虑时间价值，等等，都是需要计算及商议的。

为合理避免提前终止风险，保险机构需要提前介入 PPP 项目磋商和谈判。若与施工单位作为联合体共同竞标社会资本时，应直接参与项目磋商与谈判，通过合同条款的具体规定控制风险。即使作为财务投资人，也应提前介入合同文本拟定，确保上述风险得到妥善处理，避免因项目政府与施工单位的 PPP 合同条件失当而错失融资机会。相关内容如表 3－5 所示。

表 3－5　　　　提前终止事由及相关合同应对

提前终止事由	合同需要进行的效力约定
第一种事由：政府违约、政府方任意提前终止合约以及政治的不可抗力	1. 社会资本方有权利提前终止合同；2. 社会资本方有权请求损害赔偿，赔偿范围包含社会资本支出的所有合理成本与预期利润；3. 政府方完成赔偿后可以取回项目资产
第二种事由：社会资本方违约	1. 政府方有权提出终止合同；2. 政府方有权请求损害赔偿；3. 政府方有权回购项目资产；4. 回购的价金可以和损害赔偿的金额相互抵消
第三种事由：自然的不可抗力	1. 任何一方有权提前终止合约，并且请求公平地补偿损害；2. 补偿的范围一般都比赔偿的范围来得小，一般不包含利润在内，并且要扣除保险赔偿的金额

资料来源：《PPP 模式与结构化融资》，笔者整理。

（四）社会资本方信用风险

根据 2016 年 10 月发改委出台的《传统基础设施领域 PPP 工作导则》，社会资本方应具有相应投资能力、管理经验、专业水平、融资实力以及信用状况良好等条件；根据 2017 年 5 月原中国保监会出台的《关于保险资金投资政府和社会资本合作项目有关事项的通知》，保险资金投资的 PPP 项目，主要社会资本方应为行业龙头企业，主体信用评级不低于 AA＋，最近两年在境内市场公开发行过债券。因此，社会资本方良好的信用资质对控制项目风险、对 PPP 项目进行增信具有关键作用。

（五）项目偿付模式/退出风险

保险机构投资 PPP 项目可以通过不同的产品渠道，而不同的产品的偿付方式存在一定差异，但整体来看无论是股权、债权或是股债结合产品，获取还本付息的固定收益为实质。以最为常见的 PPP 基金为例，保险机构通常作为优先级别投资人对 PPP 基金投资，再由 PPP 基金将该款项投资到项目公司，未来优先级别投资人优先收取固定收益分红，超过固定收益分红的款项全部归劣后级别投资人。优先级别投资人投资项目公司的款项可视为对劣后级别投资人提供的借款，固定收益分红可以看成是借款利息或还本付息的金额。优先级别投资人投资金额的还款方式可以分成四种方案，各种方案各有利弊，其主要要点：(1)逐期转让金额对所得税的影响；(2)还款本息与利息对应的法律关系清晰度。相关内容如表 3—6 所示。

表 3—6　PPP 基金还款方式比较表

项　目	方案一	方案二	方案三	方案四
还款方式	1. 各期：固定收益分红→利息 2. 各期：份额回购与转让→本金	1. 前期各期：固定收益分红→本息 2. 最末一期：份额回购与转让→本息	1. 各期：固定收益分红→利息 2. 各期：股份回购与转让→本金	1. 前期各期：固定收益分红→本息 2. 最末一期：股权回购与转让→本息
优点	法律关系清楚	回购份额的时间点如果落在 PPP 项目合作期间的最后一年，则此时份额溢价的金额比较低，可以节税	同方案一	同方案二
缺点	课征“财产转让所得”所得税	法律关系不清晰	同方案一	同方案二

资料来源：笔者整理。

(六)项目兜底风险

无论采用何种产品形式，保险机构投资 PPP 项目本质属于明股实债，因此在设计份额结构时，基本上应该以借贷关系为实质、份额投资为形式，保险机构作为财务投资人需要把握“主体、借款、还款、保底”4 个关键的环节。其中，保底环节中由谁提供保底承诺、由谁提供增信或是担保至关重要。以最为常见的 PPP 基金为例，如果 PPP 基金采用有限合伙型基金形式，需要关注两个风险点：(1)保底承诺的内容；(2)由谁提供保底。根据《合伙企业法》的规定，如果在合伙协议有约定的情况下，可以将全部利润分配给部分合伙人，合伙协议约定由优先级有限责任合伙人有限分配利润可行，但如果有限合伙型基金亏损，合伙协议不得约定由部分合伙人承担全部亏损，因此合伙协议中不得约定由劣后级别有限责任合伙人承担全部亏损。基于法律规定，如果 PPP 基金协议约定由劣后级别有限责任合伙人承诺保底应属无效条款。因此，实践中常采用一些间接保底的方式替代内部保底，包括约定亏损分配的比例、约定收益分配的顺序、约定回购份额等。

三、提出和实施风险管理解决方案，加以监督和改进

根据风险管理策略，针对各类风险或每一项重大风险制定风险管理解决方案。方

案一般应包括风险解决的具体目标，所涉及的管理及业务流程，所需要的条件、手段等资源，风险事件发生前中后所采取的具体应对措施及风险管理工具（如关键风险指标管理、损失事件管理等）。从大的分类看，风险管理解决方案可以分为外部和内部解决方案。

（一）外部方案

外部方案一般是指外包。经营活动外包是利用产业链专业分工，提高运营效率的必要措施。保险机构可以使用投资银行、信用评级机构、律师事务所、会计师事务所、风险管理咨询公司等专业机构，将有关的工作外包，提高投资效率。

（二）内部方案

内部方案是指保险机构通过自己内部的风险管理体系的运转把控投资风险，主要是针对重大风险所涉及的各个管理及业务流程，制定涵盖各环节的全流程控制措施；对于其他风险所涉及的业务流程，要把关键环节作为控制点，采取相应的控制措施。

第四节　信用评级在保险资金投资PPP项目中的作用

通过前文分析可知，保险资金参与PPP项目的主要模式有三种：一是为PPP项目建设或运营提供风险管理产品；二是为PPP项目提供各类综合服务而获取收益；三是通过投资（财务投资或战略投资）获取投资收益。当保险公司作为投资者参与PPP项目时，主要有三种参与途径，即参股PPP项目公司、为PPP项目提供债权性资金、PPP产业基金，而无论哪一种途径，都需要信用评级机构对PPP项目进行风险揭示和预警。

信用评级对PPP项目信用风险的揭示和预警，主要体现在对PPP项目参与方的履约情况和尽职能力、项目现金流的稳健性与还本付息能力、交易结构、信用风险缓释措施、增信措施等的分析上，以此来评估保险资金等投资者在投资PPP项目时能否按时足额获得本金及利息的可能性，具体包括对项目合作方信用风险、项目资产风险、交易结构风险、潜在的政策和法律风险的揭示和预警。

一、揭示和预警PPP项目合作方的信用风险

在国外成熟的PPP项目中，通常通过发起SPV（特殊目的公司），使项目公司以自身资产预期收益作为还款来源，来实现与母公司的风险隔离。但目前中国的PPP模式，通常是由公共部门和社会资本合作成立项目公司，项目公司在很大程度上还不能

完全脱离母公司的信用支持，评级公司就需要重点考察各参与方的尽职能力。

公共机构（政府或者政府授权的部门、事业单位或国有企业）作为 PPP 项目的发起人，需要考察其财政实力与履约能力。社会资本，作为 PPP 项目的重要合作方，其雄厚的资金实力、投资能力、管理经验、专业水平、良好的信誉等是考察的重点。评级公司对项目各参与方的分析方法与企业主体长期信用评级方法相近，主要包括以下分析内容：企业基本情况及历史沿革、行业现状及发展趋势、经营管理状况、财务情况、偿债能力以及对专项计划债券的综合保障能力。据此分析，以揭示和预警项目合作各方的信用风险。

二、揭示和预警 PPP 项目资产的风险

对项目资产的风险分析也是了解整个项目风险非常重要的一环。资产分析首先要明确资产类型，然后剖析 PPP 项目外部运营环境、自身运营模式以及历史运营情况等来判断现金流是否稳定。

明晰资产类型是信用评级工作的前提。关于资产方面的信用评级打分，评级公司更多的是关注资产的质量和信用，例如：资产是否具有持续运营能力；关注影响资产未来现金流大小及分布的各种内外部干扰因素等。此外，对于不同的权益类型资产，评级机构的关注要点可以继续进行深化。

对于收费收益权类的资产，不同的付费方式，评级公司的关注点有所不同。对于政府付费的项目，评级公司重点关注政府级别、地方政府财政实力，以及第三方主体信用级别；对于使用者付费的项目，重点关注资产质量和主体信用级别；对于以可行性缺口补助为付费方式的项目，则主要关注实际缺口大小、第三方主体信用或者增信措施效力等。例如，对于高速公路收费权，评级机构在评估现金流收入时要考虑通行费价格标准、国家和地方政策的调整、计重收费政策等；此外，经济发展态势、汽车保有量、路网结构与建设、人口与增长趋势、其他交通工具的竞争、通行车辆结构、油价因素、高速公路质量与维护等也是信用评级需关注的要点。

对于既有债权类资产，由于其一般采用政府付费方式，重点关注政府级别，列入人大预算的政府付费期限、项目期限和拟发行证券期限的匹配程度；对于未形成政府债权的项目，则重点关注发起人的信用级别、道德风险和经营风险等因素。对于政府付费购买项目中，其付款义务通常附有前置条件，并受到绩效考核等因素影响，因此需要更加的细分来分析。对于运营收入依靠政府付费购买的项目，重点关注付费的确认准则及财政的支付能力，如可用性付费、使用量付费和可用性付费或使用量付费加绩效

付费等。对于运营收入主要依靠财政补贴的项目，此类项目使用者购买通常占比很小，需要重点关注缺口的确认准则（如确保满足 8%的投资回报）及财政的支付能力等。

资产也有部分表现为股权的形式。在实际操作中评级公司对于此类资产多从期限、流动性、风险收益等角度进行思考。

此外，围绕现金流的大小及其稳定性、可持续性进行分析，评级机构还重点关注以下内容：其一，合约详细条款，如费用支付方式及确认准则、违约、替代等约束条件，截至基准日，应能判定已满足基本付款条件；其二，对于刚性付款义务重点关注支付方（通常为政府或其授权主体）的支付能力及意愿，对于或有浮动付款部分，关注合约细节及历史实现记录；其三，项目的持续经营能力（GCA），价格、技术、操作等风险分析；其四，财政支付能力：当地经济社会发展情况以及财政收支情况，同时判断其支付义务的履行是否具有一定优先地位。综上，基础资产作为 PPP 项目最重要的考虑因素和环节，在 PPP 信用评级中占据重要的作用。相关内容如表 3－7 所示。

表 3－7　　PPP 项目资产分析要点

使用者付费	政府付费	可行性缺口补助
·是否为特许经营项目，政府是否对收费收益权的转让有所限制 ·外部运营环境及历史运营情况分析，据此判断基础资产持续运用能力及现金流的稳定性 ·项目是否存在权利负担	·是否已征得政府同意并取得政府同意函 ·政府付费标准及方式是否有明确约定，是否已纳入财政预算 ·政府付费是否遵循财政承受能力的相关要求，即不能超过一般公共预算支出的 10% ·政府财政实力以及基础资产的持续运营能力分析 ·项目是否存在权利负担	同上述两种模式下分析要点

资料来源：笔者整理。

三、揭示和预警交易结构的风险

PPP 项目资产的信用风险水平对于整个 PPP 项目的信用水平有很大影响，但是资金归集方式、流动性管理、触发机制、增信措施、信用风险缓释措施等交易结构设计也不容忽视。

具体而言，针对现金流归集、划转与监管措施，则主要关注账户设置及现金流划转流程，基础资产现金流归集机制的封闭性和独立性，现金流归集和转付必备频率的匹配程度，风险缓释措施等。

针对流动性管理，评级公司的关注重点在于，每个支付节点现金流流入与证券涉及的匹配与保障度。

针对触发机制，评级公司重点关注触发条件、触发顺序、操作流程等，以考察违约事件以及提前清偿事件等对证券投资者的影响。

针对增信措施，则重点考察增信措施的效力。对于主要增信主体的信用风险分析主要用于揭示其对证券的保障能力，其分析方法主要包括：企业基本情况及历史沿革、行业现状及发展趋势、经营管理状况、财务情况、偿债能力以及对专项计划债券的综合保障能力。

针对风险缓释措施，关注对产品信用影响较大的各类风险是否存在缓释措施启动机制以及风险缓释效力，进而逐一排查相关风险及缓释措施。以 PPP 资产证券化项目为例，评级公司重点关注：(1)资金混同风险：需关注基础资产现金流划转至专项计划账户的频率，明确监管账户资金的监管安排。(2)流动性风险：需关注在已有的现金流分配顺序下现金流超额覆盖情况以及是否设置了相应的流动性支持机制。(3)持续运营风险：需关注是否设置了由社会资本方或其他关联方等对原始权益人提供流动性支持承诺。(4)物权风险：需关注对基础资产相关抵质押物权利负担的解除安排。(5)再投资风险：需关注交易结构设置是否对专项计划账户内闲置资金的再投资做出明确限定。

四、揭示和预警潜在的法律及政策风险

评级公司主要关注 PPP 项目资产的真实性、合法合规性，交易结构相关文件的法律效应，以及日后法律环境变化可能带来的风险。关注政策风险，如特许经营权政策、安全和环保政策、城市规划变动等。例如，PPP 项目资产证券化产品中，特许经营收费收入转让的合规性就是考察的重点。特许经营收费收入转让的合规性包括两个方面：一是特许经营权同时转让时的合规性，二是特许经营权未同时转让时的合规性。

对于特许经营权同时转让时的合规性，《市政公用事业特许经营管理办法》第 18 条规定，获得特许经营权的企业在特许经营期间擅自转让、出租特许经营权的，主管部门应当依法终止特许经营协议，取消其特许经营权，并可以实施临时接管。但是在《基础设施和公用事业特许经营法(征求意见稿)》中，明确规定特许经营者在事先征得实施机关的同意后，可将权利和义务转移至项目公司，并签订书面协议。至于专项计划作为 SPV 能否成为特许经营权的持有主体，目前法律法规尚未有明确规定。评级认为，允许专项计划持有特许经营权将有利于进一步实现真实出售和破产隔离等资产证

券化所需要素，为在PPP项目中进行资产证券化操作带来便利，但在实际操作中难以实现。

特许经营权未同时转让时的合规性。如特许经营权未同时转让的，意味着特许经营权仍属于原始权益人，而依托于特许经营权产生的收费收入已转让给专项计划。这同样会产生收益权项目中的真实出售及破产隔离问题。如当原始权益人破产时，从目前来看，特许经营权所产生的收费收入应当纳入破产财产的范围。

对于相关财政补贴收入所对应的债权部分转让性质上属于债权转让。《合同法》第80条规定，债权人转让权利的，应当通知债务人；未经通知，该转让对债务人不发生效力；债权人转让权利的通知不得撤销，但经受让人同意的除外。因此，在该部分基础资产转让时，原始权益人应当按照上述规定对债务人政府履行相应的通知义务。

关注潜在的法律及政策风险也是揭示整个PPP项目风险中不可忽视的一环。

信用评级机构根据规范的指标体系和科学的评级方法对PPP项目的信用风险进行评估，充分揭示PPP项目的信用风险状况。保险机构可以参考评级机构对PPP项目的评级分析报告及评级结果，并根据自己的风险偏好做出投资决策。因此，信用评级能够向保险公司揭示和预警PPP项目的信用风险。

第五节　保险资金参与PPP项目案例

2006年起保险资金开始通过各类资管产品投资基础设施类项目，截至2017年5月底，累计发起设立债权投资计划和股权投资计划693项，合计备案（注册）规模17 405.99亿元。但从参与PPP模式项目的实践来看，还存在着参与度较少、创新能力不足等问题。目前业内的典型投资案例包括中再—北京地铁16号线股权投资计划、广东（人保）粤东西北振兴发展基金和国寿苏州城市发展基金等项目（见表3—8）。

表3—8　　保险机构投资PPP项目典型案例

产品名称	中再一北京地铁16号线股权投资计划	广东（人保）粤东西北振兴发展基金	国寿苏州城市发展基金
投资规模	一期70亿元	首期121亿元	100亿元
投资期限	10＋10年	9＋1＋1年	10年
投资方式	股权	有限合伙基金	有限合伙基金
资金投向	北京地铁16号线工程投资建设	粤东西北产业园区，中心城区及新区的基础设施建设	苏州城乡一体化建设，文化旅游，公租房廉价房项目等

续表

产品名称	中再—北京地铁 16 号线股权投资计划	广东(人保)粤东西北振兴发展基金	国寿苏州城市发展基金
出资模式	中再方面作为股权投资人,出资 70 亿元专项用于 16 号线公司股权增资	人保认购 60 亿元优先级份额,建行认购 20 亿元中间级份额,粤财控股和中银粤财分别认购 40 亿元劣后级份额	中国人寿认购 60 亿元优先级份额,社会资金认购 10 亿元中间级份额,苏州国发创投认购 30 亿元劣后级份额
增信安排	京投公司承诺到期无条件等额原值回购投资计划所持 16 号线公司全部股权	粤财控股兜底回购及建行提供流动性支持	苏州城投到期按固定价格收购及商业银行提供差额补足
风险管理策略	风险控制,设定风险分担机制,合同约定交易对手远期无条件回购,有效隔离项目实质风险	风险控制,通过优先、中间、劣后分层机制进行内部增级	风险控制,以明股实债形式获取固定收益回报

资料来源:笔者整理。

一、中再—北京地铁 16 号线股权投资计划

中再—北京地铁 16 号线股权投资计划是复合型 PPP 模式的创新与实践。北京地铁 16 号线项目是北京市《引进社会资本推动市政基础设施领域建设试点项目实施方案》中确定的首批试点项目,创新使用了“股权融资+特许经营”复合型 PPP 投融资模式。

北京地铁 16 号线是一条南北向骨干线路,全长约 50 千米,由北京市基础设施投资有限公司(简称京投公司)承担项目规划和建设任务。京投公司将 16 号线的总投资按一定的原则和比例,分为投资建设(A 部分)和运营管理(B 部分),A 部分包括洞体、车站等土建工程;B 部分工程包括车辆、信号等设备资产。项目总投资 495 亿元,A 部分工程投资额为 150 亿元,约占项目总投资的 30%;B 部分投资额约为 345 亿元,约占项目总投资的 70%。根据不同社会投资人的利益诉求和风险偏好,京投公司对 A、B 两部分分别采用差异化的融资结构和回报方式吸引多个社会投资人参与同一个项目,其中 A 部分采用股权融资形式、B 部分采用特许经营模式引入社会投资人,投资人获取与其承担风险相匹配的回报,从而达到共赢的效果。

A 部分由京投公司与中再资产合资设立项目公司——北京地铁 16 号线投资有限责任公司(简称 16 号线公司),其中,中再资产采取“10 年+10 年”的投资模式,分为两期,分别投资 70 亿元、50 亿元,占 16 号线项目公司近 80%的股权,其余资本金由北京市基础设施投资有限公司(简称京投公司)投入。中再资产发起设立“中再—北京地铁

16 号线股权投资计划”，向中国大地财产保险股份有限公司和中国人寿再保险股份有限公司等募集资金。中再资产将其所有的股权全部委托京投公司管理，并不参与北京 16 号线的经营管理。本项目 A 部分投资期不超过 20 年，投资期届满由京投公司回购中再资产所持 16 号线公司股权。本项目 B 部分由获得特许经营权的地铁运营商京港地铁参与建设、运营、管理，引入初始投资 150 亿元。

从股权结构看，中再资产是 16 号线项目公司绝对大股东，但实质上对于项目公司的经营并不介入，合作期届满后，京投公司进行股权回购，实质上仅为财务投资人，该项投资预计年化收益率约 7％。双方承诺，前 10 年只付息，不偿还本金。该投资计划受托管理费的年费率为 0.23％，中再资产在获得投资收益的同时，每年度获得可观的再管理费。目前 16 号线保险股权计划项目第一期已获银保监会批准。这笔交易的达成，成为国内保险公司投资轨道交通领域首单股权投资计划。

16 号线的融资模式是一次全新的尝试，引入保险公司股权资金和特许经营投资后，京投公司仅仅使用 32 亿元资本金，撬动了各类社会资本 270 亿元，债务融资约 200 亿元，极大地缓解了资金压力。

二、广东(人保)粤东西北振兴发展产业投资基金项目股权投资计划

2015 年 7 月，经原中国保监会批准，广东省政府与中国人保集团、建设银行广东省分行研究推进并正式设立规模为 121 亿元人民币的粤东西北振兴发展股权基金，其中人保出资 60 亿元、粤财控股代表省财政厅分期出资 40 亿元、省建行出资 20 亿元，中银粤财作为基金管理人跟投 1 亿元。基金期限为 9 年，到期后可以展期 2 次，每次不超过 1 年，即最长 11 年。该基金为有限合伙制基金，险资认购该基金 A 类份额，作为 LP 投资收益参考固定利率定价，每年固定利率高于 5 年期以上贷款利率，每半年或一年进行收益核算和分配；商业银行作为该基金次优先级。

基金首期主要投资于粤东西北土地一级开发及基础设施建设项目，采用基金直接投资和子基金间接投资两种形式。为平衡粤东西北各地市资金需求，基金在每个地级市的拟投资额度为 9.3 亿元，各地级市则以土地作价入股，每个地级市项目公司可筹集资本金 18.2 亿元；按资本金与银行贷款 1∶2 的比例匡算，每个地级市理论上可筹集约 55 亿元发展基金，用于土地及基础设施项目的开发，并以开发好土地转让收益支付银行贷款利息、基金投资收益及偿还本金。

设立振兴发展股权基金是广东投融资体制改革的创新实践，将以往财政资金补助贴息转为股权投资，将无偿拨付转为有偿使用。该基金通过市场化运作，利用财政出

资撬动保险、银行资金共同设立基金，再以基金投资吸引信贷资金投入。

该产品开创了保险行业内多项“第一”。首先，该基金是第一支由省级政府与保险机构合作设立的城镇化基金，采取了省级和地市两层结构，上层结构设计保证保险资金的风险偏好，下层完全采取市场化的投资策略。其次，该产品结构是保险行业第一次创新尝试通过发起设立股权计划投资基金的优先级 LP 份额，归集资金后再投资多个项目，拓宽了保险资金的投资方式。最后，基金实现与商业银行紧密合作，商业银行资金通过信托方式认购本基金的次优级，对合作方提供流动性支持，并为项目建设提供结构性融资安排。

三、国寿苏州城市发展基金

2013 年 6 月，国寿(苏州)城市发展产业投资企业(有限合伙)完成工商注册并正式宣告成立。该基金规模达 100 亿元，其中：苏州国发创业投资控股公司作为普通事务合伙人并受苏州市财政局委托出资 30 亿元；中国人寿保险(集团)公司、中国人寿保险股份有限公司、中国人寿财产保险股份有限公司和中诚信托责任有限公司作为有限合伙人分别出资 5 亿元、50 亿元、5 亿元和 10 亿元，所有出资额将于 2015 年 3 月 31 日前全部缴付到位。作为苏州国寿城市发展基金的普通合伙人与受托管理人的苏州国发创业投资控股公司，将在控制风险前提下，计划将基金重点投资于苏州城市发展相关产业中具有稳定现金流与资产增值预期的项目，在服务苏州城市发展的同时获得良好的收益。目前，苏州国寿城市发展基金一期 30 亿元推荐投资项目已拟定，分别为：苏州市保障房开发项目 10 亿元、虎丘风景区北扩工程暨湿地公园建设项目 10 亿元、上方山石湖生态园开发项目 10 亿元。

第四章　我国保险资金参与 PPP 项目的退出机制

第一节　我国保险资金退出 PPP 项目的路径与参与路径的关联性

保险资金在退出 PPP 项目时，需要选择恰当的退出路径。退出路径的选择与保险资金参与 PPP 项目的路径紧密相关。

一、退出时点与参与时点的关联性

保险资金退出 PPP 项目的时点与其参与 PPP 项目的时点紧密相关。在分析保险资金的退出时点时，还需要考虑保险资金到期退出和提前退出两种情景。相关内容如表 4－1 所示。

表 4－1　　保险资金退出时点与参与时点的关联性

参与时点＼退出时点	建设期	经营期	移交期
设立期	提前退出	到期退出/提前退出	到期退出
建设期	提前退出	到期退出/提前退出	到期退出
经营期	无	到期退出/提前退出	到期退出

资料来源：笔者整理。

（一）在设立期参与

在 PPP 项目设立期，保险资金可以通过向 PPP 项目公司提供股权资金或债权资金等方式参与 PPP 项目。

如果保险资金在设立期以股权方式参与 PPP 项目，那么保险资金可以在 PPP 项目移交期到期退出，也可以在经营期提前退出；如果保险资金在设立期以债权方式参与 PPP 项目，那么保险资金可以在经营期、移交期到期退出，也可以在建设期、经营期提前退出。

（二）在建设期参与

在 PPP 项目建设期，保险资金可以通过增资扩股、债权投资计划等方式参与 PPP 项目。

如果保险资金在建设期以增资扩股、增发等股权方式参与 PPP 项目，那么保险资金可以在移交期到期退出，也可以在经营期提前退出；如果保险资金在建设期通过债权投资计划等债权方式参与 PPP 项目，那么保险资金可以在经营期、移交期到期退出，也可以在建设期、经营期提前退出。

（三）在经营期参与

在 PPP 项目经营期，保险资金可以通过认购股份、资产支持计划等方式参与 PPP 项目。

如果保险资金在经营期以认购股份等股权方式参与 PPP 项目，那么保险资金可以在移交期到期退出，也可以在经营期提前退出；如果保险资金在经营期通过资产支持计划等债权方式参与 PPP 项目，那么保险资金可以在经营期、移交期到期退出，也可以在经营期提前退出。

二、退出方式与参与方式的关联性

保险资金退出 PPP 项目的方式与其参与 PPP 项目的方式有密切的关系。在分析保险资金的退出方式时，需要考虑保险资金到期退出和提前退出两种情景。相关内容如表 4—2 所示。

表 4—2　　保险资金退出方式与参与方式的关联性

退出方式 / 参与方式	建设期	经营期	移交期
债权	资产证券化、债权转让	到期清偿、资产证券化、债权转让	到期清偿
股权	无	资产证券化（REITs）、股权转让、收购、IPO	股权注销或移交
基金	资产证券化（REITs）、基金份额转让	资产证券化（REITs）、基金份额转让	基金份额清算或移交

资料来源：笔得整理。

（一）以债权方式参与

保险资金可以通过认购项目公司债券、债权投资计划等方式参与 PPP 项目。

如果保险通过债权方式参与 PPP 项目，那么保险资金可以在经营期、移交期以到期清偿的方式实现到期退出，也可以在建设期、经营期以债权转让、资产证券化等方式实现提前退出。

（二）以股权方式参与

保险资金可以通过认购项目公司股份、股权投资计划等方式参与 PPP 项目。

如果保险资金通过股权方式参与 PPP 项目，那么保险资金可以在移交期以股权注销、移交等方式实现到期退出，也可以在经营期以 REITs、股权转让、IPO、收购等方式实现提前退出。

（三）以基金方式参与

保险资金可以通过认购 PPP 基金份额等方式参与 PPP 项目。

如果保险通过基金方式参与 PPP 项目，那么保险资金可以在移交期以到期清算、移交等方式实现到期退出，也可以在建设期、经营期以基金份额转让、REITs 等方式实现提前退出。

第二节　我国保险资金到期退出 PPP 项目的途径

保险资金在参与 PPP 项目后，可以根据 PPP 项目的推进，按期获得投资收益，并在项目移交期到期退出 PPP 项目。根据保险资金参与 PPP 项目的不同途径，保险资金可以采用不同的方式到期退出 PPP 项目。

一、退出机制的相关政策

退出机制是 PPP 项目中的重要一环，合理的退出机制能够更有效地吸引保险资金等社会各类资本的前期顺利进入和后期安全退出。由于 PPP 项目建设和运营周期较长，和保险资金投资周期往往存在着期限错配，以及 PPP 项目不确定性较大，而保险资金的风险承受能力较弱，保险资金一般要求稳定的收益并保证资金具有流动性，因此，在 PPP 项目建设完工后或运营一段时期后保险资金选择合理退出可能是较为明智的选择。

PPP 在我国发展的历史较短，各项法律法规和政策并不健全。目前，现有 PPP 政策文件对保险资金等社会资本方退出机制安排上并无可靠的保障，往往偏重于在非正常情形下进行暂时的回收。对于正常情形下社会资本方的退出，还缺少比较具有创新性的机制，PPP 退出机制不健全成为制约社会资本参与的重要因素，完善 PPP 退出机制是当务之急。表 4—3 列出了近年来我国政府各部门制定的相关退出政策。

表 4—3　　PPP 退出机制相关政策

时　间	部　门	法规政策	内　容
2014 年 9 月 23 日	财政部	《关于推广运用政府和社会资本合作模式有关问题的通知》(财金〔2014〕76 号)	重点关注项目退出安排等关键环节，强调 PPP 退出安排的关键性
2014 年 11 月 16 日	国务院	国务院《关于创新重点领域投融资机制鼓励社会投资的指导意见》(国发〔2014〕60 号)	健全退出机制。政府要与投资者明确 PPP 项目的退出路径，保障项目持续稳定运行。项目合作结束后，政府应组织做好接管工作，妥善处理投资回收、资产处理等事宜
2014 年 11 月 29 日	财政部	财政部《关于印发政府和社会资本合作模式操作指南(试行)的通知》(财金〔2014〕113 号)	规定项目合同中应明确约定移交形式、补偿方式、移交内容和移交标准。移交形式包括期满终止移交和提前终止移交；补偿方式包括无偿移交和有偿移交

续表

时　间	部　门	法规政策	内　容
2014 年 12 月 2 日	发改委	国家发展改革委《关于开展政府和社会资本合作的指导意见》(发改投资〔2014〕2724 号)	遇不可抗力或违约事件导致项目提前终止时,项目实施机构要及时做好接管。政府和社会资本合作期满后,要按照合同约定的移交形式、移交内容和移交标准,及时组织开展项目验收、资产交割等工作,妥善做好项目移交。依托各类产权、股权交易市场,为社会资本提供多元化、规范化、市场化的退出渠道。
2016 年 8 月 30 日	发改委	《关于做好传统基础设施领域政府和社会资本合作工作通知》(发改投资〔2016〕1744 号)	提出构建多元化退出机制,包括推动 PPP 项目与资本市场深化发展相结合,依托各类产权、股权交易市场,通过股权转让、资产证券化等方式,丰富 PPP 项目投资退出渠道。

资料来源:各政府部门网站。笔者整理。

通过执行上述政策,可以为保险资金提供多元化、规范化、市场化的退出机制。保险资金作为一项独特的社会资本,其退出方式既有和其他社会资本共同之处,也存在相异之处。本文根据现有的退出实践方式和学术研究资料,将保险资金到期退出社会资本的途径归纳为以下几种方式。

二、债权到期清偿

在 PPP 项目设立期,保险资金可以通过股东借款、认购项目收益债券等方式为 PPP 项目提供债权资金;在 PPP 项目建设期,保险资金可以通过债权投资计划、信托计划等方式参与 PPP 项目;在 PPP 项目经营期,保险资金可以通过认购资产支持证券等方式参与 PPP 项目。通过债权方式参与 PPP 项目后,保险资金持有了一批债权资产。

如果债权产品的期限适中、交易结构设计合理、增信方实力很强,保险资金可以一直持有该债权产品到期,正常收回本息,退出 PPP 项目。

三、股权注销或移交

在 PPP 项目设立期,保险资金可以通过注资、股权投资计划等方式为 PPP 项目提供股权资金;在 PPP 项目建设期和经营期,保险资金可以通过认购股份、股权投资计划等方式参与 PPP 项目。通过股权方式参与 PPP 项目后，保险资金拥有了一批股权资产。

如果股权产品的期限匹配保险资金的需要、PPP 项目经营健康，保险资金可以一直持有股权产品，直到 PPP 项目移交期。在移交期，如果 PPP 项目公司在移交完 PPP 项目后注销，那么保险资金就按照 PPP 合同的规定，在收回投资后注销相应的股份；如果 PPP 项目公司依然存续，那么保险资金应按照 PPP 合同的规定，在收回投资后移交相应的股份。

四、基金份额清算或移交

在 PPP 项目设立期，保险资金可以通过认购 PPP 基金份额的方式为 PPP 项目提供资金。通过基金方式参与 PPP 项目后，保险资金持有了一批基金份额。

如果基金产品的期限匹配保险资金的需要、增信方实力很强、PPP 项目经营健康，保险资金可以一直持有该基金份额到期。基金产品到期后，如果 PPP 基金清算，那么保险资金可在收回投资资金后清算相应的基金份额；如果 PPP 基金依然存续，那么保险资金可按照 PPP 合同，在收回投资后移交相应的基金份额。

第三节　我国保险资金提前退出 PPP 项目的途径

保险资金在参与 PPP 项目后，出于提前收回投资、调整资产配置等目的，保险资金可能需要提前退出 PPP 项目。前文已经分析了保险资金提前退出 PPP 项目的时点与方式，本节将深入探讨保险资金提前退出 PPP 项目的具体方式。

一、我国保险资金以资产证券化方式实现退出

资产证券化是盘活存量资产、分散信用风险的重要工具，也是实现保险资金提前退出的有效途径。无论保险资金是以债权方式参与 PPP 项目，还是以股权方式参与 PPP 项目，均可以通过资产证券化的方式实现提前退出。

（一）以债权为基础资产

在 PPP 项目设立期，保险资金可以通过股东借款、认购债券等方式为 PPP 项目提供债权资金；在 PPP 项目建设期，保险资金可以通过债权投资计划、信托计划等方式参与 PPP 项目；在 PPP 项目经营期，保险资金可以通过认购资产支持证券等方式参与 PPP 项目。通过债权方式参与 PPP 项目后，保险资金拥有了一批债权类资产，

可以通过 PPP 债权资产证券化实现提前退出。

PPP 债权资产证券化项目的交易结构如图 4—1 所示。

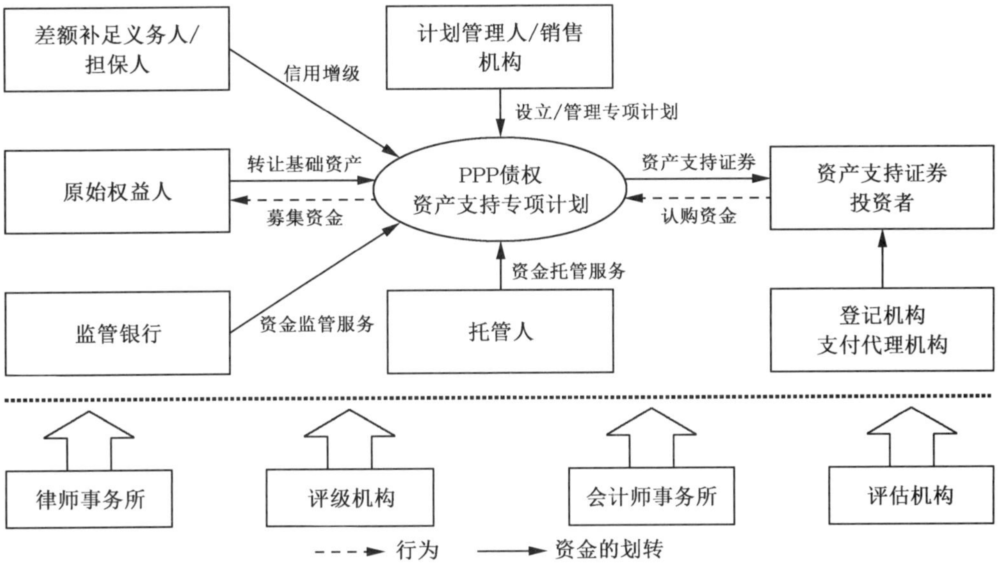

资料来源:笔者制作。

图 4—1　PPP 债权资产证券化项目交易结构示意图

首先,计划管理人(证券公司或基金子公司)设立一个 PPP 债权资产支持专项计划作为特殊目的载体(SPV)。

然后,保险资金将其持有的 PPP 项目债权作为基础资产,转让给上述 SPV。

接着,SPV 基于 PPP 项目债权资产发行不同层级的资产支持证券,包括优先级、次优级、次级资产支持证券,通过优先/次优/次级的分层结构实现内部增信;

此外,担保人或差额支付承诺人(比如,PPP 项目的主要社会资本方)提供外部增信,监管银行提供资金监管服务,托管人提供资金托管服务。

通过 PPP 债权资产证券化,保险资金将拥有的债权资产转让,提前收回投资并退出 PPP 项目。

在有些情形下,保险资金不是直接向 PPP 项目公司提供债权资金,而是通过信托计划间接地向 PPP 项目公司提供资金,因此,保险资金表现出信托贷款的形式。在这种情形下,可由信托公司为原始权益人,将信托贷款作为基础资产发行多层级的资产支持证券,提前收回信托贷款资金,并分配给委托人。保险资金作为信托计划的委托人,可以提前收回投资并退出 PPP 项目。

(二)以股权为基础资产

在 PPP 项目设立期,保险资金可以通过注资、股权投资计划等方式为 PPP 项目提供股权资金;在 PPP 项目建设期和经营期,保险资金可以通过认购股份、股权投资计划等方式参与 PPP 项目。通过股权方式参与 PPP 项目后,保险资金拥有了一批股权资产,可以通过不动产投资信托基金(REITs)实现提前退出。

当 PPP 项目进入运营期后,保险资金作为 PPP 项目公司的股东方,可将其持有的股权转移给 REITs,从而实现提前退出。目前,我国境内尚未出现公募 REITs。可以参考境外的 REITs 项目,设计 PPP＋公募 REITs 的交易结构。相关内容如图 4－2 所示。

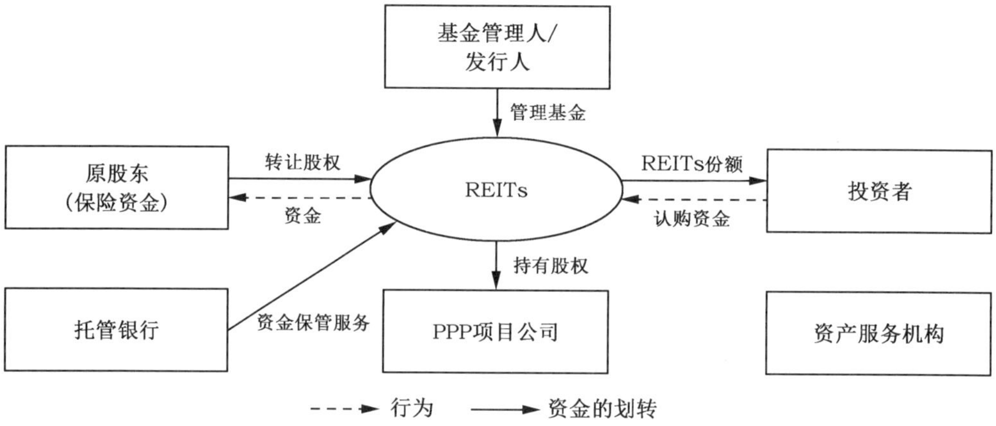

资料来源:笔者制作。

图 4－2　PPP＋公募 REITs 的交易结构参考示意图

首先,基金管理人设立一个 PPP 公募 REITs,向投资者募集资金。

然后,保险资金等 PPP 项目公司的原股东方将 PPP 项目公司的股权转让给上述公募 REITs,并收回资金。

接着,公募 REITs 持有 PPP 项目公司的股权,获得 PPP 项目公司的收益,并分配给投资者。

此外,托管银行提供资金保管服务,资产服务机构提供资产管理服务。

通过 PPP 公募 REITs 方式,保险资金可以将拥有的 PPP 项目公司股权资产转让,提前收回投资并退出 PPP 项目。

(三)以基金份额为基础资产

在 PPP 项目设立期,保险资金可以通过认购 PPP 基金份额的方式为 PPP 项目提供资金;在 PPP 项目建设期和经营期,保险资金可以通过收购 PPP 基金份额的方式为 PPP 项目提供资金。通过基金方式参与 PPP 项目后,保险资金持有了一批基金份额,可以通过不动产投资信托基金(REITs)实现提前退出。

与股权的 REITs 相比,基金份额的 REITs 可以更加灵活。当 PPP 项目进入建设期或运营期后,保险资金作为 PPP 基金份额的持有人,可将其持有的基金份额作为基础资产开展资产证券化业务。除了公募 REITs 方式之外,持有 PPP 基金份额的保险资金也可以采用类 REITs 方式。目前,我国境内已发行了类 REITs 项目。参考已有的类 REITs 项目,可以设计 PPP+类 REITs 的交易结构。相关内容如图 4—3 所示。

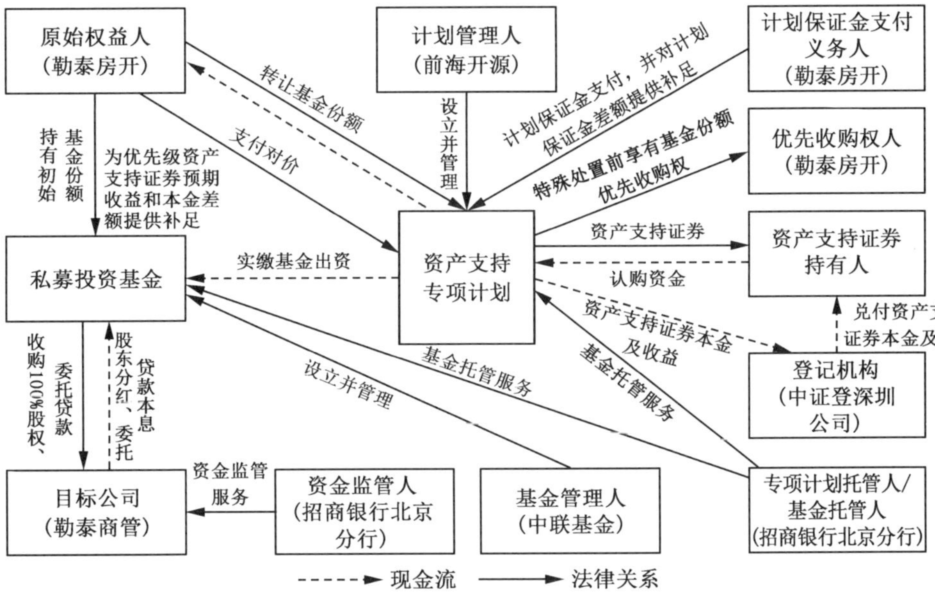

资料来源:笔者制作。

图 4—3　PPP+类 REITs 的交易结构参考示意图

首先,计划管理人设立一个 PPP 资产支持专项计划作为 SPV。

然后,保险资金作为 PPP 基金份额持有人,可以将基础资产(PPP 基金份额)转让给上述 SPV。

接着,SPV 基于 PPP 基金的基金份额发行不同层级的资产支持证券,通过优先/次优/次级的分层结构实现内部增信。

此外,担保人提供外部增信,监管银行提供资金监管服务,基金管理人负责设立和管理 PPP 项目基金,基金托管人提供基金托管服务。

通过PPP公募REITs或类REITs方式，保险资金可以将持有的PPP基金份额转让，提前收回投资并退出PPP项目。

二、我国保险资金提前退出PPP项目的其他途径

除了资产证券化之外，保险资金还可以通过多种途径提前退出PPP项目。

（一）IPO上市

对于经营性项目中有稳定现金流的PPP项目，可选择通过首次公开发行股票，使PPP项目与资本市场有效对接，保险资金可通过二级资本市场的交易退出PPP项目。

目前，我国资本市场体系发展程度和健全性都不足，同时A股公开上市时间成本和财务成本以及准入门槛都偏高，赴海外上市所需要的条件也不低。因此，上市成功与否对项目公司未来发展将造成重大影响。目前较为熟知的案例就是北京碧水源投资的云南水务在香港联交所成功上市，[①]社会资本在上市中实现资金回收和退出。不过目前为止，限于条件约束，上市退出暂时还不具有普遍性，作为备选方案之一，未来市场体系成熟后可能是保险资金退出的重要方式。

（二）股权转让

股权转让是指保险资金将其持有的PPP项目股权转让给其他主体，从而实现提前退出PPP项目。

保险资金方可以将其在项目公司的股份转让给其他社会资本方或者外部的第三方。由于保险资金方一般不会作为负责建设、经营的社会资本方参与PPP项目的建设与经营，所以，保险资金方将股权转让给内部其他社会资本方或外部第三方不会受到项目公司合同的事先约束和限制。变更的具体方式包括直接或间接转让股权、通过并购等方式变更股权等。不过在我国现有的金融环境体制下，要想实现PPP项目公司的并购，各类交易市场和渠道亟待完善。

除了上述方法之外，PPP合同往往还规定了回购条款。保险资金可以在特定情景下，将持有的基金份额交给回购方，收回投资并提前退出PPP项目。

综上所述，为保证保险资金方投资的积极性，使保险资金方在参与项目公司合作中更具有效率，建议允许PPP项目公司和社会资本方积极参与区域股权交易市场、PPP项目交易流转平台等多层次资本市场，以弥补目前我国产权交易市场的不足，保障保险资金方在获得可观收益的情形下合理退出。

---

① PPP模式中社会资本方退出机制的必要性和可行性研究，http://www.wzlawyers.cn/NewsDetail.php?ID_News=13093温州律师网，2015年8月13日。

第五章　政策建议

保险资金是 PPP 项目的重要资金来源。保险资金参与 PPP 项目是保险资金服务实体经济的重要途径。但与其他社会资本方相比，保险资金参与 PPP 项目的时间比较晚，对 PPP 项目的风险也更加敏感，需要构建合理的风险管理机制和退出机制。

一、构建保险资金参与 PPP 项目的风险管理框架

针对 PPP 项目运营模式、付费模式、增信措施等方面的风险，保险资金可通过 PPP 合同体系构建一套保险资金参与 PPP 项目的风险管理框架：在 PPP 项目设立阶段，保险资金应与其他社会资本方、政府方合理地分配风险，并设立适当的增信方式；在 PPP 项目建设阶段，保险资金应密切关注工程进度与建设风险；在 PPP 项目运营阶段，保险资金应及时掌握运营状况与付费情况，规避操作风险与盈利风险。

二、设立市场化的 PPP 交易所或交易流转平台

为了方便保险资金退出 PPP 项目，可以设立国家级的 PPP 交易所或交易流转平台。在 PPP 项目交易平台(所)可实现产权、股权、债权的顺畅交易，保障保险资金和其他社会资本更为便捷迅速地退出，以增强项目的流动性。PPP 交易所或交易流转平台的建立，可保持保险资金等社会资本参与 PPP 项目的动力和活力，是未来保险资金退出的重要方式。

三、培育 PPP 公募 REITs 市场

考虑到部分保险资金持有 PPP 项目的股权资产，为了帮助保险资金顺利退出 PPP 项目，同时吸纳更多的社会资金进入 PPP 项目，有必要培育公募 REITs 市场。通过公募的 REITs，保险资金可以将持有的 PPP 项目的股权资产便利地转让给 REITs，既保证了保险资金的有序退出，又能为 PPP 项目吸纳更多的社会资本，有效分散了 PPP 项目的风险。

四、完善PPP项目评级体系

为了更好地揭示保险资金参与PPP项目的相关风险，信用评级机构需要完善PPP项目评级体系。目前，PPP项目在发行固定收益产品时，由于发行主体的成立时间较短、资产规模较小，按现有的评级体系，其信用资质较差，难以获得较高的信用级别，不得不借助外部第三方增信，从而增加了PPP项目的融资成本。因此，有必要改革和完善PPP项目评级体系，对PPP项目本身的资产质量和风险进行独立分析，得出PPP项目独立的信用级别，有利于PPP项目独立发行固定收益产品，也能更好地为保险资金揭示风险。

参考文献

[1]Siemiatycki M. Canadian pension fund investors in transport infrastructure：A case study[J]. *Case Studies on Transport Policy*，2015，3(2)：166－175.

[2]Regan M，Smith J，Love P E D. Financing of public private partnerships：Transactional evidence from Australian toll roads[J]. *Case Studies on Transport Policy*，2017.

[3]Åse Johannessen，Rosemarin A，Thomalla F，et al. Strategies for building resilience to hazards in water，sanitation and hygiene(WASH) systems：The role of public private partnerships[J]. *International Journal of Disaster Risk Reduction*，2014，10(Part A)：102－115.

[4]Bettignies J E D，Ross T W. Public-private partnerships and the privatization of financing：An incomplete contracts approach[J]. *International Journal of Industrial Organization*，2009，27(3)：358－368.

[5]Erick F. Oechler Solana. Public Private Not-for-profit Partnerships：Delivering Public Services to Developing Countries[J]. *Procedia Engineering*，2014，78：259－264.

[6]Timothy Besley，Maitreesh Ghatak. Public-Private Partnerships for the Provision of Public Goods ：Theory and an Application to NGOs [J]. *Research in Economics*，2017.

[7]Asheem Shrestha，Toong-Khuan Chan，Ajibade A. Aibinu，Chuan Chen，Efficient risk transfer in PPP wastewater treatment projects，In Utilities Policy，Volume 48，2017，pp. 132－140.

[8]Martins A C，Rui C M，Cruz C O. Public-private partnerships for wind power generation：The Portuguese case[J]. *Energy Policy*，2011，39(1)：94－104.

[9]Geddes R R,Wagner B L. Why do U. S. states adopt public-private partnership enabling legislation? [J]. *Journal of Urban Economics*,2013,78(4):30—41.

[10]Liu T,Wilkinson S. Large-scale public venue development and the application of Public-Private Partnerships(PPPs)[J]. *International Journal of Project Management*,2014,32(1):88—100.

[11]Cruz C O,Rui C M. Flexible contracts to cope with uncertainty in public-private partnerships[J]. *International Journal of Project Management*,2013,31(3):473—483.

[12]Carmona M. The regulatory function in public-private partnerships for the provision of transport infrastructure[J]. *Research in Transportation Economics*,2010,30(1):110—125.

[13]Nisar T M. Implementation constraints in social enterprise and community Public Private Partnerships[J]. *International Journal of Project Management*,2013,31(4):638—651.

[14]Ng S T,Xie J,Cheung Y K,et al. A simulation model for optimizing the concession period of public-private partnerships schemes[J]. *International Journal of Project Management*,2007,25(8):791—798.

[15]Iossa E,Martimort D. Corruption in PPPs,incentives and contract incompleteness[J]. *International Journal of Industrial Organization*,2016,44:85—100.

[16]Chou J S,Tserng H P,Lin C,et al. Strategic governance for modeling institutional framework of public-private partnerships[J]. *Cities*,2015,42(Part B):204—211.

[17]Glumac B,Han Q,Schaefer W,et al. Negotiation issues in forming public-private partnerships for brownfield redevelopment:Applying a game theoretical experiment[J]. *Land Use Policy*,2015,47:66—77.

[18]Schepper S D,Dooms M,Haezendonck E. Stakeholder dynamics and responsibilities in Public-Private Partnerships:A mixed experience[J]. *International Journal of Project Management*,2014,32(7):1210—1222.

[19]Panayides P. M. ,Parola F. ,Lam J. S. L. The effect of institutional factors on public-private partnership success in ports[J]. *Transportation Research Part A*,2015,71(71):110—127.

[20]Moody's Rating. Symbols and Definitions[EB/OL]. http://www. moodys. com/,2013.

[21]S&P. Standard&Poor' s Rating Definitions[EB /OL]. http://www. standardandpoors. com /home /en /us,2010.

[22]中国保险资产管理业协会,清华大学政府和社会资本合作研究中心.《保险资金参与 PPP 实践研究》[M]. 北京:中国金融出版社,2017.

[23]曹德云,万放. 中国保险资产管理业发展战略与对策[M]. 上海:上海财经出版社,2016.

[24]达菲,辛格尔顿. 信用风险:定价度量及管理[M]. 上海:上海财经大学出版社,2009.

[25]刘学通. 保险与投资若干问题研究[J]. 中国人保资产管理股份有限公司网站,2013(5)。

[26]余文恭. PPP 模式与结构化融资[M]. 经济日报出版社,2017.

［27］黄华珍，王祎．监管新政下保险资金投资 PPP 项目的路径与风控要点分析［J］．和讯网，http://insurance. hexun. com/2016－07－24/185106705. html，2016－7.

［28］丁伯康，李娜．保险资金参与 PPP 项目路径与案例分析［J］．中保网，http://tz. sinoins. com/2017－06/12/content_233133. htm.

［29］中央企业全面风险管理指引［R］．国务院国有资产监督管理委员会网站，http://www. sasac. gov. cn/＃.

［30］魏健．基于 PPP 模式的保险资金投资风险分析［D］．山东大学硕士论文，2015.

［31］中国注册会计师协会编著．公司战略与风险管理［M］．北京：经济科学出版社，2013.

［32］康念福．粤东西北振兴发展股权基金运作实现四大创新［J］．中国注册会计师协会编著，广东经济，2014－12－05.

［33］明树数据，中国 PPP 市场发展分析（2014－2017）.

［34］程哲，季闯．中国 PPP 发展历程及特征分析。

［35］朱南军等．风险资金运用风险管控研究［M］．北京：北京大学出版社，2014.

［36］黄华珍，王祎．监管新政下保险资金投资 PPP 项目的路径与风控要点分析［J］．和讯网，http://insurance. hexun. com/2016－07－24/185106705. html，2016－7.

［37］PPP 模式中社会资本退出方式选择［J］. http://huanbao. bjx. com. cn/news/20160929/776930. shtml 北极星环保网，2016－9－29.

［38］PPP 模式中社会资本方退出机制的必要性和可行性研究［J］. http://www. wzlawyers. cn/NewsDetail. php? ID_News＝13093 温州律师网，2015－8－13.

［39］PPP 如何退出？一文看懂 PPP 模式中社会资本退出机制［J］. http://www. h2o－china. com/news/244825. html 中国水网，2016－8－18.

保险资金参与债转股的模式探讨与风险分析

合众资产管理股份有限公司

时宝东　赵其卓　许庆硕　诸葛瑞玥

摘要

宏观经济进入新常态，非金融企业部门尤其国企的高杠杆运行给经济平稳运行带来巨大压力，市场化债转股应运而生。债转股对资金的需求规模巨大，与保险资金服务实体经济的行业发展要求也相契合，保险资金预计在本轮市场化债转股中将发挥重要作用。由于历史原因，上一轮政策性债转股开展，险资并无参与可能。目前，关于保险资金参与市场化债转股的模式探讨和风险分析相对较少，本课题就相关问题展开讨论具有现实意义。

本课题从本轮市场化债转股的必要性和特点着手，结合保险资金特点，分析了保险资金参与市场化债转股的主要方式。以此为基础，从债转股面临的一般性风险、交易结构层面的风险和企业层面的风险三个层次对保险资金参与市场化债转股的风险防范进行了讨论。

本课题的主要结论包括：债转股进行"降杠杆"是保障经济换档期稳定发展的必要手段；市场化债转股与政策性债转股区别显著，市场化运作方式使更多的投资人拥有了参与机会；保险资金参与市场化债转股主要属于非标投资的范畴，具有信息透明度不高、定价困难等风险，应当采取专业的非标风控措施和流程进行操作；保险资金投资市场化债转股项目要注意是负债端进行匹配，以保险资金安全作为底线，同时还要兼顾收益性；债转股项目普遍以有限合伙制基金方式运作，保险资金可以直接投资有限合伙基金，或者与其他金融机构合作设立基金管理公司参与债转股基金的管理；保险机构拥有丰富的非标投资经验，在投资能力上可以满足债转股项目投资需要；交易结构层面风险防范要强化基金的投资能力、要关注和完善实施主体或基金的内部制度建设，通过“资金专用”“业绩对赌”“管理人履职能力”等方面条款设计切实保护保险资金权益，要重视退出、收益补足等风控措施的设计；在企业筛选的过程中要从宏观行业环境、基础质量、经营和财务分析等几个层面进行定量定性相结合的方式。

保险资金参与债转股的总体态度相对谨慎，大规模的保险资金也拥有配置需求，政府机关、监管机构需要进行怎样的制度建设以保证保险资金的安全同时增加保险机构进行债转股相关投资的动机值得进一步讨论。

关键词

保险资金　债转股　非标投资　风险管理

引　言

为了切实降低企业杠杆率，2016 年 10 月 10 日，国务院正式发布《关于积极稳妥降低企业杠杆率的意见》《关于市场化银行债权转股权的指导意见》(简称《指导意见》)，对“债转股”布置了较为具体的指导意见，中央政府对市场化债转股在未来去杠杆过程中发挥积极作用的预期很高。而随着保险行业资产规模持续增长，保险资金配置需求持续增加。同时，根据原中国保险监督管理委员会发布的《中国保监会关于保险业支持实体经济发展的指导意见》等文件，对保险行业和保险资金服务实体经济、服务国家战略和实体经济导向做出了重要指示。因此，保险资金参与债转股具有深远的现实意义。

2016 年市场化债转股启动，主要由于时间尚短，针对本轮债转股的相关理论研究较少。目前关于债转股的研究更多的是集中于 1999 年政府主导债转股过程中的法律、结构设计、风险等相关领域。由于上一轮债转股具有较强的“政府干预色彩”、债转股的交易对手以国有企业和国有银行为主，因此对债转股风险的研究和讨论，更多地是关注国企产权背景和信息不对称所带来的道德风险。蒲勇建和彭小兵(2002)研究了债转股中信息不对称的相关风险,债转股过程中各参与主体的博弈在信息不对称时表现出各自的利益追求的差异化。彭小兵等(2003)认为,资产管理公司在极端情况下为直接变成为债转股企业的股东,而同时资管公司作为债转股项目的主导方,其也承担了监督人的角色,因而拥有剩余追索权的资产管理公司与债转股企业可能存在合谋行为的委托—代理关系。罗琦(2006)对日本上市公司的研究表明,大股东与金融机构投资人之间存在串谋行为,通过内部控制损害小股东或其他投资人利益。就债转股的意义方面的研究,20 世纪 90 年代的政策性债转股过程中,大量银行债权转换为股权确实为转股企业经营带来良好的改变,显示债转股的施行意义。王善平和李志军(2011)的研究认为,银行持股对企业信贷配置效率的提高具有积极作用。债转股是推动供给侧结构性改革的重要举措,其对资金具有天然的"逆周期"的需求,而保险资金运用期限长、来源稳定的特征与债转股具有较高的契合性。而由于上一轮债转股时期,保险资金投资的范围尚窄,保险资金参与债转股甚少,因此对于保险资金参与债转股及其风险控制方法等的研究在笔者搜集到的文献中很少。显然,本文具有较高的理论及现实指导意义。

本文从市场化债转股的必要性和特点着手,结合保险资金特点,分析了保险资金参与市场化债转股的主要方式。以此为基础,以债转股面临的一般性风险、交易结构层面的风险和企业层面的风险三个层次对保险资金参与市场化债转股的风险防范进行了论述。

本课题各章节的主要内容为:

第一章,市场化债转股的必要性。首先从我国宏观经济发展历史数据分析着手,结合目前我国经济发展进入中低速时期、杠杆率水平高企使国企和政府部门信用受到挑战、银行体系不良率持续上行等发展特征,得出如果目前要推行"高质量的经济发展",通过债转股进行"降杠杆"是保障经济换挡期稳定发展的必要手段。

第二章,市场化债转股的特点。首先,回顾了 20 世纪 90 年代政策性债转股的发展历程和存在的问题;然后,通过对比分析梳理本轮债转股的政策、实施主体、实施范围以及推行以来的落地项目情况。本轮债转股与上一轮相比具有如下特征:第一,本轮债转股的目的和出发点是降杠杆,而非"解决银行不良信贷问题"。第二,本轮债转股的相关政策和指导意见非常明确地指出实施的主体不包括"僵尸企业",因此本轮债转股的交易对手选择应该是那些"暂时"遇到困难的企业。第三,形式多样化,随着我国金融市场的发展以及各类机构能力的提升,本轮债转股在参与主体、交易结构和退出方式的选择上更具有多样性。

第三章，保险资金参与市场化债转股的方式。首先结合保险资金的特点分析了保险资金投资市场化债转股项目的特点，然后根据对截至 2017 年 9 月的本轮 56 单市场化债转股落地项目的案例分析，得出了保险资金参与市场化债转股的可能方式。

第四章，债转股一般性风险和交易结构层面的风险控制。本章介绍了债转股具有的一般性风险及其防范措施，这是保险机构作为直接参与者必须充分认识、评估和应对的风险。而作为间接参与者，交易结构设计主要依托认购私募股权投资基金的有限合伙份额进行设计，因此本章结合债转股项目的特点介绍有限合伙份额投资的风险控制要点。

第五章，市场化债转股企业层面的风险控制措施。首先对截至 2017 年 9 月末债转股落地项目的 65 个转股企业进行了描述性统计，得到了转股企业的特征；然后有针对性的介绍了企业层面的筛选方法和风控要点。

第六章，对本文的主要结论进行了综述。保险资金参与债转股投资是服务实体经济的一种重要方式，保险机构在人员、机构配置以及非标投资相关经验的积累，均使其拥有了足够的投资能力，本文对保险机构的风险控制手段和要点进行了讨论。同时也关注到，以优先股为转股对象可以为保险资金的风险收益匹配带来较好的改善，具体运作方式仍需要市场化债转股的各参与主体更多的思考和总结。在供给侧结构性改革中，去杠杆是一项重要的战略任务，大规模的保险资金也拥有配置需求，政府机关、监管机构需要进行怎样的制度建设以保证保险资金的安全，同时增加保险机构进行债转股相关投资的动机值得进一步探讨。

第一章　市场化债转股必要性分析

本章主要包括两方面的内容：即分析了国民经济总体杠杆水平以及国企杠杆水平和盈利水平的变化趋势分析；总结了影响本轮债转股必要性的重要因素。

第一节　我国国民经济杠杆水平现状分析

近年来，我国总体杠杆水平，特别是国企和地方政府杠杆水平持续攀升，对我国经济的可持续发展的负面影响不断累积,中央政府对国企去杠杆的重视程度不断增强。

一、我国总体杠杆水平偏高

目前,我国整体杠杆水平偏高,相比于世界主要发达经济体及新兴经济体而言,我国主要的杠杆率指标明显处于较高水平。

从权利义务的关系角度理解,货币是央行直接债务的一种体现,货币发行规模体现了央行债务的一种宏观水平,而货币和准货币(M2)在 GDP 中所占比重越高,反映央行的杠杆率水平越高。如表 1—1 所示,2014～2016 年,我国的 M2/GDP 比率分别为 190.75%、202.06%和 208.31%,保持了持续扩大的趋势,远高于世界其他新兴市场经济体,而与全球主要发达经济体相比较也处于高位。过高的 M2/GDP 意味着我国在宏观经济快速发展过程中债务规模增长过快,尤其是非金融企业部门杠杆率高企。

表 1—1　　2014 年各国货币和准货币供给规模占 GDP 比率(M2/GDP)　　单位:%

国家	2014 年	2015 年	2016 年
中国	190.75	202.06	208.31
美国	67.32	68.52	71.37
日本	173.83	173.07	177.63
英国	114.51	114.00	117.77
法国	79.52	81.41	84.33
德国	81.81	85.62	87.67
意大利	81.64	83.23	85.76
俄罗斯	39.92	42.27	44.65
韩国	140.55	143.60	147.43
印度尼西亚	39.48	39.45	40.34
澳大利亚	108.22	112.84	115.84
巴西	37.22	38.09	37.84

数据来源:Wind 资讯。

国际清算银行(BIS)公布了世界主要经济体的信贷经济比率(Credit-to-GDP ratios)数据,使用各国国内私营非金融企业部门的年末全部信贷余额与国内生产总值(GDP)的比值。这一指标可以对各国实体经济杠杆率水平进行一个统一口径的对比。

如图 1—1 所示,我国的信贷经济比率在 2017 年半年末达到了 210.2%,而同期其他新兴经济体(以金砖国家为主)的信贷经济比率普遍保持在 70%以内，显示出我国实体经济杠杆率水平显著超出新兴市场主体的现状。即便与发达经济体向比较，虽然欧美小型发达经济体的信贷经济比率相对较高(爱尔兰 265.2%、丹麦 217.6%、比利时 223.2%、加拿大 216.5%)，但大型发达经济体的信贷经济比率一般少有能够突破 200%水平的。综合来看，我国实体杠杆率总体介于欧美经济体的中间，超出大部分大型发达经济体。相对而言，我国的杠杆率水平应该是超过了经济发展阶段所应匹配的程度，高杠杆也越来越引起政策重视。

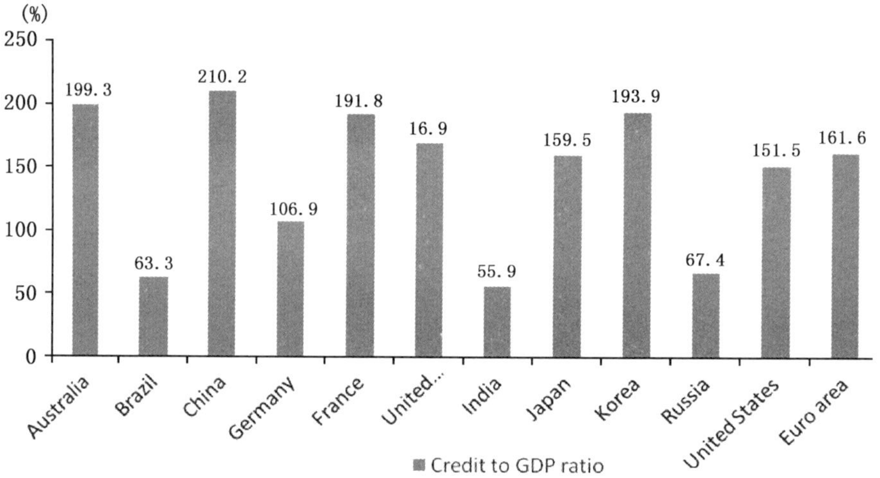

数据来源：B. I. S. Statistics，合众资产整理。

图 1—1　2017 年第二季度末世界主要经济体的实体经济杠杆率水平对比

二、近年来经济部门尤其国企杠杆率高企

就杠杆率的内部构成而言，我国政府部门和居民住户的杠杆率相对较低，而非金融企业部门杠杆率为 165.3%，远远高于其他国家和地区。

近年来我国杠杆率不断增长，尤其是 2010 年以来，非金融企业部门杠杆率攀升迅速。2008 年全球金融危机之后，中央政府启动 4 万亿元的刺激计划，使我国进入了高负债为主的加杠杆周期，各部门杠杆率均有所回升。相关内容如图 1—2 所示。

2008—2014 年年末，6 年间我国全社会杠杆率增加了 65 个百分点，杠杆率增长的构成上，政府部门、金融企业部门、居民部门、非金融企业部门分别增长了 16.8、5.4、18.4 和 25.1 个百分点。由此可见，非金融企业杠杆率的攀升是造成全社会杠杆率不但增长的主要原因。2014 年年末，我国实体经济的杠杆率达到 217.3%，总体处于中

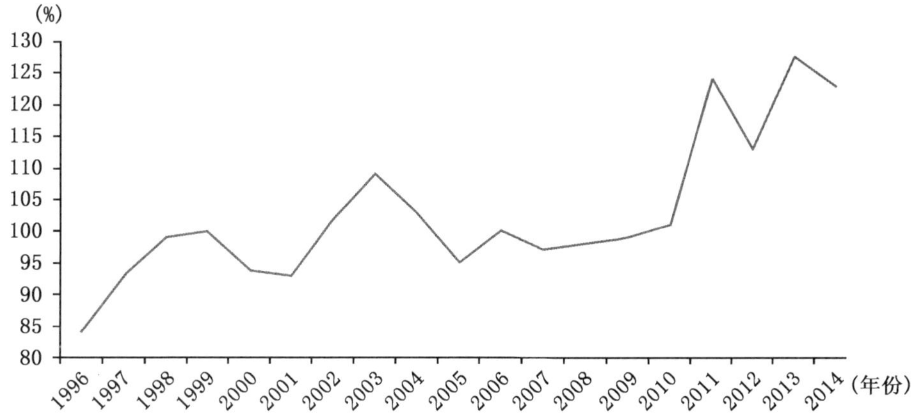

数据来源：Wind 资讯，合众资产整理。

图 1—2　我国非金融企业部门杠杆率(债务占 GDP 比重)走势

游水平；但是非金融企业部门的杠杆率为 123.1%，在世界主要经济体处于最高水平。相较而言，居民部门和政府部门的杠杆率水平与全球主要经济体的比较中，并不是特别突出，所以目前我国的高杠杆问题更多地来自非金融企业部门。相关内容如图 1—3 所示。

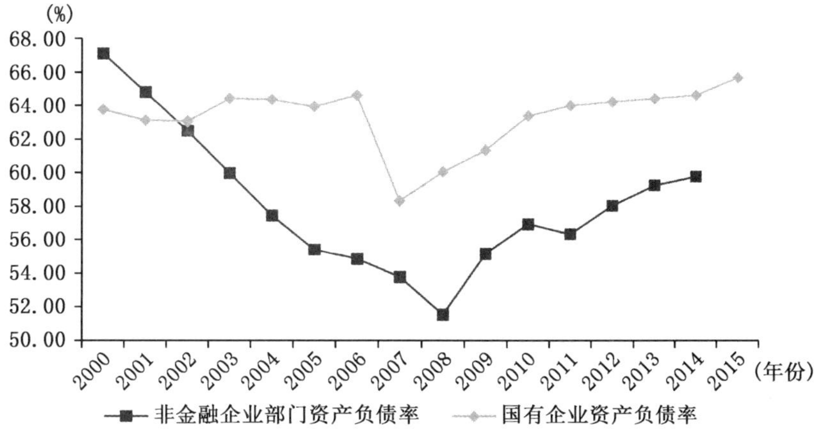

数据来源：Wind 资讯，合众资产整理。

图 1—3　我国非金融企业部门资产负债率和国企部门资产负债率

具体到非金融企业内部的企业资产负债率情况显示，近年来我国国有企业资产负债率的不断攀升已经明显成为总体杠杆水平快速增长的主要原因。2014 年年末，非金融企业部门资产负债率为 59.79%，同期国有企业资产负债率为 64.65%；2015 年年末国有企业资产负债率进一步增长至65.71%。

国有企业部门偏高的资产负债率状况已经对其自身的运营效率和盈利能力产生了不利影响，如图1—4所示，国企的应收账款和存货周转率持续下滑，而在销售利润率与2013年之后开始小幅上涨的情况下，净资产收益率仍呈逐年大幅下降的态势，高杠杆带来的财务负担加重，财务费用对国企盈利能力的侵蚀情况越来越严重。

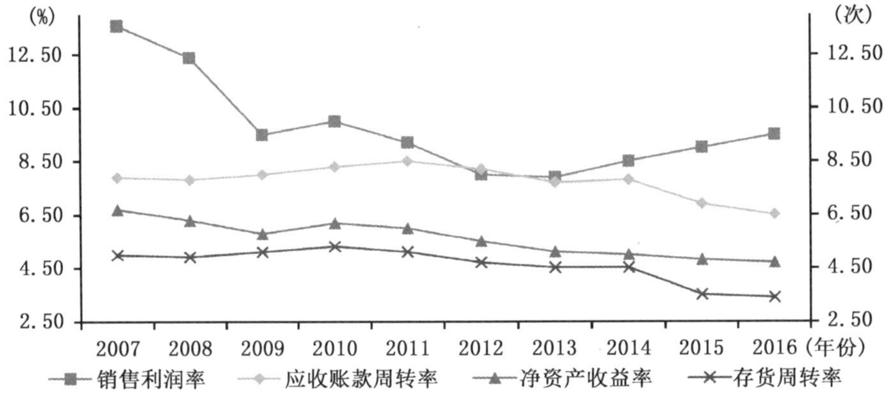

数据来源：Wind资讯。

图1—4　我国国企经济部门近年来运营及盈利情况

国企高杠杆带来的另一方面负面影响则可能对整个国民经济的发展带来严重威胁，即国企对民营企业信用的挤出作用已经对国民经济的健康发展产生不利影响，国企自身高杠杆运营所带来的信用风险积聚情况也可能威胁整个金融系统的安全。因此，市场化债转股、降低国有企业杠杆率水平成为供给侧结构性改革的一项重要举措。

从行业角度来分析，受国内外经济环境变化影响，传统周期性行业销售利润率下滑、资产负债率高企，有色金属矿采选业资产负债率从2008年2月的43.85%增长到2016年3月的54.73%，增长了近11个百分点；煤炭采掘行业资产负债率从2008年8月末的60.92%上升至2016年6月末的70.07%，增长了近10个百分点；黑色金属矿采选业资产负债率从2008年11月末的47.62%增长到2016年4月末的59.27%，增长了近12个百分点；石油加工、炼焦及核燃料加工业资产负债率常年保持在65%左右的水平。由此可见，产能过剩行业表现了更为严重的高负债运营态势，去杠杆与去过剩产能在政策诉求上是一致的。相关内容如图1—5所示。

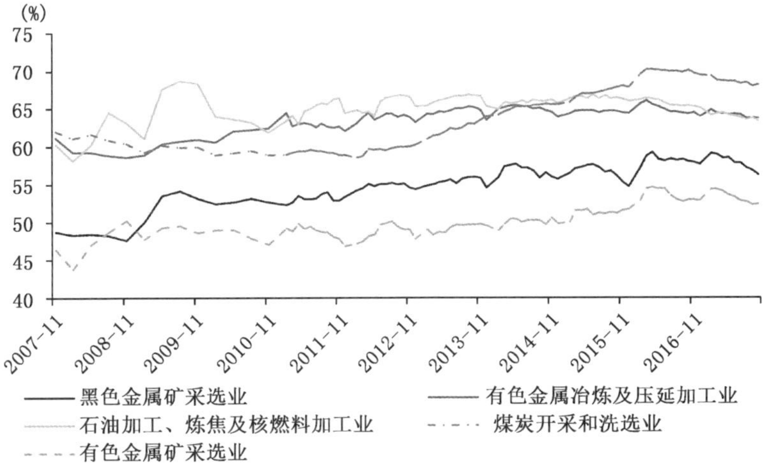

数据来源：Wind 资讯。

图 1—5　我国产业过剩行业资产负债率变化走势

第二节　市场化债转股的开展背景

一、从高速发展转变为中低速发展

经历了近 30 年的高速经济发展，我国经济发展已进入增速换挡期，面临经济下行态势。国民生产总值(GDP)同比增长率由 2010 年的 10.6%下降至 2016 年的 6.7%，6 年间增速下降了 36.8%，宏观经济下行压力显著(见图 1—6)。

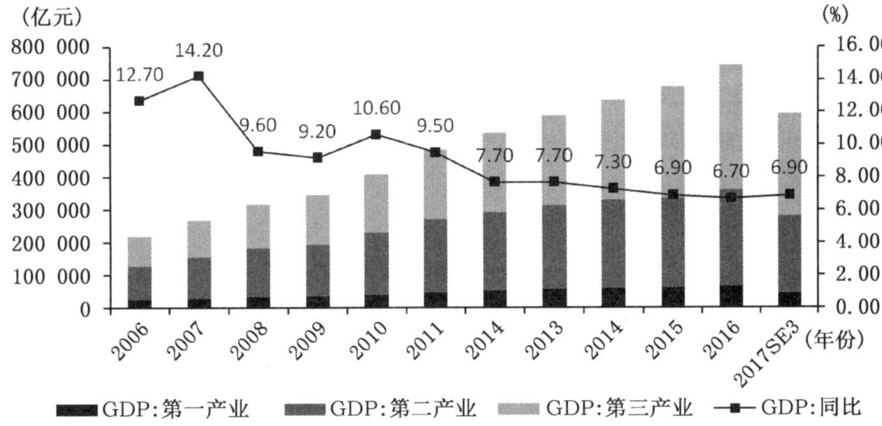

数据来源：Wind 资讯。

图 1—6　近年来我国 GDP 年度规模及增速

同时，我国经济发展与资源环境之间矛盾日渐加剧，经济结构的调整需求日益迫切，以采掘业、冶金业等传统周期性行业为代表的第二产业在经济增长贡献中所占比例自 2010 年起开始下降，而以服务业为主要代表的第三产业则日益崛起，结构调整是我们加快转变经济发展方式的必然选择。

近年来，供给侧结构性改革不断推进，我国经济增长结构已经开始发生变化，供给体系的质量和效率不断提升，供需关系稳步改善；实体经济运行平稳，效益明显提高，国民经济稳中向好态势持续发展。

物价指数方面，消费者价格指数(CPI)自 2011 年下半年开始保持在低位运行，且同比增波动下滑，CPI 当月同比增速由 2011 年 7 月的 6.45％下降到 2016 年 8 月的 1.34％，其中在 2015 年 1 月一度下降至 0.76％的低位水平。宏观经济进入新周期后，相较于经济高速增长期，我国总体的通货膨胀压力明显减弱。相关内容如图 1－7 所示。

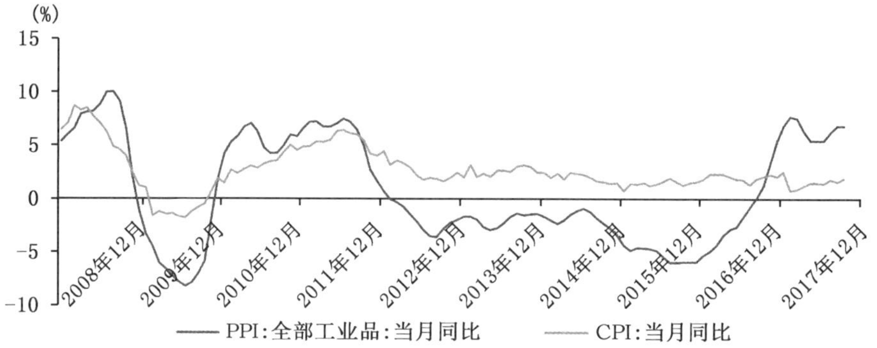

数据来源：Wind 资讯。

图 1－7　CPI 和 PPI 当月同比走势

同一时期，生产者价格指数(PPI)当月同比增速自 2011 年起持续走低，一度出现负增长；上游产品价格的下降通过产业链向下游产业传递，实体经济总体相对低迷。2017 年以来，CPI 和 PPI 的增长趋势出现较大程度的分化。总体表现为 CPI 同比增速总体波动且小幅上行态势；PPI 同比增速自 2016 年起大幅上升，回升到经济下行前的增速水平，隐含了部分宏观经济复苏信号。

外部环境上，全球经济仍面临下行风险，处于危机后的深度调整之中，随着美联储加息，美元走强的同时大宗商品价格不可避免地承受更大压力，加大了诸多国家货币汇率的贬值压力，世界经济仍存在一定的不稳定性和不确定性。

整体来看，中国经济增长模式由注重规模向注重质量转变，同一时期，货币政策短期内难以松动，国内经济下行压力仍然较大。政策指引方面，未来宏观经济发展策略强调“调结构稳增长”，注重经济结构优化，以及国民经济可持续发展，“唯 GDP”的发展思路已经从政策指引上逐渐消失，未来长期我国经济将处于一个“新常态”。

二、系统性风险爆发压力上行

目前，我国经济部门高杠杆带来的系统性金融风险积聚。具体而言，主要集中在房地产市场调整带来的流动性风险和国企、政府部门债务持续上升造成的政府信用弱化风险，两大部门的信用状况持续恶化将会使系统性风险爆发压力进一步增加。

2016 年 10 月以来，央行、银监会、发改委、上交所和深交所频频发文，规范房企融资，控制房地产行业信贷规模。其中，央行提出加强信贷结构调整，强化住房信贷管理，收缩土地贷款，并将银行表外理财纳入广义信贷测算，房地产企业融资渠道收窄。银监会提出严控房地产金融业务风险，严禁银行理财资金违规进入房地产领域的限制规定。2016 年 10 月 28 日，上交所和深交所连续发文，明确房地产行业划分标准，进行发债分类监管，收紧房企发债；当年 11 月，银监会发布《关于开展银行业金融机构房地产相关业务专项检查的紧急通知》，对 16 个房地产过热城市的银行业金融机构进行专项检查，同时提出严格执行银行理财资金投资非标资产的比例限制，严禁信托公司通过多层嵌套等产品规避监管要求向房地产企业发放流动资金信托贷款等。几乎同时，国家发改委针对房地产债券融资发布《关于企业债券审核落实房地产调控政策的意见》，严禁商业性房地产项目企业债融资；同月，证监会要求将资管资金流向房地产情况纳入填报口径，对券商和基金子公司参与房地产领域项目的监管态度收紧。2017 年 2 月，中基协发布《证券期货经营机构私募资产管理计划备案管理规范第 4 号——私募资产管理计划投资房地产开发企业、项目》，房企非标融资渠道进一步收窄。

2017 年 6 月底，房地产开发企业的货币资金/短期债务比率从 2016 年底的 191%下降至 158%，主要受到调控趋严影响，房地产开发企业销售现金汇款放缓，且其到期短期债务有所增加所致。房地产企业融资环境趋紧，同时随着多地房地产销售市场限购政策的逐步推出，房地产企业下游销售回款进度预计也将受到较大影响。目前，房地产行业的总体负债水平偏高背景下，融资和限购两方面的政策压力，使房地产企业资金链承受较大压力，可能进一步推升房企融资成本，并使再融资难度增加，需要关注目前高负债运营的房企资金链承压情况。

关于地方国企负债规模持续增长，杠杆率水平居于高位的情况已经在前文详细介绍。根据公开资料，截至 2017 年 9 月末，地方国企（含地方政府融资平台）的负债总额达到 47 亿元，负债规模几乎达到 2017 年 6 月底地方政府直接债务总额 15.9 万亿元的 3 倍。与许多地方政府的财政收入相比，地方国企的负债规模庞大，已经对地方政府的信用质量产生压力。同时，地方政府的直接举债额度不足以满足地方资本支出需求的增长，资金缺口需要地方国企尤其是平台公司增加借贷予以弥补。未来地方国企的负债规模将继续保持增长，地方政府信用弱化预期继续增强。

三、银行不良率上行趋势显现

伴随非金融企业部门的偿债压力不断提升，作为信贷资金最主要的提供方，我国银行系统也在不断累积由非金融部门传导来的风险，不良贷款规模出现扩大趋势。截至 2016 年 9 月末，我国商业银行不良贷款余额达到 14 939 亿元，不良贷款率增长至 1.76％，虽然相较于 20 世纪 90 年度中国经济下行时商业银行高达 20％的不良贷款率，此次经济下行引起的不良率并不高。相关内容如图 1－8 所示。

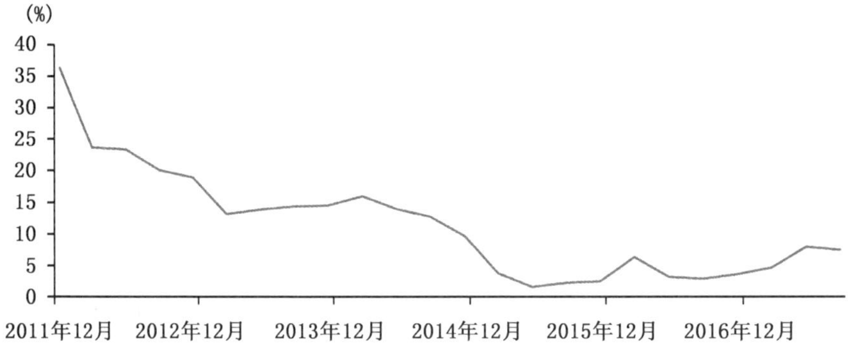

数据来源：Wind 资讯。

图 1－8　我国商业银行净利润同比走势

但是现阶段商业银行的盈利模式已经发生重大转变，随着我国金融体系建设的日益完善，银行净息差水平呈现下降趋势，商业银行净利润增长率自 2012 年起已经开始呈下降趋势，当年末商业银行净利润增长率为 18.96％，而 2015 年末商业银行净利润的增长率仅为 2.43％。在这样的背景下，商业不良贷款规模的不断累积，不断扩大的不良贷款率势必会对利润产生吞噬作用，给银行系统的健康运行带来更大的威胁。相关内容如图 1－9 所示。

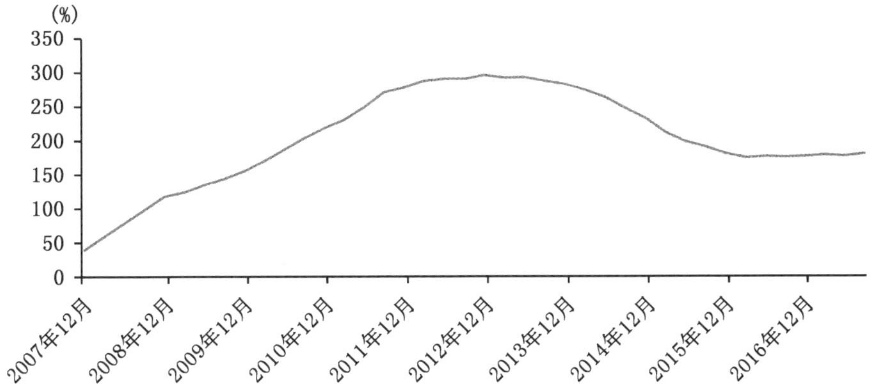

数据来源：Wind资讯。

图1—9　我国商业银行拨备覆盖率变化趋势

同时，不良贷款也占用了银行大量的拨备资源。商业银行的拨备覆盖率也是衡量银行贷款风险程度的重要指标，商业银行计提的贷款损失准备金对不良贷款的覆盖率逐年降低，已从2012年第四季度末的295.51%跌至2016年第三季度末的175.52%，已接近中国银行业的监管红线150%。这说明在宏观经济下行和政府去杠杆、去产能政策背景下，不良资产规模上升消耗了银行大量的拨备资源。

银行体系面临不良率上升、盈利能力持续下降的双重考验。同时，考虑到我国刚刚开始"新常态"的发展模式，非金融企业抗风险能力下降对银行体系的"冲击"还有一段"释放"期，银行体系的不良率在未来一段时期内仍将持续上升。

第三节　本章小结

历史数据显示，我国总体杠杆水平处于历史较高水平；与国际比较结果显示，处于国家间较高水平。同时，随着供给侧改革的推进，国家发展战略也不再追求规模的增长，而是重视高质量的增长，因此经济的增速将转轨中低速。供给侧改革、环保、"一带一路"都是推动社会全面发展而非单一的经济规模增长。这些政策推行和持续都需要金融系统性安全的保障。目前的主要危险在于房地产等资产价格调整带来的流动性风险和国企、政府债务上升造成的政府信用弱化风险，因此降杠杆的必要性凸显。

为加快转变经济发展方式，调整经济结构，适应和引领经济发展新常态，2016年1月27日中央财经领导小组第十二次会议对供给侧结构性改革方案进行探讨，进一步强调提高社会生产力水平，化解过剩产能。去杠杆作为“三去一降一补”五大任务之一，在社会各部门杠杆率高企、跨机构系统性风险增加的背景下显得尤为重要。

作为供给侧改革重要组成部分，结构性改革将是应对危机的主要举措。去杠杆是结构性改革的重要内容，能够降低政府、国企债务重要的改革包括：改善收入分配以提升消费占 GDP 的比重，改善国有企业的公司治理，提升法治水平和产权保护，开放民间资本的市场准入，大力发展资本市场，等等。对于房地产市场而言，如果房地产长效机制和宏观审慎管理措施使得未来几年居民部门的杠杆水平有所回落，贷款房价比有所降低，即使在未来某个时间出现一定程度的房地产价格调整，系统性的金融危机爆发的风险也能够获得极大降低。

目前，随着供给侧改革的推进，实体经济去杠杆进程逐步加速，我国非金融企业部门的杠杆增速放缓。同时，行业内也呈现去杠杆的趋势，但是中上游企业杠杆率仍较高，对现金流的依赖程度依然甚高。由于非金融企业部门在全社会杠杆率中的比重较高，因此非金融企业部门去杠杆将是未来的重要任务。随着非金融企业去杠杆进程的推进，为保证固定资产投资波动不至于过大，政府部门可能会适度提升杠杆以保证非金融企业部门去杠杆进程。非金融企业去杠杆对于中上游重资产高杠杆行业（煤炭采掘、有色金属、钢铁等行业）利好，有利于降低行业违约风险及系统性风险。供给侧改革的逐步深入，将有效缓解系统性风险爆发的压力。

第二章　市场化债转股的特点

目前，我国进行过两轮债转股。一轮是 20 世纪 90 年代末，以政府主导为主的，以“盘活商业银行不良资产、实现转股企业扭亏为盈”为其主要目的。第二轮为目前正在着手实施的市场化特征的，以降杠杆和推动债务负担较重的重点企业发展为其主要目的。

第一节　政策性债转股回顾

一、政策性债转股发展历程

20 世纪 90 年代末期，我国宏观经济出现了 GDP 增速连续下滑、通缩步步紧逼的艰难困境，大量国有企业持续亏损、负债率高企，债务危机如影随形。由此，金融系统受到危机的严重影响，银行系统坏账规模庞大，商业银行不良贷款不断飙涨。

当时中央政府将"盘活商业银行的不良资产；实现债转股企业扭亏为盈；促进企业转换经营机制，建立现代企业制度"作为实施债转股的重要目的。其中，前两个是为着银行坏账压力和国企亏损严重的不利状态而设定的短期目标，建立现代企业制度是关系国有企业长期发展的根本目标。

在此背景下，1999 年财政部划拨 400 亿元成立信达、东方、长城、华融 4 家金融资产管理公司（简称 AMC），由四大 AMC 负责国有银行剥离不良资产的相关具体工作。四大 AMC 实行经营目标责任制，财政部根据国有银行相应不良贷款数据，确定金融资产管理公司的经营目标，对不良资产处置状况进行考核监督。

在具体形式上，债转股是 AMC 处置银行不良债权的一种重要方式。操作流程上，转股不良债权的规模、具体目标转股企业范围、筛选规则等关键要素均由政府参与确定；然后才由银行将其不良资产剥离给资产管理公司；随后由原国家经贸委将债转股目标企业推荐给资产管理公司；最后，资产管理公司经审议后与企业签订债转股协议，由国家经贸委、财政部和央行审批，再经国务院批准正式实施债转股。相关内容如图 2－1 所示。

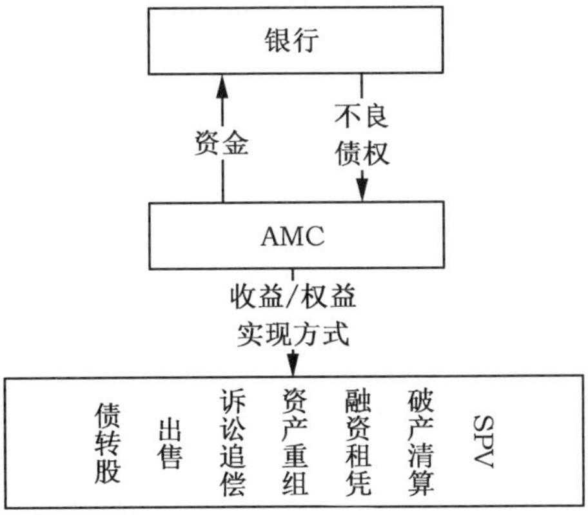

资料来源：公开资料。

图 2－1　AMC 主要业务形式

实施对象方面，当时社会经济发展状况决定了商业银行贷款对象是国有企业，银行体系的不良贷款压力主要来自持续亏损、资本金不足、无力还贷的国企。政策性债转股立足于"救"，将转股对象限定于陷入困境的国有大中型工业企业的不良债权，通过将银行对国企的债权转换为金融资产管理公司对债转股企业的股权来缓解企业财务困境，消化银行不良贷款。

资金来源方面，AMC 对收购的不良资产规模巨大。根据公开统计数据，四大国有银行和国开行不良资产规模巨大，总计有 1.4 万亿元不良资产由 AMC 承接收购。AMC 收购不良资产的来源主要包括财政部拨款、央行再贷款以及自发的金融债券（主要是面向四大国有银行发行的定向债券）。其中，财政部通过特别国债募集资金 2 700 亿元，央行面向 AMC 发放再贷款规模 6 041 亿元；AMC 向四大国有银行定向发行 8 110 亿元金融债券，保证了对四大国有银行不良资产规模的覆盖。

债转股后企业重组方式方面，AMC 重组方式主要分为三种：一是最普遍即保留转股企业主体，剥离非经营性资产。非经营资产主要包括后勤、医院、学校等。非经营性资产被剥离后由地方政府或原企业接管，整合企业及当地的优质资产，作为经营性资产注入新公司。二是跨企业重组，进行优劣组合，取长补短，有利于资源重整，实现优势互补。三是在企业内部进行重组，即相关企业在进行债转股之前，先在企业内部进行重组。实行重组时，AMC 与债转股企业成立新公司，债转股企业以其重组后的净资产获得新公司的股权，AMC 以债权转股权后获得的等值的股权对新公司出资，各方按出资比例分得新公司红利。

债转股实施后，AMC 可以成为目标转股企业的持股股东，可以在董事会拥有投票席位，参与企业重大决策。在当时国有企业管理机制市场化水平较低、管理架构政策性痕迹浓重、国有企业经营受落后的管理体制严重拖累的背景下，资产管理公司参与企业的内部治理，有效转换了企业经营机制，建立起现代企业制度和法人治理机构，实现了政策性债转股的最根本目标。在实质上提高了企业经营效益，实现了彻底盘活国有企业的初衷。

退出途径方面，AMC 持有的股权可以由债转股企业用自有资金按照转股前债权价值的 100％进行回购，或者按国家有关规定向境内外投资者转让。如果债转股企业成功上市，资产管理公司可以在二级市场逐步实现股权的退出。但是，当时我国市场经济总体发展水平较低，政策性债转股实际有操作可能性的退出方式单一，标的转股企业以自主资金回购，成为金融资产管理公司实现股权退出的主要途径。

二、政策性债转股的主要问题

政策性债转股的整个流程更多体现为政府主导下的“银行—资产管理公司—企业”闭环操作，虽然“银行－资产管理公司－企业－社会”的开放式债转股也有存在，但退出的实现上并不容易。AMC 可否顺利将股权出售，公众对债转股的偏见以及 AMC 大量抛售股权行为是否会加重公众的悲观预期，这些都将阻碍债转股项目的成功退出。另外，由于缺乏市场化运作的理想环境，政策性债转股过多的行政命令干预，使得转股后的企业运营改善的难度增加，资产管理公司在无法明显改善企业业绩的情况下出售股权将遭受损失。正是由于部分债转股企业长期无法实现盈利或者上市，资产管理公司无法从中退出或者退出后将面临较大损失，目前四大资产管理公司仍大量持有当年债转股的企业股权。以华融资产为例，1999 年签订的债转股协议涉及企业 281 家，截至 2015 年 6 月末，仍持有股份的企业 196 家，占比高达 70%。

第二节　市场化债转股发展现状

本轮市场化债转股在要素特征上和政策性债转股有着诸多显著区别。从转股目的、企业选择、资金来源到退出途径上，市场化债转股均可以借助目前我国已经日渐成熟的市场体系进行运作。

一、市场化债转股政策梳理

2016 年以来国内宏观经济企稳迹象增强，但是我国经济下行压力仍然较大。在此背景下，实体经济的发展环境并未出现显著改善，非金融企业财务压力过大、经营困难的情况仍在加剧，相应债务风险可能会随着产业链、资金链传导引发系统性风险。因此，为持续深入推进供给侧结构性改革，落实“三去一降一补”工作的决策部署，增强经济中长期发展韧性，中央及各部委先后就“积极稳妥降低企业杠杆率”陆续出台多项部门规章等，为近一年来市场化债转股快速推进进行了相对充分的政策准备和帮助。

2016 年 10 月 10 日《指导意见》的发布，标志着市场化债转股的全面推进，对债转股的范围和操作流程进行了界定；在范围上提出了“三个鼓励、四个禁止”；鼓励面向发展前景良好但遇到暂时困难的优质企业开展市场化债转股；严禁扭亏无望、已失去生存发展前景的“僵尸企业”，有恶意逃废债行为的企业，债权债务关系复杂且不明晰的企业，有可能助长过剩产能扩张和增加库存的企业作为债转股对象（见表 2—1）。

表 2—1　　市场化债转股主要支持政策发布情况

发布日期	发文机关/人员	文件/场合
2016.10.10	国务院	《关于积极稳妥降低企业杠杆率的意见》《关于市场化债转股的指导意见》

续表

发布日期	发文机关/人员	文件/场合
2016.12.16	银监会、发改委及工信部	《关于钢铁煤炭行业化解产能金融债权债务处置的若干意见》
2016.12.19	发改委	《市场化银行债权转股权专项债券发行指引》
2017.04.07	原中国银监会	《关于提升银行业服务实体经济质效的指导意见》
2017.05.04	原中国保监会	《关于保险业支持实体经济发展的指导意见》
2017.08.07	原中国银监会	《商业银行新设债转股实施机构管理办法(试行)》征求意见稿

资料来源:根据公开资料整理。

发改委副主任连维良在政策发布会上表示,三个鼓励的“正面清单”和四个禁止的“负面清单”为债转股目标企业提供了一个政策边界。从政策解读中可以发现,本轮市场化债转股的政策试图尽量弱化政府行为,政府指定政策边界,但不指定债转股企业。债转股标的企业主要由市场主体按照市场化原则,自主、自愿、协商确定;相关的政策文件尽量防止出现债转股成为个别国企债务人的“免费午餐”,为此剔除了在市场化债转股运作中政府将坚持“三个不”原则,即政府不兜底、不强制和对原股东不免责。

同一时期,为了拓展市场化债转股的资金来源,国家发改委在 2016 年 12 月 19 日发布《市场化银行债权转股权专项债券发行指引》,对债转股专项债券的发行条件、募集资金使用、发行方式、债券存续期、事中事后监管进行规定。明确了债券发行规模不超过债转股项目签约股权规模的 70%;发行人可利用不超过发债规模 40%的债券资金补充营运资金;债券资金既可以用于单个债转股项目,也可用于多个债转股项目。

原中国银监会也不断出台制度,满足市场化债转股的各种需要。2017 年 1 月 10 日,在 2017 年全国银行业监督管理工作会议上,原中国银监会主席尚福林表示,监管机构将尽快制定新设市场化债转股实施机构试点管理办法,明确设立条件、业务范围、风险管理等事项,加强对市场化债转股参与方行为监督;转让债权法律关系清晰,银行债权实现真实出售,在保证风险隔离有效的同时,防止参与方的道德风险。尚福林表示“我们把这件事情落实,不是说账面好不好看,而是真正能起到作用”。2017 年 3 月份,原中国银监会副主席王兆星对新闻媒体表示,《商业银行法》规定商业银行不能持有工商企业的股权,因此,债转股以后的股权现在有三种方式实施债转股。一是把债权资产转让、出售给资产管理公司,目前市场有四大资产管理公司,同时各省也有设置地方资产管理公司,出售给它们,由其实施债转股。二是监管机构鼓励现有的银行充分利用已经有的、具有股权投资功能的子公司来实施债转股。三是使监管机构在必要的情况下也会批准符合条件的银行设立专门经营债转股的实施机构。原中国银监会法规部正在制定债转股实施机构管理办法(该办法已经于 2017 年 8 月正式发布)。2017 年 4 月,原中国银监会信托部主任邓智毅在人代会接受采访时,表示银行债转股业务可以转给信托公司去实施。2017 年 4 月 7 日,原中国银监会《关于提升银行业服务实体经济质效的指导意见》正式发布,再次强调积极稳妥开展市场化债转股,转股对象确定采用市场化方式自主协商确定,转股价格、转股条件、标的债券的确定严格遵循市场化、法制化原则。银监会支持银行充分利用自身已有的符合条件的实施机构或申请设立符合规定的新机构开展市场化债转股。2017 年 4 月,银监会先后批准筹建建信金融资产投资有限公司、农银金融资产投资有限公司和工银金融资产投资有限公司,要求筹备组自批复之日起 6 个月内完成筹建工作。2017 年 8 月 7 日,原中国银监会发布《商业银行新设债转股实施机构管理办法(试行)》的征求意见稿,对银行系市场化债转股实施机构的设立、业务范围和风险管理作出规定,实施机构主要从事债转股及其相关配套支持业务,从而使银行具有标的选择权和真实股东权利,等同于向银行发放了一张股权投资牌照。

随后,市场化债转股的签约速度明显增长,煤炭、钢铁行业开始出现签约规模巨大的市场化债转股项目。2016 年 12 月 16 日,原中国银监会、发改委和工信部联合发文《关于钢铁煤炭行业化解产能金融债权债务处置的若干意见》。由于钢铁、煤炭行业在国民经济中的重要地位,其周期性行业特征也决定了大量骨干企业周期性地陷入运营困境,通过对钢铁、煤炭行业的市场化债转股项目进行规范,可以使具备发展潜力的钢铁、煤炭骨干企业渡过行业发展的低潮期。在钢铁行业“去杠杆、防风险、增效益”专题座谈会上,常务副会长刘振江着重强调了债转股是企业减负、“去杠杆”最直接最有效的办法,并将钢铁行业平均资产负债率水平控制在 60%以下。

2017 年 4 月 13 日,国资委总会计师沈莹在国务院新闻办举行的新闻发布会上表示“债务风险管控关系到国有资本安全,一直是国资委高度关注和重视的问题。落实‘三去一降一补’,也有降杠杆的要求,债务风险管控是国资委降杠杆的重要工作任务。今年会继续加大力度,特别是在债转股方面,按照市场化、法治化的原则,推动符合条件的中央企业实施债转股,积极稳妥地降杠杆”。

为了积极发挥保险资金融通和引导作用,助力供给侧结构性改革,支持保险资金参与市场化债转股,原中国保监会于 2017 年 5 月 4 日发布了《关于保险业支持实体经济发展的指导意见》(保监发〔2017〕42 号),提出大力支持保险资金服务国家发展战略,支持供给侧结构性改革;通过保险资金融通和引导作用的积极发挥,支持保险资产管理机构发起设立去产能并购重组基金，促进钢铁、煤炭等行业加快转型发展和实现脱困升级；支持保险资金发起设立债转股实施机构，开展市场化债转股业务；支持保险资产管理机构开展不良资产处置等特殊机会投资业务、发起设立专项债转股基金等。

二、市场化债转股落地项目情况

目前，债转股已在全国铺开。根据东方资产发布的《2017：中国金融不良资产市场调查报告》显示，截至 2017 年 6 月 9 日，本轮债转股共签约 56 个项目，涉及 45 家企业，签约规模 7 095 亿元，单个签约项目平均规模以 100 亿元左右为主。但是，已成功落地的项目仅有 10 个，落地金额 734.5 亿元，占签约总规模的 11%。相关内容如图 2—2 所示。

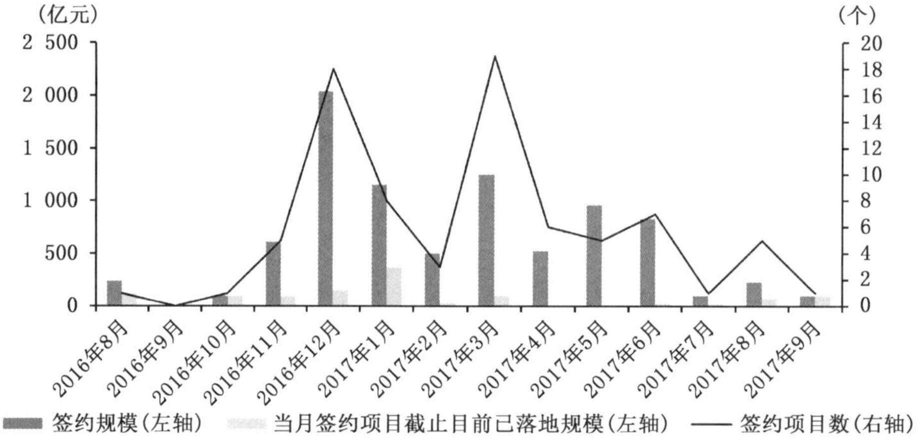

资料来源：公开资料搜集，合众资产整理。

图 2—2　2016 年 8 月份以来债转股项目签约规模及数量

课题组进行了大量的公开资料搜集，截至 2017 年 9 月中旬，整理了公开披露的 56 个市场化债转股签约的公开资料，以及 14 个市场化债转股项目落地（部分或全部出资到位）的公开资料。据此不完全统计，截至 2017 年 9 月末，65 家企业与 19 家金融机构合作签署了共计 80 个市场化债转股项目，累计签约规模 8 631 亿元，落地项目 14 个，累计落地项目规模 1 181 亿元。

2016 年 8 月 18 日，武钢集团与建设银行签署去杠杆业务合作框架协议，成为市场化债转股的第一单签约项目。随后，2016 年 10 月，《关于积极稳妥降低企业杠杆率的意见》和《关于市场化债转股的指导意见》发布之后，市场化债转股的签约规模和数量经历了 2016 年 12 月的高峰，以及 2017 年上半年的平稳增长，2017 年 7 月以来，新增签约数量有所下降。相关内容如图 2—3 所示。

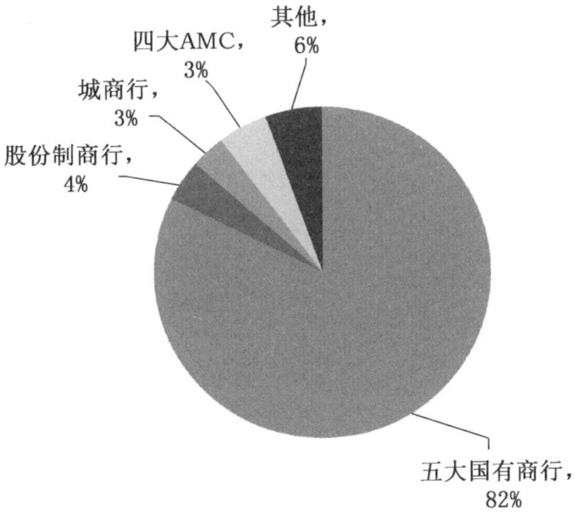

资料来源：公开资料搜集，合众资产整理。

图 2—3　市场化债转股各类金融机构签约分布

牵头机构方面，由于市场化债转股转换的标的债权主要由银行债权构成，而主要转股对象的企业属性以国企为主。从银行层面看，目前相较于民营企业，国有企业的贷款质量普遍更好，这也变相地进一步挤压了民营企业的融资空间。因此，市场化债转股政策目标并非帮助银行化解不良贷款，但是对银行盘活存量资产、化解潜在不良贷款、改善社会总体融资结构具有重大意义。而且大型商业银行在信息获取、资金体量、客户来源方面具有显著优势，借助这些优势，商业银行亲自上场主导市场化债转股，通过银行系资管公司间接整合产业资源，为银行转型提供了新机遇。为此，银行拥有很强的参与并主导债转股项目的动机，截至 2017 年 9 月末，已签约的市场化债转股项目中，五大国有商业银行的签约规模达到 82%。

在图 2—3 中的“其他”分类中，包含了中国人寿牵头的两单总计 200 亿元的市场化债转股项目，分别为陕煤集团和华能集团提供债转股服务，并且两单项目均已全额落地。此外，地方 AMC 也统计在此类中。

目前，保险资金作为牵头机构参与市场化债转股的案例，仍然仅有中国人寿的这两单业务。

落地项目方面，截至 2017 年 9 月中旬，共有 14 个签约市场化债转股项目已经实现部分或全部出资到位，累计到位资金规模 1 181 亿元(见图 2—4)。

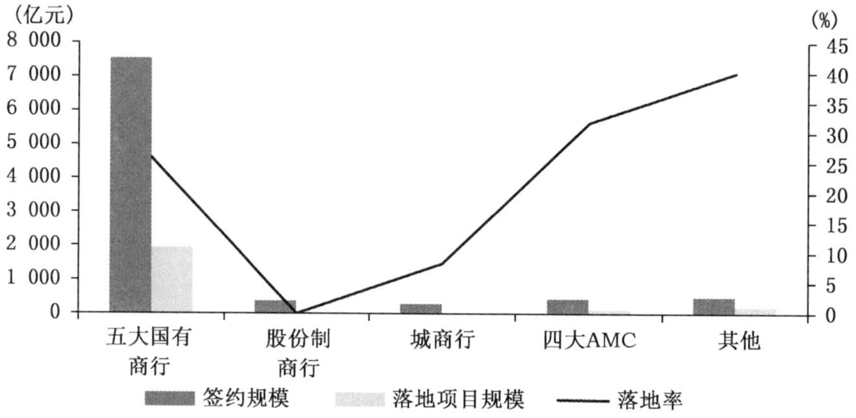

资料来源：公开资料搜集，合众资产整理。

图2—4 市场化债转股各类牵头机构项目落地情况

大型国有商业银行的签约规模为7 556亿元，落地项目规模为2 056亿元，落地率为27.21%，总体落地率一般，但落地规模相对较大，对降低国有企业杠杆率水平已经发挥了一定的积极作用。股份制商业银行截至目前签约规模已经将近600亿元，但尚未有实际落地项目。总体上，股份制商业银行参与市场化债转股的时间相对较晚。2017年4月鞍钢集团与兴业银行签署债转股合作框架协议，是由股份制商业银行主导签约的首单市场化债转股项目，截至2017年9月末，共有4单股份制商业银行参与的市场化债转股项目完成签约，但尚没有实际出资到位的项目。相关内容如表2—2所示。

表2—2 股份制商业银行参与的四单市场化债转股签约项目

债转股主体	行业	企业类型	参与机构	签约规模（亿元）	签约日期
中钢集团	钢铁	央企	中国银行、交通银行、国开行、农行、进出口银行、浦发银行	270	2016/12/09
鞍钢集团	钢铁	央企	兴业银行	100	2017/04/05
平煤股份	煤炭	国企	兴业银行	25	2017/04/24
晋能集团	煤炭	国企	中信银行	200	2017/05/04

资料来源：公开资料搜集，合众资产整理。

为了有序引导银行机构在市场化债转股中发挥积极作用，原中国银监会也出台了相关制度。2017年8月7日《商业银行新设债转股实施机构管理办法（试行）》征求意见稿发布。在该管理办法中，监管机构并未试图突破银行机构直接持股实体企业的相关法律限制，而是要求各家银行机构通过新设实施机构参与债转股项目，且对设立实施机构的银行主体做了相对严格的限定，一般股份制商业银行达不到相关要求。因此，股份制商业银行以及城商行未来直接参与债转股项目的规模的扩张速度将相对较慢。

截至2017年9月末，四大资产管理公司(AMC)中目前已有东方资产、信达资产和长城资产各自分别实现了市场化债转股的签约，合计签约规模440亿元，已落地规模140亿元。作为上一轮政策性债转股的主要操盘手，资产管理公司债转股的经验相当丰富。而且本轮市场化债转股主要针对的仍然是国有企业的债转股，与上轮债转股在很多方面有相似性。同时，AMC有其全牌照的资源优势，包括证券、信托、基金管理公司等牌照，在当前分业监管政策背景之下，这是传统商业银行所不具备的优势。全牌照带给AMC在市场化债转股过程中更多的市场化操作选项。

除了上述机构，政策性银行、邮储银行、地方AMC、保险机构也均存在签约项目，且保持了相对较高的落地率。

第三节　本章小结

如表2—3所示，市场化债转股与政策性债转股进行了对比。

表2—3　两轮债转股的主要要素比较

项　目	政策性债转股	市场化债转股
转股目的	帮助银行解决不良贷款；帮助企业“脱困”	降杠杆
目标企业	普遍体量小，不良类贷款客户	高杠杆、高负债、高成本，包括正常、关注到不良类各段贷款客户；限制“僵尸企业”参与债转股
操作方式	收购银行债权—债务重组—转换股权(债权转让变股权)	方式多样，例如通过银行与企业设立并表基金或收购债转股股权等方式(新股还旧债)
实施机构	AMC(华融、信达、东方、长城)	金融资产公司、国资委资本运用平台公司及地方资产管理公司、银行系资产管理公司等
企业选择	实施机构审核、行政机关审批	有改革计划和脱困安排、符合国家产业发展方向、信用良好的企业。
定价	行政干预	市场化定价
资金来源	财政部提供的资本金、央行再贷款、金融债券	鼓励向社会投资者募集资金，包括各类受托管理的资金；支持和探索发行用于债转股实施的金融债和企业债
退出方式	企业回购、资产转让	各方协商股权退出方式。上市公司可以转让退出；非上市公司，鼓励利用并购、新三板、区域性股权市场、证交所上市等渠道实现转让退出

资料来源：根据公开资料搜集整理。

市场化债转股最主要面对是实现“降杠杆”，同时帮助负担较重的重点企业赢得一定的发展空间，渡过难关。在目标企业的选择方面，本轮债转股选择的视角并非是“解决银行不良贷款”的视角，而是选择了高负债率、具有一定财务困难，但具有行业地位和重要性的企业。同时，在参与主体上，并非是国有企业、国有银行、资产管理公司这样一个“闭环”，而是更加开放地引入多样化的投资人。最后，对于债转股项目的最被关注的“退出方式”，本轮债转股鉴于我国的市场经济和资本市场的持续快速发展，退出方式的设计上更加多样化和“现代化”。

笔者也关注到本轮债转股虽然并没有把不良贷款的债转股排除在外，但就目前落地项目来看，却并没有不良贷款债转股的案例。我们认为其原因：第一，目前不良率总体仍在可控范围内，银行通过自身的资本实力可以消化，因此银行方面没有推动的动力；第二，除银行和四大国有资产管理公司以外，其他本轮债转股参与机构大都缺乏不良资产处置和操作的经验及人才储备，因此在软件配备上短期内也达不到参与要求。

第三章　保险资金参与市场化债转股的方式

第一节　保险资金投资市场化债转股的特点

一、保险资金参与债转股属于非标投资的范畴

保险资金的“非标投资”主要指未在银行间市场、证券交易所市场交易，且没有公开透明定价机制金融产品和资产，即以债权、股权或股债混合形式投资的金融产品或资产。目前保险资金参与市场化债转股并无“标准化”产品可选择，因此，保险资金参与债转股属于非标投资。非标产品具有定价机制不透明、信息不充分等特征，因此，在进行债转股项目投资的时候，要针对产品的特征，利用非标投资的流程、风险控制方法进行操作。

二、保险资金投资市场化债转股项目要与负债端有良好匹配

保险机构的资金来源于保单的销售，因此在久期和规模上要与负债端有很好的匹

配;同时,由于保险资金属于保障型资金,因此保险资金对投资的安全性、流动性要求较高。总体而言,期限、流动性和收益与负债端的匹配和较低的风险偏好,是保险资金运用的固有特点。市场化债转股项目的投资也不例外,保险机构在投资过程中,相对更重视退出方式和期限,及其与本机构负债端的匹配程度。

三、市场化债转股项目的投资需要获取相对较高的收益

除了上述安全性、流动性特点以外,保险资金投资还要兼顾投资的收益性。目前保险资金介入市场化债转股项目主要采用非标投资的模式。对于非标准化产品而言,由于其相对标准化产品流动性较弱,因此对于保险公司而言,非标准化产品投资的目的往往是在保证安全性的基础上,更多地获取投资收益。特别是,很多债转股项目从交易结构层面来看,会被认定为权益类投资。在“偿二代”监管体系下,该类型投资对于保险机构资本消耗较高,因此更应该获取较高的收益予以弥补。

第二节　保险资金参与市场化债转股的运作模式

一、市场化债转股普遍运作模式案例分析

上一轮政策性债转股是在政府主导下进行转股企业的选择、债权定价,债转股实施机构(即四大 AMC)的设立也是由政府出资完成的,作为独立法人的 AMC 在政策性债转股中的亏损由财政部负责弥补,政府主导作用体现在了政策性债转股的操作流程中自始至终。

本轮市场化债转股,债权人与债务人在市场主导下为了各自利益,进行市场化的项目合作,债权人寻求债权的安全实现,债务人寻求债务压力的缓释,债转股基金成为实现双方目的主要金融工具。目前,市场化债转股项目采用多元模式,通常以基金为载体,通过股权(或者债权+股权)的投资方式对企业债务进行置换(或继续追加投资)。如表 3—1 所示,根据 28 个市场化债转股方案披露相对较全的签约案例,有限合伙基金成为目前市场上操作债转股项目的普遍选择的一种形式。

表 3—1　　市场化债转股主要实施方案列示

签约企业	具体方案
武汉钢铁(集团)公司	建银国际与武钢下属基金公司以双 GP 模式共同设立武汉武钢转型发展基金,基金募集资金 120 亿元。建行理财资金和武钢集团自有资金出资购买基金 LP 份额,武钢 20 亿元,建行 100 亿元。随着 2016 年 10 月 11 日银行资金到位,成为首单支持央企市场化去杠杆落地项目
云南锡业集团(控股)有限责任公司	与建设银行共同设立债转股基金,建信信托担任基金管理人,基金规模 100 亿元,引入信达资本、建信养老金公司等资金,资金用途主要为债务置换,预期收益率为 5%—15%,期限 5 年。建行或其关联方成立的基金拟对华联锌铟注资以认购期新增注册资本,持股不超 15%。
山东能源集团有限公司	建设银行将牵头设立 3 只总规模为 210 亿元的基金:150 亿元山东能源集团转型发展基金、30 亿元医疗并购重组基金和 30 亿元资本结构优化基金(pre-IPO/PE 基金)。
山西焦煤集团公司	发起设立"山西焦煤集团降本增效基金"和"山西焦煤集团转型发展基金",合计募集资金规模 250 亿元。
中国中钢集团公司	根据协议,采用"留债＋可转债＋有条件债转股"的组合方案进行中钢集团的资产重组:600 多亿元债券债务中,270 亿元债权直接转化为可转债(期限 6 年,设置 3 年锁定期),第四年起依据 3:3:4 比例进行转股;其余部分仍以债权形式存续。由于可转债的转股权利,中钢集团债务置换方案成为银行债权转股权的模式之一。
冀东发展集团有限责任公司	工行与冀东集团合作开展债转股业务,采用有限合伙基金模式投入企业,基金规模 50 亿元,资金用于置换企业债务,再进行债权转股权。
太原钢铁(集团)有限公司	设立"债转股"产业基金,由工商银行与太钢集团合作设立,基金规模 60 亿元;通过资管计划向转股企业股权出资 40 亿元;
大同煤矿集团有限责任公司	与工商银行合作设立"债转股"产业基金,采用合伙形式,基金规模 100 亿元。
阳泉煤业(集团)有限责任公司	与工商银行合作设立"债转股"产业基金,采用合伙形式,基金规模 100 亿元; 与交通银行合作发起设立"债转股"基金,基金规模 100 亿元。
陕西陕煤榆北煤业有限公司	陕西金资与陕煤化集团各出资 10 亿元,北京银行西安分行出资 80 亿元,联合成立债转股合资公司,将对陕煤化集团全资子公司陕西陕煤榆北煤业有限公司进行债转股,首期债转股基金 100 亿元。
淮南矿业(集团)有限责任公司、淮北矿业(集团)有限责任公司、马钢(集团)控股有限公司	根据与建行签订的债转股协议,建设银行为淮南矿业、淮北矿业和马钢集团提供授信(5 年期),建设银行在投行业务、结算业务、国际业务、养老金业务、个人业务以及子公司业务等方面为三家企业提供全方位的综合金融服务。
甘肃省公路航空旅游投资集团有限公司	邮储银行与企业发起设立降杠杆基金,基金总规模 200 亿元,期限长达 15 年; 中国银行与企业设立合伙制基金,基金募集规模为 100 亿元。 农业银行与企业发起设立债转股基金,基金募集资金规模 100 亿元,期限 10 年。

续表

签约企业	具体方案
陕西煤业化工集团、陕西有色金属控股集团、陕西能源集团	中国建设银行设立去杠杆基金，募集资金500亿元，对三家企业下属子公司进行权益性投资。
河南能化集团、平煤神马集团、安阳钢铁	河南能源化工集团、河南投资集团与建设银行三方共同出资设立转型发展基金，募集资金规模125亿元。基金进行结构化设置，建行出资100亿元作为优先级，河南能源与河南投资集团共同出资25亿元作为劣后级。
南京钢铁股份有限公司	建设银行与南钢股份控股股东南京钢联，共同对南钢股份全资子公司南钢发展进行增资，增资额分别为30亿元、7.5亿元。资金主要用于偿还存量债务、补充流动资金。增资后南钢股份、基金、南京钢联分别持有南钢发展61.28%、30.97%、7.75%股权。
山西潞安矿业(集团)有限责任公司	潞安集团将与建设银行共同设立"潞安集团降本增效基金"和"潞安集团创新发展基金"，基金总额约为100亿元。
山西晋城无烟煤矿业集团有限责任公司	晋煤集团与建行共同出资设立约100亿元规模的降本增效基金和转型发展基金。
青海盐湖工业股份有限公司	建设银行及/或其关联方与企业共同成立降杠杆基金和并购基金，基金合计金额约200亿元。
西部矿业集团有限公司	建设银行成立债转股基金用于置换西矿集团及其下属公司存量负债，基金规模未公布。
平顶山天安煤业股份有限公司	平煤股份拟与兴业国际信托等共同发起设立平煤一兴业债转股基金合伙企业。基金规模25亿元，其中平煤股份出资5亿元作为劣后级有限合伙人。该债转股基金通过银行委托贷款的方式将资金提供给平煤股份，用于置换有息负债、补充营运资金。
中国建材集团有限公司	农业银行为中建材集团300亿元的市场化债转股支持。
河钢集团有限公司	由河钢集团与建设银行共同出资设立总规模约为200亿元市场化债转股基金。
广西交通投资集团有限公司	银企双方共同成立交银市场化债转股基金，参与标的企业主营优质板块的资本市场运作，从而通过市场化运作的方式有效降低企业杠杆率，减轻企业财务运营压力。
天津物产集团有限公司	农行将充分发挥大型商业银行对实体经济的支持作用，遵循市场化和法制化原则与天津物产集团有限公司有序稳健开展债转股合作，持续优化企业资产负债结构和增强资本实力，助力企业实现产业结构调整和转型升级。
福建能源集团、福建交运、福建电信、福建建工	建行与四家福建省重点国有企业及下属公司合作，通过募集社会资金、以权益投资等多种方式为其实施210亿元的债转股融资项目
云天化集团有限责任公司	首期20亿增效基金是总额100亿商场化债转股业务合作框架协议的首期项目。

续表

签约企业	具体方案
中国船舶重工集团有限公司	中国信达对中国重工下属两家子公司实施总额 50.34 亿元的债转股，其中大船重工 31.5 亿元、武船重工 18.84 亿元。东方资产为中国重工提供 20 亿元债转股服务。
中国华能集团公司	2017 年 9 月 20 日，中国人寿向中国华能提供规模 100 亿元权益性资金，专项用于中国华能集团旗下已建成项目的债务置换、营运资金补充等。

资料来源：公开资料，合众资产整理。

市场化债转股普遍运作模式如图 3－1 所示，具体操作步骤主要包括四步：第一步，发起设立基金，募集资金。第二步，偿还银行贷款，收购银行债权。第三步，确定股权价值，转股。基金成为企业管理人。第四步，基金退出，或者项目退出。

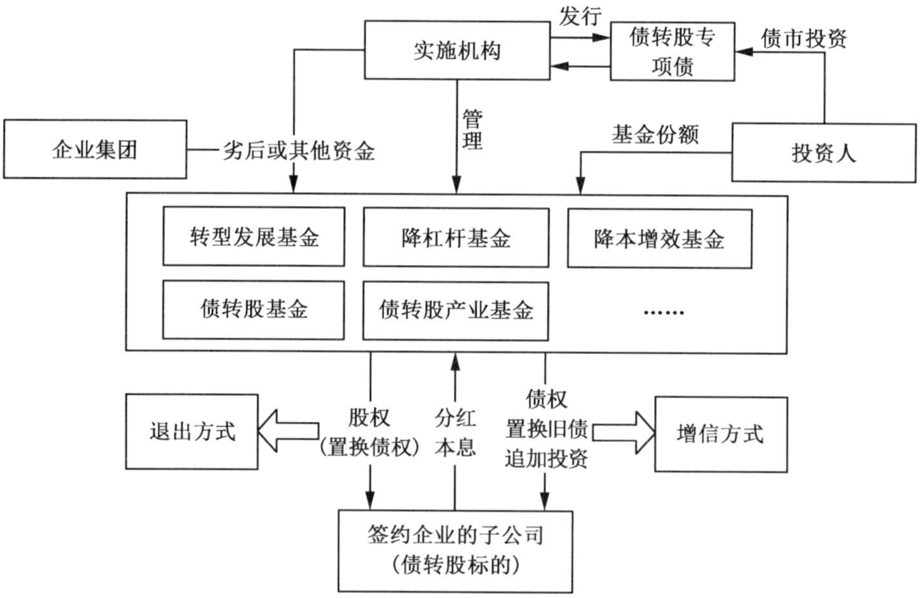

资料来源：合众资产整理。

图 3－1　市场化债转股典型运作模式

在实际操作中，市场化债转股的各类基金类型及名称多样，在此统称为债转股基金。从投资形式上看，债转股基金的股权投资是指真实股权投资，可以切实降低企业杠杆率。但是，目前债转股案例显示，部分签约案例以集团回购股权作为主要退出方式，并且承诺了固定收益，使得债转股项目成为一种变形的“名股实债”融资模式。这在一定程度上与保险资金支持实体经济的《指导意见》相背离。目前，被诟病较多的正是已签约市场化债转股项目中“名股实债”过多，以集团回购股权作为实际退出方式，以差额补足方式分红提供给投资人固定收益，对企业降低杠杆和财务负担均没有实质性帮助。

债转股基金也有一些真实的债权投资，则通常被理解为债转股基金的“假股”操作，用于向债转股标的企业发放债权资金、追加投资，配合股权投资帮助标的企业改善运营。实际操作中，这种投资其实并未采用“假股”的形式，而是在条款中明确列明的“真债”。这种债权投资的资金无论是用于置换企业现有债务，或者是用于企业追加投资，均不能产生降低企业杠杆率的作用。但是，类似这样“债权＋股权”模式中的债权投资在很多时候也是必要的。首先，这可以在一定程度上增加投资人投资债转股基金的安全性，债权与股权结合的投资模式，持有股权可以使基金拥有了一定的经营决策话语权，减轻投资人对资金使用状况的担忧，在一定程度上也可以降低债权融资的成本。其次，债权投资的资金被企业用于置换债务或追加投资，作为股权投资资金的配套资金使用，有助于企业经营状况的快速改善。

二、保险资金参与方式

（一）直接参与

作为债转股基金的出资方，是保险资金参与债转股最直接的方式。保险资金可以作为社会资本通过认购债转股股权基金的 LP 份额参与。银行系债转股实施机构作为实施主体，成立基金公司发起债转股基金并充当 GP（普通合伙人），保险资金出资持有基金的 LP 份额。相关内容如图 3—2 所示。

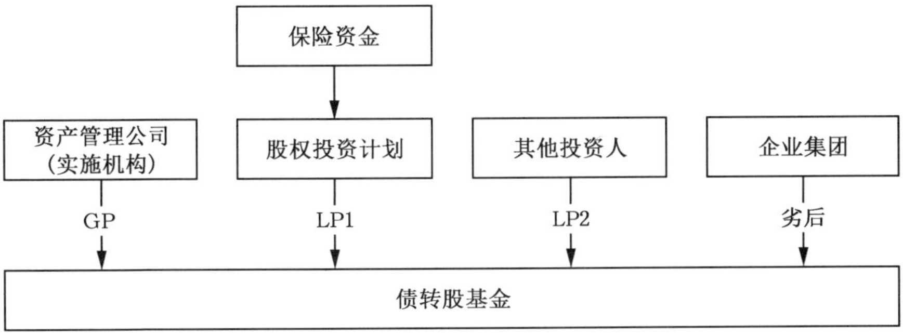

资料来源：合众资产整理。

图 3—2　保险资金出资参与债转股基金关系示意图

在这种模式下，债转股标的企业的母公司通常使用自有资金充当基金的劣后有限合伙的出资人，以此增加优先 LP 出资的安全性，也有利于基金的顺利募集。同时，也可以通过远期回购基金 LP 份额的方式来增加优先 LP 未来退出方式的选择。

保险资金直接投资于债转股基金，需要满足原中国保监会关于保险资金运用的监管规定。与债转股项目基金投资相关的制度主要包括：《保险资金投资股权暂行办法》（保监发〔2010〕79 号）、《关于保险资金投资股权和不动产有关问题的通知》（保监发〔2012〕59 号）等，监管文件中对于基金管理人、投资标的、范围等相关具体要求必须严格遵循。

在自身投资能力建设上，保险机构应当有完善的配置以尽量降低股权投资所带来的投资风险。保险机构设置完善的风险控制措施，在企业筛选和基金结构审查上设置明确标准：在企业选择上，具有强周期效应的企业，如果保持了较强的盈利改善能力和良好的发展前景，应当作为重点筛选对象；在基金份额选择上，投资 LP 份额从债转股股权长期盈利中获取股权增值收益。

（二）间接参与

目前，相较于保险资金的体量而言，保险资金投资私募股权的规模非常小，但保持了快速增长，2016 年险资投资私募股权规模达 2 000 亿元左右。因此，保险资金直接投资债转股基金的投资空间巨大。同时，保险机构自己设立债转股基金获取管理费用，也应当成为一种值得探讨的方式。

2015 年 9 月 10 日，原中国保监会进一步就拓展保险投资机构业务范围，发布了《关于设立保险私募基金有关事项的通知》（保监发〔2015〕89 号），保险资产管理机构及其下属机构设立私募基金的资格获得放开，使保险资金以间接形式参与市场化债转股成为可能。

参与设立保险私募基金或者通过参控股资产管理公司管理债转股基金，是保险机构间接参与债转股的主要方式。设立市场化债转股承接的保险私募基金，在云南锡业债转股实施中，由信托公司（中建信托）担任基金管理人。相关内容如图 3－3 所示。

《指导意见》将战略性新兴产业领域的成长型企业作为鼓励进行债转股的对象，保险资金可以设立新型战略产业基金，对接相应企业的市场化债转股业务。根据 89 号文的相关规定，保险资产管理机构出任基金管理人是有严格规定的，但目前已有相当规模的保险机构可以达到相应条件。截至 2017 年 8 月末，已经有 10 家保险资管机构成功设立了私募股权投资基金。由于保险资金参与私募股权基金时间不长，目前涉足私募股权基金的比例相对较低。

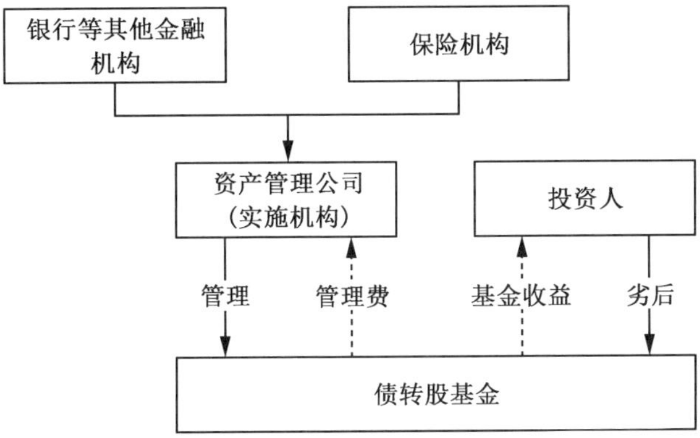

资料来源：合众资产。

图 3—3　保险资金投资组建资产管理公司参与债转股关系示意图

保险资金作为债转股实施机构扮演资产管理公司的角色，单独或与其他资产管理公司联合直接管理债转股的股权，无论是对于丰富债转股实施机构的类型，还是对于提升保险资产管理机构的股权投资以及处置不良资产的投资能力而言，均有重要意义，也可以直接丰富保险资金股权投资业务的类别。

2016 年 12 月 19 日，国家发改委发布《市场化债转股专项债券发行指引》，市场化债转股实施机构可以通过发行专项债券募集营运资金，用于单一或多个市场化债转股项目。保险资金也可以通过投资债转股专项债券间接参与债转股。此种方式总体风险较小，可以获取固定收益。

第三节　本章小结

从产品形式来看，目前保险资金投资债转股属于“非标投资”范畴，保险资金在进行市场化债转股投资时，需要与其负债端资金进行匹配，同时要兼顾收益性。结合保险资金运用的政策和目前市场化债转股运作案例的分析，保险资金参与市场化债转股可以采用直接和间接两种方式。所谓直接方式，就是保险资金作为有限合伙人出资参与债转股项目。有限合伙类型的私募股权基金的投资其实已经是保险资金投资标的中的一种重要类型，许多保险投资机构在把控作为 LP 投资人相关风险的制度建设方面已有相对成熟的经验。而间接方式是保险公司作为出资人参与建立实施机构（通常由资产管理公司承担）进行参与，由于保险机构获准私募股权基金的时间相对较短，因此在操作方法、制度建设方面仍有很多改进空间。无论是直接以投资人身份参与债转股项目，还是以基金管理人身份操作市场化债转股项目的融资及运营，从现有案例及其他机构操作经验中总结风险控制经验，将对保险资金参与市场化债转股提供有益帮助。

第四章　保险资金参与市场化债转股交易结构设计要点

保险资金作为直接参与者进行债转股操作过程中，首先要面对债转股的一般性风险；如果作为间接参与者，或者即使作为直接参与者一般也需要通过组建基金的形式进行操作。因此，本章基于保险资金投资私募基金的有限合伙份额的相关交易结构，对相应的风险控制措施进行分析。

第一节　债转股项目一般性风险及其防控

一、信息不对称风险

（一）信息不对称风险的表现形式

信息不对称是指经济活动的各参与方所掌握的信息数量、质量存在着较大差异。市场化债转股的参与方一般包括三方，即投资人、原债权人（银行为主）、债转股企业。对投资人而言，债转股企业转股前的实际运营状况，以及转股后经营、财务改善的可能性决定一个债转股项目最终能否实现获利退出，也就是决定着投资能否获得预期收益。但是关于实际企业运营状况信息方面，企业作为当事方，拥有完全信息；银行作为传统融资渠道，在信息获取上的地位相对强势，且拥有账户监管等多种途径，可以掌握很多关键信息；而投资人获取到的信息基本上是企业或银行选择性提供的第二手信息。

原债权人和企业基于不同目的，均有动机向投资人提供片面信息，这就是银行和企业的道德风险。

通常情况下，银行参与债转股的激励并不明显，卖断式债转股直接体现在当期资产负债表上，减记银行资产，资本充足率会下降。本轮债转股的根本目的并非着眼于解决银行的不良贷款，从落地项目来看，绝大部分转股的“债务”并未出现不良。因此，保险资金在参与本轮债转股的过程中，要注意防范银行等原债权人的道德风险。

另外，即使对于不良贷款债务的债转股项目，银行更愿意将债转股项目交给银行系实施机构进行操作，而以融资方式接受险资资金；保险资金基本难以获得直接参与的市场化债转股项目，可获得项目已经被银行筛选过，项目质量可能比获得的信息表现得更加“不良”。在定价过程中，保险机构需要与银行等债权人进行博弈，将不良债权外售，不愿接受更大的折价，这都对信息的充分性、不良资产处置能力和经验以及相关项目操作经验息息相关。

另外，转股企业道德风险，如果对债转股认识不明，将债转股作为逃废债的方法，转股企业本身会有强大的动机让自己成为标的。企业获得转股后，改善经营的意愿如何，是否有继续“赖账”动机，期望再次获得债转股，以及大股东进行利益输送行为，等等，都将增加投资人的投资风险。本来债转股的范围不仅仅限定在不良贷款类的企业，关注类贷款的企业也可包含在内，可选择范围更加宽泛；实际操作上，愿意被转股的企业恰恰是“最差”的企业。

（二）防范措施

道德风险的防控不能寄希望于“道德”，政府的介入和完善的制度建设可以有效降低信息不对称形成的道德风险。债转股的相关政策指引特别强调政府在债转股项目中应当弱化自身的职能，所以本轮市场化债转股中，必然存在政府职能转变的转换，但是市场化债转股不能完全排斥政府的有限干预。

首先，自愿参与、市场化选择应当是债转股开展的前提，但不应完全排斥政府合理介入。市场化债转股并不是企业降杠杆的全部，而仅仅是存在其中的重要一环，企业降杠杆的路径：企业自救→私人部门参与→市场化债转股→（破产）→政府介入。在无法防范的道德风险下，市场化债转股有更大的概率进入企业破产状态。政府的最后介入，坚持监督人的定位，才能防止道德风险，只有当债转股项目中出现企业与银行、市场都无法解决的情况下，政府才能有限地介入。

其次，制度建设方面，主要包含激励和约束两个方面机制的完善。所谓激励，目前市场上直接把控债转股资源的是银行，银行是否有意愿放出所持有的债权进行债转股操作，是市场化债转股能否成功的首要因素。政府应当摆脱短期政治顾虑，出台各类政策制度增加银行参与债转股的动机。对陷入经营困难的国有企业，地方政府也应当摆脱原来的无限救助的执政理念，使银行认识到继续持有债权的收益不一定获得保障。所谓约束，政府应当制定苛刻的条件，对银行和企业进行足够的“惩罚”，主要应对于道德风险。因为在债转股的实施过程中，“不负责任的企业”更容易“获利”，政府行政手段的有限介入，可以有效制约相关企业的刻意“逃废债”行为。但政府也必须考虑，惩罚措施过分严厉可能带来的负向激励问题，企业和银行参与债转股的积极性不能被破坏。所以，激励和约束机制共同建立和完善至关重要。

二、转股企业经营风险

（一）转股企业经营风险的表现形式

各类企业运营均有其专业性，每种行业的企业企业管理和运营特征不尽相同，专业人士的管理运营对于企业稳定发展必不可少。债转股实施机构介入更多的是可以帮助企业改善公司治理方面的问题，而对于专业运营方面却先天性地存在缺失。所以，如果投资人可以选择，公司治理失效的企业才是债转股投资最优的标的，通过完善现代企业管理制度，就可以使企业运营好转。但是，实际上转股企业的经营风险不可能单独剥离出去。企业经营风险主要是指转股企业业务发展和财务盈利、偿债指标波动等经营财务层面的风险。行业、管理、市场环境变化等均可能引发企业经营风险。经济衰退引发行业的市场环境恶化；盲目扩张、不当或过分多元化等经济决策失误问题可能使企业短时间内陷入资金链崩溃的境地；企业管理架构不稳定，管理人员能力或职责发挥不当等均可能使企业陷入经营困难。企业经营风险对债转股的影响是间接的，通过影响转股企业的股权价值，间接导致股权投资没有收益甚至出现本金损失的情况。当企业经营风险非常严重的情况下，企业可能陷入破产境地，导致债转股的投资人本金完全损失。

（二）防范措施

市场化债转股实施后，要保障实施机构享有《公司法》规定的各项股东权利，在法律和公司章程规定范围内参与公司治理和企业重大经营决策，但这可能导致债转股企业出现经营风险，进而影响商业银行经营的稳健性。其原因在于，《指导意见》提出市场化债转股对象企业是具有良好发展前景的、在经营中暂时遇到困难的企业，即企业经营出现困难主要受债务率高企影响，而非经营决策失当。金融资产管理公司、保险资产管理机构、国有资本投资运营公司以及银行所属机构，其所擅长的是资产管理和资本运营，而企业经营中的产品研发、生产、销售等则需要相应的专业知识，专业知识缺乏将容易导致实施机构派驻企业的管理决策人员做出错误决策，从而影响企业的正常发展，甚至导致企业出现亏损，进而对实施机构的业绩产生影响。

三、金融市场波动的风险

商业银行对企业的信贷投放因其利息率固定而风险水平相对较低，其价值在一定时期内以固定常数体现在银行的资产负债表中(产生不良贷款的除外)。市场化债转股后,银行原先持有的企业债权将以实施机构持有的企业股权的形式进入金融市场进行流转、交易,股权价值将受到资产价格波动影响,并给实施机构带来不确定的回报。此外,转为上市企业股权的银行债权还会受到资本市场波动的影响。对于以银行附属机构作为实施机构的债转股而言,金融市场波动的风险将通过实施机构传导至商业银行。

对于投资人而言,转股后持有企业股权即是一种股权投资行为,股权投资天然地面临着资本市场的波动,很可能会增加投资人意想不到的风险。这里的资本市场风险主要指财政、货币政策带来金融市场价格产生波动。

这类风险更多地表现为系统性风险,诸如货币政策、财政政策、行业政策以及地区发展政策的实施,会影响到体系内的全部企业。不同行业受影响的程度可能有所不同,但系统性风险发生时,大部分企业都会不可避免地受到影响。

第二节　交易结构层面的风控要点

无论作为直接参与者还是作为间接参与者都需要进行交易结构层面的风控要点,而债转股项目主要交易结构都是基于私募基金的形式进行设计的。

一、强化基金投资能力

如前文介绍,以有限合伙人(LP)身份投资债转股基金参与市场化债转股是目前保险资金可选择的一种主要形式。而在合伙制私募股权基金中,投资人处于相对“弱势”地位。在有限合伙制基金形式下,LP 直接向债务人声索的权利受到较多限制,向 GP 主张权利也面临障碍,基金在出现兑付危机时,LP 只能等待合伙企业债权债务了结完毕才能退伙。诸多法律障碍使得 LP 合法权益受到伤害之后,寻求救济时面临重大阻碍。保险投资人在进行市场化债转股基金投资时,应当严格投前对基金的风险控制。

首先,关注基金管理人操作风险及管理风险。作为合伙基金的实际控制人,普通合伙人在主张基金权利方面具有优势。市场化债转股基金在转股企业的持股比例,使得其拥有企业经营决策一定的参与权。优秀的基金管理人通过在企业决策中合理发挥作用,能够帮助债转股企业构建或完善现代企业管理制度,为债转股项目最终获利退出提供更强的保障。因此,保险资金应当关注基金管理人的投资资质、过往基金管理业绩，以及其在不同行业、领域所具有的专业管理能力。

其次，关注合伙协议重要条款的设置。有限合伙协议是有限合伙基金权利义务关系的直接保障，对有限合伙协议条款的审查应当关注到如下几个关键条款的设置：详细约定一般合伙人严重侵害有限合伙人利益的情形，同时设置惩罚性条款，赋予 LP 变更 GP 的权利；为了防范债转股企业的运营风险，退伙事由应当纳入企业投资在若干年内尚无法退出、企业经营出现重大风险等。

LP 在投资之前，应当将自己的权利最大限度地明确体现在有限合伙协议中，对于《合伙企业法》中规定的权利，LP 应当在有限合伙协议中，确认加以细化，例外条款也应当加以约定。因为有限合伙强调人合性，对于合伙人之间的权利义务，法院赋予了更大程度的协商空间，只要不影响企业整体利益和外部债权人利益，法院充分尊重合伙企业的自治权。

二、完善内部制度建设

首先，债转股实施机构应实现财务独立，建立风险隔离机制。在本轮市场化债转股过程中，由于其天然属性，商业银行有动机通过与旗下银行系债转股实施机构的关联交易掩盖其真实的不良率，相应地，风险应当引起保险投资人注意。商业银行通过报表腾挪隐藏不良资产，或者通过给企业提供展期等形式，掩盖企业实际经营状况；还有通过各类影子银行的通道，剥离不良资产等隐蔽操作手段。

其次，股权投资风险总体偏高，保险资金对安全性的追求可能会限制其参与债转股投资的预期。通过适度拓展股权范围，比如将债权转换为优先股，可以使保险资金的股权投资风险获得有效控制。普通股具有企业经营的重大决策权而可能对企业发展产生不利的影响。而《指导意见》也提出要“完善优先股发行政策，允许通过协商并经法定程序把债权转换为优先股，依法合理确定优先股股东权益”。优先股不参与企业重大经营决策，因而对企业发展的影响较为中性。

再次，尽职调查方面明细化核查内容，保险机构内部风险控制部门应当对单一债转股的要素进行充分评估，如债转股的价格是否公允、企业风险是否向金融机构转移、是否存在逃废债行为、是否存在不合理的债务转嫁、股东权利是否得到依法依规的落实和保护、是否存在债转股企业股东掏空企业资产的行为等。此外，债转股是否切实降低企业债务水平、是否减缓商业银行不良贷款增速、富余人员安置是否妥当等也将关系到债转股后企业运营的稳定性，需要投资人详细考察。

最后，市场化债转股投资人应当注意推动转股企业建立完善现代企业制度，通过提升公司治理水平，落实有效的激励约束机制，帮助债转股企业脱离运营困境，推动实现转股债权企业持续、稳定、健康发展是债转股的根本目标，以稳步实现股权投资人的收益。

三、条款和法律设计

在金融机构投资活动中，通过合同条款对交易对手财务及非财务情况进行限制是一种有效且直接的风险控制手段。保险机构在非标产品发行或投资中也在广泛使用，包括“专款专用”“股东借款劣后”等内容明确的条款性要求以及一些“经营出现显著恶化可以提前终止”等相对灵活的条款。为控制市场化债转股项目的风险，特别是企业运营方面的基础风险，实施机构可以广泛采用股权类投资项目中常被采用一些对赌条款。

对赌条款是被广泛使用的一个机制，通过对影响被投资企业市场估值的一些指标的控制并设立相应的惩罚条款来保证所投项目不会出现非预期的贬损。但需要注意，最高法院对对赌条款有效性发布判例，即对赌条款如设立在投资企业与被投资企业之间，会被认定为无效，但如果设立在投资企业和其他股东之间，则被认定为有效。

对于包含了追加投资的债权类投资的债转股基金，基金管理人可以设置一些债权类限制性条款。例如，对项目或交易对手的一些重要事件的达成做出规定性限制，以及未达到时的惩罚手段(房地产项目可以设置对各证照取得时间的要求，其他企业可以对某些政府行政许可取得的时间、增资完成的时间、上市发债的时间等可能会对企业经营或还款带来较大影响的事件的完成时间进行约束性要求)；对一些财务指标进行要求，例如负债率、经营情况、偿债指标等；以及对企业经营行为进行限制的一些要求，例如偿还股东借款、分红、对外投资、对外融资、出售资产等。对于因触发约束条款的惩罚措施，除提前还款外，也可以考虑设置改变项目期限、还款安排、追加增信措施、提高融资成本等选择。

四、风控措施的设计

保险资金投资债转股要以保险资金的安全作为底线，风险控制措施的设计至关重要。在投资基金 LP 份额时存在几种常见风控措施，例如由相对财务实力较强的另一个主体为转股企业的分红和退出时“本金”的支付提供一个流动性的支持、差额补足或者“回购”。相关法律条款中对于风控措施的触发条件和时间应当明确限定，同时明确流动性支持/差额补足/回购的范围和金额、是否具有抗辩权等。此外，在目前的市场化债转股项目中，“回购方”更有可能涉及国有企业，国有企业在进行决策、回购都有一些特殊的规则，在条款设计中要予以充分考虑。

一些私募基金交易结构中设计了结构化的风控措施，保险资金一般投资于优先级 LP 份额，中间级和劣后级投资人以其份额和收益作为优先级退出和收益获取的“安全垫”。在实际评估中需要考虑“安全垫”的厚度是否能为保险资金的安全退出形成良好的支撑。一种比较特殊的结构化设计，即转股企业的母公司或者关联方以“认缴”的方式投资劣后级份额。从名义规模上来看，这个“安全垫”通常较好，足以覆盖保险资金退出并获以相对合理的收益。这里有三点因素需要关注：第一，在风险事件爆发时，母公司和关联方受到转股企业的影响有多大，如果母公司和关联方自身的财务实力受转股企业很大影响，那么这个“安全垫”的作用会受到削弱；第二，劣后级的实缴以 GP 发出缴款通知书等形式启动，那么 GP 如果与转股企业、母公司、关联方关系密切甚至受其控制，这将可能大幅度削弱这个风控措施的效力；第三，需要注意的是，注意条款约定中的表述，尽量减少在启动司法程序后被法院认定为该有限合伙为“金融产品”的可能性。

除了上述风控措施以外，还要注意一些操作层面的问题。例如，由于债转股企业一般是地区内历史较久、较重要的国企，因此不排除个别地区可能会出现“地方保护主义”的现象，因此在争议解决方式中，要约定采用仲裁的方式、在本机构所在地解决争议。

第三节　本章小结

作为直接参与者的角色，保险机构必须对于债转股固有的信息不对称、企业经营风险和金融市场波动的分析具有充分的认识、评估和防范措施。信息不对称风险带来债转股参与各方的道德风险、债转股企业的经营不确定性带来的项目基础风险，以及金融市场波动带来的项目退出风险，是保险资金参与市场化债转股项目所需要面对的一般性风险。各类投资机构参与债转股项目中，均需面对这一类风险。保险机构需要对上述风险进行充分的识别和防范。作为应对信息不对称和经营不确定性风险的重要手段，本文将在后续章节详细介绍债转股企业层面的筛选方法。

保险机构虽然没有直接参与债转股的经验优势，但是大量保险非标产品的设计、发行及认购过程中，保险机构建立起来的非标投资人员梯队、风控制度也可以为保险资金参与市场化债转股提供专业化的指导和基础的制度保障。但是，保险机构仍需要在基金投资能力、内部制度建设以及条款设计等方面不断完善细节，尽量减少一般性风险可能给市场化债转股项目带来的不确定性。

本章就产品设计层面，对参与市场化债转股的一些风险要点进行总结并提供合理化件建议，希望在应对一般性风险中能够给予保险投资机构一些有益的帮助。

第五章　市场化债转股企业层面的风控措施

本文利用截至 2017 年 9 月中旬 56 个市场化债转股签约项目涉及的 65 家企业的数据，从企业类型和资信状况、区域和行业分布以及财务特征等方面对本轮市场化债转股企业特征进行描述性统计分析。然后，介绍了债转股项目中企业层面风控措施的关注要点。

第一节　债转股企业描述性统计分析

一、债转股企业类型及基础资信状况

市场化债转股项目主体资产及杠杆情况如表 5—1 所示。

表 5—1　　市场化债转股项目主体资产及杠杆情况

项　目	总资产(亿元)	资产负债率(%)	带息债务/投入资本(%)
平均数	2 160.99	75.92	78.98
中位数	1 485.48	75.46	80.32
最大值	10 028.52	92.63	99.38
最小值	209.27	56.94	50.55

资料来源：Wind 资讯。

截至目前，市场化债转股的签约企业基本上都是大型企业，62.96%的企业资产规模超千亿元，签约企业的平均资产规模达到 2 161 亿元，签约企业总资产的中位数为 1 485 亿元，签约主体规模巨大成为市场化债转股与政策性债转股的显著区别。此外，高企的债务水平和沉重的债务负担，也是签约企业的一项共同特征。相关内容如图 5—1 所示。

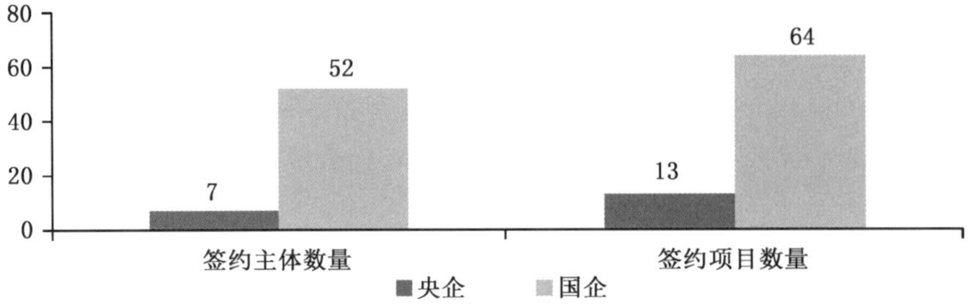

资料来源:公开资料搜集,合众资产整理。

图 5－1　市场化债转股签约企业类型

企业类型方面,目前实施债转股的企业以地方国有企业为主。其中,省属企业最多,央企排在其次,市属企业很少。从签约规模上看,国有企业债转股签约占总签约规模的比重达到 98%。已签约债转股企业中,自身是上市公司或下属企业有上市公司的企业个数占比达 79.03%,其余未上市平台公司的也多数有上市预期。拥有上市平台可以使债转股项目拥有更顺畅地退出渠道,具有上市平台也成为目前签约的市场化债转股项目的一个共性特征。相关内容如表 5－2 所示。

表 5－2　　市场化债转股项目评级分布情况

项目	签约企业主体数		签约规模(亿元)		落地规模(亿元)	
	数量	比重	规模	比重	规模	比重
AAA	35	56.45%	6 180	69.08%	865.73	80.11%
AA+	9	14.52%	975	10.90%	40	3.70%
AA	12	19.35%	1170	13.08%	175	16.19%
AA－	1	1.61%	300	3.35%	—	—
无公开评级	5	8.06%	321	3.59%	—	—

资料来源:Wind 资讯。

资信状况方面,《指导意见》鼓励面向发展前景良好但遇到暂时困难的优质企业开展市场化债转股。在目前的债转股签约企业中,资质状况总体处于高水平,主体信用评级 AAA 级别的企业签约规模和落地规模的比重分别为 69.08%和 80.11%,在落地规模上处于绝对多数。

唯一的评级为 AA－的签约企业主体是 2016 年 4 月因为发生了兑付危机而被评级机构降级的中国铁路物资股份有限公司(简称中铁物资),目前中铁物资已经被诚通集团托管。2017 年 1 月 19 日,中铁物资与债权人达成债务重组框架协议:按照"同债同权"原则,中铁物资 300 余亿元金融债务最终达成了"本金安全＋部分还债＋留债展期＋利率优惠+转股选择权”的一揽子债务重组方案；长城资产还将帮助中铁物资实现资产重组，并在满足长城资产内部风险控制要求的条件下，分阶段提供100亿元资金支持。

总体上，绝大多数市场化债转股的签约企业的资信状况在很大程度上获得国内评级机构的认可；而根据目前IAMAC公布的产品注册信息情况看，相当部分的签约企业在近年来注册过债权投资计划，反映了保险机构对市场化债转股签约企业的资信情况的认可。

二、债转股企业的区域及行业分布

行业分布方面，截至2017年9月中旬，采掘、钢铁和交通运输行业的签约规模均超过千亿元，分别达到3 511亿元、1 300亿元和1 070亿元。采掘行业签约企业21家，除云南锡业集团(控股)有限责任公司以外，其余20家企业全部是以煤炭采掘为主业的企业集团。因此，近两年经历了行业低谷的煤炭和钢铁行业成为市场化债转股开展的相对活跃的行业，签约规模和落地规模均居于前列。相关内容如图5—2所示。

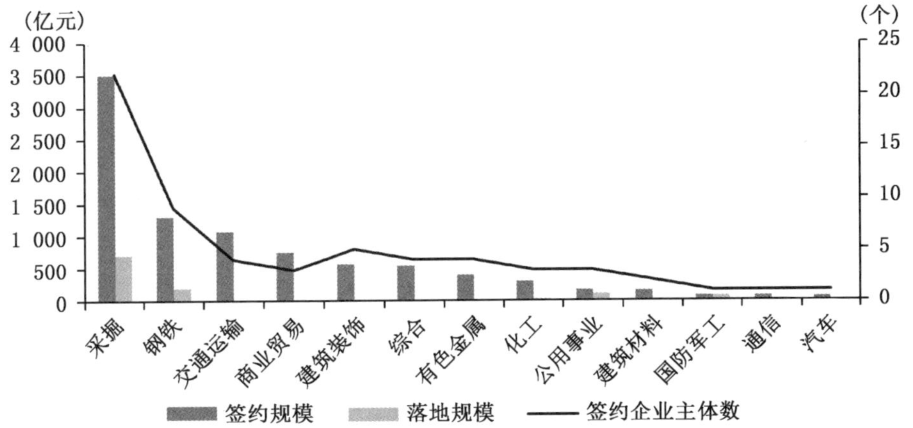

资料来源：公开资料搜集，合众资产整理。

图5—2 市场化债转股企业主体的行业分布情况

这种行业分布的出现主要与两方面因素相关。首先，客观上煤炭采掘及钢铁行业的企业大量参与市场化债转股，主要是由于行业周期性波动导致流动性压力日趋严重，而大型煤炭、钢铁企业由因其自身所具有的巨大生产体量、资源储量、存货及资金调配能力更加有希望渡过行业的萧条周期。这也符合《指导意见》中鼓励开展市场化债转股的企业特征，即发展前景良好但遇到暂时困难的优质企业。

其次，主观上政府意愿因素发挥了很大作用。大型煤炭及钢铁企业对于地区经济发展的影响巨大，地方政府不能承受其破产所带来的巨大冲击。虽然在市场化债转股上，政府的干预能力削弱，但是作为地方国有企业的实际股东，政府仍可以以股东身份发挥作用。相关内容如图 5—3 所示。

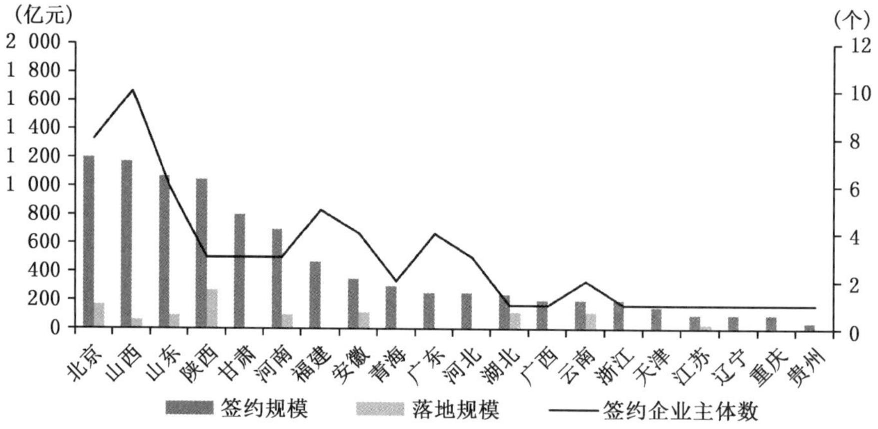

资料来源：公开资料搜集，合众资产整理。

图 5—3　市场化债转股企业主体的地域分布情况

地域分布方面，目前已有 20 个省份的国有企业签约市场化债转股项目，其中北京市签约规模最大，主要是因为首都的央企集群效应，目前 8 家市场化债转股签约的央企有 6 家注册地在北京。行业多元，涉及公用事业、国防军工、建筑材料及综合行业，累计签约规模 1 200 亿元；山西、山东、陕西等煤炭、钢铁行业居多的省份，参与市场化债转股的意愿积极，签约项目较多，规模较大。

区域签约规模上，东部、中部、西部的比重为 41.98 ∶ 29.29 ∶ 28.73，而落地规模上，东部、中部、西部的比重为 27.25 ∶ 36.66 ∶ 36.09。相较于东、中、西部的经济发展水平差异以及国有企业净资产的区域分布情况，[①]债转股项目的签约规模和落地规模并不匹配，经济落后地区市场化债转股的开展更加积极，这与中、西部地区的资源禀赋紧密相关，也在一定程度上反映了市场化债转股实际操作过程中逆向选择的存在。

三、债转股企业主要财务特征

如前所述，样本中 65 家企业，涉及 13 个行业，其中采掘、钢铁、交通运输、建筑装饰、有色金属及综合行业的样本数较多。相关内容如图 5—4 所示。

① 根据国资委数据，2014 年年末，东部、中部、西部国有企业净资产的比重为 63.74 ∶ 16.49 ∶ 19.77。

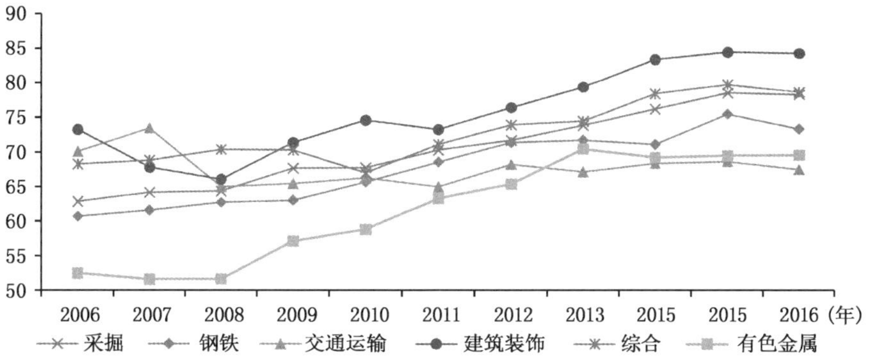

资料来源：公开资料搜集，合众资产整理。

图 5—4　市场化债转股签约企业分行业资产负债率均值的发展

通过这几个行业签约企业资产负债率均值数据的横向比较，可以看到，自 2008 年以来各行业杠杆水平就进入一个逐年上涨的态势，尤其是建筑行业、采掘行业和综合行业的市场化债转股的签约企业资产负债率均值在 2016 年年末达到了 75%以上的很高水平。总体负债水平较高，成为债转股企业的一个普遍财务特征。

在此，笔者将就债转股企业的资本结构、运营指标、盈利指标、偿债指标等方面对其财务账款进行逐一分析，以揭示其内在财务特征，希望对投资人筛选企业提供帮助。

(一)资本结构

资本结构方面，自 2006 年以来转股企业的资产负债率经历了一个持续上涨的过程。与此伴随的是，企业债务构成中的刚性债务比重也逐年上升，截至 2016 年年末，65 家转股企业的刚性债务比重达到 79.33%。相关内容如图 5—5 所示。

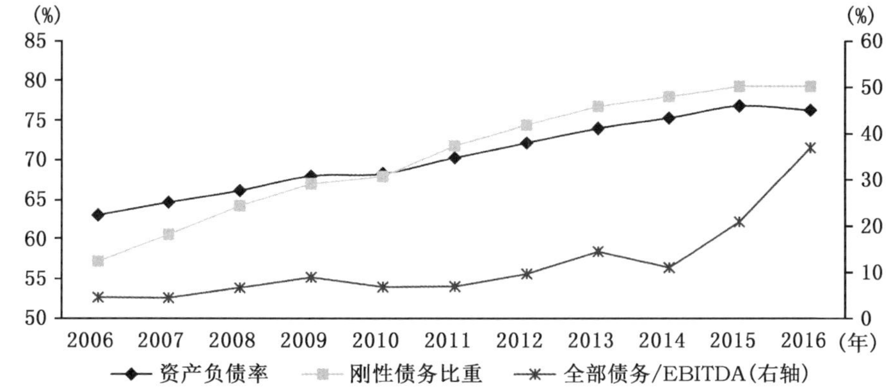

资料来源：公开资料搜集，合众资产整理。

图 5—5　转股企业资本结构指标变动情况

资产负债率持续上升。截至 2016 年年末，市场化债转股的签约企业中，一半以上的企业资产负债率在 75%以上。与此同时，各企业的负债中刚性债务比重的不断增长更加值得关注，截至 2016 年年末，债转股企业刚性债务比重的均值接近 80%，企业的债务空间越来越缺乏弹性；刚性债务比重的增速明显高于资产负债率上升的速度，这反映了签约企业近年来的经营及投资业务越来越倚重于筹资活动，伴之而来的则是企业财务负担的不断增长。相关内容如图 5—6 所示。

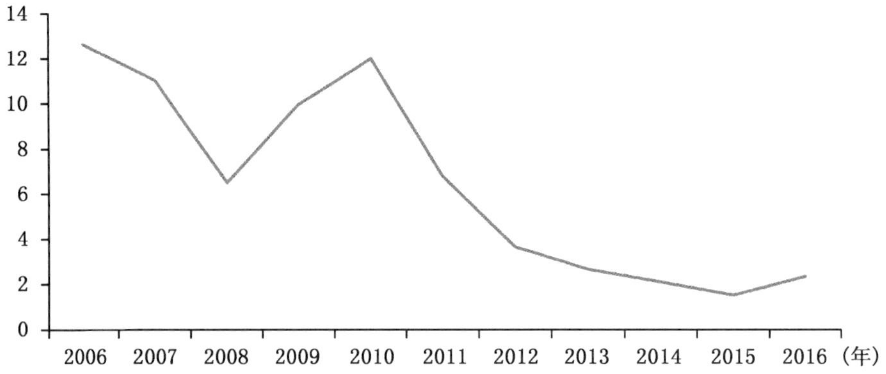

资料来源：公开资料搜集，合众资产整理。

图 5—6　市场化债权股企业 EBITDA/利息费用情况

2016 年年末，市场化债转股签约企业的 EBITDA/利息费用指标仅为 2.38 倍，而 2010 年该指标为 12.03 倍，随着 2010 年刚性债务比重向上超过资产负债率指标之后，EBITDA/利息费用指标开始快速下行。据此，相应的利息保障能力快速下行的风险应该获得更多的关注。

（二）营运能力

营运状况方面，近年来各债转股企业的周转率经历了一定的波动。2008 年全球金融危机带来的冲击曾经使各企业的周转状况在 2009 年出现了显著下降。但是在 2012 年之前运营指标的总体表现为波动上行的，最初的杠杆扩张给各家企业带来了好处，业务规模的快速扩张与运营效率的提升伴随，各债转股企业在当时也享受到了加杠杆的好处。然而在 2011 年年末和 2012 年年末，债转股企业的资产负债率均值先后到达 70.31%和 72.24%，并在随后继续保持增长，债转股企业开始普遍处于“高杠杆”运营状态，高杠杆带来的负面影响开始体现，企业运营效率开始出现下滑。2012 年年度，存货周转率和总资产周转率分别为 8.91 次和 6.53 次，直至 2016 年度两项指标分别下降至 6.69 次和 4.92 次，运营效率持续下滑。相关内容如图 5—7 所示。

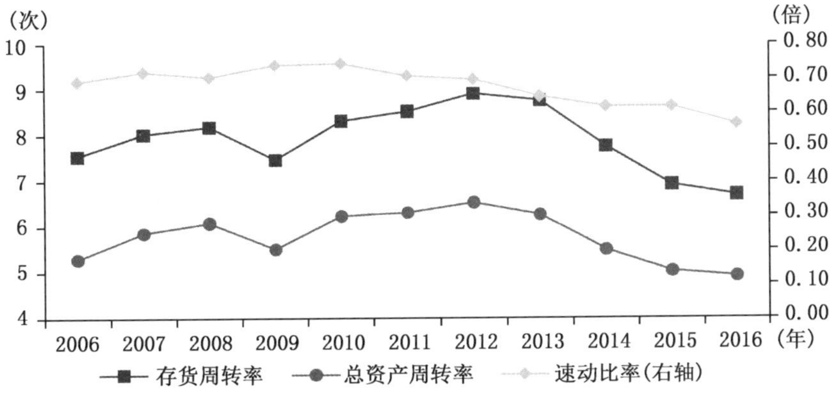

资料来源:公开资料搜集,合众资产整理。

图 5—7 债转股企业资产运行效率及流动性指标变化情况

资产周转效率的下降,必然在一定程度上会削弱企业资产的流动性状况,使企业的资金链承受更大的断裂风险。从速动比率指标上可以明显发现,各债转股企业的速动比率由 2010 年的 0.74 倍逐年下滑至 2016 年的 0.57 倍,速动资产对流动负债的覆盖缺口持续扩大,各债转股企业均经历了短期偿债能力不断下滑、弱化的过程。据此,需关注各家企业的资金链承压情况。

(三)盈利能力

盈利能力方面,近年来债转股企业的营业收入同比增速指标在经历了全球金融危机后的波动后,在 2010 年之后同比增速持续下滑,甚至在 2015 年度出现了 5.66%的同比下滑。净利润方面,市场化债转股债转股企业在近两年面临普遍亏损,其中 2015 年亏损企业的比重更是达到 52.54%。煤炭、钢铁行业企业在债转股企业中的占比较大,由于宏观经济供给侧改革及行业周期影响,近年来两大行业均陷入运营困难的状态,亏损企业的数目较大,这也是债转股企业在过去 6 年营业总收入增速不断下滑并处于低位的主要原因。相关内容如图 5—8 所示。

因此,总资产报酬率(ROA)和投入资本回报率(ROIC)①指标近年来持续下滑。无论从资产角度还是从投入资本角度衡量,投资的回报率在近 10 年均出现了明显下降。相关内容如图 5—9 所示。

① ROIC 衡量所有投入资本的收益率,而不论这些投入资本是被称为债务还是权益。分子是指公司如果完全按权益筹资所应报告的税后利润,分母是指公司所有要求回报的现金来源的总和,公式为归属于母公司股东的净利润×2/(期初全部投入资本+期末全部投入资本)。其中,全部投入资本=股东权益(不含少数股东权益)+负债合计-无息流动负债-无息长期负债。

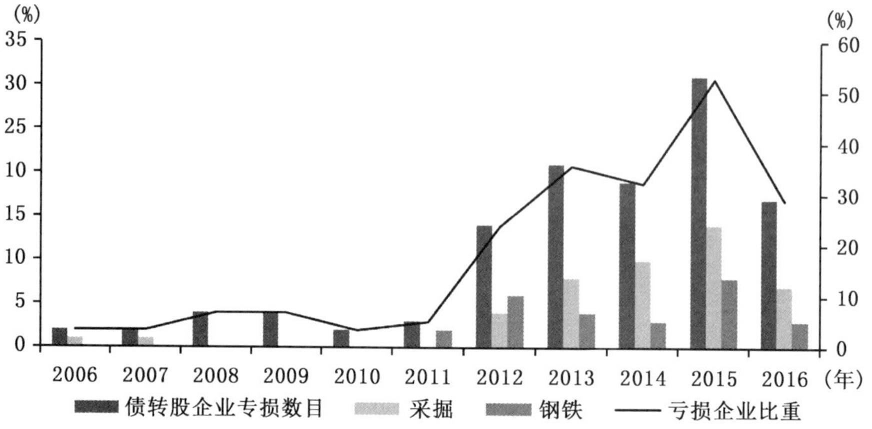

资料来源:公开资料搜集,合众资产整理。

图 5－8　债转股企业净利润亏损情况

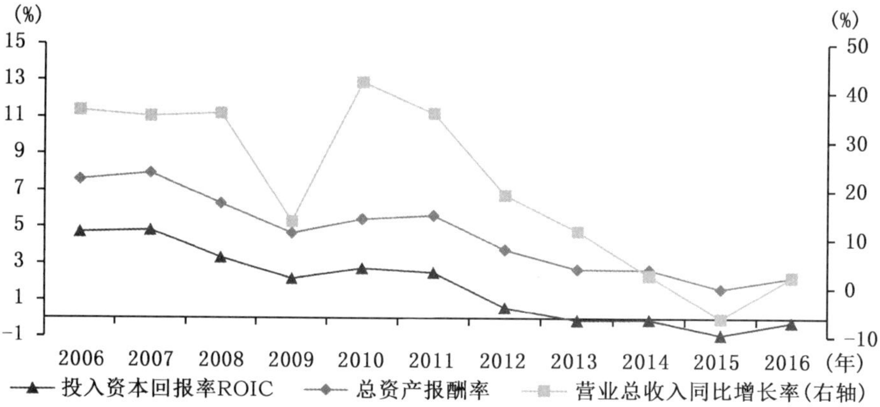

资料来源:公开资料搜集,合众资产整理。

图 5－9　债转股企业资产近年 ROIC、营业总收入同比变动情况

反映在企业微观层面的风险则主要是企业成本竞争力下滑,资本效率下降,以及持续经营能力的减弱。对于市场化债转股的投资者来说,其投入的资金将主要以股权的形式存在,企业价值将是决定投资回报水平的主要因素。一家公司的价值取决于投入资本回报率和公司增长的能力,其他需要考虑的因素如毛利率、税率、应收账款周转率和库存周转率等都只是一些细节问题。

不是每家企业都能够取得良好的 ROIC。投资人需要考虑企业回报能否超过资本成本。有两个关键问题是需要市场化债转股项目的投资人关注的:债转股企业需要多长时间才能创造价值？投资人可以忍受的初始投资(或者亏损)会是多大？

市场化债转股的实施预计会对盈利能力的改善产生一定影响，债转股后各企业的财务费用将得到降低，但各个企业在盈利能力方面的表现不同，并且其表现与该企业所在行业周期相关。上一轮政策性债转股的后，企业盈利的增长并未达到预期，多数公司的盈利能力维持在较低水平，盈利能力的不足和弱化更是加重了企业的经营风险和财务风险。

(四)偿债能力

资本结构上的刚性债务规模快速扩充、运营效率上各类周转率指标出现大幅下滑、盈利能力也显著弱化，债转股企业的上述表现，最终对偿债能力的影响也是非常不利的。从前面介绍的 EBITDA/利息费用、速动比率等指标的下滑，可以看到企业偿债能力在近年来显著下降，短期债务压力增加。

本轮市场化债转股企业多是大型国有企业，虽然随着资产运营效率的下降，企业资产流动性压力大幅增加，大型国企解决流动性压力所拥有的方法和渠道是小型企业、民营企业所无法比拟的。“暂时性经营困难”更多的是强调与繁重财务负担伴随的流动性压力，大型国企可以更好地突破这种经营困难，所以大型国企大量参与市场化债转股是其本身的经营特质决定的。

四、描述性统计分析结论

根据对落地样本的描述性统计分析，本轮市场化债转股企业具有如下几点显著的特征：

第一，企业类型以国企为主，资信状况总体较强。根据统计分析，目前样本全部为国有企业，包括央企和大型地方国企。总体信用等级较高。这主要有两方面原因：本轮市场化债转股推行时间尚短，因此目前的落地项目属于各方投资机构“选优”的结果；本轮债转股推行的根本目的在于“降杠杆”，而国有企业特别是“标杆性”国企的降杠杆受到各方关注。

第二，转股企业主要分布于强周期行业。目前落地企业主要分布于建筑、煤炭、钢铁等企业。近年来宏观经济总体呈下行趋势，因此强周期行业内的企业风险暴露充分，因此目前转股的动力比较强。

第三，财务表现为“流动性压力”与“周期性盈利水平下行”。强周期行业内的企业盈利水平近年来持续呈现下降态势，这部分国有企业通常具有负担重、安全生产和环保投入高等特征，同时受到上一轮货币宽松周期中债务规模扩充较快的影响，因此这部分国企表现出不同程度流动性承压的财务特征。但是，笔者也注意到，虽然盈利水平持续下降，但究其原因，主要是受到宏观经济环境“周期性”下行的影响，而并非因为资源枯竭、管理机制体制、衰落行业等“非周期性”影响导致的盈利水平下降。

下面将结合上述分析的特征，有针对性地介绍企业层面的风控要点。

第二节　企业层面的风控要点

在企业层面对债转股项目的风险进行把控，需要在宏观环境及行业市场状态判断的基础上，对企业基础质量、经营及财务的全面分析。相关内容如表 5—3 所示。

表 5—3　　企业层面风险分析主要指标体系

一级指标	二级指标	三级指标	四级指标
宏观、行业	政策与法律环境	行业战略规划	相关行业国家级区域层面发展规划
		相关产业政策	行业自身及关联行业政策影响分析
	市场供需环境	市场需求增长率	区域社会经济发展、替代行业威胁等
		市场供给增长率	地区行业内企业生产状况总结
		行业运行特点	行业周期性、消费群体状况、盈利模式等
基础质量	背景分析	股权架构	大股东类型、股权分散度、投票权设置
		业务定位	股东体系定位，公司自身发展战略、规划
	其他要素	其他关联关系	政府（行政机关）关系、关联方业务往来类型
		管理及技术水平	高管人员构成、管理架构、部门设置
		融资渠道	上市平台、银企关系、发债记录、征信记录
经营、财务分析	产品服务竞争力	业务结构	收入结构、业务多样化、经营区域多元化
		经营规模	产量、资产营收规模及增速
		销售	市场占有率、下游企业合作关系及稳定度
		团队专业能力	团队人员构成及稳定性、重点项目开发经验
	经营性盈利能力	收入	产品市场价格变动趋势、议价能力
		成本	原材料价格、供应商状态、毛利率、期间费用
		盈利与现金流	折旧与摊销、营运资金占用
	重点财务指标	资本结构	重点科目的监测、钩稽关系分析、资产流动性
		营运能力	总资产周转率、存货周转率、应收账款周转率等
		盈利能力	总资产报酬率、净资产收益率、资本投入回报率
		偿债能力	流动比率、速动比率、利息保障倍数、EBITDA/有息债务、债务期限结构

资料来源：合众资产整理。

企业层面风险分析应当基于宏观行业情况的趋势判断、基于尽职调查的经营状况研究和基于审计报表的严谨财务进行。

前文基于周期性行业介绍了一个一般性的财务和经营分析范式，但是经营分析是一个详细而具有“艺术性”的过程。在分析过程中，除了财务和经营数据之外，还要重视对于企业经营战略和战略执行有效性的分析。企业既往的经营战略会影响其资源配置，进而再观察未来一段时期内持续影响企业的经营绩效。战略执行的有效性，则是企业整体人员、管理机制和体制、企业文化的综合体现。这些都是量化分析难以刻画的方面。

第三节　本章小结

首先，目前市场化债转股的参与企业以央企和影响力较大的省属国企为主，目前并无银行与民企合作市场化债转股的相关信息。随着市场化债转股的深入，拥有优质资产的民营企业也可能逐步被金融机构主导实施的债转股项目所接纳，但预计金融机构会对民营企业的盈利能力、行业地位等提出更严格的要求。

其次，两类企业成为目前债转股的主要对象：以强周期行业为主，在经济处于底部运行时期，经营遇到暂时困难但发展前景良好，所处行业为国家经济发展的支柱行业；涉及国计民生的基础设施行业，如水、电、气、交通、城建等行业阶段性资金压力较大，且股东有较强的股权回购能力。目前已签约及落地的债转股项目基本都符合《指导意见》对“暂时困难”的相关要求。债转股企业主要是因行业周期性波动导致困难但仍有望逆转的企业。比如，煤炭企业经历 2011 年以来煤价逐步下跌的行业低谷后，随着 2016 年供给侧改革、淘汰落后产能的相关政策严格执行，煤价的触底反弹已经使得煤炭企业的“困难”获得大幅改善。另外，高负债居于产能过剩行业前列的关键性企业以及关系国家安全的战略性企业也已经出现在债转股项目中。中国重工 2017 年 8 月 15 日与东方资产、信达资产达成 70 亿元债转股协议，并迅速落地。[①] 此外，因高负债致使财务负担过重的成长型企业，特别是战略性新兴产业领域的成长型企业将是未来债转股项目拓展的主要对象。

由于“暂时困难”是没有明确定义的一个概念，在市场化债转股操作过程中，可能会引起另一个问题。债转股给企业带来的好处在于降杠杆、降成本，但银行参与债转股，并不一定代表银行看好企业的未来前景。因为政府对“暂时困难”的界定上天然起到了主观及客观的指示作用，其大力扶持的企业，供给侧改革中政府热切希望留存下

① 因中国重工筹划的资产重组事项未能按计划完成，2017 年 9 月，中国重工已发布公告拟回购本次债转股项目让渡的股权。

来的企业都是银行更偏好债转股的企业。在这种情况下，对“暂时困难”企业的债转股也仅是暂时起到降低了企业杠杆率的作用。

退出方式方面，二级市场股权转让是市场化债转股的一个重要退出方式。相应的债转股企业拥有上市平台或 IPO 计划，则可以为债转股投资人提供一个便捷有效的退出渠道，通过资本市场退出具备很强的操作性。二级市场退出是典型的证券化行为，对于交通运输行业、公用事业类行业等具有稳定现金流的行业而言，进行资产证券化也是一项可以选择的退出渠道。

财务方面，债转股的发起机构以及投资人都应当更加注重企业的安全边际，债转股企业应具有较强的造血能力（现金流保障）和再融资能力，严禁僵尸企业、失信企业通过债转股续命；企业当前的有息债务负担较为沉重、资产负债率较高、融资成本较高，具有较强的债转股诉求且债转股涉及的规模较高。债转股企业近年来的经营及投资业务越来越倚重于筹资活动，随之而来的则是企业财务负担的不断加重，经受短期偿债能力不断下滑、弱化的过程。据此需关注各家企业的资金链承压情况。多数转股企业的盈利能力维持在较低水平，盈利能力的不足和弱化更是加重了企业的经营风险和财务风险。

截至目前，债转股企业的特征表现为强周期行业、大型国资背景、拥有上市平台。满足上述特征的企业，信用状况总体相对较好，企业总体的资产规模巨大，资金周转运作能力较强，庞大的资产基础保证了企业长期债务的偿付能力。这种情况下，就应当更加关注企业资产流动性指标。连续多年的盈利弱化甚至亏损，在推高企业杠杆率的同时，使其流动性压力上升，短期偿债资金的周转爆发危机可能性上行。

第六章　结论与讨论

目前，市场化债转股已经全面铺开。随着银行系实施机构相继获批组建并开始运营，同时近一阶段煤炭、钢铁供给侧改革的重心逐步由“去产能”向“去杠杆”转移，债转股项目有望加速落地，中长期内逐渐演变为常态化的资产处置方式。考虑到市场化债转股标的资产类别并不局限于不良资产，正常、关注类贷款皆可转股，目前签约的市场化债转股项目也以正常类贷款为主，预计市场总规模将达万亿元级。另外，作为降杠杆的另一项重要举措，近年来国企混改的进程不断加速，“债转股＋国企混改”的模式预计将会出现，市场化债转股有望为混改开辟加速通道。总体可见，在目前的经济背景下，市场化债转股具有庞大的市场体量和广阔的发展前景。

保险机构应当在债转股庞大的市场体量中发挥其资金甲方的优势，严控股权投资风险，获取合理的匹配收益。保险资金投资债转股属于“非标投资”的范畴，保险资金在进行市场化债转股投资时，需要与其负债端资金进行匹配，同时要兼顾收益性。保险资金可以作为有限合伙人出资参与债转股项目，而间接方式是保险公司也可以作为出资人参与建立实施机构进行参与。

信息不对称引发的道德风险、金融市场波动带来的市场风险、转股企业的经营风险是保险资金在参与市场化债转股时首先要面对的一般性风险。“强周期行业、大型国资背景、拥有上市平台”是筛选债转股企业的重要标志，这类企业总体信用风险可控，也拥有持续经营的稳定基础，做好标的企业的筛选可以有效降低相应的运营风险。针对市场化债转股可能发生的道德风险，保险投资机构应当借助政府的适度参与来尽量防控相关风险。但是，在这个过程中保险机构本身并不具有太多的主动权，政府机关、各类监管机构应当通过适度的参与市场化债转股过程，设置合理的“激励”及“惩罚”机制，帮助投资人减少市场不透明度。在风控措施方面，保险资金投资有限合伙基金 LP 的经验丰富，已经具有了较好的投资能力配置和风控措施设计经验。企业层面风险分析应当基于宏观行业情况的趋势判断、基于尽职调查的经营状况研究和基于审计报表的严谨财务进行。

综合而言，市场化债转股的推出有其在政策和经济发展层面的需求，其所涉及的强周期行业、大型国有企业的样本群所具有的体量巨大，采掘、钢铁等国计民生的行业债转股需求最为迫切。中央政府和各监管机构为了保证各类资金有序进入，均出台了相关政策，显示了政策层面的有力支持。

保险资金运用是服务实体经济的一种重要渠道，可以为社会经济发展提供长期资本性和股权投资，提升中长期经济发展的韧性。在市场化债转股快速展开的背景下，保险资金进行股权投资可以更多地以债转股的方式开展，紧密围绕国家战略，积极服务实体经济。

考虑保险资金安全性，还需要从风险收益匹配和风险可控的角度考虑保险资金参与债转股所需要关注的一些问题。本文在保险资金参与市场化债转股的风险分析及控制手段方面进行了详细分析，但是，对于保险资金投资债转股项目的风险收益匹配情况并未进行分析。目前公开披露的案例中，即便是“名股实债”的债转股项目也鲜有披露收益率设置情况的，因而对风险收益匹配的分析缺乏足够的数据样本。

但是，保险资金在投资债转股项目时应当注意其权益投资的属性。如前分析，保险资金通过债转股基金的形式投资标的转股企业股权。转股基金的结构普遍相对简单，穿透到底层资产的路径清晰，一般采用“保险股权投资计划→债转股基金→转股企业”，或者有部分债转股基金可能采用母子基金的形式，总体路径仍然清晰。根据“偿二代”的规定，权益投资涉及权益价格风险资本占用，有四类资产需要使用穿透法计算其权益价格风险最低资本：符合银保监会规定的主体发行的资产管理产品；未上市股权投资计划；权益类信托投资计划；银保监会规定的其他适用穿透法的资产。权益价格风险的基础因子的设置如表 6－1 所示，未上市股权的基础因子为 0.28，未设置特征系数。

表 6－1　　“偿二代”关于权益价格风险因子的设定

资　产	基础因子(RF_0)	资产特征
未上市股权	0.28	—
普通股票基金	0.06	—
分级股票基金	0.1	优先级
	0.45	劣后级
混合基金	0.2	—
货币基金	0.01	—
可转债	0.18	—
基础设施股权投资计划	0.12	—

资料来源：保险公司偿付能力监管规则，合众资产整理。

需要注意的是，对于“非银行非保险公司非上市公司非公开”发行优先股投资，权益价格风险的基础因子设定仅为 0.15，未设置特征系数。因此，如果在市场化债转股项目的投资标的中能够灵活设置，将优先股作为转股对象，保险资金投资时的风险收益将能获得更好的匹配。目前市场化债转股签约案例并没有优先股转股的情况，如何更好利用优先股来吸引保险资金投资，立法机关、政府、监管机构和保险投资人都值得做更多的思考。在供给侧改革中，去杠杆是一项重要的战略任务，大规模的保险资金也拥有配置需求，政府机关、监管机构需要进行怎样的制度建设在保证保险资金安全性的同时，增强保险机构进行债转股相关投资的动机，值得进一步探讨。

参考文献

[1]曹德云,保险资金股权投资的新突破[N],中国保险报(2015—1—5).

[2]杜金,债转股呼声再起:梳理 AMC 债转股业务[N],金融时报,2016—03—28.

[3]邓舒仁,债转股的实践经验、问题和对策研究[J],货币时论(2015—1—5).

[4]江曙霞,郭晔．债转股的风险与时机分析[J]. 金融研究,2000(5).

[5]时宝东,赵其卓等．保险资金非标准化产品投资和风控策略研究[C]. IAMAC2015 年度系列研究课题集,2016.

[6]王颢,保险资金私募股权投资研究[J],国际经贸探索,2016(9).

[7]许前川,关于市场化债转股的法律思考[J],金融与法制 2016(9).

[8]姚余栋,利用优先股空中加油[N],和讯网,http://stock. hexun. com/ 2015 — 05 — 31/176332892. html.

(本文获"IAMAC2017 年度系列研究课题集"优秀课题)

养老金账户“一账通”平台研究

长江养老保险股份有限公司

苏 罡 叶 蓬 朱 炜 郭丹颖 陆 悦 焦正辰

摘要

随着人口老龄化程度的不断加深，如何实现养老保障体系的可持续发展成为各国养老保障领域改革的重要议题。我国现阶段三支柱养老保障体系中，第一支柱——基本养老保险占主导地位；第二支柱——企业年金处于不断发展之中，职业年金尚未落地；第三支柱——税延型个人养老保险业务尚未正式实施。如何更有效地整合现有基本养老保险账户、企业年金个人账户以及即将落地的个人补充养老账户，以增强养老账户的灵活性、可转移性，更好地促进个人养老金的保值增值，是本课题的研究重点。

本文首先对我国基本养老保险账户、企业年金个人账户、个人补充养老账户的建立发展、缴费比例、基金规模等做了梳理；其次，分别对美国、英国、新加坡、智利 4 国养老金账户的运作情况进行了介绍。在此基础上，为增加养老金账户的灵活度、便捷度以及可转移度，本文提出了养老金账户“一账通”平台的机制设计。

养老金账户“一账通”是指通过连接个人不同养老金账户，以实现其养老金资产在统一平台上查询、规划、调整、投资等功能；同时，通过平台提供多种类型的养老金融产品，以方便个人客户比较并购买，从而实现个人养老金资产的合理规划。在实施路径上，可通过建立统一的养老金“一账通”平台，将第一支柱基本养老保险个人账户、第二支柱企业年金或职业年金补充养老账户、第三支柱个人补充养老账户的信息归集到统一平台上，由国家选取行业内具有公信力的平台，建立与第一支柱、第二支柱、第三支柱个人账户的接口,实现信息互通。

在具体的实现路径上,本文提出了政策建议:一是统筹考虑,逐步增加养老金账户的灵活度;二是依托政策,在做实个人账户的基础上实现统账分离;三是兼容并蓄,实现养老金账户内积累资产的转移接续,主要包括基本养老保险个人账户与其他个人账户的有效融合、第二支柱个人账户与第三支柱个人账户的转移接续;四是完善制度,逐步引入养老金制度中的个人选择权,主要包括实现基本养老保险个人账户基金的多渠道投资,创造条件在企业年金中逐步引入个人投资。未来,养老金"一账通"平台可考虑整合住房公积金、失地农民保险补偿款、伤残津贴、医疗保险、非工资类持续性收入等资金,以实现资金互通与基金互助;在具体建设过程中,也需提升数字化、智能化、人性化程度。

关键词

养老金账户　三支柱模式　"一账通"　平台　机制设计　实现路径

引　言

在人类社会由自给自足时代过渡到社会大分工阶段的过程中,工人阶级产生了大量的养老保障需求,这使得原有以家庭为主的传统养老方式受到挑战,亟须建立社会化的养老保障体系。1889 年,德国建立了世界上第一个强制性国家养老保障制度,标志着养老保障方式从自然形态转变到国家制度形态。

我国传统养老模式是家文化基础上的家庭养老。随着经济发展和社会进步,我国在进入工业化时代后,同样面临着社会化大生产时代下的养老保障问题。1951 年,我国第一部社会保障法规《中华人民共和国劳动保险条例实施细则修正草案》正式颁布,标志着我国城镇职工养老保障制度的创新。至此,我国在城镇企业层面形成了国家与企业一体化的社会养老保障模式。

半个多世纪之后,我国的社会保障体系发生了翻天覆地的变化,各项制度日臻完善,社会保障覆盖范围逐步扩大,三支柱养老保障体系初步建立,养老保障事业取得了一定的成绩。但随着人们对养老保障需求的增加以及人口老龄化程度的加剧,我国养老保障事业也面临着诸多挑战。如何更好地实现养老保障体系的可持续发展，完善现有养老三支柱体系，使得现有养老保障体系充分发挥其价值，是养老保障体系改革的重要议题。

因职业年金业务与第三支柱税延型个人养老保险业务尚未正式落地，目前主流的养老金账户主要有两类，即基本养老保险账户和企业年金个人账户。基本养老保险账户和企业年金个人账户处于相互分开、独立运营状态。为了更有效地整合现有养老金账户，并考虑即将落地的职业年金和个人补充养老金账户，提高养老账户的活跃性，实现个人养老金的保值增值，本课题将探索养老金账户统一整合的可行性及其实现路径。

第一章　我国养老金账户的历史演变与发展现状

第一节　基本养老保险账户的情况

基本养老保险个人账户，是指社会保险经办机构为参加基本养老保险的职工根据其身份证号码设立的一个终身不变的个人账户。① 从个人账户的构成看，主要包括个人缴纳的养老保险费、企业缴纳的养老保险费中划转记入的养老保险费、账户利息等。个人账户是参保人员办理退休手续、跨统筹范围转移、退休前退保、退休前出境定居或死亡终结基本养老关系时领取个人账户有关待遇的主要依据。

一、基本养老保险账户的建立发展

职工基本养老保险个人账户于1991年开始建立，经过20多年的发展，目前已初步形成较为稳定的账户体系（见表1—1）。

① https://baike.so.com/doc/5415564－5653709.html.

表 1—1　　职工基本养老保险个人账户发展历程

时　间	制　度	内　容
1991 年	《关于企业职工养老保险制度改革的决定》(国发〔1991〕33号)	首次提出个人缴费原则,初步建立个人账户雏形
1993 年	《中共中央关于建立社会主义市场经济体制若干问题的决定》	提出城镇职工养老保险金由单位和个人共同负担,首次提出社会统筹和个人账户相结合的基本养老制度
1995 年	《关于深化企业职工养老保险制度改革的通知》(国发〔1995〕6 号)	正式提出基本养老保险费用由企业和个人共同负担,实行社会统筹与个人账户相结合,并逐步提高个人缴费比例。这一制度的出台标志着我国社会统筹与个人账户相结合的基本养老保险制度已正式建立。
1997 年	《关于建立统一的企业职工基本养老保险制度的决定》(国发〔1997〕26 号文件)(以下简称"26 号文"); 《职工基本养老保险个人账户管理暂行办法》(劳办发〔1997〕116 号)	明确规定个人缴费部分应逐步达到本人缴费工资的8%,应按本人缴费工资 11%的数额为职工建立基本养老保险个人账户,个人缴费全部记入个人账户,不足的部分由企业缴费划入
2000 年	《关于印发完善城镇社会保障体系试点方案的通知》(国发〔2000〕42 号)	从 2001 年起,企业缴纳本企业所有职工工资总额的20%左右全部进入统筹账户,不再划拨到个人账户,并以省(自治区、直辖市)为单位进行调剂;职工依法缴纳基本养老费,缴纳比例为本人缴费工资的 8%左右,全部记入个人账户,个人账户规模由本人缴费工资的11%调整为 8%
2003 年	《中共中央关于完善社会主义市场经济体制若干问题的决定》	要完善企业职工基本养老保险制度,坚持社会统筹与个人账户相结合,逐步做实个人账户
2004 年	《我国社会保障状况和政策白皮书》	完善基本养老保险制度改革试点,内容主要包括:逐步做实个人账户,实现部分基金积累,探索基金保值增值办法;改革基础养老金计发办法,将基础养老金水平与职工参保缴费年限更加紧密地联系起来,职工参保缴费 15 年后每多缴费一年增发一定比例的基础养老金
2005 年	《国务院关于完善企业职工基本养老保险制度的决定》	为与做实个人账户相衔接,从 2006 年 1 月 1 日起,个人账户的规模由本人缴费工资的 11%调整为 8%,全部由个人缴费形成,单位缴费不再划入个人账户;同时,进一步完善鼓励职工参保缴费的激励约束机制,相应调整基本养老金计发办法
2009 年	《城镇企业职工基本养老保险关系转移接续暂行办法》	进一步明确了个人账户储存额的计算和转移方式,1998 年 1 月 1 日之前参保的,个人账户储存额按个人缴费累计本息计算转移,1998 年 1 月 1 日之后参保则按记入个人账户的全部储存额计算转移

资料来源:笔者整理制作。

二、基本养老保险账户的缴费比例

在20多年的发展历程中，基本养老保险个人账户的缴费比例也在制度完善过程中发生着变化。

1997年，26号文对个人账户进行了规范，改变了以往单一的社会统筹制度，进而转变为社会统筹与个人账户相结合的制度。与之相适应，基金管理方式也由现收现付制转向部分积累制。文件规定，个人缴费社会养老保险费的比例1997年不得低于本人缴费工资的4%，1998年起每两年提高1个百分点，最终达到本人缴费工资的8%。应按本人缴费工资11%的数额为职工建立基本养老保险个人账户，个人缴费全部记入个人账户，不足的部分由企业缴费划入；随着个人缴费比例的提高，企业划入的部分要逐步降到3%。

2000年，《关于印发完善城镇社会保障体系试点方案的通知》明确规定，企业缴纳比例一般不得超过本企业所有职工工资总额的20%左右，具体比例由省、自治区、直辖市的人民政府确定，各省市用人单位和个人缴纳基本养老保险费的比例不同，且在不断调整，如：上海按照单位22%、个人8%的比例缴纳；北京按照单位20%、个人8%的比例缴纳。用人单位所缴部分全部进入统筹账户；职工缴纳比例为本人缴费工资的8%左右，全部记入个人账户。

2016年4月，人社部、财政部颁布的《关于阶段性降低社会保险费率的通知》指出，自2016年5月1日起，将企业职工基本养老保险单位缴费比例超过20%的降至20%；单位缴费比例为20%的且2015年底企业职工基本养老保险基金累计结余可支付月数高于9个月的，可将单位缴费比例阶段性降低至19%，降低费率的期限暂按两年执行。这意味着，企业职工基本养老保险单位缴费比例迎来了阶段性降低。

三、基本养老保险账户的基金积累

经过多年发展，截至2016年底，我国基本养老保险参保人数达到8.88亿人，积累基金已达4.4万亿元（见表1－2）。

表1－2　　基本养老保险账户基金状况

年　份	全年基本养老保险基金收入（亿元）	年末基本养老保险基金累计结存（亿元）	参保人数（万人）
2013	24 733	31 275	81 968
2014	27 620	35 645	84 232

续表

年　份	全年基本养老保险基金收入(亿元)	年末基本养老保险基金累计结存(亿元)	参保人数(万人)
2015	32 195	39 937	85 833
2016	37 991	43 965	88 777

数据来源:人力资源和社会保障部网站,《人力资源和社会保障事业发展统计公报》(2013—2016年度)。

第二节　企业年金补充养老账户的情况

学者丹尼斯·E. 罗格(Dennis E. Logue)和杰克·S. 雷德尔(Jack S. Radar)对企业年金的定义为除基本养老保险之外,经国家行政管理专门规范,企业和员工参与缴费,由专门机构管理与实施的补充养老保险计划,旨在进一步提高职工退休后的生活水平。

一、企业年金补充养老账户的建立发展

企业年金计划始于19世纪中后期。世界首个正式企业年金计划始于1875年的美国运通公司。20世纪70年代以后,由于西方国家面临经济增长缓慢、失业率高升、人口老龄化加重等问题,这些国家开始缩减政府公共养老保险支出,并寻求建立一个包括职业年金在内的多支柱养老体系。此后,企业补充养老保险获得了重视并得到了较大发展。

我国企业年金的发展历史不是很长。在20多年的发展历程中,主要可分为以下几个发展阶段。

(一)起步阶段(1991—2000年)

这一阶段的措施基本围绕着基本养老保险制度的改革。我国的企业年金制度最初由企业补充养老保险制度发展演变形成。1991年,国务院发布的《关于企业职工养老保险制度改革的决定》提出,鼓励企业发展补充养老计划;1995年,劳动部颁布《关于建立企业补充养老保险制度的意见》,详细规定了补充养老保险建立的前提条件、管理运营规则、组织经办机构、投资管理办法等内容,推动了补充养老保险的发展。为了配合基本养老保险制度的改革,1997年国务院出台《关于建立统一的企业职工基本养老保险制度的决定》,再次明确强调要大力促进企业补充养老保险的发展,提出指导性

意见。这一时期关于企业补充养老保险发展的相关政策基本上都是出于改革原来的养老保险制度的需要，所以没有完整的制度设计。

（二）成型阶段（2000—2004 年）

这一阶段企业年金制度的发展开始独立并有别于基本养老保险制度的改革与建设。2000 年底，国务院颁布《关于印发完善城镇社会保障体系试点方案的通知》，将“企业补充养老保险”改为“企业年金”，以凸显其独立性；并规定我国要建立的年金计划，应该实行完全积累型的制度，建立个人账户管理模式，由参加的企业与个人双方共同缴纳费用。2004 年 5 月，“一部三会”发布《企业年金试行办法》和《企业年金基金管理试行办法》后，我国企业年金的基本制度框架已经确定，从此结束了企业年金制度建设完全附属并服务于企业基本养老保险制度改革的历史，走出了完全不同于基本养老保险的、缴费确定型基金积累制的养老保险新模式。企业年金正式开始落地运作，企业年金账户开始建立。

（三）发展完善阶段（2005 年至今）

企业年金制度框架基本确定后，相关配套措施和细节规定陆续出台，整个管理制度过渡到系统有序的自我运营发展阶段。2005 年初，国家劳动和社会保障部公布了启动企业年金市场最为关键的一部规章《企业年金基金管理机构资格认定暂行办法》以及与之配套的 3 个文件，并于 2005 年 3 月 1 日起开始实施。至此，企业年金市场的法律监管框架已完全搭建，作为完善养老保险制度的企业年金制度将在全国全面铺开。

2009 年与 2011 年，国家税务总局进一步对企业年金个人账户的税收问题进行了明确，在税收政策上实现了优惠，如企业支付的补充养老保险在计算应纳税所得额时不超过职工工资总额的 5％部分可以扣除。

人社部于 2011 年发布了《企业年金基金管理办法》，并于 2015 年进行了修订，对企业年金的运作主体及职责、基金投资、收益分配及费用、计划管理和信息披露、监督检查等进行了详细规定。此后一系列政策相继修订或出台，包括《关于企业年金集合计划试点有关问题的通知》（人社部发〔2011〕58 号）、《关于鼓励社会团体、基金会和民办非企业单位建立企业年金有关问题的通知》（〔2013〕51 号）、《关于企业年金、职业年金个人所得税有关问题的通知》（财税〔2013〕103 号）等，进一步完善了企业年金制度。

企业年金采取 DC 型个人账户的完全积累方式。建立企业年金计划的企业，为参加计划的职工建立个人账户，由企业和职工个人共同缴费，企业年金收益归属职工个人账户，养老金根据员工退休时个人账户的累积额发放；员工退休时可以一次性支取，也可以分期支取，直至个人账户余额为零。

二、企业年金补充养老账户的缴费比例

2004 年颁布的《企业年金基金管理试行办法》对企业缴费与个人缴费比例进行了规定，企业缴费不得超过上年度工资总额的 1/12(8.33%)，企业及职工缴费总额不得超过上年度工资总额的 1/6。

为了吸引更多的企业为职工缴纳企业年金，2013 年底，财政部、人力资源和社会保障部、国家税务总局联合出台了《关于企业年金、职业年金个人所得税有关问题的通知》(财税〔2013〕103 号)，对企业年金和职业年金给予个税递延优惠政策，即企业(及事业单位)缴费和个人工资计税基数的 4%以内部分的个人缴费，个人所得税递延至领取年金时才缴纳。

2017 年 12 月 18 日，人社部、财政部发布《企业年金办法》，于 2018 年 2 月 1 日起施行，正式规定企业缴费每年不超过本企业职工工资总额的 8%；企业和职工个人缴费合计不超过本企业职工工资总额的 12%。

三、企业年金补充养老账户的基金积累

企业年金补充养老保险账户从 2004 年开始，初步形成了一定的规模，但整体来说，建立企业年金补充账户的员工占比仍然较低。截至 2016 年底，企业年金积累基金达到 1.1 万亿多元，覆盖企业 7.63 万家，职工 2 325 万人。2012 年起，年金积累资金连续 5 年增量破千亿元，但是受基数持续增加以及退休参保职工逐渐增多、待遇领取增加的影响，年金规模增速基本处于不断下降状态，2016 年增速为 16.26%(见表 1—3)。

表 1—3　　历年全国企业年金基本情况

年份	积累基金(亿元)	增速(%)	企业数(百个)	覆盖人数(万人)
2007	1 519	—	320	929
2008	1 911	25.81	331	1 038
2009	2 533		335	1 179
2010	2 809	10.90	371	1 335
2011	3 570	27.09	449	1 577
2012	4 821	35.04	547	1 847

续表

年份	积累基金(亿元)	增速(%)	企业数(百个)	覆盖人数(万人)
2013	6 035		661	2 056
2014	7 689	27.41	733	2 293
2015	9 526		755	2 316
2016	11 075		763	2 325

数据来源:人力资源和社会保障部网站,《全国企业年金基金业务数据摘要2016年度》。

第三节　个人补充养老账户的情况

由于个人养老保险产品的税延政策尚未最终落地,严格意义上讲,我国的养老保障第三支柱尚未正式建立,也没有形成真正意义上的个人补充养老保险账户,仅仅是个人为满足其养老保障需求进行的自发性购买养老保险或个人理财产品的行为。

回顾个人税延养老保险政策历程,自2007年起,国务院有关文件和原中国保监会相关文件多次提及出台税收递延商业养老保险政策。2007年,天津滨海新区被列为发展个人延税型补充养老保险的试点地区,但并未正式开展。

上海逐渐成为热门试点地区。2009年,国务院颁布《关于推进上海加快发展现代服务业和先进制造业建设国际金融中心和国际航运中心的意见》,首次正式提出在上海"鼓励个人购买商业养老保险,适时开展个人税收递延型养老保险产品试点"。此后几年,屡屡有上海将落地个税递延型养老险试点的新闻爆出,但临门一脚始终未能踢出。

2014年,国务院颁布《关于加快发展现代保险服务业的若干意见》(国十条),再次提出"适时开展个人税收递延型商业养老保险试点"。

2015年3月,《政府工作报告》中直接提出"推出个人税收递延型商业养老保险"。

2016年"两会"通过的《第十三个五年规划纲要》又再次指出,"构建包括职业年金、企业年金和商业保险的多层次养老保险体系,推出税收递延型养老保险"。

2017年1月底,国务院发布《国家人口发展规划(2016—2030年)》,提出"在试点基础上推出个人税收递延型养老保险",个税递延型养老保险又一次进入大众视野。

2017年2月28日,《国务院关于印发<"十三五"国家老龄事业发展和养老体系建设规划>的通知》中指出,加强全社会积极应对人口老龄化的各方面工作,在完善养老保险制度环节,提出"推进个人税收递延型商业养老保险试点"。

2017年"两会"期间，财政部明确表示个税递延型养老保险政策基本成型，其基本思路是实施递延纳税政策支持，即由个人自愿建立个人养老账户，对个人养老账户中的收入和投资收益暂不征税，待未来领取养老金时再征收。

2017年7月4日，国务院发布《关于加快发展商业养老保险的若干意见》，正式明确将在2017年底前启动个人税收递延型商业养老保险试点。

第二章　国外养老金账户的运作经验

第一节　美国养老金账户发展情况

作为拥有200多年养老金历史的国家，美国建立了一套较为平衡、完备的三支柱养老金体系。1935年，老年保险、遗属保险（OASI）以及残障保险（DI）的建立，标志着美国形成了以政府为主导的社会保障计划。保险资金来源于所缴纳的社会保障税。经过80多年的发展，第一支柱的替代率在30%—40%；第二支柱由雇主发起的职业养老金计划以及第三支柱由个人主导的个人储蓄型养老金计划在美国的社会保障体系中发挥着重要的角色，发展较为蓬勃。

一、由OASDI构成的政府主导的基本养老金账户

（一）OASDI计划发展历程

1935年颁布的《社会保障法》（Social Security Act）规定：国家必须为退休工人创立联邦养老保险计划（Old Age Insurance，OAI）。

1939年经修订后的《社会保障法》中添加了遗属保险计划（Survivors Insurance，SI）。该计划目的在于为退休工人的亲属和已故工人的遗属提供适当程度的社会保障。

1956年颁布的《社会保障法》修正案中，在原先已有的OASI计划基础上，又增加了残疾保险计划（Disable Insurance，DI）。该计划目的在于为年龄不低于50岁的重度伤残工人和已故或退休工人的成年残疾子女提供额外的福利保障。该计划的实施也标志着一个完整的老年、遗属及残疾保险（OASDI）计划已经在美国初步建成。

1958 年《社会保障法》再次修订，将残疾保险计划的受益人群范围扩大到残疾工人的亲属。

1983 年修订的《社会保障法》，将保障人群范围强制性地覆盖到政府文职雇员和非营利组织的雇员，此举再一次对 OASDI 计划涵盖的人群范围进行了扩充。

（二）OASDI 计划的运作管理

OASDI 是一类强制执行的养老保障计划，其绝大部分资金由社会保障税构成，该税以纳税人的全部薪资为税基，按照一定的比例从薪资中减扣，并开设独立的财政专户，主要由社会保障署及社保基金信托委员会对资金加以保管。此外，基金的投资管理具体事项由作为委托人的财政部和作为受托人的联邦社会保障基金信托委员会负责。

（三）OASDI 计划的基金规模

特别政府债券是美国 OASDI 基金的主要投资标的，也是美国政府特意为 OASDI 量身定做的金融产品。截至 2016 年年末，OASDI 基金的总规模超过 2.85 万亿美元，占全国养老金总资产的 11%；社会保障税缴纳净值达 8 360 亿美元，基金年支付总额超过 9 000 亿美元。

二、以 401(K)为代表的雇主主导的补充养老金账户

（一）401(K)计划发展历程

18 世纪初，许多企业雇主实行了“储蓄节约计划”（Thrift-Saving Plan），允许企业雇员用税后工资进行费用的缴纳。现代的 401(K)计划也是采用这种参与人缴纳费用的设计思想。在“利润共享计划”（Profit-Sharing Plan）之下，多数企业会将符合税收规定的税前收入以固定的比例存入一个信托计划，并将资金分配给满足一定条件的雇员，存入其个人账户。

1913 年，美国政府颁布了联邦所得税法案。其明确指出，雇员对雇主实行的“利润共享计划”中的雇主出资额享有税收递延的政策优惠。此外，在养老保障计划的资金被认领或取现之前，雇主对计划缴费通过投资管理获得的收益同样有权享有税延政策的优惠。

20 世纪 50 年代，银行机构等一些规模较大的企业对“利润共享计划”进行一定的改造和升级，继而建立了“现金或递延安排”养老保障计划（Cash Or Deferred Arrangement，CODA）。1956 年，美国国税局出台一系列政策，允许实行包括 CODA 在内的“利润共享计划”的雇主继续享有税收递延的权利。

1974 年,《雇员退休收入保障法》(ERISA)正式颁布,该法案对美国的养老保障制度进行了深入改革,包括养老金监管制度等。此外,该法案还提出了一系列有关企业养老计划的新规章制度,例如养老计划的信息披露、费用交纳、信托责任和投资管理等。尽管出台 ERISA 的主要目的是确保 DB 型养老计划特质条件的公平以及财务状况的健康运行,然而该法案也包括了一些对 DC 型养老计划(包括"利润共享计划"及 401(K)计划)发展有深远影响的修订条文。

1978 年,为保证 CODA 计划的稳定和长期发展,美国政府决定在《国内税收法》(IRC)的第 401 条中补充第 K 项条例。该条例规定,在确保满足一系列要求的前提下,允许"利润共享计划"逐步转变为 CODA 计划。

1981 年 11 月,美国国税局发布了新的 401(K)条例,明确提出雇员不但可以通过年度奖金缴纳费用,还可以通过常规的工薪向新的 401(K)计划进行费用的缴纳。新的 401(K)条例史无前例地开创了雇员通过常规工资方式缴费的规定。由此,美国民众也将 1981 年 11 月 10 日视为现代 401(K)养老计划的诞生日。此后,有些企业将 401(K)条款补充到雇主发行的"利润共享计划"中,还有一些企业将雇员通过税后收入缴纳费用的"储蓄节俭计划"直接过渡到 401(K)计划,更有甚者重新设立起 401(K)类型的企业年金计划。

1984 年,美国财政部提出建议,要求彻底将 401(K)条例废除,虽然该建议最终没有得到国会通过,然而 1986 年颁布的《税收改革法案》(TRA)加强了对 401(K)计划的监管工作。

直至 90 年代末,美国的法律监管环境才逐渐对 401(K)计划的发展变得有利。1996 年,《小企业工作保护法案》开始在美国实施,该法案中的部分条款大大刺激了许多中小企业的改革与发展,美国政府开始鼓励企业雇主提供各式各样的养老金计划,其中 401(K)养老计划赫然在列。该法案还简化了企业养老保障计划中的非歧视检测流程,放宽了对于中小企业雇员对于养老金计划费用缴纳的最低限额。此外,自从 20 世纪 90 年代末开始,美国国税局出台了一系列有关 401(K)养老计划"自动注册"的法律规定。

401(K)条例规定,企业雇主需要为雇员开设个人专户,雇员自身也需从每个月的工资或薪水中拿出不高于一定限额的资金存入这个账户。尽管企业可自由选择是否缴纳费用,然而一般来说,大多数企业会按照适当的比例在该账户中存入一定的资金,并将资金计入雇员的个人退休账户中。一般雇员在退休前不得领取这一部分资金,但可以用于投资。雇主向雇员提供至少 3 种证券投资组合,雇员可以任选一种组合进行投资，且投资收益全部纳入雇员的401(K)账户，但是相应地，雇员也须承担其中的投资风险。雇员退休以后的养老金领取金额既取决于缴费金额的高低，还取决于收益率等投资状况。当雇员退休时，可选择一次性领取、分期领取或转化为存款等方式对其401(K)账户中的资金进行领取和使用。

(二)401(K)计划的运作管理

美国在养老金管理模式方面着重强调“受托人责任”与“谨慎人原则”。目前来看，绝大部分企业雇主将投资选择权交给雇员本人，以免承担不必要的“受托人责任”。作为计划的发起者和实施者，企业雇主可委派个人、集体组织或委员作为计划的受托人，有足够的权利组织和实施计划。另外，雇主还可以对计划管理方式进行选择，其中包括“分离式”的单独服务以及“混合型”的一站式服务，受托人需要对投资市场上的金融工具、雇员对风险的偏好等因素加以分析，再根据专业投资机构给出的意见和建议，筛选出3种以上不同的证券投资组合，以供雇员选择。

(三)以401(K)计划为代表的补充养老金规模

从雇主类别来看，可分为企业领域的补充养老金计划和政府、公共教育与非营利组织领域的补充养老金计划，其中401(K)计划属于前者，而403(b)和457计划属于后者；从缴费方式来看，又分成待遇确定型(DB)计划以及缴费确定型(DC)计划，其中401(K)计划就是典型的DC计划。数据表明，截至2016年底，美国养老金第二支柱的总规模约为15.9万亿美元，占养老金资产比重的61%；DC计划的总规模在7万亿美元左右，其中401(K)计划的规模就已经超过4.8万亿美元。

三、以IRA为代表的个人主导的个人养老金账户

(一)个人退休账户的发展历程

1974年，美国通过了《雇员退休收入保障法案》，标志着个人退休账户在储蓄工具中占据着重要的地位，并建立了第一个IRA——传统IRA。法案中还明确阐述了传统IRA的两大作用：一是为没有加入退休计划的个人提供具有一定税收优惠政策的储蓄计划；二是当雇员的工作发生变化或进入退休状态，准许雇员将雇主实行的退休计划中所得资金转入IRA。

1976年颁布的《税制改革法》对IRA制度进行了补充，提出了专门针对雇员配偶的IRA计划，即准许满足一定条件的个人为其尚未就业或失业的配偶缴纳已通过减税的IRA费用。

1978年发布的《税收法》中，第219节规定企业可发起建立简易式的雇员退休

IRA(Simplified Employee Pension,SEP)。这一措施大大增强了中小企业为其雇员设立退休计划的积极性。

1981年《经济复兴税法》(Economic Recovery Tax Act,ERTA)正式出台。该法案旨在提高个人退休储蓄的水平,准许美国公民利用IRA储蓄养老金,提出实施能够"涵盖所有雇员"的IRA,即允许全部拥有真实收入来源且年龄在70.5周岁以下的雇员向IRA缴纳通过减税的费用,无论该雇员是否已经加入了退休计划。

1986年公布的《税制改革法》进一步规定,对于已经参与雇主退休计划的高薪雇员,要加强参与IRA的限制条件。该法案首次对IRA计划补充了非减税缴费条例,规定年龄低于70.5岁的雇员,都可以缴纳未通过减税的费用,无论该雇员是否已经加入了退休计划。值得一提的是,提取这部分缴费的时候不需要再次缴税。

1989—1995年,美国政府相继提出有关IRA福利的修订法案,其中包括附加IRA(IRA-Plus)、超级IRA(Super IRA)、可变的个人退休账户(Flexible Individual Retirement Account,FIRA)、家庭储蓄账户(Family Savings Account,FSA)等。

1996年实施的《小企业就业保护法》(1996)明确指出,国会将专门为低于100位雇员的小企业建立雇员储蓄激励对等缴费退休计划(Savings Incentive Match Plan for Employee,SIMPLE)。SIMPLE IRA的设立,从一定程度上解决了美国小企业雇员的养老保障问题。1997年,美国颁布了《纳税人税收减免法》,进一步加入了罗斯IRA(ROTH IRA)。相比于传统IRA,罗斯IRA的费用缴纳方式更为独特,其缴费无法从当期的收入中扣除,但是在提取投资受益时可以获得免税。

2001年《经济增长与税收减免调整法》(EGTRRA)开始施行,规定自2002年起,传统IRA缴费金额将会有所增加,这也是IRA正式实施20年以来美国政府第一次提出提高年度缴费额。

需要注意的是,IRA资产主要来源于第二支柱的资产转移,即雇员在工作变动或进入退休状态时从雇主养老金计划转账而来的资产。IRA不单单包括个人单独缴费的IRA,还包括雇主缴费的SEP—IRA和SIMPLE IRA,因此,IRA实质上是第二、第三支柱的合成体与联结纽带。

(二)个人退休账户的运作管理

鉴于养老金资产对安全性有较高的要求,目前大部分养老金资产管理都采用信托管理的模式。IRA一般开设在商业银行、共同基金公司、证券经纪商以及寿险公司等金融机构,且由这些机构承担托管工作。

刚推出IRA时,多数民众都选择在银行设立个人退休账户,主要的投资标的是银行存款等风险较低的固定收益类产品。随着广大投资者观念的提升以及美国资本市场的迅速发展，目前大部分美国公民都转而委托共同基金公司对其 IRA 资产进行管理。截至 2016 年底，近 47%的个人退休账户资产由共同基金公司管理。

在 IRA 体系下，个人可以根据自身的风险偏好，灵活自由地选择相应的产品，实现资产的个性化配置。这也是 IRA 的最大特点。随着金融工具和交易形式的不断创新，在分散风险、优化投资组合等方面更趋专业化和多样化。

（三）个人退休账户的基金规模

由个人主导的个人储蓄型养老保障计划，包括个人退休年金计划、传统个人退休账户（IRA）计划和罗斯 IRA 计划。2016 年，第三支柱规模达 7.4 万亿美元，占养老金总资产的 28%。

总结美国经验，美国养老金体系的市场化程度极高，雇员在 401（K）计划中，拥有个人选择投资权；而在 IRA 账户中，不同于以往在银行开设个人退休账户，人们逐步转向选择共同基金作为委托人，市场更加灵活、专业和多样。未来我国要建设养老金一账通平台，相关的机构有必要学习美国的一些成熟管理运作经验，在养老金账户整合统一前期，先打下良好成熟的市场化运营基础。

同时，值得注意的是，由于美国养老金市场化程度很高，能够比较容易实现第二支柱养老金资产向 IRA 资产的转移，即雇员在跳槽或退休时从雇主养老金计划转账进入第三支柱。尽管我国目前企业年金和职业年金在制度设计上都有在退休时将年金转入商业养老保险的选项，但在实际操作上还存在着许多需要解决的技术问题。通过建设养老金一账通平台，能够有效连通各个养老金账户，实现综合性的账户管理，节约管理成本，加快充实第三支柱养老金。

第二节　英国养老金账户发展情况

英国作为福利国家的代表，也是最早尝试建立社会保障制度的国家之一。贝弗里奇报告的出台，标志着英国开始建立“从摇篮到坟墓”的社会保障体系。此后，各项社会政策的出台也进一步加强了英国的福利水平。20 世纪 70 年代末期，在石油危机所引起的经济危机的不断加剧、人口老龄化程度的加深以及失业、滞胀等诸多问题的影响下，英国开始减少公共养老金支出，同时强化对私人养老金制度的建设。在公平、公正等理念的引导下，通过降低基本养老金支付水平、延迟退休等手段来实现基本养老保险的精算平衡。经过多次改革与发展，如今英国已建立起机构完备、体制健全、多支柱、多层次的养老保障体系。

一、第一支柱政府养老金

1975 年颁布《社会保障法》明确指出，要设立国家基本养老金的计划。该计划是一种保险费由政府财政部门、雇主和雇员共同分担的强制缴费计划。

1978 年，英国正式施行国家收入关联养老金计划(SERPS)，规定了基本养老保险的给付金额将按照个人的费用缴纳实际年数及基数加以区别和确定。基本养老保险的收益额也会根据消费价格指数(CPI)的变动进行指数化的调整。

2002 年，布莱尔政府推出了国家第二养老金计划(S2P)，取代了之前的国家收入关联养老金计划(SERPS)。该计划旨在为中低收入水平的雇员、特殊职业人员以及长期患病或残疾人士提供更为优厚的补充养老金。任何缴纳了国家基本养老金保费，但未加入职业或个人养老金计划的职员将自动享有养老金领取资格。

国家基本养老金计划(BSP)与 S2P 共同组成了第一支柱政府养老金，资金来源于公民缴纳的国民保险税。自 2016 年 4 月起，政府养老金的领取金额统一为每人每周 148.4 英镑，且只有缴税满 35 年者才能领取全额政府养老金。

二、第二支柱职业养老金

职业年金是养老金体系中的另一重要支柱。由于基本养老金具有较低的替代率，只能保障雇员退休后的最低生活需求，因此更多退休职工将职业养老金视为主要的收入来源。

20 世纪 80 年代，撒切尔政府大力削减了国家养老金，并鼓励发展私有养老金。该举措使得英国养老金体制由国家主导转变为由市场主导。1986 年，英国《社会保障法》进行了改革，新法案鼓励企业雇主建立确定缴费(DC)型养老金计划，尤其为职业现金的开设提供了便利，惠及更多的中小企业，并鼓励职业养老金计划退出国家的养老金体制，提供更高的税收优惠福利。

2008 年，英国政府出台了新的《养老金法案》，提出国家需设立全面覆盖、更为强制的职业养老金计划。自 2012 年 10 月起，所有年收入达到 7 475 英镑、年龄高于 22 岁且低于法定退休年龄之间、未曾加入任何一个职业养老金计划的雇员都将强制性地自动加入职业养老金计划，雇主需缴纳的费用为雇员工资的 3%，雇员本人缴纳费用为工资的 4%，政府则以税收让利的方式计入 1%，共计 8%的缴费累积到雇员的个人账户中，组成强制性的养老金第二支柱。此外，针对 DB 型计划给雇主较重的负担，英国政府于 2012 年对一系列相关措施进行实施和改革，此后所有的新雇员仅能参与 DC 型的新职业养老金计划。

职业养老金计划的参与者可享受政府优惠政策，一般采用 EET 的税优模式，即费用缴纳和投资管理阶段免税、待遇领取阶段缴税的模式。职业养老金计划受到养老金监管局和金融服务管理局的监管，前者监管计划的成立、运作与关闭，后者监管职业养老金资产的市场投资情况。职业养老金资产必须采用信托模式，由专业受托人管理，受托人具有自由的资产配置全权和投资选择权。

但从目前来看，DB 计划的规模还是占据很大的比重。数据显示，2016 年底，DB 计划和 DC 计划的参与人数分别为 2 830 万和 1 090 万；DB 计划的资产规模占市场总规模的 82％，远高于 DC 计划的 18％。

三、第三支柱个人养老金

1986 年出台的《社保法案》首次引进了崭新的“个人养老金计划”。该计划实行完全个人积累制，由保险机构与其他金融机构负责设计，个人可自由选择符合个人风险偏好的相应产品。政府对这一养老金计划实行税收优惠政策，最高可给予 7.8％的税收返还。

个人养老金计划属于由个人自由选择养老产品的缴费确定型计划（DC），囊括了私人养老金、个人寿险与养老储蓄等计划产品。与职业年金的 DC 型计划相比，该计划属于合同式。且该计划主要面向大量的中小企业，包括众多个体工商业从业人员、自雇人士以及非常规就业人员，个人有权自愿决定是否参加个人养老金计划，并且养老金的待遇水平与个人所缴纳的费用相关联，体现着多缴多得的原则。英国法律还明确规定，如果企业未曾面向雇员提供职业年金计划，那么企业雇主需要与保险机构达成协议，使得企业中的雇员能够参与到这类计划。个人也可以不经过雇主而直接加入保险机构提供的 DC 型计划。

一般而言，个人养老金须在 55 岁之后才能领取。目前英国大约有 320 万雇员加入了 DC 型的个人养老金计划，个人养老金的年补贴额可达 4 万英镑。

值得关注的一点是，第三支柱的个人养老金正逐步向第二支柱的职业养老金靠拢。自 2012 年开始，第二、第三支柱的养老金缴费者均有机会参加国家职业储蓄信托（NEST），一旦加入，便可享有超低价格的管理费，并且可以通过该信托投资获得一定的收益。今后，个人养老金计划将逐渐与职业养老金计划相互融合，统一共享 NEST 平台，并将成为英国退休金体系的主体。

英国通过制度的整合和修订，利用国家职业储蓄信托（NEST）在一定程度上实现第二、第三支柱养老金账户的统一管理，特别是在个人养老金计划中也应用了一定的自动加入机制。我国第三支柱个人养老金还未有具体的政策制度出台，若底能够及时落实税延养老保险的相关试点工作，有必要在试点过程中充分探讨第二支柱和第三支柱相关机制上的异同，尽量做到制度之间的连贯性和统一性，探索出一套更加适应我国养老金体系的管理机制，也能为今后可能建设的养老金一账通平台打下良好的制度基础。

第三节　新加坡养老金账户发展情况

新加坡将中央公积金制度视为整个社保体系的基础。这一制度不但协助国家应对老龄化等各种社会挑战，而且还会根据人们时刻变化的需求加以灵活改善，进而形成以中央公积金制度为基础、以各式各样保险计划为补充的多功能、多层次国家社会福利保障体系。该体系还对新加坡的经济改革发展起到了积极的影响。

一、新加坡中央公积金制度发展历程

20 世纪 50 年代，新加坡除政府公务员和富商的雇员外，其他群体几乎未曾享有正式的养老保险计划，人民生活较为贫穷，老年生活无法得到充分保障，国家亟须建立一套全面完整的养老保障制度。1953 年，新加坡政府出台了《中央公积金法令》。1955 年中央公积金局（CPFB）正式成立，专门负责对公积金进行管理，这一事件也标志着新加坡的中央公积金型社会保障制度得到初步建立。

1965 年以前，中央公积金还处于较为单一的养老保障阶段，仅仅形成一个储蓄型养老保障制度的简单框架，并且只要求雇主和雇员共同承担缴费，从而为雇员未来的退休生活提供最基本的待遇保障。

1965 年以来，随着社会经济的发展和人民生活水平的提升，通过多年来的不断发展与完善，公积金的保障项目逐步扩展和完善，从而发展演变成一个涵盖养老、医疗、住房、家庭保护等多方面的综合性社保制度。譬如，会员可通过公积金购置以政府名义建造的组屋或私人住宅产业，实现“居者有其屋”；也可通过公积金进行股票、债券、基金等金融产品的投资活动，以及资助子女或本人进入当地大专院校学习。

二、新加坡中央公积金制度个人账户及资金筹集

新加坡的中央公积金局将企业雇主和雇员的供款注入每位计划参与者开设的个

人账户中。其中，个人账户可分为 3 个子账户：一是普通账户，于 20 世纪 70 年代开始启用，累积的公积金可以用于购买政府组合房屋（相当于我国的经济适用房）、人寿保险，还可花费在子女教育支出以及信托股票投资等；二是专用账户，于 1977 年 7 月开始启用，累积的公积金可以用于为公积金参与人员累积的退休金，还可以对与退休相关、旨在提供养老保障的金融产品进行投资；三是医疗储蓄账户，于 1984 年 4 月开始启用，累积的公积金可以用于为公积金参与人员及其直系亲属支付门诊医疗服务、住院、疾病保险费等医疗费用。当公积金参与人员达到 55 周岁时，中央公积金就会为参与人设立退休账户，资金源于普通账户和专门账户，年龄达到 62 岁时开始给付养老金。

中央公积金的缴费来源于雇员和雇主。缴费按照规定的不同比例注入各个账户。公积金的缴费率和参与公积金计划人员的年龄相关，雇员年轻时缴纳金额较多，然后随年龄的攀升而逐步递减，退休前后则大幅降低；同时，考虑到每位雇员工资水平的差异，当雇员的薪资低于特定的水平时，雇员不需要缴费（从 2014 年 1 月 1 日起，标准定为每月 500 新加坡元）或者可以减少缴费（每月 750 新加坡元）。

三、新加坡中央公积金制度的运作管理及规模

作为新加坡的一个准金融机构和中央公积金的管理机构，中央公积金管理局负责资金的汇聚、结算、储存与使用等。中央公积金管理局的主要任务涉及公积金缴费率的评估和确定、利息的计算及给付金额等方面，通过一个独立的系统进行单独核算、自负盈亏，该系统独立于新加坡的财政系统之外。国家财政无权挪用公积金存款，但是需要承担公积金存款担保及偿还的义务。截至 2016 年底，新加坡中央公积金规模达到 3 319.4 亿新加坡元，占本国当年 GDP 的 81%。

新加坡以中央公积金形式，着眼于养老、医疗、住房三大社会保障计划，并努力实现资产的保值增值，这样的一体化管理方式也为我们建设养老金一账通平台拓宽了思路。除了做到养老金账户的全方位管理和服务外，今后也可以适当连接医疗保险、住房公积金、农民失地补偿款等，在某种程度上建设出一个统一的社会保障服务平台。

第四节　智利养老金账户发展情况

一、智利养老金制度发展历程

1924 年，智利政府设立了以公立机构管理为特征的现收现付制养老保险制度。

1980年,为应对由于人口老龄化等因素造成的养老金赤字以及管理效率低下等问题,智利出台了《养老金制度改革法》,开始了养老金私有化的改革,养老金制度转变为完全积累制。该制度采用的是DC型养老计划,即预先制定缴费水平,并对缴费及资金投资收益额以个人账户的形式加以记录与管理,个人在投资过程中享有选择权以及决策权,并承担相应的投资风险;雇员退休时,个人账户的累计金额可被一次性领取或者转化为退休年金的形式领取,转换为退休年金的金额取决于个人账户的累计金额及其转换为退休年金的价格。

二、智利养老金制度个人账户及资金筹集

在养老金的来源方面,智利政府实施的是由国家立法强制储蓄与自愿储蓄相结合的方式。雇员必须强制性按月缴纳费用,并设立个人养老金账户,缴费比例为本人薪资的1/10;此外,雇员还需缴纳薪资水平的2.5%—3%,以用于支付养老金管理公司的佣金和购买保险公司提供的伤残遗属保险。该强制缴费资金在费用缴纳、投资收益和待遇领取的3个环节都具有免税优惠政策。但对于月收入高于72万比索(约合2 000美元)的部分雇员不适用于此规定,保险费的缴纳完全由个人承担。雇主虽不负担缴费的义务,但有职责为雇员代扣代缴,若雇主不履行相应的职责,要受到法律的处罚。另外,雇员还可以选择用以下两种方式进行自愿储蓄:一是用个人养老金账户存入额外的储蓄,该储蓄的本金和投资收益均可免税;二是用一个单独的第二账户存入额外的储蓄,其优点在于可随时领取,但该账户仅有投资收益可以免税。此外,针对养老金改革产生的历史遗留问题,智利有关部门还采取多种措施,例如:对于新制度实行之前退休的雇员,仍可按照旧制度给予其养老保障,这一部分资金由财政部门进行保证;对新制度设立之前开始就业,但选择参加新制度且尚未建立个人账户的雇员,则由政府总发行金额达到124亿美元的"认可债券"作为保证,并将其记入个人账户的储蓄记录额。

三、智利养老金制度的运作管理及规模

在养老金的管理和运营方面,私有化是其最大特征,由私营养老保险基金公司(AFPs)对养老保险基金进行管理是此次改革的主要内容。参保者存入个人账户的养老金资金由养老保险基金公司进行汇集、管理和市场化的投资运作,通过累积投资收益使养老基金保值增值。从安全把控的角度来看,养老保险基金管理公司需将自身资产与养老基金分开经营,以保证养老资金的安全。养老保险参保人可根据自己的意愿

选择基金管理公司来管理个人账户中的资金，如若对于该公司的管理不满意，还可以自行更换养老基金公司。该模式最大的优点是促进了养老金管理市场的竞争，在优胜劣汰的原则之下，更有利于促使养老金公司提高管理水平、注重投资收益率，最终促进全行业的整体竞争水平。

在养老金的规模方面，经过将近 30 年的投入和运营，智利目前所采用的新养老金制度获得了良好的效果，主要体现在如下方面：一是规模较大，收益率较高。截至 2004 年年末，智利养老基金累计规模高达 608 亿美元，占当年 GDP 总量的 67%，每年养老基金的平均增长率约为 28.3%，扣除费用后的净收益率为 9.3%。二是有力促进了资本市场的发展。截至 2003 年底，养老金是智利国内市场中可抵押债券、银行债券以及定期存款的最大投资者，是公司债券的第二大投资者；此外，养老基金还被用于投资大量股票。在养老金投资活动的推动和影响下，智利金融资产与 GDP 的比值由 1980 年的 65%增加到 2003 年的 217%。三是有力促进了宏观经济的增长。数据显示，从 1981 年到 2002 年，养老金制度的改革对智利全国平均储蓄率上升的贡献达 GDP 的 2.3%，占储蓄增长的 47%，对投资的贡献达 GDP 的 1.2%，占投资增长的 57%。劳动力方面，一方面由于养老金缴费率的降低，使得劳动成本减少，从而提高了劳动参与率；另一方面，养老金改革大大增强了缴费和给付两个环节之间的关联性，积极促进了劳动力的就业。从 1981 年到 2001 年，养老金制度改革对 GDP 的增长率的贡献为 0.49%，占这 20 年期间经济增长率的 10%。

第三章　搭建养老金账户“一账通”平台

第一节　我国养老金账户目前存在的问题

一、养老金账户灵活性不足

我国现有政策对基本养老保险个人账户积累基金的领取设定了相对严格的标准，具体表现为在达到法定退休年龄或死亡后才可领取。同样，企业年金个人账户的领取条件也十分严格，在基本养老保险个人账户积累基金领取标准的情况下，增加了出国可领取的情况。相对而言，美国的个人养老金账户领取方式更加灵活，如在员工经济生活出现困难时，在符合一定标准的前提下可以申请领取其个人账户内的基金，从而满足其生活需要，以解决其短期内紧急而迫切的经济需要，缓解生活压力。灵活的领取方式也提升了员工参与的积极性。

二、养老金个人账户间无转移通道

因管理主体不同，我国现有的养老金个人账户分设在不同的渠道之下。基本养老保险个人账户由各省市的社保经办机构负责，职工劳动关系所在单位到当地社保经办机构办理其个人账户，后续由职工劳动关系所在单位代扣代缴职工基本养老保险费，并交至当地社保经办机构，基本养老个人账户具有国家保障属性，具有普遍性。企业年金个人账户作为补充养老保障的一种形式，由职工劳动关系所在单位选择的受托人负责建立，受托人均为商业养老金管理机构，由受托机构选择托管行，完成个人账户积累基金的统计、缴费、支付等环节的处理。个人补充养老保险尚未建立账户概念，这部分养老金资产目前主要以产品的形式呈现，分布于不同产品发行公司。

基本养老保险个人账户和企业年金个人账户完全独立，而因第三支柱个人补充养老保险尚未有明确的账户制模式，在职员工个人因工作变动，流动至未建立企业年金计划的单位时，仅能将其已缴纳的企业年金个人账户中的资金封存在原单位企业年金计划中。对于大部分因工作变动而留存在原单位企业年金计划中的账户，账户内资金既不能领取也无法转移，投资管理人对于此类账户，从客观来说只能维持最低收益，无法实现企业年金个人账户内沉淀基金的有效保值增值，不利于个人补充养老资金规模的增加。

三、个人对养老金资产无整体规划

因目前个人不同的养老金账户分散在不同的系统平台上，一方面职工个人无法清晰地了解当期个人养老金资产情况，不能及时查询不同养老金账户的资产余额等信息；另一方面因不能及时准确地了解个人养老金资产信息，没有合适的工具可以帮助个人预估在满足一定目标前提下，现阶段需投入的养老金资源，更不能对个人养老资金配置做出合理规划，无法快速便捷地对个人退休后的经济情况做出规划和调整。

四、基本养老保险个人账户空账情况严重

受历史政策因素影响，我国基本养老保险虽然已经建立了个人账户制度，但是在

实际执行过程中，因转制成本并未及时足额补足，导致个人账户“空账”运转多年。截至2016年，我国基本养老保险个人账户空账规模已经超过4.7万亿元，如果继续实行“统账结合”的管理方式，个人账户“空账”规模将进一步增加。同时，由于个人账户并非实际账户资金运转，每年均采取由国家颁布统一记账利率作为资金的投资收益，受通胀和名义利率的影响，记账利率也将越来越高。2017年开始对个人账户资金实行的新的记账利率形成机制，主要与工资增长率挂钩。在新的记账利率形成机制下，2016年记账利率高达8.31%，而同年的GDP增速不过6.7%，企业年金和社保基金当年实际投资收益率也仅为3.03%和1.73%。可见，新的记账利率机制还将进一步增加个人账户空账规模，未来老龄化高峰时期基本养老金将面临巨大的支付风险。

第二节　养老金账户“一账通”平台机制设计

为了更好地发挥养老金账户的养老保障功能，本文将探索通过建立养老金账户“一账通”平台来提高养老金账户的灵活性、便捷性并实现账户间的转移等功能。

一、养老金账户“一账通”平台的定义

养老金账户“一账通”是指通过连接个人不同的养老金账户，实现其养老金资产在一个统一平台上查询、规划、调整、投资等功能，打通三支柱之间的养老金账户；同时，通过平台提供多种类型的养老金融产品，便于个人客户轻松比较并购买，从而实现个人养老金资产的合理规划。

二、养老金账户“一账通”平台的实施路径

通过建立统一的养老金“一账通”平台，将第一支柱基本养老保险个人账户、第二支柱企业年金或职业年金补充养老账户、第三支柱个人补充养老账户的信息归集到统一平台上，由国家选取行业内具有公信力的平台，建立与第一支柱、第二支柱、第三支柱个人账户的接口，实现信息的交互和互通。

（一）平台建立

选取行业内具有公信力的公司，如中国保险信息技术公司等，设计养老金账户“一账通”平台的架构和运作方式，建立与基本养老保险个人账户、企业年金或职业年金补充养老个人账户、个人补充养老账户的接口，并做好与各地社保局、商业养老金管理公司、保险公司、证券公司、商业银行等不同机构的沟通，将个人养老金账户的数据传输

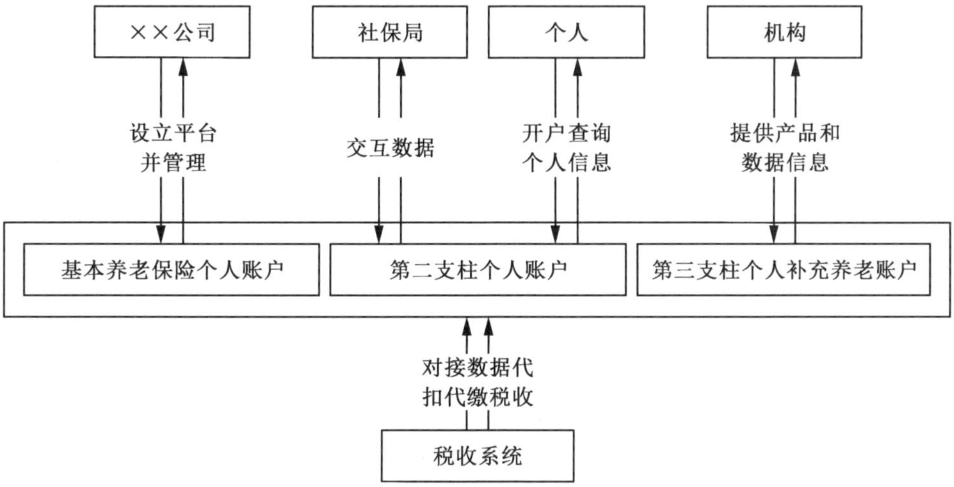

资料来源:笔者制作。

图 2—1　养老金账户"一账通"平台的实施路径

到养老金账户"一账通"平台上,从而实现个人账户信息的交互。

个人在养老金"一账通"平台上使用个人身份证号码申请开户,账户需实名建立,每个人仅限申请一个账户,充分确保个人主体身份的合法性。个人可通过在养老金账户"一账通"平台上的账户进入系统,并查询其不同养老金个人账户下的缴费信息、收益情况、养老金产品的运作情况等信息。

(二)平台运作

1. 整合养老金账户信息

养老金账户"一账通"平台上的账户信息需完整,且便于管理。平台上账户记录和管理个人的基础信息、养老金各账户下的个人缴费、投资收益、资产配置等信息,同时个人可以通过此平台账户实现查询、缴费、资产配置以及领取等功能。

2. 更新处理账户信息

养老金账户"一账通"平台需与各养老金账户的管理方建立数据及时更新机制,确定不同养老金账户下数据更新的时间点。制定定期沟通机制,通过多种形式就养老金账户"一账通"平台运作中存在的问题进行沟通和解决,就新技术应用等进行探讨,不断完善平台运作效率。

3. 建立平台产品准入分级

养老金账户"一账通"平台在整合各养老金账户信息的同时,也将引入不同的个人补充养老金产品供选择和购买。个人补充养老金是一个开放的市场，各类金融机构均可按照统一的监管规则向个人提供产品，成为个人养老金规划下的配置工具。众多的个人补充养老金产品，涉及面广，覆盖不同公司的不同产品。做好产品的准入分级是养老金账户"一账通"平台安全可靠的基础。

养老金账户"一账通"平台需与各监管部门做好对接，对于拟进入养老金账户"一账通"平台的产品，先由产品发行公司的监管部门进行准入审核，审核通过后方可进入养老金账户"一账通"平台的资金池。同时，对进入养老金账户"一账通"平台的产品进行分类分级，根据产品本身的属性进行分级，可分为"收益保证型""风险共担型"和"风险自担型"，对养老金账户"一账通"平台上注册的用户提前进行风险提示，用户可根据个人自身风险偏好与需求选择相应产品进行投资。

4. 实现与国家税务信息系统对接

随着国家个人税延优惠政策的落实，用户在养老金账户"一账通"平台上购买个人补充养老金产品也需考虑与国家税务信息系统对接。实现养老金账户"一账通"平台与国家税务信息系统对接，有利于税务部门及时掌握在平台上购买个人补充养老金产品的详细信息，包括缴费、投资和收益情况等，为税收优惠和递延征收提供依据。同时，可将养老金账户"一账通"平台作为统一归口，通过平台作为基础数据的输出端口，实现税收优惠计算和缴纳的功能。

5. 打通养老金账户间的资金转移

建立不同养老金账户沉淀资金转移的路径，根据用户个人实际情况变化，在养老金账户"一账通"平台上可将其某养老金账户内积累资金转移至另一养老金账户，如将企业年金或职业年金个人账户内资金转移至第三支柱个人补充养老金账户或产品内，制定可承接第二支柱转出资金的账户或产品，实现积累资金的有效管理。

6. 搭建安全稳定的 IT 运营平台

养老金账户"一账通"平台涉及众多参与者，同时需与不同组织机构数据进行对接，数据庞杂、涉及范围广、安全性要求高，必须建立安全可靠的信息系统。甄选行业内专业的供应商，搭建安全稳定的 IT 运营环境和系统，防止信息泄露。

同时，通过养老金账户"一账通"平台购买的产品信息，需与产品发行公司系统进行实时对接，及时将用户购买产品的相关信息在两个系统中进行传递和备份，包括该产品的缴费、交易和投资收益等信息，保障信息的安全。

（三）平台支付

当养老金账户"一账通"平台的用户达到一定标准时，可在平台上管理其养老金账户内的资金。养老金账户“一账通”平台建立好与养老金账户托管银行等机构的数据接口，当用户选择一次性领取某一养老金账户内资金时，平台可提供多种养老金产品供其参考。

同时，用户在领取时，平台与国家税收系统相关联，可通过平台实现对领取金额税收的代扣代缴。在这种情况下，税收的代扣代缴可不受用人单位的限制，可以极大地鼓励第三支柱个人补充养老的参与积极性。

三、养老金账户“一账通”平台的功能

（一）整合个人名下所有养老金账户/产品

将个人名下的基本养老保险账户、企业年金账户、个人补充养老账户、非制度化的其他个人理财规划（个人养老保障产品、商业保险产品）等都汇集到养老金账户“一账通”平台上，可实时查询各养老账户和非制度化养老产品的最新资产规模情况，并了解未来养老金历史缴费、预估领取金额、领取期限、申领日期等基础信息。

（二）实时查看各类养老金账户/产品的收益

通过养老金账户“一账通”平台，可及时查询已关联的各类养老金账户的历史投资收益情况，包括投资管理人、投资组合、缴费本金、缴费收益、单位净值等，方便实时查询每个养老金账户余额，了解养老金账户下不同投资管理人、不同投资组合的历史投资收益率情况，为个人养老金账户的投资决策提供参考。

（三）提供养老金管理的增值服务

养老金“一账通”平台上不仅可提供查询等基础功能，根据个人不同偏好和选择，还可提供包括资金保值增值、养老保险方案筹划、产品选择等多元化的服务，包括如何在三支柱的养老保障体系内规划个人养老方案、不同类型养老产品的比较和评估、同类型不同公司养老产品的比较和评估等方面，便于个人对养老金进行全面的管理和规划。同时，在养老金账户“一账通”平台上，提供退休计算工具，通过订立个人退休目标和期望，如基本开销、医疗、其他等消费预期，参考个人的历史储蓄、投资等情况，预估退休后个人养老金需求。

（四）实现养老产品的购买和转换

养老金“一账通”平台在实现账户归集和打通的功能基础上，还可与不同的证券、基金、保险公司相对接，提供多种类型的养老产品的购买，包括个人税延型养老保险产品、养老金型基金、养老金型理财产品、个人养老保障产品、个人寿险等产品，推动实现个人在不同产品之间的轻松转换和购买，做好个人的全面养老保障规划，逐步将养老

金“一账通”平台打造成为活跃的养老投资平台。

（五）实现税延型个人养老保险等产品税收统计平台

针对非制度化的养老储蓄产品，如税延型个人养老保险，可通过养老金“一账通”平台落实相关税收优惠政策。养老金“一账通”平台可作为第三支柱个人税延政策落地的依托工具，根据政策制定的统一标准，每月委托企业在税前将免税额度内的资金存入指定账户或在其平台上购买相应额度的养老产品，个人可根据自身的风险收益偏好，自主、灵活地配置资产，账户内的资金和投资收益均免税，达到法定领取年龄时才缴纳个人所得税。

第三节　养老金账户“一账通”平台的特点和意义

一、养老金账户“一账通”的特点

通过养老金“一账通”平台，可以方便个人更加轻松地管理养老金资产，有效实现资金的保值增值。

（1）实时便捷。通过养老金“一账通”账户，可以随时、随地查询个人养老资产情况，无须通过不同的渠道或手段查询，可以极大地提升管理个人养老金账户的便捷性。

（2）轻松选购。个人进行养老产品选择时，可轻松实现同一个平台下产品的信息对比，无须在不同公司网站间跳转，有效提高了产品购买的便利性。

（3）专业信赖。养老金“一账通”平台意味着更加专业化的养老理财规划，可以享受专业的养老投资服务，而不是没有完整规划地盲目购买产品。

二、养老金账户“一账通”平台的意义

（一）推动养老保障制度顶层设计完善

通过养老金账户“一账通”平台，能够实现多支柱养老保险制度下个人账户的归集，逐步做实养老金个人账户，盘活账户下养老金资金，实现不同养老金账户下资金的合理归集和筹划，有效实现资金的保值增值，满足个人在不同养老保障支柱下养老金替代率的安排，有利于推动养老保障制度顶层设计向更合理、更便捷、更高效的方向发展，从而完善养老保障体系。

（二）满足个人日益增长的养老保障需求

随着老龄化的不断发展，老百姓越来越意识到养老资金储备的重要性。目前我国

拥有60万亿元的居民储蓄，个人养老保障需求日益增长，合理安排养老投资或储蓄也是个人养老面对的重要方面。通过养老金账户“一账通”平台，可以激发个人养老责任，帮助个人合理规划养老金，满足个人日益增长的养老保障需求。

（三）有效激活养老金融和资本市场

养老金账户“一账通”平台提供丰富多样的养老金融产品，可以释放居民储蓄的资金规模，形成更多的长期养老金资金，一方面构成资本市场的压舱石，另一方面也有效服务实体经济发展，同时将催生大量专业化机构的出现和发展，带动养老金融市场的快速发展。养老金融产品为不断实现其收益率与安全性的匹配，必然进一步完善资产配置模型，提升资产配置效率，给资本市场带来更多的资源。

（四）充分发挥养老金管理公司价值

对于专业养老金管理公司而言，参与养老金账户“一账通”平台的构建和管理职能，是专业养老金管理公司在参与广义养老金管理方面的重要抓手，有利于专业养老金管理公司发挥其价值和功能，积极助力国家三支柱养老保障体系，实现养老金管理公司的可持续发展。

第四章　养老金账户“一账通”平台的政策建议

第一节　统筹考虑，逐步推进养老金账户的灵活性

目前我国养老保障体系改革正在稳步推进中，基本养老保险是我国养老保障制度中最基础、最重要的第一道保障，企业年金作为第二支柱是我国养老保障的重要补充。第一支柱基本养老保险领取对象为达到国家、省法定退休年龄或者出境定居的人员。第二支柱企业年金补充账户的领取对象为达到国家、省法定退休年龄，身故或者出国定居的人员。在未满足上述条件的情况下，个人无法提前领取其基本养老保险或企业年金账户的缴费资金，无法满足个人的紧急或临时需求。

建立养老保障体系，主要是为了鼓励个人为退休后的生活进行投资和储蓄，因此在满足一定标准的前提下或某些特殊情况下，允许个人养老金账户在退休储蓄的基础上进行功能拓展，可以更好地发挥养老金的功能。建议参考国外成熟的养老金账户管

理经验，更加科学合理地设计账户积累资金的领取规定，使得参与者在个人经济生活出现极大困难的情况下可以提前领取或支取积累资金，满足其生活需要，充分发挥养老金账户的灵活性、便捷性。这可以极大地提高参与者的积极性，扩大参与率。同时，对于特殊情况，事先做好制度设计，制定严格的领取标准，并针对特殊情况资金领取，设计一定的还款或弥补条件，如设计与提取资金规模相挂钩的归还天数，提取者必须在规定的天数内归还资金；若因其他原因导致未能在规定时间内归还，则需制定相应的惩罚措施，如征收一定的罚金或者按照一定利率归还资金的本金和利息。

第二节　依托政策，做实个人账户基础上统账分离

做实基本养老保险个人账户，就是将每一个参保人员按规定比例缴纳的养老保险基金全部记入参保人的账户，做到钱账相符、账人相符、账账相符，形成个人缴费的完全积累，实现基本养老保险制度模式从“统账结合，并账管理”向“统账结合，分账管理”的实质性转变，真正落实社会统筹与个人账户相结合的部分积累制度，进而为缓解经济波动和老龄化对养老保险事业的冲击提供基金保证。

按照 2016 年个人账户空账 4.7 万亿元规模这一数据，需要通过多种途径做实个人账户，并与社会统筹部分相分离。2017 年 11 月，国务院公布《划转部分国有资本充实社保基金实施方案》，以弥补因实施视同缴费年限政策形成的企业职工基本养老保险基金缺口为基本目标，在推进国有企业深化改革的同时，推进划转部分国有资本充实社保基金，推进实现基本养老保险制度代际公平，能够在未来充分保障和改善民生。按照方案实施后，预估划转的国有资本将达到 5 万亿元左右的规模，将完全覆盖个人账户多年空账的缺口。通过国有资本划转，充分体现了国有企业全民所有、发展成果归全民共享的性质。

第三节　兼容并蓄，实现养老金账户内积累资产的转移接续

以往，第一支柱基本养老保险主要由国家人社部和各地人社局统筹负责，个人账户内资产由各省份自行管理。自 2017 年开始，由中央统筹，各省份分别与社保基金签署委托管理协议，将基本养老保险基金结余委托给社保基金，尤其代为投资管理，实现基本养老保险资金的保值增值。第二支柱企业年金由各建立企业自行委托管理，大部分企业选择委托第三方有资质的受托人，通过其进行投资管理。第三支柱目前尚未正

式建立，未来运作形式行业内预测将采取账户制。

目前，养老保障三支柱在实际运作过程中，各自账户内的累积基金是相互独立的，各账户也是独立运作，互为独立。第二支柱企业年金或职业年金补充养老账户，在目前的政策下，主要依托于企业或机关单位建立的企业年金或职业年金计划，当员工因工作原因在不同企业、机关单位或者两者之间流动时，可能面临有些企业未建立企业年金计划，导致其原个人账户内积累资金处于冻结状态，无法进行投资选择和管理。

从账户的产权属性上来说，基本养老保险个人账户、第二支柱个人账户和第三支柱个人补充养老金账户都属于个人所有的账户。基本养老保险个人账户由国家强制建立实施的个人养老储蓄，账户内资金仅能用于职工个人退休后的养老金待遇支出，完全由职工缴费形成，属于个人所有。第二支柱个人账户是机关事业单位或企业为职工建立的补充养老账户，个人账户部分全部为职工个人缴费，属于个人所有。当满足一定条件时，第二支柱机关事业单位或企业为员工缴纳的补充养老金，也可以进入第二支柱的个人账户，随着职工在建立年金计划的机关事业单位或企业间流动时而划转。第三支柱个人补充养老金账户也是由个人自主购买养老金产品或养老金缴费形成，是个人自愿性质的养老储蓄投资，也属于个人所有。三者具有相同的私有产权属性，都属于个人所有，从理论上来看，在必要的条件下，可以实现有效转移接续。

未来，建议可以充分借鉴国外养老金的管理经验，通过养老金账户“一账通”平台实现不同养老金账户的转移接续功能。

一、基本养老保险个人账户与其他个人账户的有效融合

按照目前行业内专家的建议，未来基本养老保险个人账户做实后，将有可能逐步与基本养老保险统筹账户分离。基本养老保险个人账户分离后，如何运作也是未来讨论的关键点。目前第二支柱以单位为主导，所覆盖的人群较少，仅为 6 000 万左右，大多数职工并未参加第二支柱职业养老金。若要实现基本养老保险个人账户与第二支柱个人账户的融合，政策上要逐步要求企业或机关事业单位建立第二支柱年金计划，引入自动加入机制，将第二支柱转变为一种国家强制建立的个人补充养老金制度。另一种情况是，将基本养老保险个人账户与第三支柱个人补充养老账户相融合。因第三支柱个人补充养老账户无须企业建立，由个人自主参加，个人账户转移至第三支柱不存在体制性障碍。此外，如果将基本养老保险个人账户独立出来，划入第三支柱作为强制部分，相当于一次性使得第三支柱覆盖了 3 亿多的基本养老保险参保职工，具有类似的补充养老金自动加入机制的效果。

二、第二支柱个人账户与第三支柱个人账户的转移接续

借鉴美国 IRA 账户的管理经验，当职员因个人原因在企业间或企业与机关单位间流动时，当新的就职单位并未建立年金计划时，可以将其已缴纳的第二支柱个人账户内的积累资金转移到第三支柱个人账户中，第三支柱个人账户充当补充养老账户的归集账户，通过第三支柱个人账户选择适合自身风险偏好或需求的养老投资产品或工具，有效提升资金的效率，提高补充养老资金的收益率，同时也可以提高补充养老账户的灵活性，有利于提高第二支柱和第三支柱的参与率，也有利于劳动力资源的合理流动和配置。

第四节　完善制度，逐步引入养老金账户的个人选择权

一是实现基本养老保险个人账户基金的多渠道投资。基本养老保险天然具有调节收入分配、促进社会公平的功能，因此不适于盲目引入个人投资选择权。建议将个人账户资金的投资运营交给专业化的管理机构，同时扩大资金的投资范围，利用多元化投资工具来分散风险，实现基金保值增值。

二是创造条件在企业年金中逐步引入个人投资选择权。企业年金更多体现效率因素，应允许员工根据自身风险偏好和承受能力选择不同投资组合。在制度设计合理有效的基础上，提供个人投资选择权有利于企业年金计划的科学高效运作。

第五章　养老金账户“一账通”平台的未来探索

随着老龄化的日益严重，在养老保障体系下第二支柱、第三支柱发展相对缓慢的情况下，第一支柱压力越来越大。如何充分有效地调动社会各类已有资源，完善我国养老保障体系，也是国内专家学者致力研究的方向。

为了进一步发挥养老金账户“一账通”平台的优势，完善个人养老保障体系，养老金账户“一账通”平台可探索进一步打通个人非养老金账户下的资金，盘活沉淀资金，实现基金互助，做大做强养老保障。

第一节　探索养老金“一账通”平台下的资金互通与基金互助

一、整合公积金账户到养老金“一账通”平台

住房公积金是指国家机关、企事业等单位及其在职职工缴存的长期住房储金，主要用于买房、租房、装修等，为解决住房问题提供了基本保障。虽然政府出台了盘活公积金、扩大公积金保障功能的相关政策，但总体来说，我国公积金的发展还存在如下问题：其一，目前我国法律对于公积金的提取有着严格的限制。国务院《住房公积金管理条例》明确规定，“住房公积金只有在购买、建造、翻建、大修自住房或退休、出境定居等特殊情况下才能领用”。对于未来已不再有买房、租房、装修等需求的个体来说，目前的住房公积金几乎无法提取、无法使用，这导致了大量公积金处于闲置状态。其二，目前公积金的收益率较低，仅为1.5％左右，公积金的保值增值压力巨大。

未来，可借鉴新加坡于1953年实行的中央公积金制度，考虑打通个人住房公积金账户与养老金第三支柱个人账号，将两个账号合并，整合至养老金账户“一账通”平台。这将有利于实现基金互助，使账户资金的用途不仅局限于购房这一单一目的，为无须再次买房或住房公积金过剩的企业职工提供养老方面的选择，继而也完善了养老保障体系。同时，制定相关政策标准，对于符合要求的人员，可将其住房公积金账户与个人补充养老金账户相连接，实现资金的统筹管理，增强个人的养老资产，实现个人更加丰厚的养老金；增加个人选择权，将住房公积金与第三支柱个人补充养老金的资产，根据个人偏好和习惯，选择适合自身的投资管理人、投资组合等，增加其收益率，实现降低国家支付压力、企业缴费负担的目标，让个人的养老三支柱更加均衡。

二、整合失业农民补偿款到养老金账户“一账通”平台

在推进城镇化建设的过程中，大量土地被征用，农民的征地补偿也是当前社会关注的热点。根据国家相关政策，征地补偿款项会直接发放至农村集体经济组织，农村集体经济组织可以按照一定比例予以提留，由其统筹管理，同时按照相关规定将一定比例的补偿款直接分配给农民。

对于直接分配给农民的补偿款，未来可探索将其与第三支柱个人补充养老相整合，一并归集至养老金账户“一账通”平台上。归集后，可在“一账通”平台上对该资金进行管理和规划，以实现资金的保值增值。同时，也可逐步探索对接由农村集体经济

组织统筹管理的补偿款部分，将集体经济组织逐步发放或分期分配的补偿款直接对接养老金账户“一账通”平台上的特定产品，以实现资金的持续增值，也可以避免由于直接发放补偿款所导致的短期集中消费，从源头上保障农民的养老资产。

三、整合伤残津贴到养老金账户“一账通”平台

《工伤保险条款》第 36 条、第 37 条规定：职工因工致残被鉴定为一级至四级伤残的，保留劳动关系，退出工作岗位，从工伤保险基金按月支付伤残津贴；职工因工致残被鉴定为五级、六级伤残的，保留与用人单位的劳动关系，由用人单位安排适当工作，难以安排工作的，由用人单位按月发给伤残津贴。因此，伤残津贴的主要功能与养老金有异曲同工之妙：伤残津贴主要是为保障伤病或残疾职工退出工作岗位后的基本生活需要，而养老金主要是为保障达到退休年龄职工退出工作岗位后的基本生活需要。

实际上，对于伤残人士而言，伤残津贴与养老金有一定连带关系。《社会保险法》第 40 条规定：工伤职工符合领取基本养老金条件的，停发伤残津贴，享受基本养老保险待遇；基本养老保险待遇低于伤残津贴的，从工伤保险基金中补足差额。换句话说，对于已达退休年限的伤残职工，伤残津贴和基本养老金的领取金将被“合二为一”，金额为工伤保险与基本养老保险两者的较高值。未来，可探索将伤残职工的养老金账户“一账通”平台进行特殊改造，把账户中的“第一支柱”部分调整为伤残津贴和基本养老金的结合体，从而增加“一账通”平台的多功能化，也为因伤病和残疾而身体不便的职工简化流程，尤其为残疾职工退休后的福利金领取提供便利。

四、整合医疗保险到养老金账户“一账通”平台

2015 年的中央经济工作会议首次提出要研究精简归并“五险一金”。随后，中共十八届五中全会通过了“十三五”规划，描绘了有关合并生育保险和基本医疗保险的基本思路。这一思路加速推进了精简“五险”计划的实施。2016 年底，第十二届全国人民代表大会常务委员会第二十五次会议授权国务院在河北省邯郸市等 12 个试点城市行政区域暂时调整使用《中华人民共和国社会保险法》，将生育保险基金并入职工基本医疗保险基金征缴和管理，使得精简“五险”的构想正式变为现实。

在满足一定条件的情形下，未来也可考虑将医疗保险纳入养老金账户“一账通”平台中。一旦该设想顺利实施，可进一步落实党中央国务院关于精简归并“五险一金”的计划，降低社保运营成本，简化不必要的流程。同时，社保项目的归并也可大大增加“一账通”平台使用的灵活性，在职工身患重病、老无所依等情况下，可尽量规避各类社

会保险之间的界限，合并各类社保津贴的明细，灵活支取各项福利中额度最高的补助金，以满足特殊情况下的资金使用问题和生活需求问题。此外，可将医疗保险的三支柱体系与养老保障三支柱体系一一对应，对于身患重病甚至绝症的退休职工，可将医疗保障“第三支柱”个人商业健康险赔付金与养老保障“第三支柱”个人商业产品发放的养老金一并通过“一账通”平台账户发放。该设想不但优化了重病老者领取福利的流程、节省了人力，使其有更多时间用以治疗等更加紧迫必要的事项，也在无形中提供了更多的福利保障金，从而进一步抵消重症退休职工因手术、药物产生的大量花销。

五、整合非工资类持续性收入到养老金账户“一账通”平台

为进一步提高员工养老金待遇，尽早实现养老金多层次、全方位覆盖，我国于21世纪初开始建立养老保障“第二支柱”补充养老金制度，先后制定了多种企业年金政策。近年来，适用于机关事业单位职工的职业年金也在逐步推行。针对补充养老保险的缴费问题，除企业需为员工缴纳费用外，员工也可在规定允许的范围内自行选择缴费比例。但在目前的政策下，如果超出缴费范围，或者使用一定比例的其他类型持续性收入（如按期收取的房租租金、理财产品红利等）进行缴费，只能考虑购买专业养老保险机构发行的有关第三支柱的碎片化产品，包括各类个人养老保障产品等。

未来，养老金账户“一账通”平台正式建立后，还可根据投资者的自愿程度，对非工资类持续性收入进行整合，对其进行投资管理与长期规划，以不断实现这部分资金的保值增值。此外，还可筹划将其他持续性收入归集到统一的存款账户中，在合理的投资范围和使用条件下，根据账户收入的间隔时间、每期收入额、自定缴费比例等账户持有者的具体使用情况，按固定时间转移存款账户中相应款项至养老金账户“一账通”平台。同时，还可参照企业年金或其他国家和地区养老金的运作方式，以及今后我国对于养老金市场和制度的改革政策（如香港地区推出的强积金下的特别自愿性供款，属于与是否就业无关的自愿缴款），逐步调整对“一账通”平台各类收入投资管理的限定条件和规划要求。

第二节　探索养老金账户“一账通”平台未来建设方向

只有将养老金账户“一账通”平台打造成多领域、全功能的综合型平台，才能得到来自社会各界人民的好评与青睐。因此，除资金融通、基金互助等方式外，还需考虑到平台的数字化、智能化、人性化等多方位建设，把平台的发展与信息技术、政策法规、衣

食住行等社会不同领域的不同因素结合在一起，从而真正实现平台功能的全面强大、界面的便捷使用以及系统的安全可靠。

一、加强养老金账户"一账通"平台数字化建设

随着信息技术的发展和互联网的普及，各金融机构也在不断发挥时代特点，与时俱进、开拓创新，逐步利用互联网技术和信息通信技术，实现资金融通、支付、投资和信息中介服务，以数字化渠道对金融产品进行营销和投资管理。互联网金融的兴起为人们提供了足够的便利，省去了前往金融公司网点办理业务带来的时间成本、人力成本、交通成本等，同时丰富的渠道也加大了金融行业的内部竞争，从而迫使各企业加强产品研发创新的力度和速度。

未来，信息技术产品必然会更加普及，网络的用途和覆盖程度必然更加广泛。因此，养老金账户"一账通"平台的设立与发展也要做到与时代接轨，发扬时代的优势，紧跟时代的步伐，利用网络等先进渠道，通过电脑、手机等电子产品随时随地管理"一账通"平台账户。为此，"一账通"平台的负责部门及公司必须加强对信息技术人员的管理培训，加强与各类互联网经营渠道的互通合作，从而保证"一账通"数字化平台的操作流程方便快捷、操作界面清晰易懂；保证"一账通"数字化平台系统和个人账户的资金安全管理，严格把控操作者利用系统漏洞违规转移资金、黑客入侵系统篡改资金流信息等信息安全风险。

二、加强养老金账户"一账通"平台智能化建设

加强产品本身的设计或拓宽产品发行渠道固然重要，但产品的管理工作需要考虑的因素不限于此，还需着眼于产品与政策法规和社会规则之间的互动与效应。例如，"一账通"平台的养老金账户持有者去世后，就会产生相应的账户继承问题。我国《继承法》规定，遗产要按照规定的顺序和比例继承，其继承方式和分配规则也较多，流程和手续冗长繁杂。同时，银行存款、理财产品等个人金融产品账户的继承手续包括向公证机构申请《存款查询函》、由银行出具《存款查询情况通知书》等程序。总体来看，遗产继承全过程所耗费的人力和物力非常之多。再如，当"一账通"平台的建设工作发展到一定程度时，其资金的来源种类、投资运用的分类必然变得更加繁多。对于继承人来说，如果要以手动的方式将被继承人账户中所分得资产重新按原比例投入自己的账户，必然又增加账户持有人自身的负担和社会其他各方面的成本。

因此，在"一账通"平台建设的过程中，必须加强智能化管理，以自动识别、智能分

配等快捷有效的手段高效解决平台使用中出现的问题。当已去世的持有人账户资金需要转入继承人的账户时，“一账通”平台可以联合公证机构等部门和各家银行，尽快核实转入账户持有人是否为法定继承人身份，简化一些重复和不必要的办理流程。同时，当法定继承人身份和账户资产继承比例受法律和其他合法继承人的认可后，可通过智能手段逐类对应地转移资金，从而有效简化了依法过继账户或合理转移资金的流程，节省供给双方的人力成本；以公平、公正的方式分配账户资金，避免了不必要的法律纠纷和潜在冲突。

三、加强养老金账户“一账通”平台人性化建设

只有产品的建设符合人们的预期，满足使用者的需求，才会得到消费者的认可。因此，对于养老金账户“一账通”平台，放开个人选择权、保证平台操作简便等改革措施，仅仅是平台人性化建设的第一步。未来，“一账通”平台还要更加贴合生活实际，进一步满足账户持有人的衣食住行等生活各类需求，解决养老所带来的各种问题，从而通过更加人性化的方式促进平台的发展和普及，为人们提供更多便利。

例如，“一账通”平台资金可以同养老服务和基础设施建设相连接，加以网络购物、代买跑腿等功能和方式，即时兑换养老所需物品和服务（如平台可绑定预定养老院床位服务、养老院费用支付服务等），使养老福利完全融入实体经济，真正享受到养老金带来的便利。一旦“一账通”平台与养老服务完美结合，能够省去支取养老金后再使用养老金进行购物等繁琐过程，生活需求一步到位；提供最适合老年人使用、来源和渠道最为正规的养老产品，从而减少账户使用者挑选外界物品和服务的成本，避免老年群体上当受骗；为腿脚不便、身患重病的老人提供接送、跑腿服务，解决难以行走、交通不便人群的困惑。此外，还可以在保证服务和产品质量完全过关的情况下，与其他正规互联网购物平台进行战略合作，此举可以给账户使用者带来诸多好处：一是可以参与互联网平台的购物优惠等活动，进一步提高老人的参与意识，降低老人的开销；二是可以进一步扩大平台的影响力，起到一定的宣传作用，同时也使更多账户使用者了解并放心使用平台提供的网购服务；三是可以发挥互联网购物平台得天独厚的优势，保证物流快速畅通、物品完好无损以及售后服务及时开展，从而使购物流程和所购物品管理专业化，使老人无须担忧购物的质量与效率问题；四是可以分别利用两家平台的风控技术，筑起过滤违法违规或信用不良的物品和服务的又一道防线。

参考文献

[1]韩克庆．养老保险中的市场力量:中国企业年金的发展[J]．中国人民大学学报,2016,30(1):12—19.

[2]Jamie Jenkins,Malcolm Winter. 英国养老金制度改革的经验及对中国养老金体系改革的意义[J]．清华金融评论,2017(1):42—52.

[3]姜春力,綦鲁明,刘威,等．中国"统账结合"城镇职工基本养老保险制度分析与改革建议[C]. 中国经济分析与展望,2017.

[4]李长运．我国养老保险基金缺口问题研究[D]．安徽财经大学,2014.

[5]刘子兰,吴新建．美国401K计划的创新与发展——罗斯401K计划运行机制研究[J]．湖南师范大学社会科学学报,2007,36(4):98—101.

[6]邱薇,刘李杰．美国第三支柱养老金个人退休账户(IRA)计划管理运作及借鉴[J]．清华金融评论,2014(8):47—49.

[7]舒林立,胡剑龙．关于合并公共养老金个人账户和企业年金的思考[J]．法制与社会,2007(7):317.

[8]王小冰．我国基本养老保险个人账户与企业年金比较研究及改革设想[D]．首都经济贸易大学,2008.

[9]王潇然,薛在兴．发达国家社会保障制度建设的经验与教训[J]．团结,2009(6):44—47.

[10]王志芳,周博,张文林．企业年金缴费比例合理性分析研究——以石家庄市年金为例[J]．河北企业,2016(12):112—113.

[11]卫桂玲．美国社会OASDI制度和农民缴费[J]．特区经济,2011(11):117—118.

[12]解晓峰．我国基本养老保险基金缺口问题研究[D]．天津财经大学,2010.

[13]熊炜．基本养老保险个人账户与企业年金合并探索[J]．企业家天地月刊,2009(3):31—32.

[14]郑秉文．中国养老金发展报告[M]. 北京:经济管理出版社,2016:523—535.

[15]袁锐．新加坡的养老保障制度[J]．中国金融,2005(18):60—61.

[16]郑秉文．美国的养老制度[J]．中国民政,2015(1):55—56.

(本文获"IAMAC2017年度系列研究课题集"优秀课题)

保险资金参与绿色金融建设研究

东方金诚国际信用评估有限公司

俞春江　方怡向　武慧斌　李　睿　闫　娜

摘要

为了经济的进一步增长和社会的可持续发展，发展绿色金融，用金融杠杆引导长期资金投向绿色环保等环境友好型项目，促进经济与生态的协调发展已成为全球共识。2015 年，央行等七部委联合发布《关于构建绿色金融体系的指导意见》，明确提出鼓励保险资金等长期资金开展绿色投资，提升机构投资者对所投资产涉及的环境风险分析能力，并鼓励和支持保险机构创新绿色保险产品和服务，参与环境风险治理体系建设。作为资本市场的重要参与者，保险业通过发挥保险资金在配置等方面的优势，着眼于保险资金投融资的绿色化，在投资决策时综合考虑环保、可持续发展等因素，创新保险发展模式，在追求投资回报率的同时，积极开展保险业的负责任投资，开发绿色保险工具，推动绿色产业的发展和优化。本文通过文献梳理、政策分析、比较研究以及实例分析等，阐述保险资金参与绿色金融的意义和现状，并结合国内外险资参与绿色金融的监管政策、险资参与绿色金融特点、险资配置结构等模式及经验，从保险公司作为绿色资本市场机构投资者、绿色保险产品供应者等角度探讨中国保险资金参与绿色金融体系建设的展业模式，并提出险资参与绿色金融相关制度建设、团队建设、资金产品供给能力建设、负责任投资等方面的建议。

关键词

保险资金　绿色金融　ESG　负责任投资

第一章　保险资金参与绿色金融意义

21世纪以来，金融体系的绿色化已成为全球趋势。在可持续发展理念和经济绿色转型背景下，中国已经成为全球首个建立比较完整的绿色金融政策体系的经济体。2016年8月，七部委联合发布的《关于构建绿色金融体系的指导意见》明确提出鼓励养老基金、保险资金等长期资金开展绿色投资。原中国保监会也陆续出台支持政策，支持和鼓励保险业加入“绿色”行动。

保险机构作为构建绿色金融市场资金和产品供给者以及环境、社会风险评估技术体系的重要参与者，保险资金参与绿色金融建设，不仅可以提高保险机构投资风险管理能力，完善绿色保险创新产品的定价机制，而且可以为保险资金提供丰富的低风险、长周期、回报稳定的投资领域，实现保险资金的保值增值。保险资金参与绿色金融的重要意义主要体现在四个方面：一是有利于引导资金支持绿色产业项目，促进经济转型升级与绿色发展；二是有利于优化保险资金投资结构，降低保险资金投资风险；三是有利于拓宽投资渠道、优化资本市场投融资结构；四是有利于提高保险公司自身的风险评估和风险管理能力。

一、引导资金支持绿色产业项目，促进经济转型升级与绿色发展

“十三五”期间，党中央把生态文明建设作为国家发展战略，中国经济迎来绿色发展转型升级的巨大契机。保险机构作为金融市场的重要参与者，通过其大规模、长周期的保险资金参与绿色金融，有效引导资本绿色化，促进经济结构调整及产业绿色升级。一方面，在生态文明体制改革和供给侧改革的战略背景下，国家不断出台配套政策（见表1－1），支持保险业服务实体经济，一大批重大民生项目、战略新兴产业、绿色环保产业等亟须资金支持。据统计，中国绿色产业的年投资需求超过2万亿元人民币，而财政资源只能满足绿色投资需求的10％－15％，绿色产业发展资金缺口巨大。

保险资金参与绿色金融，可以充分发挥保险资金规模大、期限长的优势，将绿色发展理念融入投资决策中支持节能环保、新能源等绿色产业发展。中国保险资产管理业协会数据显示，截至2016年末，保险机构投资计划合计注册（备案）金额16 525亿元，其中交通领域4 798亿元、能源领域2 445亿元、不动产领域4 801亿元。据中国人民保险集团股份有限公司初步测算，未来几年，保险业为绿色产业新注入长期资金的潜在规模可达3万亿元左右。因此，保险资金参与绿色金融，不仅可以有效拓宽实体经济的资金来源，实现资本市场与绿色产业之间的有效贯通，而且可以为实体经济的长期、可持续发展提供有力支撑，并助力绿色金融的发展和完善。

表1—1　　我国保险业参与绿色发展相关主要政策

出台时间	政策文件	发布方	主要内容
2014年4月	《保险业服务新型城镇化发展的指导意见》	原中国保监会	加大保险资金投资基础设施建设和运营力度。发挥保险资金优势，积极支持铁路、地下管网、污水和生活垃圾处理、公共交通系统、城市配电网等基础设施建设，提高城市综合承载能力
2015年12月	《关于保险业履行社会责任的指导意见》	原中国保监会	将绿色发展方式和生活方式作为保险业应承担的社会责任，将绿色保险纳入顶层设计的视域
2016年7月	《保险资金间接投资基础设施项目管理办法》	原中国保监会	将险资投资范围拓展至一切基础设施项目，为保险资金加快"输血"实体经济打开了政策之门
2016年8月	《关于构建绿色金融体系的指导意见》	中国人民银行、财政部等七部委	明确绿色金融体系概念，鼓励养老基金，保险资金等长期资金开展绿色投资，鼓励投资人发布绿色投资责任报告
2017年5月	《关于债权投资计划投资重大工程有关事项的通知》	原中国保监会	在风险可控的前提下，支持保险资金投资对宏观经济和区域经济具有重要带动作用的重大工程

资料来源：笔者根据公开资料整理。

二、优化保险资金投资结构，降低投资风险

保险资金负债驱动的性质，决定了保险资产管理在面临固定的资金成本和较高的流动性要求时，更强调风险管理、防范和控制，更倾向于采用追求绝对和相对收益、长期和短期收益均衡的投资策略，实现资产配置过程中投资价值最大化。目前，我国保险资金中寿险资金约占80％以上，寿险资金中20年以上的长期资金占到48％，5—20年的中期资金约占25％，5年以下的短期资金约占27％。伴随着资本市场的高速发

展，我国保险资金投资收益率从 2012 年的 3.39%提高到 2015 年的 7.56%。2016 年，受低利率环境和国内资本市场转弱的影响，投资收益率回调至 5.66%。整体而言，我国保险资金投资收益率波动比较大(见图 1—1)。

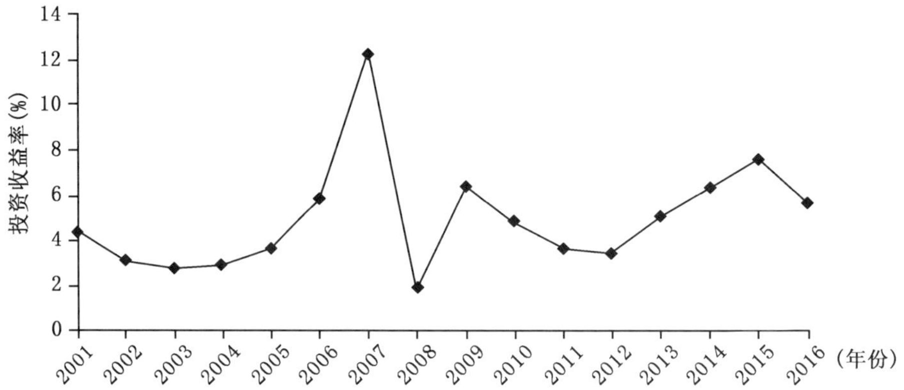

数据来源：Wind，东方金诚整理。

图 1—1　我国保险资金投资收益率情况

而多数绿色金融产品(如绿色债券绿色信托、绿色基金等)由于有政策支持、国家补贴或其他稳定资产支撑或担保，具有长周期、低风险、收益相对稳定的特性，成为保险资金参与绿色金融的最大吸引力。同时，绿色产业的发展对投资环境风险因素的控制要求更高，保险资金参与绿色金融不仅拓宽了保险资金的投资渠道，实现分散投资，而且实现了保险资产安全性与收益性的统一，提高了投资综合回报率。

三、拓宽投资渠道，优化资本市场投融资结构

近年来，我国保险业在快速发展的同时，也面临着如投资品种匮乏、投资领域和投资渠道狭窄等问题。从保险公司资金投资结构看，保险资产主要分布在银行存款、债券、股票和证券投资基金以及非标准化债券资产等其他投资。截至 2017 年 6 月末，银行存款、债券、股票和证券投资基金以及其他投资占保险资金运用余额比例分别为 14.89%、34.24%、12.35%和 38.52%(见图 1—2)。保险资金配置中银行存款和债券的比重均呈现下滑态势，股票和证券投资基金投资整体保持震荡态势。

保险资金参与绿色金融，不仅可以通过传统的投资渠道进行投资绿色产业或项目，还可以通过绿色债券、绿色基金、绿色股权投资、绿色债权投资、夹层基金等多种方式参与绿色金融，拓宽保险资金投资渠道，优化资本市场投融资格局。一方面，保险资

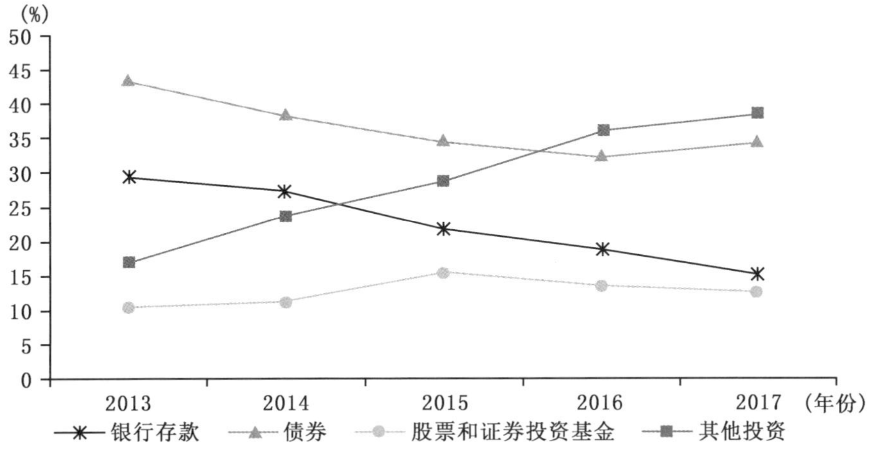

数据来源：银保监会统计数据，东方金诚整理。

图 1—2　保险资金投资资产构成情况

金参与绿色金融，可以引导更多资金资源流向绿色产业，支持绿色产业发展，促进我国供给侧改革；另一方面，保险资金稳健的投资策略能够发挥资本市场稳定器的作用，较大程度地抑制投资市场的投资性和波动性，提高资本市场的效率。

四、提高保险公司自身的风险评估和风险管理能力

保险机构在参与绿色金融过程中，也需要不断提升自身的能力建设，从投资标的绿色识别与评估、资产配置、市场发展状况等方面建立一套项目筛选、评估、决策、投资以及风险管理与控制等制度体系和管理机制。确保保险机构在经营活动中能够树立绿色保险理念，体现环保意识，在投资管理过程中通过股东权利形式参与投资标的企业治理中，监督公司管理者，充分发挥机构投资者在目标公司重大决策中的作用，推进我国机构投资者对公司治理的广泛参与，推动绿色责任投资发展。同时，逐步将绿色发展理念与负责人投资理念引入保险业，实现保险业向“三低三高”（低投入、低成本、低消耗和高效率、高效益、高质量）的发展方式转变；通过参与绿色金融，开展负责任投资，即通过环境风险成本内部化，着力解决高排放、高污染等问题，引导更多资金资源流向节能、环保等环境友好型产业和项目，促进传统产业绿色转型，契合国家发展战略，推动供给侧改革，实现环境保护和经济增长的良性循环，促进经济社会可持续发展。

由此可见，保险资金参与绿色金融、社会责任金融不仅必要，而且意义非常重大。

保险机构作为绿色金融市场资金供给者、绿色金融产品供给者以及环境、社会风险评估技术体系构建的重要参与者，参与绿色金融建设，对于拓宽绿色金融市场资金来源、丰富市场产品体系、完善市场基础设施体系均具有重要意义。

本项目通过文献梳理、政策分析、案例研究以及环境、社会风险的定性定量分析手段，从资金供给者、创新产品供给者以及技术体系构建者三种维度研究保险资金参与绿色金融的制度、介入模式、风险评估技术体系完善以及产品开发等关键问题。

第二章　国内外保险资金参与绿色金融的模式分析

第一节　国外保险资金参与绿色金融的模式

随着全球对可持续发展理念的认同，各国保险机构在参与绿色金融发展、拓宽绿色投资渠道、提高投资效率等方面进行了积极探索。本文对美国、英国、日本等等发达国家的保险资金监管政策及保险资金参与绿色金融主要模式展开研究，结合国内现阶段保险资金参与绿色金融的主要方式，总结国内外保险资金参与绿色金融体系建设的不足及“瓶颈”，探究保险资金如何更好地推动绿色金融体系发展，实现保险行业的绿色化。

一、国外保险资金的监管政策和投资概况

保险机构作为金融系统中重要的组成部分，保险行业的稳定在很大程度上会影响国家或地区金融系统的稳定。因此，任何国家和地区的保险资金的投资行为都会受到政府金融监管系统的监督和管理。保险资金参与绿色项目的投资，同样也需要在监管体系的监管下进行。由于各国金融市场监管体系的不同，在保险资金的运用的监管模式上存在着一定差异(见表2－1)。

表 2—1　　美英日保险资金监管模式的异同

国家	监管模式与程度	投资渠道和收益
美国	联邦和州政府双重监管制度；放开前端、管住后端，对投资端监管较为严格	多元化，投资比例限制严格，投资收益较高
英国	轻前端重后端，对保险资金投资渠道没有明确的限制，实行谨慎监管的原则，主要监管保险公司的系统性风险，定期评估，分级分类管理保险公司，必要时主动干预管控	较为宽泛，投资收益较高
日本	行政手段为主，逐步放开投资端监管	逐步取消渠道限制，投资收益较低

数据来源：东方金诚整理。

国外保险市场发展历史悠久，其相应配套的监管政策体系也比较成熟和完善，主要体现在对投资端的逐步放开，监管核心转移到偿付能力的监管上。美国保险资金投资种类主要分为债券、股票、抵押贷款、房地产、政策性贷款和其他资产 6 类。英国一般的保险公司，投资主要是出于流动性和短期确定性的需要，倾向于投资货币类、海外公司债券、股票借贷、优先抵押证券及票据等资产。日本的保险资金投资主要集中在债券、海外证券和贷款。

二、国外绿色金融体系构建

国际市场上保险资金绿色投资的实践主要体现在可持续发展、负责任投资等方面。从 1992 年联合国召开环境与发展大会以来，联合国可持续发展委员会、联合国环境规划署（UNEP）、联合国统计局、环境问题科学委员会、世界银行、欧盟委员会、美国、英国等组织和国家相继开展了可持续发展评价指标体系的研究建设。1995 年，UNEP 出台了《UNEP 保险业环境举措》；1997 年，发布《银行业、保险业关于环境可持续发展的声明》，标志着国际保险机构开始系统实施环境管理体系。各国政府也通过提供战略性政策信号与框架，制定相关法律制度，倡导负责任投资，来减少绿色投资政策的不确定性，推动保险资金参与绿色金融的发展。

（一）法律制度建设

国外保险市场进行绿色金融实践均是在环境金融法律制度下开展的。例如，美国是在世界范围内较早考量环境金融制度的国家，通过《超级基金法》《美国清洁能源与安全》《能源政策法》等多部促进绿色金融发展的法律规范的制定，重点规范金融投资机构行为，引导金融部门推行绿色的管理模式，实现经济和金融保险系统的可持续发展。

英国是世界上第一个将温室气体减排以法律形式明确的国家，并推出一系列如《气候变化法》《低碳转换计划》《可再生能源战略》等具有开创性的政策法律及配套措施，引导和规范保险公司积极有效地运用保险资金参与绿色金融业务。

日本也通过一系列的法律制度明确环境金融行动原则，促进绿色金融发展，如日本环境省推出《环境与金融：金融部门在建设低碳社会中的新作用》。同时日本政府协同环境省建立了较完善的绿色金融政策体系，建立环保补助基金制度，实施针对绿色金融发展的激励性财税政策，包括税收、补贴、价格和贷款政策，促使保险机构等金融机构对绿色金融的支持力度。

（二）倡导负责任投资

美国是最早在投资中实践责任理念的国家，也是最大的社会责任投资市场。在责任投资方面，保险机构作为其中主要的投资方之一，通过考量企业财务和社会评价指标，筛选出符合投资者价值的投资组合，再经股东行使股票投资权，促使企业履行社会责任。

英国作为全球第二大社会责任投资市场，保险公司、大型养老基金等机构也是责任投投资的主要力量。2000年，英国立法规定，所有养老基金必须公布其伦理、社会及环境的投资政策。这是世界上最早规定养老基金社会责任披露法则的国家。

相对欧美国家而言，日本的社会责任投资起步较晚，但在亚洲的责任投资发展中已是较为成熟的国家。日本的保险机构和资产管理公司的社会责任投资在投资组合筛选中又以筛选基金为发展重点。

三、国外保险资金绿色投资的主要模式

国外保险资金主要从两个方面参与绿色金融，一是开展绿色投资，二是提供绿色保险产品。随着全球绿色金融的发展，保险机构可投资和提供的绿色金融产品也丰富多样，可供选择和投资的范围和内容丰富，包括但不限于以下内容。

（一）绿色投资

1. 绿色债券

在投资绿色债券方面，美国绿色市政债发行占比超过全球绿色市政发行的60%。截至2017年6月，美国发行的所有绿色债券类别中，最大部分来自市政债。美国保险公司秉承以固定收益类投资为主，以投资等级为导向，增加多元化投资并维持投资组合需求最大化收益的投资策略。作为美国保险资金投资种类占比最高的债券投资，美国市政债券是保险资金的主要投资标的，约占美国整个政府体系债务的20%左右，主

要用于城市基础设施建设、社会公益或环保产业项目(水务、桥梁、道路、垃圾处理等)。以水务市场为例(包含污水处理、污水管网建设、河道疏浚等),85%的投资来自市政债券,建设性投资需求约为每年 0.23 万亿美元。其他如美国节能债券和美国清洁可再生能源债券等绿色债券,保险资金也作为主要机构投资,引导社会资本支持社会公益建设。

英国保险机构和英格兰银行等其他金融监管机构就气候相关金融风险和绿色金融开展对话,专门针对温室气体排放和气候问题发行气候债券。

2. 绿色融资项目

在引导保险资金流向环保产业和项目中的过程中,美国的绿色金融项目还包括碳减排、可替代燃料、可再生资源、风力发电组合等项目投融资。此外,包括股票指数如纽交所彭博全球太阳能指数、全球智能节能技术指数、彭博全球风能指数等也使得保险机构直接参与了绿色投资。

股票投资作为英国保险公司的主要投资渠道,主要投资于上市公司普通流通股票。截至 2015 年末,英国险资在英国境内股票投资占比 25.1%。而英国保险资金以股权形式投资新兴、高科技环保绿色企业,一方面丰富保险资金的投资组合,增加投资收益;另一方面促进高科技在生产领域的应用和新兴产业的发展,发展绿色产业。虽然英国保险资金在股票市场的资产配置在逐年减少,但境外股票投资正逐年增加,占比达到 60.1%。这也有效分散了英国保险公司在股票市场上的投资风险,获得多元化投资回报。

日本保险资金也通过持有二级市场股票或一级市场融资的方式参与绿色产业,但其占保险资金投资绿色金融的比例较低,如日本第一生命保险公司 2014 年股票投资占保险资金投资比例仅为 10%左右。

3. 其他绿色投资

国际上的保险公司通过投资绿色金融衍生品投资,如期权、期货等,参与抗通胀指数期货、利率期货、外汇期货及期权、股指期货等主流金融衍生工具的套期保值资产配置,增强投资组合的流动性,以对资本市场系统性风险,债券、上市公司股权等下行风险进行对冲,保障投资资产的收益稳定性。此外,还包括实物资产,如低碳基础建设项目、绿色抵押贷款和土地租赁,投资形式主要包括直接投资、共同基金投资、独立基金投资、发放贷款和购买绿色证券化产品。截至 2015 年末,英国保险公司通过基金投资的总量达到 4 541 亿英镑,约占所有投资总量的 1/3,且呈上升趋势。

(二)绿色金融产品

随着绿色经济的发展，立足保险业的风险管理优势，保险公司得以最大化地发挥风险保障作用，在绿色保险方面开发和提供了越来越多的绿色保险产品。目前国际国内市场涉及“绿色”范畴的保险品种，分为对公、对私两类。对公产品包括可再生能源项目保险、设备损失险、绿色建筑保险、能源节约保险、全球气候保险、环境污染保险等；对私产品则有低排放工具折扣、可再生能源财产补偿险、绿色财产重建保险、财产减振设施折扣等。

国外绿色保险制度按强制性大致可分为三类：以美国、瑞典、芬兰为代表的强制责任保险为主、自愿责任保险为辅的体制；以德国、意大利为代表的以国家利益和公众利益为目的的强制责任保险与财务保证或担保相结合的制度；以英国、法国为代表的自愿责任保险为原则，仅在特殊领域实行强制责任保险的体制。

第二节　中国保险资金参与绿色金融的主要模式

保险机构已经成为我国金融业中投资领域最为广阔的金融机构之一。保险资金参与绿色金融建设，对于拓宽绿色金融市场资金来源、丰富市场产品体系、完善市场基础设施体系均具有重要意义。这里从我国保险资金运用情况、参与绿色金融的现状、面临的困难与挑战等方面分析保险资金参与绿色金融的展业情况。

一、中国保险资金的监管政策和投资概况

(一)监管政策

我国以原中国保险监督管理委员会为法定监管主体，各地保险监管局在原中国保监会的授权下履行相关监管职责。我国将保险资金分为固定收益类资产、流动性资产、权益类资产、不动产类资产和其他金融资产五类，并制定集中度风险监管比例、上限比例、风险监测比例和内控比例等限制要求(见表2—2、表2—3)。

表2—2　　中国保险投资资金监管限制

监管类别	监管范围	干预措施
大类资产比例监管	针对保险公司配置大类资产制定险资运用上限比例，允许投资权益类资产、不动产类资产、其他金融资产、境外投资	对账面余额设置上限比例
集中度风险监管	针对保险公司投资单一资产和交易对手制定保险资金运用度上限比例，包括投资单一固定收益类资产、权益类资产、不动产类资产、其他金融资产、单一法人主体	对账面余额设置上限比例

续表

监管类别	监管范围	干预措施
风险监测	针对流动性状况、融资规模和类别资产等制定监测比例，重点进行流动性监测、融资杠杆监测、类别资产监测	对资产比例设置风险监测限制
内控比例管理	按照资产负债管理和资产配置要求，制定分散投资管理制度和风险控制措施，严格控制大类资产投资比例、高风险（类）资产投资比例、行业和单一品种以及单一交易对手投资比例等	—

资料来源：公开资料，东方金诚整理。

表 2—3　　中国保险资金运用比例监管细则

监管类别	投资类别	监管比例
大类资产监管比例	固定收益类资产	账面余额合计不高于本公司上季末总资产的 30%，且重大股权投资的账面余额，不高于本公司上季末净资产。账面余额不包括保险公司以自有资金投资的保险类企业股权
	不动产类资产	账面余额合计不高于本公司上季末总资产的 30%。账面余额不包括保险公司购置的自用性不动产
		保险公司购置自用性不动产的账面余额，不高于本公司上季末净资产的 50%
	境外投资类资产	余额合计不高于本公司上季末总资产的 15%
集中度风险监管比例	投资单一资产	账面余额均不高于本公司上季末总资产的 5%
	投资单一法人主体	投资余额合计不高于本公司上季末总资产的 20%
风险监测比例	流动性监测	投资流动性资产与剩余期限在 1 年以上的政府债券、准政府债券的账面余额合计占本公司上季末总资产的比例低于 5%
		财产保险公司投资上述资产的账面余额合计占本公司上季末总资产的比例低于 7%
	融资杠杆监测	同业拆借、债券回购等融入资金余额合计占本公司上季末总资产的比例高于 20%
	类别资产监测	投资境内的具有国内信用评级机构评定的 AA 级（含）以下长期信用评级的债券，账面余额合计占本公司上季末总资产的比例高于 10%
		投资权益类资产的账面余额合计占本公司上季末总资产的比例高于 20%
		投资不动产类资产的账面余额合计占本公司上季末总资产的比例高于 20%
		投资其他金融资产的账面余额合计占本公司上季末总资产的比例高于 15%
		境外投资的账面余额合计占本公司上季末总资产的比例高于 10%
		集团内购买的单一保险资产管理产品，账面余额占本公司上季末总资产的比例高于 5%

资料来源：公开资料，东方金诚整理。

随着 2014 年“新国十条”对保险资金运用方式创新的要求，险资运用相关监管政策也从简政放权、事前到与事后、放管相结合，逐步发挥行业自律组织的作用，秉持“保险业姓保、保监会姓监”的原则，在投资范围逐步扩大、规模日趋增长的同时，越来越重视防范风险、内部控制和资产负债管理，严格把控安全底线。

（二）保险资金投资概况

从保险资金配置结构看，保险资金投资总量不断增长，增速趋稳，仍以固定收益类为主，股权、债权等另类投资和境外投资等日益增加，投资更加多元化。

固定收益类资产（银行存款和债券）一直是保险资金的配置基础，而随着保险资金投资渠道的多样化，固定收益类占比逐渐下降，截至 2017 年 7 月已降至 48.16％。2013 年，随着保险资金运用新政的落地，保险资金对基础设施债权计划、不动产等其他资产配置逐年增加，保险资金多元化投资趋势明显，这也从中国平安、中国人寿等保险企业的投资资金配置得到印证（见图 2—1）。

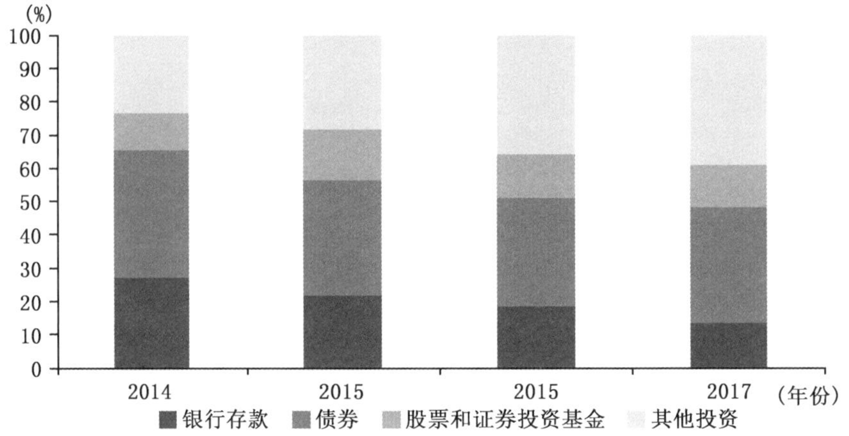

数据来源：中国银保监会。

图 2—1　我国保险资金运用配置比例

中国平安保险（集团）股份有限公司（简称中国平安）近 3 年（2014—2016 年）的年报显示，保险资金投资资产配置中以固定收益类为主，并且债券一直是占比最高的投资品种，2016 年固定收益类投资达到总资产的 74.6％；股票、基金、优先股、房地产、其他权益类投资等投资占比不超过 7％（2016 年）。中国平安从 2014 年即加强布局优质、高收益的另类资产，并且在经济增速放缓、结构转型阶段，逐步将重点放在资产的安全性上。在坚守风险底线的前提下积极配置优质固定收益资产、优先股；动态调整权益资产配置比例;通过资产配置多样化进一步分散投资组合风险(见表 2—4)。

表 2—4　　中国平安 2014—2016 年投资组合配置比例

投资资产类别		占当年总额比例(%)		
		2016 年	2015 年	2014 年
固定收益类投资	定期存款	10.5	11.1	16.0
	债券投资	46.2	47.9	46.9
	债权计划投资	6.9	7.9	8.0
	理财产品投资 1	6.3	6.8	5.5
	其他固定收益类投资 2	4.7	4	3.3
权益投资	股票	6.9	7.2	8.8
	权益型基金	1.5	2.8	2.0
	债券型基金	0.7	1.2	0.4
	优先股	3.8	2.5	0.8
	理财产品投资 1	2.1	1.4	1.1
	其他权益投资 3	1.9	1.1	1.0
	投资性物业	2.2	1.5	1.4
	现金、现金等价物及其他	6.3	4.6	4.8
投资资产总计		100	100	100

注:(1)理财产品投资包括信托公司信托计划、商业银行理财产品等。(2)其他固定收益类投资包括买入返售金融资产、保单质押贷款、存出资本保证金等。(3)其他权益投资包括股权类基建投资和非上市股权投资等。

数据来源:《中国平安 2014—2016 年年报》,东方金诚整理。

据中国人寿保险股份有限公司(简称中国人寿)近 3 年(2014—2016 年)的年报显示,资产配置以固定收益类投资为主,大部分是国债、政府机构债券和存放在国有商业银行的定期存款,2016 年固定收益类投资达到了总资产的 78.3%;股票、基金、其他权益类投资、房地产等占比不足 6%。中国人寿坚持"稳重求进",在有效防范投资风险的同时,加强负债管理,拓宽投资渠道,逐步推进盈利模式的多元化(见表 2—5)。

表 2—5　　中国人寿 2014—2016 年投资组合配置比例

投资资产类别		占当年总额比例(%)		
		2016 年	2015 年	2014 年
固定收益类投资	定期存款	21.9	24.6	32.9
	债券投资	45.6	43.6	44.8
	金融产品投资 1	5.8	3.0	3.0
	其他固定到期日投资 2	4.9	6.6	5.3
权益投资	股票	5.7	4.9	4.5
	基金 3	4.9	7.4	4.0
	金融产品投资 1	3.4	2.3	
	其他权益类投资 4	3.1	3.4	2.7
	投资性房地产	0.1	0.1	0.1
	现金、现金等价物及其他 5	4.5	4.3	2.8
投资资产总计		100	100	100

注:(1)金融产品投资包括债权投资计划、股权投资计划、信托计划、理财产品、项目资产支持计划、专项资管计划等。(2)其他固定到期日投资包括保户质押贷款、存出资本保证金等。(3)基金含权益型基金、债券型基金和货币市场基金等,其中货币市场基金截至 2016 年末日余额为人民币 136.05 亿元,截至 2015 年末余额为人民币 672.79 亿元。(4)其他权益类投资包括私募股权基金、未上市股权、优先股等。(5)现金及其他包括货币资金、买入返售金融资产等。

数据来源:《中国人寿 2014—2016 年年报》,东方金诚整理。

二、中国保险资金参与绿色金融的主要模式

在"十三五"规划将"发展绿色金融"定位成国家战略以来,作为绿色金融体系的重要组成部分,保险机构积极践行责任投资、价值投资、稳健投资的可持续发展理念,以多种途径和方式参与绿色金融发展,并在绿色投融资和风险管理方面取得了初步成效。

保险资金在参与绿色金融的过程中,发挥保险资金规模大、期限长的优势,在投资决策中融入绿色发展理念,通过债权投资、股权投资等方式,支持绿色产业。据中国保险资产管理业协会发布的统计数据显示,截至 2016 年末,保险资产管理公司累计发起设立各类债权、股权和项目资产支持计划 651 项,覆盖全国 30 个省份,主要投向交通、能源、不动产等基础设施,合计注册(备案)金额 16 525 亿元。保险资金以债权、股权

计划形式，支持“一带一路”倡议的投资规模达 5 923 亿元；以债权计划形式支持棚户区改造规模达 968 亿元。保险资金参与绿色投资的主要模式有绿色投资、绿色保险产品。

（一）绿色投资

1. PPP 投资

保险资金目前多以间接投资介入 PPP 项目，主要包括以债权计划投资施工方、投资企业专项基金、参与政府融资基金、跟投其他金融机构 4 种形式。较优的模式是以财务投资人身份介入 PPP，采用“股＋债”混合模式，以夹层基金方式，通过资本市场和上海保交所等交易平台，实现保险资金的安全退出。2016 年，发改委投资司召开“十三五”规划解读及基础设施领域 PPP 推介会，发布了传统基础设施 PPP 项目为 1 077 个，投资规模达 1.92 万亿元，涉及能源、交通运输、水利、环境保护、农业、林业和重大市政工程 7 个领域。保险资金积极布局 PPP 项目及绿色金融项目，据保险资管协会统计，截至 2016 年末，超过 3 000 亿元险资投向了实体经济和民生建设领域。保险资管机构在保险资管协会注册的各类资产管理产品 152 个，合计注册规模 3 174.39 亿元，主要投向基础设施、不动产、棚户区改造、保障房等实体经济和民生建设领域。

（1）债权投资。保险资金积极支持绿色经济发展，推动产业结构转型升级。《关于债权投资计划投资重大工程有关事项的通知》明确了保险资金通过债权投资计划形式投资重大工程的支持政策。这些项目主要集中在水利、能源、交通以及高新技术和先进制造业等重点领域，投资规模大，对区域经济和社会发展带动作用强。截至 2017 年 3 月末，共有 20 家保险专业管理机构注册的 200 项债权投资计划投向清洁交通、清洁能源、资源节约与循环利用、污染防治等多个绿色产业领域，累计注册规模达 5 506 亿元，占债权投资计划累计注册规模的 39％。

以太平资产为例，2012 年的基础设施债权投资计划累计备案规模行业占比 19％，达到行业第一。项目投资团队选择符合国家产业政策要求、具有良好偿债能力和稳定现金流的项目，发起设立债权投资计划，重点投向交通、能源、环保、市政等基础设施行业，支持绿色经济发展，促进国家及地方重大工程项目建设，在实现稳健投资回报的同时，创造了显著的社会民生效益（见表 2—6）。

表 2—6　　部分保险资金投资基础设施案例

项目名称	内　容
太平资产一京投地铁项目债权计划	设立于 2009 年 9 月，投资额度 30 亿元，期限 7 年，利率 4.87%，由北京市基础设施投资有限公司担保
太平资产一南水北调工程债权投资计划	投资计划总金额超过 500 亿元。由国务院南水北调工程建设委员会办公室作为融资主体，并由财政部管理的国家重大水利工程建设基金等中央财政预算内收入作为还款来源，开创了保险资金与中央财政合作、投资国家重大民生基础项目的先河
太平资产一中广核核电项目债权投资计划	投资 50 亿元用于中广核集团下属台山核电站和阳江核电站的建设，开创了保险资金投资核电的先河，为支持国家安全、高效、有序发展核电做出积极贡献
太平资产一 苏州工业园区镇一体化项目债权投资计划	投资 11 亿元用于苏州工业园区内区镇一体化项目的建设。该项目是第一个投资于城镇化建设的债权项目，填补了行业内在此领域投资的空白，并有力推动区域内工业化、城镇化和农业现代化的发展，促进城乡经济社会发展一体化新格局的形成
太平资产一北京京投地铁项目债权投资计划	该计划是北京市第一个获准的债权投资计划，也是原保监会新规下发后，第一个获得备案的债权投资计划，项目所筹资金有力支持了北京奥运会重点配套工程
太平资产一国电集团(康平)电源项目债权投资计划	资金用于国电康平一期 2×60 万千瓦超临界湿冷燃煤发电机组建设项目，位于辽宁省沈阳市康平县，于 2008 年建成使用。该项目属于典型的坑口电厂，采用超临界技术，热效率高，单位煤耗低，是全国首家采用无燃油等离子点火系统的发电项目
太平资产一国电集团(金堂)电源项目债权投资计划	资金用于国电金堂一期 2×60 万千瓦超临界湿冷燃煤发电机组建设项目，位于四川省成都市金堂县，于 2007 年建成投产
太平资产一京投地铁项目债权计划	设立于 2009 年 9 月，投资额度 30 亿元，期限 7 年，利率 4.87%，由北京市基础设施投资有限公司担保
太平洋资管合一重庆地铁项目债权投资计划	2013 年重庆轨道交通与太平洋资管合作设立 15 亿元的地铁项目债权投资计划
泰康一重庆轨道交通债权投资计划	设立于 2011 年 5 月，投资额度 30 亿元，期限 5 年，低于银行基准利率
中国人寿一北京京投地铁债权投资计划	设立于 2011 年 8 月，投资额度 100 亿元，首期发行 30 亿元

数据来源：公开资料，东方金诚整理。

(2)股权投资。随着我国股权等直接融资市场的发展，很多优质的绿色产业公司逐步以股权作为主要融资方式，部分公司发展前景好，分红稳定。保险资金以财务投资者的身份，通过证券一级市场配售、申购绿色股票参与公司股权，或通过二级市场直接购买持有绿色产品蓝筹股，获取稳定的股利收益及资本增值收益，也成为保险资金参与绿色金融的重要方式。

一是保险资金投资环保科技项目。安邦集团及其子公司增持金风科技公司股票是保险资金投资环保科技项目的典型案例。2015 年，安邦集团旗下子公司和谐保险、安邦人寿、安邦养老通过 A 股市场增持金风科技公司股票。截至 2015 年末，安邦集团及其子公司合计持有金风科技股票 4 亿股，占公司总股本的 15%。金风科技作为当前国内最大的风力涡轮机制造商，是风电行业的标杆企业。安邦集团将保险资金的股权投资作为长效资金支持兼具绿色环保和战略新兴产业的风能产业发展，不仅保持了稳定增值，获得高额资金回报，而且在"偿二代"框架下更节省资本消耗，成为资产负债匹配前提下的理想选择，具备了很高的社会价值。

二是险资参与清洁交通的股权投资计划，例如：北京地铁 16 号线股权投资计划：引入了保险资金作为股权，是 PPP 模式与保险资金股权投资在地铁项目上的结合。

项目背景：北京地铁 16 号线是北京市轨道交通线网规划中的中心城区南北向骨干线路，全长约 50 千米，项目已于 2013 年 3 月开工建设，计划于 2017 年 12 月底全线建成通车。

2014 年国家发展改革委首批推出 80 个鼓励社会资本参与基础设施建设营运的示范项目，北京地铁 16 号线位列其中。16 号线计划总投资约 500 亿元，项目招商、规划和建设工作由北京市基础设施投资有限公司（简称京投公司）具体负责。地铁建设资本金的 40%由政府承担，采用 PPP 模式引入社会资本参与地铁投资建设运营，北京金准咨询有限责任公司等多家专业机构提供全方位 PPP 咨询顾问服务。2015 年 2 月 8 日，北京市交通委员会代表北京市政府与北京京港地铁有限公司及其三方股东草签了 16 号线项目《特许协议》。

融资结构：16 号线采用复合型 PPP 模式，首次在轨道交通中引入保险股权投资，从资本层面将总投资分为股权融资（A）和特许经营（B）两部分：中再资产管理股份有限公司（简称中再资产）约 120 亿元保险股权投资；北京京港地铁有限公司（简称京港地铁）150 亿元的特许经营融资，合计吸引社会资本 270 亿元。其中，土建工程部分按照京投公司 20%、中再资产 80%的股权比例共同出资组建项目公司进行建设；对于设备建设和线路运营部分，中再资产作为财务投资人获取投资收益。

股权融资（A）：A 部分投资金额约为 324 亿元，由 16 号线公司（线路公司，京投公司下属全资子公司）负责，其中项目资本金约为 130 亿元，由股权投资人通过保险股权投资计划或其他可行方式募集资金，参与 16 号线公司股权投资 120 亿元，其余资本金由京投公司投入。

股权投资人将所持有的股权全部委托京投公司管理，股权投资人不参与 16 号线公司经营管理，同时股权投资人不得向第三方转让其所持有的 16 号线公司股权。股权投资期不超过 20 年；股权投资期间，股权投资人以股权权益让渡对价款或其他名义获取股权投资收益，股权投资期末，京投公司按原值回购股权投资人所持 16 号线公司股权；股权投资期间，股权投资人以股权权益让渡对价款或其他名义获取股权投资收益。

特许经营部分(B)：中选的社会投资者京港地铁公司在建设期内负责 B 部分工程的投资建设任务，并在 30 年的特许经营期内负责 16 号线的运营、管理以及全部设施(包括 A 和 B 两部分)的维护以及除洞体外的资产更新改造和追加投资；在特许经营期结束后，京港地铁公司将项目设施完好、无偿移交给 16 号线公司或市政府指定部门。京港地铁公司通过特许经营期间的客运票款收入、授权范围内的非票务业务经营收入、政府补贴 3 种方式实现投资回收并获得合理投资收益。

对于 16 号线公司负责投资建设的 A 部分项目，在其竣工验收后，由京港地铁公司与 16 号线公司签订资产租赁协议，取得其资产使用权(见图 2—2)。

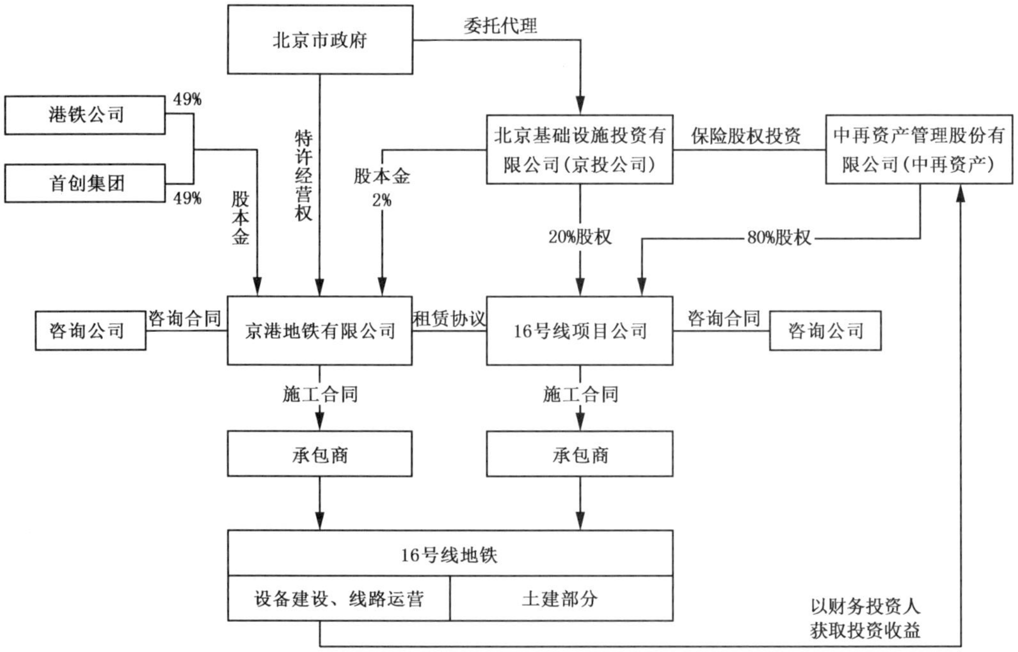

资料来源：笔者根据公开资料整理制作。

图 2—2　北京地铁 16 号线 PPP 融资结构图

16 号线项目是国内保险资金首次采用“股权融资＋特许经营”投融资建设大型城市轨道交通项目，这个业务的成功开展推动了我国基础设施的建设发展，也为全国范围内的保险公司树立了保险资金进入轨道交通建设的标杆。

(3)绿色债券/绿色信贷。2016 年以来,保险资产管理业在支持绿色金融体系建设过程中,也积极投资绿色金融债券和绿色企业债券。据统计,2016 年中国债券市场上的贴标绿色债券发行规模达 2 052 亿元,包括了 33 个发行主体发行的各类债券 53 只。其中,银行等金融机构发行的绿色金融债 1 580 亿元,占绿色债券当年发行额的 80%。保险资金在引导和激励更多社会资本通过绿色债券市场加入绿色投资行列起到了重要的推动作用。

绿色信贷方面,银监会将绿色信贷分为两大类别。第一类属于产品端或者供给端的贷款,为节能环保、新能源、新能源汽车等战略性新兴产业贷款;第二类属于投资端、需求端的贷款,为节能环保项目和服务贷款。2016 年,绿色信贷余额在我国占全部贷款余额的 10%左右,其中节能环保、新能源、新能源汽车等战略性新兴产业贷款余额 1.69 万亿元,节能环保项目和服务贷款余额 5.57 万亿元。但机构投资者对绿色资产的配置仍比较有限,目前保险机构通过创新绿色保险产品和服务,最大限度地满足绿色产业发展的资金需求。运用“银保”等信贷风险分担补偿机制,通过绿色信贷保证保险,为绿色产业发展提供增信功能,有效分散和分担绿色信贷风险,促进金融资源流向绿色经营主体。

(4)绿色信托。2014 年 5 月,原中国保监会下发《关于保险资金投资集合资金信托计划有关事项的通知》,明确提出,保险资金投资的集合资金信托计划,基础资产限于融资类资产和风险可控的非上市权益类资产。保险资金在风险可控、合法合规前提下,通过信保合作,保险资金投资绿色集合资金信托计划,参与绿色经济可持续发展。目前,信保合作主要包括四种方式:一是信托公司为保险机构提供多样化投资产品,保险资金对接信托产品;二是信托公司为保险公司设计定制投资产品;三是保险公司为信托公司与小贷公司合作发行信托计划;四是合作开展保险金信托、家族信托业务。据《中国信托业 2016 年社会责任报告》显示,截至 2016 年末,信托业投资总规模 20 万亿元,开展绿色环保信托项目 284 个,累计提供资金 1 022 亿元,约占比信托总规模的 0.5%。按照 2016 年原中国保监会权威数据“保险业投资信托产品占信托业总规模的 3%”计算,截至 2016 年末,保险业投资信托产品的规模在 6 000 亿元左右,保险业投资绿色信托规模在 30 亿元左右(见表 2—7)。

表 2—7　　　　　　　　　　　　绿色信托案例

信托公司	信托计划	资金（亿元）	资金用途	项目类别
安信信托	安信－连天新能源系列 2 号集合资金信托计划	15	光伏发电项目建设	清洁能源
	安信蓝天 3 号·新能源产业投资集合资金信托计划	38		
中建投信托	设立集合资金信托计划	—	向陕西秸秆发电项目发放贷款	
新华信托	华悦系列·津融 148 号－鹿鼎天然气 LNG 项目贷款单一资金信托	1.2	用于包头市鹿鼎天然气有限公司发放贷款，资金专项用于借款人名下 30 万立方米 LNG 项目建设	
华能贵诚信托	华能信托·花景蓝天系列集合资金信托计划	27.5	支持光伏发电企业技术改造、扩大经营规模	
长安信托	长安宁·西昌果子贷款集合资金信托计划	5	西昌邛海湿地五期恢复工程建设	生态保护
渤海信托	发放贷款	2	南浔镇中心城区水环境综合治理工程	生态治理
中原信托	中原信托·鹤壁经投贷款项目单一资金信托	1.5	淇河新区段综合治理开发项目	生态治理
	临安污水·华远租赁印绶租赁款收益权信托	1.7	用于购买城市污水处理急需承租的净水、管网等设备	污染防治
大业信托	青州城投集合资金信托计划	3.5	青州南阳湖综合治理	生态治理
重庆信托	财信环保污水项目贷款单一资金信托	4	荣昌工业园污水处理厂项目和永川凤凰湖工业园污水处理厂项目工程建设	污染防治
中诚信托	信托贷款	2	大气治理企业菲达环保经营发展	污染防治
华宸信托	财信农业信贷担保·大漠供水公司单一资金信托	7 500 万元	额济纳旗达镇污水处理工程建设	污染防治
浙金信托	浙金·汇城 32 号信托计划	—	浙江桐庐县横村镇城镇污水管网工程项目建设	污染防治
	浙金·汇城 33 号信托计划		长兴经济技术开发区水环境综合治理项目	
中航信托	设立绿色产业并购基金	62	旨在建立节能环保产业资本运作联盟，推动节能环保产业集群发展	绿色产业
五矿信托	五矿信托·科技并购基金投资集合资金信托计划	5	为煤化工产业链上企业的技术革新、产品升级和发展循环经济提供强大金融支持	节能技改

续表

信托公司	信托计划	资金（亿元）	资金用途	项目类别
兴业信托	设立节能环保产业投资基金	1.2	用于节能环保类企业或其他三高六新、战略新兴产业领域的成长型企业以及具有良好商业模式、有持续稳定盈利能力、财务稳健及优秀管理层团队的企业发展	绿色产业
西藏信托	西藏信托·华资蓝天集合资金信托计划	—	与华融证券、北京韩剧交易所平台合作，募集资金，以碳排放权配额为投资标的，在北京环境交易所交易	碳交易
云南信托	云信绿色嘉元1号集合资金信托计划	1 000万元	投资“核证自愿减排量(CCER)”等碳排放权产品	碳交易

资料来源：《2016 信托业社会责任报告》，东方金诚整理。

(5)夹层融资。政策支持使国内保险资金通过夹层融资方式进行绿色投资成为可能。2014 年 8 月国务院《关于加快发展现代保险服务业的若干意见》明确：“允许专业保险资产管理机构设立夹层基金、并购基金、不动产基金等私募基金。”2015 年 9 月《中国保监会关于设立保险私募基金有关事项的通知》中又进一步指出：“保险资金可以设立私募基金的范围包括成长基金、并购基金、新兴战略产业基金、夹层基金、不动产基金、创业投资基金和以上述基金为主要投资对象的母基金。”

夹层基金属于私募股权投资基金的一种，投资模式灵活。投资机构根据投资需求设立不同模式的夹层基金组合模式。从国内市场有限的夹层融资案例来看，主要方式有两种：一是投资人以次级债券的形式投资目标企业，低价买入公司股权，允许参与企业股利分红，投资期满后，要求大股东回购股权；二是运用可转换债券的工具，在一定期限内允许夹层投资人将债权转换为股权，债券的利率、期限、偿付方式与时间安排、权益债务分配比重、公司未来价值分配等均可灵活配置和调整。

夹层基金的组织结构一般采用有限合伙制，即基金管理者为一个一般合伙人(GP)，出资 1%，获取基金收益的 20%，需承担无限责任；剩余 99%的资金由有限合伙人(LP)提供，获取基金收益的 80%，需承担所提供资金份额内的有限责任。

目前，我国已有一些大型保险机构开始谋划组建相应的投资团队，布局私募股权投资中的夹层基金投资，中小型保险机构则谋求寻找专业投资机构以合作的方式介入这一领域。据投中研究院披露，国内第一家引入险资做 LP 的夹层基金是鼎晖夹层，其夹层三期基金获得两家保险机构 5.5 亿元投资，第四期首轮募集的 5 名 LP 中包括

3 家保险机构。随着保险机构涉足夹层基金的成功案例越来越多，国内夹层基金专业投资机构越来越成熟，成功退出的夹层资本越来越多，我国保险资金参与绿色金融，探索投资夹层基金的可行性将显著增加。

（二）绿色保险产品

保险机构产品供给端的绿色发展，主要通过产品绿色设计，将环保、绿色的发展理念融入保险产品，提供各类绿色保险产品和服务，借助保险的风险管理机制，更为准确地设定相关保险产品和服务费率，以金融手段加强保护环境助力绿色金融发展，体现负责任投资，促进传统产业绿色转型。

目前，中国在绿色金融的大潮中涉及绿色产业的保险产品保障范围逐渐扩大，不但有直接挂钩于环境污染情况的环境污染责任保险，还有农业保险、环保设备技术保险、船舶污染损害责任保险、森林保险、农牧业灾害保险等其他保险产品。

1. 环境污染责任保险（简称环责险）

环责险是一种以金融手段加强环境保护的责任保险，是以企业发生污染事故对第三者造成的损害依法应承担的赔偿责任为标的的保险。环责险中，保险公司代为偿付，将环境污染风险与保险费率相挂钩，以确保企业不至于因为承担其造成的环境损害责任而影响持续经营。承保期间，保险公司通过免责条款、提出环境风险建议等方式对企业的环境风险管理进行持续督导，并承担相关连带责任。其中，环境污染企业既是投保人也是被保险人。

截至 2016 年末，全国环责险保费收入约 3 亿元，同比增长 4%；提供环境污染责任风险保障 264 亿元，同比增长 8%，远远低于保险行业整体增速。自环责险试点推行以来，强制企业投保环责险的呼声不绝于耳。截至 2015 年 6 月，全国 28 个具备条件的地区开展环境污染责任保险的试点中，江苏省投保企业最多，接近 2 000 家，约占在保企业的 40%。目前，企业环境污染责任风险评估缺乏法律规范，并未与保费率直接挂钩。此外，还存在保险服务能力不足，风险防范机制缺乏等问题。通过建立面向环境污染责任保险投保主体的环境风险监控和预警机制，实时开展风险监测，定期开展风险评估，及时提示风险隐患，高效开展保险理赔，能够及时救济污染受害者，降低对环境的损害程度。而在投保环责险时，从风险防控的角度考量投保企业，提高投保企业的环境管理水平，帮助企业更好地识别、评估和减少环境污染带来的风险，避免突发环境事件的发生，以减少投资收益损失。在创新发展方面，无锡市以全面推广环责险开创了保险服务创新模式，如：无锡人保财险通过专家团队为企业进行“环保体检”，将信息科技运用到环责险服务中；在无锡地图上标注所有生产企业，实时更新数据；通过“微环保”手机端展示环评企业风险点、整改建议等信息。无锡模式的环责险的投保工作程序如下：环境风险评估→投保方案→投保档次→办理投保手续→风险管理与指导服务→办理续保手续。在环境风险评估阶段，保险公司在对拟投保企业进行环境风险评估时，除了参考第三方机构的环境影响评价报告书外，还可以从企业的环境、社会与治理层面对投保企业进行综合评估，为抑制企业投保环责险选择投保档次、保费定价提供依据。

2. 农业保险

气候变化导致自然灾害频发，破坏了粮食生产的稳定性与农户的种粮积极性。文献研究发现，气象变化影响了我国整个粮食生产系统的稳定性，降水减少、干旱天气增多给南方传统粮食产区如华东、华南地区粮食生产带来了显著的负面影响。而农业保险则能够有效缓解自然灾害对粮食生产的负面冲击，其中农业保险承保规模扩大对粮食单产增长具有正向作用，农业保险灾后赔付对粮食总产量具有显著的正向影响。农业保险是农业风险管理的一种重要手段，对在从事农业生产，即在种植业、畜牧业、渔业、林业的农业生产过程中，由于自然灾害、疾病、意外伤害等造成经济损失，提供责任和赔偿。农业保险制度作为防范农业生产风险、保障农民收入的有效措施，在粮食生产中的突出作用日益显著。在当前气象灾害日益加剧背景下，我国应该在农业气候保险等方面加大投入，进一步提升我国粮食生产能力、确保粮食安全。

对于气候灾害，我国历来实行的是以财政拨款为主的无偿性灾害救助，气候灾害保险的有偿性救助是否会降低居民的投保积极性，需要保险公司对农业险种进行合理设计。在鉴别和评估投保人投保档次和保险费率方面，保险公司需要充分了解当前和未来的气候风险概率，根据不同地区不同作物和家畜受灾后的损失概率大小，同时结合低碳、环保等绿色发展理念评估投保人应对气候环境风险及事后治理等内容，划分投保档次和差额费率，合理设计农业险种。

3. 新型绿色保险

以新兴战略光伏行业的绿色保险为例，主要有光伏辐照指数保险、光伏电站综合运营保险和光伏组建效能保证保险。

光伏辐照指数保险是 2014 年瑞士再保险与永诚财产保险公司合作率先为协鑫新能源公司设计的太阳辐射发电指数保险，之后该险种陆续在我国其他光伏企业中推广开来。光伏电站综合运营保险在国外已经比较成熟，2015 年由安邦财产保险股份有限公司率先推出，并随着分布式电站的推广在国内得到发展。光伏组件效能保险的兴起一方面源自国外投资人的要求，另一方面源自光伏上游组件生产经营受阻影响组件更换产生的行业风险。国内其他行业新型绿色保险产品有 2012 年的降水发电指数保险产品、2013 年的风力发电指数保险产品等。

除了绿色保险产品的创新外，保险业在产品工具的开发研究方面也积极拓展，如中国人保财险的“人保企业环境风险服务平台及 APP”、中央财经大学绿色金融国际研究院的“基金与保险资管业环境压力测试方法”和平安产险鹰眼系统环境风险地图（DRS）。以 DRS 为例，DRS 能够对企业的环境风险量化分析，增信企业绿色信用，有效分担绿色信贷风险，引导险资等金融资源流向绿色运营主体，促进传统产业的绿色转型。据统计，2015－2016 年度，DRS 为客户避免了 4 亿元的灾害损失。

第三节　中国保险资金参与绿色金融存在的问题

随着全球绿色经济发展的不断深入，国内外保险资金在投资过程中，都大力支持绿色投资，推动可持续发展。通过上述梳理，对比国际和中国保险资金参与绿色金融的进展情况，我们可以发现，我国在整个绿色投资环境建设，包括环境信息披露、鼓励低碳减排环保相关法律制度和配套激励措施等基础设施建设还有待完善。具体到保险资金，在投资端、供给端以及自身 ESG 建设方面，我国保险资金在参与绿色金融建设上还有较大的提升空间。

一、保险资金环境风险分析能力待提升，绿色投资有待深入

（一）环境风险分析方法论和实践应用有待丰富和加强

在绿色项目投资环境风险分析以及环境风险大小对绿色投资收益影响程度的分析方面，总体来说，国际市场和我国市场都在积极探索，尚未形成体系化的方法论和系统建设。2017 年初，中央财经大学绿色金融研究院发布了保险资管行业的环境压力测试研究报告，填补了我国在该领域的空白，但总体上保险机构的环境压力测试尚处于起步研究阶段，没有真正运用到保险资管行业。包括评估绿色项目收益和绿色环境效益的实现、判断污染和生态及资源可持续利用等因素对项目和主体偿债能力的影响等环境分析上，暂无一致可比的有效评价，缺乏专门系统性的评级标准与方法体系。

保险机构需要加强对绿色资产进行环境风险和气候等因素分析的研究和推广，既不过低评估绿色投资项目的环境风险，为绿色项目过度包装；也不过高地评估绿色投资项目的环境风险，给绿色项目带来过度风险，减少其投融资机会同时，加强对绿色项目的信用风险评估。加强环境风险分析可以帮助保险公司较为准确地设定与相关的保险产品的保费设定，减少损失。

(二)保险资金参与绿色责任投资建设有待进一步深入

间接投资方面,绿色投资指数的应用待深入。国际市场上,在具备较完善的ESG评价体系以及丰富的绿色股票指数和ESG指数的基础上,保险机构积极运用绿色指数参与绿色股票投资,如保险机构通过纽交所彭博全球太阳能指数、全球智能节能技术指数等直接参与绿色投资。相对地,随着我国绿色金融体系的逐步确立和完善,中债登、中央财经大学、中节能公司等也陆续开发了绿色债券指数和气候债券相关指数,为保险资金绿色股票投资提供了基础,但整体上指数投资价值有待检验,保险资金在这块绿色指数投资应用方面披露还较少,对其投资利用有待深入。

直接投资方面,国际保险资金通过私募基金等直接投资,履行股东监督职责,行使权力协助企业改善环境治理,包括要求企业签订CDP改善环境数据透明度,使公司参与到公共事业中,或承担气候变化对商业影响的综合分析,并且向股东提交报告等。绿色股权投资方面参与更加深入,或通过股权投资引导企业绿色化,在这一方面,国内目前保险机构在推动我国绿色投资中的作用还没有得到充分发挥,保险资金可以参照借鉴,提升自己在绿色股权投资方面介入的程度和深度,在投资策略中融入ESG策略,推动企业的“绿色化”转型。

二、绿色保险产品和服务有待丰富,覆盖范围有待提升

从供给端产品侧来看,绿色保险在降低和分散生态污染修复成本的同时,在产品向企业的推进过程中可以帮助企业做环境体检,有效提高企业环境风险管控能力,对产业环境友好方向发展具有极大的利好作用。

在绿色发展理念的带动下,虽然国内绿色保险产品和服务得到了发展,产品逐渐丰富,如光伏行业绿色保险产品已经走在前列,但相比国际发达国家现有丰富的对私对公绿色保险品种,如低排放工具折扣、可再生能源财产补偿险、绿色建筑保险、能源节约保险、全球气候保险等,我国在各类别环保产业的绿色保险产品以及应对环境风险和财产保护的险种和服务创新方面还有很大的提升空间。此外,在险种覆盖和应用方面,我国目前开始在环境高风险领域实施建立环境污染强制责任保险,与以强制为主、自愿为辅的美国、瑞典、芬兰,或与德国、意大利推出的以国家利益和公众利益为目的的强制责任保险覆盖尚有较大差距,有待提高和完善。

三、绿色金融基础设施环境建设待完善

(一)对保险资金参与绿色金融引导措施有待丰富和加强

虽然绿色金融产品在投资期限、稳定收益回报等特性方面与保险资金投资需求天

然相匹配，但在绿色金融发展初期，绿色金融产品供给相对不足，有必要通过相关制度建设和激励措施对保险资金予以积极引导，拉动绿色投资需求带动供给，推动绿色金融整体发展。

参考国际做法，一方面，可以通过立法制度来硬性规范要求，如英国将温室气体减排以法律形式明确引导保险公司参与绿色金融业务，以及要求养老基金公布伦理、社会及环境的投资政策；另一方面，实施软性的激励性财税政策，四两拨千斤，如日本建立环保补助基金制度促进金融机构加大支持力度。国内来看，对保险资金参与绿色投资多数处于政策鼓励支持层面，可以在社会责任投资披露、绿色金融产品大类资产比例及对应的风险监管控制等方面予以一定的激励措施和限定，加大和培养保险机构参与绿色投资的内生动力。

（二）绿色项目环境信息披露有待整合和规范

信息对称是投资决策的基础。相较国际市场，我国保险资金在参与绿色投资过程中，绿色项目的环境信息披露尚未完全公开，投资过程缺少相关投资标的量化环境信息数据，如排污、能耗等情况，进而导致无法评估绿色投资的环境效益或绿色投资收益等。保险资金参与 PPP 的通道尚未完全打通，投后管理工作和信息披露也需要不断加强，才能防范风险，继续推动保险资金参与绿色 PPP 模式的顺利开展。

第三章　保险资金推动绿色金融的体系建设

考虑到全球绿色金融尚处于起步阶段，保险资金参与绿色金融还面临绿色金融产品稀缺、ESG 评估技术体系不成熟、绿色金融专业人员配备薄弱、相关配套政策不明朗等限制和“瓶颈”，为推动保险资金更好地参与绿色金融体系建设，保险机构需要从构建和完善 ESG 风险评估技术体系、绿色金融产品创新体系以及绿色金融能力体系等方面出发，以期更好地推动保险资金参与绿色投资/责任投资，促进绿色金融体系的完善与发展。

第一节　保险机构的 ESG 风险评估技术体系建设

保险机构在环境风险方面的认知已经积累了一定的经验，但随着环境风险日益表现出新的特征，需要新的分析方法和工具来管理资产组合的环境风险并为绿色金融产品定价。保险机构，除了对自身的全面风险管理外，还需要评估环境、社会与治理(ESG)关键因素对项目(资产)的信用风险或收益的影响。同时，在借鉴银行业环境压力测试研究成果和经验的基础上，探讨将 ESG 评估和环境压力测试纳入保险资金投资组合风险管理与决策系统的技术框架。

保险机构开展对企业的 ESG 投资评估，在参与绿色投资的过程中，应秉承责任投资的原则，坚持收益性、安全性和流动性原则进行投资组合管理。保险企业的承保业务本身即是履行社会责任的一种方式，根据资产负债匹配原则，险资的运用应该考虑到资金的性质。因此，保险机构在参与绿色金融过程中，保险投资业务应该把企业的环境、社会、治理责任理念纳入投资决策体系，贯穿于资金运用的每一个环节，充分考虑企业的环境、社会、治理等因素对投资带来的风险。保险资金投资标的企业的 ESG 管理指标如表 3—1 所示。

表 3—1　　保险资金投资标的企业的 ESG 管理

一级指标	二级指标	三级指标
环境责任(20%)	环境管理(60%)	·投资绿色项目风险管理制度 ·企业内控制度的环境友好程度
	投资标的企业或城市环境(40%)	·企业生产过程中各类污染物排放强度 ·政府环保奖惩带来的影响 ·主动管理风险能力的相关制度 ·信息披露水平
社会责任(40%)	社会反响评价(25%)	·媒体正面报道公司频率 ·公开向外界披露险资投向绿色产业的项目数 ·绿色投资的公益活动数量 ·绿色投资收益覆盖度
	投资者教育(20%)	·绿色投资教育 ·绿色投资宣传 ·客户风险适应性评估制度落实情况
	社会公益(20%)	·社会公益与营用费用占比 ·扶贫覆盖度
	员工权益与福利保障(35%)	·劳动保护管理体系 ·员工培训与晋升制度 ·薪酬保障管理体系

续表

一级指标	二级指标	三级指标
公司治理（40%）	公司治理结构（30%）	·公司股权结构 ·公司高层变动情况 ·股东权益
	反腐败（15%）	·防止贿赂、贪污、索贿、欺诈及洗钱等相关制度 ·受贿、行贿、索贿、欺诈、洗钱、操作市场等行为情况
	合规经营（40%）	·披露合规 ·产品合规
	信心指数（15%）	·政策支持文件 ·投资者满意度 ·投资者参与投资绿色产业

资料来源：东方金诚整理。

一、环境因素

保险资金参与绿色金融，使得保险资金融通的功能与企业环保资金的运行有着更为紧密的联系，并促进企业节能减排，使减低经济总体的环境风险效率更高，推动企业在环保信息披露、污染物排放评价方面有所作为。

环境风险已成为保险资产投资组合管理必须考虑的重要维度。环境风险通常通过以企业的绿色可持续发展能力来影响保险资金的投资行为：一是环保标准提高会对保险资管资产负债造成影响；二是投资标的企业污染物排放对保险投资可能带来连带责任；三是环境事件和环境管理能力可能对投资标的企业以及保险投资机构带来声誉风险。

对环境因素的分析可以从以下几个维度进行考量：投资标的企业的环境管理程度、投资标的企业的污染治理管理水平（主动管理和环境信息披露）、环保奖惩措施对投资标的企业的影响等。保险资金投资污染防治项目，需要评估企业对污染的风险管控表现，包括环境管理制度，污染物排放评价、环保信息的披露情况，企业环保类型等环境风险评估内容。

此外，针对险资开展绿色责任投资过程中，中央财经大学绿色金融国际研究院借鉴银行业在环境压力测试方面的经验，率先对保险资产管理业的环境压力测试并进行量化研究。该研究结合敏感性分析与情景分析，通过模拟在未来可能发生的环境和气候事件等环境压力情景下，资产组合中股票、债券、股权的价值变动，定量测算环境和气候对资产管理公司的资产组合投资收益率的影响，最后计算在极端环境和气候风险下给资产管理行业可能带来的最大风险值。这项研究工作不仅贯彻落实了《关于构建绿色金融体系的指导意见》鼓励金融机构开展环境风险压力测试的重要内容，而且有利于推动中国保险资产管理环境风险管理的深入研究。

二、社会因素

社会责任是指企业在创造利润、对股东和员工承担法律责任的同时，承担对消费者和社区等其他相关的责任。而社会责任也会随着社会风险的变化带来相应改变。例如战争、政治变动或者整个社会风俗、消费观念改变等都有可能影响投资收益。社会责任对投资活动的影响期限长、范围广、效果复杂，对整体投资环境产生重要影响，因此对企业而言，社会责任也是保险投资时必须考虑的重要维度。

对于投资标的社会效应的评估主要包含以下几个要素：社会反响评价、社会公益、员工权益与福利保障等。例如，对保险资金投资"一带一路"项目的社会效应评估，需要考虑当地投资环境、政策法规、民族宗教等社会问题。沿线部分国家环境和社会标准较低或者缺失，若一些社会问题在投资进入阶段没有得到足够的重视和评估，则有可能导致矛盾的积累，以致集中爆发群体性事件，对企业声誉造成严重影响，带来较大的投资损失。这不仅危及了"走出去"企业的国际化进程，而且给企业带来巨大的损失甚至危及企业生存。

三、治理因素

公司治理层面，可通过公司治理综合评价、经营足迹、公司治理披露、腐败、商业道德和合规经营等方面防范公司治理风险。

公司治理评估的主要要素主要包括：企业管理情况、合规经营情况、治理信息披露情况、投资者信心度等。同时，保险机构通过资金供给，获得股东权益，采取与其所投资公司管理层对话、提起股东决议案等方式来改变公司的决策，协助完善公司治理。

第二节　绿色保险的产品创新研究

保险机构作为产品供给端的负责任投资主要是提供各类绿色保险产品和服务，是一种以金融手段加强保护环境的有益作为。中国目前的绿色保险处于初级发展阶段，在绿色金融的大潮中涉及绿色产业的保险产品保障范围逐渐扩大，产品创新屡见不鲜，不但有直接挂钩于环境污染情况的环境污染责任保险，还有农业保险、环保设备技术保险等其他保险产品。在绿色保险产品设计过程中 ESG 因素作为保险产品定价的重要依据，同时针对被保险企业不同 ESG 表现的差异化定价，可以驱动未来可能存在的环境风险成本显性化，驱动被保险企业在生产经营过程中关注自身的 ESG 表现和 ESG 风险，实现企业的可持续发展，并推动全社会的绿色转型升级。

一、环境污染责任保险

环境污染责任保险（简称环责险）的内容及其开展情况详见本章“二”中国保险资金参与绿色金融的主要模式中的“（二）绿色保险产品之一环责险”。在环境风险评估阶段，保险公司为拟制投保企业进行环境风险评估时，除了参考第三方机构的环境影响评价报告书外，还可以从企业的环境、社会与治理层面对投保企业进行综合评估，为企业投保环责险选择投保档次、保费定价提供依据。投保企业风险评估指标如 3－2 所示。

表 3－2　　投保企业风险评估指标

一级指标	二级指标	三级指标
环境	环境管理制度	· 企业环境风险管理制度 · 环境突发应急预案
	环境污染管理	· 企业生产过程中各类污染物排放强度 · 污染物防治能力水平
	环保投入	· 生产工艺是否环保 · 环保技术研发人员比重 · 环保投入资金率 · 环保教育与培训费用比重 · 环保技术改造费用比重
	环境信用	· 环境污染事故发生频率 · 有相关环保处奖惩次数
	环境信息披露	· 污染物排放量信息披露 · 技术设备节能减排信息披露 · 环境信息披露报告是否信息准确、数据翔实可信
	行业危险度	· 行业是否为国家规定的高环境风险企业
社会	社会反响评价	· 媒体正面报道公司次数 · 消费者认可度
	环保教育	· 是否进行环保教育与宣传
	环保培训	· 劳动保护管理体系 · 是否定期进行员工环保培训
	社会公益	· 环保/社会公益覆盖度

续表

一级指标	二级指标	三级指标
公司治理	公司治理结构	·是否设立专门的环境管理部门 ·是否制定环境治理相关规章制度流程
	合规经营	·信息披露是否合规、翔实 ·产品是否合规、环保
	战略发展	·是否有明确的环境治理目标 ·当期环境目标是否实现 ·未来是否有明确的环境规划

资料来源：东方金诚整理。

二、农业保险

农业保险是农业风险管理的一种重要手段。农业保险的内容详见本章“二、中国保险资金参与绿色金融的主要模式”中的“(二)绿色保险产品之‘2. 农业保险’”。对于气候灾害，保险公司需要充分了解当前和未来的气候风险概率，根据不同地区不同作物和家畜受灾后的损失概率大小，同时结合低碳、环保等绿色发展理念评估投保人应对气候环境风险及事后治理等内容，划分投保档次和差额费率，合理设计农业险种。农业保险的投保风险评估指标如表3—3所示。

表3—3　　农业保险投保风险评估指标

一级指标	二级指标	三级指标
环境	气候因素	·所在区域主要的气象灾害 ·所在区域气象灾害发生强度和频率 ·气象灾害对农业生产的不良影响级别
	地理因素	·所在区域地质特点 ·所在区域发生地质灾害强度和频率 ·地质灾害对农业生产带来的不良影响级别
	气象因素	·气象监测设备先进程度 ·气象预报时效性 ·环境数据可获得性
	种植特征	·所在区域种植制度
治理	风险管理策略	·农户或农庄的管理模式 ·农田设施抵御风险水平 ·是否选择低风险暴露的生产方式 ·是否选择生产周期较短的产品 ·是否有多样化的生产计划
	风险共担机制	·是否具备供销一条龙渠道(销售合同、生产合同) ·是否应用期货市场套期保值 ·是否参与互助基金及保险 ·是否参加公共救助渠道

续表

一级指标	二级指标	三级指标
社会	制度	·是否具备相关赔付制度 ·是否具备相关法律法规 ·是否具备社会救助或开放性资助
	投保意愿	·所在地区投保人投保意识强弱 ·所在地区农业保险覆盖度
	保险补贴	·所在地区保险补贴政策是否完善

资料来源：东方金诚整理。

三、绿色产业类保险

绿色产业的发展，对保险业提出了新的要求，有必要在保险产品研发过程中，结合ESG 绿色发展理念，对已有产品进行更新或重新设计，推出适合绿色产业的保险产品，助推绿色产业发展。以新能源行业为例，在 ESG 策略的指导下，深入研究新能源行业的特殊风险，有针对性地提供风险解决方案。保险机构在设计适合风电企业的保险产品时，结合 ESG 投资策略，从环境、社会、治理三方面综合评估企业的风险，发挥保险特有的风险保险保障职能，保障风电企业面临的主要财产风险和一些特殊风险。针对风电企业 ESG 风险评估指标如表 3—4 所示。

表 3—4　　针对风电企业 ESG 风险评估指标

一级指标	二级指标	三级指标
环境	环境管理制度	·环境风险管理制度 ·环境突发应急预案
	环境污染管理	·材料生产过程中各类污染物排放强度 ·污染物防治能力水平
	环保投入	·环保技术研发人员比重 ·环保设备升级 ·新技术更新 ·环保产品风险(因材料供应、缺陷、设计、铸造等造成)
	环境信用	·环境污染事故发生频率 ·相关环保奖惩次数 ·因环保设备损失或损坏带来的一些免责和限制赔偿责任的条款
	环境信息披露	·污染物排放量信息披露 ·技术设备节能减排信息披露 ·环境信息披露报告是否信息准确、数据翔实可信
	行业危险度	·原材料行业是否为国家规定的高环境风险企业

续表

一级指标	二级指标	三级指标
社会	社会反响评价	·媒体正面报道公司次数 ·消费者认可度
	国家政策	·国家政策支持度 ·行业补贴幅度 ·国家相关法律法规完善
	环保教育	·环保教育与宣传
	环保培训	·劳动保护管理体系 ·是否定期进行员工环保培训
	社会公益	·环保/社会公益覆盖度
公司治理	公司治理结构	·是否设立专门的环境管理部门 ·是否制定环境治理相关规章制度流程
	合规经营	·信息披露是否合规、翔实 ·产品是否合规、环保
	战略发展	·是否有明确的环境治理目标 ·当期环境目标是否实现 ·未来是否有明确的环境规划

注:评估风电企业的 ESG 策略时,需同时综合评估材料供应商的相关项目。

资料来源:东方金诚整理。

第三节　保险资金参与绿色金融的能力建设

保险资金参与绿色金融需要加强团队建设、项目筛选、绿色投资决策等配套制度建设,提高保险资金参与绿色金融的供给能力建设,实现风险与收益配比的最优化,为保险资金提供最佳的风险调整后的收益率。

一、培育绿色投融资理念

保险资金的来源方式主要为购买保险产品和保险资管产品的投资者,保险公司应顺应时代发展要求,形成绿色金融文化和绿色金融销售管理制度,培育绿色投融资理念,引导企业、个人购买包括绿色保险、绿色保险资管产品。利用保险机构自身的专业影响力,拓展绿色车险、寿险、财险、环境责任保险等绿色产品的资金渠道,通过与绿色保险代销形成有力配合,获取更多的绿色保险资金来源,引导资金投资绿色产业项目。

二、丰富绿色产品供给

保险机构作为产品供给者，参与绿色金融，主要通过绿色保险来增强绿色产品供给能力。增强绿色产品供给指保险公司应充分发挥公司专业能力和市场优势，创新保险产品，建立丰富的绿色保险产品线，设计合理的强制保险、保险责任、费率、风险以及赔偿措施。通过保险产品绿色化设计，将低碳、环保等绿色发展理念融入保险产品，借力保险的风险管理机制及其衍生功能，达到助推经济社会活动“绿色化”的目的。

在国外，有清洁空气汽车贷款、低排放车型优惠贷款、绿色资产抵押支持证券、巨灾债券、环境污染责任保险、节能减排保证等多种多样的绿色金融产品，其为潜在的客户提供了多元选择，满足了千差万别客户的不同需求，刺激了绿色金融的发展。当然，由于不同的绿色金融产品所需的基础和条件不尽相同，在国外得到蓬勃发展的一些绿色金融产品可能并不完全适合我国的国情。因此，保险公司在借鉴国际经验的同时，应结合中国保险市场的实际情况，逐步推出适合我国国情的绿色金融产品，形成包括但不限于绿色车险、房产险、环境责任险、农业灾害险、巨灾险等绿色产品体系，丰富我国绿色金融产品。同时，保险公司应不断加大绿色保险产品研发力度，积极探索差别化的保险费率机制，通过发挥费率调节作用机制引导实体产业的绿色发展，加快发展科技保险、创新保险、风投保险等险种，增强绿色保险服务绿色发展的能力，为绿色产业发展保驾护航。

三、提升绿色项目评估能力

保险资金在参与绿色投资过程中，需要加强对绿色项目的筛选和评估、项目的环境效益分析、项目环境信息披露等方面的能力建设，需要加强与第三方评级机构合作，加强绿色评级体系建设，为绿色企业、绿色项目、绿色保险提供更有力的评级评估结果，降低绿色投融资成本，建立良性激励约束机制，为绿色发展、产业升级、可持续发展注入强劲的绿色动能。

首先，保险机构在传统信用评级的基础上，应增加对环境影响的分析，延伸并优化信用评级与绿色评级，为投资者提供更为清晰、全面的信息，降低绿色金融产品的信息不对称，建立和完善绿色项目投资的评价体系和信息披露标准。

其次，通过评价企业主体和项目的环境表现，提高具有绿色正外部性企业的信用等级，并通过激励措施降低其融资成本，提高投资回报率；降低具有负外部性企业的信用等级，通过相应措施提高其融资成本，抑制其对污染性项目的投资。

最后，通过对绿色项目评估能力建设，形成一种有效的市场约束力量，倒逼企业遵守环境信用，提高环保意识，强化环境风险管理，驱动企业生产技术升级和社会产业结构调整。

四、增强团队能力建设

保险资管应通过加强现有投资管理团队、风险人员、研究人员、市场销售人员总体力量，通过对绿色金融投资的政策法规研究、宏观判断、产品设计等核心研究，逐步推进保险资金参与绿色金融的运用。在绿色金融市场发展到较充分的阶段、市场规模较大的条件下，各工作环节可以建立专门的绿色金融工作岗位。

第四章　建　议

通过研究分析成熟市场的保险资金参与绿色金融的运用情况，结合国外保险资金在绿色投资方面的经验，针对我国保险资金参与绿色金融提出以下建议。

一、坚持固定收益类为主的多元化的资产配置方向

尽管国际宏观经济、资本市场、法律结构和监管政策等存在一定的差异，但保险资金投资的资金安全、稳健投资、分散投资的总体规律和内在诉求是一致的。因此，保险资金应主要以投资绿色债券等固定收益类产品为主，适当配置一些优质的股权类、优先级证券等绿色金融产品。

近年来，我国固定收益产品受市场频繁波动影响，给保险公司的偿付能力带来了巨大的挑战，部分激进的保险公司往往选择激进的、集中的股权类资产配置方式。例如，2016 年，多家保险公司参与上市公司举牌，给资本市场造成巨大的冲击，保险公司本身也面临巨大的法律风险和经营风险。通过参与绿色固定类收益金融等多层次的资产配置，有利于发挥保险资金长期性、灵活性、稳定性的资金天然优势，拓宽保险资金投资范围，进而可以获得更持久稳定的投资回报。我们可以看出，在中国，像中国平安、中国人寿等大型保险公司，较少激进地参与股票市场，而部分小型保险公司采取了激进的投资方式，结果造成自身面临巨大的经营风险和政策风险。

二、建立更加完善的风险管理体制和内控机制

保险资金参与绿色金融的投资情况受到各国不同因素的影响。不同国家政策的差异化，导致保险产品对绿色金融产品需求投资收益预期和风险预期有一定的差别，产生了不同的投资风格，但完善和提高保险资金投资风险管理能力和内控机制具有共同点。保险公司应在进入新领域投资时，根据监管政策和经营需要，建立完善的风险管理体制和内控机制，加强保险企业的负责任投资体系建设。

作为未来发展空间巨大的新兴市场，绿色金融市场是保险资金投资的蓝海市场。但是目前绿色金融的市场体量还较小，绿色金融产品稳定性和质量还有待提升，一些产品结构和投资渠道还不健全，市场对绿色金融产品的界定还不够清晰。我国保险行业发展迅速，保险公司的数量很多，但投资和风控能力参差不齐。因此，保险公司需要根据自身的实际情况和禀赋参与绿色金融，建立健全绿色金融投资管理制度风险控制体系、内部控制机制和重大风险应急处置机制，培养参与绿色金融的专业人才队伍，实现风险可控的稳定收益。

三、建立完善绿色金融产品管理体系和产品库

绿色金融产品范围广阔，包括但不限于绿色信贷、绿色债券、绿色股票指数及相关产品、绿色发展基金、绿色保险、碳金融等金融工具。保险公司要在保险资金是负债资金的本质前提下，选择适合保险资金的投资品种，形成有力支撑偿付能力的绿色金融产品管理体系。建立可投资的产品库，实现风险的分层管理。

四、采用定性与定量的分析方法有效防范风险

定量方面，保险公司本质上是建立风险管理为导向的偿付能力建设，最大程度上发挥资本的效率。因此，在对绿色金融投资领域、投资比例、投资风险、投资集中度、预期收益率等方面可设置严格的限制。定性方面，保险业应建立完善的责任投资治理机制和风险管理体系，在不丧失投资机会的前提下，实现合理的期限配置，有效防范风险。我国保险资金参与绿色经营应借鉴国际经验，建立并完善投资管理、风险管理、内部控制等体系，建立保险资金参与绿色金融的定性与定量体系风险评价体系，以实现在保障保险资金安全性的同时获取稳定的投资收益。

参考文献

[1]李睿，方怡向，闫娜．中国成最大绿色债券发行市场，环境效益和融资优势初显——2016年中国绿色债券市场发展回顾与展望[R]．东方金诚国际信用评估有限公司研究报告．

[2]李妍辉．论环境治理的金融工具[D]．武汉：武汉大学，2012.

[3]试点近十年环责险强制投保范围或扩容[N]．中国经营报．http://finance.eastmoney.com/news/1350,20170318721385793.html，2017－3－18.

[4]夏文颉．日本社会责任投资的发展现状考察与分析[M]．上海：上海外国语大学，2013.

[5]易纲：中国的绿色信贷约占国内全部贷款余额10%[N]．证券日报．http://money.sohu.com/20160908/n467914297.s html，2016－9－8.

[6]中国保险资产管理业协会．国内外保险机构大类资产配置研究[M]．北京：中国金融出版社，2017.

[7]中国保险资产管理业协会．2017中国保险资产管理业发展报告[M]．北京：中国财政经济出版社，2017.

[8]中央国债登记结算有限公司．中国绿色债券市场2017半年报[R]．http://www.chinabond.com.cn/cb/cn/yjfx/zzfx/nb/20170828/148081733.shtml，2017－8－28.

[9]ACLI Life Insurers Fact Book 2016，NAIC. https://www.acli.com/ industry-facts/life-insurers-fact－book.

[10]Office for National Statistics，MQ5：Investment by insurance companies，pension funds and trusts：April to June 2017.

[11]The life Insurance Association of Japan. http://www.seiho.or.jp/engli sh/.

[12]Zona R，Roll K，Law Z. Sustainable Green Insurance Products[J]. *Casualty Actuarial Society E-Forum*，2014：1－8.

后　记

加强保险资产管理领域的基础性、战略性和前瞻性研究，推动行业理论创新和实践创新，是中国保险资产管理业协会(以下简称协会)为监管决策和行业发展提供理论基础、经验借鉴和研究支持的重要职能之一。为此，协会于2015年推出了“IAMAC年度系列研究课题”(以下简称课题)，并成功举办了2015、2016、2017年度课题研究活动，就保险资产管理行业发展、公司战略、风险管理、业务创新等多个领域开展了深入研究，取得了一大批优质研究成果，受到了监管部门和业内外机构的高度评价，为行业持续稳健发展提供了坚实的研究基础和创新动力。

2017年课题研究活动一经启动，便受到市场广泛关注。最终，经过层层评审，共有54项课题顺利结题，并有来自9家单位的10项课题荣获“优秀课题”，课题承担单位分别为(按单位名称拼音排序)：长江养老保险股份有限公司、德勤华永会计师事务所(特殊普通合伙)、东方金诚国际信用评估有限公司、光大永明资产管理股份有限公司、合众资产管理股份有限公司、南开大学金融学院、太平资产管理有限公司、中国人寿财产保险股份有限公司、中山大学岭南(大学)学院。

此外，为进一步做好课题评审工作，协会邀请业界专家和高校知名学者共27人组成评审委员会，分别从观点创新性、方法科学性、学术规范性、政策适用性等角度对课题进行严格评审。评审专家分别为(按姓氏拼音排序)：曹德云、巢洋、段国圣、范小云、冯伟、淦克兴、葛旋、郭晔、韩向荣、李全、李少非、李素梅、刘传葵、刘莉亚、刘挺军、刘玉珍、卜勇、任汇川、宋子洲、万放、王颢、肖星、徐晓华、杨平、于业明、赵威，在此一并表示最衷心的感谢！

同时，2017年度课题研究活动还得到了中国银保监会资金部的关注和支持，并在课题选题确定、研究推进、成果交流等环节给予了指导。

由于编印时间紧迫，《2017—2018 IAMAC年度系列研究课题集》的编撰工作难免有疏漏之处，敬请业内同仁、广大读者提出宝贵意见和建议。

中国保险资产管理业协会
2018年9月